济宁年鉴

2013

济宁市人民政府主办
济宁市地方史志办公室编

黄河出版社

图书在版编目（CIP）数据

济宁年鉴 .2013/ 济宁市人民政府主办，济宁市地方史志办公室编 .—济南：黄河出版社，2013.10

ISBN 978-7-5460-0446-4

Ⅰ. ①济 ... Ⅱ. ①济 ... ②济 ... Ⅲ . ①济宁市—2013—年鉴 Ⅳ . ① Z525.23

中国版本图书馆 CIP 数据核字（2013）第 310602 号

济 宁 年 鉴

JINING YEARBOOK

（2013）

济宁市人民政府主办

济宁市地方史志办公室编

http：www.jnsqw.gov.cn

E-mail:jndfz@163.com

*

黄河出版社出版

山东新华印务有限责任公司印刷

济南世同华印图文有限公司设计制作

*

889×1194 毫米 16 开本　36.25 印张　16 插页　1098 千字

2013 年 12 月第 1 版　2013 年 12 月第 1 次印刷

印数 1-2000 册

ISBN 978-7-5460-0446-4

定价：268.00 元

济宁市地方史志编纂委员会

《济宁年鉴》（2013）编审人员

编辑说明

一、《济宁年鉴》是由济宁市人民政府主办、济宁市地方史志办公室编纂的大型综合性年刊，每年出版一卷。旨在为各级领导了解和把握市情、实施科学决策提供服务；为国内外人士认识济宁、投资和建设济宁提供参考；为编史修志积累和保存资料。

二、《济宁年鉴》(2013) 为总第11卷。本卷年鉴坚持以马列主义、毛泽东思想、邓小平理论、"三个代表"重要思想和科学发展观为指导，在全面客观记述和反映2012年度全市政治、经济、文化、社会发展情况的同时，围绕市委、市政府中心工作和年度大事、要事组稿，在栏目设计、条目编写等方面，较好地突出了年度特点和地方特色。

三、《济宁年鉴》(2013) 为图文混排体例。按栏目框架设特载、大事记、市情概况、中国共产党济宁市委员会、济宁市人民代表大会常务委员会、济宁市人民政府、中国人民政治协商会议济宁市委员会、中国共产党济宁市纪律检查委员会·济宁市监察局、民主党派·工商联、人民团体、军事、法制、经济管理、农业、工业、民营经济、信息化建设、交通·邮政、城乡建设、环境保护、国内贸易、旅游业、外贸·海关·检验检疫、财政·税务、金融·保险、科学技术、教育、文化·广播电视与新闻出版、卫生、体育、社会生活、济宁高新区、北湖新区、县市区概况、人物、附录36个栏目，下设分目和条目。图片部分在收录上力求反映市内重要政务与活动，以及工作亮点；随文图片均由供稿单位提供。

四、本年鉴均由市直各部门、有关单位和各县市区供稿，并经各部门、单位领导签审。《济宁年鉴》创刊以来，得到了各级各有关部门、单位领导、作者和社会各界的大力支持，在此深表谢忱！由于能力和水平所限，疏漏、错误之处再所难免，恳请广大读者批评指正。

■ 2012 年 1 月 9 日，省委书记、省人大常委会主任姜异康（前左二）到曲阜市走访慰问。（刘项清 摄）

■ 2012 年 5 月 21 日，省委副书记、省长姜大明（左一）为鲁国故城国家考古遗址公园奠基揭幕。（刘项清　摄）

2012 年 9 月 24 日，市委书记、市人大常委会主任马平昌视察台湾联电集团在济宁的部分项目。（李辉 摄）

2012年1月22日，市委副书记、市长梅永红（中）到高新区调研。（李辉 摄）

■ 2012年2月29日，济宁市举行2012年度重大项目集中开工仪式。（杨国庆 摄）

■ 2012年4月14日至19日，济宁市党政代表团先后赴江苏省宿迁市、淮安市、无锡市和浙江省宁波市、杭州市进行学习考察。图为济宁市党政代表团听取宁波市有关情况介绍。（刘建新 摄）

■ 2012 年 4 月 23 号，中国如意科技时尚创意产业城奠基仪式暨争创千亿级国际化时尚产业集团启动仪式举行。

（李晖 摄）

■ 2012 年 6 月 26 日，第十一届中国专利高新技术产品博览会高层次人才创新创业论坛在济宁举办。（李晖 摄）

■ 2012 年 9 月 14 日，全市第三批重大项目集中举行开工仪式。（杨国庆 摄）

■ 2012 年 10 月 12 日，济宁豪德商贸城二期奠基仪式举行。（刘项清 摄）

■ 2012 年 9 月 27 日，中国（曲阜）孔子文化节开幕。（刘项清 摄）

■ 祭孔大典（刘项清 摄）

百花公园

尼山圣境宫像区设计效果图

运河新貌

（李晖 摄）

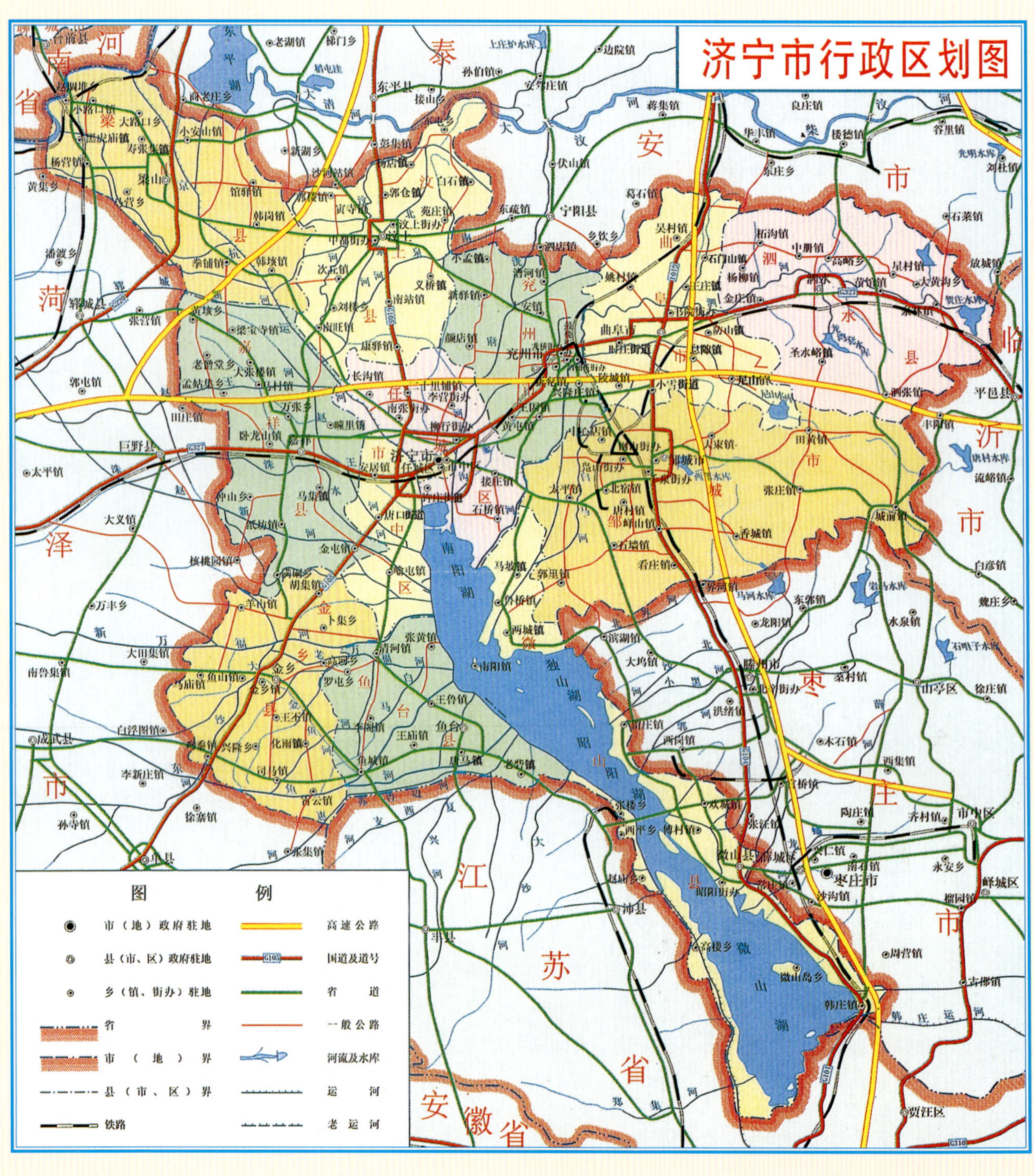

济宁市行政区划图
图例
市（地）政府驻地
县（市、区）政府驻地
乡（镇、街办）驻地
省界
市（地）界
县（市、区）界
铁路
高速公路
国道及道号
省道
一般公路
河流及水库
运河
老运河

目录 CONTENTS

中国共产党济宁市委员会

济宁市人民代表大会常务委员会

济宁市人民政府

中国人民政治协商会议济宁市委员会

中国共产党济宁市纪律检查委员会 济宁市监察局

民主党派·工商联

人民团体

军　事

法　制

经济管理

农　业

工　业

民营经济

信息化建设

交通·邮政

城乡建设

环境保护

国内贸易

旅 游 业

商务·海关·检验检疫

财政·税务

金融·保险

科学技术

教 育

文化·广播电视·新闻出版

卫 生

体 育

社会生活

济宁高新区

济宁北湖新区

县市区概况

人　物

附　录

CONTENTS

Special Issue

2012 Chronicle of Events

General Situation of Jining

Jining Municipal Committee of the Communist Party of China

Jining Municipal Standing Committee of People's Congress

Jining People's Government

Jining Municipal Committee of the Chinese People's Political Consultative Conference

Jining Municipal Inspection Bureau of the Jining Municipal Committee for Discipline Inspection of the Communist Party of China

Democratic Parties and the Federation of Industrial and Commercial Circle

Mass Organizations

Military Affairs

Legal System

Economic Management

Agriculture

Industry

Private Economy

Information Construction

Transportation·Post

Urban and Rural Development

Environmental Protection

Domestic Trade

Tourism

Commerce·Customhouse·Inspection and Quarantine

Finance·Revenue

Finance·Insurance

Science & Technology

Education

Culture、Radio and TV、Press and Publication

Health

Sports

Social Life

Jining Hi-tech Development Zone

Jining North Lake New Resort

General Situation of All Administrative Divisions

Personage

Appendix

济宁年鉴 2013

JININGYEARBOOK

特载

跨越发展 导向为先 富民强市 唯有实干

——在全市科学发展综合考核总结表彰暨干部作风建设大会上的讲话

2013年2月16日

市委书记 马平昌

同志们:

每年春节后上班的第一天,我们专门召开全市性大会对干部作风建设进行安排部署,是我市几年来一直坚持的好传统。今天这次大会,又把2012年度全市科学发展综合考核总结表彰大会与干部作风建设大会合并召开,充分体现了市委市政府严格考核奖惩、鼓励争先进位的鲜明态度,充分表明了市委市政府大抓作风建设、大兴实干之风的坚定决心,目的就是引导和动员各级干部迅速摆脱年味、收拢心思,转变作风、狠抓落实,在全市进一步树立起干事创业、跨越发展的鲜明导向,进一步形成务实苦干、比学赶超的浓厚氛围,推动各项工作不断实现新突破,在新的起点上打开济宁科学发展跨越发展的新局面。首先,我代表市委市政府,向受到表彰的先进集体和先进个人表示热烈的祝贺,向为济宁发展付出艰辛的努力、作出突出贡献的各界人士表示衷心的感谢!下面,借这个机会,我讲两个问题。

第一个问题:科学考核是推动落实、推进发展的重要手段,必须在坚持和完善上狠下功夫,切实发挥好“指挥棒、风向标”的作用,进一步树立起以发展论英雄、凭实绩用干部的鲜明导向。

2012年,是我们站在新起点、展开新布局、实现新发展的一年。各级各部门深入学习贯彻党的十八大精神,全面落实市十二次党代会的战略部署,紧紧围绕“全省争先进、区域当排头、全面达小康”的发展定位和“三个高于、三个提高”的目标要求,始终突出工业化、城市化“两化并进”,牢牢坚持以大项目建设为引领,集中突破工业、突破城市、突破县域、突破文化,着力做大总量、提高均量、提升质量,统筹做好惠民生保稳定、强基础转作风的各项工作,进一步打开了科学发展跨越发展的好局面。这种好形势突出表现在四个方面:一是增势好。全市GDP达到3190亿元、增长11%,地方财政收入245.6亿元、增长18.6%,固定资产投资1810亿元、增长22.3%,主要指标增幅都高于全省的平均水平,全面完成或超额完成了年度发展目标。二是后劲足。新开工亿元以上项目332个、增加151个,规模以上工业企业新增187家,销售收入过百亿企业新增3家、达到8家,兖矿集团销售收入过千亿,太阳纸业、华勤集团双双突破三百亿。三是民心顺。城市居民人均可支配收入达到25454元、增长13.6%,农民人均纯收入突破万元大关达到10002元、增长14.8%。通过开展大规模驻村入户,实施大范围农村环境综合整治,全面启动民生保障十大体系建设,落实“家庭困难学生营养改善计划”,推行“万名保健医生进农户”制度等,让城乡百姓实实在在地得到了改革红利和发展成果。在2012年度综合考核电话随机访问中,各县市区群众满意度比2011年平均上升了2.3个百分点,全市群众满意度上升了3.14个百分点、在全省前移了5个位次。四是士气旺。从开展解放思想大讨论、到出台作风建设系列制度、再到建立健全“三个体系”,从提出“争先进、当排头、达小康”定位、到明确“三个高于、三个提高”目标、再到根据省党代会部署调整完善发展指标,从实施县域经济倍增计划、到构建重点帮扶机制、再到一年两次的现场观摩,一环扣一环地在全市营造了争先氛围、树立了实干导向、提振了民心士气,形成了你追我赶、竞相发展的生动局面。绝大多数县市区地方财政收入在全省实现了排名前移,最高的前移5个位次,没有一个后退的。实践充分证明,市委市政府确立的思路布局、发展战略、推进举措是完全符合济宁实际的,我们的各级班子和广大干部是勇于担当、能打硬仗的。只要我们始终咬紧目标、拼搏实干、一心为民,发展就会有新起色、新突破,人民群众就会满意、就会高兴。只要我们始终坚定跨越自信、路径自信、布局自信,不动摇、不懈怠、不折腾,"全省争先进、区域当排头、全面达小康"的宏伟蓝图就一定能够变成现实。

济宁能有今天这样的好势头,是省委省政府正确领导的结果,是全市上上下下、方方面面团结奋进的结果,其中很重要的就得益于我们探索建立了目标责任、考核奖惩、监督检查"三个体系",形成了一套科学管用的工作推进机制,特别是通过构建以综合考核奖惩体系为主体、其他单项工作考核办法相配套的新的考核奖惩体系,充分调动了各级各部门干事创业的积极性,有力保障了市委市政府重大决策部署的贯彻落实。我们这次考核,是按照调整后的新体系实施的首次考核,考核结果比较客观全面地反映了各级各单位的工作状态和工作实绩,考出了压力、更考出了动力,考出了干劲、更考出了成效。市委市政府坚持"言必信、行必果",根据考核结果,依照奖励办法,在春节上班后的第一天,就对各个层面的先进集体和个人进行了隆重表彰。这是向全市传递出一个很明确的信号,济宁的振兴时不我待,跨越发展实干为先,争先进位舍我其谁,富民强市唯有实干。

今年是全面贯彻党的十八大精神的开局之年,是为提前全面建成小康社会奠定坚实基础的重要一年,是市委市政府郑重确定的"落实年""突破年"。"落实年"首先要在有诺必践奖惩兑现上,"突破年"首先要从开局上突破,在导向上立标。导向就是方向,导向就是旗帜。我们探索建立"三个体系",高度重视考核工作,其出发点和落脚点都是为了鼓励干事创业、推动争先进位、引领跨越赶超、促进又好又快,都是为了济宁事业的进步和济宁百姓的利益。目前的考核办法可能还存在不尽完善之处,但其在调度各级积极性、激发内生新动力、打开发展新局面上所发挥的巨大的作用,已经展露无遗。对此,我们要充分认识、坚定不移。同时,考核是一项动态性的工作,考核体系是一个开放性的体系,需要随着实践的深入不断调整完善。今年的考核工作必须紧紧围绕"落实年""突破年"这个主基调、总要求,最大限度地激发干事活力,营造争先氛围,着眼于推动落实,着眼于促进跨越,致力于进一步考真、考实、考准,考出群众的满意度,考出干部的精气神,切实发挥考核的"指挥棒"和"风向标"作用。

要完善考核体系,增强考核工作的科学性。省委省政府已确定对现行考核体系进行修改完善,以更加全面地体现推动科学发展促进社会和谐的导向和要求。要主动研究对接省里新的考核办法,使我市的考核体系既符合济宁实际,又充分体现省里的新精神新要求。同时要更加突出对全局性重点工作的考核。市委市政府已确定今年的突破重点,发展上更大力度实施工业、城市、县域、文化、生态"五大突破",民生上加快构建"十大保障体系",稳定上进一步突出信访维稳。而每项重点工作中又确定了突出抓好的关键环节,工业发展上要突出大企业、大园区、大项目、大招商,城市建设上要突出省运会筹备、都市区融合、政策机制创新,县域经济上要更加突出困难县帮扶和镇域经济发展,文化产业上要突出打造曲阜"文化经济特区",生态建设上要突出大绿化行动和减排治污,民生保障上要更加突出增加居民收入、帮扶困难群体和办好民生实事,稳定工作上要突出责任落实、拉开考核档次。我们修订完善考核体系,既要体现全面发展、统筹兼顾的要求,更要突出牵动全局的重点和重点中的关键环节,使考核工作更好地围绕中心、服务大局。还要充分考虑指标统计的可取性和真实性,注重指标采集的可行性、运用的可比性、来源的客观性,尽量做到简便宜行。

要改进考核方式,提高考核工作的客观性。考核工作十分复杂,很难做到百分之百的客观,但一定要朝着这个方向不断的努力,要坚持用"一把尺子"量到底,尽最大可能做到真实、实在、客观、公正,力求考核结果让大家心服口服、让各界普遍认可。方法上要坚持"三个结合":一是定量考核与定性考核相结合。以定量考核为主,能量化的尽可能量化,最大限度地减少定性考核指标,最大限度地减少人为和主观因素,最大限度地反映真实情况和工作的实绩。二是平时考核与年终考核相结合。年度考核时间跨度大,不容易完全掌握一个单位、一个班子、一个干部在关键时期、重点工作和重大问题处置方面的情况。下一步要把平时考核和年终考核有机结合起来,进一步提高平时考核的权重。市委确定今年全面建立"宝塔形、网格化、全覆盖、分线作战"的责任落实体系,分线作战、一线到底、集中突破,配套建立月通报、季小结、半年检查观摩、年终考核奖惩制度,并实行产业项目和城建项目分别观摩、一季度一观摩。要注意强化考核工作的日常动态管理,把考核工作和监督督查工作很好地结合起来,把日常考核监督督查情况纳入年度考核,引导各级各部门把功夫下在平时,把精力用在扎扎实实、一步一个脚印地干工作上。三是组织考核与民主评议相结合。要更加注重群众评价,除继续完善"双评"制度外,还要广泛听取服务对象意见,全面掌握部门履职情况。群众满意度调查要在扩大调查范围、改进调查方式、完善访问内容上下功夫,把考核工作建立在更广泛的群众基础之上。对领导干部的考核也要强化民意指标,多听一下分管或下属单位的反映,深入了解包保单位、联系重点项目的意见,进一步加大群众满意度的分量。

要用好考核结果,树立考核工作的权威性。考核要真正发挥作用,关键在用好考核结果。要切实把考核结果与干部的选拔任用结合起来,作为评先树优、奖优罚劣的重要依据,对成绩突出的单位,在干部选拔上要予以倾斜,让那些经济发展快、稳定工作好、群众满意度高的单位多出干部、出好干部;考核成绩差的单位,主要负责人要向市委市政府作出说明,连续两年成绩靠后的,对领导班子要采取组织措施,决不能让济宁的事业迁就人、迁就少数干部。今天对个别考核差的单位进行了通报批评,对几个干部作出了诫勉决定,充分体现了市委从严管干部、从严抓作风的要求。要进一步强化考核奖惩问责,真正让埋头苦干、政绩突出的人有地位,让不干实事、工作平庸的人没市场,让作风不正、投机取巧的人受惩戒,让安于现状的干部"不安"、四平八稳的位子"不稳",在全市进一步形成重实绩、干实事、求实效的新风正气,树立起以发展论英雄、凭实绩用干部的鲜明导向。

第二个问题:干部是跨越发展的第一要素,作风是争先进位的关键保障,必须持之以恒地从严从紧管干部,必须更大力度地从严从紧抓作风,以干部作风的大转变来赢得发展、赢得群众。

市委始终把作风建设紧紧抓在手上,去年进一步加大了力度,围绕"立说立行抓落实、问责问效转作风"这个主题,采取一系列创新性举措深入推进作风建设,取得了明显成效。一是思想境界明显提升,通过深入开展解放思想跨越发展大讨论,进一步打开了思想通道、提升了发展标杆,争先氛围日益浓厚,发展活力竞相迸发,跨越崛起已成为响彻孔孟大地的最强音。特别在两次现场观摩中,大家都强烈感受到了这种比学赶超的压力感,感受到了这种干事创业的精气神。二是落实力度明显加大。通过构建宝塔形目标责任体系、科学严格的考核奖惩体系、有力有效的监督检查体系,从体制机制上保证了各项决策部署的贯彻落实。我们很多干部越干越想干、越干越会干,领导干部冲锋在前、干在一线。在经济环境复杂、困难压力增大的情况下,正是凭着这种迎难而上、奋发有为的干劲和作风,我们干成了不少大事难事,实现了一些重要突破,超额完成了年度目标。三是发展环境明显优化。着力治理机关"慵懒散"行为,铁腕整治涉企"三乱"和重点项目建设环境,深入开展"为企业排忧解难服务"活动,全面落实"四减一代办"制度,建立健全支持企业发展、鼓励全民创业的政策体系,创业条件、发展环境越来越好。四是群众满意度明显提高。通过广泛开展"大规模驻村入户、面对面谈心交流"活动,落实领导干部轮流公开接访和政府班子成员接听公开电话制度,广大干部纷纷沉到一线接地气,深入群众察民情,设身处地解民忧,进一步密切了党群干群关系。"金杯银杯不如百姓口碑,金奖银奖不如群众夸奖"。去年综合考核中我市群众满意度比往年有了大幅提升,这就是人民群众对我们干部作风的认可,对我们各项工作的肯定。没有什么比群众的信任支持更让我们充满信心和力量,没有什么比群众的愿望期待更让我们倍感责任和压力。我们要更加清醒地看到,尽管在作风建设上取得了明显进步,但与跨越发展的要求、与人民群众的期盼相比仍有较大差距,在一些干部中还程度不同地存在着这样那样的问题,比较突出的是"低、怕、慢、浮、懒"。所谓"低",就是境界低、标准低。有的干事不要好、不求好,满足于一般化、过得去。有的自我感觉良好,看不到与先进的差距,缺乏竞争意识、危机意识。有的对上级决策和政策研究不深不透,找不到结合点、着力点,协调不及时、对接不紧密、争取不到位。所谓"怕",就是怕担风险、怕负责任。有的甘当"甩手掌柜",缺乏担当精神,害怕矛盾、回避问题,有风险的工作不愿干,有困难的工作不去干,得罪人的事情不想干,甚至为了不担事、宁肯不干事,四平八稳。所谓"慢",就是节奏慢、服务差。效率低下仍然存在,"门难进、脸难看、事难办"的衙门习气仍然是基层群众反映强烈的问题之一。所谓"浮",就是纪律松弛、作风浮躁。有的干部自由散漫,松垮拖拉,迟到早退,工作时间上网聊天玩游戏。有的不讲政治纪律,传播小道消息,散布流言蜚语。有的抓工作大而化之、简单粗糙。所谓"懒",就是干事不用心、创业没激情。有的坐而论道、夸夸其谈、好高骛远,但真正落实起来却没有章数、没有办法、甚至没有下文。有的墨守成规、暮气沉沉,缩手缩脚、不敢突破,缺乏干事的勇气、创业的锐气、进取的朝气。以上这些问题,尽管只表现在个别单位、少数人身上,但造成的消极影响却不可低估,破坏的是干部队伍的凝聚力和战斗力，损害的是党委政府的威望和形象，必须痛下决心、重拳整治。

作风建设是一项永不竣工的工程，只有起点，没有终点。与以往相比，今年的作风建设更具有特定背景、特殊意义、特别要求。首先是更加严格的政治要求。以习近平同志为总书记的新一届中央领导集体高度重视作风建设，中央政治局专门作出《八项规定》，向全党发出了改进作风的动员令。习近平总书记对厉行节约、反对浪费作出重要批示，进一步凸显了中央狠抓作风建设的鲜明态度和坚强决心。省委、市委分别出台了"十条"、"十一条"实施办法。近一段时间，中央和省委、市委相继派出督导组，对改进作风、反对浪费情况明察暗访，查处了一批顶风违纪的反面典型，可以说，重视程度之高、力度之大、措施之硬、问责之严前所未有，改进作风已成为当前重大的政治任务。其次是更加迫切的发展需求。这些年来，我市的发展取得了重要成就，但跳出济宁看济宁，放眼周边和全省来衡量，我们的发展速度还不够快、经济总量还不够大、人均水平还比较低，与济宁在环渤海经济区、在全省的应有位置还不相称，与先进地区的差距还在拉大。应当说，一个地方的基础条件、资源禀赋、区位优势，是客观的、特定的，也是发展竞争不可或缺的，但最关键、最要害、最具决定性的因素还是干部、还是作风。毛泽东同志对此早就有过著名的论断，"政治路线确定之后，干部是决定的因素"。我们济宁的发展优势不可谓不多、基础条件不可谓不好，目前之所以没有达到应有的发展速度、发展质量、发展水平，其症结就是我们干部的作风问题、经济问题、标准问题，就是事业心、责任感、精气神的问题。而我们有些干部对此麻木不觉，没有意识到是主观上、作风上、工作上存在问题，总是把发展不快的原因归结于客观条件、上级政策、外部环境，找不准问题、摸不着症结，这才是最可怕的问题。现在，发展百舸争流，竞争日趋激烈，形势复杂多变，如果没有过硬的队伍、过硬的作风、过硬的执行力，我们就无法实现济宁跨越发展的历史使命，无法兑现让850万人民过上美好生活的庄严承诺，无法实现"全省争先进、区域当排头、全面达小康"的济宁。第三是更加强烈的群众期待。作风关系人心向背、关系事业兴衰、关系社会和谐。一个地方干部作风好，干群关系就好、社会风气就正、发展活力就足，否则，矛盾问题就多、干群关系就差，就形不成活力、打不开局面。现在，人民群众对干部的要求越来越高，对干部作风看得越来越重，不仅希望干部有本事，更希望干部办实事；不仅要求干部有公心，还希望干部能贴心。习近平总书记严肃指出："工作作风上的问题绝不是小事，如果不坚决纠正不良风气，任其发展下去，就会象一座墙把我们党和人民群众隔开，我们党就会失去根基、失去血脉、失去力量。"我们每一名党员、干部尤其是领导干部，都必须强化执政为民的理念，始终把人民群众放到心中最高位置，以爱民为民的良好作风、富民安民的实际行动，进一步赢得群众的信赖和支持。今年全市的作风建设，要紧扣"落实年、突破年"的总基调，贯彻"为民、务实、清廉"的总要求，突出"心系群众接地气、服务发展促跨越"这一主题，着力抓好以下几个方面。

第一，从严从紧坚决贯彻中央八项规定。习近平总书记在中央纪委十八届二次全会上明确指出："八项规定是一个切入口和动员令，既不是最高标准，更不是最终目的，只是我们改进作风的第一步，是我们作为共产党人应该做到的基本要求。"我们要认真落实中央八项规定和省委十条、市委十一条实施办法，以踏石留印、抓铁有痕的劲头抓下去，善始善终、善做善成，防止虎头蛇尾，形成长效机制，让人民群众不断看到实实在在的成效和变化。要大力弘扬勤俭节约的优良传统。认真贯彻习近平总书记重要批示精神，扎实开展厉行勤俭节约、反对铺张浪费专项行动，在全社会营造浓厚氛围。各级各部门要坚决反对讲排场比阔气，严格执行公务接待制度，严格落实各项节约措施，坚决杜绝公款浪费现象，坚决反对享乐主义和奢靡之风。领导干部到基层调研，要轻车简从，不搞层层陪同，不到边境接送，不张贴悬挂标语横幅，不组织群众迎送，不摆放花草，不使用警车，不违反交通信号，一律不提特别要求、不做特别安排，一律不接受地方宴请、不接受地方赠送的纪念品和土特产。要按照简约、俭朴原则安排好各项会务，不得搞各种宴请，减少会外活动，降低会议成本。要严格执行住房、车辆配备等规定，坚决查处超标准配车、公车私用等行为。要严格规范领导干部出访活动，严禁借开会、调研、考察、检查、培训等名义变相旅游，坚决杜绝公款出国(境)旅游。要进一步密切联系群众。按照中央统一部署深入开展以"为民、务实、清廉"为主要内容的党的群众路线教育实践活动，时刻把群众的安危冷暖放在心上，真心实意关心困难群众，千方百计为基层和群众排忧解难。要进一步拓展深化"大规模驻村入户、面对面谈心交流"活动，全面实行"干部联系农户"制度，切实做到每名干部都有联系户、每个农户都有联系人，实现干部联系服务群众的直接化、常态化。要坚持领导机关领导干部带头。"打铁还需自身硬。"好的作风是抓出来的，更是带出来的。作风建设必须从领导机关和领导干部抓起，充分发挥示范和带动作用，做到抓机关、带基层，抓班子、带队伍。全市要从市委常委做起，市委常委从我本人做起，要求大家做到的我们首先做到，要求别人不做的我们坚决不做。市委明确规定，每位市委常委包保一个县市区，联系一个乡镇、一个村、一个企业、一个学校，与所驻村的10户群众建立经常性联系；市委常委每年驻村时间不少于7天、住在村里不少于5个晚上，县委书记每年驻村时间不少于10天、住在村里不少于7个晚上；每位常委、副市长每季度至少一次到市群众服务大厅公开接访，市政府领导班子成员每月至少接听一次市长公开电话。这既是硬性规定，更是郑重承诺，必须不折不扣的执行到位，必须做到联系群众一户不少、驻村时间一天不差、公开接访一次不缺、公开电话一个不漏，要适时通报领导干部联系群众的情况，凡达不到规定要求的要向市委写出书面检查。

第二，全面提境界、提标准、提效率。作风是外在表现，根子还在于思想境界，一个地方的发展基础条件不是绝对的，有的地方虽然基础条件差，但生机勃勃、充满活力，有的地方条件很好，但惰性滋长、生机不足。从这次考核结果来看，各县市区的排名位次重新洗牌，就充分印证了这个道理。有的同志说得好，经济可以欠发达但精神不能欠发达、作风不能欠发达。要始终把解放思想作为一大法宝，深入开展大讨论，持续提振“精气神”。一要提境界。境界决定高度，境界决定水平。去年一年的时间，我们的重大决策、重大布局上是清醒的、是正确的，但有些工作进展不够快，效果不明显，看似方法问题，实为境界不高。要进一步强化率先、领先、争先意识，勇于争创一流，而不是小成即满；勇于探索突破，而不是缩手缩脚；勇于赶超进位，而不是自甘平庸，要进一步把各级干部的工作热情、发展激情、创业豪情激发出来，为加快跨越崛起注入源源不断的内生动力。二要提标准，有什么样的工作标准，就有什么样的精神状态，就有什么样的发展水平。标准上不去，干事不求好，既会输在起点，也会输在过程，最终输在结果上。要坚决克服自满自足、畏难发愁、固步自封的思想障碍，瞄准先进城市、先进地区、先进单位树立更高标杆，敢与强手比高低，盯着先进找差距，别人能做到的我们也要做到，别人没做好的我们要努力做好。各级各部门都要确立自己的比学标杆，努力学先进、赶先进、当先进。三要提效率，牢固树立效率观念，切实增强工作主动性，一切立足于快、着眼于争，做到任务快部署、政策快对接、责任快落实、工作快推进，只争朝夕，全力全速，以快争主动、以快抢先进，决不允许遇事慢半拍、工作不主动、不推就不动，更不允许错失机遇、贻误发展、影响大局。市委还要专门召开大会，对解放思想大讨论作出具体部署。

第三、深度优化创业环境、发展环境。企业创造财富，政府创造环境。我们在优化发展环境方面下了很大功夫，但也不可否认，在一些部门中效率不高、环境不优的问题仍然比较突出，特别是一些项目的审批时间过长，审批前置条件过多，涉企收费还不规范，一些地方还存在霸恶势力，基层和企业对此反应强烈，必须继续铁腕整治。一要全面推进审批提速。市级行政审批再清理取消一批，向县市区再下放一批，审批前置条件再减少一批，前置审查部门未在限定时间内回复意见的实行“超时默认”，责任由前置审查部门承担。要优化行政审批权配置，切实做到审批权向一个内设机构集中、该机构向市行政服务中心集中，人员和事项进驻到位、向窗口授权到位，一般事项实行窗口审批，复杂事项由窗口牵头组织跟踪督办、限时办结。建立重大项目会商、会审制度，对项目进行联合审核审查，协调解决项目前期存在的问题，防止因前置条件影响审批进度。纪检监察机关要派人进驻行政服务中心督导检查、问效问责。二要深入开展“为企业排忧解难服务”活动。继续下大力解决影响企业发展的突出问题，构建起服务企业的常态化、长效化机制。开展企业、项目、园区驻地环境专项治理，严厉打击各种强买强卖、强装强卸、堵门断路、欺行霸市等干扰企业正常生产经营和阻挠项目施工的行为，严肃查处乱检查、乱收费、乱罚款和吃拿卡要报等问题，为企业发展提供优质高效服务。三要广泛开展评议活动。进一步拓展深化监督评议的方法和内容，在继续坚持市直部门单位践诺承诺、十佳作风标杆窗口、十佳群众满意窗口、“双评”等现有评议制度的基础上，突出抓好对市直部门的公开评议，请企业负责人、项目建设方等服务对象参与进来，对部门工作情况进行全面综合评价，并在媒体公布评议结果。要进一步扩大评议范围，由评部门、评窗口延伸到评部门科室，增强部门中层人员的责任感和压力感。要进一步拓展评议平台，充分发挥政风行风热线、市长公开电话、市纪委12388热线电话的作用。要切实发挥群众监督评议团作用，对成员进行动态化规范化管理，随机抽取参评人员，随机抽取评议对象，切实提高评议的科学性、权威性。要把评议结果纳入年度考核，作为评价部门单位的重要指标和实施奖惩的重要依据，对综合评议结果排名后5位的，责成其检讨说明情况，制定改进措施；

综合评议结果排名后3位的，主要负责人要向大会作出说明，对其主要负责人进行诫勉谈话，部门单位和主要负责人年终考核不得定为优秀档次。考核的办法和结果的运用，市纪委和监察局正在研究办法。

第四，弘扬实干精神，大兴实干之风。空谈误国、实干兴邦，干是真经、干是真理、干是真本事。今年是“落实年、突破年”，关键是弘扬实干精神、力行实干之举、大兴实干之风，靠务实扎实的作风抓落实求突破。要层层压实责任。按照构建“宝塔形、网格化、全覆盖、分线作战”责任落实体系的要求，对今年的工作目标进一步细化量化，形成任务层层分解、压力层层传递、工作层层落实的格局。特别是分线作战的牵头领导要对承担的重点工作抓紧研究，迅速拿出实施方案和保证措施。近期，市委市政府将召开“抓落实、求突破、促跨越动员大会”，由各条工作线的市级牵头领导和相关责任部门表态发言、作出承诺，并在新闻媒体公布责任分工方案，向全市公开、让群众知晓、受社会监督。要强化督导检查。对市委市政府重大决策部署，要实施跟踪督导；对重点工作线，要逐条线全程督查；对群众关注的热点问题，要一检查一通报、一问题一剖析、一案例一曝光，工作不突破、督查不下线。市督查办要加大调度、通报力度，既通报成绩、也通报问题，既通报具体责任单位、也通报牵头市级领导。要敢于问责、善于问责，对不负责不尽责、进展慢效果差的，该约谈的约谈、该问责的坚决问责。

第五，健全常态化推进作风建设机制。作风问题的反复性、复杂性和综合性，决定了我们既要着力治标，切实解决突出问题；更要立足治本，加快构建长效机制，推动全市干部作风建设进入制度化规范化轨道。要建立覆盖到位的管理机制。牢牢坚持从严带队伍、从严管干部，进一步健全干部管理制度体系，以日常管理为重点，堵塞管理漏洞，把从严管理的要求体现在工作的方方面面。对无章理事、有章不循、有过不问、违章不纠，造成管理混乱、影响恶劣的，要严肃追究单位主要负责人的责任。要建立严格有效的问责机制。加强一线督查、实地督查、问责督查，组织经常性的明查暗访活动，发现问题公开处理。建立快速反应的查处机制，有诉必受、受理必查、查实必究，不搞迁就照顾，不搞下不为例。对部门存在不作为、慢作为和服务效率低等问题，年内查实三例的，年终考核“一票否决”。市纪委、监察局、作风办要敢于碰硬、敢于唱黑脸、敢于得罪人，下决心抓几个反面典型，严肃处理、公开曝光。要建立齐抓共管的责任机制。推进作风建设，加强领导、落实责任是关键。各级各部门要把作风建设作为“一把手”工程来抓，主要负责人要履行好第一责任人的责任，既要发挥好示范带头作用，又要抓好组织指导、督查督导。纪检监察机关和作风办要认真履行职责，发挥好牵头抓总的作用。新闻宣传部门要强化对干部作风建设的宣传报道和舆论监督，营造浓厚的社会氛围。

同志们，作风就是环境，作风就是形象，作风就是力量。在济宁发展的关键时期，作风建设的要求只能更严、不能放松，力度只能加大、不能减弱，标杆只能拉高、不能降低。各级各部门和广大党员干部要迅速行动起来，转变作风从我做起、作风转变向我看齐，立说立行、立见成效，以干部作风的转变凝聚民心、汇聚力量，团结带领全市人民万众一心促跨越奔小康，共同创造我们的幸福生活和美好未来！

政府工作报告

——2013年1月6日在济宁市第十六届人民代表大会第二次会议上

市长　梅永红

各位代表：

现在，我代表济宁市人民政府向大会报告工作，请予审议，并请市政协委员和其他列席会议的同志提出意见。

一、2012年工作回顾

过去的一年，面对复杂严峻的国内外经济形势，全市上下在中共济宁市委的坚强领导下，深入落实市第十二次党代会精神，牢牢把握科学发展跨越发展总基调，紧盯“三个高于、三个提高”任务目标，解放思想，开拓创新，攻坚克难，拼搏实干，各项工作取得新成绩，新一届政府实现良好开局。

——**经济实现平稳较快发展**。预计全市地区生产总值达到3210亿元、增长11%；公共财政预算收入完成245.6亿元、增长18.6%；固定资产投资1740亿元、增长22%；社会消费品零售总额1300亿元、增长15%，居民消费价格同比上涨2.1%。金融机构年末存款余额3090亿元、贷款余额1970亿元，分别比年初增加460亿元、320亿元。

——**产业结构得到优化提升**。全市规模以上工业企业发展到1450家，四大千亿级产业规模实力不断增强，拉动工业增加值增幅8个百分点。战略性新兴产业发展迅速，实现销售收入540亿元、增长47%。高新技术产业产值占工业比重提高到20.6%。服务业实现增加值1150亿元、占比提高1个百分点。

——**发展动力和活力显著增强**。国有资产管理体制改革纵深推进。投融资体系建设取得新进展，市产业发展投资公司、融资担保公司与城建投资公司形成“三驾马车”，引进民生银行、莱商银行，5家村镇银行和5家保险公司开业，全市股权投资基金达到15支，小额贷款公司发展到19家。全年取得重要科技成果150项、专利授权5000项，济宁高新区产学研基地建成使用，10名国家“千人计划”专家来我市创新创业。对外开放进一步扩大，新批外资项目49个，实际利用外资7.7亿美元；新增境外投资企业28家，完成投资5.4亿美元。全民创业行动扎实开展，新增民营企业3003家，民营经济增加值增长12.5%。

——**城乡面貌发生明显变化**。中心城区实施重点项目96个、完成投资121.9亿元，一批公共基础设施建成使用，升级改造主干道和背街小巷25条，改造棚户区58.9万平方米，新增绿地164.9万平方米、环保公交车200辆、天然气用户1.5万户、供热面积310.6万平方米。农村环境综合整治成效明显，完成3640个村整治任务，硬化道路7670公里，建成垃圾中转站278座，配备保洁员1.4万人，农村环境得到净化美化，城乡环卫一体化长效机制初步形成。

——**生态环境质量持续提升**。节能减排任务全面完成，单位生产总值能耗、主要污染物排放继续下降。水污染治理力度加大，主要河流水质稳定达标。大气污染防控成效明显，空气质量改善幅度居全省前列。新增造林面积19万亩，建成国家级森林公园和湿地公园2处。18个乡镇、34个村成为国家级生态镇村。

——**民生保障水平不断提高**。城镇居民人均可支配收入和农民人均纯收入分别达到25500元、10020元，增长13.8%和15%。新增城镇就业12.7万人，农村劳动力转移就业11.9万人。城乡养老、医保制度实现全覆盖，保障水平不断提高。文化惠民工程深入实施,城乡居民精神文化生活更加丰富。为民承诺所办10件实事如期兑现。

一年来,重点做了以下工作:

(一)全力突破工业经济。实施"工业强市"战略,开展"为企业排忧解难服务"活动,强化监测预警,落实要素保障,实现了工业经济企稳回升。围绕做大做强主导产业骨干企业,制定出台扶持千百亿工业企业发展政策,推进千户企业改造提升、利税过千万元企业信息化改造、骨干企业创百亿"三大工程"。实施了100个重大技改项目,完成投资560亿元、增长26%。太阳纸业、华勤集团销售收入突破300亿元,润峰集团、翔宇化纤、荣信化工突破100亿元。积极推进企业技术创新,新建重点实验室和院士工作站15个,国家煤及煤化工检测中心、鲁南技术产权交易中心正式运营,14个高水平研发团队入驻鲁南工程技术研究院。着眼培育壮大中小企业群体,实施金融助推千家中小企业发展计划,新增中小微企业贷款160亿元。

(二)集中攻坚重大项目。深入开展"大项目突破年"活动,在北京、上海、香港等地区开展了系列招商活动,加强与世界500强、大型央企和知名民企的对接,引进了一批重大产业项目,到位市外国内资金671亿元、增长42%。深度推进与省直部门、金融机构和驻济大企业战略合作,签订合作协议23项。坚持每季度举行一次重大项目集中开工活动,建立领导包保、分类管理、部门联系推进制度,优化发展环境,千方百计保项目落地建设。全年累计新开工亿元以上项目328个、同比增加147个,娃哈哈灌装饮料、吉利自动变速箱等一批产业项目竣工投产。

(三)夯实"三农"工作基础。认真落实强农惠农富农政策,发放政策性补贴9.6亿元。粮食生产实现"九连增",总产达到113亿斤。推进农民土地承包经营权流转,标准化种养基地发展到381万亩,新增农业产业化龙头企业56家、农民专业合作社854家,农产品质量安全示范区发展到140万亩。农业综合机械化水平达到85%。南水北调干线主体工程和治淮东调南下续建工程竣工。加强农田水利基本建设,解决了37.4万农村居民饮水安全问题,12个县市区纳入全国小型农田水利重点县建设范围。

(四)强力推动县域发展。实施"县域经济倍增计划",加大产业布局、转移支付、对口帮扶、人才培训等扶持力度,市财政一般性转移支付新增2.5亿元,落实帮扶资金4.7亿元、项目184个。县域公共财政预算收入增幅高于全市平均2个百分点。赋予14个省级开发区完全县级管理权限,10个开发区突破百亿元,园区固定资产投资、提供税收分别占县域的59%、42%。建立向乡镇倾斜的政策导向机制,实行市直部门联系包保乡镇制度,全市公共财政预算收入增幅超过30%的乡镇发展到108个。

(五)加速推进城镇化进程。以开展"城市建设管理年"活动为抓手,持续实施城镇化追赶战略,全市城镇化率提高2个百分点、达到46%。出台支持北湖新区加快发展政策,从管理职能和保障措施等多方面构建起完备的支撑体系。大力推进省运会场馆建设,奥体中心体育场试运行,指挥中心主体竣工。济宁高新区以廖沟河景观打造和系列科技场馆建成为标志,布局框架进一步拉开。济北新区任城行政中心正式启用,金宇路升级改造加快实施。"三河六岸"开发和老城区东南片区改造全面启动,万达广场等城市综合体项目加紧建设。北湖连通桥、南二环京杭运河特大桥建成,临菏路济宁段全线贯通。太白楼路东西延伸线、济徐高速东平至济宁段竣工通车。滨湖大道济宁至鱼台段路基和桥梁主体施工基本完成。济宁曲阜机场新开通5条航线。梁济运河济宁城区段下游11公里疏浚工程全面完成。金乡、微山、梁山、曲阜等县市老城改造和新城开发建设力度加大、特色凸显,小城镇建设步伐加快。进一步理顺市区城建管理体制,构建起市控区统、条块互动、运转高效的城市管理格局。

(六)加快建设文化强市。大力实施文化建设"突破曲阜"战略,出台一揽子扶持政策,支持曲阜文化建设率先突破。曲阜片区大遗址规划建设扎实推进,国家级文化产业示范园区加紧实施。尼山圣境、东方文博城等一批项目开工建设,兴隆文化园、水浒文化主题公园等项目加快推进,微山湖景区被批准为省级旅游度假区。成功举办第二十九届国际孔子文化节等系列文化活动。市县国有文艺院团改革全面完成,济宁报业传媒集团、演艺集团挂牌成立。全市镇街全部建成综合文化站,95%以上的村居建成文化大院、农家书屋。

(七)加强民生和社会事业建设。在全省率先启动民生保障十大体系建设。大力实施教育优先战略,新改扩建公办幼儿园462所,改造中小学校舍52万平方米,省级规范化学校达到111所。实施学生营养改善计划和中小学健康饮水工程，向困难家庭学生发放营养补助金4500万元。出台支持高校建设发展意见，促进地校融合发展。医改五项重点任务圆满完成，"先看病后付费"就诊模式全面推开，城镇职工和居民医疗保险实现门诊统筹。开展"百名医疗专家进千村"、"万名保健医生进农户"活动，有效缓解了群众看病难问题。新型社会救助体系基本形成，困难群众、特殊群体、优抚对象生活得到有效保障。"四位一体"养老经验在全省推广。建设保障性住房1.38万套，完成农村危房改造1.35万户。人口自然增长率控制在7‰以内。省运会筹备工作扎实推进。加强和改进食品安全监管，建成放心粮油食品示范店116家。深化"平安村居、社区、单位"创建活动，开展打霸除恶专项行动，群众安全感普遍增强。实行领导干部公开接访、接听市长公开电话制度，重点信访问题和社会矛盾得到及时化解。安全生产形势持续平稳，应急管理工作不断加强，社会保持和谐稳定。援疆工作积极推进。国防动员、民兵预备役和双拥共建工作富有成效。国家安全、新闻出版、广播影视、民族宗教、公共资源交易、住房公积金、外事侨务、统计、物价工作取得新成绩。档案史志、人防地震、水文气象、妇女儿童、老龄、残疾人、慈善、红十字等项事业加快发展。

一年来，我们致力于打造法治政府、服务型政府和廉洁政府，不断强化政府自身建设。主动接受人大依法监督、政协民主监督，人大代表建议、政协提案办复率均为100%。深入实施依法行政"五五"规划和"六五"普法，行政复议改革试点经验在全国推广。开展"行政程序年"活动，重大行政决策更加科学规范、公开透明。全面落实党风廉政建设责任制，扎实开展"双评"和纠风专项治理，加强审计监督，严肃查办了一批腐败案件。

各位代表，过去的一年，在形势十分复杂、任务空前繁重的背景下，我市经济社会发展取得这样的好成绩实属不易。这得益于省委、省政府和市委的正确领导，离不开市人大、市政协的监督支持，凝结着全市广大干部群众的心血汗水。全市上下特别是广大基层的同志面对困难不退缩，殚精竭虑谋发展，扑下身子抓落实，表现出苦干实干、勇于担当、无私奉献的"精气神"。在此，我代表市人民政府，向全市工人、农民、知识分子和干部，向各级人大代表、政协委员，各民主党派、工商联、人民团体和各界人士，向中国人民解放军驻济部队指战员、武警官兵和公安干警，向中央、省驻济单位，向来济宁兴业发展的投资者和建设者，向关心支持济宁现代化建设的港澳台同胞、海外侨胞和国际友人，表示衷心感谢和崇高敬意！

我们也清醒地认识到，全市发展中还面临许多矛盾和问题。主要是：人均经济规模和财力偏低；经济结构性矛盾仍然突出，县域发展不平衡；自主创新能力不足，节能减排压力大；城市管理、公共服务和社会管理创新亟待加强；政府效能建设仍需进一步强化。对此，我们将高度重视，采取有力措施加以解决。

二、2013年重点工作

今年是深入贯彻落实党的十八大精神的开局之年，是实施"十二五"规划承前启后的关键一年，也是市委、市政府新一轮重大战略部署的落实年、突破年。经济社会发展既面临着严峻挑战，更面临着难得机遇。随着我市一系列重大决策部署的深入实施，一批重大产业项目的竣工投产，一些关系济宁长远发展制约因素的有效破解，支撑全市跨越发展的条件更加稳固。只要我们保持奋发有为的精神状态，坚定攻坚克难的必胜信念，团结拼搏，开拓进取，就一定能够乘势而上，不断开创科学发展跨越发展新局面！

今年的政府工作，要以"落实年、突破年"为总要求，深入学习贯彻党的十八大精神，坚持以邓小平理论、"三个代表"重要思想、科学发展观为指导，紧紧围绕主题主线，以提高经济增长质量和效益为中心，把握"稳定增势、提速转型、争先进位"工作基调，进一步深化改革开放，强化创新驱动，注重统筹发展，突出工业化、城镇化"两化并进"，以项目建设为引领，集中突破工业发展、突破城市建设、突破县域经济、突破文化建设、突破生态建设，加快构建民生保障体系，实现经济持续快速健康发展和社会和谐稳定。主要预期目标安排为：地区生产总值增长11.5%，公共财政预算收入增长16%，规模以上工业增加值增长14%，固定资产投资增长23%，社会消费品零售总额增长15%以上，外贸进出口增长9%，实际利用外资稳步增加，城镇居民人均可支配收入和农民人均纯收入均增长12%，城镇登记失业率控制在3%以内，居民消费价格涨幅控制在3.5%左右，全面完成省下达的节能减排约束性目标，人口自然增长率控制在7‰以内。

完成上述目标任务，需要我们着眼全局、科学谋划，突出重点、统筹兼顾，在工作推进中体现"六个更加注重"的基本要求。一是更加注重加快发展。牢牢扭住经济建设这个中心，一心一意谋发展搞建设，力争主要经济指标增幅高于全省、高于周边、高于上年,努力提升全市经济总量和人均水平。二是更加注重转型发展。以高端高质高效发展为方向,加快经济战略转型,构建现代产业体系,促进工业化、信息化、城镇化、农业现代化同步发展。三是更加注重创新发展。坚持创新驱动、人才引领,引导和支持企业通过创新增强核心竞争力,激发经济增长的活力和动力。四是更加注重统筹发展。力促强县率先发展、中等县加速崛起、薄弱县跨越赶超;积极推动城乡发展一体化,加快建立完善的基础设施和公共服务体系。五是更加注重生态发展。强化资源节约集约利用,强力推进节能减排,大力发展循环经济,加快建设资源节约型、环境友好型社会。六是更加注重和谐发展。坚持以人为本,多谋民生之利,多解民生之忧,持续加大民生投入,加快构建民生保障体系,让广大人民群众生活得更加幸福!

重点抓好十个方面的工作。

(一)以做大做强工业经济为引擎,加快推进经济战略转型。工业是强市之基。把工业作为做强实体经济基础、调整优化产业结构的重要抓手,实施"1351"十大产业百千亿培植工程,努力提高经济发展的质量和效益。

加快新型工业化进程。一是推动传统产业转型升级。通过规划引领、项目带动,推进煤化工、装备制造、食品工业、纺织服装等产业迅速膨胀规模,尽快形成千亿级产业。突出抓好100项省级重点技改项目建设,技改投资超过700亿元、占比达到60%以上。落实骨干企业扶持、中央省属驻济企业加快发展政策,"一企一策"为企业排忧解难,以龙头企业的发展壮大,带动重点产业加速提升,年内新增百亿元企业2家。二是培育发展战略性新兴产业。完善产业规划布局,制定专项实施方案,重点延伸新能源、LED、电动汽车、生物医药、节能环保等产业链条,抓好高端装备制造、光电信息、新材料产业基地建设。三是加快信息化和工业化融合。实施"信息化行动计划",培育100家利税过千万元信息化示范企业,建设100个重点示范应用项目。推动信息网络技术广泛应用,努力建设"智慧济宁"、"数字矿山"。四是扶持发展中小微企业。实施中小企业"百家成长千家培育工程",在融资担保、政府采购、人才培训等方面提供政策帮扶。持续掀起全民创业热潮,大力发展民营经济,打造一批高素质企业家队伍,催生一批小而专、小而精、小而强的民营企业群体,形成梯次成长、集群发展格局。

加快园区转型升级。按照产业分区定位,推动各类生产要素向园区集中,以大企业为龙头、主导产品为核心,带动一批功能互补、配套协作的中小企业快速成长,形成特色突出、层级分明的产业集群。进一步完善园区基础设施,强化金融、研发、信息等服务平台建设,在更高层次上为入园企业提供增值服务。加快千亿级园区创建步伐,支持邹西大工业板块加速崛起,推进兖州工业园、经济开发区联合争创国家级开发区,年内12个省级园区突破百亿级,2个突破500亿元。

全力推进大项目建设。坚持以产业大项目带动工业突破,集中抓好长三角、珠三角等重点地区和日韩、欧美等发达国家的招商,加强与世界500强、央企的联络对接,跟踪落实签约项目和战略合作协议,创新高层推动和产业招商、企业招商、园区招商方式,鼓励骨干企业拿出优势资源与国内外大公司合资合作,力争在大项目引进上取得突破。优化投资环境,减少行政审批程序和行政事业性收费,开辟"绿色通道",集中力量抓调度、抓推进,确保项目顺利落地建设、按时投产达产。年内每个县市区至少新上20个亿元以上产业项目、2个过10亿元工业项目。

(二)以提高综合产出效益为着力点,加快发展现代农业。坚持工业反哺农业、城市支持农村和多予少取放活方针,引导更多的资本、技术、人才等先进生产要素向"三农"领域倾斜,促进农业增效、农民增收、农村经济更好更快发展。一是调整优化农业结构。抓好现代农业粮食产业项目,开展高产创建活动,力争粮食生产"十连增"。发展壮大大蒜、食用菌、苗木花卉等高价值经济作物,实施渔业转型升级"六大工程",扩大畜牧业生态健康养殖规模。有序推进农民土地承包经营权流转,扶持优质农产品连片规模种植。因地制宜发展设施农业、观光农业、生态农业和都市农业。二是提升产业化经营水平。实施农产品质量提升工程,推进农业标准化生产,完善基层农技服务体系,发展新型农村合作组织,搞好良种繁育、引进和推广,扩大农产品质量安全示范区规模,抓好品牌创建,提升济宁农产品的知名度、竞争力和经济效益。加强农业龙头企业培植,促使现有骨干企业增量提质,鼓励各类投资者进入农业产业化领域,创建基地型、链条式龙头企业。年内新增农业产业化龙头企业50家、农产品质量安全示范区50处、"三品一标"认证50个。三是强化农业基础支撑。加大农业科技投入,加强对基层技术人员和生产大户的科技培训，提升农业物质技术装备水平。加快推进现代水利示范市建设，构建完备的水资源调配网络，完成12个全国小型农田水利重点县年度建设任务。抓好农业综合开发和扶贫开发，提高农业综合生产能力。

(三)以载体建设为支撑，提速发展现代服务业。把发展服务业作为转方式调结构的突破口，推进服务业重点项目建设，力争服务业占比提高2个百分点。加快发展金融业，搞好金融招商，引进光大银行，加强与平安集团、国信证券等金融机构的合作，支持济宁银行跨区域经营，引导金融机构到县乡设立营业网点，用好债券、基金、信托等金融工具，助推实体经济发展。紧跟先进制造业发展步伐，推进运河物流交易服务中心、铁水联运等项目建设，大力发展内河集装箱运输和临港物流产业。按照社会化服务、专业化分工要求，加快工业企业二、三产业分离，推动研发、设计等业务外包。集中突破文化旅游业，提速推进尼山圣境、兴隆文化园等重大项目，汶上宝相官景区建成开放，支持微山湖、水泊梁山创建5A级景区。加强"孔孟之乡、运河之都、文化济宁"城市形象品牌宣传，策划推出一批文化旅游演艺活动。组建孔孟旅游集团，整合旅游资源，规划设计精品线路，与国内知名旅行社、景区景点、周边城市实现有机对接、客源共享。科学布局城乡商贸网点，搞好大型商贸批发市场与城市建设的衔接，形成一批特色商业街区、专业市场、购物广场，解决"有城无市"的问题，努力把济宁建成鲁西南地区重要的商贸中心。

(四)以重大工程为牵动，加快推进城镇化进程。更大力度实施城镇化追赶战略，年内城镇化率提高3个百分点以上。

强力突破中心城区。一是坚定不移推进北湖新区建设。高起点做好各类专项规划和单体设计，完善道路管网、水电气暖等基础设施配套。加快省运会系列场馆建设，指挥中心、媒体中心、"一场三馆"、水上运动基地、飞碟靶场等场馆竣工交付使用。二是彰显高新区科技新城魅力。加快大学科技园、创意及工业设计园等项目建设，建成科技中心"一体六馆"，推进印象吟龙湾和廖沟河湿地工程建设，密切新城开发与产业发展的有机衔接，促进高新区向国际化科技新城迈进。三是提升济北新区城市功能。以任城行政中心北迁为带动，深度拓展东西两翼商务区建设，完成金宇路升级改造、北二环建设任务。四是加快老城区重点片区建设。提速推进万达广场等城市综合体和东南片区开发，完善城区雨污分流等配套基础设施，启动华能黄屯热电厂建设，新增供热面积100万平方米、天然气用户1万户。完成城区所有背街小巷改造任务。高水平实施"三河六岸"综合开发，突出抓好大运河文化产业带连片建设，开工一批地标性建筑和独特景观，拉开西部城区布局框架，展现城河相映、生态宜人的城市风貌。

加速组群结构城市融合发展。建立都市区融合发展协调推进机制，做好各板块间行动规划和制度设计，在基础设施、信息网络、产业布局、公交一体化等方面取得实质性突破。依托崇文大道等城际路网，科学规划布局重点产业园区，引导相关县市区集中实施一批先导性大项目，打造特色产业集聚带。积极争取都市区行政区划调整，完成核心区乡改镇、镇改街道工作。加快都市区大公交体系建设，逐步开通中心城区至县域"零换乘"公交，推进曲阜高铁站连接线工程早日竣工，打造组群结构城市"半小时"都市圈。加速济徐高速济宁段、东外环南延、滨河大道济宁至梁山段建设，滨湖路二期济宁至鱼台段竣工通车，提高城际交通通达能力。

统筹抓好县城和小城镇建设。坚持老城改造与新区拓展齐抓，功能提升与产业发展并举，增强县域城市承载能力和服务功能。抓住全省开展"百镇建设示范行动"机遇，分层次推进小城镇建设，以10个省市级示范镇为重点，加大城镇基础设施配套，完善文化、教育等公共服务功能，促进人口向小城镇集聚。尊重农民意愿，稳妥实施新型农村社区建设。深化户籍制度改革，有序推进农业转移人口市民化。

提升城市经营管理水平。放开搞活城市开发建设市场，充分运用市场机制，走出一条依靠市场力量开发建设城市的新路径。完善管理体制，创新运行机制，强化街道、社区在城市管理中的基础地位。发挥好"数字化"城管平台作用，全面推行市场化、网格化、精细化管理。深入实施畅通工程，努力解决行车难、停车难问题。

(五)以激发内生动力为突破口，促进县域经济跨越赶超。纵深推进"县域经济倍增计划"，严格落实政策，完善帮扶机制，挖掘发展潜力，推进县域均衡协调发展。

加大县域发展扶持力度。积极争取上级政策支持，千方百计强化要素保障，在项目、资金、土地、人才等方面落实具体措施。加强基础设施建设,在交通设施、水利工程和城市公用设施等方面给予更多倾斜。对薄弱县加大财政转移支付、税费返还力度。督促对口帮扶县市区、部门单位和企业落实责任,协力推动县域经济实力明显提升,确保地区生产总值、财政收入、固定资产投资增幅高于全省平均水平,在全国、全省县域排名位次前移。

培植壮大特色主导产业。立足资源优势和产业基础,推进县域经济特色化、差异化、集群化发展,加快培植一批重点行业、特色产业。在农产品精深加工、工业配套协作、文化旅游资源开发等领域布局特色项目,延伸产业链条,增强竞争优势。年内各县市区新增规模以上企业20个。

夯实镇域经济基础。牢固树立"产业兴镇、商贸活镇"理念,加快建设一批独具特色的工业重镇、商贸强镇和旅游名镇。支持乡镇招商项目集聚园区发展,持续增强镇域发展生机活力。落实市直部门联系包保乡镇责任,在工业发展、招商引资和项目建设上实现新突破。抓好乡镇财源培植,力争公共财政预算收入过亿元乡镇达到36个。

(六)以改革开放为动力,增创发展新优势。坚持用改革的办法破解难题,用开放的思路拓展空间,为经济社会发展增添活力。

深化重点领域、关键环节的改革。稳妥推进事业单位分类改革。加快财税体制改革,健全县级基本财力保障机制,增强基层政府保障能力。加强预算管理,提高预算执行的均衡性、有效性和刚性约束。做好营业税改征增值税试点准备工作,加强政府性债务的清理、监管和风险防范。改革投融资体制,规范发展投融资平台,健全政府投融资、担保平台决策、监督、执行机制,增强调控和配置社会资本的能力,推进资源资本化进程。加快国有企业股权多元化改革,全面推行外派监事会和外部董事制度,完善法人治理结构,加强企业国有资产集中统一监管。深化卫生体制改革,稳妥推进县级公立医院综合改革试点,探索运用市场化手段建设医疗机构基础设施。

提升对外开放水平。实施更加积极主动的开放战略,构筑全方位、宽领域、多层次对外开放格局。调整优化出口产品结构,强化工程机械、机电、大蒜等出口基地建设,扩大先进制造业特别是高新技术产品出口比重。加快建设济宁保税物流中心,改进通关模式,提高通关效率。推进"境外百展市场开拓计划",巩固传统市场,开拓新兴市场,增加市场占有份额。积极扩大进口,鼓励企业大力引进国际高端产业、技术装备和重要原材料。引导企业积极"走出去",开展境外资源开发、优势产能转移和境外并购,培育一批源自济宁的跨国公司。

(七)以实施创新驱动战略为抓手,提升自主创新能力。全面落实科技人才优先发展、优先投入的政策举措,推动国家创新型试点城市建设取得突破,增强转型发展的驱动力。一是突出企业创新主体地位。实施企业技术创新工程,引导企业持续加大研发投入,强化技术攻关、新品开发,提升核心竞争力,重点企业研发经费支出占比达到5%以上,年内新增国家级高新技术企业25家,高新技术产业产值增长20%以上。二是加强产学研合作。深化与高等院校、科研院所的合作,加快校企联盟、产业技术联盟等平台建设,全年新建25家产学研基地、5家省级院士工作站,认定6家省级以上企业技术中心。三是强化公共创新平台建设。放大济宁高新区科技创新功能效应,加强与中关村、张江等高科技园区合作,提高承接高新技术产业和高端人才转移的能力。提升鲁南工程技术研究院、鲁南煤化工研究院服务水平与研发能力,省科学院济宁分院、中科院计算所济宁分所年内建成使用。依托鲁南质检中心,组建检测检验公共平台,发展集中统一的食品检测中心。高标准建设科技人才创业创新孵化园,规范发展鲁南技术产权交易中心,促进科技成果加速转化,年内培育重大科技成果160项。加强知识产权保护,优化创新环境。四是促进科技金融融合发展。吸引更多创投基金、产业基金入驻我市,建成科技担保平台,推进知识产权质押和债权性、股权性融资业务,形成多元化、多层次、多渠道的科技投融资体系。五是抓好人才队伍建设。深入实施海外人才引进"511"计划和国内人才集聚"百千万"工程,引进一批创新团队和高端人才带资金项目到我市创业,培养更多技能型、实用型人才。大力倡树尊重人才、尊重创新的浓厚氛围,努力把济宁打造成创新之城、活力之城。

(八)以生态环境治理为重点,努力建设"美丽济宁"。实施"生态突破"战略,着力推进绿色发展、循环发展、低碳发展,努力打造天蓝地绿、山清水秀、生态宜居的美好家园。

扎实推进节能减排。严格落实目标责任,实行合同能源管理和能耗总量、项目单耗双重目标控制,严禁新上高耗能、高排放项目。大力发展循环经济,全面推行清洁生产,健全落后产能退出机制,完成70家企业落后产能淘汰任务，构建生态型产业体系，建设一批生态型产业园区。加强大气污染综合治理，抓好脱硫、脱硝高效除尘改造、扬尘污染防治。完善"治用保"防控体系，加快南水北调治污工程建设，强化污水处理厂运营监管，严厉打击违法排污行为，确保水质稳定达标，实现一泓清水安全过境。

强化生态环境保护。积极创建全国"绿化模范城市"和全省"湖泊生态修复示范市"，实施10项绿化会战重点工程，新增造林20万亩。推进环南四湖大生态带建设，完成湿地保护修复20万亩。建设绿色生态廊道，保护林地、湿地和城市公园等绿色空间。严守耕地红线，节约集约用地，严查违法用地和违规采矿行为，治理采煤塌陷地1.5万亩。开展生态示范创建，扩大生态县乡村覆盖面，支持曲阜、泗水争创国家级环保模范城市，新增省级绿化模范县、森林城市、园林城市3个，绿化示范村100个。

深化农村环境综合治理。以农村道路硬化、环境净化、村庄美化为重点，继续实施"村村通、村内通"工程，完成1700个村庄、5100公里道路硬化。搞好农村垃圾集中处置，构建城乡环卫一体化管理长效机制，从根本上改变农村环境面貌。

（九）以构筑文化高地为目标，推进文化强市建设。加强社会主义核心价值体系建设，提升文化软实力，加快建成文化强市。

强力实施文化建设"突破曲阜"战略。抓住文化部与山东省共建曲阜文化经济融合发展创新示范区机遇，完善曲阜文化建设规划，落实扶持政策，争取国家支持，倾力打造文化经济特区。加快曲阜国家级文化产业示范园区建设，优化园区布局，理顺运行体制，引进一批文化项目。加紧推进孔子博物馆等重大项目建设。高水平办好国际孔子文化节和世界儒学大会，提升祭孔大典层次水平，打响孔子品牌。

提升文化产业竞争力。加强文化产业集聚区建设，促进文化产业与科技、旅游、金融深度融合，提高文化产业在经济总量中的比重。加快东方文博城等项目建设进度，做好大运河济宁段保护申遗工作。搞好文化资源市场化运作，积极推进与国内知名文化企业的合作。支持有条件的文化企业跨行业兼并重组，培育发展一批传媒、演艺、出版等大型文化企业集团。

繁荣发展文化事业。深入开展群众文化活动，大力实施文化惠民工程，办好市民大舞台、百姓大舞台，丰富群众精神文化生活。年内完成市杂技城主体工程和图书馆新馆规划设计。巩固扩大文艺院团改革成果，壮大文化人才队伍，创作一批文艺精品，精心编排第十届中国艺术节参演剧目。

扎实做好第23届省运会、第9届省残运会和第3届省老年人运动会各项筹备工作，搞好场馆建设、备战参赛、市场运营和服务保障，营造"我为省运添光彩"浓厚氛围，确保所有场馆全部建成通过验收。广泛开展全民健身活动，推动竞技体育和群众体育、体育事业和体育产业协调发展。

（十）以增进百姓福祉为落脚点，加强以保障改善民生为重点的社会建设。持续加大民生投入和政策扶持，健全民生保障十大体系，推动公共服务资源向基层延伸。实施城乡居民收入倍增计划，继续办好为民承诺10件实事。

优先发展教育，加快实现"学有优教"。推进高校与地方融合发展、扩大规模、提高水平。全面落实职业培训普惠制政策，推动职业教育集团化办学。加快县市区中小学办学条件标准化建设，完成学前教育三年行动计划和校舍安全工程。调整优化中小学、幼儿园规划布局，逐步解决教育资源不足、布局不合理问题。鼓励引导社会力量兴办教育。关爱中小学生健康成长，扩大营养改善覆盖范围，建设完善400所农村学校食堂，提高家庭经济困难学生资助水平，让每一个孩子都能够享受到更好教育！

努力扩大就业，加快实现"劳有多得"。扎实做好以高校毕业生为重点的青年就业，统筹抓好农村转移劳动力、城镇困难人员、退役军人就业工作。持续加大促进就业创业政策力度，大力推动自主创业。支持劳动密集型企业发展，创造更多就业岗位。年内新增城镇就业7万人，农村劳动力转移就业7万人，高校毕业生就业率达到85%，"零就业"家庭实现动态消零。通过扩大就业、支持创业、鼓励投资等措施，多渠道增加城乡居民收入，让每一个劳动者生活得更有尊严！

健全社保体系，加快实现"老有善养"。强化社会保险扩面征缴，构建起全覆盖、保基本、多层次、可持续的社会保障体系。加大济困救助力度，提高社会救助标准，大力发展社会慈善事业，落实孤儿基本生活保障制度。健全残疾人保障服务体系。全市城乡居民养老保险基础养老金平均65元以上。完善养老服务体系,12个县市区全部建成社会福利中心,推进乡镇敬老院、社区和村级互助养老服务设施建设,提高社会养老服务水平,让每一个老年人都能幸福安享晚年!

优化医疗服务,加快实现"病有良医"。提高城镇职工、城镇居民基本医疗保险统筹基金和大额医疗救助金支付限额,城镇职工提高到每人每年25万元、城镇居民提高到13万元,新农合筹资标准提高到350元以上,重大疾病报销限额达到20万元。完善三级医院"先看病后付费"配套措施,全面推广"病历费用双公开"。做好4万名孕期妇女产前筛查和无创基因检测。推行农村保健医生制度,搞好基层医疗人员培训,开展"万名医生进农户"活动,把最优质的医疗服务送到群众家门口!

改善住房条件,加快实现"住有宜居"。严格执行国家房地产宏观调控政策,促进房地产市场健康发展。多渠道解决群众住房困难问题,新建经济适用房5250套、公共租赁房3150套、廉租房950套,改造棚户区2716户、农村危房1.2万户,启动农村住房集中建设4万户,让人民群众安居乐业、生活更加美满!

加强和创新社会管理。强化基层基础工作,完善社区(村)管理体制和服务网络,健全综合服务平台,提升服务管理功能。加强社会组织的培育和管理,更好地发挥群众性组织的作用。加强社会矛盾隐患排查,推进社会稳定风险评估工作,健全矛盾纠纷专业调处机制,从源头上预防和减少社会矛盾。深入开展领导干部接访下访活动,扩大12345市长公开电话覆盖范围,畅通民意诉求渠道。加强和完善网络信息管理,营造良好网络环境。深化"平安济宁"建设,构建社会治安网格化防控体系,严厉打击各类违法犯罪活动。严格落实安全生产"一岗双责",深入开展交通、建筑、矿山安全等专项整治,加强应急管理,有效防范和坚决遏制重特大安全事故发生。强化价格调节基金征缴使用,保持价格总水平基本稳定。加大食品安全和粮食监管执法力度,确保人民群众饮食用药安全。深入开展双拥共建活动,加强国防动员、人民防空、民兵预备役建设,落实各项优待安置政策,圆满完成征兵任务。切实保障妇女儿童权益。稳定低生育水平,改善出生人口性别比。扎实推进对口援疆工作。统筹做好民族宗教、外事侨务和对台工作,提升统计、水文、防汛、气象、史志和防震减灾、住房公积金等项工作水平。

三、加强政府自身建设

认真贯彻中央和省、市委关于改进工作作风、密切联系群众的各项规定,坚持以人为本、执政为民,加强作风建设,转变政府职能,努力建设人民满意的学习型、服务型、创新型政府。

一是加强学习,提升发展境界。深入学习党的十八大精神,努力把党的最新理论成果转化为谋划科学发展的思路办法、领导科学发展的实际能力、促进科学发展的具体措施。完善知识结构,更加注重学习经济、科技、金融、法律法规和现代管理知识,增强分析研判和解决实际问题的能力。强化改革意识、开放意识和市场意识,以创新的理念和方法寻求新的突破。

二是转变职能,提高服务效率。深化行政审批制度改革,进一步清理和精简行政审批事项,减少政府对微观经济活动的直接干预。加大政务公开力度,加强电子政务建设,做好"微博问政",健全咨询、问责制度,让权力在阳光下运行。严格落实岗位责任制、首问负责制、按时办结制,坚决查处"三乱"行为,大力提高办事效率和工作水平。

三是改进作风,强化工作落实。各级政府和领导干部要崇尚实干,始终保持担当的精神、创业的激情、进取的锐气,始终做到事业为先、责任为重。坚决扑下身子,深入建设一线、项目现场,努力把问题解决在一线、任务完成在一线。要切实改进调查研究,多到困难矛盾多、群众意见大的地方研究问题、解决困难、指导工作。下基层要轻车简从、减少陪同、简化接待,不张贴标语、不悬挂横幅。进一步改进会风文风,大力精简会议文件,严格清理、大幅减少会议活动,控制会议规模和时间,提倡开短会、讲短话、戒空话。

四是依法行政,规范政务行为。自觉接受市人大及其常委会的监督,认真落实市人大及其常委会的各项决议、决定,并定期报告工作。积极支持人民政协履行政治协商、民主监督、参政议政职能,认真听取各民主党派、工商联、无党派人士和各人民团体的意见建议。及时办理人大代表建议和政协提案。深入实施依法行政"五五"规划。加强和完善行政程序制度,确保政府决策科学民主、依法合规。规范行政执法行为,深化行政复议改革,完善行政争议解决机制。

五是廉洁自律，树立良好形象。注重加强党性和道德修养，严格遵守廉洁从政各项规定，全面落实党风廉政建设责任制，强化对领导班子和领导干部的教育、管理和监督。进一步规范行政权力，对政府投资的重大项目、政府采购、土地出让等经济行为，严格按制度和程序进行。严格执行住房、车辆配备等有关规定，坚决反对铺张浪费。今年市本级行政经费实现"零增长"，切实把有限的资金和财力用在促发展、保民生上。建立完善惩治和预防腐败体系，强化审计监督，支持纪检监察机关依法查办案件，严厉惩治腐败行为，以为民、务实、清廉的良好形象赢得人民群众的信任和支持。

各位代表！新的征程已经开启，新的目标催人奋进。让我们以深入贯彻落实党的十八大精神为动力，在中共济宁市委的正确领导下，以更加昂扬向上的精神迎接挑战，以更加奋发有为的斗志开拓进取，以更加求真务实的作风扎实工作，为全面建成小康社会而努力奋斗！

文化济宁

济宁古运河

济宁位于京杭运河全河的中段，古老的运河纵贯济宁全境，流经梁山、汶上、嘉祥、任城、中区、鱼台、微山等7个县区，全长约230公里。流经济宁城区的古运河旧称运粮河，西起京杭大运河，经顺河门入南四湖，自西向东，穿城而过，迤逦南流全长6.44公里。

济宁运河始凿于元朝至元十九年(1282年)。1260年元世祖忽必烈即汗位，1271年定国号为大元，改中都(北京)为大都定为国都。此时的大都和华北一带经长期战乱，经济萧条，无法养活大都百万人口和京畿大量驻军，一切都需南方运来。而隋朝的大运河很多河段淤塞，且路途遥远，迂回曲折。为了解决运输困难，使漕运经济便捷，元朝水利专家、都水监郭守敬奉命实地勘查、规划了山东、河北境内的漕运路线。1280年至1283年，在兵部尚书李奥鲁赤的主持下，由泗汶转运使马之贞亲自参与筹划和施工，率万余军队和民工开凿济州河。马之贞率军队和民工先疏导了济宁往南至留成的天然泗河运道，使之往南入黄河，与隋朝的大运河相接。1282年又开凿了济宁至东平75公里的一段新河，就是济州河，又称济州运河。

济州运河的开凿和实现航运，极大的缩短了漕运航程，但南来的船只到东阿后，仍需舍舟陆运或绕道渤海。于是1289年，元朝政府任命已升职为"泗汶都漕运使"的马之贞主持开凿东平至临清125公里的运河。忽必烈将济州至临清的这段运河赐名为"会通河"。会通河的开通和1291年通惠河的开凿，使元朝的京杭大运河于1292年(元至元二十九年)全线贯通。济宁"居运道之中"，特殊的地理位置使它不仅成为"水陆交汇，南北冲要之区"和"控引江淮咽喉"地带，同时又成为漕河管理中心和鲁西南政治、经济中心，出现了"官舸商舶鳞集，麻拥于济城之下"的兴旺景象。

2012年大事记

1月

1—2日

市委书记马平昌在市委常委、秘书长陈民的陪同下，先后到泗水县、兖州市、任城区、汶上县和济宁高新区进行调研，了解企业生产经营情况，走访慰问困难群众。

2日

市委副书记、市长梅永红在万达广场项目片区房屋征收指挥部主持召开调度会。市委常委、市中区委书记张辉，市政府党组成员石爱作，市政府党组成员、市公安局局长王金城，市政府秘书长李士民，市直有关部门及市中区、任城区主要负责人参加会议。

3日

全市经济工作会议在运河宾馆召开，学习贯彻中央、全省经济工作会议精神，总结全市2011年经济工作，研究部署2012年经济工作。市委书记马平昌，市委副书记、市长梅永红出席会议并作重要讲话。市政协主席赵树国，市人大常委会第一副主任梁之安出席会议。

4日

省纪委常委迟丽华到济宁市走访慰问困难纪检监察干部，为他们送去慰问金与慰问品。市委常委、纪委书记李建华陪同。

5日

山东省对济宁市2011年度人口计生责任目标执行情况反馈会在圣都国际会议中心举行。市委书记马平昌主持反馈会并讲话。省人口计生委巡视员丁传英，省计生协专职副会长兼秘书长王众；市委常委、常务副市长崔洪刚，市委常委、组织部长何思清，副市长陈颖，市政府党组成员田志锋，市政府党组成员、市公安局局长王金城及市纪委常务副书记姜居祯出席会议。

△市委书记马平昌在市政府党组成员石爱作陪同下，到北湖新区进行调研。他强调，要拉框架提品质，集中突破北湖新区。

△由市委宣传部、市人民检察院、市儒家文化与企业发展协会、曲阜东方圣城文化传播有限公司等单位联合拍摄的102集大型儒家文化影视系列片、全球首部影视版论语——《演说论语》，荣获全国电视文艺“百家奖”一等奖、优秀创意奖、优秀撰稿奖三项桂冠。

9日

省委书记、省人大常委会主任姜异康到曲阜市走访慰问老党员和困难职工群众、优抚对象，就深入开展创先争优活动进行调研指导。市委书记马平昌，市委副书记、市长梅永红及省直部门领导颜世元、孙建功、王守涛、于刚、吕明辰、仉兴玉、张国琛、杨焕彩等陪同。

10日

全市组织收看全省政法维稳工作暨平安山东建设表彰大会。市委书记马平昌，市委副书记、市长梅永红，市人大常委会副主任刘明远，市政协副主席李卫国，市政府党组成员田志锋等出席济宁分会场会议。

△山东省召开电视会议，提出要凝聚全省智慧和力量实施生态山东建设。市委书记马平昌在济宁分会场收看电视会议，市委副书记、市长梅永红作了题为《巩固扩大流域治污成果加快生态市建设步伐》的典型发言。

△全市文艺界知名人士迎春茶话会在运河宾馆举行。市委常委、常务副市长崔洪刚出席并讲话，市委常委、宣传部长刘成文主持，市人大常委会副主任刘明远、殷允岭，市政协副主席姜化铸，原市级领导韩笔祥、张九韶等出席。

△济宁市召开2011年全市反腐倡廉工作通报会。市委常委、市纪委书记李建华出席并讲话。

10—11日

市委书记马平昌到市民政和信访部门调研指导工作、走访慰问干部职工。

11日

市委召开常委会议，传达学习省委书记、省人大常委会主任姜异康在济宁市调研时的重要讲话精神，研究贯彻落实意见。市委书记马平昌主持并讲话。市委副书记、市长梅永红和市委常委出席会议。市政协主席赵树国、市人大常委会第一副主任梁之安和市直有关部门负责人列席会议。

△市委副书记、市长梅永红，市委常委、市总工会主席韩军带领市直有关部门负责人，看望慰问了市国资委系统企业困难职工和劳动模范，代表市委、市政府向他们致以节日的问候和美好祝福，并送去慰问金。

△在收听收看了全省农村集体经济组织清产核资工作电视会议后，济宁市召开会议，贯彻落实省电视会议精神，安排部署下步工作任务。市委常委、纪委书记李建华出席并讲话，市政府党组成员田志锋主持。

11—12日

中国共产党济宁军分区第六次代表大会召开。市委书记、军分区党委第一书记马平昌出席会议并讲话。市委常委、军分区党委书记、政委刘兴河代表济宁军分区第五届党委向大会作报告。济宁军分区党委副书记、司令员叶益民致开幕词。济宁军分区副司令员杨富强,副政委王波、张平等出席会议。

12日

济宁市召开中央、省驻济单位迎春座谈会。市委书记马平昌出席座谈会,市委常委、常务副市长崔洪刚主持座谈会,市委常委、秘书长陈民,副市长周洪及驻济高校、大企业、科研院所、金融部门、税务部门、行业协会负责人出席会议。

△庆祝济宁市运河文化研究会成立十周年暨迎新春座谈会在运河宾馆举行。市委常委、常务副市长崔洪刚出席并讲话,市人大常委会副主任殷允岭,市人大常委会副主任、秘书长丁颖,市政协副主席王文成及部分原市级领导出席座谈会。

13日

市委常委、常务副市长崔洪刚,市委常委、统战部长张开朗代表市委走访慰问市民主党派工商联机关。全市统一战线各界人士迎春招待会在运河宾馆召开。崔洪刚致辞,张开朗主持。市领导殷允岭、陈颖、戴伟娟、贾丽建、郭洪敏、李良品,市中级人民法院院长张勇,市人民检察院检察长张庆建,民建市委主委吴霁雯等出席活动。

△"万家平安颂和谐"全市公安系统2012年迎新春文艺晚会在声远舞台隆重举行。市领导崔洪刚、步士金、韩军、何思清、刘明远、李良品,济宁军分区副政委张平,市人民检察院检察长张庆建,市政府党组成员、公安局长王金城等观看了演出。

14日

市双拥工作领导小组会议暨军地领导迎春座谈会在圣都国际会议中心举行。市委书记马平昌讲话,市委副书记、市长梅永红主持。市领导赵树国、梁之安、崔洪刚、步士金、陈民、韩军、刘中会、张辉和驻济部队首长叶益民、刘兴河、张闽玉、曹晓明等出席。

△徐州市委书记曹新平和市委副书记、市长张敬华率领徐州市党政代表团到济宁市进行参观考察。市委书记马平昌,市委副书记、市长梅永红,市政协主席赵树国,市人大常委会第一副主任梁之安,市委常委、常务副市长崔洪刚,市委常委、政法委书记步士金,市委常委、秘书长陈民,市政府党组成员、市公安局局长王金城;徐州市委常委、秘书长、政法委书记夏文达,徐州市人大常委会党组副书记、副主任李开文,徐州市副市长、市公安局局长顾林岗,徐州市政协副主席李涛出席座谈会。

△市委副书记、市长梅永红,市委常委、副市长刘中会带领市直有关部门负责人走访慰问了驻济宁空军部队和消防支队广大官兵,代表市委、市政府送去节日的问候和祝福。

△全市信访稳定工作会议在运河宾馆召开。市委常委、常务副市长崔洪刚出席并讲话,市委常委、政法委书记步士金,市委常委、秘书长陈民,市政府党组成员田志锋出席。

15日

全市各条战线的劳动模范代表在圣都国际中心欢聚一堂、喜迎新春。市委书记马平昌在劳模迎春联谊会上讲话。市委副书记、市长梅永红主持会议。市委常委、秘书长陈民,市委常委、市总工会主席韩军,市人大常委会副主任刘明远,市政协副主席李良品,济宁军分区副政委王波及市纪委常务副书记姜居祯出席会议。

16日

中国共产党济宁市第十一届委员会第十八次全体会议在运河宾馆举行。出席会议的市委委员41人,市委候补委员9人。市纪委常委和有关方面负责人列席了会议。会议由市委常委会主持。市委书记马平昌讲话。会议确定中国共产党济宁市第十二次代表大会于2012年1月31日在济宁召开;讨论并通过了十一届市委向市第十二次党代表大会的报告,决定将报告提请市第十二次党代表大会审查;讨论并通过了市第十二次党代表大会换届人事安排方案;讨论并通过了济宁市推荐的出席党的十八大代表候选人初步人选推荐人选;讨论并投票通过了济宁市出席省第十次党代表大会代表候选人预备人选及其他有关事项,为市第十二次党代表大会的召开作了充分准备。

△全市税收过千万元暨部分战略性新兴产业地方企业迎春座谈会召开,市委书记马平昌,市委副书记、市长梅永红等与企业家们共祝新春话未来。

△市委、市政府举办2012年市级老干部迎春茶话会。市委书记马平昌,市委副书记、市长梅永红,市政协主席赵树国,市人大常委会第一副主任梁之安出席。

△市委书记马平昌在运河宾馆会见了无锡灵山实业有限责任公司董事长吴国平一行。市委副书记、市长梅永红一同会

见。

△市委副书记、市长梅永红在运河宾馆会见了民航华东地区管理局局长沈泽江一行，民航山东安全监督管理局局长巴伟参加会见。

17日

市纪委十一届八次全体会议在运河宾馆举行。会议的主要任务是传达学习胡锦涛总书记重要讲话和中央纪委十七届七次全会、省纪委九届八次全会精神，回顾总结2011年全市党风廉政建设和反腐败工作，研究部署2012年任务，审议十一届市纪委向市第十二次党代会的工作报告。市委书记马平昌出席会议并作重要讲话。市委副书记、市长梅永红，市政协主席赵树国，市人大常委会第一副主任梁之安，市委常委，市人大常委会党员副主任，市政府副市长，市政协党员副主席，市法院院长、市检察院检察长出席会议。

△市委书记马平昌在科苑会馆会见了中国重汽集团党委书记、董事长马纯济一行。市委副书记、市长梅永红一同会见。

△市委书记马平昌在市委常委、秘书长陈民的陪同下，到兖州市走访慰问老党员和困难职工群众、优抚对象，就深入开展创先争优活动进行调研指导。

△全市金融业迎春座谈会召开。市委副书记、市长梅永红出席并讲话，副市长王次忠参加会议，副市长白山主持会议。

18日

全市新闻宣传迎春座谈会在运河宾馆举行。市委书记马平昌，市委常委、常务副市长崔洪刚，市委常委、宣传部长刘成文与省市新闻战线的工作者欢聚一堂，喜迎新春。

19日

市委、市政府举行2012年各界人士迎春茶话会。市委书记马平昌，市委副书记、市长梅永红，市政协主席赵树国，市人大常委会第一副主任梁之安等与全市各界人士代表欢聚一堂、辞旧迎新。马平昌主持茶话会。梅永红致新春贺辞。

△市委副书记、市长梅永红主持召开市政府第45次常务会议，讨论修改即将提请市十六届人大一次会议审议的《政府工作报告(征求意见稿)》，研究2012年为民所办实事，安排部署春节期间重点工作。市委常委、常务副市长崔洪刚，市委常委、副市长刘中会，副市长及市政府党组成员陈颖、周洪、王次忠、佘春明、田志锋、白山、石爱作、张继民、商建设、王金城、李士民，市直各部门负责人出席会议。

20日

市委书记马平昌在市委常委、秘书长陈民陪同下，到济宁军分区、山东陆军预备役炮兵师、济宁武警支队，看望慰问驻济部队广大官兵，代表市委、市政府向他们致以新春的祝福和亲切的问候。济宁军分区司令员叶益民，市委常委、济宁军分区政委刘兴河，山东陆军预备役炮兵师师长张闽玉、政委曹晓明等驻济部队首长陪同。

21日

市委副书记、市长梅永红在市政府党组成员张继民的陪同下，到汶上县农村走访慰问，给部分敬老院孤寡老人、困难群众和老党员送去慰问金和慰问品，就创先争优活动进行调研并点评，代表市委、市政府向广大农村群众致以亲切的问候和新春的祝福。

22日

市委书记马平昌到全市供水、供电、供气、供暖企业，看望慰问除夕坚守岗位的职工，代表市委、市政府向他们表示亲切的慰问、送去新春的祝福。

△市委副书记、市长梅永红等市领导带领市直有关部门负责人，深入工业企业、社会福利中心，走访看望节日坚守岗位的基层干部职工及孤寡老人和孤儿，向他们致以亲切的慰问和节日的祝福。

23日

市委书记马平昌看望慰问节日期间坚持生产的企业一线职工和节日值勤的公安干警，检查节日市场供应情况，送去市委、市政府的亲切关怀。

24日

济宁市在圣都国际会议中心举行济宁籍外地人士新春茶话会。50余名济宁籍外地领导、知名人士和市领导马平昌、梅永红、梁之安、崔洪刚、步士金、陈民、张开朗、张辉、周洪、佘春明、贾丽建等出席。马平昌主持，梅永红通报有关情况。

28—29日

市委常委、常务副市长崔洪刚，市委常委、秘书长陈民带队检查市第十二次党代会各项会务筹备工作，要求各有关部门和单位要认真查漏补缺，精益求精，确保市第十二次党代会圆满成功。

29日

市委、市政府召开全市干部作风建设大会。市委书记马平昌作重要讲话。市委副书记、市长梅永红主持会议。市政协主席赵树国，市人大常委会第一副主任梁之安出席会议。

△市委书记马平昌在科苑

会馆会见了山东重工集团有限公司董事长、党委书记谭旭光一行。市委副书记、市长梅永红一同会见。

△市委副书记、市长梅永红,市委常委、常务副市长崔洪刚,市委常委、副市长刘中会到市长公开电话办公室,看望慰问市长公开电话工作人员,向他们致以节日的问候。

30日

全市召开政法维稳工作暨平安济宁建设大会。市委书记马平昌作重要讲话。市委常委、常务副市长崔洪刚主持。市委常委、政法委书记步士金,市委常委、秘书长陈民,市委常委、市中区委书记张辉,市人大常委会副主任刘明远,副市长王次忠,市政协副主席李良品,济宁军分区副政委张平出席会议。会议传达了全省政法维稳工作暨平安山东建设表彰大会精神,表彰了全市见义勇为先进代表。

△中国共产党济宁市第十二次代表大会在声远舞台举行预备会议。市委常委、常务副市长崔洪刚主持会议。中国共产党济宁市第十二次代表大会共选举出代表522人,出席预备会议的代表507人。会议以举手表决的方式通过了中国共产党济宁市第十二次代表大会主席团和秘书长名单;通过了代表资格审查委员会名单;通过了大会议程。

△中国共产党济宁市第十二次代表大会主席团第一次会议在声远舞台举行。马平昌主持会议。会议开始前,崔洪刚作了关于主席团会议召集人建议名单的说明。会议推举出13人组成的大会主席团常务委员会;通过了大会副秘书长名单,决定陈民、何思清为大会副秘书长;通过了代表资格审查委员会关于代表资格的审查报告;通过了大会日程;通过了大会秘书处组织机构。

△全省召开农村工作电视电话会议,传达贯彻中央经济工作会议、中央农村工作会议和全省经济工作会议精神,深入分析农业农村发展形势,总结交流"三农"工作经验,安排部署2012年的农业农村工作。市委书记马平昌,市委副书记、市长梅永红在济宁分会场出席会议。

△在全省安全生产电视会议上,济宁市连续第二年被省政府授予全省安全生产先进市称号,95个单位和个人受到表彰。市委副书记、市长梅永红在济宁分会场参加会议,并就下步全市安全生产工作进行安排部署。副市长陈颖主持济宁分会场会议。市政府秘书长李士民,市直有关部门和部分企业负责人出席会议。

31日

中国共产党济宁市第十二次代表大会在声远舞台隆重开幕。梅永红主持开幕式。马平昌代表中共济宁市第十一届委员会向大会作了题为《推进跨越发展,提升民生福祉,为全面建成小康社会而努力奋斗》的报告。大会主席团常务委员会成员马平昌、梅永红、崔洪刚、步士金、陈民、韩军、何思清、刘成文、张开朗、刘兴河、刘中会、张辉、李建华在主席台前排就座。赵树国、梁之安等大会主席团成员和应邀列席大会的贵宾殷允岭、陈颖、戴伟娟、牛惠兰、郭洪敏、李良品、吴霁雯、马永才等在主席台就座。

2月

1月31日—2月3日

中国共产党济宁市第十二次代表大会隆重举行。马平昌代表中共济宁市第十一届委员会向大会作了题为《推进跨越发展,提升民生福祉,为全面建成小康社会而努力奋斗》的报告。大会选举出由51名委员、9名候补委员组成的中共济宁市第十二届委员会;选举出由35名委员组成的中共济宁市第十二届纪律检查委员会;选举出出席省第十次党代会代表51名。大会一致通过了《中国共产党济宁市第十二次代表大会关于十一届市委工作报告的决议》;通过了《中国共产党济宁市第十二次代表大会关于市纪律检查委员会工作报告的决议》。

3日

中国共产党济宁市第十二届委员会第一次全体会议在运河宾馆举行。马平昌、梅永红先后主持会议。全委会选举产生了中共济宁市第十二届委员会常务委员会委员、市委书记、市委副书记;马平昌为中共济宁市委书记,梅永红、崔洪刚为中共济宁市委副书记,马平昌、梅永红、崔洪刚、韩军、何思清、刘成文、刘兴河、刘中会、周洪、王次忠、张辉、李建华、佘春明为中共济宁市第十二届委员会常务委员会委员。批准了中共济宁市纪律检查委员会第一次全体会议选举产生的中共济宁市纪律检查委员会书记、副书记和常务委员会委员人选;李建华为中共济宁市纪律检查委员会书记。

4日

市委书记马平昌,市委副书

记、市长梅永红率队到兖矿集团考察。市政协主席赵树国，市委副书记崔洪刚，市人大常委会第一副主任梁之安，市委常委、秘书长刘成文，市委常委、副市长刘中会、周洪参加。兖矿集团董事长、党委书记王信，总经理、党委副书记李位民等陪同。

5日

中共济宁市委召开民主协商会议，就市十六届人大一次会议和市政协十二届一次会议有关人事安排与市级各民主党派、工商联、各人民团体及无党派代表人士进行民主协商。市委书记马平昌代表市委讲话。市委常委、组织部长何思清就市“两会”人事安排情况作了通报和说明。市委统战部部长张开朗主持会议。

△济宁市召开23届省运会参赛备战动员誓师大会。市委副书记崔洪刚出席并讲话，省体育局副巡视员隋拥军，市政府党组成员石爱作出席。

6日

市委书记马平昌和市委副书记、市长梅永红率领济宁市党政代表团到徐州市进行考察访问。徐州市委书记曹新平，徐州市委副书记、市长张敬华等陪同考察。

△由市中区承办的2012年元宵节焰火晚会在运河西岸豪德商贸城举行。市委书记马平昌，市委副书记、市长梅永红，市政协主席赵树国，市委副书记崔洪刚，市人大常委会第一副主任梁之安等市领导与广大市民一起观赏焰火晚会，共庆元宵佳节。

7日

市委书记马平昌在圣都国际会议中心会见了大连万达集团副总裁王信琦一行。市委常委刘成文，市委常委、市中区委书记张辉，市政府党组成员石爱作参加会见。

△市政协在声远舞台召开大会，隆重表彰市政协十一届委员会先进委员活动小组、优秀市政协委员和优秀提案、提案承办先进单位、提案办理先进工作者。市政协主席赵树国出席会议并讲话，市政协副主席戴伟娟、贾丽建、牛惠兰、李卫国、王文成、姜化铸、郭洪敏、李良品、蒙建华及市政协秘书长袁亚利出席会议。

△全市组织收听收看了全国、全省在创先争优活动中开展基层组织建设年视频会议，市委副书记崔洪刚出席济宁分会场会议并就贯彻落实会议精神提出要求，市委常委、组织部长何思清主持会议。

8—12日

中国人民政治协商会议第十二届济宁市委员会第一次会议隆重召开。张开朗宣布大会开幕。赵树国受政协第十一届济宁市委员会常务委员会委托，向大会作常委会工作报告。会议审议并讨论通过了市政协十二届一次会议政治决议、关于十一届市政协常委会工作报告的决议和关于十一届市政协提案工作报告的决议；选举赵树国为政协第十二届济宁市委员会主席，张开朗、戴伟娟、陈颖、郭洪敏、李良品、蒙建华、孔维民、曹景群为副主席，袁亚利秘书长，选出了常务委员。中共济宁市委书记马平昌，市委副书记、市长梅永红，市委副书记崔洪刚，市委常委韩军、何思清、刘成文、刘兴河、刘中会、周洪、王次忠、张辉、李建华、佘春明，市人大常委会第一副主任梁之安，市人大常委会原主任于文义，往届市政协主席韩笔祥、王润廷，市人大常委会原正厅级副主任连广生、刘景伦、祝金焕出席会议。

9—13日

济宁市第十六届人民代表大会第一次会议隆重召开。马平昌主持开幕式大会，市长梅永红代表市人民政府向大会作《政府工作报告》。会议讨论并表决通过了济宁市第十六届人民代表大会第一次会议关于济宁市人民政府工作报告的决议、关于济宁市2011年国民经济和社会发展计划执行情况与2012年国民经济和社会发展计划的决议、关于济宁市2011年预算执行情况和2012年预算的决议、关于济宁市人民代表大会常务委员会工作报告的决议、关于济宁市中级人民法院工作报告的决议、关于济宁市人民检察院工作报告的决议。选举马平昌为市人大常委会主任，陈民、殷允岭、丁颖、商建设、罗心光为市人大常委会副主任，丁颖为市人大常委会秘书长，选出了市人大常委会委员；选举梅永红为市人民政府市长，刘中会、周洪、田志锋、白山、石爱作、张继民、吴霁雯为市人民政府副市长；选举张勇为市中级人民法院院长，张庆建为市人民检察院检察长。

12日

市委书记马平昌在运河宾馆会见了泰国正大集团中国区资深副董事长姚民仆一行。市领导刘成文、周洪、田志锋参加会见。

13日

市委召开市级领导干部座谈会。市委书记、市人大常委会主任马平昌主持会议并讲话。市委副书记、市长梅永红,市政协主席赵树国,市委副书记崔洪刚,市人大常委会第一副主任陈民出席会议。

14日

济宁市召开"解放思想跨越发展大讨论"活动动员大会。市委书记、市人大常委会主任马平昌作重要讲话。市委副书记、市长梅永红主持会议。市政协主席赵树国、市委副书记崔洪刚、市人大常委会第一副主任陈民出席会议。会上宣读了《中共济宁市委关于在全市开展"解放思想跨越发展大讨论"活动的实施意见》;兖州市、嘉祥县、市委宣传部、市经信委、市住建委作了表态发言。

△市委副书记、市长梅永红,市委常委、副市长周洪在运河宾馆会见了中国太阳能学会副理事长、光伏专业委员会主任赵玉文和太阳能光伏博士林安中。

15日

全市召开"大项目突破年"暨招商引资动员大会,安排部署"大项目突破年"和招商引资工作任务。市委书记、市人大常委会主任马平昌,市委副书记、市长梅永红讲话。市政协主席赵树国,市委副书记崔洪刚,市人大常委会第一副主任陈民出席会议。

△全市公安工作会议召开,市委副书记崔洪刚出席会议并讲话。市委常委、政法委书记韩军,市人大常委会副主任商建设,副市长田志锋,市政协副主席李良品,市政府党组成员、市公安局局长王金城出席会议。

16日

济宁市在全省科学技术奖励大会上喜获23项省科技进步奖,获奖数量居全省前列。市委书记、市人大常委会主任马平昌,市政协主席赵树国,市人大常委会第一副主任陈民,市委常委、秘书长刘成文,市委常委、常务副市长刘中会在济宁分会场收看大会颁奖盛况。

△市委书记、市人大常委会主任马平昌在兖州会见了意大利倍耐力轮胎公司总裁马克·曲歇蒂一行。市委常委、秘书长刘成文,市委常委、副市长周洪参加会见。

△济宁市召开全市人口和计划生育工作会议。市委副书记崔洪刚出席并讲话,副市长田志锋主持。

17日

生态济宁建设暨城市建设管理年活动动员大会在运河宾馆召开。市委书记、市人大常委会主任马平昌,市委副书记、市长梅永红讲话。市政协主席赵树国、市委副书记崔洪刚、市人大常委会第一副主任陈民出席会议。

△出席省十一届人大五次会议和省政协十届五次会议的驻济宁市省人大代表和政协委员启程。市政协主席赵树国,市委副书记崔洪刚,市人大常委会第一副主任陈民,市人大常委会副主任、秘书长丁颖,市政协副主席蒙建华,市政协秘书长袁亚利等为代表们和委员们送行。

19日

省十一届人大五次会议在山东会堂隆重开幕,省长姜大明代表省政府作工作报告。济宁代表团集中审议省政府工作报告。省委常委、宣传部长孙守刚,省政府特邀咨询郭兆信,省人大常委会原副主任张宗亮、曹学成;市委书记、市人大常委会主任马平昌,市委副书记、市长梅永红和张振川、梁之安、祝金焕等代表参加审议。市人大常委会第一副主任陈民和省直有关部门的负责人列席。

20日

市委副书记、市长梅永红在济宁代表团住地就经济转型、民生问题、文化产业、政府建设等话题接受了大众日报、山东广播电视台、齐鲁晚报等省级媒体采访。

24日

市委书记、市人大常委会主任马平昌在济南会见了广西玉柴集团董事局主席晏平一行。市委副书记、市长梅永红,市委常委、济宁高新区党工委书记余春明一同会见。

△全市组织收看全国全省学习贯彻《关于加强新形势下党外代表人士队伍建设的意见》电视电话会议。市委副书记崔洪刚出席济宁分会场会议并讲话,市政协副主席、市委统战部部长张开朗主持。

25日

市委召开常委会议,传达学习省"两会"精神,研究贯彻落实意见。市委书记、市人大常委会主任马平昌主持会议并讲话。市委副书记、市长梅永红,市委副书记崔洪刚和市委常委出席会议。市政协主席赵树国,市人大常委会第一副主任陈民;省十一届人大民族侨务外事委员会副主任委员梁之安等列席会议。

△上海久有基金董事长兼首席执行官刘小龙、上海广播电影电视发展公司总裁曹志勇一行6人到济宁市考察访问。市委副书记、市长梅永红,市委常委、宣传部长王次忠,市委常委、济宁高新区党工委书记余春明,副

市长吴霁雯等与上海客人就建设文化产业园等事项进行合作洽谈。

27日

市委书记、市人大常委会主任马平昌到兖州市、曲阜市就文化事业和文化产业发展进行调研。市政协主席赵树国,市委常委、秘书长刘成文,市委常委、宣传部长王次忠,副市长吴霁雯参加调研。

28日

全市召开“大规模驻村入户、面对面谈心交流”暨“基层组织建设年”活动动员大会。市委书记、市人大常委会主任马平昌作重要讲话。市政协主席赵树国,市委副书记崔洪刚,市人大常委会第一副主任陈民,市委常委、政法委书记韩军,市委常委、组织部长何思清,市委常委、秘书长刘成文,市委常委、副市长周洪,市委常委、宣传部长王次忠,市委常委、市中区委书记张辉,市委常委、市纪委书记李建华,市委常委、济宁高新区党工委书记佘春明,副市长田志锋出席会议。

29日

2012年总投资611亿元的107个重大项目在济宁市各县市区集中开工奠基。市领导马平昌、梅永红、赵树国、崔洪刚、陈民、刘成文、刘中会、周洪、丁颖、陈颖分别出席设在嘉祥县和兖州市的大项目集中开工主会场奠基仪式。其他各县市区均设分会场。集中开工的107个重大项目以工业项目为主,同时还涉及服务业、基础设施、城市建设等多个领域,项目平均单体投资规模达到5.7亿元。

△市委副书记、市长梅永红,市委常委、副市长周洪,市委常委、济宁高新区党工委书记佘春明带领市直有关部门负责人到如意科技集团召开现场办公会,力促企业向更高层次迈进。

3月

1日

市委召开常委会议,研究部署三月份重点工作。根据新一届市委常委会的议事规则,从3月份起实行常委会月度重点工作计划制度。市委书记、市人大常委会主任马平昌主持会议并讲话。市委副书记、市长梅永红,市委副书记崔洪刚和市委常委出席会议。市政协主席赵树国、市人大常委会第一副主任陈民和市政府副市长列席会议。

△全市开展“全民动手·洁净家园”集中义务劳动。市委书记、市人大常委会主任马平昌,市委副书记、市长梅永红,市政协主席赵树国,市委副书记崔洪刚,市人大常委会第一副主任陈民等领导参加。

2日

市委副书记、市长梅永红主持召开济宁市第十六届人民政府第一次常务会议,学习贯彻省十一届人大五次会议精神,研究推进精兵简政、提高行政效能等重点工作的具体措施。市委常委、常务副市长刘中会,市委常委、副市长周洪,副市长田志锋、白山、吴霁雯,市公安局长王金城,市政府特邀咨询张生贤,市政府秘书长李士民,市政府党组成员李心善及市直有关部门负责人出席会议。

△市委副书记崔洪刚,市人大常委会第一副主任陈民,市人大常委会副主任、秘书长丁颖为出席十一届全国人大五次会议驻济宁全国人大代表送行。

△纪念“三八”国际劳动妇女节102周年大会在运河宾馆隆重举行。市委副书记崔洪刚出席会议并讲话。市人大常委会副主任商建设,副市长吴霁雯,济宁军分区副政委王波出席。

5日

市委副书记崔洪刚到九巨龙集团进行调研,就企业关心下一代工作提出要求。市关工委主任韩笔祥,市关工委副主任王彦明,市关工委副主任、秘书长于栋修等出席座谈会。

△济宁市召开全市纪检监察机关执纪办案工作会议。市委常委、市纪委书记李建华出席并讲话。

6日

全市对口支援新疆工作会议召开。市委副书记、市长梅永红出席并讲话。

7日

全国人大代表、市委书记、市人大常委会主任马平昌做客新华网“两会”访谈,就济宁市在全国率先推行“先看病后付费”诊疗服务模式改革接受采访并与网友进行在线交流。

△正在北京出席十一届全国人大五次会议的市委书记、市人大常委会主任马平昌会见了日本伊藤忠商事株式会社纺织公司董事长冈本均、房地产公司董事长石丸慎太郎和能源公司董事长冈田贤二。

7—8日

省委常委、纪委书记李法泉,省纪委副书记、秘书长王喜远等到济宁市调研指导农村集体“三资管理”、党务公开、廉政文化建设等项工作。市委副书记、市长梅永红,市委副书记崔洪刚,市委常委、秘书长刘成文,市委常委、纪委书记李建华等陪同活动。

9日

“为企业排忧解难服务活动”正式启动。市委副书记、市长梅永红出席动员大会并讲话。市委常委、副市长周洪在会上宣读了市委、市政府为企业排忧解难服务活动“实施方案”，市委常委、纪委书记李建华主持会议；市人大常委会副主任、秘书长丁颖，市政协副主席孔维民，市政府党组成员、公安局长王金城出席会议。

10日

出席十一届全国人大五次会议的全国人大代表、市委书记、市人大常委会主任马平昌在北京会见了雨润集团董事局主席祝义材一行。副市长石爱作参加会见。

△全市旅游发展大会召开。市委副书记、市长梅永红出席会议并讲话，市委副书记崔洪刚主持会议。

11日

在北京出席十一届全国人大五次会议的全国人大代表、市委书记、市人大常委会主任马平昌走访会见了大连万达集团股份有限公司董事长王健林。市委常委、市中区委书记张辉参加走访会见。

12日

在北京出席十一届全国人大五次会议的全国人大代表、省人大常委会副主任国家森和全国人大代表、市委书记、市人大常委会主任马平昌会见了浙江吉利集团董事长李书福。市委常委、秘书长刘成文，市委常委、济宁高新区党工委书记佘春明参加会见。

△在北京出席十一届全国人大五次会议的全国人大代表、市委书记、市人大常委会主任马平昌，先后会见了北京首都创业集团总经理刘晓光、恒大地产集团董事局主席许家印，就有关合作事宜充分交换了意见。市委常委、秘书长刘成文，副市长石爱作参加会见。

△市委副书记、市长梅永红，市政协主席赵树国，市委副书记崔洪刚，市人大常委会第一副主任陈民等市委、市人大、市政府、市政协、济宁军分区的领导到北湖度假区，与干部群众共同参加义务植树。

△全市召开第23届省运会场馆建设调度会。市委副书记崔洪刚出席会议并讲话，市委常委、副市长周洪主持会议。

13日

济宁经济发展恳谈会在北京举行。中纪委委员、武警总部原副政委李清印，中纪委驻水利部纪检组组长、水利部党组成员董力，中国人民争取和平与裁军协会副会长刘敬钦；省委副秘书长、办公厅主任颜世元，省政府秘书长蔄峰，省人大常委会委员张振川等出席。市委书记、市人大常委会主任马平昌主持恳谈会，市委副书记、市长梅永红在恳谈会上致辞。

△济宁市召开全市法院工作会议。市委副书记崔洪刚讲话。市委常委、政法委书记韩军，市人大常委会副主任商建设，副市长田志锋，市政协副主席曹景群出席会议。市中级人民法院院长张勇主持会议。

14日

济宁市召开孔孟文化遗产地保护利用世界银行贷款项目调度会，研究部署推进措施，做好迎接世行专家团对项目实施情况进行检查的准备工作。市政协主席赵树国、市委副书记崔洪刚讲话。市委常委、宣传部长王次忠出席，副市长吴霁雯主持。

15日

市委书记、市人大常委会主任马平昌在曲阜东方儒家花园酒店会见了无锡灵山集团董事长吴国平一行。

16日

市委书记、市人大常委会主任马平昌先后到市工商局和市地税局调研指导“解放思想跨越发展大讨论”活动，要求各级各部门要深入推进“大讨论”，为跨越发展注入新动力。

△市委书记、市人大常委会主任马平昌在圣都国际会议中心会见了中国光大集团董事长唐双宁一行。市委常委、秘书长刘成文，市委常委、副市长周洪，副市长白山参加会见。

△市纪委监察局邀请市农委副主任葛金文就农村政策情况进行专题讲座。市委常委、市纪委书记李建华参加了讲座。

17日

市委书记、市人大常委会主任马平昌在兖州市圣德酒店会见了国家旅游局副局长杜一力、省旅游局局长于冲一行。市委常委、秘书长刘成文参加会见。

△由北京大学文化产业研究院主办、兖州市人民政府和山水(中国)文化机构共同承办的“自在·兖州”——2012城市转型研讨会在兖州举行。国家旅游局副局长杜一力、省旅游局局长于冲出席并讲话。市委副书记、市长梅永红致辞。

19日

市委副书记、市长梅永红主持召开市政府第2次常务会议，并作重要讲话。市委常委、常务副市长刘中会，市委常委、副市长周洪，副市长田志锋、石爱作、张继民，市公安局长王金城，市政府特邀咨询秦绍忠，市政府秘书长李士民，市政府党组成员李心善及市直有关部门负责人出席会议。

△孔孟文化遗产地保护世行贷款项目启动会议在圣都国际会议中心举行。市政协主席赵树国致辞。孔孟文化遗产地保护世行贷款项目经理王沈华、高级城市专家白梅；省文物局副局长周晓波；市政协副主席陈颖出席。

20日

市委召开常委会议，传达学习全国"两会"精神，研究当前工作。市委书记、市人大常委会主任马平昌主持会议并讲话。市委副书记、市长梅永红，市委副书记崔洪刚和市委常委出席会议。市政协主席赵树国，市人大常委会第一副主任陈民等列席会议。

20—21日

全省公安政治工作会议在济宁市召开。市委副书记崔洪刚会见与会人员。省公安厅党委委员、政治部主任王兆玉，市委常委、政法委书记韩军，市委常委、市中区委书记张辉，市政府党组成员、市公安局局长王金城出席会议。

21日

市委党校举行2012年春季开学典礼。市委书记、市人大常委会主任、市委党校校长马平昌作重要讲话。市委常委、组织部长何思清，市委常委、宣传部长王次忠，市委常委、市纪委书记李建华出席。市委党校党委书记、常务副校长张晓玉主持。

△市十六届人大常委会第一次会议在运河宾馆举行。市委书记、市人大常委会主任马平昌讲话，市人大常委会第一副主任陈民主持，副主任殷允岭，副主任、秘书长丁颖，副主任商建设、罗心光及其他常委会组成人员出席会议。

△市委书记、市人大常委会主任、市委党校校长马平昌在市委常委、组织部长何思清的陪同下，到市委党校进行调研。

△济宁市合并召开财税审计国有资产管理金融及企业上市工作会议。市委副书记、市长梅永红就做好各项工作分别提出要求，市委常委、常务副市长刘中会主持会议，副市长白山出席会议。

22日

2011年度县市区党委书记抓基层党建工作专项述职会议在运河宾馆召开。市委书记、市人大常委会主任马平昌讲话，市委副书记崔洪刚主持。

△农业银行山东省分行与市政府签署战略合作协议。市委书记、市人大常委会主任马平昌，农行山东分行党委书记、行长陈军出席签约仪式并致辞，市委副书记、市长梅永红主持签约仪式。

△济宁市就世行专家团检查孔孟文化遗产地保护贷款项目实施情况举行汇报会。市委副书记崔洪刚出席汇报会并讲话，市委常委、宣传部长王次忠主持，市政协副主席陈颖出席。

22—23日

省人力资源社会保障厅纪检组长、监察专员刘玉宝率省考核组一行到济宁市就2011年度人才工作情况进行专项考核。市委副书记、市长梅永红介绍济宁市人才工作情况。市委常委、组织部长何思清主持汇报会。市委常委、常务副市长刘中会，市人大常委会副主任、秘书长丁颖，市政协副主席、市委统战部部长张开朗出席会议。

23日

全市召开2011年度科学发展综合考核总结表彰暨"三个体系"建设大会。市委书记、市人大常委会主任马平昌作重要讲话。市委副书记、市长梅永红主持。市政协主席赵树国，市委副书记崔洪刚，市人大常委会第一副主任陈民出席。

△全市召开加快县域经济发展动员大会。市委书记、市人大常委会主任马平昌，市委副书记、市长梅永红作重要讲话。市政协主席赵树国，市委副书记崔洪刚，市人大常委会第一副主任陈民出席。

△市委、市政府组织44个市直部门单位的主要负责人就"立说立行抓落实、问责问效转作风"作出了公开承诺。济宁电视台公共频道、东方圣城网和济宁新闻网对其进行全程直播。

24日

全市召开农村工作会议。市委书记、市人大常委会主任马平昌作重要讲话。市委副书记、市长梅永红主持。市政协主席赵树国，市委副书记崔洪刚，市人大常委会第一副主任陈民，市委常委、秘书长刘成文，副市长田志锋出席。

△市司法局荣立司法部集体一等功庆功大会在圣都国际会议中心举行。司法部政治部组织培训局局长邵炳芳宣读司法部表彰决定，并代表司法部向市司法局颁发锦旗。市委书记、市人大常委会主任马平昌，省司法厅厅长程辉讲话。市委副书记、市长梅永红，市委副书记崔洪刚，市委常委、政法委书记韩军，市委常委、秘书长刘成文，市人大常委会副主任商建设，市政协

副主席曹景群出席。

25日

济宁市召开科学技术奖励大会。市委书记、市人大常委会主任马平昌向中国工程院院士、山东圣丰种业院士工作站站长盖钧镒颁发了2011年度全市科学技术最高奖。市委副书记、市长梅永红讲话。市领导赵树国、陈民、韩军、刘成文、刘兴河、刘中会、周洪、王次忠、张辉、李建华、张继民出席会议。会上,宣读了市政府《关于2011年度济宁市科学技术奖励的决定》和《关于表彰2011年度全市优秀科技创新团队的通报》,表彰了2011年度国家、省、市科学技术奖励获奖单位和个人。

△建设银行山东省分行与济宁市政府签订全面金融合作协议。市委书记、市人大常委会主任马平昌,建行山东分行党委书记、行长薛峰出席签约仪式并致辞,市委副书记、市长梅永红主持签约仪式。

△全市双拥工作总结表彰暨争创全国双拥模范城"七连冠"动员大会在运河宾馆举行。市委书记、市人大常委会主任马平昌讲话。市委副书记、市长梅永红主持。市领导赵树国、陈民、刘成文、刘中会、王次忠、张继民和驻济部队首长刘兴河、曹晓明出席会议。

26日

全市人口和计划生育工作会议在运河宾馆召开。市委书记、市人大常委会主任马平昌讲话。市委副书记、市长梅永红主持。市政协主席赵树国,市委副书记崔洪刚,市委常委、秘书长刘成文,市委常委、市纪委书记李建华,市人大常委会副主任殷允岭,副市长田志锋出席会议。

△市委书记、市人大常委会主任马平昌在科苑会馆会见了日本小松制作所中国总代表茅田泰三、副总代表梶谷铁朗一行。市委副书记、市长梅永红,市委常委、秘书长刘成文,市委常委、副市长周洪,市委常委、济宁高新区党工委书记余春明一同会见。

△市委书记、市人大常委会主任马平昌在圣都国际会议中心会见了到济宁市检查孔孟文化遗产地保护利用世界银行贷款项目的世行专家团一行。省文化厅副厅长、省文物局局长谢治秀,市政协主席赵树国,市委常委、秘书长刘成文,市委常委、宣传部长王次忠参加会见。

△济宁市组织收看国务院第五次廉政工作和全省电视会议。市委副书记、市长梅永红,市委常委、常务副市长刘中会,市委常委、市纪委书记李建华出席济宁分会场会议。

27日

市委召开常委会议,讨论市委关于进一步强化市级领导责任推进重点工作落实的《通知》,安排部署4月份工作。市委书记、市人大常委会主任马平昌主持会议并讲话。市委副书记、市长梅永红,市委副书记崔洪刚和市委常委出席会议。市政协主席赵树国等列席会议。

△济宁市召开第十一届中国专利高新技术产品博览会动员大会。市委副书记、市长梅永红到会讲话,市委副书记崔洪刚主持会议。

△全市安全生产和节能工作会议召开。市委副书记、市长梅永红讲话。市委常委、常务副市长刘中会,市委常委、副市长周洪分别主持会议。副市长石爱作,市公安局长王金城,市政府特邀咨询张生贤、秦绍忠出席。

△济宁市召开党员领导干部"恪守从政道德、保持党的纯洁性"教育活动动员大会,贯彻落实中央纪委和省纪委全会精神,对开展"恪守从政道德、保持党的纯洁性"教育活动进行部署。市委副书记崔洪刚出席会议并讲话,市委常委、市纪委书记李建华主持。

28日

省委常委、政法委书记、省人大常委会副主任柏继民到济宁市调研加强和创新社会管理工作。市委书记、市人大常委会主任马平昌,市委常委、政法委书记韩军,市委常委、秘书长刘成文,副市长田志锋,市委特邀咨询步士金等陪同调研。

△全市城建重点工程集中开工暨省运会综合馆、游泳馆、射击馆工程奠基仪式在北湖新区举行。市委书记、市人大常委会主任马平昌,市委副书记、市长梅永红,市政协主席赵树国出席奠基仪式。市委副书记崔洪刚主持。市委常委、秘书长刘成文,市委常委、市纪委书记李建华,市人大常委会副主任、市总工会主席罗心光,副市长石爱作,市政府党组成员、市公安局局长王金城等出席。

△济宁市召开"大项目突破年"政银企合作暨重点项目推介会。人民银行济南分行副行长刘克俭,国家开发银行山东省分行行长于泽水等出席;市委副书记、市长梅永红讲话,副市长白山主持。

△国家知识产权局在济宁市举行仪式,为首批16家地方专利信息服务中心授牌。国家知识产权局副局长杨铁军,市委副书

记、市长梅永红出席仪式并讲话。

28—29日

全省关心下一代工作会议在济宁市召开。省关工委主任王克玉讲话。市委书记、市人大常委会主任马平昌致辞。

29日

全市召开社会稳定信访工作会议。市委书记、市人大常委会主任马平昌讲话，市委副书记崔洪刚主持会议。市委常委、政法委书记韩军，市委常委、秘书长刘成文，市委常委、市中区委书记张辉，市人大常委会副主任商建设，副市长石爱作，市政协副主席曹景群，济宁军分区副政委张平，市中级人民法院院长张勇，市人民检察院检察长张庆建，市政府党组成员、市公安局局长王金城等出席会议。

△全市统战工作会议召开。市委副书记崔洪刚讲话。市委常委、宣传部长王次忠主持。市人大常委会副主任、九三学社市委主委殷允岭，市政协副主席、市委统战部部长张开朗，市政府特邀咨询秦绍忠出席。张开朗做工作报告。

△全市关心下一代工作会议召开。市委副书记、市关工委主任崔洪刚讲话。市关工委主任韩笔祥，市关工委副主任张健、周光珍、周庆孚、葛中登、王彦明出席会议。

30日

牵手济宁合作共赢——济宁(北京)投资环境说明会隆重举行。全国工商联常务副主席孙安民，国务院参事、原科技部副部长刘燕华，国家发改委副秘书长李朴民和中国钢研科技集团有限公司、中国核工业集团公司、香港豪德集团、中国国电集团公司、中弘集团、大连万达集团等众多知名企业的嘉宾；市委书记、市人大常委会主任马平昌，市委副书记、市长梅永红，市委常委、秘书长刘成文，市委常委、副市长周洪，市委常委、市中区委书记张辉，市委常委、济宁高新区党工委书记佘春明，副市长、济宁北湖度假区党工委书记石爱作等出席。会上，市政府与国电山东电力有限公司签订了总投资204亿元的新能源开发战略合作框架协议；微山湖国际旅游度假岛等54个投资亿元以上、总投资额707.7亿元的重大项目成功签约，投资企业中世界500强企业10家、中央企业及大型国企18家。

31日

济宁市工商业联合会第十二次会员代表大会在运河宾馆召开。市委副书记崔洪刚讲话。市人大常委会副主任、市总工会主席罗心光，副市长田志锋，市政协副主席、市委统战部部长张开朗，市政协副主席、市工商联主席陈颖，市政协副主席、民盟济宁市委主委郭洪敏出席。

4月

1日

市委副书记、市长梅永红出席上海亚申科技公司与鲁南工程技术研究院合作框架协议签约仪式，并会见了上海亚申科技公司总裁、国家千人计划专家权华一行。

1—4日

市委书记、市人大常委会主任马平昌在市委常委、秘书长刘成文的陪同下，先后到泗水县、微山县、鱼台县、梁山县进行调研。

2日

2012年中国汶上宝相寺太子灵踪文化节隆重开幕。省旅游局副局长赖征宇宣布开幕，省文物局副局长由少平、市人大常委会副主任殷允岭、副市长吴霁雯、市政协副主席陈颖等出席开幕式。

5日

市委理论学习中心组举行专题报告会，邀请江苏省宿迁市市委副秘书长、研究室主任申斯春作专题报告。市委书记、市人大常委会主任马平昌，市政协主席赵树国，市委副书记崔洪刚，市人大常委会第一副主任陈民出席。

△市委书记、市人大常委会主任马平昌在曲阜阙里宾舍会见了孔子第79代嫡长孙、大成至圣先师孔子协会会长孔垂长一行。市委副书记崔洪刚，市委常委、政法委书记韩军参加会见。

7日

省委常委、副省长孙伟带领省直有关部门负责人，到梁山县调研科技、环保和教育等方面工作。市委书记、市人大常委会主任马平昌，市委副书记、市长梅永红，市委常委、秘书长刘成文，市委常委、常务副市长刘中会陪同调研。

△市委书记、市人大常委会主任马平昌到嘉祥县进行调研。

8日

市委书记、市人大常委会主任马平昌到市中区进行调研。

△省住建厅与市政府联合举办济宁都市区规划与发展论坛。市委书记、市人大常委会主任马平昌看望了出席论坛的两院院士、建设部原副部长周干峙，住建部总规划师唐凯等国内高层专家，省住建厅厅长杨焕彩，市委副书记、市长梅永红出席论坛并致辞。

9日

市委书记、市人大常委会主任马平昌到市群众服务大厅，公开接待群众来访，面对面听取群众的意愿诉求，现场研究解决问题的具体措施。

10日

市委副书记、市长梅永红在圣都国际会议中心会见了美国阿肯色州州长迈克·毕比一行。副市长张继民，市政府秘书长李士民及市外侨办、兖州市及太阳纸业、山推股份负责人陪同活动。

11日

市委召开常委扩大会议，学习人民日报评论员文章，进一步统一思想认识；总结分析第一季度经济运行和重点工作进展情况，研究部署下步工作。市委书记、市人大常委会主任马平昌主持会议并讲话。市委副书记、市长梅永红，市政协主席赵树国，市委副书记崔洪刚，市人大常委会第一副主任陈民和市委常委出席会议。

12—13日

副省长张建国在省政府副秘书长司安民，省委宣传部副部长、省文化厅党组书记徐向红，省文化厅副厅长、省文物局局长谢治秀等人的陪同下，到济宁市调研文化工作。市委书记、市人大常委会主任马平昌，市委副书记、市长梅永红，市政协主席赵树国，市委副书记崔洪刚，市委常委、秘书长刘成文，市委常委、宣传部长王次忠，副市长张继民陪同调研。

13日

市委书记、市人大常委会主任马平昌在市委常委、秘书长刘成文的陪同下，到兖州市进行调研。

14—19日

济宁市党政代表团先后赴江苏省宿迁市、淮安市、无锡市和浙江省宁波市、杭州市进行学习考察。市委书记、市人大常委会主任马平昌，市政协主席赵树国，市人大常委会第一副主任陈民，市委常委、组织部长何思清，市委常委、秘书长刘成文，市委常委、副市长周洪，市委常委、市中区委书记张辉，市委常委、市纪委书记李建华，副市长白山，副市长、济宁北湖度假区党工委书记石爱作，市人民检察院检察长张庆建，市政府党组成员、市公安局局长王金城参加考察活动。

15—16日

济宁市集中两天时间，实地观摩了各县市区的春季林业现场，并对观摩结果进行评比排名。市委副书记崔洪刚，市人大常委会副主任商建设，副市长田志锋，市政协副主席蒙建华，济宁军分区副司令员杨富强出席会议。

16日

在苏浙地区率领济宁市党政代表团考察的市委书记、市人大常委会主任马平昌在宁波市南苑饭店会见了宁波申江控股集团公司董事长朱云浩等。市委常委、秘书长刘成文，市委常委、副市长周洪参加会见。

△在苏浙地区考察的济宁市党政代表团在浙江宁波召开学习考察座谈会。市委书记、市人大常委会主任马平昌主持并讲话。市政协主席赵树国，市人大常委会第一副主任陈民，市委常委、组织部长何思清，市委常委、秘书长刘成文，市委常委、副市长周洪，市委常委、市中区委书记张辉，市委常委、市纪委书记李建华，副市长白山，副市长、济宁北湖度假区党工委书记石爱作，市人民检察院检察长张庆建，市政府党组成员、市公安局局长王金城出席。

△济宁（深圳）经济合作恳谈会在深圳迎宾馆举行。市委副书记、市长梅永红出席并致辞。深圳市政协原副主席、知名品牌委员会主任廖军文，深圳市政协原副主席、企业家协会执行会长吴井田等出席恳谈会。副市长张继民主持恳谈会。

16—19日

市委副书记、市长梅永红，副市长张继民带队在深圳市开展招商洽谈活动，与深圳市委副书记、市长许勤进行了会谈，并考察了当地部分知名大企业和科研院所，集中签订了一批对未来发展具有战略意义的金融证券、产学研合作协议，市委副书记、市长梅永红出席签约仪式并致辞。

18日

中共中央政治局委员、中央政法委副书记、中央综治委副主任王乐泉在中央政法委副秘书长王其江陪同下到济宁市调研。省委书记、省人大常委会主任姜异康，省委常委、政法委书记柏继民，副省长夏耕，省委秘书长雷建国，市委书记、市人大常委会主任马平昌，市委副书记、市长梅永红，市委副书记崔洪刚，市委常委、政法委书记韩军，市委常委、秘书长刘成文，市委常委、常务副市长刘中会，市政府党组成员、市公安局局长王金城等陪同。

△省人大常委会副主任于建成率省人大立法调研组到济宁市，就《山东省实施〈中华人民共和国残疾人保障法〉办法（修订草案）》和《山东省突发事

件应对条例(草案)》进行立法调研。市委书记、市人大常委会主任马平昌,市委常委、常务副市长刘中会,市人大常委会副主任商建设出席座谈会。

△在北京揭晓的“2011 年度全国十大考古新发现”中,济宁市南旺分水枢纽遗址在全国 48 个申报项目中脱颖而出,与山东京杭大运河七级码头、土桥闸作为一组成功入选“2011 年度全国十大考古新发现”,这是济宁市文物保护单位的考古发掘工作首次入选全国十大考古新发现。

19 日

济宁市政府与工商银行山东省分行签署战略合作协议。市委书记、市人大常委会主任马平昌,工商银行山东分行行长谷澍出席签约仪式并致辞,市委副书记、市长梅永红主持签约仪式。

20 日

市委书记、市人大常委会主任马平昌在科苑会馆会见了到济宁市考察的台湾和硕全球运筹中心及全球制造策略中心总经理蔡进国、台湾新扬创投公司合伙总经理许明全、山东力创科技有限公司董事长郝振刚等客商。市委常委、秘书长刘成文,市委常委、济宁高新区党工委书记佘春明参加会见。

20—25 日

济宁市党政考察团先后赴沈阳、上海、深圳、西安,学习考察国家级文化产业示范园区建设和文艺院团改革经验。市政协主席赵树国,市委常委、宣传部长王次忠参加考察活动。

21 日

以“天地人和、亲水爱鱼”为主题的 2012 济宁北湖首届放鱼节隆重举行。市委副书记崔洪刚,省海洋与渔业厅副厅长王守信,市人大常委会副主任商建设,副市长田志锋,市政协副主席蒙建华出席启动仪式。

21—22 日

市委书记、市人大常委会主任马平昌先后到金乡县、汶上县进行调研。

23 日

中国如意科技时尚创意产业城奠基暨争创千亿级国际化时尚产业集团启动仪式在如意工业园举行。中国纺织工业联合会会长王天凯,中国工程院院士蒋士成,国家科学技术奖励工作办公室副主任黄岗;市委书记、市人大常委会主任马平昌,市委副书记、市长梅永红,市委常委、秘书长刘成文,市委常委、副市长周洪等出席仪式。市委常委、济宁高新区党工委书记佘春明主持。

23—24 日

省人民检察院检察长吴鹏飞到济宁市调研。市委书记、市人大常委会主任马平昌,市委副书记崔洪刚,市委常委、政法委书记韩军,市委常委、济宁高新区党工委书记佘春明,市人民检察院检察长张庆建,市政府党组成员、市公安局局长王金城等陪同。

24 日

市委召开常委会议,传达学习王乐泉到济宁视察调研时的重要讲话精神,听取济宁市赴江苏浙江学习考察情况,研究领导干部带头转变作风问题和县市区经济发展考核办法等。市委书记、市人大常委会主任马平昌主持会议并讲话。市委副书记、市长梅永红,市委副书记崔洪刚和市委常委出席会议。市人大常委会第一副主任陈民和市政府副市长及市直有关部门负责人列席会议。

25 日

市委副书记、市长梅永红主持召开加快梁山经济发展对接座谈会,广泛听取各方面意见,研究制定帮扶发展的对策措施,力促梁山经济转型调整,产业提档升级,走出率先突破发展的新路子。

△市委副书记崔洪刚带领市直有关部门及部分企业的负责人到鱼台县进行调研。

25—28 日

市委书记、市人大常委会主任马平昌率领济宁市经贸代表团对台湾进行了成功访问,共拜访 13 家公司,达成多项合作共识,签订合作合同协议 2 项,外资额 2 亿多美元,在深化对台经贸合作、拓宽合作领域、引进高新技术项目等方面取得丰硕成果。市委常委、秘书长刘成文,市委常委、济宁高新区党工委书记佘春明随团出访。

26 日

济宁市召开 23 届省运会场馆建设调度会。副市长石爱作主持会议并通报了县市区省运会场馆建设进展情况。市委副书记、市长梅永红出席调度会并提出要求。

27 日

第二届尼山论坛筹备工作协调会在泗水尼山圣源书院召开。省委常委、宣传部长孙守刚出席会议并提出要求,省直部门领导徐向红、谢治秀,市领导梅永红、赵树国、崔洪刚、王次忠出席会议。

28 日

济宁市隆重举行庆祝“五一”国际劳动节表彰大会。市委副书记、市长梅永红,市政协主席赵树国,市委副书记崔洪刚,市人大常委会第一副主任陈民,市委常委、常务副市长刘中会，市委常委、副市长周洪，市人大常委会副主任、市总工会主席罗心光，济宁军分区副司令员杨富强等出席。梅永红讲话，崔洪刚主持。

5月

1日

市委书记、市人大常委会主任马平昌到部分企业，看望劳动模范、慰问坚守岗位职工，代表市委、市政府向全市劳动模范和广大职工致以节日的祝贺和亲切慰问。市委常委、秘书长刘成文，市委常委、副市长周洪，市委常委、市中区委书记张辉，市人大常委会副主任、市总工会主席罗心光参加看望慰问活动。

2日

市委召开常委会议，研究部署五月份重点工作。市委书记、市人大常委会主任马平昌主持会议并讲话。市委副书记崔洪刚和市委常委出席会议。市政协主席赵树国、市人大常委会第一副主任陈民等列席会议。

3日

济宁市在运河宾馆召开大会，隆重纪念中国共产主义青年团成立90周年，庆祝五四运动93周年，表彰在共青团工作中涌现出的先进集体和个人。市委书记、市人大常委会主任马平昌讲话。市政协主席赵树国、市委副书记崔洪刚、市人大常委会第一副主任陈民和市委常委出席会议。会上宣读了关于表彰2011年度济宁市五四红旗团组织、优秀共青团员、团干部和五四杰出青年的《决定》，市领导为先进集体和先进个人代表颁了奖。

△全市召开第二届尼山世界文明论坛筹备工作动员会议。市委书记、市人大常委会主任马平昌讲话。市政协主席赵树国，市委副书记崔洪刚，市委常委、秘书长刘成文，市委常委、常务副市长刘中会，市委常委、宣传部长王次忠，市人大常委会副主任殷允岭，市政协副主席陈颖出席。

4日

市委书记、市人大常委会主任马平昌到曲阜检查尼山论坛筹备工作、考察尼山圣境项目。市委常委、秘书长刘成文随同活动。

△济宁市召开驻济高校党建工作座谈会，学习贯彻全国、全省高校党建工作会议精神，分析形势，部署工作。市委副书记崔洪刚讲话。市委常委、组织部长何思清，副市长张继民出席会议。

6日

济宁市在兖州召开扶持千百亿工业企业(集团)加快发展座谈会。市委书记、市人大常委会主任马平昌讲话，市委副书记、市长梅永红主持。市委常委、秘书长刘成文，市委常委、副市长周洪，市委常委、市中区委书记张辉，市委常委、市纪委书记李建华，市委常委、济宁高新区党工委书记佘春明出席。

△市委副书记、市长梅永红在圣都国际会议中心会见了北美高科技中心董事长张咏一行。

6—8日

全国人大常委会副委员长周铁农率全国人大常委会执法检查组一行到济宁市，就《中华人民共和国文物保护法》贯彻实施情况开展执法检查。省人大常委会副主任刘玉功，市委书记、市人大常委会主任马平昌，市委副书记、市长梅永红，省文化厅副厅长、省文物局局长谢治秀，市人大常委会第一副主任陈民，市委常委、秘书长刘成文，市人大常委会副主任殷允岭，副市长张继民等陪同。

7日

中国妇幼保健协会会长、卫生部原部长张文康到泗水县视察妇幼保健工作。中国妇幼保健协会常务副会长李长明，市委书记、市人大常委会主任马平昌，市政协副主席陈颖等陪同。

△市委副书记崔洪刚先后到西门大街、红星西路、中心闸北街、中区综合体育馆、十里营湿地、济邹路、琵琶山路等处，查看环境综合整治、道路升级改造、基础设施建设现场，调度全市“城市建设管理年”活动。市委常委、市中区委书记张辉，副市长石爱作参加。

7—11日

市委书记、市人大常委会主任马平昌到泗水县泗张镇王家口村驻村蹲点调研。驻村调研期间，于5月8日、9日、10日的上午，分别主持召开了泗张镇领导班子成员座谈会、泗水县域经济发展推进会、泗水县乡镇(街道)党(工)委书记座谈会，听取有关情况汇报，征求对市委、市政府工作的意见和建议，研究加快突破县域经济、镇域经济的措施。

8日

围绕合作开发以儒家思想为核心的文化产业项目，市委副书记、市长梅永红，市政协主席赵树国与上海广播电影电视发展公司总裁曹志勇、上海久有基金董事长兼首席执行官刘小龙一行进行了深入座谈交流。

△省发改委总经济师潘好亮带领调研组到济宁市，实地考察北湖新城建设及生态湿地、2

号井煤炭塌陷区现场和台联电济宁科技园，就推进资源型城市可持续发展进行调研。市委副书记、市长梅永红，市政府特邀咨询张生贤与调研组一行座谈。

△国内首家行为医学科在济宁医学院附属医院揭牌，标志着中国行为医学实现了从理论到临床实践的重大突破。

8—9日

市委副书记崔洪刚、副市长石爱作率济宁市党政考察团，考察淮安市产业发展和城市规划建设管理情况，进一步商洽缔结友好城市关系，与淮安市政府签订了全面战略合作框架协议。淮安市委副书记练月琴，市委常委、政法委书记史国军，副市长仲柯陪同考察。

9日

泗水县域经济发展推进会在泗水圣源宾馆举行。市委书记、市人大常委会主任马平昌，省侨务办公室主任刘方会，省供销社党组书记、理事会主任王艺华讲话。省委党史研究室副主任席伟，省老龄办副主任、党组成员于振业，省粮食局副局长丁兆石，曲阜师范大学党委副书记刘新生，济宁医学院党委副书记刘学景，济宁学院党委委员、纪委书记张德芳，兖矿集团党委委员、纪委书记、工会主席周寿成等出席。

9—14日

市委副书记、市长梅永红率济宁市经贸考察代表团赴日本考察访问，在宣传推介济宁、增进友好交往、扩大互利合作、推动重点项目等方面取得重要成果。

10日

济宁市召开第二届尼山世界文明论坛筹备工作调度会，研究论坛具体实施细则，安排部署下步工作。市政协主席赵树国、市委副书记崔洪刚讲话，市委常委、宣传部长王次忠主持，市政府党组成员、市公安局局长王金城出席。

△国家粮食局局长任正晓到济宁市考察调研粮食工作。省粮食局局长孟庆秀、市委副书记崔洪刚、副市长张继民陪同调研。

13日

市委书记、市人大常委会主任马平昌在市委常委、秘书长刘成文陪同下，到任城区进行调研。

14日

全市召开高层次人才座谈会。市委书记、市人大常委会主任马平昌出席并讲话。市委常委、组织部长何思清主持，市委常委、济宁高新区党工委书记佘春明，副市长张继民出席。

△省水利厅厅长杜昌文率省水利厅调研组到济宁市。市委书记、市人大常委会主任马平昌，市委常委、秘书长刘成文，副市长田志锋陪同。

15日

济宁文化发展高层研讨会在孔子研究院开幕。市委书记、市人大常委会主任马平昌，省委宣传部副部长徐向红在开幕式上致辞。省旅游局局长于冲等专家作专题报告。市委副书记、市长梅永红主持研讨会。市政协主席赵树国，市委副书记崔洪刚，市人大常委会第一副主任陈民，市委常委、秘书长刘成文，市委常委、宣传部长王次忠，副市长张继民等出席。

△市委副书记、市长梅永红主持召开市政府第3次常务会议，研究进一步加强政府自身建设、鼓励支持引导全民创业大力发展民营经济、贯彻落实全省食品安全工作会议精神等项工作的具体办法和措施。

16日

市委召开常委扩大会议暨文化建设突破曲阜动员会议。市委书记、市人大常委会主任马平昌主持会议并讲话。市委副书记、市长梅永红，市政协主席赵树国，市委副书记崔洪刚，市人大常委会第一副主任陈民和市委常委出席会议。市政府副市长及市直有关部门、各县市区负责人参加会议。会议讨论了市委市政府《关于实施文化建设突破曲阜战略的意见（讨论稿）》，听取了《意见（讨论稿）》起草情况说明，部分市级领导和曲阜市的负责人发了言。

△济宁市组织收听收看全省节能考核奖励电视会议。市委副书记、市长梅永红出席济宁分会场会议并讲话，市委常委、副市长周洪主持。

17日

市委副书记、市长梅永红到市长公开电话受理室，亲自接听“12345”来电，受理百姓投诉和咨询，为民排忧解难。市政府秘书长杜昌华随同接听市长公开电话。市公安局、民政局、城管执法局、人社局、住建委、环保局等部门负责人到现场接受相关投诉和咨询的办理。

△市委副书记崔洪刚先后到济宁学院、曲阜师范大学、尼山圣源书院和尼山圣境项目现场实地查看，听取了各工作小组相关工作进展情况汇报，并在随后召开的座谈会上讲话。市委常委、宣传部长王次忠，市政府党组成员、市公安局局长王金城陪同检查。

△市委召开对台工作会议。

市委副书记崔洪刚讲话,市委常委、秘书长刘成文传达省委对台工作会议精神,副市长张继民主持。

△全市信访稳定工作会议召开,市委副书记崔洪刚出席会议并讲话,市委常委、秘书长刘成文,副市长田志锋出席。

18日

全市召开市级领导包保项目调度会。市委副书记、市长梅永红出席会议并讲话。市政协主席赵树国、市委副书记崔洪刚、市人大常委会第一副主任陈民等包保联系重大项目的市级领导出席会议。

△全市召开滨湖路工程进展推进会,调度情况研究措施全力推进工程建设。市委副书记崔洪刚讲话,市委常委、市中区区委书记张辉出席。

19日

全市召开推进全民创业加快民营经济发展动员大会。市委书记、市人大常委会主任马平昌作重要讲话。市委副书记、市长梅永红主持会议并为获聘市政府经济顾问颁发聘书。市政协主席赵树国,市委副书记崔洪刚,市人大常委会第一副主任陈民和市委常委出席会议。

△新一届市政府召开第一次全体(扩大)会议暨廉政建设工作会议。市委副书记、市长梅永红作重要讲话。市委常委、常务副市长刘中会主持会议。市委常委、副市长周洪,市委常委、市纪委书记李建华,副市长田志锋、白山、石爱作、张继民、吴霁雯,市公安局局长王金城,市政府特邀咨询秦绍忠、张生贤,市政府秘书长杜昌华出席会议。市直各部门、各县市区及相关单位负责人参加会议。

21日

第二届尼山世界文明论坛在尼山圣源书院隆重开幕。第九届、第十届全国人大常委会副委员长、尼山论坛组委会主席许嘉璐宣布论坛开幕并作主题讲话。省委副书记、省长姜大明致辞。文化部副部长、国家文物局局长励小捷;省委常委、宣传部长孙守刚,省人大常委会原副主任莫振奎,省政府秘书长、办公厅主任蒿峰;市委书记、市人大常委会主任马平昌,市委副书记、市长梅永红,市政协主席赵树国,市委副书记崔洪刚,市人大常委会第一副主任陈民等领导,以及来自世界各地20余个国家和地区的近百位著名专家学者出席开幕式。山东大学校长、尼山论坛组委会副主席徐显明主持开幕式。

△山东省重大文化旅游产业项目——曲阜“尼山圣境”项目开工建设。省委副书记、省长姜大明宣布项目奠基开工。中央政策研究室原主任、国际儒学联合会常务副会长滕文生,省委常委、宣传部长孙守刚,副省长才利民,省政府秘书长、办公厅主任蒿峰,市委书记、市人大常委会主任马平昌,市委副书记、市长梅永红,市政协主席赵树国,市委副书记崔洪刚,市人大常委会第一副主任陈民,市委常委、秘书长刘成文,市委常委、宣传部长王次忠,副市长石爱作,市政府特邀咨询张生贤等出席。

△国家大遗址保护曲阜片区暨山东省文物保护88项重点工程集中开工仪式在曲阜鲁国故城遗址举行。省委副书记、省长姜大明,文化部副部长、国家文物局局长励小捷共同为鲁国故城国家考古遗址公园奠基揭幕。国家文物局副局长童明康,省委常委、宣传部长孙守刚讲话。省政府秘书长、办公厅主任蒿峰主持,市委书记、市人大常委会主任马平昌致辞。市政协主席赵树国,市委副书记崔洪刚,市人大常委会第一副主任陈民,市委常委、秘书长刘成文,市委常委、宣传部长王次忠,副市长张继民等出席。

△第二届尼山世界文明论坛举行“文明古国文化遗产保护与促进文明对话国际研讨会”。联合国教科文组织助理总干事汉斯·道维勒,巴西驻中国大使胡格内,国家文物局副局长童明康,省委常委、宣传部长孙守刚,省文化厅副厅长、省文物局局长谢治秀,市委常委、宣传部长王次忠出席研讨会。

△市委书记、市人大常委会主任马平昌会见了到济宁市考察的台湾晶元光电股份有限公司董事长李秉杰一行。市委副书记崔洪刚,市委常委、秘书长刘成文,市委常委、济宁高新区党工委书记佘春明参加会见。

△市委书记、市人大常委会主任马平昌在圣都国际会议中心会见了中国国民党副主席蒋孝严。市委副书记崔洪刚,市委常委、秘书长刘成文,市政协副主席、市委统战部部长张开朗参加会见。

22日

省委常委、组织部长高晓兵在省委副秘书长、省委办公厅主任彭绪进陪同下,到省第十次党代会济宁代表团驻地宾馆,代表省委看望了济宁市出席省第十次党代会的代表。市委书记、市人大常委会主任马平昌,市政协主席赵树国,市委副书记崔洪刚,市委常委、组织部长何思清等陪同。

△上海交响乐团“尼山之春”小提琴音乐会在圣都国际会议中心举行。第九届、第十届全国人大常委会副委员长、尼山论坛组委会主席许嘉璐和尼山论坛组委会部分副主席，联合国文明联盟高级顾问克里斯托弗·贝斯，副省长张建国，省人大常委会原副主任莫振奎，市委副书记、市长梅永红，省政府副秘书长司安民，省文化厅副厅长、省文物局局长谢治秀，市委常委、宣传部长王次忠，市人大常委会副主任殷允岭等出席。

23日

第二届尼山世界文明论坛圆满闭幕。第九届、第十届全国人大常委会副委员长、尼山论坛组委会主席许嘉璐致闭幕辞。联合国文明联盟高级顾问克里斯托弗·贝斯，尼山论坛组委会部分副主席，副省长张建国，省人大常委会原副主任莫振奎，市委副书记、市长梅永红，省政府副秘书长司安民，省文化厅副厅长、省文物局局长谢治秀，市委常委、宣传部长王次忠，市人大常委会副主任殷允岭，副市长张继民等出席。

24—25日

省第十次党代会济宁代表团讨论省委书记姜异康代表九届省委所作的工作报告。省委常委、副省长孙伟，副省长贾万志，市委书记、市人大常委会主任马平昌，市政协主席赵树国，市委副书记崔洪刚，市人大常委会第一副主任陈民，市委常委、组织部长何思清，市委常委、市中区委书记张辉，市委常委、市纪委书记李建华参加讨论。

29日

市委召开常委扩大会议，传达学习省第十次党代会精神，研究贯彻落实意见。市委书记、市人大常委会主任马平昌主持会议并讲话。市委副书记、市长梅永红，市政协主席赵树国，市委副书记崔洪刚，市人大常委会第一副主任陈民，市委常委、市委特邀咨询，市人大常委会副主任，市政府副市长，市政协副主席，市法院院长，市检察院检察长，市直有关部门、单位主要负责人出席会议。

△东营市委书记、市人大常委会主任姜杰，市委副书记、市长申长友率东营市党政代表团一行到济宁市参观考察。市委书记、市人大常委会主任马平昌，市委副书记、市长梅永红，市委常委、秘书长刘成文，副市长石爱作等陪同。

△全省防汛抗旱工作电视会议结束后，济宁市立即召开会议，安排部署当前防汛抗旱工作。市委副书记、市长梅永红提出要充分做好防大汛准备。副市长田志锋主持会议并代表市政府与各县市区签订了防汛责任状。副市长石爱作出席会议。各县市区设立分会场，有关人员收看收听了会议。

30日

市委书记、市人大常委会主任马平昌在市委常委、秘书长刘成文和副市长吴霁雯的陪同下，先后到市妇女儿童活动中心、任城区石桥镇中心小学，代表市委、市政府向全市少年儿童祝贺节日，向全市广大少年儿童工作者致以亲切问候。

△市委书记、市人大常委会主任马平昌在圣都国际会议中心会见了浙江吉利控股集团董事长李书福一行。市委副书记、市长梅永红，市委常委、秘书长刘成文，市委常委、副市长周洪，市委常委、济宁高新区党工委书记余春明参加会见。

△市委副书记、市长梅永红，市委常委、市中区委书记张辉，副市长张继民到市中区唐口镇中心小学，看望少年儿童，代表市委、市政府向他们祝贺节日，并向付出辛勤努力的广大教师、少儿工作者及关心支持少年儿童事业的社会各界人士表示衷心的感谢和崇高的敬意。

△市委副书记崔洪刚对城市建设管理年活动城区重点工程建设进行现场调度。副市长石爱作，市住建委、市规划局主要负责人陪同视察。

△全市重点工程——滨湖大道中区段开工。市委副书记崔洪刚，市委常委、市中区委书记张辉，副市长石爱作出席开工仪式。

30—31日

环境保护部副部长张力军、国务院南水北调办公室副主任于幼军率南水北调东线治污督导组到济宁市检查指导工作。省政府特邀咨询郭兆信，省长助理周齐，省环保厅厅长张波，市委书记、市人大常委会主任马平昌，市委副书记、市长梅永红，市委常委、常务副市长刘中会，市委常委、市中区委书记张辉及省直有关部门，淄博、枣庄、泰安等地负责人分别参加督导活动。

31日

济宁市第四届职工运动会在邹城市体育公园开幕。市委副书记崔洪刚出席并宣布开幕。市委常委、副市长周洪，市人大常委会副主任、市总工会主席罗心光，市政协副主席、市委统战部长张开朗，济宁军分区副司令员杨富强出席并观看开幕式演出。

△市委副书记崔洪刚在市

委常委、市中区委书记张辉的陪同下到东门大街小学看望少年儿童,祝他们节日快乐,向付出辛勤劳动和汗水的老师们致以亲切慰问。

6月

1日

济宁市人民政府与中国银行山东省分行战略合作协议签署仪式在圣都国际会议中心举行。市委书记、市人大常委会主任马平昌,中行山东省分行党委书记、行长何兴祥致辞。市委副书记、市长梅永红主持。中行山东省分行副行长张维克;市委常委、秘书长刘成文,副市长白山出席仪式。

△韩国三星物产株式会社与山东如意集团资本合作签约仪式在圣都国际会议中心举行。市委书记、市人大常委会主任马平昌,市委副书记、市长梅永红,市委常委、秘书长刘成文,市委常委、副市长周洪出席签约仪式,市委常委、济宁高新区党工委书记余春明主持。

3日

全市南水北调治污工作调度会召开。市委副书记、市长梅永红出席会议并讲话。市委常委、常务副市长刘中会主持调度会,市政府秘书长杜昌华及市直有关部门、部分县市区主要负责人参加了会议。

4日

市委理论学习中心组专题报告会在运河宾馆举行。市委书记、市人大常委会主任马平昌讲话,市委副书记、市长梅永红,市政协主席赵树国,市委副书记崔洪刚,市人大常委会第一副主任陈民出席报告会。

△市委书记、市人大常委会主任马平昌在市委常委、秘书长刘成文陪同下,到邹城市进行调研。

5日

市委副书记崔洪刚,副市长石爱作在市水利、城建部门主要负责人陪同下到洸府河视察城市防汛工程建设情况。

6日

市委副书记、市长梅永红,副市长田志锋带领市直有关部门负责人到任城区、梁山县和汶上县检查夏收夏种和防汛工作。

△济宁创业促进会、YBC济宁办公室扶持青年创业项目资金首发式在山东理工职业学院举行,会上为22名创业青年每人发放了5万元的创业扶持资金。市委副书记崔洪刚,市人大常委会副主任殷允岭,市政协副主席曹景群,原市级老干部、市创业促进会会长许谦迎等出席并为创业青年发放扶持金。

8日

太白楼路东西延伸线、临菏路济宁段建成通车,嘉祥铁水联运港口正式运营。省交通运输厅厅长贾学英,市委书记、市人大常委会主任马平昌,市委副书记、市长梅永红,省交通运输厅公路局党委书记相立昌,省交通运输厅道路运输局局长江成,市委常委、副市长周洪,市人大常委会副主任罗心光,市政协副主席孔维民等出席三大交通重点工程通车和运营仪式。

△全市文化产业专题招商活动筹备工作调度会议召开。市政协主席赵树国,市委常委、宣传部长王次忠,副市长吴霁雯出席。

9日

国家工商总局党组书记、局长周伯华一行到济宁考察工商行政管理工作。省政府特邀咨询郭兆信,省工商局局长牛启忠,市委副书记、市长梅永红,市委常委、常务副市长刘中会,市政协副主席陈颖等陪同考察。

△市委副书记崔洪刚,市委常委、秘书长刘成文到微山县检查督导城乡环境综合整治工作。

10—11日

省委书记、省人大常委会主任姜异康先后到济宁市泗水县、金乡县、鱼台县、微山县,就学习贯彻省第十次党代会精神,做好“三夏”生产、防汛和环境保护等工作进行调研。省委常委、秘书长雷建国,省委副秘书长、政研室主任孙建功,省委副秘书长王守涛,省委宣传部常务副部长姜铁军,省警卫局局长舒明,省经济和信息化委主任郭述禹,省水利厅厅长杜昌文,省农业厅厅长战树毅等随同调研。市委书记、市人大常委会主任马平昌,市委副书记、市长梅永红,市委副书记崔洪刚,市委常委、秘书长刘成文陪同调研。

11—12日

济宁市举办十二届市政协新任委员培训班。市政协200多名委员接受培训。市政协主席赵树国作动员讲话并作了题为《人民政协工作发展进程与实践创新》的报告。市政协副主席张开朗主持开班仪式,市政协副主席戴伟娟、陈颖、孔维民、曹景群,市委党校党委书记、常务副校长张晓玉,市政协秘书长袁亚利出席。

12日

市委召开常委扩大会议,传达学习省委书记、省人大常委会主任姜异康在济宁市调研时的重要讲话精神,研究贯彻落实意见。市委书记、市人大常委会主任马平昌主持会议并讲话。市委副书记、市长梅永红，市政协主席赵树国，市委副书记崔洪刚，市人大常委会第一副主任陈民，市委常委、市委特邀咨询，市人大常委会副主任，市政府副市长，市政协副主席，市法院院长，市检察院检察长等出席会议。

△主题为“农村发展（振兴）”的第八届东北亚农业政策研究论坛在曲阜开幕。中国农业科学院副院长、研究员王韧，市委副书记、市长梅永红分别致辞。中国农业科学院农业经济与发展研究所所长、教授秦富主持。副市长田志锋出席。

14日

市委副书记、市长梅永红主持召开市政府常务会议，学习贯彻省第十次党代会和省委书记姜异康在济宁调研时的讲话精神。市委常委、常务副市长刘中会，市委常委、副市长周洪，副市长白山、石爱作、吴霁雯，市政府党组成员、市公安局局长王金城，市政府特邀咨询秦绍忠、张生贤，市政府秘书长杜昌华出席会议。

15日

市委书记、市人大常委会主任马平昌到济宁高新区调研。市委常委、秘书长刘成文，市委常委、济宁高新区党工委书记余春明陪同调研。

17日

市政府与山东能源集团举行合作发展座谈会暨战略合作框架协议签署仪式，山东能源集团将把济宁作为战略发展基地，先期投资60亿元，重点启动1000亩物流基地、嘉祥光伏材料和2×350MW电厂等非煤产业项目。市委书记、市人大常委会主任马平昌，山东能源集团董事长、总经理卜昌森在座谈和签约仪式上致辞，市委副书记、市长梅永红主持仪式。市委副书记崔洪刚，市委常委、政法委书记韩军，市委常委、秘书长刘成文，市委常委、常务副市长刘中会，市委常委、副市长周洪等出席。

△市委书记、市人大常委会主任马平昌在圣都国际会议中心会见了汇源集团董事长朱新礼一行。市委副书记、市长梅永红，市委常委、秘书长刘成文，副市长田志锋一同会见。

18日

市委书记、市人大常委会主任马平昌在圣都国际会议中心会见了省司法厅厅长程辉，省司法厅巡视员、省监狱管理局局长王本群一行。市委常委、秘书长刘成文，市委常委、常务副市长刘中会，副市长田志锋参加会见。

18—19日

省政协副主席、党组成员陈光率省政协调研组一行到济宁市，就城镇化推进工作情况进行调研。市委书记、市人大常委会主任马平昌，市政协主席赵树国，市委常委、秘书长刘成文，市委常委、市中区区委书记张辉，市委常委、济宁高新区党工委书记余春明，副市长石爱作，市政协副主席孔维民分别陪同。

19日

市委副书记、市长梅永红带领市直有关部门负责人，先后到市商检交通岗、市交警支队车管所和荣信煤化公司检查安全生产工作。市委常委、副市长周洪，市政府党组成员、市公安局长王金城，市政府秘书长杜昌华随同检查。

20日

市委副书记崔洪刚召集有关方面负责人在曲阜孔子文化会展中心召开第十一届中国专利高新技术产品博览会第四次调度会。副市长张继民主持会议。

20—21日

国务院研究室社会发展司司长邓文奎一行在省政府研究室主任张传亭的陪同下，到济宁市对医疗卫生改革进行调研指导。市委副书记、市长梅永红，副市长白山出席汇报座谈会。

21日

全市召开经济开发区转型升级跨越发展动员大会。市委书记、市人大常委会主任马平昌作重要讲话。市委副书记、市长梅永红主持。市政协主席赵树国，市委副书记崔洪刚，市人大常委会第一副主任陈民，市委常委、秘书长刘成文，市委常委、副市长周洪，市委常委、市中区区委书记张辉，市委常委、济宁高新区党工委书记余春明出席。

△市委书记、市人大常委会主任马平昌到豪德商贸城进行工作调研、现场办公。

22日

市委副书记、市长梅永红召集相关部门负责人召开第十一届专博会专题现场会。副市长张继民出席会议。

24日

市委、市政府召开县域经济重点帮扶工作调度会议，专题研究加快推动泗水、鱼台、金乡、梁山县域经济发展问题。市委书记、市人大常委会主任马平昌在会上作重要讲话。市委副书记、市长梅永红主持会议。市委副书记崔洪刚，兖矿集团董事长、党委书记王信，市委常委、组织部长何思清，市委常委、秘书长刘成文出席会议。

25日

市委、市政府召开支持中央和省属驻济企业加快发展座谈会。市委书记、市人大常委会主任马平昌讲话，市委副书记、市长梅永红主持，市政协主席赵树国，市委常委、政法委书记韩军，市委常委、秘书长刘成文，市委常委、副市长周洪，市委常委、市纪委书记李建华，市委常委、济宁高新区党工委书记佘春明，市人大常委会副主任商建设，市法院院长张勇，市检察院检察长张庆建，市政府党组成员、市公安局局长王金城和来自山东重工集团、中国重汽集团有限公司、华鲁控股集团有限公司、华能集团山东分公司、华电集团山东分公司、中国国电集团山东分公司、兖矿集团、山东能源淄矿集团、山东能源临矿集团、山东能源肥矿集团、山东能源枣矿集团等中央、省属驻济企业的嘉宾出席会议。

△市委、市政府在济宁高新区通佳重工伺服注塑机产业化项目建设现场设立主会场，各县市区及北湖新区设立分会场，隆重举行全市第二批重大项目集中开工仪式，市县两级联动再次集中开工一批重大项目。市委书记、市人大常委会主任马平昌，市委副书记、市长梅永红，市政协主席赵树国，市委副书记崔洪刚，市委常委、政法委书记韩军，市委常委、秘书长刘成文，市委常委、副市长周洪，市委常委、济宁高新区党工委书记佘春明，市人大常委会副主任商建设在主会场出席集中开工仪式。

△市委副书记崔洪刚到曲阜孔子文化会展中心现场察看展区布展情况并观看第十一届中国专利高新技术产品博览会开幕式预演。

25—26日

省委常委、副省长孙伟在省政府副秘书长张德宽、省科技厅厅长翟鲁宁的陪同下，到济宁市调研指导工作。市委书记、市人大常委会主任马平昌，市委副书记、市长梅永红，市委常委、秘书长刘成文，市委常委、济宁高新区党工委书记佘春明，副市长田志锋、张继民等陪同。

△第十届全国人大常委会副委员长何鲁丽一行在省人大常委会原副主任时立军的陪同下到济宁市视察。市委书记、市人大常委会主任马平昌，市委副书记崔洪刚，市人大常委会副主任殷允岭，副市长、济宁北湖度假区党工委书记石爱作，副市长张继民陪同。

26日

第十一届中国专利高新技术产品博览会在曲阜孔子文化会展中心隆重开幕。第十届全国人大常委会副委员长何鲁丽宣布博览会开幕。省委常委、副省长孙伟，科技部党组成员、科技日报社社长王志学，国家知识产权局副局长贺化，中国科学院秘书长邓麦村，中国工程院秘书长白玉良致辞；省人大常委会原副主任时立军、省政府副秘书长张德宽、省委组织部副部长刘永巨、省科技厅厅长翟鲁宁；市领导马平昌、梅永红、赵树国、崔洪刚、刘成文、周洪、王次忠、殷允岭、张继民、吴霁雯、步士金、秦绍忠出席开幕式。

△第十一届专博会高层次人才创新创业论坛在圣都国际会议中心举行。市委书记、市人大常委会主任马平昌致辞。省政府副秘书长张德宽，市委副书记、市长梅永红，科技部人才中心常务副主任李普，省科技厅副厅长于书良，市委常委、秘书长刘成文，副市长张继民，市委特邀咨询步士金出席。

27日

第十一届专博会院士论坛暨市委理论学习中心组专题报告会在圣都国际会议中心举行。原科技部部长、中国科学院院士徐冠华，中国工程院院士李国杰分别作了题为《转变观念、深化改革，实现科技与经济融合》、《战略新兴产业与两化融合》的精彩报告。市委副书记、市长梅永红出席，市委副书记崔洪刚主持。

△第十一届中国专利高新技术产品博览会举行风险投资高峰论坛，同时启动鲁信创投杯“企业中国·未来之星”(济宁)评选活动。中国科协原党组书记、副主席，中国风险投资专委会高级顾问高潮，中国科技金融促进会风险投资专委会会长张景安，市委副书记、市长梅永红，省科技厅副厅长于书良，市委常委、济宁高新区党工委书记佘春明，副市长白山，中国技术交易所总裁郭书贵等出席论坛，并分别启动“未来之星”评选活动，为济宁市风险投资工作站和中国技术交易所济宁工作站揭牌。副市长张继民致欢迎辞。科技部火炬中心副主任修小平主持仪式。

△市委副书记、市长梅永红带领市直有关单位负责人到泗水县检查抗旱工作。副市长田志锋陪同。

27—28日

省政协副主席栗甲一行到济宁市就药品安全工作进行视察。市政协主席赵树国，副市长白山，市政协副主席李良品，市政协秘书长袁亚利分别陪同相关活动。

27—30日

副省长张建国率山东代表团赴新疆喀什地区视察援建项目，看望援疆干部和人才，并出席第八届喀交会及山东援疆产品展。市委书记、市人大常委会主任马平昌随团活动，并视察喀交会济宁市展区情况，与喀什地区、英吉沙县和省援疆指挥部共商深化对口合作事宜，看望慰问济宁市援疆干部。喀什地委书记程振山会见马平昌一行，省政府副秘书长、省援疆指挥部总指挥、喀什地委副书记王华陪同视察。市委常委、常务副市长刘中会参加。

28日

市委召开常委会议，研究部署七月份重点工作。市委书记、市人大常委会主任马平昌主持会议并讲话。市委副书记、市长梅永红，市委副书记崔洪刚和市委常委出席会议。市政协主席赵树国，市人大常委会第一副主任陈民，市委特邀咨询，市政府副市长、党组成员，市直有关部门负责人列席会议。

△第十一届中国专利高新技术产品博览会举行合作项目集中签约仪式，对外发布系列突破性合作新成果。中国工程院院士李国杰、范云六，中国科学院计算技术研究所副所长隋雪青，中国技术交易所有限公司总裁郭书贵；市委副书记、市长梅永红，市政协主席赵树国，市委副书记崔洪刚，市人大常委会副主任殷允岭，副市长张继民出席签约仪式。

29日

全省政府系统秘书长座谈会在圣都国际会议中心举行。省政府秘书长、办公厅主任蒿峰讲话。市委副书记、市长梅永红到会致辞。省政府副秘书长朱茂民主持会议。副市长白山出席。

△全市召开第五次妇女儿童工作会议。市委副书记、市长梅永红到会讲话。市委副书记崔洪刚主持会议。市人大常委会副主任商建设、市政协副主席李良品出席会议。

30日

市委副书记、市长梅永红主持召开市政府第5次常务会议，重点研究做好新形势下的民政工作和加快金融业、现代物流业发展的具体办法措施。市委常委、副市长周洪，副市长田志锋、白山、张继民、吴霁雯，市政府特邀咨询张生贤，市政府秘书长杜昌华出席会议。

7月

2日

全市创先争优活动表彰大会召开。市委书记、市人大常委会主任马平昌讲话，市委副书记、市长梅永红主持。市委副书记崔洪刚，市委常委、组织部长何思清，市委常委、秘书长刘成文，市委常委、宣传部长王次忠，市委常委、市纪委书记李建华，市人大常委会副主任、秘书长丁颖，市政协副主席曹景群出席会议。

△市政府与北京大学法学院签订合作协议。市委书记、市人大常委会主任马平昌，市委副书记、市长梅永红，北京大学法学院院长张守文，省法制办主任高存山，市委常委、政法委书记韩军，市委常委、秘书长刘成文，市委常委、常务副市长刘中会出席签约仪式。

△市政府与浪潮集团签订共建云计算中心战略协议。市委书记、市人大常委会主任马平昌，市委副书记、市长梅永红，浪潮集团董事长兼CEO孙丕恕，市委常委、秘书长刘成文，市委常委、副市长周洪，市委常委、济宁高新区党工委书记佘春明出席签约仪式。

3日

省委常委、副省长孙伟，副省长贾万志率领省南水北调东线治污工程治污工作组到济宁市考察指导工作。市委书记、市人大常委会主任马平昌，市委副书记、市长梅永红，市委常委、秘书长刘成文，副市长田志锋陪同。

4日

市委书记、市人大常委会主任马平昌在市委常委、秘书长刘成文和副市长田志锋的陪同下，到市中区和嘉祥县检查指导防汛抗旱工作。

4—5日

国务院南水北调工程建设委员会专家委员会副主任宁远、汪易森率队到济宁市开展南水北调东线治污调研。

△从4日中午开始，全市迎来了入夏以来的第一场强降雨，降水一直持续到5日下午。全市普降大雨，局部大暴雨，平均降雨量为70.4毫米。除梁山以外，其他县市区降水量均达到暴雨。

5日

济宁文化产业招商推介会在北京举行。国家旅游局副局长杜一力，文化部文化产业司副司长吕霞，市委副书记、市长梅永红，市政协主席赵树国，市委常委、副市长周洪，市委常委、宣传部长王次忠，副市长吴霁雯出席推介会。

6日

京沪高铁济宁城市形象宣传启动暨北京南站“济宁厅”冠名仪式在北京南站举行。市委副书记、市长梅永红，市政协主席赵树国，市委常委、宣传部长王次忠，北京铁路局副局长闫国铭等出席。

7日

市委副书记崔洪刚到鱼台县调研农村环境综合整治、基础设施建设情况。

8日

市委召开常委会议，传达学习全省推动县域科学发展整体提升综合实力工作会议精神，研究贯彻落实意见。市委书记、市人大常委会主任马平昌主持会议并讲话。市委副书记、市长梅永红，市委副书记崔洪刚和市委常委出席会议。市政协主席赵树国，市政府副市长及市直有关部门负责人列席会议。

△市委副书记、市长梅永红主持召开市防汛抗旱指挥部第一次成员会议。

9日

市委书记、市人大常委会主任马平昌到北湖新区调研，现场调度重点项目、重大工程建设情况。市委常委、秘书长刘成文，副市长、济宁北湖度假区党工委书记石爱作陪同调研。

△洸府河治理南段一期工程举行开工仪式。市委副书记崔洪刚出席仪式并宣布工程开工，副市长白山讲话。

9—14日

市委副书记、市长梅永红，市委常委、副市长周洪率团到香港开展集中招商活动。

10—14日

市委书记、市人大常委会主任马平昌先后到济宁学院、曲阜师范大学、济宁医学院进行调研。市委常委、秘书长刘成文，副市长、济宁北湖度假区党工委书记石爱作，副市长张继民等陪同调研。

11日

市委书记、市人大常委会主任马平昌在圣都国际会议中心会见济南铁路局局长任纪善一行。市委副书记崔洪刚，市委常委、秘书长刘成文，市委常委、常务副市长刘中会，市政府特邀咨询张生贤参加会见。

△“2012鲁港合作洽谈会”开幕式暨重大合作项目签约仪式在香港举行，济宁市成功签约一批合作项目。市委副书记、市长梅永红，市委常委、副市长周洪率团参加。

12日

省政协副主席赵玉兰率领省委省政协检查组到济宁市检查指导贯彻落实全省政协工作会议精神情况。市委书记、市人大常委会主任马平昌，市政协主席赵树国，市委常委、秘书长刘成文，市政协副主席、市委统战部部长张开朗等陪同。

△全市社会稳定信访工作半年考核情况通报会在运河宾馆召开。市委副书记崔洪刚出席会议并讲话。市委常委、政法委书记韩军主持。市委常委、市纪委书记李建华，副市长田志锋，市中级人民法院院长张勇，市人民检察院检察长张庆建出席。

13日

为庆祝中国人民解放军建军85周年和济宁市荣获全国双拥模范城“六连冠”，山东陆军预备役炮兵师政治部邀请济南军区前卫文工团到济宁市进行慰问演出。济南军区政治部副主任张建华，山东省军分区政治部副主任吴巨峰；市委书记、市人大常委会主任马平昌，市政协主席赵树国，市委副书记崔洪刚、市人大常委会第一副主任陈民等出席并观看演出。

△孔孟之乡济宁（香港）投资合作恳谈会暨项目签约仪式在香港举行。市委副书记、市长梅永红出席并致辞，市委常委、副市长周洪主持。香港贸发局内地推广部经理罗文生，香港总商会中华委员会主席余国贤等出席。

14日

市委书记、市人大常委会主任马平昌到市中区调研万达广场项目。市委副书记崔洪刚，市委常委、秘书长刘成文，市委常委、市中区委书记张辉，副市长、济宁北湖度假区党工委书记石爱作，市政府党组成员、市公安局局长王金城陪同。

16日

市委书记、市人大常委会主任马平昌在运河宾馆会见美国莱斯彼公司首席执行官谭大卫、宁波申江控股集团董事长朱云浩、博渠国际公司总裁鲍勃等客商。市委常委、秘书长刘成文，市委常委、副市长周洪参加会见。

△市政府与天津大学举行科技合作座谈会。市委副书记、市长梅永红，天津大学校长李家俊、副校长舒歌群出席。

17日

济宁市被国务院命名表彰为“全国创业先进城市”，曲阜市人力资源和社会保障局、兖州市特丽洁物业管理有限公司分别被授予“全国就业先进工作单位”、“全国就业先进企业”称号。

△中国共产党武警济宁市支队第三次代表大会开幕。市委

副书记崔洪刚，市委常委、政法委书记韩军，市政府党组成员、市公安局局长王金城和武警济宁市支队党委成员出席开幕式。

18日

市委书记、市人大常委会主任马平昌赴国家文物局拜会文化部副部长、国家文物局局长励小捷，双方就进一步做好济宁市文物保护工作进行了座谈交流。市委常委、秘书长刘成文出席座谈会。

△市政协第十二届济宁市委员会常务委员会第二次会议举行。市委副书记、市长梅永红通报全市上半年经济社会发展情况。市政协主席赵树国出席会议并讲话。市政协副主席、市委统战部部长张开朗，市政协副主席戴伟娟、陈颖、郭洪敏、李良品、蒙建华、孔维民、曹景群及秘书长袁亚利出席会议。

18—19日

市委书记、市人大常委会主任马平昌在北京拜会了国家发改委主任张平、国家环保部副部长周建，并会见了汇源饮料食品公司董事长朱新礼，就有关项目情况、环境保护工作等进行了座谈交流。市委常委、秘书长刘成文，市委常委、常务副市长刘中会，市委常委、济宁高新区党工委书记佘春明参加座谈或会见。

19日

市委副书记、市长梅永红主持召开市政府第6次常务会议，研究分析上半年经济运行情况，对下半年重点工作作出安排。

19—20日

全省公安现役部队加快转变政治工作模式现场会在济宁市举行。市委副书记崔洪刚，市委常委、政法委书记韩军亲切看望了与会人员。省公安厅党委委员、政治部主任王兆玉，省公安厅政治部副主任、现役办主任陈荣和，省边防总队政治委员明学森，省消防总队政治委员刘海，省警卫局政治委员鲍凤海，市政府党组成员、市公安局局长王金城出席现场会。

22日

全市加快金融业发展大会召开。市委书记、市人大常委会主任马平昌作重要讲话。市委副书记、市长梅永红主持。市政协主席赵树国，市委副书记崔洪刚，市人大常委会第一副主任陈民，市委常委、秘书长刘成文，市委常委、常务副市长刘中会，副市长白山出席会议。

23日

市委副书记、市长梅永红在圣都国际会议中心会见云天化集团有限责任公司总经理张嘉庆一行。市委副书记崔洪刚，市委常委、副市长周洪参加会见。

23—25日

全市科学发展现场观摩会召开。市委书记、市人大常委会主任马平昌，市委副书记、市长梅永红作重要讲话。市政协主席赵树国、市委副书记崔洪刚、市人大常委会第一副主任陈民出席会议。

26日

市委召开常委会议。市委书记、市人大常委会主任马平昌主持会议并讲话。市委副书记、市长梅永红，市委副书记崔洪刚和市委常委出席会议。市政协主席赵树国，市人大常委会第一副主任陈民列席会议。

△市委召开常委议军会议。市委书记、市人大常委会主任马平昌主持会议并讲话。市委副书记、市长梅永红，市委副书记崔洪刚和市委常委出席会议。市政协主席赵树国，市人大常委会第一副主任陈民列席会议。

27日

济宁市政府与深圳市创新总裁俱乐部签订战略合作协议。市委副书记、市长梅永红，深圳市创新总裁俱乐部会长刘应力出席经济合作洽谈会和签约仪式并致辞。市委常委、副市长周洪，市委常委、济宁高新区党工委书记佘春明出席。

△第十九届微山湖荷花节暨首届湿地节在微山县正式拉开帷幕。环保部生态司副司长邱启文、省环保厅厅长张波出席开幕式。市委副书记、市长梅永红致辞，市委常委、宣传部长王次忠主持开幕式。市人大常委会副主任、市总工会主席罗心光，市政协副主席李良品等观看开幕式文艺演出。

△市委副书记崔洪刚，市委常委、政法委书记韩军，市委常委、市中区区委书记张辉，副市长田志锋、石爱作和市政府党组成员、公安局长王金城到武警济宁市支队教导队，就支队指挥中心建设有关问题进行现场办公。

△全市加快推进城镇化工作会议在泗水县召开。市委副书记崔洪刚讲话，副市长石爱作主持。

28日

济宁市政府与省科技厅在山东大厦签署战略合作框架协议。市委书记、市人大常委会主任马平昌出席签约仪式并讲话，市委副书记、市长梅永红和省科技厅厅长翟鲁宁分别代表双方签订协议，副市长张继民介绍济宁市相关情况。

29日

全市举行党政领导“军事日”活动，走访慰问驻济官兵。市领导马平昌、赵树国、崔洪刚、陈民、刘成文、刘中会、张继民，驻军首长叶益民、刘兴河、张闽玉、曹晓明等出席。

29—30日

市委副书记、市长梅永红率市政府考察团到无锡市学习考察，先后拜会了无锡市市长朱克江，走访了部分重点企业，出席了市政府与感知集团战略合作签约仪式。市委常委、副市长周洪参加考察活动。

30—8月6日

市委举办理论学习中心组读书会。市委书记、市人大常委会主任马平昌，市委副书记、市长梅永红，市政协主席赵树国，市委副书记崔洪刚，市人大常委会第一副主任陈民出席。

31日

市委书记、市人大常委会主任马平昌到滨湖大道(济宁至鱼台段)现场办公。市委常委、秘书长刘成文，市委常委、市中区区委书记张辉参加活动。

△济宁市召开省第九届残运会筹备工作动员大会。市委副书记、市长梅永红讲话，市委副书记崔洪刚主持。市人大常委会副主任、秘书长丁颖，副市长石爱作、张继民，市政协副主席李良品，省残联副理事长乔贵良出席。

8月

1日

市委书记、市人大常委会主任马平昌在科苑会馆会见了民生银行济南分行行长马琳一行。市委副书记、市长梅永红，市委常委、秘书长刘成文，市委常委、高新区党工委书记佘春明，副市长白山一同会见。

△市委副书记、市长梅永红在圣都国际会议中心会见了雨润控股集团董事长祝义材一行。市委常委、副市长周洪参加会见。

3日

市委副书记、市长梅永红到泗水县检查10号台风防御工作，就全面落实各项防范措施提出要求。

6日

市委书记、市人大常委会主任马平昌到市直政法部门进行调研。市委副书记崔洪刚，市委常委、政法委书记韩军，市委常委、秘书长刘成文，副市长田志锋等人陪同。

7日

市委、市政府举行老干部情况通报会。市委书记、市人大常委会主任马平昌通报了上半年全市经济社会发展情况和下半年工作安排。市委副书记、市长梅永红主持会议。市委副书记崔洪刚，市委常委、组织部长何思清，市委常委、秘书长刘成文出席会议。

△省委政法委常务副书记张建华带领省政法综治维稳督导调研组到济宁市，就政法综治维稳工作进行专题调研。市委书记、市人大常委会主任马平昌出席座谈会，市委副书记崔洪刚主持。市委常委、政法委书记韩军，市委常委、秘书长刘成文，副市长田志锋，市政协副主席李良品，济宁军分区副政委张平参加座谈或陪同调研。

8日

市委、市政府召开会议，对南水北调东线工程水污染防治工作进行再动员再部署。市委书记、市人大常委会主任马平昌主持会议，市委副书记、市长梅永红讲话。市委常委、秘书长刘成文，市委常委、常务副市长刘中会，市委常委、市中区委书记张辉，市委常委、市纪委书记李建华，副市长田志锋，副市长、济宁北湖度假区党工委书记石爱作出席会议。

△全省维稳信访工作电视电话会议召开，市委书记、市人大常委会主任马平昌出席济宁分会场会议，并代表济宁市作了典型发言。会后，就贯彻落实省会议精神，做好全市维稳信访工作进行安排部署。马平昌讲话，市委副书记、市长梅永红主持。市委副书记崔洪刚，市委常委、政法委书记韩军，市委常委、秘书长刘成文，市委常委、市纪委书记李建华，副市长田志锋，市人民检察院检察长张庆建，市政府党组成员、市公安局局长王金城出席。

9日

全市召开“解放思想跨越发展大讨论”活动总结大会。市委书记、市人大常委会主任马平昌会前听取大讨论活动工作汇报并提出要求。市委副书记崔洪刚讲话，市委常委、组织部长何思清主持，市委常委、宣传部长王次忠通报大讨论活动总体开展情况，市政府党组成员、市公安局局长王金城出席。

△市委副书记、市长梅永红主持会议，调度7月份经济运行情况，研究制定保持经济稳定增长的具体办法措施。市委常委、常务副市长刘中会，市委常委、副市长周洪，副市长白山及市政府秘书长杜昌华出席会议。

△市委副书记、市长梅永红主持召开城建重点工程调度会，市委副书记崔洪刚，副市长田志锋、石爱作在会上先后发言，提

出了强化城市建设管理的意见建议。市政府秘书长杜昌华参加会议。

10日

市政府与兖矿集团举行合作发展座谈会,签署发展非煤产业战略合作框架协议。市委书记、市人大常委会主任马平昌,市委副书记、市长梅永红,市政协主席赵树国,市委副书记崔洪刚,市委常委、政法委书记韩军,济宁军分区司令员叶益民,市委常委、常务副市长刘中会,市委常委、副市长周洪,市人大常委会副主任罗心光,市政府党组成员、市公安局局长王金城和兖矿集团董事长、党委书记王信,兖矿集团总经理李位民等出席。

△谭明建先进事迹报告会在济宁市举行。报告会前,市委书记、市人大常委会主任马平昌会见了报告团全体成员。市委副书记崔洪刚主持报告会。市委常委、秘书长刘成文,市委常委、宣传部长王次忠,市委常委、市纪委书记李建华参加会见或出席报告会。

11日

市委副书记、市长梅永红在香港大厦会见了英吉沙县考察团一行。市政府秘书长杜昌华及市直有关部门、任城区负责人会见时在座。

14日

市委、市政府召开全市高校工作会议。市委书记、市人大常委会主任马平昌讲话,市委副书记、市长梅永红主持。市政协主席赵树国,市委副书记崔洪刚,市人大常委会第一副主任陈民,市委常委、秘书长刘成文,副市长张继民出席会议。

15日

济宁市召开农村环境综合整治动员大会。市委书记、市人大常委会主任马平昌讲话。市委副书记、市长梅永红主持。市委副书记崔洪刚,市委常委、秘书长刘成文,市人大常委会副主任殷允岭,副市长田志锋,市政协副主席孔维民出席。

△省长助理、省公安厅厅长徐珠宝到济宁市调研指导公安工作,深入基层看望慰问一线民警。市委书记、市人大常委会主任马平昌,市委副书记崔洪刚,市委常委、政法委书记韩军,市委常委、秘书长刘成文,市委常委、市中区委书记张辉,市政府党组成员、市公安局局长王金城等陪同。

△济宁市召开实施文化建设“突破曲阜”战略第一次联席会议。市政协主席赵树国主持会议,副市长吴霁雯就具体工作进行了安排部署。

16日

省高级人民法院副院长李静到济宁市调研法院工作。市委副书记崔洪刚,市法院院长张勇陪同。

20日

市委副书记崔洪刚在有关部门负责人陪同下,到市交通局调研农村环境综合整治工作。市政协副主席孔维民陪同调研。

21日

省委副书记王军民在省委副秘书长、省信访局局长倪明元等省直部门负责人的陪同下,到济宁市考察社会管理和城市建设工作。市委副书记、市长梅永红,市委副书记崔洪刚,市委常委、政法委书记韩军,市委常委、秘书长刘成文陪同考察。

22日

国务院农村综合改革办公室主任王卫星带领调研组到济宁市,就农村综合改革工作进行调研。市委副书记、市长梅永红,省财政厅副厅长李国健陪同。

23日

全国城市党委系统政研联席会第八届年会在济宁市召开,全国22个省、自治区、直辖市的70多个大中城市党委系统政研工作代表与会。中央政策研究室《学习与研究》杂志社总编薛宝生,省委政策研究室巡视员孙建生,市委副书记崔洪刚,市委常委、秘书长刘成文出席会议。承办上届联席会的广西壮族自治区柳州市向济宁市交接了铜鼎。

24日

全市召开城区公安交通管理体制改革工作会议。市委副书记崔洪刚讲话,市委常委、政法委书记韩军主持,副市长、北湖度假区党工委书记石爱作宣读《关于调整市公安局交通警察支队下设机构的批复》和《关于切实履行济宁市城区道路交通安全管理工作职责的通知》,市政府党组成员、市公安局局长王金城出席。

27日

市十六届人大常委会第四次会议在运河宾馆举行。市人大常委会第一副主任陈民主持会议并讲话,副主任殷允岭,副主任、秘书长丁颖,副主任商建设、罗心光及其他常委会组成人员出席会议。市委副书记、市长梅永红列席会议,并宣读济宁市人民政府关于提请决定任免市政府组成人员职务的议案。

△市委副书记崔洪刚在北湖度假区召开现场会,研究加快推进北湖各项建设的措施办法。副市长、北湖度假区党工委书记石爱作参加。

△邹城市峄山森林公园在

北京高票顺利通过由北京大学、清华大学、北京林业大学等23位著名院士组成的顶级国家专家评审团评议,正式被评定为山东省峄山国家森林公园。

28日

如意集团举行庆祝集团建业40周年庆典。中国纺织联合会副会长孙瑞哲,市委副书记、市长梅永红,市政协主席赵树国,市委常委、济宁军分区政委刘兴河,市委常委、副市长周洪,市委常委、济宁高新区党工委书记佘春明,市人大常委会副主任罗心光,市政协副主席李良品,市委特邀咨询步士金及日本、韩国客商代表出席庆典大会。

△市人大常委会党组理论学习中心组读书会举行专题报告会。市委副书记、市长梅永红作全市经济形势专题报告。市人大常委会第一副主任陈民主持会议并讲话,副主任殷允岭,副主任、秘书长丁颖,副主任商建设、罗心光,市人大常委会特邀咨询刘明远,市人大常委会老领导,市人大常委会全体委员出席会议。

28—29日

省委常委、省纪委书记李法泉到济宁市就经济社会发展和党风廉政建设情况进行调研。市委副书记、市长梅永红,市委副书记崔洪刚,市委常委、秘书长刘成文,市委常委、市纪委书记李建华等陪同。

30日

第四届山东文化创意产业博览交易会在济南开幕,济宁市组团参会参展,全面展示了济宁市文化产业发展成果和发展后劲,共签约文化创意产业项目4个,投资总额达213亿元。市委副书记、市长梅永红,市委常委、宣传部长王次忠,副市长吴霁雯率团参展。

31日

市委副书记、市长梅永红主持召开市政府第7次常务会议,研究部署控制会议开支、国有资产管理、国库集中支付制度改革及教育发展、城区水资源管理等工作。市委常委、常务副市长刘中会,副市长田志锋、白山、石爱作、张继民,市政府党组成员、市公安局长王金城,市政府特邀咨询秦绍忠、张生贤,市政府秘书长杜昌华出席会议。

9月

1日

市委书记、市人大常委会主任马平昌在市委常委、秘书长刘成文的陪同下,到泗水县调研。

2日

市委、市政府发信祝贺济宁市四家企业——兖矿集团、太阳纸业、如意科技、华勤集团跻身“2012中国企业500强”。

2—3日

省委政研室巡视员孙建生带领调研组到济宁市,就“打造山东新的经济隆起带”问题进行调研。市委书记、市人大常委会主任马平昌,市委常委、秘书长刘成文,市委常委、常务副市长刘中会,市委特邀咨询步士金出席座谈会。

3日

国家科技部党组书记、副部长王志刚在副省长张建国及省科技厅厅长翟鲁宁的陪同下到济宁市调研科技创新工作。市委书记、市人大常委会主任马平昌,市委副书记、市长梅永红,市委常委、秘书长刘成文,市委常委、济宁高新区党工委书记佘春明等陪同。

4日

市委召开常委会议,研究部署九月份重点工作等。市委书记、市人大常委会主任马平昌主持并讲话。市委副书记、市长梅永红,市委副书记崔洪刚和市委常委出席会议。市人大常委会第一副主任陈民,市政府领导、市法院院长、市委特邀咨询及市直有关部门负责人列席会议。

△省委常委、政法委书记才利民在省委政法委副书记兼省综治办主任王凯祥的陪同下,到济宁市督导调研政法综治工作。市委书记、市人大常委会主任马平昌,市委副书记崔洪刚,市委常委、政法委书记韩军,市委常委、秘书长刘成文等陪同调研。

△武警山东总队政委张洪运少将到济宁市调研,看望慰问武警官兵,检查指导工作。市委副书记、市长梅永红陪同。

△台湾中华文化总会会长刘兆玄在省台办副主任张民忠的陪同下,到济宁市参观访问。市委副书记崔洪刚陪同。

5—6日

财政部副部长朱光耀带领中央信访工作督导组到济宁市检查督导信访工作。省委常委、政法委书记才利民,省委副秘书长、省信访局局长倪明元,省委政法委副书记、省综治办主任王凯祥,省财政厅厅长于国安;市委书记、市人大常委会主任马平昌,市委副书记、市长梅永红,市委副书记崔洪刚,市委常委、政法委书记韩军,市委常委、秘书长刘成文,副市长田志锋等陪同。

6日

市委副书记、市长梅永红带领市直有关部门负责人,先后到山东理工职业学院、济宁一中新校区、济宁医学院，向广大教职员工致以节日的慰问，并就贯彻落实《关于进一步支持高校建设发展的意见》，推进教育事业发展进行调研。

7日

市委、市政府召开大会，热烈庆祝第28个教师节，表彰教育战线的先进单位和先进个人。市委书记、市人大常委会主任马平昌讲话，市委副书记、市长梅永红主持。市人大常委会第一副主任陈民，市委常委、政法委书记韩军，市委常委、秘书长刘成文，市委常委、济宁军分区政委刘兴河，市委常委、宣传部长王次忠，副市长张继民，市政协副主席陈颖出席会议。

8日

市委书记、市人大常委会主任马平昌到曲阜市，看望慰问教师和教育工作者，并代表市委、市政府向全市广大教师和教育工作者致以节日的问候和良好的祝愿。

9日

市委书记、市人大常委会主任马平昌调研孔子文化节筹备工作情况。市政协主席赵树国，市委副书记崔洪刚，市委常委、秘书长刘成文，市委常委、宣传部长王次忠，副市长吴霁雯出席会议。

10—11日

副省长王随莲在省政府副秘书长马越男、省体育局局长张洪涛等省直部门负责人陪同下，到济宁市检查第23届省运会筹备工作，并就食品安全、医药卫生体制改革和卫生工作进行调研。市委书记、市人大常委会主任马平昌，市委副书记、市长梅永红，市委常委、济宁高新区党工委书记佘春明，副市长白山，副市长、济宁北湖度假区党工委书记石爱作陪同检查调研。

10—14日

全国检察机关监所检察工作座谈会暨派出检察院检察长培训班在济宁举办。最高人民检察院副检察长孙谦在开幕式上讲话。山东省人民检察院检察长吴鹏飞，市委副书记、市长梅永红，省政法委副书记孟富强分别致辞。中央政法委政法队伍建设指导室副主任刘勉义就践行政法干警核心价值观问题作专题报告。省人民检察院副检察长王建，市委常委、政法委书记韩军，市人民检察院检察长张庆建出席开幕式。

12日

市委副书记、市长梅永红主持召开会议，专题研究城区大气污染防治工作。市委常委、常务副市长刘中会，市政府党组成员、市公安局局长王金城，市政府秘书长杜昌华出席会议。

△第四次山东省建筑业职业技能大赛在北湖新区市文体中心拉开帷幕。市委副书记、市长梅永红在赛前致辞。住房和城乡建设部人事司副巡视员陈付，省住房和城乡建设厅副厅长万利国，副市长、北湖新区党工委书记石爱作出席开幕式。

△市委副书记、市长梅永红会见了北京康得新复合材料股份有限公司董事长钟玉一行。

13日

日照市委书记、市人大常委会主任杨军，市委副书记、市长李同道率领日照市党政考察团一行到济宁市考察。市委书记、市人大常委会主任马平昌，市委副书记、市长梅永红，市委常委、秘书长刘成文，副市长石爱作陪同。

△淄博市人大常委会副主任王树槐、市政协原副主席高峰岭率博山区党政考察团到济宁市考察。市委副书记崔洪刚，市委常委、常务副市长刘中会陪同。

13—14日

苏鲁豫皖接壤地区21城市政协工作联系会第33次会议在济宁市举行。市委副书记、市长梅永红在会前亲切看望与会代表。市政协主席赵树国主持会议。市委副书记崔洪刚到会致辞。市政协副主席、市委统战部部长张开朗，市政协副主席孔维民及市政协秘书长袁亚利出席会议。

14日

济宁市在鱼台辰欣医药项目建设现场隆重举行全市第三批重大项目集中开工仪式。市委书记、市人大常委会主任马平昌，市委副书记、市长梅永红，市政协主席赵树国，市人大常委会第一副主任陈民，市委常委、秘书长刘成文，市委常委、常务副市长刘中会出席并为项目开工奠基。

△济宁市召开全市生态文明乡村建设暨农村环境综合整治推进会。市委副书记崔洪刚、市人大常委会副主任罗心光、副市长田志锋、市政协副主席孔维民查看现场并出席座谈会。

14—15日

市委书记、市人大常委会主任马平昌到微山县南阳镇王苏白村驻村调研。

16日

2012中国(梁山)水浒文化节暨第八届中国(梁山)专用汽车博览会在水浒文化广场开幕。中纪委正部级巡视员陈德全，全国政协常委、国家民委原副主任江家福，国家旅游局原副局长程文栋，省政协原副主席李殿魁，重庆警备区原司令员杨冀平，沈阳军区原副司令员、辽宁省军区原司令员尚全孝，解放军电视宣传中心原主任李文朝，市委副书记、市长梅永红，市政协主席赵树国，市人大常委会第一副主任陈民，省旅游局党组成员张明池，市政协副主席李良品，济宁军分区副政委张平及市纪委常务副书记姜居祯和中国汽车工业协会的负责人等出席开幕式。

△CCTV-1《吉尼斯中国之夜》走进水泊梁山活动仪式在梁山水寨举行。中纪委正部级巡视员陈德全，全国政协常委、国家民委原副主任江家福，国家旅游局原副局长程文栋，重庆警备区原司令员杨冀平，解放军电视宣传中心原主任李文朝出席。市委副书记、市长梅永红观看高空钢丝竞走比赛。市政协主席赵树国在仪式上致辞并为创造吉尼斯纪录的选手颁发证书。

△市委副书记、市长梅永红到"大规模驻村入户、面对面谈心交流"活动联系村梁山县韩垓镇高店村调研。

16—19日

市政协主席赵树国到梁山县水泊街道独山村驻村调研。调研期间，赵树国还出席了2012中国(梁山)水浒文化节开幕式，第八届中国(梁山)专用汽车博览会经贸招商项目签约仪式等。

17日

济宁市与广西玉柴集团在玉林举行YC4W发动机项目合同签约仪式。市委书记、市人大常委会主任马平昌，广西玉柴集团董事局主席晏平，玉柴集团总裁古堂生，市委常委、秘书长刘成文，市委常委、济宁高新区党工委书记余春明等出席仪式。

△市委副书记、市长梅永红主持召开市政府第8次常务会议，安排部署中秋节国庆节及十八大召开前后的重点工作，研究建立健全民生保障体系意见、为民办好十件实事及安全生产等项工作。

△第八届中国(梁山)专用汽车博览会开展仪式在梁山县拳铺工业园举行。省政协原副主席李殿魁，市政协主席赵树国，副市长白山，市政协副主席李良品和中国汽车工业协会的负责人出席。

18日

市委书记、市人大常委会主任马平昌在圣都国际会议中心会见了美国固特异工程橡胶集团全球首席执行官约翰·汉密尔顿一行。市委常委、秘书长刘成文参加会见。

19日

市委副书记、市长梅永红带领市直有关部门和市中区、任城区负责人，先后到秀水城运河沿岸、红星新村社区及东邻农贸市场、任城区实验中学等片区现场办公。

20日

全市民主党派、工商联、无党派代表人士座谈会在运河宾馆举行。市委书记、市人大常委会主任马平昌讲话。市委副书记崔洪刚通报2012年全市经济社会发展情况。市政协副主席、市委统战部长张开朗主持。

21日

济宁市组织收听收看了全省党外代表人士队伍建设工作电视电话会议。市委书记、市人大常委会主任马平昌，市人大常委会副主任、秘书长丁颖，副市长田志锋，市政协副主席、市委统战部长张开朗出席济宁分会场会议。马平昌就贯彻落实省会议精神，做好全市党外代表人士队伍建设工作提出要求。

△大型文化旅游演艺项目《菩提东行》在兖州市兴隆文化园举行首演。省委宣传部副部长高玉清，省旅游局局长于冲，山东广播电视台台长韩国强；市委副书记、市长梅永红，市政协主席赵树国，市人大常委会第一副主任陈民，市委常委、宣传部长王次忠等观看了演出。

22日

济宁市召开民生保障体系建设大会。市委书记、市人大常委会主任马平昌作重要讲话，市委副书记、市长梅永红主持会议。市政协主席赵树国，市委副书记崔洪刚，市人大常委会第一副主任陈民，市委常委、秘书长刘成文，市委常委、常务副市长刘中会，副市长张继民出席会议。

△市委召开全市党的基层组织建设工作会议。市委书记、市人大常委会主任马平昌讲话，市委副书记崔洪刚主持会议，市委常委、组织部长何思清宣读《中共济宁市委关于实施"基层党组织服务能力提升工程"进一步加强基层党建工作的意见》。市委常委、秘书长刘成文，市委常委、宣传部长王次忠，副市长田志锋和省委组织部的有关负责人出席会议。

23日

市委书记、市人大常委会主任马平昌到曲阜市检查指导2012中国(曲阜)国际孔子文化节各项筹备工作。市委副书记崔洪刚，市委常委、秘书长刘成文，市委常委、宣传部长王次忠，副市长吴霁雯参加活动。

△全市县域经济调度会暨8

月份经济运行分析会召开。市委副书记、市长梅永红作重要讲话。市委常委、常务副市长刘中会主持会议并就落实会议精神提出要求。

24日

市委书记、市人大常委会主任马平昌视察了台湾联电集团在济宁市的部分项目,并召开座谈会听取了台联电集团在济项目情况汇报。市委常委、秘书长刘成文,市委常委、济宁高新区党工委书记余春明参加活动。

△中国国民党副主席林丰正、台湾耐斯集团总裁陈哲芳一行,在省台办副主任曹晓武的陪同下到济宁市参观访问。市委副书记崔洪刚在曲阜会见了到访的客人一行。

25日

市委、市政府召开市直部门单位联系包保乡镇(园区)助推县域经济跨越发展大会。市委书记、市人大常委会主任马平昌作重要讲话。市委副书记、市长梅永红主持会议。市政协主席赵树国,市人大常委会第一副主任陈民,市委常委、组织部长何思清,市委常委、秘书长刘成文,市委常委、副市长周洪,市委常委、市纪委书记李建华出席会议。

△市政府与华能山东发电有限公司签署战略合作框架协议。市委书记、市人大常委会主任马平昌出席签约仪式并致辞,市委副书记、市长梅永红主持,市委常委、秘书长刘成文,市委常委、副市长周洪,华能山东发电有限公司总经理王文宗、党委书记李萍出席。

26日

市政府与省交通运输厅签署战略合作协议,共同构建济宁“大路网、大港航、大物流、公共服务”四大现代交通体系。市委书记、市人大常委会主任马平昌在签约仪式上致辞,市委副书记、市长梅永红与省交通运输厅党组书记、厅长贾学英代表双方签署协议,市委常委、秘书长刘成文出席,市委常委、副市长周洪主持。

27日

2012中国(曲阜)国际孔子文化节开幕式暨第七届联合国教科文组织“孔子教育奖”、第四届“孔子友谊奖”颁奖典礼在曲阜杏坛剧场隆重举行。中国文联党组副书记、副主席覃志刚,中国联合国教科文组织全国委员会秘书长杜越;省委常委、副省长孙伟,原省人大常委会副主任卢洪、王渭田;台湾新党主席郁慕明,联合国教科文组织官员戴维·阿乔莱那,韩国荣州市副市长金镇永;省政府副秘书长张德宽,省文联党组书记于钦彦,省教育厅副厅长孟庆旭,省旅游局副局长窦群,省台办副主任张民忠,省文联副主席、省书画家协会主席顾亚龙;市委书记、市人大常委会主任马平昌,市委副书记、市长梅永红,市政协主席赵树国,市委副书记崔洪刚,市人大常委会第一副主任陈民等出席开幕式暨颁奖典礼。张德宽主持开幕式。

△第五届世界儒学大会暨2012年度孔子文化奖颁奖典礼在孔子研究院隆重举行。文化部副部长、中国艺术研究院院长王文章,副省长张超超,市委书记、市人大常委会主任马平昌分别致辞。文化部公共文化服务司司长于群,省委宣传部副部长、省文化厅厅长徐向红,省政府办公厅副巡视员姜文艺,中国艺术研究院院长助理、文化发展战略研究中心主任贾磊磊,省文化厅副厅长李国琳,山东大学儒学高等研究院、中国孔子基金会、国际儒学联合会的负责人;市人大常委会第一副主任陈民,市委常委、秘书长刘成文,市委常委、宣传部长王次忠等出席。

△省委常委、副省长孙伟在圣都国际会议中心会见了联合国教科文组织官员戴维·阿乔莱那、中国联合国教科文组织全国委员会秘书长杜越以及孔子教育奖获奖者代表。省政府副秘书长张德宽,市委副书记、市长梅永红,省教育厅副厅长孟庆旭,市委副书记崔洪刚,市委常委、秘书长刘成文,副市长张继民参加会见。

△2012中国(曲阜)国际孔子文化节经贸文化产业招商推介会暨500强企业走进圣城活动启动仪式举行。市委副书记、市长梅永红出席并致辞。市政协主席赵树国,市委常委、常务副市长刘中会,市委常委、副市长周洪及大唐电信科技、国信证券、无锡灵山等知名大企业负责人出席仪式。

△曲阜海峡两岸企业发展论坛开幕式在杏坛宾馆举行。市委副书记崔洪刚,台湾新党主席郁慕明先后致辞。国台办经济局副巡视员叶向东,省台办副主任张民忠;市政协副主席、市委统战部部长张开朗出席。

28日

纪念孔子诞辰2563年曲阜孔庙祭孔大典举行。省委常委、副省长孙伟,中国文联党组副书记、副主席覃志刚,省人大常委会原副主任王渭田,中国联合国教科文组织全国委员会副秘书长秦昌威;台湾新党主席郁慕明,联合国教科文组织总部代表戴维·阿乔莱那，中新友好协会副会长曾繁如，韩国荣州市副市长金镇永，代表联合国教科文组织、国际友人、海外侨胞、港澳台同胞；第七届联合国教科文组织孔子教育奖获得者不丹成人及高等教育司“非正规及继续教育计划”代表泽旺·坦丁，哥伦比亚“以教育促变革计划”代表玛利亚·古洛，摩洛哥王国扫盲总局代表默克塔尔·哈姆多尼；2012年度孔子文化奖获得者、中央民族大学教授牟钟鉴；新加坡南洋理工大学孔子学院院长许福吉，台湾政治大学教授董金裕，中国艺术研究院研究员、中央文史研究馆馆员刘梦溪，旅美著名书画家崔如琢，代表海外孔子学院、儒学研究专家、文化界知名人士； 东方文博城文化发展有限公司总经理王云华、无锡灵山实业有限责任公司董事长吴国平、美国麦克派尔农产品公司艾力、3M中国有限公司总裁余俊雄、大唐电信科技产业集团副总裁陈山枝先生，代表企业界和社会各界；市委书记、市人大常委会主任马平昌，市委副书记、市长梅永红，市政协主席赵树国，市人大常委会党组书记、第一副主任陈民，代表济宁市委、市人大、市政府、市政协；曲阜市各界等先后向中国古代伟大的思想家、教育家孔子敬献花篮。赵树国主持祭孔大典。孙伟恭读壬辰年祭文。

△市委书记、市人大常委会主任马平昌在圣都国际会议中心会见了山东重工集团董事长、党委书记谭旭光一行。市委副书记、市长梅永红，市委常委、秘书长刘成文，市委常委、常务副市长刘中会，市委常委、副市长周洪，市委常委、济宁高新区党工委书记余春明一同会见。

29日

市委召开常委会议，研究部署10月份重点工作。市委书记、市人大常委会主任马平昌主持会议并讲话。市委副书记、市长梅永红，市委副书记崔洪刚和市委常委出席会议。市政协主席赵树国，市人大常委会党组书记、第一副主任陈民，市政府副市长、市法院院长、市检察院检察长、市委特邀咨询、市公安局局长及市直有关部门负责人列席会议。

△市政府与省国资委战略合作协议签约仪式在圣都国际会议中心隆重举行。市委书记、市人大常委会主任马平昌，省国资委主任谭成义在签约仪式上致辞。市委副书记、市长梅永红主持。省国资委副主任樊军，省管企业负责人鲁信集团董事长孟凡利、兖矿集团董事长王信、山东能源集团董事长卜昌森、山东重工集团董事长谭旭光、华鲁控股集团董事长程广辉、鲁商集团总经理王仁泉、山东高速集团总经理王玉君、山东海洋投资公司董事长包剑英、省盐业集团总经理孙树声、山东鲁华能源集团董事长李红兵、省国有资产投资控股有限公司总裁李广庆、齐鲁证券有限公司董事长李玮；市委副书记崔洪刚，市委常委、秘书长刘成文，市委常委、常务副市长刘中会，市委常委、副市长周洪，市委常委、济宁高新区党工委书记余春明，副市长白山出席。

△市委副书记、市长梅永红到市区农贸市场和东方文博城项目建设现场进行检查调研。

10月

1日

市委书记、市人大常委会主任马平昌到兖矿集团济三煤矿，亲切看望慰问节日期间坚持生产的一线职工，代表市委、市政府向奋战在一线的兖矿集团及济三煤矿干部职工表示亲切慰问，并向坚守岗位的全市广大劳动者致以节日的祝贺和诚挚的祝福。

4日

省委常委、宣传部长孙守刚到济宁市调研指导工作。市委书记、市人大常委会主任马平昌，市委副书记、市长梅永红，市人大常委会党组书记、第一副主任陈民，市委常委、秘书长刘成文，市委常委、宣传部长王次忠，市委常委、济宁高新区党工委书记余春明，副市长、济宁北湖度假区党工委书记石爱作陪同调研。

8日

市委召开常委扩大会议，总结分析前三季度经济运行情况，安排部署第四季度工作。市委书记、市人大常委会主任马平昌主持会议并讲话。市委副书记、市长梅永红，市政协主席赵树国，市委副书记崔洪刚，市人大常委会党组书记、第一副主任陈民，市委常委，市人大常委会副主任，市政府副市长，市政协副主席，市法院院长，市检察院检察长，市委特邀咨询等出席会议。

9日

市政府与上海久有股权投资基金管理有限公司在圣都国际会议中心签署全面合作框架协议。市委副书记、市长梅永红在签约仪式上致辞并颁发聘书。市委常委、济宁高新区党工委书记佘春明主持。副市长张继民，上海久有股权投资基金管理有限公司董事长刘小龙、总裁曹琦等出席仪式。

△济宁市召开全民创业民营经济工作领导小组成员会议。市委副书记崔洪刚讲话。市委常委、副市长周洪主持。副市长白山出席。

10日

市委书记、市人大常委会主任马平昌到汶上县检查指导"三秋"农业生产。市委常委、秘书长刘成文，副市长田志锋及市直有关部门、汶上县负责人随同活动。

△全市召开支持中央省属驻济企业科学发展座谈会。市委副书记崔洪刚出席并讲话。市委常委、副市长周洪主持会议。市政府党组成员、市公安局局长王金城出席会议。

11日

市政府在济南与省水利厅签署加快推进济宁现代水利示范市创建合作备忘录，商定以水资源的可持续利用支撑和保障济宁经济社会的可持续发展。市委书记、市人大常委会主任马平昌，省水利厅厅长杜昌文在签约仪式上致辞，并共同为"山东圣都水务建设有限公司"揭牌。市委副书记、市长梅永红与杜昌文代表双方签署合作备忘录。市委常委、秘书长刘成文，副市长田志锋和省水利厅副厅长孙义福、马承新出席签约仪式。

△市委书记、市人大常委会主任马平昌在圣都国际会议中心会见了香港豪德集团、毅德控股董事局主席王再兴一行。市委副书记、市长梅永红，省委统战部原副部长李树印，省国税局原局长戴子钧，市委常委、秘书长刘成文，市委常委、市中区委书记张辉，副市长、济宁北湖度假区党工委书记石爱作等一同会见。

△广西玉柴机器股份有限公司总经理吴其伟率领全体班子成员出席济宁玉柴机器股份有限公司董事会议，研究加快推进YC4W发动机和4D20发动机项目建设进程，并专程拜会了市委书记、市人大常委会主任马平昌，市委副书记、市长梅永红，市委常委、秘书长刘成文和市委常委、济宁高新区党工委书记佘春明等市领导。

12日

豪德商贸城二期开工建设。市委书记、市人大常委会主任马平昌，市委副书记、市长梅永红，市委常委、秘书长刘成文，市委常委、市中区委书记张辉，市政协副主席、市工商联主席陈颖；香港豪德集团、毅德控股董事局主席王再兴，香港豪德集团、毅德控股总裁王德文；省委统战部原副部长李树印，省国税局原局长戴子钧，市人大常委会原副主任潘汉久等出席奠基仪式。

13日

市委副书记崔洪刚在市政协副主席孔维民及市直有关部门负责人的陪同下，到鱼台、金乡、嘉祥三县检查指导当前农村环境综合整治工作。

14日

菏泽市委书记、市人大常委会主任赵润田和市委副书记、市长孙爱军率菏泽市党政考察团到济宁市考察。市委书记、市人大常委会主任马平昌，市委副书记、市长梅永红，市委常委、秘书长刘成文，市委常委、市中区委书记张辉，市委常委、济宁高新区党工委书记佘春明，副市长、济宁北湖度假区党工委书记石爱作等陪同。

15日

科技部基础研究司司长张先恩一行到济宁市考察科技创新工作。市委副书记、市长梅永红陪同。

15—16日

省军区司令员荣森之在省军区装备部部长曹建军等陪同下到济宁市调研。市委书记、市人大常委会主任、济宁军分区党委第一书记、山东陆军预备役炮兵师第一政委马平昌，济宁军分区司令员叶益民，市委常委、济宁军分区政委刘兴河，山东陆军预备役炮兵师政委曹晓明，市委常委、常务副市长刘中会，副市长、济宁北湖度假区党工委书记石爱作等陪同调研。

16日

由市妇联、市人社局、市农村信用社、市财政局、市民营委联合主办的首届"济宁农信杯"全市妇女创业大赛落下帷幕。市委副书记崔洪刚，市人大常委会副主任、秘书长丁颖，副市长吴霁雯，市政协副主席李良品，市创促会会长许谦迎出席决赛现场并为获奖选手颁奖。

△文化建设"突破曲阜"战略第二次联席会议在曲阜召开。市政协主席赵树国，市委常委、宣传部长王次忠，副市长吴霁雯出席会议。

16—18日

国务院参事室党组书记、主任陈进玉，国务院参事陈全训、刘坚、刘燕华、刘桓等到济宁市调研。市委书记、市人大常委会主任马平昌出席调研座谈会并介绍全市有关情况。市委副书记、市长梅永红，市委常委、秘书长刘成文，市委常委、常务副市长刘中会，市委常委、济宁高新区党工委书记佘春明，副市长田志锋、张继民等陪同调研。

17日

市关心下一代工作委员会举行全体会议，学习贯彻纪念省关工委成立20周年暨全省关心下一代工作表彰大会精神，总结2004年以来市关工委工作，安排部署今后一个时期的工作任务。市委副书记、市关工委主任崔洪刚讲话。副市长张继民、市政协副主席李良品出席。

17—20日

市委书记、市人大常委会主任马平昌在北京分别与国家林业局局长赵树丛、北京顺义区区委书记张延昆、意大利驻华大使严农祺等举行会谈，并走访了大唐电信集团、中材集团、中国钢研集团、燕京啤酒集团、汇源集团等中央企业、大型国有企业、民营企业巨头，就扩大合作领域、提升合作层次、加速推进有关重点合作项目等进行了坦诚深入的交流。市委常委、济宁高新区党工委书记佘春明参加活动。

18日

市委副书记、市长梅永红到曲阜市看望慰问了高龄和孤寡老人，并送去慰问物品，代表市委、市政府祝愿全市老年人健康长寿、幸福快乐，向全市老龄工作者以及关心支持老龄事业发展的社会各界人士致以亲切问候。

△市委理论学习中心组举行专题报告会，邀请江苏省文化艺术促进会会长、江苏省文化产业集团董事长、南京艺术学院文化产业学院院长李向民作专题报告。市政协主席赵树国，市委副书记崔洪刚，市人大常委会党组书记、第一副主任陈民出席。

18—19日

第四届启迪创新论坛暨2012清华科技园全国分园网络年会在济宁市举行。全国人大常委会委员、民建中央副主席辜胜阻，天津市政协副主席、天津环渤海城市发展研究院理事会常务副主席张有会，市委副书记、市长梅永红，全国政协委员、中国高新区协会理事长张景安，清华大学校长助理、清华控股有限公司董事长徐井宏，省科技厅巡视员李爱民，副市长张继民，市政协副主席陈颖，以及启迪控股股份有限公司董事长梅萌、总裁王济武，上海久有股权投资基金管理有限公司董事长刘小龙等出席。

19日

全市召开社会管理创新暨信访稳定工作会议。市委副书记、市综治委主任崔洪刚出席会议并讲话，市委常委、政法委书记、市综治委常务副主任韩军主持。市委常委、秘书长刘成文，市委常委、宣传部长王次忠，市人大常委会副主任、秘书长丁颖，副市长田志锋，市政协副主席李良品，济宁军分区副政委张平，市政府党组成员、市公安局局长王金城出席。

22日

市委副书记崔洪刚到兖州市和泗水县，督导检查农村环境综合整治工作。市委常委、秘书长刘成文，市政协副主席孔维民随同检查。

23日

市政府召开第三届济宁市市长质量奖颁奖大会。市委副书记、市长梅永红讲话并为获奖企业和个人颁奖。市政协主席赵树国，省质监局副局长谷源强，市人大常委会副主任、市总工会主席罗心光，副市长白山等出席颁奖大会。

△市政府与省质量技术监督局签署实施质量强市战略、搭建公共服务平台、推动产业结构转型升级合作备忘录。市委副书记、市长梅永红出席仪式并致辞。市政协主席赵树国，市人大常委会副主任、市总工会主席罗心光出席签约仪式。省质监局副局长谷源强与副市长白山代表双方签署合作备忘录。

24日

市委书记、市人大常委会主任马平昌到市群众服务大厅，公开接待群众来访，面对面听取群众的意愿诉求，现场研究解决问题的具体措施。市委常委、秘书长刘成文，市委办公室、市信访局主要负责人等参加接访。

△水利部党组成员、中纪委驻部纪检组组长董力在省水利厅厅长杜昌文的陪同下，到济宁市考察南水北调和泗河生态治理工程。市委书记、市人大常委会主任马平昌，市委副书记、市长梅永红，市委常委、秘书长刘成文，副市长田志锋陪同考察。

△全市组织收看全省县级公立医院综合改革试点暨新农合大病保险工作电视会议，市委副书记、市长梅永红出席济宁分会场会议。

△济宁市召开孔孟文化遗产地保护利用世界银行贷款项目调度会。市政协主席赵树国、市委副书记崔洪刚讲话，市委常委、宣传部长王次忠主持，副市长吴霁雯出席。

25日

省委原书记、省人大常委会原主任赵志浩到济宁市汶上县视察指导工作。市委书记、市人大常委会主任马平昌，市人大常委会党组书记、第一副主任陈民陪同视察。

△副省长孙绍骋率队到济宁市就新型城镇化工作进行调研。省政府副秘书长司安民参加调研。市委书记、市人大常委会主任马平昌，市委副书记、市长梅永红，市委副书记崔洪刚，市委常委、秘书长刘成文，副市长、济宁北湖度假区党工委书记石爱作，市政府党组成员、市公安局局长王金城陪同。

△济宁市与加拿大安大略省皮克灵市正式建立友好交流与合作关系。市委副书记、市长梅永红与皮克灵市市长大卫·瑞恩代表两市签署协议。副市长吴霁雯出席仪式并致辞。

26日

济宁医学院建校60周年庆祝大会在学院北湖新校区隆重举行。省委原书记、省人大常委会原主任赵志浩，副省长王随莲，全国政协常委、省政协副主席王新陆，省政府副秘书长张德宽，省政府参事包文辉，省委高校工委常务副书记齐秀生，省卫生厅厅长刘奇，青岛市政府特邀咨询张振川；市委书记、市人大常委会主任马平昌，市委副书记、市长梅永红，市政协主席赵树国，市委副书记崔洪刚，市人大常委会党组书记、第一副主任陈民，市委常委、秘书长刘成文，济宁军分区司令员叶益民，市委常委、济宁高新区党工委书记佘春明，副市长白山、张继民等出席庆典。

△省人大常委会原主任韩喜凯到济宁市视察指导工作。市委书记、市人大常委会主任马平昌，市委副书记、市长梅永红，市政协主席赵树国，市委副书记崔洪刚，市人大常委会党组书记、第一副主任陈民，市委常委、秘书长刘成文，副市长、济宁北湖度假区党工委书记石爱作，市级老领导王润廷、刘景伦、祝金焕分别陪同。

△中国商业地产领军企业万达集团鼎力打造的第三代城市综合体商业旗舰项目———济宁太白路万达广场开工建设。市委副书记、市长梅永红，市委副书记崔洪刚出席奠基庆典仪式，市委常委、市中区区委书记张辉，副市长、北湖新区党工委书记石爱作，万达商业地产副总裁王信琦致辞。

△市委副书记、市长梅永红主持召开东方文博城项目建设推进会。副市长、北湖度假区党工委书记石爱作，副市长吴霁雯，市检察院检察长张庆建在会上发言。市政府秘书长杜昌华出席会议。

29日

市委召开常委扩大会议，专题研究部署加快推进北湖新区开发建设工作。市委书记、市人大常委会主任马平昌主持会议并讲话。市委副书记、市长梅永红，市政协主席赵树国，市委副书记崔洪刚，市人大常委会党组书记、第一副主任陈民出席并讲了意见。市委常委、市政府副市长出席会议。

△市委召开常委会议，传达学习省委书记、省人大常委会主任姜异康和省委副书记、省长姜大明重要指示精神，研究部署十一月份重点工作。市委书记、市人大常委会主任马平昌主持会议并讲话。市委副书记、市长梅永红，市委副书记崔洪刚和市委常委出席会议。市政协主席赵树国，市人大常委会党组书记、第一副主任陈民，市政府副市长、市法院院长、市检察院检察长、市委特邀咨询、市公安局局长及市直有关部门负责人列席会议。

30日

省委常委、统战部部长颜世元在圣都国际中心拜会了出席民盟山东省委文化发展论坛暨参政党理论研究会揭牌仪式的全国政协副主席、民盟中央第一副主席张梅颖。省人大常委会副主任、民盟山东省委主委温孚江，省政协副主席李德强，市委书记、市人大常委会主任马平昌，市政协主席赵树国，市委常委、秘书长刘成文，市政协副主席、市委统战部部长张开朗，市政协副主席、民盟济宁市委主委郭洪敏出席活动。

△民盟山东省委文化发展论坛暨参政党理论研究会揭牌仪式在圣都国际会议中心举行。全国政协副主席、民盟中央第一副主席张梅颖，省人大常委会副主任、民盟山东省委主委温孚江为民盟山东省委参政党理论研究会揭牌。省政协副主席李德强，民盟中央研究室主任刘圣宇，青岛市政协副主席、民盟山东省委副主委、民盟青岛市委主委王修林；市委书记、市人大常委会主任马平昌，市政协主席赵树国，市政协副主席、市委统战部部长张开朗，市政协副主席、民盟济宁市委主委郭洪敏等出席。

△省人大常委会副主任国家森在省人大办公厅巡视员李开建的陪同下，到济宁市视察指导工作。市委书记、市人大常委会主任马平昌，市人大常委会党组书记、第一副主任陈民，市委常委、秘书长刘成文，市委常委、市纪委书记李建华，市委常委、济宁高新区党工委书记佘春明，

市检察院检察长张庆建陪同视察。

△邹城市举行邹西大工业板块共建战略合作协议签约仪式。市委副书记、市长梅永红出席并讲话，原市级老干部秦绍忠出席。

△市委副书记、市长梅永红主持召开市政府第9次常务会议，研究南水北调航运污染防治、理顺市区城市建设管理体制、采煤塌陷地治理等项工作。

31日

省委常委、统战部部长颜世元在东方儒家花园酒店会见了香港豪德集团、毅德控股董事局主席王再兴一行。市委书记、市人大常委会主任马平昌一同会见。

△市政府召开投融资管理委员会会议。市委副书记、市长梅永红出席并讲话，市委常委、常务副市长刘中会，副市长白山出席。

△民盟山东省委首家"农村教育烛光行动"培训基地正式落户梁山现代高级中学。全国政协副主席、民盟中央第一副主席张梅颖，省人大常委会副主任、民盟山东省委主委温孚江为"农村教育烛光行动"培训基地揭牌，并为"农村教育烛光行动"志愿者颁发证书。省政协副主席李德强，青岛市政协副主席、民盟山东省委副主委、民盟青岛市委主委王修林；市政协主席赵树国，市人大常委会副主任、九三学社济宁市委主委殷允岭，市政协副主席、市委统战部部长张开朗，市政协副主席、民盟济宁市委主委郭洪敏，市政府特邀咨询刘明远，市政协秘书长袁亚利出席。

31—11月1日

省民政厅厅长张国琛到济宁市就民政工作开展情况进行调研。市委书记、市人大常委会主任马平昌，市委常委、秘书长刘成文，市委常委、常务副市长刘中会，副市长张继民陪同调研。

11月

1日

全市召开文化建设"突破曲阜"工作现场推进会议。市委书记、市人大常委会主任马平昌讲话，市政协主席赵树国主持。市委常委、秘书长刘成文，市委常委、宣传部长王次忠，副市长吴霁雯出席。

△济宁市第二届老年人运动会在全民健身广场隆重开幕。中国老年人体育协会副主席、山东省老年人体育协会主席曹学成出席会议并讲话。市委书记、市人大常委会主任马平昌，市委副书记崔洪刚，市委常委、常务副市长刘中会等出席。

△市委书记、市人大常委会主任马平昌到泗水县检查指导农村环境综合整治工作。市委常委、秘书长刘成文，市政协副主席孔维民参加活动。

△济宁市人民政府与光大证券股份有限公司和光大银行济南分行战略合作协议签约仪式在阙里宾舍举行。市委书记、市人大常委会主任马平昌，光大证券股份有限公司党委书记、总裁徐浩明，光大银行济南分行党委书记、行长王欣分别致辞。市委常委、秘书长刘成文，市委常委、常务副市长刘中会，副市长白山；光大证券股份有限公司党委副书记、副总裁薛峰，光大银行济南分行副行长姜立惠出席仪式。

△济宁市老科协第三次会员代表大会在运河宾馆召开。市委副书记崔洪刚讲话。

2日

中央驻鲁、省垂管单位加强系统机关党建工作现场会在济宁市召开。会前，市委书记、市人大常委会主任马平昌，市委常委、组织部长何思清，市委常委、秘书长刘成文，市委常委、常务副市长刘中会与省委省直机关工委书记卢得志和省地税局局长宋文军等领导会面。

5日

市委召开常委会议，研究当前促发展、惠民生、保稳定各项工作，进一步落实推进措施。市委书记、市人大常委会主任马平昌主持会议并讲话。市委副书记、市长梅永红，市委副书记崔洪刚和市委常委出席会议。市政协主席赵树国，市人大常委会党组书记、第一副主任陈民列席会议。

6日

以"战略性新兴产业与科技支撑"为主题的2012年山东省科协学术年会在运河宾馆举行。市委副书记、市长梅永红，省科协党组书记、副主席燕翔在开幕式上致辞。中国科学院院士钱逸泰，中国工程院院士郭孔辉，市委常委、秘书长刘成文，市老科协会长连广生出席。副市长张继民与省科协纪检书记赵宣生分别代表市政府与省科协签订全面战略协作协议。

△全市组织收看全省科技兴农电视会议。市委副书记、市长梅永红出席济宁分会场会议并讲话，市委常委、秘书长刘成文主持会议。

△市委副书记、市长梅永红在科苑会馆会见了国家安监总局办公厅副主任汪崇鲜一行。

8日

200万吨醚基燃料新能源项目正式签约、落户济宁。同时,与该项目配套的国家醚基燃料工程技术研究中心和国家煤及煤化工产品企业技术中心揭牌筹建。市委副书记、市长梅永红,国际欧亚科学院院士、科技部863顾问专家组组长马俊如出席签约和揭牌仪式。市委常委、副市长周洪代表市政府与北京兰凯博能源科技有限公司董事长陈宗勇签署项目合作协议。副市长白山主持仪式。

△中国共产党第十八次全国代表大会在北京隆重开幕。市委副书记、市长梅永红,市政协主席赵树国,市委副书记崔洪刚,市人大常委会党组书记、第一副主任陈民等和全市广大党员干部群众收看了大会开幕式盛况。

9日

济宁市在汶上县召开农村环境综合整治现场推进会。市委副书记崔洪刚讲话,副市长石爱作宣读了市委、市政府《关于对曲阜市农村环境整治工作进行表彰的通报》,市政协副主席孔维民出席。

10日

中央企业青联在济宁市开展弘扬传统文化、提升委员素养暨"走进孔孟之乡、运河之都"活动。市委副书记、市长梅永红与大唐电信科技产业集团副总裁、央企青联副主席陈山枝等青年企业家座谈交流,市委常委、副市长周洪主持座谈会。

11日

济宁大运河文化产业开发投资有限公司与上海同济工程咨询有限公司签订咨询服务合作框架协议,联合开发大运河产业带系列项目。市委副书记、市长梅永红,同济大学副校长董琦在签约仪式上讲话并为大运河公司成立揭牌,市委常委、市中区委书记张辉出席,副市长田志锋主持仪式。

12日

由市政府主导建设、为科技型中小企业提供专业化服务的鲁南技术产权交易中心正式成立。市委副书记、市长梅永红,科技部火炬中心常务副主任张志宏,省科技厅副厅长徐茂波为中心揭牌,副市长张继民主持成立大会。

△济宁市科技人才创新创业孵化园在任城经济开发区开工建设。市委副书记、市长梅永红,科技部火炬中心常务副主任张志宏,省科技厅副厅长徐茂波,市委常委、纪委书记李建华,副市长张继民为项目开工奠基。

13日

市委副书记、市长梅永红主持召开尼山圣境项目建设推进会。副市长吴霁雯出席会议。

14—15日

全国政协文史和学习委员会副主任、内蒙古自治区政协原主席陈光林到济宁市视察指导工作。市委副书记、市长梅永红,市政协主席赵树国,市委副书记崔洪刚等先后陪同。

14—16日

市委书记、市人大常委会主任马平昌在北京先后走访了联想控股有限公司、中国建材集团,并与联想控股有限公司董事长、执行委员会主席柳传志和中国建材集团董事长、党委书记、中国医药集团总公司董事长宋志平举行了会谈。市委常委、副市长周洪参加活动。

15日

市委副书记、市长梅永红主持召开第二次"城市建设管理年"活动调度会,副市长石爱作出席会议。

△全市加强和谐劳动关系建设暨深化创新厂务公开民主管理工作会议召开。市委副书记崔洪刚作重要讲话,市委常委、秘书长刘成文,市人大常委会副主任、市总工会主席罗心光,副市长吴霁雯出席会议。

16日

济宁市召开南水北调水污染防治及城区大气污染防治工作调度会议。市委副书记、市长梅永红出席并讲话,市委常委、常务副市长刘中会主持会议,副市长石爱作出席。

△市委副书记、市长梅永红在科苑会馆会见了景德镇焦化工业集团考察团一行。

△济宁高新区经济和社会事务服务呼叫中心正式启动运行,这是全省第一家覆盖经济社会全领域的综合性、公益性政府呼叫中心。

17日

济宁市召开全市领导干部会议,就学习贯彻党的十八大和十八届一中全会精神作出安排部署。市委书记、市人大常委会主任马平昌作重要讲话,市委副书记、市长梅永红主持。市政协主席赵树国,市委副书记崔洪刚,省人大民族侨务外事委员会副主任委员梁之安,市人大常委会党组书记、第一副主任陈民出席会议。

18日

市委副书记、市长梅永红在圣都国际会议中心会见了到访的中国重汽集团有限公司副总经理王善坡一行。

20日

省委书记、省人大常委会主任姜异康到济宁市曲阜就深入学习宣传贯彻党的十八大精神、推动各项工作进行调研。省委常委、秘书长雷建国,省委副秘书长倪明元,省委组织部常务副部长于刚,省委宣传部常务副部长姜铁军,省农业厅厅长战树毅;市委书记、市人大常委会主任马平昌,市委副书记、市长梅永红,市政协主席赵树国,市委副书记崔洪刚,市人大常委会党组书记、第一副主任陈民,市委常委、组织部长何思清,市委常委、秘书长刘成文陪同调研。

20—22日

市委副书记、市长梅永红带领济宁市招商团队,走访对接上海重点客商,集中推进济宁市与大企业大集团和高科技园区的合资合作。

21日

市委召开常委会议,传达学习省委书记、省人大常委会主任姜异康在济宁市视察调研时的重要指示精神,研究贯彻落实意见。市委书记、市人大常委会主任马平昌主持会议并讲话。市委副书记崔洪刚和市委常委出席会议。市政协主席赵树国,市人大常委会党组书记、第一副主任陈民列席会议。

△全市政协提案工作双向民主评议会议召开。市政协主席赵树国,市委常委、常务副市长刘中会出席并讲话。市政协副主席戴伟娟、陈颖、蒙建华、孔维民、曹景群出席。

22日

市委书记、市人大常委会主任马平昌在市委常委、秘书长刘成文陪同下,到嘉祥县就深入学习宣传贯彻党的十八大精神、推进各项工作进行调研。

△市委副书记崔洪刚带领市直有关部门负责人到鱼台县就学习宣传贯彻党的十八大精神以及重点项目建设、"三农"工作进行调研。

24日

市委书记、市人大常委会主任马平昌到微山县调研。

△市委副书记、市长梅永红到供热企业和管网施工现场检查供热工作。

27日

市委副书记崔洪刚带领市交通运输局等有关部门负责人,深入金乡县部分乡镇、村,对农村环境综合整治工作进行督导检查。

28日

市委召开常委会议,传达学习省委十届二次全体会议精神,研究贯彻落实意见。市委书记、市人大常委会主任马平昌主持会议并讲话。市委副书记、市长梅永红,市委副书记崔洪刚和市委常委出席会议。市政协主席赵树国,市政府副市长,市检察院检察长、市委特邀咨询、市公安局局长及市直有关部门负责人列席会议。

△市委副书记、市长梅永红主持召开市政府第10次常务会议,深入学习贯彻党的十八大精神,进一步统一思想、聚集力量,全力冲刺完成年内既定目标任务,超前谋划好明年各项工作。

29日

奥信源达控股有限公司与市政府签署战略合作框架协议,与市中区签署奥信节能装备制造产业综合体项目投资合作协议。市委副书记、市长梅永红,市委常委、市中区区委书记张辉,副市长田志锋,奥信控股有限公司董事长王平出席签约仪式。

12月

1日

中国共产党济宁市第十二届委员会第二次全体会议举行。会议由市委常委会主持。市委书记马平昌作了重要讲话。市纪委委员和有关方面负责人列席了会议。全委会深入学习贯彻党的十八大和十八届一中全会精神,全面落实省委十届二次全体会议部署,审议通过了《中共济宁市委关于深入学习宣传贯彻党的十八大精神的决议》。

△市委召开常委会议,专题研究部署十二月份重点工作。市委书记、市人大常委会主任马平昌主持会议并讲话。市委副书记、市长梅永红,市委副书记崔洪刚和市委常委出席会议。市政协主席赵树国,市人大常委会党组书记、第一副主任陈民列席会议。

△中国共产党济宁市第十二届纪律检查委员会第二次全体会议举行。市纪委委员34人出席会议,并列席了中国共产党济宁市第十二届委员会第二次全体会议。不是市纪委委员的县纪委书记,济宁高新区、济宁北湖度假区纪工委书记列席了会议。市纪委常委会主持会议,市委常委、市纪委书记李建华作了讲话。

2日

太阳纸业举行建厂30周年暨销售收入过300亿元庆祝大会。国家轻工部原副部长、中国轻工业联合会名誉会长杨志海,中国工程院院士、华南理工大学教授陈克复,中国造纸学会理事长陈学忠,省轻工业协会会长李伟鸣,芬兰美卓造纸机械全球总裁帕西·莱恩；市委书记、市人大常委会主任马平昌，市政协主席赵树国，市人大常委会党组书记、第一副主任陈民，市委常委、秘书长刘成文，市委常委、常务副市长刘中会，市委常委、副市长周洪出席。

3日

市委书记、市人大常委会主任马平昌到邹城市东部山区进行调研。

△在全省新型农村和城镇居民社会养老保险工作总结表彰电视会议上，济宁市6个单位、4名个人受到省政府表彰。市委副书记、市长梅永红在济宁分会场会议上作重要讲话。

△全市重点旅游项目建设现场推进会召开。市政协主席赵树国主持会议并讲话，副市长吴霁雯出席。

3—4日

全市农村环境综合整治现场督导会议召开。市委副书记崔洪刚出席会议并提出要求。市委常委、市中区委书记张辉，市委常委、济宁高新区党工委书记佘春明，副市长石爱作、市政协副主席孔维民参加活动。

4日

市政府与省经信委签署战略合作框架协议，共同推进济宁市工业经济转型升级跨越发展。市委书记、市人大常委会主任马平昌，省经信委党组书记、主任郭述禹分别在签约仪式上致辞。市委副书记、市长梅永红主持。市委常委、秘书长刘成文出席。市委常委、副市长周洪与省经信委党组副书记、副主任杨少军代表双方签署协议。

△市委副书记、市长梅永红会见世界500强企业——德国巴斯夫公司全球副总裁安德鲁·李一行，双方就加快生物降解农膜先进技术的推广应用进行了交流。

5日

全市县域经济发展调度会召开。市委副书记、市长梅永红讲话。市委常委、常务副市长刘中会主持会议。

6日

曲阜孔子湖通过国家林业局专家组评审，获批晋升成为国家湿地公园。

7日

市委副书记崔洪刚带领相关负责人赴淄博高新区、中国石化齐鲁石油化工公司进行参观考察。市委常委、副市长周洪，淄博市委常委、淄博高新区党工委书记、管委会主任庄鸣陪同活动。

9日

省委宣讲团学习贯彻党的十八大精神报告会在运河宾馆举行，省委学习党的十八大精神宣讲团成员、山东师范大学党委书记商志晓在会上作报告。市委书记、市人大常委会主任马平昌主持报告会。市委副书记、市长梅永红，市政协主席赵树国，市委副书记崔洪刚，省人大民族侨务外事委员会副主任委员梁之安，市人大常委会党组书记、第一副主任陈民出席报告会。

9—10日

同济大学原党委书记、校董事会主席、产业管理委员会主任周家伦一行到济宁市考察。市委副书记、市长梅永红，市政协主席赵树国，副市长田志锋陪同考察。

10日

全市县处级领导干部学习贯彻党的十八大精神第一期专题培训班在市委党校正式开班。市委书记、市人大常委会主任、市委党校校长马平昌作动员讲话。市委常委、组织部长何思清主持开班仪式。市委党校党委书记、常务副校长张晓玉出席。

△市委副书记、市长梅永红在市直有关部门负责人陪同下，到梁山县督导检查相关工作。

△世界首台吨位最大、工艺最为先进的150MN铝挤压机在兖矿轻合金有限公司正式投产，标志着山东兖矿轻合金有限公司率先成为世界上能够生产超大直径、超大断面、硬合金的挤压材企业。中国有色金属工业协会副会长文献军，中国有色金属加工工业协会副理事长原寅平；市委副书记崔洪刚，市委常委、副市长周洪出席仪式。兖矿集团党委书记、董事长王信致辞，兖矿集团党委副书记、总经理李位民主持仪式。

11日

市政府与省人社厅签署合作框架协议，共同建设鲁南人力资源和社会保障事业发展新高地。市委书记、市人大常委会主任马平昌，省委组织部副部长、省人力资源和社会保障厅厅长韩金峰分别在签约仪式上致辞。市委常委、组织部长何思清主持。市委常委、秘书长刘成文出席。市委常委、常务副市长刘中会与省人社厅党组副书记、副厅长黄麟英代表双方签署协议。

12日

全省部分市人力资源和社会保障局局长座谈会在圣都国际会议中心举行。市委书记、市人大常委会主任马平昌致辞，省委组织部副部长、省人力资源和社会保障厅厅长韩金峰主持，市委常委、常务副市长刘中会出席。

12—13日

省关工委常务副主任崔曰臣、副主任李凤梧到济宁市就留守儿童关爱、“三项活动”开展及基层关工委组织建设进行调研。市委副书记、市关工委主任崔洪刚，市委常委、市中区委书记张辉，市关工委主任祝金焕，市关工委副主任、秘书长梁东成陪同。

13日

市委书记、市人大常委会主任马平昌在市委常委、宣传部长王次忠的陪同下，到济宁日报社和济宁广播电视台进行调研。

△省委政研室巡视员孙建生带领省考核验收组到济宁市，就济宁市生态文明乡村建设工作进行考核验收。市委副书记崔洪刚、市委特邀咨询步士金参加相关活动。

14日

市委召开常委会议，学习总书记习近平重要讲话和中央政治局关于改进工作作风、密切联系群众的八项规定，学习省委常委扩大会议精神，研究贯彻落实意见。市委书记、市人大常委会主任马平昌主持会议并讲话。市委副书记、市长梅永红，市委副书记崔洪刚和市委常委出席会议。市政协主席赵树国，市人大常委会党组书记、第一副主任陈民，市政府有关领导，市委特邀咨询和市直有关部门负责人列席会议。

△省高级人民法院院长周玉华到济宁市调研。市委书记、市人大常委会主任马平昌，市委副书记崔洪刚，市委常委、政法委书记韩军，市中级人民法院院长张勇陪同。

△全市县处级领导干部学习贯彻党的十八大精神第二期专题培训班在市委党校正式开班。市委副书记、市长梅永红作动员讲话和辅导报告。市委常委、组织部长何思清主持开班仪式。

15日

华勤集团意大利工业城特种钢丝绳、高档工程轮胎项目奠基仪式暨销售收入突破300亿元庆祝大会隆重举行。市委书记、市人大常委会主任马平昌出席奠基仪式并在庆祝大会上讲话。市委副书记、市长梅永红主持庆祝大会，市政协主席赵树国，市人大常委会党组书记、第一副主任陈民，市委常委、副市长周洪出席。

△市委书记、市人大常委会主任马平昌在如意科技大厦会见了宁夏回族自治区党委常委、银川市委书记徐广国，宁夏回族自治区政协副主席解孟林一行。市委常委、副市长周洪参加会见。

△全省住房城乡建设系统行风建设工作会议在济宁市召开。市委书记、市人大常委会主任马平昌，市委副书记、市长梅永红会见参会人员，省住房和城乡建设厅党组书记、厅长杨焕彩出席会议并讲话。副市长石爱作到会致辞。

17日

市政府与中国中小企业协会战略合作协议签约仪式暨中小企业发展前瞻论坛在圣都国际会议中心举行。中国中小企业协会会长李子彬，市委书记、市人大常委会主任马平昌分别致辞并为济宁市中小企业协会揭牌。市委副书记、市长梅永红与李子彬代表双方签署战略合作协议。市委常委、副市长周洪主持仪式，副市长白山与中国中小企业协会常务副会长张竞强代表双方签署推进授信协议。

18日

市委副书记、市长梅永红到微山县调研。

△全市县处级领导干部学习贯彻党的十八大精神第三期专题培训班在市委党校开班。市政协主席赵树国作辅导报告，市人大常委会党组书记、第一副主任陈民主持开班仪式。

19日

全市三大公共服务平台及五大战略性新兴产业项目集中签约。省委常委、常务副省长孙伟，科技部副部长曹健林，市委书记、市人大常委会主任马平昌在签约仪式上致辞。市委副书记、市长梅永红主持。省政府办公厅副秘书长张德宽，省科技厅厅长翟鲁宁，市委常委、济宁高新区党工委书记佘春明，省科学院院长王英龙，副市长张继民等出席。

19—20日

副省长夏耕到济宁市就商务、旅游等工作进行调研。市委书记、市人大常委会主任马平昌，市委副书记、市长梅永红，市委常委、副市长周洪，市委常委、市纪委书记李建华，市委常委、济宁高新区党工委书记佘春明，副市长、济宁北湖度假区党工委书记石爱作等陪同调研。

20日

山东省对济宁市人口和计划生育目标管理责任执行情况考核反馈会在香港大厦举行。市委书记、市人大常委会主任马平昌主持会议。市委副书记、市长梅永红汇报全市2012年度人口和计划生育工作情况。市委副书记崔洪刚，副市长田志锋，市政府党组成员、市公安局局长王金城出席。

△中国石化集团公司董事、总经理助理、齐鲁石化公司总经理李安喜一行到济宁市考察交流。市委书记、市人大常委会主任马平昌，市委副书记崔洪刚，

市委常委、秘书长刘成文，市委常委、副市长周洪出席座谈会。

20—21日

以副省长夏耕为组长、省民政厅厅长张国琛为副组长的省落实党风廉政建设责任制和推进惩防体系建设检查组到济宁市检查指导工作。市委书记、市人大常委会主任马平昌汇报全市有关情况。市委副书记、市长梅永红，市委副书记崔洪刚，市委常委、政法委书记韩军，市委常委、秘书长刘成文，市委常委、宣传部长王次忠，市委常委、市纪委书记李建华，市委常委、济宁高新区党工委书记佘春明，副市长田志锋、白山、石爱作、张继民，市政府党组成员、市公安局局长王金城等出席汇报会。

22日

全市县处级领导干部学习贯彻党的十八大精神第四期专题培训班在市委党校开班。市委副书记、济宁社会主义学院院长崔洪刚作辅导报告，市委党校党委书记、常务副校长张晓玉主持开班仪式。

23日

第二届“中国法治政府奖”颁奖典礼在北京隆重举行。济宁市政府参评的“济宁市行政复议委员会改革”项目获得“中国法治政府提名奖”。这是山东省唯一入围并获奖的项目。

25日

市委副书记、市长梅永红主持召开市政府第11次常务会议，讨论修改即将提请市十六届人大二次会议审议的《政府工作报告(征求意见稿)》，研究2013年重点工作。

26日

市委召开常委会议，传达学习全省经济工作会议精神，研究贯彻落实意见。市委书记、市人大常委会主任马平昌主持会议并讲话。市委副书记、市长梅永红，市委副书记崔洪刚和市委常委出席会议。市政协主席赵树国，市人大常委会党组书记、第一副主任陈民，市政府有关领导，市检察院检察长，市委特邀咨询，市公安局局长和市直有关部门负责人列席会议。

27日

市政府与省环保厅签署环境保护战略合作框架协议。市委书记、市人大常委会主任马平昌出席并致辞，市委副书记、市长梅永红与省环保厅厅长张波签署协议，市委常委、秘书长刘成文主持仪式。

△市委理论学习中心组举行专题报告会，邀请省委学习党的十八大精神宣讲团成员、省环保厅厅长张波作专题报告。市委书记、市人大常委会主任马平昌，市委副书记、市长梅永红，市政协主席赵树国，市委副书记崔洪刚，市人大常委会党组书记、第一副主任陈民出席。

△全市召开十八大安保、打霸除恶和重大维稳工作总结表彰大会。市委副书记崔洪刚出席并讲话。市委常委、政法委书记韩军，市委常委、秘书长刘成文，市人大常委会副主任商建设，副市长白山，市政协副主席李良品，济宁军分区副政委张平，市中级人民法院院长张勇，市人民检察院检察长张庆建出席会议。

△全市人口和计划生育工作会议召开。市委副书记崔洪刚出席并讲话，副市长白山主持。

28日

中国共产党济宁市第十二届委员会第三次全体会议举行。市委常委会主持会议。全委会深入学习贯彻中央、全省经济工作会议精神，讨论审议了市委常委会2012年工作报告，研究部署了2013年经济社会发展任务。市委书记马平昌，市委副书记、市长梅永红分别作了重要讲话。

30日

济宁市召开推进工业强市战略座谈会。市委副书记、市长梅永红，市委常委、常务副市长刘中会出席，市委常委、副市长周洪主持。

△由市委宣传部、市文广新局、市总工会、团市委、市妇联、济宁日报社、市广播电视台主办的第三届“感动济宁”十佳人物评选颁奖典礼举行。市委副书记崔洪刚，市委常委、宣传部长王次忠，市人大常委会副主任商建设，副市长张继民，市政协副主席陈颖，市中级人民法院院长张勇，市人民检察院检察长张庆建，市政府党组成员、市公安局局长王金城出席并为十佳人物颁奖。王次忠讲话。

31日

市委书记、市人大常委会主任马平昌在市委常委、秘书长刘成文的陪同下，到泗水县圣水峪镇皇城村看望慰问困难群众，为他们送去党和政府的关怀与温暖。

△市委书记、市人大常委会主任马平昌，市委副书记、市长梅永红，市委常委、秘书长刘成文，市委常委、常务副市长刘中会，副市长白山带领市直有关部门的负责人走访看望了市财税金融系统的干部职工，代表市委、市政府对他们表示亲切慰问。

市情概况

建置沿革

【地理位置】 济宁市位于鲁西南腹地，地处黄淮海平原与鲁中南山地交接地带。市境最北端是梁山县小路口镇孙楼村，为北纬 35° 57′；最南端是微山县高楼乡柳新养殖场，为北纬 34° 26′；最东端是泗水县泉林镇历山火车站，为东经 117° 36′；最西端是梁山县黑虎庙乡高堂村，为东经 115° 52′；南北长 167 公里，东西宽 158 公里，总面积为 10684．9 平方公里。东邻临沂市，南连枣庄市和江苏省徐州市，西与菏泽市接壤，北与泰安市毗连，西北端则隔黄河与聊城市相望。市区位于全市中部，含市中区和任城区，面积为 904．5 平方公里，济宁市人民政府驻市中区。

(王继涛　张晴晴)

【历史沿革】 距今五六千年前，这里就散布着众多的原始村落。居住在济宁的“有仍氏”已进入父系氏族公社时期。夏朝时，济宁城区一带称为“任国”(即仍国，古代任、仍两字同音)，一直延续到商周两代。秦统一中国后，废封建置郡县，改称为任城县。五代时期称济州。北宋时期称济州济阳郡。元至元八年(1271 年）升济州为济宁府，这是济宁之名最早出现的年代。济宁地名的由来，因任城一带地势较高，可免水灾，能保安宁，故为济宁。明朝时先为济宁府，后属兖州府，清朝时为济宁直隶州。辛亥革命后，废州府设道，先后为岱南道、济宁道。国民党统治时期曾属鲁西行政公署第一、二督察区。日伪时期属鲁西道，后改兖济道。抗日战争胜利后的国民党统治时期（1945 年 8 月—1946 年 1 月，1946 年 9 月—1948 年 7 月），济宁称为济宁县，属山东省第二区行政督察专员公署。1946 年 1 月 9 日，解放军第一次解放济宁，当时以城区及近郊划为济宁市，属冀鲁豫七专区，3 月 29 日升为地级市，直属冀鲁豫行署，同年 9 月，国民党军队占领济宁。1948 年 7 月 14 日济宁重获解放后，将原济宁城区及近郊复称济宁市。初属冀鲁豫行署，同年 8 月划归山东省，属鲁中南行署。

中华人民共和国建立后，1953 年 7 月，滕县专署和湖西专署合并为济宁专署，专署驻地为济宁市。1956 年 2 月，泰安专区的泗水县划归济宁专区。同时，境内的区划也作了调整，撤销了鱼台县并入金乡县；撤销了凫山县、薛城县。1958 年 12 月，经国务院批准撤销菏泽专署，原属各县划归济宁专署；撤销济宁县，分别划归济宁市和郓城、巨野、金乡县；撤销滋阳县，划归曲阜县。1959 年 7 月，菏泽专署恢复，济宁专署领辖济宁市、曲阜县、泗水县、邹县、滕县、峄县、微山县、金乡县、汶上县。1960 年 1 月，峄县撤销，划归新建的枣庄市。1961 年 9 月，枣庄市从济宁专区析出。10 月，恢复嘉祥县；撤销滋阳县，新设兖州县。1964 年 7 月，恢复鱼台县；1965 年 4 月，恢复济宁县；皆归属济宁专区。1967 年，济宁专区改称济宁地区。1978 年 11 月，滕县划归枣庄市。1983 年 8 月 30 日，经国务院批准，撤销济宁地区，济宁市升格为省辖地级市。原济宁地区的汶上县、泗水县划归泰安地区。10 月 5 日，经山东省人民政府批准，设立济宁市中区，以原济宁市区域为辖区；设立济宁市郊区，以原济宁县区域为辖区。1985 年 3 月，汶上县、泗水县重新划归济宁市。1986 年 6 月，曲阜县改建为曲阜市，由济宁市代管。1989 年 12 月，原菏泽地区的梁山县划归济宁市。1992 年兖州县、邹县分别撤县建市。1993 年 12 月市郊区改名为任城区。2011 年，济宁市辖 2 区 3 市 7 县，即市中区、任城区、曲阜市、兖州市、邹城市、微山县、鱼台县、金乡县、嘉祥县、汶上县、泗水县、梁山县；156 个乡镇街道办事处。

【行政区划】 2012 年，济宁市辖市中区、任城区和泗水县、微山县、鱼台县、金乡县、嘉祥县、汶上县、梁山县，代管曲阜市、兖州市、邹城市，156 个乡镇街道。

济宁市行政区划汇总表

行政区划代码	县市区	乡、镇、街道名称	乡、镇、街道(个)
370802000	市中区	古槐街道、济阳街道、阜桥街道、越河街道、南苑街道、观音阁街道、安居街道、唐口街道、喻屯镇	街道8镇1
370811000	任城区	金城街道、仙营街道、柳行街道、许庄街道、洸河街道、李营街道、南张街道、二十里铺街道、接庄街道、长沟镇、石桥镇	街道9镇2
370826000	微山县	夏镇街道、昭阳街道、傅村街道、韩庄镇、欢城镇、鲁桥镇、南阳镇、留庄镇、两城镇、马坡镇、赵庙镇、张楼乡、微山岛乡、高楼乡、西平乡	街道3镇8乡4
370827000	鱼台县	谷亭街道、滨湖街道、鱼城镇、王鲁镇、张黄镇、清河镇、王庙镇、李阁镇、老砦镇、唐马镇、罗屯乡	街道2镇8乡1
370828000	金乡县	金乡街道、高河街道、胡集镇、霄云镇、羊山镇、鸡黍镇、鱼山镇、王丕镇、马庙镇、司马镇、化雨镇、兴隆镇、卜集镇	街道2镇11
370829000	嘉祥县	嘉祥街道、纸坊镇、卧龙山镇、梁宝寺镇、疃里镇、马村镇、金屯镇、大张楼镇、马集镇、孟姑集镇、万张镇、仲山乡、老僧堂乡、满硐乡、黄垓乡	街道1镇10乡4
370830000	汶上县	汶上街道、中都街道、苑庄镇、寅寺镇、郭楼镇、南站镇、南旺镇、次邱镇、康驿镇、郭仓镇、义桥镇、白石镇、杨店镇、刘楼乡、军屯乡	街道2镇11乡2
370831000	泗水县	泗河街道、济河街道、金庄镇、泉林镇、星村镇、柘沟镇、杨柳镇、中册镇、苗馆镇、泗张镇、高峪镇、圣水峪镇、大黄沟乡	街道2镇10乡1
370832000	梁山县	梁山街道、水泊街道、小路口镇、韩岗镇、杨营镇、拳铺镇、小安山镇、馆驿镇、韩垓镇、寿张集镇、黑虎庙镇、马营乡、赵堌堆乡、大路口乡	街道2镇9乡3
370881000	曲阜市	鲁城街道、书院街道、时庄街道、小雪街道、吴村镇、姚村镇、陵城镇、尼山镇、王庄镇、息陬镇、石门山镇、防山镇	街道4镇8
370882000	兖州市	鼓楼街道、酒仙桥街道、龙桥街道、黄屯街道、王因街道、新兖镇、大安镇、新驿镇、颜店镇、兴隆庄镇、漕河镇、小孟镇	街道5镇7
370883000	邹城市	钢山街道、千泉街道、凫山街道、峄山镇、看庄镇、香城镇、张庄镇、城前镇、田黄镇、大束镇、中心店镇、北宿镇、唐村镇、太平镇、郭里镇、石墙镇	街道3镇13
合计	12县市区	全市共有156个乡镇街道,其中街道43个,乡15个,镇98个	

说明:任城区的柳行街道、洸河街道,兖州市的王因街道、黄屯街道现由济宁高新区管理。任城区的许庄街道由北湖度假区管理。

自然环境

【地质地形】 济宁市地质构造单元属华北地区鲁中南台隆。东部为鲁南尼山穹窿区,北部为鲁中台隆的南缘,西部为断凸地垒,中南部为断凹地堑。地质构造始成于中生代中、晚期的燕山运动,完成于新生代第二纪的喜马拉雅山运动。境内构造运动塑造了形态各异的构造地形,大致为断裂构造、褶皱构造和尼山穹窿构造三个类型。境内各界地层均有发育,从老到新为前古生界地层,古生界寒武、奥陶、石炭、二叠系地层、中生界侏罗系地层,新生界第三、第四系地层。前古生代岩石主要为中高级变质的泰山群杂岩,其次为太古代早期和燕山期侵入的岩浆岩。古生界寒武系岩石主要为中薄层灰岩、泥灰岩和夹页岩;奥陶系岩石主要为白云质灰岩、泥灰岩和纯灰岩;石炭系则以灰色页岩为主;二叠系为砂岩、砂质页岩、粘土质页岩及泥质页岩夹数层煤。中生界岩石为细砂石和砂砾石,局部有泥灰岩。新生界有第三系和第四系地层构成。第三系为砂岩、砂砾岩及泥岩,顶部发育钙质土或钙质结核层;第四系地层则为未固结的松散岩石矿物颗粒所构成。

【气候特征】 济宁市2012年（2012年1月~2012年12月）气候具有四季分明、雨热同季、降水集中、干湿交替的特点，同常年比较变化不大，属正常年份。2012年全市气候总的概括为降水偏少但时空分布不均，气温略偏高。全市年平均降水量为525.7毫米，较常年(657.5毫米)偏少131.8毫米，较上年偏少237.6毫米。年平均气温14.3℃，较常年(13.9℃)偏高0.4℃，较上年偏高0.2℃。日照时数2213.3小时，较常年偏少128.8小时，较上年偏少19.9小时。各县（市）日照时数在2020小时(嘉祥)~2536小时(兖州)之间。

降水从时间、空间上分布不均。从时间上看，多雨主要集中在夏季，降水量为326.2毫米，比常年同期（396.4毫米）偏少17.7%；从空间上看，东部和南部的降水量普遍多于北部和西部，尤其是泗水的降水量达到676.6毫米，而梁山全年降水量只有336.6毫米。

全市全年共出现极端最低气温≤-10℃的低温43站次。2012年1月份出现9次，2月份出现14次，12月份出现20次。极端最低气温为-14.8℃，出现在12月30日汶上站。全市夏季共出现37℃以上的高温天气11站次，主要出现在6月中旬，最高气温出现在6月13日鱼台站，为40.0℃。

（朱桂林）

【土壤植被】 济宁市土壤类型分为：棕壤、褐土、砂姜黑土、潮土、水稻土和风沙土。现有土壤面积798739.86公顷，其中：棕壤144099.53公顷，褐土234868.27公顷，砂姜黑土36588.46公顷，潮土300277.73公顷，水稻土82660.07公顷，风沙土245.80公顷。

棕壤为酸性土壤，分布于东部岩浆岩山地丘陵区及山前洪冲积平原。褐土为弱碱性土壤，主要分布于东部石灰岩山地丘陵区及山前洪冲积平原，西部石灰岩丘陵区也有小面积分布。砂姜黑土为弱碱性至近中性土壤，分布于东部冲积平原的局部浅平洼地和沿湖洼地。潮土为碱性土壤，分布于西部黄泛平原。水稻土为碱性土，分布于南四湖两岸滨湖洼地。风沙土为碱性土，分布于黄河堤内滩地。

济宁市属暖温带落叶阔叶林植被区，植被种类约200科、1000属、3500种。地带性植被为以栎、槐、榆、椿、杨、柳、楝为代表的落叶阔叶林，丘陵区分布有油松、赤松、侧柏等温性次生针叶林。平原地区自然已被农业植被所代替，栽培农作物为冬小麦、玉米、水稻、棉花、花生、地瓜、杂粮等，丘陵区分布最广的是经济林及灌丛、草丛，经济林木植被为苹果、梨、桃、杏、枣、栗、山楂、核桃等。湖区为湿生水生植被，代表植物有：三楞草、白茅、芦苇、菰、莲、菱芡实及藻类。

（李纯玉）

【河湖水系】 济宁市境内除北部少数乡镇属黄河流域外，大部分属淮河流域，承接南四湖流域山东、河南、江苏、安徽4省34个县市区31700平方公里的来水。黄河、大汶河分别流经梁山、汶上县北部边境。以南四湖为集水中心的现代水系中，流域面积大于50平方公里的河流93条，总长度达1516公里。直接入湖河流53条，其中大中型河道25条。境内现代水系是在古代泗河水系和近代运河水系的基础上，经过漫长的自然和人为因素共同影响下，不断发展演变而形成的。

南四湖是由微山、昭阳、独山、南阳4个水域相连的湖泊组成，亦称微山湖。南四湖呈西北—东南走向，分布于鲁南山地丘陵西侧、山前洪冲积平原与鲁西南黄泛冲积平原的交接地带。南四湖南北长125公里，东西宽5—25公里，总湖面面积1266平方公里，为山东省湖泊之首。现代南四湖，二级坝以北称上级湖，以南为下级湖。

黄河流经济宁市境内北部，经过梁山县4个乡镇，呈西南东北流向，河段全长31.006公里，主河槽宽400—800米，河道宽3000—9000米。济宁市所辖黄河抗洪工程堤防39.442公里，其中黄河堤长24.383公里。

大汶河流经汶上县北部边境，东起琵琶山，西至小汶河戴村拦河坝，全长15.318公里，河滩最宽处200米，最窄处50米。

东平湖库区总面积627平方公里，其中，老湖区面积209平方公里，近期蓄洪水位44米，库容27.31亿立方米。库区涉及梁山县的面积为235.4平方公里，汶上县4.5平方公里，均为新湖区面积。

（孙培同 满颖慧）

自然资源

【土地资源】 济宁市土地总面积1.1万平方公里(112.07万公顷)，农用地面积76.27万公顷，占土地总面积的68.09%；建设用地面积16.87万公顷，占土地总面积的15.01%；未利用地面积18.93万公顷，占土地总面积的16.9%。其中耕地面积61.06公顷（基本农田52.4公顷），占全市土地总面积的54.48%；人均耕地面积0.0727公顷，低于全省0.0807公顷的平均水平。地处黄淮海平原与鲁中南山地的过渡地带，地貌类型复杂，地势东高西低。自东向西依次为低山丘陵、山前冲积扇平原、湖泊洼地、河流冲积平原。平原面积占全市土地总面积的65.6%；低山丘陵占土地总面积的23.8%；湖泊占土地总面积的10.6%。土壤类型丰富，主要有棕壤、褐土、潮土、砂姜黑土、潜育水稻土五种类型。

【矿产资源】 济宁市矿产资源丰富，已发现和探明储量的矿种40种，探明储量32余种，主要矿产有煤炭、铁矿、水泥用灰岩、稀土、建筑石材等。其中煤炭资源储量大，煤层厚，煤质优，易开采。全市含煤面积达3920平方千米，占全市土地总面积的三分之一以上，总储量270亿吨，占全省的53.8%，是国家重点煤炭基地之一。煤炭资源主要分布在济宁市的中、西部平原地区，为典型的"粮煤复合区域"，涉及全市11个县(市、区)的86个乡镇和3663个村庄。境内现有生产矿井48对、在建矿井6对，设计生产能力8769万吨。另外加上境外开采济宁境内煤炭的9对矿井，实际煤炭产量超过1亿吨。铁矿资源储量丰富，现已控制铁矿资源储量10亿吨，潜在经济价值500亿元。微山稀土矿区是全国目前发现的三大轻稀土基地之一，为轻稀土资源的典型代表，目前探明稀土资源储量为1275万吨氧化物，保有储量255万吨氧化物，分布在以微山郗山为中心的0.85平方公里范围内，据探测500米深度内都有贮藏，不渐灭。

（李　兵）

【水资源】 济宁市地处南四湖流域下游，承接苏、鲁、豫、皖4省34个县市区31700平方公里的来水，地表水资源丰富，地下水资源受地形地貌影响，在市内各区域分布极不均匀。在东部山区多以岩溶或裂缝的形式赋存于地下，量小且难以开采；而黄泛平原区、滨湖平原区、山前冲积平原区地下水含水砂层较厚，地下水资源相对丰富。其中，山前冲积平原区地下水含水砂层颗粒较粗，地下水补给、排泄条件好，地下水赋存量较大。

济宁市多年平均降水量694.8毫米，平均水资源总量为46亿立方米，其中地表水资源量为28.3亿立方米，地下水资源量17.7亿立方米，人均占有水资源量558立方米，在全省相对较丰，但不足全国平均水平的四分之一。

（满颖慧　类维蒙）

【生物资源】 济宁市植被属暖温带落叶阔叶林地带，共有藻类植物8门、11纲、20目、46科、115种属；维管植物108科、333属、538种；维管植物中有国家Ⅰ、Ⅱ、Ⅲ级保护植物9种，其中Ⅰ级分别为银杏、水杉、莼菜，Ⅱ级为水蕨、粗梗水蕨、中华结缕草、莲、野大豆，Ⅲ级为膜荚黄耆；列入《中国珍稀濒危植物红皮书》植物2种，列入《濒危野生动植物种国际贸易公约》植物1种，列入"山东稀有濒危植物"10种，分别为野鸢尾、玫瑰、芡实、石血、徐长卿、列当、桔梗、连翘、透骨草、玉竹，山东特有植物4种。

全市动物资源总计有35目80科321种（包括水生动物），有湿地鸟类17目47科205种，脊柱动物门中有鱼类9目15科80种；兽类有5目9科18种，两栖类有1目4科7种，爬行类有3目5科11种，环节动物门中有8种，浮游动物中枝角类有44种，挠足类27种；蠕形动物中轮虫类141种。

微山湖是济宁地区淡水动植物资源最为丰富的水域，仅自然鱼类就有78种，隶属于8目16科53属，微山湖最主要的经济鱼类有鲤鱼、乌鳢、鲫鱼、泥鳅、鳜鱼、黄颡、翘嘴红鲌等，其他水生经济动、植物资源亦很丰富，主要有中华绒螯蟹、克氏螯虾、日本沼虾、中华米虾、秀丽白虾、田螺、鳖、芦苇、菰、莲、芡、菱等，动物资源中，以日本沼虾、克氏螯虾、田螺数量最多，植物资源中以芦苇、莲产量最高。微山湖还是鸟类的主要分布区，水鸟数量居全省之首，主要包括留鸟、夏候鸟、冬候鸟、旅鸟等。

（芮　岩）

自然灾害

2012年，济宁市主要遭受了干旱、风雹等自然灾害。1月至5月，由于全市降雨偏少，加之天气晴朗，蒸发量增大，农田失墒面积不断扩大，曲阜市、泗水县、邹城市、汶上县不同程度受旱。旱灾共造成受灾人口116.49万人，饮水困难人口7.97万人，农作物受灾面积91.15千公顷，其中成灾面积31.34千公顷，绝收面积1.42千公顷，直接经济损失1.48亿元，农业直接经济损失1.48亿元。

7月12日17时至13日3时，泗水县、邹城市、微山县、鱼台县、金乡县先后降中到大雨，并伴有大风、冰雹，最大瞬时风力达8级以上。造成部分地块玉米等农作物倒伏，个别蔬菜大棚、果园受损，大量树木刮歪、刮倒，个别房屋因灾损坏、倒塌，电力、交通中断，给当地群众的生产生活带来了困难。灾害共造成受灾人口22.96万人，紧急转移安置人口2890人，农作物受灾面积14.81千公顷，其中成灾面积2.38千公顷，绝收面积0.01千公顷，倒塌房屋7间，严重损坏房屋405间，一般损坏房屋2638间，1800亩果园受损，刮倒、刮歪树木近11万棵，直接经济损失1.5亿元，农业直接经济损失0.6亿元。

据统计，2012年，各类自然灾害共造成139.29万人(次)受灾，紧急转移安置2890人；农作物受灾面积105.8千公顷，其中成灾面积33.72千公顷，绝收面积1.43千公顷；倒塌房屋7间，严重损坏房屋405间，一般损坏房屋2638间；因灾直接经济损失2.98亿元，农业直接经济损失2.08亿元。其中，旱灾造成受灾人口116.49万人，饮水困难人口7.97万人，农作物受灾面积91.15千公顷，其中成灾面积31.34千公顷，绝收面积1.42千公顷，直接经济损失1.48亿元，农业直接经济损失1.48亿元；风雹灾造成受灾人口22.8万人，紧急转移安置人口2890人，农作物受灾面积14.65千公顷，其中成灾面积2.38千公顷，绝收面积0.01千公顷，倒塌房屋7间，严重损坏房屋405间，一般损坏房屋2638间，直接经济损失1.5亿元，农业直接经济损失0.6亿元。

(侯亚男　朱启博)

人口民族

【人口】 2012年末全市户籍总人口847.08万人。其中农业人口543.79万人，非农业人口303.3万人。男性人口435.91万人，女性人口411.17万人。全年出生人口9.94万人，出生率11.73‰；死亡人口4.93万人，死亡率5.82‰；全年净增加人口5.01万人，自然增长率为5.91‰。

(张乃智　郑　瑜)

【民族】 济宁是全省民族工作重点市之一。截至2012年底，全市有42个少数民族成份，人口6.8万多人，占全市总人口的8.2‰，其中，回族5.75万人，占少数民族人口的83.7%。少数民族人口在全市12个县（市、区)、高新区、北湖度假区均有分布，分布的特点是“大分散、小集中”，约一半聚居在城镇街道，一半聚居在农村。全市有少数民族工作重点乡镇18个，少数民族百人以上村(居)61个，其中民族村(居)22个。市中区少数民族人口最多，约2.2万人，其次是邹城市和兖州市，分别约8000人、7000人。全市共有少数民族外来流动人口848人，主要来源于新疆、青海、宁夏等，以维吾尔族和回族居多，以餐饮和个体工商业为主。

国民经济和社会发展

【综述】 2012年，面对复杂严峻的国内外经济形势，在市委市政府的坚强领导下，全市上下深入贯彻落实中央和省、市各项重大决策部署，牢牢把握科学发展、跨越发展总基调，紧盯“三个高于、三个提高”任务目标，解放思想，开拓创新，攻坚克难，拼搏实干，国民经济和各项社会事业平稳健康发展。

经济发展稳健向好。初步核算，全市实现地区生产总值(GDP)3189.4亿元，按可比价格计算，比上年增长11.0%。分产业看，第一产业增加值372.0亿元，增长4.8%；第二产业1673.5亿元，增长12.0%；第三产业1143.9亿元，增长11.3%。在第三产业中，交通运输、仓储和邮政业增加值154.0亿元，增长6.2%；批发和零售业330.4亿元，增长12.9%；金融业90.6亿元，增长22.0%；房地产业70.5亿元，增长9.9%。三次产业对GDP增长贡献率分别为5.2%、59.8%和35.0%。三次产业结构比例为11.6:52.5:35.9，与上年相比，第一产业下降0.5个百分点，第二产业下降0.5个百分点，第三产业提高1.0个百分点。人均GDP达到39165元（按2012年平均汇率折算为6207美元），比上年增加3448元，按可比价格计算，增长10.5%。

农林牧渔业　农林牧渔业实现增加值372.0亿元，同比增长4.8%，比上年提高1.6个百分点。其中，农业增加值233.1亿元，增长5.0%；林业5.4亿元，增长7.1%；牧业98.9亿元，增长3.7%；渔业24.7亿元，增长6.3%；农林牧渔业及服务业9.9亿元，增长8.7%。农、林、牧、渔及农林牧渔服务业增加值比例为62.7:1.4:26.6:6.6:2.7。

粮食作物播种面积1119.2万亩，比上年增加89.2万亩。经济作物播种面积494.4万亩，比上年减少76.1万亩，粮经作物播种面积比例为69:31。蔬菜瓜果面积304.3万亩，减少45.5万亩。

粮食产量连续九年增产。粮食总产569.1万吨，比上年增长16.8%，单产509公斤/亩，增长7.5%，创近年来最好水平。其中，夏粮255.3万吨、增长8.1%，秋粮313.8万吨、增长25.0%。棉花产量12.0万吨，减少6.2%。油料产量17.4万吨，减少19.9%。水果产量27.5万吨，减少1.8%。肉类总产量83.4万吨，增长4.9%，禽蛋产量60.2万吨，增长3.3%。奶类产量14.1万吨，增长1.7%。

新增造林面积18.8万亩，比上年增加0.2万亩，四旁植树1913万株，森林覆盖率达到28%。

水产养殖面积88.4万亩，增长8.0%。水产品产量39.1万吨，增长5.0%。

年末拥有农业机械总动力1024万千瓦，增长4%；农用拖拉机11.2万台，增长1%；农用汽车2.1万辆，增长1%；联合收割机2.5万台，增长2%。小麦机播面积531万亩，机收面积541.5万亩，占小麦收获面积的99%。农用化肥(折纯)施用量46.6万吨，增长1.7%。农村用电量14.8亿千瓦小时，增长5.5%。农田有效灌溉面积累计达到663.7万亩，占总灌溉面积的95.0%。机电井累计达到13.5万眼，其中已配套12.2万眼，配套率达到90.1%。

工业和建筑业 规模以上工业企业由年初的1260家发展到1551家，净增加291家，工业增加值同比增长12.5%。其中，制造业增长14.8%，占规模工业的比重为45.8%；采掘业增长9.1%，占43.6%；电力、燃气及水的生产和供应业增长18.7%，占10.6%。国有企业增长5.3%，集体企业增长26.4%，股份合作制企业下降27.2%，股份制企业增长17.0%，外商及港澳台商投资企业下降5.2%，其他经济类型企业增长29.5%。轻工业增长23.8%，重工业增长9.7%，轻重工业比例为22.5:77.5。高新技术产业发展势头强劲。实现产值1031.5亿元，增长21.5%，占规模以上工业总产值的比重为21.1%，比年初提高1.5个百分点。煤化工、装备制造、食品制造、能源工业四大千亿级产业增加值同比增长9.9%，占规模以上工业的比重为79.2%，比上年提高1.8个百分点。

规模以上工业企业实现主营业务收入4884.7亿元，增长19.4%；利税501.2亿元，下降4.6%，其中利润304.1亿元，下降12.6%；亏损面为8.0%，上升2.4个百分点；亏损企业亏损额19.7亿元，下降10.7%。工业经济效益综合指数为262.1%，提高12.1个百分点。其中，总资产贡献率11.1%，下降0.9个百分点；资本保值增值率110.3%，下降0.9个百分点；资产负债率63.0%，提高0.9个百分点；流动资产周转率2.4次，提高0.2次；全员劳动生产率25.9万元/人，增长1.4%；产品销售率100.0%，提升1.8个百分点。

全市资质以上建筑企业371家，比上年增加4家，完成建筑业总产值425.3亿元，增长24.1%；实现利税27.4亿元，增长22.3%。

固定资产投资 全社会固定资产投资完成1854亿元，增长21.5%。固定资产投资完成1809.7亿元，增长22.3%。其中，城镇固定资产投资1453.6亿元，增长21.6%。

全市在建项目2951个，其中新开工建设项目2342个，比上年增加352个。新开工项目中，工业项目1235个，占全部新开工项目的52.7%，亿元以上项目332个，比上年增加151个。在建项目中，亿元以上项目601个，比上年增加121个；5亿元以上项目144个，增加35个；10亿元以上项目64个，增加18个；20亿元以上项目13个，增加6个；50亿元以上项目2个，增加2个。竣工项目1773个，竣工率60.1%。

在固定资产投资中，第一产业投资49.0亿元，增长32.1%，占比为2.7%，同比提升0.8个百分点；第二产业投资883.2亿元，增长20.8%，占比为48.8%，同比减少0.9个百分点；第三产业投资877.6亿元，增长24.3%，占比为48.5%，同比提高0.1个百分点。

在工业投资中，制造业完成投资791.7亿元，增长26.2%，占工业投资的92.0%。部分优势产业投资增长较快。其中，装备制造业投资338.1亿元，增长25.4%；医药制造业投资43.8亿元，增长28.5%。“双高一资”产业投资增幅放缓或下降，其中，煤炭工业投资37.6亿元，增长18.5%；电力工业投资35.4亿元，增长7.2%。纺织工业投资55.8亿元，增长17.6%；化学工业投资41.2亿元，下降5.6%。高新技术产业投资157.1亿元，增长45.7%，占工业投资的18.3%，比上年提高3.5个百分点。

在服务业投资中，交通运输、仓储和邮政业投资78.6亿元，增长56.9%，批发零售住宿餐饮业投资100.7亿元，增长

42.4%。

房地产开发完成投资219.1亿元,增长20.2%。其中住宅投资161.4亿元,增长16.4%。房屋施工面积2492.7万平方米，增长24.5%;房屋竣工面积429.6万平方米,增长37.5%;商品房销售面积499.3万平方米，增长28.5%,其中商品住宅销售面积453.1万平方米,增长28.6%;商品房待售面积62.3万平方米，增长36.3%。

国内贸易、民营经济 全市实现社会消费品零售总额1300.1亿元,增长15.1%。其中,城镇市场实现1035.1亿元,增长14.2%; 乡村市场实现265.0亿元,增长18.5%。批发和零售业商品零售额1147.3亿元，住宿餐饮业零售额152.8亿元,分别增长15.0%和15.4%。年末,限额以上批发零售住宿餐饮企业达到1980家,比上年净增216家,完成消费品零售额744.1亿元,增长21.7%。全市亿元以上商品交易市场达到25处。

截至2012年底，全市民营经济发展到36.4万户，增长2.4%。其中民营企业3.4万户,增长16.9%; 个体工商户32.9万户,增长1.1%。从业人员214.6万人,增长6.8%;注册资金665.8亿元，增长12.4%; 上缴税金260.1亿元,增长17.9%。

对外经济贸易与合作、旅游业 全市完成进出口总额51.2亿美元，下降11%。其中出口32.0亿美元，增长4.2%; 进口19.2亿美元,下降28.3%,贸易顺差12.8亿美元。国有企业出口6.1亿美元,增长16.8%;外商投资企业出口12.6亿美元，增长3%;民营企业出口13.3亿美元,增长0.3%。一般贸易出口21.2亿美元,下降4.4%;加工贸易出口10.8亿美元,增长26%。对亚洲出口12.4亿美元,下降1.2%;对欧洲出口6.5亿美元，增长3.5%;对北美洲出口4.2亿美元,增长14.3%; 对非洲出口4.1亿美元,下降1.6%;对南美洲出口3.5亿美元,增长13.2%;对大洋洲出口9635万美元，增长25.3%。轻纺产品出口9.6亿美元,机电产品出口8.9亿美元,化工产品出口3.0亿美元，药品出口1.2亿美元,分别增长19.4%、13.2%、19%、5.2%;农副产品出口5.4亿美元,下降31.5%。

全市新批外商投资项目(含增资)76个，合同外资5.8亿美元,实际到账外资7.7亿美元,增长5.1%,其中,外商独资企业39个,实际到账外资3.3亿美元,增长14.2%。到济宁市投资的国家和地区达到21个，其中香港投资2.7亿美元,增长70%,日本投资2.4亿美元，增长1.1倍,美国投资1.2亿美元，增长4.1倍。第二产业利用外资6.9亿美元,占全市外资总额的89.6%,增长13.7%。

新核准境外投资企业（机构)30家，中方协议投资金额1.8亿美元，中方实际投资金额7.8亿美元，分别比上年增长66.7%、32.3%和10%。新签对外承包劳务合同额3.0亿美元，完成营业额2.9亿美元。外派劳务6570人次。

全年接待境外旅游者37.4万人次,同比增长9.8%。国内旅游人数4201.0万人次，增长16.1%，国内旅游收入330.6亿元,增长20.2%。旅游社会总收入342.2亿元,增长19.5%。旅游创汇18412.8万美元,增长3.6%。

交通运输、邮政电信业 全年公路建设投资68.9亿元,新建改建公路9775.2公里,其中完成村庄道路硬化工程7670公里，涉及村庄3640个。年末公路通车里程达到17408.1公里,其中高速公路通车里程254.3公里。公路运输完成货运量2.2亿吨，比上年增长7.8%，货物周转量496.8亿吨公里，增长10.0%;客运量10030万人，增长7.3%,客运周转量67.2亿人公里，增长7.2%。内河航运完成货运量2910万吨，增长6.1%; 货物周转量129亿吨公里,增长10.4%。

年末全市电话交换机总容量达到128.2万门，减少23.5万门;移动电话交换机容量达到1159.0万门，增加209.5万门。年末固定电话用户107.8万户(包含小灵通用户),减少3.3万户。其中，市内固定电话用户50.4万户（包含小灵通用户),减少2.0万户;农村固定电话用户57.5万户,减少1.2万户;移动电话用户630.1万户，增加31.4万户; 全市互联网用户71.5万户,增加10.1万户。邮电业务总量45.8亿元，其中电信业务量42.3亿元，邮政业务量3.5亿元。

财政、金融、保险业 全市公共财政预算收入完成245.6亿元,增长18.6%。地方财政支出完成362.6亿元,增长20.7%。国税、地税实现税收收入412.9亿元,增长10.2%，占GDP的比重达到12.9%。其中，国税税收收入208.9亿元,增长1.7%;地税税收收入204.0亿元,增长20.5%。

年末金融机构各项存款余额3146.2亿元，比年初增加533.7亿元。其中居民储蓄存款余额1730.7亿元，较年初增加273.9亿元。各项贷款余额

1923.9亿元，比年初增加310.3亿元。其中短期贷款1152.3亿元，较年初增加252.3亿元，同比多增59.4亿元；中长期贷款645.1亿元，较年初增加15.2亿元，同比少增29.8亿元。

截至2012年底，全市累计保险金额9619亿元，增长59.9%，其中人身险保险金额2931亿元，财产险保险金额6688亿元。全年各类保费收入81.6亿元，增长5.3%。其中财产险保费收入24.9亿元，增长13.9%；人身险保费收入56.7亿元，增长1.8%。全年累计支付赔款和给付保险金20.9亿元，增长18.1%。其中财产险赔付金额11.5亿元，增长22.3%；人身险赔给付金额9.4亿元，增长13.2%。

物价水平 调查显示，2012年济宁市区居民生活消费价格(CPI)总水平上涨2.1%，低于上年涨幅2.8个百分点。食品价格上涨2.9%，其中粮食下降2.3%，肉禽及制品上涨5.7%，蛋类下降3.6%，鲜菜上升17.1%，油脂下降2.0%，水产品上涨9.0%，干鲜瓜果下降8.7%，液体乳及乳制品下降1.2%，在外用膳食品上涨5.7%。烟酒及用品上涨5.5%，衣着上涨2.4%，家庭设备用品及维修服务上涨2.5%，医疗保健和个人用品上涨1.0%，娱乐教育文化用品及服务价格上涨1.2%，居住价格上涨2.6%。交通和通讯下降0.1%。商品零售价格总水平上涨1.6%。工业生产者出厂价格和购进价格明显下降，分别下降3.1%、1.0%。

科技、教育、文化、卫生、体育 全市实施科技计划项目439项，其中国家级项目81项，省级124项，市级234项。技术创新成果丰硕。取得重要科研成果180项，有123项科研成果获得国家、省、市科技进步奖，其中1项获国家科技进步奖，23项获省科技进步奖，99项获市科技进步奖。全市申请专利6909项，专利授权5457项，4项专利获第七届山东省发明创业奖。技术创新体系不断完善。国家级高新技术企业达到149家，拥有国家级创新型(试点)企业2家，省级创新型企业16家，省级创新型试点企业14家。省级产业技术创新战略示范联盟4家，市级产业技术创新战略示范联盟22家。已建立68个省级工程技术研究中心和160处产学研基地，4处国家火炬计划特色产业基地。新增院士工作站10家，全市共建成院士工作站34家。省级农业科技示范园3处，市级农业科技示范园17处。科技企业孵化器91处，孵化面积120万平方米。通过第十一届中国专利高新技术产品博览会成交技术项目和技术合作协议352项，项目投资额218.8亿元，技术成交额12.4亿元。

全市共有各级各类学校3218所，在校生140.2万人。其中普通高校7所，普通高等教育在校研究生3438人，本专科在校生8.5万人；成人高校2所，成人高等教育在校生2.6万人；中等职业学校31所，在校生共7万人，其中普通中专7所，在校生2.7万人，职业高中(中专)22所，在校生4.1万人，成人中专2所，在校生2251人；普通高中37所，在校生13万人；普通初中246所，在校生27.7万人；小学1185所，在校生56.5万人；特殊教育学校13所，在校生1217人；学前教育幼儿园1697所，在园幼儿24.5万人。义务教育适龄儿童少年入学率达99%以上，初中毕业生升学率达94%。

年末全市共有各类艺术表演团体11个，艺术表演场所8个，公共图书馆11个，群众艺术馆1个，文化馆12个，博物馆与纪念馆11个。全国重点文物保护单位19处，山东省文物保护单位95处，济宁市文物保护单位314处，文物保护机构25个。文化出版业进一步繁荣。全年共出版各类刊物8种，报纸5种。广播电视覆盖面继续扩大，年末全市有线电视用户达到179.11万户，广播人口覆盖率96%，电视人口覆盖率95.6%。

年末共有各类卫生机构6631个，其中，医院134个，基层医疗卫生机构6425个（含村卫生室、门诊部、诊所、卫生所、医务室等)。专业公共卫生机构57个，其他15个。年末各类卫生人员68567人，其中，卫生技术人员46482人。医疗床位46723张。

竞技体育水平有新的提高。在参加全国比赛中，获金牌12枚，银牌8枚，铜牌4枚；在参加全省比赛中，获金牌52.5枚，银牌51枚，铜牌94枚。在世界比赛中，获铜牌1枚；亚洲比赛中，获金牌2枚。群众体育活动蓬勃开展，在全省继续保持较好位次。

城市建设、环境保护 中心城区重点项目建设全力推进，全年实施重点项目96个、完成投资121.9亿元，升级改造主干道和背街小巷25条，新增园林绿地面积164.9公顷，人均拥有公共绿地面积10.9平方米。新增道路长度164.9公里，面积723.46万平方米。切实提高城区污水归集和集中处理率,全市建成城市污水处理厂15座，运行规模70万吨/日,全部执行一级A排放标准，同步建设配套管网1378余公里，城市污水集中处理率达到92.5%。大力发展市政公用事业,不断优化居民生活环境。2012年城区新增集中供热面积310.62万平方米，供热采暖总面积达到2251万平方米，集中供热普及率61%;新增天然气用户1.5万户,城区燃气居民用户达20.3万户，燃气普及率96%。城区供水管网工程已完成30公里,供水普及率100%。

环境管理工作进一步加强，建设项目“三同时”合格率及执行合格率均为100%；完成限期整改163家,关闭停产25家,取缔“土小”企业166家。环境污染得到进一步控制,全市地表水水质明显改善,各监控断面的高锰酸盐指数和氨氮平均浓度分别较上年降低22.3%和43%，城市饮用水源达标率达到100%;市区主要污染物浓度二氧化硫、氮氧化物和可吸入颗粒物较上年分别下降12.3%，18.2%和11.5%。

居民生活和社会保障　济宁城市居民人均可支配收入25454元,增长13.6%;人均消费支出16810元,增长14.4%。全市农村居民人均纯收入10002元,增长14.8%;人均生活消费支出5437元,增长15.2%。城市居民家庭恩格尔系数33.9%、同比下降0.7个百分点，农村居民家庭恩格尔系数39.3%、下降0.5个百分点。居住条件继续改善。城市居民人均居住面积24.2平方米,比上年增加0.3平方米;农村居民人均住房面积35.5平方米,增加1.8平方米。

就业形势保持稳定。全年城镇新增就业13.61万人,新增农村劳动力转移就业12.76万人,城镇登记失业率为3.1%。人才队伍规模进一步壮大,人才支撑发展能力不断增强。全年引进海外高层次人才372人,引进国内高层次人才2053人，新增高技能人才1.09万人。社会保险覆盖范围进一步扩大,基金征缴收入继续保持快速增长。全市城镇职工基本养老保险参保105.76万人，城镇基本医疗保险239.61万人,工伤保险85.75万人,失业保险68.71万人，生育保险62.22万人，城乡居民养老保险444.97万人,新型农村合作医疗保险616.98万人。各项社会保险基金(不含新农合)收入合计112.43亿元，同比增长22.4%。新农合参保筹资到位资金18.63亿元。

年末全市收养性社会福利单位床位25617张,收养各类人员19707人。城镇建立各种社区服务设施1338个，社区服务中心39个。全年接受社会捐赠929.71万元。

全市已初步形成了以低保为主体、临时救济为补充、社会互助为辅助、优惠政策相配套、基层社区组织为依托的“五位”一体社会救助体系。全市城市低保对象21393户、44724人,发放低保金16377.7万元;救助农村低保对象92958户、179712人，发放救助金31982.4万元；供养农村五保19677人,年投入供养资金7073.3万元。

注:本文所列地区生产总值(GDP)、增加值等价值指标按当年价格计算,增长速度按可比价格计算。

主要经济社会发展数据一览表

附表1:

主要农产品产量

产品名称	计量单位	绝对数	比上年增长(%)	产品名称	计量单位	绝对数	比上年增长(%)
粮食	万吨	569.1	16.8	水果	万吨	27.5	-1.8
#夏粮	万吨	255.3	8.1	肉类	万吨	83.4	4.9
秋粮	万吨	313.8	25.0	奶类	万吨	14.1	1.7
棉花	万吨	12.0	-6.2	禽蛋	万吨	60.2	3.3
油料	万吨	17.4	-20	水产品	万吨	39.1	5.0
#花生	万吨	17.3	-20	肉猪出栏头数	万头	636.4	3.5
瓜菜	万吨	763.2	-13	生猪年末存栏数	万头	330.6	2.9
#蔬菜	万吨	652.8	-15	羊年末存栏数	万只	256.6	3.1

附表2: 主要工业产品产量

产品名称	计量单位	实际值	比上年增减(%)	产品名称	计量单位	实际值	比上年增减(%)
原煤	万吨	9710.6	0.9	布	亿米	2.1	17.6
发电量	亿千瓦小时	551.2	1.0	服装	万件	4079.8	11.6
挖掘、铲土运输机械	台	13566	-37.2	机制纸及纸板	万吨	368.8	11.6
变压器	万千伏安	632.3	37.6	焦炭	万吨	511.8	15.2
通信及电子网络用电缆	万对千米	13.6	-56.7	白酒	万千升	4.7	9.4
电力电缆	万千米	1.76	120.0	啤酒	万千升	27.5	15.5
合成氨(无水氨)	万吨	28.32	0.0	汽车	辆	2247	-55.9
农用氮、磷、钾化学肥料	万吨	21.0	2.8	改装汽车	辆	43286	33.1
烧碱(折100%)	万吨	32.4	-2.1	水泥	万吨	942.8	3.6
纱	万吨	31.1	20.8				

附表3: 居民消费价格指数变动情况

指　标	比上年增减(%)	指　标	比上年增减(%)
	2.1	在外用膳食品	5.7
食品	2.9	烟酒及用品	5.5
其中:粮食	-2.3	衣　着	2.4
油脂	-2.0	家庭设备用品及服务	2.5
肉禽及制品	5.7	医疗保健及个人用品	1.0
蛋类	-3.6	交通和通信	-0.1
鲜菜	17.1	娱乐教育文化用品及服务	1.2
水产品	9.0	居　住	2.6
干鲜瓜果	-8.7		

附表4: 每百户城乡居民耐用消费品拥有量

名　称		计量单位	绝对数	比上年增减量
城市	彩色电视机	台	120	-1
	摄像机	台	14	2
	电冰箱	台	105	1
	洗衣机	台	116	2
	空调器	台	166	-1
	摩托车	辆	17	-3
	微波炉	台	57	4

续表

名　称		计量单位	绝对数	比上年增减量
城市	淋浴热水器	台	110	2
	计算机	台	100	3
	移动电话	部	267	1
	助力车	辆	97	6
	固定电话	部	72	-1
农村	洗衣机	台	90	12
	固定电话	部	35	-2
	移动电话	部	210	33
	电冰箱	台	75	14
	摩托车	辆	47	3
	彩电	台	115	16

（张乃智　郑　瑜）

精神文明建设

【概述】 济宁市精神文明建设委员会办公室，设综合调研科、活动协调科、未成年人思想道德建设工作科3个职能科室，人员编制7人，其中主任1名、副主任2名。2012年，围绕全市中心任务和工作大局，坚持贴近实际、贴近生活、贴近群众原则，明确任务强化落实、严格督导注重考核，精神文明创建工作呈现出整体推进、重点突出、亮点增多、蓬勃发展的良好态势。"乡村文明行动"、"乡村学校少年宫"建设、"济宁好人"评选工作在全省会议上作典型发言，济宁市获省"我们的节日"主题活动优秀组织单位、济宁市精神文明建设委员会办公室获省"诵经典爱中华"活动优秀组织单位称号。

公民思想道德建设主题鲜明、参与广泛　组织开展"济宁好人"评选宣传活动，评选出"济宁好人"90名，30人入选"山东好人"名单，根据好人樊秀芳事迹编排的山东琴书《好人樊秀芳》、道德模范魏传兰事迹编成的豫剧《媳妇》在20个社区演出，以道德模范李玉玲、郝隆为原型的《超越血缘的爱》和《爱的热流》分别在山东省"身边的精彩"微电影展映活动中获得二等奖和优秀奖。开展第七届精神文明建设评佳活动，全市公开评选了精神文明十件好事、精神文明建设十佳工作者、未成年人思想道德建设十佳先进集体、十佳文明窗口和百佳文明市民、百佳文明家庭。开展"做文明有礼的济宁人"教育实践活动，重点组织了深化"全民学礼仪"活动、文明短信传递活动、大型公益广告牌设置、行为习惯养成实践、文明办网和文明上网行动等九个系列活动。深化"我们的节日"主题活动，《我们的节日·清

■2012年10月13日，山东省"诵经典爱中华"活动颁奖典礼暨优秀节目展演晚会在曲阜杏坛剧场举行。

明系列主题活动》、《精心打造“孔子故里过大年”节日品牌》等5个不同主题的活动被山东省精神文明建设委员会办公室评为优秀案例。

群众性精神文明创建活动贴近实际、领域拓展 深化行业创建，积极组织实施“文明交通行动计划”，在党政机关、窗口服务行业、各类企业开展了“创优质服务名牌，树行业文明新风”创建活动。成功举办济宁市第三届邻居节，开展了“服务群众、美化家园、邻里相识、邻里相知、邻里相助、和谐共建”等18项活动，做到了活动全覆盖、居民全发动。开展第三批“城乡文明结对共建”活动，148个单位与148个行政村结成帮扶对子，各结对共建单位共硬化路面24公里，解决发展资金375万元，扶持各类专业户4115户，建设图书室、农家书屋130间，捐赠图书33万册，完善健身场所98处，捐赠健身器材125套，制作宣传栏576个，设置垃圾箱156个，安装路灯870盏，资助困难家庭1260户。

“乡村文明行动”扎实推进、载体作用充分发挥 建立完善工作机制，制定了《“乡村文明行动”责任分工》和《“乡村文明行动”2012年工作计划》，市委、市政府把“乡村文明行动”作为全市重大工作事项，纳入科学发展综合考评体系，市文明委把“乡村文明行动”作为文明城市、文明村镇评选的“一票否决”条件，完善了《“乡村文明行动”考核办法》。探索创新活动载体，深化“文明示范户”、农村文明社区、农村文明集市”创建活动，加强文化墙建设，开展“新农村新生活”培训教育。切实抓好分类指导，公布了第一批20个示范乡镇（街道），先后推广了兖州市“农户联创”、邹城市“文明卫生户”、汶上县“农村文明社区”、嘉祥县“宣传教育一条街”、金乡县建设“文化墙”等一批典型，曲阜市、邹城市和微山县欢城镇等5个乡镇被山东省精神文明建设委员会公布为首批“乡村文明行动”示范县、示范乡镇。

■全市“乡村文明行动”扎实推进，农村环境面貌发生显著变化。

未成年人思想道德建设目标明确、活动丰富 加快“乡村学校少年宫”建设，制定了《济宁市推进“乡村学校少年宫”建设实施方案》、《关于文明单位包保建设“乡村学校少年宫”的通知》、《“乡村学校少年宫”建设标准》、《“乡村学校少年宫”指导手册》，全市建成“乡村学校少年宫”720所。深化“中华经典诵读”活动，把诵读经典活动纳入各类群众性文明创建活动，积极推进诵读经典活动进机关、进企业、进景区、进社区、进家庭，承办了山东省“诵经典爱中华”活动颁奖典礼暨优秀节目展演晚会。深入开展“做一个有道德的人”主题活动，精心组织美德少年、道德小模范评选活动和济宁市首届少儿艺术文化节、“童心向党”童谣传唱活动，开展“小公民道德建设”、“小小志愿者”、“网上祭先烈”、“向国旗敬礼，做一个有道德的人”网上签名寄语、“学雷锋、做美德少年”网上签名寄语等各类道德实践活动。深入开展净化社会文化环境行动，重点打击互联网、手机淫秽色情不良信息；加强网吧管理，依法取缔黑网吧和变相经营网吧，查处网吧接纳未成年人行为；净化荧屏声频，遏制广播电视节目中的低俗媚俗之风，整治不良广告，严格控制不适合未成年人的广播影视节目播出。

城乡志愿服务工作组织有力、氛围浓厚 制定了《济宁市开展“学雷锋、做济宁好人”志愿服务活动实施方案》和《关于深入开展学雷锋活动的实施意见》，举行了“学雷锋、做济宁好人”志愿服务活动启动仪式，表彰了18个优秀志愿服务组织和76名优秀志愿者。举办“绿丝带”爱心护考大行动，600辆出租车和400辆私家车，在高考期间自愿免费接送考生，得到了社会的广泛赞许。成立济宁市志愿服务协调领导小组，深入开展“三关爱”系列志愿服务活动，暑假期间组织回乡大学生参加关爱农民工子女志愿服务活动，全市1600多名大学生在“乡村学校少年宫”帮助农村儿童开展各种喜闻乐见的益体益智活动。重阳节前后，组织开展了“关爱空巢老人”志愿服务活动，在全社会形成了敬老孝老的氛围。

精神文明建设组织领导加强、机制更加完善 对市精神文明建设委员会组成机构进行调整，由市委书记、市人大常委会主任马平昌任主任，市委常委、宣传部长王次忠和市政府副市长吴霁雯任副主任，委员由44人增加到53人，健全完善了党委统一领导、党政群齐抓共管、文明委组织协调、有关部门各负其责、全社会积极参与的领导体制和工作机制。注重加强与市直部门的沟通协调，按照组织而不越位，协调而不代替的原则，与市妇联、市工商局、市农委等单位联合开展了农村环境整治进家庭、首届家庭文化艺术节、家庭教育示范单位创建、“敬老文明号”创建、文明诚信市场创建、文明生态乡村创建活动。规范实施精神文明建设考核工作，采取年终集中考核和日常督查考核相结合的办法，对各县、市、区和市直部门、驻济单位年度精神文明建设工作进行考核。

（黄玉体）

组织机构和领导人（2012年度）

【市级领导班子】

中共济宁市委员会

书　　记：马平昌
副 书 记：梅永红
　　　　　崔洪刚（2月起）
常　　委：步士金（2月止）
　　　　　陈　民（2月止）
　　　　　韩　军
　　　　　何思清
　　　　　刘成文
　　　　　张开朗（2月止）
　　　　　刘兴河（11月止）
　　　　　刘中会
　　　　　周　洪（2月起）
　　　　　王次忠（2月起）
　　　　　张　辉
　　　　　李建华（女）
　　　　　佘春明（2月起）
　　　　　许向农（11月起）
秘 书 长：陈　民（2月止）
　　　　　刘成文（2月起）
副秘书长：曹景群（正县级，2月止）
　　　　　陈国华（正县级）
　　　　　潘献华（女，正县级，6月止）
　　　　　郑仲逊（正县级，6月止）
　　　　　宋　科（正县级，6月止）
　　　　　李中月（正县级，6月止）
　　　　　颜廷洲（正县级，6月起）
　　　　　朱运旭（正县级）
　　　　　崔悦亮（正县级，12月起）
　　　　　曹　旭（正县级，12月起）
　　　　　崔　康（6月止）
　　　　　徐继红（6月起正县级）
　　　　　朱瑞显（8月起正县级）
　　　　　刘　辉（12月起正县级）
　　　　　任向北（12月起）
　　　　　高广立（12月起）

济宁市人民代表大会常务委员会

主　　任：张振川（2月止）
　　　　　马平昌（2月起）
副 主 任：梁之安（正厅级，2月止）
　　　　　陈　民（2月起正厅级）
　　　　　刘明远（2月止）
　　　　　段修龙（2月止）
　　　　　殷允岭
　　　　　丁　颖（女）
　　　　　商建设（2月起）
　　　　　罗心光（2月起）
党组书记：张振川（2月止）
　　　　　马平昌（2月起）
　　　　　陈　民（9月起）
副 书 记：梁之安（正厅级，2月止）
　　　　　陈　民（2月起正厅级，9月止）
秘 书 长：丁　颖（女）
副秘书长：高　涛（正县级）
　　　　　武法强（正县级）
　　　　　陈承友（正县级）

济宁市人民政府

市　　长：梅永红
副 市 长：崔洪刚（2月止）
　　　　　刘中会
　　　　　陈　颖（女，2月止）
　　　　　周　洪
　　　　　王次忠（2月止）
　　　　　佘春明（2月止）
　　　　　田志锋（2月起）
　　　　　白　山
　　　　　石爱作（2月起）
　　　　　张继民（2月起）
　　　　　吴霁雯（女，2月起）
党组书记：梅永红
副 书 记：崔洪刚（2月止）
　　　　　刘中会
　　　　　周　洪（2月起）
秘 书 长：李士民（2月止）
　　　　　杜昌华（2月起）
副秘书长：杜昌华（正县级，2月止）
　　　　　贺　雷（正县级）
　　　　　柳庆春（正县级，6月止）
　　　　　莫成伟（正县级，6月止）
　　　　　赵新安（正县级）
　　　　　孙方一（6月起正县级）
　　　　　王美华
　　　　　闫百川（12月起）
　　　　　徐兴华（12月起）

中国人民政治协商会议济宁市委员会

主　　席：赵树国
副 主 席：张开朗（2月起）
　　　　　戴伟娟（女）
　　　　　陈　颖（女，2月起）
　　　　　贾丽建（2月止）
　　　　　牛惠兰（女，2月止）
　　　　　李卫国（2月止）
　　　　　王文成（2月止）
　　　　　姜化铸（2月止）
　　　　　郭洪敏
　　　　　李良品
　　　　　蒙建华
　　　　　孔维民（2月起）
　　　　　曹景群（2月起）
党组书记：赵树国
副 书 记：贾丽建（2月止）
　　　　　张开朗（2月起）
秘 书 长：袁亚利
副秘书长：刘太原（正县级，7月止）
　　　　　莫成伟（正县级，7月起）
　　　　　刘明哲（正县级，7月止）
　　　　　李振华（正县级，7月止）
　　　　　汤筱岩（正县级，3月止）
　　　　　张建新（正县级）
　　　　　孙克民（正县级）

中共济宁市纪律检查委员会

书　　记：李建华（女）
常务副书记：
　　　　　姜居祯
副 书 记：陈希忠
　　　　　邓　炜
秘 书 长：毕冠锋（正县级）
常　　委：毕冠锋（正县级）
　　　　　孙慧茹（女，正县级，2月起）
　　　　　屈新华（12月起正县级）
　　　　　崔　峰（2月止）
　　　　　王炳良
　　　　　韩常立

【市委工作部门】

市委办公室

主　　任:曹景群(2月止)
　　　　　陈国华(2月起)
副 主 任:刘　辉(12月止)
　　　　　任向北(12月止)
　　　　　高广立(12月止)
　　　　　曾庆春(8月起)
　　　　　张　波(12月起)
　　　　　刘有山(12月起)
　　　　　王昌贯(12月起)

市委、市政府信访局

局　　长:曹　旭
副 局 长:姜春晓(10月止)
　　　　　付风信(10月止)
　　　　　董洪波
　　　　　董义栋(12月起)
党组书记:曹　旭
副 书 记:姜春晓(10月止)

市委组织部

部　　长:何思清
常务副部长:
　　　　　韩东亚
副 部 长:王建华(正县级,12月起)
　　　　　马文胜(6月起正县级)

市委老干部局

局　　长:马文胜(6月起正县级)
副 局 长:赵培玉(6月起正县级)
　　　　　孔庆安(正县级,7月止)
　　　　　王志刚
　　　　　程继立
　　　　　汤　斌(12月起)

市委宣传部

部　　长:刘成文(2月止)
　　　　　王次忠(2月起)
常务副部长:
　　　　　樊　刚
副 部 长:孙爱民(正县级)
　　　　　段向阳(正县级)
　　　　　张　弢(正县级)
　　　　　张开环(正县级,6月止)
　　　　　于庆军(正县级)

市委统战部

部　　长:张开朗
常务副部长:
　　　　　李传武
副 部 长:张德泮(正县级)
　　　　　王　超(正县级)
　　　　　赵广方(正县级,6月止)
　　　　　王衍安(正县级)
　　　　　王成玉(8月起正县级)

市委政法委员会(市社会管理综合治理委员会办公室)

书　　记:步士金(2月止)
　　　　　韩　军(2月起)
常务副书记:
　　　　　赵广方(6月起)
副 书 记:张怀亮(正县级,6月止)
　　　　　李彦冬(女,正县级)
　　　　　鲍洪祥(8月起正县级)
　　　　　刘长军(12月起)

市社会治安综合治理委员会办公室(2012年12月更名为市社会管理综合治理委员会办公室)

主　　任:张怀亮(6月止)
　　　　　鲍洪祥(8月起正县级)
副 主 任:周光平(5月止)
　　　　　王　健(12月起)

市委政策研究室

主　　任:崔悦亮
副 主 任:樊庆显
　　　　　张天祯
　　　　　李明法(12月起)

市委台湾工作办公室(市政府台湾事务办公室)

主　　任:张德泮
副 主 任:袁汉荣(女,12月止)
　　　　　张长军(12月起)
　　　　　孙晋强(12月起)
　　　　　孔　兵(12月起)

市委市直机关工作委员会

书　　记:宋　科(6月止)
　　　　　颜廷洲(6月起)
副 书 记:王中钦(12月止)
　　　　　陈　鹏(正县级)
　　　　　程守栋(12月起)
　　　　　王光耀(女,12月起)
　　　　　闫　峰(12月起)
纪工委书记:
　　　　　闫　峰(12月起)

市机构编制委员会办公室

常务副主任:张奎珍(女,6月起正县级)
副 主 任:张奎珍(女,6月止)
　　　　　刘　鹏(12月起)

【市政府工作部门】

市政府办公室

主　　任:贺　雷
副 主 任:李国山(12月止)
　　　　　闫百川(12月止)
　　　　　徐兴华(12月止)
　　　　　李华景(12月起)
　　　　　徐　锋(12月起)
　　　　　张发堂(12月起)
党组书记:杜昌华
副 书 记:贺　雷(正县级)

市政府研究室

主　　任:马树华(8月起正县级)
副 主 任:马树华(8月止)
　　　　　李华景(12月止)
　　　　　范秀瑞(12月起)
　　　　　宋恩岱(12月起)

市发展和改革委员会

主　　任:尤卫平
副 主 任:付学华(正县级,3月止)
　　　　　董亚宁(8月起正县级)
　　　　　韩　冬
党组书记:尤卫平
副 书 记:王保清(正县级,3月止)

市物价局

局　　长:王保清(3月止)
　　　　　王福岱(3月起)
副 局 长:李承智(10月止)
　　　　　马保国
　　　　　裴　虎
党组书记:王福岱
总经济师:胡超英

市经济和信息化委员会(挂市中小企业局牌子)
主　　任:赵士斌
副 主 任:黄新平
张文生(正县级)
刘东升(正县级,6月起)
王佑兵
张正运
李　斌
党委书记:赵士斌
副 书 记:黄新平(10月起)
总工程师:任传新
市中小企业局
局　　长:刘东升
副 局 长:王兆金
谢云良
王建宇(10月起)
杭　伟(女,12月起)
党组书记:刘东升
纪检组长:胡苏东(2月止)
市教育局
局　　长:闫志强
副 局 长:郝　民
刘加庚
伊立峰
党委书记:闫志强
市科学技术局
局　　长:贺永红(女)
副 局 长:隋玉怀(2月止)
宋洪泰
王金栋
马红卫(12月起)
党组书记:贺永红(女)
副 书 记:李亦军(正县级)
市知识产权局
局　　长:李亦军
副 局 长:钱宝光(女)
王佳伟
市民族宗教事务局
局　　长:王　超
副 局 长:李克学(10月止)
高化启
王　政
党组书记:王　超
纪检组长:汪伟锋(5月止)
市公安局
局　　长:王金城(副市级干部)
副 局 长:李　泉(正县级)
岳义国
宋昭君
政　　委:赵长海
副 政 委:王保军(正县级)
党委书记:王金城(副市级干部)
副 书 记:赵长海(正县级)
市监察局(与市纪律检查委员会合署)
局　　长:陈希忠
副 局 长:屈新华(12月起正县级)
崔　峰(12月止)
王炳良
韩常立(12月起)
相广灿
市民政局
局　　长:徐建设
副 局 长:林　光(正县级)
刘昭璞(10月止)
郭亚莲(女)
闫　永
党组书记:徐建设
市司法局
局　　长:石翠杰(4月止)
班建宁(4月起)
副 局 长:班建宁(正县级,4月止)
王元杰(正县级,10月起)
翟晓阳(女,10月止)
国庆启(10月起正县级)
刘宽亮
党委书记:石翠杰(3月止)
班建宁(3月起)
副 书 记:班建宁(正县级,3月止)
纪委书记:杨迎东
市财政局
局　　长:张茂如
副 局 长:张明生(正县级)
王玉留(6月起正县级)
韩　梅(女)
党组书记:张茂如
副 书 记:张明生(正县级)
市人力资源和社会保障局
局　　长:王建华
副 局 长:刘广涛(正县级,6月止)
张学峰(8月止)
肖　冬
刘鹭岩
陈承岩
党委书记:王建华
副 书 记:刘广涛(正县级,6月止)
张学峰(8月起正县级)
市国土资源局
局　　长:刘绪平
副 局 长:李海平
马敬杰
党委书记:刘绪平
专职副书记:
郭建伟
纪委书记:李殿宏
市城乡规划局
局　　长:祝清荣
副 局 长:贾庆华
刘海涛
冯集鹏(10月起)
党组书记:祝清荣
副 书 记:贾庆华
市住房和城乡建设委员会
主　　任:柳景武(4月起)
副 主 任:李新才(正县级,3月止)
仲爱华
任广德(正县级)
朱　勇(10月起)
党委书记:柳景武(3月起)
市城市管理综合执法局
局　　长:王志泉
副 局 长:李建国
刘世奎(10月起)
曹建军
张世龙
党委书记:王志泉
副 书 记:李建国(10月起)
市交通运输局(挂市港航局牌子)
局　　长:李大友
副 局 长:陈鲁起
曲　红(女)

张广池
李效忠(10月起)
张冠群(兼,10月起)
党委书记:李大友
副 书 记:王其芬(正县级)

市港航局

局　　长:高　潮(6月止)
宋　科(6月起)
副 局 长:渠怀淦(8月起正县级)
吴海平
时均林
总会计师:吴海平
总工程师:高永刚
党委书记:李大友
副 书 记:高　潮(正县级,6月止)
宋　科(正县级,6月起)

市水利局

局　　长:刘文峰
副 局 长:张君型(正县级)
刘继慧
孔祥利
党委书记:刘文峰
副 书 记:张君型(正县级)
总工程师:袁文亮

市农业委员会(挂市渔业局牌子)

主　　任:李逢记
副 主 任:张素珍(女,正县级,6月止)
程高岫(8月起正县级)
孟庆光
任艳云(女)
葛金文
布方峰
杜昌臣
总农艺师:黄九柏
党委书记:李逢记
副 书 记:亓　彬(正县级,3月止)
张素珍(女,正县级,6月止)
程高岫(8月起正县级)

市渔业局

局　　长:亓　彬(3月止)
申万民(3月起)
副 局 长:王学军
高　涛
乔福洲
党组书记:申万民

市商务局

局　　长:苗兴华
副 局 长:曾　方
米　谷(10月止)
韦　平
田俊峰
李成中(12月起)
党委书记:苗兴华
纪委书记:李祥东(6月止)

市文化广电新闻出版局

局　　长:周立华
副 局 长:齐振龙(9月止)
周长征
张　康(10月起)
徐　伟(10月起)
党委书记:周立华
副 书 记:秦　云(女,正县级,10月止)

市文物局(中华文化标志城规划建设济宁工作委员会办公室)(2011年12月整合组建)

中华文化标志城规划建设济宁工作委员会办公室主任:王次忠(6月起)
局长(常务副主任):
孙美荣(女,6月起正县级)
副局长(副主任):
杨义堂(6月起)
杜维海(12月起)
党组书记:孙美荣(女,10月起)
原中华文化标志城规划建设济宁工作委员会办公室主任、常务副主任、副主任职务2012年6月免除。

市文化市场综合执法局

局　　长:秦　云(女)
副 局 长:刘奉军
樊存常(12月起)
党组书记:秦　云(女,10月起)

济宁广播电视台

台　　长:周立华(8月止)
张作昌(8月起正县级)
副 台 长:乔志军(9月止)
张　康(10月止)
张作昌(8月止)
徐晋民
总工程师:李兆平(11月止)
党委书记:周立华(8月止)
张作昌(8月起正县级)
工会主席:张　康(10月止)

市卫生局

局　　长:焦　华
副 局 长:时爱东(女,8月止)
靳清汉(正县级)
魏明凯
张作辉
鲁先灵(8月止)
党委书记:焦　华

市食品药品监督管理局

局　　长:吴　琼
副 局 长:任宪坤(4月止)
邓德光
王富裕
樊存甫(10月起)
党组书记:吴　琼

市人口和计划生育委员会

主　　任:孟昭振
副 主 任:白均政(10月止)
张仰光(6月止)
郭克建
赵　莹(女,10月起)
周庆华(12月起)
党委书记:孟昭振
副 书 记:朱爱国(正县级,10月起)

市审计局

局　　长:马　堃(女,4月止)
胡良民(4月起)
副 局 长:王岱峰
孙　进
苏桂双
总审计师:王忠东
党组书记:马　堃(女,3月止)

胡良民(3月起)
副 书 记:王岱峰
市环境保护局
局　　长:李继凯
副 局 长:潘荣钧(正县级)
王培南(正县级)
李　敬
孙友勋(10月止)
刘云廷(10月起)
总工程师:刘云廷
党组书记:李继凯
副 书 记:潘荣钧(正县级)
市林业局
局　　长:程福华
副 局 长:高守节
周玉峰
李会省
党组书记:程福华
市旅游局
局　　长:颜廷洲(8月止)
彭照辉(8月起正县级)
副 局 长:杨绪东(10月止)
陈晓霞(女)
李　楠
郑庆军
党组书记:颜廷洲(6月止)
彭照辉(8月起正县级)
副 书 记:杨绪东(10月止)
市政府外事侨务办公室
主　　任:吴霁雯(女,4月止)
刘　健(4月起)
副 主 任:钟声远(正县级,3月止)
阮林敬
李兴存
党组书记:钟声远(3月止)
刘　　健(3月起)
市体育局
局　　长:闫程稳
副 局 长:班建新(正县级)
周　峰
邵　波(正县级)
薛为安
侯宝国(10月起)
曹中平(10月起)
夏　杰(12月起)
党组书记:闫程稳
副 书 记:班建新(正县级)
市统计局
局　　长:郑钦祥(4月止)
付学华(4月起)
副 局 长:朱传丁(10月止)
姜守员
徐　伟(10月止)
王敦广(10月起)
总统计师:王敦广
党组书记:郑钦祥(3月止)
付学华(3月起)
副 书 记:朱传丁(10月止)
市安全生产监督管理局
局　　长:周光全
副 局 长:许修航
常衍雷
张培川
党组书记:周光全
市政府法制办公室
主　　任:展　鑫
副 主 任:陆亚东(正县级)
陈秀海
张亚军
宋忠逵
党组书记:展　鑫
副 书 记:陆亚东(正县级)
市人民防空办公室
主　　任:周福存(4月止)
李新才(4月起)
副 主 任:王宗启
李玉平(2月止)
夏　杰(兼,10月止)
刘振海(10月起)
马德国(12月起)
总工程师:刘振海
党组书记:周福存(3月止)
李新才(3月起)
纪检组长:唐新兴(5月止)
市粮食局
局　　长:颜景友(4月止)
信登攀(4月起)
副 局 长:李长远
杨庆银
王瑞兰(女,11月止)
林　华(12月起)
党委书记:信登攀
市政府国有资产监督管理委员会
主　　任:曹旭东
副 主 任:刘　华(10月止)
张如勇
林　晋
韩晓东
党委书记:周　洪(4月止)
刘中会(4月起)
副 书 记:曹旭东(正县级)
韩东亚(正县级)
刘　华(10月止)
市煤炭局
局　　长:于海燕
副 局 长:侯馨芳
侯鲁军
徐化芳(3月止)
贺庆亮
党委书记:于海燕
总工程师:侯馨芳(10月止)

【市政府派出机构】

济宁高新技术产业开发区管理委员会
主　　任:董信江
副 主 任:颜　明(正县级)
王培华(10月起正县级)
鹿洪超(10月止)
李　征
殷　锋
江心标
李　岩
李世平(10月起)
党工委书记:佘春明
副 书 记:董信江(正县级)
颜　明(正县级)
鹿洪超(10月起正县级)
工会主任:殷　锋
纪工委书记:
潘　勇

济宁北湖省级旅游度假区管理委员会

主　　任:何锡明
副 主 任:朱　林
　　　　张兆远
　　　　冯集鹏(10月止)
　　　　马　磊(女,10月起)
　　　　饶爱平
党工委书记:
　　　　石爱作(1月起)
副 书 记:何锡明(正县级)
　　　　鲍业军(10月止)
纪工委书记:
　　　　鲍业军(10月止)

【市属事业单位和经济组织】

市委党校

校　　长:马平昌
常务副校长:
　　　　张晓玉(副厅级)
副 校 长:张庆华(6月止)
　　　　杜守杰
　　　　孙春晓
　　　　丁海燕(女,6月止)
　　　　李　晗
　　　　王　峰(8月起正县级)
　　　　刘　忠(12月起正县级)
党委书记:张晓玉
党委副书记:张庆华(6月止)
纪委书记:张德惠
工会主席:胡齐鲁

市委讲师团

团　　长:赵海峰(女,6月止)
　　　　丁海燕(女,6月起)
副 团 长:李乃华
　　　　褚　毅
　　　　邱印江(12月起)

市老龄委员会办公室

主　　任:骆　军(女)
副 主 任:孙山连
　　　　贾天峰

市招商局

局　　长:王宏伟
副 局 长:黄安亚(4月止)
　　　　张修占
　　　　王建宇(10月止)
　　　　谢关锋(10月起)
党组书记:王宏伟

济宁日报社

社　　长:陈玉星
副 社 长:李清法(12月止)
总　　编:陈玉星
副 总 编:贾传宇
　　　　陈宝旗
　　　　李景中
　　　　李　飚
党委副书记:
　　　　陈玉星(正县级)
工会主席:赵　炜

市委党史研究室

主　　任:秦佑镇(6月止)
　　　　崔　康(6月起正县级)
副 主 任:李仲波

市委、市政府接待处

处　　长:徐继红(6月起正县级)
副 处 长:翟耀东(8月起正县级)
　　　　马培国(12月止)
　　　　刘兆泉
　　　　李冠军(12月起)
党委书记:翟耀东(8月起正县级)
副 书 记:徐继红(正县级,8月起)
纪委书记:郑书田(4月止)

市农业机械管理局

局　　长:张玉民
副 局 长:宋继清
　　　　李　杰
党委书记:张玉民

市畜牧兽医局

局　　长:张景玉
副 局 长:张京跃(10月止)
　　　　王红岩
　　　　高恩来(12月起)
　　　　程功库(10月起)
党组书记:张景玉
副 书 记:张京跃(10月止)
总兽医师:马云省

市住房公积金管理中心

主　　任:胡良民(3月止)
　　　　董　宏(8月起正县级)
副 主 任:高　军(9月止)
　　　　王凤勤
总会计师:陈　刚
党组书记:胡良民(3月止)
　　　　董　宏(8月起正县级)

市档案局

局　　长:刘凡营
副 局 长:张凤玖
　　　　姜居军
　　　　梁　辉(12月起)
党组书记:刘凡营
纪检组长:菅德龙(7月止)

市地震局

局　　长:王广军
副 局 长:季昭元(5月止)
　　　　国中华
　　　　王鲁宁
党组书记:王广军

市供销合作社

理事会主任:
　　　　王春明
副 主 任:岳耀明
　　　　李继忠
　　　　王存才
监事会主任:
　　　　李茂彬
副 主 任:刘　强
　　　　杨　明(3月止)
　　　　卢成林(12月起)
党委书记:王春明
副 书 记:李茂彬(正县级)
工会主任:张奎荣(女)

市政府投融资管理中心

主　　任:张茂如
副 主 任:杜　强
　　　　杨奉月(10月止)
　　　　夏传强
　　　　金锐社(10月起)
党组书记:张茂如
副 书 记:杜　强

市公共资源交易服务中心(市政府采购中心)

主　　任:籍　峰

常务副主任:
李奎河(8月止)
副 主 任:高善长
张福民(12月起)
陈庆贤(12月起)
党组书记:籍 峰

市级机关事务管理局
局 长:谢克俭(10月止)
温伟宁(10月起正县级)
副 局 长:温伟宁(10月止)
李彦忠
张宜祥
田明军(10月起)
渠慎重(10月起)
党组书记:谢克俭
副 书 记:温伟宁(10月起正县级)

市金融工作办公室
主 任:刘东波(8月起正县级)
副 主 任:刘 立
寇 宁
张宜霖(12月止)

孔子研究院
院 长:杨朝明
副 院 长:张文科
党委书记:庄金兰(女)
纪委书记:胡志平(12月起正县级)

市孔子文化节办公室
主 任:潘献华(女,6月止)
徐继红(6月起正县级,12月止)
刘 辉(12月起正县级)
副 主 任:华 治
赵相恩
杜忠海(12月起)

【法院、检察院】

市中级人民法院
院 长:张 勇
副 院 长:郑培兵(正县级,6月止)
吕文柱(正县级)
李良品(市政协副主席)
钱欣红(女,正县级)
毕鹏程(正县级)
党组书记:张 勇
副 书 记:郑培兵(正县级,6月止)
吕文柱(正县级)
纪检组长:徐 俐(女)

市人民检察院
检 察 长:张庆建
副检察长:刘继祥(正县级)
张 波(正县级,8月止)
李 斌(正县级)
王宜海(正县级)
孔凡学
田 生
党组书记:张庆建
副 书 记:刘继祥(正县级)
纪检组长:王世训

【市人大专门委员会及办事机构】

内务司法委员会
主任委员:刘明远(2月止)
商建设(2月起)
副主任委员:
彭广舍(2月止)
李士民(2月起)
仲伟金
贾传建(2月止)
李春兴(2月止)
李朝敬(2月止)
石翠杰(2月起)
孙加银(2月起)

财政经济委员会:
主任委员:段修龙(2月止)
罗心光(2月起)
副主任委员:
张延根(2月止)
尹凤珠(2月止)
李明晨
陈立民(2月止)
陈士平(2月止)
丁 宁(女,2月止)
张昭贤(2月止)
郑钦祥(2月起)
马 堃(女,2月起)
王保清(2月起)

教育科学文化卫生委员会
主任委员:殷允岭
副主任委员:
石 柱(2月止)
李进普(2月止)
宋宜云(女,2月止)
王汝才(2月止)
李继军(2月止)
李心善(2月起)
郑仲逊(2月起)
柳庆春(2月起)

城乡建设与环境资源保护委员会
主任委员:段修龙(2月止)
罗心光(2月起)
副主任委员:
李立欣(2月止)
颜廷芳(2月止)
邵传银(2月止)
张延泉(2月止)
李新念(2月止)
刘鲁峰(2月止)
周福存(2月起)
高 潮(2月起)
周中稳

农业与农村委员会
主任委员:刘明远(2月止)
商建设(2月起)
副主任委员:
朱绍昌(2月止)
苏金兰(女,2月止)
张国贤(2月止)
马景昌(2月止)
王宣林(2月止)
颜景友(2月起)
李中月(2月起)
张黎明

民族侨务外事委员会
主任委员:殷允岭
副主任委员:
宋继法(2月止)
皮少臣(2月止)
潘献华(女,2月起)
亓 彬(2月起)
秦佑镇(2月起)
马永才
官廷茂(2月止)

代表资格审查委员会
主任委员:丁　颖(女)
副主任委员:
张德芳(4月止)
韩东亚(4月起)
办公室
主　　任:高　涛
副 主 任:崔方廷(2月止)
管建友
李　辉
彭　静(女,12月起)
研究室
主　　任:武法强
人事代表工作委员会
主　　任:赵绍业
副 主 任:李念玉
彭　静(女,12月止)
蒋　慧(女,12月起)
内务司法工作室
主　　任:赵殿纪
副 主 任:王洪平
财政经济工作室
主　　任:孔祥勇
副 主 任:倪宝凤
教育科学文化卫生工作室
主　　任:杜沪宁
副 主 任:张德平(12月止)
孙　梅(女,12月起)
城乡建设与环境资源保护工作室
主　　任:侯万隆
副 主 任:张德平(12月起)
农业与农村工作室
主　　任:赵永刚
副 主 任:马留再(12月起)
民族侨务外事工作室
主　　任:侯端峰
副 主 任:王新江
信访处
主　　任:张文华(12月起)
老干部处
主　　任:管建友

【市政协专门委员会及办事机构】
提案委员会
主　　任:姜化铸(2月止)
曹景群(3月起)
副 主 任:孟繁湘(2月止)
周　军(3月起)
赵海峰(女,3月起)
班　博(女)
姜勤芝(2月止)
徐　莉(女,12月起)
经济委员会
主　　任:贾丽建(2月止)
孔维民(3月起)
副 主 任:李　朴(2月止)
王常瑞(2月止)
王钦之(2月止)
王庆来(2月止)
马光辉(3月起)
张素珍(女,3月起)
李素真(女)
张修占(3月起)
人口资源环境委员会
主　　任:王文成(2月止)
蒙建华(3月起)
副 主 任:徐思超(2月止)
刘太原(3月起)
韩连绪
刘淑英(女,2月止)
李　敬
马云省(3月起)
教科文卫体委员会
主　　任:戴伟娟(女,2月止)
陈　颖(女,3月起)
副 主 任:张士荣(女,2月止)
路金琚(2月止)
李振华(3月起)
张开环(3月起)
吕爱玲(女)
张作记
孙迎建(2月止)
周建昌(2月止)
张　璇(女,12月起)
社会法制委员会
主　　任:李良品
副 主 任:张显忠(2月止)
王　强
张修占(2月止)
谢英莲(女,2月止)
张怀亮(3月起)
郑培兵(3月起)
葛艳玲(女,3月起)
港澳台侨外事和民族宗教委员会
主　　任:郭洪敏
副 主 任:马光辉(2月止)
刘广涛(3月起)
刘明哲(3月起)
赖伙成
刘兆泉(3月起)
文史资料委员会
主　　任:牛惠兰(女,2月止)
戴伟娟(女,3月起)
副 主 任:张如兴(2月止)
张庆华(3月起)
杨晓群
陈庆廷
贾西安(2月止)
办公室
主　　任:刘太原(7月止)
莫成伟(7月起)
副 主 任:吕瑞国(12月止)
秦存让(12月起)
张　静(女,12月起)
王大勇(12月起)
研究室
主　　任:张建新
副 主 任:孙常丰(12月止)
委员工作室
主　　任:汤筱岩(3月止)
副 主 任:冯　刚
提案工作室
主　　任:吕瑞国(12月起正县级)
副 主 任:宋宝宁(7月止)
葛　林(12月起)
经济工作室
主　　任:刘燕明
人口资源环境工作室
主　　任:尹逊习

教科文卫体工作室
主　　任:赵彦平
副 主 任:徐祥放
社会法制工作室
主　　任:骆继舟
副 主 任:付　强
港澳台侨外事和民族宗教工作室
主　　任:苏进兴
文史资料工作室
主　　任:孙业旺
老干部处
主　　任:秦存让

【市纪委中层正职】
办公室
主　　任:冯国庆(12月起)
监察综合室
主　　任:周光征
研究室
主　　任:程绪庭
干部管理室
主　　任:于　涌(12月起)
宣传教育室
主　　任:狄峻青(女)
案件审理室
主　　任:张玉学(12月止)
　　　　　李　强(12月起)
信访室
主　　任:孟昭硕
党风廉政建设室
主　　任:高西强
执法监察室
主　　任:孙晶伟
纪检监察一室
主　　任:张佩岗
纪检监察二室
主　　任:李　强(12月止)
　　　　　曾凡军(12月起)
纪检监察三室
主　　任:王尚国
案件监督管理室
主　　任:朱　雨
机关党委:赵裕坤

【市纪委(监察局)派驻机构】
第一纪检组(监察室)
组长(主任):闫先千
正县级检查员:
　　张华岳
副组长(副主任):
　　陈　涛
　　冯国庆(12月止)
　　高恩来(4月起,12月止)
　　马崇宁(12月起)
　　孔爱菊(女,12月起)
第二纪检组(监察室)
组长(主任):
　　杜西平
副组长(副主任):
　　赵　军
　　唐　琦(7月止)
　　李永宽
　　张炳祥
第三纪检组(监察室)
组长(主任):
　　齐建新(12月起正县级)
副组长(副主任):
　　齐建新(12月止)
　　刘存祥(12月止)
　　刘　明
　　安国华
　　王敏彦(12月起)
第四纪检组(监察室)
组长(主任):
　　夏乾旺
副组长(副主任):
　　张福奎
　　张　军
　　仲伟礼
　　荣兆德
第五纪检组(监察室)
组长(主任):
　　薛英林(女,12月止)
　　崔　峰(12月起正县级)
正县级检查员:
　　薛英林(女,12月起)
副组长(副主任):
　　王　军
　　魏洪星
　　王贻才
　　李永杰
第六纪检组(监察室)
组长(主任):
　　王力军
副组长(副主任):
　　刘培元
　　李占强
　　姜庆轩
　　蔡　泉
　　张玲利(女,12月止)
第七纪检组(监察室)
组长(主任):
　　孙慧茹(女,12月止)
　　吴凯声(12月起正县级)
正县级检查员:
　　王丽华(女)
副组长(副主任):
　　武洪建
　　张再立
　　吕洪生
第八纪检组(监察室)
组长(主任):
　　李　健
副组长(副主任):
　　韩剑力
　　赵义江
　　韩广河
　　王广飞
　　毕咏梅(女)

【群众团体】
市总工会
主　　席:韩　军(2月止)
　　　　　罗心光(2月起)
常务副主席:
　　岳秀银(女,正县级)
副 主 席:李　民
　　　　　王厚忠
　　　　　林　光(兼)
　　　　　肖　冬(兼)
党组书记:韩　军(2月止)
　　　　　岳秀银(女,2月起)

副 书 记:岳秀银(女,正县级,2月止)
纪检组长:尤晓平(女,9月止)

团市委

书　　记:钟称生
副 书 记:胡大力(3月止)
　　　　刘　勇
　　　　侣传周(8月起)
党组书记:钟称生

市妇女联合会

主　　席:倪丽君(女)
副 主 席:王新颜(女,12月止)
　　　　王　原(女)
　　　　梁　莲(女)
　　　　张玲利(女,12月起)
党组书记:倪丽君(女)

市科学技术协会

主　　席:张宪常
副 主 席:张　中(12月止)
　　　　汪志民
　　　　金曙霞(女,12月起)
　　　　武广华(不驻会)
　　　　罗家英(不驻会)
　　　　张洪海(不驻会)
　　　　黄福昌(不驻会)
　　　　张素珍(女,不驻会)
　　　　靳清汉(不驻会)
　　　　隋玉怀(不驻会)
　　　　王培华(不驻会)
　　　　张学生(不驻会)
党组书记:张宪常

市文学艺术界联合会

主　　席:王道雨
副 主 席:汪　林
　　　　李　君
党组书记:张　弢
副 书 记:王道雨(正县级)

市社会科学界联合会

主　　席:丁海燕(女,不驻会,6月止)
　　　　徐辑方(8月起正县级)
副 主 席:于庆军(正县级)
　　　　陈庆廷
　　　　徐　琰
　　　　张延根(不驻会)
　　　　任荫盈(不驻会)
　　　　王胜利(不驻会)
　　　　孟宪昌(不驻会)
　　　　冯铭成(不驻会)
党组书记:于庆军
副 书 记:徐辑方(8月起正县级)

市归国华侨联合会

主　　席:李士岗(不驻会)
副 主 席:李　林
　　　　王新颜(女,12月起)
　　　　王元晨(不驻会)
　　　　奚伟祖(不驻会)
　　　　崔相民(不驻会)
　　　　杨全力(不驻会)
　　　　胡春吉(不驻会)
　　　　王保平(不驻会)
　　　　马　磊(不驻会)
　　　　钟周平(不驻会)
　　　　郑向宇(不驻会)
党组书记:郭秋亚

市工商业联合会(民间商会)

主　　席:陈　颖(女)
副 主 席:赵广方(正县级,6月止)
　　　　王成玉(8月起正县级)
　　　　焦军道
　　　　梁建坤
　　　　吴霁雯(女,不驻会,3月止)
　　　　李洪信(不驻会)
　　　　邢东尚(不驻会)
　　　　郭元强(不驻会,3月止)
　　　　张建群(不驻会)
　　　　李建宝(不驻会,3月止)
　　　　黄庆平(不驻会,3月止)
　　　　江保安(不驻会)
　　　　牛宜顺(不驻会,3月止)
　　　　官　振(不驻会,3月止)
　　　　李兆祥(不驻会)
　　　　郑兆国(不驻会)
　　　　吴宪亮(不驻会)
　　　　杜月野(不驻会)
　　　　周云共(不驻会)
　　　　杨恩武(不驻会)
　　　　孙建成(不驻会)
　　　　王步峰(不驻会,3月止)
　　　　杨为安(不驻会,3月止)
　　　　韩允其(不驻会,3月止)
　　　　姬广金(不驻会)
党组书记:赵广方(6月止)
　　　　王成玉(8月起正县级)
秘 书 长:梁建坤(12月止)
　　　　韩利峰(12月起)

市残疾人联合会

理 事 长:郭庆林
副理事长:付洪亮
　　　　何　波
　　　　韩广伟
　　　　罗　朋(不驻会)
党组书记:郭庆林

【民主党派】

民主建国会济宁市委员会

主　　委:吴霁雯(女)
副 主 委:李克学
　　　　张修占
　　　　贾彦鹏
　　　　周中稳
　　　　于安玲(女)
　　　　杨　峰
秘 书 长:王　浩(12月起)

民主同盟会济宁市委员会

主　　委:郭洪敏
副 主 委:曹　宁
　　　　张作记
　　　　张黎明
　　　　刘宝之
　　　　张玉忠
　　　　刘　霁
秘 书 长:刘小颖(女)

九三学社济宁市委员会

主　　委:殷允岭
副 主 委:吕爱玲(女)
　　　　赵　斌
　　　　刘要武
　　　　杨冬林
　　　　李长华(女)
秘 书 长:李洪海

济宁年鉴 2013

JININGYEARBOOK

中国共产党济宁市委员会

综 述

组织概况与党的建设 截至2012年底，全市共有基层党组织22871个，其中党委708个，党总支1639个，党支部20524个。全市共有党员467715名，年内新发展党员8464名。

2012年，济宁市委认真履行“党要管党、从严治党”的政治责任，以改革创新精神实施了一系列加强党建工作的新举措。一是深入学习贯彻党的十八大精神。把学习宣传贯彻十八大精神作为首要政治任务，召开市委十二届二次全体会议，对学习宣传贯彻工作进行全面部署。举办了5期专题培训班对全市1250多名县处级以上干部进行轮训。各级组织骨干力量进行巡回宣讲，新闻媒体开辟专题专栏进行广泛宣传，掀起了学习宣传贯彻十八大精神的热潮。二是突出抓好干部队伍建设。圆满完成了市县乡领导班子换届工作，各级领导班子和干部队伍结构进一步优化。重视加强换届后各级领导班子思想政治建设，实施干部教育培训“百千万工程”，培训干部2900多人次。三是深化干部人事制度改革。完善干部选拔任用初始提名制度，加大竞争性选拔干部力度，2012年对9个市直部门单位的正职实行了公开差额选拔，面向全省公开考选了10名县处级干部。四是统筹做好基层党建工作。在全市范围开展“大规模驻村入户、面对面谈心交流”活动，选派7.3万名机关干部对点联系6216个行政村，其中驻村“第一书记”3378名，实现了机关干部、行政村“两个全覆盖”，挨门逐户访民情、听民意、解民忧，办了一大批惠民利民的实事。启动实施了“基层党组织服务能力提升工程”，通过增加投入、增强力量、强化帮扶“两增一扶”措施，提升基层党组织推动发展、服务群众、凝聚人心、促进和谐的能力，得到中组部、省委组织部的充分肯定。五是持续推动干部作风转变。在新闻媒体公布了市级领导干部牵头的重大事项、包保的重点项目，全面实行了各级领导干部轮流公开接访、市县乡政府班子成员上线接听政府公开电话制度。开通了“济宁市网络问政平台”。制定了《济宁市作风效能问责暂行办法》，对机关“慵懒散”行为进行了专项治理。六是深入推进反腐倡廉建设。在全体党员干部中开展了“恪守从政道德、保持党的纯洁性”教育活动，改革完善了公共资源交易管理体制，在全省地级市率先全面开通科技防腐电子监督系统。集中实施涉企“三乱”专项治理，大力推进“四减一代办”机制优化发展环境，深入开展“为企业排忧解难服务活动”。加大查办案件工作力度，保持了惩治腐败的高压态势。

重大决策与主要工作 2012年，在省委、省政府正确领导下，济宁市委紧紧围绕“与全省同步提前全面达小康”的目标，坚持科学发展跨越发展总基调，强力推动工业化、城市化“两化并进”，以大项目建设为引领，集中实施工业发展、城市建设、县域经济、文化产业、生态建设“五大突破”，着力构建民生保障“十大体系”，经济社会保持了较快发展的良好势头。全市生产总值达到3190亿元、同比增长11%，公共财政预算收入完成245.6亿元、增长18.6%，固定资产投资完成1809.7亿元、增长22.3%，城市居民人均可支配收入25454元、增长13.6%，农民人均纯收入10002元、增长14.8%。

加快经济转型，推动产业升级。紧紧围绕主题主线，坚持在加快发展中转型、在推动转型中提升，努力走好“依靠资源起步、凭借转型跨越”的路子。一是强力突破工业经济。把工业作为转方式调结构的主战场，改造提升传统优势产业，培育发展战略性新兴产业，改变“煤电一业独大局面”，构建新型工业化体系。集中培植的能源工业、装备制造、煤化工、食品“四大千亿级”产业集群加速膨胀，煤化工、工程机械、专用汽车、生物技术、纺织新材料、光电特色产业6个国家级产业基地集聚发展，先进制造业占工业比重达到63%，战略性新兴产业产值增长45%。全市年销售收入过百亿企业已经达到8家，其中兖矿集团突破1000亿元，太阳纸业和华勤集团双双突破300亿元。2012年全市规模以上工业企业新增187家，新开工亿元以上项目332个，累计有39家世界500强企业落户济宁。二是推动服务业跨越发展。以服务业牵动转型，投资50亿元的万达广场、50亿元的豪德物流、34亿元的亿丰时代广场等一批服务业大项目相继启动建设和建成，森达美港口、嘉祥铁水联运项目打造起全新的“运河物流”品牌，全市港口吞吐能力达到6000多万吨，占全省内河航运能力的80%以上。三是大力发展现代农业。粮食生产实现“九连增”、总产达到113.8亿斤，规模以上农业龙头企业发展到806家，各类农业标准化基地发展到556万亩，农业专业合作社达到

3233家。四是切实强化科技支撑。积极构建以企业为主体、市场为导向、产学研相结合的技术创新体系,新建重点实验室和院士工作站15个,省级以上工程技术研究中心发展到60家,全年取得重要科技成果150项、专利授权5000项,国家级高新技术企业发展到149家,全市高新技术产业产值增长21.5%、占比较年初提高了1.5个百分点。

实施"县域经济倍增计划",强力突破县域经济。突出县域特色,加大帮扶力度,一县一策助推发展。建立了"市委常委包保、市直部门牵头、金融机构支持、大型企业相助"的帮扶机制,市财政新增一般性转移支付资金2.5亿元,返还市级分享收入4000多万元,支持经济薄弱县奋力赶超。2012年全市县域(除市中区外)实现公共财政预算收入175亿元,同比增长22.7%,9个县市区财政收入在全省实现了位次前移;完成固定资产投资1478亿元,增长25.7%;县域经济在全市经济发展中的比重达到83.4%。

实施城镇化追赶战略,推进城乡一体发展。以"城市建设管理年"为抓手,大力实施"城镇化追赶战略",2012年全市城镇化率提高了2.1个百分点。强力突破中心城区。北湖新区作为未来城市主中心,以承办第23届省运会为契机,实施了核心景区开发、基础设施配套、功能片区建设,50平方公里的生态新城形象初步展现。中心城区形成了北湖生态新城、东部科技新城、济北新区和运河生态经济区竞相发展的格局。目前中心城区建成区面积达到117.5平方公里、人口102万。加速组群城市融合发展。各板块间启动了总投资227亿元的70个重大交通基础设施项目,济徐高速济宁段、滨湖大道济宁至鱼台段建设提速推进,组群城市的"同城效应"进一步显现。加快县城开发建设步伐,促进县城向中等城市发展。把小城镇建设放在市级层面推动,在抓好8个省级示范镇的同时,市里又增加2个镇按照省里政策进行扶持,带动全市小城镇整体水平的提升。

实施"突破曲阜"战略,推进文化强市建设。实施文化"突破曲阜"战略,从税收、土地、融资、人才等方面出台了"一揽子"扶持政策,市财政每年拿出3000万元支持曲阜新区"国家级文化产业园区"建设。文化"突破曲阜"战略得到省委、省政府高度重视,已纳入文化部与山东省文化强省建设框架协议,作为"文化经济特区"上升为省级战略。截至2012年底,全市建成文化产业项目72个,在建文化产业项目111个,总投资额919亿元。投资198亿元的大遗址保护、投资100亿元的尼山圣境、投资85亿元的东方文博城等一批文化产业项目全面启动。大力实施孔子品牌带动战略,国际孔子文化节、世界儒学大会、"尼山世界文明论坛"在海内外影响力进一步扩大,"文化济宁"的城市形象进一步提升。提高公共文化服务能力,扎实推进"文化惠民、服务群众"12件实事,156个乡镇街道全部建成综合文化站,农村文化大院、农家书屋基本实现行政村全覆盖。

突出生态建设,打造美丽济宁。狠抓节能减排和生态建设,完善"治用保防控"流域治污体系,南水北调119个治污项目全部竣工,13个省控考核断面全部达标,主要河流入湖水质达到三类水标准,确保"一湖清水"安全过境。节能减排任务全面完成,单位生产总值能耗、主要污染物排放继续下降。大气污染防控成效明显,大气环境质量改善幅度居全省前列。新增造林面积19万亩、人工湿地1万亩,建成国家级森林公园、湿地公园2处,省级以上生态乡镇占全市乡镇比例达到45%。

改革与创新 全面展开新一轮发展布局。着眼济宁发展阶段和区域竞争态势,在深刻认识市情、凝聚各方共识的基础上,集中谋划和展开新一轮工作布局,努力站在新起点实现新发展。在发展定位上实现"与全省同步提前全面达小康",加快做大总量、提高均量、提升质量,通过五年努力全面建成惠及全市人民的小康社会。在目标要求上确保"三个高于、三个提高",主要经济指标增幅高于全省平均水平、县域经济综合排名位次高于上年、固定资产投资和亿元以上大项目投资增幅高于周边市平均水平,着力提高经济运行质量效益、着力提高城乡居民收入水平、着力提高城市建设和管理水平。在思路布局上坚持"两化并进、深化转型,重点突破、项目引领,注重统筹、关注民生",围绕转方式调结构促转型这条主线,强力推动工业化、城市化"两化并进",以大项目建设为引领,集中突破工业发展、突破城市建设、突破县域经济、突破文化产业,加快构建民生保障体系。

积极探索改善民生新举措。把办好群众的事作为最大责任,2012年民生支出达到202亿元、增长30.5%,占财政总支出的

56%。着眼于让群众普遍受益、持续受益，在全省率先启动民生保障十大体系建设。全国首创的“先看病后付费”模式，受益群众89.6万人；实施“家庭困难学生营养改善计划”，对所有义务教育阶段经济困难学生发放了营养补助金；建立“万名保健医生进农户”制度，实现了“农民上门找医生”到“医生上门送服务”的根本转变。大规模实施农村环境综合整治，2012年完成3640个村庄、7670公里的道路硬化，建立起城乡环卫一体化长效机制，农村环境卫生面貌大幅改善。在全省民意调查中，群众满意度上升3.14个百分点，在全省前移5个位次。

加强和创新社会管理。认真履行维护稳定第一责任，切实做到“两手抓、两手硬”，突出责任落实和考核问责，制定了全市社会稳定信访工作试行《考核办法》，突出抓领导干部公开接访、矛盾纠纷排查化解、重点信访问题专项治理等工作。2012年到省集体访、进京个访和进京非访同比分别下降98%、82%和80%。深化平安济宁建设，广泛开展基层平安创建活动，构建起网格化社会管理新格局。突出做好重点敏感时期维稳工作，圆满完成了十八大安保维稳任务，做到了进京非访“零登记”。

健全完善工作推进机制。开展解放思想大讨论，以“跨越发展”为主题，以“争先进位”为着眼点，进一步打开思想通道、提升发展标杆；开展“效能提升年”活动，以“立说立行抓落实、问责问效转作风”为主题，以作风建设为突破口，深度优化发展环境；探索建立“三个体系”，通过构建宝塔形目标责任体系、科学严格的考核奖惩体系、有力有效的监督检查体系，从体制机制上保证各项决策部署的落实，进一步树立起干事创业的鲜明导向。

（汪　洁）

【解放思想跨越发展大讨论】 为了以新的思想解放助推发展，以过硬的作风保障发展，以正确的导向引领发展，全面实现“三个高于、三个提高”的发展目标，市委决定，从2月上旬开始到6月底，在全市开展“解放思想跨越发展大讨论”活动。活动开展以来，全市各级各部门广泛宣传发动、深入学习讨论、认真查摆问题、不断改进提高，大讨论活动深入扎实推进，取得显著成效。

领导重视，指导有力。市委常委会和市委主要领导先后5次听取汇报，专题研究部署、提出明确要求。市委书记马平昌亲自担任领导小组组长，亲自动员部署，率领党政考察团赴苏浙地区学习考察，明确提出“市域学淮安，县域学沭阳”的活动要求，并多次到基层单位调研指导。市委常委、副市长等市级领导分别确立联系点，深入分管部门、基层一线调查研究，组织参与讨论、听取意见、分类指导。大讨论活动办公室先后组织两次全市层面的督导检查，及时召开活动转段动员会、现场推进会、汇报交流会和县市区宣传部长座谈会，调度情况、发现问题、总结经验、督促改进，确保了大讨论活动健康有序深入推进。各地各单位主要负责人认真履行大讨论活动第一责任人职责，亲自抓动员、抓部署、抓督导，带头深入学习、带头查找差距、带头改进提高，带动了本地本单位大讨论活动开展。

周密部署，广泛发动。2月14日召开了全市“解放思想跨越发展大讨论”活动动员大会，电视全程直播，市、县、乡三级同步收听收看。认真研究制定活动《实施意见》和《重点工作配档表》，将三个阶段细化分解为20余项重点活动、38项具体工作，明确具体责任人、完成时限和内容标准。各县市区和市直各部门迅速行动，成立相应领导机构和办事机构，层层动员组织，大讨论活动在全市全面展开。

把握主题，营造氛围。在市级新闻媒体统一开设“解放思想跨越发展大讨论”、“党政一把手谈解放思想”、“争先进位访谈录”等专题专栏，济宁日报社多次组织新闻记者奔赴徐州、宿迁、淮安、沭阳等地，深入采访报道外地发展经验，引领、启发大讨论活动有针对性地开展。活动期间，各新闻单位刊发各类新闻稿件725篇，评论文章68篇，照片120余幅，专版107个。新华社、《大众日报》等中央、省主要新闻媒体对济宁市大讨论活动开展情况作了重点报道。横幅标语、墙报板报、文艺展演、公益广告、手机短信等形式的社会宣传多角度、多层次展开，为大讨论活动营造了浓厚舆论氛围。

丰富内容，创新载体。认真总结历次大讨论活动的成功经验，紧密结合工作实际和干部群众思想实际，积极推进大讨论活动方法创新、形式创新、载体创新。各地各单位采取集中学习与个人自学相结合，专题调研与集体研讨相结合，专家授课辅导与外出观摩考察相结合，座谈交流、表态演讲与撰写心得体会、调研文章相结合等形式，开展了一系列具体实在、丰富多彩的学习讨论交流活动。各县市区、市直各部门单位普遍组织考察团赴徐州、宿迁、淮安等先进地区进行学习考察。组织安排太阳纸业、华勤集团、如意科技集团的3名企业家分赴各县市区作专题报告,收到良好效果。

(张　猛)

重要会议

市委常委会议　1月11日召开。传达学习省委书记、省人大常委会主任姜异康在济宁市调研时的重要讲话精神,研究贯彻落实意见。市委书记马平昌主持并讲话。市委副书记、市长梅永红和市委常委出席会议。市政协主席赵树国、市人大常委会第一副主任梁之安和市直有关部门负责人列席会议。马平昌强调,要全面贯彻姜异康书记重要指示精神,进一步做好各方面工作。马平昌要求,要妥善安排好困难群众生活。马平昌强调,要以学习贯彻姜异康书记指示精神为动力,按照既定的工作布局,以只争朝夕的精神狠抓落实,做到落实、落实、再落实,真正形成干事创业、真抓实干的热潮。

市委十一届十八次全体会议　1月16日举行。出席会议的市委委员41人,市委候补委员9人。市纪委常委和有关方面负责人列席了会议。会议由市委常委会主持。市委书记马平昌讲话。会议确定中国共产党济宁市第十二次代表大会于2012年1月31日在济宁召开;讨论并通过了十一届市委向市第十二次党代表大会的报告,决定将报告提请市第十二次党代表大会审查;讨论并通过了市第十二次党代表大会换届人事安排方案;讨论并通过了济宁市推荐的出席党的十八大代表候选人初步人选推荐人选;讨论并投票通过了济宁市出席省第十次党代表大会代表候选人预备人选及其他有关事项,为市第十二次党代表大会的召开作了充分准备。

中国共产党济宁市第十二次代表大会　1月31日至2月3日正式召开。马平昌代表中共济宁市第十一届委员会向大会作了题为《推进跨越发展　提升民生福祉　为全面建成小康社会而努力奋斗》的报告。大会选举出由51名委员、9名候补委员组成的中共济宁市第十二届委员会;选举出由35名委员组成的中共济宁市第十二届纪律检查委员会;选举出出席省第十次党代会代表51名。大会一致通过了《中国共产党济宁市第十二次代表大会关于十一届市委工作报告的决议》;通过了《中国共产党济宁市第十二次代表大会关于市纪律检查委员会工作报告的决议》。全委会选举产生了中共济宁市第十二届委员会常务委员会委员、市委书记、市委副书记;批准了中共济宁市纪律检查委员会第一次全体会议选举产生的中共济宁市纪律检查委员会书记、副书记和常务委员会委员人选。

市委十二届3次常委会议　2月25日召开,会议由马平昌主持。议题有六项:一、传达学习全省"两会"精神;二、传达学习全国、全省严肃换届纪律深入整治用人上不正之风工作推进会议精神;三、研究调整完善科学发展实绩考核体系,讨论《社会和谐稳定督查考核办法(讨论稿)》;四、研究开展全市"大规模驻村入户、面对面谈心交流"活动和"基层组织建设年"活动有关事宜;五、传达贯彻全省宣传部长会议精神;六、其他事项。

市委十二届6次常委会议　3月20日召开,会议由马平昌主持。议题有十一项:一、传达学习全国"两会"精神;二、研究讨论《市委、市政府关于进一步加快县域经济发展的实施意见(讨论稿)》;三、研究农村工作和加快镇域经济社会发展政策措施;四、研究讨论《市委、市政府关于建立目标责任考核奖惩监督检查三个体系的实施意见(试行)》和《全市社会稳定信访工作考核办法(讨论稿)》;;五、研究2011年度全市科学发展综合考核情况;六、研究讨论《市委、市政府关于加快文化改革发展的实施意见(讨论稿)》;七、研究统战工作;八、研究安全生产工作;九、研究人口和计划生育工作;十、研究"双拥"工作;十一、研究讨论《中共济宁市委常委会2012年工作要点(讨论稿)》。

市委十二届12次常委会议　5月29日召开。会议由马平昌主持。议题有九项:一、传达学习省第十次党代会精神,研究贯彻落实意见;二、听取全市"大规模驻村入户、面对面谈心交流"活动开展情况汇报;三、听取5月份全市文化改革发展工作进展情况汇报;四、听取"三个体系"建设情况汇报;五、听取全市"解放思想跨越发展大讨论"活动开展情况汇报;六、传达贯彻全省加强和创新社会管理工作推进会议精神;七、听取全市妇女儿童工作情况汇报;八、听取第十一届中国专利高新技术产品博览会筹备情况汇报;九、研究部署6月份工作。

市委十二届15次常委会议 6月20日召开,会议由马平昌主持。议题有五项:一、研究讨论《关于加快全市经济开发区转型升级跨越发展的意见(讨论稿)》;二、研究讨论《关于加强与中央、省属企业合作发展的意见(讨论稿)》;三、听取庆祝建党91周年暨创先争优活动总结表彰有关情况汇报;四、研究部署7月份工作;五、研究2012年度市本级财政收支安排意见。

市委十二届16次常委会议 7月8日召开,会议由马平昌主持。议题有六项:一、研究讨论《市委、市政府重大事项决策暂行办法(讨论稿)》;二、传达贯彻全国检察机关文化建设工作会议精神;三、传达学习全省推动县域科学发展整体提升综合实力工作会议精神,研究贯彻落实意见;四、听取全市科学发展观摩会筹备情况汇报;五、研究讨论《关于加快金融业发展的意见(讨论稿)》;六、听取全市援疆工作情况汇报。

市委十二届17次常委会议 7月26日召开,会议由马平昌主持。议题有九项:一、研究讨论《关于进一步支持高校建设发展的意见(讨论稿)》;二、研究2012国际孔子文化节筹备工作;三、传达学习全省社会主义核心价值体系建设"四德"工程现场观摩会议精神;四、研究加强改进市委中心组学习和召开市委理论中心组读书会有关事宜;五、听取全市档案工作情况汇报;六、听取全市民政工作情况汇报;七、研究"三河六岸"开发建设工作;八、通报我市参加2012香港山东周活动情况;九、研究部署8月份工作。

市委十二届18次常委会议 8月13日召开,会议由马平昌主持。议题有六项:一、听取全市老干部工作情况汇报;二、研究部署全市文化体制改革工作;三、研究部署全市农村环境综合整治工作;四、听取市直机关事业单位津贴补贴调整情况汇报;五、研究有关干部问题;六、研究有关纪检案件。

市委十二届19次常委会议 9月4日召开,会议由马平昌主持。议题有四项:一、听取全市教育工作情况汇报;二、传达学习全省农村党风廉政建设工作经验交流现场会精神;三、研究部署9月份工作;四、研究有关干部问题。

市委十二届20次常委会议 9月21日召开,会议由马平昌主持。议题有七项:一、汇报全省党委秘书长会议精神及贯彻落实建议;二、研究部署加强党的基层组织建设工作;三、研究讨论《关于建立健全民生保障体系的意见(讨论稿)》;四、研究讨论《关于市直部门单位联系包保乡镇(园区)助推县域经济跨越发展的意见(讨论稿)》;五、听取全市科协工作情况汇报;六、研究讨论《关于贯彻落实省委〈实施办法〉,进一步加强和改进机关党的建设的意见(讨论稿)》;七、研究有关干部问题。

市委十二届25次常委会议 10月29日召开,会议由马平昌主持。议题有七项:一、传达学习市委市政府主要负责人向省委省政府汇报工作时姜异康书记、姜大明省长重要指示精神;二、传达学习全省市、县党委领导班子内部制度建设交流推进会议精神;三、传达学习全省社会管理综合治理工作会议和全省政法委书记座谈会精神;四、听取《关于进一步加强与央企合作及招商引资工作的建议》汇报;五、听取1—10月份经济运行情况和下步工作建议汇报;六、研究部署11月份工作;七、研究有关纪检案件。

市委十二届26次常委会议 11月5日召开,会议由马平昌主持。议题有六项:一、听取全市农村环境综合整治工作情况汇报;二、听取全市"大规模驻村入户、面对面谈心交流"活动开展情况汇报;三、听取市直部门包保联系乡镇(园区)工作情况汇报;四、听取市级领导干部公开接访情况汇报;五、研究讨论《中共济宁市委关于加强新形势下党外代表人士队伍建设的实施意见(讨论稿)》;六、传达贯彻驻鲁全国人大代表和省人大代表换届选举工作座谈会精神。

市委十二届二次全体会议 12月1日举行。出席会议的有市委委员48人,市委候补委员8人。市纪委委员和有关方面负责人列席了会议。会议由市委常委会主持。市委书记马平昌作了重要讲话。全委会深入学习贯彻党的十八大和十八届一中全会精神,全面落实省委十届二次全体会议部署,审议通过了《中共济宁市委关于深入学习宣传贯彻党的十八大精神的决议》。

市委十二届32次常委会议 12月14日召开,会议由马平昌主持。议题有五项:一、听取今年主要经济指标完成情况汇报,研究2013年经济发展主要预期目标;二、听取全市安全生产工作情况汇报;三、研究组建济宁报业传媒集团有关事宜;四、学习贯彻中央八项规定和省委常委扩大会议精神,研究讨论《关于进一步改进作风严明纪律的通知(讨论稿)》;五、研究有关干部问题。

市委十二届33次常委会议 12月20日召开，会议由马平昌主持。议题有四项:一、研究召开市政协十二届二次会议有关事宜;二、研究召开市十六届人大二次会议有关事宜;三、研究十二届全国人大代表候选人初步人选问题;四、研究市政协常委和专门委员会组成人员调整问题。

市委十二届34次常委会议 12月26日召开，会议由马平昌主持。议题有四项:一、传达学习全省经济工作会议精神,研究贯彻落实意见;二、研究召开市委十二届三次全体会议有关事宜;三、研究讨论《政法工作报告(征求意见稿)》;四、研究讨论《关于支持与央企合作加快发展的若干政策措施》。

市委十二届三次全体会议 12月28日举行。出席会议的有市委委员49人,市委候补委员9人。市纪委常委和有关方面负责人列席了会议。会议由市委常委会主持。全委会深入学习贯彻中央、全省经济工作会议精神,讨论审议了市委常委会2012年工作报告，研究部署了2013年经济社会发展任务。市委书记马平昌,市委副书记、市长梅永红分别作了重要讲话。

办公室工作

【概述】 2012年,市委办公室在市委领导下,紧紧围绕市委中心工作和总体部署,着眼于提升办公室"三服务"质量和水平,着力在完善制度机制、规范工作流程、提高服务效率上下功夫,无论是政务服务、综合协调,还是事务管理、后勤保障,各方面工作都取得新的明显成绩,为保障市委工作有序高效运转发挥了积极作用。

政务服务较好发挥了参谋辅政作用 综合文字工作,主动贴紧市委中心工作,努力做好上级指示精神与济宁实际结合的文章,高质量完成了市第十二次党代会报告、全市经济工作会议和市委全委会等重要会议文稿的起草,就事关济宁发展全局的目标定位、总体思路、工作布局、重点任务提出了一些建议和对策，为市委领导决策提供了依据。全年完成市委领导讲话、工作报告等各类综合文稿700多份,开展专题调研、综合调研30多次,编发《济办通报》、《参阅》、《工作情况交流》98期，在《求是》、《人民日报》、《山东通讯》等国家和省级报刊发表市委领导署名文章10篇。信息工作,坚持把信息工作作为服务决策的"头道工序"，紧贴市委领导决策需求,不断拓宽信息渠道、强化信息调研、加强舆情监控,提高了信息工作的针对性和实效性。全年编发《今日信息》226期、《互联网信息快报》264期、《济宁信息》42期，其中市委领导批示143期。突出抓好信息上报工作,全年上报省委办公厅信息520多条、采用140多条,其中单篇采用60多条、《工作情况交流》采用5篇,是全省采用最多的。省委办公厅对济宁市信息工作专门致函表示感谢。督查工作,按照"三个体系"要求,加强了力量,明确了职责,完善了工作机制，提高了督查工作的权威性。坚持"令出督随、全程跟踪、一督到底、问责问效",对重大决策和重点工作及时分解立项、建立台账、压实责任、定期调度,有力推动了市委决策部署的贯彻落实。全年开展决策督查107次、大型实地督查活动8次,办理省市领导批示531件,承办市政协委员提案46件，办理回复人民网领导留言板网民留言80条。中央办公厅《工作交流》刊载了济宁市创新督查机制、推进工作落实的经验做法。

综合协调有效保障了市委高效运转 积极协助市委领导处理机关日常事务,主动加强与市几大班子办公室及有关部门的联系协调,建立完善了几大家秘书长联席会议制度,充分发挥了"总枢纽"、"总协调"作用。会务活动工作,科学安排市委领导活动和市委机关工作,全年共参与组织筹备市十二次党代会、市党政代表团赴外地考察学习等重要会务活动50多次，参与接待王乐泉、姜异康等中央和省领导以及外地党政代表团到济宁考察等重要活动30多次，编发《近期领导活动安排》79期、《今日活动》208期。文秘工作,严格落实"公文报送、审核、办理、管理"各项规定,公文处理质量和效率进一步提高，全年制发市委、市委办公室文电345份,收发各类文件17万多份，密级文件实现了连续20年无短缺。人事工作,进一步搞好干部职工的学习培训,强化对办公室日常工作的调度和重点工作的督导,严谨细致地做好干部选拔任用、考核及人事劳资工作,积极帮助干部职工解决就医及子女入学入托问题。老干部工作,认真落实老干部政治和生活待遇,坚持定期走访老干部制度,周密细致地做好日常服务工作,并积极创造条件组织外出参观考察、开展各类文体活动，丰富了老干部的精神文化生活。机要工作，充分发挥密码工作通信主渠道和"生命线"、"保障线"、"指挥线" 作用，协调推进新密码办公区域的规划和建设，完成了主渠道密码通信系统配套设备的换装，全年共收发明密电报 3804 份、送阅 2753 人次，做到了保密、及时、准确，机要局被评为全省密码工作先进单位。保密工作，以"系统建设年"为契机，着力加强教育培训、制度建设、监督检查、技术防范等方面的工作，将全市 1832 台涉密计算机、456 个网站纳入监控范围，有效预防了失泄密事件的发生。

后勤服务保障能力有了新的提升 行政接待工作，坚持做到热情、周到、节俭、安全，进一步细化接待流程，改进接待方式，高质量接待外省市到济宁考察接待活动 350 多次。党政专网管理考核名列全省第二。完成了固定资产审计和新增资产登记、年度暖气费收缴工作，扎实做好了水、电、暖收费管理移交工作。财务工作，编制完成了办公室年度财务决算报表，严格执行了年度财政预算，提高了预算编制的针对性和指导性。安全保卫工作，实行了市委副秘书长、办公室副主任在市委大门每天带班接处访制度，建立了人防、物防、技防相互衔接的防控机制，有效维护了市委机关的正常工作秩序，被评为"全市十八大安保工作先进集体"。后勤保障工作，加大了市委办公区、宿舍区的基础设施建设和环境综合治理力度，办公条件和生活条件进一步改善。车辆管理工作，着力在提高服务质量、加强监督管理、强化节约措施上下功夫，强化了车辆规范化管理，做到了全年安全行驶无事故。

规范化建设有了新进展 按照目标责任、考核奖惩、监督检查"三个体系"的要求，从制度机制建设着手，进一步提升了办公室工作的规范化水平。强化责任落实，年初确定了 42 项重点工作和 46 项主要工作责任目标，印发了《重点工作事项及责任分工》、《主要工作责任目标分工》，逐一明确每项工作的目标任务、标准要求、责任科室和具体承办人，通过压实责任保障了重点工作事项落实。完善工作机制，综合文字工作建立完善了提前介入、文稿会商、文稿点评、情况直通车、文稿台账等制度，有效保证了文稿起草质量，增强了工作的主动性。督查工作建立完善了督查交办、督查例会、督查通报、督查问责、挂牌督办销号等制度，促进了重点工作的落实和难点问题的解决。会务活动工作实行了责任分解落实单制度，有效提高了工作效率，弥补了衔接缝隙。信息工作信息工作每月调度分析全市及各县市财政收入情况，每季度分析通报各县市区、乡镇主要经济指标完成情况及纳税前 100 强企业情况，为市委领导提供了高质量的决策建议分析；创新完善了互联网信息收集体系，建立了网络舆情监控处置机制、舆情分析研判机制和责任落实机制，对各类可能影响社会稳定、影响济宁形象、容易引起网上热炒的舆情信息等，第一时间整理上报，并协调相关部门单位妥善处置、及时化解。规范工作流程，进一步规范了公文审核流程，全年文件审核实现了"零差错"，杜绝了"倒流文"和"说情文"现象；制定了《精简文件和简报的通知》、《来文办理流程》、《简报办理流程》，重点规范了市直部门文件、简报的报送程序，工作的规范化、精细化实现了新提升。

自身建设得到新的加强 自觉适应形势任务的变化，认真落实市委关于加强作风建设的要求，进一步加强办公室自身建设，不断提高干部队伍的能力和水平。突出把思想政治建设作为队伍建设重中之重，深入学习贯彻党的十八精神和中央省市委一系列重要会议精神，确保在政治上过得硬。坚持每周五集体学习制度，紧贴工作实际，研究制定了办公室学习活动实施方案和配档表，不断丰富学习内容，增强学习实效。深入开展了"解放思想跨越发展大讨论"活动，以解决"懒、低、浮"为重点进行了集中整改，进一步提升了干部职工的思想境界和工作标准。注重实践锻炼，选派 3 人参与市里统一安排的市直部门联系包保乡镇园区工作，全体党员干部职工参与了"大规模驻村入户、面对面谈心交流"活动，联系了泗水县 5 个村，实现了帮扶交流的常态化。在市直机关工委的支持下，扎实做好市直党群系统机关党建各项工作。积极适应形势任务变化，进一步完善工作运行机制，对办公室科室设置进行了调整，增设了市委值班室、会议活动科、常委秘书室，撤销了秘书一科，合并了人事科与老干部科，工作运行更科学更高效。健全完善了办公室议事规则，坚持重大事项、人事问题、重大支出均由秘书长主任办公会议研究决定。认真落实党风廉政建设责任制，重视抓好干部职工的教育管理，每个干部职工都能自觉严守纪律规定，以实际行动维护市委和市委办公室的良好形象。

（郑　伟）

政研工作

【概述】 2012年，在市委的正确领导下，市委政研室主动适应新形势和新任务的要求，自觉围绕中心，服务大局，突出决策服务主线，认真履行工作职责，积极主动开展工作，有效地服务了党委决策和经济社会的发展。

贴近市委中心工作，深入开展调查研究 2012年，着眼于经济社会发展中的全局性战略性问题、领导关注的重大问题、群众关心的热点难点问题，共联合部门组织开展各类调研活动26次，形成各类调研报告32份，一批高质量、有决策参考价值的调研成果直接进入领导决策或被市委领导做出重要批示。一是开展重大专题调研。《关于完善全市考核工作的几点建议》、《关于加快济宁都市区融合发展的调查与思考》、《关于进一步理顺城市管理体制的建议》、《坚定不移地推进事关济宁未来的"世纪战略"》等得到了市委主要领导的重要批示，提出的决策建议都被市委市政府采纳。此外，还完成了加强和创新社会管理工作、企业家队伍建设等一系列重大调研课题。二是开展重大典型调研。围绕市委提出的"县域经济倍增计划"，通过外出考察学习形成了《高位求进做大做强的成功实践》、《科学发展的典范，后发崛起的标杆》、《工业强县的成功范例》3篇县域经济经验解析和《微山县:"四铁"举措突破县域经济》、《全民再创业，活力在"草根"》两篇文稿，在县市区引起强烈反响；总结了济宁市突破县域经济的经验做法，撰写了《济宁市以市为单位整体提升县域经济发展水平》，得到省领导的肯定。围绕突破工业经济，总结了梁山、曲阜、兖州等7个县市区抓好大产业培育方面的经验，得到市委领导的认可。此外，还对任城区构建多元普惠社会养老服务体系、曲阜市发挥政府作用高效流转土地、邹城市实施"三个三"工程等经验做法进行了总结，得到市委领导的重要批示，有的经验在全市推广。三是配合全省重大课题调研。配合省委政研室开展了打造山东新的经济隆起带、提升山东省旅游核心竞争力、培植山东新的产业优势、生态文明乡村建设等10余次全省重大调研活动，并整理上报济宁市发展现代服务业促进经济发展方式转变、县域经济发展等方面的典型材料，得到省委政研室的好评。在全省党委政研系统优秀调研成果评选中，全市有3篇调研报告获全省一等奖，5篇获二等奖，13篇获三等奖，获奖数量处在全省17地市前列。四是构建大调研工作格局。2012年，召开了全市调研工作会议，出台了《关于健全完善全市调查研究工作体系机制的意见》。夯实大调研工作平台，加强与市内高等院校、科研院所的合作交流，建立调查研究专家人才库，实行特邀研究员制度，建立起开放式大调研工作平台，群策群力地做好重大课题的综合调研和联合攻关，更好地为市委决策服务。明确大调研工作责任，年初市委政研室围绕市委中心工作，筛选梳理出一批全市重点调研课题，明确课题要求、责任单位、参与单位和完成时限等，报经市委同意后印发执行。完善大调研工作机制，以重大调研课题为纽带，组织多方面力量参与调研，构建上下联动、部门协作、优势互补、资源共享的大调研工作机制和工作格局。

围绕市委工作部署，做好文稿起草工作 2012年，先后主持起草10份市委重要文件和多份市委领导讲话。一是起草重要文件。紧紧围绕市委重大决策部署，在充分调研的基础上，代市委、市政府起草了《关于深入学习宣传贯彻党的十八大精神的决议》、《关于进一步加快北湖新区建设的意见》、《关于建立健全民生保障体系的意见》、《关于实施"基层党组织服务能力提升工程"进一步加强基层党建工作的意见》、《关于加快推进镇域经济社会发展的意见》、《关于鼓励支持引导全民创业大力发展民营经济的意见》、《关于深入开展农村环境综合整治工作的实施意见》、《关于进一步支持高校建设发展的意见》等重要文件，有力推动了全市各项重大工作部署的有效落实。二是撰写重要文稿。参与党代会报告起草工作，圆满完成了党代会简报的编写工作。起草了市委主要领导在全市政法稳定工作暨平安济宁建设大会、在全市民生保障体系建设大会上的讲话，起草了市委、市政府在全国文物工作会议、全省农村工作会议上的典型发言，撰写了"解放思想跨越发展大讨论"活动评论《境界大提升，思想大跨越》。三是撰写理论文章。起草市委领导署名文章《稳定增势，高位求进，开创济宁科学发展跨越发展新局面》、《科学务实，跨越赶超，开启济宁科学发展新征程》、《济宁和谐发展报告》等先后在国家、省级以上刊物发表。

围绕政策宣传和信息沟通，做好党刊编辑和决策信息工作 围绕市委中心工作，不断提高《济宁通讯》的办刊质量和水平。一是紧贴中心。始终把服从服务于市委中心工作，作为办刊的鲜明主题和重中之重。在组稿中，坚持强化政策性和导向性，每期内容根据市委工作部署确定主题，结合全市重大活动，及时开辟专栏，推出专刊。2012年，推出了市第十二次党代会特刊，受到广大读者的好评。二是面向基层。开辟了一系列面向基层的栏目，面向全市选文章，推广人民群众和基层组织创造的鲜活经验，《济宁通讯》逐步成为基层党员干部交流工作心得、借鉴成功经验的有益平台。三是开门办刊。与全国200多个大中城市的党委系统刊物建立了联谊交流关系。2012年，借助《济宁通讯》这一平台，承办了全国城市党委系统政研联席会第八届年会。来自全国80多个城市党委政研系统的200多位干部参加了会议，会议紧扣"文化大发展大繁荣"的主题，交流工作、增进友谊、加强合作，展示了文化济宁、活力济宁的精神特质，受到与会人员和市领导的充分肯定。《济宁通讯》继续保持全国政研联席会"全国十佳党刊"称号，同时被全国城市党刊研究会评为"全国优秀党刊"。注重发挥信息资料优势，根据领导决策需要，及时收集先进地区的决策动态和新思路、新举措，总结全市基层创造的典型经验做法，共编发《领导参阅》20余期。其中，《邹城市实施"三个三"工程的探索与实践》被市委主要领导作出了重要批示，在决策信息服务方面发挥了积极的作用。

围绕构建和谐创新团队，不断加强机关自身建设 始终坚持把作风建设作为基础性工作来抓，倡树"至诚、精研、笃学、唯实"的室风，机关效能、干部队伍素质不断提高。一是加强政治理论学习。结合深入开展"解放思想跨越发展大讨论"及"恪守从政道德、保持党的纯洁性"教育活动，定期组织全体干部学习党的政策和理论，特别是结合实际工作，及时学习领会十八大、省第十次党代会和市第十二次党代会精神，确保在思想上、行动上和党中央保持一致，确保不折不扣地执行市委的各项决定、意见。二是加强队伍建设。领导班子政治坚定、积极进取、团结协作、廉洁高效，时刻牢记政治责任和重要使命，认真贯彻民主集中制，重大事项都由主任办公会集体研究确定，带头做到廉洁自律，厉行节约，在用车、接待等方面严格标准，不搞特殊化，带领全室党员干部营造了风清气正、团结协作、奋发向上的良好氛围。进一步修订完善了政研室绩效量化考核办法，以绩效考核促进全体人员业务能力的提升，激发工作热情，提高工作质量。先后撰写了《发展文化产业助推高效生态产业崛起》、《机关干部读书重在"五贵"》等10余篇理论文章在《山东经济蓝皮书》、《济宁日报》等报刊上发表。扎实做好包村帮扶工作。市委政研室驻村帮扶嘉祥县陆庙村，争取资金20余万元，对村内29条小街巷全部进行了硬化，受到农村群众的广泛好评。2012年，对部分中层干部进行了轮岗交流，2名县级干部得到重用，2人走上副处级领导岗位，4名正科级以下干部得到了提拔重用，干部队伍建设取得了优异成绩。三是强化作风建设。健全完善了学习、财务、接待、用车、请假等各项管理制度，努力推进学习风气、研究风气和工作作风转变，营造争创一流的工作氛围。

（汪　洁）

组织工作

【概述】 2012年，在市委的坚强领导下，全市各级组织部门坚持植根于服务、着眼于问题、落脚于实效的理念，紧紧围绕中心、服务大局，不断探索创新，狠抓工作落实，各项工作取得新成绩、新进步。2012年，全市组织工作满意度列全省第4位。

扎实开展"大规模驻村入户、面对面谈心交流"活动 按照市委统一部署，深入开展"大规模驻村入户、面对面谈心交流"活动，组织干部下基层、接地气，帮助群众解难题、办实事，强化干部宗旨意识，提高做群众工作的基本功，对连续十几年的包村工作作了进一步拓展深化。通过领导班子成员建联系点、机关党组织联建村、"第一书记"驻村等方式，实现了全市6216个行政村都有干部联系、7.3万名机关干部都有联系村"两个全覆盖"，架起了党群干群"连心桥"。加强对活动的检查指导，先后三次组织召开现场推进会，总结推广曲阜"第一书记1+1"制度、邹城"三个全覆盖"做法、梁山发展村级集体经济"1+X"模式，推动活动深入扎实开展。督促推动3378名"第一书记"驻村入户，帮助抓党建、促发展，惠民生、促稳定,解决了一批群众关心关注的现实问题,受到党员群众的普遍欢迎。中央有关领导作出重要批示,中央电视台新闻联播四次对活动作了宣传报道。

切实加强领导班子和干部队伍建设 在市委领导下,扎实做好市党代会、人代会和政协会的有关筹备组织工作,圆满完成换届选举任务,实现了好报告、好班子、好风气的“三好”目标。换届后,坚持正确用人导向,坚持公开、公平、公正,采取平职交流、公开差额、公开考选、单位内部推荐等方式,对市直部门单位领导班子进行调整充实,其中竞争性选拔县级干部159名,占新提拔干部总数的76.8%,一大批优秀干部走上领导岗位,进一步激发了广大干部干事创业的激情活力。实施干部教育培训“百千万工程”,围绕市里重点工作任务,选派干部到美国和上海、浙江、广东开展专题培训。举办党的十八大精神专题研讨班,培训县级以上干部1240人。圆满完成喀什受援4县185名乡镇领导干部培训任务。建设“圣地名师”师资库,首批选聘兼职教师176名,积极推进“名师送教”行动。修订完善全市科学发展综合考核体系,对县市区重点考核“四比、一升、一降”,对市直部门单位强化责任目标考核,引导各级统筹好经济发展、社会稳定、民生改善三大任务。圆满完成2012年度综合考核,考核结果得到各界认可,有效发挥了考核工作的指挥棒、导向标作用。

探索建立干部选拔任用风险预警机制 针对涉组涉干舆情多发、干部选用风险放大的新形势,把风险预警理念引入干部选拔任用工作,制定出台了干部选拔任用风险预警办法,变事后监督为主动监督,自觉对干部选拔任用的动议和初始提名、推荐和考察、部长办公会研究、任前公示等各个环节进行全程风险评估,使之成为干部选用的一个规定动作和必备程序。根据有关制度规定、纪律要求以及风险程度,组织梳理出4大类65个风险点,编制了风险目录。每次部长办公会听取考察组汇报时,都增加风险评估环节,对存在的风险点和可能出现的问题,采取相应预警措施,最大限度地防范和化解用人风险。做法得到中组部有关部门和省委组织部的充分肯定。

启动实施“基层党组织服务能力提升工程” 为解决基层党组织服务条件有限、服务能力不强的问题,在市委的重视支持下,采取以增加经费投入、增强工作力量、强化帮扶为主要内容的“两增一扶”措施,启动实施“基层党组织服务能力提升工程”。经市委研究决定,市财政每年列支5000万元基层组织建设专项资金,自2013年起全市所有集体经济“空壳村”基本运转经费列入财政保障,使村级政权运转吃上了“低保”,根本解决了村级运转经费不足困扰农村基层组织多年的“老大难”问题。开发建设基层党组织信息动态管理系统,认真落实基层党建工作创新项目,善始善终抓好创先争优活动,圆满完成“基层组织建设年”各项任务。

积极推进人才工作创新 组织成立济宁市高层次人才联谊会,为高层次人才跨界交流、创新合作提供有效载体。建设济宁籍在外人才信息库,更好地汇集济宁本籍人才资源,激发济宁籍人才参与家乡建设的热情。继续实施海外人才引进“511”计划和国内人才集聚“百千万”工程等重点人才项目,全年共引进高层次人才2425人,新增国家“千人计划”专家6人、全市达到10人,新增“泰山学者”海外特聘专家3人、全市达到11人。实施高层次人才国(境)外培训工程,首批选派18名企业高管到德国开展创新创业培训。积极推进人才平台建设,新增省级以上各类平台25个,吸引了一批优质创新创业团队进驻。进一步完善考核办法,抓好人才目标责任制落实,有效调动了各级抓人才工作的积极性。

不断强化组织部门自身建设 坚持从严治部、从严律已、从严带队伍,着力建设模范部门、打造优秀组工团队。举办“知大局、明市情、强服务”系列讲座,邀请有关部委办局的专家领导给部机关干部授课,进一步提升了组工干部围绕中心、服务大局的能力和水平。组织开展“讲党性、守纪律、树形象”学习讨论,组织机关干部到临沂党性教育基地开展群众观教育。探索建立问题导向机制,认真排查组工岗位风险点,修订完善《中共济宁市委组织部工作制度及规程》。组织开展组工干部“周六下基层”活动,带头做好选派“第一书记”工作,推动干部直接联系服务群众。

(崔德路　胡广洲)

宣传工作

【**概述**】 中共济宁市委宣传部设办公室、干部科、调研科、宣传教育科、新闻出版科、文艺科、理论与党员教育科、企业宣传科、文化体制改革与文化产业发展科9个职能科室，内设市精神文明建设委员会办公室、市委对外宣传办公室（市政府新闻办公室）、市互联网信息研究中心（市互联网管理办公室）；行政编制36人、事业编制8人、工勤编制2人。2012年，全市宣传思想文化战线紧紧围绕迎接宣传贯彻党的十八大，认真贯彻落实中央和省市委各项决策部署，解放思想、提升境界，真抓实干、攻坚克难，重点工作实现突破性进展，各项日常工作水平全面提升、影响显著扩大。

“解放思想跨越发展大讨论”活动成效显著 牵头组织了全市“解放思想跨越发展大讨论”活动，在全市广大党员干部群众中掀起了思想解放热潮，为市委市政府各项重大决策部署的贯彻落实统一了思想、凝聚了共识、注入了强大动力。围绕学习宣传贯彻十八大精神，广泛开展理论学习宣讲，市县两级开展宣讲600余场，听众近20万人次。扎实推进理论武装工作，全年牵头举办市委理论中心组专题报告会6次，进一步加强对县市区中心组学习和学习型党组织建设的督促指导，强化媒体理论宣传，着力推进理论大众化，有效提升了干部群众思想理论水平。

舆论宣传开创新局面 围绕中心工作策划开展了30项重点工作的宣传、26次集中采访活动、19次典型报道，推出各类专题专栏60余个、专版75个。着力加强对上宣传报道，在中央、省主流媒体发稿9500余篇，中央电视台《新闻联播》发稿29篇，《山东新闻》、《山东新闻联播》发稿1049条、平均每天近3条，重点媒体头版头条74个。济宁市先看病后付费、水污染防治、“第一书记”等一批工作经验在全国全省集中宣传。加强网络文化建设，营造了良好网上舆论环境。

文化强市建设取得重大进展 牵头研究制定了《关于加快文化改革发展的实施意见》、《关于实施文化建设“突破曲阜”战略的意见》、《济宁市文化建设专项资金管理与使用办法》等一系列政策文件，指导推动了全市文化建设。文化建设“突破曲阜”战略启动实施，曲阜“文化经济特区”列入山东省与文化部《关于合作推进山东文化强省建设框架协议》，写入省政府工作报告，一批投资上百亿、几十亿的重大文化项目相继启动。文化体制改革实现重大突破，顺利完成了文艺院团改革、文化综合执法体制改革、文广新与电视台管理体制改革、报社发行广告体制改革，组建了演艺集团、报业传媒集团，完成了有线网络整合任务。公共文化服务体系进一步完善，乡镇综合文化站、村文化大院基本实现全覆盖，城乡群众文化更加丰富。文化产业快速发展，首次在北京组织举办了大型文化产业招商、推介活动，现场签订重大文化产业项目58个、总投资额680亿元，推介重点项目112个、总投资额740亿元，实现历史性突破。10个文化品牌入选省“文化齐鲁 创意山东品牌100”，数量居全省前列。

对外城市形象宣传实现突破 研究确立了“孔孟之乡、运河之都、文化济宁”的城市宣传品牌定位，首次在京沪高铁、京福高速、首都机场、济南遥墙机场等重点区域集中开展了城市形象宣传，投资总额达到1100多万元。不断加强对县市区对外宣传的指导，市县两个层面对外宣传活动更加统一规范，全市一盘棋的对外宣传格局日趋形成。围绕重大活动和社会热点问题，全年组织举办新闻发布会10次。

思想道德建设深入推进 深入推进“四德工程”建设，市中区、曲阜市被命名为全省“四德工程”建设先进县市区。推出了全国重大典型“百姓贴心人、平民检察官”段成华、全省“学习雷锋、见义勇为”重大典型丁曙光、“身残志坚、自主创业”典型孟宏伟、金乡“90”后消防战士周柯等一批全国全省重大典型。组织开展了第三届“感动济宁”十佳人物评选表彰。深入推进企业文化建设，太阳纸业、山推股份等一批企业被评为全省、全国企业文化建设先进单位。

文明创建活动丰富多彩 组织实施清洁环境、秩序维护、文明旅游、文明出行、“文明行动交通计划”等系列文明创建活动，市民文明素质、城市文明程度进一步提升。广泛开展“乡村文明行动”和城乡结对共建，评选公布了第一批20个“乡村文明行动”示范乡镇（街道），兖州市、曲阜市、汶上县等被确定为省“乡村文明行动”典型。新建“乡村学校少年宫”500所，为广大农村未成年人丰富课余生活、全面提升素质搭建了新平台。“学雷锋—做济宁好人”志愿服务、“我们的节日”、第七届精神文明系列评佳、“济宁好人”评选、道德模范学习宣传等活动广泛开展，文明和谐的社会风尚进一步形成。

宣传思想文化队伍素质全面提高 在全市宣传文化系统

深入开展“三个一切”群众路线主题教育活动和“走基层、转作风、改文风”专项教育，大力实施“孔孟之乡文化名家”人才培养工程，组织举办了全市学习十八大精神加快文化产业发展专题培训班，全市宣传思想文化队伍的整体素质得到大幅提升。

（张　猛）

政法工作

【概述】 2012年，全市政法系统牢牢把握科学发展跨越发展总基调，认真落实维稳第一责任，扎实推进三项重点工作，切实加强政法队伍建设，着力突出“五抓”，强力实施“两大动作”，为全市经济社会发展创造了持续和谐稳定的环境。

以十八大安保为主线，政治安定局面得到新巩固 全市各级政法综治部门将党的十八大安保维稳工作作为全年工作的主线和首要政治任务，按照中央和省、市委的部署要求，精心组织、周密部署、突出重点、整体推进，全面落实各项稳控和安保措施，圆满实现了“六个坚决防止发生”和非访“零登记”的目标要求。成立了由市委常委、政法委书记韩军任总指挥，市政府副市长田志锋，市政府党组成员、公安局局长王金城等任副总指挥，11个单位负责人为成员的总指挥部，并抽调11名科级干部集中办公。坚持一天一调度、一天一研判，重大情况及时指导，果断决策。先后9次召开视频调度会，调度情况部署工作。进一步强化督导检查，市县两级政法综治部门派出30余个督导组奔赴各地各行业检查督导，一级抓一级，一级包一级，层层抓落实，构建了“党政领导、部门协作、整体联动、集群会战”的工作格局。全市布建60余个巡防岗点，投入35%的警力街面巡逻巡查，融合街面巡防、视频监控、卡点堵截等多种手段，形成了属地管辖、市直单位部门参与、公安和武警应急的三位一体的社会面防控责任体系。广泛开展领导干部下访、联合接访和巡回接访等活动，及时排查因教育、医疗、社保、就业及土地征用等纠纷3100件，调处2900件，调处成功率为98%。成功预警涉军群体21次、涉师群体17次集聚上访，消除了大量隐患。狠抓重点信访问题的解决。按照“守住底线、动态管理、严密监控、落实责任”的要求，坚持专群协作、远近呼应、点面结合、网上网下联动稳控处置体系，全力防止进京滋事问题发生。按照属地管理、分级负责原则，实行包保捆绑，逐一落实党政领导包保、公安部门联动、基层单位稳控、工作组主体负责“四位一体”责任制，层层签订责任书，实行一人一策，制定方案，落实责任，分类管控，坚决看死盯牢。面对复杂敏感的涉日维稳形势，着力打好“情报预警战、重点稳控战、整体合成战、现场攻坚战”，推行了网格化维稳工作机制，妥善应对处置了中日建交40年来规模最大的群众自发性涉日抗议活动，确保了“有序表达爱国热情，有力引导群众情绪，有效控制大局稳定”。

强化机制建设，社会矛盾化解工作扎实有效 将确保社会稳定作为政治责任，按照“三个体系”建设要求，严格考核奖惩措施、强化督导落实，夯实工作基层基础，强化机制建设，确保了社会矛盾发现在苗头、控制在基层、化解在当地。一是建立考核奖惩机制。按照市委提出的“一手抓发展、一手抓稳定，两手抓两手硬”的工作要求，牵头制定了《全市社会稳定信访工作考核办法》，从社会管理、社会治安、信访稳定、安全生产等方面，明确了18项减分因素，在问责上严格界定了6种情形；明确所有领导干部实行“一岗双责”，在抓好分管工作的同时，都要对稳定工作负责；增加了社会稳定和社会管理工作在千分制考核中的权重，分值达到200分，把考核情况与部门评先树优、干部选拔任用挂钩。《考核办法》被省委办公厅全文转发。二是健全完善规范化的“三调联动”大调解机制。着力加强市、县、乡、村四级调解组织建设，完善了人民调解、行政调解、司法调解“三调联动”的工作格局，建立司法所154个、各类调解组织7338个，设人民调解员22867名，基本实现了横到边、纵到底、全覆盖。大力发展行业调解组织，进一步提升调解工作的专业化程度，专业性、行业性调解组织达到47个。三是完善矛盾纠纷排查调处机制。进一步完善矛盾纠纷定期排查、工作例会、情况报告、归口调处、责任查究等各项制度。每季度开展一次矛盾纠纷大排查活动，对已排查出的问题建立台账，逐一落实责任，全力化解；定期组织开展全市政法系统联合接访活动，每周三定为全市政法部门领导固定接访日，确保各种矛盾纠纷有效化解。全市共排查矛盾纠纷18175件，调解成功17811件，其中重大矛盾纠纷1541件，调解成功率达到98%，预防集体性上访157件，防止

"民转刑"案件211件。四是完善涉法涉诉信访处理机制。集中整治化解涉法涉诉信访案件,出台了《涉法涉诉信访案件集中化解攻坚行动方案》,推行了涉法涉诉"三个包保一批","四定四包"、"职务悬挂"、涉法涉诉专项救助等制度,多措并举、综合施策、分类调处,有效推动了案结事了、息诉罢访。中央交办的所有案件全部化解完毕,息访息诉率100%。五是深化鲁苏边界微山湖地区稳定机制。召开了第19、20次鲁苏边界微山湖地区稳定工作联席会议,在维护边界稳定、处置突发事件、排查调处矛盾纠纷等方面达成了多项共识,确立了维护鲁苏微山湖边界稳定工作长效机制,强力保障边界地区持续稳定。鲁苏边界微山湖地区连续10年没有发生有影响的纠纷和严重治安事件,开启了鲁苏边界地区共创和谐、共谋发展的新纪元。

坚持打防并举,平安济宁建设取得新进步 强力推进两大动作,一个是"打",一个是"防"。"打"以打霸除恶百日集中行动为抓手,"防"以基层平安创建为抓手,坚持打防并举、群防群治,切实保障长治久安,维护社会和谐稳定。全省综治会上播放了专题片,推广了济宁市"一打一防"典型经验。严厉打击违法犯罪,为经济社会发展创造良好环境。坚持"打早打小、露头就打"方针,树立"零容忍"理念,对易于滋生霸恶势力的行业、场所和区域明查暗访、深挖细查,出重拳打击群众反映强烈、影响群众生命财产安全和严重扰乱经济秩序、制约经济发展的违法犯罪活动。对发生在建筑工地、资源矿山、娱乐场所、批发市场、交通运输行业的聚众斗殴、强揽工程、寻衅滋事、强迫交易等案件,特别是涉枪、雇凶的现行案件,实行快侦、快查、快破、快判,消除影响,震慑犯罪。对影响恶劣的霸恶犯罪案件,特别是省、市挂牌督办的重点案件,落实领导包案责任制,实施集中攻坚、除恶务尽。由市级领导挂帅的7个督导组,分赴各县市区对打霸除恶集中行动开展情况进行督导检查,并将督查结果反馈至党、政一把手,强力推进了工作落实。2012年,打掉恶势力团伙118个,抓获恶势力团伙成员492人,打掉霸痞团伙78个,打掉各类霸头258个,排查整治治安混乱地区120处、突出治安问题170个。抢劫案件同比下降11.79%,刑事案件破案数、抓获刑事案件作案成员数、实际逮捕数、移送起诉数、治安拘留数同比分别上升20.37%、61.73%、9.05%、62.22%和67.33%,"110"接警率下降12.7%。6月29日,全省公安机关打黑除恶现场会在济宁市召开,对济宁市打霸除恶斗争给予高度评价。7月19日,举行了全市夏季打霸除恶百日集中行动成果展和涉案财物返还仪式,近万名群众驻足观看,取得良好的社会效果。二是强化治安防范,夯实基层基础工作。坚持社会化、职业化、网络化、信息化方向,落实人防、物防、技防、心防措施,提高对社会面的驾驭控制能力。深入推进"零发案"创建,全面推广"十户联防",扎实开展"警铃入户"工程,逐步扩大覆盖面。全市1136个居民小区(楼院)、6152个村庄、526个重点单位"零发案"创建分别达到61.2%、70.1%、83.6%。以全警种、全时空、全方位巡防为目标,着重加强城乡大巡防体系建设,大力发展职业化治安巡防队伍和群防群治组织,实行24小时网格化巡防,织密了城乡人防网络。扎实推进治安视频监控系统和智能化技防工程建设,出台了《全市治安视频监控系统建设三年规划》,全力打造全时空视频防御网。全市社会面监控探头达6.8万个,安装"十户联防"报警器的行政村2369个,建设"监控村"2738个,沿街商铺区域联网报警用户1.5万余家。

■抓捕"6·28"特大非法制贩枪支团伙

创新管理模式，社会管理工作取得新突破 牢固树立以人为本、服务为先的理念，坚持管理与服务融合、有序与活力统一、党政主导与多元参与结合，以“社会管理创新突破年”活动为载体，积极探索创新，提高了社会管理科学化水平。一是创新管理服务模式。以社会管理城乡全覆盖为目标，夯实基层基础工作，延伸社会管理触角，构建社会管理新格局。推行“网格式”管理，以楼宇为单元将社区划分为若干网格，网格内实行社会矛盾联调、社会治安联防、特殊人员联管、群众事情联办、平安建设联创等五联互动管理。以社区网格化管理为突破，建立健全了以基层党组织为核心，以群众自治组织为主体，社会各方广泛参与的新型城乡社区管理服务机制，把人、地、物、事、组织等要素全部纳入管理网络，做到“事事有人问、处处有人管、全民都参与”。大力推进服务管理信息化，全面推广“小档案促大平安”的经验，加强信息网络建设，建立全面覆盖、动态跟踪、联通共享、功能齐全的社会管理综合信息系统。二是推进社会管理全覆盖工程。12个县市区的156个乡镇(街道)全部成立了社会管理综治维稳中心，95%的村（社区）成立了“五位一体”综治办，共建立综治组织6847个，配备综治工作人员11678名。自主研发的济宁市物流公共信息监管平台，被中央综治办、公安部和省委政法委推广。实施流动人口社会化采集，共登记流动人口92566人、出租房屋15031户。改革户籍管理制度，将农民工纳入城镇居民基本医疗保险市级统筹，基本实现了流动人口就近就医和子女就近就学。加大重点人员管控力度，对近年来排查出的1721名各类重点人员，全部落实管控措施，开展帮教政策、创业典型、就业援助“三进高墙”活动，健全完善刑释解教人员信息管理系统，衔接率、帮教率、安置率分别达到98%、100%、98%，重新犯罪率始终控制在2%以下。

狠抓队伍建设，服务经济社会发展能力取得新提高 始终把队伍建设摆在突出位置来抓，坚持从严带队伍、从严管干部、从严抓作风，进一步提高软件和硬件的衔接水平，加强政法干警规范执法能力，提高政法队伍综合素质，树立政法机关良好形象。一是把学习贯彻十八大精神作为当前首要的政治任务和头等大事。十八大胜利闭幕后，市委政法委第一时间印发《关于认真学习宣传贯彻党的十八大精神的通知》，各级政法机关按照通知要求，分别结合工作实际，认真研究制定了学习方案，有计划有组织扎实推进。召开全市政法系统学习贯彻党的十八大精神动员大会，法院、检察院、公安局、司法局、国家安全局主要负责人表态发言，就全市政法系统学习贯彻十八大精神做出统一安排部署，全市政法系统掀起了学习贯彻十八大精神的热潮。二是扎实开展核心价值观教育实践活动。认真落实中央政法委关于开展政法干警核心价值观教育实践活动的重大部署，创新活动载体、突出实践特色、强化思想教育，在全市大规模开展“政法干警联村联企”活动。全市各级政法机关抽调6721名政法干警，联系6274个村居（社区）、1077个规模以上企业，实现了全市村居(社区)和规模以上企业全覆盖。共走访了712391户家庭，2392个企业的班组车间，组织了5723次“警民恳谈”、“警企对话”等活动，办实事4170件，帮扶困难群众8543名，捐款捐物计166.55万元。组织开展事迹报告会、演讲比赛、专题研讨会、廉政文化警言警句征集、书画摄影展等活动，在报纸上开辟“政法风采”专栏，推出了5名英模典型做巡回演讲。全市举办专题培训班291期，专题讲座262次，各具特色的教育活动475个。三是深入推进公正廉洁执法。加快推进对执法的全过程管理、全员化负责、全方位监督，对群众反映强烈的信访案件，容易滋生腐败、发生违规违法现象的案件进行重点评查，发现错案和瑕疵案等依法予以纠正，对违法违纪的严肃查究责任。按照《关于坚持“三个至上”落实“三个从严”进一步加强政法队伍建设的意见》和《关于严格执行“济宁市政法干警十条禁令”的通知》等制度规定，严厉整治政法干警不良风气和行为，及时解决群众反映强烈的突出问题，广大政法干警的执法能力和办案水平不断提高。

（姜元峰　陈　建）

统战工作

【概述】 中共济宁市委统一战线工作部(以下简称市委统战部)，是市委主管统一战线工作的职能部门。市委统战部行政编制16名，工勤人员编制2名，市级领导及其按规定配备的工勤人员编制单列。内设办公室、党派工商科、研究室、干部科、民族宗教科5个职能科室，代管济宁市海外联谊会办公室，事业编制3名。2012年,在市委坚强领导和省委统战部正确指导下,全市各级统战部门同心协力,真抓实干,很好地完成了各项目标任务,全市统一战线呈现出团结和谐、开拓奋进的良好局面。

加强思想教育引导,统一战线共同思想基础更加牢固 组织全市统一战线各界人士和各级统战干部迅速掀起学习贯彻党的十八大精神的热潮,引导统一战线广大成员自觉用十八大精神武装头脑、增进共识,夯实共同的思想政治基础,始终与党思想上同心同德、目标上同心同向、行动上同心同行,巩固和发展最广泛的爱国统一战线。深入学习贯彻省市党代会精神,扎实推进学习践行社会主义核心价值体系活动,广泛开展"同心"教育活动,通过教育引导,进一步坚定了统一战线成员的道路自信、理论自信、制度自信。

认真落实中央和省委文件精神,党外代表人士队伍建设得到加强 2012年2月,中央4号文件下发,是第一次以中共中央名义下发的关于加强党外代表人士队伍建设的文件,在统一战线发展史上具有里程碑意义。省市委先后出台了实施意见。市委统战部将贯彻落实中央和省委文件精神作为统战工作的重中之重,进行安排。一是加强部署督查。多次向市委常委会汇报上级文件精神,争取市委的重视和支持。市委先后三次听取有关情况的汇报,提出了贯彻落实意见。在广泛调研的基础上,代市委制定了针对性强、可操作性强的实施意见,将任务要求进行细化分工,落实到县市区及相关部门单位。组织对各县市区党外代表人士队伍建设工作进行专项督导,并重点对市直部门单位党外代表人士队伍建设情况进行考评。指导各县市区研究制定实施意见,抓好中央和省市文件精神的贯彻落实。二是加快培养锻炼。充分发挥社会主义学院(校)培训主阵地的作用,2012年累计培训党外代表人士453人次。与组织部门协调,推荐吸收党外干部参加中青年后备干部培训班,全市有52名党外干部参训。多渠道加强实践锻炼,选派30多名党外干部到上级部门、经济发达地区、高新技术园区、重点项目指挥部挂职任职,连续选派近百名党外干部投身干部驻村帮扶工作。三是加大使用力度。积极推进党外代表人士的实职安排和政治安排。全市新提拔党外干部76名,其中县级以上干部7名。推荐安排省级以上人大代表8名,政协委员28名,安排数量均比上届有所增加。指导各县市区加大党外干部安排力度。兖州、梁山专门拿出职位公开选拔党外科级干部和少数民族干部,汶上县政府工作部门配备党外干部的比例达到了34.1%,曲阜新提拔科级以上党外干部15名,任城、金乡等县市区党外干部安排的力度也有了较大提高。

精心实施三大工程,"同心"活动成效显著 一是集众智、同心助发展。围绕全市科学发展跨越发展,积极引导市各民主党派、工商联和无党派人士献计出力。2012年统一战线各界人士共提交提案议案306件,其中重点提案议案和市领导批示的92件。民盟市委就加快县城和小城镇建设开展调研,形成专题调研报告,为全市城镇化建设提供参考。九三学社市委提报的《尽快制定山东省湖泊保护条例》的议案被省人大列入立法计划。市工商联对全市小微企业发展情况进行了专题调研,提出了6条助推小微企业发展的可行性建议,被市委、市政府出台的《关于鼓励支持引导全民创业大力发展民营经济的意见》吸纳。民建市委发挥联系经济界的优势,先后引进了嘉祥运河再生资源产业静脉园区、济宁北湖东方威尼斯小镇建设、中区儒商大厦等一批重点项目。二是增合力、同心惠民生。积极引导统一战线各界人士投身社会服务,改善民生。民盟市委深入开展"农村教育烛光行动",在梁山设立培训基地,募集活动基金,举办基础教育发展论坛,助推教育发展。民建市委在捐建了6所"同心思源书屋"的同时,组织会员企业面向全市开展"阳光心理进万家——百场公益讲座"。九三学社市委常年开展"九医合作"医疗帮扶,坚持每月两次义诊,社省委主委王随莲称之为"塑造社会服务工作品牌的有益尝试"。致公党市委筹委会捐建了4所"同心书屋",成功举办"孔孟之乡喜迎十八大"大型环保公益宣传活动。民革总支承办贵州省纳雍县幼师骨干培训,支持毕节边远山区教育发展。农工党总支开展"健康心理、阳光心态"系列心理辅导讲堂,为所联系乡镇的干部提供心理咨询服务。市工商联积极开展"感恩行动",引导非公有制经济人士帮扶"三老"人员1598名,资助金额新增210万元,实施惠民项目22个,到位资金2300万元;光彩事业项目年度新增28个,新增就业人数2907人。三是聚人心、同心促和谐。加强政治协商,促进政党关系和谐融洽。严格程序,民主协商,与相关部门密切配合,共同做好省市有关换届人选的推荐提名工作。积极推动多党合作事业组织基础建设,为民进和致公党筹委会成立市级组织提供指导。经汇报争取,市委已研究同意正式成立两家党派的市委会,正按有关程序办理。协助市委组织召开民主协商会、情况通报会和座谈会4次,就重大问题在决策前和决策执行中进行协商。加强沟通协调,促进民族、宗教关系和谐融洽。协助争取少数民族发展资金195万元,深入开展第12个民族团结进步宣传月活动。积极开展"和谐宗教活动场所"创建和"宗教政策法规学习月"活动,坚决抵御境外宗教渗透,协调有关部门和县市区制止非法宗教活动7起。成功处置某地下基督教会负责人组织的所谓"基督教夏令营活动",省委统战部给予通报表扬。加强联谊交流,促进海内外关系和谐融洽。圆满承办了"台胞千人夏令营"在济宁市的系列活动,认真做好中国国民党副主席蒋孝严、台湾新党主席郁慕明等知名人士到济宁市的参观访问工作;协助工商界人士连续5年为澳大利亚、美国、德国等国家和台湾高雄、新疆喀什等地区赠送孔子塑像,促进了海内外同胞同根同祖、同心一脉的和谐亲情。

全面加强自身建设,统战工作科学化水平不断提高 结合全市开展的"解放思想跨越发展大讨论"活动,努力提升思想境界,切实转变工作作风,认真解决实际问题,大力加强统一战线自身建设。一是加强"三个体系"建设。建立统战工作"目标责任、考核奖惩、监督检查"三个体系,在将统战工作纳入科学发展综合考核的基础上,进一步完善责任目标,加大督导检查力度,重点突出了对党外代表人士队伍建设专项工作的考核。二是提高调研宣传信息水平。健全完善统战调研宣传信息工作考评机制,提升《济宁统战》办刊水平,编发宣传信息稿件350余篇。在省级以上报刊发表文章47篇。中央统战部《每日汇报》采用信息9条,统战信息工作进入全省先进行列。积极开展统战理论调研宣传"四新工程",3项调研成果获奖。三是提升统战干部队伍素质。注重多渠道培养锻炼干部。认真组织实施"大规模驻村入户、面对面谈心交流"活动。各级统战部门领导班子成员定期蹲点驻村,统战干部全员参与驻村帮扶,重点联系民族村居、信教群众多的村居。市、县126名统战干部共联系、联建村居84个,为群众解难题、办实事272件。选派2名机关干部到市中区唐口街道(工业园区)挂职锻炼。选派多名机关干部参加演讲比赛、知识竞赛、书画展等活动。2012年,部机关共提拔重用县级以上干部5名,实现了统战部干部选拔任用的历史性突破。连续四年保持省级文明单位称号,再次被评为全国全省统一战线宣传先进单位。

(李 芳 许 然)

对台工作

【概述】 中共济宁市委台湾工作办公室(济宁市人民政府台湾事务办公室),下设人事秘书科、经济科、宣传科3个科,编制12人,有工作人员13人。2012年,全市对台工作在市委、市政府的正确领导和有关部门的大力支持下,坚持以科学发展观为指导,认真贯彻落实中央对台方针政策和省、市委决策部署,狠抓各项任务措施的落实,为推动两岸关系和平发展和我市经济文化建设作出了重要贡献。

对台工作得到高度重视 市委相继召开常委会议、对台工作会议,专题研究对台工作,部署全市对台工作任务。市委、市政府主要领导和分管领导多次出席重大涉台活动、推进重要项目洽谈、会见重要台湾客人。市委主要领导和有关领导还亲自率团赴台,有力地推动了与台湾特别是台联电集团的合作。

做台湾人民工作富有成效 先后接待了中国国民党副主席林丰正、蒋孝严,新党主席郁慕明,台湾中华文化总会会长、前"行政院长"刘兆玄,孔子第79代嫡长孙孔垂长等一批台湾重要人士,进一步提高了济台往来层次,扩大了济宁在台湾的影响。同时,接待了"两岸摄影家齐鲁文化行"、台南市地方人士参访团、台湾中台禅寺参访团、台湾杏坛采风团等台湾重要团组,配合有关部门完成了"情系齐鲁,两岸文化联谊行"活动的接待工作。借助台协会、台属联谊会平台,多次召开会议,走访慰问台资、台属企业,开展台属台胞"亲情连线"、"亲情相聚"活动,不断拓宽做台湾人民工作的渠道。

对台经贸合作质量水平不断提升 市委、市政府积极推动与台湾的经贸合作,主要领导和有关领导亲自率团赴台招商,在深化对台经贸合作、拓宽合作领域、引进高新技术项目等方面取得丰硕成果,达成多项合作共识。2012年由台湾联电集团及关联公司投资建设的印刷电路板、电子封装、半导体新材料三大高端核心项目全部开工建设，总投资达6.7亿美元。台联电系列项目经营状况良好。同时，组织有关县市区领导赴台开展招商活动，开展了多种形式的合作。积极邀请台商考察，台联电、欣兴电子有限公司、台湾百脑汇、太平洋集团、南京台协会组织的相关企业等多家台湾大企业负责人先后到济宁考察，促成了一批合作项目。由太平洋国际控股有限公司和山东鑫琦实业集团共同投资13亿元建设的邹城时代国际广场项目于2012年12月16日奠基。举办了海峡两岸(曲阜)中小企业发展论坛，新党主席郁慕明应邀参加，近百位海峡两岸企业界嘉宾出席。山东(曲阜)台湾工业园起步区866亩土地已平整完毕，区内土地性质已全部调整为建设预留地。"三纵三横"道路网络、排水管网及污水主管网连接工程已经完成，供电可以保证3-5个企业的正常生产，园区供水工程和燃气管道调压站正在施工，基本实现了"六通一平"。一批台资项目已入园建设。建立完善了台协会各项规章制度，组织台协会定期开展活动，交流工作，有关台协会员参加了"齐鲁台商行"活动，台协会的作用得到较好发挥。

积极打造"孔孟缘·鲁台情"对台工作品牌　充分发挥济宁文化优势，打造新的交流平台，济台文化交流的内容不断丰富。台湾各界人士到济宁参访络绎不绝，各领域的交流更加热络。全市有3个项目被国台办确定为重点对台交流项目，有6项交流活动被评为全省优秀对台交流项目。2012年，到济宁旅游、观光、考察、参访的台湾同胞达万余人次。国台办批准立项的三个重点对台交流项目——2012海峡两岸(嘉祥)曾子思想研讨会暨孝文化论坛、海峡两岸中华母亲文化节暨孟子思想研讨会、海峡两岸运河文化研讨会先后举办，来自海峡两岸的专家学者、企业家和工商界人士以及新闻媒体记者，国家、省、市领导参加活动。纪念颜子诞辰2533周年暨海峡两岸颜子文化经贸联谊会在曲阜举办。为配合市委市政府"文化建设突破曲阜战略"，在充分调研论证的基础上，济宁市决定申请建立曲阜海峡两岸交流基地，国台办已研究批准设立曲阜海峡两岸交流基地。

台商投资环境持续优化　对到济宁市投资的台商，提供全方位服务。对台商和台资企业的矛盾隐患进行排查，及时处理涉台突发事件。对台商反映的问题，加大协调力度，靠上做工作，化解了矛盾，维护了各方利益。特聘法律顾问无偿为台商提供法律服务，对所有常住台商进行免费健康查体。

自身建设不断加强　按照政治强、素质高、业务精、纪律严的要求，教育台办干部发扬"诚信、创新、高效、奉献"的精神，认真开展争先创优活动，切实转变工作作风，台办干部的政治意识、大局意识、责任意识、创新意识、服务意识和廉政意识不断增强。根据形势和任务的要求，组织台办干部参加国台办、省台办和市里举办的培训班，业务能力得到提升。同时，积极争取党委、政府对对台工作的支持，健全完善对台工作领导协调机制，改善对台工作的基础条件，为对台工作开展提供了保障。

(申云涛)

信访工作

【概述】　市委市政府信访局内设办公室、政策法规科、群众工作指导科、接访科、人民群众建议征集办公室(办信科)、督查科、信访事项复查复核办公室、维稳协调科8个科室和市人民群众来访接待服务中心、市信访驻京值班办公室2个直属事业单位，局机关行政编制25人、工勤编制2人、事业编制21人。2012年，市信访局紧紧围绕全市中心任务，以"化解社会矛盾、维护大局稳定"为中心，以加强信访工作考核、深化领导干部接访、推动信访积案化解、确保重点敏感时期信访稳定为重点，着力畅通信访渠道，全力推动事要解决，全市信访工作实现了"三个提升"(初信一次性结服率、"网上信访"受理率、到省上访案件满意率)、"四个零登记"(全国、全省"两会"，省党代会和党的十八大期间没有发生一起进京非访、没有发生一起到省以上集体访)、"五个下降"(群众来市上访、到省上访、进京个访、进京非访、上行信)、"六个100%"(信访隐患排查覆盖率、初访按期办理率、上级交办积案结案率、网上信访结案率、联名信督办结案率、三级交办信件办结率)的目标，局机关和局党支部先后获得了"山东省十八大安保维稳工作先进集体"、"全市十八大安保工作先进集体"、"全市涉日维稳工作先进集体"、"先进基层党组织"、"优秀机关党支部"、"驻村工作先进工作组"等荣誉称号，被市委、市政府记集体二等功。

加强领导,全面压实信访工作责任 市委、市政府高度重视信访工作,主要领导以身作则、率先垂范,带头到信访部门调研、接访、指导;分管领导集中精力靠上抓,站位一线抓稳定;其他领导成员坚持"一岗双责",认真抓好分管领域的信访工作。2012年,市委书记马平昌、市长梅永红先后18次、4次到信访部门公开接访、调研指导、看望慰问信访干部,先后召开6次市委常委会和10次大型会议研究部署信访工作。3月份,制定出台了《全市社会稳定信访工作考核办法(试行)》,把信访工作纳入全市科学发展综合考核体系,进一步提高了考核权重、扩大了考核覆盖面、突出了对合理信访事项的考核,通过出台和实施《考核办法》,各级各部门坚持把信访工作纳入党委、政府的重要议事日程,相继出台考核细则,把任务目标分解落实到每个单位、每个岗位、每个责任人,全市形成了从上到下全覆盖的"宝塔型"责任体系。

建章立制,实现领导干部接访下访常态化 认真组织市、县、乡三级领导干部公开接待群众来访,出台了《关于在全市建立领导干部大接访制度的实施意见》,规定市级每周两天各安排1名市级领导干部到群众服务大厅接访;县、乡两级每个工作日安排1名领导班子成员公开接访;市县直部门单位主要负责人每年接访不少于2天,全国"两会"和党的十八大期间,还集中开展了2次"市级班子成员接访月"活动,每天都有1名市级领导干部坐镇接访,社会反响良好,群众十分满意。全年市、县两级领导干部参与接访2387人次,接待群众2943批11539人次,一大批信访问题经过领导接访实现及时就地化解,全市形成了一把手带头、领导干部全员参与的大接访格局。

注重实效,推动信访积案化解制度化 利用4、5、8、12四个月的时间,在全市集中开展了3次信访问题专项整治活动,对中央和省交办的106件信访积案,以及自行排查的168件信访积案,进行集中交办、集中治理。截止到2012年底,中央和省交办的106件信访积案全部结服,自行排查的信访积案结案率达到98%,结服率超过80%。特别是12月份,为推动各类信访积案"清仓见底",在全市深入开展了"信访积案化解终结月"活动,对省交办和市排查的70件重点积案,进行集中交办、集中整治,活动期间,市信访局印发了活动实施方案,成立了信访积案化解活动领导小组,先后召开市联席会议成员单位会议和全市信访局长会议等会议,并派出由市联席会议14个成员单位负责人带队的督导组分赴各县市区进行督导帮促,所有案件都建立了化解工作台账,明确责任单位、包案领导、办结时限,实行台账销号制度,落实包问题化解、包人员稳控"双包"责任制,经过集中整治,结案69件,结案率98.6%,结服57件,结服率81.4%,申报终结认定8件。

强化预警,敏感时期维稳工作扎实有效 全力做好原民师幼师、部分涉军人员等重点群体的教育稳控工作,先后召开重点群体工作会议12次,处置预警信息94次,跟踪处置到省集体访10次,建立重点人员档案85份,全年发生的104起重点群体预警到省集体上访全部得到成功防范,其中在全省原民师、转业志愿兵4次大规模聚集上访中,济宁市无一人参与,受到省维稳办表扬。扎实做好三级"两会"、党代会等重点敏感时期维稳工作,先后梳理排查出87名重点人员、120件重点信访案件,逐一落实领导包案、问题化解和人员稳控责任,逐个看死盯牢,确保了关键敏感时期万无一失。认真做好全国"两会"、党的十八大期间驻京值班工作,市信访局主要负责人亲自带队,从各县市区和市直有关部门抽调精兵强将,组成强有力的驻京值班工作组,集中接待劝返济宁市各类进京上访人员,及时妥善处理各类上访事件。值班期间,实现了进京非访"零登记",维护了济宁乃至山东的良好形象。

创新方法,提高基层就地解决信访问题的能力 深入开展"绿色邮政"、"网上信访"工作,全年受理群众来信、网上信访和电话信访2930件,来信总量超过来访总量的39%。深入开展"两提升两下降"活动(提升信访事项办理率、群众满意率和降低重信率、重访率),严格落实首办责任制、责任倒查制和重大案件会商制,信访事项办理质量和群众满意率大幅提高。制订了《机关办公区非正常上访和群体性事件处置办法》等文件,进一步规范和理顺了信访秩序。各县市区结合各自实际大胆探索创新,创出了新模式,建立了新机制,提高了基层信访工作水平,其中曲阜市建立第一信访局长"1+2"制度,邹城市实施"两个全公开、三个全覆盖"群众工作系统工程,嘉祥县开展"干群说事日"活动,任城区在农村推行四类档案制度，在城区实行网格化管理，形成了完善的基层信访工作运行机制。

扎实工作，顺利通过中央和省督导检查 7月下旬以来，中央维稳办调研组、中央信访工作督导组、省委省政府维稳信访工作督导组先后到济宁市进行督导检查。省领导干部接访工作暗访组先后到嘉祥县疃里镇、纸坊镇和任城区南张镇、二十里铺镇暗访乡镇领导干部接访情况，并到市群众服务大厅和任城区群众服务大厅实地查看市、区两级领导接访情况。由于领导重视、精心准备、工作到位，中央和省委、省政府领导都对济宁市维稳信访工作给予充分肯定。8月8日，市委书记马平昌在全省维护稳定工作电视电话会议上作了典型发言，受到省委领导和各市好评。9月6日，中央信访工作督导组总结推广了济宁市构建五个体系落实信访工作责任的典型做法；11月20日，省维稳信访工作督导组在报省维稳办、省联席办的督导总结报告中给予济宁市"领导高度重视、措施扎实有力、责任落实到位、基层基础牢固、维稳成效显著"的高度评价。

提升形象，全面深化机关和干部队伍建设 结合在全市开展的"解放思想大讨论"、"恪守从政道德、保持党的纯洁性"、"廉政风险防控机制建设"等活动，组织党员干部积极参加义务植树、收听讲座、接受红色教育等一系列实践活动，并确定兖州市新驿镇蔡庄村为驻村帮扶工作联系点，选派青年后备干部驻村任"第一书记"，局领导班子成员先后30余次入村走访开展工作，走访农户189户，慰问老党员、困难群众、困难学生20余人，筹集慰问资金4800元；帮助新上种植养殖项目2个，硬化道路200米，协调到位资金累计40万元，会同村"两委"将村内1037亩土地外包种植苗木，成为兖州市第一个成功进行土地流转的村居，在市派"第一书记"驻村工作督导检查中，市信访局帮扶工作组位列较好工作组第1名。

（曹文尧）

保密工作

【概述】 中共济宁市委保密委员会办公室（济宁市国家保密局），下设保密技术检查中心、涉密载体销毁中心、保密宣传教育培训中心，有行政编制4人，事业编制3人，工勤人员6人。2012年，全市各级保密组织、保密部门和广大保密工作者，按照中央和省、市委关于加强保密工作的一系列重要指示精神和决策部署，以"系统建设年"为契机，着力加强教育培训、制度建设、监督检查、技术防范等方面的工作，加强保密系统建设，全面提升全市保密工作科学化管理能力和水平，积极应对信息化条件下保密工作面临的新情况、新挑战，以确保党和国家秘密安全为目标，以大力强化保密检查为主线，锐意进取，开拓创新，不断探索保密工作新思路、新举措，较好地完成了各项工作任务，为维护国家安全和利益，为全市经济社会发展作出了积极的贡献。

高度重视，精心谋划全市保密工作 面对保密工作新形势、新特点，以技术检查和防范为主线，大力保障信息系统和信息设备的安全运行；以党政机关和国防军工单位为重点，大力提升要害部门、部位的保密管理水平；以违规外联监控和涉密载体集中统一销毁为抓手，大力推进保密基础设施建设；以学习宣传贯彻保密法为契机，大力强化领导干部和涉密人员的保密观念和法治意识；以防范重大泄密事件发生为基本要求，大力加强人防、物防、技防综合防范体系建设，全面提升保密工作水平。召开了全市保密工作会议，认真部署安排全市工作，为全年工作的开展奠定了基础。各级各部门保密组织认真履行职责，全面落实各项任务，全市保密工作科学化水平进一步提高。

加强法规制度建设，强力推行国家标准 一是组织实施"十二五"时期济宁市保密事业发展规划，以两办文件形式下发各县市区和市直单位，督促各县市区、市直单位制定发展规划。二是规范保密相关规章制度。针对有关党政机关和涉密单位保密管理规定不完善的情况，指导全市党政机关和涉密单位建立健全计算机、移动存储介质，涉密计算机、涉密载体更换、维修、报废，在公共信息网络上发布信息等保密管理制度。三是严格落实国家保密标准和要求。认真落实保密法律法规和有关技术标准，转发国家保密标准《涉及国家秘密的信息系统保密技术检查指南》，积极推进国家保密标准体系建设，认真执行关于涉密电子文件密级标识、保密要害部门部位防护、涉密专用计算机等方面的技术规范和要求，切实提高保密技术防范能力和水平。

加大监督管理，确保党和国

家秘密安全　一是加强涉密资质监管。对国防军工单位周边环境安全保密防护管理,开展专项整治。协助省保密局完成国防军工科研生产单位保密资格审查认证工作,落实军工保密资格审查认证人员管理办法。对全市14家国家秘密载体定点印制单位开展清理核查、资质审批工作。二是加强涉密载体管理。把各项保密规定渗透到国家秘密产生、使用、存储、销毁的所有环节,特别是在涉密载体销毁方面。全市部分机关单位废旧涉密载体基本能够做到统一送"涉密载体销毁中心"集中销毁,全年共销毁20余万份文件资料。三是加强重要会议、重大活动和涉密场所的保密管理。对市党代会、人大、政协会议等重要会议、重大活动实施规范化、标准化的保密管理。参与制定保密管理预案,提供"涉密材料专用回收箱"、"手机信号屏蔽仪",对会议、活动中使用的机器设备进行专项保密技术检查。四是推进涉密计算机违规外联监控系统建设。全年新安装非法外联监控软件计算机96台,全市纳入监控范围的涉密计算机增加到1835台。保密局监控平台成功阻断了17个单位23台涉密内部计算机的65次违规外联行为,向违规单位下发了保密局统一印制的《查处通知单》,进一步规范对涉密、内部计算机违规外联行为的查处工作流程。五是整理全市保密管理数据,进一步完善保密管理信息数据库。对全市保密要害部门部位、涉密计算机、国家秘密载体定点复制单位、党政机关互联网网站、涉密信息系统集成单位、军工科研生产单位等有关数据进行细化,统计数据库缺失情况,调度各项管理数据。

强化技术检查,推动技管技防能力和水平　针对新形势下保密工作面临的新情况新问题,注重发挥保密技术检查、查处方面不可替代的关键作用,通过检查,发现问题、督促整改,消除隐患。技术检查技术取证使泄密隐患和问题清晰可见、不容置疑、说服力强,做到了以查促改、以查促教、以查促防。一是对涉密资质单位检查。检查34家负有国家统一考试考务工作职责的机关单位、20家涉密科研项目单位、2家涉密集成资质单位。二是对全市党政机关互联网网站进行监督检查。通过互联网涉密信息检查系统自动搜索和人工搜索等形式对全市456个网站登载的文件资料进行集中检查。要求各部门指定人员,负责对拟在互联网及其他公共信息网络发布的信息进行保密审查,并建立审查记录档案。三是开展国家统一考试保密管理检查。对承担国家教育、国家公务员录用、国家职(执)业资格考试考务工作职责的机关、单位开展保密检查,重点检查试卷保密室和保密规章制度。联合市招考办对全市所有高考试卷保密室进行了检查,参与高考期间巡视工作,确保高考的顺利进行。

(刘宏伟)

党校工作

【概述】　中共济宁市委党校兼办济宁行政学院、济宁市社会主义学院(以下简称市委党校),一个机构三块牌子。编制总数158人。内部机构中综合管理机构8个,即办公室(挂党校工作处牌子)、政治处、教务处、公务员培训处、学员管理处、社会教育处、科研处、后勤处;教学和教辅机构8个,即基础教研部、基本理论教研部、经济学教研部、管理学教研部、法学教研部、党史党建教研部、信息工作处、图书馆。2012年,市委党校坚持以党的十七届历次全会和十八大精神为指导,以贯彻落实《党校工作条例》和全国、全省党校校长会议精神为主线,以改革创新为动力,以转变作风、振奋精神为着力点,以"强内功、求实效、谋发展、争一流"为总要求,抓班子带队伍,抓教学提质量,抓科研促成果,抓人才增素质,抓管理强服务,使科学发展观不断转化为科学的办学观,圆满完成了年初制定的各项任务目标,实现了"创优"、"创收"双丰收。全年共新增和保持"全省党校系统教学工作先进单位"、"全省党校系统科研工作组织奖"、"全省党校系统业务指导工作先进单位"、"全省党校系统业余函授教育工作先进单位"、"全市精神文明先进单位"等荣誉称号近20项。

不断在解放思想、求真务实上下工夫　先后组织举办了"解放思想大讨论"、到革命老区参观考察、邀请发达地区党校到校传经送宝等活动,先后确立了"坚持围绕中心服务大局,坚持'创优'、'创收'双轮驱动"的工作方针;制定了"教学科研质量不断提升,人才队伍更加充满生机活力,行政管理更加科学化、制度化、规范化、人性化,后勤保障能力不断得到加强,校园环境更加优美,办公条件明显改善"的工作目标;细化了贯彻落实全国、全省党校校长会议精神的具体措施;按市委主要领导的指示精神，成立了“一流学府”建设推进工作领导小组，启动了新校建设的规划论证工作，都收到明显成效。

不断在围绕中心、服务大局上下工夫 为配合全市中心工作，举办了加快经济转型专题研讨班、文化产业发展专题研讨班、同心同行专题理论培训班、全市纪检检察干部专题培训班等20余个班次；为支持全市援疆工作，举办了3期新疆喀什乡镇领导干部培训班；为配合市委抓好十八大精神的学习贯彻，举办了5期全市县处级领导干部学习贯彻十八大精神专题培训班，同时，还组成十八大精神宣讲组到部门、单位、县市区进行宣讲30余场次；在报刊杂志发表解读十八大精神理论文章30余篇，在电台、电视台制作十八大精神系列访谈节目18期，等等，受到了党员领导干部及社会各界的广泛好评。在思想库作用发挥上，始终把工作的着力点放在对实际问题的研究上，放在对党委政府决策“参得好、帮得上、谋得实”上，放在高质量完成市委市政府下达的科研任务上。全年共有11篇调研报告分别被省市领导签批。

不断在改革创新、真抓实干上下工夫 一是在培训工作上取得新突破。始终把培训工作作为党校一切工作的重中之重，不断丰富培训内容、更新培训观念、创新培训手段，切实增强了教学的针对性和实效性，培训的人数和效果得到显著提升。全年共举办各级各类培训班次72期，培训各类干部7610多人，分别比上年度超出11期和4100人次，仅主体班次就培训3900人次，比上年度超出2600人次，无论是办班期数和培训人数，都是党校近年来最多的。二是在教学科研上取得新突破。广大教师以教学为事业，兢兢业业、勤勤恳恳，圆满完成了各项教学任务，较好的实现了“让党委政府满意、让学员满意、让学员选送单位满意、让人民群众满意”和学员“愿意来、坐得住、学得好、用得上”的培训目标；全年进入领导决策的课题之多、反响之好，质量之高，远远超过往年。其中，省长签批1篇、副省长签批2篇、市委书记签批2篇、市长签批3篇、副书记签批2篇、市政法委书记签批1篇。特别是《关于加快济宁转变经济发展方式的若干思考》及《以济宁为例－农村土地流转的问题及对策》的调研成果分别获得省长姜大明的重要批示和全国党校系统一等奖，在签批档次和获奖层次方面填补了学校的空白。三是在后勤保障上取得新突破。投入40多万元为全校一线教师每人配备一台笔记本电脑；先后投入30余万元对报告厅、学校大门、学员食堂、公寓、教室进行更新改造和维护装修；投入10余万元添加了3台柜式空调、15台冷水净水器、1套大功率音响、2套投影仪、1台大型消毒柜等办公办学设施；加大了资金争取力度，偿还了近400万元的往年遗留债务。同时还积极改革优化学员餐厅运行模式，既保证了学员的满意度，每年还可节约开支近20万元。四是在管理和制度建设上取得新突破。修订完善了《主体班次学员管理规定》、《学员考勤制度》、《教师教学工作纪律规定》、《关于加强行政、接待、车辆、文印等管理补充规定》、《先进党校、优秀教师、先进工作者评选办法》、《学员课堂“五不准”规定》、《党校人员工作日全天候禁酒制度》；出台了《关于高层次科研成果奖励暂行办法》；设立了《全市党校系统社会调研网络平台》。五是在人才队伍建设上取得新突破。首次采取量化赋分的办法推行专业技术职务竞聘工作，共聘任专业技术人员54名，无一降级，其中有28名专业技术人员聘任到高一级专业技术职务岗位上，升级面为52%。在市委坚强领导和关心关怀下，积极配合组织部门工作，调任提拔

■2012年3月21日，中共济宁市委党校举行春季开学典礼。

正县级2人；提拔副校长2人、副县级5人；选聘了60多位实践经验丰富、理论水平较高的党政领导干部、成功企业家担任兼职教师；选送18位教师到上级党校或高校学习，选派3名教师到基层挂职；建立了"全市党校师资数据库"。严格执行《5.17.5》、《一报告两评议》等干部管理制度，严防用人失察、用人失当、用人失时。

不断在廉洁自律、廉政勤政上下工夫 一是建立健全党风廉政建设责任制。为更好地贯彻落实《党员领导干部廉洁从政若干准则》以及中央、省市委有关廉洁自律的各项规定，及时调整充实了由党委书记、常务副校长为组长，党委副书记和纪委书记为副组长，班子其他成员和有关处室负责人为成员的党风廉政建设和惩防体系建设领导小组；为提高全校教职工党风廉政建设责任目标意识，始终坚持"谁主管，谁负责"的原则，不断细化分解党委班子成员党风廉政建设责任制，形成了主要领导总体抓，分管领导靠上抓，中层领导具体抓，一级抓一级，一级考核一级，一级对一级负责，全员参与，上下联动，齐抓共管的党风廉政建设工作新格局。二是进一步健全完善各项工作制度。修订完善了《市委党校惩治和预防腐败体系建设实施方案》、《党委班子日常学习制度》、《民主生活会和党员年度民主评议制度》、《中心组年度学习方案》、《市委党校党风廉政建设责任制实施办法》等制度，并把各项制度的落实情况，纳入学期和年度考核指标体系，达不到要求的，实行"一票否决"，切实做到了党风廉政建设工作的经常化、规范化和制度化。三是坚持教育在前，预防为主。为把廉政建设责任制落到实处，从思想上筑起反腐倡廉的坚固防线，把推进惩防体系建设、落实党风廉政建设责任制作为党校党建工作的重要内容，纳入支部工作和党小组"三会一课"之中，把党风廉政建设存在问题的查摆，贯穿于党员学习的全过程，努力做到关口前移，防微杜渐；充分运用公示、试用、组织谈话、诫勉等组织行为，加强对中层干部任前、任中、任后的全程监督。四是发挥党校优势，突出抓好廉政宣传和廉政教育。组织精干师资，配合组织、宣传和文化等部门，积极主动到市直部门、企事业单位和县市区开展廉政教育宣讲活动，全年累计宣讲40余次，受众超过2万人次；组织专家教授撰写反腐倡廉理论文章35篇；把党风廉政教育内容纳入所有主体班次的教学，全年开设廉政教育课程190课时，专题讲座36场次；组织学员和教职工定期到济宁看守所、里能监狱、鲁西南战役纪念馆等教学基地接受警示和革命传统教育。

（孙其瑞　李士法）

党史工作

【概述】 2012年，市党史办公室以邓小平理论、"三个代表"重要思想和科学发展观为指导，深入学习贯彻党的十八大精神，全面落实市委和省委党史研究室的工作部署，紧紧围绕贯彻全国全省全市党史工作会议精神，按照市"三个体系"建设要求，圆满完成年度重点工作任务和部门业务工作，领导班子党风廉政建设、精神文明建设和党的建设等方面取得了新成绩。

继续贯彻落实全国全省全市党史工作会议精神 积极争取市委对党史工作的重视支持。市委出台了《加强和改进新形势下党史工作的意见》文件，把市委党史研究室纳入全市精神文明建设成员单位；自2012年起，市财政每年安排30万元作为党史工作经费列入预算；启动党史馆建设等。同时，督导各县(市、区)加大落实各级党史工作会议精神的力度，基本解决了制约党史工作发展的机构、编制、经费等问题，为党史工作的进一步开展提供了基础条件。

年度责任目标和各项工作任务全面完成 按照"三个体系"建设的要求，细化分解了2012年工作任务，重点工作任务、业务工作目标和共性工作任务责任到科室、到人。为强化执行落实，制定了室机关科室年度考核办法，强化监督检查，做到了一月一调度，三月一小结，半年一通报，圆满完成了年度责任目标和各项工作任务。重点工作任务方面，一是圆满完成了市委部署的工作任务。下派工作成绩斐然。室主任办公会多次专题研究下派工作，班子成员和全体人员深入帮扶村和联建村每一户农户家中，面对面谈心交流，倾听群众呼声，帮助解决实际问题。经多方争取，为帮扶村和联建村栽树3500余棵，修建小型水利设施1处，1450亩农田受益；赠送电脑3台、书籍600余套，建设农家书屋3处；组织义诊200余人次；捐款3600元慰问困难学生家庭；修建600平方米文化大院1处，累计到位资金150余万元。下派工作得到了市下派办、下派工作团领导的充分肯定和帮扶村、联建村广大党员

■党史研究室研究成果

群众的一致好评。“解放思想跨越发展大讨论”成果丰硕。认真组织实施“解放思想跨越发展大讨论”活动，做到了“四个到位”：及时传达学习，思想认识到位；成立组织机构，组织领导到位；结合工作实际，掌握情况到位；全力组织实施，工作措施到位。党务公开工作稳步推进。室领导班子把党务公开工作列入重要工作任务，室主任作为党务公开工作第一责任人，着力推进党务公开制度化、规范化、长效化，建立健全了党务公开内容审核、意见建议收集处理和反馈、责任追究等十项制度。在全室开展党务公开教育工作，形成人人知晓、人人监督的局面。“创先争优”活动成效显著。紧密结合工作实际，全面深入地开展“创建‘五好’党支部、争做敬业先锋”活动。二是完成了省委党史研究室部署的各项工作任务。完成了《中共山东年鉴》(2012卷)济宁承担的计4万余字、20余幅图片资料编辑上报任务。完成了22项重大事件专题研究、13个人物传记和1部电视专题片《丰年》的编纂制作任务。完成了《中共济宁地方画史》初稿的编纂任务。承担了第一批全省3-5部《画史》中的一部，已完成《中共济宁地方画史》初稿的编纂任务。部门业务工作方面，一是党史编写研究取得新成绩。完成《中共济宁地方历史（第二卷）》(1949.10-1978.12)送审稿编写工作。根据档案资料、报刊资料、口述材料等，对《中共济宁地方历史》(第二卷）初稿进行修改、补充、完善，查阅档案资料200余万字，摘录各类资料20余万字，修改文字10万字，形成送审稿。编纂出版了《红色足迹—济宁革命遗址概览》。全书以图文并茂的形式，客观反映了全市124处革命遗址、遗迹的由来、现状，详实介绍了与遗址有关的历史事件与党史人物。编纂出版了《中共济宁年鉴》(2011卷)。二是党史资料征集取得新进展。完成了口述史资料的征集工作。走访老干部20余人次，采访10位老领导、老干部，进行录音录像，时长20余小时，留下一笔了珍贵的党史资料。集中征集党史资料。明确专人负责保存和征集党史资料，对征集的文字、图片、照片、影音等资料，进行入库归档，征集文字资料400余万字，图片资料3000余幅。三是党史宣传教育取得新突破。启动党史纪念馆建设。在市委分管领导的大力推动下，启动了党史纪念馆建设。到党校主体班次宣讲地方党史。进一步加强与党校的合作，把《中共济宁地方历史》(第一卷)、《中共济宁地方简史》等纳入党校主体班次教材。在党校中青班、县处级干部进修班等主题班次宣讲地方党史。

党风廉政建设和精神文明建设又上新台阶 党风廉政建设常抓不懈。坚定不移地执行中央、省委、市委及市纪委关于党风廉政建设的方针、政策和各项工作部署，扎实开展党风廉政建设，努力推动党风廉政建设工作深入开展。全体人员赴临沂接受党性教育，到菏泽冀鲁豫纪念馆接受革命传统教育，牢固构筑起反腐倡廉的思想长城。建立严格的管理机制，全室形成了“室领导班子统一领导，领导干部齐抓共管，科室各司其责，干部职工积极参与”的廉政建设保障机制。健全财务、接待、车辆管理等制度，对经费开支、会议接待和电话、车辆管理等作出了明确具体的规定，做到了制度健全、责任明确、有规必依、执纪必严。党的建设取得新提高。坚持每周五集体学习，形成每周五定期学习制度。始终把政治理论学习放在首位，组织干部职工深入学习党的十八大会议精神，切实领会市委主要领导在市委一系列重要会议上的讲话精神，形成了以学促干、以干带学、学干相长的良性互动模式。精神文明建设带来新气象。始终把创建文明机关活动摆在室领导班子和室机关党支部的重要议事日程上，注重培养良好的室风。大力加强党史工作者思想建设、组织建设、作风建设、制度建设和业务建设，发挥大家的积极性和创造性，为文明单位建设建言献策。按照市委加强和改进机关党的建设的要求，进一步深化创先争优活动，创建富有党史工作特色的党建品牌，推进基层党组织服务能力再提升。学习型、服务性、创新型、和谐型、廉洁型机关创建取得新成绩，全室形成爱岗敬业、无私奉献的良好风气。2012年1月继续保持了“市级文明单位”荣誉称号。

（王新华）

档案工作

【概述】 济宁市档案局、档案馆，局馆合一，行使档案管理和行政执法两种职能。内设办公室、法规业务科、宣传教育科、管理利用科、技术科、编研征集科6个科室，人员编制24名；设济宁市档案学会，为社团组织。2012年，市档案局在市委、市政府的正确领导下，围绕中心、服务大局，着力提高干部队伍素质，切实加强档案业务建设，全面提升档案工作水平，档案工作亮点纷呈，先后荣获全国档案系统先进集体、全省档案宣传工作先进单位、省级文明单位等称号。2012年2月，市档案局作为全国档案系统先进集体在人民大会堂参加了表彰会议，并受到中央领导和国家档案局、国家人社部领导的接见。4月，市委书记、市人大常委会主任马平昌对档案工作作出重要批示。7月，中共济宁市委召开十二届17次常委会议，听取了档案工作情况汇报，充分肯定了档案工作成绩，对下步工作提出明确要求。12月，在全省档案工作会议上，省档案局局长唐传喜在工作报告总结部分8次提及济宁市的档案工作。

围绕中心、服务大局取得新成效 围绕“大项目突破年”，协助有关单位，认真做好济宁市国家大型优质小麦生产基地建设项目、南水北调工程移民、截污倒流工程、全国水利普查等重点项目档案工作，高标准、高质量地完成了档案验收任务。围绕经济发展，组织人员深入到企业对档案工作进行调研、指导，工矿企业、工业园区档案工作稳步推进。围绕城市建设管理年活动，市城建档案馆积极做好城市路网、公共建筑、地下管网等重点城建项目档案工作，豪德商贸城档案已经陆续进馆，北湖路网建设等60多个重点工程项目档案已竣工验收。中区、兖州、曲阜、金乡、嘉祥、梁山靠上抓重点项目档案的收集、整理，全程跟踪服务重点项目建设。围绕社会主义新农村建设，深入开展了新农村建设档案工作示范县、示范镇、示范村创建活动。邹城市被国家档案局、民政部、农业部授予“全国社会主义新农村建设档案工作示范县”称号，市档案局在全省新农村建设档案工作示范县推进会上作了经验介绍；鱼台县谷亭街道等10个镇（街）、嘉祥县马村镇等4个镇分别创建为全省、全市“社会主义新农村建设档案工作示范镇”。为推进农村档案信息共享，市局编印了《济宁市新农村建设文件选编》，发放到全市每个村(居)，为农民增收、农村稳定、经济发展提供政策支持。

档案法制建设得到新加强 认真贯彻落实国家档案局8号令、9号令，召开了全市机关档案工作会议，举办了机关档案工作专题培训班，有力地促进了机关档案工作的开展。中区、兖州、金乡、泗水、微山等根据工作需要，结合当地实际，加强档案干部继续教育、岗位培训以及新规范、新技能学习。认真贯彻落实《山东省重大活动档案管理办法》（省政府247号令），与市法制办联合下发通知，督促做好重大活动档案工作。开展了市直机关事业单位档案集中整理活动，会同市委办公室联合检查，进行了百分制考核，督导市直机关做好档案的收集、整理、移交、利用工作；任城、邹城、泗水、鱼台等集中归档活动成效明显。继续开展档案目标管理考核认定活动，全市50家单位被认定为省级规范化档案室，其中省一级21家，省二级29家。继续加大档案执法检查力度，市人大常委会副主任殷允岭带领有关常委和相关委室，在市政府分管领导的陪同下，对全市城乡建设档案工作进行了视察，听取了市住建委、档案局和泗水、邹城等情况汇报，视察了市档案馆新馆等重点工程项目建设，对全市贯彻落实《档案法》情况和当前城乡建设档案的收集整理、开发利用等方面的工作给予了高度评价，对下步工作提出了很好的意见建议。曲阜、汶上、金乡、鱼台、梁山深入开展了档案执法年检活动，依法治档水平明显提高。

档案资源建设取得新进展 不断加大档案接收征集力度，档案接收主渠道建设得到强化。市馆接收原市人事局等单位档案20056件(卷)，征集了涉及济宁

■2012年8月10日,济宁市人大视察城乡建设档案工作。

漕运的清代御批奏折等档案资料820册(卷、件),丰富了馆藏内容。梁山征集了族谱、水浒108将印章等档案资料500余件,金乡收集整理了第七届大蒜节档案600余件,汶上征集了"宝相寺太子灵踪文化节"档案资料600余件,泗水征集了尼山论坛等文档资料700余册,优化了馆藏结构,丰富了地方特色档案资源。

档案主动服务取得新成效 通过接待查阅、函电代查和咨询服务,做好档案资料、现行文件的提供利用工作,市馆全年共接待查档1620余人次、利用档案3060卷(件、册)次。编写《档案资政参考》两期,为领导决策服务;助力于文化建设,编辑出版了《济宁运河档案史料汇集》(第五辑)。升级改版了"济宁档案信息网站",继续做好电视新闻视频采集编辑和刻录工作,多媒体信息已达15万余分钟。创新民生档案工作服务机制,把民生档案纳入各单位文件归档范围;继续深入开展"档案进家庭"活动,各县市区又培育了一批家庭建档示范户;加大社区档案工作督导力度,全市社区建档率达到100%,社区档案收集齐全、整理规范,为社区管理提供了有效的服务。

档案安全保管工作取得新成绩 按照国家和省档案局的有关要求,对馆藏80个单位的2万余卷已开放的档案进行了重新审查划控。修订完善了《济宁市档案馆突发事件应急处置预案》,建立健全档案安全应急防范机制,安装了监控设施,落实了"九防"措施,定期进行专项检查;市档案馆新馆已开工建设。邹城12900平方米、任城5400平方米的档案馆新馆正在进行内部装修。梁山规划设计了4000平方米档案馆新馆,嘉祥、汶上将新馆建设纳入重点工程项目,场馆建设正有序推进。

档案宣传工作得到新拓展 为纪念《档案法》颁布25周年,市局举办了大型档案文化展,积极参加省档案局举办的文艺汇演和档案文化展览活动,选送的2个节目获得优秀节目奖,市局获得优秀组织奖。在"中国档案网"、《山东档案》等省级以上报刊网媒发表文章、信息96篇;获得省档案学优秀成果奖21项。市局配合市中区电视台制作了《济宁记忆－运河史料征集》专题片。反映汶上家庭建档的专题片《齐鲁先锋:张茂路的红色记忆》在山东卫视播放;邹城市档案局报送"新农村建设档案工作"新闻信息6组,在《邹城新闻联播》播出。

档案干部队伍建设得到新提升 扎实开展了"解放思想跨越发展大讨论"活动和廉政勤政承诺活动,组织了集体宣誓,制发了廉政风险防控工作手册;开展了"为党管档、为国守史、为民服务"等主题学习教育活动,加强了机关支部建设,组织党员干部到淮安、枣庄进行参观学习,开展了重温入党誓词活动。按照市委、市政府的要求,组织机关人员深入到包驻村、联系村、联建村开展了面对面谈心交流活动,走访慰问了困难户,帮助建设了水坝、文化广场,添置了体育器材,新修了公路,放养了鱼苗,培植了林木,为2个村协调水利资金6万元,受到村民好评。积极协调山东大学,与泗水经济开发区招商引资签约合同意向,并为泗水金庄镇鑫隆管业公司协调中央专项扶持资金160万元。

(董万黎　郑剑波　王维新)

老干部工作

【概述】 中共济宁市委老干部局内设办公室、调研科、基层科和保健科4个科室,编制13人,下属济宁老年大学、干休所、曲阜接待处、老干部活动中心4个县级事业单位。截至2012年底,全市共有离休干部4457名,平均年龄83.70岁。其中,厅局级87名,县处级1512

名，一般干部2858名；红军时期参加工作1名，抗战时期858名，解放战争时期3598名；机关1484名，事业单位1443名，企业1530名；居住在城镇的3333名，居住在乡村的1124名；市直1408人，县市区3049人。2012年是党的十八大召开之年，又是干部离退休制度建立30周年。全市各级老干部工作部门，在市委、市政府的坚强领导下，在各有关部门的密切配合、大力支持下，各项工作都取得新的成效。市委老干部局被评为全市科学发展“综合考核先进单位”、“群众满意先进单位”。

党委政府重视老干部工作有新提升 市、县党委政府高度重视老干部工作，把老干部工作纳入重要议事日程，摆上重要位置，作为大事来抓。主要领导、分管领导经常听取老干部工作情况汇报，带头结对联系老干部，不断研究解决老干部工作中遇到的新情况、新问题。换届后，市、县主要领导都在第一时间及时走访看望本地区老领导、老干部，听取意见和建议。换届后，市委常委会专题听取了老干部工作情况汇报，并及时召开老干部情况通报会，上半年通报会首次采用了现场观摩和会议通报相结合的形式，受到老干部欢迎；高度重视老干部发挥作用，及时组织召开会议，顺利实现了市关工委、老体协、老科协换届，调整充实了领导力量。市级五大班子的其他领导也经常参加老干部的活动。

老干部待遇落实有新成果 认真执行上级文件精神，把党和国家对老干部的关心以及中央、省市委关于老干部工作的方针政策不折不扣地落到实处。印发了《致老领导、老同志的一封信》，创办了《市情简报》；建立了老干部工作网站，启动了老干部网上党支部平台。进一步巩固完善离休干部“三个机制”，大幅提高了离休干部护理费、房补、取暖费等补贴标准，实现了与机关在职干部同步增长。全市普遍开展了走访慰问老干部、老党员和易地安置离休干部活动。收归主管部门管理的企业离休干部得到更好照顾。

老干部亲情服务有新举措 进一步探索老干部社会化、个性化、亲情化服务管理新思路、新方法。召开全市利用社区资源服务离退休干部现场观摩会，依托社区资源，把养老服务引入家庭，探索建立了老干部“居家养老政府购买”服务、“ABC”分类服务、“网格化”服务、“家庭医生式”服务等老干部服务管理新机制，满足了老干部“四就近”的新需求。

■2012年6月25日，济宁市举办纪念干部离退休制度建立30周年暨庆祝建党91周年广场文艺晚会。

老干部阵地建设有新进展 市委常委会研究决定，把规划建设高标准的市级老干部活动学习场所列入市委市政府议事日程。召开市直老干部活动室规范化建设现场经验交流会，推进以老干部党支部建设为核心的活动室规范化建设。围绕纪念干部离退休制度建立30周年和喜迎党的十八大，举办了广场文艺汇演、30周年回顾展、书画摄影展、趣味运动会、学习十八大知识竞赛等丰富多彩的文体活动。在纪念干部离退休制度建立30周年回顾展活动中被省委组织部、老干部局评为“先进集体”。市老年大学、老干部活动中心、微山县、梁山县老干部艺术团被省委老干部局评为“先进艺术团体”，多次开展下基层慰问演出等活动。

老干部发挥作用有新亮点 建立了涉老团体联席会议制度，依托市老科协、老体协、老年书画研究会、老摄协等涉老团体，创造条件、搭建平台，引导离退休干部发挥作用。实施了老干部典型示范引领工程，组建了“五老”先进事迹报告团，建立了家庭互助式“五老”学习宣传服务小组，开展了“大手牵小手老少同乐”等活动。

老干部工作部门自身建设有新气象 按照讲学习、讲科学、讲奉献的要求，扎实推进自身建设，着眼于提升服务质量，建立问题导向机制，扎实开展“知全局、懂本行、转作风、树形象”活动。进一步修订完善了《局长办公会议制度》、《财务管理制度》等十项制度规定；调研信息宣传工作荣获全省“先进单位”荣誉称号；纪念干部离退休制度建立30周年理论研讨文章被中组部评为“一等奖”；全市有3名老干部工作人员被省委组织部、老干部局评为“全省先进老干部工作者”。

（张振河）

机关党建

【概述】 市委市直机关工委是市委抓机关党建工作的职能部门，管理着市直机关600多个基层党组织，11000多名党员，下设办公室、组织部、宣传部、纪工委、工会妇女工委、团工委6个部、室、委员会，行政编制21人，工勤编制2人。现有干部职工20人。2012年，在市委、市政府的正确领导下，市委市直机关工委组织带领市直机关各级党组织和广大党员干部，深入学习贯彻党的十八大精神，紧紧围绕市委、市政府的中心任务，以开展“解放思想跨越发展大讨论”、“大规模驻村入户、面对面谈心交流”和“基层组织建设年”等活动为载体，围绕中心、服务大局，紧密结合部门业务，卓有成效地做好机关党的工作，突出抓好机关作风建设、基层组织建设和党风廉政建设，促进了各项工作任务的完成。

深入学习贯彻党的十八大精神，组织开展机关“解放思想跨越发展大讨论”活动 通过举办培训班、报告会、座谈会、专题讲座等不同方式，组织党员干部深入学习党的十八大精神，集中开展大讨论。提倡机关党支部书记给党员干部上“微型党课”，举办学习十八大精神的成果交流会，组织开展市直机关学习十八大精神知识竞赛活动，加强工作指导和督导检查，总结宣传典型，在市直机关初步形成了学习十八大精神热潮。在大讨论过程中，组织市直机关100余名党务干部赴徐州参观学习，向市直机关1.3万余名党员干部发放了学习问卷。通过集中查、督促改、群众评，促进了大讨论深入进行，把思想认识统一到市委要求上来，引导到推动济宁科学发展跨越发展上来。

以贯彻《条例》和省委《实施办法》为契机，推动基层组织工作创新 为深入贯彻《条例》和省委《实施办法》，市直机关工委在调研的基础上，积极给市委提建议。市委召开常委会，听取了机关党建工作汇报，出台了《关于贯彻落实中发〔2010〕8号、鲁发〔2011〕21号文件精神进一步加强和改进机关党的建设的意见》，并认真抓好贯彻落实。对市直基层党组织建设情况进行了一次详细的调查摸底，对梳理统计出的基层党组织未按期换届、组织不健全、新设立单位未建党组织的部门单位及时督促做好换届选举及增补委员工作，全年共新建机关党组织16个，换届选举机关党组织31个，规范了机关基层党组织工作。全年新发展党员100名，预备党员转正70名，转接组织关系476人次，培训入党积极分子367名，培训专职党务干部190人次。组织召开市直基层党组织书记党建工作专项述职会，由市直各系统机关党委、各部门单位机关基层党组织书记向工委就抓党建工作进行专项述职，年底对市直机关党建工作进行了全面考核。

创先争优活动不断深化，基层组织建设年扎实推进 按照“五个好”和先进、一般、后进的标准对市直机关基层党组织进行分类定级，按照巩固先进、推动一般、整顿后进的原则，对机关基层党组织进行跟踪督导。引导党员干部立足本职创先争优，把业务工作目标分解到每个基层党组织和党员，完善党员先锋岗、党员示范工程。“七一”前夕，召开创先争优活动总结表彰大会，表彰在创先争优活动中成绩突出的80个机关先进基层党组织、120名优秀共产党员和60名优秀党务工作者。深入推进窗口单位和服务行业为民服务创先争优，开展“三亮三比三评”活动，为市直机关窗口单位和服务行业党员发放党员徽章1万多枚，申报服务品牌42个。11月份，省委省直机关工委在济宁市召开了中央驻鲁、省垂管单位加强系统机关党建工作现场会。省委省直机关工委和省直有关部门负责人及中央驻鲁、省垂管单位党组织负责人参加会议。

机关党建考核逐步完善，群众监督评议工作实现常态化 强化机关党建工作考核，制定出台了《机关党建工作考核办法》，将加强基层组织建设、提升党组织服务能力、建立健全制度机制等全面纳入机关党建工作考核，形成了责任明确、奖惩分明、客观公正、措施具体的机关党建工作考核机制。市直部门机关党建工作考核纳入部门（单位）年度考核体系，考核结果作为评价部门（单位）年度党建工作的重要依据。市直机关工委认真研究出台了更规范、更具有操作性的“双评”活动实施细则，对“双评”活动的评议重点、评议方式方法、评议结果运用进行了修订完善，形成了一套比较完备的制度体系。群众监督评议团工作除了对机关作风进行随机暗访和集中评议外，也向常态化转变。

党内监督不断加强，党风廉政建设得到有效落实 坚决贯彻落实中央和省、市委关于惩治和预防腐败的各项工作部署。认真履行党风廉政建设责任制，深化治本抓源头工作。深入开展廉政文化进机关活动，筑牢拒腐防变的思想道德防线。通过举办"唱响廉政歌曲"市直专场合唱比赛和市直机关"恪守从政道德、保持党的纯洁性"主题演讲比赛，营造了保持党的纯洁性良好氛围，展示廉政教育活动成果，展现党员干部风采，引导广大党员干部不断增强自我净化、自我完善、自我革新、自我提高的能力，推进机关党员干部廉政教育和纯洁性教育活动深入开展，为实现全市科学发展跨越发展提供有力保障。

群团工作充满活力，立足岗位建功立业成为主旋律 扎实推进党建带工建、带团建、带妇建工作。认真做好工会干部培训工作，广泛开展了"创建学习型组织、争做知识型职工"和职工职业道德建设活动，深入开展了创建"工人先锋号"和市直机关岗位练兵技能比武活动，全面实施职工素质建设工程，引导、帮助广大职工提高技术水平和整体素质。认真做好省、市"富民兴鲁""五一"劳动奖章(奖状)、济宁市第九届劳动模范、市直机关第五届"十大杰出青年"和"青年标兵"等各级先进个人、先进集体的推荐、评选、表彰和管理服务工作，健全和完善了三级劳模档案，对市直机关岗位练兵技能比武标兵进行了评选表彰。成功举办了市直机关第五届运动会，共有42支代表队、4200多人参加，是市直机关参赛单位最多、参与人次最多、竞技水平高、组织水平高、关注程度高、文明程度高的一次体育盛会。

拓展工作领域，较好地完成市委市政府交办的任务 市直机关工委积极响应市委联系包保乡镇，助推县域经济发展的号召，及时到包保的金乡胡集镇(园区)进行工作对接，专程赴广西桂林市洽谈招商项目并举办了项目论证会。12月份双方签订了年产5万吨新戊二醇生产项目合同，投资3.6亿元建设一家占地150亩，总建筑面积5.95万平方米的新戊二醇加工企业。做好驻村入户谈心交流工作，组织机关各级党组织认真开展"城乡联建创五好"活动。定期到联系点、联建村和包驻村入户走访，办实事、解难题。做好部门包驻村工作，协调有关单位为所驻村新建了一处大型排灌站，整挖灌溉沟渠6000余米，硬化村内街道3000余米，新建村健身广场一个，新增体育健身器材20余套，协调资金、物资累计近400万元，较好地完成了驻村工作任务。

在做好市直机关党建工作的同时，市直机关工委还加强了对县市区机关党建工作的指导。先后在微山县、鱼台县召开了县市区机关党建工作现场交流会，总结推广了鱼台县直机关工委建立县党员服务中心，创新党员服务内容、服务方式的经验做法。2012年，市中区、邹城市、微山县、鱼台县、汶上县被省委省直机关工委评为党建工作先进单位。济宁市加强机关党建工作的做法，得到中直机关工委、中央国家机关工委和省委省直机关工委的充分肯定。中直机关工委主办的《中直党建》，国家机关工委主办的《紫光阁》先后介绍了济宁市机关党建工作情况。2012年，被省委省直机关工委评为"全省机关党建工作先进单位"，被市委、市政府授予"年度综合考核先进单位"和"群众满意先进单位"称号。

(许　旭)

机构编制

【概述】 根据《中共济宁市委、济宁市人民政府关于济宁市人民政府机构改革的实施意见》(济发〔2009〕24号)，原与济宁市人事局合署的济宁市机构编制委员会办公室单独设置，列入党委机构序列。济宁市机构编制委员会办公室内设5个职能科室和济宁市事业单位登记管理局，行政编制31名；所属社会公益一类科级事业机构1个。2012年，全市机构编制工作坚持以邓小平理论、"三个代表"重要思想和科学发展观为指导，深入贯彻学习党的十八大精神，紧紧围绕全市中心工作和改革、发展、稳定大局，不断加强机构编制管理，统筹推进各项改革，机构编制管理制度化、规范化、科学化、法制化水平日益提高，各项工作都取得新成绩。市编办被评为2012年度"省级文明机关"、"市级文明机关"，市双评"群众满意单位"，市编办驻汶上县康驿镇麻窝村工作组被市委、市政府评为2012年度包村干部驻村工作先进工作组。

行政管理体制改革 一是乡镇机构改革评估工作全面完成。在县(市、区)自查评估基础

2012 年 3 月 9 日，全市机构编制工作会议召开。

上，组织验收工作组，采取听汇报、查阅资料等形式，对全市乡镇机构改革评估工作进行了检查验收，确保乡镇机构改革“四到位”(职能调整落实到位，机构重新设置到位，运行机制到位，人员重新定岗到位)。二是社会管理体制和运行机制改革实现新突破。进一步理顺了市、区城市建设管理体制、市考核督查体制和高速公路交通安全管理体制；完成了省下达的行政编制和政法专项编制分配和向省备案工作；开展了公共资源交易管理、水利工程移民管理、测绘地理信息管理等重大问题的专题调研，研究提出了深化改革的建议。三是进一步理顺了部门职责关系。调整了财政、人力资源社会保障、公检法司等部门职责，完善了发展改革、旅游等部门内部机构设置及其职责，确保了重点领域或关键环节运行顺畅、科学高效。进一步深化了行政审批制度改革，不断推进政府职能转变。

事业单位改革 一是认真做好事业单位改革准备工作。调整充实了市事业单位改革工作领导小组；明确了改革总体方案及配套文件起草分工；印发了《关于分类推进事业单位改革的实施意见》；开展了事业单位初步分类工作；加大了事业单位调整整合力度，为推进事业单位改革奠定了基础。二是全面完成事业单位清理规范工作。印发了《济宁市事业单位清理规范工作实施方案》，在全省创新提出了事业单位清理规范的具体措施，充实细化了清理规范内容。通过清理规范，全市共调整撤并事业单位 108 个，清理编制 449 名、人员 1085 人，共为 803 个事业单位核定了编制、352 个事业单位明确了职能、230 个事业单位规范了内部机构设置。三是进一步规范机构设置。调整明确了市级机关事务管理局“三定”规定，理顺了市级机关事务管理体制；调整了全市文化市场综合执法管理体制，强化了文化市场综合执法职责；整合了市科技创新服务中心、科技开发交流中心，组建了技术产权交易机构。对市人民群众来访接待服务中心、社会保险事业局、干部休养所内设机构和济宁学院内部教学科研机构进行了调整规范，明确了职责和领导职数。四是完成了全市中小学、公办幼儿园和公立医院编制调整核定工作；积极配合文艺院团管理体制改革；积极推进医药卫生等重点领域行业改革工作。

机构编制管理 一是加大了对机构编制政策法规的贯彻执行力度。认真贯彻落实《省委办公厅、府办公厅关于贯彻厅字〔2011〕22 号文件严格控制机构编制的通知》(鲁厅字〔2012〕13 号)，制定出台了《市委办公室、市政府办公室关于贯彻鲁厅字〔2012〕13 号文件精神严格控制机构编制的通知》(济室字〔2012〕35 号)，进一步严格控制机构编制，严肃机构编制纪律。二是机构编制核查工作全面完成。召开了全市机构编制核查工作会议，印发了《济宁市机构编制核查工作实施方案》，全面开展机构编制核查工作。在泗水县召开了全市机构编制核查工作现场会，总结工作，交流经验，推介典型。通过核查实现了机构编制“八清”，即“审批文件备案清、机构设置状况清、编制结构类别清、领导职数管理清、财政供养人员清、超编人员数目清、人员岗位身份清、数据信息维护清”。组织检查组对全市机构编制核查工作进行了评估验收，确保核查工作实效。三是机关事业单位编制使用审核制度进一步完善。制定下发了《关于进一步规范市直机关事业单位编制使用审核有关问题的通知》，部署开展 2013 年度全市机关事业单位编制使用申报工作，为全市公务员招考、事业单位招聘、高层次人才引进、退役士兵及退役大学生士兵接收安置等下达了编制使用计划。开展了编制使用执行情况的跟踪检查，收回核减公务员和事业单位用编47名。四是严控新增机构编制,确保总量只减不增。坚持"撤一建一"、"编制内部调剂"原则,严格机构编制审批程序,严控机构编制膨胀。认真落实编制实名制管理制度,严格管理实名制数据信息,完善实名制公示机制。五是中文域名注册管理工作成效显著。全市已注册中文域名1609个,加强了机关事业单位域名注册管理工作。

机构编制监督检查 建立了机构编制监督检查工作季报告制度,定期向省编办报告工作情况。制定了《2012年度县(市、区)机构编制管理工作考核评分标准》(济编办〔2012〕113号)和《关于严格执行编制使用纪律严肃查处为违纪进人问题的通知》,对县(市、区)2011年度机构编制管理工作进行了全面考核。健全了与组织人事、纪检监察等部门联席会议制度,推进监督检查工作制度化、规范化。组织开展了全市食品安全监管部门履职情况专项检查,全市共发放调查问卷6000余份,访谈人大代表、政协委员、专家学者等260余人,走访监管对象246人,摸清了食品安全监管工作中存在的问题,提出了加强食品安全监管的建议。完成了市委、市政府、省编办10个督办件和市政协13个提案的调研回复工作。调查处理了机构编制举报事项并以适当方式进行反馈。审查了民政、文化等27个部门(单位)起草的53个规范性文件,提出了规范机构编制管理的意见建议,有效防止了上级业务部门干涉下级机构编制现象的出现。

事业单位登记监管 认真贯彻落实《山东省人民政府关于加强事业单位监督管理的意见》。9月5日,召开了全市事业单位监督管理工作会议,市委常委、组织部长何思清到会并作重要讲话;10月18日,在泗水县召开了全市事业单位监督管理现场工作会议,推广了泗水县事业单位监管工作的先进经验。依法做好事业单位法人登记工作。2012年,依法为7家事业单位办理了法人设立登记、为116家事业单位办理了法人变更登记手续。圆满完成了2011年度事业单位法人年检工作。制发了通知和《年检须知》,开展了事业单位财务、审计业务和年检工作知识培训,为501家市直及省属驻济事业单位办理了年度检验手续。扎实开展事业单位监督管理专项检查。对存在的乱挂牌子、违规开展业务、财务不独立核算等问题进行严格查处,责成存在问题的31家单位限期整改。健全完善事业单位考核工作机制。成立了济宁市事业单位考核委员会,明确了办事机构。积极组织开展事业单位法定代表人培训。将事业单位法定代表人培训纳入全市干部培训计划,联合市委组织部、市委党校,举办了首期"全市事业单位法定代表人培训班",430多名法定代表人参加了培训。强化县市区机构编制工作业务指导。加大对县市区的指导和督查力度,全市事业单位法人登记率由2011年的62%提高到90%。各级相继建立了事业单位法人监督管理工作联席会议制度,成立了事业单位考核委员会,并率先开展了基层医疗卫生机构绩效考核工作。

自身建设 一是坚持每周五学习日制度。组织干部认真学习党的基本理论、十七大及历次全会精神、党的十八大工作报告和省、市重要工作会议精神,学习机构编制法规政策和业务知识,不断提高机关干部的业务能力和综合素质。二是积极开展机关党建活动。深化创先争优活动、"解放思想跨越发展大讨论"活动,加强党风廉政建设,组织开展了廉政勤政宣誓、撰写廉政承诺书等活动。市编办机关党支部被评为先进基层党组织。三是加大调研和信息宣传力度。2012年全市共上报各类信息稿件265件,其中被中央编办网站采用75件,省机构编制网站和《山东机构编制信息》采用229件,《机构与行政》杂志采用30件,并有2篇论文分别获山东省首届行政管理体制改革及机构编制管理科研成果一等奖、二等奖。四是夯实机构编制工作基础。建立了全市机构编制数据中心,购置数据设备,将市、县机构编制人员信息录入山东省机构编制信息管理系统;做好了全省事业单位网上监管信息系统启用准备工作。五是新农村建设帮扶工作成效显著。争取财政、水利、交通运输等部门资金40余万元,支持汶上县小楼社区和麻窝村建设;积极开展爱心捐助活动,市编办先后为4户困难家庭及学生捐助现金3250元。

(钟显玉)

节庆筹办

【概述】 济宁市孔子文化节办公室成立于2004年6月,原名济宁市节会活动办公室,2008年6月更名为现名,正县级全额预算管理事业单位,核定事业编制15名。主要负责中国(曲阜)国际孔子文化节的组织、筹备、协调、实施工作,指导协调全市重大节庆、会展活动；承办市委、市政府交办的其他工作。内部机构设4个科(部)室，分别为综合科(部)、节会管理科(部)、策划与市场开发科(部)、宣传通联科(部)。2012年，济宁市孔子文化节办公室在山东省政府、文化部、教育部、国家旅游局等主办单位的精心指导下，在市委、市政府的正确领导和社会各界的共同努力下，成功举办了2012中国(曲阜)国际孔子文化节，有力弘扬了优秀传统文化，提升了济宁在海内外的知名度和美誉度，为加快经济文化强市建设做出了积极贡献。2012孔子文化节以“文化圣地，共有家园”为主题，坚持政府引导、社会参与、市场运作的办节方式，本着“小规模、高层次、大影响”的原则，举办了开幕式暨第七届“联合国教科文组织孔子教育奖”、第四届“孔子友谊奖”颁奖典礼，壬辰年祭孔大典，第五届世界儒学大会暨2012年度“孔子文化奖”颁奖仪式等三大主题活动，同时举办了激情青啤·美味龙虾·欢聚济宁——孔子文化节宣传月、联合国教科文组织全民教育国际研讨会、全国书法篆刻作品展、经贸文化产业招商推介会、第三届中国儒商健康产业高峰论坛、曲阜市相关活动等六项系列活动，进一步树立了孔子文化品牌，取得了显著经济社会效益。

悉心策划活动，呈现好戏连台 一是开展座谈交流，广泛征求意见建议。2012年初开始，广泛征求国家有关部委、省直有关部门、知名文化机构、主流媒体、著名高校、儒学研究机构、孔氏后裔代表等的办节创意和想法。同时，多次召开市直及曲阜市有关部门负责人、部分儒学专家、孔氏后裔座谈会，商讨策划方案。二是准确定位，着力提升文化内涵。开幕式大型文艺晚会《中华家园》，是一台艺术性与思想性、广泛性与地域性结合，弘扬中华传统文化和文明、寻找中华民族精神家园的晚会，从中华民族的角度和国家的视野来重新表现孔子思想。第五届世界儒学大会紧扣“儒家思想的当代意义”的主题，将儒家思想与当代现实相结合，深刻探讨儒学对现实社会、生活的指导意义。祭孔大典是传承中华文化的象征性仪式，成为文化节文化品位和感染力最强的核心活动，具有重要的民族传统内涵和文化意义。三是加大全球参与性，扩大国际影响力。邀请了来自美国、法国、加拿大、澳大利亚、奥地利、韩国、越南、新加坡、印度尼西亚、尼日利亚等百余位国际友人和专家学者，参加儒学大会和全民教育国际研讨会等重要活动，交流思想，探讨理论，感受孔孟之乡传统文化的魅力。连续七届“联合国教科文组织孔子教育奖”颁奖活动的成功举办，也使该奖项的影响日益扩大，受到了国际社会的高度关注。四是增强群众参与性，精心打造相关活动。孔子文化节宣传月活动精彩不断，亮点纷呈，吸引了广大群众积极参与，每天都有上万人次的客流量。文艺演出《中华家园》增添大学生、中小学生参加诵读节目，让更多学生参与进来。组织济宁和曲阜的观众观看演出，使群众在参与文化节活动中了解传统文化，提升文明素质。祭孔大典设计了大成殿月台两侧搭建观礼台，大成殿前多处安装了大屏幕，便于嘉宾的观看和参与。

■2012年9月28日，壬辰年祭孔大典。

无差错工作，认真组织实施 制定了《2012中国(曲阜)国际孔子文化节实施方案》，并以市委、市政府两办文件印发，对筹备工作进行安排部署。为加强领导，落实分工，市里成立了文化节执委会，下设9个专项活动筹备工作小组，各工作组都明确了市级分管领导。在《实施方案》的基础上，又制订了《筹备工作一览表》，细化分解工作任务，确保工作不漏项。在指挥部工作期间，各责任单位各司其职，分线作战，团结协调，合力攻坚。市孔子文化节办公室作为综合组的核心力量，负责文化节的联络协调和督促检查工作，以《孔子文化节简报》为信息平台，汇总有关文化节的重要信息和活动进展情况。为保证接待工作周到细致，从6月份开始，市孔子文化节办公室组织有关人员，对承接任务的宾馆进行了摸底检查，加强软、硬件设施建设，搞好服务培训。在客人邀请和接待方面，制定了详细的"一对一"接待方案，做到精心安排、周到服务。为确保重点，在济宁圣都国际会议中心、曲阜阙里宾舍派驻了会务组，专门负责联络和接待工作。

全方位宣传，营造热烈的舆论氛围 文化节前期，努力营造浓厚的社会宣传氛围。在济宁、曲阜主要街道和交通干线两侧悬挂道旗，路口设立了多个宣传大牌；在高速公路、高铁、机场等交通枢纽，进行了氛围营造；济宁城区300多辆公交车播放专题宣传片，车体张贴宣传标语；城区出租车电子屏滚动播出文化节欢迎辞，营造出热烈的社会氛围。文化节期间，重点邀请了国内权威主流媒体新华社、中新社、中央电视台、中央人民广播电台、国际在线、光明日报等，行业媒体中国文化报、中国旅游报等，以及大众日报、山东电视台、北京电视台、齐鲁晚报等省级媒体，人民网、央视网、中国经济网、大众网等新闻网站，对文化节活动进行了全方位、多角度采访报道，形成了较大的舆论声势，打造了有声有色的新闻宣传。运用网络渠道对文化节进行现场直播，直播点击率累计达600多万次。市内媒体开辟了专栏，对文化节活动进行集中宣传报道，济宁电视台全程现场直播了开幕式和祭孔大典。

推进招商引资，探索市场化运作路子 坚持把孔子文化节作为文化产业和节会经济来培育，遵循政府引导、市场运作的原则，积极创新办节思路和运作方式，变"政府包办"为"政府帮办"。加大了市场运作力度，各主题活动和系列活动面向社会公开招标，积极寻求有实力的合作伙伴和赞助商，对文化节活动进行冠名、主办、协办、支持、赞助等。活动设计中，精简了由财政支出的论坛活动，增设了多项市场运作的展览、演出、颁奖等活动。在接待用车、办公用品、社会宣传、纪念品制作、接待物料、选用志愿者等方面，积极运用市场手段，得到了有关企业和社会各界的加盟支持，节省了政府财政支出。重点邀请了济宁市招商引资工作中的重点对象，借助国际孔子文化节节庆平台，扩大在文化、旅游、商贸等领域的合作与交流，促进济宁市经济繁荣发展。文化节期间，成功签约35个投资额10亿元以上的大项目，涉及装备制造、纺织服装、医疗器械、文化旅游、金融投资、新兴产业等多个行业，其中工业项目23个，合同投资总额483.27亿元，投资50亿元以上的项目2个。

（王永军　李　佳）

中华文化标志城规划建设

【概述】 根据济编《关于整合组建济宁市文物局（中华文化标志城规划建设济宁工作委员会办公室）的通知》（济编[2011]5号），济宁市文物局、中华文化标志城规划建设济宁工作委员会办公室整合组建为济宁市文物局（中华文化标志城规划建设济宁工作委员会办公室），一个机构两块牌子，由市文化广电新闻出版局管理，中华文化标志城规划建设工作仍由市委宣传部负责。整合后的市文物局（市文化城办公室）为正县级单位，行政编制15人，工勤编制1人。内设办公室、文物管理科（挂行政许可科牌子）、安全督查科、项目建设科、大遗址保护科5个科室。直属全额事业单位有：济宁市博物馆、济宁市李白纪念馆、济宁市文物考古研究室（大运河保护和申遗办公室）、济宁市浣笔泉管理所、济宁市汉任城王墓管理所。机构整合后，市文物局（市文化城办公室）继续贯彻落实中央领导关于中华文化标志城的重要批示指示和国家发改委《通知》精神，在市委市政府的正确领导和省中华文化标志城规划建设办公室的直接领导下，围绕年度工作计划，统一认识，坚定信心，抢抓机遇，积极作为，精心谋划，科学运作，各项工作稳步扎实推进。

以项目建设统领中华文化标志城各项工作 省委书记姜异康、省长姜大明等领导多次对中华文化标志城作出批示和指示，明确要求"以项目建设统领中华文化标志城各项工作"。山东省委九届十三次全体会议、省第十次党代会、省国民经济和社会发展"十二五"规划、省文化改革发展"十二五"规划都明确提出了中华文化标志城规划建设的任务目标和工作重点。根据上级领导的指示要求，认真抓好了曲阜片区文化遗产保护、世界银行贷款山东省孔孟文化遗产地保护项目和重点文化工程建设。

一是曲阜片区文化遗产保护重点工程集中开工。5月份，成功举办了“国家大遗址保护曲阜片区暨山东省文物保护88项重点工程开工仪式”。曲阜片区的鲁国故城国家考古遗址公园、大运河南旺枢纽工程国家考古遗址公园、郕国故城遗址公园以及三孔、颜庙、尼山孔庙、汉鲁王墓群、明故城、三孟等维修保护工程集中开工建设。通过省市县三级的共同努力，各项重点工程进展顺利。鲁国故城东南角和东北角考古勘探已全部完成，勘探面积达10万多平方米，发掘面积4800平方米，发现西周晚期至唐宋时期的各类遗址102个，确定东周时期鲁国故城的宫城城墙、壕沟和门道，出土各类文物357件。启动伏羲庙、野店遗址、郕国故城大遗址保护项目，成功纳入国家“十二五”大遗址保护名录，完成伏羲庙勘探面积近2万平方米，编制了伏羲庙、野店遗址考古勘探报告。二是山东省孔孟文化遗产地保护世行贷款项目全面实施。年初下达了投资计划。省及济宁市通过招标聘用了国际咨询顾问机构和招标代理机构，对省市县三级项目办和项目实施单位人员进行了全面培训。世行派团对项目进行了两次检查和具体指导。《曲阜市国家历史文化名城保护规划》、《社区参与式遗产保护与旅游发展手册》已经编制完成，鲁国故城东城墙考古、规划、拆迁工作基本完成，曲阜泗河拦蓄引水管道工程已经完工，曲阜二级水系明故城护城河治理工程正在加紧设计，计划2013年5月份开工建设，明故城护城河治理设计方案已经完成，尼山古建筑维修材料等4个合同包采购已经完成，目前工程正在紧张施工。《曲阜市、邹城市文化遗产保护和文化名城保护实施细则》、邹城孟府孟庙安防工程进入招标程序。木结构、彩绘和石碑石刻保护技术研究项目正在与有关单位洽谈，孔孟文化数字信息系统、曲阜市、邹城市文化遗产解说标识系统项目，正在进行详细设计深化和招标文件编制。完成投资2000万元，提款报账960万元。三是融资工作取得突破。积极争取并做好利用外国政府赠款工作。利用意大利政府赠款的古彩绘、木结构和石碑石刻研究已经完成，申报了利用美国大使文保基金的嘉祥武氏祠石碑石刻保护项目。与国家开发银行山东省分行和济宁市政府积极谋划开展曲阜片区合作共建。三方成立了领导小组，起草了《开发性金融合作协议》，梳理了一批合作共建项目。首批合作共建项目25个，总投资198亿元人民币，融资总量为130亿元人民币。开行对曲阜明故城二期、邹城峄山风景区一期各10亿元贷款进行了评审。积极争取国家的支持，邹城因利河综合治理项目国家发改委给予850万元支持。积极推动世行与联合国教科文组织给予更多支持。四是一批重大文化工程建设和研究论证取得进展。按照文化建设项目化、工程化的理念，全力推进曲阜市和邹城市一批重大文化工程建设。全年完工、在建、签约、在谈的达50多个，儒源儒家文化体验基地等8个项目已经完工，无锡灵山集团投资的“尼山圣境”项目、浙江绿城集团投资的孔子国际文化交流中心、上海上广电集团投资的明故城复兴提升工程，以及邹县古城改造提升工程等重大文化工程正加快推进。按照省政府常务会议的要求，对孔子博物馆和祭孔、泰山封禅等文博项目进行了研究论证。

继续扩大中华文化标志城的文化影响 第二届尼山论坛再获成功。第二届尼山论坛于2012年5月在尼山举行。论坛以“和而不同与和谐世界：信仰·道德·尊重·友爱”为主题，突出联合国倡导文明对话十周年纪念，期间举行了“文明对话纪事鼎”揭幕、尼山论坛开幕式、学术对话、专题演讲、学术分会、学术

■孔府西路于2012年5月1日正式向社会开放。

全会、博士生论坛、文明古国文化遗产保护与促进文明对话国际研讨会等52场次对话交流和研讨，列席、旁听人员达1.1万多人次。墨西哥前总统福克斯等来自22个国家和地区的130位政要、世界知名儒学、宗教、文化专家出席。与此同时，尼山论坛走出国门，2012年4月在联合国教科文组织总部举行巴黎尼山论坛，来自55个国家的代表及欧洲各界300余人出席，被欧洲誉为“中国在核心价值层面进入西方主流社会的一个成功范例”。2012年11月在纽约联合国大厦举行“纽约尼山论坛”。这是第一次非政府组织进入联合国总部主办文明对话。尼山论坛还与联合国文明联盟共同举办了“文明对话日十周年”和“我为多样性和包容性做一件事”活动，并先后派人出席国际公众论坛在希腊罗德岛举行的“罗德文明论坛”和联合国文明联盟在上海举办的“亚洲论坛”进行文化交流。理论研究和宣传取得重要进展。中华文化标志城理论研究基地即山东大学儒学高等研究院开展了一系列研究和学术活动。按照许嘉璐和省领导关于建设“山东人文社科研究协作体”的指示，12月28日，协作体办公室和山大儒学院以“齐鲁文化高层论坛之一：明清时期的山左（山东）学术”为主题，举行首次学术活动。来自全省27所高校和研究单位的专家学者80余人出席。孔子研究院、曲阜师范大学、济宁学院、尼山圣源书院等济宁当地和民间也开展了一些儒学、国学的研究和传播活动。电视专题片《儒出东方》拍摄工作进展顺利，拍摄脚本论证、三维动漫制作、演艺拍摄和样片粗剪基本完成。人文道德环境不断改善。中华文化标志城区域文化和精神文明建设蓬勃发展。曲阜市以建设“大爱之城、诚信之城、孝德之城、仁德之城”为目标，弘扬以“爱”为核心的社会风尚、以“诚”为核心的职业操守、以“孝”为核心的家庭美德、以“仁”为核心的个人品质，打造“彬彬有礼道德城市”。投资1.2亿元建设了孔子文化礼仪学校，将其作为全市干部、市民、农民“彬彬有礼道德城市”教育基地。突出孝德建设，并作为干部提拔使用的“红线”。邹城市依托中华母亲文化节，在全社会大力弘扬尊老孝亲、热爱母亲、尊师重教、崇尚知识的优秀传统和道德品质。

扎实推进中华文化标志城规划工作　继续推动《中华文化标志城总体规划纲要》编制。《中华文化标志城总体规划纲要编制要点》已经中华文化标志城专家咨询委员会第三次会议审议通过。省长姜大明就《中华文化标志城总体规划纲要》编制做出重要批示，现已梳理形成了中华文化标志城重大文化工程项目。做好《曲阜片区文化遗产保护总体规划》修编工作。国家和省文物事业发展“十二五”规划对曲阜片区规划范围和保护内容进行重新定位和调整。积极协调对曲阜片区已编规划的修编，督促协调修编机构对新增范围和保护工程进行实地调研、收集资料和方案对接。9月份组织召开了规划修编成果汇报会。现修编工作已经完成。

积极推动省部共建曲阜文化经济特区　6月份，与省文化厅共同组织召开了“推进曲阜文化建设专家讨论会”。经省领导同意，起草了《曲阜文化经济融合发展示范区推进方案》。通过积极推动，济宁市和省政府先后实施“文化建设突破曲阜”战略。12月5日，文化部与省政府签署《关于合作推进山东文化强省建设框架协议》，明确提出，文化部将曲阜及周边文化资源富集地区作为一个特别地区对待，与山东省共同建设文化经济融合发展创新示范区。与省文化厅、省社科院一起抽调精干力量组成专门班子，开展曲阜文化经济特区课题研究。济宁市设立文化建设“突破曲阜”专项资金，从2012年至2014年每年拨款3000万元重点扶持曲阜市文化建设。同时，济宁市其他文化发展资金继续支持曲阜市文化建设。

进一步健全完善规划建设体制机制　2012年山东省和济宁市都顺利实现了文化城办公室和文物局的机构整合。整合后，通过制定完善各项工作制度，充分调动了大家的积极性，实现了“两融合，双促进”。省、济宁市及曲阜市、邹城市文化城办公室形成中华文化标志城规划建设的协调系统，与各级发改、财政、国土、规划、文物等部门加强沟通、密切配合，形成了工作合力，推动中华文化标志城工作取得了新的较大进展。

（宋冉冉）

壬辰年祭孔大典祭文

董金裕

维公元二一二年九月二十八日，欣逢孔圣二五六三年诞辰纪念，我中华各族群同胞，以及国际嘉宾良朋，緬怀盛德伟业，以虔诚之心、景仰之情，谨备鲜花美果、佾舞雅乐，敬献于孔庙大成殿暨两庑，告祭大成至圣先师与夫诸圣哲贤儒。其辞曰：

天地设位，人在其中。天行刚健，地道宽弘。
品物流形，化育功隆。人禀五常，灵秀所锺。
法天之德，效地之用。赞之参之，与之同功。
唯我夫子，博通世务。上应天时，下顺风土。
远宗尧舜，近法文武。删述六经，以教生徒。
循序而进，孜孜矻矻。成德达材，栽培无数。
仁道思想，众德汇涵。明德亲民，止于至善。
推己及人，是为其方。礼以行之，益加发扬。
华夏文明，赖以发皇。驯致大同，协和万邦。
与时俱进，弥足珍贵。集圣大成，出类拔萃。
其所成就，卓越崔巍。典型既在，吾谁与归。
万民景从，仰承教诲。千秋万世，永蒙遗徽。
恭逢圣诞，我心欢畅。秉持诚意，其喜洋洋。
载歌载舞，俎豆馨香。奉承而进，伏惟尚飨。
护佑生灵，教化其昌。乐道好礼，同沐祯祥。

济宁市人民代表大会常务委员会

综　述

济宁市第十六届人民代表大会及其常务委员会于2012年2月选举产生。市十六届人大常委会组成人员名额为51名，经市十五届人大一次选举产生37名，分别为：常委会主任1名，副主任4名，副主任、秘书长1名，委员31名。济宁市人民代表大会设6个专门委员会：内务司法委员会；财政经济委员会；教育科学文化卫生委员会；城乡建设与环境资源保护委员会；农业与农村委员会；民族侨务外事委员会。常委会设副秘书长3名。常委会机关设8室1委2处，即：办公室，研究室，人事代表工作委员会，内务司法委员会工作室，财政经济委员会工作室，教育科学文化卫生委员会工作室，城乡建设与环境资源保护委员会工作室，农业与农村委员会工作室，民族侨务外事委员会工作室；信访处，老干部处。机关共设18个科，1个车队，1个后勤服务中心。

2012年，市人大常委会在中共济宁市委的坚强领导下，坚持以邓小平理论、“三个代表”重要思想、科学发展观为指导，围绕中心，服务大局，依法履职，积极作为，共召开常委会会议7次，主任会议13次，作出决议、决定和审议意见21项，开展视察调研、执法检查42次，形成调查报告35篇，依法任免国家机关工作人员92人次，其中任命政府组成人员39人次，有力促进了全市经济社会发展和社会主义民主法制建设。

服务中心工作，全力推动科学发展　常委会深入落实科学发展观，牢固树立大局意识，主动服务第一要务，全力促进经济又好又快发展。服务发展大局，主动融入中心工作。坚持与市委思想同心、目标同向、工作同步，按照市十二次党代会提出的目标任务，着眼事关全市经济社会发展的重大问题，找准切入点和结合点，科学确定工作重点，把人大担负的工作责任分解细化，有计划地开展履职活动，努力做到决策有据、决定有效、落实有力。紧紧围绕“全省争先进、区域当排头、全面达小康”的发展定位，充分发挥人大履职优势，大力推进工业强市战略、城市化追赶战略、文化建设突破曲阜战略、大项目突破年等重点工作，努力促进“三个高于、三个提高”目标要求的实现。深入开展“解放思想跨越发展大讨论”、“大规模驻村入户、面对面谈心交流”和“为企业排忧解难服务”活动，常委会负责人深入包保的重点工程、重点项目，所联系的企业、学校和村庄，现场办公，具体指导，千方百计帮助协调解决困难和问题，积极推进市委决策部署的贯彻落实。加大助推力度，促进经济持续健康发展。听取审议了市政府国民经济和社会发展计划及财政预算执行情况的报告、财政收支情况的审计报告，作出决议和审议意见。围绕深入实施“县域经济倍增计划”，加大对招商引资、县域经济发展工作监督力度，开展视察调研，提出加快建立县域经济发展长效机制、加大财税扶持力度、协调解决生产要素保障等建议，着力推动县域经济发展。对市属投融资公司资金使用和大项目建设进度情况进行调研，督促政府进一步拓宽融资渠道，提高资金使用效益。针对中小企业运行中的困难，对全市贯彻实施《中小企业促进法》和《山东省中小企业促进条例》情况进行执法检查，督促落实各项优惠政策，建立中小企业服务体系，促进了中小企业加快发展、提档升级。狠抓督促落实，推动发展方式转变。节能减排是全市经济转型升级的突破口。常委会对节能减排工作进行跟踪监督，定期开展视察、调研、检查，对市政府落实常委会审议意见情况进行满意度测评，督促政府把大幅度降低能耗作

■2012年2月9日，济宁市举行第十六届人民代表大会第一次会议。

为重要约束性指标，加快发展循环经济。为加快文化强市建设，对全市文化产业发展情况开展视察调研、审议测评，提出转变思想观念、加大资金扶持、强化项目带动、提供人才保障等建议，督促政府制定了《关于促进全市文化产业发展的若干政策》，出台了29项具体措施，一批重大文化项目建设明显加快，全市文化产业规模化、集约化水平明显提高。

坚持以人为本，着力促进民生改善 常委会把实现好、维护好、发展好人民群众的根本利益作为依法履职的着力点，谋民生之利，解民生之忧，努力增进民生福祉。围绕“三农”工作强化监督。坚持把农业、农民和农村工作作为监督重点，对农村土地综合整治情况进行视察调研，对全市农村环境综合整治工作评议整改情况进行督导检查，提出意见建议，大力度推动整改，农村环境面貌发生显著变化。针对农田水利基础设施年久失修、配套不完善、资金投入不足、管理机制不健全等问题，提出要坚持建管并重、提高效益的原则，不断完善投入、建设、管护、科技创新四项机制，推动政府搞好整体规划，明确建设任务，加大资金投入，理顺管护机制，进一步提升农村水利设施建管水平。围绕民生热点问题强化监督。城乡规划、建设和管理事关民生改善和城乡统筹发展。常委会对《城乡规划法》贯彻实施情况组织执法检查，对“城市建设管理年”活动和城区商贸规划、城市建设档案等工作开展专题调研，对市区重点工程建设、第23届省运会场馆建设等工作进行视察，督促抓好市政公用设施、道路桥梁、学校医院等民生工程配套建设，解决好城区供水、供气、供热等群众关心的热点问题，开展好市容环境综合整治。目前，中心城区框架进一步拉开，重点城建项目加快推进，城市承载能力和形象品位明显提升。为促进教育公平，专题听取城区中小学校舍建设情况汇报，对市区基础教育开展调研，提出要坚持教育的公平性和普惠性，大力整合教育资源，优化中小学校布局，推动教育均衡发展。围绕人民群众普遍关注的道路交通安全和生产安全问题，分别对贯彻实施《道路交通安全法》情况和安全生产工作进行视察调查，督促进一步优化全市道路通行环境，着力构建道路交通综合管治机制，确保全市道路交通安全；不断强化全社会安全生产意识，加强对重点行业、重点领域的监管，严格排查各类事故隐患，做好突发事件处置预案，以高度的责任感做好安全监管工作。围绕生态济宁建设强化监督。立足建设“城乡秀美、生态宜居”济宁，对全市湿地保护工作情况开展调研，督促市政府加大资金投入，建立健全重点生态保护区和自然保护区生态补偿机制，全市湿地保护管理工作得到有效加强。对济宁市南水北调工程建设及该流域水污染防治情况进行视察调研，督促解决群众反映强烈的环境保护、征地拆迁安置等问题。深入开展“环保世纪行”活动，以“推进节能减排，建设生态济宁”为主题，组织新闻媒体对污染防治、秸秆禁烧、水资源保护和山区小流域治理、生态林业建设、采煤塌陷地治理等工作进行跟踪报道，营造了发展循环经济的浓厚氛围。

推进法制建设，力促社会和谐稳定 常委会把促进依法行政、公正司法作为建设法治济宁的重要抓手，认真履行法律监督职能，切实维护宪法和法律权威。深入开展执法调研。坚持把加强法制宣传教育作为依法治市的基础性工作，按照常委会审议议题，举办专题法制讲座，不断提高依法履职水平。坚持检查前宣传发动、检查中上下联动、检查后督促整改，对《人口与计划生育法》、《监狱法》、《山东省电力设施和电能保护条例》等法律法规执行情况开展检查，增强了监督实效。有关专门委员会积极协助全国人大、省人大对《文物保护法》、《山东省湖泊保护条例》、《山东省企业权益保护条例》等法律法规实施情况进行执法检查或立法调研。认真做好规范性文件备案审查工作，全年审查市政府报送备案的规范性文件16件，向省人大常委会报送备案5件，维护了法律法规的统一。强力维护司法公正。针对群众反映强烈的执行难问题，对全市法院执行工作进行视察调研，就进一步提高执行水平、健全工作机制、改善外部环境等问题，作出《关于加强和规范人民法院执行工作的决议》，明确提出切实加强执行工作规范化建设，建立诚信管理机制，市县人民政府设立执行救助基金等13项具体要求，督促提高实际执行到位率，有效解决了部分阻碍执行工作的问题，为优化全市执行环境提供了有力支持。加强对检察机关民事行政检察工作的监督，通过实地察看、听取汇报、提出建议，督促市检察院把民事行政检察监督的重点放在人民群众反映强烈的突出问题上，大力推进“亲民检察”、“民生检察”，进一步加强对国有资产、食品安全、知识产权、环境资源等方面的司法保护，维护了司法公平公正。依法做好信访工作。积极探索领导亲为、协调联动、跟踪督办的信访工作机制，推动信访工作规范化、制度化。2012年，共受理人民来信236件，接待群众来访275起362人次，解决重点信访事项28件，有效化解了社会矛盾。常委会负责人定期到市群众接访大厅接待来访群众，督促解决有关拆迁补偿、养老保险等涉法涉诉重点信访事项23件，维护了群众合法权益。

突出主体地位，充分发挥代表作用 常委会不断创新工作思路，增强服务意识，搭建履职平台，提供服务保障，积极发挥代表的主体作用。强化培训，提升代表整体素质。针对换届后初任代表较多的实际，举办了市人大代表专题培训班，邀请全国人大代表和专家学者，从贯彻实施《代表法》、促进代表履职、发挥代表作用等方面进行培训。重视代表经常性培训工作，采取集中培训、小组培训、举办辅导讲座和形势报告会等形式，开展代表会前培训、年度培训、专项培训，形成了全方位多层次的培训格局，代表整体素质和履职能力明显提高，大局意识、法治意识、责任意识明显增强。搭建平台，促进代表依法履职。一是加强代表小组建设。根据市县乡三级换届的新形势，全面加强代表小组建设，设立“代表之家”，实行代表履职登记，全市1048个各级人大代表小组基本达到了有场所、有计划、有制度、有档案的“四有”标准。二是拓宽代表履职途径。积极组织开展“五带头”、“六个一”、代表访谈日、联系选民和代表述职等活动，增强了代表履职的责任感和自觉性。结合新型社区建设，设立代表服务站、便民岗，探索实行代表履职承诺和“坐班接访”等制度，取得了良好社会效果。开展“代表履职集中采访”活动，大力宣传代表先进事迹，激发了代表履职热情。坚持重要会议邀请代表列席，重大活动组织代表参加，重大事项向代表通报，拓宽了代表知情知政渠道。三是认真组织视察调研。围绕转方式调结构、促进扩大就业、加强环境整治和推进新农村建设等问题，组织代表深入厂矿企业、城乡社区，联系基层群众，了解社情民意，提出针对性、操作性强的意见建议，有效发挥了代表的桥梁纽带作用。抓好督办，提高议案建议办理质量。修订代表议案征集与处理办法，健全完善督办工作机制，层层明确责任，形成工作合力，有效促进了代表议案建议的办理。对市十六届人大一次会议确定的关于加大农田水利基础设施投入与加强保护、加快中小企业公共服务平台建设、出台济宁市加快城区中小学校舍建设实施办法3件大会议案，常委会认真梳理、深入调研、对议案办理工作提出明确要求和处理意见，各专门委员会全程参与、及时调度、跟踪督办，市政府高度重视、明确责任、强化措施，努力提高办理质量。目前，《济宁市小型农田水利设施维护管理办法》、《济宁市城区中小学校幼儿园规划建设管理办法》已经出台，市级中小企业公共服务平台建设顺利推进，服务中心正式挂牌运行。

强化自身建设，努力提升履职水平 加强思想政治建设。坚持把学习宣传贯彻党的十八大精神作为首要政治任务，专门召开常委会会议作出决议，要求充分认识重大意义，深刻领会精神实质，切实把学习宣传活动引向深入、推向持久、见到实效。坚持正确政治方向，坚决维护党在人大工作中的核心地位，在思想上、政治上、行动上与党中央和省、市委保持高度一致。坚持重要工作和重大事项请示报告制度，准确把握市委意图和重大决策部署，增强人大工作的科学性、全面性和前瞻性。坚持民主集中制原则，集体行使职权，通过法定程序，把市委决策转变为全市人民的统一意愿，确保党的领导贯穿人大依法履职全过程，确保市委决策部署在人大得到贯彻落实。加强制度机制建设。坚持总结、借鉴、完善、创新的原则，依法制订修订了《关于加强自身建设的意见》、《市人大常委会议事规则》、《专门委员会监督联系对口部门单位制度》等37项制度办法，建立健全议事决策、监督检查、人事任免、代表工作等规章制度，确保人大工作依法操作、规范实施、高效运行。重视加强专门委员会建设，充分发挥专门委员会自身优势，支持专门委员会依法履职、发挥作用。积极探索做好人大宣传工作的有效途径，健全制度，强化措施，深入宣传人民代表大会制度和人大工作。按照市委提出的目标责任、考核奖惩、监督检查“三个体系”建设要求，建立督查制度，完善奖惩机制，人大机关形成了比学赶超、创先争优的浓厚氛围。加强素质能力建设。注重作风转变，积极开展“效能提升年”主题活动，着力提高工作标准和执行能力。组织机关干部走村入户、爱心帮扶，与基层干部群众开展面对面谈心交流活动，深入了解群众愿望和需求，不断增进与人民群众的感情。认真做好老干部工作，积极发挥老干部作用。严格遵守反腐倡廉有关规定，努力增强廉洁意识和公仆意识。注重学习创新，采取“走出去”、“请进来”等方式，赴苏北等地学习考察经济社会发展和人大工作经验，邀请全国人大、省人大等有关专家举办专题讲座，开阔了眼界，拓宽了思路。注重工作交流，主动争取上级人大工作指导，及时总结推广基层人大工作经验，成功举办全市人大系统运动会，积极活跃人大机关文化生活，全市各级人大的联系更加密切，指导更加有力，工作更加协调。

重要会议

市十六届人大一次会议 2012年2月7日至13日举行。市十六届人民代表大会代表名额为547名，安排各县市区新一届人民代表大会第一次会议和济宁军分区、山东陆军预备役炮兵师依法选举产生济宁市第十六届人民代表大会代表529名。济宁市第十五届人民代表大会常务委员会第三十二次会议根据代表资格审查委员会提出的审查报告，确认529名代表的代表资格全部有效。529名市人大代表出席了会议。会议听取审议了市长梅永红所作的市政府工作报告，市人大常委会第一副主任梁之安所作的市人大常委会工作报告，市中级人民法院院长张勇所作的市中级人民法院工作报告，市人民检察院检察长张庆建所作的市人民检察院工作报告。会议书面印发并审查、批准了市人民政府关于济宁市2011年国民经济和社会发展计划执行情况与2012年计划草案的报告和关于济宁市2011年预算执行情况和2012年预算草案的报告，审议了市十五届人大四次会议以来代表建议办理情况的报告。会议选出市十六届人大常委会主任为马平昌，副主任为陈民、殷允岭、丁颖(女)、商建设、罗心光。选出市人民政府市长为梅永红，副市长为刘中会、周洪、田志锋、白山(回族)、石爱作、张继民、吴霁雯(女)。选举张勇为济宁市中级人民法院院长。选举张庆建为济宁市人民检察院检察长，并报山东省人民检察院检察长提请山东省人大常委会批准。选出市人大常委会秘书长为丁颖(女)，选出市十六届人大常委会委员31名。会议决定设立济宁市人民代表大会内务司法委员会、财政经济委员会、教育科学文化卫生委员会、城乡建设与环境资源保护委员会、农业与农村委员会、民族侨务外事委员会，通过了市人大各专门委员会组成人员。会议表决通过了六项报告的决议。

市十五届人大常委会第32次会议 2012年1月18日举行。出席会议的市人大常委会组成人员共44人。市人大常委会第一副主任梁之安主持会议。市人大常委会副主任刘明远、段修龙、殷允岭，副主任、秘书长丁颖出席了会议。会议听取了济宁市第十六届人民代表大会第一次会议筹备工作情况的报告；听取审议了市人大常委会代表资格审查委员会关于济宁市第十六届人民代表大会代表的代表资格审查报告；审议通过了济宁市第十六届人民代表大会第一次会议主席团和秘书长建议名单，预算委员会、议案审查委员会组成人员建议名单和列席人员名单。

市十六届人大常委会第1次会议 2012年3月21日举行。出席会议的市人大常委会组成人员共35人。市委书记、市人大常委会主任马平昌出席会议并作重要讲话，市人大常委会第一副主任陈民主持会议。市人大常委会副主任殷允岭，副主任、秘书长丁颖，副主任商建设、罗心光出席了会议。会议审议通过了济宁市人大常委会2012年工作要点；审议通过了《济宁市人大常委会关于加强自身建设的意见》；修订了《济宁市人大常委会议事规则》和《济宁市人大常委会组成人员守则》；审议通过了《济宁市人民代表大会代表议案征集与处理办法》。会议还表决了人事任免事项。市政府副市长田志峰，市中级人民法院院长张勇，市人民检察院检察长张庆建等出席会议。

市十六届人大常委会第2次会议 2012年4月12日举行。出席会议的市人大常委会组成人员共37人。市委书记、市人大常委会主任马平昌出席会议并作重要讲话，市人大常委会第一副主任陈民主持会议。市人大常委会副主任殷允岭，副主任、秘书长丁颖，副主任商建设、罗心光出席了会议。会议听取审议了市政府关于《中华人民共和国人口与计划生育法》贯彻实施情况的报告并进行了满意度测评；审议通过了《济宁市人民代表大会常务委员会开展询问和质询工作试行办法》；审议通过了《关于通过济宁市十六届人大常委会代表资格审查委员会组成人员的决定》。会议还表决了人事任免事项。市委副书记、市长梅永红，市委常委、常务副市长刘中会，市中级人民法院院长张勇，市人民检察院检察长张庆建等出席会议。

市十六届人大常委会第3次会议 2012年6月29日举行。出席会议的市人大常委会组成人员共34人。市人大常委会第一副主任陈民主持会议并讲话，市人大常委会副主任殷允岭，副主任、秘书长丁颖，副主任商建设、罗心光出席了会议。会议听取审议了市政府关于全市文化产业发展情况的报告并进行了满意度测评；听取审议了市中级人民法院关于执行工作情况的报告并作出相关决议，进行了满意度测评；会议还表决了人事任免事项。市政府副市长吴霁雯，市中级人民法院院长张勇，市人民检察院检察长张庆建等出席会议。

市十六届人大常委会第4次会议 2012年8月27日举行。出席会议的市人大常委会组成人员共36人。市人大常委会第一副主任陈民主持会议并讲话，市人大常委会副主任殷允岭，副主任、秘书长丁颖，副主任商建设、罗心光出席了会议。会议听取审议了市政府关于2012年上半年国民经济和社会发展计划执行情况的报告；听取审议了市政府关于2011年市级财政决算和2012年上半年财政预算执行情况及市级预算调整方案的报告和市政府关于2011年度市级预算执行和其他财政收支情况的审计工作报告并作出相关决议；听取审议了市政府关于全市贯彻实施《中华人民共和国道路交通安全法》情况的报告并进行满意度测评；会议还表决了人事任免事项。市委副书记、市长梅永红，市政府副市长田志锋，市中级人民法院院长张勇，市人民检察院检察长张庆建等出席会议。

市十六届人大常委会第5次会议 2012年10月30日举行。出席会议的市人大常委会组成人员共33人。市人大常委会党组书记、第一副主任陈民主持会议并讲话，市人大常委会副主任殷允岭，副主任、秘书长丁颖，副主任商建设、罗心光出席了会议。会议听取审议了市政府关于关于全市节能减排工作情况的报告并进行了满意度测评；听取审议了市政府关于《中华人民共和国城乡规划法》贯彻实施情况的报告，进行了满意度测评并通过了有关决议；会议还表决了人事任免事项。市委常委、副市长周洪，市政府副市长石爱作，市中级人民法院院长张勇，市人民检察院检察长张庆建等出席会议。

市十六届人大常委会第6次会议 2012年12月3日举行。出席会议的市人大常委会组成人员共33人。市人大常委会党组书记、第一副主任陈民主持会议并讲话，副主任、秘书长丁颖，副主任商建设、罗心光出席了会议。会议传达了中共济宁市委十二届二次全体会议精神；传达学习了《中共济宁市委关于深入学习宣传贯彻党的十八大精神的决议》；审议通过了《济宁市人民代表大会常务委员会关于学习宣传贯彻中国共产党第十八次全国代表大会精神的决议（草案）》。市人大常委会副秘书长、各部门负责人列席了会议。

市十六届人大常委会第7次会议 2012年12月31日举行。出席会议的市人大常委会组成人员共36人。市人大常委会党组书记、第一副主任陈民主持会议并讲话，市人大常委会副主任殷允岭，副主任、秘书长丁颖，副主任商建设、罗心光出席了会议。会议审议通过了关于召开济宁市第十六届人民代表大会第二次会议的决定；听取了关于市十六届人大二次会议筹备工作情况的报告；听取审议了市政府关于市十六届人大一次会议以来代表议案建议办理情况的报告，审议通过了市人大财经委、教科委、农业委关于市十六届人大一次会议主席团交付审议的5号议案、53号议案、57号议案办理结果审议情况的报告；审议了市人大常委会向市十六届人大二次会议提交的工作报告（草案）；审议通过了济宁市第十六届人民代表大会第二次会议主席团和秘书长建议名单、列席人员名单。市政府副市长田志锋，市中级人民法院院长张勇，市人民检察院检察长张庆建等出席会议。

（武法强　马　琳）

济宁年鉴 2013

JININGYEARBOOK

济宁市人民政府

综　述

2012年，面对复杂严峻的国内外经济形势，全市上下在中共济宁市委的坚强领导下，深入落实市第十二次党代会精神，牢牢把握科学发展跨越发展总基调，紧盯“三个高于、三个提高”任务目标，解放思想，开拓创新，攻坚克难，拼搏实干，各项工作取得新成绩，新一届政府实现良好开局。

经济实现平稳较快发展。全市地区生产总值达到3190亿元、增长11%；公共财政预算收入完成245.6亿元、增长18.6%；固定资产投资1809.7亿元、增长22.3%；社会消费品零售总额1300亿元、增长15.1%，居民消费价格同比上涨2.1%。金融机构年末存款余额3090亿元、贷款余额1970亿元，分别比年初增加460亿元、320亿元。

产业结构得到优化提升。全市规模以上工业企业发展到1450家，四大千亿级产业规模实力不断增强，拉动工业增加值增幅8个百分点。战略性新兴产业发展迅速，实现销售收入540亿元、增长47%。高新技术产业产值占工业比重提高到20.6%。服务业实现增加值1150亿元、占比提高1个百分点。

发展动力和活力显著增强。国有资产管理体制改革纵深推进。投融资体系建设取得新进展，市产业发展投资公司、融资担保公司与城建投资公司形成“三驾马车”，引进民生银行、莱商银行，5家村镇银行和5家保险公司开业，全市股权投资基金达到15支，小额贷款公司发展到19家。全年取得重要科技成果150项、专利授权5000项，济宁高新区产学研基地建成使用，10名国家“千人计划”专家到济宁市创新创业。对外开放进一步扩大，新批外资项目49个，实际利用外资7.7亿美元；新增境外投资企业28家，完成投资5.4亿美元。全民创业行动扎实开展，新增民营企业3003家，民营经济增加值增长12.5%。

城乡面貌发生明显变化。中心城区实施重点项目96个、完成投资121.9亿元，一批公共基础设施建成使用，升级改造主干道和背街小巷25条，改造棚户区58.9万平方米，新增绿地164.9万平方米、环保公交车200辆、天然气用户1.5万户、供热面积310.6万平方米。农村环境综合整治成效明显，完成3640个村整治任务，硬化道路7670公里，建成垃圾中转站278座，配备保洁员1.4万人，农村环境得到净化美化，城乡环卫一体化长效机制初步形成。

生态环境质量持续提升。节能减排任务全面完成，单位生产总值能耗、主要污染物排放继续下降。水污染治理力度加大，主要河流水质稳定达标。大气污染防控成效明显，空气质量改善幅度居全省前列。新增造林面积19万亩，建成国家级森林公园和湿地公园2处。18个乡镇、34个村成为国家级生态镇村。

民生保障水平不断提高。城镇居民人均可支配收入和农民人均纯收入分别达到25454元、10002元，增长13.6%和14.8%。新增城镇就业12.7万人，农村劳动力转移就业11.9万人。城乡养老、医保制度实现全覆盖，保障水平不断提高。文化惠民工程深入实施，城乡居民精神文化生活更加丰富。为民承诺所办10件实事如期兑现。

全力突破工业经济　实施“工业强市”战略，开展“为企业排忧解难服务”活动，强化监测预警，落实要素保障，实现了工业经济企稳回升。围绕做大做强主导产业骨干企业，制定出台扶持千百亿工业企业发展政策，推进千户企业改造提升、利税过千万元企业信息化改造、骨干企业创百亿“三大工程”。实施了100个重大技改项目，完成投资560亿元、增长26%。太阳纸业、华勤集团销售收入突破300亿元，润峰集团、翔宇化纤、荣信化工突破100亿元。积极推进企业技术创新，新建重点实验室和院士工作站15个，国家煤及煤化工检测中心、鲁南技术产权交易中心正式运营，14个高水平研发团队入驻鲁南工程技术研究院。着眼培育壮大中小企业群体，实施金融助推千家中小企业发展计划，新增中小微企业贷款160亿元。

集中攻坚重大项目　深入开展“大项目突破年”活动，在北京、上海、香港等地区开展了系列招商活动，加强与世界500强、大型央企和知名民企的对接，引进了一批重大产业项目，到位市外国内资金671亿元、增长42%。深度推进与省直部门、金融机构和驻济大企业战略合作，签订合作协议23项。坚持每季度举行一次重大项目集中开工活动，建立领导包保、分类管理、部门联系推进制度，优化发展环境，千方百计保项目落地建设。全年累计新开工亿元以上项目328个、同比增加147个，娃哈哈灌装饮料、吉利自动变速箱等一批产业项目竣工投产。

夯实“三农”工作基础 认真落实强农惠农富农政策，发放政策性补贴9.6亿元。粮食生产实现“九连增”，总产达到113亿斤。推进农民土地承包经营权流转，标准化种养基地发展到381万亩，新增农业产业化龙头企业56家、农民专业合作社854家，农产品质量安全示范区发展到140万亩。农业综合机械化水平达到85%。南水北调干线主体工程和治淮东调南下续建工程竣工。加强农田水利基本建设，解决了37.4万农村居民饮水安全问题，12个县市区纳入全国小型农田水利重点县建设范围。

强力推动县域发展 实施“县域经济倍增计划”，加大产业布局、转移支付、对口帮扶、人才培训等扶持力度，市财政一般性转移支付新增2.5亿元，落实帮扶资金4.7亿元、项目184个。县域公共财政预算收入增幅高于全市平均2个百分点。赋予14个省级开发区完全县级管理权限，10个开发区突破百亿元，园区固定资产投资、提供税收分别占县域的59%、42%。建立向乡镇倾斜的政策导向机制，实行市直部门联系包保乡镇制度，全市公共财政预算收入增幅超过30%的乡镇发展到108个。

加速推进城镇化进程 以开展“城市建设管理年”活动为抓手，持续实施城镇化追赶战略，全市城镇化率提高2个百分点、达到46%。出台支持北湖新区加快发展政策，从管理职能和保障措施等多方面构建起完备的支撑体系。大力推进省运会场馆建设，奥体中心体育场试运行，指挥中心主体竣工。济宁高新区以廖沟河景观打造和系列科技场馆建成为标志，布局框架进一步拉开。济北新区任城行政中心正式启用，金宇路升级改造加快实施。“三河六岸”开发和老城区东南片区改造全面启动，万达广场等城市综合体项目加紧建设。北湖连通桥、南二环京杭运河特大桥建成，临菏路济宁段全线贯通。太白楼路东西延伸线、济徐高速东平至济宁段竣工通车。滨湖大道济宁至鱼台段路基和桥梁主体施工基本完成。济宁曲阜机场新开通5条航线。梁济运河济宁城区段下游11公里疏浚工程全面完成。金乡、微山、梁山、曲阜等县市老城改造和新城开发建设力度加大、特色凸显，小城镇建设步伐加快。进一步理顺市区城建管理体制，构建起市控区统、条块互动、运转高效的城市管理格局。

加快建设文化强市 大力实施文化建设“突破曲阜”战略，出台一揽子扶持政策，支持曲阜文化建设率先突破。曲阜片区大遗址规划建设扎实推进，国家级文化产业示范园区加紧实施。尼山圣境、东方文博城等一批项目开工建设，兴隆文化园、水浒文化主题公园等项目加快推进，微山湖景区被批准为省级旅游度假区。成功举办第二十九届国际孔子文化节等系列文化活动。市县国有文艺院团改革全面完成，济宁报业传媒集团、演艺集团挂牌成立。全市镇街全部建成综合文化站，95%以上的村居建成文化大院、农家书屋。

加强民生和社会事业建设 在全省率先启动民生保障十大体系建设。大力实施教育优先战略，新改扩建公办幼儿园462所，改造中小学校舍52万平方米，省级规范化学校达到111所。实施学生营养改善计划和中小学健康饮水工程，向困难家庭学生发放营养补助金4500万元。出台支持高校建设发展意见，促进地校融合发展。医改五项重点任务圆满完成，“先看病后付费”就诊模式全面推开，城镇职工和居民医疗保险实现门诊统筹。开展“百名医疗专家进千村”、“万名保健医生进农户”活动，有效缓解了群众看病难问题。新型社会救助体系基本形成，困难群众、特殊群体、优抚对象生活得到有效保障。“四位一体”养老经验在全省推广。建设保障性住房1.38万套，完成农村危房改造1.35万户。人口自然增长率控制在7‰以内。省运会筹备工作扎实推进。加强和改进食品安全监管，建成放心粮油食品示范店116家。深化“平安村居、社区、单位”创建活动，开展打霸除恶专项行动，群众安全感普遍增强。实行领导干部公开接访、接听市长公开电话制度，重点信访问题和社会矛盾得到及时化解。安全生产形势持续平稳，应急管理工作不断加强，社会保持和谐稳定。援疆工作积极推进。国防动员、民兵预备役和双拥共建工作富有成效。国家安全、新闻出版、广播影视、民族宗教、公共资源交易、住房公积金、外事侨务、统计、物价工作取得新成绩。档案史志、人防地震、水文气象、妇女儿童、老龄、残疾人、慈善、红十字等项事业加快发展。

（徐西胜）

重要会议

市十五届人民政府第45次常务会议 2012年1月19日召开。市委副书记、市长梅永红主持，讨论修改《政府工作报告(征求意见稿)》，研究2012年为民办实事工作，安排部署春节前后重点工作。

市十六届人民政府第1次常务会议 2012年3月2日召开。市委副书记、市长梅永红主持，传达贯彻省十一届人大五次会议精神，审议《关于进一步精减会议的通知(草案)》，研究市"两会"期间议案建议提案办理工作，研究贯彻实施《山东省行政程序规定》做好全市依法行政工作，研究全国全省旅游工作会议精神贯彻落实意见，研究南水北调南四湖渔业养殖污染防控工作。

市十六届人民政府第2次常务会议 2012年3月19日召开。市委副书记、市长梅永红主持，审议《关于进一步加快县域经济发展的意见（草案)》，研究全市安全生产工作，审议《关于扶持销售收入千百亿工业企业(集团)的办法(草案)》，研究全市节能工作，研究全市民营经济暨中小企业工作，研究中央和全省农村工作会议精神贯彻落实意见，研究2011年度济宁市科学技术奖励评审工作。

市十六届人民政府第3次常务会议 2012年5月15日召开。市委副书记、市长梅永红主持，审议《济宁市人民政府关于进一步加强自身建设的意见(征求意见稿)》，审议《关于鼓励支持引导全民创业大力发展民营经济的意见(草案)》，研究第九届省残疾人运动会筹备工作，研究全省食品安全工作会议精神贯彻落实意见，研究村镇银行设立工作，审议《济宁市市区国有土地资产运营管理办法（草案)》。

市十六届人民政府第4次常务会议 2012年6月14日召开。市委副书记、市长梅永红主持，传达贯彻省第十次党代会精神和姜异康到济宁调研重要讲话精神，研究全省国有资产监督管理工作会议精神贯彻落实意见，研究全省深化医药卫生体制改革工作会议精神贯彻落实意见，研究全市防汛工作，研究大运河文化产业带开发建设工作，审议《济宁市物业管理办法(草案)》，审议《关于加快全市经济开发区转型升级跨越发展的意见(草案)》，研究全省节能考核奖励会议精神贯彻落实意见。

市十六届人民政府第5次常务会议 2012年6月30日召开。市委副书记、市长梅永红主持，审议《济宁市国有文艺院团改革实施方案(草案)》，审议《关于加快金融业发展的意见（草案)》，研究第十三次全国、第二十三次全省民政会议精神贯彻落实意见，研究《济宁市现代物流发展规划》编制问题。

市十六届人民政府第6次常务会议 2012年7月19日召开。市委副书记、市长梅永红主持，分析研究上半年经济运行情况和下步重点工作，审议《2012年全市土地利用计划分配方案(草案)》，审议《济宁市评比达标表彰活动管理实施细则(草案)》，研究全国就业创业工作表彰大会精神贯彻落实意见，研究全市南水北调治污工作，研究推进济宁市与山东海洋投资有限公司开展战略合作问题。

市十六届人民政府第7次常务会议 2012年8月31日召开。市委副书记、市长梅永红主持，审议《关于严格控制市直机关和事业单位会议费开支的意见(草案)》，审议《济宁市行政事业单位国有资产管理暂行办法(草案)》，研究进一步深化国库集中支付制度改革工作，研究全市教育工作，研究济宁城区水资源管理工作，审议《关于进一步完善济宁市城乡居民社会养老保险制度的通知（草案)》，研究市政府9月份重点工作计划。

市十六届人民政府第8次常务会议 2012年9月17日召开。市委副书记、市长梅永红主持，安排部署中秋节国庆节及十八大召开前后重点工作，审议《关于建立健全民生保障体系的意见(草案)》，研究市政府2012年为民办好十件实事推进工作，研究全市安全生产工作，研究全省城市园林绿化工作会议精神落实贯彻意见，审议《济宁市建设工程抗震设防要求管理办法(草案)》。

市十六届人民政府第9次常务会议 2012年10月30日召开。市委副书记、市长梅永红主持，研究南水北调济宁市航运污染防治工作，研究理顺市、区城市建设管理体制工作，研究全市采煤塌陷地治理工作，研究全省县级公立医院综合改革试点暨新农合大病保险工作会议精神贯彻落实意见，研究大运河济宁段保护和申遗工作，研究第23届省运会筹备工作，审议《济宁市政府专职消防员招收管理办法(草案)》。

市十六届人民政府第10次常务会议 2012年11月28日召开。市委副书记、市长梅永红主持，传达学习贯彻党的十八大精神、省委书记姜异康视察济宁时的重要指示精神和市委书记马平昌在市委常委会议上的讲话精神，审议《济宁市重大行政决策程序规定(草案)》,研究行政许可事项清理工作,审议《济宁市城区中小学校幼儿园规划建设管理办法(草案)》,研究县域经济发展工作,研究全市安全生产工作,审议《关于创建全国绿化模范城市加快绿色生态济宁建设的意见(草案)》,研究全省落实小型微型企业政策工作会议精神贯彻落实意见,审议《加快推进济宁现代水利示范市建设实施意见(草案)》,研究市政府12月份重点工作计划。

市十六届人民政府第11次常务会议 2012年12月25日召开。市委副书记、市长梅永红主持,讨论修改《政府工作报告(征求意见稿)》,分析研究全市经济运行情况和2013年重点工作,审议《济宁市党政主要领导干部和国有企业领导人员经济责任审计实施办法(草案)》,研究与央企合作有关事项。

(徐西胜)

办公室工作

【概述】 2012年,是新一届政府开局之年,是实施“十二五”规划承上启下的重要一年,也是在困难挑战中加快推进科学发展跨越发展的关键一年。市政府办公室党组团结带领全体干部职工,紧紧依靠市委、市政府的坚强领导,以邓小平理论、“三个代表”重要思想和科学发展观为指导,深入贯彻落实党的十八大和十七大以来历次全会精神,始终紧扣全市中心任务,明确职责定位,找准工作重点,创新推进举措,着力在参与政务、管理事务、搞好服务等方面开拓进取,扎实苦干,圆满完成各项工作任务,为促进全市科学发展跨越发展作出了积极贡献。

“解放思想跨越发展大讨论”活动取得明显成效 办公室紧紧围绕发展目标、工作基调、促进科学发展跨越发展等核心工作,狠抓宣传发动、学习研讨、调查研究、征求意见、总结提高等重点环节,坚持高标准、严要求,精心组织,扎实推进,整个活动取得明显成效。一是广泛宣传发动。成立领导小组,制定实施方案,召开动员大会,号召全体党员迅速投入大讨论活动中。充分利用简报、报纸、网络,及时宣传交流经验做法和阶段性成效,先后编发活动信息、简报23篇。二是深入学习交流。严格按照学习计划通读必读书目,紧密结合思想工作实际研讨交流,组织党员干部赴江苏淮安学习考察,引导大家切实把思想认识统一到市委、市政府决策部署上来。三是大力改进作风。围绕“干部驻村入户、面对面谈心交流”活动,市政府领导、办公室党组成员和机关党支部结合工作实际,分别建立了19个联系点,深入联系群众,搞好民生民意调研,解决实际困难。四是透彻剖析问题。通过发放征求意见表、召开座谈会、上门走访等多种形式,广泛征求意见建议,认真梳理归纳,逐条登记造册,逐项进行整改。五是健全完善制度机制。修订印发了《关于进一步加强办公室党组自身建设的意见》,出台了办公室“目标责任、考核奖惩、监督检查”三个体系实施办法,逐步形成了一整套科学规范、运作高效的工作机制和管理规章。

政务服务工作呈现许多新亮点 调研工作,着眼于为市委、市政府科学决策、正确决策服务,不断创新调研工作方式,突出党政联手,强化部门联动,吸纳专家参与,先后完成调研课题55个,配合国务院研究室、省政府研究室完成调研课题30个;收集整理国内外重要动态,上报《呈阅件》20期;编发《内部情况通报》23期、《济宁政报》12期。文稿起草工作,着眼于发挥以文辅政的作用,在紧跟领导思路、借鉴外地经验、把握基层情况上下工夫,力求写出更多符合科学发展观要求、文风朴实清新、思路对策具体实在的精品文稿。全年撰写审核各类工作报告、会议讲话、汇报材料、领导署名文章520余篇,专题会议纪要70余期;筹办市长主持召开的各种会议、活动400多次,协调办理领导批示件近400件,反映领导活动的新闻稿件100余篇;筹办常务副市长主持召开的各种会议、活动220余次。政务信息工作,坚持围绕国家政策在基层的反映和贯彻落实情况,围绕经济社会热点难点问题,围绕地方创造的新鲜经验和特色做法,发掘上报有情况、有分析、有建议、有价值的高层次信息,全年上报信息456篇,被国务院办公厅和省政府办公厅采用214篇,国务院领导批示10次,省委、省政府领导批示21次,市委、市政府领导批示107次,信息工作综合考评位居全省17市第1名。文秘工作,严把公文审核关,促进公文办理提速增效,共审核市委、市政府及市委办公室、市政府办公室文件135个文号,市委办公室、市政府办公室联合发电52个文号,市政府及办公室文件401个文号、传真电报115个文号,办理上级来文、下级请示922件,全年精简各类文件200余个。政务督查工作,突出工作重点，狠抓督查落实，有力推动了各项决策落实，完成各项决策督查任务149项，办理落实领导批件950余件，办理省、市人大代表建议、政协委员提案624件，办复率100%。与济宁电视台联合拍摄《政令追踪》专题片15期，集中开展的重点工程和重大项目建设、市政府为民所办10件实事、市直部门“三个体系”建设等项督查活动，收到较好效果。市长公开电话工作，进一步加强服务平台和办理网络建设，创新媒体联动督办模式，不断提升为民服务水平。全年受理群众来话来信7.3万余件(次)，其中，12345市长公开电话6.9万余件(次)，《市长信箱》4473件（次)，《省长信箱》来件116件；群众来访来询170余批(次)，按时办结率99.6%。尤其是开展“市长接听电话”活动以来，全年8位市政府领导、41个市直部门单位主要负责人接听了公开电话，现场受理群众来话124件(次)，在社会各界和广大市民群众中产生了良好反响，第十九届全国市长公开电话工作年会推广了济宁市的经验做法。电子政务工作，强化政府门户网站管理，对网站进行改版升级，每天更新信息40余条，每月开展2期政府部门负责人在线访谈；加大信息公开力度，全市公开政府信息7.2万余条；完成济宁市党政协同办公系统、济宁市协同办公门户网站、短信接口开发，以及济宁市区83家市直单位的接入联网工作，建成了全市统一联网电子政务外网平台。行政服务中心工作，进一步优化审批流程，简化审批手续，实行网上审批，提高工作效率，受理各类审批事项32432件，办结32332件，按时办结率99.7%。

综合协调服务优质高效

注重从重点环节入手，着力健全制度、明确责任、细化措施，主动化解矛盾、配套联动、增强合力，保证各项决策部署落到实处。一是注重搞好上下协调。对上及时请示汇报，准确把握领导决策思路和工作意图，精心搞好领导之间的工作衔接和活动安排；对下做好上情下达、下情上报，使领导及时掌握工作进展情况、政策执行效果和基层的实际困难与问题。二是注重加强横向协调。主动加强与市委、人大、政协、纪委等办公部门的联络协调，及时交流情况、沟通信息、衔接工作；强化与部门的沟通协调，健全完善“分兵把口、分线作战，统一联动、协调高效”的工作机制，定期沟通情况，强化跟踪调度，及时解决问题，确保了全市重点工作、重要事项、重大活动的顺利推进和圆满成功。三是注重做好应急协调。进一步健全完善突发事件预警体系和快速反应机制，严格坚持24小时值班制度，编发《今日领导活动》260期、《应急管理工作动态》15期，组织指导全市各级各部门完善应急预案39688个，协助领导及时果断依法处置了济广高速梁山段交通事故、华勤电厂高压管道爆炸事故等几十起突发事件；坚持领导接访值班制度，全年协调处置群众到市政府访627起9000余人次，有效维护了市政府机关正常办公秩序。四是注重强化内部协调。按照“有序运转、无缝连接”的要求，进一步明确岗位职责，规范运转程序，确保办文、办会、办事高效有序，各项工作有条不紊。政务接待创新办法举措，规范服务程序，压减开销费用，接待水平不断提高，全年完成各类接待任务700余次，编写《接待快报》660余期、重要接待方案35期；秘书工作，精心搞好政务服务，主动协助领导做好联络衔接、会务筹备、文稿审核、督促查办等项工作，全年起草审核各类文稿900余篇，筹办各种会议、活动700余次；食安办7月底完成工作交接，实现了食品安全协调工作的顺利衔接，制订出台了《济宁市食品安全事故应急预案》、《“食品安全一号通”联动机制实施方案》、《食品安全应急管理办法》和《济宁市人民政府关于贯彻鲁政发［2012]38号文件进一步加强食品安全工作的通知》等文件及管理办法；打私办指导各县市区和有关部门支持配合济宁海关开展“国门之盾”打击走私专项行动，取得明显成效，在全省综合考评中名列前茅。

行政后勤服务规范细致 进一步改进管理服务方式，加大监督检查力度，办公区、生活区绿化、美化、亮化工作全面加强，供水、供电、供暖、供气、制冷等设备正常运转，物业管理水平明显提升。节约型机关建设成效明显，及时维修改造节能设施，市政府机关办公区（含东办公区）同比节电2.9万度、节水1200余方，齐鲁晚报、济宁电视台等新闻媒体对办公室节能经验做法进行了推广报道。财务工作进一步规范，加强国有资产购置、使用、调配和处置，协调完成人行济宁中心支行资产移交，完成市政府机关配电室和老干部活动室改造升级工作。干部职工住房实现突破，办公室党组抓住并用好加快建设北湖生态新城的有利时机，采取市场运作的方式，在北湖生态新城高校生活区为干部职工协调落实济宁医学院附属医院房源，方便大家集中购买居住，大大改善了干部职工的住房条件。安全保卫网络更加缜密健全，在市政府办公区及一宿舍区开展"公安大走访"活动，在宿舍区内开展创建"无案"社区活动，发放温馨提示和预警信息2000余份，有效维护了机关办公区的正常秩序和宿舍区的安全稳定，被评为全市治安先进单位。车辆管理坚持安全行驶与节油降耗并重，实现安全行车150万公里、节油5万余升。离退休人员服务工作热情细致，领导和老干部满意度进一步提高。驻京联络处圆满完成联络协调、服务接待、处置信访等项工作。史志办顺利完成《济宁年鉴(2012)》编辑工作。无委办无线电监听监测职能进一步强化，圆满完成十八大期间和高考、中考等各类考试监测保障任务，综合评议考核进入全省前3名。机关幼儿园达到省实验幼儿园和省十佳幼儿园办园标准，成为山东省幼儿教师培训基地、山东省家庭教育工作示范单位。

干部选拔任用及管理工作有新成效 办公室党组高度重视干部选拔任用及管理工作，坚持寓监督于干部选拔任用全过程，不断完善干部选拔任用制度，创新选人用人机制。2012年，坚持把推行竞争上岗作为干部管理工作的重点，不断增强干部选拔任用工作的透明度，认真落实群众对干部选拔任用工作的知情权、参与权、选择权和监督权，设立了监督电话，有效防止了干部工作中的不正之风。配合市委组织部完成14名县级干部推荐考察工作；2012年12月，办公室进行了科级干部竞争上岗，39名符合条件的干部踊跃报名参加，23人晋升了职务，7人得到重用，14人进行了轮岗交流；为办公室机关选调7名公务员，为所属单位公开考选和选调2名工作人员；先后安排30多人参加不同类型的培训班、进修班，进一步优化了干部队伍结构，全面提升了干部队伍综合素质。

文明机关创建成果显著 结合深化"创先争优"、"解放思想跨越发展大讨论"活动，周密制定学习计划，科学安排学习时间，组织开展了党的十八大、省十次党代会、市十二次党代会、全市干部作风建设大会、市委十二届二次全体会议、办公室党组理论学习中心组读书会、办公室系统业务培训班等专题学习教育活动；扎实开展"干部驻村入户、面对面谈心交流"、"廉政勤政宣誓、现场书写承诺书"、赴江苏淮安学习考察等主题实践活动。圆满完成2011年度考核工作。补充完善科以上干部电子廉政档案资料。编辑印发《工作动态》12期。成功举办春节茶话会、春季运动会等文体活动，做好干部职工健康体检、老干部慰问等工作，增强了团队凝聚力。组织干部职工开展"爱心帮扶助学"捐款，累计捐款4.3万余元。认真抓好综合系统党建工作，组织培训入党积极分子20余人，发展新党员12人，转正预备党员11人；组织召开市直综合系统各单位党支部书记工作交流会议，宣传推广经验做法；组织综合系统300名干部职工参加"全民动手　洁净家园"义务劳动；组织100名干部职工参加义务植树活动；编发《市直综合系统工作简报》6期。扎实做好部门联系包保乡镇助推县域经济跨越发展和包村工作，为群众办了一批急事难事好事，包保园区工作扎实推进，驻村工作组成功引进由上海阳森建筑公司投资1.2亿元的普瑞凯高分子材料（山东)有限公司项目，济宁电视台就办公室驻村工作制作播放了专题片。以开展"恪守从政道德、保持党的纯洁性"活动为契机，结合自身实际，深入调查研究，广泛科学论证，形成《市政府办公室廉政风险防控机制建设文件汇编》，有力促进了办公室党风廉政建设。全面落实党风廉政建设责任制，不断强化廉政教育，不折不扣地贯彻执行中央和省、市委各项廉政规定，党组成员带头发扬艰苦奋斗、勤俭节约的优良传统，在接待、乘车、住房等方面不搞特殊，严格履行"一岗双责"，加强对分管科室、单位的教育管理，有效杜绝了违规违纪现象发生。

（徐西胜）

调研工作

【概述】 2012年，市政府研究室紧紧围绕市委、市政府中心工作和全市工作大局，认真落实"更高标准、更快节奏、更实文风、更严要求"，求真务实，开拓创新，扎实工作，服务市政府重大部署、起草综合文稿、开展调查研究、编发《济宁政报》、加强自身建设都取得新突破，决策服务能力和水平有了新提高。

调查研究突出大课题、大成果 围绕中心精选课题，策划了一系列重大课题调研，撰写了一批有价值、有新意、有深度的调研报告，系统地提出了应对挑战、破解难题、推进发展的对策措施，有效推动了市委、市政府主要领导科学决策，有的甚至进入了省级领导视野。配合国务院、省政府研究室完成了转型发展、科技创新、城镇化推进、实体经济拓展等30个重大课题调研，在一定程度上展示推介了济宁、影响了国家及省级层面的决策向济宁倾斜。按照市委、市政府主要领导的批示要求，会同市委政研室、市直有关部门先后就大项目突破、城乡管理体制改革、煤炭塌陷地治理等10个重大课题进行专题调研、成果专报，市委、市政府主要领导均作了批示。根据市政府2012年经济社会发展重点调研课题任务安排，按时间节点牵头完成了县域经济、产业转型、全民创业、国资监管、生态湿地等15个重大课题调研，形成各类调研成果32篇，有15篇市委、市政府领导作了批示，有10余篇转化为市政府或部门规范性文件，有7篇省政府《决策参阅》刊发，有15篇获2012年全省政府系统优秀调研成果奖，其中一等2篇，位居全省17市之首。

综合文稿突出高标准、高效率 坚持把上级精神与济宁实际相结合，把握大局、领会意图，努力增强综合文稿的思想性、指导性和针对性。2012年，市政府研究室共撰写审核各类工作报告、会议讲话、汇报材料、领导署名文章520余篇，综合文字量达160余万字，许多文稿提出的思路对策对指导工作、推动发展起到了至关重要的作用。市政府研究室在做好文稿起草工作的同时，还认真做好市长、常务副市长主持召开的各种会议的会务安排和纪要整理，一丝不苟地办理领导批件。2012年先后筹办市长、常务副市长召开的各种会议90余次，起草市政府常务会议、市长办公会议及各类专题会议纪要70余期，协调办理领导批示件400余件，为各类新闻媒体提供反映领导政务活动的稿件100余篇。

政报编辑突出抓精品、创名刊 把《济宁政报》作为服务市政府中心工作的重要方面，全面提升刊物外在形象和内在质量，努力办出特色、办出水平。坚持以跟进中心、促进落实为出发点，精心策划系列专题，先后推出了做大做强实体经济、健全完善民生保障体系、以科技创新推进产业转型等专题专刊。坚持以丰富内涵、服务基层为着眼点，适当增加了来自基层和一线的稿件比重。坚决以提升品位、打造风格为立足点，积极约发各级各部门主要领导的著名文章和知名专家的理论文章以及一些实际工作者的精心力作。全年编发《济宁政报》12期，刊发文稿40余篇，宣传图片100余幅，刊物发至乡镇、企业、村居及公共场所，受到各级领导和广大读者的一致好评。

自身建设突出强能力、正风气 一是加强思想建设。教育引导全体干部充分认识研究室在政府工作中的地位和作用，不断增强履行调研职责，当好参谋助手的责任感、使命感。二是加强能力建设。立足政府研究室职能特点和目标任务，重点加强学习、研究、写作、创新、执行5个方面的能力建设，开办了调研报告、综合文稿写作论坛，一人谈大家论共同学，同时举办了经济金融社会等知识竞赛。三是加强作风建设。教育全体干部学会自省、学会欣赏、学会敬畏，大力倡导勤奋学习的风气、团结和谐的风气、雷厉风行的风气，以优良作风推动工作、树好形象。

（徐西胜）

行政审批工作

【概述】 济宁市行政服务中心成立于2002年6月，原名称为济宁市行政审批中心管理办公室，正县级事业单位，隶属市政府办公室，内设综合科、业务科、监督检查科3个科室。2010年7月，更名为济宁市行政服务中心，同年成立北湖行政服务中心，为市行政服务中心内设机构。市行政服务中心核定编制16名，领导职数1正2副，科级职数6名。中心主要职责是组织各部门联合审批、服务大厅的日常管理等。目前，进驻行政服务中心43个政府部门、9家中介服务机构，设置服务窗口176个，工作人员195名，承担审批项目140项，行政服务项目105项。市行政服务中心先后获得山东省服务名牌、国家级、省级青年文明号、市级文明机关、市级理论教育先进单位、市级文明单位等荣誉称号；中心所属窗口多次获得全市“十佳”文明窗口、全市“十佳”基层单位等荣誉称号。2012年，市行政服务中心共受理行政审批和服务事项33469件，办结33370件，按时办结率99.7%，接受群众来人来电咨询和网上答疑1.2万余次，群众满意度保持在98%以上。

创新行政审批工作机制，不断提升行政服务效能 按照市委、市政府开展的各项重大活动安排，市行政服务中心在“实”字上狠下工夫，在“新”字上寻求突破，确保各项重大活动在中心都取得实实在在的新成效。一是扎实组织开展各项重大活动。结合“解放思想跨越发展大讨论”活动,开展了全市行政服务中心工作调研,全面掌握全市服务中心实际运行情况,破解服务中心发展难题,推动服务中心工作深入开展;结合“大项目突破年”活动,设立了“解放思想跨越发展”重大项目绿色通道办公室和北湖新区重大建设项目绿色通道办公室,提高了重大项目的审批效率;结合“大规模驻村入户、面对面交流谈心”活动,开展了驻村入户“四个一”活动,确保了驻村入户活动真正落到实处;结合“恪守从政道德、保持党的纯洁性”和“廉政勤政宣誓承诺”活动,组织中心全体人员100余人,到济宁监狱开展警示教育和“廉政勤政宣誓”活动,强化廉政勤政意识,筑牢拒腐防变的思想道德防线。二是不断探索并联审批工作新机制。为进一步落实市委、市政府加快县域经济发展的战略部署,把助推县域经济发展作为重点工作来抓,在并联审批、“一站式”联合审批的基础上,结合“县域经济倍增计划”,加强与各县(市、区)重大项目审批的互联互动,启动“市县两级并联审批”程序,主动为各县(市、区)需在市里办理审批手续的重大项目,开辟便捷、高效、畅通的“绿色通道”,并提供上门服务、全程服务、跟踪服务。已主动为兖州、曲阜等5个县(市、区)的7个重大项目开展了“市县两级并联审批”活动,大大缩减了审批时间,增强了客商投资信心,受到各县市区和客商的一致好评。三是创新对窗口人员的监管考核机制。结合“三个体系”建设活动,修订完善了考勤、考核等管理规定,建立了目标责任、考核奖惩、监督检查“三个体系”,全面提升了各科室、各窗口的执行能力和工作效能,中心的服务质量和办事效率有了新进步。通过开展“红旗窗口”、“服务标兵”季评活动,发挥先进典型的示范、激励作用,并对“服务标兵”、年底考核优秀的窗口人员给予一定的物质奖励,充分调动窗口人员的工作积极性。在日常管理上,进一步完善了支部带窗口的管理模式,在选派中心管理人员担任党支部书记下沉到一线办公的基础上,明确各支部对窗口的考勤、考核等日常管理工作,在监督检查科领导下统一组织实施,实现了督查管理工作的到边到位。

■2012年1月12日,全市行政服务中心主任会议召开。

深化行政审批制度改革,进一步优化行政服务模式 将规范行政审批事项、强化政务公开、加强政务服务中心建设作为工作的着力点,深化行政审批制度改革,不断提升政务服务效能,努力推动工作再上新台阶。一是深入推进行政审批制度改革。对现有行政许可和非行政许可项目进行了全面梳理,该取消的取消、该压减的压减、该下放的下放,凡是明令取消的审批事项,各级服务中心一律停止审批并向社会公布。对依法设定、确需保留的审批事项,依照公开透明、便民高效的原则,实行审批流程再造,进一步简化和规范审批程序,能精简环节的尽量精简,尽可能一步到位、一次办结,最大限度地方便企业和群众办事。按照中央和省里关于加强政务服务中心建设要求,积极同机构编制部门进行了沟通交流,提前起草了《关于进一步加强政务服务中心建设的实施意见》,为加强和规范政务服务中心建设奠定了基础。二是持续强化政务公开。结合近期各级党组织开展的党务公开活动,对中心的政务公开工作进行了积极探索,将政务公开与党务公开进行有机结合。将行政许可事项的办事程序制作成详细的审批流程图,详细告知企业和群众办事的步骤、环节和手续,通过公开栏、新闻媒体、中心网站、电子显示屏和触摸屏等形式实时公开办事时限和结果。在公开各级党委重大决策部署、重大项目建设的基础上，将与之有关的审批事项、审批流程、审批进度等主动、及时公开，确保两项公开的虚实结合、相互促进。活动开展以来，主动公开党务政务信息50余条，印发服务指南4万余份，发行行政服务简报40余期。三是进一步优化服务模式。不断改善网络基础设施，探索“网上服务”方式，网上办事能力显著提高。企业和群众足不出户，通过服务中心网站，便可实现网上审批事项表格下载、在线答疑、部分审批事项预审。大力推行重大项目绿色通道制度，充分发挥了“解放思想跨越发展”重大项目绿色通道、北湖新区重大建设项目绿色通道的作用，为重大项目的快速突破和北湖生态新城建设提供良好的政务服务环境。市县两级服务中心推行了“首问负责”、“限时办结”、“缺席默认”和“超时默认”等项制度，能当场办结的事项当场办结，不能当场办结的在原规定时限内压缩30%的时限办结，杜绝了因审批环节拖延而影响重大工程项目运作的现象。

加强中心自身建设，提升人员队伍素质 进一步强化中心文化建设，巩固“和谐政务”品牌成果，加强培训学习，努力营造文明规范、团结和谐、争先创优的服务文化氛围。一是加强中心文化建设。开展丰富多彩的文体活动，先后组织中心干部到徐州淮海战役纪念馆、鲁西南战役纪念馆、台儿庄和孟良崮战役纪念馆参观学习。中心工会、各支部积极开展乒乓球、象棋、跳绳比赛以及书画展等活动，丰富了党员干部的业余文化生活。开展廉政文化进中心活动，通过打造廉政文化长廊、举办廉政文化活动、组织观看反腐倡廉专题片等措施，增强廉政文化的感染力。结合“知荣辱、树新风、文明在济宁”主题活动，积极开展文明创建工作，进一步树立了以人为本、群众第一、服务至上的理念。二是巩固“和谐政务”成果。自2004年起，以“在阳光下体验公平，在服务中享受温馨”为服务理念，精心打造了“和谐政务”服务品牌，自2007年起连续6年保持“山东省服务名牌”称号。2012年，为进一步巩固“和谐政务”成果，更好发挥服务中心落实以人为本、高效便民的作用，加大投入力度，对部分窗口布局进行了调整优化，对全体窗口的微机、打印机和填报台座椅进行了集中更换，增设完善了服务标识、服务指南、上网查询、休憩、饮水、电子地图等设备、设施，充分体现了人性化服务。开展了中介代理、预约办理、陪同办理、登门办理等服务方式，服务活动更加体贴入微，“和谐政务”服务品牌，2012年又被评为“济宁市为民服务创先争优服务品牌”。三是强化人员队伍建设。从宗旨观念的培养入手，制定培训计划，开展“服务创一流，满意在中心”等主题教育活动，引导工作人员提高思想认识，牢固树立服务的理念，自觉地为企业和群众搞好服务。加强对《行政许可法》以及许可业务方面法律法规的学习，组织行政审批服务、计算机操作、公文写作方面的培训，不断提高各级行政服务中心干部队伍的理论水平和业务能力。同时，强化了廉政风险防控机制建设，对中心机关和窗口审批工作流程的各个权力节点进行了全面排查，共排查出科室和窗口风险点39个，逐一制定了防控措施，印发《济宁市行政服务中心廉政风险防控手册》，做到了中心党员干部人手一册，保证了行政服务工作队伍的高效廉洁。

（陈恒彬　乔　琛）

金融工作

【概述】 2012年，全市金融业坚持以服务全市经济社会发展为己任，积极深化金融改革，加快金融创新，优化金融服务，全市金融业呈现出规模不断壮大、结构持续优化、效益大幅提升、实力明显增强的良好局面，为全市经济社会发展提供了有力的支撑和保障。2012年，全市金融业实现增加值90.6亿元，同比增长22%，高于GDP增幅11个百分点；全市社会融资总规模达630.1亿元，实现地方税收13.03亿元，同比增长44.58%，高于全市税收平均增幅27.38个百分点。

信贷支持地方发展力度持续加大 全市本外币各项贷款余额1986.67亿元，比年初增加340.22亿元，增幅20.66%，居全省第三位，高于全省平均6.43个百分点；全市本外币各项存款余额突破3000亿元，达3197.74亿元，比年初增加556.85亿元，增幅21.23%，高于全省3.25个百分点；余额存贷比与全省平均水平的差距缩小了2.2个百分点。支持全市重点领域和薄弱环节。一是重点支持支柱产业、新兴产业发展。全年四大千亿级产业和六大优势行业贷款新增110亿元，同比多增12.3亿元；全年“十大振兴产业”、服务业、战略新兴产业和高科技产业贷款新增152.3亿元，同比多增9.6亿元,有力助推了全市经济结构转型。二是重点支持中小微企业融资需求。中小微企业贷款余额786.04亿元，较年初新增141.99亿元，增幅22.05%,高于全市贷款平均增幅5个百分点。三是重点支持三农等民生领域发展。全市涉农、支持大学生就业创业等贷款比上年多增42亿元。

深入推进政银企合作 2012年,举办“济宁市‘大项目突破年’政银企合作暨重点项目推介会”，向省级金融机构推介融资需求项目和企业324个,落实资金173.7亿元。推动市政府与工农中建4大国有银行省行、光大银行济南分行签署逾2100亿元综合信用支持的战略合作协议。签约行各项融资总量共计1606亿元，贷款余额1017.92亿元。督促金融机构提升金融服务,积极为企业排忧解难。金融机构对全市57户重点工业企业综合授信1213.32亿元，新增授信322.63亿元，累计提供融资225.29亿元。大力开展“金融助推千家中小企业转型发展计划”，全市636家入库企业获得139.58亿元资金支持,户均贷款余额2195万元。

金融组织体系建设成效显著 2012年先后引进和增设银行分支机构22家,民生银行、莱商银行成功入驻济宁，兴业、招商、浦发、恒丰等设立了县域支行；济宁银行营业网点覆盖全市,正在加快推进跨区域布点工作；村镇银行发展实现零的突破,有5家机构成功运营；小额贷款公司新增8家，累计设立19家,实现了县域全覆盖；融资性担保公司担保能力进一步增强，截至2012年底，全市共有44家融资性担保机构中小企业融资在保责任余额63亿元,比上年增长21%。

资本市场发展取得实质性进展 一是重点企业稳步推进。泰丰液压已完成了IPO的初审、落实反馈意见和预披露程序,即将进入创业板发审会审核；辰欣药业通过了券商内核和山东证监局的辅导验收，进入初审阶段。二是境外上市取得新成绩。兖州煤业股份有限公司在澳大利亚的全资子公司——兖州煤业澳大利亚股份有限公司和山东如意科技集团控股的日本瑞纳公司成为全市境外上市公司，全市境外上市公司总数达到8家。三是场外交易市场挂牌工作初见成效。盛泰智能、勇马重工、广安科技、兴隆机械、无界科技等高新技术企业与国信、齐鲁等新三板主办券商签约,进行规范化改造,积极筹备新三板挂牌事宜。兖州华美农业科技发展股份有限公司在齐鲁股权交易中心正式挂牌；2012年12月12日，兖州市齐鲁股权挂牌工作办公室正式成立。四是直接融资渠道逐步拓宽。2012年8月,兖州煤业2012年公司债券第一期50亿元成功发行。股权投资业较快发展,先后设立了一批政府资金参股的风险投资、创业投资、产业投资等股权投资基金。拟上市企业股权融资收到实效,辰欣药业、卡松科技、新风光电子分别获9300万元、5000万元和1531万元投资。博特精工中小企业3000万元私募债成功发行。

保险业经营效益和发展质量稳步提升 全市保险机构积极参与社会保障工作，农业保险、安全生产责任险、校园方责任险、承运人责任险等扎实推进，保险深度和密度持续拓展，保险覆盖面不断扩大,为全市经济平稳运行、保障民生发挥了积极作用。截止2012年末,全市拥有保险中支机构50家,其中财产险公司24家，寿险公司26家。2012年,保险行业实现保费收入81.59亿元，同比增长5.21%,保费规模居全省第5位，其中财产险公司实现保费收入24.88亿元,同比增长13.91%,人身险公司实现保费收入56.71亿元,同比增长1.8%。全市保险业累计承担各类风险责任达9619亿元,同比增长59.8%；支付各项赔款20.94亿元,同比增长18.03%。全市保险业累计上缴各类税金3.89亿元,同比增长19.70%。

小额贷款公司试点工作取得积极进展 2012年，全市小额贷款公司新增8家，累计设立19家,实现县域全覆盖,试点工作受到了小额贷款公司顶层设计师、全国人大财经委副主委吴晓灵的充分肯定。截至12月31日,全市小额贷款公司累计发放贷款146271万元，余额87195万元，其中三农贷款80716万元，占总贷款金额的55.18%;中小企业贷款53041万元,占总贷款金额的36.26%。余额不超过50万的贷款累计额为65734万元，占总贷款金额的44.94%;余额不超过100万的贷款累计额为94366万元，占总贷款金额的64.51%。实现利息收入8396.26万元,营业利润4872.55万元,上缴各类税金1648.17万元。

金融发展环境进一步优化 一是金融工作不断加强。市委、市政府高度重视金融工作,高规格召开了全市金融业发展大会，多措并举改善金融发展环境,为集聚金融资源、发展地方经济创造更加有利的条件。各级对优化金融生态环境重要意义的认识进一步提高，认真研究实施有效的政策措施，积极优化金融生态环境，形成了利用金融、爱护金融、发展金融的良好社会氛围。二是政策环境不断改善。市委、市政府制定出台了《关于加快金融业发展的意见》等政策文件，为金融业发展提供了良好的政策环境。三是社会信用体系建设不断深化。积极推动银行业联合制裁，严厉打击逃废银行债务行为，依法维护金融债权，努力打造“诚信济宁”。大力推广金融生态环境建设和A级信用企业培植工作中先进典型的经验做法，取得良好成效。四是金融风险防范水平不断提高。统一组织开展了全市地方金融风险排查和各类交易场所清理整顿工作，一批金融领域的风险隐患得到及时发现和化解，地方金融机构风险防控能力明显增强。全面加强了金融风险防范预警和化解处置工作机制建设，始终保持了对非法集资等金融违法犯罪活动的高压态势，配合做好跨市非法集资案件处置工作，有效维护了金融秩序和社会稳定。

（魏　房）

法制工作

【概述】 济宁市人民政府法制办公室是市政府主管全市政府法制建设的工作部门。内设秘书科(挂人事科牌子)、法规与备案审查科、监督协调科、复议应诉科和法制研究中心。下设一个参照公务员管理事业单位：济宁仲裁委员会办公室。2012年，全市政府法制工作在市委、市政府的正确领导下，深入贯彻落实科学发展观，以全面推进依法行政、建设法治政府为目标，加强行政程序建设，提高政府“立法”质量，强化行政执法监督，推进政府职能转变，深化行政复议改革，加强机构队伍建设，全面完成了年度工作任务目标。市政府法制办在市直部门践诺承诺评议活动中名列前茅，先后被评为“全国行政复议工作先进单位”、“全省依法行政工作先进单位”、“全省法制宣传先进单位”、“市级文明单位”、“科学发展综合考核先进单位”，行政复议委员会改革获“中国法治政府奖提名奖”，济宁仲裁办被评为“全市十佳文明窗口”，政府法制工作呈现出蒸蒸日上的良好局面。

全面推进依法行政　市政府召开了全市依法行政工作会议，下发了《2012年依法行政工作要点》，对依法行政工作进行了安排部署。市法制办通过广播、电视、报纸、杂志等媒介，利用政府法制网、微博、简报等载体，采取组织知识竞赛、拍摄宣传片、参加“政风行风热线”节目等方式，多渠道、多角度、全方位宣传依法行政工作。以强化程序意识，转变决策方式，规范执法行为，推进依法行政为目标，在全市范围内开展了“行政程序年”活动。市政府下发了《关于贯彻实施〈山东省行政程序规定〉的意见》，召开了全市“行政程序年”活动推进会，确定了5个县市区政府和7个市直部门作为“行政程序建设示范单位”。率先出台了《济宁市重大行政决策程序规定》，把公众参与、专家论证、风险评估、合法性审查和集体讨论决定作为重大行政决策机制的必经程序，确保决策的科学化、民主化、合法化。市政府出台了《关于落实规范性文件统一登记统一编号统一公布制度有关问题的通知》，对政府规范性文件和部门规范性文件登记编号、印发公布作了具体规定。

广泛开展交流合作　1月10日，市政府与北京大学法学院就推进微观民主建设、开展双向人才交流培训合作达成了一致，选择部分县(市、区)开展试点；7月2日，市政府与北京大学法学院签署合作协议，双方在推进政务公开、重大行政决策公众参与制度、政策咨询人才交流、打造“阳光政府”和“开放型政府”等方面开展了广泛深入的合作。市法制办先后参加了全国行政复议法修改研讨会和《中国行政透明度报告》新闻发布国际研讨会；在全国行政法学年会上作了“行政执法信息公开的实践与问题”的主题发言、在重大行政决策与公众参与国际研讨会上作了“济宁市重大行政决策公众参与制度”的发言；邀请中国政法大学、北大法学院专家学者在市委理论学习中心组报告会上作了“法治政府的形式、实质与公共治理转型”、“深入推进依法行政的若干问题”等专题报告，营造了尊重法律、崇尚法治的良好氛围。

加强规范性文件审查、备案和清理工作　市法制办全年共审查、起草文件464件，其中，规范性文件53件；一般性文件133件；向省政府报备规范性文件21件；向市人大报备21件；办理法规规章征求意见件10件；审查县市区政府报备规范性文件126件；审查部门报备规范性文件19件；对部门规范性文件进行统一登记、统一编号24

件;起草其他文件材料57件,高标准高质量地完成了规范性文件的审查、备案和清理工作。出台了《济宁市规范性文件制定和备案办法》,完善了规范性文件制定程序,严格实施规范性文件"三统一"和有效期制度,所有规范性文件都及时在"济宁政府法制网"上公布。市法制办及时完成了涉及限制艾滋病病毒感染者权益的规范性文件、创设行政强制事项的规范性文件和涉及招标投标有关规范性文件的专项清理任务。

加强行政执法监督协调 清理和规范行政审批事项,保留市级行政许可事项112项,减少行政许可事项50项,减少非行政许可审批事项47项,减幅达46.4%。加强行政执法人员管理,出台了《济宁市行政执法证件管理办法》,严格落实行政执法人员持证上岗和资格管理制度,组织开展了行政执法人员公共法律知识培训和考试,圆满完成了年度培训和证件审验工作。加强对行政执法依据和行政执法职权梳理结果的动态管理,根据法律、法规、规章的立、改、废情况,督促有关单位适时调整执法依据、执法事项、执法流程和执法责任。市法制办和市监察局对行政执法行为进行了监督检查,督促行政执法部门严格执行法定程序,落实罚缴分离、收支两条线规定。召开全市行政执法监督工作会议,开展行政执法案卷评查、案例评析、理论研讨和经验交流等活动,评选了"行政执法先进单位"和"行政执法十佳案卷"。市政府出台了《济宁市依法行政考核细则》,修订了全市《依法执政依法行政公正司法和执法责任制工作考核办法》,增加日常考核比重,依法行政考核机制不断完善。

深化行政复议委员会改革 以"高质量办案、高效率服务、高标准监督"为目标,以"体制机制创新"为突破口,稳步推进行政复议委员会试点工作,行政复议的权利救济和层级监督功能不断增强,化解行政争议主渠道作用日益显现。2012年,市政府共受理行政复议申请670件,审结521件,其中,作出维持决定的108件、撤销23件、责令履行62件、确认违法171件、调解结案43件、驳回114件。市行政复议委员会建立健全了集体讨论、简易程序、错案责任追究和联席会议等51项工作制度,实行"专家审案、委员票决、现场监督"的运行机制,案件审理委员会的27名委员中,专家学者、高校教授、资深律师等外部委员的比例占80%,委员结构更趋专业化、多元化和社会化,保证了行政复议案件办理工作的公平公正。3月13日,全省行政复议委员会改革现场会在济宁市召开,完全集中行政复议权的"济宁模式"在全省推广。市法制办组织、协调、指导、监督相关部门及时、全面、规范地整理收集证据依据和有关材料,分析研究争议焦点,按照法律规定的时限和要求认真提交答辩状等法律文书,全年共办理行政复议应诉案件46件。大力推行行政机关负责人出庭应诉制度,健全完善市政府与人民法院的良性互动机制,努力实现"定纷止争、案结事了"的法律效果和社会效果。

加强仲裁规范化建设 济宁仲裁委坚持科学发展、公正执法、和谐仲裁的发展理念,以"公正、和谐、诚信、高效"为宗旨,大力推行仲裁法律制度,建立科学合理、规范有序的仲裁机制,全年共受理案件521件,受案数量比上年增长9%;受案标的额达1.85亿元,比去年增长39%。济宁仲裁办在各县市区和市直部门设立了仲裁办事处和联络处,利用报刊、网络、电视等新闻媒体,广泛宣传仲裁法律制度,被省法制办评为"全省依法行政宣传工作先进单位"。发挥仲裁优势特色,积极探索解决交通事故损害赔偿纠纷、医疗纠纷、家庭服务业纠纷、民营经济合同纠纷的新途径;加强仲裁与行业协会和律师事务所的联络协作,拓宽仲裁服务领域。加强对仲裁员和仲裁庭秘书的培训、管理和监督,发挥仲裁专家咨询委员会的作用,确保仲裁案件质量,仲裁案件的快速结案率、调解和解率和自动履行率大幅提高。

政府法制工作能力水平显著提升 按照"重在建设、贵在坚持、注重实效"的原则,扎实开展创建活动,全面加强政府法制机构自身建设。牢牢把握"立说立行抓落实、问责问效转作风"的作风建设主题,扎实开展"效能提升年"活动。认真贯彻落实市委、市政府关于建立"三个体系"的要求,完善领导班子年度目标责任制。建立了严格的机关内部管理制度,坚持勤俭办一切事情,严格落实党风廉政建设责任制和廉政风险防控机制,加强反腐倡廉建设。

(祝启明)

食品安全工作

【概述】 2012年,市政府食品安全办认真贯彻落实《食品安全法》,不断加大食品安全监管力度，全面提升食品安全监管水平，牢固树立科学监管理念，加强领导、强化措施、突出重点、狠抓落实，强化食品安全监管，深入推进食品安全整顿和专项整治，进一步规范食品市场秩序，全市食品安全工作稳步健康发展，切实保障了广大人民群众的切身利益。

建立机构，健全食品安全综合协调机制　印发了《关于调整济宁市食品安全委员会组成人员的通知》，成立了由27个相关部门主要负责人组成的市食品安全委员会，设立了10个专业食品安全委员会，明确了责任范围。8月24日，市政府食品安全办与市卫生局完成工作交接，理顺了工作协调机制。新的市政府食品安全办成立后，在市委、市政府的领导下，充分发挥职能作用，不等不靠，主动工作，组织协调各成员单位认真履行工作职责。同时，加强对各县市区食品安全综合协调机构建立情况的督导调度。截至2012年底，全市12县(市、区)已全部设立了政府食品安全综合协调机构，全面完成工作交接。为认真落实国务院决定和省政府实施意见，市政府下发了《关于贯彻鲁政发〔2012〕38号文件进一步加强食品安全工作的通知》，确定了工作目标，细化了责任分工，明确了责任单位和完成时限。

突出重点，强化食品安全全过程监管　全市各级政府和各食品安全监管部门均建立健全了食品安全整治工作机制，各司其职，各负其责，密切配合，在强化日常监管的同时，有效开展了重点品种、重点环节、重点区域、重要时段的食品安全整治工作，形成了全市“统一领导，部门配合，各方联动，群众监督”的工作格局。食品种植养殖环节监管。市农业部门采取统一要求、市县联动、交叉进行和随机抽查的方式，对全市农药、肥料、种子生产经营企业进行了拉网式检查，重点检查禁限用高毒、高残留农药的生产销售情况。不定期地组织市县农产品质量安全监管人员，对全市瓜、菜、食用菌标准化生产基地进行集中排查、整治，重点是依法打击违法、违规使用禁、限用农药和不合理使用化肥、农药行为，特别是对“三品一标”产品生产主体中不遵守技术操作规程、发现农残超标的给予基地负责人警告、限期整改、纳入重点监控范围。市畜牧兽医部门实行兽药监督员派驻制度，对全市范围内的养殖场和屠宰加工企业进行全方位、无缝隙的排查。市渔业部门按照突出“地方品牌、抓大放小”的原则，加大对无公害养殖基地、健康养殖示范场、获证苗种生产企业、农贸市场等，其中确定的农贸市场应具有代表性，能反映当地水产品消费状况，制定并实施了《2012年济宁市水产品质量安全例行监测方案》。食品生产加工环节监管。质监部门紧紧围绕“保障生产环节食品安全”的总体目标，以落实食品生产企业质量安全主体责任为主线，深入开展食品安全专项整治。推行法人履责报告制度，全面落实企业主体责任。市质监局与全市食品生产企业鉴定了《质量安全主体责任承诺书》，并组织全市400余家食品企业的法人履职报告会15场，履职报告会邀请人大代表、政协委员和新闻媒体到场进行监督，督促企业将食品质量安全主体责任落到实处。食品流通环节监管。工商部门切实履行流通环节食品安全监管职能，不断更新监管理念，创新监管模式，确保全市流通环节食品市场秩序安全有序。积极探索尝试“行政约谈”监管模式，对市区23家大中型超市负责人进行了行政约谈，签订了告诫书，印发了《济宁市工商行政管理局商品监管暨消费维权行政约谈制度》，实现了工商监管由“事后处理型”向“事前服务型”的转变。餐饮消费环节监管。食品药品监管部门严把餐饮消费环节的监管关。深化食品安全整顿，严厉打击各类违法行为。市食品药品监管部门积极组织力量，在全市范围内开展了食品非法添加和滥用食品添加剂、重点品种、机关企事业单位食堂、餐饮具消毒、餐饮服务环节鲜肉和肉制品、学校周边小吃摊、小餐馆和“小饭桌”、保健食品和化妆品非法添加等专项治理活动。和餐饮经营者、企业主要负责人签订了责任书。对食堂内凉菜专间、餐饮具洗涤消毒间、食品原料库房等存在食品安全隐患的场所进行了规范。积极推行量化分级管理制度。继续推行餐饮服务食品安全量化分级、分类管理制度，开展量化分级管理“三脸”公示活动，合理配置监管资源，对餐饮服务单位依法实施动态监管，切实提高监管效能，推动餐饮行业健康发展。商贸流通环节监管。商务部门加强生猪定点屠宰管理，公开举报电话，全市上下形成了运转有效的管理网络，确保了生猪定点屠宰管理工作的有序开展。加大对生猪屠宰管理违法行为的查处力度。有关部门密切配合，积极开展专项整治，持续加大对生猪及肉食品市场的巡查密度和检查力度，对重点区域实行重点监控，形成打击私屠滥宰和制售不合格肉品违法行为的高压态势。

强化监管，扎实开展食品安全专项整治 根据省、市2012年度食品安全工作要点，制定下发了《济宁市食品安全治理整顿工作方案》，积极协调各监管部门深入开展了一系列食品安全专项整治行动。先后组织开展了严厉打击食品非法添加和滥用食品添加剂专项整治、重点场所食品安全专项整治、农药兽药残留专项整治、畜禽屠宰专项整治、调味品专项整治、餐具和食品包装材料专项整治、KTV等娱乐场所酒类及饮料专项整治、食用明胶铬含量专项治理、食品中违法添加罗丹明B专项治理等行动，同时把专项整治与日常监管有机结合，组织抽检近5000批次，对发现的问题及时依法作出处理，政府监管与企业主体责任得到较好落实。

创新机制，努力提高监管执法效能 为便于消费者投诉举报食品安全问题，市财政出资50余万元，依托市工商系统12315指挥中心，建立了全市统一的食品安全投诉受理平台，集中受理全市范围内食品安全申诉举报，实行了12315“食品安全一号通”联动机制。制定下发了《济宁市“食品安全一号通”联动机制实施方案》，开发了12315“食品安全一号通”软件业务系统，升级更新了12315硬件设施，制定下发了《济宁市“食品安全一号通”联动工作制度》，举办了联动部门业务培训班，全市“食品安全一号通”联动机制于2012年12月正式启动运行。

加大宣传力度，营造食品安全良好氛围 按照国家和省统一安排部署，全市加强了食品安全宣传教育和培训工作。以“共建诚信家园，同铸食品安全”为主题，开展了“食品安全宣传周”活动；以“食品安全与公众健康”为主题，开展了“全国科普周”活动。充分利用广播、电视、报刊、网络等媒体，采取专家讲座、印发宣传单和明白纸等形式，开展食品安全知识“进社区、进乡村、进学校、进企业”活动，向广大人民群众和食品从业者宣传食品安全相关法律法规，普及食品安全知识，在全市形成了人人关心食品安全、踊跃参与食品安全的良好局面。组织协调各监管部门大力开展面向食品生产经营企业的教育培训工作，强化企业的主体责任意识和自律意识，切实落实企业负责人的责任。

（高　鹏）

应急管理

【概述】 市政府应急办始终把服务办公室，保障运作作为首要目标，不断提升工作标准，努力把工作做得更细、更实。全体人员牢固树立服务和窗口意识，力求服务到位。不断强化自身素质建设，认真履行工作职责，积极协助市领导处置各类突发事件，较好的完成各项任务。连续多年被省政府评为先进单位。

政务值守和信息报送 严格落实24小时值班和领导带班制度，指令零误传保障政令畅通。全年编发《今日领导活动》260余期，《值班信息快报》200余期，被《山东省政府应急管理工作动态》采用信息35余条。共接听各类电话9万余次，处理各类通知200余次，安排会议室1000余次，较好的完成市政府及办公室领导交办的各项任务。做好突发事件信息报告工作，拓宽信息报告渠道，精心编排《市应急管理动态》15期、《突发应急信息快报》32期，确保了信息报送的畅通。

突发事件协调处置 全年先后妥善协调处置了1月8日任城石桥镇沉船事故、3月31日汶上梁宝寺矿矿震事故、4月14日兖州华勤电厂高压管道爆炸事故、6月10日任城兴隆化工厂爆炸事故、10月14日微山欢城镇中心小学楼房倒塌事故、12月12日任城煤气管道泄漏事故

■应急救援车辆

等50余起突发事件（含群体性上访事件），大大降低了突发事件造成的危害，保障了人民生命财产安全。

应急管理智能化体系建设 升级改造了市应急智能化平台系统功能，加快县级应急平台建设和网络连接，探索建立多部门应急信息共享联动机制，将与各县（市、区）人民政府、公安、卫生、安监、综合执法等40多个有关部门互联互通，实现气象灾害、防汛抗旱、水文监测、地震预报、地质灾害、民政援助、城市防灾、水陆交通、煤矿事故、环境检测、食品安全、卫生防疫、社会治安等监测预警指挥系统的一体化。做好应急基础数据管理工作。收集、录入、整理应急管理数据库，完成数字济宁电子地理信息应急示范工程。

预案修订和演练 完善了济宁市应急管理工作“十二五”规划，修订了《济宁市人民政府突发事件总体应急预案》，制作《总体应急预案操作手册》1500册，印制《山东省突发事件分级标准简本》2000本，形成了以全市总体预案为总纲，以市直各部门预案、各县市区总体预案为主干，以各类专项预案为分支，以各企事业单位、乡镇社区预案为枝叶的上下关联、互相衔接、较为完善的应急预案体系。全市已编制、修订、完善各级各类应急预案39688余件，基本覆盖了全市社会经济生活的各个领域。开展了数次较大规模应急演练：2012年环境应急演练、春运道路事故应急演练、运河城高层建筑灭火救援演练、高速公路交通事故应急演练等。

应急联动机制建设 积极与各职能部门加强协作联系。与公安、卫生、安监等专业信息指挥平台实现了互联互通，信息共享。特别是与110报警服务台、122道路交通事故报警台、120急救电话、119火警电话、卫生局、安监局、民政局、气象局、地震局、兖矿集团、各大煤矿等建立了灵活的、有针对性的信息共享机制，在更广泛领域加强联系，协同应对。

应急队伍和物资贮备建设 依托消防支队成立了市级综合应急救援支队；依托鸿顺集团组建了400人的应急保障大队；依托瑞中医药集团建立了医药应急物质储备基地。形成了以公安、武警、军队为突击力量，以公安消防、抗洪抢险、抗震救灾、矿山救护、水上搜救、医疗急救、卫生防疫、动物疫情防治、市政抢险、有害生物防治、民政救助等专业队伍为基本力量，以企事业单位专兼职队伍以及志愿者队伍为辅助力量的应急救援救助队伍体系。建立了应急资源储备制度，市民政、水利、建设、卫生及部分商场等常年贮备了一定数量的救灾物质和救援生活品，应急保供企业、应急医疗药品、应急资金储备制度初步建立。加强对应急储备物资的动态管理，保证及时补充和更新。购置了价值30万元的300套应急保护设备，加强了自身建设。

预警信息发布 在城区内绿地、广场、人流密集处建立了LED公众应急信息发布屏，向群众及时发布预警信息、互救自救避险常识及党委政府的政策理论宣传；与气象局建立重大气象灾害预警信息机制；与公安局建立群体性事件预警机制；与综合执法局建立沿街Led信息预警制度；与电信公司、联通公司、移动公司建立预警信息发布机制等，保障了人民群众生命和财产安全。

应急宣传培训 充分发挥教育基地和示范点作用，让公共安全课程教材进入课堂。认真抓好机关干部应急管理知识培训，适时通过各类培训班对机关干部进行培训。全年共组织应急知识宣传、培训9次，在5月12日防灾减灾日、9月1日《山东省突发事件应对条例》实施日及《国家突发事件应对法》实施五周年，进行了全面的系统的广泛宣传。2012年9月在邹城召开了《山东省突发事件应对条例》解读现场交流会，12月在北湖召开全市应急管理工作会议。组织市应急办及相关单位人员外出参加应急管理调研、学习、培训三次。

（曹 欣）

行政事务管理

【概述】 2012年，济宁市市级机关事务管理局在市委、市政府正确领导下，坚持以科学发展观为指导，深入学习贯彻党的十八大精神，认真贯彻实施《机关事务管理条例》，突出机关自身建设，扎实推进职能履行，解放思想、开拓创新，务实进取、拼搏实干，为服务全市经济社会发展大局做出应有贡献。

深化教育活动开展，强化机关自身建设 一是抓好专题教育活动。与党务公开、包村联建、业务工作相结合，开展“向身边榜样学习”、“人人都有座右铭”活动。精心开设“解放思想跨越发展大讨论”宣传栏，设置工作建议、基层心声、调研成果、活动成效等栏目，及时通报大讨论活动成果；组织召开教育活动部署会、学习会、座谈会10余次，注重刨根究底、查找问题、剖析症结，着眼提升全体人员的思想境界和工作能力。二是深化十八大精神学习贯彻。强化组织领导，细化实施方案，精心组织“机关学习月”活动，通过专题辅导、微型党课，体会交流、知识竞赛以及开展“我为机关事务工作发展献一策”等形式，全体干部认真研读十八大报告原文和党章，学习习近平总书记讲话精神；运用简报、网站、宣传栏等平台载体，集中宣传反映学习贯彻动态情况和实际成效，做到学有所获、学以致用，指导谋划全局工作思路和措施。三是着力抓好“三个体系”建设。成立“三个体系”建设领导小组和考核督查委员会，制定建立“目标责任、考核奖惩、监督检查”三个体系具体办法，编制2012年度主要工作责任目标分解表和公开栏，对主要工作责任目标，形成“宝塔型”责任体系。市机关事务管理局“三个体系”建设情况，在市委督查考核委员会组织的督导检查中，均被评为“好”的等级。四是机构建设取得突破性进展。局机关“三定方案”于2012年5月获市编委会正式批复；按照市委统一部署，完成局领导班子调整、充实；完成局机关岗位设置，通过竞争上岗方式配齐7名科级正职，有10人走上科级领导岗位；采取公开招聘方式招入3名工作人员，进一步充实人员力量。五是扎实开展联系帮扶和招商引资工作。在扎实进行村民基本情况调查和走访谈心活动基础上，围绕抓党建、破难题、促发展、惠民生、保稳定，主动作为，真帮实扶，暖民心、办实事，组织人员献爱心帮扶助学，积极协调财政、交通、水利等部门，落实资金50余万元，促进帮扶村、联系点的农田水利、道路等基础设施建设。招商引资工作，立足康驿实际情况，熟悉掌握招商政策，理清招商思路，挖掘招商资源，拓宽招商渠道，积极对接引荐投资客商，扎实推进招商引资工作开展。同时，为保障机关高效有序运转，切实搞好决策调研、综合协调、机要文秘、信息宣传，组织人事、机关党建，接待联络、资金筹措、物品采购、车辆保障，以及其他事务性工作。

立足实际真抓实干，推进工作职责履行　一是做好机关资产、房地产管理。会同财政部门，依据《机关事务管理条例》，起草了《济宁市行政事业单位国有资产管理暂行办法》，明确规定机关事务管理部门负责制定资产配置标准、编报资产配置年度计划，负责行政事业单位国有资产日常管理工作。配合推进省运会指挥中心相关工作，围绕指挥中心功能布局、装修设计、设备选型、智能化设计等工作，进行深入调研，多次考察学习，提出一系列符合实际的意见、建议和具体工作方案，有力推进指挥中心工程建设。二是抓好公车专项治理。在市纪委统一领导下，严明政策要求，严格方法步骤，严加督导核查，严肃责任追究，理顺公车管理体制，公车治理工作有序推进。完成市县两级违规车辆认定，按照“分类处理”原则处理完毕。坚持从严从紧原则，严格编制控制管理，经省公车治理领导小组批准，重新核定市县两级党政机关公车配备编制，完成公车编制核定。强化公车管理长效机制建设，制定出台《济宁市党政机关公务用车配备使用管理办法》，成立全市公车配备使用管理工作领导小组，明确机关事务部门为公务用车管理主体，确定公务用车配备、使用、管理各项制度，规范公务用车配备、购置审批流程，实现公车购置专项经费切块管理，进一步推进公车管理的制度化、规范化建设。三是扎实开展公共机构节能工作。在做好节能宣传、能耗统计等日常管理工作同时，围绕完成节能重点工作目标，积极推进合同能源管理，加强既有建筑节能改造，争取上级公共建筑节能改造资金，组织启动4家机关事业单位公共建筑节能改造工程。加大节能监管力度，推进公共建筑节能监管体系建设，会同市住建委，投资80余万元建成全市建筑节能监测平台；选择10家机关事业单位单体公共建筑安装节能监测子系统，实现能耗实时监测，为强化节能管理提供了可靠的数据参考。严格监督考核，制定公共机构节能检查考评体系和具体实施方案，组织开展全市公共机构节能检查考核工作，推动全市公共机构节能工作开展。按照全省统一部署，组织开展各个层级节约型公共机构示范单位创建工作，通过发挥示范作用，做到以点带面，推进公共机构节能工作深入开展。四是提高保障服务能力。继续抓好阳光城市花园小区管理工作。一方面加大投入，全面完成会所建设，完善了小区卫生、健身、餐厅等生活服务设施和绿化美化工作；另一方面强化小区物业管理工作，着力创新体制机制，制定完善制度标准，出台小区物业管理有关制度，按照星级服务标准，着力服务品牌创建，提高物业服务质量，通过了省优秀小区管理项目和市级花园小区考评验收。围绕省运会指挥中心启用，提前调研、超前谋划，针对物业管理、会务服务、绿化养护、餐饮服务、安全保卫及其他后勤保障工作，制定一揽子工作方案。五是顺利接管市委、市政府集中办公区、宿舍区。推进机关事务管理局职能履行，按照市政府专题会议精神，扎实细致做好市委、市政府办公室管理的办公区、宿舍区划转交接工作，制定详细方案，明确方法步骤，周密组织实施，划转交接工作2012年底顺利完成。按照市委、市政府统一安排，适时推进市直机关资产划转工作，有效形成以机关事务管理局为主体，责权明晰、集中统一、运转高效、保障有力的机关事务管理工作格局。

强化廉政勤政意识，建立风险防控机制　一是加强组织领导。按照《全市党风廉政建设和反腐败工作任务分工意见》要求，建立完善党风廉政建设领导体制，在市纪委派驻第二纪检组的统一领导下，实行一把手负总责，分管领导靠上抓，各科室、部位分工负责，一级抓一级、一级对一级负责的党风廉政建设责任领导体制。实行党风廉政建设目标管理，坚持把党风廉政建设和反腐败工作作为党的建设的重要内容，和其他工作一起研究、部署、落实，纳入局领导班子、领导干部的目标管理。二是深化廉政教育活动。从思想道德教育抓起，结合机关事务工作性质，定期安排反腐倡廉理论学习和警示教育，组织开展廉政勤政承诺书书写和宣誓，持续推进廉政歌曲传唱，推进廉政文化进机关活动，做到反腐倡廉教育制度化、经常化，不断提高拒腐防变能力。三是建立防控机制。按照市纪委统一部署，大力推进局内部行政事务和业务工作的廉政风险防控机制建设，成立领导小组、制定工作方案，出台管理办法，查找各类风险点31个，制定出台廉政风险防控手册，依据不同岗位和工作分工，明确岗位责任人、直接责任人和分管负责人，做到责任到人、问责到位，责权明晰。四是强化制度约束。坚持民主集中制原则，认真执行集体领导和分工负责、重要情况通报和报告、民主生活会、述职述廉、谈话和诫勉等监督制度。细化议事规则，完善议事程序，凡属关系到方针政策性的大事，全局性的问题，干部使用、重要支出等，都按照集体领导、民主集中、个别酝酿、会议决定的原则，由集体讨论做出决定，周转房装修、办公设备购置等大额开支全部采取规范的招投标方式进行。

（田明军　张洪峰　刘　楠）

人力资源和社会保障

【概述】 2012年，济宁市人力资源和社会保障部门在市委、市政府的正确领导下，深入贯彻落实科学发展观，坚持“稳中求进、重点突破”的总基调，牢牢把握民生为本、人才优先工作主线，突出抓好就业服务和社会保障两大民生体系建设，开拓创新，拼搏实干，积极作为，全市人力资源和社会保障工作在新的起点上取得了新成效。7月，济宁市被国务院命名表彰为“全国创业先进城市”；10月，济宁市人力资源和社会保障局被国务院表彰为“全国新型农村和城镇居民社会养老保险工作先进单位”。

就业工作　全市实现城镇新增就业13.6万人、完成年度计划的160.1%，其中高校毕业生就业3.8万人、完成108.6%；新增农村劳动力转移就业12.7万人、完成178.7%；帮助困难群体就业8278人、完成138%；城镇登记失业率为3.1%。

就业创业政策。提请市政府出台了《关于进一步做好普通高等学校毕业生就业工作的通知》、《关于加快发展家庭服务业的意见》等一系列文件，对小额担保贷款、职业培训补贴、岗位开发补贴、社保补贴、创业补贴以及加快发展家庭服务业等扶持政策作了进一步完善，全市发放各类补贴4100万元、小额担保贷款2.03亿元。开展了就业创业政策进村户、进社区、进企业宣传活动，发放宣传单和明白纸68.3万张、宣传挂历50万本，刷写悬挂标语、发送手机短信共计620万条，就业创业政策知晓率和普惠面不断提高。

创业带动就业。举办了以“创业促进就业，人才推动发展”为主题的全市创业政策项目宣传推介大会，8200人到场参会，536人与创业项目持有人达成合作意向；组织实施了全民就业创业大培训工程，认定培训机构58家，实施就业创业培训9.3万人。

重点群体就业。坚持把高校毕业生就业放在就业工作首位，统筹推进“三支一扶”计划、“高校毕业生社区就业计划”等服务基层项目，全市招募“三支一扶”大学生140人、到社区就业大学生45人；加大就业见习力度，新增见习基地29家、见习毕业生1662人；量身打造专场招聘会和特色服务，千方百计提高就业率，全市高校毕业生总体就业率保持在85%以上。完善职业培训、就业服务、劳动维权“三位一体”的工作机制，引导农村劳动力有序外出务工和就近就地转移就业。深入实施就业援助工程，大力开发公益性岗位，帮助困难人员就业8278人，零就业家庭实现动态消零。

公共就业服务。市人才市场和市人力资源市场实现初步整合，就业信息联盟全面建成，招聘求职信息实现全市共享。创新开办“蜜蜂零工超市”，方便求职人员自动匹配零工岗位。全面应用失业登记身份证识别系统，实施统一的《就业失业登记证》。高校毕业生就业信息管理系统实现实名登记、在线服务。全年举办各类招聘会621场，促进就业7.85万人，其中市人才市场举办招聘会212场，提供岗位22.8万个，促进就业2.57万人。

社会保障工作 社会保障体系建设步伐加快，社会保险覆盖范围不断扩大，待遇水平持续提高，在全省率先建立了城乡居民养老保险基础养老金与经济发展同步增长机制；实施了门诊统筹、生育医疗费个人零负担等一批惠民实事。

社会保险扩面征缴。全市城镇基本养老保险参保人数105.8万人、完成年度计划的114.2%；医疗保险239.6万人、完成115.2%；失业保险68.7万人、完成103.5%；工伤保险85.7万人、完成106.6%；生育保险62.2万人、完成107.3%；社会保险基金征缴收入112.4亿元、完成年度计划的118.8%。

城乡居民社会养老保险。在全省率先建立了基础养老金与经济发展同步增长机制以及多缴多补、长缴多得缴费激励机制和一次性抚恤金制度；在社区、村居建立便民“金融服务站”，老百姓足不出村就可以领取到养老金，中央电视台对济宁市城乡居民养老保险工作进行了宣传报道。

基本医疗保险门诊统筹。作为市政府为民所办十件实事之一，城镇职工和居民医疗保险门诊统筹从2012年7月1日起正式启动实施，社区看病纳入统筹范围、报销50%，每年最高可报销600元。截止年底，有52万人与全市210家定点社区医疗机构签订了服务协议，享受医疗惠民待遇。

社会保险待遇。连续第八年提高企业退休人员养老金待遇，全市14万余名退休人员人均月增加养老金237元。工伤保险伤残津贴人均月增加240元，供养亲属抚恤金人均月增加90元。失业金标准人均每月提高130元。生育保险医疗费用实现个人零负担。

遗留问题得到解决。部署开展了未参保集体企业退休人员养老保障工作，将9256名未参保人员纳入统筹范围。退休人员医疗保险待遇与单位缴费实现脱钩，全市21.4万名退休人员不再受单位缴费情况影响直接享受医疗保险待遇。

人才队伍建设 2012年，全市引进国内外高层次人才2425人、增长57%，其中博士150人；新增高技能人才10940人、增长10%，其中技师、高级技师2392人；新增省有突出贡献的中青年专家3人、增长9.68%，省首席技师4人、增长17.39%；引进外国专家125人次，实施引智项目17项。

人才政策。修订完善了《济宁市有突出贡献的中青年专家选拔管理办法》，组织开展了第五批市有突出贡献中青年专家评选工作。在全省率先出台《济宁市技工院校十大名牌专业建设管理办法》，投入219万元对数控加工等10个传统名牌专业进行研发改造，培养“双师型”教师50名、复合型学生1200人。联合市委组织部制定了《济宁市

■2012年12月11日，济宁市人民政府与省人社厅举行合作共建鲁南人力资源和社会保障事业发展新高地框架协议签约仪式。

"双百"人才国(境)外培训工程实施意见》,举办了赴美国"现代园区科技创新与产业升级"和赴德国"高层次人才创新创业"首期2个培训班、培训高层次人才35人。

人才引进。采取政府组团招聘方式,组织全市150余家企事业单位,先后以西安交通大学、西北工业大学、武汉理工大学、山东大学为基地,组织开展了"孔孟文化圣地、创新创业之城—山东济宁"走进名校人才招聘系列活动,共签约硕士以上高层次人才1934人,其中博士15人,成功引进5个高水平创新创业团队。依托中国第十一届专博会、山东省第七届海洽会和全市创业项目政策宣传推介大会等平台举办各类人才招聘活动,219家单位参会,达成合作意向6300余人。深化校地企合作,市政府与清华大学研究生院、市人社局与西安交通大学等5所名校分别签订人才合作协议;第三批30名清华大学博士到济宁市开展暑期社会实践,帮助企业解决技术难题21项、培训员工1300多人。

人才智力服务。深入开展"人才智力服务进千企"活动,市县两级人社部门先后深入到1090家重点、支柱和高新技术企业开展走访调研,分别与各自经济园区签订《人力资源服务合作框架协议》,从资源配置、技能培训等方面,为园区提供全方位、多层次人才智力服务。联合人社部留学人员和专家服务中心开展"高层次专家服务企业"活动,为全市50余家企业提供技术支持和服务,其中京鲁水务有限公司"内微循环重水处理"技术项目经过改造升级,年增加效益200多万元。

劳动关系协调和权益维护 劳动关系工作机制。建立了由劳动关系科牵头,劳动监察、劳动人事争议仲裁等科室单位共同组成的协调劳动关系联席会议制度,推动协调劳动关系一体化运作。劳动监察与劳动人事争议仲裁实现联动,推行联合接访、优势办案、疑难会商、信息互通。积极推动劳动关系工作重心下移,开展了和谐劳动关系工业园区创建试点工作,把创建活动延伸到非公有制、中小企业和乡镇(街道)、社区。

劳动保障监察执法。建立了以劳动监察机构为主、有关科室单位配合联动的"一体执法"监督检查机制,避免了多头执法、重复执法现象的发生。出台了《济宁市劳动保障监察行政处罚自由裁量权适用实施办法》,对劳动合同、社会保险、工资支付等9类80项违法行为的处罚标准逐一进行了细化量化,进一步规范了行政处罚行为。全市劳动监察共检查用人单位3223户,涉及职工32.92万人次,查处各类劳动违法案件468起,责令支付工资报酬830.97万元,督促缴纳社会保险费1.74亿元。

劳动人事仲裁。积极推行程序规范化、文书标准化、管理制度化,全市办理劳动人事争议案件858件,结案率100%,为当事人挽回经济损失787.8万元。大力推进基层调解组织建设,全市企业调解组织达到1020家、预防调解示范企业300家,有效化解各类争议矛盾,维护了全市劳动关系的和谐稳定。

人事制度改革 公务员管理。圆满完成2012年度公务员考录工作,全市共招考公务员426名。出台了《济宁市公务员调任转任实施细则(试行)》、《济宁市评比达标表彰活动管理实施细则》,有效规范了公务员调任转任和行政表彰行为。加强公务员职业道德教育,在全市范围内开展了带头创先争优争做人民满意公务员活动。公务员档案数字化建设全面完成,档案信息实现了联网查询。

事业单位人事管理。岗位设置管理工作全面完成,5420家单位聘用工作人员13万人、人员聘用率96.8%。制定印发了《关于严肃事业单位公开招聘工作纪律的通知》,提出事业单位招聘工作人员"十条禁令",圆满完成了2012年度市直事业单位公开招聘工作,涉及59家单位、346个岗位。事业单位实施绩效工资工作全面推行。

军转干部安置。进一步完善了军转安置工作办法,全市接收安置军队转业干部104人,其中计划安置88人、自主择业16人,安置随调家属22人。探索建立了困难企业军转干部医疗、特困家庭个案救助制度,企业军转干部保持整体稳定。圆满完成了2011年度军转干部教育培训工作,兑现落实自主择业军转干部各项补贴待遇243.7万元。

部门自身建设 积极争取省人社厅支持,与市政府签署了合作共建鲁南人力资源社会保障事业发展新高地框架协议,为工作开展夯实了基础、提供了保障。

基本能力建设。分两批组织系统骨干80余人,到中国高级公务员培训中心开展了为期一周的业务培训;举办人力资源社会保障所所长和业务骨干培训班20期,基层平台工作人员全部轮训一遍;加大仲裁监察队伍培训力度,培训基层监察协管员305人、调解员616人;为拉高工作标杆,局领导班子带领科室单位主要负责人40余人,先后赴徐州、淮安、淄博、潍坊、临沂等地,采取一对一的方式进行学习考察和对口交流,开阔了视野,提升了能力。

基本制度建设。围绕业务和作风建设,修订和完善了14件专项工作制度,重点对市局机关科室、局属事业单位和县市区局的三个年度考核办法进行了修订完善,制定了《日常考核办法》,考核的科学性、导向性和激励性进一步增强。

公共服务体系建设。基层平台建设深入推进,全市156个乡镇(街道)都建立了人力资源社会保障所,配备工作人员788名;投入1700余万元,配备了信息发布电子屏、触摸屏、档案柜等设施设备,全部达到实体化建设验收标准。启动了人社系统信息一体化建设工程,整合各业务网站资源,有效提升了在线办事能力和公共服务质量。

机关作风建设。部署开展了"服务经济、保障民生,解放思想跨越发展大讨论"暨作风建设活动;召开现场推进会议,在全市人社系统全面部署开展了廉政风险防控机制建设工作。在全市"转变干部作风、优化发展环境"和惩治预防腐败体系建设推进会议上,分别作了典型发言;市人才市场"圣地金桥"被评为全市为民服务创先争优"服务品牌"。

党的基层组织和干部队伍建设。局党委认真落实抓党建工作责任制,积极营造创先争优氛围,全面推行党务公开,精心组织"大规模驻村入户、面对面谈心交流"活动,机关党建工作水平得到进一步提升。根据干部队伍现状和工作需要,先后对局属部分事业单位和局机关科级干部进行了充实调整,70人得到提拔重用;围绕市局和局属单位县级领导班子建设,配合市委组织部积极做好县级干部考察推荐工作,1人被提拔为正县级干部,5人被提拔为副县级干部,2人被重用为部门领导班子成员,10名县级干部作了调整任职;结合社会保险事业局成立和机关科级干部调整,47名科级干部进行了交流轮岗、重新任职。同时,从县市区选调7名优秀年轻干部充实到机关科室。

其他工作 规划统计工作,编制了2012年事业发展计划,对完成情况实行了月调度、季通报,本系统业务经费预算和资金管理工作进一步加强和完善。牵头协助完成了全市社保基金审计工作。人事考试安全运行,顺利组织了42项人事考试,参加考试人数9万余人。职业教育培训实现资源整合,技能鉴定质量不断提高,全市组织开展鉴定4.4万人,新增高级职业资格人员8490人。驻村帮扶工作扎实深入,筹资40余万元为帮扶村新打机井5眼、硬化村内道路2200米。信访和涉军稳定工作措施得力,及时调处化解了有关矛盾问题,确保了十八大和重点节会期间的和谐稳定。机关和后勤服务工作保障有力,组建了财务核算中心,规范了局属单位财务管理。

(郭召利)

民族宗教

【概述】 济宁市民族宗教事务局内设办公室、民族工作科、宗教工作科;行政编制13人、工勤编制3人。2012年,全市民族宗教工作部门紧紧围绕市委、市政府工作中心,以科学发展观为指导,狠抓各项工作落实,开拓创新,忠实履职,为促进全市经济发展和社会和谐稳定做出了积极贡献。

少数民族经济发展快速 充分发挥少数民族发展资金的促进推动作用,作为2012年中央和省级发展资金扶持项目,鱼台县王庙镇旧城里村特色村寨、兖州市大安镇东葛店村道路整修等6个项目,争取省级发展资金125万元。单个项目的帮扶资金由10万元增加至15万元。市级少数民族发展资金由30万元增加到50万元。重点对任城区海涛养殖专业合作社和嘉祥县成成小尾寒羊养殖专业合作社进行了扶持,争取专项资金20万元,帮助他们扩规模、购设备、引良种,经济效益大幅提升,年增加收入60万元。

民族团结进步创建活动广泛开展 开展了第12个民族团结进步宣传月活动。"宣传月"期间,市、县两级分别举办了广场宣传日、民族工作讲座、民族团结进步事业成就展等富有特色的群众性活动。着力搞好民族团结进步创建活动示范单位建设,邹城市中心店镇和市中区济阳街道柳行社区被省委宣传部、统战部、省民委分别授予全省民族团结进步创建活动示范乡镇和社区称号。大力做好城市民族工作示范窗口建设。市中区柳行社区在社区服务中心,开设了民族事务、社区民政、就业指导等服务窗口,制定了少数民族工作制度、活动制度、走访制度、联谊制度等工作制度，信息资料台账实现了微机化管理，其示范窗口建设项目已获省级立项，争取到建设资金10万元。同时，市、县两级协调财政和教育部门，为邹城市北宿镇民族小学争取到专项资金20万元，用于学校清真餐厅建设。

少数民族群众的民生问题得到有效解决 春节期间，为全市6265户穆斯林农户和城市穆斯林低保户发放牛羊肉一次性价格补贴75.18万元。针对年人均纯收入低于2500元的农村少数民族低收入养殖户，市、县两级积极争取到补助资金30万元，为100户低收入养殖户每户发放畜种购置补助3000元。大力开展少数民族实用技术培训，相继在鱼台县、泗水县、邹城市、嘉祥县举办了少数民族实用技术培训班，部分少数民族村居两委干部、种养殖专业户和少数民族群众等700多人参加了培训。

依法管理宗教事务力度进一步加大 和谐寺观教堂创建活动进一步深入，全市宗教活动场所基本情况纳入了上级计算机网络管理。全市又有5处寺观教堂和83处固定宗教活动处所被省、市两级宗教工作部门评为"和谐宗教活动场所"。以宗教活动场所管理"安全年"为主线，逐级签订《安全目标管理责任书》，将各项工作任务落实到基层。市、县两级对所辖宗教场所进行了安全大检查，确保了全市宗教领域的安全稳定。2012年6月1日，全市宗教界宗教政策法规学习月活动启动仪式隆重举行。学习月期间，向市级宗教团体、宗教活动场所赠送了《宗教政策法规文件选编》、《宗教政策读本》和《宗教团体教规制度汇编》，发放《山东省宗教事务条例》宣传页2万多份，举办培训班10期，受训人员达1000多人次。

宗教与社会主义社会相适应水平不断提升 2012年9月15日，市暨市中区"宗教慈善周"活动在市中区黄家街基督教堂拉开序幕。"慈善周"期间，全市宗教界共捐善款30多万元。深入开展宗教活动场所财务管理试点活动，健全和完善了财务制度和财务监督机制。金乡县建立宗教场所财务管理"四统一"制度，受到省宗教局的充分肯定。认真解决宗教教职人员社会保障问题。全市宗教教职人员社会养老保险参保率和社会医疗保险参保率都达到了100%。宗教团体建设不断加强，在省五大宗教换届会上，为省基督教、伊斯兰教、佛教、天主教输送了部分优秀人才。

自身建设明显加强 深入开展"解放思想跨越发展大讨论"活动，干部作风更加扎实，工作标准进一步提升，为基层、为群众服务的能力不断提高，市民族宗教局5名领导班子成员分别带领所分管的机关干部组成驻村调研小组，到泗水县泗河街道清真寺街等5个民族村居，入户走访干部群众。同时，从多方争取资金100多万元，帮助他们解决了亟待解决的实际问题。2012年，市民族宗教局选拔任用了2名县级干部，干部队伍的结构得到进一步优化。

（李 庆）

外事侨务

【概述】 济宁市人民政府外事侨务办公室是主管全市外事侨务和港澳工作的政府工作部门，内设6个职能科室，分别是秘书科（挂人事科牌子）、出国（境）管理科、侨务工作科、亚洲科（挂港澳工作科牌子）、涉外综合科、领事工作科。2012年，全市外事侨务工作牢固树立起与"三个高于、三个提高"相适应的外侨工作标杆，深入扎实开展"外事创新年"活动，积极推进对外交流与合作，各项工作取得了显著成效，被外交部授予"服务国家总体外交突出贡献奖"、被国侨办授予"全国侨务信访示范单位"，被省侨办授予"全省侨务工作先进单位"。

充分发挥外事职能作用，服务全市经济建设和社会发展亮点突出 服务"中心"取得新进展。围绕全市新的工作布局，积极协调办理重点项目出访考察手续，开展各种涉外招商活动，大力推介投资环境和重点项目，在服务全市外经贸、招商引资、招贤引智、凝侨聚力等方面发挥了重要作用。2012年协助办理市级领导出访12批，出访团组带着170多个问题出访37个发达国家和先进地区，考察国外先进行业、集团、企业520多家，举行洽谈会、招商会、交流会50余次，共签订合作协议、合同47项，总金额110亿美元。5月，市委副书记、市长梅永红率济宁市经贸考察代表团赴日本友城小松市访问，促成双方在机械制造、能源、食品、环保等领域的合作，签订合资合作协议4项，总额2.9亿美元。7月份在省政府举办的"2012香港山东周"期间，济宁市组团赴港开展了系列招商引资活动，共集中签约项目32个，投资总额达52.87亿美元，其中签约合同项目21个，合同外资额20.88亿美元。8月，市委书记马平昌率团访问巴西、智利、意大利，就倍耐力公司在华勤工业园增加2亿美元投资、固特异公司把兖州工厂建成全球最大的输送带生产基地、智利国家铜业公司与华勤集团联合运作高纯度阴极铜项目、智利银行在济宁投资事宜进行了深入推进。梅永红市长带队出访日本的考察报告荣获"全省市厅级优秀出访报告"，第二届尼山世界文明论坛活动荣获"2012山东省外事与港澳工作十大新闻"入围作品。外事创新取得新突破。立足济宁文化资源优势，打好"孔子品牌"，强力推进"外事创新年"活动的深入开展。认真完成省外办交付的外事创新重点任务，10月，副市长吴霁雯率济宁市代表团赴美加开展友好交流，在阿肯色州史密斯堡市会展中心举办了孔子文化图片展，开展了国际间教育交流合作，济宁一中与加拿大天勤教育集团签署合作意向书，推进了太阳纸业"走出去"项目，太阳纸业获得了在美项目建设的第一手数据。曲阜市以孔子文化为媒积极拓宽对外交往渠道，邹城市利用中华母亲节和孟氏宗亲联谊活动加强与韩国涟川郡友城互动。礼宾接待呈现新气象。认真强化"外宾接待是地方外事贯彻国家总体外交直接体现"的理念，高质量做好外事接待、礼宾礼仪、多语种翻译等各项工作。2012年先后接待墨西哥前总统福克斯、联合国教科文组织助理总干事汉斯、美国阿肯色州州长迈克·毕比等境外来宾35批449人次，其中接待前政要及副部级以上代表团10批128人次，有力推动了全市的对外开放。涉外管理得到新规范。把加强因公出国(境)管理作为重点工作，就进一步完善因公出国(境)管理机制，切实提高组团质量和出访效益提出明确要求，严格实行县处级以上领导出访计划报批、量化管理、预先报告和请销假制度，对出访团组的任务、人员结构认真审核把关，统筹安排出访团组，重点为全市大项目建设服务，2012年共受理因公出国(境)团组105批254人次，压缩不合理团组18批35人次，审批办理出访团组87批219人次。77%的出访团组任务为经贸活动，公务护照收缴率达到100%。认真加强领事管理，签发邀请函172批、214人次，其中商务洽谈104批、141人次，工作任职68批、73人次，工作中严格审查邀请单位和被邀请人资质、业务往来，被邀请人身份和来华目的，从源头上防止了"三非"(非法入境、非法居留、非法就业)外国人的产生。钓鱼岛事件摩擦升温以来，配合市相关维稳部门，圆满完成涉外维稳任务。友城创建迈出新步伐。与智利帕多·菏特杜市、加拿大皮克灵市、美国阿肯色州史密斯堡市新建立友好合作与交流关系。与友城日本足利市、韩国大邱广域市寿城区、韩国荣州市、俄罗斯塔甘罗格市等城市保持了正常友好联络。与日本足利市、韩国荣州市、韩国寿城区分别开展了多种形式的青少年友好交流活动。

加强与华侨华人联络沟通，侨务工作取得积极成果 侨务接待取得新成效。2012年共接待海内外侨团侨领28批、585人次，香港轩辕教育基金会主席罗文春、香港客商李钜能先生、2012"中国寻根之旅"春令营菲律宾晋江同乡总会观摩考察团、第12期海外华侨华人文化社团负责人"文化中国之旅"山东行观摩团、2012华文教育海外华校校长研习欧美澳新班等先后到访济宁，第52期全国侨务干部培训班在济宁举行。为侨服务再上新层次。认真贯彻实施侨务政策法规，加强侨法宣传，巩固"侨法进社区、进学校、进企业"工作及"侨法宣传角"的成果，指导侨资企业、县市区外侨办开展经常性侨法宣传和归侨侨眷联谊活动，形成侨法宣传长效机制。新成立济宁市侨商协会，设立六个"中心"，创刊《圣地侨商》杂志。利用元旦、春节等节日，积极开展走访慰问和新春联谊活动，为重点侨商和贫困归侨侨眷送去新春的祝福和节日的问候。牢固树立关心、重视侨界民生问题的服务意识，把"知侨心、懂侨心、暖侨心"贯穿于侨务工作的全过程，认真处理侨务来信、来电、来访，结案率达到100%。为"三侨"考生办理了升学手续。侨务捐赠再结新硕果。加强与海外侨团、经济实体和慈善机构的联系，积极争取捐赠项目，澳门同胞汤福荣先生捐赠50万元建设中区农村社区服务设施，香港应善良福利基金会捐赠汶上县寅寺镇胡楼小学32.4万元，香港客商李钜能捐赠6万元改善金乡县开发区中学体育设施，侨商任鹏捐赠6万元支持嘉祥新农村建设。协助省侨办争取资金300多万做好泗水新农村帮扶工作。华文教育取得新业绩。加强与省侨办华文教育基地的联系，促进曲阜师范大学历史文化学院、济宁学院附小、曲阜实验小学3所华文教育基地的建设，为海外华文教育机构制作了大量华文教育光盘和教学资料，向国侨办推荐多名教师外派菲律宾、泰国开展华文教育活动。

大力倡树解放思想干事创业氛围，努力提高服务发展水平和外侨干部队伍素质 深入扎实开展了“解放思想跨越发展大讨论”、“恪守从政道德、保持党的纯洁性”等学习教育活动，办机关坚持每周五集中学习制度，加强学习型党组织建设，组织党员认真开展理论学习，积极探索新形势下做好外事工作的新思路、新方法。认真开展“大规模驻村入户、面对面谈心交流”活动，积极做好曲阜市王庄镇孟李村、汶上县次邱镇路楼村和嘉祥县疃里镇崔桥村帮扶联建工作。深入扎实开展“目标责任、考核奖惩、监督检查”三个体系建设，被市三个体系建设领导小组评为“好”层次。制定并落实了《市外侨办2012年党风廉政建设和反腐败工作实施意见》，建立涵盖到科室、责任人的廉政风险防控体系，廉政风险防控工作被市纪委考核组评为“优秀”等级。以争创省级文明单位为抓手，内强素质，外树形象。大力弘扬优秀传统文化，加强外交礼仪、出国注意事项等涉外礼仪知识培训。联合涉外部门举办了第六届“如意杯”涉外单位运动会。全市外事侨务工作呈现出整体推进、协调发展的良好局面。

（曾子祥）

公共资源交易监管

【概述】 2012年，在市委、市政府的正确领导下，在市纪委的强力推进和市直各部门的大力支持下，市公共资源交易服务中心解放思想、开拓创新、团结拼搏、共克时艰，圆满完成年度任务，交易规模跃上新台阶，交易环境有力净化，交易活动透明度和公信力不断上升，公共资源交易统一集中监管工作取得了显著的政治、经济和社会效益。市县两级平台累计办理各类公共资源交易事项5483项，交易总额396.9亿元，增收6.1亿元，节约资金24.5亿元，节支率8.9%；其中市级累计完成2321项，交易金额209.3亿元，增收3.98亿元，节约资金15.1亿元，节支率11.3%，继2009年交易规模突破百亿元后，实现了三年翻一番。市公共资源交易服务中心先后荣获“市级文明机关”、“全市双评群众满意单位”等称号，《中国纪检监察报》、《中国建设报》相继对济宁市公共资源交易统一集中监管工作进行了专题报道。

进一步健全完善监管机制 按照市委、市政府要求，以全面贯彻落实各项目标要求为重点，推行标前、标中、标后全程监管。标前阶段，认真受理各项交易申请，重点对招标人编制的招标公告和文件进行审核把关，确保符合法律法规和市委、市政府的要求；标中环节，强化了对项目开标、评标专家随机抽取、评标专家评审和中介机构代理行为的监督管理，保证活动程序合法、评标过程保密、交易结果公正；标后环节，配合纪检监察、行政主管部门重点对合同履行情况进行跟踪督查，逐步构建起招标采购人操作、评标专家独立评判、集中监管机构全程监管的三权分立运行模式。不断加大与市住建委、市财政局、市卫生局等行业行政主管部门沟通协调力度，进一步理顺与各行政主管部门关系，形成条块结合、协调联动、齐抓共管的工作格局。

进一步加大制度建设力度 把2012年确定为“制度落实年”，进一步完善制度建设，细化监管措施，规范交易各方行为。一是制定了《中介机构管理考核暂行办法》，规范代理行为，提升服务水平；二是推行技术标暗标评审，统一标书制作，隐藏单位标识，进行随机抽号，由评标专家“盲评”、“盲审”，使评审结果更加科学公正；三是积极开展标前检查、中标约谈和标后跟踪督查，维护招投标工作严肃性；四是实行重点项目包保联系责任制，提前介入，主动服务，确保招投标环节高效运行；五是完善政府采购协议供货制度，定期更新商品库商品种类和价格，力求采购物品价廉物美；六是实行专家打分异常情况书面说明和责任倒查追究制度，切实加强对评标专家的日常管理考核；七是实施投标单位诚信考评，对有违法违规行为的投标企业记入不良档案，减扣诚信得分，网上公开曝光，引导企业诚实守信、合法竞争；八是加强对投标保证金流向的监管，通过对投标保证金的追本溯源，进一步遏制打击违法违规行为；九是开通招标采购信息平台，累计向交易各方发送政策法规知识11000余条，努力营造理解、参与和支持公共资源交易监管服务工作的良好氛围。另外，还与有关单位联合制定了规范行政事业单位房屋租赁行为、规范土地整治项目招投标活动和市直机关事业单位公务用车定点加油等系列制度，进一步拓展进场范围，努力实现“应招必招、应进必进”。

进一步深化完善电子化平台建设 一方面研发启用了建

设工程交易、国土出让、政府采购、产权交易和远程视频评审五个电子系统，将所有交易主体项目由传统现场交易方式转变为电子化运行，并在全国率先实现了中央、省、市、县四级异地远程视频评审。另一方面针对在围标串标中出现的新情况和新问题，研发启用了电子标书上传IP地址MAC号对比、电子清标、评标专家打分异常预警、电子暗标评审和投标企业业绩库评标自动关联等电子系统，在治理围标串标、遏制评标专家打分自由裁量权、提高招标采购工作效率、确保公共资源交易公平公正等方面取得了良好的应用效果。

进一步提升重点项目招标采购服务能力 实行班子成员联系包保制度，印制了《重大项目招标采购工作联系单》，明确了联系人、承办科室和招标需要具备的前期条件。深入重点项目现场，听取项目立项、规划、用地手续办理情况介绍，讲解招投标的标准和程序，指导帮助招标人尽快做好招标前期准备工作。与此同时，积极探索灵活多样的招标方式方法，促进重点工程招标采购环节高效运行。对招商引资等非国有资金投资项目，建议招标人实行招标公告、投标报名、发放招标文件等环节压茬进行的工作方法，充分满足了招标人需求，进一步缩短项目招标周期，有力推进了项目尽快落地实施。

进一步加大打击围标串标力度 对公共资源交易领域围标串标、虚假招标、挂靠资质等严重损害交易各方合法权益的毒瘤和顽疾，以电子化平台为依托，以净化市场环境为目标，多管齐下、标本兼治，收到了非常显著的成效。建立了标前约谈制度，由市纪委监察局牵头，公共资源交易服务中心积极配合，在项目招标前对业主单位进行约谈，组织签订廉政承诺书，强化招标采购人项目主体意识；实现了电子标书比对、投标人业绩库数据与评标环节的即时关联，及时准确地发现围标串标痕迹，大幅提升公共资源交易监管的科技化水平。联合纪检监察机关、政法部门和有关行业主管部门集中开展了围标串标专项治理活动，建立健全联合打击惩处的长效机制，努力营造诚信有益、失信必惩的竞争氛围。2012年，配合纪检监察机关和行业主管部门共查处公共资源交易违法违规案件89起，分别给予当事人公开曝光、暂扣投标保证金、限期禁入等处罚，20余家投标企业被清出市公共资源交易市场，有力维护了公共资源交易市场正常秩序。

进一步加强综合性基础性工作 一是扎实开展“解放思想跨越发展”大讨论活动，将大讨论活动与深化创先争优、“大项目突破年”、“大规模驻村入户、面对面谈心交流”、“恪守从政道德、保持党的纯洁性”等活动有机结合，精心组织、统筹推进。二是按照市委、市政府“市域学淮安、县域学沭阳”的部署要求，组织单位全体人员赴淮安市招投标管理办公室考察学习，形成了质量较高的调研报告6篇，心得体会46篇，90余万字的读书笔记。三是进一步深化廉政风险防控机制建设，深入查找廉政风险点，通过自己找、群众帮、领导提、组织审四个程序，共查找容易产生不廉洁行为的风险点115个，绘制各类工作流程图25个，进一步明晰了权力运行，优化了工作流程，使监督更加到位，管理更加规范，服务更加优质。在全市廉政风险防控机制检查中，中心获得了99分的高分。四是启动了ISO标准化管理体系建设，研发办公OA系统，实行ISO国际质量体系认证，通过电子化的方式进一步定岗定职定责，固化工作流程、明确办事标准，锁定完成时限，逐步形成内部规范化的运行机制，进一步提高管理和服务的质量。五是完善了廉政文化建设，设置了网站专栏、建设了文化长廊，使干部职工进出办公楼时，眼前常现廉景、胸中常怀廉心、监管常伴廉行。市公共资源交易服务中心顺利通过市纪委验收，成为市级“廉政文化示范点”。

（毛国栋　朱文涛）

史志工作

【概述】 2012年，在市政府办公室党组的正确领导下，在省史志办的关心指导下，市史志办不断解放思想、开拓创新、凝心聚力，以更加奋发有为的精神状态，努力推动各项工作的落实，圆满完成了年初确定的各项任务目标。

以创先争优为先导，深入推进史志队伍建设 市史志办以巩固市直文明机关成果为重要抓手，不断调高标杆、自我加压，全力打造高素质、高水平、求实效的史志队伍。以提升史志队伍业务技能为主线，积极选派业务骨干参加省史志办举办的各类业务培训3人次、理论研讨会4人次，有效激发了史志队伍的内生动力。坚持外出培训与内部学习相结合，制定了2012年集中学习计划，印发了学习活动方案，确保每周开展1至2次集体学习，集中学习邓小平理论、“三个代表”重要思想和科学发展观，党的十七大和十七届历次全会精神，省、市委重要会议精神，省史志办重要工作精神等。特别是11月份以来，坚持把学习贯彻党的十八大精神作为首要政治任务，认真组织干部职工学习研读十八大报告原文，深刻理解、准确把握十八大精神内涵，真正做到入脑入心，自觉运用十八大精神武装头脑、指导实践。

以真抓实干为依托，全力全速推进业务工作 一是大力推进史志工作法规体系建设。结合贯彻落实国务院《地方志工作条例》和《山东省地方史志工作条例》，不断强化对县市区史志工作法规化建设的指导，对已出台规范性文件的县市区，针对文件的落实情况积极开展“回头看”检查，对尚未出台规范性文件的县市区加大督导力度，截至12月底，全市12县市区全部出台了地方志工作管理规范性文件，《济宁市地方史志工作管理办法》已送市法制办等有关部门会审，在全市范围内基本建立起了完整的志书编纂规范化体系。二是深入开展第二轮志书编纂工作。研究制定了切实可行的志书编纂实施方案，合理分工，科学调度，细化责任，倒排工期，进一步理顺志书编纂内部机制，切实提高志书编纂质量和水平，圆满完成了《济宁市志》(1991—2005)上报稿件的审查工作，形成了对二轮志书稿件的基本评价和修改意见；根据《地方志工作条例》等法律法规，结合全市实际，确立了志书下限延伸方案，并制定完善了篇目。同时，不断强化对县市区志书编纂的业务指导，集中到各县市区开展史志工作调研，推动任城、兖州、金乡、汶上、梁山等县市区启动了二轮志书编纂工作，并对有关县市区进行了业务培训。三是年鉴编纂工作有序推进。牢固树立精品意识，强化年鉴编纂质量管理，不断加强年鉴编纂的业务交流和学习，着力提高年鉴编纂水平，圆满完成《济宁年鉴》(2012年卷)的编辑出版。同时，强化县市区年鉴编纂工作，在做好已经启动年鉴编纂工作县市区业务指导的同时，督促和指导没有启动年鉴编纂工作的县市区制定实施方案，全市年鉴编纂工作呈现出“由点到面、全面开花”的良好发展态势，年鉴编纂工作逐步走向规范化、制度化、常态化发展轨道。四是协调推进其他重点工作。圆满完成了《山东年鉴》(2012年卷)和《中华人民共和国政区大典－山东卷－济宁部分》区划沿革、重大事件、著名人物的供稿工作，完成了省史志办交办的《枣庄市志》(评议稿)审稿任务，指导济宁鲁抗编纂出版了《鲁抗志》(第5卷)，整理发布了济宁市2012年1至11月份大事记，组织开展了首届“齐鲁新方志”论坛论文撰写活动。

以优化作风为抓手，着力打造干事创业氛围 市史志办全面推进党务公开，班子成员坚持民主集中制原则，保持了思想和认识的高度统一，凝聚力和战斗力进一步增强。始终坚持把党风廉政建设作为一项重要工作来抓，着力增强全体干部职工的宗旨观念和责任意识，认真贯彻落实中央、省、市关于党风廉政建设的各项规定，按照市委、市政府党风廉政建设和反腐败工作决策部署的要求，自觉践行党风廉政建设责任制和廉政承诺，自觉倡树社会公德、职业道德、家庭美德和个人品德，引导全体干部职工培养健康的生活情趣，保持高尚的精神追求。不断丰富市史志办机关活动内容，扎实推进“城乡联建创五好”，经常与联建村党支部开展交流活动，结对帮扶困难家庭4户，并向联建村困难家庭学生捐助了3000元。组织干部职工积极参加市直机关运动会和市政府办公室举办的春季体育运动会等活动。

(史志办)

无线电管理

【概述】 2012年，市无线电管理办公室认真落实“加强管理，保护资源，保障安全，健康发展”的方针，紧紧围绕“三管理、三服务、一突出”的工作思路，积极加强“四个体系”建设，解放思想、开拓创新，以优异的成绩完成了上级下达的各项工作任务，获得了全省综合评议考核第四名的好成绩。2012年，单位先后获得“2010-2012全省无线电管理先进单位”、“全省无线电台站核查先进单位”、“市直机关先进基层党组织”、“济宁市人事考试先进集体”、“济宁市高考工作先进单位”等9次省、市表彰，22人次被评为相关部门先进个人，创造了全省无线电管理工作综合评议考核连续5年优秀的佳绩。

开展全市无线电台站核查 2012年4-9月份，按照国家统一部署，在全市范围内开展了无线电台站核查、登记工作。重点对民用对讲机、警用电台、民航非制式电台、广播电台、电视台、卫星地球站、雷达站、微波站(含

MMDS)、公众移动基站及无线链路台站、短波通信电台、各类无线接入基站、集群通信、扩频通信、数据通信等固定无线电台站进行核查登记。成立了以市政府副秘书长孙方一为组长、市政府办公室副主任李国山为副组长的"济宁市无线电台站核查工作领导小组";召开了"中层干部会",对全市无线电台站设置现状和特点进行分析,研究核查登记开展方法;在开展宣传发动的基础上,将全体人员分工包片,任务到组,责任到人;召开了"全市无线电台站核查登记工作会议",传达贯彻国家、省无线电台站核查登记工作会议精神,对核查工作进行安排部署。下发了《关于印发济宁市无线电台站核查工作实施方案的通知》,对核查工作的组织领导、核查内容、时间任务、方法步骤、后勤保障、宣传报道、纪律要求等都进行了规范和明确,使无线电台站核查工作有章可循,操作方便,进展顺利;市政府办公室下发了《关于开展2012年度无线电台(站)核查登记和设备年检验证工作的通知》,将台站核查工作与年度检查、验证、收费工作同步进行。在核查中提出了"全面排查、不留死角、扎实推进、务求实效"和"人机见面、资料齐全"的要求。实行了一天一调度、一周一检查的方法,稳步推进了台站核查工作的开展。通过核查登记,新增加台(站)364个,新建B库台(站)271个。全市共有各类无线电台(站)5996个(不含公安系统350MHz集群设备4400余部)。其中,广播电视台34个,短波电台2个,VHF/UHF电台1076个,业余电台493个,GSM蜂窝基站2143个,TD-SCDMA蜂窝基站344个,CDMA2000基站413个,WCDMA蜂窝基站231个,手机用户数已达800多万户。在核查工作中同时完成了对"三高"地点设置电台的强制备案工作和济宁移动公司2012年度基站初审呈报工作及业余无线电呼号申请的初审报批工作。9月19日,山东省无线电台站核查验收小组,对济宁市无线电台站核查工作进行了检查验收,对济宁无线电台站核查工作给予了充分肯定和高度评价。

科学配置频谱资源 按照国家、省对《150MHz、400MHz频段专用对讲机频率规划和使用管理有关事宜的通知》要求,结合全市无线电台站设置使用情况,科学配置无线电频率资源,对频率的使用做了新旧规划的过渡调整工作。一是针对2012年在台站核查中查出的规划外用频单位先纳入"B数据库"管理,在开展调研工作的基础上,根据行业特点规划新的频点;二是对即将到期的电台,提前做好频率更换规划,确保于2015年底前完成新旧规划的过渡工作。三是为保障社会维稳和重大活动中的无线电频率需求,主动开展了重点单位用频需求调查工作,并在上级规定的频率审批权限内做好公共安全、安全生产、减灾救灾等特殊用途的频率使用规划,为重点单位用频需求提供了可靠保障。

强化无线电技术监管 一是积极加强无线电技术设施建设。通过积极协调和争取,省办投资400多万元为济宁配置了搬移式无线电监测站、无线电信号压制仪、便携式信号分析仪。市无线电管理办公室自筹资金22万元,完善设施配套工作,使济宁无线电监管手段和能力有了进一步提升。二是加大了监测力度。根据国家频谱监测任务要求,认真制定监测计划,科学部署监测力量,圆满完成了常规、专项、特殊等监测任务,全面掌握了辖区内的无线电频谱占用情况。2012年,济宁管理处2个固定站、5个小型站和2个移动站共完成监测任务17537小时;重点加强了对广播、电视、铁路、航空等重要部门专用频段的监测;周密部署了"春节长假"、"省党代会"、"十一黄金周"、"十八大"等期间无线电通信保障及防邪教组织无线插播等安全维稳监测工作;加强了对水上交通频率、遇险救助、抢险救灾等频率的监测;开展了空中信号与数据库监测比对工作,圆满完成了全年监测、值班工作任务。三是加强了电波秩序的预警防范。在落实《中华人民共和国无线电管制规定》基础上,制定了《济宁市无线电管理突发事件和重大事项处置应急预案》,加强了设备配套工作,组织了多次演练活动,对发现的问题进行了修改和完善,真正做到有备无患。四是认真做好铁路、航空专用无线电频率保护工作。加强了与铁路、航空部门的联系与走访,主动听取意见与建议,定期到现场开展电磁环境测试,及时消除干扰隐患。五是及时发现和查处了联通基站干扰空军机场滑道信标信号、某看守所私设手机屏蔽器干扰电信基站、对讲机干扰有线电视网络等26起干扰事件。在查处干扰过程中,领导重视,组织得力,行动迅速,查处及时。在涉及多部门协调时,及时向市政府分管市长汇报、与相关部门及时沟通,组织联合查处活动,较好的维护了无线电通信秩序。

认真做好"十八大"期间无线电安全保障 一是在"十八大"召开前组织会议认真贯彻国家、省对"十八大"无线电安全保障工作的通知精神,做到了周密计划、精心准备、措施到位、责任明确、落实有力,重点提升了对不明信号的查处能力。二是围绕"十八大"无线电安全保障工作,制定了《济宁市2012年国庆节和十八大期间无线电安全保障应急预案》和《十八大期间防范邪教工作无线电管理应急预案》及《实施方案》,做到了任务明确、责任清晰,应急处置有章可循。三是搞好技术培训,抓好战前练兵,按照保障方案,在"十八大"之前对仪器设备进行了检测、维护和保养,确保仪器工作正常;开展了技术培训,并在做好合理配置人员、车辆、设备的基础上,组织开展了战前练兵活动,对保障工作进行了全装备、全要素演练,切实提高了对打击邪教组织非法插播行为的针对性与有效性。四是开展重点区域电磁环境监测。安排技术人员通过固定监测和移动监测相结合的方式,对党政机关周边、重要活动场所、大型电子屏附近等区域进行电磁环境监测,及时掌握重点频段的信号特征,以便及时发现并排查不明信号。五是主动与公安、广电等主管部门沟通,研究划定重点防范区域,合理组织监测力量,以净化电磁环境为重点开展了专项整治行动,确定了各部门具体联络人,发挥各自优势,形成合力,切实做好保障工作。

依法行政工作 积极培育新型执法队伍,以"五个加强"指导新型执法队伍建设。一是加强执法教育培训;二是加强能力素质建设;三是加强执法水平提升;四是加强执法监督检查;五是加强组织领导保障。积极开展"行政程序年"活动。根据《山东省行政程序规定》,结合济宁市无线电管理工作实际情况,将"无线电管理行政执法程序"纳入到管理处全年学习计划当中,并作为执法队伍培训计划的重要内容;研究制定重大行政决策程序规范制度,及时公布重大行政决策的具体事项和操作规则,健全重大行政决策方案合法性审查制度和风险评估机制,加强对重大行政决策的跟踪反馈和责任追究;同时加强对规范性文件的审查和清理工作。积极开展多部门联合执法。主动协调市公安、工商、质监局等有关部门,多次召开无线电管理联合执法联席会议,共同研究联合执法开展方式、政策依据、协调配合等相关事宜;成立了以政府副秘书长孙方一为组长、联席会议成员单位主要领导为副组长的"全市无线电管理联合执法检查工作领导小组";四部门联合下发了《关于开展全市无线电管理联合执法检查的通知》;制定了《联合执法检查行动方案》,为济宁无线电联合执法工作奠定了基础。联合执法过程中,以国家、省无线电管理条例和频率台站管理规定等管理法规为依据,以加强无线电通讯秩序为目的,以政策攻心为切入点,对全市的重点设台单位和台站核查中配合不力的单位进行了执法检查,对已查实违法使用的无线电设备责令整改,可设置使用的补办相关手续,对拒不改正的,坚决依法处罚。全年开展联合执法17次,检查设台单位109个,按照一般程序立案处理1个,开具《查封(没收)决定书》2份、《责令整改通知书》47份,圆满完成了行政执法任务。强化无线电发射设备销售市场备案管理。为从源头上堵住无线电发射设备私自购买、违法使用的现象,在多次开展调研的基础上,组织召开了全市无线电发射设备销售备案工作会议,各销售单位签订了《济宁市无线电发射设备销售备案承诺书》,从源头上规范了频率的使用和台站设置,为有效维护空中电波秩序奠定了基础。

科研工作 领导高度重视技术创新、管理创新,管理处主要领导亲自抓部署、抓落实,自主研发的《基于智能手机软件和互联网地图的基站信息监测系统》、与济宁能瑞水处理节能工程有限公司联合研发的《大管径螺旋干扰式高能磁化阻垢器》两个科研项目,于11月17日顺利通过省科技厅组织的专家鉴定。济宁管理处近几年完成了多项科研项目,其中《基于通用软件无线电技术的航空干扰快速识别系统》、《基于通用软件定义无线电平台的GSM基站参数监测系统》和《高精度自动定位无水垢运转系统》三项科研成果,在2012年分别获得市科学技术三等奖。

宣传工作 一是充分发挥本单位网站作用。将自办网站作为无线电管理的重要宣传品牌来打造,及时公示无线电管理法规、政策、重大事项、收费依据和标准等内容,对无线电新业务和新设备的发展、工作动态和信息进行及时报道,2012年上传、更新各类信息200多条,年内点击率已突破4万余次。二是创办了"济宁市青少年无线电科普教育基地”、“无线电管理宣传资料库”,编印了《无线电科普手册》、《无线电管理简报》等刊物。三是宣传稿件数量再创新高。2012年全年发表各类稿件300多篇。其中在《济宁日报》等市级媒体发表文章220余篇;在《齐鲁晚报》、《山东无线电管理》等省级媒体发表文章39篇;在《中国无线电》和国家无线电管理网站等媒体发表文章46篇。四是积极开展无线电管理宣传月活动。成立了“市无线电管理宣传月活动领导小组”;出台了《济宁市2012年无线电管理宣传宣传工作实施方案》;明确了宣传主题,规划了宣传重点;召开了由文广新局等6部门参加的宣传月活动座谈会,制作了宣传图版,编印了宣传手册和彩页,先后5次开展了大型集中宣传活动,发送宣传短信10万余条,开展技术、法规咨询400余人次,市内多家媒体对宣传活动做了采访和报道。

(韩继伟)

2012年济宁市政府“为民办十件实事”(一)

1、放心粮油农产品网点建设工程。开展放心粮油经营企业评审认证和放心粮油、食品、蔬菜进社区活动,强化菜蔬、食品等农产品质量监督、追溯和行政执法监督检查。引进市场竞争机制,支持鼓励南阳湖农场、美景米业等品牌企业在社区设点经营,年内城区建设农产品直营超市10处、放心粮油食品示范点(亭)100处、农产品加盟店100个,蔬菜直供点100个。

2、医疗惠民工程。设立全市先看病后付费专项资金,扩大“先看病、后付费”就诊范围,在全市各级各类医疗机构实施“先看病、后付费”诊疗服务。推行城镇居民社区就医报销制度,凡在协议社区卫生服务机构和一级医疗机构就医的门诊费用报销50%。开展百名医疗专家进农村活动,组织100名副高以上职称医疗专家,对口包保100个乡镇卫生院、1000个行政村,定期开展坐诊、义诊、培训、查体、健康教育等。

3、保障性安居工程。全市建设保障性住房13810套,其中新建廉租房1260套、公共租赁住房4246套、经济适用住房6814套,新增租赁补贴1490户;开工建设农村住房5万户,改造危房1.6万户;改造棚户区3799户、国有工矿棚户区1324户。

4、大气污染防治工程。加大烟煤型污染治理力度,取缔小型燃煤炉具,对大型燃煤锅炉进行除尘脱硫改造;强化扬尘污染控制,对施工工地、拆迁工地、堆场、露天仓库及裸露地面实施扬尘治理;加强对餐饮服务业油烟监督管理,重点企业主要大气污染度排放达标率达到98%;加强机动车排气检测,实行环保标志限定管理,在主城区(东至东外环,南至南外环,西至105国道,北至北外环)实行黄标车限行;禁烧农村秸秆,严惩私自焚烧垃圾、弃置化学污染物等不良行为;健全空气质量监测平台建设。

2012年济宁市政府“为民办十件实事”(二)

5、城区供水供气供热工程。扩大北湖新区、济北新区和西南片区供水、供气、供热范围，年内城区新建改造30公里供水管网，新增集中供热面积300万平方米，新增天然气用户1万户。

6、城区道路交通畅通工程。加快城区智能化交通体系建设，搭建交通管理综合应用平台和电子警察等七个系统；创建8条城区严管街示范道路，全面完善2条道路交通诱导标志，进一步优化市第一人民医院周边交通环境，年内城区新增停车泊位1000个。启动建设快速公交线路(BRT)，建设公交换乘枢纽站5处，新增新型公交车200辆。

7、便民设施工程。建设城市一卡通公共便民服务平台，在公用事业、小额支付、公共交通、旅游娱乐等方面一卡多用、一卡通用；建设邮政便民服务站2000个，形成缴费通、票务通、邮政通、商品通四大服务板块。

8、全民健身助残工程。为50个社区、2000个行政村配置健身器材；为1万名贫困残疾人免费适配基本辅助器具。

9、中小学校舍改造工程。加固重建中小学校舍36万平方米，提高抗震防灾能力，努力消除中小学校校舍安全隐患。

10、农村生活质量提升工程。解决23万农村人口饮水安全问题，完成5万户农村自来水入室、入户防冻改造；实施农村生活垃圾无害化处理，新建农村生活垃圾处理站200个。

济宁年鉴 2013

JININGYEARBOOK

中国人民政治协商会议济宁市委员会

综　述

政协济宁市委员会第十二届市政协委员规模为520名,设置24个界别。市政协十一届二十次常委会议协商通过了十二届市政协委员名单,经过协商,十二届一次会议委员503名。2012年2月12日,政协第十二届济宁市委员会第一次会议经过民主协商,选举产生了十二届市政协常委会,共97人,其中主席1人、副主席8人、秘书长1人、常务委员87人。2012年7月8日,撤销委员资格1名。2012年12月25日,市政协十二届五次常委会议增补委员4名,因工作变动辞去委员资格3名、常委2名。截至2012年底,实有委员503名,常务委员95名。内设7委10室,7委即提案委员会、经济委员会、人口资源环境委员会、教科文卫体委员会、社会法制委员会、港澳台侨外事和民族宗教委员会、文史资料委员会。10室即办公室、研究室、委员工作室、提案工作室、经济工作室、人口资源环境工作室、教科文卫体工作室、社会法制工作室、港澳台侨外事和民族宗教工作室、文史资料工作室,均为处级工作机构。办公室设秘书科、人事科、行政科3个科级机构,领导管理老干部处(副县级)、机关后勤服务中心(科级)2个事业机构。研究室、委员工作室、提案工作室、经济工作室、人口资源环境工作室、教科文卫体工作室、社会法制工作室、港澳台侨外事和民族宗教工作室、文史资料工作室分别下设秘书科(科级)。市政协主席、副主席编制单列。市政协机关人员编制总额为50名,其中行政编制40名,工勤人员编制10名。

2012年,市政协牢牢把握“服务发展、履职为民、凝心聚力、开拓创新”的工作基调,按照“3591”的年度重点工作布局(三项建设、五项重点调研、九项重点视察、一项文化工程),认真履行职能,积极建言献策,为推进全市科学发展跨越发展作出了新的贡献。

高度重视思想理论武装,坚定政协工作正确方向　精心组织解放思想跨越发展大讨论,认真开展“五查五看五树”活动。举办全市政协工作经验交流会和理论中心组读书会,推动政协工作不断创新发展。中共十八大召开之后,及时召开党组扩大会议和主席会议传达学习,举行市政协十二届四次常委会议进行专题部署,作出了《关于深入学习宣传贯彻中共十八大精神的决议》,迅速兴起学习宣传贯彻十八大精神的热潮。组织开展“十八大精神学习月”活动,采取集中辅导与个人自学相结合、通读文件与专题研讨相结合、学习理论与研究工作相结合等形式,切实把握十八大对健全社会主义协商民主制度和人民政协工作的新要求,始终保持政协工作坚定正确的政治方向。

做优“深度调研”品牌,倾心服务科学发展　主动开展“深度调研”,精心组织协商议政,形成了一批具有较高价值的议政建言成果,为市委、市政府科学决策提供了重要参考。围绕进一步推动全市经济薄弱县跨越发展开展调研,在创新发展理念、实施工业立县、强化造血功能、壮大特色产业等方面提出了操作性较强的意见建议。市委书记马平昌作出重要批示。围绕推进“城市化追赶战略”实施组织开展加快县城和小城镇建设调研,提出了破解规划、土地、资金、管理、人口聚集与户籍政策等7个方面制约的具体设想和可操作性建议。关于破解农民进城制约加速中心城市扩张问题的调研,提出了吸引人口向城市集聚的一系列政策措施和建议。市委、市政府主要领导均作出重要批示,给予高度评价和充分肯定。全市城镇化推进实施方案、户籍制度改革实施方案等重要文件吸纳了政协意见建议。围绕促进曲阜国家级文化产业示范园区实现突破发展开展调研,在完善园区规划布局、健全管理运行模式、强化政府公共服务等方面提出了意见建议。市长梅永红作出重要批示。围绕着力打造“水韵济宁”、促进生态城市建设开展调研,对在生态城市建设中进一步做活做美“水”的文章,提出了具体可操作意见。市委、市政府主要领导分别作出重要批示,市委办公室以《领导参阅》的形式全文印发。

拓宽“一线服务”领域,强力助推县域经济跨越　扎实推进“一线政协”建设,引导广大政协委员在一线服务发展、帮解难题。及时调整充实委员专家人才库,跟进市委重大部署,针对基层实际需求,开展了一系列一线帮扶活动。根据市委推进县域经济跨越发展的重大决策,市政协组织富有县市区工作经验的领导干部和专家委员到梁山开展帮扶活动10余次,有力推动了县域经济发展,《人民政协报》头版重要位置作了报道。市政协领导成员带头深入到县市区项目建设一线,现场调研指导,协调解决困难，参与招商引资，引进了盈德气体等一批过亿元的重大项目，推动了申江控股电动车、圣地嘉禾生物工程、万隆国际商贸城、菱花生物科技等项目建设过程中一些制约瓶颈的解决。开展“为企业排忧解难服务活动”，深入英克莱集团、鲁鑫油脂、泉达光伏等企业实地调研，帮助解决经营管理、技术改造等方面的难题30余项。

发挥优势整合资源，积极参与文化强市建设　着眼于发挥曲阜独特的文化资源优势、进一步打响孔子文化品牌，牵头开展了系列调研和考察学习活动，为市委、市政府制定实施“文化建设突破曲阜”战略、推进曲阜国家级文化产业示范园区建设提供了重要依据。对尼山圣境、兴隆文化园等重点文化旅游项目开展专题视察，积极配合国际孔子文化节、尼山论坛、文化发展高层研讨会等重大活动举办。文化部已与山东省签订战略协议，共同探索创建“曲阜文化经济特区”。积极参与文化产业推介招商活动，协助引进了一批重大文化产业项目。开展文化旅游产业发展帮扶咨询活动，针对梁山水浒文化产业园项目亟待解决的资金、土地、工作机制等问题，论证提出了一系列解决办法。扎实推进《济宁历史文化丛书》编纂出版工作，出版图书已达42卷。发挥政协书画联谊会平台作用，在银川举办“孔孟之乡名家书画作品展”，赴扬州等地开展政协书画联谊交流活动。

坚持履职为民理念，力促民生改善社会和谐　围绕构建民生保障“十大体系”和市政府承诺所办实事，开展了一系列协商议政和评议监督活动。对农村环境综合整治、“先看病后付费”模式推广等工作开展视察，提出了许多好的意见建议。认真开展“大规模驻村入户、面对面谈心交流”活动，市政协领导成员带头深入驻村联系点调研走访，慰问困难群众，捐款帮扶助学，与群众面对面谈心交流，与基层干部共谋发展之策。协调资金500余万元，帮助联系村兴修道路和水利工程，解决公共服务设施建设、安防监控系统安装等方面的实际困难。积极参与农村环境卫生综合整治工作的组织推进，受到基层群众的欢迎，得到省领导和市委的高度评价。调整充实社情民意信息员队伍，及时反映群众利益诉求。持续开展送医送药、文化下乡、科技咨询、法律援助等服务活动，积极开展慈善捐赠、救灾济困等公益活动，赢得了群众广泛赞誉。

发扬民主加强团结，更加广泛凝聚各方力量　完善主席会议成员联系党派团体制度，加大民主党派重点提案督办力度，邀请专家学者和群众代表参与政协调研视察和民主评议活动，引导民族宗教界人士在构建和谐社会中发挥积极作用。参加澳洲孔子研究会成立5周年庆典活动，对全市侨商企业和招商引资工作进行专题视察，促进与港澳台地区及海外华人的文化经贸交流。承办苏鲁豫皖接壤地区21城市政协工作联系会，认真配合上级政协和外地政协到济调研视察、交流联谊。加强对县市区政协工作的指导，促进全市政协工作开展。

不断深化创新实践，提升政协科学履职水平　积极探索履行职能的新领域、新形式、新渠道。围绕“大项目突破年”、“城市建设管理年”等重点工作开展专题视察，针对23届省运会部分场馆建设进度滞后问题开展“特别视察”，有力促进了相关工作的推进落实。创新常委会议召开形式，先后听取市公安局、市发改委等6个政府部门工作情况通报并开展民主评议。采取编印资料、专题培训等方式，帮助委员掌握提案知识和方法。市领导批示政协提案数量达到92件，其中市委、市政府主要领导批示46件。坚持市政协领导领衔督办重点提案、与市委市政府督查部门联合督办等办法，开展提案办理“回头看”、带案视察等活动，推动提案办理落实。创新开展提案双向评议活动，对提案办理工作进行专项视察，对12个提案承办单位、333件提案进行民主评议。发挥网络宣传优势，形成文字信息、新闻图片、视频报道等多维立体的宣传格局。在省级以上报刊刊发全市政协工作报道61篇，为委员开通了政协手机报。

完善机制增强活力，提高政协整体工作效能　修订完善主席会议、常委会和专委会工作规则以及调研、视察、提案、反映社情民意信息等履职制度，制定出台加强常委会自身建设意见。调整充实专委会组成人员，密切专委会与党派团体、党政对口部门、界别之间的联系，增强了工作活力和成效。扎实推进“学习型政协”建设，举办新委员培训班，促进了委员履职能力提高。认真做好委员管理服务工作，调动了委员履职积极性。进一步加强政协机关建设，机关服务水平不断提高。努力改善办公条件，加强后勤保障，做好老干部工作，促进了机关和谐。政协机关连续保持了省级文明单位荣誉称号。

重要会议

十一届二十五次主席会议 1月12日召开。市政协主席赵树国出席并讲话，市政协副主席戴伟娟、贾丽建、牛惠兰、李卫国、王文成、姜化铸、郭洪敏、李良品、蒙建华及秘书长袁亚利出席。会议听取了关于十二届市政协委员安排情况的说明并协商通过十二届市政协委员建议名单；听取了关于十二届市政协第一次会议筹备情况和“两个报告”(草案)起草情况的说明，审议通过“两个报告”，并推举报告人；审议通过关于召开市政协十二届一次会议的决定(草案)及大会建议议程、日程；审议通过有关人事事项；审议通过市政协十一届二十次常委会议议程、日程。

十一届二十次常委会议 1月18日召开。市政协主席赵树国主持并讲话。市政协副主席戴伟娟、贾丽建、牛惠兰、李卫国、王文成、姜化铸、郭洪敏、李良品、蒙建华，秘书长袁亚利出席。会议听取并审议通过了十二届市政协委员名单；审议通过了十一届市政协常委会工作报告、常委会提案工作报告及报告人；审议通过了关于召开市政协十二届一次会议的决定及大会建议议程、日程；审议通过了有关人事事项。

中国人民政治协商会议第十二届济宁市委员会第一次会议 2月8—12日召开，会议主要内容：听取并审议政协第十一届济宁市委员会常务委员会工作报告；听取并审议政协第十一届济宁市委员会常务委员会提案工作报告；列席济宁市第十六届人民代表大会第一次会议，听取并讨论济宁市政府工作报告及其他有关报告；选举政协第十二届济宁市委员会主席、副主席、秘书长及常务委员；审议通过政协第十二届济宁市委员会第一次会议政治决议和关于常委会工作报告、常委会提案工作报告的决议。市政协全体委员出席大会。市委书记马平昌，市委副书记、市长梅永红，市委副书记崔洪刚，市人大常委会第一副主任梁之安，市人大常委会原领导于文义、连广生、刘景伦、祝金焕，往届市政协主席韩笔祥、王润廷在主席台就座。驻济宁市省政协委员，市直有关部门的负责人应邀列席了大会。

十二届一次主席会议 3月9日召开。市政协主席赵树国主持会议并讲话，副主席张开朗、戴伟娟、蒙建华、曹景群，秘书长袁亚利出席。会议传达学习了省“两会”精神；审议了关于加强政协济宁市委员会常务委员会自身建设的意见(草案)；审议了济宁市政协2012年工作要点(草案)；听取了市政协十二届一次会议提案审查立案情况的汇报；审议了有关人事事项；研究确定了主席会议成员分工；审议了市政协十二届一次常委会议议程、日程(草案)。

十二届一次常委会议 3月15日召开。市政协主席赵树国主持会议并讲话。市政协副主席张开朗、戴伟娟、陈颖、郭洪敏、蒙建华、孔维民、曹景群，秘书长袁亚利出席。会议传达学习了全国、全省“两会”和市第十二次党代会精神；听取了市政协十二届一次会议提案审查立案情况的报告；听取了市公安局关于社会治安与管理创新情况的汇报，并进行了民主评议；审议通过了《关于加强政协济宁市委员会常务委员会自身建设的意见》、《市政协2012年工作要点》和政协第十二届济宁市委员会各专门委员会组成人员名单。市政府党组成员、市公安局局长王金城列席会议。

十二届二次主席会议 7月10日召开。市政协主席赵树国主持会议，副主席张开朗、戴伟娟、陈颖、郭洪敏、李良品、蒙建华、孔维民、曹景群，秘书长袁亚利出席。会议传达学习了省第十次党代会精神，审议通过了市政协《关于进一步推动我市经济薄弱县跨越发展的建议案》、《关于加快县城和小城镇建设的调查与建议》、《关于破解农民进城制约加速中心城区扩张的调查与建议》；审议通过了有关人事任免事项；审议通过了市政协十二届二次常委会议议程、日程(草案)。

十二届二次常委会议 7月18日召开。市政协主席赵树国主持会议并讲话。市政协副主席张开朗、戴伟娟、陈颖、郭洪敏、李良品、蒙建华、孔维民、曹景群，秘书长袁亚利出席。会议传达学习了中共山东省第十次代表大会精神；听取了梅永红关于全市上半年经济社会发展形势的报告；听取了市发改委通报全市大项目建设情况、市招商局通报全市招商引资工作情况，并进行了民主评议；审议通过了市政协《关于进一步推动我市经济薄弱县跨越发展的建议案》、《关于加快县城和小城镇建设调查与建议》、《关于破解农民进城制约加速中心城区扩张的调查与建议》和有关人事任免事项。

理论学习中心组读书会暨全市政协工作经验交流会 9月3—7日举行。市政协主席赵树国出席并讲话，副主席张开朗主持会议。各县市区政协主席和市政协专委会负责同志交流了工作情况与经验。副主席戴伟娟、陈颖、郭洪敏、李良品、蒙建华、孔维民、曹景群，市政协特邀咨询贾丽建、李卫国，秘书长袁亚利出席会议。

苏鲁豫皖接壤地区21城市政协工作联系会第33次会议 9月12—14日在济宁市举行。市委副书记、市长梅永红在会前看望与会代表。市政协主席赵树国主持会议。市委副书记崔洪刚到会致辞。市政协副主席张开朗、孔维民及秘书长袁亚利出席会议。会议商定，苏鲁豫皖接壤地区21城市政协工作联系会第34次会议将在菏泽市举行。

十二届三次主席会议 10月11日召开，市政协主席赵树国主持。市政协副主席张开朗、戴伟娟、陈颖、郭洪敏、李良品、蒙建华、孔维民，秘书长袁亚利出席。会议审议通过了市政协《着力打造“水韵济宁”促进生态城市建设调查报告》；审议通过了市政协《关于促进曲阜国家级文化产业示范区实现突破发展的建议案》；审议通过了《政协济宁市委员会联系委员办法》；审议通过了《政协济宁市委员会委员活动小组工作细则》；审议通过了市政协十二届三次常委会议议程、日程(草案)。

十二届三次常委会议 10月19日召开，市政协主席赵树国主持并讲话。市政协副主席张开朗、戴伟娟、陈颖、郭洪敏、蒙建华、孔维民及秘书长袁亚利出席会议。会议审议通过了市政协《关于促进曲阜国家级文化产业示范区实现突破发展的建议案》、《关于着力打造水韵济宁促进生态城市建设的调研与建议》；听取了市住建委关于“城市建设管理年”活动开展情况和市商务局关于全市经济园区转型升级跨越发展工作情况的通报，并进行了民主评议。

十二届四次主席会议 12月2日召开。市政协主席赵树国主持会议，副主席张开朗、戴伟娟、陈颖、郭洪敏、李良品、蒙建华、孔维民、曹景群，秘书长袁亚利出席。会议传达学习中国共产党第十八次全国代表大会、省委十届二次全体会议和市委十二届二次全体会议精神；审议通过《政协济宁市委员会关于深入学习宣传贯彻中国共产党第十八次全国代表大会精神的决议》(草案)。

第十二届济宁市委员会常务委员会第四次会议 12月5日召开。市政协主席赵树国讲话。市政协副主席张开朗、戴伟娟、陈颖、郭洪敏、李良品、蒙建华、孔维民、曹景群及秘书长袁亚利出席。会议传达学习了中国共产党第十八次全国代表大会、中共山东省委十届二次全体会议和中共济宁市委十二届二次全体会议精神；审议通过了《政协济宁市委员会关于深入学习宣传贯彻中国共产党第十八次全国代表大会精神的决议》。

十二届五次主席会议 12月19日召开。市政协主席赵树国主持会议，副主席张开朗、戴伟娟、陈颖、郭洪敏、李良品、蒙建华、孔维民、曹景群，秘书长袁亚利出席。会议听取了市政协常委会工作报告和提案工作报告(草案)起草情况的说明，审议通过了两个报告(草案)及报告人；审议通过了召开市政协十二届二次会议的决定及大会建议议程、日程；审议了市政协十二届二次会议有关事项；听取了市政协提案委提案“双评”工作情况的汇报；审议通过了市政协十二届五次常委会会议议程、日程(草案)。

十二届六次主席会议 12月24日召开。市政协主席赵树国主持会议，副主席张开朗、陈颖、郭洪敏、李良品、蒙建华、孔维民、曹景群，秘书长袁亚利出席。会议审议通过了有关人事事项。

十二届五次常委会议 12月25日召开。市政协主席赵树国出席并讲话。市政协副主席张开朗、戴伟娟、陈颖、郭洪敏、李良品、蒙建华、孔维民、曹景群及秘书长袁亚利出席会议。会议听取了关于市政协十二届二次会议筹备情况和“两个报告”(草案)起草情况的说明；审议通过了“两个报告”及报告人；审议通过了有关人事任免事项；听取了市经信委关于全市工业经济情况的通报，并进行了民主评议；审议通过了市政协十二届二次会议的决定及大会建议议程、日程；审议通过了有关事项，听取了各专委会年度工作报告。

(吴洪福　来　政　张全庆)

文化济宁

土山儿

土山儿坐落在老济宁城的东南隅。西至太白楼，东到阜桥口，北贴老城墙，南临老运河。南北宽约150米，东西长约300米，大约有60多亩地，是运河多次清淤积土于此而形成的一片无主地。地摊叫卖、干稀小吃、武术杂耍、茶馆戏棚都集中于此，吵杂拥挤，热闹非凡。其中就有许多曲棚书场，所以这里也可以说是“曲乡艺海”。鲁西南不少老艺人的发迹地就是土山儿。

20世纪初，苏、鲁、豫、皖几省的民间艺人纷纷到济宁土山儿搭棚卖艺，书棚曾多达20多处。20年代以后，又先后建起了几处大戏院，如书带草亭、同乐、长春、四海春、福寿戏院，进德会院内也建了进德会剧场。名曰“戏园子”，实则大多曲艺棚，都是用杉条、竹竿、苇席搭成，设备简陋。经常演出的有梆子、评剧、两夹弦、柳琴、花鼓、京剧等。30年代，济宁土山儿有了十几家茶馆，除了“四海春”、“玉仙亭”两个茶馆经常组织武术表演“以武会友”外，其他十几家茶馆几乎都设有书场，如“盛记茶馆”里设琴书，“玉仙亭茶社”设八角鼓，“万花春茶社”设弦子鼓、坠子等。至于说“武老二”的、说相声的、变戏法的、摔跤、耍拳、吞铁球、拉洋片、卖大力丸的，则只撂地摊拉场子了。

1930年以前，活跃在土山儿的艺人，有唱弦子鼓的郑培标、徐大玉、周大玉、宋永爱、汪永泉、闫教峄等6大家16人，有唱山东琴书的殷回昌、贺金城、茹兴礼3大家10人，有唱渔鼓的翟教寅、王教寅及其门徒王永田等5人，有说评词的戴复昌、徐士章等6人，还有唱落子的侯永贵、侯永芝等。这些艺人个个身怀绝技，当时流传着许多民谣，如“太白楼、进德会，压不过大柱、二柱和黑脆”(指周家的渔鼓和侯永芝的落子)；“小土山儿的茶馆数不清，不如汪麻子喊两声”(指坠子艺人汪永泉的妻子宋永爱)；“要想解闷胸怀开，去听张善养说《聊斋》”。“老咬口的干饭道口的粥，茹小辫的扬琴翟教寅的吼”。莲亭假山上曾刻有这样的字句“古有太白醉酒家，今存书词百枝花。东鲁遗风犹然在，千秋万代闪光华。”

济宁年鉴 2013

JININGYEARBOOK

中国共产党
济宁市纪律检查委员会
济宁市监察局

综　述

2012年,在市委、市政府和省纪委的正确领导下,全市各级纪检监察机关深入学习贯彻党的十八精神,全面落实中央纪委和省纪委全会以及省、市党代会部署,坚持标本兼治、综合治理、惩防并举、注重预防方针,坚持围绕中心、服务大局,深入推进反腐倡廉建设,忠实履行职责,狠抓工作落实,党风廉政建设和反腐败工作取得新进展、新成效,为全市科学发展跨越发展提供了重要保障。

监督检查力度加大　开展学习贯彻十八大精神、工程建设领域突出问题专项治理、转变经济发展方式、土地卫片执法检查、南水北调沿线治污、节能减排和环境保护、援疆项目、保障房建设等监督检查,全市开展监督检查活动335次,提出监察建议129项,纠正违法违规问题1856个,整改各类问题5551个,确保了政令畅通。全程参与、及时跟踪督导解放思想大讨论活动、大项目建设、“大规模驻村入户、面对面谈心交流”活动、城市建设管理年、“三个体系”建设、全市经济指标完成情况、安全生产和信访稳定等重要工作,以及加快北湖新区建设、调整市区城建管理体制等重要政策落实,服务保障了经济社会发展。组织查处7起招投标案件,督促主管部门对围标串标的26家建筑企业进行处罚,出台《公共资源交易违规行为责任追究暂行办法》等7项制度,开通工程项目信息公开共享平台,推进了重点领域监督检查长效机制建设。

群众利益得到较好维护　高度重视、认真解决群众来信来访,将信访举报电话、行政效率投诉电话、政风行风投诉电话整合为12388纪检监察投诉举报热线,全市受理群众诉求2504件,为群众解决热点难点问题1258个,其中市纪委受理1064件、当场解答办理727件,12388热线成为群众排忧解难的“民心线”。开展“察民情、听民声、解民忧”涉农信访问题专项治理和“信访到我这里停止”、信访积案化解月活动,全市进京到省上访同比分别下降65.6%、37.3%,在全省的位次由2011年的第3位、第5位下降到2012年的第10位、第9位,市纪委被评为全市十八大安保工作先进集体。认真纠正损害群众利益的不正之风,开展涉企“三乱”专项治理,查纠取消涉企检查、收费、罚款项目101项,减轻企业负担8600万元,开展公路“三乱”专项治理,查处问题23个,给予党纪政纪处分18人,撤销不合理公路收费站1个。纠正教育乱收费问题,查处各类学校乱收费问题金额497万元,取消地方政府和部门违规收费项目3个,给予党纪政纪处分11人。纠正涉农乱收费和违规征地拆迁问题,开展减轻农民负担检查,加强涉农收费监管,查办6起征地拆迁补偿案件。纠正医药购销和医疗服务中的不正之风,全市查处截留、挪用、骗取医保资金和收受回扣、红包等问题21件,责任追究22人。纠正大型零售企业向供应商违规收费问题4个、涉及金额88.1万元。纠正银行业金融机构乱收费金额2158万元,取消收费项目17项。清理规范评比达标表彰活动,制定了《济宁市评比达标表彰活动管理实施细则》。加强农村基层党风廉政建设,认真落实《农村基层干部廉洁履行职责若干规定》,编印《〈规定〉漫画释义》5万册,对重点工作进行检查考核。扎实推进“123农廉工程”,加强集体“三资”管理,全面完成农村集体资金、资产、资源清产核资,农村党风廉政建设水平得到全面提升。

作风建设不断深化　以“立说立行抓落实、问责问效转作风”为主题,深入开展“效能提升年”活动,持续转变作风,优化发展环境。全力服务企业发展,开展“为企业排忧解难”服务活动,走访企业1832家,发放调查问卷13600余份,解决企业发展环境不优问题643个。全市新设发展环境监测点1094个,聘请优化发展环境监督员1530名,市纪委建立发展环境监测点400个、发展环境联系点120个,聘请发展环境监督员60名。实行纪检监察机关“一对一联系企业”制度,全市联系帮扶企业1165家,提供政策咨询服务628项。针对地企矛盾等问题开展企业周边环境专项治理,协调化解矛盾纠纷215个,纠正服务不及时、刁难企业问题1381个。大力提高行政效能,推行行政审批“减项目、减程序、减时限、减费用”和重大项目、重点工程督查代办制度,全市共减少审批项目731个,简化审批程序751个,压减审批时限6614天,减少行政事业性收费1.4亿元,督查代办项目661个。全市工商系统推行了以行政事业“零收费”、注册资本100万元以下费用“零首付”、市场准入“零门槛”、工业企业注册“一天办结”为主要内容的"0001"工程,每年可减轻企业和个体工商户负担1200余万元。开展"庸懒散"专项治理,对群众提出的240条意见建议和各类问题,及时转办督办、认真调查处理。市纪委连续开展4次明察暗访,检查单位场所274个,对62名违反工作纪律的机关工作人员公开通报。强化工作问责,制定出台《济宁市作风效能问责暂行办法》,全市开展督导检查1341次、通报部门单位490个,查处行政效能投诉案件119起、依纪依法追究425人,促进了干部作风转变。加大社会监督力度,市纪委对44个市直部门公开践诺承诺进行民主评议,评议代表进行网上投票,评议结果在媒体公布。推行政风行风热线多媒体联动模式,制定了《"政风行风热线"群众满意度评议办法》,开展热线进农村、社区、企业活动,开通了"济宁市网络问政平台",办理群众咨询意见1800多个。

惩治腐败保持高压态势 全市纪检监察机关共受理群众信访举报2414件,立查案件1209件,涉及县处级干部10人,乡科级干部75人,给予党政纪处分1230人,移送司法机关108人,挽回经济损失760万元,收缴违纪款1065万元。办案数量居全省首位。坚持查办大案要案。查办大案要案的同时,严肃查处了一批发生在群众身边的腐败案件。坚持依纪依法安全文明办案,加强办案人才和陪护人员队伍建设,加强涉案款物管理,出台了《加强办案安全督查工作暂行规定》、《对县市区纪检监察机关个案指导办法》等7项制度规定,开展"学查纠建"专题教育活动,确保了办案质量、效益和安全。建立查处重大典型案件一剖析一建议一通报制度,发挥了查办案件治本功能。

源头防腐机制更加完善 构建廉政教育新机制。扎实开展"恪守从政道德,保持党的纯洁性"主题教育活动,组织研讨会、演讲比赛、廉政党课3000余场次。举办党员干部廉政勤政宣誓和书写廉政勤政承诺书活动近万场,制作了廉政勤政承诺桌牌。开展唱响廉政歌曲活动,举办歌咏比赛150余场,10月份举行了全市汇报演出。深入开展廉政文化建设,打造廉政文化"六进"样板140个,新评选市级廉政文化示范点69个,组织文艺演出、书画展100余场次,市纪委向全市县级党员干部发送廉政短信3.9万条。开展廉政教育讲堂试点工作,打造反腐倡廉教育新平台。做好反腐倡廉网络宣传工作,加强济宁廉政网建设,反腐倡廉网络舆情信息工作走在全省前列。构建权力监督制约新机制。发挥纪检监察机关组织协调作用,加快推进惩防体系建设,全面完成2008-2012年惩防体系建设任务。加强反腐倡廉制度建设,在重大事项决策、执纪办案等方面出台《济宁市重大事项决策暂行办法》、《济宁市纪检监察机关重点项目提前介入跟踪监督暂行办法》等30多项制度,对制度执行情况开展了监督检查,强化了制度执行。健全完善廉政谈话制度,加强谈话监督,全市开展廉政谈话2173人次,市纪委对293名新任职县处级干部进行廉政谈话,签订《任职廉政承诺书》。开展公务用车问题专项治理,清理纠正超标车123辆,制定《党政机关公务用车配备使用管理办法》,规范了公务用车配备和日常管理。加快廉政风险防控机制建设,出台《关于实行廉政风险防控标准化管理的指导意见》,全市党政机关、国有企事业单位普遍开展了廉政风险防控工作,全市排查廉政风险点6.4万个,制定防控措施6.8万条,廉政风险防控覆盖农村、社区、企业。构建科技防腐新机制。加强公共资源交易统一监管,实现监管项目全程网上运行和远程异地评标,全年市、县平台办理交易事项4759项,涉及金额299.6亿元,节约资金22.98亿元。加快科技防腐和电子政务网络建设,率先在全省完成了19项电子监察系统建设任务,行政审批、公共资源交易、政府信息公开、视频监控等9项系统与省监察中心互联互通,科技防腐力度进一步加大。

干部队伍素质明显提升 加强思想政治建设,纪检监察机关带头开展"恪守从政道德、保持党的纯洁性"教育活动,认真贯彻落实党的十八大精神,把思想和行动统一到党的十八大精神上来。加强机关作风建设,坚持密切联系群众,开展纪检监察机关"为民服务"活动,市纪委班子成员和机关支部联系14个村,走访群众4500余户,帮助群众解决实际问题150余件,为家庭困难学生捐款5.1万元,协调资金131.7万元用于基础设施改造。加强纪检机关组织建设,加大机关干部培养使用力度,市县纪委领导班子顺利完成换届,市、县、乡纪检组织和各级统管派驻纪检机构、国有企业纪检组织建设进一步加强;市纪委统管派驻机构开展重大决策、重大项目、干部任免等监督检查836次,提出建议421项,整改问题

196个，有效发挥了监督职能。加强干部能力培养，制定2012-2016年纪检监察干部教育培训工作规划，选派干部到清华大学和中国纪检监察学院进行综合业务培训，组织40岁以下年轻干部到市纪委群众接访中心轮训锻炼，提高了做群众工作的能力。完善抓落实的工作机制，制定了县市区纪检监察工作考核细则，建立了市纪委机关岗位职责标准，以严格的责任促进工作落实。

【干部作风建设】 2012年，全市各级各部门按照市委市政府决策部署，以“立说立行抓落实、问责问效转作风”为主题，扎实开展“效能提升年”活动，促进了发展环境的优化和干部作风的进一步转变。

严格监督检查，确保政令畅通 围绕市委市政府重大决策部署贯彻落实，广泛开展监督检查活动。一是对“解放思想跨越发展大讨论”活动情况开展监督检查。抽调人员组成专门检查组，深入14个县市区、28个乡镇和280个市、县直部门，采取听汇报、查资料、看现场等形式，对活动开展情况进行了重点督查。二是对全市重大项目建设情况开展监督检查。对市级领导包保和开工建设的191个大项目进行了集中检查，逐一查清了存在的问题，提出了整改措施。及时对“梁济运河”重点工程、安全生产等情况进行了专项监督检查，推动了工作落实。三是对“大规模驻村入户、面对面谈心交流”活动开展监督检查。检查乡镇(街道)29个、村(居)181个，查阅《民情记录簿》1270本，并及时通报了检查结果。四是对驻村干部信访稳定工作开展督导检查。

积极服务企业，优化政务环境 一是深入开展为企业排忧解难服务活动。走访企业1832家，发放发展环境问题调查问卷13600余份，解决企业发展环境问题643个。在原来设立838个企业发展环境监测点的基础上，全市新设发展环境监测点1094个，聘请发展环境监督员1530人。二是实行“一对一”联系帮扶。在市县(市、区)纪检监察机关干部中开展了“一对一”联系企业活动，市纪委明确委局机关副科级以上108名干部每人联系一家企业。市县共联系帮扶企业1165家，向近2000家企业发放了“服务企业联系卡”，通过深入企业座谈了解、听取意见，向企业提供政策咨询服务628项。三是开展企业周边环境专项治理活动。协调化解矛盾纠纷215个，纠正服务不及时、刁难企业的问题1381个。打掉霸头恶势力260个，抓捕犯罪嫌疑人1029人，净化了企业周边的治安环境。四是开展涉企“三乱”专项治理活动。共审查涉企检查项目980项、收费项目858项、处罚项目5460项。通过清理，各部门单位自查自纠33项，清理后全市年减轻企业负担8600万元。期间，核查“三乱”案件线索43起，查处案件39起，涉及乱收费金额3600余万元，涉及违规违纪人员38人，收缴违纪资金650万元。五是严格执行涉企制度规范。严格执行“绿色通道”、“一站式”和“联合审批”、马上就办、涉企检查收费罚款登记备案和“首违不罚”等制度，通过登记备案，市、县共取消不合法检查65次，取消有争议的涉企罚款18次，落实企业轻微违法行为“首违不罚”126件，减少涉企处罚135万元。

破除棚架梗阻，治理干部“庸懒散” 一是开展机关干部“庸懒散”专项治理。在电视台、电台、网站，连续多天滚动循环播出了《活动公告》。梳理汇总群众意见建议和各类问题240条，发出督办函、监察建议书、整改通知书225份；对反映干部“庸懒散”25个具体问题，全部进行了认真查处。开展督导检查1341次，发现问题626个，通报部门单位490个，通报问责干部767人(次)。二是开门抓作风，广泛开展评议活动。3月份，组织对44个市直部门公开践诺承诺进行民主评议，2625名评议代表参加网上投票。县市区组织开展不同形式的机关作风评议65次，评议部门单位1369个，评议各级干部3167人次。三是加大行政效能投诉查处力度。查处各类案件119起，依纪依法追究425人，其中12县市区共查办案件79起，追究问责381人。四是加快科技防腐系统建设，发挥电子监察监控功能。完成全部19项电子监察系统建设任务，12月26日，举行了科技防腐电子监察系统全面开通仪式。共监察市直部门单位受理审批业务29637件，办结29456件，承诺件提前办结率98.5%。对监察发现的违反工作纪律的行为，发出全市通报2份，监察建议11份，对14个单位16人次进行通报批评，责令有关单位报送整改报告14份，作出诫勉谈话处理11人，取消评先树优资格4人，停职停薪一年处理1人，调离工作岗位5人，停职待岗半年1人。

深化改革措施，提升行政效

能　一是行政审批“减项目、减程序、减时限、减费用”。围绕“减项目、减程序”,联合市法制办对行政审批进行了大幅度压减,保留市级行政许可事项112项,与上年相比压减幅度为44.64%。全市共减少审批项目731个,简化审批程序751个,压减审批时限6614天。二是督查代办。对需要代办的每一个项目,建立了代办班子,明确了代办领导和工作人员,实行“绿色通道”和“一条龙”服务。全市共代办项目661个,受到了企业和外商的普遍好评。三是实施“0001”工程。全市工商系统推行了行政事业性收费“零收费”,注册资本100万元以下的费用“零首付”,法律法规没有特别规定的市场准入“零门槛”,工业企业注册登记材料齐全、符合法定形式的“一天办结”,引进的重大项目一律即时办结,每年可减轻企业和个体工商户负担1200余万元。

广泛宣传发动,营造浓厚氛围　开办“立说立行抓落实、问责问效转作风”简报,编发简报876期,市优化办、市作风办编发信息简报141期。在济宁日报开辟了“建效能济宁、看政风行风”专栏,刊登文章137篇;组织市级新闻单位对5个市直部门主要负责人和14县市区纪(工)委书记进行专题访谈,通过电视、报纸、电台播出19期。市、县两级共开办专栏157个,发表专刊397篇,在各类媒体刊发稿件787篇。《中国纪检监察报》、《中国监察》分别刊登了《济宁:公开政府信息10万条》、《强化效能监察、打造效能济宁》、《山东济宁打造公共资源交易统一集中监管模式》等文章;《大众日报》、《齐鲁晚报》等媒体刊发专题报道82篇。

重要会议

中共济宁市纪委十一届八次全会　2012年1月17日在运河宾馆召开。全会传达学习了中央纪委十七届七次全会和省纪委九届八次全会精神,总结了2011年全市党风廉政建设和反腐败工作,部署了2012年工作任务。市委书记马平昌出席会议并作重要讲话,市委副书记、市长梅永红,市政协主席赵树国,市人大常委会第一副主任梁之安,市委常委,市人大常委会党员副主任,市政府副市长,市政协党员副主席,市法院院长、市检察院检察长出席会议。市委常委、市纪委书记李建华代表市纪委常委会向全会作工作报告。

中国共产党济宁市第十二届纪律检查委员会第一次全体会议　2012年2月3日在运河宾馆召开。会议选举产生了市纪委常委和书记、副书记。会上,新当选的市纪委书记李建华代表新一届市纪委常委会,就认真学习贯彻市第十二次党代会精神、做好反腐倡廉工作和加强自身建设提出明确要求。

中共济宁市纪委十二届二次全会　2012年12月1日在运河宾馆召开。全会认真学习了党的十八大和十八届一中全会精神,传达学习了省委十届二次全体会议、省纪委十届二次全体会议、市委十二届二次全体会议精神,对全市纪检监察机关深入学习贯彻落实党的十八大精神以及中央和省、市会议精神作出安排部署。市委常委、市纪委书记李建华出席会议并讲话。

(范晓帆)

2012年济宁旅游十件大事(一)

一、全市旅游总收入突破300亿元大关,达到342.18亿元。2012年,全市旅游业各项主要指标再创新高。全年接待国内游客4201.01万人次,入境旅游者37.36万人次,分别增长16.12%和9.82%;实现旅游总收入342.18亿元,增长19.52%,旅游总收入相当于全市GDP的10.7%。

二、"孔孟之乡、运河之都、文化济宁"旅游品牌成功确立,产生积极反响。济宁市城市品牌形象定位为"孔孟之乡、运河之都、文化济宁"并获广泛认同。济宁市委宣传部、市旅游局联合下发《关于做好济宁市城市品牌形象宣传工作的通知》。市旅游局通过多种渠道强力推介"孔孟之乡、运河之都、文化济宁"品牌形象口号,赴江苏、河南、安徽等省份重点城市和京沪高铁沿线城市,举办"孔孟之乡、运河之都、文化济宁旅游合作对接会","文化济宁"展台获2012中国国内旅游交易会最佳特装布展奖。利用5.19中国旅游日等节庆活动有效提升城市品牌形象。

三、"尼山圣境"项目启动建设,打造文旅融合新标杆。5月21日,山东省重大文化旅游产业项目——曲阜"尼山圣境"项目开工建设,省委副书记、省长姜大明出席开工典礼并宣布项目奠基开工。该项目占地35.76平方公里,总投资100亿元,分为三期工程建设。目前,已启动一期工程建设,完成投资4.8亿元。尼山圣境项目是济宁文化与旅游融合发展史上具有里程碑意义的工程,是我省文化含量高、规划质量好、在国内外有重大影响的地标式文化旅游项目,成为山东文化旅游产业发展的新标杆。

四、《菩提东行》成功首演,引起广泛关注。9月21日晚上,大型佛文化主题演出《菩提东行》在兖州市兴隆文化园成功首演,取得了积极效应,引起社会各界广泛关注。《菩提东行》由中国山水实景演出创始人梅帅元及其团队,依据2008年兖州兴隆塔地宫出土的安葬舍利纪事碑内容而创作,国内首次采用的室外九度倾斜舞台、双巨幅LED屏、3D舞台所带来的震撼和高科技声光电形成的视觉冲击,将演出不断推向高潮。《菩提东行》是我市从"卖资源"到"卖文化"这一发展思路的积极践行,唱响了调整产业结构、推动文化产业大繁荣的时代主旋律。

五、旅游创建成效显著,产业体系进一步完善。2012年全市旅游创建工作成绩喜人,旅游产业素质全面提高。4月15日,市政府出台《关于加快乡村旅游发展的意见》,乡村旅游加快发展,全市新增6个省级旅游强乡镇,9个省级旅游特色村,6个省工农业旅游示范点,18处省好客人家农家乐。微山湖旅游区被批准为省级旅游度假区和省级生态旅游示范区,我市省级旅游度假区数量增加到3个,位居全省第四位,占全省的1/10。新增2家4A级景区,5家3A级景区,全市3A级以上景区达到33家。梁山县、泗水县成功创建旅游强县,我市旅游强县数量增加到4个,位居全省第二,占全省的1/6。曲阜铭座杏坛宾馆跻身四星级酒店,泗水尼山圣源书院宾舍等4家酒店成功创建三星级酒店,济宁国际旅行社成功创建4A级旅行社,汶上佛都旅行社有限公司等4家旅行社成功创建3A级旅行社。

(转186页)

民主党派·工商联

民盟济宁市委

【概述】 2012年,民盟济宁市委在中共济宁市委和民盟山东省委领导下，紧跟形势变化，转变盟务工作方式,切实履行参政党职能,围绕党和政府的中心工作,积极开展参政议政、社会服务工作，努力加强自身建设,工作作风有了新起色,工作成绩有了新亮点,为济宁经济社会发展做出了应有贡献,影响力进一步扩大。

采取新措施、拓展新渠道，参政议政取得新突破 根据民主党派参政议政面临的新形势，正确面对在参政议政上遇到的实际困难,民盟市委切实转变盟务工作方式,从过去的“名人参政”、“专家参政”适时转变为“全盟参政”，注意充分发挥盟员中人大代表、政协委员的作用,探索并实施与政协、政府部门联合调研模式，成立参政议政委员会,在“两会”前向民盟各基层支部征集提案题目和提案素材,有效的促进了民盟市委的参政议政工作。

十二届政协一次会议共收到并立案的提案492件,民盟市委和盟员中的市政协委员共提交提案59件，其中盟市委集体提案17件,盟员委员42件。十二届政协一次会议重点提案共计78件，盟市委和盟员中的委员重点提案16件，占重点提案总数的20.5%，其中集体提案9件,委员个人7件。一次会议提案书记、市长批示92件次,其中市委书记马平昌批示23件,市长梅永红批示23件次。民盟市委集体和委员盟员提案得到批示共12件，其中市委书记马平昌批示3件，市长梅市红批示7件次。

从2007年以来，民盟市委每年都和市政协联合调研,形成的调研报告均作为建议案报送中共济宁市委,得到市委主要领导的阅批，多数建议被采纳,进入党政决策,对推动济宁经济社会发展起到了助推作用。在十一届市政协公布的十大建议案中,与民盟联合调研的成果居其中五项,市政协与民主党派联合调研的经验被省政协充分肯定并推广。2012年,民盟市委与市政协联合就加快县城和小城镇建设进行调研，除在济宁市10个县市考察外,还亲赴江苏、浙江、福建等南方城镇建设先进地区实地学习,形成的《关于加快县城和小城镇建设调查与建议》,已经市政协十二届二次常委会审查通过，报中共济宁市委。2012年11月,民盟市委被民盟山东省委授予“参政议政先进集体”称号。

社会服务创品牌,“烛光行动”显特色 在社会服务上,民盟充分发挥教育、科技、文化、卫生界盟员多的优势,凸显民盟的界别特色,搞得有声有色,产生了较大影响。自从2011年承接民盟省委开展“农村教育烛光行动”以来,民盟市委先后在梁山现代高级中学策划开展了“民盟助推教育发展,梁山现代高级中学师生综合素质展示”活动,在市委统战部领导的大力支持下,为梁山现代高级中学争取到资金258万元,有效地改善了学校的办学条件,为举行民盟山东省“农村教育烛光行动”启动仪式打下了良好基础。8月份,在新东方教育集团的支持下，对全市280多名农村初中外语教师进行了为期一周的培训,全部由新东方教师授课,反响强烈,扩大了民盟的影响力。10月30日、31日,“民盟山东省委农村教育烛光行动培训基地揭牌仪式”在济宁进行,民盟盟员任校长的梁山现代高中被授予山东民盟唯一的“农村教育烛光行动培训基地”,全国政协副主席、民盟中央第一副主席张梅颖出席揭牌仪式，并亲自为培训基地揭牌,对济宁民盟积极参与“农村教育烛光行动”给予高度评价。

组织发展严要求,盟员培训出亮点 在中共市委统战部的大力支持下,民盟组织得到了健康发展，济宁民盟已发展到600多人。民盟市委在组织发展上一直坚持严格把关,在基本条件符合的前提下，着重考察入盟动机,主动征求所在单位中共党组织的意见,把思想品德和坚持党的领导放在第一位,一旦发现品德问题和对现实社会存在敌视态度者坚决拒绝入盟。在发展盟员上,基本做到了“三满意”:中共党组织满意、盟员个人满意、民盟组织满意。2012年,在严格标准的前提下，新发展盟员33名,新盟员素质较前有了较大提高。

民盟市委把思想建设作为参政党建设的首要任务来抓,以此打造“同心”的基础。第一,把接受盟员培训作为新盟员的必修课。在盟市委盟员培训基地,定期把两年内入盟的新盟员集中培训一遍。盟员培训内容包括三项:提高盟员修养、了解中国的政党制度和接受民盟盟史教育;培养政党意识,增强参政议政的责任感；唤起做好本职工作、回报社会的奉献精神。第二,开展提高“盟性修养”教育活动。

"盟性修养"是民盟山东省九届二次常委扩大会议通过的《民盟山东省委2012—2016年工作计划》首次提出，是根据总书记胡锦涛提出的"同心"思想，为引领盟员坚定理想信念、继续深化政治交接、深入开展树立和践行社会主义核心价值体系活动，对广大盟员加强政治理论学习、提高个人修养和综合素质的新要求。2012年7月8日，民盟济宁市委2012年新盟员暨盟员骨干培训班在汶上县桃源度假村盟员培训基地举行，最近两年入盟的新盟员和济宁民盟各基层支部盟员骨干110多人参加培训。培训班特邀山东省人大常委、民盟山东省委副主委仪平策为盟员作了"提高盟员修养"专题讲座，培训取得了良好的效果。由于工作成绩出色，民盟济宁市委被民盟山东省委授予全省组织工作先进单位称号，4个基层支部分别被授予组织工作、宣传工作、社会服务工作先进基层组织称号，6名盟员被授予省级先进盟员称号。

（张黎明）

民建济宁市委

【概述】 2012年，民建济宁市委紧紧围绕中共济宁市委、市政府的中心工作，努力扬民建之长、集会员之智、谋长远之道、建有用之言、献务实之策、走创新之路，圆满完成了全年各项工作任务。

同心同德夯实思想政治基础 民建市委组织广大会员以"同心"思想为引领，认真践行社会主义核心价值观，把学习贯彻科学发展观与学习贯彻中央、全省、全市经济工作会议精神相结合，与学习贯彻全国、全省、全市"两会"精神相结合，积极为"保增长、保民生、保稳定"贡献智慧和力量。及时要求各基层组织认真组织学习中共十八大精神，举办了"喜迎十八大——全国豫剧男旦戏曲专场演出"、"嘉菊文化节书画联谊会"等活动，同时，发挥济宁民建网站等阵地，宣传十八大精神，引导会员坚持正确的政治方向不动摇。进一步加大宣传信息工作力度，全年民建市委被各类媒体采用的稿件共计52篇，市委会机关荣获2012年度全市统战信息工作先进单位。

同心同向认真履职参政 政治协商力度进一步加强。市委会负责人多次参加中共市委、市政府召开的民主协商会、情况通报会，市人大、市政协常委会以及相关视察活动，参与全市重大决策和重要人事安排协商，及时提出意见和建议。参政议政工作取得明显成效。在市政协十二届一次会议上，民建市委提交提案76件（集体提案13件、个人提案63件），占立案总数的15.5%，其中，市委书记、市长及副市长批示共计21件。特别是《关于采取扎实措施、确保大项目建设新突破的建议》、《关于加快发展我市文化产业的建议》、《关于加快商贸服务业高质高效发展的建议》等提案围绕大局、关注民生，从不同角度提出切实可行的建议，受到市领导和相关部门高度重视，为市委、市政府决策提供了依据。民主监督工作不断增强。会员中的各级人大代表、政协委员及各类特约监督员，积极履行职责，认真参加视察调研、政风行风监督评议等活动。进一步加强社情民意反映工作，制定了工作意见，社情民意信息质量逐步提高。

同心同行服务中心大局 发挥优势，招商引资。充分发挥民建联系经济界的特点和优势，内引外联，加强与经济发达地区的联系。积极为企业牵线搭桥、招商引资，先后引进投资了"嘉祥浙江绿城房地产项目"、"嘉祥运河再生资源产业静脉园区项目"、"济宁北湖东方威尼斯小镇建设项目"，中区儒商大厦项目；还组织会员企业参加"第四届启

■2012年5月25日，民建济宁市委到泗水慈善学校举行慰问"亚孤儿"六一献爱心活动。

迪创新论坛暨2012清华科技园全国网络年会”，支持会员企业在新疆投资3万亩种子基地、建设建材生产工厂，共计项目资金投入近50亿元。服务民生，回报社会。市委会在泗水慰问泗水慈善学校“亚孤儿”六一献爱心活动中捐款物2.5万元，并带去一场精彩的演出节目；为“微山高楼乡小闸村——民建同心思源图书室”捐赠价值3万元书籍；五支部为“肥城京欣慈善小学”捐赠价值1万元书籍；崇文支部会员桑哲在曲阜捐赠价值15万元书籍设立他个人第六所“民建同心思源图书室”；四支部会员购买了价值万元的礼物在任城区开展教师节慰问活动；会员企业——现代职业培训学校面向全市开展“阳光心理进万家—百场免费公益讲座”，投入资金30万元。企业会员积极安置下岗职工再就业，招聘大学生就业，为社会提供4000多个就业岗位。在全市庆祝“五一”国际劳动节表彰大会上，民建会员、山东圣丰种业科技有限公司董事长王书平荣获全国“五一”劳动奖章；济宁兴业担保有限公司董事长杨金奎、山东永胜建设集团有限公司董事长叶露、济宁佳利达汽修有限公司总经理张伟、山东天迈置业有限公司董事长孟宪伟等会员被授予2012年济宁市劳动模范荣誉称号；会员徐保连荣获省政府表彰的“援疆先进个人”荣誉称号。扶贫帮困，服务“三农”。中区支部所属中区企业界政协委员在5个村捐资5万元开展帮扶工作；任城支部组织会员企业—济宁市创佳户外家私有限公司到泗水圣水峪乡南尧湾村开展送温暖、献爱心慰问活动，赠送慰问品和慰问金3.5万元；四支部会员企业在安居南刘庄捐赠价值5万元的村防监控设施；六支部会员利用在金乡帮扶的机会，为所帮扶村捐书1万册、举办了两期农业生产技术培训班，为农村培训实用人才500多人次；在汶上次丘攒庄民建帮扶村，民建市委帮扶协调110万资金修建的村庄道路已竣工。

凝心聚力加强组织建设　注重质量，积极稳妥发展新会员。按照民主党派成员发展“三为主”的方针，突出民建特色，注重质量要求，严格遵循组织发展程序和标准，发展了一批政治上靠得住、社会上有影响、高学历、高职称的人士入会，队伍结构进一步得到优化提高。全市共有会员452名，其中110人分别担任全国、省、市、县人大代表、政协委员，在政府副县级以上实职安排的会员6人；具有各类中高级职称会员288人。靠上指导，不断加强基层组织建设。市委会领导经常深入基层支部、专委会进行现场指导和宣传教育，机关工作人员分别联系基层支部与专门委员会，及时了解会员思想状况，协助各支部积极开展了丰富多彩、形式多样的活动。举办了一期由市委会组成人员、各支部主任、机关干部及部分市委往届老干部等20余人参加的领导班子读书班。立足实际，积极推进自身建设。一是加强制度建设。修订完善了以思想建设、组织建设、参政议政、社会服务为主要内容的配套制度。二是充分发挥专委会作用。参政议政、企业工作、妇女工作委员会3个专门工作委员会每年都选定专题开展活动。三是主动争取基层党组织支持。支部经常与所在单位中共党组织保持联系，主动通报支部情况，接受系统党委的领导，争取支持和帮助。四是强化市委会机关建设。按照德才兼备的原则，选拔录用了一名机关公务员。召开民建市委全委会议，选配了市委会秘书长。民建中央副主席、重庆市人大副主任程怡举，全国人大常委、民建中央副主席辜胜阻，全国政协委员、民建中央秘书长张皎等领导先后到济宁调研指导，听取民建工作情况汇报，对民建市委加强自身建设、认真履行参政议政职能、积极投身社会服务工作、推进经济社会发展所做的工作给予了充分肯定，并提出了新的要求。

（王　浩　夏天然）

九三学社济宁市委

【概述】 2012年，在中共济宁市委正确领导和市委统战部的大力支持下，九三学社济宁市委服从服务于全市工作大局，突出特色，发挥优势，积极参政议政，开展社会服务，各项工作取得了新的成绩。

加强自身建设，提高素质能力　一是以思想建设为先导，坚持不懈抓学习。围绕建设学习型政党，通过召开主委会、全委扩大会，重点学习研究中国特色社会主义核心价值理论体系、社的历史和现阶段社的目标任务，组织社员重点学习了中共十八大精神，力求做到真学真懂，真信真用，力求做到以思想的正确指示方向，以政治的坚定服从大局，以统一的目标凝聚共识。二是以组织建设为基础，从严择优抓质量。从保持社的特点、特色和优势出发，从优化组织结构入手，坚持抓好基层组织班子建设，顺利完成社曲阜市委、兖矿集团支社等基层换届工作；坚持组织发展的“三为主”原则，以知识性、纯洁性、先进性与层次、能力、素质为标杆，从严把握入口关，坚持质量优先，坚持宁少勿滥，积极、慎重、适度地做好组织发展工作。三是以制度建设为保障，提高规范上水平。进一步完善了社员学习制度、委员会理论学习中心组制度、会议事决策制度等，社务工作规范化水平进一步提升。四是以宣传教育为依托，学习先进树形象。在党的十八大召开前夕，根据社主委殷允岭长篇传记文学《焦裕禄传》改编的30集电视连续剧《焦裕禄》，作为向“十八大”献礼节目，在中央电视台一套黄金时间播出，在全国引起极大反响，多家媒体对社主委殷允岭进行了采访报道。坚持做好《九三学社济宁市委网站》建设工作，发挥网站宣传九三、推介九三重要媒介作用。全年在中央统战部、九三中央、社省委网站、《齐鲁社刊》、《济宁统战》、济宁九三网站以及当地媒体发表文章、信息160余篇（条）。社市委办公室被评为2012年全市统战调研宣传工作先进单位、又分获全市统战信息工作先进单位奖、全市统战信息工作先进个人奖。社市委分3次组织市委会成员、各基层支社主委、部分社员分别到延安枣园、杨家岭、宝塔山等革命圣地，以及羊山鲁西南战役纪念馆、王杰纪念馆、铁道游击队纪念馆等地进行爱国主义传统教育。

务实建言献策，积极参政议政 一是通过撰写提案，多方面参政建言。社市委围绕推动全市转型发展、跨越发展，积极建言献策，共书写提案55件，反应社情民意信息86条。其中社组织集体提案16件，《重视发展济宁曲艺文化，力促曲乡艺海再展新姿》等5件提案被市政协全委会列为重点提案。得到中共济宁市委、市政府主要领导批示，督促相关部门重点办理；信息《将城镇居民基本医疗保险与新型农村合作医疗合并管理的建议》被省政协采用。二是通过专题调研，深层次参政建言。《关于高新技术产业在转变经济发展方式中的作用》专题调研报告，由社省委转化为省政协十届五次会议提案。《关于新经济背景下县域经济发展对策研究》再次被社省委列为2012年度参政议政重点课题。《尽快制定出了湖泊保护条例的建议》被山东省人大十一届五次会议采纳，《关于建立健全基层水利服务体系的建议》被省编办采纳。三是通过会议发言，有重点参政建言。社市委通过参加论证会、协商会、座谈会、政情通报会等形式，分别就人才工作、十二五规划、企业上市等提出意见、建议，一些观点和看法得到认可或被采纳。

整合优势资源，开展社会服务 深入开展了“九医合作”技术帮扶。九医合作是社市委调动整合全市医疗卫生资源，开展与基层医院技术合作，推动基层医院医疗卫生水平提升和解决农村群众看病难、看病贵问题，开展社会服务的又一品牌。活动开展以来，共派出医疗帮扶专家85批、420人次，义务诊治8000多人次，培训医护人员350人次，得到当地群众的一致好评。8月11日，社市委组织社内10余名专家赴缺医少药的边远湖区——微山县孟庄村义诊。各支社根据各自特点也开展了服务活动，任城支社开设了同心九三科技大讲堂，联合中共任城区委组织部、统战部、区科技局等单位和部门，组织20名专家，先后对16个下派帮扶村开展了农村技术知识巡回宣讲。高教支社开展了青少年心理服务，农林水支社邀请北京人际关系专家做了情商教育的公益讲座，科技二支社开展了“同心科技行活动”，兖矿支社、邹城小组、鱼台支社、社曲阜市委也开展了义诊、健康讲座活动。

立足本职，亮点纷呈 副主委吕爱玲获山东省知识产权局、山东省妇女联合会、山东发明协会颁发的“齐鲁巾帼发明家优秀奖”，社员丁凤奎在鲁西南地区率先开展内镜微创治疗泪道疾病，获科技部、卫生部联合颁发“恩德斯医学科学技术奖”。李虎完成了鲁西南第一例人工耳蜗植入手术，获济宁市科技进步奖一项；张敬永被评为济宁市杏坛名师。张晓霞被评为省保健协会先进个人，史冬梅博士被济宁市第一人民医院评为青年英才，李圣化获国家安全生产监督管理总局第五届安全生产科技成果奖。钟玉文获“山东省保障性安居工程建设劳动竞赛优秀工程项目奖”，获得第三届济宁市自然科学学术创新奖一项。李秀娟博士获国家专利3项。社员刘琪在鱼台县策划与组织开展了“泰岳山庄杯”歌手大赛，为弘扬社会先进文化、创建和谐鱼台做出了重要贡献。

（刘要武）

济宁市工商联

【概述】 2012年，济宁市工商联以中国特色社会主义理论为指导，深入贯彻落实中发〔2010〕16号、鲁发〔2011〕6号和济发〔2011〕18号文件精神，以服务“科学发展跨越发展”的经济工作大局为统领，以践行“三强”(强信念、强责任、强奉献)、开展“三帮”(民企帮村、民企帮学、民企帮老)，促进“两个健康”活动为载体，以增强基层组织活力、改进作风、加强机关建设和非公经济党建工作为着力点，为全市科学发展、跨越发展做出了积极贡献。

思想政治方面 全市各级工商联组织认真贯彻“团结、服务、引导、教育”的方针，以教育为先导，以活动为载体，以引导为抓手，做好政治安排，引导非公经济人士践行“三强”，在促进“两个健康”方面取得了实效。一是认真开展学习引导教育。通过培训班、报告会、座谈会等形式，组织会员全面深入学习科学发展观、中共党的十八大和十七大以来的历次中央全会精神，特别是市第十二次党代会等一系列会议精神，参加学习的会员达2000多人次；二是精心组织活动。先后开展了“关爱员工、实现双赢”、“民企帮村”、“回报社会、感恩行动”、“争做光彩事业光彩人”、“创先争优”、“扶贫助学”、“科学发展观深入实践”等活动，全市1000多名会员参加了活动，捐款捐物折合人民币300多万元；三是做好政治安排。会员中有全国人大代表3人，省人大代表13人，市人大代表115人；省政协委员3人，市政协委员53人；全国工商联执委1人，省工商联执常委11人，推荐省民营企业家协会副会长2人。

参政议政方面 一是抓理论调研。认真选择课题，先后开展调研活动8次，撰写报告3篇。《济宁市中小微企业调研报告》、《充分发挥工商联优势、积极促进全民创业》在《济宁通讯》上全文刊发，《关于“两个健康”工作主题调研报告》成稿并上报省工商联。《济宁市中小微企业调研报告》获省工商联授予的理论调研成果二等奖，《当前金融危机对我市外向型民营企业的影响及对策》获省工商联授予的“理论调研成果优秀奖”。二是抓提案质量。在两会上，全市工商联组织和界别中的人大代表、政协委员共提交议案、提案56件，市工商联提交团体提案8件。3月份，制定了《2012年度工商联委员活动小组活动方案》，积极组织小组委员围绕市委、市政府工作重点，开展相关调研活动，提出意见和建议。

组织建设方面 一是做好换届工作。指导督促县市区工商联圆满完成换届任务。市工商联第十二次会员代表大会选举产生了主席1名，副主席15名，秘书长1名，常委89名，执委228名。二是优化会员队伍结构。及时吸纳经济上有实力、政治上有影响、社会上有名望的非公有制经济人士，特别是新能源、新材料、高新技术新兴产业中的代表人士，新发展会员330名，其中团体会员26名，企业会员304名；三是加大商会建设力度。以基层商会建设年为指导，大力组建异地商会和行业商会，新成立了美业商会、食品供货商商会、机械行业商会，市直行业商会已达10家，互联网信息商会、济宁江苏商会正在筹建中。县(市、区)工商联成立行业商会15家，乡镇商会8家。全市工商联系统行业商会已达70家，乡镇商会已达86家。

经济服务方面 一是开展“大发展、大招商”活动。3月16日，召开了全市工商联系统“解放思想跨越发展大讨论”暨大发展大招商动员大会，将招商引资工作纳入全市工商联工作年度考核重点，作为评先树优的重要指标之一。积极组建三库：招商引资项目库，已入库在建项目投资在5-10亿的5个，1-5亿的7个，1亿及以下的3个；拟引进项目投资额在10亿以上的3个，5-10亿的1个，1-5亿的4个，1亿及以下的4个；在外济宁籍经商、工作代表人士库，已入库的代表人士已达345人；招商引资客商信息库，充分利用工商联组织网络优势，积极同外地工商联和商会联络，积极掌握国家民企500强、省内民企100强、当地规模企业的投资动向。入库的企业已达70家。二是做好规模企业调研和光彩事业统计工作。组织全市19家符合全国工商联上报要求的企业加入2011年度规模企业调研活动；对全市光彩事业活动进行了全面详细的统计，并按时上报省工商联。被省工商联授予“民企调研”工作三等奖和“光彩事业统计”工作三等奖。同时市工商联副主席企业山东永胜房地产开发有限公司、济宁九龙贵和集团被省工商联授予“山东省民企帮村优秀企业”称号。三是组织相关企业外出交流。先后组织相关企业参加了中国民营企业家莱州行活动、淮海经济区二十城市工商联联席会议等。四是开展为企业排忧解难活动。同圣泰银行合作共同探索开发了“商户联盟”融资模式。银行与商会结成帮扶对子，实现双赢；与市建行联合召开银企工作座谈会，促进银企之间的合作；指导任城区德利小额贷款公司为企业会员提供1000万的优惠利率贷款额度；组建成立工商联小额贷款公司；积极推动完善劳动关系三方协调机制建设。

非公企业党建方面 按照省、市委基层党组织建设年活动要求，非公经济党工委立足自身实际，积极发挥政治核心和战斗堡垒作用。一是通过“建组织、扩覆盖”活动，共有4928家非公有制企业建立了党组织，其中单独建立的1976家，组建率达到了87.66%。二是以创先争优为动力，积极开展书记创新项目。由党建工作先进的非公企业党组织与新建非公企业党组织结成帮扶对子，帮助新建企业党组织党建工作逐步制度化、规范化。三是以非公企业党组织分类定级为抓手，扎实开展基层组织建设年活动。按照省委组织部《关于做好基层党组织分类定级工作的通知》(鲁组办发〔2012〕15号)精神，全市共有3143家非公企业党组织参与了分类定级活动，其中先进基层党组织1187家，占非公企业党组织数量的37.77%；一般基层党组织1740，占非公企业党组织数量的55.36%。

自身建设方面 市工商联把2012年定为“作风能力效能建设年”，认真详细制定了“解放思路、跨越发展大讨论实施方案”，对机关干部进行培训，认真学习党的十七大、十八大和省第十次党代会、市第十二次党代会精神。以开展“恪守从政道德、保持党的纯洁性”教育活动为契机，进一步加强党风廉政和精神文明建设，组织干部到徐州市工商联、淮安市工商联等先进单位参观学习，增强领导干部的廉政自律意识和拒腐防变能力，进一步深化了市级文明单位创建活动。同时强化机关制度管理，建立健全符合工商联自身特点的工作制度，促进工商联机关工作科学化、制度化、规范化，提高执行能力和工作效能，更好地服务科学发展和实现自身科学发展，全面推进了工商联各项工作，获得省工商联系统“联络工作专项奖”。

（刘训阔）

中国民主促进会济宁市委筹委会

【概述】 中国民主促进会济宁市委员会筹备委员会(以下简称民进济宁市委筹委会)于2010年1月成立，共有会员151名。筹委会下设济宁市支部、曲阜市支部和曲阜师范大学支部3个支部。2012年，民进济宁市委筹委会围绕中心、服务大局，关注社会、关注民生，参政议政，建言献策，民进会员整体素质不断提高，社会影响不断扩大，参与政治协商、民主监督力度逐步加强，为全市科学发展跨越发展做出了积极贡献。

自身建设得到新加强 组织形式多样的学习活动，积极推荐会员参加省委会、市委统战部组织的培训班、研讨班和各项考察活动。及时传达学习全国、省、市“两会”精神。中共十八大召开后，筹委会领导班子和各支部集体收听收看了大会盛况，并迅速组织开展了学习贯彻活动，号召广大会员切实把思想和行动统一到中共十八大精神上来，坚定会员的政治方向。注重组织发展和组织建设，对新发展会员，从资历、年龄、学历、职称、界别等方面严格要求，严把政治质量，保持界别特色，从而建立起了一支政治素质较高、社会影响较大、参政议政能力较强的民进会员队伍。会员中有省政协委员3人，省人大代表1人；市政协委员8人，其中副主席1人，常委4人；县市区人大代表、政协委员13人；有关部门特约监督员11人。有厅级干部2人，处级干部6人；具有大学以上学历的占会员总数的90%，正、副高级职称占86%。

参政议政水平有了新进展 积极参加市委、市委统战部组织的座谈会、协商会、情况通报会，了解情况，服务大局。针对文化教育、社会公益、经济发展等社会关心的热点、难点问题，多次组织会员进行调查研究，撰写调研报告。在全体会员中开展了写一份调研报告、提一项合理化建议、为社会办一件好事的“三个一”活动。会员中的各级人大代表和政协委员，认真履行参政议政职能，为党委、政府提出了许多有价值的意见和建议。2012年民进会员共向省人大提交建议3件，向省、市、县区政协提交提案16件。其中，《关于设立曲阜“文化特区”的建议》受到省委、省政府的高度重视；《公务员内退制度应当规范》、《关于改进我省普通高考志愿填报方式的建议》等提案在省政协会议上产生了较大反响，引起有关领导和部门的重视；《关于抢救性整理孔府档案的建议》、《加快我市农业科技创新的几点建议》、《为我市妇女免费进行体检的建议》等提案得到政府有关部门的关注；《鲁国故城保护调研报告》被民进省委会采纳，提交为省政协提案。

“同心”行动树立新形象 民进筹委会积极实施“同心”行动。充分发挥民进会员在教育界的人才优势，举办教师培训班、学生家长培训班、送教下乡等活动共20余次，民进会员踊跃参与、积极准备、精心讲课，深受基层群众、教师和学生的欢迎，取得了良好的社会效益。民进会员积极投身济宁建设主战场，在各自的工作岗位上，作出了较为突出的成绩。据统计，全年共完成科研项目7项，出版各类著作13部，获得市级以上表彰奖励22项。

中国致公党济宁市委筹委会

【概述】 中国致公党济宁市委筹委会(以下简称致公党济宁市委筹委会)，成立于2011年3月，下设市直一支部、市直二支部、市直三支部和任城区支部4个支部。全市致公党员88人，大专以上学历87人，研究生以上学历16人，中、高级技术职称65人，海外关系40人。省政协委员1人，市政协委员5人(其中常委2人)，县市区人大代表1人、政协委员10人(其中常委4人)，市工商联常委1人，区工商联副主席1人，市台属联席会副会长1人。2012年，在致公党山东省委和中共济宁市委的正确领导下，致公党济宁市委筹委会带领广大党员围绕市委、市政府中心工作，充分发挥“侨、海”优势，切实履行政治协商、民主监督、参政议政职能，为济宁市经济发展和社会进步做出了积极贡献。全市致公党员立功受奖或获得社会荣誉50多项，其中省级以上达到20多项。市委筹委会荣获省委会“同心·创先争优”组织建设工作先进集体和“同心·创先争优”社会服务工作先进集体，任城区支部荣获省委会“同心·创先争优”党派工作创新奖。

认真调查研究，积极参政议政 围绕市委、市政府的中心工作，组织全体党员开展写一份调研报告、提一项合理化建议、做一件有影响的好人好事“三个一”活动，努力做到参政议政有质量、有见地、有影响。积极参与《政府工作报告》(草案)征求意见专题会，提出了中肯的意见和建议。上报的信息《济宁市积极构建治用保防控全方位治污体系，确保南水北调过境水质安全》被省长姜大明批示；《以农机合作社推进农机科技进步的建议》由省委会直报致公党中央主席万刚；《农民盼望出台农机具“以旧换新”政策》建议被中央统战部采用；《推动土地适度规模经营，加快农业现代化发展》被全国政协、省政协和致公党中央、省委采用；《关于加快实施农村环境综合整治工程的建议》被评为全市优秀提案，市委、市政府启动实施了农村环境整治六大重点工程；《关于解决济宁城区部分路段交通拥堵问题的建议》被列入2012年市政府“努力为民要办好的十件重要实事”之一。

打造“同心致福”品牌，“同心”服务回馈社会 持续建设“同心致福”书屋，在任城区南张街道中心小学捐建“健华图书馆”，馆内藏书3万余册，面向南张街道当地所有学校和居民开放。对已捐建的任城区、梁山县3处致公“同心致福”书屋进行回访，组织医疗专家开展义务查体活动，对学生的年度身体变化情况及整体健康状况作出科学评价，形成健康档案及时反馈学校和家长。建立健康档案1000多套，受到了学校师生的热烈欢迎。积极开展“同心致福”关爱青少年活动。联合市渔业局举办了“济宁市首届放鱼节”活动，通过认购放流苗种的方式，培养青少年亲水爱鱼的意识。联合市委宣传部、市环境保护局、济宁高新区管委会、齐鲁晚报、安利(中国)日用品有限公司等单位，共同主办了“孔孟之乡喜迎十八大·2012年环保嘉年华”大型环保公益宣传活动，共吸引近5000个家庭、15000余名环保爱好者的热情参与。开展“致福爱心之家”活动，“一对一”结对帮扶农村留守儿童和孤儿。

发挥自身优势，加强海外联系 依托孔子国际文化节、中国专利高新技术产品博览会、山东文化产业博览交易会等重大活动，积极开展海外联谊。与国际洪门中华总会齐鲁文化参访团、高雄市文化教育界参访团开展联谊交流活动；与台湾大学、台北医学院及多家医院开展学术交流活动；积极牵线搭桥，促成济宁医学院与美国孟菲斯大学签订了合作协议；与市科技局、西安交通大学共同举办了“济宁海外学子回国投资与科技使用周”活动；与印尼公益组织合作，组织丰泰中学、实验中学、育才中学等城区10多所学校的学生练习大自然快乐操，传播国际上倡导的自然快乐理念。组织丰泰中学部分师生到台湾进行了汇演，既锻炼了学生身体，又加强了海外联谊。

注重学习，加强自身建设　在全体党员中组织开展了中共十八大报告等重要文件的学习活动，夯实共同思想政治基础，始终做到与党思想上同心同德、目标上同心同向、行动上同心同行。围绕基层组织领导班子好、党员队伍好、工作机制好、工作业绩好、群众反映好的“五好”目标，扎实推进基层组织建设和党员队伍建设。多次向致公党省委会、市委统战部汇报筹备成立市委会事宜，扎实做好相关准备工作。

中国国民党革命委员会济宁总支部

【概述】　中国国民党革命委员会济宁总支部（以下简称民革济宁总支）成立于2010年12月，现辖市直、中区、兖州、曲阜、市第一人民医院5个支部，共有党员72人。2012年，民革济宁总支在民革山东省委和中共济宁市委的领导下，深入调研反映社情民意、认真开展社会服务活动、切实履行参政议政职能。先后被民革中央评为“全国社会服务先进集体”，被民革省委评为“全省先进集体”。

组织建设　民革济宁总支严格标准、规范程序，2012年新发展党员5人。经市委统战部同意，报请民革山东省委批准，成立市中区、兖州市、市第一人民医院等3个支部。积极组织民革党员学习中共十八大精神和民革十二大精神，深入贯彻落实“同心”思想，通过学习、研讨、参观等活动，增进政治共识，提高党员素质。

参政议政　借助“两会”平台积极建言献策，2012年共提交人大议案3件、政协提案12件。通过民革山东省委提交省政协提案2件。编印《社情民意》4期，报送民革山东省委及有关部门。进行社会调研3次，向有关部门提交调研报告3份。参加市委、市委统战部组织的座谈会、报告会8次，积极参与讨论，为全市科学发展跨越发展献计出力。

社会服务　结对帮扶市中区唐口街道孟楼村，多次组织医疗界党员专家义诊200余人次，发放药品价值2万余元，义务进行教育、法律咨询近百人次，发放贫困户慰问金3000元、贫困家庭学生助学金1500元。举办贵州省纳雍县幼师骨干培训班，组织党员捐款5万元资助纳雍县贫困学生，为边远地区教育事业发展贡献力量。走访慰问民革老党员、黄埔同学会老会员，并组织座谈。组织医疗界部分党员在市区多个社区，就幼儿常见病防治开展讲座，并进行义务咨询。组织参观考察民革党员所办企业，并就发展实体经济、加快经济转型发展进行调研。

中国农工民主党济宁总支部

【概述】　中国农工民主党济宁总支部（以下简称农工党济宁总支），成立于2010年9月，下设市直一支部、市直二支部、市中区支部、任城区支部、济宁医学院支部5个支部。总支领导班子成员7人，其中主委1人、副主委1人、委员5人。有正式党员50人，预备党员10人。党员队伍全部为中高级知识分子，其中副高级职称以上的占60%；95%为大学以上学历，其中博士4人，硕士3人。

组织建设　严格按照《中国农工民主党章程》和界别结构要求，考察并吸纳了5名中青年优秀知识分子加入农工党，其中医卫界3人、其他界别2人。发展预备党员5名，培养入党积极分子6名。根据组织发展和实际工作需要，按照组织管理程序和选举办法，重新调整了各支部成员组成，成立了农工党济宁医学院支部，成员4人。总支主委任市政协科教文卫体委员会副主任，为农工党政治参与提供了更广阔的平台。

思想建设　农工党狠抓党员的思想建设，以努力适应新时期、新形势和新任务的需要。为全体党员征订了《前进论坛》和《齐鲁前进》，并邮寄到各个党员单位，让党员及时了解最新精神。针对钓鱼岛事件，专门召开了以“理性爱国，不忘国耻，保钓维稳”为主题的全体党员会议。组织部分党员到内蒙古呼和浩特市学习了民主党派组织建设、思想建设和制度建设经验。

社会活动　对口帮扶金乡县马庙乡卫生院和嘉祥县马集乡卫生院，每月选派2到3名专家到帮扶医院坐诊，举办2次医护人员业务讲座，开展2次大型义诊活动，诊治病人1500多人。联合任城区李营街道党工委举办了以“健康心理、阳光心态、励志人生”为主题的干部群众心理健康辅导讲座。组织医疗卫生界专家党员先后在泗水县政府广场、泗水县泗张镇黄家峪村、市中区唐口镇李口村、邹城市张庄镇等地多次开展义诊活动。成立了农工党社会关爱小组，成功申请到全球基金艾滋病社会组织关怀项目，自6月份起，对150

名艾滋病感染者开展了为期半年的关怀和帮助工作。农工党律师小组完成法律援助案件30余起，结案率达100%，当事人满意度达到100%，当事人预期目的达到率98%。

参政议政　全体党员中有市政协委员9名，市中区政协委员4名，任城区政协委员5名。其中市政协常委1名，市中区政协常委1名，任城区政协常委1名，1人受聘市政协社情民意特邀信息员。积极参加调研活动和全市工作情况通报，组织党员积极建言献策，在济宁市政协全会上提交提案20件，在市中区和任城区政协全会上共提交提案13件，为部门决策提供了参考。

（李　芳　许　然）

文化济宁

岱　庄

岱庄村位于济宁市任城区李营镇驻地西南3公里。村内有一所全国闻名的精神病防治医院——山东省安康医院，院内有一座规模庞大闻名世界的的天主教堂。论起它在国际上的知名度，据说一百多年前，信封上只要注上“中国戴庄”的字样就可以准确无误的投递到这里。

岱庄原名为方庄，据说三百多年前，一位叫戴鉴的人来到这里，建立了庞大的庄园，名字为“苳园”，这便是岱庄最初的由来。由于时代的变迁，庄园日渐没落，后来卖给了李家，到了清朝后期，八国联军入侵中国，外国传教士进入中国开始传教。1897年(光绪二十三年)11月1日，大刀会众在巨野县张家庄教堂杀死德国传教士理加略和能方济，引起了德国政府的不满。11日，李秉衡奉命派人前往查处，约50名无辜群众被抓，雷协身、惠二哑巴被杀害，史称“巨野教案”。德国驻华公使照会清政府，要求在济宁给其建立天主教堂，作为赔偿条件之一，这就是岱庄天主教堂的前身。

1881年，福若瑟前赴山东南部的鲁南教区传教，一直服务了27年。他身穿中式的长袍马褂，吃中国乡下人简单的食物，留着辫子、胡子。在没有任何交通工具的情况下，不畏艰苦地上山下乡，走遍了面积七万多平方公里、人口近一千万的鲁南教区，为他们讲道、探访，施行圣事，在短短27年间，由最初158位教友，扩展到20万人。1908年1月28日在兖州因服侍伤寒病者受到感染，在济宁岱庄逝世，安葬在岱庄圣林内。他被称为“鲁南传教区之父”。1975年被教宗保禄六世列为真福品，2003年10月5日，教宗若望保禄二世宣布福若瑟为圣人。

建国前岱庄名为方庄，但由于其影响力不如岱庄大，于1966年又更名为岱庄。

济宁年鉴 2013

JININGYEARBOOK

人民团体

济宁市总工会

【概述】 济宁市总工会机关设办公室、组织部、宣教文体部、生产保护部、民主管理部、法律工作部、保障工作部、财务部、女工部、经审办等部室；现有工人文化宫、职工技协办公室、困难职工帮扶中心等3个直属事业单位。2012年，全市各级工会在市委和省总工会的正确领导下，深入学习贯彻党的十八大精神，积极探索创新，奋力创先争优，各项工作取得新的成绩，为推动全市科学发展跨越发展作出了积极贡献。市总工会荣获全国工会职工法律援助维权服务示范单位、工会财务工作先进单位、“安康杯” 竞赛优秀组织单位；全省工会财务竞赛一等奖、工会组建及会员发展二等奖、职工体育工作先进集体、第四届职工职业技能大赛优秀组织奖，继续保持省级文明单位；全市综合考核突出进步奖、“双评”活动群众满意单位、新农村建设帮扶工作先进集体等荣誉称号。女职工学校工作在全国女职工学校研讨会上交流经验。

认真学习宣传贯彻党的十八大精神 坚持把学习宣传贯彻党的十八大精神作为首要政治任务，及时传达学习市委有关会议精神，制定印发了《关于认真学习宣传贯彻党的十八大精神的通知》、《关于深入贯彻党的十八大精神，深化创新服务职工在基层工作的意见》。组织开展形式多样的学习宣传活动，举办了全市工会领导干部学习十八大精神报告会，召开了全市劳模学习十八大精神座谈会。集中开展了深入学习宣传贯彻十八大精神、“面对面、心贴心、实打实服务职工在基层”活动，市总工会领导班子成员带队，组成3个工作组，深入12个县市区、高新区、北湖度假区的79个乡镇(街道)，进企业、进家庭，面对面宣传，心贴心交流，实打实服务。

全力服务经济社会发展 自觉把工会工作放在全市工作大局中去谋划，紧紧围绕“三个高于、三个提高”的目标要求，以“当好主力军、建功‘十二五’”为主题，在建筑、煤炭、机械等系统开展了重点工程、重大项目劳动竞赛和职工职业技能竞赛，在交通运输等窗口行业开展了争创“工人先锋号”活动。隆重召开全市庆“五一”国际劳动节表彰大会，表彰了327名市劳模和全国及省、市劳动奖章(状)、工人先锋号。畅通劳模就医绿色通道，受益劳模4000多人次。广泛开展社会主义核心价值体系主题教育，涌现出一批职工职业道德建设先进集体和先进个人。成功举办了济宁市第四届职工运动会，组织参加省第六届职工运动会，取得优异成绩。

■2012年4月28日，济宁市隆重召开庆“五一”国际劳动节表彰大会。

积极营造和谐劳动关系 深入开展“工资集体协商规范提升年”和工资集体协商集中要约行动，召开了全市工会“两个普遍”工作推进会，推动企业落实工资集体协商制度。截至2012年底，全市签订工资集体合同5578份，签订女职工专项合同5500份。不断深化创新厂务公开民主管理工作，调整充实市厂务公开民主管理领导小组，提请市委、市政府出台了《关于深化创新厂务公开民主管理工作的意见》，召开了全市和谐劳动关系建设暨深化创新厂务公开民主管理工作会议。截至2012年底，全市9085家企事业单位实行了厂务公开，8578个基层单位建立了职工代表大会制度，897家股份制企业建立了职工董事、监事制度。扎实开展创建劳动关系和谐企业活动，397家企业获得全国、省和市级劳动关系和谐企业。深入推进“安康杯”竞赛活动，全面参与企业伤亡事故调查和安全生产工作，切实维护职工的生命健康权。

真情关心关爱困难职工 市、县工会筹集发放送温暖资金1558万元，救助困难职工9万余人；发放助学金359万元，资助1062名困难职工子女上大学、933名困难女职工子女上中小学。发放劳模“三金”94.7万元，慰问帮扶劳模358人。实施市直“百家特困职工家庭帮扶行动”，建立了城区困难职工“爱心超市”，为2966户特困职工家庭办理了“爱心卡”，购物享受8折优惠。广泛开展了以送技能、送岗位、送爱心、送清凉为主题的“关爱促和谐”活动，通过举办汽车驾驶、家政服务等培训班，对6000余名困难职工、下岗失业人员及农民工进行专业技能培训，帮助他们实现了就业和再就业。做好职工大病互助保障工作，市总资助患大病职工37人，支付资金32.6万元。

全面加强工会组织建设 认真落实市委组织部、市总工会联合下发的《关于加强新形势下基层党建带工建工作的意见》，大力推进依法普遍建立工会组织。目前，全市工会基层组织发展到1.46万个，涵盖法人单位2.65万家，会员217万人。在全市乡镇(街道)深入开展创先争优创建“六好乡镇(街道)工会”活动，市总拿出资金160多万元以奖代补，促进了乡镇(街道)和“小三级”工会组织建设。突出打造特色品牌，开展了创先争优“五个一”活动，命名表彰12个工会工作示范点，刻制介绍示范点经验做法的光盘350套，编印示范点资料5000册，推动了工会工作的创新发展。努力提升工会干部素质，举办了全市工会干部素质提升大讲堂和理论研讨班，进行了理论研讨和优秀论文评选。开展“解放思想跨越发展大讨论”活动，组织全市工会领导干部到徐州学习交流。扎实做好驻村和联系包保乡镇（园区）工作，筹集资金60多万元扶持村民致富。加强“三个体系”建设，按照市委、市政府的部署要求，结合工会工作实际，对市总2008年制定的36项制度进行了修订完善，建立起一级抓一级、层层抓落实的目标责任监督体系，市总工会被确定为“好”单位并在市直部门“三个体系”建设座谈会上介绍经验。

（岳书亮）

共青团济宁市委

【概述】 共青团济宁市委(以下简称团市委）是济宁市团组织的领导机关，领导和指导市青年联合会、市学生联合会和市少先队工作委员会工作，对全市青年社团组织进行指导和管理。机关内设5部1室，即办公室、组织部、宣传权益部、统战部、工农青年部、学少部，下辖市关心下一代工作委员会办公室、市希望工程办公室和市青少年宫3个事业单位。2012年，在市委和团省委的正确领导下，济宁团市委以共青团枢纽型组织建设为突破，持续深化各项重点工作，不断提高团的建设科学化水平，全市共青团工作实现了新发展，被团省委授予2012年度“山东省红旗团委”荣誉称号。

青少年思想引导工作持续深入 在广大团员青年中深入学习宣传贯彻党的十八大精神。举办各界青年学习党的十八大精神座谈会、培训班，成立了济宁市党的十八大精神“青年宣讲团”。全市基层团支部一周内集中开展主题团队日活动8000余场次，直接参与团员青年和少先队员21万人次，以纪念建团90周年为契机，深入开展青少年理想信念教育。五四前夕，济宁市委常委会专题听取了全市共青团工作情况汇报，并就落实好党建带团建文件要求，加强各级团组织和团干部队伍建设、举办好建团90周年系列活动提出了明确要求。5月3日，济宁市隆重纪念建团90周年，市委常委出席庆祝大会，市委书记马平昌在讲话中对全市共青团工作提出了新的要求。探索运用新媒体开展引导青年工作，在东方圣城网、济宁电视台举行专题访谈3次，受众数万人。团市委开通实名认证微博60个，各县(市、区)团委开通实名认证微博40个。用志愿服务倡导社会文明，组织200个志愿服务团体、近10万人次参加“学雷锋　做济宁好人”志愿服务系列活动，开展集中活动450余次。“蒲公英小屋”爱心援建项目面向社会募集资金70余万元，设立了10万元的“关爱农民工子女志愿服务基金”。首次大规模、整体性推介共青团志愿服务公益项目91个，关爱农民工子女志愿服务公益项目36个。深入推进青工技能振兴计划、创新创效、青年岗位能手等品牌工作。加强青年人才队伍建设，继续实施“济宁青年英才成长计划”。

服务青少年成长成才扎实有效 深化促进青年就业创业的各项工作措施，发放创业贷款6453万元，扶持1547名青年创业，带动12303人实现就业。积极推行青年创业YBC计划，为22名创业青年共发放创业扶持资金110万元。组织8500人参加各类技能培训，提供见习岗位5337个，上岗见习人员5200人。通过团银合作，共有1486名农

■2012年5月3日，济宁市纪念中国共产主义青年团成立90周年大会在运河宾馆召开。

村青年获得创业小额贷款，发放贷款金额达2799万元。不断做实青少年权益维护工作，启动实施了全市未成年人安全守护行动和帮扶关爱行动共11个工作项目，扎实推进重点青少年群体排查摸底工作。深化"共青团与人大代表、政协委员面对面"活动。大规模开展"走进青年—团干部恳谈"活动，全年专兼职团干部共950余人次参加恳谈，覆盖各群体青少年1万余人。启动了"蒲公英小屋"爱心援建项目，建成"蒲公英小屋"10所。"希望工程——再圆学子梦"爱心助学行动募集资金90余万元，资助贫困大学生214名。切实加强有形化工作阵地建设，筹建了济宁市青少年事务服务中心。

团的基层组织建设和基层工作稳步推进 扎实推动团的基层基础工作。坚持"党建带团建"，切实抓好全市基层党建带团建工作会议精神和制度规定的贯彻落实，全市12个县市区全部出台基层党建带团建文件，3个县区将党建带团建考核分值纳入党建考核。推动县域共青团规范化建设，明确了示范性基层团组织创建标准，2个基层团委被团省委命名为首批省级示范性基层团组织。选派团市委机关和高校、金融系统团干部28人到县级团委驻点、挂职，推动高校、金融系统资源向基层倾斜。务工青年群体团建和驻外团组织建设取得新进展，新建驻外团工委2个。加强团干部配备工作，县团委领导班子配备率达到90%以上。推动完善保障基层团组织工作经费的制度安排，联合市财政局转发了团省委、省财政厅《关于加强基层团组织经费保障的通知》(济青联〔2012〕17号)，明确将共青团工作经费纳入同级财政预算。持续推进重点领域、群体团建工作。巩固乡镇、街道团组织格局创新成果，认真做好乡镇实体化"大团委"建设，全市乡镇团委已建直属团组织2819个，覆盖团员青年6.8万人，联系35岁以下青年13.9万人。坚持"五带一加强"做好"两新"组织团的建设，全市今年新建非公企业团组织870个，新社会组织团组织397个。加强青联、学联、少先队和团属青年社团建设，开展了"规范化建设年"活动，青摄协被评为"全市优秀社会组织党组织"。

以加强党性锻炼为动力，不断加强团干部队伍建设和作风建设 团干部队伍建设不断加强。继续深化"学习型、创新型、服务型、效能型、廉政型"团组织建设，加强机关学习，加强团干部教育。结合集中调研活动，团市委书记重点就团干部如何树立正确的成长观与全市乡镇团委书记进行一对一座谈交流。举办了全市基层团干部培训班，选调团干部100余人次赴中央团校、省团校学习。结合团省委部署，每周四晚组织市、县、乡镇和部分企业、高校团干部接受"山青学堂"视频培训，2012年开展培训32期。严格落实民主集中制和党风廉政建设有关规定和要求，坚持大事集体研究决定，强化责任落实，严格组织纪律，增强团干部执行力。扎实开展"解放思想跨越发展大讨论"、"恪守从政道德、保持党的纯洁性"等活动，组织党员干部到济宁劳教所接受警示教育、开展廉政宣誓，注重加强与市纪委派驻第一纪检组的沟通和汇报，不断加强内部廉政建设和财务管理，做好部室和个人廉政风险点排查工作，汇编印制了《团市委廉政风险防控手册》。

(高传龙)

济宁市妇女联合会

【概述】 济宁市妇女联合会机关共有人员19人，内设4部2室：办公室、组宣部、发展部、权益部、儿童部、妇女儿童工作委员会办公室(副县级事业单位），下辖市妇女儿童活动中心（正科级事业单位）共有人员20名。2012年，在市委、市政府的正确领导下，市妇联紧紧围绕市委提出的“高位求进、跨越发展”的目标要求，以“巾帼创新业、建功十二五”为主题，大力实施巾帼创业、增收倍增、和谐创建、权益维护四大行动，开拓奋进，积极作为，为全市科学发展、跨越发展做出积极贡献。荣获“全国农村妇女‘两癌’免费检查工作先进集体”，省妇联创先争优、幸福进家、宣传报道、城乡妇女岗位建功先进集体等，济宁2012年度群众满意先进单位。

助推妇女创业成效显著 举办了全市首届妇女创业大赛，历时9个月，收到参赛项目156份，评出获奖选手14名，颁发创业助推金5.5万元。与市农信社签订协议书，为大赛前30名选手提供信贷助推贷款政策扶持，贷款利率较同类客户优惠30%，进一步激发了妇女创业活力。引导扶持女大学生创业就业，深入开展“双百四进”活动，举办优秀创业女性进高校、进企业报告会62场，掀起了妇女自主创业新热潮。市诚信大姐服务中心被命名为全国“女大学生创业实践基地”。深入开展信贷助推妇女创业活动，2012年为4家企业争取省妇联小额担保贴息贷款1320万元，贴息12.9万元；为2902名妇女提供信贷助推资金2.29亿元；为348名妇女提供小额担保贷款2503.9万元。在全市大力推广“妇字号龙头企业(巾帼创业示范基地)+农户”带动妇女创业模式，命名首批市级“妇字号龙头企业”15个，“巾帼创业示范基地”40处，在带动农村妇女创业增收中发挥了示范引领作用。大力实施“万名家政服务员培训工程”，举办家政服务员、月嫂、育婴师、保洁员等职业技能培训班92期，培训妇女4000余人，减免学员培训费43万元，为657人进行了职业技能鉴定。

参与文明和谐创建特色鲜明 围绕全市农村环境综合整治工作，大力开展环境治理进家庭、“文明卫生户”、“美在家园”创建活动。在曲阜市两次召开了现场推进会，总结推广曲阜市开展的农户门前三包、巾帼文明示范街创建活动经验，在全市确定了30个示范乡镇，实行了督导、抽查、考核，排出名次，定期通报，有力地推动了活动的顺利开展。共组织发动120万人次、80%的家庭、4200支巾帼文明队参与这项活动。环境治理进家庭经验做法被《中国妇女报》专题报道。省妇联主席翟黎明作出专门批示：“济宁的环境治理进家庭工作很有意义，值得在全省推广。”大力推进巾帼志愿服务，全市实名注册巾帼志愿者23136名、巾帼志愿服务队伍986支，活动内容涉及家庭教育、社区服务、科技服务、维权服务、环境保护等多个领域。2012年，全市各级妇联组织举行“巾帼志愿服务日主题实践活动”120场，参与妇女群众12万名，巾帼志愿服务品牌的社会影响力和凝聚力不断增强。深入推进和谐家庭创建。全市表彰各类特色家庭2200户、优秀家庭角色9498人，举办“新农村新生活”大讲堂139场，在推动社会和谐文明中发挥了积极作用。家教知识理论研究有新提高。联合济宁学院共同主持的《济宁市城乡幼儿园家教指导工作实施现状与对策研究》被省妇联、省家庭教育研究会确立为山东省家庭教育“十二五”重点研究课题。重点宣传妇联亮点工作和先进妇女典型，2012年在省级以上媒体发稿230多篇，在市级主要媒体发稿1100多篇，充分展示济宁妇女工作成效和各界妇女时代风貌。

妇女儿童维权工作实效凸显 全面启动济宁妇女儿童发展“十二五”规划实施工作，兖州市被确定为“省级示范市”，济宁确定了7个实施规划示范点。农村适龄妇女“两癌”筛查工作走

2012年6月29日，第五次全市妇女儿童工作会议召开。

在全省前列。截至2012年底，筛查农村妇女73.6万人，争取全国、省“两癌”救助资金24万元，救助24名贫困患病妇女；争取全国妇联“母亲健康快车”2部，募集社会资金60多万元，救助贫困患病妇女300多名。不断深化妇女维权行动，全市选聘105名律师和法律工作者，成立妇女维权法律服务团13个。举办普法讲座80场，提供法律咨询服务6000人次，妇女群众学法用法、依法维权的意识和能力进一步增强。逐步实现信访窗口前移，通过妇联信访接待、12338维权热线、网上维权信箱等广泛倾听妇女心声，引导妇女群众合法有序反映利益诉求。2012年，全市妇联系统受理来信来访980件，处结率达99%。联合市综治办命名首批市级妇女维权服务示范站50处，新增省级妇女维权服务示范站16处，基层妇联维权工作能力得到新的提升。深入开展平安家庭创建活动，大力推广“十户联防”模式创建“留守妇女平安之家”，全市建立示范点30处，建立留守妇女互助组440个。多形式开展关爱活动，新建留守儿童活动成长站21所；全市救助贫困母亲974名，发放救助金95.3万元；公开招募“爱心妈妈”2032名，与1661名孤困儿童结成帮扶对子。泗水县被确定为全国留守儿童关爱服务体系建设试点县。济宁关爱留守儿童工作和农村妇女‘两癌’免费检查工作在全省工作会议上做了典型发言。

妇联组织自身建设明显加强 切实加强基层组织建设，新创建全国基层组织建设示范乡(镇、街)2个、示范村(居)53个；省妇联基层组织建设示范县(市、区)1个、示范乡(镇、街)8个、村(居)83个。深入开展“全市妇女工作创新奖”评选活动，推进基层工作创新发展。积极响应市委开展“大规模驻村入户、面对面谈心交流”活动，组织机关全体人员集体调研，走访群众109户，形成调研报告29篇，为群众解决困难42件(次)。争取省支持资金156万元，市财政资金40万元，建成省级“妇女之家”48个、省级“妇女儿童家园”13个，新建市级“妇女儿童家园”示范点18个。

(张　丽)

济宁市科学技术协会

【概述】 济宁市科学技术协会(以下简称市科协)内设办公室、科普部、科技事业部、学会部，下设市反邪教协会办公室、市老科技工作者协会办公室、市科技培训中心3个事业单位；行政编制9人、事业编制17人、工勤编制2人。2012年，济宁市科协按照“围绕中心、服务大局”的工作要求，“三服务、一加强”的工作定位，组织动员全市广大科技工作者大力实施《全民科学素质行动计划纲要》，广泛开展科学普及、学术交流、建家服务等活动，成功承办了山东省科协学术年会。在全省科协系统年度考核中名列前茅，被省科协评为市级科协“工作优秀奖”；在全市2012年度科学发展综合考核中，被市委、市政府授予先进集体。

发挥技术和人才优势，服务经济社会发展 推动科技创新、服务全市经济社会发展。推动市政府与省科协签订了全面战略协作协议。邀请2名院士分别围绕“新能源汽车发展”和“新材料技术与战略性新兴产业发展”作了专题报告。编辑出版了论文集，表彰了优秀学术论文。举办了产学研用系列协作和相关分会场活动。开展学术交流，营造创新氛围。开展了全市第三届自然科学学术创新奖评选表彰活动，评出获奖成果61项。市煤炭、心理、抗癌、医学协会等主办省市级学术年会和论坛，邀请省内外知名专家学者作学术报告。

■2012年4月28日，中国科协和中央媒体就“科普惠农兴村计划”项目实施情况到济宁专题采访市长梅永红。

收到参评作品847篇，选拔出一、二、三等奖作品163篇，推荐参加了由中国侨联、全国台联、人民日报海外版、中国国际广播电台、中央电视台、《快乐作文》杂志社共同主办的第十三届世界华人学生作文大赛。19篇作品获全国一、二、三等奖。市侨联获大赛优秀组织奖。依托新闻媒体积极宣传济宁市情侨情。在山东省《齐鲁乡情》、《山东侨报》、省侨联网站、《济宁日报》、《济宁晚报》、济宁电视台等播发稿件20多篇次。编发市《侨联简讯》2期，推动了社会各界对侨联工作的了解认知。

拓展联谊，促进海内外交流与合作 市侨联加强与海外侨团及其他市地侨联的交流与合作，加大对新侨、社团新力量的联络力度，加强对商会组织、文化团体等新兴社团的联谊工作。全市各级侨联共接待海内外客人30多批、380多人次。

参政议政，提高为侨服务质量 在2012年市人大、市政协换届后，全市侨联界的人大代表和政协委员围绕市委、市政府的中心工作和侨界群众反映突出的热点难点问题，提出建议、议案30余件。认真贯彻落实中国侨联《关于进一步加强侨联维护侨益工作的意见》，发挥市侨联法律咨询服务中心的作用，为13名归侨侨眷和海外投资商无偿提供法律援助，接待涉侨信访6件次，处理各种纠纷2宗，提供政策、投资咨询20多项。实施"侨(爱)心工程"，加大对城乡贫困归侨侨眷在生产、就业、生活等方面的帮扶力度。筹集资金万余元走访慰问了市中区、梁山县等地近百户贫侨家庭。牵线促成台湾爱心教育基金会，在泗水县一中设立"珍珠班"，该基金会为50名家庭特困生解决学费、住宿费等。从"市侨联教育基金"中拨付3000元，在"珍珠班"开展了"助学奖学奖教"活动，重点资助10名贫困学生。

开展学习实践活动，不断加强自身建设 市侨联党组按照市委统一部署，认真开展了"创先争优"活动、"解放思想跨越发展大讨论"活动、"效能提升年"活动、"恪守从政道德、保持党的纯洁性"教育活动，以及"大规模驻村入户，面对面谈心交流"等项活动。协调解决三万余元的体育健身设备，为社区设立居民健身园。开展了庆"七一"敬老助学联谊活动，为社区2位老党员和2个贫困学生家庭送去了4000元慰问金。组织侨联干部、侨界企业家到徐州市侨联开展学习交流活动。

（高建荣）

2012年济宁旅游十件大事(二)

(上接164页)

六、旅游业发展纳入市县区综合考核。2012年起,我市将旅游业发展对县市区综合考核,重点考核各县市区旅游总收入增幅及旅游强乡镇、各县市区新增A级景区、星级酒店等情况。

七、好客山东文化济宁贺年会、休闲汇凸显多重效应。2012"好客山东 文化济宁贺年会"围绕节日主题,开发五大品牌产品,培育节日文化旅游市场。济宁市获得"好客山东贺年会"最佳组织奖。9家旅游企业及涉旅企业获得全省最佳美陈奖,12镇村街区获年味最浓镇村和优秀主题街区奖,另外获金点子、好玩游戏、摄影等12项单项奖。积极探索建立"休闲汇"联动工作机制,济宁市获得"休闲汇"优秀组织奖,6个县(市区)获得"休闲汇"组织工作先进集体,获得全省"休闲汇"最佳主题周、最佳创意4个单项奖,8个乡镇(村)获最佳休闲乡镇(村)奖。

八、开通12301旅游服务热线,公共信息平台建设取得新突破。3月6日开通了全国统一的12301旅游服务热线,全天候提供旅游问讯、投诉及紧急救援报警服务。济宁市是全省首批开通城市之一,开通仪式上,省旅游局局长于冲现场通过网络视频拨打了济宁12301旅游服务热线。济宁市旅游局获得全省旅游目的地数字服务系统建设先进单位及全省"好客旅游卡"会员体系建设、旅游信息采集先进单位。发展好客山东旅游卡会员单位135家,为实现多区域跨行业旅游信息共享和服务打下了坚实基础。

九、八部门联手开展旅游市场综合整治。市旅游、公安、交运、商务、工商、物价、质量监督、药监等八个部门下发了《济宁市旅游市场综合整治工作实施方案》,对旅游市场进行了为期3个月的综合整治,旅游市场秩序明显改善。

十、文化旅游商品创新设计大赛成功举办。9月25日,由中国旅游协会指导,山东省旅游局、济宁市人民政府主办,山东省旅游商品开发服务中心、济宁市旅游局、曲阜市人民政府承办的2012中国曲阜孔子文化旅游商品创新设计大赛暨博览会成为孔子文化节重要内容。室内外展台200余个,参展商300余家,参赛参展作品数量、"民间手工艺制作大师"参评人数为近年来省内之最。我市孔府馆藏古代名碑精拓集萃、《孔门七十二贤》文化产品和丝绸彩印邮票册系列获金奖,张利生、武建文2人获得"山东省民间手工艺制作大师"荣誉称号。

济宁年鉴 2013

JININGYEARBOOK

军事

济宁军分区

【概述】 2012年，在省军区党委和济宁市委、市政府的正确领导下，济宁军分区各级党委坚持把迎接十八大召开、学习贯彻十八大精神作为重大政治任务，紧紧围绕贯彻主题主线要求，抓根本把方向，抓转变谋打赢，抓基层打基础，抓安全保稳定，部队、民兵预备役建设保持了良好发展势头。

思想政治建设扎实有效 认真贯彻领导干部理论学习有关规定，狠抓中国特色社会主义理论武装，突出抓好党的十七届七中全会、十八大、十八届一中全会和7.23重要讲话、习近平主席一系列讲话精神的学习贯彻，创新理论在武装头脑、指导实践、推进建设上成效明显。加强党史军史和光荣传统学习，扎实开展"赞颂科学发展成就、忠实履行历史使命"教育，深入开展"读党史、学党章、上党课、过党日、交党费"和"战友情·战斗力"、"战功·战将·战例·战斗英雄"教育活动，广大官兵高举旗帜、听党指挥、履行使命的思想基础不断牢固。密切关注意识形态领域斗争，结合实际开展形势政策、"四反"等经常性教育，确保了高度稳定和集中统一。老干部、军转安置、计划生育、新闻报道等工作富有成效。

战备训练质量明显提升 狠抓一体化指挥平台训练，分期分批组织现役干部进行一体化指挥平台训练。积极探索信息化训练的方法路子，组织首长机关训练的做法先后被《前卫报》、《军事》杂志刊发。采取"统一计划、分片组训、分期考核"的方式，组织全区254名专武干部和112名民兵教练员进行了培训。投入200余万元，组织8个县市区民兵重点建设分队，共计2300余人，圆满完成了全省民兵工作会议"民兵遂行抗震救灾行动"训练和演练任务，首次实现了"异地同步演练、远程可视指挥、实时音视频传输"，受到军地领导的高度评价。调动民兵应急分队14支2300人次，配合市委、市政府执行涉日维稳任务。狠抓基干民兵分队训练，结合黄河调水调沙，微山湖、泗河及城市防汛进行演练，提高了遂行多样化军事任务能力。加大训练保障力度，投资近60万元补充新组建民兵高炮团野战指挥、训练、生活等物资器材；市民兵训练基地和民兵武器装备仓库建设进展顺利。

国防动员教育稳步推进 制定下发了《济宁市关于加强新形势下国防教育工作的实施意见》，按照集中组织、分级落实，军地合力、齐抓共管的原则，结合第12个国防教育日，广泛开展"国防教育周"活动，组织地方领导过"八一"军事日，在全社会营造了"关心国防、支持国防、建设国防"的浓厚氛围。调整充实国防动员指挥机构，结合防汛抢险、维稳处突等任务组织国动委成员进行指挥演练。按照"一季征兵、全年准备"要求抓好兵员征集，圆满完成年度征兵和士官直招任务，省征兵办转发了我市落实优抚金的会议纪要、军区以简讯形式进行了刊发；率先出台公务员、事业单位工作人员带薪入伍优惠政策，《中国国防报》、《前卫报》等报刊进行了集中宣传报道。扎实开展双拥教育，协调驻军和地方有关部门抓好双拥工作落实，顺利实现全国双拥模范城"六连冠"目标；争创"七连冠"工作全面启动。

安全管理工作成效显著 认真贯彻落实《共同条令》和《安全条例》，深入开展"学法规、守法规、用法规"和"崇尚军人荣誉、维护军队形象"学习教育活动，结合实际集中进行作风纪律教育整顿，有效增强了各级各类人员依法履职、按职尽责的意识和能力。扎实推进"五项整治"活动，下大力抓了车辆装备、枪支弹药、公勤人员、涉密载体等安全管理；扎实开展"打击假冒军车、维护军车形象"和信息安全保密隐患排查整治活动，先后5次组织安全工作大检查，及时堵塞了漏洞、消除了隐患。突出抓了夏、冬防工作落实。老兵复退、士官选改等工作任务圆满完成。

后装保障效能不断增强 在后勤建设上，按照"战备训练抓质量、基础设施抓改造、业务管理抓精细、生活服务抓效益、队伍建设抓素质"的思路，狠抓后勤战备训练，提高了后勤持续保障能力。认真落实党委理财和军政主官理财目标责任制，严格预决算管理，加强军人保障卡系统建设，积极推进物资集中采购，有效控制了行政消耗性开支。组织了财务政策法规集训，提升了后勤财务人员整体素质，军分区后勤部被省军区表彰为"会计业务评审先进单位"。加大检查审计力度，对15个团级单位后勤建设情况进行了检查，对9名团级单位离任主官和2名干休所主官进行了经济责任审计。深化营院物业管理调整改革，对军分区办公区、家属院、勤务队进行了综合治理，营区面貌得到明显改善。进一步加强干休所和机关卫生所建设，结合实际开展"明职责强素质，正作风促和谐"教育整顿活动，服务保障效能明显增强。兖州干休所在军区干部保健工作会议上作了典型发言。在装备工作上,认真贯彻上级指示精神,狠抓民兵武器装备仓库技术管理和标准化建设,民兵武器装备仓库顺利竣工,搬迁准备有序进行。

民兵基层建设融合发展 认真贯彻军区基层建设《五年规划》和省军区《关于加强新形势下民兵基层建设的意见》,广泛开展达标活动,民兵基层建设水平整体提高。依据全国民兵工作会议精神和省军区民兵整组指示,突出每个县市区2个应急连、每个乡镇1个应急排重点队伍建设,结合民兵整组、重点军事工作检查进行实兵实装检验性拉动,做法被省军区转发,济宁市在全省民兵工作会议上介绍了成建制成系统建设的经验。坚持在用兵中练兵强兵,组织发动民兵预备役人员积极参与河道清淤、防汛查险、禁烧防火和重大节庆安保、维护社会治安、开展扶贫帮困等,在促进经济社会发展、建设"平安济宁"和完成急难险重任务中发挥了重要作用,李清华等6名干部被济宁市委、市政府联合表彰为"重大维稳工作先进个人"。注重发挥典型的示范作用,进一步宣扬了汶上县杨店乡民兵营和阳城煤矿十八大代表、全国劳动模范、退伍军人、民兵排长潘兴喜,邹城钢山街道后八里村党支部书记、退伍军人宋伟的典型事迹。

党委班子和干部队伍建设有新进步 按照上级关于开展"讲政治、顾大局、守纪律"教育活动的部署要求,结合实际开展了"遵法纪、重操守、强素质、树形象"教育整顿活动,一些突出矛盾和问题得到较好解决。大力实施"五力工程"建设,制定出台《关于在军分区团以上党委实施"五力工程"建设的意见》,依托市委党校对34名党委班子成员进行了集中培训;利用主官交接、参加团级党委民主生活会、下基层调研时机,对团级党委班子进行考核帮抓。培训团级党委班子成员、以"五力"为抓手加强团级党委班子建设的做法被省军区转发。以省、市委《关于进一步加强党管武装工作的决定》为依据,狠抓"第一书记"队伍建设,12名乡镇、街道党委书记被济宁市委、军分区党委表彰为"党管武装好书记"。广泛开展岗位练兵活动,集中组织24名政工干部进行业务培训,经验做法被省军区转发。

(郭鹏翔)

山东陆军预备役炮兵师

【概述】 2012年,山东陆军预备役炮兵师坚持以科学发展观为指导,认真落实军委、总部和济南军区、山东省军区决策部署,紧紧围绕迎接十八大召开、学习贯彻十八大精神和提高遂行多样化任务能力,坚持科学统筹,注重质量建设,改进领导作风,狠抓工作落实,年度任务完成圆满,部队保持了良好发展势头。

以迎接十八大、学习贯彻十八大为核心的思想政治建设富有成效 狠抓中国特色社会主义理论体系武装,突出抓好胡主席"7·23"重要讲话和十八大精神的学习贯彻,武装头脑、进入工作、指导实践成效明显。"赞颂科学发展成就、忠实履行历史使命"、"战友情·战斗力"、"坚定政治立场、坚决反对邪教"、"远离红线、守住底线"等教育活动扎实有效,确保官兵经得起政治上的考验、思想上的碰撞、生活上的诱惑。炮二团被山东省军区表彰为思想政治教育先进单位。积极活跃军营文化生活,广泛开展篮球赛、影视展、文艺演出等活动,7月份邀请济南军区政治部文工团来济宁演出引起较大反响。双拥共建、新闻报道、计划生育等工作有新进步。师被山东省军区政治部表彰为新闻报道工作先进单位,师政治部宣保科正营职干事聂峰被省军区政治部表彰为新闻报道先进个人一等奖。积极开展"平安营院"创建活动,师在山东省军区"平安营院"创建座谈会上作了大会交流,炮一团被山东省军区表彰为"平安营院"创建活动先进单位。

以提高军事斗争准备质量为牵引的训练战备工作不断提升 坚持党委管训、按纲施训、依法治训。认真组织部队冬季野营训练,重视"四会"教练员培养和体能达标活动,狠抓现役军官集训,投入30余万元完善一体化指挥平台训练器材,参加省军区比武取得3个团体名次、32个个人名次。重视目标中心战研究,《训练参考手册》、《濒海地区防卫战斗炮兵群行动》等理论成果,为部队训练提供了指导借鉴。以炮一团为主体参加199旅实兵演习,完成3个课题演练。8月份,采取专家讲坛、军事观摩、射击比武等形式,组织69名营以上预备役军官集训,做法被省军区转发。4月份迎接军区军事斗争准备检验评估,受到充分肯定。深入开展战备值班系统综合整治,狠抓首长机关、基层营连战备设施配套完善,严密组织黄河防汛现地勘察。师抓抢险救灾准备的做法被省军区转发。炮二团被山东省军区表彰为"兴武建功"先进单位,师司令部作训科科长王安军被省军区表彰为"兴武建功"先进个人。

■2012 年 7 月 29 日，山东陆军预备役炮兵师组织师团预备役军官进行集训。

以分阶段部署、分阶段落实为重点的安全管理工作得到加强 认真贯彻上级关于安全管理工作的指示要求，按照“突出根本抓教育、关口前移抓预防、查改结合抓整治、区分责任抓落实、严格奖惩抓督导”的思路和“逐月细化安排、逐项抓好落实”的总要求，坚持从安全隐患排查抓起、从严格落实制度做起强化管理。广泛开展“学法规、用法规、守法规”、“假冒军人军车专项治理”和“人员车辆管理教育整顿”活动，“法规在我心中”演讲比赛做法被军区媒体刊发。牢牢把握年度安全管理“五个阶段”重点，定期组织安全隐患排查和安全形势研判，加强人员车辆管控和应急准备。针对倾向性问题，在公勤人员中扎实开展“严守纪律红线、切实管好自己”作风纪律教育整顿，校正人生观、价值观，促进了作风纪律养成。大力开展以车辆安全管理、信息安全保密、危险爆炸物品排查为重点的安全大检查。为师勤务队建起学习室、理发室和门岗洗漱室，改善了设施条件。

以提升综合保障能力为目标的后装工作持续加强 后勤建设方面，深化行政消耗性费用货币化支付改革，积极推进物资集中采购正规化。严格落实党委管财和军政主官理财目标管理责任制，组织财务管理情况检查、领导干部经济责任离任审计和军用房地产租赁项目审计。大力开展文明行车教育整治活动，对驾驶员及车辆进行审验。加强后勤训练，组织财务、营房人员业务培训，完成炊事车展开与撤收、无千斤顶单人更换轮胎和卫勤战场救护课目训练演示。投入 57 万元更新配套部分设施。师经济适用房建设进展顺利。师被全军爱国卫生运动委员会表彰为“首批创建健康军营达标单位”。装备建设方面，深化和拓展“两成两力”建设，指导炮二团深化“三化”管理探索实践，扎实开展经常性爱装管装教育，采取整合力量、内外结合、上下协调等措施，组织装备普查，督导各团对火炮、车辆集中整修，保持装备良好技术状态，大项任务中的枪弹保障安全有力。积极开展岗位练兵、“三熟悉”“四会”训练、装备干部和专业骨干操作技能训练。师装备部和炮二团共同研制的“数字式火炮复进机液量气压检测仪”获军队科技进步三等奖。

以打牢发展基础为着力点的基层建设稳步发展 3 月份，采取规范建设标准、交流工作经验、组织课目演示等方法，在炮四团组织规范基层建设观摩交流活动，与驻地政府联合制发《师规范基层建设细则》，破解基层建设难题，活动被中央和省级多家媒体报道，经验被省军区转发。扎实开展基层组织整顿工作，重视抓好应急分队建设和营连部战备物资器材储备。党委常委帮抓基层深入扎实，2012 年 12 月师组织基层建设检查验收，各级贯彻落实《细则》比较到位。炮四团被山东省军区表彰为抓基层先进“一线指挥部”。师加强基层党组织建设经验录像片《铸牢战斗堡垒，强化组织功能》在山东省军区政治工作座谈会上播放，落实四总部抓建基层工作《通知》的做法被山东省军区转发。为聚合“三战”潜力资源，搭建军地联合开展“三战”平台，按照“军地兼容、行业相通、素质适应”的原则，依托济宁市人防办筹建了师心理战大队，经验做法被济南军区要讯采用。

以实施“五力工程”为载体的党委班子和干部队伍建设进步明显 在结合融合中抓好以“培植学习力、增强凝聚力、激发创新力、强化执行力、提高战斗力”为主要内容的“五力工程”贯彻落实，5 个大党课收到较好成效。通过半年党委全会专题研究部署、师对团党委班子蹲点帮带，师团党委逐步形成科学谋事、主动干事、公道办事和团结共事的良好局面。深入开展"讲党性、顾大局、守纪律"、"学习廉政规定、规范从政行为、树立清廉形象"和"严守纪律红线、严格依法办事"等党性廉政教育，高标准迎接省军区《廉政规定》执行情况检查。扎实开展"防止精神懈怠、激发干部动力"专题教育，认真落实省军区《加强团以上干部教育管理规定》，与地方联合制发《预备役军官管理暂行规定》。加大干部送学和本级培训力度，对现役干部进行综合素质考评，联合地方组织人事部门对预备役军官进行考评表彰。炮四团党委被山东省军区党委表彰为"先进团级党委"，炮三团一营三连党支部被山东省军区党委表彰为创先争优先进基层党组织；师政治部组织科科长邢福贵被济南军区政治部、纪委联合表彰为优秀纪检监察干部，炮一团参谋长丁中华被山东省军区党委表彰为创先争优优秀共产党员。

（杨　涛）

武警济宁支队

【概述】 中国人民武装警察部队济宁市支队（简称武警济宁支队），主要担负警卫、看押、看守、守卫、守护、城市武装巡逻和"处突"等任务。2012年，支队坚决贯彻总队党委和市委市政府决策部署，紧紧围绕"三保一谋"总要求，牢牢把握稳中求进总基调，部队全面建设稳步发展，支队连续四年被总队表彰为"基层建设先进支队"，支队团委被共青团山东省委表彰为"山东省五四红旗团委"。

思想政治建设扎实有效 紧紧围绕迎接党的十八大召开，突出政治纪律建设，部队始终保持高度稳定和集中统一。坚持把学习贯彻党的十八大精神作为首要政治任务，迅速兴起学习贯彻热潮。扎实抓好"两项重大教育"，深入开展密切内部关系"十项活动"，重视做好网络思想政治、意识形态和经常性思想工作，开展"三项服务"下基层活动，筑牢官兵听党指挥、履行使命的思想根基。新闻宣传工作成绩突出，任务中政治工作富有成效。政治处被总队表彰为"先进政治机关"。

遂行任务能力明显提升 持续推进"四防一体化"建设，深入开展"三共"活动，突出解决重点难点问题。大抓执勤阵地、力量体系、战备建设和隐患排查治理，提高了执勤质量。狠抓特勤排、应急班、实兵拉动和基础训练，部队遂行任务能力进一步提升。圆满完成了孔子文化节、市"两会"安保和押解押运等临时勤务256起。特别是在济宁市十八大安保、打霸除恶和重大维稳工作中，展示了形象，赢得了尊重。支队荣立集体二等功，3人荣立二等功，6人荣立三等功，20人被表彰为先进个人。

依法从严治警力度加大 扎实开展"学法规、知法规、用法规"活动，官兵条令意识明显增强。加强新兵教育训练，新兵"两个适应期"安全稳定。开展士官教育整顿，严格管控机关单身干部，加强直属单位管理，持续巡查督查，落实安全工作责任制，部队安全发展基础更加牢固。通信、保密、机要工作进步明显。支队被武警部队表彰为"连续15年预防事故案件工作先进单位"。

基层全面建设成效明显 深入贯彻两个1号文件和基层建设工作会议精神，浓厚帮抓基层氛围。举办《纲要》培训，开展"岗位练兵"活动，各级按纲抓建能力进一步增强。落实"一岗双责"，加大对重点单位的帮扶，促进了倾向性问题解决。加强经常性工作督导，落实大队"三个三分之一"工作法，基层"双争"、创先争优活动扎实活跃。四大队被总队表彰为"基层建设先进大队"，三大队七中队被表彰为"基层建设标兵中队"，7个中队被表彰为"基层建设先进中队"。

综合保障能力不断提高 抓好后勤战备建设，组织应用性演

■2012年10月14日，武警济宁支队营救微山县欢城镇13名被困民工。

练,应急保障能力有新加强。狠抓经费物资、枪弹车辆、伙食管理和卫勤保障工作,综合保障效益有新提升。推进基层“四项设施”配套建设,建设质量和配套率有新提高。支队指挥中心迁建工作取得重大进展。后勤处被总队表彰为“先进后勤机关”。

党委集体领导更加坚强 成功召开第三次党代会,对支队未来五年建设发展进行筹划部署。扎实抓好“两个武装”,不断提高理性思维能力。深入开展“讲政治、顾大局、守纪律”学习教育活动,各级的党性观念进一步增强。持续营造“快乐工作、愉快共事”氛围,班子凝聚力、战斗力进一步增强。狠抓党员干部教育管理和帮难解困工作,尽最大可能做好干部子女入学、转业干部安置工作,调动了工作热情。推进队务公开,召开军人代表会议,有效维护官兵知情权、选择权、参与权和监督权,官兵的归属感进一步增强。坚持双重领导,警政警民关系更加融洽。支队党委被总部政治部表彰为“党建带团建工作先进党委”,被总队党委表彰为“先进旅团级单位党委”。

(史 妍)

人民防空

【概述】 2012年,在市委、市政府和济宁军分区坚强领导下,在省人防办正确指导下,在相关部门大力支持配合下,全市人防工作紧紧围绕市委、市政府“三个高于、三个提高”总体部署和全市经济社会发展大局,深入开展“解放思想跨越发展大讨论”活动,以新的思想解放推动理论创新、工作创新、体制创新,以科学发展观为统揽,深入学习贯彻党的十八大精神和国家、省市人防工作会议精神,坚持以军事斗争人防应急准备为牵引,突出体系建设和能力形成相结合,大力推进人防建设与经济社会融合发展、与城市建设同步协调发展、与应急管理相结合,解放思想,锐意创新,埋头苦干,扎实工作,圆满完成各项目标任务。

机关建设 深入开展“解放思想跨越发展大讨论”活动。根据市委总体部署,召开动员大会、编发简报信息、制作宣传专栏,广泛宣传发动,提高干部职工对解放思想重要性、必要性、紧迫性的认识。成立领导小组、制定计划方案、精心组织实施,采取集中学习与个人自学相结合、走出去与请进来相结合、调查研究与业务工作相结合、征求意见与解决实际问题相结合、提升思想境界与转变作风相结合,确保“大讨论”活动有序开展;周密安排、精心组织,正确处理大讨论活动与实际工作关系,做到两不误两促进。共组织考察学习4批70人次,专家辅导授课4次,撰写调研文章28篇。深入开展创建学习型人防机关活动。制订出台了《关于创建“两型两化”人防机关的实施意见》,教育引导党员干部群众树立学习为本、终身学习的理念,紧密联系自身工作、思想实际,增强学习针对性。突出学习重点,加强政策法规学习,加强人防业务知识学习,注重建立健全学习制度,制订学习计划和目标,强化党员干部的日常自学;立足学以致用,注重学习成果转化,组织开展调查研究、交流学习心得等活动,促进学习成果有效转化为实际工作能力。建立健全各项规章制度,维护良好的学习、工作和战备秩序。积极开展军事训练、岗位练兵和业务技能培训,提高干部职工专业技能和综合素质。依托济宁军分区民兵训练基地建设了市人防办军事训练基地;山东陆军预备役炮兵师依托市人防办组建心理战大队,市人防办全员纳入预备役管理,机关“准军事化”建设水平发生质的飞跃。基层党组织建设得到加强。建设了老干部活动中心。对市人防门户网站进行升级改版,在济宁日报开辟专版、在全市开展了人防知识竞赛,加强初级中学开学防空知识教育等一系列活动,确保人防宣传教育活动内容丰富、形式多样,取得明显效果。加强党风廉政建设,确保了党员领导干部和队伍廉政安全。组织党员干部紧密结合本职岗位认真分析查找重点领域、重点部位和关键环节可能发生的廉政风险,并按风险发生的危害损失程度对风险等级进行评估界定。对排查出的廉政风险点进行归纳分析,按照岗位廉政建设总体要求,通过明确岗位职能职责,进行风险辨别和评估,分类制订防范措施和防控制度。通过设立公开监督举报电话、设置意见箱等方式,及时收集群众意见,认真汇总分析信访举报、效能投诉等相关情况,查找不足,限期整改。制定了《廉政风险防控暂行办法》、《廉政风险排查及防控措施》等,重点加强对人、财、物管理使用和关键岗位的监督,通过对制度的改革和完善,规范了权力运行,堵塞了滋生腐败的漏洞。

人防组织指挥体系建设 进一步完善市级基本指挥所、应急指挥所和机动指挥所,加强人防指挥中心设备、设施更新维护、电子政务平台建设,升级改造机动指挥系统并组织验收。严格管理制度,指挥中心各项工作有序进展。全年共接待领导视察及群众参观学习80余次、7500多人，保障视频会议、演练7次。以市政府办公室和济宁军分区司令部名义出台了《关于加强全市人民防空警报通信系统建设和管理的意见》，全市新增警报器12台，提高警报音响覆盖率，确保全市警报音响覆盖率达到95%。成功举行"9·18"防空警报试鸣活动，结合警报试鸣进行了防空防灾应急疏散演练。加强人防专业队伍体系建设，科学整组现有群众防空组织，优化人防专业队伍结构。加强训练演练，组织人防通信保障专业队伍进行野外拉练、跨区支援演练等活动5次，遂行任务实战能力不断提高。

人防工程建设管理 坚持人防建设与城市建设协调同步发展，积极参与"城市建设管理年"、"大项目突破年"活动，以市政府名义出台了《关于进一步加强结合民用建筑修建人防工程建设管理工作的意见》，为促进人防建设管理提供了制度保证。严格报建联审制度，结合民用建筑修建防空地下室行政审批进一步规范。开展人防工程质量检查，加强人防工程质量监督，充分发挥人防设计、监理、检测等中介机构的作用，确保了工程质量。2012年市本级人防工程报审率100%，报建率达99%。报审建设项目44个，新增竣工人防工程13.68万平方米。调整充实了执法队伍，改善执法装备设施；规范了执法程序，完善了执法文书；加强批后监管、加大人防监察执法力度，坚决查处违法行为。

太白楼路人防工程建设 市政府领导对太白楼路人防工程建设高度重视，明确责任分工、完成时限，相关部门大力支持配合，市人防办举全办之力加快推进太白楼路人防工程建设，抽调精干力量组成太白楼路人防工程建设协调督导工作组进驻工地现场办公，克服高温、严寒及施工管理难度大、群众不理解等重重困难，加班加点、连续作战，帮助宗圣公司在确保质量安全前提下工程建设由几近停滞状态明显提速，实现年底竣工的承诺，商业街已于2012年年底开业。同时新增人防工程面积5.1万平方米，新增就业岗位3000余个。

平战结合工作 努力增加工程利用面积，大力发展人防服务业；推进人防工程开发利用市场化改革，在确保战备、社会效益的前提下，不断提高经济效益。2012年新增平战结合工程开发利用面积7.46万平方米，利用人防工程繁荣发展服务业产值营业额完成2.2亿元，提供就业岗位8050个。

（王金芩　张爱民）

济宁2012年十大教育新闻

一、济宁市教育局被国务院表彰为全国“两基”工作先进单位。

二、济宁市高校工作领导小组办公室成立。

三、实施义务教育家庭经济困难学生营养改善计划。

四、学前教育三年行动计划成果显著。

五、省语委授予济宁市“语言文字达标城市”称号。

六、全市教育系统深入开展了“十百千万”工程。

七、实施名师名校长建设工程。

八、济宁市高级职业学校、邹城市高级职业技术学校成功创建“国家级中等职业教育改革发展示范校”。

九、出台济宁市城区中小学校幼儿园规划建设管理办法。

十、全民教育国际研讨会在济宁市举办。

济宁年鉴 2013

JININGYEARBOOK

法制

社会管理综合治理

【概述】 2012年，在省委政法委和市委、市政府的正确领导下，坚持以邓小平理论、“三个代表”重要思想和科学发展观为指导，按照全国、全省政法工作会议和社会管理综合治理工作会议的部署要求，全面加强和创新社会管理，为全市经济社会发展创造了持续和谐稳定的环境。9月4日，省委常委、政法委书记才利民在听取我市政法综治工作汇报时，对我市创新和加强社会管理工作给予充分肯定。

严格落实维稳责任，健全完善工作机制，确保了全市大局稳定 市委、市政府始终把维稳工作放在突出位置来抓，先后召开政法稳定工作会议、半年考核通报会等达10余次，市委常委会6次将稳定工作作为重要议题进行研究。建立健全考核奖惩机制。起草了《全市社会稳定信访工作考核办法》，从8个方面，明确了18条具体考核内容，在问责上严格界定了6种情形；增加了社会稳定工作的考核权重，在千分制考核中分值达到200分。该《办法》被省委办公厅全文转发。建立健全矛盾调处化解机制。全市共化解各类矛盾纠纷30297件，调解率、成功率分别达到100%、98%，预防集体性上访157件，防止“民转刑”案件211件。完善涉法涉诉信访处理机制。对重点案件采取“三个包保一批”，中央交办的82件涉法涉诉案件全部处结。全国“两会”和十八大期间济宁市实现了非访“零登记”。健全社会稳定风险评估机制。出台了《关于在全市建立健全社会稳定风险评估机制的意见》，共评估项目171项，经评估停止或暂缓实施项目7项，从源头上减少了各类稳定风险问题的发生。

立足全局超前谋划，一打一防标本兼治，人民群众安全感进一步增强 时刻保持对犯罪分子的严打声威。全市破获刑事案件数、抓获刑事作案成员数、逮捕数、移诉数、治安拘留数，同比分别提升20.37%、61.73%、9.05%、62.22%、67.33%。全市“两抢”案件同比下降19.9%。全省公安机关打黑除恶现场会在济宁市召开，对打霸除恶斗争给予高度评价。在全省社会管理综合治理工作会议上，省委副书记王军民在会上对济宁市的做法给予了充分肯定。全力构筑社会治安的严密防线。深入推进“零发案”创建，全面推广“十户联防”、“警铃入户”等基层安全防范工程。全市1136个居民小区（楼院）、6152个村庄、526个重点单位“零发案”创建分别达到61.2%、70.1%、83.6%。出台了《全市治安视频监控系统建设三年规划》，全力打造全时空视频防御网，目前，全市社会面监控探头达7.8万个，建设“监控村”1862个。

牢牢掌控涉日维稳，全力做好十八大安保 高度重视涉日维稳工作，科学分类制定工作预案17个。建立网格化维稳机制，9000余名干部职工在28个网格区坚守岗位，10000余名政法干警投入维稳一线。市委书记马平昌坐阵指挥，科学谋划，现场调度处置，确保了涉日维稳工作全市未发生大的问题，受到了省委、市政府领导的充分肯定。全力做好十八大安保工作，成立了市委常委、政法委书记韩军任总指挥的指挥部。坚持一天一报告、一天一研判，重大情况及时指导，果断决策。共编发十八大安保维稳快报21期、通报18期、重大线索通报26期。加强情况调度，强化督导。9次召开视频调度会，调度情况部署工作。市县两级政法综治部门派出30余个督导组奔赴各地各行业检查督导，一级抓一级，一级包一级，层层抓落实，构建了“党政领导、部门协作、整体联动、集群会战”的工作格局，圆满完成了十八大安保任务。

创新社会管理格局，夯实基层基础工作，规范化建设水平进一步提升 推行社会管理服务一体化。建立乡镇、社区、工作室三级组织网络、动态信息处理系统、管理运行机制。建立网格工作室的管理模式，网格内设1名村居两委班子成员、1名管理员、1名协管员以及若干楼宇长、警员、党员、居民代表、志愿者等，实行社会矛盾联调、社会治安联防、特殊人员联管、群众事情联办、平安建设联创等五联互动管理。推进社会管理综治组织规范化。156个乡镇（街道）全部成立了社会管理综治维稳中心，95%的村（社区）成立了“五位一体”综治办，共建立综治组织6847个，配备综治工作人员11678名。坚持典型引领和面上推广相结合。推出了任城“小档案大平安”、邹城“大防控”建设、兖州“项目化管理”、曲阜农村“新三大员”、中区“社区网格化管理”等行之有效的经验做法。

始终坚持齐抓共管，大力强化专群结合，专项工作更加扎实有效 “两新组织”专项工作深入开展，全市规模以上非公有制企业全部建立了党组织、工会、综治组织。实有人口专项工作，实施流动人口社会化采集，共登记流动人口99532人、登记出租房屋15553户。探索建立“新市民管理制度”,将农民工纳入城镇居民基本医疗保险市级统筹，基本实现了流动人口就近就医和子女就近就学。特殊人群专项工作加大重点人员管控力度，刑释解教人员衔接率、帮教率、安置率分别达到98%、100%、98%，重新犯罪率始终控制在2%以下。预防青少年违法犯罪专项工作，坚持教育手段与法制手段相结合，强化基础工作与重点预防相结合，建立青少年法制教育基地24个，开展法制讲座100余场，搭建留守儿童活动阵地6所，促进社会预防的良性循环和持续好转。加强安全生产，通过挂牌督办消除重大隐患25处，确保了全市安全生产形势的稳定。积极开展了校园及周边治安综合治理、铁路护路联防等专项工作，取得了良好效果。

充分发挥职能作用，服从服务发展大局，跨越发展的环境进一步优化 制定了《关于为企业发展提供优质高效服务的十四条措施》，为重点工作、重点工程、重大项目建设提供法律服务。深入开展打击经济犯罪“破案会战”，破获经济犯罪案件686起，挽回和避免经济损失4.59亿元。积极查办和预防职务犯罪，立查各类职务犯罪案件144件244人。加强对重大政府投资项目的监督，对16个投资亿元以上重点建设工程开展职务犯罪同步预防，加强对招投标、物质采购、资金拨款关键环节的监督，提供法律咨询和行贿犯罪档案查询3312次，建议取消3个单位的投标资格，保障了政府投资安全，科学发展、跨越发展环境进一步优化。

强化执法为民理念，切实转变工作作风，政法综治队伍素质进一步提高 以学习宣传贯彻党的十八大精神为动力，切实转变作风。在全市大规模开展“政法干警联村联企”活动，共走访了712391户家庭、2392个企业的班组车间，组织了5723次“警民恳谈”、“警企对话”等活动，办实事4170件，帮扶困难群众8543名，捐款捐物计166.55万元。全市举办专题培训班291期，专题讲座262次，各具特色的教育活动475个。广大政法干警的执法能力和办案水平不断提高，涌现出一批在全省、全国有影响的先进典型。4月8日至27日，市中区公安分局周中华作为山东省唯一的代表参加了全国公安机关“清网行动”先进事迹报告团，在八个省巡回作了题为《为民而战　永不言败》的事迹报告。全市政法综治干部以先进典型为榜样，努力建设一支学习型、服务型、创新法政法综治队伍。

（刘志勇）

公　安

【概述】 2012年，济宁市公安局共有内设机构19个，直属机构15个，事业机构3个。内设机构中副县级单位4个，正科级单位15个；直属机构中正县级单位2个，副县级单位8个，正科级单位4个，武警现役编制单位1个。济宁市公安局共有在职在编民警2417名，其中副厅级1名，正县级10名，副县级105名，正科级393名，副科级505名。2012年，组建济宁市公安局有组织犯罪侦查支队（济编办[2012]41号），为市公安局直属机构；组建济宁市公安局食品药品犯罪侦查支队（济编办[2012]136号），为市公安局直属机构。2012年，济宁市公安机关在市委、市政府和省公安厅的领导下，以服务全市科学跨越发展为中心，以十八大安保为主线，以提高群众安全感满意度为目标，创新理念机制，提升警务效能，有力维护了全市社会治安大局持续和谐稳定。

以十八大安保为主线，全力维护社会政治稳定 认真落实各项维稳措施，建立矛盾纠纷滚动排查机制，调处化解矛盾纠纷。加强特（巡）警等处突维稳力量建设，完善处置突发事件工作机制，有效维护了市委、市政府办公秩序，确保了重要部位安全和社会大局稳定。建立信访问题源头防控机制，开展重点信访问题治理专项活动，扎实推进以有责信访零增长、信访积案归零、零信访基层所队创建为内容的信访工作体系，上级部门交办的70余起案件已全部按期办结，市局被评为全国公安机关重点信访案件专项治理先进集体。在市委、市政府召开的十八大安保、打霸除恶和重大维稳工作总结表彰大会上，全市公安机关有28个单位和143名个人受到表彰。更新警卫工作理念，更加注重细节和规范，更加注重基础工作，圆满完成中央领导视察和尼山论坛、孔子文化节等安全警卫安保任务230余批次，得到中央和省市领导充分肯定。

以打霸除恶为龙头，始终保持严打凌厉攻势 破获各类刑事案件15000余起，抓获刑事案件作案成员7600余人、各类逃犯1300余人。大案要案破案率为98.41%。精心组织开展打击侵财犯罪专项行动，破获各类侵财案件12200余起，打掉“两抢一盗”犯罪团伙200余个，抓获犯罪嫌疑人2000余人，缴获财物总价值370余万元。把打霸除恶摆在突出位置，打掉恶势力团伙120个，打掉霸痞团伙82个。全省公安机关打黑除恶现场推进会在我市召开，济宁市在全省社会管理综合治理会议上作经验介绍。深入开展缉捕重大逃犯攻坚、“打四黑除四害”等专项行动，抓获行动目标逃犯48人，其中故意杀人逃犯27人，查处“四黑四害”案件8860余起。开展打击经济犯罪“破案会战”，破获各类经济犯罪案件700余起，挽回和避免经济损失5亿余元，考核成绩在全省名列前茅。严打涉毒犯罪，侦破涉毒案件70余起，抓获犯罪嫌疑人90余人。深入推进“如实立案、规范办案、圆满结案”工作，执法规范化建设成果得到巩固深化，办案质量和打击效能明显提升，全市破获刑事案件数、抓获刑事作案成员数、逮捕数、移诉数、治安拘留数，同比分别提升0.39%、50.33%、3.31%、58.99%、59.25%；全市立八类暴力犯罪案件同比下降14.03%，其中杀人、抢劫、伤害案件同比分别下降37.1%、28.69%、1.94%。

以基层平安创建为重点，筑牢社会治安基层基础 深化基层平安创建活动，全市“零发案”小区、村庄、单位达到76%，单位内部“两抢一盗”案件同比下降8.5%，创建“零发案”公交线路17条。坚持和完善全警种、全时空、全方位巡防工作，在济宁城区布建60个巡防岗点，全市“两抢”案件同比下降19.9%。深入推进五项攻坚建设(警力下沉、社区警务、降压减负、提职晋级、经费保障)”活动，着力破解警力、经费不足等瓶颈问题，切实为派出所松绑减负。探索建立社区民警网上考核机制，引导民警做好人口管理、信息采集、社区防范等基础工作。做强刑事、技侦、网侦等专业技术工作，刑事技术实验室已通过国家认可委的现场评审。着力构建“信息统领、科技支撑、扁平指挥、高效联动、攻防兼备”的现代治安防控体系，整合内外资源，建立以综合情报部门为龙头、专业警种情报机构为主干、基层所队情报人员为基础的三级情报研判体系，提高了情报信息导侦、导防、导稳、导控效能。全力推进治安视频监控体系和智能化技防工程建设，全市社会面监控探头达6.8万个，安装“十户联防”报警器的行政村2300余个，建设“监控村”2700余个，沿街商铺区域联网报警用户1.5万家。

以深化民警联村联企为载体，着力提升服务效能 研究出台《济宁公安民警联系服务企业工作规范》，民警联系规模以上企业2600余家，走访在建重点项目560余个，召开警企恳谈会960余次，排查安全隐患1100余处，调解涉企矛盾纠纷635起，为企业办实事600余件。规范完善民警联系村居制度，组织全市4850名民警每人联系1至2个村居，实现了全市7200个村居全警覆盖。深入开展“三访三评”和“五访创满意”活动，累计走访城镇居民65.3万户、农村居民279.3万户，帮扶困难群众12300人，解决群众实际问题11500余件，市局“一联三定两确保”走访机制，荣获山东公安政治工作创新奖。建立推动工作的民意导向和问题导向机制，设立并不断完善民生服务访查中心，构建三级公安民生服务在线网站群，完善济宁公安微博群，推出《警方在线》视频访谈栏目，实现点对点警民互动。共发布微博信息1.2万余条，回访群众16.5万余人次，整改群众不满意问题4750余件。

以改革创新为动力，不断提升社会服务管理水平 大力开展文明交通示范公路创建、道路交通安全“全防全控”、“七治”等系列活动，科学组织调流，推动道路交通智能化建设，道路通行效率进一步提高。创新流动人口管理模式，深化户籍制度改革，登记暂住人口42600余人、出租房屋信息15500余户。深入开展“清剿火患”战役，精心组织消防安全“打非治违”专项行动，整改火灾隐患45万余处，年内未发生重特大火灾事故。全面加强枪支弹药、民用爆炸物品、烟花爆竹、剧毒化学品等危险物品安全管理，查处涉枪涉爆案件70余起，抓获违法犯罪嫌疑人90余人，收缴各类枪支1200余支、炸药2100余公斤、鞭炮5880余万头、管制刀具1100余把。着力推进管理创新，自主研发济宁市物流数字管控系统，得到中央综治办、公安部、省委政法委推广。研究推出《公安机关便民利民三十项措施》，全面推广“一窗式”受理、“一站式”服务、急事急办“绿色通道”、义务引导员等模式，方便服务群众。

以核心价值观教育为引领，大力加强能力建设 努力践行“守护之神、服务之星、文化之魂”山东警察精神。扎实开展忠诚、为民、公正、廉洁核心价值观教育，与“解放思想跨越发展”大讨论、“争创齐鲁先锋警队、争当齐鲁先锋警员”活动紧密结合，强化群众路线、宗旨观念教育。大力推行“轮训轮值、战训合一”的脱产训练和“边值边训、战训相接”的在职训练模式，开通“济宁公安民警在线学习网”，开展全市公安机关警务实战技能比武，举办警务实战培训班35期，培训2100余人次。积极组织落实加班补贴等从优待警措施，努力帮助解决工作生活难题，最大限度激发民警工作热情，保持队伍的生机与活力。

以落实党风廉政建设责任制为抓手，深入推进反腐倡廉建设 大力倡导说实话、办实事、求实效的工作作风，在全市公安机关营造了求真务实、真抓实干、干事创业的良好局面。认真遵守《党员领导干部廉洁从政若干准则》、“四项纪律、八项要求”等廉政规定。坚持从严要求，定期召开队伍建设联席会。扎实推进廉政风险防范管理，在全市公安机关巡回播放警示教育片，加强教育管理监督，有效预防民警违法违纪问题发生。实行派出督察制度，创新网上督察和警务回访形式，推行基层政工干部兼职督察特派员制度，前移监督关口，延伸督察触角，强化基层自我管理能力。认真落实《济宁市公安机关从严治警七条规定》，以铁的纪律打造铁的队伍。深入开展“审计整改年”回头看活动，审计项目70余个，市公安局审计处被公安部评为“全国公安机关审计整改年活动成绩突出集体”。

（宋庆宁　孙雪玲）

消　防

【概述】2012年，全市消防部队在市委、市政府和上级业务部门的领导下，始终坚持以“三句话”总要求为统领，以打造公安消防铁军和构建社会消防安全“防火墙”为抓手，着力解决制约消防工作和部队建设发展的瓶颈性问题，实现了消防工作和部队建设跨越式发展，部队正规化建设、思想政治教育、火灾防控工作、铁军中队建设等多项工作名列全省前茅。圆满完成了十八大消防安保任务，综合成绩名列全省第一，被公安部表彰为“十八大消防安全保卫战”先进单位。2012年，全市先后有63个单位、131人次受到各级表彰，1人被评为全省优秀人民警察，45人荣记个人三等功。支队取得全省文明单位八连冠，被省委、省政府、省军分区联合表彰为拥政爱民模范单位，被团省委评选为全省青年文明号，市委、市政府给支队分别荣记集体三等功和集体二等功各1次。2012年，全市共发生火灾823起，无人员伤亡，直接财产损失638万余元，火灾形势持续平稳。全市消防部队共参加灭火战斗和抢险救援3573起，出动车辆7762台次，出动警力38920人次，抢救被困人员472人，保护财产价值16亿元，圆满完成了多起急、难、险、重的灭火和抢险救援任务。

■2012年6月21日，运河城安全生产应急救援演练在运河城商业摩尔广场举行。

落实组织生活制度，组织建设能力达到新水平 始终把提高党委“一班人”的思想理论水平作为一项重要任务来抓，认真开展党委中心组理论学习活动，深入开展全国、全省“两会”精神学习、向刘金国同志学习、“喜迎十八大、全力保安全”、学习党的十八大及十八大一中全会精神等专题教育活动。积极探索政治思想模式，成功研发了“消防官兵学习教育信息平台”，实现随时、随地、随人、随事进行思想政治教育，得到省公安厅、总队领导的充分肯定并在全省推广应用。进一步完善党委议事规则、决策程序和工作机制，从制度上保证党委、集体领导的落实。不断深入开展党风廉政建设教育，通过聘请社会监督员、设立意见箱等进一步强化反腐倡廉措施。稳步推进大、中队级单位政治主官担任书记工作，科学合理调配基层军政主官，全市15个大队、15个中队政治主官任书记工作全面完成。

全面排查整治火灾隐患，社会消防安全环境得到新改善 认真贯彻落实部局、总队要求，全面打响“清剿火患”战役，集中开展火灾隐患排查整治“回头看”和消防安全“打非治违”专项行动，全市各级消防、治安、督察等多警联动，严查火灾隐患，同时，督促派出所全面落实消防监督检查工作。2012年,全市共检查单位18万多家,整改火灾隐患21万余处。扎实做好十八大消防安全工作,认真落实党的十八大消防安全保卫工作要求,广泛动员社会力量,排查整治火灾隐患。济宁市政府、市公安局先后5次召开会议,层层动员部署,深入推进十八大消防安保工作。全市各级政府主要领导纷纷带队开展消防安全检查,提升了社会单位的消防安全意识。深入推进"网格化"管理工作,在全市建立起以155个街道办事处、乡镇人民政府行政辖区为"大网格",以5743个社区和村庄为"中网格",以57375个单位、场所、居(村)民楼院为"小网格"的三级网格,发动基层各方力量进行全面排查。推行消防安全重点单位"户籍化"管理,全市1184家重点单位全部建立健全了"户籍化"管理档案,逐步形成消防工作齐抓共管的格局,提升了消防工作社会化管理水平。

大力开展消防安全宣传教育,公众消防安全意识得到新提升 紧紧依靠党委政府,积极协调有关部门,以"人人参与消防、共创平安和谐"为主题,开展了"全民消防安全知识网络大赛"、"消防常识进万家"等系列宣传活动,大力宣传消防安全常识。联合市委宣传部等七部门联合实施消防安全宣传教育五个专项行动十万宣传计划,在全市范围内举办消防安全培训班12期,培训人员1200人。不断加强与中央电视台、中央人民广播电台等中央、省、市级主流媒体的沟通联系,邀请记者深入消防部队一线报道官兵工作动态,在济宁市广播电台开辟消防专栏,及时发布消防工作动态。年内,全市在中央级媒体刊发稿件163篇,在省、市级主流媒体刊发稿件620余篇。利用新体育馆、贵和商厦等闹市区户外视频,公交移动电视滚动播放消防公益广告2万余条,插播消防提示标语6.2万余条,发送消防安全常识手机短信15万条。组织1000余名大学生消防志愿者深入社区开展宣传活动,发放宣传资料5万余份,公众消防安全意识得到显著提升。

加大队伍管理力度,部队正规化建设取得新成果 严格执行条令条例,坚持从严治警、按纲建队,在全市部署开展了"抓安全、保稳定、促和谐、树形象"、条令条例学习月、"五无"创建、"喜迎十八大,全力保安全"、"百日维稳"、"训练作战安全专项整治"等活动。规范了车辆运行秩序,全面排查整治驾驶员违纪、违章问题,清查外借车辆及牌照,逐车、逐牌、逐人进行了清理整顿。狠抓了执勤训练事故、官兵违纪事件的预防,强化"八小时外"管控,不定时开展督察检查,定期开展安全管理形势分析,切实把不稳定、不安全因素消除在萌芽状态。进一步加强部队精细化管理工作,强化官兵日常养成,实现了部队管理"五个规范、八个统一"。2012年,支队先后召开安全形势分析会4次,开展部队管理专题教育6次,各类安全主题比武竞赛12次,预提班长骨干培训2次,到各大队、中队明查暗访80余次,确保了部队内部的高度安全稳定。

深化全员练兵活动,部队灭火救援实战能力有了新提升 深入开展执勤岗位练兵活动,举办了中队指挥员、攻坚组队员、通信员、战斗员、驾驶员、班长骨干和中队长助理培训班,分批分岗位对全市476名执勤官兵进行了封闭集中培训。部署开展了全员体能达标竞赛活动,组织举办了全市消防部队越野长跑比赛,分级、分岗位组织了全员执勤岗位比武竞赛活动。在全省基层指挥员大比武中,支队获得团体总分第五名,2名官兵被总队评为"业务训练标兵",5人被评为"优秀政府专职消防队员"。强化熟悉演练,结合"春节"、"两会"、"国庆"和十八大消防安全保卫特点,部署开展了冬季"六熟悉"大会战和十八大消防安全保卫战"大熟悉、大演练、大检查"专项行动。年内,共组织官兵开展辖区重点单位"六熟悉"2388次,开展实地演练1500余次。分东、西、中三个片区进行了3次跨区域实战拉动演练,组织市区4个中队进行了5次随机拉动和夜间无预案演练,有力地提高了组织指挥和协同配合能力。组织开展了建筑消防设施调查摸底和应用测试,排查装有各类自动消防设施的单位1194个,整改问题280余处,组织支队级示范性测试5次,实地测试85次,装备测试26次。圆满完成了铁军中队达标创建工作,全市有3个中队达到了一星级铁军中队标准,2个中队达到二星级铁军中队标准。省消防总队在济宁支队召开了全省训练工作现场观摩会,充分肯定并在全省推广了支队铁军中队达标创建和建筑消防设施调查测试工作经验。

加强基层基础建设,后勤综合保障能力实现新提高 紧紧抓住宣传贯彻财政部《地方消防经费管理办法》的有利时机,积极协调各级政府和财政部门,实现了消防业务经费预算指标大幅增长。2012年,全市消防部队争取消防业务经费4865万余元,比2011年同期增长42%。提请市政府专题研究解决政府专职消防员经费保障工作，政府专职消防员经费保障名额由300人增加到450人，经费标准由每人每年3万增加到每人每年6.8万元，为全省最高水平。不断加大消防车辆和装备器材购置力度，全市累计投入资金4000余万元购置消防车18辆，新购个人防护装备2600余件(套)，新增特种器材装备1800余件(套)，配齐配全了地震救援队装备器材，有效提升了部队战斗力。坚持为基层办实事，投资150万元为基层大队配发16辆监督执法专用车，为11个大队拨付困难补助经费182万元，投入110余万元重奖争先创优、打造铁军和业务比武中的先进单位和个人。狠抓信息化基础设施建设，进一步完善"三台合一"接处警系统建设，完成调度指挥专网升级改造工程。购置了卫星便携站和单兵图传系统，调配安装了3G无线图传设备，实现了同部局、总队音视频信号的互联互通。加快营房改造和基础设施建设，鱼台县、泗水县第二消防站投入执勤，高新区、微山县新建消防办公楼已投入使用。北湖渡假区消防站、汶上联想工业园区消防站、微山县水上消防站年内已开工建设，任城、梁山、金乡第二消防站已立项。

(国　鹏)

检　察

【概述】 济宁市人民检察院下辖12个基层院和1个派出院(城郊地区人民检察院)。市院机关下设办公室、政治部、机关党委、工会、侦查监督处、公诉一处、公诉二处、反贪污贿赂局、反渎职侵权局、监所检察处、民事行政检察处、控告申诉检察处(举报中心)、职务犯罪预防处、检察技术处、信息管理处、法律政策研究室、警务处(法警支队)、行政装备处、离退休干部处、纪检组(监察室)、检务督察办公室、人民监督员办公室、人大代表政协委员联络室、案件管理处和北湖新区直属检察处等部、局、处室。全市现有检察干警1245人，其中市院机关干警170人。2012年，全市检察机关以服务发展为第一要务，以维护稳定为第一责任，以保障民生为第一目标，以公平正义为第一价值追求，认真履行法律监督职责，各项检察工作保持了连续性、稳定性和开拓性，在新起点上开创了新局面。市院被高检院授予全国检察文化建设示范院，被省院授予全省优秀检察院，在全省检察机关科学发展绩效考评中荣获"五连冠"。

坚持检察工作与科学发展要求相适应，积极主动融入全局 积极服务全市重大发展战略实施。落实专人联系制度，跟踪服务交通、食品、医药等领域在建续建重大项目33个，突出打击强迫交易、强揽工程、敲诈勒索等干扰项目建设的犯罪78人，帮助协调解决矛盾纠纷120余起。对16个投资5亿元以上的重点建设工程开展职务犯罪同步预防，配合相关部门加强对招投标、物资采购、资金拨付等关键环节的监督，提供法律咨询和行贿犯罪档案查询3785次，建议取消了5个单位的投标资格。积极服务创优发展环境。批准逮捕破坏市场经济秩序等犯罪嫌疑人224人，起诉268人。深入企业和群众反映强烈的领域和行业进行集中摸排，严肃查办失职渎职、侵害群众利益的职务犯罪62人。积极服务实体经济和企业发展。广泛开展"联企共建"活动，对392家重点骨干企业、创新型小微企业进行走访调查，聘请检察联络员283人，帮助解决了589个困扰企业的涉法问题。通过办案，为国家挽回经济损失1.6亿元。

坚持打防力度与维稳要求相契合，全力以赴做好检察环节维护稳定工作 始终保持对严重刑事犯罪的高压态势。严厉打击黑恶势力和杀人、绑架、抢劫等直接危害社会稳定的严重暴力犯罪，

■2012年11月6日，济宁市检察机关举行廉政文化教育基地揭牌仪式。

依法批准逮捕269人，起诉452人。更加注重惩治措施的针对性。针对非法集资、合同诈骗等案件不断上升的新情况，依法批准逮捕40件45人，起诉31件44人，涉案金额1.2亿元。加强涉罪未成年人司法保护工作，全市检察机关6个部门单位荣获省级“优秀青少年维权岗”称号。及时向发案单位、相关职能部门提出检察建议和调研报告389份，推动开展“地沟油”、“毒胶囊”、“违规校车”等专项治理活动38次。加强和改进涉法申诉处理工作。认真落实检察长接访、带案下访、定期巡访、预约接访、首办责任制等制度，积极推进集接待受理、案件查询、法律咨询、情绪疏导、信访答复“五位一体”的控申接待窗口规范化建设。

坚持履行职责与人民群众期待相符合，努力维护人民群众的合法权益 全心全意维民权。严肃查办国家机关工作人员玩忽职守，造成严重危害能源资源、重大责任事故等渎职犯罪25人；严肃查办教育、医疗、土地承包等民生领域职务犯罪116人。探索建立刑事被害人救助机制，经济救助50余人，发送救助金12.3万元，协调将15名被害人纳入低保。诚心诚意化民怨。丰富和拓展“96699”民生检察热线服务方式，与《济宁日报》民生专栏建立联动机制；在基层乡镇、街道建立派驻检察室和民生检察联络室106个，聘请民生联络员316名，开通视频接访系统。共解决群众各类诉求5600余件，提供维权救助182件，答复率100%，答复满意率98%以上。市院民生检察服务热线荣获市五一劳动奖状。建立民生申诉案件快速审查办理机制，为17名受到不公正对待或含冤受屈的群众伸张了正义。尽心尽力解民难。深入开展“进乡村、进农户、进社区、进企业、进学校，服务民生、服务经济”大走访活动。共向群众提供法律咨询2300余次，联系困难家庭1656户，解决群众实际困难485件。

坚持法律监督与依法治国进程相统一，努力守护社会公平正义 强化职务犯罪惩防。立查各类职务犯罪嫌疑人248人，其中大要案179人。提起公诉244人，法院已判决239人。积极推进廉政文化建设，新建1000余平方米，包含法律知识、古今人物、典型案例、情景模拟、忏悔音像等内容的廉政文化教育基地。大力开展预防工作社会化建设，协助38个发案单位健全完善预防措施，与6个系统会签预防工作意见；部署开展职务犯罪预防宣传“进车站、进机场、进医院、进商场、进广场、进荧屏”六进活动，制作廉政宣传短片33个，公益广告17个，宣传标语289条。积极向党委、政府提出预防建议169份。强化诉讼活动监督。共监督公安机关立案227人，追捕134人、追诉359人；监督撤案174人，纠正违法161人，不捕1445人，不诉34人；对刑事判决、裁定提出抗诉27件，法院已改判16件；依法监督纠正违法减刑、假释、保外就医、体罚虐待被监管人等问题80件。提出民事、行政抗诉和再审检察建议96件，法院已改判、发回重审、调解结案和采纳检察建议68件；支持、督促起诉82件，协助有关部门为政府收缴土地出让金6000余万元；加强对行政执法、司法工作人员的监督，查办涉嫌犯罪的执法司法工作人员13人。强化自身监督制约。扎实开展“无违法违纪、无责任事故”检察院创建活动，开展专项督察、明察暗访30余次。全面落实讯问职务犯罪嫌疑人全程同步录音录像和涉案款物监管制度，积极推进统一受案、全程管理、动态监督、综合考评的案件集中管理工作。严格执行党内请示报告、向人大报告工作制度，健全完善与人大代表、政协委员经常化沟通联系机制。大力推行阳光检察、案件办理情况公开查询等制度。加强与新闻媒体的沟通联络，主动回应社会关切，自觉接受舆论监督。

坚持服务科学发展与自身科学发展相协调，提升队伍整体素质和法律监督能力 加强思想政治建设。认真开展“忠诚、为民、公正、廉洁”，“恪守从政道德、保持党的纯洁性”教育实践活动。坚持以文铸检魂为主线，深入推进检察文化建设，市检察院被授予全国检察文化建设示范院，最高人民检察院向全国推广济宁开展检察文化建设的经验。推动拍摄的《演说论语》荣获5个国家级大奖，并被评为山东省“文艺精品工程”。市检察院和9个基层检察院被评为省级精神文明单位。加强素质能力建设。认真落实领导班子、领导干部政治学习、业务培训等制度。狠抓党风廉政建设，制定党风廉政建设责任分解、责任考核、责任追究办法，坚持层层签订责任书、个人重大事项报告、述职述廉、电子执法档案等制度，开展纪律条规学习年、以案析理、落实禁酒令等六个专项检查活动。连续五年开展全员“大学习、大练兵、大比武、大研讨”活动，扎实推进法律监督能力建设。共举办培训、练兵、竞赛活动249场次，培训检察人员1400余人次。1名干警被中宣部确定为全国重大宣传典型，1项调研成果转化为十一届全国人大五次会议议案，2起案件被最高人民检察院评为“精品案件”，9起案件在全省检察业务竞赛中获奖，78个集体、257名检察人员受到市级以上表彰。深化三项建设。坚持把执法规范化建设、检察信息化建设、基层基础建设摆上优先发展的战略位置。开展为期半年的执法规范化建设自查、互查、评查、巡查活动，集中整改问题450余条，梳理规范性文件363个，修订完善制度机制130项。深入推进以“强办案、强监督、强管理”为主要内容的科技强检工作，形成了一个检综平台、八大应用系统、四个辅助平台的信息化建设应用格局，打造了济宁检察“信息航母”，开展数字化监所检察工作的经验被最高人民检察院推广。完善基层检察院工作考评办法，新增办案用房、专业技术用房4.1万平方米，基层执法保障状况得到进一步改善。

（高德兴　金大伟）

2012年7月17日，济宁市中级人民法院做客市广播电台“政风行风热线”栏目。

审　判

【概述】 济宁市中级人民法院下辖12个基层法院和一个高新技术产业开发区人民法院，41处派出法庭，内设26个职能部门，分别为：办公室（加挂人大代表、政协委员联络工作室牌子）、政治部（内设组织人事处、法官管理处和教育培训处）、立案庭、刑事审判第一庭、刑事审判第二庭（加挂未成年人案件综合审判庭牌子）、民事审判第一庭、民事审判第二庭、民事审判第三庭、民事审判第四庭、民事审判第五庭、行政审判庭、审判监督庭、执行局（内设执行一庭、执行二庭和综合处）、研究室（审判委员会办公室）、技术室、赔偿委员会、法警支队、离退休干部处、信访处、北湖度假区审判庭、信息宣传处、装备财务处、机关党委、纪检组（监察室）、机关工会和法官培训中心。2012年，全市法院深入贯彻落实科学发展观，认真履行宪法和法律赋予的职责，积极践行“为大局服务、为人民司法”工作主题，扎实推进社会矛盾化解、社会管理创新、公正廉洁执法，各项工作取得了新的发展与进步。

充分发挥审判职能，服务经济社会发展大局 2012年，全市法院共受理各类案件64224件，同比上升2.7%，审（执）结（含旧存）63494件，标的额48.3亿元。其中，市中级人民法院受理各类案件11354件，审（执）结（含旧存）11353件，标的额19.2亿元。加强刑事审判工作。全市法院共审结各类刑事一审案件3605件，判决罪犯4951人，努力创造稳定的社会环境。积极参与打霸除恶、“清网”、“扫黄打非”等专项活动，有力地震慑了犯罪，维护了社会稳定。认真落实宽严相济刑事政策，对2343名犯罪分子依法从宽处理；严格审理减刑、假释案件，共审理6881件，促进罪犯改过自新。加强民商事审判。深入开展“为企业排忧解难服务”活动，制订《关于为企业发展提供优质高效服务的十四条措施》，主动服务“大项目突破年”，共审结此类案件4844件。依法审结婚姻家庭、损害赔偿、医疗纠纷、劳动争议、消费者权益保护等与群众利益密切相关的案件16830件，标的额2.8亿元。加大知识产权司法保护力度，审结知识产权案件319件。加强行政审判工作。充分发挥司法审查职能，积极推进“城市建设管理年”活动深入开展，共审结土地使用、城建拆迁等行政案件501件，和解撤诉率为78.82%，同比上升5.8%；受理非诉行政案件539件，经审查准予执行477件，不予执行62件。加强执行工作。强化执行措施，共执结案件10699件，标的额16.7亿元，依法对191名拒不履行法律义务的被执行人实施司法拘留，维护了法律权威。认真部署开展清理公权力机关不执行人民法院判决裁定专项活动，排查案件393件，执结128件，和解41件。市人大常委会作出了《关于加强和规范人民法院执行工作的决议》，有力推动全市法院执行工作的开展。

积极参与社会管理综合治理，妥善化解社会矛盾 拓宽延伸司法服务。认真执行《济宁市适用非监禁刑审前社会调查实施办法（试行）》的规定，对拟判处管制、宣告缓刑和单处剥夺政治权利的68名被告人进行了审前社会调查，对718名刑释解教人员跟踪帮教。少年审判工作在省法院考核中获得满分。提出40条司法建议，其中关于加强青少年安全健康上网的司法建议，被评为全国优秀司法建议。做好涉诉信访工作。构建大信访工作格局，通过公开接访、院长接访、带案下访等方式，综合运用法律、政治、经济等手段，集中时间，集中力量，共处理人民群众来信260件，接待群众来访2703人（次），中政委交办的109件进京重复访案件全部办结，初信、初访量同比下降20%。落实司法为民要求。设立158个巡回审判点，建立健全遍布乡村社区的便民诉讼网络。建立刑事被害人、特困申请执行人和信访人员救助机制，对114名经困难当事人发放救助金163.6万元，依法缓、减、免诉讼费833.1万元。深化司法民主，584名人民陪审员全年参审案件16823件，案件参审率达63.09%。认真开展“大规模驻村入户、面对面谈心交流”活动，共捐款79万元。

强化审判管理，促进司法公正高效 认真开展“案件质量管理年”活动。在全市法院开展以改判发回重审案件分析、庭审观摩、积案清理和卷宗清查等为主要内容的“案件质量管理年”活动，通过修订《审判执行流程管理规定》，制订《审判执行信息录入规定》、《案件结案管理规定》等规章制度，当事人服判息诉率一审后达92.67%、二审后达99.51%。开展“两评查”活动，组织庭审观摩673次，评查裁判文书5321件，对31583件案件进行了清查和归档，对174件长期未结诉讼案件全部予以督办。积极推进规范化建设。认真落实量刑规范化改革的要求，适用量刑规范化办案系统判决刑事案件2786件，当庭宣判率达76%。创新减刑假释案件审理机制，减刑假释工作在全省法院综合考评中，连续三年获得第一名。健全诉讼与非诉讼相衔接的矛盾纠纷解决机制，对128件调解协议依法进行了司法确认。加强制度创新，对综合管理、审判管理、队伍管理、行政管理等6大类180项制度规定进行了修订完善。注重加强审判监督。审结二审案件3019件，改判、发回重审484件；审结再审案件274件，改判、发回重审132件。自觉接受检察机关的法律监督，审结检察机关提起抗诉的各类案件125件，依法改判或发回重审76件。成立审务督察专门机构，开展“审务督察专项活动”，对各基层法院和32个人民法庭进行明察暗访，针对存在的问题进行整改。

加强自身建设，全面提升司法水平 提高队伍素质。深入开展政法干警核心价值观教育实践活动，组织各类培训班64期，培训人员8700人（次）。积极推进法院文化建设，图书室、资料室、院史馆、文体活动室等场所建设成效显著。积极开展调研和司法宣传活动，28部（篇）专著和论文中荣获不同级别奖励，832篇稿件在各级媒体发表。29个集体和45名个人受到省级以上表彰奖励，营造创先争优的浓厚氛围。加强廉政建设。制定《关于加强廉政风险防控体系建设的意见》，院领导与中层部门负责人、中层部门负责人与每名干警分别签订《岗位目标责任书》和《党风廉政建设责任书》，形成了一级抓一级的廉政工作机制。通过组织廉政勤政宣誓、向社会作出公开廉政承诺、拟定廉政风险点风险等级、开通廉政信息短信预警播报、设置监督信箱、公布举报电话等方式，建立起社会监督廉政网络。狠抓基层基础。制定《关于对基层人民法院的考核办法》，健全基层审判目标考核评价体系。完善选调生、初任法官、公务员招考选拔方式，优先充实到基层。完善经费保障机制，中央和省级转移支付资金的80%分配到基层。加大对人民法庭和审判庭建设投入，中院和兖州法院审判综合楼正式启用，山东法官培训学院济宁分院批准同意筹建。

坚持党的领导，自觉接受人大和社会各界监督 全市法院牢固树立政治意识和大局观念，始终把坚持党的领导、接受人大监督、依靠政府、政协和社会各界的支持作为法院发展的坚强保障。邀请人大代表、政协委员旁听重大案件庭审133次。办理建议提案78件。健全民意沟通和联系群众制度，积极参与政风行风热线，在全市法院统一组织开展了“12·4法院开放日”活动，召开执法执纪监督员、律师和社会各界代表座谈会36次，诚恳听取各方面的意见和建议，不断加强和改进工作。

（朱瑞旭）

司法行政

【概述】 济宁市司法局机关行政编制59名，配备局长1名、副局长3名，政治部（警务处）主任1名（副处级）、监狱管理处（监狱煤矿安全生产办公室）主任1名（副处级），正科级领导职数14名（含政治部副主任2名、监狱管理处副主任1名）、副科级领导职数7名。内设办公室、监狱管理处（挂监狱煤矿安全生产办公室牌子）、劳动教养工作管理科、法制宣传科、律师管理科、公证管理科、基层工作科（挂市社区矫正与帮教安置办公室牌子）、政策法规科、装备财务科（挂审计科牌子）、组织人事科（挂市国家司法考试办公室牌子）、督察科和离退休人员服务科。政治部（挂警务处牌子）的日常工作由组织人事科、督察科和离退休人员服务科承担。市司法局下辖济宁监狱、市劳教所、市诚信公证处、市法律援助中心（市“148”协调指挥中心）和后勤服务中心等5个局属单位和16个直属律师事务所。2012年，全市司法行政系统在市委、市政府和省司法厅的正确领导下，按照年初确定的“1234”工作思路和年中提出的“四要、四个立足”的工作部署，积极作为、真抓实干，各项工作不断取得新的进展和成效。市司法局、市诚信公证处等4个单位被省司法厅荣记集体二等功，济宁监狱、市劳教所等7个单位被省人社厅、省司法厅、省公务员局授予全省司法行政系统先进集体称号。2012年度全省司法行政系统综合考核评为优秀等次，荣获市委、市政府科学发展“综合考核先进单位”、全市“社会稳定信访工作先进单位”和全市“‘双评’活动满意单位”称号。2012年持续荣获“省级文明单位”称号。2012年全系统共有57个集体和102名个人受到市级以上表彰奖励，有5个单位荣立集体二等功，24人立个人二等功。

监狱劳教场所持续安全稳定 认真履行安全稳定第一责任。济宁监狱实现“四无一防止”目标，创造连续21年8个月无罪犯脱逃和9年2个月无罪犯自杀的历史最长安全周期，市劳教所连续多年“零报警”。深入开展基层基础建设年活动，监区、大队的制度、队伍、组织、业务、基础设施和装备的建设水平明显提高。大力推进教育改造“双先”战略，济宁监狱开展“学儒育新巩固年”活动，市劳教所实施文化育人工程，监所内改好率始终保持在95%以上。监狱煤矿周密组织“打非治违”专项行动，生产原煤162.6万吨，实现利润3.12亿元。市劳教所优化习艺项目，生产效益逐年提高。

基层基础工作扎实推进 持续推进示范司法所创建，建成31个省级规范所、94个市级示范所，撤销10个示范所称号。在20多个领域建立行业性、专业性调委会70余个，济宁市加强消费纠纷调解的做法被省厅专项会议总结推广。部署开展“人民调解便民服务直通车”活动，共化解各类矛盾纠纷30297件，调解率、成功率分别达到100%、98%。出台《全市安置帮教与社区矫正工作考核办法》，扎实开展特殊人群“大排查、大走访”专项活动，共排查安置帮教对象8133人，已衔接人员帮教率100%，安置率达90%以上，重新违法犯罪率始终控制在2%以下。建成市、县、乡三级社区矫正信息化监管平台，将3000多名余刑六个月以上的社区矫正人员纳入监管。截止到2012年底，全市累计接收社区服刑人员12597人，已解除矫正7975人，在矫人员重新犯罪率不到0.3‰。济宁市提高非监禁刑罚执行效力的做法，在2012年的全省司法行政工作会议上作了交流发言。

法制宣传教育工作成效明显 调整充实了市普法依法治理工作领导小组，组织开展“12.4”集中宣传活动，成功举办有5.35万人参加的全市干部普法考试。深化法治创建工作，邹城市田庄社区、泗水县西涧沟村被评为全国第五批民主法治示范村，邹城市等被推荐为全国法治县市区创建活动先进单位，另有18个村（社区）被评为全省第五批民主法治示范村。命名表彰第三批162个市级民主法治示范村（社区），根据复核结果，从第一批、第二批中撤销、注销20个村的市级荣誉称号。命名表彰第三批162个村（社区）为市级民主法治示范村。市普法文艺宣传团在全市各地演出160多场，受教育群众40多万人。加强法治文化建设，积极筹建济宁市法治文化主题公园，指导各地建设普法广场40多处。市青少年法制教育宣讲团赴大中小学校宣讲80多场次，被市关工委授予全市关心下一代工作先进单位称号。

法律服务工作实现突破 全市律师通过开辟绿色通道、设立法律咨询室、建立联系点等方式，为全市200多个大项目提供法律服务。出台《关于律师服务中小企业发展的意见》，深化“百名律师进千家企业”活动，为1500余家企业提出建议和法律意见书4000多件，帮助避免或挽回经济损失3亿多元。共办理各类法律事务5.8万件，业务收费5600余万元，分别比去年增长10%以上。积极参加西部“1+1”中国法律援助志愿者行动，四名律师被评为全国优秀法律援助志愿律师。公证处狠抓“素质强处”工作，建成市级专职质检员队伍，开展争创“零错证、零投诉、零上访”公证员活动，着力拓展金融、保险等新兴业务。全年共办理各类公证2.9万件、业务收费1300万多元，同比分别增长11%、23%。办理民生公证法律援助200多件，700多人受益。市诚信公证处办证数量和业务收费均增长30%以上。开展司法鉴定规范化建设提高年活动，成立市司法鉴定专家委员会，健全完善15项规章制度。共办理各类鉴定案件6079起，业务收费610万元。深入开展“法律援助为民服务创先争优年”活动，强化案件质量监督。全面铺开点援制，开展资深律师法律援助专项行动。全年共办理法律援助事项4621件，结案4433件，完成全年任务的105%。市法律援助中心被评为全国法律援助便民服务示范窗口和第四届全国法律援助先进集体。“148”法律服务热线协调指挥和疏导分流功能更加完善，全年接询4986件。基层法律服务队伍开展“执业岗位大练兵、案件质量大评查、服务效能大跃升”活动，基层法律服务所覆盖乡镇90%以上，参与调解或代理案件2万多件。

县域司法行政工作日趋活跃 出台《关于加强县域司法行政工作的意见》，指导各县市区司法局立足实际开展工作。市中区、鱼台县行业性、专业性调解组织规范运行，化解了大量疑难复杂纠纷。任城区、曲阜市为“第一书记”包保村配齐法律顾问，提高法律惠民水平。泗水县善于借势借力，通过与职能部门联合督导考核推动工作落实。邹城市依托新搬迁的5400多平方米办公大楼，建立健全法律服务中心等社会管理服务机构，省厅主要领导给予充分肯定。微山县选聘243名大学生村官组建“湖区法律援助服务队”，提升法律援助知晓率。嘉祥县加大考核督导力度，非监禁刑罚执行体系日臻完善。兖州、金乡把普法依法治理作为一把手工程，法治创建和法治文化建设特色明显。汶上县健全按照业务经费开支范围分类保障财政经费的制度，梁山县明确了办公大楼独立使用权，改善工作条件。全市加强县域司法行政工作的做法，在2012年全省司法行政工作会议上作了典型发言，司法部简报总结推广。

班子队伍建设活力增强 大力加强局党委自身建设，集体领导和个人分工负责相结合制度得到切实落实。创设月度例会制度，通过科(处)室汇报、领导点评、满意度测评和结果运用等措施，推动决策科学、执行到位、监督得力。扎实开展解放思想跨越发展大讨论和政法干警核心价值观教育实践活动，全省司法行政系统核心价值观教育实践活动推进会议在济宁市召开。深化创先争优，山东文思达律师事务所被司法部确立为创先争优活动示范点。提拔调整交流县级干部18名，微山、兖州、任城等提拔了一批科级干部，新增政法专项编制30名，申报司法所定向招录计划51名。修订完善局机关绩效考核办法和对县级司法局考核细则，建立健全了目标责任、考核奖惩、监督检查“三个体系”。下大力气推进行风建设，责令四家律师所限期整改，给予两家律师所停业整顿处罚，济宁考区被评为全省国家司法考试试卷管理零差错考区。健全党风廉政建设责任制，严格落实党员领导干部廉洁从政各项要求，部门没有发生违法违纪案件。

（满其民　李　淼）

经济管理

发展和改革

【概述】 2012年,市发展和改革委员会机关行政编制63名。内设办公室(挂政策法规科牌子)、人事科(挂离退休人员服务科牌子)、国民经济综合科(挂发展规划科牌子)、经济体制综合改革科、固定资产投资科(挂行政许可科牌子)、利用外资与境外投资科、地区经济与资源环境科、农村经济科、能源交通科、工业科、高技术产业科、社会发展科、经济贸易科、财政金融科、市重点项目办公室、市县域经济发展办公室、市国防动员委员会国民经济动员办公室、市铁路建设管理办公室、市援疆办公室(挂对口支援办公室牌子)、市重大项目稽察办公室、市服务业办公室等21个职能科室。2012年,全市经济社会平稳健康发展,实现地区生产总值3189.4亿元、增长11%;人均GDP达到39165元,比上年增加3448元、增长10.5%。公共财政预算收入完成245.6亿元、增长18.6%。固定资产投资完成1809.7亿元、增长22.3%。完成进出口总额51.2亿美元,其中出口32亿美元、增长4.2%,实际到帐外资7.7亿美元、增长5.1%。实现社会消费品零售总额1300亿元、增长15.1%。三次产业结构调整为11.6:52.5:35.9,与上年相比,第一产业下降0.5个百分点,第二产业下降0.5个百分点,第三产业提高1个百分点。

注重形势分析和调查研究,在服务领导决策方面取得新成绩

加强计划编制工作。高度重视年度计划的编制实施和评估分析,完成了《2011年国民经济和社会发展计划执行情况与2012年计划草案的报告》、《2012年上半年国民经济和社会发展计划执行情况的报告》,并顺利通过市人代会和人大常委会审议,为确保完成各项主要经济指标、保持经济社会平稳较快发展奠定了基础。强化经济形势分析。密切跟踪国内外宏观经济形势发展变化,积极应对经济下行压力加大出现的新情况、新问题,及时搞好经济运行监测预测,通过召开座谈会、实地调研等多种方式,一月一分析,一季一总结,形成了一批高质量的经济形势分析报告;研究提出了2013年计划安排意见和经济社会发展的基本思路,先后向市委常委会、市政府常务会进行了汇报,为市委、市政府决策提供了重要依据。深入开展重大问题调研。坚持把调查研究放在突出位置,完成了市委、市政府确定的3个牵头、11个参与课题的研究,提出了一批具有较强针对性的政策建议。围绕转方式调结构等全局性问题,组织开展了11个重点课题的研究,形成了《实施县域经济倍增计划、推动县域经济跨越赶超的对策建议》、《进一步完善重大项目建设推进机制》、《重点产业转型发展意见》等一批课题研究成果。其中《济宁市强力推进县域经济发展新突破》一文被省政府、省县域办印发全省学习交流。四是研究提出重大政策建议。代市委、市政府起草了《加快县域经济发展的意见》,从产业发展、园区建设、转移支付等方面出台了一揽子含金量高的政策措施,建立了"书记市长包保、市直部门牵头、金融机构支持、大型企业相助"的帮扶机制。起草印发了《市直部门联系包保乡镇(开发区)助推县域经济跨域发展的意见》,对市直机关干部深入招商引资一线、投身经济建设主战场进行了制度性设计,成为突破县域经济、加速济宁跨越的又一重大举措。在反复论证、广泛征求意见的基础上,拟定了《关于支持与央企合作加快发展的若干政策措施》并经市政府常务会、市委常委会研究通过,为更好地吸引央企优势产业、高端项目落户打下了坚实基础。

加强投资管理和项目建设,在积极扩大内需方面取得新成绩

加大资金争取力度。积极储备项目,主动汇报衔接,全年共争取中央、省预算内资金8.5亿元、扶持项目256个,资金数量、项目个数均创新高。积极参与银企对接,推介重点贷款项目321个、申请贷款336亿元;通过省发改委协调银行贷款4.45亿元支持了8个战略性新兴产业和服务业项目;争取省级创业投资基金1000万元;协调2家城建投资公司成功发行26亿元企业债券,促进了城市基础设施建设和社会事业发展。加快推动重点项目建设。集中开展"大项目突破年"活动,筛选确定了74个市级领导包保项目和226个集中调度项目,分别完成计划投资的121.6%和118.8%;举行了4批448个、总投资2304亿元的重大项目集中开工活动,完成投资538.2亿元;积极争取了6个项目列入省重点建设项目,落实省点供土地指标990亩。建立了领导包保、分类管理、部门联系推进制度,千方百计保项目落地建设,润峰电动车、联想盐化工、吉利变速箱等一批重大项目进展顺利。加强了对国家预算内投资项目、规模以上项目和列入省"十二五"规划重点项目的调度和管理,协调落实要素供应,确保了重点项目开工率、投资进度达到时限要求。按规定做好政府投资项目管理、招投标管理和竣工验收工作。提速推进能源交通基础设施建设。争取上级农村电网改造和输变电工程扶持资金1.6亿元。华润微山湖电厂、华能济宁热电厂项目已分别上报国家、省发改委待批,杨营、安居、永胜等煤矿项目建设进展顺利,润峰10MW太阳能发电项目建成运营,邹城大唐风电、国电泗水风电等项目获省发改委核准,华瀚太阳能发电、邹城赛维光伏发电等4个新能源项目被列入国家可再生能源电价补助名单。加快推进滨湖大道、北二环、济徐高速济宁段、运河航道北延等项目建设,济宁铁路物流园及湖西铁路项目进入实质性运作阶段。努力扩大城乡居民消费。深入落实扩大消费的各项措施,配合有关部门做好经贸流通领域专项检查;加大农产品批发市场及现代物流等消费基础设施建设支持力度,争取国家补助资金1275万元,扶持了64个流通骨干企业和项目。

推进结构调整和节能减排,在深化经济转型方面取得新成绩 着力支持现代农业发展。累计协调争取省以上各项建设资金3.04亿元,扶持农产品质量安全、粮食综合能力提升工程、河道综合治理等15类94个涉农项目建设。深入推进千亿斤粮食产能规划,国家大型商品粮优质小麦生产基地和4个县的田间工程顺利通过省级验收。支持水利基础设施建设,帮助解决了45万农民饮水安全问题。着力实施"双轮驱动"战略。大力推动传统产业改造升级,争取产业振兴和技术改造中央预算内投资项目5个、资金1765万元。全力推动先进制造业项目获得突破性进展,如意印染"如意纺"面料、骏达高强度钢制车轮等项目获省发改委备案;济宁玉柴乘用车柴油发动机项目上报国家发改委即将获批。积极培育战略性新兴产业,提报了总投资134亿元的33个战略性新兴产业项目纳入省新兴产业目录;组织申报了一批国家高新技术产业发展专项,曲阜天博车用物联网智能传感器产业化项目被列入国家高技术产业发展计划,获得补助资金1200万元。着力加强自主创新能力建设。研究出台市工程研究中心、工程实验室管理暂行办法,新认定10家市级工程实验室、10家工程研究中心,山东育达手术室设备工程研究中心被认定为省级工程研究中心。着力推动服务业提质增效。成立了市重点服务业项目指挥部,建立服务业重点项目库,38个重点服务业项目完成投资135.3亿元,超额完成年度投资计划。争取国家和省服务业引导资金1500万元,支持了7个重点项目建设;安排市级服务业引导资金2340万元,重点扶持高端服务业发展和"四大载体"建设。深化企业剥离非核心业务工作,累计剥离企业264家,新增营业收入25.9亿元,新增地方税收2.2亿元。着力推进节能减排。扎实推进资源节约和环境保护工作,对139个固定资产投资项目开展了节能审查工作,争取国家资源节约和环境保护项目10个、资金1.2亿元。加快淘汰落后产能,3家电厂5.4万千瓦机组实现关停验收,超额完成省下达的关停计划。

促进县域发展和对外协作,在统筹区域经济方面取得新成绩 牵头实施"县域经济倍增计划"。筹备召开了全市加快县域经济发展动员大会和县域经济重点帮扶工作调度会,按月调度工作进展情况,累计落实帮扶项目184个、资金4.7亿元;全市县域地区生产总值、地方财政收入、固定资产投资增幅均高于全省平均水平。加强了对县市区的考核,重新修订出台了《县市区经济发展考核指标体系》,对GDP、地方财政收入、招商引资、大项目建设四项主要经济指标按季度进行排名通报;按照新的指标体系对各县市区进行了半年预考核和年终考核。积极争取区域经济政策。研究起草了《关于支持济宁加快资源型城市转型发展的请示》,提出了提请省政府给予倾斜支持的政策建议,多次赴省发改委作专题汇报,争取省级战略和政策层面支持;在争取纳入国家资源型城市转型试点上也取得了一定进展。加强区域经济合作。组织参加"西洽会"、"渝洽会",签署项目合作协议26项、协议资金214亿元。落实沂蒙革命老区参照执行中西部地区的政策,指导泗水县用足用好相关政策。通过争取,金乡精细化工园区和联想(汶上)循环经济园区被省蓝办正式批复为山东省蓝色经济区海洋产业联动发展示范基地。四是积极做好对口援建工作。对口援疆进展顺利,组织市属企业布展"喀交会",签订投资合同15个、总投资9.8亿元,签约额居全省前列。协调援建县区累计向受援乡拨付援助资金1000万元;募集价值80余万元捐赠物资开展"献爱心"活动;为受援地培训各方面人才360人次。支援重庆万州扎实推进,协调市财政拨付援助资金310万元建设东西扶贫协作产业园。

深化体制改革和对外开放,在增强发展动力方面取得新成绩 加强对改革的总体指导。代市政府起草印发了《关于2012年深化经济体制改革重点工作的实施意见》，提出了18个领域的改革任务，并将任务分解落实到33个部门，协调推进文化体制、事业单位、农村产权制度等领域改革。扎实推进政府职能转变，开展新一轮行政审批项目清理，建成市政府投资项目管理及监察平台，实现了对项目审批、招投标、施工、资金使用等情况的全程管理。稳步推进医药卫生体制改革，基本医疗保障制度由制度性全覆盖向人员全覆盖转变，基本药物制度在全市政府办基层医疗卫生机构和省统一规划的村卫生室实现全覆盖，基层医疗卫生机构综合改革任务全面完成，公立医院改革试点工作全面启动。全力做好扩大外需工作。协调争取落实棉花进口配额3.3万吨、粮食配额1.5万吨。积极引导外资投向，总投资7825万美元的华润邹城风电场一期工程获得省发改委核准。积极争取国外优惠贷款，到位国外贷款2135万美元、支持了6个项目建设。鼓励有条件企业“走出去”，如意集团收购澳大利亚卡比棉田资产项目获国家发改委批复，争取省发改委核准了润峰电力、如意科技、太阳纸业等企业对外投资和股权收购项目。坚持招大引强。年内市发改委招商引资项目6个，总投资25.45亿元，其中已落地建设项目3个，到位市外资金2.27亿元，超额完成全年招商引资任务，获得全市招商引资先进单位称号。

强化社会建设和民生改善，在构建和谐社会方面取得新成绩 争取中央预算内资金1.27亿元支持了55个社会事业项目建设。配合教育部门，组织实施了农村初中校舍改造、中等职业教育基础能力建设工程，累计争取中央扶持资金665万元，重点支持乡镇初中和中等职业学校宿舍楼、餐厅公寓和实训楼等基础设施建设。与卫生部门一起，累计争取国家扶持资金8568万元，着重加强了市第一人民医院儿科业务用房和县级医院、疾控中心、乡镇卫生院、卫生信息化建设，进一步提升居民健康保障水平。在文化、旅游、民政和就业保障等方面，积极推进文化遗产地保护、社会养老服务体系和社保服务设施等工程建设，累计争取国家扶持资金1980万元。会同住建部门，争取中央预算内补助资金8368万元，支持了20个保障性安居工程建设。

倡导高效服务和系统建设，在提高政务质量方面取得新成绩 深入开展“解放思想跨越发展大讨论”、“大规模驻村入户、面对面谈心交流”和“为企业排忧解难服务”、驻村“第一书记”活动，扎实推进基层组织建设，努力创建“高绩效机关”，各类行政审批事项按时办结率100%，群众满意率100%。信息网络建设取得新进展，市发改委门户网站运转正常。搞好股权资本运营管理，预期收益良好。加大工程咨询市场开拓力度，编制各类项目可研报告和申请报告238个。机关党建、精神文明、老干部工作有声有色，组织人事、计划生育、国防动员及后勤保障等各项工作都取得了新的成效，荣获市直机关党建工作创新奖，机关党总支被市直机关工委评为市直机关先进基层党组织。

加强党风廉政建设，维护风清气正良好局面 着重抓好教育实践活动。认真开展“恪守从政道德、保持党的纯洁性”及“效能提升年”活动，组织党员干部到鲁西南战役烈士陵园重温入党誓词，深入学习《廉政准则》、《领导干部从政道德启示录》等教育读本，通过学习教育，进一步增强了廉洁自律意识和遵纪守法、廉洁从政的自觉性。着重抓好廉政风险点排查。委机关及委属单位共排查风险点55个，其中高等级4个、中等级36个、低等级15个，针对查出的风险点制定了有针对性的防控措施157条，并在委网站向社会公开，接受群众监督。着重抓好党务公开。按照编制的基层党务公开目录，在门户网站设置基层党务公开栏；落实党员公开承诺制度，践行承诺，增强了工作的透明度，有效遏制了不正之风现象的发生。着重抓好干部选拔工作。严格执行《党政领导干部选拔任用工作条例》和干部竞争上岗办法，坚持公开透明原则，在市纪委监督下，通过竞争上岗提拔任用了一批中层干部，为做好发改工作提供强有力的组织保证。

（靳会东）

服务业

【概述】 2012年，济宁市把发展服务业作为转方式、调结构的重要抓手，不断完善政策措施，持续加大资金投入，强化服务业载体培育，突出重点项目建设，进一步壮大服务业规模，优化服务业结构，提升服务业质量，全市服务业发展呈现速度加快、占比提升、结构优化、贡献提高的态势，成为全市经济稳增长的重要力量。

服务业发展基本情况 服务业保持平稳发展。2012年，服务业实现增加值1143.9亿元，同比增长11.3%，高于全市GDP增幅0.3个百分点，占GDP比重为

35.9%,同比提高1个百分点。服务业投资保持较快增长。2012年,服务业投资完成877.6亿元,同比增长24.3%,比同期固定资产投资增幅高2.1个百分点。服务业投资占规模以上固定资产投资的比重为48.5%,同比提高0.1个百分点,投资结构进一步优化。服务业税收贡献显著。2012年,全市服务业实现税收123.6亿元,同比增长23.9%,高于全市税收增幅13.4个百分点,占全市税收的比重为29.1%,同比提高3.2个百分点。服务业实现地税81.6亿元,同比增长29.7%,高于全市地税增幅9.1个百分点,高于第二产业增幅14.2个百分点,服务业实现地税占全市地税的比重为37.7%,同比提高2.8个百分点。服务业实现国税42亿元,同比增长14.1%,高于全市国税增幅10.7个百分点,占全市国税的比重为20.1%,同比提高2.2个百分点。服务业主要行业保持平稳增长。金融业增势强劲,增加值同比增长22%,增幅提高4.5个百分点,占比提高0.67个百分点。房地产业明显回暖,增加值同比增长9.9%,增幅提高5.5个百分点。交通运输、仓储和邮政业增加值同比增长6.2%。批发零售业增加值同比增长12.9%。住宿餐饮业增加值同比增长7.8%。

认真抓好服务业载体建设 深入实施"大项目突破年"活动,成立市重点服务业项目指挥部,全力全速推进38个重点服务业项目建设。2012年,全市38个市级重点服务业项目完成投资135.3亿元,超额完成年度投资计划,占项目总投资计划的34.6%。建立投资3000万元以上服务业重点项目库,储备项目531个,计划总投资2561亿元,定期调度,督促落实,不断增强服务业发展后劲。突出抓好5个省级服务业城区,7个省级服务业园区,4个省级服务业企业,7个省级服务业项目建设,强化规划引导,加强政策扶持,搞好跟踪管理,及时协调解决问题,切实发挥服务业载体引导作用。

持续加大服务业投入 积极向银行推介项目,2012年筛选26个服务业企业列入银企合作计划,其中万紫千红旅游二期、绿源鲁西南安全农产品食品冷链物流中心、恒良物流、鲁西金兴商贸城、吉康农业科技观光示范园5个项目共争取银行贷款额度4.2亿元。认真筛选16个服务业项目列入省重点招商引资项目,筛选10个服务业项目列入省重点对外推荐项目。认真研究国家和省服务业发展政策,积极争取国家和省服务业引导资金扶持。用活用好市级服务业发展引导资金,突出高端服务业发展、"四大载体"建设等,发挥好财政资金的"酵母"和引导作用。

切实加强组织领导 印发《关于明确济宁市服务业重点产业和重点工作协调推进制度有关事项的通知》(济政发〔2012〕24号)。召开全市服务业经济运行调度工作会议,传达省会议精神,调度分析服务业经济运行情况,动员完成全年服务业发展目标任务,谋划明年工作;召开服务业统计工作座谈会,交流服务业统计工作情况,深刻分析全市公路运输、内河航运、电信等行业统计工作存在的问题;召开企业剥离非核心业务工作座谈会,分析全市企业剥离非核心业务工作情况,共同谋划下步工作;召开营业税改征增值税试点行业调研座谈会,分析"营改增"对服务业影响,安排部署调研工作。严格落实服务业发展绩效考核办法,认真做好2011年度县市区和市直有关部门的服务业考核工作,市中区、兖州市受省政府通报表彰,被评为全省服务业发展先进县(市区)。分解下达2012年县市区服务业发展主要指标计划,将服务业发展目标任务层层分解量化。按季度通报全市服务业发展情况,督促各县市区加大服务业发展力度。

深入开展企业剥离非核心业务工作 先后召开了全市深化企业剥离非核心业务工作会议和调度会议,推动工作向纵深发展。出台了《济宁市人民政府关于加快推进企业剥离非核心业务工作的意见》(济政发〔2012〕11号),明确20条含金量高、操作性强的财政、税收、工商和其他相关政策。加强领导,成立了由市政府主要负责人任组长的领导小组并下设办公室,具体负责全市企业剥离非核心业务工作的指导、协调、调度、考核工作。从全市主营业务收入3000万元以上工商业企业中筛选重点工作对象,形成企业名录向各县市区下达工作指导性计划。编发《剥离动态》,及时反映剥离工作进展情况。建立调度督导制度,对各县市区实行月调度、季通报,对不按要求开展工作或进展缓慢的及时督导检查。2012年,全市累计剥离企业265家,超额完成年初确定的225家的企业剥离工作目标任务,累计新增营业收入19亿元,新增地方税收2亿元。

(张凯华)

固定资产投资

【概述】 2012年,济宁市按照"稳定增势、高位求进、加快发展”的工作基调和“三个高于、三个提高”的工作目标要求，突出投资拉动、项目牵动，开展“大项目突破年”活动，推动大项目建设实现快速突破，全市固定资产投资呈现出“运行平稳，结构优化”的良好运行态势。

2012年固定资产投资完成1809.7亿元，增长22.3%。其中，城镇固定资产投资1453.6亿元，增长21.6%。投资规模不断扩大。2012年固定资产投资完成1809.7亿元，增长22.3%，超过全省平均增速1.8个百分点，居全省第8位。三次产业投资结构持续优化。第一产业投资49.0亿元，增长32.1%，占比为2.7%，同比提升0.8个百分点；第二产业投资883.2亿元，增长20.8%，占比为48.8%，同比减少0.9个百分点；第三产业投资877.6亿元，增长24.3%，占比为48.5%，同比提高0.1个百分点。三次产业投资结构比例由2011年的1.9:49.7:48.4调整为2.7:48.8:48.5。产业结构调整步伐加快。在工业投资中，制造业完成投资791.7亿元，增长26.2%，占工业投资的92.0%。部分优势产业投资增长较快。其中，装备制造业投资338.1亿元，增长25.4%；医药制造业投资43.8亿元，增长28.5%。高新技术产业投资157.1亿元，增长45.7%，占工业投资的18.3%，比上年提高3.5个百分点。“双高一资”产业投资增幅放缓或下降。房地产开发投资增速止跌回升。房地产开发投资完成219.1亿元，增长20.2%，高出全省增幅5.6个百分点。房地产投资中，住宅投资完成161.45亿元，增长16.4%。商品房销售面积499.3万平方米，增长28.5%，同比增加24.9个百分点；商品房销售额180亿元，同比增长25.1%。五大项目建设成效明显。在北京、上海、香港等地区开展了系列招商活动，加强与世界500强、大型央企和知名民企的对接，引进了一批重大产业项目，到位市外国内资金671亿元、增长42%。坚持每季度举行一次重大项目集中开工活动，建立领导包保、分类管理、部门联系推进制度，优化发展环境，千方百计保项目落地建设。全年累计新开工亿元以上项目332个、同比增加151个，娃哈哈灌装饮料、吉利自动变速箱等一批产业项目竣工投产。

加强固定资产投资项目管理 分解落实固定资产投资年度工作目标。编制2012年固定资产投资计划、济宁市政府投资项目计划和保障性住房建设计划，并将投资年度任务目标分解下达到各县（市、区）、济宁高新区和北湖度假区。加强固定资产投资运行的跟踪监测分析。按月对全市列入省“十二五”规划重点项目、中央预算内资金安排的投资项目、总投资500万元以上在建项目进展情况进行了调度，撰写济宁市固定资产投资运行情况分析报告，对存在主要问题及时提出解决措施，确保超额完成了2012年投资任务目标。加强政府投资项目管理。建设了政府投资项目管理系统，充分利用现代科技手段，建立了济宁市政府投资项目管理和电子监察系统。系统通过信息化管理，对政府投资项目工程进展情况、资金到位和使用情况，实行全程跟踪和管理，做到及时掌握工程进度，对项目运行绩效进行分析评估；同时系统及时发现项目建设中存在的困难与问题，督促有关部门推进项目工作，并及时为各级领导提供全面的工程项目建设、投资完成情况等各阶段项目的综合信息，提高了行政效能，促进了政府投资项目建设的高效运作和工作透明化。做好投资项目的审批、上报和转发工作。2012年济宁市发改委共审批项目171个，其中：批复了济宁市奥体中心场馆建设项目、济宁市皇营路贯通工程等84个项目；核准了汶上县东润豪庭小区项目、济宁太白路万达广场项目等26个项目；备案了辰欣药业研发中心建设项目、济宁吉康农业科技有限公司农业生产服务平台建设项目等61个项目。向省发展改革委呈报了梁山县东部新区供水管网工程、鱼台县王鲁镇小城镇基础设施等40个项目的可行性研究报告申请立项；转发了省发展改革委对兖矿集团有限公司鲍店矿棚户区改造、任城新区污水处理等21个项目可行性研究报告的批复。做好工程建设项目信息公开工作。对权限内的审批、核准和备案事项，包括范围、条件、程序、时限等内容，全部向社会公开，同时对市发改委已立项的项目施行了在济宁市信息网网站上公示制度，使项目的审批更加透明公开。将2012年审批、核准的110个项目情况，在济宁市工程建设领域项目信息和信用信息公开共享平台系统上进行了公开。有效的推进了公民和社会信用体系建设。

实施大项目项目带动战略 深入开展“大项目突破年”活动，集中精力、集中资源、集中力量，毫不松懈地抓好大项目、建设大项目，通过突破大项目赢得发展优势、竞争优势。成立了大项目突破年领导小组，下设重点工业和交通基础设施项目、重点服务业项目、重点文化旅游项目三个专业指挥部，由分管市级领导任指挥长，靠前指挥，确保工作在一线推进、问题在一线解决。继续实行市级领导联系包保重大项目制度，对市里确定的200个重点项目实行集中调度，重点突破。开展集中开工重大项目活动。2012年，济宁市开展"大项目突破年"活动，全市共集中开工重大项目448个，完成投资745.6亿元，占年度计划投资的122.4%。其中：第一批集中开工的107个重大项目完成投资315.6亿元，占年度计划投资的139.2%。吉华重工机械制造、娃哈哈灌装饮料、芯光园LED系列产品等项目建设进度较快。第二批集中开工的90个重大项目完成投资177.3亿元，占年度计划投资的157.3%。益海嘉里20万吨高档面粉、鲁特电工非晶节能变压器、上海京通工程机械配件等项目进展较快。第三批集中开工的129个重大项目完成投资162.8亿元，占年度计划投资的112.1%。第四批集中开工的122个重大项目完成投资89.9亿元，占年度计划投资的72.2%。总体看，448个集中开工项目进展顺利，大部分项目建设进度较快，凸显出了大项目带动作用。对226个重大项目进行了集中调度。对济宁市226个重大项目进行了集中调度，有效的推进了项目的实施。2012年226个重大项目完成投资819.4亿元，占年度计划投资的136%。其中：77个续建项目完成投资379.8亿元，占年度计划投资的132.4%；149个新建项目已开工149个，开工率100%，完成投资439.6亿元，占年度计划投资的139.1%。

多渠道筹措建设资金 积极争取上级及各项政策资金。按照国家、省2012年投资方向，积极提报项目，按要求及时安排项目前期工作，提高资金争取的成功率。2012年全市经发改委牵头共争取各类资金13.2亿元，其中争取中央预算内资金7.15亿元，省预算内资金1.35亿元，争取贷款4.45亿元，涉及项目256个，总投资规模69.5亿元，项目涉及保障性安居工程、农村民生和基础设施、医疗卫生、公检法司、生态环境工程、节能减排及技术改造等领域。积极争取发行企业债券。紧紧抓住国家鼓励企业发债的有利时机，先后为9家企业发行债券，债券融资总额已达93.5亿元。积极搭建新平台，促进银企合作。2012年3月份，市委、市政府组织召开银企推介会，为确保推介会顺利召开，推动济宁市重点产业项目和企业融资，市发改委对全市申请融资项目进行筛选、梳理、分类，并制作幻灯片形式的项目说明。共推介重点贷款项目共321个，涉及企业230余家，申请贷款336亿元。市发改委充分发挥职能作用，会后积极搞好配合，做好项目单位与多家银行的对接工作，推进了济宁市融资工作顺利进行。同时经过省发改委向中国工商银行山东分行、中国农业银行山东分行、中国民生银行济南分行推荐战略新兴产业专项合作贷款8个项目，申请合作贷款4.7亿元。2012年底全市金融机构各项贷款余额1923.88亿元，比年初增加310.29亿元。

（任君雷　姬　童）

国有资产监管

【概述】 市国资委为市政府工作部门，内设10个职能科室，辖1个副县级全额事业单位（济宁市监事和财务总监工作办公室）。市国资委机关行政编制42名，实有人员38名；市监事和财务总监工作办公室事业人员编制20名，实有人员19名。2012年，在市委、市政府的正确领导下，市国资委坚持深入贯彻科学发展观，认真学习党的十八大精神，突出主题坚持主线，围绕中心积极作为，顺利完成各项工作任务，在国内外经济形势复杂多变的情况下，实现了国有资产保值增值。被评为全省国资监管工作先进单位，被复核为省级文明单位，被授予全市年度综合考核先进单位、全市"双评"活动群众满意单位、全市部门包村干部驻村先进集体、全市爱国拥军先进单位。

市管企业改革改制深入推进 市东郊热电厂顺利完成公司制改造，组建了山东聚源热力有限责任公司。市饮食服务公司将下属企业浣笔泉饭店整体资产划转给市中区，引进了国内著名商业巨头——苏宁集团落户济宁，提升了济宁市服务业发展水平。严格按照政策规定程序进行永泰照明公司和济宁开关厂改制，妥善安置了1377名职工和1405名离退休人员，避免了企业走向破产、大量职工失业的不利局面，并为济宁市培育了两个新的经济增长点。山拖、大象集团破产终结。7户企业通过改革改制，进一步盘活了企业现有存量资产、激发了企业发展活力。

企业持续发展能力明显增强 围绕全市产业发展战略，加快推进国有资本向城市基础设施领域集中，供水集团兼并兖州污水处理厂、兖州大禹污水处理厂进入实质阶段，聚源热力公司兼并泗水、鱼台集中供热项目进入前期筹建阶段。坚持将重点项目建设作为实施产业结构调整的重要措施。安居煤矿、朱家岇煤矿、金威煤电二期、海纳科技等投资过亿元的重点项目建设顺利推进，全年完成投资12.91亿元，累计完成投资35.87亿元。总投资10亿元的68万吨特种铸锻件项目建设正式启动。在齐天化学集团基础上组建了市国有资产投资控股公司，进一步增强了操作国有资本进退和国有企业改革的能力。科技成果应用取得重大进展，聚源热力公司应用高温水技术，热能利用率由75%提高到89%；花园煤矿采用充填开采技术，煤炭回采率由39%提高到80%。城市公共服务企业服务能力进一步增强，市公交公司客运量突破1亿人次，供水集团处理污水突破1亿吨，华润燃气销售天然气突破1亿立方米，市管企业集中供热面积达到2500万平方米。煤炭企业全年实现安全生产，非煤企业杜绝了各类事故。

企业法人治理结构建设实现重大突破 研究起草了《市管企业监事会业务工作规范》、《市管企业监事会监督检查报告编制办法》等相关制度办法，明确了监事会的职责范围和工作要求，为规范监事会履职行为奠定了基础。依据市管企业现状和行业特点，设立了四个监事会办事处，向济能发集团、聚源热力公司、供水集团等9户市管企业派出了监事会，实现了外派监事会全覆盖。制定了《市管企业外部董事管理试行办法》，从省国资委外部董事人才库中，选聘两名外部董事分别进入济矿集团、聚源热力公司董事会，正式试行外部董事制度。积极推进企业决策层与经营层分离，坚持德才兼备、以德为先、注重实绩的原则，分别选拔任用了济矿集团总经理、鲁泰煤业总经理，配备了聚源热力公司董事长、总经理。

对外合资合作扩大开放取得重大进展 积极促成省国资委、省管企业与济宁市开展战略合作，省国资委、省国有资产投资控股公司、山东海洋投资公司分别与济宁市签订战略合作协议，推进山东能源集团、兖矿集团等省管企业与济宁高新区、邹城市合作，共签约投资过10亿元项目4个，总投资近70亿元；市国资委与山东海洋投资公司签订战略合作框架协议，先期设立投资7.5亿元的创业投资基金作为开篇项目。实际到位市外资金6.13亿元，其中，创业投资基金前期到位市外资金2亿元，鲁泰煤业成功发行短期融资券融资3亿元，山塑集团重组济宁车轮厂后完成投资1.13亿元。

国资监管体制机制逐步完善 制度建设加快推进。以深入贯彻落实《山东省企业国有资产监督管理条例》为契机，相继制订修订《市管企业负责人经营业绩考核办法》、《市管企业负责人薪酬管理暂行办法》等规章制度近20件，累计已达150余件，形成了较为健全的国资监管法规制度体系，有效推动实现国资监管的法制化、制度化、规范化。市属企业国有资产集中统一监管积极推进。积极借鉴外地先进经验，立足济宁市实际，以市政府名义印发了《关于推进市属企业国有资产集中统一监管的意见》、以市政府办公室名义印发了《市属企业国有资产委托监督管理办法》，拟在统一国资监管法规政策、国有资产基础管理的基础上，实现国有资产监管全覆盖，进一步健全国有资产监管体制。国有资产基础管理全面加强。业绩考核方法更加科学、考核体系更加完善。进一步规范企业收入分配行为，推动建立起"业绩上、薪酬上，业绩降、薪酬降"的激励约束机制。编报了《2013年度市国资委系统国有资本经营预算建议草案》，组织市管企业上交国有资本收益4.96亿元。企业国有资产产权登记、企业担保事项审批、中介机构委托等产权管理工作有序开展。资产评估监管注重抓好事前介入和事中控制，实现了变被动审核为超前服务。市直共完成核准(备案)企业国有资产评估项目12项，评估增值19.75亿元，增值率为54.72%。指导监督县级国资监管工作积极开展。

企业党群工作全面加强 圆满完成党代表和政协委员推选工作，市国资委系统产生党的十八大代表1名、省第十次党代会代表3名、市第十二次党代会代表8名、市第十二届政协委员8名。培养发现一批先进典型，其中，阳城煤矿职工潘兴喜荣获全国劳动模范称号、当选为党的十八大代表，鹿洼煤矿吕太斌班被授予全国工人先锋号称号。制订了《济宁市国有企业效能监察工作暂行办法》，针对企业重要领域和关键环节实施监察，促进企业负责人提高履行职责的质量和效能。出台了《市管企业纪检监察组织建设的意见》，着力加强企业纪检监察队伍建设。廉政文化进企业工程建设扎实推进，运河煤矿被评为省级廉政文化示范点，供水集团被评为市级廉政文化示范点。供水集团被评为全国文明单位。积极维护企业职工合法权益，先后筹款83万元解决停产企业济宁开关厂退休职工医疗保险问题；申请市管企业独生子女父母退休人员财政补贴资金577万元；重大节日期间走访慰问生活困难党员、老党员、老干部1098人，发放款物折合36万元。

国资监管机关建设扎实推进 坚持将学习宣传贯彻党的十八大精神作为首要政治任务，在市国资委系统迅速掀起学习贯彻党的十八大精神热潮。领导班子坚持当表率、做示范，带领全体干部深入联系村、联建村，扎实开展驻村调研和爱心帮扶活动，部门包村干部驻村工作取得显著成效，机关干部作风实现持续转变。大力推进党务政务公开，积极办理政协委员提案，接受社会监督、争取各方支持，聚集起国资监管国企改革发展的工作合力。研究制定了市国资委“三个体系”建设的实施意见、督查办法和年度综合考核奖惩意见，对重点工作任务和职能业务目标，进行细化分解，明确责任主体、推进措施，开展即时督查、节点督查、季度督查，全力推进各项工作有序开展。深入推进依法行政工作，着力建设法治型机关。认真贯彻《党政领导干部廉洁从政若干规定》，坚持厉行勤俭节约、反对铺张浪费，不断完善惩治和预防腐败体系，树立起清廉从政、干净干事的国资监管干部队伍良好形象。

（汪宗猛）

国土资源管理

【概述】 2012年，济宁市国土资源局坚持以科学发展观统领全局，紧紧围绕“强化建设用地保障，创新土地运营机制，突出矿产资源整顿，抓好科技创新应用，增强执法监察能力，提高耕地保护水平”工作思路，创新机制，严格管理，廉洁奉公，优质高效，圆满完成了各项工作任务，国土资源工作取得了显著成效。市国土资源局先后被评为“全省国土资源信访工作先进单位”、“全省国土资源政务信息工作先进单位”、“中共济宁市委市直机关文明委市直文明机关”、“济宁市直部门决算编报工作先进单位”、“全市政务信息工作先进单位”、“全市政府系统公文处理工作先进集体”、“全市安全生产工作先进单位”等荣誉称号，在济宁市“万名代表评机关活动和民主评议政风行风”活动中，获得“双评活动满意单位”称号。

保障发展坚定有力 利用规划修编与二次调查成果衔接机会，及时调整完善了土地利用总体规划，增加建设用地总规模10.04万亩。积极拓宽用地渠道，通过大力推进城镇闲置低效用地挖潜、城乡建设用地增减挂钩和工矿废弃地复垦置换等一系列措施，全年共上报建设用地4万多亩，实现供地3.1万亩，保障了各级重点项目、重大工程的落地建设。狠抓土地利用方式转变，健全完善了节约集约用地制度体系，省政府副省长夏耕对济宁市节约集约用地做法作出批示并给予充分肯定。

保护耕地卓有成效 以推进土地综合整治、基本农田示范区建设、采煤塌陷地治理和废弃荒滩、荒山治理为重点，不断加大土地开发复垦力度。编制完成了新一轮采煤塌陷地治理规划，采煤塌陷地大区域、大规模治理的新格局已全面展开。全年共建设高标准基本农田94万亩，实施土地综合整治示范项目6个、农用地整治规模30.6万亩，实施土地开发复垦项目72个、规模8.6万亩，实施采煤塌陷地项目14个、治理面积2.1万亩，共新增恢复耕地6.53万亩，超额完成了全年任务目标。

土地资产运营力度更大 按照“统一规划、分期收储、融资配套、成片开发”的总体思路，积极探索开展大片区土地收储融资工作，形成了依法收储、合理供地的良性发展局面。2012年，全市出让土地2.4万亩，完成土地出让合同价款161.62亿元，比2011年增长11%。其中市区出让土地7212亩，完成合同出让价款

■2012年4月1日，省国土资源厅评审《济宁市采煤塌陷地治理总体规划（2010-2020年）》。

80.49亿元，比2011年增长33%。全市收缴土地租金4558万元，其中市区收缴1708万元。市区因改变土地使用条件补交土地出让金3100万元，协助收取土地增值税、契税1200万元。

卫片执法监察更加严格 在全省率先开发使用了执法监察手持GPS三级联网全程监管平台，大大提升了执法监察科技监管水平。狠抓违法违规问题整改，顺利通过了2011年度卫片执法检查验收。不断畅通信访案件受理渠道，组织开展了重大信访问题排查化解行动，到省进京上访案件明显减少，全年调处化解涉土涉矿案件557件，结服率达98%，切实维护了社会稳定。

地质矿产管理持续规范 持续开展矿产资源秩序整顿，认真实施矿产资源领域“打非治违”专项行动和中小矿种资源整合。集中开展了城市规划区矿产资源压覆情况大清查和济宁城区建筑用砂资源调查，为地上地下协调发展和资源合理开发利用奠定了基础。积极推进探矿找矿工作，金乡羊山铁矿普查钻孔累计见矿厚度40米，实现了探矿找矿新突破。不断深化矿产资源有偿使用制度改革，全年征收矿产资源补偿费3.4亿元、矿业权价款9.2亿元、地质环境治理保证金9.37亿元。不断加大地质环境保护力度，城区基岩标观测站、地下水位监测体系建设和1:5万山丘区地质灾害调查全面完成。

国土科技水平大幅提高 建设完成了覆盖全市12个县市区及济宁高新区、济宁北湖度假区的多类型、多比例尺的地理信息数据库，建成了全市域的数字济宁地理空间框架公共服务平台，统筹建设、协同服务的经验得到省国土资源厅充分肯定并在全省进行推广。完成了大地测量、城镇地籍测量、土地利用现状测量和农村集体土地登记发证既定任务。建成了土地和矿业权网上交易系统，全面实现了国土资源交易的阳光操作。建设用地报批系统、省市县三级业务专网、视频会商系统等先后投入运行，综合管理服务平台进入试运行阶段，国土资源管理的现代化水平明显提高。

国土资源队伍形象不断提升 以深化基层国土所改革为重点，推进管理职能前移，整合基层机构，充实加强力量，统一办公场所外观标识，配齐执法车辆和执法服装，国土资源管理基层力量得到全面加强。结合开展“解放思想跨越发展大讨论”和“效能提升年”活动，认真实施了领导干部包县抓点带村工作，建立完善了“目标责任、考核奖惩、监督检查”三个体系，深入开展了为企业排忧解难服务活动、包保联系乡镇活动和作风整顿专项行动，有效提升了服务基层、服务群众的能力和水平。市国土资源局行风评议名次大幅上升，被评为“双评”活动群众满意单位，行政审批服务窗口连续多次被评为“红旗窗口”，全社会对国土资源队伍的整体认可度不断提高。

（李　兵）

物价管理

【概述】 2012年，济宁市物价局深入贯彻落实科学发展观，紧紧围绕中心工作，牢牢把握“三个高于、三个提高”的目标要求，始终坚持“阳光物价、民生至上”的工作理念，全力稳物价、调结构、促改革、惠民生，价格调控目标顺利实现，价格调节基金征收实现新的突破，民生价格改革成效显著，为全市经济社会发展做出了积极贡献。被山东省文明委授予“省级文明单位”称号，被国家发改委授予“全国先进价格认证机构”称号，被山东省物价局授予“全省价格宣传先进单位”、“全省价格评估机构资质和人员执业资格‘双认定’行政许可先进单位”、“全省物价系统收费统计工作先进集体”、“全省价格信息工作先进集体”等荣誉称号。

加强调控监管，保持价格总水平基本稳定 全市设立231个价格监测点，对10大类200多种商品进行价格监测预警和分析报告，全年共完成监测300多次，累计上报监测数据2万余条，发布价格信息39期累计1100品次。全市开展了“价格监测规范化”创建活动，邹城市、兖州市等率先建立了价格实时监测平台，切实发挥了价格监测服务政府决策、服务百姓生活的作用。《中国经济导报》、《山东物价》、《济宁日报》、济宁电视台等都进行了专题报道。切实开展了小麦、玉米、棉花等农产品和生猪生产情况成本调查，实施了经济适用房、物业收费、中小学校服等18项公益事业的成本监审，核减不合理费用5000多万元，核减幅度达到20%。实施“市场价格监管能力提升年”活动，大力整顿市场价格秩序，完善常态化监管机制，开展重要节日期间市场价格巡查，健全完善市场价格异常波动提醒告诫措施，多次组织召开提醒会，发放提醒函，维护了城区市场价格稳定和消费者的合法权益。2012年，全市居民消费价格整体运行平稳，价格指数同比上涨2.1%，实现了年初确定的控制在4%左右的目标。

加强基金征收，增强民生保障能力 始终把价格调节基金征收作为物价工作的重中之重，全系统上下形成了“思想认识统一、组织保障有力、工作措施到位”的整体工作合力。市局成立7个工作组，局班子成员分别包保46对矿井企业，定期到企业进行督导催缴。县市区政府大力支持，企业维护大局，市直部门同心协力、共同推进，全面实现了按时足额征收，全年价格调节基金征收入库7.12亿元，完成年度任务目标的119%。切实发挥价格调节基金的作用，按照市委、市政府要求，两次启动价格联动机制，向29万名城乡低保、五保、优抚对象等困难群众发放价格补贴累计1.03亿元，缓解了困难群众的生活压力，有效保障了城乡困难群众生活。

发挥价格职能，促进经济跨越发展 落实国家和省相关政策，进一步清理整顿涉企收费，免征或取消26项涉企行政事业性收费，减轻企业负担1.4亿元。组织开展涉农、电信、工商、流通、教育、进出口等“六个领域”价格专项检查，市、县共出动检查人员300多人次，检查单位、企业200多家，进一步优化了经济发展环境。运用价格杠杆促进和培育新能源产业发展，积极向国家和省争取新能源产业发展政策和价格补贴，共争取资金3850万元。深入开展“为企业排忧解难服务”活动，实施了“百家企业问卷调研”，建立企业生产、经营台账，督促执行峰谷电价政策，降低企业电价，为企业减少电费负担1.7亿元。

开展公共服务，保障民生价格权益 依法开展价格鉴定和价格认证工作。全市共办理价格鉴定和认证业务4959件，鉴定额4.66亿元。继续推进涉税价格认证业务，全共办理涉税价格认证1061件，标的额2.8亿元，实现税收1055万元。积极推进医药卫生体制改革，全市38个社区卫生中心、143个乡镇卫生院全部实行了基本药物“零差率销售”，每年减轻群众药品费用3000万元。完善基层医疗卫生机构一般诊疗费标准，年降低患者负担1000万元。深入做好县级公立医院改革试点工作，对邹城市、汶上县7家公立医院的药品收入情况进行认真测算，按照“总量控制、结构调整”和“医院合理性收入不减少、患者负担不增加、政府医保可承受”的原则，合理调整诊疗、手术、护理等项目价格。开展了商品房销售明码标价专项检查，检查在售楼盘180余处。组织开展大规模进村入户走访座谈，共组织了近200次进村走访活动，走访农户750户，座谈群众2000多人次。协调资金90万元，切实解决所包村用水、用电问题，促进农村经济发展。

建学习型机关，全面提高干部队伍素质 为打造一支“政治坚定、业务精湛、作风优良、勤政廉政”的物价干部队伍，深入开展了“讲学习、提高自身素质，讲正气、树立良好形象，讲奉献、争创一流业绩”教育实践活动。建立健全鼓励学习的保障机制，实施了《周学习日制度》，印制了满意度测评表，每人上台宣讲，使全局机关干部职工都能得到实践锻炼。注重转变作风，全体干部深入基层、服务群众、爱岗敬业，牢固树立“智慧执法”理念，扎实推进价格依法行政工作。

加强廉政建设，努力构建惩治和预防腐败体系 严格落实党风廉政建设责任制，强化责任意识，在全局形成了党组书记亲自抓，党员干部职工共同参与、互相监督、覆盖全局的党风廉政建设和预防腐败工作体系。强化公正意识，严格按照程序，坚持集体审案和定价。强化监督意识，探索建立了分管领导、业务科室(单位)、工作人员三位一体权责明晰的工作体系，制定了《济宁市物价局廉政风险防控手册》，全局共查找108个风险点，从源头上加大了防腐工作力度。邹城市共梳理岗位12个，找出科室和个人岗位风险点50个，制定权力运行流程图8张，落实防控措施65条，进一步规范了行政权力运行。

(翟兴立)

工商行政管理

【概述】 2012年，济宁市工商局紧紧围绕济宁市委、市政府和山东省工商局的总体工作部署，积极应对严峻复杂的经济形势，不断提升服务、执法、维权效能；积极应对体制机制改革带来的新情况、新问题，团结奋进，迎难而上，把握当前，谋划长远，着力解决影响工商事业发展的突出矛盾，着力探索服务发展和监管执法新机制，着力夯实工商事业发展基础，各项工作整体推进，取得了预期成效。国家总局局长周伯华、省工商局局长牛启忠、市委书记马平昌、市长梅永红等领导先后视察济宁工商工作并给予充分肯定。市工商局先后被省政府评为“省级文明机关”，被市委、市政府授予科学发展综合考核先进单位，市局行风评议名列行政执法部门第一名，被省局表彰为全省工商系统政风行风建设先进单位，被市委、市政府表彰为平安济宁建设先进单位、群众满意先进单位、招商引资工作先进单位，市局驻审批中心窗口被表彰为“十佳基层单位”。

以促进“增量提质”为重点，服务经济发展有新作为 服务发展的政策和措施逐步完善。济宁市工商局通过广泛调研、集思广益，在认真分析经济社会发展总体形势和主要特点的基础上，结合工商职能和系统实际，相继出台《服务全市经济社会跨越发展工作意见》、《支持个体私营经济转型升级意见》、《支持企业融资实施意见》、《重大投资项目跟踪服务制度》和《促进农民专业合作社健康发展意见》等五个服务发展文件，以扎实有力的措施服务全市经济科学发展、跨越发展，得到了市委、市政府主要领导的肯定。服务发展的机制和方法更加有效。济宁市工商局任城分局在全省率先推行了“政府埋单、企业受益”的工商登记零收费制度，为企业入驻和项目建设营造了“零障碍、低成本、高效率”的发展环境。嘉祥县工商局积极推进全民创业工作，通过组织开展“创业政策项目宣传推介”、“青年创业之星”评选表彰等培训扶持活动，实现创业带动就业8500余人，确保了全民创业“111”工程的全面推进。汶上县工商局开展大走访活动，对企业生产经营状况中的“苗头”性问题及时指正，对症下药提出合理化行政指导。济宁市工商局市中分局、邹城市工商局、微山县工商局积极开展对外招商活动，一批重大项目顺利落户地方开工建设，得到地方党委和政府的好评。服务发展的领域和途径得到拓展。实施商标兴市战略，各县（市、区）政府都出台了支持政策。全市拥有中国驰名商标达到29件，著名商标149件，地理标志证明商标30件。济宁市工商局任城分局建立分局、工商所、企业三级联动的商标培育、指导机制，打造驰名商标、著名商标争创梯队。济宁市工商局高新区分局把实施商标战略纳入科技创新体系，山推股份、如意科技被推荐为山东省商标战略实施示范企业，济宁高新区被推荐为山东省商标战略实施示范区。济宁市工商局与各大银行签订战略合作协议，打造股权、商标权和动产质押贷款等多元化融资服务平台，全力促进“三押一推”工作。济宁市工商局出台了服务新农村建设实施意见，进一步推动红盾护农、商标富农、合同帮农、经纪活农等工作。泗水县工商局、微山县工商局重点培育地理标志证明商标，使济宁市山湖农产品走出济宁、走出国门。金乡县工商局、鱼台县工商局为“金乡大蒜”、“鱼台大米”参加全省农产品地理标志商标现场观摩会及全国（上海）农产品地理标志商标产品博览会出力献策，促进农业农村经济健康发展。服务发展的质量和效能不断提升。全市市场主体“增量”明显，截至2012年底，全市市场主体总数26.25万户，同比增长10.66%。其中私营企业3.89万户，注册资金914.63亿元，同比增长11.82%、21.96%；个体工商户20.97万户，注册资本102.87亿元，同比增长10.86%、24.63%；农民专业合作社3529户，出资总额73.43亿元，成员总数3.37万人，同比增长32.07%、58.67%、22.99%。全市市场主体“提质”明显，新增企业集团8户、资本金千万元以上的私营企业269户、亿元以上的私营企业3户。梁山、任城、金乡等县（市、区）个体私营经济增量超过15%以上。梁山、汶上、市中、兖州、鱼台等6个县（市、区）农民专业合作社增量超过40%以上。

以实施“食品安全放心工程”为重点，维护公平有序的市场环境有新成效 食品安全监管力度进一步加大。建立了有奖举报制度和供货商信息备案制，开展了“食品安全宣传周”和食品安全监管“八种能力”建设评估活动，全面落实食品安全监管“三条线”标准和逐级报告制度，成立了全省首家市级食品供货商联合会。高新区所辖办事处全部被评为市级创建流通环节食品安全放心社区（乡镇）工作先进单位。梁山县工商局、汶上县工商局推行食品经营“一本通”的格式化和进销货记录电子化。泗水县工商局、邹城市工商局扎实推进“坐标式定位、区域化定责”的网格化监管方式，提升了流通环节食品安全监管效能。全市系统全年共查处流通领域食品安全案件255件，同比增长5.81%。市场经济秩序进一步规范。深入开展打击侵犯知识产权和制售假冒伪劣商品专项行动，严厉查处虚假违法广告、合同欺诈、传销、商业贿赂、零供商不公平交易、无照经营等违法行为，强化拍卖市场监管，完善了查处“两虚一逃”联席会议制度，共立案查处商标侵权和假冒伪劣商品案件117件、违法广告案件365件、商业贿赂案件10件。深化网络商品交易监管“一网一平台”的应用，加大涉网执法办案力度，共建立网络经营主体经济户口2.2万户，责令整改网站29个，关闭违法网站5个，查处违法违章案件102起。扎实开展流通领域商品质量监测工作，共抽检448个样品批次，并强化了对不合格商品后续处理工作。梁山县工商局全面推行网上、实地双线巡查和内外协查联动机制，查处利用互联网虚假宣传案件80余件。兖州市工商局在济宁市平安建设工作年度考核中，打击传销和整治无照经营任务考核分值名列全市首位。市场监管机制进一步创新发展。强化了企业和市场信用分类监管，规范了“守合同重信用”企业培育制度，完善了县级局、企业注册局、工商所及网格责任区四级网格化监管模式，组织了文明诚信市场(业户)创建等活动。曲阜市工商局、汶上县工商局开展农资市场信用分类监管工作，建立和完善农资索票索证和购销台账制度，确保农资商品的可溯源监管。鱼台县工商局、嘉祥县工商局积极开展成品油入市备案，在全面清理规范成品油市场主体资格的同时，不断加强成品油质量监测。济宁市工商局在全省网络商品交易监管经验交流会议上作了典型发言，并被评为全国推进诚信市场创建工作先进单位。

以规范提升为重点，消费维权效能建设有新突破 消费维权体系不断健全完善。强化消费维权平台建设，组织开展了12315优秀案例评选活动，扎实推进“12315一号通”工程，依托邮政三农服务站，在各乡镇和部分中心村设立12315消费维权服务站，发展维权监督员。全市系统全年共查处侵害消费者权益案件704件，受理消费者投诉、申诉、举报2.05万件，帮助消费者挽回经济损失28.05万元。消费维权行动深入推进。鱼台县工商局敢于突破禁区，对多家商业银行利用特许从事金融业务的经营优势，转嫁费用侵害消费者合法权益行为进行了查处，维护了消费者合法权益。金乡县工商局先后对通讯服务、供电(水、气)、金融服务等7个重点行业的合同格式条款进行集中清理规范，查处了一批大要案件。全市系统全年共查处合同违法案件34件，同比增长325%。消费教育引导形式多样。举办了一年一度的国际消费者权益日纪念活动，继续推进消费教育“五进”工程，组织开展了省级和市级“消费者满意单位”创建活动。市中分局紧密结合“红盾e站”服务品牌创建工作，积极开展了消费维权系列宣传活动。曲阜市工商局、嘉祥县工商局在中小学开展消费维权教育，收到了良好的社会效果。

以提高履职尽责能力为重点，工商队伍建设有新气象 履职能力全面提升。认真学习党的十八大和省第十次党代会精神，深刻理解会议主题，深刻把握大会提出的一系列新论断、新观点、新举措，密切联系工商实际贯彻落实，在思想上、行动上与党中央保持高度一致。深入推进“学习型工商建设年”活动，开展了“优秀学习成果”评选活动。市工商局和部分县级局与浙江大学联合举办了“思维创新与领导力提升高级研修班”。市中分局、任城分局、微山县工商局等部分县级局与北京明德经纶管理科学研究院联合举办了创建学习型组织培训班，提升了工作效能。高新区分局组织开展“好人好事大家讲”等活动，曲阜市工商局开设工商干部“文明礼仪大讲堂”，不断增强基层工作人员综合素质。以创先争优活动为契机，继续深入开展文明系统创建活动，进一步严格落实文明创建标准条件，不断巩固、发展、提高创建成果，并以文明创建为抓手，形成倒逼机制，保持了工商工作稳定、连续、科学发展的局面。截至2012年底，全市系统93%的县级以上工商局获得“省级文明单位”称号。金乡县工商局被授予全市“五一劳动奖状单位”。法治工商建设加快推进。以开展“行政程序年”活动为契机，认真落实“六五”普法规划，组织了最佳行政处罚案件、最佳行政指导案例、最佳行政复议案件评选活动，开展了规范性文件清理工作，进一步做好规范性文件审查和备案工作，加强了行政执法与刑事司法的有效衔接，强化了依法行政效能建设。兖州市工商局创新推行宣传、引导、告诫、处罚相结合的“四段式”执法模式，全面推行说理式执法文书。政风行风建设扎实有效。面对全市工商系统连续四年名列行政执法部门第一名的良好发展态势，进一步加大党风廉政建设和政风行风建设力度，层层签订责任书，深入推进廉政风险防范管理，深化工商廉政文化建设，开展了保持党的纯洁性主题教育活动，确保了系统整体和干部队伍政治安全。邹城市工商局在地方党委、政府组织开展的述职现场评议中，获得垂直部门驻邹参评单位第一名。汶上县工商局突出廉政文化建设，打造了独具特色的机关“清风长廊”，基层工商所统一设立了廉政文化宣传栏、廉政书屋。兖州市工商局、梁山县工商局被市纪委授予“廉政文化建设示范点”。政务保障工作高效运行。全市系统有针对性地加大基层基础设施建设投入，招标采购90余辆行政执法用车配备到基层执法一线，争取中央对中西部政策扶持180万元用于泗水县工商局3处工商所建设。兖州市工商局、鱼台县工商局、梁山县工商局集中财力、物力，对所辖部分工商所和办公用房进行新建、改建和修缮。市工商局顺利完成信息化提升改造工程，深入开展了“数据质量建设年”活动，信息化服务水平进一步提升。任城分局、泗水县工商局实施信息化驱动战略，将全部工商工作纳入信息化管理。邹城市工商局扎实推进目标责任、考核奖惩、监督检查“三个体系”建设，围绕“办什么事，由谁来办，什么时间干到什么程度”等关键环节制定了系统职责标准，切实将工作职责落实到位。

（张 林 尚文博 裴忠华）

质量技术监督

【概述】 济宁市质量技术监督局是市政府统一管理质量、标准、计量、特种设备安全等工作的主管部门，下设10个县(市)局、3个分局，11个科室、6个直属单位，全市质监系统在职干部职工940人(含特检分院)，固定资产3.03亿元。2012年，市质监局按照科学发展观的内涵要求，认真落实省质监局和市委、市政府工作部署，突出“三围绕、三服务”的发展定位，不断开阔视野、鼓劲加压、履职尽责，全市质监工作在服务经济发展、社会进步和民生改善上取得了良好成效。

围绕政府中心工作，服务经济发展 公共服务平台日臻成熟。鲁南质检中心运行顺利，承担起12大类、1000余种产品的质量检测任务，2012年全系统共完成质量检验5万余批/次、计量检定17万台/件，3个国家级和12个省级质检中心发挥着明显的经济效果和社会效益。国家煤及煤化工产品质检中心已经通过总局现场评审；国家半导体及显示产品质检中心已经进入设备安装和人员培训阶段，预计2013年上半年投入使用。根据济宁战略转型的要求，省质监局与济宁市政府签署了《合作备忘录》，在质量强市、平台建设等方面开展全方位合作。主动对接政府重点工作。由市局牵头协调招商引资项目2个，约5亿元；认真开展“入企问需、进户问求”和“驻村入户联建”活动，党组成员带头入住四个村驻点帮扶，投入资金10多万元资助贫困学生和解决帮扶村生活困难。加大科技创新及合作力度。与上海天祥检测集团成立联合实验室拓展了国际市场，与北京兰凯博能源有限公司、荣信集团共同筹建了2个企业技术中心，与本地院校共建实验室2个，实习培训基地1个；全省质监系统“实验室建设现场会”在济宁召开，省局对济宁局在平台建设方面取得的成绩和做法给予充分肯定；全年共获得国家、省级立项科研项目5个，发表专业论文40余篇。

围绕提升质量水平，服务企业需要 以大力推进质量兴市向质量强市转变为主线，加快实施“名牌带动、质量提升、质量诚信”三大工程，为服务全市企业发展发挥了重要作用。大力实施“名牌带动工程”。协调市财政、农业、工商等成员单位，牵头召开工作座谈会，认真做好市长质量奖、山东名牌产品和山东省服务名牌培育争创工作，积极组织企业参与申报争创，2012年，共有3家企业和1名个人申报了省长质量奖，2家企业和3名个人获得了第三届市长质量奖；微山湖四孔鲤鱼等3个产品获得国家地理标志产品保护。大力实施“质量提升工程”。组织全市300余家企业举办了“质量发展论坛”，邀请武汉质量发展研究院博士程虹为全市企业质量管理人员授课；深入开展执法打假行动，分行业、分区域对重点产品和领域开展9次专项治理，全系统共立案查处质量违法案件720余起，涉案产品货值3800余万元；认真开展“能源计量进企业”、“民生计量进社区”活动，充分发挥能源计量在节约资源中的技术作用，为企业增加效益。大力实施“质量诚信工程”。全市共承担国家级标准化技术委员会(分技术委员会)秘书处单位5个，完成国家标准修订项目56个，山东地方标准制定共计67个项目；发布《普通半挂车》等三项联盟标准并有效实施，“三孔”景区被列为国家标准化旅游示范区，《孔府菜标准》进入实施阶段。认真推行质量诚信制度，将三级抽查不合格产品和媒体曝光的企业列入黑名单，与相关部门实行联动整改。

围绕履行部门职责，服务社会稳定 强化监管保障安全。以推动企业落实主体责任为主线，大力加强质量安全监管。狠抓食品质量安全。对黄曲霉毒素、食用明胶、蜜饯产品等消费者高度关注的重点产品开展了综合整治，针对网络报导的白酒“塑化剂”事件，组织全市36家白酒生产企业召开了质量安全监管座谈会，落实企业责任，开展自查自纠。全年共检查食品及相关产品生产企业900余家次，立案查处生产企业32家，未发生严重的、区域性食品质量安全问题。狠抓特种设备安全。深入开展了“打非治违”专项行动，共排查治理特种设备生产使用单位514家，排查一般事故隐患390项，排查重大事故隐患3项；分成6组对市区饭店用气瓶进行拉网式检查，提出整改意见63份，查处违章作业32起。狠抓工业产品质量安全。组织开展监督抽查和企业生产条件检查等工作，建立了后处理工作报告制度和不合格企业约谈制度;加大对工业产品获证企业后续监管力度,并实施分类监管。强化“两个建设”。按照总局、省局“为民服务创先争优”和“纪律教育月”活动部署要求，着重加强机关文化建设和党风廉政建设，打造了突出质监特色的文化长廊，不断提升队伍凝聚力,树立质监形象。将2月份定为“学习教育活动月”，全系统干部分三批到孔子学院、延安干部学院、井冈山培训基地，进行理论教育和传统教育，组织全系统干部职工开展了“警示教育”、“以案说法”、“廉政讲堂”等活动,切实做到“举一反三”警钟常鸣。围绕全国、全省找标杆,全系统掀起了爱岗敬业、争创一流的工作热潮。理顺系统内部关系。认真传达学习国务院48号文,在做到思路不变、干劲不减、标准不降低的前提下，通过理顺三个关系,进一步统一思想,增强信心，明确任务。理顺了财务关系。对全系统财务状况进行了清理调查，明确了财务权责关系。理顺了干部队伍异地交流的关系。在不超编、不超职的基础上,调整了32名异地交流干部。理顺了公务员、执法人员、检验检测人员和聘用人员四支队伍的关系。理顺和规范了全系统队伍结构和身份,全面调动了全系统干部职工能干事、会干事、干成事的积极性。

（谭宜伟　赵　岩）

食品药品监管

【概述】 济宁市食品药品监督管理局内设办公室、政策法规与行政许可科、规划财务科、餐饮服务食品安全监管科（挂保健食品、化妆品监管科牌子)、药品安全监管科、药品市场监管科、医疗器械监管科、人事科共8个职能科室。局直属事业单位包括市食品药品稽查支队和市药品检验所。2012年,在市委、市政府的正确领导下，全市食品药品监管系统以确保饮食用药安全为中心，解放思想,真抓实干,创新监管,服务发展，全市食品药品监管各项工作取得了明显成效，全市未发生重大食品药品安全事件,人民群众饮食用药安全状况得到进一步改善。

安全责任体系日趋完善 “政府负总责、监管部门各负其责、企业是第一责任人”的食品药品安全责任体系进一步健全完善,监管责任得到全面落实。兖州市、泗水县与所辖乡镇政府签订了食品药品安全责任书，任城区对所辖镇街实行网格化综合监管,微山、汶上、梁山将全县划分为若干个片区,实行分片包保,层层签订《责任书》,严格落实责任。市中区、兖州、嘉祥、北湖度假区等与餐饮服务单位和药品生产经营企业签订《饮食安全责任书》和《药品安全责任书》，督促企业切实承担起食品药品安全社会责任。

安全风险防控工作明显强化 突出食品药品安全中心位置,加大安全风险研究和防控力度,自上而下建立风险会商制度，定期进行排查研判，及时有效应对处置，将被动保安全转变成了主动抓安全。建立完善风险会商配套措施,健全风险监测网络,完善应急预警机制，组织舆情应对等相关培训，在全省率先开通覆盖市县两级的“12331”投诉举报电话，积极引导社会力量参与安全监督，初步构建起了食品药品安全风险防控体系。召开风险会商会,开展风险排查整改活动,及时排除风险隐患点85个。泗水每月召开安全隐患探讨会议，任城区开展食品药品安全风险防控工作,曲阜、嘉祥健全餐饮服务食品安全风险评估预警机制，全面排查风险隐患，将安全事故消除在萌芽状态。

综合整治扎实有效 认真组织开展了药品生产流通等10余项专项整治和监督检查，妥善处置了铬超标药用胶囊事件，影响安全的突出问题得到有效治理。全市检查药品生产经营企业1560家次,下达责令改正通知书171件,警告96家,停产整顿1家。围绕餐饮食品安全突出问题,先后开展了鲜肉及肉制品、学生小饭桌、学校食堂、消毒餐具、亚硝酸盐等12项专项整治工作。全市检查餐饮服务单位20054家次,下达责令改正通知书、监督意见书721份，对整改仍达不到标准的吊销或注销许可证209个。

示范创建工作全面深入 2012年,全市创建示范药品批发企业8家，示范药店、药房102个；创建餐饮服务食品安全示范街6条,示范单位78家,有力推动了基层餐饮食品和药品安全保障水平进一步提升。嘉祥局以创建促监管、以监管促创建,健全了药品安全全程监管、风险预警、应急处置、责任追究和行业自律机制,加强社会监督,与公安、工商、卫生等部门建立联合打假机制，全面提升了药品安全保障水平，成功创建省级药品安全示范县。泗水县成功创建省级餐饮服务食品安全示范县，并代表山东省接受国家食品药品监督管理局餐饮食品安全绩效考核，受到考核组高度评价。

监管模式不断创新突破 实施网格化全程监管。全市普遍推行了“网格化”监管，实现了监管全覆盖。鱼台局建立食品药品电子监管地图，完善医疗机构药品安全电子监管平台。嘉祥局购置了服务器、设立了网络中心，实现了对辖区内药品经营企业的实时电子监管。泗水辖区内2家药品批发企业、85家零售企业及22家一级以上医疗机构全部纳入电子监管范围。微山、汶上在乡镇设立了基层监管站所，曲阜、汶上实施延时、错时、分时“三时”工作法。稽查协作不断完善。不断探索系统内协作、部门协作、政企协作，打假治劣合力进一步增强。曲阜局与公安部门建立联动机制；金乡局与邮政部门联合开展邮售假劣药品专项检查，与地税部门开展了对企业“挂靠经营”、“走票”的专项检查，与经信局联合展开互联网销售药品检查。泗水局联合工商局、文广新局等部门严厉打击了虚假违法广告和利用互联网发布虚假药品信息、销售药品违法行为。兖州、曲阜、金乡、嘉祥、汶上等局联合监察、卫生、公安、计生、工商等部门开展打击“两非”行动。2012年，全系统立案1462起，移交公安机关7件，有效地震慑制售假冒伪劣食品药品的违法行为，维护了良好市场秩序。积极探索委托执法。任城区依托各镇街食品药品监管站所，明确委托执法人员，对委托执法人员进行法律法规和专业知识培训；曲阜市积极为镇街食品药品监管站办理执法证件，增强了镇街食品药品监管站履行餐饮安全监管职能的能力。

日常监管更加规范有力 餐饮监管成效突出。完成了5768家餐饮单位的量化分级和等级公示任务，对学校食堂的监督检查逐步规范化、制度化，旅游景区、高速公路服务区等薄弱环节的餐饮监管得到切实加强，完成了159次重大活动的餐饮安全保障工作。市中区在全省率先推行了餐饮服务食品安全责任强制保险试点工作，兖州市、市中区推行学生小饭桌登记备案和星级管理工作，邹城市逐级落实餐饮食品安全主要领导责任制，汶上实行“菜品备案”制度，开展名菜名厨评选，兖州、泗水、金乡实施“阳光厨房”，曲阜市大力度整治餐饮摊贩经营秩序。济宁市在省政府科学发展指数考核中，餐饮服务单位监督检查覆盖率、诚信档案建档率、餐饮服务许可证持证率均达到100%。药品监管更加科学规范。深入推进基本药物全过程监管、全覆盖抽验和全品种电子监管，为全市医改工作的顺利进行和新型农村合作医疗用药质量，提供了有力的安全保障，全市基本药物评价性抽验合格率达99.07%。扎实推进GSP和新版GMP实施，指导8家药品生产企业20个车间通过了新版GMP认证，组织药品零售企业GSP认证147家，GSP认证跟踪检查药品经营企业838家，整改79家，收回证书10个。金乡、泗水加强医疗机构药品使用整治，有力地保障了药品使用安全。全年上报药品不良反应报告10532例，连续五年居全省前列。医疗器械日常监管稳步推进。加大高风险医疗器械经营企业监督检查力度，检查全覆盖率100%。加大医疗器械不良事件监测力度，全年收集上报不良事件报告2376份。汶上、梁山、邹城积极开展医疗器械安全风险因素评定，实施分级管理。保化监管规范有效。严格落实保健食品生产企业质量受权人制度和约谈制度，以药品经营企业、超市、专卖店、批发市场、各类保健品店为重点区域，集中开展了保健食品流通环节百日整治行动。梁山县、北湖度假区向保健食品、化妆品经营者宣传了国家有关法律法规，推进保健食品、化妆品经营企业健全和落实各项管理制度，加大对违法生产经营打击力度，规范了保健食品化妆品生产经营行为。

助推医药经济有新发展 全市食品药品监管系统紧紧围绕全市发展生物医药工业产业群的战略要求，充分发挥监管资源和政策信息优势，从政策上支持，从技术上指导，从环境上优化，大力促进医药产业快速发展。2012年，全市医药产业实现销售80亿元，实现利税10.2亿元，分别比上年增长17.5%、13.8%。坚持以商招商，市局超额完成承担的1亿元招商引资指导性指标任务，对口帮扶的兖州市2012年医药产业实现销售10.2亿元，比上年增长27.3%。泗水县局向圣鲁制药、春天药业两家药品生产企业分别派驻了驻厂监督员、科技特派员，全力服务医药经济发展。

食品药品监管机制建设走在全国前列 全市食品药品监督管理部门一直注重食品药品监管理论、方式方法的研究和创新，扎实开展食品药品安全全程监管、风险预警、应急处置、责任追究、行业自律和社会监督六个长效机制建设，形成了一系列食品药品监管的思想理论和方式方法，编辑成了35万余字的《食品药品安全机制建设指南》，成为指导全市食品药品监督管理部门开展食品药品安全监管的系统论和方法论，受到国家食品药品监督管理局的充分肯定。市食品药品监督管理局党组书记、局长吴琼在国家食品药品监督管理局高级研修学院做了《践行科学监管理念 构建食品药品安全长效机制》专题讲座，介绍了济宁市食品药品监督管理部门的经验。新华网、《中国医药报》、《中国食品安全报》、国家食品药品监督管理局网站等相继对济宁市食品药品监督管理部门食品药品监管长效机制建设工作进行专题报道。

（魏长斌 凌白云）

安全生产监管

【概述】 济宁市安全生产监督管理局(以下简称市安监局)是管理全市安全生产工作的市政府组成部门，是市政府安委会的办事机构，与市政府安委会办公室合署办公。内设10个职能科室，局机关及直属单位共有工作人员48人。2012年，在各级党委、政府的坚强领导下，全市安监系统广大干部职工紧紧围绕主题主线，狠抓重要时期、重点领域的安全监管，深入开展隐患排查治理和“打非治违”专项行动，积极预防，有效地减少了各类事故发生，全市安全生产形势保持了持续稳定。2012年全市共发生各类事故1225起，死亡254人，同比分别下降7.41%和9.93%，各项事故控制指标均在省政府下达的指标以内，被省政府授予“安全生产先进市”称号。

逐步完善安全生产法制政策支撑体系 紧紧围绕确保全市大项目建设的工作部署，形成了《2012年全市安全生产监管工作要点》，主要工作均细化到每周、每月、每季。出台了《济宁市安全生产“一岗双责”制度实施细则》，调整了市政府安委会，下设13个专业委员会，安全生产责任体系进一步健全。制定了《关于建立高危行业(企业)安全生产环境状况风险评估机制的意见》，把全市矿山、危化品、建筑施工等高危企业纳入风险评估范围，充实了济宁市安全生产专家委员会，安全生产支撑能力进一步强化。

全面推进安全生产行政执法工作 制定了《2012年度安全生产执法监察工作计划》，全市安监系统共检查生产经营单位12722家(次)，责令改正1761家(次)，立案508起，实施罚款530.51万元。围绕市委、市政府中心工作，实现了行政许可提速，共受理、办结各类行政许可事项14187件。其中：危化品类事项336件，非煤矿山类事项29件，安全资格人员许可事项13822件，占行政审批大厅审批数量的61%，市安监局行政审批窗口连续被评为“红旗窗口”。

扎实开展安全生产基层基础工作 狠抓企业安全标准化创建和班组安全建设。出台了《济宁市安全生产标准化建设评审工作管理办法》，全市有160家非煤矿山企业、95家危化品企业、83家其他工商贸企业达到安全标准化要求，1000余家企业参加了安全生产责任保险，共缴纳安责险720万元。加强了班组安全建设，全市有7个班组被省政府命名为优秀班组，1人被命名为十佳班组长。加强了企业应急预案备案工作，有1445家企业进行了备案。在全市开展了应急预案演练活动，共举行各类演练2342场次，参演人员超过16万人次。与各县市区签订了个性化的年度目标责任状，增强了工作针对性。加大了对指标完成情况的奖励力度，先进县市区奖励由4万元提高到10万元。向各县市区下达了《2012年度安全生产培训计划》，全市共培训“三项岗位人员”26789人。

以宣传教育为手段狠抓安全生产文化建设 强化安全生产宣传教育。扎实开展了第十一个“安全生产月”活动，组织8家驻济新闻媒体开展了全民教育济宁行采访活动，共发布安全生产宣传信息395篇次。举办了全市党政领导干部安全生产专题培训班和企

2012年2月23日，市安监局举办全市党政领导干部安全生产专题培训班。

业高管人员安全生产专题培训班,640余人参加培训。推进企业安全文化建设和安全社区创建工作。全市安全文化示范企业创建机制不断完善,安全社区实现了零突破。30家企业被命名为安全生产示范企业,6个社区被评为安全生产优秀社区。

着力深化安全生产打非治违工作 坚持"治大隐患、防大事故"的工作思路,出台了《关于建立安全生产事故隐患排查治理机制的意见》,集中开展了四次安全生产集中行动和打非治违专项行动。全市共打击非法违法、治理纠正违规违章行为9216起,下达整改指令书3518份,关闭各类非法违法企业236家。加大了重大事故隐患督办力度,对28条重大隐患进行了挂牌督办,已全部销号。同时,结合专项行动,先后组织开展了较大道路交通事故应急救援演练和煤矿停产撤人应急演练等活动,重点行业和领域的安全生产形势持续稳定。

开展主题活动,加强安监干部队伍建设 把强化学习教育作为提高队伍素质的重要抓手,制定了《市安监局2012年理论学习计划》及配档表,分阶段组织集中学习活动。深入开展了"解放思想跨越发展大讨论"和"大规模驻村入户面对面谈心交流"活动。召开了全市安监系统党风廉政建设工作会议,层层签订了工作责任书。认真开展了廉政风险防控机制建设活动,全局共梳理岗位37个,绘制权力流程图49张,查找廉政风险点101个,制定防控措施117条。切实解决群众关心的安全生产领域突出问题,完善了《济宁市安监局信访(安全生产举报)工作规程》,全年共受理群众举报45件,做到了"件件有回复、事事有回音"。

(孙雪芹)

统计工作

【概述】 济宁市统计局内设办公室、人事科、政策法规科、综合统计科、国民经济核算统计科、服务业统计科、工业交通统计科、能源资源统计科、固定资产投资统计科、商务统计科、社会科技统计科11个职能科室;设有5个事业单位:济宁市农村社会经济调查队(副处级)、济宁市统计普查中心(副处级)、济宁市社情民意调查中心(副处级)、济宁市统计信息中心(科级)、济宁市统计局高新区统计工作处(科级)。现有在职人员60人,其中高级统计师10人。2012年,在市委、市政府的正确领导下,济宁市统计局紧紧围绕全市工作大局,坚持把服务经济社会发展作为统计工作的第一要务,加大改革创新力度,强化重点工作落实,为全市科学发展跨越发展提供了优质的统计服务。

统计生产方式实现新变革 根据国家、省局要求,全市上下协同配合、全力推动,成功实施了以企业一套表为核心的四大工程建设,全市统计改革发展取得新进展。各级高度重视。市委、市政府领导专题听取一套表工作汇报,并作出重要指示。全市统计系统上下齐心,将其作为头号任务,实行"一把手"负责制,狠抓落实,部门联动、专业互动、合力推进。多次召开会议研究布置阶段性重点工作,实行检查、考评、督办、日报、值班等制度,开展了5次大规模督查活动和4轮较大规模"三上"企业统计人员业务培训。8月中旬,市政府召开了由156个乡镇统计站站长参加的业务培训会议,市委常委、常务副市长刘中会作了重要讲话。积极做好"三上"企业申报列统工作。坚持"先进库再有数,不进库不出数"的原则,按照"三上"企业审批流程和条件要求,市局多次召开专题会议,安排部署"三上"企业培育、申报工作,有关科室加强调度,深入县市区进行业务指导,积极向国家、省局汇报,获国家审批数量比较多。截止到2012年底,全市共新增"三上"企业733个,其中新增规模以上工业423个。加强联网直报网络系统管理。进一步扩容增速,构建网络安全防范体系,全市实行统一的市上至国家、省,下至县、乡五级统计机构对数据同步直接抓取,建成了安全畅通、便捷高效的联网直报系统,全市企业联网直报率和报送率均保持在99%以上。做好数据质量控制工作。严格执行"四条红线",坚持做到"四个坚持",加大联网直报数据核实力度,规范各专业数据审核方法和程序,开展了数据质量督导检查,督促企业真实独立填报数据,确保源头数据真实可靠。

统计服务水平跨上新台阶 统计预警监测积极有效。面对经济下行压力,加强对工业、投资、能源、房地产、贸易等重点领域敏感指标的监测预警,经常性地深入基层企业调研,及时反映苗头性和趋势性问题,实现了对经济动向的快速反映和动态跟踪监测,为服务市委市政府领导决策争取了工作上的主动。多次向市委、市政府有关会议汇报经济运行情况,向市党代会、"两会"等提供详实的统计信息,向各县市区主要领导反馈经济运行分析评价,充分发挥了统计职能作用。统计分析水平进一步提升。密切关注经济运行和社会发展中出现的新情况、新问题，召开部门座谈会、数据联席会和经济形势分析会，通过下企业、走部门、看现场、召开座谈会等多种形式，撰写出一批针对性强、有深度、有广度的调研分析报告，为领导决策提供了重要参考依据。统计公开工作进一步透明。加大统计宣传力度，广泛利用济宁统计信息网及报纸、电视等媒体，发布统计公报和各类统计信息，及时向党委政府、各部门和社会各界提供统计月报、统计手册、统计年度报告、统计年鉴等统计资料。统计评价水平进一步提高。根据省市科学发展观综合考核要求，积极收集整理全省其他市考核数据，做好评价分析工作。开展全市科学发展综合考核群众满意度电话调查等社情民意调查，调查项目共计28个，完成151个班次的电话访问任务。

各项统计调查迈出新步伐 扎实做好服务业统计工作。进一步明确各部门服务业统计工作职责和任务，统筹处理好服务业统计纵向和横向关系，完善服务业三大载体统计监测制度，加大服务业统计培训和考核力度，开展重点服务业企业调查，并实现重点服务业企业联网直报，服务业统计水平进一步提高。圆满完成常规统计调查和经济普查准备。认真组织实施农业、工业、建筑业、批零业、住餐业、房地产业、投资、能源、保障房、人口、就业、劳动工资、社会、科技等领域各项常规统计调查工作。积极开展文化及文化创意产业统计、社会综合评价、全面建设小康社会监测工作。扎实做好人口普查资料开发、投入产出调查和第三次经济普查筹备工作。

部门统计工作取得新成效 召开部门服务业统计工作会议，加强部门统计调查，帮助和支持有关部门建立健全统计调查制度，配合部门做好统计业务培训。有关部门重视支持统计工作，加强统计队伍和基础建设，部门统计工作水平得到提高。各有关部门积极做好与综合统计部门的协调配合，加强沟通交流，及时报送各项统计资料，共同分析研判形势，形成了工作合力，实现了与各部门的优势互补，统计数据质量明显提高，匹配性、协调性明显增强。

统计基层基础工作得到新加强 认真贯彻执行市政府办公室《关于进一步加强统计基层基础工作的意见》。全市各级高度重视统计基层基础工作，加大了督导考核力度，改善了办公条件，统计基层基础工作整体水平得到显著提升，统计工作环境得到进一步改善。市局会同发改、经信、住建、商务等部门联合制发《关于进一步加强“三上”企业统计工作的通知》，建立健全继续教育定期培训、年审及统计负责人制度，促进了全市“三上”企业统计基础建设。以星级管理为抓手推进企业统计规范化建设。按照省局要求，认真开展“三上”企业星级管理工作，全市星级“三上”企业达到2560家。其中三星级单位达到515家、四星级单位314家、五星级单位160家，进一步提升了企业统计规范化建设水平。10月下旬，省“三上”企业星级验收检查组随机抽取市中区、邹城市各40个“三上”企业进行验收并顺利通过。

统计法制建设取得新进展 制定全市2012年统计法制工作要点和统计执法检查工作方案，举办了6期统计法学习班。深入开展12.4法制宣传和12.8统计法宣传活动，增强了社会各界的统计法律意识；组织开展全系统“统计法与我同行”专题演讲比赛活动。召开部门统计执法座谈会，下发“三上”企业《法律事务告知书》，联合市监察局下发《关于开展全市统计执法大检查的通知》，在县市区自查的基础上，深入重点企业，联合开展统计执法大检查工作，切实保障企业一套表联网直报和各项统计工作的顺利进行。

统计干部队伍建设得到新提升 加强学习型党组织建设，组织党员干部认真开展以十八大精神为主要内容的理论学习，积极探索新形势下加强统计干部队伍建设的新思路、新方法。认真组织开展“解放思想跨越发展大讨论”、“恪守从政道德、保持党的纯洁性”、“四讲四提高”和“大规模驻村入户、面对面谈心交流”等一系列主题实践活动，扎实推进“目标责任、考核奖惩、监督检查”三个体系建设，修订完善《市统计局机关管理制度汇编》，印发《关于2012年开展廉政风险防控机制建设的实施方案》，建立了涵盖科室、责任人的廉政风险防控体系。召开全市统计系统党风廉政建设工作会议，举办廉洁从政报告会，签订了党风廉政建设责任书和统计行风建设责任书，加强对行风建设的监督，全系统统计干部队伍的思想政治素质和工作业务能力有了显著提升。

（梁 立 冯兴岱）

审计工作

【概述】 济宁市审计局编制78人，其中行政编制56人，事业编制22人，实有人员79人。设有

15个职能科室，即办公室、人事科、法制审理科、财政审计科、企业审计科、农业与资源环保审计科、社会保障审计科、信息科、行政事业审计一科、行政事业审计二科、行政事业审计三科、行政事业审计四科、行政事业审计五科、行政事业审计六科、审计结果执行科；内设1个副处级行政机构，即济宁市经济责任审计办公室；下设1个副处级、1个正科级事业单位，即济宁市政府投资审计处，济宁市审计局高新区审计工作处。

2012年，全市审计机关按照“依法审计、服务大局、围绕中心、突出重点、求真务实”的工作方针，坚持“业务立审、文化育审、科技强审、人才兴审、廉政树审”的发展战略，依法履行审计监督职责，全面加强审计机关建设，取得显著成效。全年共完成审计项目1132个，查处违规金额23.71亿元，上缴财政17.21亿元，审减工程造价11.59亿元，促进增收节支29.95亿元，提出审计建议1834条，被采纳1286条，提交审计专题、综合性报告和信息简报1502篇，被批示采用710篇，移交违法违纪案件线索15起。其中，市审计局完成审计项目103个，查处违规金额14.37亿元，上缴财政10亿元，审减工程造价1.83亿元。全市共有4篇AO案例获得审计署应用奖，1篇审计案例荣获审计署企业审计实验室案例评审活动三等奖，6人被审计署评定为审计学会计算机分会计算机能手人才，获得2个全省优秀、1个全省表彰审计项目，1人受到审计署“全国社保资金审计嘉奖”。市审计局被市委、市政府表彰为“驻村工作先进集体”，被省安委会、省公安厅授予全省公务车辆管理先进单位，被省纪委、省监察厅命名为省级廉政文化建设示范点，并在全省审计机关廉政文化建设工作会议上做了典型发言。市审计局继续保持全国文明单位称号，梁山、汶上、泗水、嘉祥县审计局继续保持省级文明单位称号，邹城市审计局晋升为省级文明单位，全市审计系统实现了市级文明单位全覆盖。开展了“审计青年论坛”优秀论文评选活动，科研工作有了新进展。召开了全市内审单位经验交流会、内审工作现场会，梁山县、泗水县、高新区成立内部审计师协会，内审工作实现新突破。

深化审计监督，全面完成各项审计任务 做好审计署统一组织的重大审计项目。对市本级及各县（市、区）社会保障资金进行了审计，对4个县农村中小学布局调整情况进行了审计调查，采取“同级审”和“上审下”结合的方式，对全市2012年度城镇保障性安居工程进行了跟踪审计。组织了2011年度市本级及各县（市、区）级预算执行审计和税收征管审计，同时开展了全市财政收支真实性审计调查和价格调节基金征收使用管理情况审计调查。对现代农业生产发展专项资金、住宅专项维修资金、土地出让金、体育彩票公益金等专项资金进行了审计，对泗水县、金乡县2个省管县试点县财政运行情况进行了审计调查，对6个国外贷援款项目进行了审计，反映了项目资金在管理、使用等方面存在的问题，推进了整改落实。强化政府投资建设项目审计。对“三重”项目、南水北调工程、23届省运会场馆建设项目、农村环境综合整治等项目进行跟踪审计。市政府办公室出台了《济宁市政府投资建设项目审计管理办法》，对政府投资审计的主体、范围和内容等做出了明确规定。强化经济责任审计。对经济责任审计联席会议成员进行了调整，市委办公室、市政府办公室出台了《济宁市党政主要领导干部和国有企业领导人员经济责任审计实施办法》，市审计局联合纪检监察等部门制定了《济宁市领导干部离任经济责任事项交接管理暂行办法》、《济宁市经济责任审计工作联席会议制度》等，全年共对512位领导干部和领导人员实施了经济责任审计。加强企业监督，参与处理了硅元件厂职工上访事件、小松山推企业涉日维稳工作，参与了市区工业企业“退城进园”工作，对硅元件厂资产负债损益情况、济宁银行2011年度资产负债损益情况进行了审计。

提升工作成效，更好地服务科学发展 一是发挥审计建设性作用。注重分析带有全局性、普遍性以及倾向性、苗头性的问题，深入查找根源，提出针对性意见建议，促进加强管理、依法行政、深化改革，当好领导决策的参谋助手。预算执行审计和价格调节基金审计结果引起市政府的高度重视，市长梅永红作出了批示，要求有关部门采取切实有效的措施加以整改。编制的《济宁市2011年度财政情况审计分析》，受到省审计厅和市委、市政府的赞扬。2012年，市委、市政府主要领导共批示审计报告、专报和信息18篇，促进了问题的解决和长效机制的建立。加强审计发现问题的整改落实。全市建立了联动整改和协作配合机制，重大事项实行政府督查，多次召开有关部门参加的联席会议，及时解决相关问题。审计机关及时跟踪，及时督查，促进被审计单位在规定时限内完成整改。

加强能力建设，创建群众满意审计机关 加强党的建设，认真落实党风廉政建设责任制，大力构建廉政风险防控体系，组织开展了“解放思想跨越发展大讨论”、“大规模驻村入户、面对面谈心交流”和“廉政文化进机关”活动，进一步提高了争先进位的意识、拒腐防变的能力和服务群众的自觉性，市审计局被市直机关工委评为“解放思想跨越发展大讨论”活动先进单位、机关党建工作先进单位，被市委讲师团确定为“济宁市中国特色社会主义理论体系宣教基地”，第一书记帮扶工作组被市委表彰为先进工作组。加强精神文明建设，开展了“为政以德、诚审惟公”服务品牌创建活动，培育和塑造了“依法、忠诚、责任、创新、奋进”为内涵的济宁审计精神，同时，涌现出曲阜市审计局“人人彬彬有礼教育学校”、汶上县政府投资审计中心市级青年文明号、微山县审计局“阳光审计、为民护财”服务品牌等先进典型。更加注重队伍建设，举办了AO认证等10期培训班，各类人才队伍专业结构、年龄结构不断优化。加强规范化建设，对行政管理、业务管理等75项制度进行了全面梳理，修订完善27项，废止7项，新出台16项制度。开展了审计质量提升年活动，建立健全决策、执行、监督相分离的业务运行机制，推动审计业务管理的科学化、规范化，被市行政程序年活动领导小组办公室公布为“行政程序年”示范单位，行政执法案卷被市法制办评为2011-2012年度全市行政执法“十佳案卷”，行政执法典型案例被评为2011-2012年度全市行政执法“优秀案例”。加强审计信息化建设，推进“金审工程”建设，出台了加强审计信息化建设的意见，制定了全市审计信息化建设三年规划及计算机审计操作规程、审计项目AO与OA交互管理办法，市政府办公室发布《关于利用计算机信息系统开展审计工作的通知》，加速推进了现代技术在审计工作中的运用，进一步提高了机关建设水平和工作效能。

（郭卫东　郑茂霞）

文化济宁

竹竿巷

竹竿巷，包括竹竿巷、纸坊街、汉石桥街、纸店街，以及清平巷、打绳巷、永丰巷和大闸口运河南街这一大片临河街区。

由南而来的运河，在竹竿巷东面拐了个弯儿，折头西行，竹竿巷北端也顺河势一转，正接纸坊街、汉石桥街和纸店街。三条街首尾相接，店铺鳞次栉比，在拐弯处矗立着金碧辉煌的清真东大寺。东大寺正面临河，运河船队在门前穿梭疾驶，背后一溜500米长街蜿蜒西行。市民传说，这叫做“青龙戏水”：巍峨的大殿金顶耸立，就像龙头高昂，护河衔水；身后长街房檐进退、房瓦苍苍如鳞甲交错，就像龙身；左右仅可容二人并行的各个小巷，就像龙爪。还说，巷深处有水井，不为取水，只作为“水钉”钉牢这条巨龙，怕它腾空而去带走一方风脉。

竹竿巷集中体现了济宁建筑艺术最典型的特征，这种前门交易、后门泊船装货的格局在北方怕是不多见的，临河设店的小桥流水，不是苏州又胜似苏州。

竹竿巷作为历史上山东最大的竹器市场，几乎集中了济宁所有的竹器作坊，旧时这里是济宁手工业最集中、商业最繁荣的地段。

江北不产竹，元代开通运河之后，浙江的毛竹、篙竹、黄竹、斑竹及烟杆竹，都由运河向北方贩运，多在济宁上岸交易，竹编工匠也随之上岸谋生。竹器行在运河沿岸如雨后春笋般冒出来，很快竹竿巷就发展成为山东最大的竹器市场。既然是南方竹匠建铺，则必然沿用南方样式，又经上百年北方泥木工匠不断翻修，到了清代，竹竿巷便与济宁其他街巷迥然不同了。店铺高低不一，样式各异，有的前伸，有的后敛，有的加台阶，有的漫平地，悬山硬山、斜墙曲壁不一而足。所以街道从平面上看参差进退，逶迤蜿蜒；从立面上看天际线高低错落，跌宕起伏，整个街道是一处丰富而又多样化的建筑群。它有江南风，又有北方味，故此便有“江北小苏州”之说。

济宁年鉴 2013

JININGYEARBOOK

农业

农业和农村经济发展

【概述】 2012年,全市各级认真贯彻落实中央和省、市关于农业农村工作的决策部署,按照"三个高于、三个提高"的工作要求,紧紧围绕转方式调结构、建设现代农业、促进农民增收,着力推进农业产能建设、产业体系建设、设施装备支撑、经营机制体制创新,全市农业农村经济克服宏观经济放缓、市场巨幅波动、干旱灾害严重影响等诸多困难挑战,保持了持续健康运行的良好态势,成为经济社会发展的突出亮点。

农村经济总量持续稳定增加 全市农林牧渔及服务业增加值372.0亿元,按可比价格计算同比增长4.8%。其中,农业增加值233.1亿元,增长5.0%;林业增加值5.4亿元,增长7.1%;牧业增加值98.9亿元,增长3.7%;渔业增加值24.7亿元,增长6.3%;农林牧渔服务业增加值9.9亿元,增长8.7%。农林牧渔及农林牧渔服务业增加值比例为62.7:1.4:26.6:6.6:2.7。

粮食丰产丰收 全市粮食总产实现了连续9年增产,首次突破100亿斤大关,达到113.8亿斤,提前三年完成了百亿斤粮食大市建设目标,产量占全省的八分之一,荣获"国家粮食生产标兵市"称号。全市粮食作物播种面积1119.2万亩,同比增加89.2万亩。平均单产509公斤,同比增加36公斤,增长7.5%;总产量达569万吨,同比增加81.9万吨,增长16.8%。

种植业结构调整进一步优化 在确保粮食安全的前提下,全面实施"菜篮子工程"建设,积极引导农民调整优化种植结构,大力发展高效特色农业。棉花种植126.5万亩,同比减少19.9万亩,单产95公斤,同比增加7公斤,总产达到11.9万吨,与上年基本持平。花生种植面积60.6万亩,同比减少9.2万亩,总产量17.3万吨,同比减少4.3万吨。大蒜、圆葱种植规模稳定,大蒜种植120万亩、圆葱30万亩,效益大幅提升。食用菌、中药材、设施蔬菜加快发展,食用菌种植面积达到2600万平方米、中药材种植面积达到8万亩、设施蔬菜种植面积发展到65万亩。

林牧渔业生产健康发展 新增造林面积19.6万亩,四旁植树1913万株,新建完善农田林网20.5万亩,完成湿地保护与恢复15万亩,完成绿色通道建设578公里,全市森林覆盖率达到28%。畜产品生产呈现波动调整、缓慢向好态势,全市生猪年末存栏330.6万头,同比增长2.9%,累计出栏636.38万头,同比增长3.5%,肉类总产量83.4万吨,同比增长4.9%,禽蛋产量60.2万吨,同比增长3.3%,奶产量14.1万吨,同比增长1.7%。渔业生产保持良好发展态势,水产养殖面积88.4万亩,增长8.0%,水产品产量39.1万吨,同比增长5.0%。

农业产业化经营取得新进展 启动实施了农业产业化龙头企业培植提升工程,新增农业产业化龙头企业56家,其中省级农业产业化重点龙头企业13家,全市农业产业化龙头企业发展到806家,资产总额435亿元,固定资产总值214.7亿元,年销售收入682亿元,同比分别增长7.2%、5.9%、9.8%。坚持"边发展、边规范",引导合作社由松散型中介服务为主向产前、产中、产后等全过程服务和紧密型、实体型方向发展,不断提高带动辐射能力,新发展农民专业合作社854家,总量达到3233家,其中建成国家级示范社2家、省级示范社9家,入社社员38.6万人,辐射带动农户68.7万户,成员出资额达85.06亿元。

农产品质量安全水平稳步提升 扎实开展了农产品质量安全示范市创建活动,建成国家级出口食品农产品质量安全示范区(县)1个,省级农产品质量安全示范县3个,市级农产品质量安全示范县创建实现了全覆盖;农产品质量安全追溯体系初步建立,全面完成了县级农产品质量监控和质量追溯体系建设,区域性农产品质量安全追溯点达到159个;各类农业标准化生产基地发展到556万亩,农业生产标准化率达到71%;农产品质量安全示范区发展到305处、140万亩;新增"三品一标"认证106个、面积12万亩,认证总数达到1032个、面积387万亩,认证数量和面积均居全省前列;开展省市农产品质量安全例行监测、专项监测12次,平均合格率98.7%。

农业装备水平进一步提升 重点实施了标准粮田建设、中低产田改造、农田水利建设、农机装备工程等一大批现代农业建设项目,农业生产条件显著改善,装备水平大幅提升。实施农田水利工程9383处,完成投资19.7亿元,新增节水灌溉面积48万亩;全市农田有效灌溉面积达到698.5万亩,同比增加3.35万亩;新建高标准粮田90万亩。大力发展农机服务组织和农机大户,农业机械总动力达到1024万千瓦,同比增长4%,全市农机化综合水平达到85%,同比增长2%。

农村改革创新成效明显 加快农村改革创新步伐,积极探索农村体制机制创新路子。通过搭建平台、示范引导、完善政策多措并举，在保持农村承包关系长久稳定不变的前提上，引导土地承包经营权规范有序流转，发展规模化、集约化经营。全市新增土地流转面积22.2万亩，总面积达到108.9万亩，占农村承包土地面积的14.2%，高于全省平均水平3.2个百分点。通过土地流转吸引工商资本参与农业经营，培育发展了一批新型农业经营主体，经营规模百亩以上的农业公司、农场和种植大户发展到559家。积极培育多元化服务主体，健全完善公共服务为依托、合作组织为基础、经营性组织为骨干、其他组织为补充的新型农业社会化服务体系，供销系统土地托管、商贸系统服务网络延深、邮政系统“一条龙”服务等取得明显成效。切实加强农村集体“三资”管理，在全市范围内组织开展了农村集体经济组织清产核资工作，建立了“三资”管理台账，全面实行“三资”委托代理制度，全市6541个村完成了“三资”清查核实，落实资金账面金额13.67亿元，资产账面金额107.1亿元，资源面积1390.7万亩，为创新农村集体“三资”管理发展村集体经济奠定了基础。

农民生活质量明显提高 全市农民人均纯收入达到10002元，同比增加1290元，增长14.8%，农民收入连续10年保持较快增长速度。农民人均生活消费支出5437元，同比增加715.9元，增长15.2%，恩格尔系数39.3，比上年降低0.5个百分点。

（刘奇志　张　林）

农村经济管理

【概述】 2012年，全市农村经济管理工作以科学发展观为指导，以转变农业经营方式为主线，以维护农民群众合法权益为出发点，以规范农村土地流转、加强农民负担监管、强化农村“三资”管理、加快农民合作社发展为重点，创新工作方式，强化工作措施，农村经济管理工作取得显著成效。

稳定完善农村土地承包关系，规范农村土地经营权流转 继续稳定完善农村土地承包关系，巩固农村基本经营制度，加大宣传《农村土地承包法》等法律法规力度，将土地承包和流转作为各级农业干部培训的重要内容，进一步增强了法律意识，有效防止了违规调整承包地等问题的发生。积极推进和规范农村土地流转工作，建立健全了土地流转服务组织，促进了农村土地的规范规模流转。全市新增土地流转面积22.2万亩，总面积达到108.9万亩，占农村承包土地面积的14.2%，高于全省平均水平3.2个百分点。建立了县级土地流转服务组织5个，乡镇流转服务中心133个，为土地流转提供规范完善的“一站式”服务。抓好了农村土地承包经营和流转纠纷调处工作，已有8个县市区成立了土地承包经营纠纷调解仲裁委员会，调查处结土地承包纠纷89起，促进了全市农村社会和谐稳定。

维护农民合法权益，切实减轻农民负担 着重在巩固农村税费改革成果、有效防止反弹和促进农村公益事业发展等方面做好工作。制定印发了《关于做好2012年减轻农民负担工作的意见》，认真落实减轻农民负担工作目标责任制，严格执行农民负担监管“五项制度”，积极构筑农民负担监管长效机制，即税收、价格和收费“公示制”，乡村公费订阅报刊费用限额制，涉及农民负担案(事)件责任追究制和农民负担监督卡制等，全市共发放农民负担监督卡近170万份。指导县乡全面开展了村级公益事业“一事一议”筹资筹劳财政奖补工作，全市共有129个乡镇、1807个村开展了村级公益事业“一事一议”财政奖补项目，兴建项目3143个，受益农业人口169.8多万人，争取财政奖补资金1.1亿元，促进了村级公益事业的快速发展。组织开展了两次全市减轻农民负担工作监督检查活动，对检查出的问题及时进行了整改。扎实做好农业信访工作，全市共接处涉农信访138起、162人(次)，其中市级接处42起、56人(次)，按照件件有着落，事事有回音的要求，对信访件一一作了查办或督办，处结率100%。

加强农村财务管理，农村集体“三资”管理再创新水平 围绕加强农村集体资金资产资源（以下简称“三资”）的管理，重点抓了五个方面的工作。按照市委、市政府《关于创新农村集体资金资产资源管理模式的实施意见》的要求，在任城区率先实行了农村集体“三资”管理新模式，实现了计算机软件对农村集体“三资”的动态管理。按照省的统一部署，全面开展了农村集体经济组织清产核资工作。通过制定方案、召开会议、组织培训、现场指导、督导检查等，全市共有6541个村完成了清产核资工作，占全部村数的99.7%。统一建立了村集体“三资”管理台账。按照市统一设计、县级印制、乡村组织填报的要求，在清产核资的基础上，全市统一建立了农村集体资产台账、农村资源台帐和农村经济合同台账。全面实行村集体“三资”委托代理制度。在乡镇全面建立了农村集体“三资”委托代理服务中心，建立健全各项管理制度，将村集体资金、资产、资源及公章统一管理，利用纪委农廉网系统对村集体“三资”实行全方位、全过程动态管理和服务。不断加大农村审计力度，对村级转移支付资金和征占补偿资金的分配管理和使用等进行重点审计，对群众反映强烈的问题进行专项审计，共审计3035个单位，审计资金8.7亿元。

加强农民合作社指导，促进健康发展 认真贯彻实施《农民专业合作社法》和《省农民专业合作社法条例》，通过积极培育与示范指导，大力推进农民专业合作社发展与规范建设，扩大合作社的覆盖面，提高农民的组织化程度。继续搞好宣传培训，利用各种媒体，采取多种形式，广泛宣传法律法规。同时，积极发挥典型的示范作用，大力宣传身边的典型，提高农民加入或兴办农民专业合作社的积极性。大力发展农民专业合作社。坚持“边发展、边规范”，引导合作社由松散型中介服务为主向产前、产中、产后等全过程服务和紧密型、实体型方向发展，不断提高带动辐射能力，新发展农民专业合作社854家，总量达到3233家，其中建成国家级示范社2家、省级示范社9家。加强对农民专业合作社的指导，帮助指导农民专业合作社建章立制，建立健全内部管理制度和经济核算方法，促进专业合作社民主管理、规范运作、健康发展。

（孙德强　朱守忠）

种植业

【概述】 2012年，面对宏观经济放缓、市场巨幅波动、干旱灾害严重影响等诸多困难挑战，全市各级认真贯彻落实中央和省、市一系列决策部署，按照“三个高于、三个提高”的工作要求，紧紧围绕转方式调结构、建设现代农业、促进农民增收，着力推进粮食产能建设、产业体系建设、科技支撑保障、经营机制创新，全市农业呈现出粮食增产、农业增效、农民增收的良好局面，成为经济社会发展的突出亮点。全市农业增加值233.1亿元，增长5%，农民人均纯收入10002元，增长14.8%。

粮食丰产丰收 全市粮食总产实现了连续9年增产，首次突破100亿斤大关，达到113.8亿斤，提前三年完成了百亿斤粮食大市建设目标，产量占全省的八分之一，荣获“国家粮食生产标兵市”称号，获奖励资金1500万元。全市粮食作物播种面积1119.2万亩，同比增加89.2万亩。平均单产509公斤，同比增加36公斤，增长7.5%；总产量达569万吨，同比增加81.9万吨，增长16.8%。

特色种植规模进一步优化 在确保粮食安全的前提下，全面实施“菜篮子工程”建设，积极引导农民调整优化种植结构，大力发展高效特色农业。棉花种植126.5万亩，同比减少19.9万亩，单产95公斤，同比增加7公斤，总产达到11.9万吨，与上年基本持平。花生种植面积60.6万亩，同比减少9.2万亩，总产量17.3万吨，同比减少4.3万吨。大蒜、圆葱种植规模稳定，大蒜种植120万亩、圆葱30万亩，效益大幅提升。食用菌、中药材、设施蔬菜加快发展，食用菌种植面积达到2600万平方米、中药材种植面积达到8万亩、设施蔬菜种植面积发展到65万亩。

高效生态循环农业发展取得新成效 因地制宜大力发展生态农业、休闲农业，提高经济效益。启动实施了生态循环农业示范区建设，建设了生态农业示范县3个，生态循环农业示范区50处，面积20万亩、辐射带动100万亩，新建畜沼菜、畜沼果等生态循环农业示范基地26处。新发展户用沼气11000户，大型沼气工程8处，中小型沼气工程94处，“一池三改”户用沼气累计发展到22.3万户，大型沼气工程12处，中小型379处，户用秸秆沼气5.5万户。实施“两减三保”行动，严格控制农业面源污染，推广测土配方施肥900万亩、病虫害绿色防控和生物综合防治130万亩。积极推广农作物秸秆综合利用技术，综合利用率达到90%以上。大力发展乡村旅游和休闲农业，全市有43个村（社区）被授予省生态文明乡村称号，泗水县、曲阜市被授予省级生态文明乡村建设先进县（市）荣誉称号，全市获省生态文明乡村建设奖励资金1300万元。

农业科技支撑不断增强 扎实开展了“农业科技促进年”活动，加强农业科技创新平台建设，健全农技推广服务体系，创新农技推广服务机制，提高农民科技素质，增强科技对现代农业的支撑能力。全年累计完成各类农民培训10.54万人次，完成阳光工程、农民创业培训19300人并全部实现转移就业。积极推广农业科技新成果、新技术，全市引进推广新品种61个，推广新技术、新成果103项，农业科技贡献率达到58%。建立健全乡镇农业技术推广、农产品质量监管等基层公共服务机构，明确公益定位，落实机构、编制、人员、经费和办公场所，努力解决好农业科技服务最后一公里问题；深入推进产学研结合，依托济宁农科院，建立玉米、大豆、甘薯3个国家现代农业产业技术体系综合实验站；支持嘉祥圣丰种业和兖州农科所设立院士工作站，加快大豆、小麦良种育繁推一体化建设。

农业经营机制创新扎实推进 在保持农村承包关系长久稳定不变的前提上，通过搭建平台、示范引导、完善政策多措并举，引导土地承包经营权规范有序流转，发展规模化、集约化经营。全市新增土地流转面积22.2万亩，总面积达到108.9万亩，占农村承包土地面积的14.2%，高于全省平均水平3.2个百分点。通过土地流转吸引工商资本参与农业经营，培育发展了一批新型农业经营主体，经营规模百亩以上的农业公司、农场和种植大户发展到559家。切实加强农村集体“三资”管理，在全市范围内组织开展了农村集体经济组织清产核资工作，建立了“三资”管理台账，全面实行“三资”委托代理制度，全市6541个村完成了“三资”清查核实，落实资金账面金额13.67亿元，资产账面金额107.1亿元，资源面积1390.7万亩，为创新农村集体“三资”管理发展村集体经济奠定了基础。

农业执法活动扎实开展 扎实开展农业综合执法活动，健全完善了农业行政执法制度，积极开展了法制宣传、“放心农资下乡进村宣传周”和农资打假护农宣传活动，全市共出动宣传车486辆次，举办电视讲座4次，赶科技大集26次，发放明白纸36.4万余份，举办培训班4期，培训从业人员1200人次，悬挂横幅310幅；加大了春秋两季农资打假护农行动力度，全市出动农资执法人员2153人次，检查企业592个，农资市场158个，查处各类违法案件474起，查获假冒伪劣农资1676吨，货值金额达350余万元，捣毁制售假窝点7个，为农民挽回经济损失521万余元。同时，组织开展了两次农民负担大检查，严肃查处了加重农民负担的违法行为。

强农惠农富农政策落实到位 认真落实各项强农惠农富农政策，全年发放粮食直补、农资综合补贴、良种补贴、农机购置补贴资金8.92亿元，人均154元；实现了政策性农业保险全覆盖，全市小麦、玉米、棉花投保面积440.8万亩，同比增加256.8万亩，已决赔付1742.4万元，增加1288.4万元；组织实施中央、省农业重点建设项目170个，总投资2.6亿元。大力开展扶贫开发工作。扎实推进整建制扶贫开发，着力改善贫困村农民生产生活条件，争取并投入专项扶贫资金4110万元，扶持贫困乡镇、贫困村主导优势产业项目99个，发展贫困村互助资金试点48个，培养重点贫困村创业带头人100名，通过实施专项扶贫开发，4.5万余贫困农民实现脱贫。

（刘奇志　张　林）

林　业

【概述】 济宁市林业局是主管全市林业工作的市政府职能部门，负责拟定全市林业改革发展中长期规划并组织实施。下设1正县级事业单位济宁南四湖自然保护区管理局，1副县级行政机构济宁市森林公安局（济宁市公安局森林警察支队）；内设办公室（挂人事科牌子）、造林绿化科、资源和林政科（挂行政许可科牌子）、审计与规划财务科、科技与产业发展科5个职能科室，下属林业站、林业场圃种苗站、野生动植物保护站、经济林管理站、林果良种繁育中心等5个事业站所。2012年全市林业改革发展工作在市委、市政府的正确领导下，以绿色济宁、美丽济宁建设为目标，牢牢把握“稳定增势、高位求进、加快发展”工作基调，坚持一手抓新形势下林业改革发展工作、一手抓新要求下干部队伍建设，全力做到实现2012年发展任务及新一轮林业六大工程目标与思考谋划2013年及未来五年林业跨越发展同步推进，全面完成了省考市及年度各项任务，圆满实现了新一轮六大工程各项目标，以全国绿化模范城市创建为牵动、以10项重点工程为承载的未来林业发展思路构架上升为了市委、市政府重要决策部署，高点定位、跨越追赶的林业发展新框架即将全面拉开。

抓造林绿化，生态建设进一步加强 充分利用春季、雨季植树黄金时节，突出加快荒山绿化、水系绿化、绿色通道、农田林网和绿色家园建设，市委、市政府相继召开了春季造林绿化动员会、春季造林绿化调度会、春季造林绿化现场会、高速公路绿色通道推进会、春季造林绿化现场观摩会等会议，通过会议动员部署、现场调度推进、实地观摩评比等措施层层推进、步步紧跟，确保了工作按照预期方向快速开展。市林业局组织7个指导服务组对造林绿化实行挂图作战、责任包保、驻地督导、公开通报、媒体曝光，确保了造林绿化任务的有效落实。2012年，全市完成造林19.6万亩，占年度任务的131%；新建完善农田林网20.5万亩，完成湿地保护恢复15万亩，新建完善绿色通道578公里，创建全国绿化模范县1个、全省绿化模范县1个、省级绿化模范乡镇3个、市级绿化样板村10个。

抓资源管护，生态成果进一步巩固 相继实施了林地保护利用规划编制、第八次森林资源连续清查、种质资源调查和第二次湿地资源调查等工作，县级林地保护利用规划"一张图"、第八次森林资源连续清查均顺利通过国家、省检查验收。坚持实行严格的林地湿地征占用审批、林地湿地征占用生态补偿制度，林地湿地征占用审批率达到100%。在连续3年实施大力度飞机防治的基础上，继续坚持虫病兼治，实施人工、飞机、生物等综合防治，林业有害生物防治作业面积120多万亩，三年累计投入资金4800余万元，防治面积920余万亩，扭转了林业有害生物防治被动局面，圆满实现省政府下达目标。实现了森林公安机构县市区全覆盖，落实了森林公安机构独立的刑事办案权，集中开展了"春季行动"、"野生动物严打行动"等专项行动，查处各类涉林和野生动物案件547起，有效保护了森林资源安全。严格落实森林防火领导责任制，市政府与森林防火重点县签订了森林防火工作目标责任状，不断加强森林防火专业队伍和基础设施建设，提升森林火灾预防和应急处置能力，在元旦、春节、清明节、"五一"、"十一"等关键时期，集中行动、昼夜值班、严防死守，全市未发生大的森林火灾。

抓产业发展，林业产值进一步增加 相继召开了全市经济林建设、苗木花卉发展现场会、林业产业发展工作会议等，加快果业和苗木花卉振兴规划实施，全市新发展经济林9.76万亩，新育苗木花卉7.9万亩，建设苗木花卉生产示范基地24个、经济林标准化示范园10个。制定出台了《济宁市市级林业产业龙头企业评选认定及管理办法》，新评选市级产业化龙头企业31家、专业示范合作社18家，新推荐确认省级产业化龙头企业16家，拿出400万元对32项林业产业化重点扶持项目进行奖励；将一批具有全局性、战略性、基础性的重大林业产业项目列入了全市重点工程建设项目。加快任城北方苗木交易中心等9处市级重点专业市场建设，建立健全林产品市场流通体系。建立了省内首家林业院士工作站，制定发布了《法桐苗木质量分级》等4个山东省地方标准，完成市级以上科研立项10项。全市市级以上森林公园、湿地公园和自然保护区达到40处，数量位居全省之首，全市林业产业总产值达到300亿元。

抓林权改革，发展活力进一步增强 继续深化集体林权制度配套改革，重点加快林权管理服务平台建设、林权抵押贷款开展、林业专业合作社发展，制定出台了《县级林权管理服务中心建设指导标准》、《林权抵押贷款管理办法》，明确了县级林权管理服务中心建设标准，与邮政储蓄银行济宁分行联合开展了"林银携手促发展"活动，搭建了林银协作平台，全市已建立林权流转服务中心12个，全年开展林权流转业务181宗，流转林地1.9万亩，完成林权抵押贷款5593万元。济宁市被省林业厅列为林权抵押贷款试点市，曲阜市被国家林业局确定为全国林业专业合作社典型示范县。全面落实省政府《加快国有林场苗圃改革与发展的意见》各项政策，所有国有林场苗圃全部纳入事业单位管理，国有林场和公益型苗圃所需经费和职工工资纳入县级财政统筹，基础设施和建设项目纳入了地方整体规划。

抓机关建设，发展环境进一步优化 继续坚持"一手抓班子带队伍、一手抓改革促发展"，注重从班子建设、队伍建设、制度建设、环境建设等方面提升机关效能。每年对林业各项重点工作进行细化分解，结合市委、市政府安排的涉林重要事项全部制定推进方案，实施包保推进；结合全省科学发展综合考核指标，建立健全科学公正的长效考评机制，制定出台了《济宁市造林绿化工作考核办法》、《济宁市森林资源管理考核办法》，为全面完成省考市年度指标任务奠定了坚实基础。筹资70万元完善了林业系统协同办公系统、视频会议系统，实现了办公信息化、无纸化，市林业局纳入全国林业信息化示范市建设。重视信息宣传，筹集资金升级改造了济宁林业网站，创刊了《济宁林业》杂志，已印发6期，加大了宣传力度，提升了林业形象。

（张晓东）

畜牧业

【概述】 济宁市畜牧兽医局为市政府直属行政支持类正县级事业单位，内设办公室、人事科、科技科、饲料科、医政药政科、动物卫生防疫科、畜产品质量安全监管科7个职能科室；下属1个行政支持类副县级事业单位动物卫生监督所和2个公益事业类正科级单位济宁市畜牧站和济宁市动物疫病预防与控制中心。2012

年,市畜牧兽医局在市委、市政府正确领导下,坚持以科学发展观为指导,认真贯彻落实党的十八大、十七届六中全会和中央、省市农村工作会议精神,紧紧围绕市委、市政府“三个高于、三个提高”决策部署,以解放思想跨越发展为主题,以大项目建设为突破口,全力推进现代特色畜牧大市建设,圆满完成了全年各项任务目标。全市肉类总产量83万吨,同比增长4.9%;蛋类产量60万吨,同比增长3.3%;奶类产量14万吨,同比增长1.7%;畜牧业产值达到233亿元,同比增长2.3%。

特色畜牧大市建设成效明显 良种资源保护取得明显成效。2012年以来,通过多种渠道筹措资金,继续加大对地方良种资源保护开发投入。目前,全市投入地方良种保护和开发资金1亿多元,为可持续发展奠定了坚实的基础。资源优势开始转化为发展优势。坚持保护和开发分类区别原则,对种群规模大、市场开发前景较好的畜种,加快实施产业化开发利用,不断将资源优势转化为发展优势。济宁品牌建设取得丰硕成果。泗水裘皮羊、泉林蛋鸭、微山麻鸭(活)、微山麻鸭(非活)、微山麻鸭蛋、鲁西黄牛、济宁青山羊、汶上芦花鸡、济宁百日鸡先后通过国家工商总局地理标志商标注册;3个国家级畜禽遗传资源原种场、7处省级畜禽良种繁育场通过验收。全市传统地方畜产品年加工量近12万吨,年销售收入超过15亿元,产值和饲养总量位居全省前列;规模特种养殖场达1920处,年存栏和出栏量分别达到1000万、1400万头(只)。

重大动物疫病防控工作成效显著 圆满完成了各项防控任务。2012年,各级投入防控资金4500万元,集中调拨免疫各类疫苗1.8亿毫升(头份),圆满完成了省防控指挥部下达我市的防控任务,确保了免疫密度达到100%。实现了疫病监测常态化管理。充分利用市县乡三级化验监测体系,实行了对疫病监测和流行病学调查的经常性常态化管理。全年市级投入抗体监测经费108万元,监测养殖场290个,检测各类样品3800余份;对1829个养殖场户实施了流行病学调查,对42个养殖场、共计28万余头(只)畜禽免疫临床效果进行了跟踪调查。强化基层防疫体系建设。市级财政将疫苗运输、基层防疫补助、应急演练等列入财政预算,制订了《济宁市基层动物防疫工作补助经费实施方案》,全年投入市以上补助经费593万元,村级防疫员补贴标准由原来1000元/人提高到1200元/人,争取省基层农业技术推广体系改革资金90万元,申报乡镇兽医站扩建项目资金45万元。

畜产品质量安全工作全面加强 组织开展专项整治行动。开展了生鲜奶站专项检查、兽药饲料执法、动物及动物产品药物残留专项整治行动。全年共出动车辆800台次、执法人员2000人次,检查生产企业74家,经营企业326家,养殖场1万多户(次)。加强动物检疫监管执法。对全市官方兽医人员进行了登记备案并上报省局批准,严格执行《动物检疫管理办法》,按照检疫规程和程序,到场到户检疫,对动物实施产地检疫时开展“瘦肉精”同步检验。全市产地检疫率达到90%以上,其中规模化养殖场产地检疫达到100%;定点屠宰场检疫率达到100%。加大畜禽产品监测力度。采取市县联动方式,对部分养殖场、屠宰场、冷鲜肉店进行了多次突击检查。全年共抽查监测养殖场308个、屠宰场30个、冷鲜肉店36个、生鲜乳收购站25处,检测各类样品1600余份。

畜牧龙头企业建设实现新的突破 强化领导,严格奖惩,全力招商。成立了由局主要负责人任组长的招商引资工作领导小组,制订并实施了招商引资奖励办法,以科室为单位层层分解任务,形成了人人参与招商的浓厚氛围。先后印制畜牧招商宣传册4000份。紧盯项目,靠上争取,全程服务。结合全市畜牧业产业发展规划,将大项目作为发展现代畜牧业的重要支撑。目前,全市在谈项目18个,总投资40亿元;合同项目1个,在建项目11个,实际到位市外资金8.2亿元。整合资源,优化升级,拉长壮大畜牧产业链条。组织召开了全国兽用化学药品产业技术创新战略联盟(SUVP)兽用原料研发创新研讨会。2012年,全市畜产品加工龙头企业产值达30亿元;饲料产量75万吨,产值21亿元;全市通过兽药GMP认证生产企业17家,产值达9亿元。

畜牧产业化现代化水平实现新跨越 主动争取资金,增强发展后劲。2012年共争取上级扶持项目18个,无偿扶持资金9458.9万元,项目覆盖标准化改造、畜禽良种补贴、地方品种保护开发、生猪产业扶持、防检疫基础设施建设等。制定激励政策,优化发展环境。市级争取农业产业化资金500万元,扶持龙头企业转方式、调结构,县级扶持力度也持续加大。全面升级改造传统养殖模式。通过实施畜禽标准化示范场创建、养殖场标准化改造、畜禽良种补贴、地方品种保种场改扩建，优势特色产业区建设标准和准入门槛不断提高。2012年，全市规模化饲养占畜禽饲养总量80%以上，同比增长3.3%。

畜牧业污染治理成果显著 大力推广生态环保养殖技术。全年举办各类培训班150余次，培训13000多人次。全市建成生态环保养殖场105处，发酵床面积14万m²，存出栏畜禽490万头（只）。标准化改造及污染治理深入推进。争取国家生猪和奶牛标准化改扩建资金1080万元，扶持规模养殖场新建沼气池等粪污处理设施。全年完成102处污染不达标规模化养殖场改造任务。对南水北调工程河道内畜禽养殖进行了清理，取缔养殖场308个。大力实施“退村进区”工程，2012年，全市在村外新建改建规模化养殖场区75处。畜禽标准化示范创建走在全省前列。全市国家、省级以上示范场达到62处，市级标准化示范场70处。

依法行政和服务监管水平迈上新台阶 多领域参与全市经济社会发展事务。在壮大县域经济发展方面，深入调研，广泛征求意见，科学制定帮扶计划，全年投入扶持资金585万元。深层次推进依法行政工作。以认真贯彻实施《中华人民共和国行政强制法》、《山东省行政程序规定》、《国家中长期动物疫病防治规划（2012—2020年）》、新颁布的《饲料和饲料添加剂管理条例》等为契机，组织干部集中学法1100人次；开展了行政程序年、普法集中宣传月活动，印制宣传资料1.5万份。全方位提升行业服务监管水平。结合大项目建设年活动，组织专家帮助企业加快技术创新、产品创新、品牌创新，提升市场竞争力。全年新通过农业部GMP认证生产企业2家，验收GSP认证67家，GSP认证经营企业家现已达376家，审核换发《种畜禽生产经营许可证》17家，验收备案饲料生产企业53家，发放动物防疫条件合格证2869个。

（许贵斌）

渔 业

【概述】 济宁市渔业局内设办公室、渔业科、水产品市场与质量监管科、渔政监督管理科、渔业船舶检验科（挂渔港监督管理科牌子）5个职能科室，下属水产技术推广站、渔业监测站、水产良种繁育场3个事业单位，共有在职干部职工55人，其中行政人员11人，事业人员40人，机关工勤人员4人。2012年，全市渔业系统紧紧围绕市委、市政府和省厅工作部署，抓住南水北调南四湖渔业养殖污染防控重大机遇，立足淡水渔业特色优势，大力开展现代渔业园区建设、品牌渔业建设、水产品质量安全建设、渔业科技服务体系建设、渔业行政管理体系建设，保持了全市渔业经济平稳较快发展。在南四湖渔业污染防控大面积缩减养殖设施的形势下，全市渔业养殖总面积控制到75.4万亩，其他各项渔业主要经济指标不减反增：水产品年产量39.12万吨、产值54.1亿元，渔业经济总产值74.27亿元，渔民人均纯收入达到10783元，分别比年度预期目标超出0.3、6.0、3.2和7.8个百分点。渔业占大农业的比重提升0.5个百分点。

南四湖渔业养殖污染防控工作得到省市领导充分肯定 围绕南水北调东线南四湖渔业养殖污染防控工作，全市渔业工作者先后印发宣传资料和明白纸5万余份，悬挂横幅、张贴标语1000余条；出动大量渔政执法人员和公安干警，南北纵跨100余公里，大规模实施了网箱、网围清理和规范，累计清理网箱37885亩、网围156000亩，规划养殖区内实际保留非投饵性网箱24205亩、网围45500亩，全面实现了《南四湖渔业功能区划与养殖总量控制规划》中湖区保留规范3万亩网箱、5万亩网围的任务目标；湖区14个渔业村的约1.5万名“失水失渔”纯渔民的生产生活问题，也通过政府引导转产转业、鼓励支持外出务工、开展“阳光工程”技能培训等方式给予了妥善解决。

全市渔业转型升级工作全面启动 规划建设了梁山县小安山镇万亩高效渔业园区等一批现代渔业园区，其中4家被评为省级现代渔业示范园区，位居全省前列；将发展休闲渔业作为促进渔业转型升级的重要途径，形成了微山县水上渔家一条街等一批具有较高档次的休闲渔业园区；南阳湖农场休闲渔业基地被评为第一批全国休闲渔业示范基地。将湖区渔业养殖方式调整作为促进渔业转型升级的核心内容，对南四湖渔业养殖实行了渔业功能区划和养殖总量控制规划，在网箱、网围清理和规范的基础上，启动了6处沿湖池塘生态改造示范工程。

渔业品牌推介活动特色愈加明显 依托微山湖良好的水质环境和济宁市水产品上乘的品质禀赋，多元化推介微山湖渔业品牌，积极组织优秀水产品企业参加了青岛啤酒节、第十届中国国际农产品交易会和2012中国·盘锦河蟹文化节。“邹渔”牌有机鳙鱼在第十届中国国际农产品交易会上荣获金奖，微山湖大闸蟹在“辽河

能奖励扶持资金8778万元。大力度淘汰落后产能，关停拆除129户企业落后工艺设备，实现节能量102万吨标准煤，减排二氧化碳255万吨，腾挪土地5370亩。持续提升企业创新能力。组织400余家企业参加省展洽会、第十一届专博会等产学研活动，签订合作项目29项、成交额5.7亿元。与浙江大学、同济大学、中科院沈阳计算所等9家院校签订共建工业设计创新平台协议。先后争取国家重大科技成果转化专项2项，省技术创新计划、创新平台项目、创新能力建设共计323项。兖矿集团被认定为国家级技术创新示范企业，11家企业被认定为省级技术中心，实现历史性突破。

始终坚持把企业扶持、扩大合作作为稳增长的重中之重 全力突破"千百亿企业工程"。筛选确定57户重点企业，逐一指导制定五年发展规划。出台了《扶持销售收入千百亿工业企业(集团)的意见》，成立专门的领导、办事机构，建立了组织领导、分工协作、会议调度、环境优化、督察督办等各项保障制度，对首次突破300亿元的太阳纸业、华勤集团进行表彰奖励，市政府聘请邱亚夫、李洪信、牛宜顺等著名企业家做经济顾问并在各县市区巡回演讲。深入开展"为企业排忧解难服务活动"。建立大企业定期座谈和走访服务、市级领导包保、成员部门联席会议、重大问题协商、企业现场办公等制度，合力解决企业发展难题。开展"百户企业调研活动"，印发企业困难《调查表》，深入企业一线了解掌握生产经营情况，研究制定服务办法。对了解掌握的企业发展难题，按照土地、金融、环境、用电、人才等分类召开专题会议，面对面解决，共解决各类难题300余个。组织企业走出去拓展市场空间。在北京人民大会堂组织近百家企业成功举办"济宁市推进千亿级食品产业发展展销培训活动"，先后组织300余家企业参加济南国际太阳能大会、国际食品交易博览会等大型展会30余个，有力宣传了济宁工业产品。加强企业家队伍建设，举办高层次培训班5期，培训企业家290人。全力支持中央、省属驻济企业加快发展。组织召开高规格的支持中央省属驻济企业加快发展座谈会。制定出台了《关于加强与中央、省属企业合作发展的意见》，从设立工业企业贡献奖、销售收入奖、投入奖，支持提升自主创新能力，鼓励发展总部经济，优化发展环境等多个方面，全力支持中央和省属企业立足济宁加快发展。制定了《济宁市支持中央、省属驻济企业加快发展考核奖励办法》，确保各项政策落到实处。组织实施了市政府与兖矿集团、华能山东发电有限公司和山东能源集团签订战略合作协议。

（田金辉　毕凤伟）

煤炭工业

【概述】 济宁市煤炭局主要负责全市境内煤炭资源的统筹管理、煤炭行业管理和煤矿安全监管工作，内设办公室、人事科、经济运行科（挂行政许可科牌子）、安全监督管理科、规划发展科、安全生产调度室、职业卫生监督管理科7个职能科室，编制24人。下辖煤炭安全稽查支队、压煤搬迁办公室和煤矿职工培训中心3个事业单位。2012年济宁市境内共有各类煤矿54对，核定(设计)能力9535万吨/年。其中生产矿井48对，核定能力9040万吨/年；在建矿井6对，设计能力495万吨/年。

煤炭工业继续保持全市经济的支柱地位 2012年积极应对骤然跌落的煤炭市场，多措并举，强化营销，煤炭经济运行呈现了前高后低、年末趋稳向好的发展态势。2012年市内煤炭产量8430万吨，实现销售收入1253亿元，实现利税266亿元、利润156亿元，均好于全省平均水平。实现税收192亿元，占全市工业税收总额的65%，提供的地方财政收入占全市的30%以上，煤炭工业继续保持了全市主导产业地位，为济宁的经济发展和能源保障做出了突出贡献。

煤矿安全形势保持稳定 通过开展"安全生产基层基础强化年"活动，全市煤矿"双基"建设和安全质量标准化水平不断提高，有21处矿井获评国家级标准化矿井。按照"分级排查、提级管理、四个一百、两个经常"四位一体总要求，全面深化隐患排查治理和安全专项整治，确保了隐患及时有效治理。推行煤矿领导下井带班、安全生产约谈等制度，有力的促进了安全措施在生产现场的落实。加大安全科技投入和煤矿信息化建设，积极推进"六大系统"建设和完善工作，大部分煤矿已基本完成建设任务。加强职工安全教育培训和职业技能鉴定，提高了煤矿工人的自保互保能力和素质。2012年全市煤矿通过狠抓安全主体责任的落实，安全生产水平不断提高，安全生产1000天以上矿井增加到36处，占全市煤矿总数的75%，原煤生产百万吨死亡率连续6年控制在0.3以下，2012年为0.059，远好于全国0.35和全省0.22的平均水平。

行业可持续发展能力得到增强 坚持市内稳产与市外资源开发并举，煤炭生产与非煤产业并重,整体推进行业发展。在建煤矿建设得到加快,45 万吨/年的杨营煤矿建成投产,90 万吨/年的霄云煤矿实现联合试运转；梁宝寺二号、安居、永胜、义能等煤矿建设顺利。大力开发市外煤炭资源,至 2012 年底,济宁市煤矿企业在省外、国外共占有和控制煤炭资源储量 398.8 亿吨。强力推进压煤村庄搬迁，全年完成搬迁村庄 15 个、6558 户、25000 余人,解放煤炭资源 1.1 亿吨。立足于促进济宁市煤炭经济结构战略转型,大力发展非煤产业,市政府与山东能源集团、兖矿集团签署了战略合作协议，为企业搭建了非煤产业发展平台。

科技兴煤战略深入推进 加大科技成果转化，全市煤矿生产工艺和装备机械化水平普遍得到提高,2012 年全市煤矿采煤机械化程度和掘进装载机械化程度均达到了 90%以上，高于全省平均水平。大力推行绿色开采，截至 2012 年底全市已有 13 对矿井实施了充填开采，走在了全国煤炭系统前列。加大节能减排新技术的推广使用，全市煤矿原煤入洗率达到 60%以上，煤泥综合利用率达到 100%,煤矸石综合利用率达到 85%，矿井水重复利用率达到 75%并实现 100%达标排放,促进了生态矿区建设。

行业管理得到强化 2012 年市煤炭局深入开展行政程序年活动，不断加强行业管理和安全监管,推进依法行政。全年共现场检查督导煤矿 183 矿次、下达煤矿责令整改通知单 138 份，促进了煤矿安全生产；抽查煤炭经营企业 170 余家，注销淘汰不合格经营企业 16 户,维护了煤炭良好的市场经营秩序。

（张卫东　陈广媛）

装备制造业

【概述】 装备制造业是济宁市重点培育的千亿级产业，经济总量不断递增，产业规模不断扩大，技术装备和研发水平大幅提高,产品不断向大型化、高端化、成套化方向拓展，产业协作配套体系日臻完善，已基本形成了以工程机械、汽车、农业装备、煤炭矿山机械、内河船舶、节能环保设备、数控机床、输变电设备八大系列整机产品和关键配套零部件产业链条，成为全市工业经济的重要支柱。

2012 年规模以上企业 466 家,实现销售收入 983 亿元,利税 75 亿元、利润 48 亿元；生产推土机 6076 台,挖掘机 7636 台,路面机械 638 台,改装汽车 45856 辆,重型汽车 2247 辆,拖拉机 12815 台。全市拥有市级以上技术中心 90 家,26 项产品被认定为国内、省内重点领域首台（套）技术装备。山推股份、华勤集团成为具有较强带动能力的百亿级龙头企业,齐鲁特钢、重汽济宁商用车、山东东岳、英克莱等一批过十亿骨干优势企业成为行业发展的中坚力量。其中,山推是国内第一、世界第二大的推土机生产企业。在集群发展上，形成以济宁城区(济宁高新区、市中区、任城区)为轴心,辐射带动兖州、曲阜、微山、梁山、汶上 5 个具有明显产业特色的“1+5”产业集群架构。济宁国家级高新区形成了以日本小松系列、山推系列为代表的工程机械产业集群,以中国重汽、吉利汽车、玉柴发动机为代表的汽车及核心零部件产业集群，被评为国际级工程机械产业基地和山东省高端装备制造产业基地；兖州经济开发区形成了以五征山拖、大丰机械、国丰机械、玉丰机械等为代表的农业机械产业集群；曲阜形成了以金皇活塞、天博汽配、圣阳电源、鲁能电缆、金升电机等为代表的新兴优势产业集群；梁山县形成了中集东岳、梁山通亚、华宇集团为代表的专用车产业集群以及以太岳板簧为代表的专用汽车零配件产业集群,成为“中国挂车(专用车)生产基地”,山东省优质专用汽车生产基地；微山县形成航宇为龙头,涵盖内河、近海客货船舶及配套产品的内河船舶制造基地；邹城形成以兖矿机电为龙头的煤炭矿山机械产业群体；泗水形成了以山东工具、天源附件、方达附件为基础的机床工具附件产业聚集区。

为加快装备制造业发展,采取了以下六项措施。一是大力推进装备制造业“十二五”发展规划实施。在产业基础和资源、区域优势基础上,形成了水泥工业“十二五”发展规划,并通过专家评审论证，委托中船第九设计研究院编制的微山船舶产业园区规划发展建议顺利通过评审。二是大力开展重点产业调研。积极开展全市装备制造业重点产品、新能源汽车关键零部件、钢铁、风电装备、内河船舶、螺纹钢筋、中央、省驻济机械装备制造、军民结合产业企业情况等课题调研,及时掌握行业、企业发展动态。三是强化市场开拓力度。组织 14 家企业参展第七届中国(山东)国际装备制造业博览会,并获“优秀组织单位”奖；组织山推、泰丰液压等 8 家企业组团参展第十一届中国国际装备制造业博览会－国家新型工业化装备制造产业示范基地成果展、2012中国(山东)国际汽车工业博览会等展会，充分展示我市装备制造业成果，促进企业间交流合作。四是大力推进特色产业集聚。积极引导梁山、兖州、邹城、微山加快专用汽车、农业机械、煤炭矿山机械、内河船舶等特色产业培植，提升产品档次，延长产业价值链；协助嘉祥孟姑集工程机械配件产业园、鱼台泵类产业聚集区、泗水机床工具附件产业聚集区制定发展规划，提升产品档次，拓展发展空间。组织济宁高新技术产业开发区申报第二批山东省高端装备制造产业基地并获批。五是强化政策扶持。航宇船舶获得省科工委的军民结合产业发展项目40万元专项资金扶持；水泊焊割、兴隆机械、山推机械、众力矿山、工具制造获国内省内重大首台(套)装备资金100万元扶持；山推股份、山重建机获批享受省重大技术装备进口税收优惠；山东梅亿邦赛电动汽车制造有限公司等2家企业获90万山东省新能源汽车关键零部件专项资金扶持。六是大力培育新能源汽车产业。通过加强产学研合作，加大新型动力电池、电机、电控系统等关键零部件的研发投入，积极引进战略合作投资商，鼓励与知名企业合资合作发展新能源汽车。会同财政局联合推荐上报山东润峰集团新能源科技有限公司的锂离子电池生产及储能系统建设项目等总投资24.95亿元的7个项目申报2012年度山东省新能源汽车关键零部件财政扶持项目。七是积极做好行业准入。指导山拖农装、山拖凯泰、山东国丰等3家企业获批联合收割（获)机和拖拉机行业准入。

（田金辉　毕凤伟）

电力工业

【概述】 截至2012年底，济宁电网拥有火力发电厂38个，发电设备容量1011.45万千瓦，发电最高负荷454万千瓦。其中包括供热电厂13个，供热设备29台，供热设备容量314.5万千瓦；余热余气发电厂3个，发电设备容量5.2万千瓦。全年发电量5454127.81万千瓦时，比2011年增长0.58%。发电标准煤耗全年平均为306克/千瓦时；全年供热量19132340吉焦，比2011年增加4535795吉焦。年内新增发电厂4个，新增发电能力46000千瓦。新能源方面，2012年网内共有太阳能发电项目5个，总装机容量35000千瓦，年发电量3614.31万千瓦时；生物质电厂1座，装机容量为4000千瓦；垃圾发电厂1座，装机容量为30000千瓦。

电网运行　变电部分　2012年内，济宁电网新增35千伏及以上变电站23座，新增主变压器55台，铭牌容量180.215万千伏安。其中公用变电站新增10座，主变压器20台，铭牌容量62万千伏安；电力客户自备变电站新增13座，主变压器35台，铭牌容量118.215万千伏安。至2012年底，济宁电网拥有35千伏及以上变电站329座，主变压器687台，铭牌容量1886.895万千伏安。其中，500千伏变电站1座，主变压器1组，铭牌容量75万千伏安；220千伏变电站20座，主变压器41台，铭牌容量626万千伏安；110千伏变电站101座，主变压器205台，铭牌容量775.19万千伏安；35千伏变电站207座，主变压器440台，铭牌容量410.705万千伏安。

电力线路部分　2012年内35千伏及以上电力线路长度增加470.075千米。其中，220千伏线路增加24.08千米；110千伏线路增加312.972千米；35千伏线路增加133.023千米。至2012年底，济宁供电区拥有35千伏及以上电力线路569条，线路总长度6193.304千米。其中，500千伏线路12条，468.052千米；220千伏线路43条，903.684千米；110千伏线路176条，2236.499千米；35千伏线路338条，2585.069千米。

社会用电部分　截至2012年底，全市社会电力用户为2614929个，比上年增加69240个。用电装接总容量为19097441千瓦，比上年增长3758983千瓦。其中，第一产业电力用户为23127个，比上年增长999个。用电装接总容量为771116千瓦，比上年减少61161千瓦；第二产业电力用户为47259个，比上年减少12575个。用电装接总容量为10320902千瓦，比上年增长3406343千瓦；第三产业电力用户为115245个，比上年增加22243个。用电装接总容量为3373370千瓦，比上年增长416567千瓦；城镇居民电力用户为740910个，比上年增长194477个。用电装接总容量为2017598千瓦，比上年增长396201千瓦；乡村居民电力用户为1688388个，比上年减少135904个。用电装接总容量为2614455千瓦，比上年减少398967千瓦。全年社会用电量2602915万千瓦时，比上年增长3.68%。其中第一产业用电量为46353万千瓦时，比上年降低30.11%；第二产业用电量为

■2012 年春季检修，济宁供电公司员工为确保电网安全可靠供电，精心检修变电设备。

2008940 万千瓦时，比上年增长 0.89%。第三产业用电量为 250649 万千瓦时，比上年增长 24.37%；城乡居民生活用电量为 296973 万千瓦时，比上年增长 18.18%。（其中城镇居民用电量为 125705 万千瓦时，比上年增长 13.92%；乡村居民用电量为 171268 万千瓦时，比上年增长 21.51%）。全社会最大负荷为 487.6 万千瓦（出现在当年 7 月 30 日）。全年平均日负荷率为 87.1052%。

【济宁供电公司】 2012 年，济宁供电公司年售电量完成 213.1 亿千瓦时，同比增长 3.49%；线损率 3.53%，比合同指标低 0.46 个百分点；平均电价 583.27 元 / 千千瓦时；市场占有率、电费回收率均保持 100%。

安全生产保障有力 “大安全”体系全面建立。2012 年，在夏季负荷连续 6 次突破历史记录的情况下，确保了电网安全稳定运行和电力可靠供应。应急管理受到好评。对全市重要防汛部位实行公司领导包保制，成功承办集团公司电力防汛抢险演习，紧急驰援日照、菏泽等公司应急保电，指导客户开展应急演练 30 余次，圆满完成十八大等重要保电任务 50 余次，得到集团公司和市委、市政府的充分肯定。注重预防预控，确保了交通、消防和治安安全。截至年底，公司实现连续安全生产 5252 天。

电网发展提质加速 年内，建成投产 35 千伏及以上输变电工程 20 项，线路长度 320.84 公里，变电容量 141 万千伏安，10 项工程提前 1-2 个月竣工投产，均衡投产贡献率位居全省供电企业第 1 名，智能配网工作走在前列。建成配电生产管理指挥中心，新建改造智能化配电线路 184 条，城市核心区、直供区自动化覆盖率分别达到 100%和 92%，故障线路恢复送电时间平均缩短 55 分钟。强化配电运维和停电管控，10 千伏及以下配网设备临故停总量同比下降 69%。农网中低压改造进度保持领先。完成中低压工程投资 4.15 亿元，新增、更换线路 1779 公里、配变 562 台、户表 13.56 万户。建成 1 个电气化县、19 个电气化镇、543 个电气化村。

供电服务再创佳绩 深入实施“95598 光明服务”工程。2012 年，全市新建各类缴费网点 894 个，推广“公众一卡通”2.7 万户，城市“十分钟缴费圈”和农村“村村设点”基本实现。关注民生需求，履行社会责任，完成保障性住房报装接电 2966 户。深化“四德”主题教育，成立“乐善”义工队为群众服务，为市福利院捐建多媒体学习室，为嘉祥王铺联小捐建“乡村学校少年宫”。2012 年，公司和 10 个县公司全部获得地方民主评议行风公共服务行业第一名；公司荣获中央省属驻济工业企业贡献奖和济宁市群众满意单位称号。

（盛振海 许宝立 赵海鸥）

新能源产业

【概述】 市委市政府坚持以经济战略转型为主线，把培育和发展新能源等战略性新兴产业放在突出位置，创新发展模式，抢占发展先机，培育扶持了一批成长性好、带动能力强、支柱作用明显的骨干企业，新能源产业发展取得明显成效。目前，有规模以上新能源企业 36 家，涌现出润峰集团、台联电集团、圣阳电源、英克莱集团、佛都半导体照明等一批龙头带动企业；太阳能光伏发电、光热利用、电动汽车、动力电池、LED、煤炭清洁利用正加速形成聚集效应；光伏和动力电池逐步成为优势产业，规模居全省前列；电动汽车和 LED 产业加快发展，呈现起步快、起点高、后劲足的良好发展态势；新能源研发和自主创新能力不断增强，在一些关键领域取得了新突破。2012 年，新能源产业实现销售收入 152.18 亿元，利税 5.66 亿元，利润 3.72 亿元。

产业初具规模 太阳能光伏

产业起步较晚,但发展较快,润峰集团、圣阳电源、中晶新能源等成为光伏产业的重要支撑力量,形成了从光伏电池、电池组件、光伏电站到光伏应用产品、储能电站及其配套产品的产业集群。华泰照明、霓虹王电子、高科股份等骨干企业成长迅速。在高亮度LED(发光二极管)、大功率器件封装和LED显示屏、路灯、景观照明等应用产品领域已形成一定的产业优势和较强的自主研发能力。

链条日趋完善 太阳能光伏基本形成了以单晶硅、多晶硅、硅棒(片)、太阳能电池、组件封装和光伏发电系统为主,石墨坩埚、石英坩埚、光伏发电控制、逆变设备等较完整的光伏产业链条。LED产业链已经形成衬底材料生成、外延片、芯片切割制造、二极管封装、应用产品开发推广的产业链。

聚集度显著提高 全市已拥有济宁高新区光电产业园、嘉祥高新区光伏电子材料园两个省级产业园区,产业已初具一定集聚效应。济宁高新区光电产业园依托优越的发展环境和良好的产业基础,加大新能源项目招商引资力度,深化与台联电集团合作,一批项目顺利投产落地,产业集聚发展态势凸显,已经成为全市乃至全省重要的新能源产业基地。嘉祥高新区光伏电子材料园拥有佳华电子、正大电子、东洋碳素、新兴电碳等龙头骨干企业,碳素、石墨、石英坩埚、硅材料生产及加工等已初具一定规模,已成为目前中国最大的石墨炭素等材料生产基地。另外,微山开发区拥有润峰集团、中晶新能源、霓虹王等新能源企业,成为济宁市重要的新能源聚集地之一。

政策体系逐步健全 市委、市政府高度重视新能源产业的发展,先后出台了《济宁市新能源产业发展规划(2009-2020年)》和《关于鼓励新能源产业发展的实施意见》将光伏发电、电动汽车和LED作为新能源发展的重点领域,并设立了专项资金扶持新能源产业发展。为推进光伏产品的应用,制定出台了《济宁市关于加快光电建筑应用的意见》,对市内企业建设太阳能屋顶电站给予全方位的政策扶持。

光伏产业 通过引进、合作,从无到有,快速发展。全市拥有规模以上光伏产业企业15家,年产能单晶硅800吨、切片5200万片,胶体储能电池25万KVAh、太阳能电池700兆瓦、组件400兆瓦,建成太阳能屋顶电站3.35兆瓦,42兆瓦太阳能光伏电站并网发电,年发电量达2272万度。

LED产业 LED产业起步较早,英克莱集团在上世纪80年代就涉入LED产业,是山东省较早涉入LED产业的企业。LED产业以宝霖光电、元鸿光电、冠铨科技、佛都半导体照明、英克莱光电、高科股份、永泰照明、华泰光源、硕华工贸等企业为代表,形成了从研发到衬底材料、到芯片、到封装、到应用一条完整产业链条;LED封装能力达到23亿支,元鸿光电材料公司生长的89.5公斤蓝宝石晶体重量国内第一、世界第二。

新能源汽车和动力电池 全市从事电动汽车整车生产企业4家(山东英克莱集团、兖州富平电力机车公司、山东利科电动车制造公司、山东梅亿邦赛),具有12000辆整车、10万辆零部件生产能力。警用巡逻车、旅游观光车和乘用车等销往全国和部分欧美国家。动力电池方面,润峰集团、曲阜圣阳电源、汶上三德的锂离子动力电池生产能力已达3.5亿安时,储能系统100MW,成为国内重要的动力电池、储能电池生产基地。

生物质能利用和风能 装机容量2.4万千瓦的梁山秸秆气化发电厂已建成运行,鱼台、微山、任城正陆续建设秸秆发电、垃圾发电项目。泗水、邹城等风电项目也正加紧筹备中。

(田金辉　毕凤伟)

轻纺工业

【概述】 济宁市轻工纺织工业办公室设有经济运行、规划发展、企业管理、招商、综合、财务审计、组织、政工宣传、劳资、工会、监察、离退休干部12个科室,人员编制30人,实有在职人员63人,2012年全系统规模以上企业502个,直属企业24个,职工4439人。2012年按照济宁市委、市政府提出的"稳定增势、高位求进、加快发展"和"三个高于、三个提高"的总体要求,确立实施了"123"工程工作目标,大力开展招商引资和"大项目突破年"活动,全力抓运行保增长,抓稳定促发展,全市轻纺工业保持了增势稳定,加快发展的良好势头。荣获全国、全省轻工系统统计信息先进单位、山东省轻工系统先进单位、山东省联社系统先进集体称号。

主要经济指标增幅高于全市工业平均水平 全行业实现销售收入1432.66亿元,同比增长26.61%,高于全市7个百分点;实现利税99.06亿,同比增长23.16%,;实现利润63.78亿元,同比增长16.91%,效益指标增长远高于济宁工业平均水平。食品工业完成销售收入451.10亿元,同比增长22.71%,拉动全市工业经济 1.8 个百分点；实现利税 34.94 亿元，同比增长 35.23%，拉动全市工业经济 1.03 个百分点；实现利润 25.34 亿元，同比增长 34.40%，拉动全市工业经济 1.2 个百分点。纺织服装工业实现销售收入 442.1 亿元，同比增长 49.97%，拉动全市工业经济 3 个百分点；实现利税 37.31 亿元，同比增长 37.26%，拉动全市工业经济 1.92 个百分点；实现利润 21.73 亿元，同比增长 35.33%，拉动全市工业经济 1.6 个百分点。造纸工业实现销售收入 408.90 亿元，同比增长 19.55%；实现利税 18.74 亿元，同比降低 2.70%，实现利润 12.06 亿元，同比降低 15.07%；太阳纸业销售收入首次突破 300 亿元，翔宇化纤突破百亿元大关。

技改投资、技术创新和大项目建设有重大突破 全年完成技术改造项目 140 项，完成投资 180 亿元，完成技术创新项目 60 项，其中：省重点项目 3 项，省级项目 6 项。完成的项目中填补国内空白 5 项，达到国内先进水平 5 项，填补省内空白 12 项；至 2012 年全市轻纺系统共有国家级技术中心 3 个，省级技术中心 8 个，市级技术中心 27 个，其中 2012 年新增 5 个。有 3 家企业获 2012 年山东省轻工业科学技术进步一等奖，3 家企业获二等奖，7 家企业获三等奖。全市轻纺工业千百亿重点企业在建重点项目 19 项，总投资 187.74 亿元，其中 2012 年新上重点项目 11 项，总投资 88.6 亿元。全年完成投资 60.68 亿元，完工项目 7 项。

全力推进千亿级食品产业的发展 2 月份在北京人民大会堂宾馆开展了推进千亿级食品产业发展培训活动，并举行了济宁市食品产业协会发展战略北京研发中心揭牌仪式。市委常委、副市长周洪等领导出席培训活动并讲话，重点食品企业的董事长、总经理、高层管理人员、部分县市区经信局负责人计 80 余人参加了培训。活动邀请了国家发改委、工信部、农业部、科技部、国务院发展研究中心、中国人民大学等有关部委和院所的领导及专家就国家最新产业政策、食品产业发展趋势、农业产业化进程等内容进行了详细解读、互动交流；就我市如何做大做强食品企业，如何申报国家级技改、节能、科技项目，促进食品产业又好又快发展提出了指导性、建设性的意见和建议。活动成效显著，得到市领导和企业家好评。召开了全市推进食品工业跨越发展会议，市委常委、副市长周洪出席会议并讲话。市直有关部门、单位负责人，各县（市、区）分管副县（市、区）长、经信局局长，济宁高新区管委会分管副主任，济宁食品工业开发区及全市 56 个重点企业的主要负责人参加了会议。徐州市经信委副主任韩延苏应邀到会做经验介绍，泗水县人民政府、金乡县人民政府及菱花集团、山东集盛食品有限公司等企业做了典型发言。会议通报了全市食品工业经济运行情况，分析了形势，找出了差距，明确了目标，增强了食品企业加快发展的信心和决心。赴杭州考察浙江省山东商会，形成了建立定期对接、洽谈、沟通机制的意向，同月浙江山东商会一行 8 人到济宁考察参观，市委常委、副市长周洪接见并座谈。11 月份在北京举办济宁食品工业（北京）央企对接座谈会及培训活动。对接了项目，了解了政策，开阔了视野，取得了务实有效的成果。12 月份就中国食品协会与济宁市建立战略合作关系进行了接洽座谈。

全力做好经济运行工作 建立了 35 个重点企业网上直报系统，坚持每季分析研究轻纺工业运行情况并形成分析报告，对重点企业指标完成情况进行公示通报。针对造纸工业销售收入增长，效益下滑的困难局面，及时召开了两次造纸行业分析会，通过分析形势，查找原因，鼓舞干劲，造纸行业盈利水平逐步提高；召开了两次重点企业调度分析会，研究应对严峻经济形势的办法措施，总结推广菱花集团等企业加强财务管理、增收节支的经验和做法；深入企业开展调研活动，先后形成了《我市白酒行业现状及对策》、《济宁纺织服装行业现状及发展思路》、《7 月份以来全市纺织服装行业产销情况调查》、《纺织企业购棉动力不足的原因调查》等，提供给市政府有关部门和领导，对领导决策、制定措施、组织运行提供了第一手资料。把安全生产、节能减排工作始终放在心上，抓在手上。通过举办安全生产法律法规培训班、开展“安全生产月”活动，组织安全检查等手段，强化安全意识，完善安全措施，年内未发生安全事故。对重点耗能企业进行了节能检查、验收，为全市完成年度目标做出了贡献。

发挥协会职能作用，积极开展技术交流培训活动 充分发挥协会优势，积极探索政府依托协会、协会连接企业，组织开展市场开拓、项目对接、管理培训、产品展销、行业调研工作的新路子、新方法。食品协会先后两次在京召开培训、对接央企、项目申报活动，在推进千亿级食品产业规划实施等方面发挥了重要作用。酒业协会组织企业参加山东省第七届白酒评委换届考评暨品酒师考核工作会议，济宁市考核成绩及入选人数在全省名列前茅；组织全市14家主要白酒企业，举办了产品质量鉴评会，国家级、省市级白酒评委46余人参加会议，并就质量管理、新产品研发等工作进行了交流；组织白酒、啤酒生产企业参加了全省行业质量鉴评大会并取得较好成绩。纺织服装协会组织企业参加了全国纺织产业转移工作交流会、2012年“恒丰杯”全省棉纺行业纤维梳理工职业技能大赛、全国印染行业节能减排达标竞赛、第二届尼山世界文明论坛、全省“产、学、研”洽谈会等，取得了较大收益。造纸协会组织企业参加了山东省造纸行业会议和山东省造纸“四新”技术推广会。梳理了全市造纸行业“十二五”规划项目，并对拉长延伸产业链进行了调研论证。家具协会组织企业参加了第九届青岛国际家具及木工机械展、山东家具品牌建设与齐鲁文化传承发展高峰论坛、上海国际家具展等项活动，并组织企业赴青岛市家具协会考查学习，参加了青岛家具协会举办的“新时代、新内涵、新境界——2012年中国（青岛）家具品牌发展高峰论坛暨山东SCM用户体验中心启动仪式活动；协助举办了“第十一届济宁金宇家居文化节”活动。

积极推进困难企业改革脱困和维稳工作 脱困工作。重点围绕解决27户破产企业遗留问题加大了工作力度。完成了13户破产企业463名计划内临时工、占地工等非标准用工的认定，办理了养老保险金等社会保险的补交手续，职工档案移交市就业办，办理了失业登记，按月领取失业金、享受失业期间的医疗保险，并配合就业办开展培训工作。完成27户破产企业248人遗留债权的计算、申报、发放工作，对12户破产企业欠发的独生子女费、退休人员计划生育一次性奖励政策进行了落实，发放资金122.7万元。对破产、困难企业3000余名应享受独生子女奖励政策的职工进行了审核确认，并统计上报。完成了市糖果食品厂破产财产分配、职工安置工作；完成了市印刷包装总公司土地评估、租赁户的清理工作，已申请依法处置破产资产；完成了市政下达的万达广场建设职工房屋的征收工作，完成了市第五印刷厂房屋拆除和土地移交工作。组织30户破产留守人员对7000多名退休职工进行了身份信息采集。目前已采集5000多人信息，为今后退休人员集中管理，办理养老金、医疗保险一卡通奠定了基础。按照省、市有关部门《关于解决国有企业职教幼教退休教师待遇问题的实施意见》，对20余名轻纺企业从事职教、幼教有关人员进行了审验、申报。

积极做好来信来访工作 全年共接访困难企业职工群体访50余起，个人访300余起，接访1000余人次，没有发生上省进京上访案件。对重点信访案件实行领导分工包保，责任到人，加强与信访部门及企业的沟通协调配合，对群访案件迅速反应，果断处置。对个体上访案件每访必接，及时化解矛盾，消除不稳定因素。

（张亮仁）

生化工业

【概述】 济宁市生物化学工业办公室主要承担全市生物、化学工业行业指导、管理、协调工作，同时负责全市履行禁止化学武器公约工作领导小组办公室的工作。内设综合科、规划发展科、经济运行科（挂市履行《禁止化学武器公约》工作领导小组办公室牌子）、企业科4个职能科室，编制24人。2012年，在市委、市政府的正确领导下，在市经信委等有关部门的大力支持下，围绕转方式调结构这条主线，把握“稳定增势、高位求进、加快发展”工作基调，遵循高端、循环、低碳发展理念，突出园区建设、招商引资、项目投资，坚持传统产业改造与战略性新兴产业培育并举，加快结构调整和产业优化升级，着力推进“155工程”建设，保持了行业经济平稳较快发展。全行业拥有规模以上企业178家，实现销售收入795亿元，增长17.5%；实现利税41亿元，增长11.6%；实现利润28亿元，增长10.5%。

精心组织运行，不断壮大行业规模 针对市场不畅、价格下滑、亏损严重、库存增加等诸多困难，先后3次与经信委、财政局联合组织召开全市化工行业经济运行分析会，及时了解掌握重点行业、重点企业、重点产品的运行态势。强化服务基层、服务企业意识，组织有关人员分别对荣信、中银、恒立、鲁抗、民生、意可曼等20余家企业进行调研，协调解决企业生产经营有关困难。为解决合成氨生产企业原料煤长期制约问题，组织人员到山西柳林地区考察，全面了解资源状况、煤炭质量、销售趋势、销售渠道、当前价格等，为化肥行业经济运行组织提供了支撑。认真抓好节能降耗，加快淘汰落实产能。被列入全市考核的化工重点用能企业，在市政府组织的年度考核中生化企业取得突出成绩。华勤集团、辰欣药业、荣信煤化、金威煤电、嘉冠油脂被市政府表彰为节能先进企业，占全市的50%。卡松科技醚酯型合成齿轮油项目获市政府节能重大成果奖。按照省经信委、省石化协会安排，对兖州新天地、济兴农化、泗水丰田农药3家农药企业产品换、发证工作进行考核，规范了企业行为，提高了管理水平。依照焦化行业准入细则，对兖矿国际、荣信煤化、青钢焦化、盛发焦化、微矿焦化、同泰焦化、民生煤化等企业进行督查，对企业存在的问题提出了整改意见。按照行业指导、市直监管的原则，认真贯彻"安全第一，预防为主，综合治理"的方针，全面落实《安全生产法》，定期进行元旦、春节、两会、夏季、冬季安全大检查。按照市安委会安排，先后对泗水县、重点危化品企业济矿民生、中油石化、辰光杰科特、中银电化等进行安全生产督导。认真做好禁化武年度数据宣布工作，对监控化学品生产企业进行了年度宣布。2012年，全市生化行业拥有规模以上企业178家，全行业实现销售收入795亿元，增长17.5%；实现利税41亿元，增长11.6%；实现利润28亿元，增长10.5%。

加强调度指导，全力推进园区建设 深入济宁化学工业区、联想化工区和张黄化工区等调研。修改《济宁市精细化工基地示范基地建设方案》，提出《山东半岛蓝色经济区海洋产业联动发展示范基地方案修改建议》。组织召开金乡县入园项目审查会，对瑞成化工环氧树脂稀释剂、赛德丽涂料、新型包装材料，任城兴隆磷化工艺厂赤磷阻燃剂等项目进行了审查，对不符合产业发展规划的项目坚决予以否决，把好项目准入关。加强重点园区项目调度，济宁化学工业区凯模特、科蓝、阳光颜料等项目进展顺利，联想化工区中联化学年产50万吨氯碱项目加快推进，部分装置建成投产。组织专家参加鱼台张黄工业园区规划论证会，形成论证意见。组织15家企业到梁山考察，开展对接项目活动。完成《关于对设立梁山煤化工产业园区的意见》，向市政府提出不宜设立梁山化工区的建议。强化为园区服务意识，通过牵线搭桥，为济宁化学工业区聘请10余位从市直经济部门、单位领导岗位退居二线的领导、专家作为园区发展顾问，对园区招商引资工作提供了支撑。突出园区招大引强，恒立化工与盈德气体合作项目经过十余次谈判，已达成共识，双方签约供气协议。项目申请报告及节能评估报告已经山东省工程咨询院评审，在济宁市发改委立项备案。上海盈德完成"济宁盈德气体公司"工商注册，注册资本金2亿元。济宁化工区与神华集团，民生煤化、青钢焦化与中节能集团干熄焦项目达成初步合作意向。

突出规划引领，拉长煤化工产业链条 按照市委、市政府安排，为促进资源型城市战略转型，在广泛调研的基础上，完成《关于济宁市生化行业煤炭使用现状和"十二五"规划项目用煤情况展望》和《关于发挥济宁市煤炭资源优势促进转方式调结构加快煤化工产业发展的有关问题的请示》等，供领导决策参考。与煤炭局、国土局联合，调研了解济宁市煤炭塌陷地情况。修改完善《关于济宁市政府申请享受国家资源型城市可持续发展试点政策等有关问题的请示》。编制《济宁市煤炭深加工产业发展规划》(2012-2016年)初稿，多次修改完善并广泛征求有关领导、专家和企业意见。在京成功举办规划论证会，邀请以清华大学教授、中国工程院院士金涌为组长的9名国内化工界领导、专家，对规划进行论证。与市煤炭局联合，组织济宁市煤炭、煤化工10余家重点企业参加在京举办的2012年中国国际煤炭加工利用及煤化工展览会，与神华集团、中节能集团等企业就煤化工深加工项目进行对接，谋求联合与合作。组织有关企业外出考察煤制油、醚基燃料等项目，为拉长煤化工产业链条奠定基础。

坚持招大引强，加快重点项目建设 编制印发《2012年济宁市生化办招商引资工作实施方案》。修改完善《济宁市生物医药招商专案》和《济宁市煤化工招商专案》，并经市招商局审查通过。围绕煤炭精细深加工，策划生成总投资234亿元的重大招商引资项目5个。加快重点项目实施进度。以正大菱花10万吨/年赖氨酸、三安生物科技10万吨/年生物制剂、山东尤特尔生物科技3万吨/年新型生物制酶、辰阳碳素1000吨/年中间相沥青及100吨/年碳纤维、嘉冠油脂1万吨/年饲料酶制剂、中联化学50万吨/年氯碱搬迁改造等项目为重点，加强调度和指导，为项目建设创造宽松环境，确保项目按期建成投产。2012年重点项目32项，总投资211亿元，建成达产后，年可实现销售收入334亿元、利润59亿元、税金12亿元。

强化服务意识，发挥行办职能作用 加快推进煤化工、精细化工、生物医药、化工新材料工业协会建设，分行业组织召开了座谈会，构筑行业服务交流平台。按照市委办公室《关于开展为企业排忧解难服务活动实施方案》要求，结合"解放思想跨越发展大讨论"活动，组织开展下企业调研活动，先后对中银电化、荣信煤化、恒立化工、圣城化实、鲁抗医药、永丰化工等企业进行调研，帮助企业解决发展环境、项目用地、资金不足、企业人才等问题。组织机关人员、市直企业、县市区经信局、化工园区主要负责人到菏泽东明参观学习，通过对东明石化、玉皇化工、洪业化工实地考察，看到差距和不足，增强加快发展紧迫感和责任感。妥善处理破产遗留问题。协调劳动部门解决原济宁化肥厂解除劳动合同职工个人档案托管等遗留问题。耐心做好职工上访接访，及时化解上访矛盾，先后妥善处理了圣城化实、银河染化、化肥厂退休职工、民生煤化拆迁户上访事件，保持了企业稳定。按照市政府安排，与市经信委、市财政局联合，在京成功举办济宁市医药企业家高级培训班暨新医药发展专题推进会。邀请国家工业和信息化部、国家食品药品监督管理局、中国社科院、中国医药企业管理协会、九州通集团等有关领导、专家就产业政策、经济形势、行业发展趋势、转型新战略、销售新理念等方面，结合成功案例，理论联系实际，作了专题报告。济宁市医药生产、流通骨干企业董事长、总经理，各县市区经信局局长，市直有关部门、单位，有关高等院校及科研部门负责人共30余人参加会议。对于全面解读了解国家医药产业政策、发展趋势和发展重点，进一步提升企业管理水平，促进转方式调结构，实现全市医药产业发展新突破将产生积极推动作用。

服务经济大局，加强基层党建工作 认真贯彻落实市第十二次党代会精神，广泛开展“争先创优”活动，搞好对基层党组织的指导，明确党员领导干部联系点，抓好党委中心组和党员学习，积极组织党员活动，发挥了党组织战斗堡垒和广大党员先锋模范作用。办党委组织开展了基层党组织书记述职活动，市直化工企(事)业单位党组织书记进行了述职。在机关组织开展了“解放思想跨越发展大讨论”活动，机关面貌和党员干部的精神状态发生了明显变化。根据市委关于开展“干部驻村入户、面对面谈心交流”活动的安排部署，办机关人员分成三组，对泗水高峪镇崔家庄村、泗水苗馆镇苗馆村、金乡霄云镇周花园村进行走访调研，通过与群众面对面谈心、心贴心交流，广泛听取群众意见，深入了解群众意愿，帮助查找制约经济发展的突出问题，探寻解决问题的对策和办法，真正为群众解难事、办实事，得到群众的好评。认真做好新农村建设帮扶工作。在调查摸底的基础上，围绕实施六大重点工程，制定了帮扶工作规划，明确了工作重点。为帮扶村西瓜注册了商标，提高了产品知名度，扩大了销售渠道。多方协调解决修路资金40余万元，顺利完成修路任务。组织召开了庆七一党员座谈会，向村所有党员发放慰问品。充分发挥工会组织作用。以创建“工人先锋号”为载体，组织形式多样的建功立业活动，涌现出一批具有时代特色的先模人物和先进集体。2012年2人获市劳动模范，2人被推荐为全国石油和化学工业劳动模范，1家企业被推荐为全国石油和化学工业先进集体。积极开展“责任关怀”活动。认真落实困难职工救助、困难党员救助、破产企业职工绿卡救助、困难职工家庭子女就学救助以及军转干部待遇落实等有关政策。2012年协调帮扶救助金30余万元，分别对963户困难职工家庭、347名特困职工、150名困难党员、40名困难军转干部、9名困难劳模、32户单亲女职工、18名特困大学生进行救助。

(孟凡泰)

企业简介

【兖矿集团】 兖矿集团是山东省属国有特大型能源企业。多年来，依托煤炭产业比较优势，已经发展成为以煤炭生产销售及煤化工、电解铝及机电成套装备制造、金融投资为主导产业的多元化特大型能源企业。拥有山东、贵州、陕西榆林、新疆、内蒙古鄂尔多斯、澳大利亚、加拿大“七个基地”。2012年，是国际金融危机以来兖矿集团经营压力最大、运营最艰难的一年。面对巨大的困难、压力和挑战，集团上下主动承压奋进，逆势进取作为，实现了煤炭生产经营总量过亿吨、营业收入过千亿元“双亿”经营目标新突破，迈入亿吨级煤炭企业行列。煤炭生产经营总量、营业收入、资产总额创出历史新高。2012年，兖矿集团面对低迷复杂的经济形势和持续下滑的市场态势，立足十二五“前三年三大步”战略规划不动摇，把迎危机渡难关作为转方式调结构的机遇，把强化管理深化改革作为推动高效跨越发展的主题，历史性提出了营业收入过千亿、煤炭生产经营过亿吨的“双亿”经营目标。

经济规模实现新突破 煤炭生产经营总量、营业收入、资产总额创出历史新高。煤炭生产经营总量1.13亿吨，同比增加2221万吨，增长24.46%；营业收入1000亿元，同比增加159.96亿元，增长19.04%。年末资产总额

1800亿元，总资产增长率28.83%。在主导产品价格大幅下滑的情况下，全年上缴税金92.05亿元，同比增长10.24%，社会贡献总额268亿元，实现利润总额22.67亿元。特别是"双亿"经营目标的新突破，推动了兖矿规模当量迈上新台阶。

国际化建设取得新进展 兖煤澳洲公司完成与格罗斯特公司的合并和资产上市，成为澳洲最大的独立煤炭上市公司。兖矿集团成为全国唯一一家拥有境内外4地上市平台的企业，在澳洲运营9对生产矿井，总产能4670万吨/年，资源储量62.53亿吨。加拿大钾矿资源项目显示出良好的开发前景。集团公司被评为全国"走出去"先进企业。

体制机制激发新活力 适应国际化发展、市场化竞争、现代化管理的要求，构建管理服务职能定位准确的集团总部组织新架构。推进"三整合两委派"，在省管企业率先全面实行财务总监委派制，启动实施纪委书记(纪检负责人)派驻制。加大竞争性选拔干部力度，对副处级以上管理人员实行民主公推和公开竞聘。创新"三位一体"经营目标责任考核体系。推行全员业绩考核。对15个厂点实施承包租赁经营，减亏增盈2.39亿元。集团持续发展内生动力明显增强。

安全工作创出新水平 实现跨年度安全生产六周年和第六个安全年，累计安全生产2376天，安全产煤3.5亿吨，保持国内领先、国际先进水平。集团被全国总工会和国家安监总局评为"安康杯"竞赛示范企业。持续平稳的安全形势为应对经济危机提供了有力保障。

技术研发取得新成果 以研产销一体化为导向推进技术研发平台建设。兖矿集团院士工作站挂牌运营。4项国家"863"计划课题通过科技部验收，6项课题分别列入国家"863"、"973"计划。获得省部级以上科技进步奖44项，专利授权95项，技术转让收入8911万元。集团被国家工信部、财政部认定为"国家技术创新示范企业"。技术创新对发展的支撑能力进一步提升。

可持续发展能力实现新增强 全年完成投资105亿元，实施基建技改项目28个。4对特大型矿井和一批转方式调结构重点项目建设有序推进。新疆60万吨醇氨联产项目生产出合格产品。贵州开阳50万吨合成氨项目投料试车。14万吨高性能铝挤压材项目建成投产，率先成为世界上拥有超大直径、超大断面、硬合金生产能力的企业。集团公司产业布局向高端高质高效迈出了新步伐。

和谐矿区建设呈现新气象 集团职代会确定为职工兴办的"八件实事"全部落实。为职工子女提供就业岗位2350个。棚户区改造竣工30万平方米，新开工25万平方米。扩大职工医疗保障范围，实行医疗保险门诊统筹。建立职工医疗保险大病救助制度。组织井下职工健康疗养5260人。总医院中医楼建成投用。投资1.6亿元深化温馨家园建设。在岗职工人均工资68648元，同比增长3.07%。在集团经营十分困难的情况下，做到了职工收入增长、生活改善、企业凝聚力向心力进一步增强。

品牌形象实现新提升 集团位列2012年中国企业500强第129位，同比上升10位；位列2012中国100大跨国公司第24位。煤业公司被授予亚洲质量卓越奖，是国内煤炭行业唯一一家获得亚洲质量最高荣誉的企业；成为全球第一家国际评审认定"投资级别"的煤炭上市公司；获得中国证券"金紫荆"奖最具投资价值上市公司称号。

（杨建平）

【济宁能源发展集团】 济宁能源发展集团(以下简称:济宁能源)是济宁市委、市政府依托济宁矿业集团有限公司和山东鲁泰煤业有限公司于2008年5月组建成立的一个以煤炭为主业，集电力、化工、冶金、建材、机械制造、水陆港运于一体、跨地区、跨行业、多元化经营的国有大型能源企业。拥有全资、控股及参股子(分)公司22家，资产总额154亿元。2012年，济宁能源发展集团共生产原煤767.09万吨，实现销售收入60.79亿元，利税12.53亿元，利润4亿元。济宁能源成立以来，已累计生产原煤3120万吨，实现销售收入240亿元，利税73.38亿元，利润44.16亿元，已连续两年(2011、2012年)位列全国煤炭百强企业第63位，成为山东省人民政府重点发展的企业集团之一。集团公司先后荣获全国"五一"劳动奖状、全国煤炭工业优秀企业、全国煤炭行业"效益十佳"企业，山东省级文明单位等多项荣誉。涌现出党的十八大代表、全国劳动模范潘兴喜等为代表的一批先模代表，成功提升了集团公司在山东省乃至全国行业中的知名度、美誉度。

资源优势 集团公司现有7对生产矿井，2对在建矿井，所属煤矿年设计生产能力1280万吨，至2012年底，保有资源储量15.3亿吨，可采储量6.0亿吨。在抓好现有煤矿安全生产的同时，

■济宁能源大楼

充分发挥技术、管理、人才等优势，力争"十二五"末，通过整合济宁地方煤炭企业和以陕西榆林朱家峁煤矿为基础规模化发展，形成2000万吨的生产能力，迅速壮大煤炭主业。

产业结构优势 坚持"以煤为基，多元发展"，延伸产业链条，优化产业结构。逐步打造了"煤—电—建材"、"煤—焦—化工"、"煤—电—化工"三大产业链条，构建了阳城煤电、金威煤电、金乡煤焦化三大工业园区，培育形成了"煤炭、电力、化工、冶金、机械制造、物流、新能源"七大板块竞相发展、相互支撑、协调并进的产业格局。

技术优势 在煤炭开采技术方面，长期致力于采煤工艺进步和安全高效矿井建设，拥有从薄煤层到厚煤层、从平缓倾角到大倾角煤层、从综采综放到矸石、膏体充填的开采工艺和技术，其中花园煤矿矸石固体充填开采技术、太平煤矿膏体充填开采技术等处于国内一流、世界领先水平。在非煤产业上，大功率LED集成封装技术、焦炉煤气热电综合利用技术、离子膜制碱技术等达到国内一流、国际先进水平，企业核心竞争力进一步提升，实现了较好的经济效益。

人才资源优势 集团公司现有人才资源总量为16000余人，其中大学本科以上学历近4000人，中高级以上职称人员3300余人，专业技术人员3800余人，分别占员工总数的24%、20%和23%。

企业文化优势 儒家文化与企业精神的合二为一，造就了济宁能源"诚信务实、勤奋好学、创新开拓、追求卓越"的企业精神，"共建和谐能发、共享富裕平安"的共同愿景，时时激励着广大干部职工创新作为、奋发奋起。

（张敬民）

【山推工程机械股份有限公司】 山推工程机械股份有限公司（简称山推股份公司）创建于1980年。是中国生产、销售铲土运输机械、压实机械、路面机械、建筑机械、工程起重机械等主机及工程机械关键零部件的国家大型一类骨干企业。全球建设机械制造商50强、中国企业500强。产品涵盖推土机、吊管机、推耙机、平地机、装载机、压路机、垃圾压实机、混凝土搅拌运输车、混凝土臂架式泵车、履带起重机、高空作业车、消防车、履带底盘、工程机械"四轮"、传动部件、金属结构件等10大类系、140多个规格型号的产品。1997年1月"山推股份"在深交所挂牌上市（股票代码:000680)，入选沪深300指数股。2009年6月18日成立山东重工集团，山推成为其权属子公司，并实现较快发展。国内已形成山推国际事业园、山推重工事业园、山推武汉产业园、山推抚顺产业园、山东锐驰机械有限公司、山推喀什工程机械有限公司、山东建设机械有限公司7大产业基地，总占地面积达3900亩。并在阿联酋、南非、俄罗斯、巴西等地建立10家海外子公司。公司生产能力和制造水平、产品质量处于国内领先和贴近国际先进水平。拥有国家级技术中心、山东省工程技术研究中心和博士后科研工作站等创新平台。现年生产能力已达到1.5万台推土机、7000台道路机械、5000台混凝土机械、18万条履带总成、16万台液力变矩器、5万台变速箱、140万件工程机械"四轮"。公司拥有健全的销售体系，完善的销售服务网络，产品遍及全国，远销海外130多个国家和地区。主导产品推土机连续三年产销量世界第一。

山推股份公司是中国机械工业效益百强企业、国家"一级"安全生产标准化企业、山东省高新技术企业、山东省制造业信息化示范企业，山东省企业文化建设示范单位。山推股份公司荣获全国五一劳动奖荣誉称号。商标系中国驰名商标。山推品牌为"机电商会推荐出口品牌"。山推股份公

■推土机生产线

司通过ISO14001环境管理体系认证、ISO9001质量体系认证，主要产品通过CE认证和EPA认证，部分产品通过TUV认证。2008年山推股份公司荣获山东省质量管理奖，2010年获建筑机械用户委员会“质量管理先进企业”称号，连续六年被评为“中国工业行业排头兵企业”。同年，获“2010中国主板上市公司价值百强”称号、获中国机械制造工业企业“安全生产先进单位”。2011年被评为“全国机械行业文明单位”，荣获济宁市市长质量奖、山东省省长质量奖。2012年被评为“全国企业化示范基地”。未来山推股份公司将大力发展成为拥有核心技术，具有国际竞争力，可持续发展的工程机械制造商。

（皮永皆）

【山东鲁抗医药集团有限公司】 山东鲁抗医药集团有限公司是国家大型生物制药企业，国家重要的抗生素研发、生产基地，国家重点高新技术企业，拥有国家级企业技术中心。现已建成鲁抗医药、科技、生物制造、合成4大产业园区，形成鲁抗（人用）医药、鲁抗动保、环境科技、鲁抗生物四大板块。2012年实现收入23.39亿元，出口收入8661万美元。鲁抗医药已通过ISO9001质量体系认证、ISO14000环境体系认证和OSHMS职业健康安全体系认证，青霉素钠原料药及粉针获得国家质量金奖，鲁抗医药本部制剂生产线全部通过国家新版GMP认证，酒石酸泰乐霉素、大观霉素原料药获得欧盟CEP证书，大观霉素通过德国cGMP认证，1228、盐酸大观霉素均通过美国FDA认证，鲁抗产品畅销全国，远销亚洲、欧洲、非洲、美洲40多个国家和地区。2012年被确定为山东省科技兴贸出口创新基地。

2012年，鲁抗医药围绕发展战略，以市场为导向，以体制机制和管理创新为保障，以科技创新和技术进步为动力，优化资源配置，提升管理能力。通过开展“科学发展和商业模式创新”研讨工作，确定了事关鲁抗发展大局的“十项重点专题”，并组织进行了深入研讨，形成了具体的工作方案，推进了鲁抗医药科学发展和商业模式的创新。扎实做好项目建设和国内、国际认证工作，主要项目有新版GMP改造、设备更新及节措项目。鲁抗牌盐酸大观霉素产品顺利通过美国FDA认证，制剂产品在国外注册取得突破性进展。注射用盐酸大观霉素、注射用头孢类系列产品以及其他片剂、胶囊剂产品在东南亚、美洲等市场先后获得了40余个注册证书。鲁抗医药“年产2000吨L-色氨酸产业化项目”，被列入科技部2012年度火炬计划项目；“乙酰胺基阿维菌素研制与开发”等6个项目列入山东省经信委2012年度技术创新项目计划。

（李 楠）

【华能济宁运河发电有限公司】 华能济宁运河发电有限公司位于任城区长沟镇，公司现有机组6台，装机总容量1240MW，职工702人。2012年，公司在华能集团、山东公司和市委、市政府正确领导下，紧紧围绕“扭亏增盈”中心任务，提升管理水平，狠抓安全生产，深化节能减排，推进党的建设，完成了各项目标任务。

安全生产保持平稳 截至2012年年底，公司实现自首台机组投产以来连续安全运行4555天。全年完成发电量62.68亿千瓦时，同比多发2096万千瓦时，出色完成了“十八大”保电等重点工作。实现销售收入22.98亿元，同比增加1.32亿元，为促进济宁市经济社会发展做出了一定的贡献。同比减亏增利2.58亿元，实现了国有资产保值增值。

不断深化节能减排，效益调电成效显著 33万机组发电占比高于容量比8.06个百分点，利用小时比14.5万机组高1636小时，减少标煤耗用约5万吨；全厂机组最小运行方式实现突破，为节能降耗、提高效益奠定基础。指标水平持续优化。综合供电煤耗完成343.75克/千瓦时，同比降低1.92克/千瓦时。5、6号机组分别完成供电煤耗325.66克/千瓦时和325.51克/千瓦时，生产厂用电率5.33%和5.35%，成为山东区域内第三家通过集团优秀节约环保型燃煤发电厂验收的企业。严格执行国家环保政策，11月8日，圆满完成了5号机组脱硫旁路挡板拆除工作；9月20日，城市中水综合利用项目开工；脱硝可研报告获得审查通过，将于2013年开工建设。加强脱硫设备运行维护管理，排放指标进一步优化，粉煤灰综合利用率100%。

持续强化经营管理，实行了经营绩效周通报制度，动态监控主要生产经营指标完成 加大融资力度，拓宽融资渠道，保证了资金供应。严格费用控制，将费用指标分解到部门、到专业进行控制，全年各项费用可控在控。《企业用工多元化探索与实践》和《保持企业规章制度持续稳定有效》两个管理成果分别荣获“全国电力行业管理创新成果”二等奖和三等奖。

切实提升党建水平，企业党建和文明水平再上台阶 荣获“华能集团文明单位”和“济宁市文明单位”荣誉称号。以“筑坚强堡垒、当扭亏先锋”为主题，全面深化创先争优，全体党员佩戴党章上岗，自觉接受监督。以“转作风、强管理、提效益”大讨论活动为载体，深入贯彻落实“十八大”精神，广大党员干部认真查找问题、剖析不足、制定措施，推动了工作作风转变。推进廉政建设，落实“一岗双责”，狠抓内控管理，燃料效能监察项目获得华能集团二等奖；印发了《廉洁风险防控手册》，重点加强对领导干部、五管人员廉洁从业教育，377人次参加集中警示教育活动。实施“送温暖”工程，多次到长沟敬老院、启音聋哑儿童学校走访慰问，关心困难职工生活，促进了社会和谐。

（李　凯）

【济宁中银电化有限公司】 济宁中银电化有限公司按照济宁市政府退城进园的工作部署，2012年加快了新区建设和老区拆迁步伐。新公司——中联化学位于汶上联想（汶上）高端化工园区内，公司占到1000亩。已经建成了30万吨/年烧碱生产线，4万吨/年糊树脂、4万吨/年氯化石蜡和次氯酸钠、高纯盐酸、液氯5个产品已投产。6万吨/年环己酮、3万吨/年三氯乙烯、1万吨/年烷氧化系列产品项目计划在2013年上半年正建成投产建。中银电化也将在2013年上半年完成全部搬迁任务。将提前一年半实现市政府要求退城进园任务。

建设新区，推动企业转型 新区一期工程投资18亿元，规划了氯碱板块、树脂板块、加氢产品板块和特种化学品板块等4大板块。氯碱板块于2012年11月8日试车投产树脂板块的三氯乙烯和糊树脂是全新的两个产品。氯乙烯单元搬迁项目，技术经过了优化，11月份已产出高品质单体，12月8日三氯乙烯开始试车，产出合格中间体。糊树脂采用行业领先技术，12月29日糊树脂投料试车，产出合格产品。加氢产品板块正在建设，特种化学品板块计划在2013年5月试车。

稳定老区，实现安全环保 4月份，老区7万吨PVC和16万吨离子膜开始搬往新区，烧碱产能剩下9万吨，生产转入边生产、边拆除、边搬迁的状况。制定停、拆、产细致方案，做到了生产、拆迁两不误，通过稳定工艺指标控制，优化生产流程，主要消耗指标在产量降低三分之二的情况下没有大的上升，安全和环保措施到位。加强三废管理和职业卫生监测，实行逐点监测，提供准确数据，提高环保和安全水平。通过了氯苯符合产业政策审核，换发了氯苯、次氯酸钠等产品生产许可证。通过了液氯充装站的年检。进行了泡沫消防演习和事故预案演练，增强员工处理突发事故的能力。

■济宁中银电化汶上新区离子膜烧碱生产装置

奋力开拓，畅通供销渠道 公司产品价格整体处于低谷之中。试车营销工作围绕“挖掘市场源泉，提升产前、产后价值和竞争力”的目标，采取了分析预判市场变化，“盯、压、存、快”，合理增减库存，抓住市场机会，快速反应，提价迅速，降价及时，努力创造价差效益。运用差异化竞争的策略，对产品进行了深度调研和竞争力对比分析。产销率、货款回收率连续十多年保持两个100%。通过提高采购质量，通过原料的替代，降低采购成本。用井矿盐替代海盐，降低原盐采购成本；通过加氢苯替代焦化苯，使加氢苯用量增加5203吨，大幅降低纯苯含硫指标，保证安全生产的稳定性。

精心运作，降低搬迁影响 开展了以增产、增收、增效，降耗、降成本，减事故的“三增两降一减少”管理活动，层层分解、落实、细化年度目标管理，对消耗、质量、维修费用、安全、环保等指标实行严格考核兑现。加强了中控指标和工艺管理。优化小指标竞赛，开展员工提建议活动，促进了安全运行、节能降耗。改造老区公用工程，凉水实现了“一带三”，年节电300万元。通过对纯水系统等改造，更换电泵、氟机组等措施，共合并、停用设备15台套，减少符合功率900多千瓦。置换出1台高压制冷机组供新区，节省了20万元。通过提高外供氢气量，月增效益30万元。

深化改革，推动机制转换 以联想文化为引领，积极推动内部机制转换，为克服两区作战人员紧张的困难，采取了深化改革，推动机制转换的措施。合并车间，进行了岗位优化。加强生产过程控制，强化岗位间横向协作和配合、提高效率，对上下关联度高的工段进行了合并，实行了大工段设置，减少了管理人员对岗位间的协调。设计了《员工职业发展规划》，为各类员工发展创造条件。逐步建立健全以专业为基础、以业绩为导向的员工职业发展通道，推行了行政、专业双通道的职业发展平台，对薪酬制度做了相应的调整，进行了内部岗位激励机制的改进。

（尤树民）

【山东如意科技集团】 山东如意科技集团其前身为始建于1972年的山东济宁毛纺织厂，是全球知名的创新型技术纺织企业，拥有国家级企业技术中心和博士后工作站，获得了数百项专利技术和创新成果，被中国纺织工业协会列为毛纺行业国家级新产品开发基地。继2002年“赛络菲尔纺纱技术及系列产品”获国家科技进步二等奖后，历时7年研究的“如意纺”纺纱技术，荣获国家科技进步一等奖，是全球服装奢侈品品牌的主要供应商之一。集团资产总额156亿元，拥有国内A股和日本东京主板及新西兰3个上市公司。旗下拥有20个全资和控股子公司，职工3万人，2012年营业收入突破300亿元，进出口总额突破10亿美元。位列中国企业500强的374名，中国100大跨国公司跨国指数前十强，综合竞争力居中国纺织服装500强前五位，出口创汇居行业第二位，主营业务收入居行业前十位。公司涉及毛条制造、毛精纺、服装、棉纺织、棉印染、针织、化学纤维、牛仔布、家纺、房地产等产业，拥有全球规模最大的毛纺服装产业链和棉纺印染产业链。“如意”商标是中国驰名商标，产品先后获“中国名牌”和商务部“重点培育和发展的出口名牌”等称号。在国内首家获得世界第一视觉博览会——法国PV展会参展资格，为中国纺织面料企业赢得了全球纺织面料流行趋势发布权。企业通过技术创新，坚持高端产品定位，提高自身核心竞争力；成为国内少数几家可与欧美、日本等高档面料相抗衡的企业。按照打造科技如意、高端如意、品牌如意、时尚如意，构建百年如意，建设千亿级企业的战略规划，公司将以科技品牌双轮驱动促发展．积极推进经济结构调整和优化升级，依靠科技进步和自主创新，坚持高端定位，加大全球营销体系建设；加强国际合作力度，构建全球范围内的供应链和产业链；实现由纺织服装制造商向以科技纺织为基础的国际化时尚产业集团的新跨越。

（宣传部）

【华能国际电力股份有限公司济宁电厂】 华能国际电力股份有限公司济宁电厂位于济宁市西城区，占地面积40.9万平方米，总装机容量97万千瓦，其中两台13.5万千瓦循环流化床机组2003年投产，两台35万千瓦热电联产机组2009年投产，在职职工1444人，离退休人员656人。

2012年，济宁电厂认真贯彻落实集团公司和山东公司各项决策部署，紧紧围绕“减亏增效”中心任务，凝心聚力、攻坚克难，安全、生产、经营创近几年最好水平，企业保持和谐稳定，各项工作取得显著成效。全年发电50.97亿千瓦时，综合供电煤耗完成331.48克/千瓦时，比年度计划低6.71克/千瓦时，同比降低6.41克/千瓦时。综合厂用电率完成6.64%，比年度计划低0.11

个百分点，同比升高0.06个百分点。经营亏损4848万元，同比减亏2.22亿元。2012年保持了省级文明单位和集团公司"节约环保型"电厂称号。

生产管理进步明显 扎实做好了迎峰度夏、防洪度汛工作，圆满完成十八大保电任务。有效开展"基层基础强化年"、"反违章、隐患排查治理"、"季节性安全大检查"等活动，共排查主要设备隐患360项，利用机组检修和低谷时段进行了消除。2012年共完成5次检修，加强检修全过程技术监督，严格执行检修工艺标准和"三级验收"制度，确保了检修质量。利用机组检修机会完成了#1炉空气预热器密封改造、#1、2炉二次风暖风器更换，漏风率、风机电耗明显下降。加强消缺管理，发现设备缺陷6511项，累计消缺率达到99.03%。实现连续安全生产3571天，创建厂以来历史新高。四期工程顺利通过了专项审计。顺应济宁市市政府转型升级、跨越发展的要求，燃机项目列入山东公司与济宁市政府战略合作框架协议，与市政府、济宁中石油天然气有限公司签订了三方协议，为燃机项目建设创造了条件。

经营工作成效显著 紧紧围绕"减亏增效"中心任务，外争政策，内强管理，经营业绩创近几年最好水平。营销工作成绩突出，350MW机组代发135MW机组电量计划3.14亿千瓦时，比135MW机组利用小时高2220小时，是省内唯一一家按脱硝电价转移电量的电厂。加强燃料管理，优化进煤结构，掺烧型煤7.5万吨、褐煤33.8万吨，获得省经信委煤炭库存电量奖励3.33亿千瓦时。多措并举，在社会用电量增长低于预期的不利条件下，7、8、9、11月份单月实现盈利，同比大幅减亏2.22亿元，创新机投产以来最好经营业绩。克服热价低、供热亏损严重等困难，积极履行社会责任，加强供热设备的检查维护，及时消除设备缺陷，加强机组运行参数调整，确保了不同负荷下的供热稳定。2012年总供热量254.77万吉焦，同比增加51.92万吉焦，增长25.59%。

节能降耗和环保工作持续推进 多措并举，350MW机组生产供电煤耗完成321.27克/千瓦时，同比降低5.19克/千瓦时，比节约环保型电厂基准值低2.85克/千瓦时。完成了中水加药系统改造，确保中水系统正常运行。加强环保设备的检修与消缺维护，优化运行调整，保证脱硫、脱硝等环保设施安全稳定运行，多次作为济宁市环保工作示范点接受国家、省级环保检查，为济宁市节能减排作出了积极贡献。

（曹卫星　金同勇）

【山东英克莱集团有限公司】 山东英克莱集团有限公司属国家大型企业，山东省350户重点企业集团。公司先后荣获"全国五一劳动奖状"、"中国明星企业"、"中国轻工业优秀企业"、"山东省现场管理样板企业"等荣誉称号。"英克莱"作为公司主导品牌，先后被认定为"山东名牌"、"山东省著名商标"、"中国名牌"、"中国驰名商标"。2012年，公司实现销售收入15亿元，实现利税2632万元。

主导产业在行业内继续保持领先地位 2012年，电动车行业整体形势更加严峻。面对困难，公司从抢抓销售及调整产品结构入手，优化和完善企业战略布局，合理配置各项资源。在狠抓产品质量的同时，不断巩固挖潜近区市场，积极开发远区市场，努力扩大市场占有率，取得了全年销售电动自行车78万辆的成绩。光电公司产品结构调整取得进展，新的经济增长点势头良好。大力加强营销过程管理，坚持有效、成熟、稳定的思路，确保省内市场的稳定。同时发挥济南办事处、徐州办事处、天津办事处的作用，大力开拓苏、津、京等市场。新上世界领先的接地电阻测试仪、耐压测试仪、泄漏电流测试仪等设备，极大的提高了产品性能检验水平，顺利通过国家3C强制性产品认证。健身器公司加强基础管理，提升自制水平，企业竞争力进一步提高。11月份顺利通过了石家庄国家质量检验监督中心的检测等工作。全年保质保量的完成了陕西省、甘肃省、济宁市、潍坊市、德州市、兖州市等省市的全民健身工程的安装调试工作，并得到使用单位的广泛好评。机车公司积极开发新产品，自主研发了电动消防巡逻车、电动巡逻执法车、房地产楼盘看房车、旅游观光车等车型，产品线逐步延长，类别不断丰富，适应了不同市场需求。为提高企业核心竞争力，大力引进技术人才，从加工能力到模具自制，得到了极大的提高。通过努力获得了特种车辆设备生产许可证，品牌知名度及社会影响力大幅提升。

科技和人才战略进一步落实 始终坚持实施人才强企战略，不断提升企业竞争力。利用多种形式引进、开发、培养各类人才，进行人才战略储备，为企业发展提供坚强的智力保障。与山东大学、曲阜师范大学、济宁学院等多所院校签订项目合作协议。大力引进外脑，提高研发能力。2012年完成新产品开发项目62项，累计获得技术专利50余项，其中

2012年申请授权12项。室内照明用LED模块和电动跑步机获得了2012年山东省技术创新项目。被评为三星级山东专利明星企业称号。为提升企业自主创新能力,增强产品市场竞争力奠定坚实基础。

名牌战略和市场战略取得成绩 通过了英克莱电动自行车、英克莱健身器械省著名商标的新认定,组织完成了英克莱电动自行车、英克莱LED显示屏山东名牌三年复审,并通过了电动车公司、健身器公司国家高新技术企业复审,和集团公司的省级企业技术中心两年的复评考核工作。对集团公司的第12类英克莱、英吉星商标进行了续展;对英克莱45个类别产品中没有注册的产品进行全方位防御性申请注册。同时配合当地工商部门,到聊城、菏泽成功查处侵权行为,有效地维护了英克莱商标,较好的保护了品牌的市场地位和无形价值。坚持品牌的高端定位,走名牌之路。2012年共投入广告、宣传费、促销费1000余万元。动用宣传、服务车辆50多部,参加各类展会10余次。全力打造“英克莱”、“麦珂赛姆”等品牌。重视企业形象宣传,积极参与公益活动,组织对社会捐赠,取得较好的社会效益。

(唐 琳 任 明)

文化济宁

济宁古槐

古槐路南段东侧有一株历经千年的老槐树,为市级重点保护文物,因在渔山之阳故又名“山阳古槐”。渔山,虽名为“山”其实只是一块高地,是济宁城的至高点,历史上有“水漫全城,此处独安”之说,济宁人乃巧作奇思,取“渔翁失舟至此叹,山阳樵夫窍作欢”之意命名此地为“渔山”。古槐位于渔山之南,山南为阳,故名“山阳古槐”。

相传唐开国名将尉迟敬德过任城(济宁)时,曾在此观赏,留下了“敬德勒马看古槐”的佳话。民国初年,旅居济宁的学者王益芝见这株古槐苍老,曾手书篆体石刻“山阳古槐”,十年动乱时被毁。

此树直径约1.2米,中空可容数人,高5.3米。至今仍枝叶茂盛,生机勃勃,苍翠成荫,与古槐的老树皮一起,形成了一幅“古槐抱子”的景观风情图,吸引不少游客到此观赏。

济宁年鉴 2013

JININGYEARBOOK

民营经济

综　述

济宁市中小企业局是全市民营经济、中小企业主管部门，承担着民营经济、中小企业的综合协调和指导服务职能。内设机构4个，在职人员14人。2012年，全市上下以民营经济跨越发展为目标，抢抓机遇，创新实干，合力推进，再掀全民创业热潮，民营经济呈现蓬勃向上、量质齐升的发展态势，实现经济总量和质量的较快发展。

民营经济占全市经济总量比重稳步提高　2012年，全市民营经济呈现较快增长，实现增加值2189.3亿元，增长19.5%，占GDP的比重达68.3%，增速高出全市GDP增速5.3个百分点。民营经济的较快增长，助推了全市国民经济的较快发展。

民营税收稳居半壁江山　2012年，全市民营经济面临严峻的经济形势，企业利润空间受挤压，增幅下降，但在税收方面的贡献进一步增强。2012年，全市民营经济实缴税金260.1亿元，增长17.9%。其中民营企业219.9亿元，增长18.4%；个体工商户40.1亿元，增长15.3%。民营经济的税收贡献额占到全市税收收入的63.0%。

民营经济在消费品市场主导地位加强　2012年，全市民营企业实现零售额达到1100亿元，同比增长15.2%，占全市消费品零售额的84.7%。

民营企业发展迅猛，成为民营经济中坚力量　2012年，全市民营企业完成营业收入5901.8亿元，增长18.1%，太阳纸业、华勤集团营业收入突破300亿元，润峰集团、荣信煤化、翔宇化纤营业收入突破100亿元。全市民营企业实现增加值1683.2亿元，占民营经济总量的比重为76.9%，实际缴纳税金219.9亿元，增长18.4%，占全社会民营经济总量的比重为84.5%。

民营经济日益成为稳定社会就业的重要渠道　在全市就业形势比较严峻的形式下，民营企业增加了就业岗位，缓解了社会就业压力，为国有企业改革和发展创造了有利条件。2012年末，全市民营经济从业人员达到204.6万人，增长6.8%。日益壮大的民营经济已成为吸纳就业的大“蓄水池”。

全民创业成效明显　2012年，全市新增私营企业、个体工商业、农民专业合作社三类市场主体30793户。其中，新增私营企业6552户，新登记注册资金130.14亿元，增长14.9%，较2011年增速提高29.83个百分点；新增个体工商业23383户，新登记注册资金22.56亿元，增长27.0%，民间初始创业投资呈现出加速活跃态势。

中小企业运行质量提升，创新能力不断增强　2012年，全市中小微型企业展到3.9万户、从业人员108.4万人。实现营业收入4538亿元、增加值1359亿元、实缴税金177亿元、固定资产投资1287亿元，分别增长19.5%、18.3%、17.2%、27.5%，总体实现了平稳增长。2012年，全市中小企业技术改造项目达到1419个，比上年增加65个，完工项目736个，累计完成投资854亿元，淘汰落后设备280台套。全市中小企业技术创新项目达到147个，比上年增加11个，达到国际水平的8个，填补国内空白的11个。市级以上中小企业“一企一技术”研发中心27个。

中小企业产业集群规模快速膨胀　2012年，全市33个中小企业产业集群聚集企业8071家，从业人员68.4万人。实现销售收入2562.8亿元，实现利税314.4亿元。其中，任城区机械制造、兖州市造纸、金乡大蒜、梁山专用车制造、微山船舶制造、高新区工程机械产业集群实现销售收入过100亿元。

营造了全民创业的浓厚氛围　2012年5月19日，全市召开了推进全民创业加快民营经济发展动员大会，成立了济宁市全民创业民营经济工作领导小组，由市长任组长，市委副书记、市政府两名副市长任副组长，市直35个部门主要领导任成员的领导小组。全市动员大会后，制定了《推进全民创业加快民营经济发展宣传方案》，济宁晚报及时报道了全市动员大会精神，解读了新出台的全民创业政策，《全民创业、潮涌济宁》当日晚报加印200万份，发放到全市各居民村户。济宁日报、济宁电视台、济宁广播电台、东方圣城网、济宁政务网、中小企业山东济宁网均开设了“全民创业”专栏。

持续不断地开展全民创业活动　成立了济宁市百人创业导师团，组织创业成功人员分赴12县市区巡回演讲。在清华大学举办了中小企业家转方式调结构高级研修班，在济宁高级职业学校举办了1000人的专业管理人员培训班，2012全年全市组织中小企业培训176班次，受训人数达1.5万余人。组织了全市小微企业金融服务推进会暨金融产品创新表彰大会，向小微企业推介了银行新的金融产品。组织召开了“金融助推千家中小企业发展计划”启动会议，1284家有融资需求的中小企业与有关银行金融机构进行了对接包保，重点支持。开展了全民创业大讲堂活动，聘请国内知名专家授课，进一步激发了全民创业热情。开展了全民创业宣传和人才招聘、项目推介活动，市直各部门设展位向广大群众宣传创业政策，印发了中小企业“一法一条例”、推进全民创业政策，工商、税务、科技等部门发放了优惠政策。开展了“全民创业访谈”活动，济宁日报、电台、电视台等新闻媒体访谈各县市区、市直有关部门负责人，公开市直部门推进全民创业政策措施。

不断完善了全民创业配套政策文件 先后赴江苏宿迁、徐州市和湖北的襄阳市学习发展经验，实地考察了创业园和部分中小企业。联合市委政研室、市政府研究室成立课题组，先后召开多次部门座谈会征求意见，共同研究制定了《关于鼓励支持引导全民创业大力发展民营经济的意见》，市委、市政府配套出台了《推进全民创业加快民营经济发展工作责任分工》。市政府出台了《关于加快中小企业扩量升级的意见》、《关于加快推进全市中小企业服务体系建设的实施意见》、《关于实施中小企业“百千万培训工程”的意见》。以市全民创业民营经济工作领导小组办公室名义印发了《济宁市未来五年推进全民创业民营经济发展规划(2012-2016年)》、《全民创业活跃度指标情况定期调度的通知》等文件。制定了《全民创业宣传活动责任分工》、《关于建立中小微企业统计调查制度的通知》、《关于支持个体工商户转型升级为微型企业的意见(试行)》。

形成了上下联动推进全民创业的强劲合力 建立了全民创业工作领导小组联席会议制度。对各成员单位工作职责、目标任务进行了明确。召开了全民创业民营经济工作领导小组会议，研究了推动全民创业工作的具体办法措施。各县市区相继召开了全县推进全民创业发展民营经济大会，出台了政策意见，在营造创业环境、搭建创业平台、创新创优服务等方面制定了具体措施，均设立了扶持微型企业专项资金，加大了创业主体的培育扶持力度。市工商局、市人社局、市中小企业局、市财政局等部门率先在济宁日报公开了推进全民创业措施。市工商局在全市开通了创业绿色通道，降低了创业门槛，实施了市场主体准入0001工程，实行行政事业收费“零收费”，个人独资企业注册“零首付”，法律法规没有特别规定的市场准入“零门槛”。市人社局调整提高了对创业人员全额贴息小额贷款额度，市科技局启动了全民创业科技行动计划。市国税局出台了60条便民服务措施。强化了对全民创业民营经济工作督导检查。领导小组办公室组成督导组对各县市区全民创业工作开展情况进行了一次全面检查。

（于　杰）

企业简介

【太阳纸业股份有限公司】 山东太阳纸业股份有限公司（以下简称太阳纸业）成立于1982年，公司总部位于山东省兖州市，业务涉及造纸、化工、外贸、电力、科研、林纸、酒店、投资等多个领域。公司拥有资产总额230亿元，年浆纸产能400万吨，员工1万余人。经过30年的发展，太阳纸业已发展成为一家全球先进的跨国造纸集团和林浆纸一体化企业，是中国最大的民营造纸企业、中国500强企业之一，并位列世界造纸百强行列。2006年，太阳纸业在深圳证券交易所成功上市。

太阳纸业在行业内率先通过了质量管理、环境管理、能源管理、职业健康、食品安全、森林监管链六大体系认证。主导产品有高档涂布包装纸板、高级美术铜版纸、高级文化办公用纸、特种纤维溶解浆四大系列。集团拥有金太阳、华夏太阳、天阳、威尔、乐考、酷印等主要品牌，其中，“金太阳”商标为中国驰名商标。

太阳纸业坚持用高新技术改造提升传统产业，推动造纸产业的转型升级。公司拥有国家级技

■太阳纸业厂区鸟瞰图

术中心、院士工作站、博士后科研工作站等高端科研平台，推动了造纸产业链的多元化创新。成功研发特种纤维溶解浆，可替代棉花用于纺织，成为中国第一家规模生产溶解浆的企业；以溶解浆生产过程中所产水解液为原料成功提炼出木糖，制作木糖醇，用于食品添加剂，填补世界空白。

太阳纸业积极实施国际化战略，充分利用国内国外两个市场、两种资源，参与国际竞争大循环。通过“引进来”，与世界500强企业—美国国际纸业合作，不断提升公司管理理念和水平，提高产品科技含量和产品品牌；通过“走出去”，在老挝建设10公顷纸浆林基地，为企业长远健康持续发展，提供了坚实的原料支撑。

打造资源节约型和环境友好型企业，追求企业、环境、社会的和谐统一与互惠共赢是太阳人不懈的努力方向。太阳纸业累计投入22亿多元人民币用于污染治理，实施循环经济，使综合废水COD达到60mg/L左右，BOD达到10mg/L以下，出境水质达到30 mg/L左右，实现了废水的区域循环再利用。太阳纸业的化机浆废水已经实现零排放，平均吨纸耗水降到6m³，达到国际先进水平，建设了生物质发电项目，实现了企业固体废弃物的资源化利用，取得了经济效益、环境效益和社会效益的多赢。

（吴新房）

【山东雪花生物化工股份有限公司】 山东雪花生物化工股份有限公司位于济宁高新区雪花工业园，是以玉米淀粉深加工谷氨酸、赖氨酸、味精等产品的综合性企业。现有固定资产18亿元，占地面积1600亩。下辖谷氨酸一至三分厂、热电厂、硫酸厂、复合肥厂、淀粉厂、污水处理厂、台湾味丹雪花实业有限公司等。公司坚持科学发展、循环发展的理念，由一个农副产品粗加工企业发展成为集生物发酵、味精、热电、化工、复合肥等于一体的大型企业，多次受到国家、省市的表彰奖励。公司先后被授予“全国科技进步企业”、“全国先进乡镇企业”、“山东省农业产业化重点龙头企业”、“山东省先进民营企业”、“山东省先进节能企业”、“山东省优秀环保企业”、“山东省轻工系统明星企业”等称号。

在国际金融危机不利因素影响下，公司采取科学地应对措施，坚持走技改创新、节能减排的路子，狠抓节能、低耗、环保、革新挖潜、循环发展的技改工作，先后实施了淀粉清洁生产、溴化锂制冷、220吨锅炉、谷氨酸浓缩蒸发器、复合肥烟气治理、热电厂脱硫除尘等多项技术改造，走出了一条能耗低、产出高、污染少、效益好的发展路子，实现了节能环保和经济效益的共赢发展。

为实现企业的二次创业，公司按照中央转方式、调结构和济宁市委市政府关于“大力实施工业强市、创新驱动、可持续发展战略”的决策和大项目突破年的要求，按照“树百年雪花、创百亿企业”的发展规划，科学定位，积极推动企业转型升级。充分发挥现有设备的优势，投资6400万元技改赖氨酸生产工艺，项目运行后年可实现产值7.2亿元、利税1.05亿元。与嘉祥县人民政府签订了新上年产8万吨镍合金和20万吨阴极铜项目有色金属工业园。现已完成立项备案、可研的编制、土地征用等工作。两项目计划到“十二五”末实现产值170亿元，利税16亿元。

（吕庆平）

【菱花集团有限公司】 菱花集团有限公司总部位于济宁高新技术产业开发区，创建于1979年。现已发展为集科技研发、生物工程、现代农业、国际贸易、能源供应、房地产开发于一体的国家级大型企业集团，被列为国家循环经济试点单位、全国循环经济工作先进单位、农业产业化国家重点龙头企业、全国农产品加工业示范基地、全国农产品加工业出口示范企业、国家知识产权试点企业，拥有国家级企业技术中心；员工3500人；资产总额30多亿元，下辖菱花股份、梁山菱花、正大菱花、菱花味之素、菱花诚志、菱澳科技、菱花农科等十余家公司；产品拓展到调味品、氨基酸、绿色有机食品、有机肥料、生物饲料、电汽能源六大系列100多个品种；2012年实现销售收入34.6亿元，利税3.8亿元。已形成年产味精30万吨的生产能力，综合实力居国内同行业前列。

菱花集团培育出“科技、品牌、市场、循环经济”四个方面的核心竞争力，为工农商大循环夯实了基础。科技创新上，不断完善国家级企业技术中心、省氨基酸工程技术研究中心、省工业设计中心，形成了产学研一体的科技研发和产业化生产能力，先后承担国家“863计划”项目、国家科技支撑计划、国家重大产业技术开发专项、国家技术创新能力建设及省、市科技攻关计划项目100多项，申请专利100多项，授权35项，获得科技成果16项，发表专业论文30多篇，参与制

■梁山菱花生态工业园厂区一角

定多项国家及行业标准，推动了中国生物发酵产业的可持续发展；品牌塑造上，"菱花"牌味精先后被授予"人民大会堂宴会专用味精"、"中国名牌产品"、国内味精行业首家"绿色食品"，"菱花"商标被认定为"中国驰名商标"、"中国最具市场竞争力品牌"，通过了ISO9001质量管理体系、ISO22000食品安全管理体系、HACCP、犹太、伊斯兰等多项国际认证；市场开发上，投资12亿元构筑了全球化市场网络，菱花产品进入了国内各大中城市3600多家超市，市场占有率达16%。出口80多个国家和地区，已形成年出口味精10万吨、创汇1.5亿美元的市场规模，农产品市场规模已形成60亿元；循环经济上，拉长延伸"农业种植—生物发酵—生物副产品(有机肥料、蛋白饲料)—农业种植、养殖"的循环经济产业链，每年的循环经济效益达到2.6亿元。工业废料转化为氨基酸植物营养液、生物饲料，农业生产取得了"高品质、高产量、高效益、低成本"的"三高一低"成效，克服了传统绿色有机农产品产量低、成本高的缺陷，把好了食品安全的原料、加工、流通"三道关"。

"十二五"期间，菱花集团按照"以工带农、以农促工，工农商互动、良性循环，城乡一体、区域协作"的发展思路，联合加快实施工农商500亿工程：计划完成总投资88亿元，建设百亿级生态工业园，带动建设百万亩生态农业园和食品安全示范基地，建设300亿级安全食品商贸物流园，力争"十二五"末形成销售收入500亿元、利税40亿元的能力，成为全国最大的氨基酸生态工业和绿色有机农产品生产加工流通基地。

(田　晖)

【山东华金集团有限公司】 山东华金集团是以造纸及纸制品加工为主，集发电、科研、贸易为一体，跨行业、跨地区的国家大型现代化企业集团。现有员工4200人，总资产37.54亿元，下属青岛东立纸业、吉林华金纸业等6个子公司，拥有国内先进水平造纸生产线23条，特种纸生产线9条，年产能85万吨。主要产品有：中、高档工业用原纸；中、高档办公自动化、文化用纸；无碳复写纸、热敏纸；中高档娱乐智力开发用纸，包装用纸5大系列120多个品种，产品远销海内外。2012年完成产量68.48万吨，销售收入39.59亿元，利税4.27亿元，出口纸张4.28万吨，出口创汇5735万美元。

公司先后荣获"中国民营企业500强"、"中国造纸百强企业"、"中国纸业功勋企业"、"全国守合同重信用企业"、山东省"造纸经济效益十佳企业"、"全国造纸20强"、"省造纸十强企业"、"明星企业"、省级信誉"AAA"企业、"山东省诚信企业"、"建国60周年功勋企业"、"全国制浆造纸优秀企业"、"全国最具发展潜力企业"、"低碳山东贡献单位"等多项殊荣，是山东省淮河流域治污达标企业，"ISO9001标准达标企业"，2002年被列入按国际标准划分的全国大型工业企业。集团公司始终本着"环保为本，诚信经营"的理念，努力创建资源节约型、环保友好型企业，加强清洁生产，发展低碳经济。累计环保投资4.6亿元先后建成碱回收、微电波反应、白水回用、物化处理、二级生化、深度脱治、氧化塘等序列系统工程，被国家、省环保局列为行业治污示范工程。

"十二五"期间，公司计划总投资近50亿元，新增制浆能力40万吨并配套建设治污工程，新增造纸、纸板及涂布加工纸能力110万吨；年新增发电机组2×50MW，同时配套建设企业生产需要的各种化工原料、纸张深加工、治污配套设施，使配套产业达到新的平衡点。五年规划项目全部实施完成后，公司将实现产量过百万和销售收入过百亿的“双百”目标，集团公司纸及纸制品的生产能力将达到160万吨，制浆能力50万吨，浆、纸年生产能力达到210万吨，年可实现销售收入近148亿元，利税22亿元，上缴税金超过5亿元，使经营生产运行质量保持良好状态，成为全国最具有发展潜力的民营企业之一。

（张　浩）

文化济宁

凤凰台

史载：“任、宿、须句、颛臾、风姓也，实司太昊有济之祀”，济宁为古任城，乃四个风姓古国之首，经近代专家认证，凤凰台即“太昊祭祀台”，是古代先民祭祀“百王之首”“人文始祖”伏羲的地方。1986年中国社科院考古领队培训班在此进行了考古发现，堆积十几米高的土层，蕴藏着丰厚的古代遗存，底层属“龙山文化”的遗迹，中层为商周文化遗存。

凤凰台巍峨挺拔，建筑风格匠心独具，国内罕见。此台座南面北，共分三层，台高10米，底部4000平方米，顶部1600平方米，按照两仪、四象、八卦建造，甚为考究，暗合三才、天罡、地煞之数，台上殿宇，雕梁画栋、金碧辉煌。石阶顶门楼为凤头，左右两边出水为凤耳，东西钟鼓楼为凤眼，南大殿为凤脊，东西两殿为凤翅，殿后一片紫竹为凤尾，远远看去恰似一展翅欲飞的祥凤。“凤台夕照”即为明代任城八景之一。

2005年，任城区对遗址进行全面修复。凤凰台台基全部用青砖包砌，正门为长15.8米的御道，御首两侧各有36级台阶，台上建有大殿5间，长18.8米、宽8米、高12米，全木结构，殿内供奉观音、文殊、普贤等佛像，墙壁绘有佛教内容的精美壁画。东西配殿各5间，供卧佛、千手观音、送子观音、善财、龙女等。山门内供持国、增长、广目、多闻四大天王，东西建有钟鼓楼，上置大钟一座，法鼓一面，东南建凤凰亭一座，内有檀木精雕祥凤一只，高1.62米、重300公斤，为目前国内最大的檀木凤凰。西南有龙泉井一眼，院内两颗菩提树古貌新姿，山门外梧桐树枝繁叶茂。台南正壁镶一巨制石雕“凤凰古松”。山门外新铺一条20余米宽的梧桐大道，笔直平坦，入口处建一密檐式牌楼，台前端置高5.8米的铜铸——“任城宝鼎”，为全国之最。

“凤凰台”已经形成“始祖文化”、“运河文化”、“佛教文化”为一体的著名人文景观，为山东省重点文物保护单位。

济宁年鉴 2013

JININGYEARBOOK

信息化建设

综　　述

2012年，全市信息产业发展势头良好，信息化水平显著提升，物联网应用技术在智慧交通、智慧矿山、智慧旅游、智慧教育、智慧医疗、智慧农业等领域得到普遍尝试和探索。市内电信企业3家，服务网站2万个；电话交换机总容量达到128.2万门，移动电话交换机容量达到1159.0万门，固定电话用户107.8万户，移动电话用户630.1万户，互联网用户达到71.5万户；出口带宽升至240G，全市14个县（市、区）、135个乡镇、98％的行政村、96％的住户具备接入能力；全年实现电信业务总量42.3亿元。

信息产业发展势头迅猛　2012年，全市电子信息制造业规模以上企业有34家，实现主营业务收入63.45亿元，同比增长31%，高于全省平均增幅15.6个百分点，增幅居全省第4位；实现利税6.25亿元，同比增长6.94%；实现利润4.59亿元。电子信息产业领域骨干企业带动作用增强。山东圣阳电源股份有限公司、山东鲁强电缆集团股份有限公司销售收入突破10亿元，分别达到11.8亿元和10亿元，实现济宁市电子信息制造业过10亿元企业零的突破。山东科大鼎新电子科技有限公司、济宁佳华电子材料有限公司、济宁科力光电产业有限责任公司等骨干企业销售收入增幅均在50%以上。光通信、光电子、新型元器件、汽车电子、医疗电子等产品产销两旺，电子新材料、新型蓄电池等产品发展迅速。山东英特力光通信开发有限公司的多网融合通信系统项目、山东水泊焊割设备制造有限公司的专用车信息化机床成套设备制造等技术改造项目成功纳入省千项重点项目，获得专项扶持资金100万元。特色园区创建工作稳步推进。围绕光通信、光电子、电子元器件、电子材料和推广应用类电子产品，加大招商引资力度，加速推进特色园区建设。推荐高新区、嘉祥县、曲阜市、兖州市、微山县等县市区，充分利用电子信息企业相对集中，产业特点鲜明等优势，积极争创省级信息技术产业园。11月份，济宁高新区光电信息产业园被省经信委认定为第一批省级信息技术产业园，嘉祥、曲阜、兖州、微山等县市创办特色园区的工作正在稳步推进。软件和信息服务业发展蓬勃发展。中国科学院计算机技术研究所、山东省科学院、山东浪潮集团等知名IT企业进驻济宁，为济宁市软件和信息服务业发展驻入强劲动力。全市规模以上软件企业业务收入达到4.3亿元，增长19.4%，业务收入突破千万元大关的企业达11家。投资2.2亿元，占地55公顷，建筑面积80万平方米，集产学研于一体的高新区省级软件园建成并投入使用，开发出的孔子系列、梁祝文化、汉画像石刻、论语名句、济宁非物质文化遗产等一批动漫作品和中国历史题材网络游戏、动漫广告片等，开始走向互联网和电视荧屏。济宁远望软件技术有限公司、济宁盛世光明软件技术有限公司、济宁豆神动漫有限公司、济宁国翔信息科技有限公司等四家公司的技改项目均被列入山东省2012年工业转方式调结构1000个重点技术改造项目。

信息化水平持续提升　围绕工业转型升级，推进信息技术在工业及社会各领域的广泛应用，信息化水平持续提升。开展“两化融合助企行动”。召开山东省两化融合助企行动计划—济宁站暨集团企业管理信息化研讨会，对100家企业信息化负责人在党校进行了专题培训。组织移动、联通、电信三大运营商及部分信息技术企业深入100家重点企业，一对一研究提出解决方案，重点培养100家信息化示范企业。曲阜被省政府批准为首批物联网产业基地，任城区被省政府批准为“智慧城区”试点区，高新区建设了中小企业公共服务平台，梁山专用车信息技术得到广泛应用，E矿山在全国推广。大力推进“智慧济宁”建设。成立了加快推进“智慧济宁”规划工作推进组，聘请神州数码编写了《“智慧济宁”战略发展规划》，完善了《济宁市加快智慧城市建设实施方案》，构建了统一规划、集约投入、集成发展、资源共享、高效运转的智慧城市架构体系。加快推进“城市一卡通”工程。积极协调开展了“公众通卡进社区”服务活动，在杨柳国际新城、南门社区等28个社区，开展现场宣传、咨询、办卡、签约等业务服务，得到了广大用户的认可和支持。截至2012年底，“城市一卡通”工程目标任务全面完成。济宁市区15万供水用户实现了顺利过渡。燃气、供水用户的缴费业务得到全面拓展，全年累计发卡304172张。累计建成便民充值点41个，实现了“十分钟充值圈”济宁市区全覆盖。实施信息产业提升工程。借助“三网融合”和“光纤到户”，拓展光通信产业链条，与浪潮集团签订共建云计算中心战略协议。运用物联网、云计算、移动互联网三大技术手段，建设了容纳466个席位的全省最高水平的城市呼叫中心。深化电子政务应用。深入推进工程建设领域项目信息公开和诚信体系建设。委托省计算中心建设了基于云计算平台的工程建设领域项目信息和信用信息公开共享平台，在政府网开设专栏，采集上传信息2000余条。大力发展电子商务。组织企业成立了济宁市电子商务协会，培育中煤工矿集团、梁山华通二手车交易公司等六个行业龙头企业电子商务平台建设。组织开展2012年度山东省电子商务企业认定工作。济宁市山东中煤工矿物资集团有限公司被认定为山东省第2批电子商务企业。强化信息网络安全管理。充实调整应急通信和信息防护队伍，加强信息安全监督检查。应急通信技术人员达到77人，信息防护技术人员达到29人。利用应急通信指挥车、应急通信保障车、光缆线路抢修车和卫星海事电话，实现了反恐怖应急通信保障、抗震救灾应急通信保障、抗洪抢险应急通信保障等三个科目的演练。

物联网技术广泛应用 物联网技术在济宁市智慧交通、智慧矿山、智慧教育、智慧医疗、智慧农业等领域进行了普遍应用。智慧交通领域，建立了公安智能指挥系统、公安车辆智能调度系统、电子布警系统。广安科技从事GPS全球卫星定位系统、汽车行驶记录仪、汽车监控系统为济宁市智慧交通提供优质的基于卫星定位应用技术开发的解决方案及产品和服务。智慧矿山领域，在济三煤矿、许厂煤矿等15家煤矿成功上线E矿山综合信息管理系统，成功将井下环境数据、煤炭生产数据、井下人员定位、视频监控信息等功能延伸至手机端。安然智能科技的矿用瓦斯抽采及利用综合监测系统大大提高了矿山的安全性和智能型。智慧旅游领域，由清华大学研究设计的孔子研究院“孔孟文化数字信息系统”，充分利用现有资源，运用现代化的科学技术手段集中展示孔孟文化，建立了传播儒家思想文化的有机平台。智慧教育领域，中国电信校园一卡通和校园信息化应用，促进了校园的信息化和智能化。从荣科技有限公司的“智慧校园”管理平台解决方案，为教育系统搭建了一个完整的数字化解决方案。智慧医疗领域，在金乡、曲阜等县市实施“新农合”公共卫生平台，实现健康档案、卫生防疫、电子病历、合作医疗“一卡通”。用户使用“一卡通”不仅可以接收医疗报销、政务信息、医保健康短信提醒，还可以收听12316专家的热线。智能农业领域，基于物联网技术的“智慧农业应用平台”，促进全市农业信息化建设。不仅可以使农民通过手机短信、WEB、WAP、移动视频监控等方式，实时掌握蔬菜从选种到销售的相关信息，还可以进行农产品质量溯源，保证农产品质量和食品安全，促进农业产业结构逐步优化和现代农业建设。

（田金辉　毕凤伟）

企业简介

【中国联合通信有限公司济宁分公司】 2012年，济宁联通紧紧围绕联通集团“3G领先与一体化创新”战略，按照市政府“三个高于、三个提升”的部署，力争重点业务跨越式发展，移动3G客户总量达到30万户，收入规模实现了翻番；宽带用户总量突破60万，为全市80%以上的宽带客户提供接入服务；信息化项目高效推进，全年实施包括全市党政协同系统在内的信息化项目200余个，为推进“智慧济宁”建设做出了应有的贡献。

公司积极打造优质网络，创新服务内容，提升客户感知，助推社会信息化应用水平的提升，主要开展了“三大工程”：“客户服务提升工程”。济宁联通不断优化服务渠道，形成了由180余处自有营业厅、按照“一村一点”模式打造的社会代理渠道和客服呼叫中心、客户维系中心、电话营销服务中心以及各级客户经理组成的立体化的服务渠道体系；公司还大力拓展电子渠道，成立了电子商务部，通过网上营业厅、手机营业厅等自助渠道，客户可以足不出户，轻松享受交费、查询、业务办理等便捷服务。重点关注营业窗口服务质量的提升，完成了综合业务支撑系统(BSS)升级改造工程，优化业务办理流程，营业厅几项主要业务办理平均时间减少了50%以上，客户在营业厅排队等候和临柜办理时限大大缩短。2012年，济宁联通被授予“山东省第九届消费者满意单位”荣誉称号，10个县分公司同时上榜，这是济宁联通连续第九年获此殊荣。“3G应用普及与信息化提升工程”。3G数据应用是当前通信发展的潮流。济宁联通把3G网络作为投资建设的重点，2012年新建3G基站500余处，3G、2G基站总数超过3000个，3G最高下载速度可达21.6Mbps，让客户感受到相当于2G带宽100倍的极速移动互联体验。公司依托3G，大力推广信息化应用，在完成市政府电子政务外网建设的基础上，全市党政协同办公系统正式开通运行，并获得了市政府组织的专家组的高度评价。公司还推广了移动警务、销售管家、校务通、医务通等一大

2012年8月28日，由济宁市经信委承办，济宁联通协办的“山东省两化融合助企行动计划——济宁站活动暨集团企业管理信息化研讨会”在济宁成功举行。

批行业信息化应用解决方案，实施了近200个信息化项目。为提升社会各界3G数据应用水平，济宁联通设立了3G实体俱乐部，通过3G讲堂等形式培训3G应用；自有营业厅设立3G体验区、二维码体验墙等应用体验设施，并有“3G玩家”、“手机达人”手把手教客户学应用；开展了3G流量赠送活动，为客户体验3G应用提供优惠，为推动3G数据应用的普及开展了大量工作。“宽带提速工程”。2012年，济宁联通宽带用户突破60万。公司落实工信部提出的“国家宽带战略”，投资1.15亿用于宽带网升级改造工程，核心网出口带宽从100G一跃提升到400G；在客户接入端，新建小区全部采用FTTH光纤到户方式，按照公司规划，到2014年，城市地区将全部支持20M以上宽带接入，农村地区将全部支撑4M以上宽带接入，50%具备20M以上接入能力。公司根据建设进度，对实现光网覆盖的用户进行免费提速，仅第四季度就完成改造2万户。对于部分线路资源不足的地区，公司一方面积极进行资源调整和扩容，另一方面通过3G上网卡等替代方式，最大限度地满足客户上网需求。

（楚　涛　李文虎）

【中国移动通信集团山东有限公司济宁分公司】 中国移动通信集团山东有限公司济宁分公司（以下简称济宁移动公司）1999年7月从中国电信中分营出来，隶属中国移动集团公司，2000年7月随山东移动通信公司在香港和纽约成功上市。济宁移动公司一向专注于移动通信事业的发展，全面负责济宁市内的134-139、147、150-152、157-159、182-183、187-188国家公众数字移动电话网的规划、建设和运营。公司现设有综合部、财务部、人力资源部、市场部、客户服务部、网络部、计划建设部等12个职能部门，下设14个县（市、区）级分公司，拥有年轻、经验丰富的行业队伍，公司现拥有员工1500多人，平均年龄31岁，其中大学及以上学历人数占70%以上。截止到2012年底，全市通信基站达到近5000余个，网络人口覆盖率达到99.9%，地理覆盖率达到99.2%，三星级以上酒店、重要公共场所和旅游景点，高速铁路、高速公路、国道、省道全线以及机场、铁路沿线、近湖区域实现100%覆盖，信道完好率、接通率等网络各项指标远远高于国家标准，与200个国家和地区的400多家移动通信运营商开通了国际漫游业务。公司加大了移动“通信网、营销网、信息网”的建设力度，共建成城市、农村服务营销网点15000多处，积极服务于全市600万移动通信客户。济宁移动拥有知名度较高的三大品牌“全球通”、“动感地带”、“神州行”。先后推出了139手机邮箱、12580、手机导航、车主服务、手机阅读、手机冲浪等多项新业务，全年开发信息化产品30余种，向全市5000余家集团用户提供了信息化服务。济宁移动公司作为全省首批“无线城市”试点城市的承建单位，运用先进的WLAN技术，大力推进无线宽带网络建设，截止到2012年底，全市WLAN无线宽带用户容量近百万户；同时实现了多项与城市管理和市民生活息息相关的无线互联网应用，比如E矿山综合信息管理系统、校讯通、免疫通、远程抄表、智慧农业应用平台、智能冷库综合监控系统、远程路灯监控项目等，提升了济宁市信息化水平和核心竞争力，实现了“无线城市，智慧济宁”的建设目标。

截至2012年底，济宁移动用户规模近600万户，移动年新增市场占有率超过80%，行业市场份额、用户增幅等各项指标均位于全省前六位，并位于全市同行业首位。2012 年共计缴纳各类税收约 3.56 亿，被评为 2012 年全市纳税百强企业，在全市非工业类企业中排名第 4 位，较好的为地方社会经济发展做出了贡献。2012 年公司先后荣获全国安康杯竞赛优胜单位、山东省第九届消费者满意单位、2012 年度“双评”活动群众满意单位、中央省属驻济单位综合考核先进集体、支持济宁发展突出贡献单位、济宁市 A 级纳税信用单位、济宁市安全生产工作先进单位、人口和计划生育工作模范单位、省级文明单位等多项荣誉称号。

（济宁移动公司）

【中国电信股份有限公司济宁分公司】 中国电信济宁分公司主要在济宁范围内经营固定电话、移动通信、互联网接入及应用等综合信息服务。拥有“天翼领航”、“天翼 e 家”、“天翼 3G 互联网手机”、“天翼飞 Young”、“号码百事通”等知名品牌，具备电信全业务、多产品融合的服务能力和渠道体系。宽带可直接通达 77 个国家和地区，拥有中国互联网出口带宽的 70%以上；3G 互联网手机在保持保密、保真、保健康、随时随地高速上网独特优势基础上，持续推出送话费送手机等让利消费者活动。

扎实做好网络建设维护

2012 年，济宁电信公司加大网络投资，城市实现 8M 接入带宽全覆盖，20M 覆盖率达到 80%，100M 以上已达到 6 万个家庭，累计宽带覆盖用户 30 万家庭。在现有基站的基础上新增 10%的基站，热点区域实现 WiFi 覆盖，建成有线无线一体化的高速宽带网络。围绕面向客户、面向网络的维护方向，以网络安全为第一要务，以运维创新为手段，不断优化维护体系，固网、移动网、数据网等业务网网络安全运行稳定性逐步提高，网络运行指标均在正常范围内。特别是重点强化客户服务调度，积极改进现有的大客户网络监控系统，单独建设个性化的大客户项目专用监控平台，缩短客户故障的响应时间，得到客户的高度称赞。

加快推进市场快速发展

2012 年，济宁电信立足客户需求，坚持终端引领，以智能机为抓手，聚焦重点市场，重点发展。在移动业务发展方面，始终坚持以 3G 为统领，以为广大客户带来新体验为目标，不断丰富终端种类、细化终端应用，电信终端达到 1000 多款。5 月 1 日起，中国电信大幅下调 11 个国家拨打中国大陆地区的国际漫游语音资费，平均降幅超过 50%，最高降幅达到 81%。在宽带业务发展方面，坚持竞合策略，开展免费为用户升级的融合活动，特别是在 2012 年 5 月份，济宁电信正式推出“点亮光小区”活动，用户通过中国电信网上营业厅进行登记，即可成为中国电信光宽带用户。在行业应用方面，济宁电信调动优势资源，积极运用第三代移动互联网、物联网、云计算、FTTH 等先进的信息通信技术，不断创新丰富行业信息化应用，重点推进智慧家居、智慧农业、智慧矿山、智慧医疗、智慧社区等行业应用，信息化建设应用到多个领域。

推动客户服务逐步提升

2012 年，济宁电信提出了实施“服务领先”系统工程，以进一步提升服务能力与水平，实现“客户需求满足、客户感知良好、客户和企业价值共提升”的目标。在宽带服务方面，山东电信在同行业中率先推出有线宽带“宽心”服务：装得放心、用得开心、修得省心、续得舒心。此外，山东电信以宽带服务领先为主线，推出了 40 项服务标准，系统推进宽带服务，并全面落实方便、快速、主动、基础、支撑等 6 大方面的 23 项举措，实现延长工作时间为用户排障、装维现场测速、网上新装预约、网上资源查询、安装进度查询等 7 项功能，进一步提升宽带服务感知，提升了宽带客户满意度。

（孟宪东）

文化济宁

浣笔泉

浣笔泉位于马驿桥桥东南处，亭院式建筑，市级重点文物保护单位。相传唐代大诗人李白于开元年间寓居任城（济宁）时，曾在此泉浣笔，故称“浣笔泉”。

据《济宁直隶州志》记载：“浣笔泉”原名“墨华亭”，始建于明嘉靖五年。明万历六年（1578年），在池旁立一面碑，上书“浣笔泉”三字。到了万历二十六年重修时，增建北堂三楹，西池用石栏环绕，浚泉凿池并构方亭于泉上，名“墨华亭”。清乾隆十五年时，凿方圆二池，皆曰“浣笔”，自此，“墨华亭”或“墨华泉”名之为“浣笔泉”，清乾隆五十六年（1791年）又建“二贤祠”，塑李白、贺知章像。1938年，日军侵占济宁后均遭破坏。1981年，济宁市人民政府拨款修复至今。

浣笔泉历经四百余载，先后六次重修，渐成一座祠宇壮丽、规模宏伟，楼、堂、亭、池具备，风光绮丽幽雅恬静，独树一帜的园林。清人牛莲震游浣笔泉曾写下这样的诗句：

城外双池傍古台，开元才子此徘徊。
一湾流水人何在，满树鸣蝉我又来。
晴日泉花堪浣笔，江天月影更衔杯。
怜君一去风骚尽，怀抱千秋谁共开？

浣笔泉占地面积达15000平方米。主要古建筑，是雕梁画栋的二贤祠。这是一座坐北面南的祠堂，殿室五楹，灰瓦盖顶，白粉涂壁，前厦抱出，内祀李白、贺知章两位唐代大诗人的雕塑。四周墙壁，镶嵌着历代文人墨客咏颂浣笔泉的诗文刻石。祠堂西南，是石栏相护的一泓池水，周长约八丈有余，原是几眼奔突的泉眼，泉水潺湲，淙淙有声。此乃诗仙当年挥毫作诗的浣笔之处。相传，原来泉水碧透，因李白常常在此浣笔，清泉墨染，成为黑色。池旁有一幢明万历六年立的碑石，上有楷书“浣笔泉”三字书。泉池东南，是建于明代嘉靖年间的墨华亭。

济宁年鉴 2013

JININGYEARBOOK

交通·邮政

交　通

【概述】 2012年，全市交通运输系统按照“三个高于、三个提高”的目标要求，抢抓机遇，科学务实，攻坚克难，交通运输各项工作取得了优异成绩，圆满完成了全年目标任务。到2012年底，全市公路通车里程已达17439.9公里，其中高速公路254.3公里，国省干线1312.7公里，农村公路15803.2公里，专用公路69.7公里，公路密度每百平方公里156.4公里，在全省名列前茅。全市水路通航里程已达1100多公里，拥有各类船舶1.1万艘，535万个载重吨；港口吞吐能力已达6000多万吨，占全省内河航运总量的75%。全市拥有注册道路营运客车8853辆、货车6.89万辆，汽车维修厂家1363家，驾培学校35家。济宁曲阜机场国内航线已达12条，2012年完成旅客吞吐量28.1万人次，比上年增长48.54%。

交通基础设施建设取得新进展 全年全市交通基础设施完成投资68.93亿元，超计划11.8%。济徐高速公路东平至济宁段竣工通车，济宁至鱼台段已确定投资主体，即将开工建设。太白楼路东西延伸线、临菏路济宁段城际快速干道建成通车；滨湖大道南延（济宁至鱼台段）工程已完成路基小桥涵和桥梁主体；滨河大道济宁至梁山段前期工作正加紧进行，争取早日开工建设；济宁东外环南延工程已开工建设。国省道续建工程4项、养护大中修工程6项均竣工通车，新建工程7项已完成计划进度。邹城外环线，京沪高铁兖州、泗水连接线，汶上康军公路，嘉祥南环等一批县（市、区）重点公路工程正加速推进。京杭运河航道北延工程长沟船闸、邓楼船闸进展顺利；洙水河航道改造工程正积极推进；嘉祥港区铁水联运工程竣工运营。嘉祥、泗水客运站竣工启用，邹城、金乡客运站已完成主体工程；济宁、金乡、邹城、汶上新建汽车综合性能检测站投入使用；邹城交通运输物流园区竣工运营。

交通民生保障工作呈现新景象 结合全市农村环境综合整治，在巩固行政村通油路的基础上，大力实施“村村通”向“网络化、村内通、街巷通”延伸工程。全市改建和新建农村公路9616公里、桥梁36座，其中，完成村庄道路硬化工程7670公里，涉及村庄3640个，累计完成投资26.3亿元。曲阜市、兖州市、嘉祥县、微山县、高新区率先实现农村公路“村村通、村内通”、基本实现“户户通”的目标，受到了市委、市政府的通报表彰。积极推进城乡交通一体化，大力实施公交优先发展战略，济宁城区新增新型公交车200辆，投放小型公交车8辆，新开通小街巷公交线路2条，建成公交换乘枢纽站5处，优化调整市中区、任城区、高新区、北湖度假区“四区”公交线路16条，新开通线路5条，“四区”行政村公交通车率达90%。积极运用社会资金大力发展城市公共交通，济宁高新区投资1000多万元，购置环保型高档空调大巴车18辆，全部委托市公共汽车公司运营管理。全面完成济宁至各县（市）城区公交一体化改造，共收购改造县级客运班车325辆，运行城际公交185辆。济宁至兖州实现了公交对接，济宁至邹城、嘉祥城际公交线路实行降价运营，让利于民，有力促进了济兖邹曲嘉都市区融合发展。县、乡、村三级农村物流网建设进一步加快，32个乡镇交管所达到规范化建设标准。

依法行政和行业监管开创新局面 继续加大城区客运市场整治力度，对城区客运班车、出租车违章经营行为进行重点整治，全年共查处非法营运车辆129辆次，违章经营车辆783辆次，净化了城区客运市场。制定出台了《济宁市城区出租汽车客运单车服务质量考核实施办法》和《出租车企业质量信誉考核办法》。积极探索

■交运出租车

交通运输行业统一执法管理新机制，实施交通执法管理"六统一"(统一任职资格管理、统一处罚标准、统一指挥调度、统一执法形象、统一信息共享、统一考核奖惩)。在市交通运输监察支队设立市交通运输监察指挥中心，充分发挥稽查队伍协调联动的作用。通过实施统一执法管理模式不仅从业务领域打破县(市、区)之间的界限，而且有效解决交通执法中存在的环境不优、标准不统一以及地方保护、"说情"等一些矛盾弊端，提高了全市交通执法工作效能，降低了执法领域的腐败风险。全年全市共查处超限超载车辆3.9万辆（次），卸载货物36.1万吨，全市超限超载率稳定控制在1.5%以内，济宁市连续5年获得全省交通运输系统治理车辆超限超载运输考核一等奖。

交通信息化建设和节能减排取得新成效 济宁市交通运输应急指挥中心落成启用；在全省率先建成了市级道路运输车辆卫星定位系统政府监管平台，顺利通过了交通运输部技术审查，所有数据均实现与公安、安监等部门共享；开发建设了交通执法综合管理系统，实现了运政、路政、稽查业务互联互通，涵盖了行政审批、违章处理、追踪处理、源头管理、驾驶员诚信考核、违章信息查询、车载稽查系统、网上报名培训、远程审批、执法人员指纹等10个信息系统；建成了全市客运站场远程视频系统。积极推广应用新能源运输车辆，全市环保节能（LNG\CNG）客运班车已达220辆、公交车248辆、汽电混合动力公交车50辆、出租车2960辆。

文明和谐建设取得新成果 在全市交通运输系统大力实施标准化、规范化、集约化和人本化"四化管理"以及保安全、保畅通、树品牌、树形象"两保两树"活动，取得了良好效果。把品牌建设作为交通文化建设的重要组成部分，"情满运河·温馨济宁"、"温馨旅途·情满北站"被评为济宁市为民服务创先争优"服务品牌"；济宁交运集团"情系万里·德行天下"被评为济宁市首届优秀企业文化品牌。继续推行"计划、动态、督查、绩效"四位一体工作模式，提高了干部职工的工作效率。坚持签订交通运输工作人员廉政勤政承诺书制度，制定了交通运输工作人员"八条禁令"，开展了权力廉政风险防控体系建设工作。深入推进工程招投标、行政许可、行政处罚等"九项改革"，实行网上运行阳光操作。与市监察局、财政局联合开展了农村公路养护工作专项效能监察。继续与检察机关联合开展交通基础设施廉政建设和预防职务犯罪活动，对在建的重点工程项目进行廉政执法监察，保持了交通运输系统无违法违纪案件。扎实开展文明行业创建活动，全行业在原有24个省级文明单位、49个市级文明单位复核合格的基础上，又新增省级文明单位7个、市级文明单位4个，市交通运输局、市港航局已连续6年保持"全国交通行业文明单位"称号，连续8年保持"省级文明单位"称号。市政府以济政字〔2012〕68号文件通报表彰了市交通运输局。市交通运输局被市委、市政府表彰为2012年综合考核先进单位、招商引资工作先进单位、群众满意先进单位，在2012年"双评"活动中，市交通运输局获得行政执法类第2名的佳绩。

（张建华　李　政）

公路建设

【概述】 2012年，市公路管理局在济宁市委、市政府和省交通运输厅、省交通运输厅公路局的正确领导下，坚持以科学发展观为指导，认真学习贯彻党的十八大精神，牢牢把握"科学发展跨越发展"总基调，积极开展"两保两树"和"推进四化管理、构建和谐公路"竞赛活动，扎实推进公路现代化建设，树立低谷崛起的勇

■营济菏高速

气和信心，瞄准争先进位的任务和目标，全局各项工作保持了科学发展跨越发展的良好势头。

狠抓项目推进，公路建设取得新进展 2012年共安排干线公路建设15项，其中济徐高速公路北段30.1公里，国省道续建工程3项84.37公里，新建工程4项76.5公里，养护大中修续建工程5项、新开工1项，市政府委托工程滨湖大道济宁至鱼台段1项。济徐高速公路累计完成投资12.8亿，北段正式通车运营；济宁枢纽工程实施超常规运作，与北段同期竣工，被省交通运输厅公路局誉为干得最好、最快的项目；南段已确定投资主体，即将开工建设。滨湖大道济宁至鱼台段大中桥完成投资1.4亿元，路面工程已完成招投标，施工单位即将进场施工。国省干线公路改建项目建成通车3项89公里，完成投资3亿元，超计划目标5000万元，自检工程合格率100%，优良品率100%。

积极对上协调，计划争取达到新高度 2010年以来共争取省以上公路建设投资28亿元，其中2011、2012年均突破10亿元，2012年争取上级投资10.5亿元，占全省投资总额的1/8。上级投资大力度注入济宁市，使得全市路网等级结构逐步优化，通达深度进一步延伸，综合服务功能显著增强。全市国省干线公路通车里程达到1538.6公里，二级以上干线公路里程达到1467.3公里，一级以上公路里程达到639.3公里；高速公路里程达到223.7公里，全市9个县(市、区)实现了通达高速。

实施精细养护，路网质量得到新提升 研究制定了《干线公路养护工作检查考核管理办法》，统一对各县(市、区)公路局养护工作进行考核奖惩，取得明显成效。严格桥梁监管，认真执行省交通运输公路局下达的危桥加固改造计划，在水网密布、桥梁众多的情况下，全年未发生桥梁安全事故。深入推进养护大中修工程，日兰高速公路济宁段大修工程全面完工，其他养护维修工程和一级公路中央隔离带工程全面完成省定计划。全年完成养护投资2.6亿元，其中普通国省干线公路完成投资1.75亿元，高速公路完成投资8170万元。在交通运输部2012年干线公路路况检测中，市公路局所辖路段行车顺畅、路容整洁、沟渠畅通、环境优美，获得检测组和省局领导的充分肯定。

坚持关口前移，路政执法收到新成效 认真抓好《公路安全保护条例》学习宣传和贯彻落实，强化执法人员业务教育和执法监督，路政人员的依法行政能力和业务素质实现较大提升。加大路政巡查力度，依法维护路产路权，对损害公路违法行为做到及时发现、及时制止、及时查处。全年共实施路政巡查185万公里，查处路政事案888起，结案888起，办理各类路政许可1342件，收取路产赔补偿费用750万元。联合治超工作共出动检查人员4.5万人次，检查货车7.1万辆次，查处超限车辆8459辆次，卸载货物7.8万吨，实施罚款901万元，济宁市联合治超工作经验在全国推广。

提高服务质量，收费工作树立新形象 2012年日兰高速公路济宁段共完成通行费收入3.85亿元，其中通行费现金收入3.2亿元，非现金收入6500万元；普通路桥共完成通行费收入5220万元，保持了通行费征收工作的平稳运行。深入开展"传承礼仪、畅行齐鲁"优质服务活动，打造良好收费窗口，行业文明建设取得新进展。严格落实重大节假日小型客车免费通行等惠民政策，国庆、春节免费通行期间，严格实行领导包保责任制，局属各单位通力合作，联勤联动，免费通行各项任务圆满完成。

推进机制创新，行业管理再上新水平 财务工作积极推行预算管理，严肃财经纪律，加大财务监督，有效提高了资金使用效益。预算资金全额到位，全年预算拨款和预算支出实现平衡。积极争取上级支持，归还贷款1.4亿元，解决了多年来困扰公路局的银行债务问题。圆满完成省厅公路局下达的各项项审计任务。安全管理以"双基"建设为重点，严格落实"一岗双责"制度，全局未发生重大安全事故。高速公路运营管理取得较好成绩，多次在省厅公路局检查评比中位次前移。创新开展综合服务工作，重点加强统筹协调、信息调研、督查信访、应急保障等工作，建设完成视频会议系统，完善了OA办公自动化系统，较好解决了职工关注的水、电、暖等问题，综合服务功能明显增强。

注重打造亮点，文明创建跃上新台阶 牢固树立低谷崛起的决心和信心，强化争先进位的思想和意识，从严管干部、从严带队伍、从严抓作风，干部职工的思想观念发生根本变化，文明程度不断提升，和谐文明的行业形象得以展现。2012年，市公路局被破格授予"省级文明单位"，4个基层单位同时被评为"省级文明单位"，全局已建成省级"文明单位"14个、市级"文明单位"11个；建成国家级"青年文明号"1个，省级"青年文明号"6个。全市"双评”活动市公路局排名连年上升。在全省公路系统文明创建竞赛活动中，市公路局三年三大步，连年位次前移，受到省厅公路局领导的高度评价。

（宋振华）

公路运输

【概述】 济宁交运集团是以山东省济宁交通运输集团有限公司为母体公司组建的企业集团，建业于1948年10月，于2006年3月经济宁市政府批准改制设立，是中国道路运输百强诚信企业、交通运输部重点联系企业、国家道路甩挂运输试点企业、山东省重点服务业企业。公司资产总额10亿元，员工6000余人，拥有各类营运车辆3000余部，主要经营道路客运、旅游、出租、公交、物流、汽车销售维修服务等业务。公司下辖13个汽车客运站、13个运输分公司、7个公交公司、7个品牌汽车4S店、4个出租汽车分公司以及顺通旅游公司、海天国际物流公司、交通医院、技工学校、汇通驾校、广告公司等60个生产经营单位，分驻于济宁市辖12县市区。2012年，交运集团完成客运量2397万人，同比提高22.6%；完成货运量42万吨，同比下降10.9%；客货综和周转量完成28834万吨公里。完成营业收入14.45亿元，同比增加1.03亿元，同比提高7.7%。实现利税5600万元。集团公司被市政府授予“首届企业管理奖”；“情系万里、德行天下”品牌被市委宣传部等8部门评为“济宁市首届优秀企业文化品牌”；济宁总站、北站服务品牌双双被评为“山东省服务名牌”；济宁总站客运一部荣获全国交通建设系统“工人先锋号”。六公司高客一班被授予“山东省工人先锋号”等。申国芹当选省党代会代表，代表全市交通运输系统参加了省第十次党代会。

重点项目落实情况 5月26日，嘉祥汽车新站启用，同时完成了对嘉运公司客运业务的整合并购。9月24日，泗水汽车新站启用。邹城新汽车站进入竣工验收阶段，金乡汽车新站已完成主体工程建设。与市中区政府签订了“市中区汽车站”建站协议，正进行开工前的准备工作。1月份鱼台城区公交开通运营，9月份泗水城区公交开通运营。4月份，收购了济宁华顺奇瑞4S店，9月份，在邹城汽车城建设的济宁恺瑞奇瑞4S店投入运营。钢瓶检测线项目通过了上级审核验收。一汽大众邹城4S店项目已获批准，工商手续办理完毕。

客运业务取得新发展 2012年，共新增或更新客车190部，新开辟了济宁—银川、邹城—莱西两条客运线路。公营车发展计划得到落实，改造了兖州—临沂、鱼台—青岛、梁山—菏泽等40余条公营线路，公司拥有公营客车678部，比上年底增加130部，占全部营运客车的54%。全年购置燃气客车120部，燃气客车已占公司全部公营客车的21%。

制订公营车运营管理综合检查制度，加强对公营车服务质量的管控 对公有承包经营车辆站外上下客，乱做广告牌等现象进行了专项治理。顺通旅游公司发展台儿庄、济南等景点的旅游直通车业务，有了一定知名度；金乡、兖州、鱼台等县区单位旅游业务开展较好。各有关单位的通勤车业务得到进一步发展。新交运出租品牌形象进一步提升，公营出租模式优势更加凸显。积极开展客运市场治理整顿工作，争取交通、交警等部门的支持，大力打击黑车等非法营运行为。各车站普遍注重了营销工作，注重发展公营超市、宁运快货等经营业务。突出抓好了“春运”、“十一”等节假日客流高峰期的运输生产工作。

货运业务有了新进步 2012年，被交通运输部、财政部确定为甩挂运输项目试点企业，集团公司制订了发展规划，下达了甩挂车发展计划，举办了甩挂运输业务培训班，为项目实施夯实基础。

■气电混合公交车

全公司新增货车55部，现共有货运车辆202部。加强货运队伍建设，组织快货工作人员参加了全省首届中高级快递员考试。开展了宁运快货“代收货款、门到门服务”百日营销活动。新开通了济宁—淄博、邹城、泗水三条货运专线。成功中标鲁抗、德源纱厂等企业的物流专线运输。海天物流公司与山东综合物流服务平台进行了信息联网，正式启用了“山东物流一卡通”。联运物流园经营稳定，形成了较好的聚集效应。

汽车销售服务业务迈出新步伐 各4S店加紧二三级市场开拓布局，建成直营或联营二级网点50个，全公司共销售各类车辆8946辆，其中，一汽大众2892辆、上海大众2249辆。同时，各4S店积极开展延伸服务，增加销售附加值，售后服务、新车入保、汽车装饰等业务都有新的起色。

其他经营业务取得新成绩 其他各有关单位迎难而上，捕捉商机，均较好地完成了公司下达的各项计划。交通医院改善了就医环境，推行了“先看病后付费”诊疗服务模式，营业收入同比增长27%。技工学校进一步规范教学管理，并积极创收，承接了多项外培任务。广告公司注重内部管理和营销队伍建设，实现业务签单额260余万元。汇通驾校改造了训练场地，加强了教练员队伍管理，招生和培训工作付出较多努力。

企业管理全面加强 加强了各项基础管理工作，强化了内部管控手段。严格落实集团公司经营管理目标和考核方案，进行综合检查考评，督促、促进各单位目标任务的完成。实行收支两条线，落实预算管理制度，加强了财务监控和资金利用，加强了期中经济效益审计；加大应收账款清欠力度；制订了《机动车事故借款管理办法》。加强人才梯队建设，对单位班科长骨干状况进行了梳理；根据生产实际，新录用职工530人，解除劳动合同104人。继续加强了稽查工作，查处违规违纪人员20人。规范了公营车配件统一采购和回收制度；与济宁泓源石化签订了供油协议，保证了燃油供应；在224部公营车上安装了G-BOS智能管理系统。信息化管理工作更加规范有效。加强了基层班组建设，对优秀QC小组成果进行了评比、表彰；汽车北站宁运快货QC小组活动成果被省厅评为一等奖。加强了集团总部作风建设，落实了劳动纪律、学习制度、卫生制度等。

安全生产形势稳定 认真落实上级有关安全生产的一系列文件要求，深刻汲取“8.26”“10.7”等特别重大交通事故教训，以抓基层基础、抓源头管理和抓事故超前预防为工作重点，强化措施，落实责任，组织开展了基层基础强化年，安全生产月，沉一线、查问题、抓整改，百日安全活动等；同时，制订GPS监控管理办法，依靠科技手段，切实加强车辆源头和动态管理；强化了安全教育培训，落实安全责任，确保了企业安全生产形势的持续稳定。全公司发生一般事故35起，行车安全四项指标远好于省厅考核标准。

企业文化建设成果丰硕 认真落实《企业文化建设纲要》和《“情系万里，德行天下”服务品牌宣传推树方案》，加大了企业文化建设和服务品牌的宣传推树力度。重新修订了《企业文化手册》，拍摄制作了《企业文化建设纪实片》。按照市局要求，继续深入开展了“四化管理创一流·两保两树促文明”活动，将四化管理、两保两树、文明创建三项工作融为一体、同步推进。注重网络舆情管理与导控，不断加强内外宣传工作力度，集团公司网站、交运报、与济宁晚报和电视台合作栏目继续发挥了内外宣传平台的重要作用，1至12月份在国家及省、市级报刊、网络媒体刊发信息稿件744篇，有力促进了企业形象和服务品牌的树立。

（曹景帅　周明健）

铁路建设与运输

【兖州车务段】 兖州车务段隶属济南铁路局，现有职工3449人；现管辖京沪、菏兖日两条铁路干线和磁莱、辛泰、东平、枣临4条铁路支线的47个车站(1个线路所)。其中：一等站1个(兖州北站)；二等站6个(济宁站、邹城站、滕州站、枣庄西站、枣庄东站、官桥站)；三等站9个(兖州站、济宁西站、兖州西站、磁窑站、莱芜东站、东都站、新汶站、莱钢站、凫村站)；四等站30个(牛王村站、白家店站、姚村站、吴村站、南驿站、华丰站、徂阳站、禹村站、官里站、谷里站、大协站、新泰站、东牛家庄站、北师店站、颜庄站、孝义站、桃花峪站、苗山站、常庄站、程家庄站、两下店站、界河站、南沙河站、井亭站、山家林站、邹坞站、沙沟站、韩庄站、洪洼站、税郭站)；线路所1个(白马厂)。车务段北起辛泰铁路常庄站k68+820处、南至京沪铁路韩庄站k763+000处，西起菏兖日铁路济宁西站k257+858、东到凫村站k14+872处，现管辖里程520.825公里。其技术性质负责管内一等及其以下中间站运营管理的单位，其业务性质为客、货、行兼办的综合性单位。管辖区域横跨济宁、枣庄、莱芜、泰安等地市，主要担负旅客、货物列车接发、通过中转和货物列车摘挂调车作业，货物和行包的承运交付及旅客乘降等工作。以发送煤炭、冶金、粮食和其他农业物资的运输业务为主，年发送旅客709.3万人，年发送货物3663.48万吨左右，运输收入350717.84万元。2012年，被铁道部授予"全路花园式单位"荣誉称号；全国铁道团委授予"全路五四红旗团委"荣誉称号；被济南铁路局授予"文明单位"和"全局执法监察先进单位"荣誉称号。

2012年，兖州车务段紧紧围绕"安全好、经营好、稳定好、可持续发展好"的"四好"目标，把确保旅客生命财产安全放在首位，把"让人民群众满意"作为服务旅客的根本标准，大力开展安全风险管理和"服务旅客创先争优"工作。车务段依托浓厚的"儒家文化"和"地方特色文化"开展创建服务品牌活动，深化细化客、货运服务措施，深化品牌建设，以兖州站"儒苑"、兖州北站货场"儒意"、枣庄站"亦家"、大协站"四个服务"等服务品牌为带动，大力改善了车站的服务设施，强化服务质量管理，取得了良好成效。2012年，车务段筹措资金70余万元，对各客运站进行深度保洁，整修设备设施，规范揭示揭挂，添置草木花卉，增设便民服务箱，更新配备制票机、学生证识别仪，设置重点旅客专用候车区域，努力为旅客提供整洁、便捷、舒适的购票、候车、乘车环境。在服务方面，车务段加强对职工的服务意识教育，大力宣传和牢固树立"以服务为宗旨，待旅客如亲人"的理念，服务质量受到了旅客和社会的广泛好评，段管兖州站客运值班员郑敏荣获"全路青年服务明星"称号；兖州站客运值班站长刘源杰光荣当选山东省第十次党代会代表。截至2012年底，全段共收到表扬信247封，锦旗75面，中央级媒体报道84篇，省市级媒体报道135篇，赢得了良好的社会效益。

（兖州车务段）

【兖州火车站】 兖州火车站地处山东省兖州市城区东部，位于京沪铁路与新石铁路的交汇处，隶属于济南铁路局兖州车务段管理，车站承担着济宁所辖12县市及临沂、泰安、菏泽、日照等地市旅客发送和中转业务，是鲁西南地区最大的铁路客运站。车站现有干部职工246人，每天接发图定旅客列车100余列。

车站依托地域文化丰厚的优势，将儒家文化精髓与客运服务相结合，努力建设富有儒家气息的特色车站。先后建成了充满儒家韵味的站台园林和孔孟文化长廊。秉承"仁者爱人"的服务理念，着眼满足旅客需求，不断创新服务方法，为旅客提供具有儒家风情的人性化和亲情化服务，先后推出了儒苑服务台、儒苑爱心求助中心，亲情链接服务法、儒苑爱心服务区等项目和方法，恪守"为政以德"的管理理念，重身教、学习、礼仪和规范，客运服务质量和管理水平不断提升。2012年，车站立足自身开展了卓有成效的服务旅客创先争优活动，在前期总结提炼的基础上，进一步把服务理念界定为"以服务为宗旨，待旅客如亲人"，开通便民服务网站，改进服务流程，增设爱心服务项目，全年累计发送旅客220余万人，为方便当地居民出行，服务地方经济做出了积极贡献。

重引领，凝聚争先合力 车站把强化思想引领，培养职工爱岗敬业的自觉意识摆在了首位，安排获得"全国巾帼标兵"称号的刘源杰，给职工作先进事迹报告，传授业务技能，讲述服务旅客的感人事例，极大地感染和调动了广大职工爱岗敬业、服务旅客的积极性，凝聚起强大的工作合力。

创品牌，促进服务提升 车站依托浓厚的儒家文化底蕴和思想精髓，把"仁、爱、礼、智、信"的博大精神，融汇到客运服务中，内化为"待旅客如亲人"的自觉意识，在"儒苑"品牌建设中，引领职工更新服务观念，培养文明行为养成。先后创新了以"三多、三送、五到"为内容的"亲情链接服务法"，推广了刘源杰的"亲情理性服务法"；结合实际，再造了"儒苑"爱心使者服务流程，2012年，车站收到旅客来信表扬210封，锦旗160面。

扎实做好春运 推出了"儒苑"补位服务法。车站每天早、中、晚各有一个旅客列车相对密集的时段，凡发生矛盾时，当事人继续从事岗位正常工作，由高一职称的工作人员来处理善后事宜，较好地防止了矛盾升级激化。出台《兖州站关于规范服务用语考核办法》，坚持从微笑抓起，从服务用语规范做起，切实提高服务质量。坚持做好细节服务。为了避免旅客因对列车时间理解歧义，在发售零点以后列车车票时会向旅客提出"温馨叮咛"，提醒旅客较票面记载时间提前一天晚上到站候车。车站还增设了方便特殊旅客购票的无障碍专用售票窗口。根据临客开行情况，制定了趟车给水方案，将每一名给水员固定到车次、车厢、井位；同时车站、客运值班干部加强对重点时段的盯控管理，明确盯控的车次、时间段，进一步加强客车给水作业考核及盯控人员的安全逐级负责制考核。遇有临时通知，需要在兖州站进行补水作业的列车，接到通知后，在具备上水作业条件的前提下，合理调配人员，并及时通知车站、车间值班干部到现场盯控，尽量满足旅客列车的补水需要。

2012年，车站被济南铁路局评选为“全局先进集体”。“儒苑”品牌顺利通过山东省优质服务名牌复审，客运党支部被山东省委评为齐鲁先锋优秀基层党组织，值班站长刘源杰光荣当选山东省第十次党代会代表，一大批先进集体和个人不断涌现。

（兖州火车站）

【济宁火车站】 济宁火车站坐落于济宁市城区南部，因地名而得名，东依洸府河，西靠京杭大运河，南有小北湖，北临327国道和菏日高速公路。车站东接兖州西火车站，西连济宁西火车站，按技术性质为二等站。车站在候车大厅设有电子引导屏、导购和电子监控系统及新型的危险品检测系统，2012年底车站新增设了自动取、售票系统，为旅客候车送上了温馨的服务和可靠的安全保证。

2012年济宁火车站图定客车停靠14对，其中始发到达2对；发送旅客138万人，日均发送约0.38万人左右；到达旅客123万人，日均到达0.34万人左右；接送旅游团体12个；发送货物64.7万吨，到达货物252.6万吨。其中发送化工11.2万吨，化肥4.7万吨；到达化肥18.9万吨，电煤198.3万吨；车站运输收入22119万元；车站运输本着先重点，后一般的原则，积极支持地方经济发展，大力支持济宁较大厂矿企业的物资运输，在车站运输能力紧张，作业繁忙的情况下，对济宁电厂、济宁碳素厂等企业的货物运输做到了优先组织发运、优先安排卸车，确保企业的正常生产。春秋两季，车站对支农物资运输采取了积极应对措施，确保农用物资的及时发运。车站以“安全第一、旅客至上”的服务理念，不断提升铁路服务质量，树立了当代铁路人的良好形象，为地方经济发展、旅游等做出了突出贡献。

（胡春雨）

【京沪高铁曲阜站】 2012年，车站在加强制度管理的基础上，在全体职工的共同努力下，不断夯实基础管理，借助丰厚的地域文化底蕴，提升服务标准，超额完成生产计划。截至2012年年底，车站共发送旅客128.9674万人次，到达旅客125.1542万人次。2012年下半年发送旅客量比2011年同比增长105%，旅客群体主要以商务流、探亲流、旅游流为主。

完善制度 2012年初车站根据高铁车站特点、人员结构及实际作业情况制订了车站安全管理责任制度，进一步完善了安全管理机制，对所有作业岗位形成了有效监管体系。客服系统在原有的安全生产规章制度的基础上，针对高铁服务无干扰服务特点，旅客需求的提高等因素，制定出了更加完善、实际的工作措施，面对不断出现的新问题车站认真查核各项规定，及时修废补建。加强职工安全和技能教育培训，使全体作业人员在工作中强化了安全作业标准，使安全生产有了一个良好的势头。

提升标准 车站全年各岗位坚持标准化作业，高标准完成各项接待任务，顺利完成上级领导的各项考核及评推任务。车站领导根据本站各岗位特点，制定分类考核标准，并且实行不定期定岗盯控制度来规范职工作业标准。2012年，安检岗位继续坚持100%实名制验票制度、100%行包过机检查、100%人身手检的工作标准。截至2012年年底，车站安检人员检查进站旅客176万余人次，日均4900人，共检查出易燃、易爆品469件，管制刀具237把，罂粟壳80颗，在严密的组织过程中，没有出现旅客责任伤害和列车责任晚点。

优化服务 2012年车站总结服务经验，摸索服务技巧，提炼服务方法，始终坚持把提升服务质量，优化服务环节作为工作创新的首要，通过分析把旅客按照普通旅客、重点旅客、高端旅客、应急旅客进行分类服务，做到需求不同，服务不同，鼓励职工在工作中去勤思考，抓住服务要点不断深入挖掘，创新完善服务体系。2012年下半年，结合上级部门开展的“最美班组长”、“最美职工”活动，深化服务理念，提高服务质量，第一时间为旅客解决困难。健全完善提高客运服务质量的长效机制，认真总结推广活动经验，发现和培养活动中涌现的先进典型，形成“服务旅客创先争优”的固化模式和“以服务为宗旨、待旅客如亲人”的工作常态。2012年，车站共接待帮助特殊重点旅客126人，一般重点旅客1200余人，收到表扬信12封，锦旗37面。

（孙 毅）

民用航空

【概述】 济宁市民用航空管理局（济宁曲阜机场有限公司）内

设办公室、综合业务科、安全法规科、计划财务科，编制24人。2012年，济宁市民航局在市委、市政府及上级民航监管部门的正确领导下，深入贯彻落实科学发展观，紧紧围绕2012年工作目标，牢固树立持续安全理念，以改革创新为动力，解放思想，奋力拼搏，牢牢把握“稳定增势、高位求进、加快发展”的工作基调，取得了优异成绩，实现了跨越发展，顺利完成了局领导班子的调整和机场公司领导班子的组建；新开通昆明、厦门等5条航线；提前三个月完成全年旅客吞吐量目标任务。全年共安全保障航班3478架次，同比增长28.62%；旅客吞吐量281287人次，同比增长48.54%；货邮吞吐量366.34吨，同比增长41.65%，实现了基础数据的跨越发展；顺利完成了各项保障任务，确保了空防和航空地面安全，保持了人为责任事故、事故征候为零，连续实现第四个航空运输安全年。业务量增幅在华东地区排名第一。

安全形势持续平稳 进一步完善了机场安全制度体系，强化了安全责任意识，通过签订《安全生产责任书》，明确了各级领导和员工的岗位安全责任。向监管局上报机场信息不迟、不瞒、不漏，顺利通过了省监管局对济宁曲阜机场的多次行政检查，对检查中指出的问题及时分析整改到位。经过机场上下的共同努力，顺利通过后续安全审计。实现军民航协调会议召开常态化，有效避免了空中危险接近、相撞及跑道入侵事件。通过广泛开展宣传教育，增加驱鸟频率，确保了飞机安全起降。先后组织多次应急救援演练，进一步提升了机场各部门应对突发事件的能力。

营销工作成绩显著 加大航线开发力度。相继开通昆明—济宁—北京、青岛—济宁—厦门、昆明—济宁—大连、济宁—西安5条航线，连接全国主要城市的航线网络初步形成。做好航线营销和评估。统计各条航线每周、月、年的吞吐量和客座率，进行同比、环比分析，找出差异化原因，据此制订各航线营销策略。争取团队优惠政策，开发团队客源。积极与航空公司沟通，争取济宁机场现有航线和中转联程航线的团体票价优惠政策，为旅行社在旅游路线设计上提供了价格支持和创新思路，拓展了旅游产品的开发，为团队客户提供了优质的购票、出票等服务。努力拓展广告市场，增加非航收益。本着“适应竞争、提高效益、规范管理、互惠互利”的原则，根据客户需求，制定相应的配套方案，满足市场多元化的要求。以开航为契机，加大宣传力度。邀请济宁及驻济媒体参加新航线开航仪式，大力宣传航线、航班，收到明显效果。

服务保障能力不断提升 拓展服务领域，不断提升服务水平。营销部与携程网合作，在售票中心设立一卡代理服务，为出行旅客提供一条龙式服务。与集团客户签订《济宁曲阜机场集团客户订票协议》，为其提供预订机票、送票上门、月结票款等优质服务。安保部以“创先争优”和创建“市级青年文明号”为契机，打造出优质的服务品牌。军民航协调不断强化，通过多次协调会，梳理了防相撞方面存在的薄弱环节，达成了多项共识，制定并实施了针对性措施。

完善制度 加强培训和日常考核监督工作。编订了《济宁曲阜机场主要工作流程（试行）》、《部门职责及规章制度汇编》，修订《济宁曲阜机场安全、服务绩效考核办法（试行）》，完善机场各部门二级手册。派出中层以上干部到厦门机场学习安全管理、一线服务和市场开发等工作经验；有针对性的派出8名班队级干部到厦门、青岛等大机场学习安检、客运服务，提高机场运行保障软实力。航班保障期间，派员到一线全程督察，确保各部门严格按工作流程精细化操作。机务全年共独立排除飞机故障50余起，严格把握放行标准，未出现因维修不善造成的不安全事件。安检站全年共检查离港旅客72968人次，检查货物4626件/77842千克。消防队坚持24小时值班备勤制度，流动岗不间断进行场区巡逻，累计里程达4000余公里，将不安全因素消除在地面。

管理工作逐步规范 以“管理工作精细化，制定制度规范化，执行制度程序化，工作标准精品化”为标准，编制印发了《济宁曲阜机场岗位职责和制度汇编》、《公司合同管理办法》、《廉政风险防控手册》等手册。严格财务管理制度。加强财务支出原始单据审核，认真做好物资采购审核、核价工作。严格会议管理制度，公司会议、安全例会、营销例会一律形成会议纪要，推动各项工作的落实。严格档案管理制度，以省发改委、省档案局对全省重点工程项目建设档案执法检查为契机，对机场开航以来全部档案做了规整并形成长效机制，顺利通过了省发改委和省档案局组织的重大项目档案执法检查。

党团组织建设扎实推进 解放思想，提速增效，廉政文化建设取得新突破。积极开展“解放思想跨越发展大讨论”、“为民服务创先争优品牌建设”和“恪守从政道德、保持党的纯洁性教育活动”。树立先进机场标杆，有针对性的到包头、厦门、临沂、淮安等机场学习。机场“心系蓝天 温馨空港”服务品牌被济宁市创先争优办公室评为创先争优活动优秀服务品牌。安检站顺利通过了团市委组织的市级青年文明号验收检查。机场团委成功进行了换届选举。根据市纪委要求，开展了局和机场的廉政风险防控机制建设，制订了《廉政风险防控手册》，提高了廉政工作的制度化水平。加强基层组织建设，新培训入党积极分子6人，发展新党员4人。市民航局党支部连续三年被济宁市直机关工委授予“先进基层党组织”荣誉称号。扎实开展城乡联建和大规模驻村入户、面对面谈心交流活动，筹集爱心帮扶捐款5200元。结合贯彻十八大精神，在市民航局、机场公司深入开展了以学习十八大精神、学习《为人民服务》、《纪念白求恩》、《杨善洲的故事》为主要内容的“爱岗敬业，创先争优”主题教育活动，收到明显的效果。

（孟 静）

港口建设与内河航运

【概述】 济宁市港航局是主管全市港航工作的行政机关，机关行政编制17名，内设8个职能科室，下辖21个事业单位，现有干部职工690余人。2012年是全市港航建设全面展开、提速转型的一年。在市委、市政府的正确领导下，港航局党委精心筹划、周密部署，广大干部职工创新实干、用心落实，各项工作实现新突破、跃上新台阶。2012年，完成港口吞吐量4500万吨，比上年增长3.5%；完成水路货运量2910万吨、周转量129亿吨公里，分别比上年增长6.1%、10.4%；完成水路客运量142万人、周转量600万人公里，分别比上年增长10.1%、30%。截至2012年底，全市通航里程达1100多公里，其中三级航道153公里，拥有二级船闸2座，在建二级船闸3座、三级船闸1座，1港8港区26个作业区47处码头128个泊位，总吞吐能力6000多万吨。货物运输由过去单一的煤炭运输发展至以煤炭运输为主，建材、钢材、液体化工产品、日用品、农产品等为辅的综合运输体系。港航业及相关产业生产总值达100亿元，港航从业人员20多万人，年上交国家规费和税收近10亿元，已成为济宁经济的支柱产业之一。

基础设施建设步伐加快 2012年，航道、船闸、港口、桥梁等基础设施建设全面提速，完成投资22.3亿元。航道建设方面：老万福河、北大溜航道工程基本完工；洙水河航道工程取得重大进展，上游航道初步具备通航条件，与山东海洋投资公司就合作开发经营达成投资意向；白马河航道扩建工程完成工可研，正在立项。船闸建设方面：微山一线船闸改建、长沟、邓楼船闸工程积极推进，完成既定任务目标；嘉祥船闸基本建成。港口建设方面：嘉祥港区铁水联运项目、留庄南方港作业区等现代化港口作业区投入运营；森达美太平作业区、金乡港区胡集作业区开工建设；梁山港区铁水联运项目确定投资主体，正在编制工可研报告。桥梁建设方面：洙水河航道12座桥梁全部完成主体工程，县坡桥、于桥、苏营桥、老玩桥实现通车。物流项目建设方面：运河物流交易服务中心建设克服因城市规划调整造成的影响，重新选址，正在进行规划和方案设计。

水上交通安全形势趋稳 市港航局克服水上交通监管点多、线长、面广、任务重等困难，不断健全机制、强化整改，保持了水上交通安全形势持续稳定。严格落实安全生产责任。制订了安全生产与应急管理工作要点，逐级签订了安全生产责任书，实行了领导班子包片监管和乡镇渡口船舶四级安全管理责任制。深入开展打非治违和隐患整改活动。全年开展水上安全执法检查480余次，检查船舶7.3万艘次、水运企业136家，出动执法车辆1023车次、船舶1829艘次、巡航里程达1.9万余公里；排查隐患2823个，整改2810个，整改率99.5%。继续强化现场监管。把渡口、浮桥、“四客一危”船舶等重点领域和国庆节、春节等重点时段作为港航安全监管的重中之重，实行重点盯防。大力提升安全应急能力。通过完善搜救中心监控系统和搜救基地建设，建立应急救援队伍，修订应急预案，开展应急演练，提高了应急指挥、救助和处置能力。

行业管理水平提升 大力发展水上运力。全年新增船舶933艘，70万载重吨，总运力达到8600余艘，535万载重吨，运力和运量均占全省内河水路运输的80%以上，水运业在综合交通体系中的比重进一步提升。积极引导企业实施规模化经营。全市现有水运企业144家，港口企业47家，码头泊位128个，吞吐能力达到6000万吨，企业规模和综合竞争能力显著增强。加大市场监管力度，通过开展水运与港口企业年度核查和日常监管，规范了水运市场秩序。加强组织协调，优化运力调配，圆满完成了国庆节、春节等重点时段的旅客运输任务。港航法制建设有序开展。编印了《水路交通行政执法手册》和《法律法规考试题库》，组织全局执法人员参加了省厅执法考试，通过率达到99.5%。出台《行政执法统一管理和违章处理工作实施意见》，统一了行政处罚程序、裁量标准和文书制作，执法行为更加规范。

海事船检工作优化　实施营运检验与安全检查联动机制，对重点船舶建档跟踪管理，船舶监管能力进一步提高。严格执行船员考试制度，开展船舶配员、船员适任执法检查，船员管理得到有效加强。努力把好船舶检验关，坚决杜绝低质量船舶进入市场，全年检验船舶8300多艘。大力开展防堵保畅工作。针对2012年航道水位持续下降，在洙水河航道、韩庄二线船闸和韩庄处辖区航道实施交通管制，确保了航道有序畅通。加强与兄弟省市海事部门的联系协调，成功举办苏鲁两省六市京杭运河海事联动监管会议，制定了章程，为京杭运河安全畅通提供了机制保障。

航运水污染防治效果明显　2012年以来，市港航局强化使命意识、加强组织领导，按照市委、市政府工作部署，动员港口码头业主和船东出资2500多万元，更新改造船舶4500余艘，改造港口码头47处；清理取缔洙水河、微山湖周边污染严重的非法码头装卸点140处；4个船舶垃圾、油污水接收转运处理站正式启用，济宁市运河航运服务中心按市场化模式全面承接防污治污任务。船舶LNG改造推进速度加快，4艘船舶完成改造并投入使用，环保节能效果明显，《济宁市航道服务区及加油气站总体规划》进入中期论证。已基本消除了港口、码头和营运船舶对南水北调水体质量的影响，实现了船舶垃圾、油污水上岸处理，完成了航运治污阶段性任务。

文明创建亮点增多　认真组织解放思想跨越发展大讨论活动，在学习讨论、征求意见、查摆问题、整改提高的基础上，组织了专家讲座、演讲比赛、内部交流、外出学习考察等活动，确保大讨论活动取得实效。党风廉政建设不断加强。层层签订了党风廉政建设责任书；建立健全了领导干部廉政档案；开展了廉政宣誓和书写廉政勤政承诺书活动；举办了廉政教育讲座；参加了廉政歌曲合唱及演讲比赛；制作了廉政勤政桌牌；在全局干部职工中征集了警言警句，并在市局办公楼大厅电子屏幕上进行了滚动播放；开展了赴临沂革命老区红色主题教育活动；印发了《济宁市港航局岗位廉政风险防控建设实施方案》；在市纪委派驻第六纪检组具体指导下，规范了重点港航建设项目招投标，在重点工程指挥部设立了监察室。行风建设活动有效开展。进行了优化发展环境调查，广泛听取各方面意见，增进了港航管理部门与船民业户的沟通交流。参与两期“行风热线”，对群众关心的热点问题进行了公开答复。开展“大规模驻村入户、面对面谈心交流”活动。建立了五处联系村和两处包保村，协调资金220多万元为包保村解决了道路硬化、吃水困难等问题，捐助资金4.7万余元，帮扶了困难党员、群众和学生，进一步密切了干群关系，提升了港航形象。精神文明建设成效显著。参加了全市第四届职工运动会和市直机关第五届运动会，取得优异成绩，展示了港航职工的精神风貌。“情满运河、温馨济宁”服务品牌被评为全市创先争优为民服务优秀服务品牌。邹西港航管理处喜获省级文明单位称号，成为市港航局第六个“省级文明单位”。企业稳定工作取得新成绩，通过积极化解矛盾，解决职工实际问题，维护了全市港航系统安定团结的大好局面。与县市区、部门的协调力度进一步加大，为港航事业发展营造了良好环境。

（石国安）

邮　政

【概述】　济宁市邮政局下辖10个县市邮政局，拥有邮政局所206处（农村167处、城市39处），其中金融网点185处，邮政网点21处，从业人员2650名。市局内设工会、综合办公室、人力资源部、计划财务部、市场经营部、网络运行部（济宁邮区中心局）、监督检查与安全保卫部7个职能部门及发行投递局、报刊零售公司、金融业务局、保险理财业务局、函件广告局、集邮公司、电子商务局、分销业务局8个专业局及城区局、机要分局2个生产单位。邮区中心局为国家二级局（全国有70个、全省有4个），承担着济宁、枣庄两市的邮件（包括机要邮件）的处理传递任务，年处理邮件量6300万件，日均邮运里程3935公里。全市各级邮政部门在市委、市政府和省邮政公司的正确领导下，以科学发展观为统领，积极发挥自身网络优势，不断加大业务和服务创新力度，拓展业务领域，拓宽服务范围，为服务民生及地方经济发展做出了积极贡献，取得了经济效益和社会效益双丰收。全年完成业务收入4.41亿元，提前一个月完成收入计划，同比增长20.35%,所有专业、所有单位均全面完成了年初预算目标。市局连续14年保持"省级文明单位"称号,"为民服务 创先争优"活动被推介为全国邮政典型,"邮送真情 信达万家"服务品牌被评为全市优质服务品牌。

忠实履行义务,提供优质服务 认真落实《邮政法》和《山东省邮政条例》赋予邮政的重要任务,加强通信能力建设,不断提高普遍服务能力和服务质量。省内邮件传递时限达标率达到了98%以上,机要通信实现第49个质量全红年;开展了金融网点转型活动,加大软硬件设施投入,对网点按照商业银行标准进行重新装修,新迁址网点15个,新装修92个,新增ATM机88台,布放助农取款商易通1000余部,群众用邮环境明显改善;全力做好信报箱强制验收工作,成立通邮办公室,派驻市建委办公,全程参与楼房建设进程,已累计建设信报箱8700余户,尚有7000余户正在建设中。加大教育培训力度,建成了三室教育平台,通过技术比武、岗位练兵等形式不断提升员工的服务能力;聘请了15名社会监督员,定期召开社会监督员会议,三次参加《政风行风热线》,对群众反映的问题、提出的建议及时进行整改完善。开展了"为民服务 创新争优"活动,在全省邮政系统率先公布了十二项公开承诺,自觉接受群众监督。承诺登上了人民网,引起强烈的社会反响,济宁局被推荐为全国邮政"为民服务 创先争优"先进典型,市局也两次在全省邮政"为民服务 创先争优"活动表彰大会上做经验介绍。

做好农资配送,真心服务三农 认真贯彻落实中央一号文件精神,积极发挥自身优势,做好邮政分销配送服务,将质优价廉的农资产品及日用品送到农民家中,方便群众的生产生活。建立了完善的"市—县—乡—村"四级服务网络,全市累计建成乡镇直营店161处、村级三农服务站2600处,乡镇配送中心48处。采用"农资连锁经营+配送到户+科技服务"的运作模式,大力推广高科技、高附加值农资产品,举办各类"送科技下乡"及农技知识讲座等,指导农民科学种田,帮助农民增产增收,累计配送农资120万吨、日用消费品50万吨,举办科技讲座近2万场,受训农民达到300万人次。大力推广鸿雁农业种植技术合作社,积极普及科学种田知识,已成立鸿雁合作社11个,吸纳会员30万户。开展"入合作社,免费送农业保险活动",落实了政府的惠民政策,解除了农民的后顾之忧,受到了农民朋友的普遍欢迎。2012年累计赠送农业保险13.6万亩,惠及农民4.5万户。与市农委联合开展高产示范田创建活动,已建成高产示范田130万亩;与工商系统合作,在全省率先启动12315维权服务站建设,为农民朋友搭建了维权的便捷平台,丰富了邮政服务三农内涵。

拓宽服务领域,真诚服务民生 深入做好服务民生工作。认真落实市政府2012年为民所办十件实事的要求,在全市全面推广便民服务项目,共建成便民服务站2085个,涵盖全市各社区、街道、学校、商超、烟草专卖店、邮政报刊亭等领域,开通了代收通信费、代收电费、代售机票、代收火车票等功能,初步建立起覆盖城乡、惠及民众、方便快捷、多方共赢的便民服务平台。积极向市政府汇报,在全市推广村邮站建设,有效解决邮政服务"最后一公里"问题。市政府印发了《关于加快推进村邮站建设的通知》,在整体规划、建站选址、站房建设、村邮员培训等方给予大力支持。

扎实做好直邮服务中小企业工作 成立了济宁市直邮协会,深入中小企业了解现实困难和实际需求,利用邮政数据库资源及邮宝网、邮乐网平台,为中小企业打开产品销路,全市签订合作协议中小企业累计达到700余家,直接受益超过4000万元。做好邮政报刊亭建设,宣传国家方针政策,丰富群众文化生活,为提升城市品位、推进精神文明建设发挥了积极作用。

发挥邮政优势,助力文化事业 做足与地方旅游产业文化的结合文章。借助济宁历史悠久、文化资源丰富的优势,积极发展集邮、函件事业,努力创造良好的城市环境、文化环境、旅游环境。与市委宣传部联合开发了《孔门七十二贤》文化礼品册,登上了省文博会,并获创新项目奖,12月1日举行了《孔子学院》特种邮票首发式,发行了"儒济天下 传世之宝"邮册,显著提升了城市文化品位。举办了"一片邮集"集邮展览,开展了集邮知识进校园活动,培养了中小学生的文化素养,丰富了业余文化生活。做足与群众文化需求的结合文章。进一步扩大报刊收订的覆盖面,提高报刊投递时限,保证各类信息特别是党报党刊内容迅速及时传达到基层。与报刊社合作,推出商务期刊,满足企业和群众的个性化需求。积极配合市委宣传部,圆满完成新年度党报党刊的发行任务。个性化邮票、毕业纪念册等为展示个人形象、留下美好回忆提供了一条新途径。

坚持以人为本，营造和谐氛围 积极构建和谐企业，对内以员工为中心，实现企业效益与员工收入的同步增长，2012年全体职工人均收入增长19.44%，为全体员工增加了失业保险、生育保险，五项社会保险全部缴纳。打通员工晋升通道，出台了“三工转换”、兼职营销积分办法，开展了优秀员工、二十佳效益支局、优秀干部评选等活动，建立起以能力、业绩和贡献为导向的动态待遇挂钩、岗位晋降级考核机制。抓好“五好小家”建设，为职工配备了空调、冰箱、洗衣机、太阳能等生活设施，显著改善了生产生活环境，员工幸福指数不断提高；加强企业文化建设。打造了“五种精神”及“对内以员工为中心，对外以客户为中心”等新的企业文化理念，增强了员工的主人翁意识，打造企业核心价值观。创刊发行了《济宁邮政》报，开通了济宁邮政网站，设立了局长信箱，设立了“投递员节”，为员工搭建了沟通交流的平台。成立了职工艺术团，召开了五四大学生座谈会、举办了全市邮政乒乓球、篮球比赛、离退休员工棋类、钓鱼比赛等活动，增强了凝聚力和向心力，为企业的可持续发展提供了蓬勃动力。

（林凡超）

文化济宁

鲁荒王陵

鲁王朱檀的陵园，在邹城市尚寨村北九龙山之阳，人称为荒王陵。据《明史》载：鲁荒王朱檀，是明太祖朱元璋第十个儿子，洪武三年生，生后有两月被封为鲁王，于洪武十八年，年仅15岁时就藩于兖州。当时兖州即升为府，统辖四州二十三县。朱檀生前喜爱文字书画，生活奢侈腐朽。就藩后，不问政事，一味追求仙丹妙药，妄想长生不老，先是吃仙丹中毒目盲，洪武二十二年，即朱檀十九岁死亡，太祖听后，大骂“荒唐”，后人遂称之为鲁荒王。死后葬在本来承相刘伯温为明太祖选的墓地九龙山上，东为汤妃墓，西为戈妃墓。陵园南北长206米，东西宽80米，分前后两院。前院南墙正中为二洞式大门，中墙有悬山式棂仪门，后院有规模宏大的大殿，后院为墓地。朱檀墓地依山凿石，深26米，分为墓道与墓室，墓道为斜坡墓道，以石砌成，墓道石紧接高8.2米，琉璃瓦覆顶，敷红色墙皮的金刚墙。墓室分前后两室。两道双扇枢轴式石门，每扇重2吨。墓室南北长20.6米，东西宽8.2米，高5.5米。前室为432个彩绘俑，后室为楠木棺椁及其随葬品。1970年发掘出土各类随葬品及珍贵文物2000多件。为山东省及当时全国已发掘的最大地下宫殿。1985年，邹县人民政府投资100万元进行修复，1988年正式向游人开放。1992年明鲁荒王墓群被山东省人民政府公布为重点文物保护单位，现为国家级文物保护单位。

文化济宁

玉堂酱园

玉堂酱园位于古运河西南岸，是生产规模最大、被誉为“京省驰名”、“味压江南”的手工业作坊，兴建于清乾隆四十五年(1780年)。

玉堂酱园于清乾隆年间由苏州一戴姓船户创办，门面字号为“姑苏戴玉堂”。后于嘉庆十二年(1807年)，卖给了冷、孙两家经营，店名遂改为“玉堂酱园”。清道光年间，玉堂酱园生产作坊增加到数百间，工人增加到200多人，资金增加到39万吊，产品增加到50多种。所产豆腐乳、酱菜、酒类、糟鱼、醉蟹、豆豉、调味品等兼具南北风味，产品畅销大江南北、长城内外。光绪年间，玉堂酱菜作为贡品送进清廷宫内，受到慈禧“真是京省驰名”的赞扬。从此，玉堂产品“京省驰名”，“味压江南”的名声更大。清末，玉堂酱园又研制生产出了多种新露酒。民国四年(1915年)巴拿马太平洋博览会上，济宁玉堂生产的金波酒、万国春酒、冰雪露酒、宴嘉宾酒和酱油、酱菜均获得了金牌奖。玉堂的金波酒、糟制鲤鱼等不少产品销往日本、新加坡等地。

济宁年鉴 2013

JINING YEARBOOK

城乡建设

住房和城乡建设

【概述】 济宁市住房和城乡建设委员会(以下简称:市住房城乡建设委)是主管全市住房城乡建设工作的政府工作部门，主要担负着全市城市建设、村镇建设、工程建设、建筑行业发展、住房保障与房地产业、城建开发等行业的建设与管理工作。委机关内设办公室、人事科、规划财务科、政策法规科（挂行政许可科牌子)、建筑节能与科技教育科、住房保障与房产管理科、城建开发与房屋拆迁科、工程建设科、建筑行业发展科、勘察设计科、城市建设科(挂城市防汛办公室牌子)、村镇建设科、离退休人员服务科等13个职能科室。市住房城乡建设委机关行政编制50名,配备主任1名、副主任3名，总工程师1名(正科级)。正科级领导职数13名、副科级领导职数9名。2012年，市住房城乡建设委加快城建重点项目建设步伐，大力推进保障性安居工程、农村住房建设,全市住房城乡建设工作取得新成绩、实现新突破。

“城市建设管理年”活动亮点纷呈 截至2012年年底,全市续建及新建项目年度任务目标完成率91.38%，完成投资204.57亿元,年度投资计划完成率105.52%。济宁城区续建及新建项目96个(含共建)，年度任务目标完成率86.17%,2012年计划投资125.27亿元，累计完成投资128.63亿元，年度投资计划完成率102.68%;各县市城建项目68个，年度任务目标完成率97.45%，2012年计划投资68.60亿元,实际完成投资75.94亿元，年度投资计划完成率110.70%。各县市区建设管理年活动有声有色、卓有成效,高新区、北湖度假区、曲阜市、兖州市、汶上县、微山县、鱼台县等均超额完成年度任务目标。将城镇化推进工作纳入“城市建设管理年”活动范围,市指挥部办公室围绕“城镇化率提高2个百分点”的任务目标,起草制定了《济宁市城镇化推进实施方案》，并以市政府文件下发，将城镇化工作任务具体明确到14个市直部门和12个县市区,与城市建设管理年活动实行一体督导调度。争取到省级示范镇年度省级专项扶持资金9000万元,省政府已批复同意济宁市调整部分乡镇街行政区划，分别对5乡进行撤乡设镇，对2个镇撤镇设街。城镇化率提高2、12个百分点,圆满完成了年初市委、市政府确定的任务目标。

农村环境综合整治全面展开 认真履行牵头部门职能,集中精力投入到农村环境综合整治活动中去,围绕实现硬化、净化、美化“三化”目标,搞好动员发动,强化督促检查,采取明察暗访,抓好典型引路，农村环境综合整治开局良好。截至12月底,全市道路硬化开工3640个村庄、7670公里，开工率108.46%；完成3541个村庄、7050公里，完工率97.28%。建成垃圾中转站278座,占年度总任务的139%;全市累计配备保洁员13936人，购置转运车辆291辆,建成垃圾池(桶)7.1万个,清理“三大堆”15.4万处、92.8万吨，清理河道垃圾6.5万处、8.6万吨,拆除违规建筑3928处、20.12万平方米,规范门店(广告）牌匾1.7万块，绿化面积292.1万平方米，建立宣传栏8628块。全市累计投入建设资金19.38亿元，其中道路建设资金17.48亿元,净化美化资金1.9亿元。超额完成了任务目标。

保障性安居工程、农房建设和危房改造任务圆满完成 全市建设保障性住房16796套（户)，其中新建廉租房1378套、公租房4387套、经济适用房7916套,新增租赁补贴3115户；全市开工建设棚户区5586套(户),完成任务的186.2%。全市新开工农房集中建设6.24万户,启动农村危房改造1.65万户。

大运河文化产业带开发开局良好 组建成立了“山东济宁大运河文化产业开发投资有限公司”,于11月11日正式揭牌,同时与上海同济工程咨询有限公司签约合作，公司已进入实质性运作阶段。编制完成了“三河六岸”战略性规划，已着手编制控制性详规和专项规划。集中力量实施了河道整治拓宽工程。完成了梁济运河湖口—对口闸8公里段输水航道扩挖、堤防加固、河道两岸构筑物拆除等工程。加快土地收储步伐，土地一期收储工作进展顺利,二、三期土地收储工作已准备就绪。积极开辟融资渠道,分别与中国中信集团、香港万恒投资公司、国家开发银行、中国银行等20多家金融机构沟通就融资事宜进行商谈，中国农业银行济宁分行已向大运河公司定向委托贷款8000万元。

建筑业、房地产业保持平稳较快发展态势 建立建筑市场诚信评价体系，加强建筑市场稽查和质量安全监管，整顿和规范了建筑市场秩序。2012年实现建筑业总产值421亿元，企业利润总额18亿元,同比增长20%。建筑业增加值78亿元，增加13%;实缴税金14亿元,增长11%。实行商品房预售资金监管和住房质量保证金制度，有效规范了房地产开发行为。成功举办“2012金秋房展博览会”,进一步活跃了房地产市场。2012年,全市房地产开发完成投资219.07亿元,同比增长20.2%;房屋施工面积2492.7万平方米,同比增长24.5%,竣工面积429.6万平方米,同比增长37.5%,销售面积499.3万平方米,同比增长28.5%。投资投机性购房得到有效抑制。

建设领域节能减排工作卓有成效 深入抓好既有居住建筑供热计量及节能改造工作,全市建成节能建筑228.36万平方米,新建建筑节能标准执行率达99%。完成既有居住建筑节能改造140.47万平方米,太阳能光热一体化应用109万平米,公建节能改造16.78万平方米,全面完成了年初制定的任务目标。大力开展建筑领域招商引资工作,招商引资实际到位市外资金2.11亿元,超额完成了市政府下达的2亿元的招商引资任务。

城乡基础设施建设实现新突破 城区新增集中供热面积310.62万平方米,新增天然气用户15078户,铺设供水管网30公里,超额提前完成了市委、市政府下达的任务。截至2012年底,城区集中供热采暖总面积达2251万平方米,集中供热普及率达61%;发展管道燃气居民用户20.3万户,城市管道燃气普及率达96%。切实提高城区污水归集和集中处理率,全市建成城市污水处理厂15座,运行规模70万吨/日,全部执行一级A排放标准,同步建设配套管网1378余公里,城市污水集中处理率达到了92.5%。同时结合城区道路改造,加大城区雨污水改造力度,搞好河道和排水管道清障疏通,确保了城市安全渡汛。

工程建设管理日趋规范 工程建设程序和标准管理进一步加强,招投标、施工图审查、施工许可、质量安全监督、竣工验收及备案、建设工业产品备案、建设执业注册、工程档案归集等制度逐步完善,勘察设计责任保险制度全面推行,建筑市场规范化程度明显提高。严格落实安全生产责任制,建立健全责任追究制度,全年未发生重大安全责任事故。

安全稳定工作常抓不懈、形势良好 建立信访联席会议制度和信访联络员制度,扎实开展全市住建系统信访突出问题“清仓见底”活动,集中解决了一批信访老案、积案、难案。与2011年相比,来访总量下降50%,来信下降30%。群众来访结案175批次,结案率为96%。进一步完善清欠、防欠长效机制,切实解决拖欠工程款和农民工工资问题,全年共清理拖欠农民工工资2666.6万元。

加强行业作风和党风廉政建设 在全系统大力弘扬“团结、实干、高效、一流”的住建精神,树立了住建系统良好社会形象。制定出台了《关于实施“六大工程”提升工作效能的意见》,在全系统着力实施人才培养、经济发展、精品战略、廉政自洁、效能提升、形象塑造六大工程建设。加强党的建设,深入开展创先争优活动,积极创建先进党组织。举办了丰富多彩群团活动,成功举行庆祝建团90周年文艺汇演、积极参加市直机关运动会、高唱廉政之歌等活动。按照干部选拔任用工作相关法规规定的原则、条件、程序和纪律选拔干部,进一步规范委属国有企业、国有控股企业、社团组织的用人管理。配合市政府出台了《关于理顺市区城市建设管理体制的意见》,理顺了城区市政、环卫、园林管理体制和政府投资工程的管理体制。加强党风廉政建设,组织开展了“恪守从政道德、保持党的纯洁性”教育活动和廉政勤政宣誓和书写廉政勤政责任书活动,引导党员干部增强自律意识。用制度规范从政行为、按制度办事、靠制度管人的廉政运行机制在市住建系统已经形成。

(马鲲鹏)

建筑业

【概述】 2012年,全市各级主管部门和建筑企业认真贯彻落实市委、市政府决策部署,以科学发展观为统领,以转方式调结构为主线,以生态济宁建设暨城市建设管理年活动为契机,紧紧围绕做大做强建筑业战略目标,攻坚克难,锐意进取,不断优化行业发展环境,切实提高工程质量和安全生产管理水平,加快科技创新和人才培养,切实维护农民工权益,各项管理及工程建设取得明显成效,全市建筑业保持着平稳发展态势。

建筑业主要经济指标保持平稳较快增长 2012年全市建筑业企业620家,从业人员23万余人,完成建筑业总产值438亿元,同比增长14%;建筑业增加值77亿,增长10%;施工面积3625万平方米,增长20%;竣工面积1589万平方米,增长19%;企业利润总额20.8亿元,增长9%。出省施工产值108亿元,同比增长7%。

建筑业产业结构不断优化,企业实力不断增强 全市建筑业企业共有760家,取得施工总承包序列的企业253家(占企业总数的34%),取得专业承包序列的企业367家(占企业总数的48%),其中一级36家,二级146

家，三级435家，不分等级企业3家；取得建筑业劳务分包的企业140家，占企业总数的18%。各县（市、区）积极调整企业结构，扶持企业做大做强，保进全市建筑业整体实力得到不断提升。

加强外来队伍管理，维护建筑市场秩序 外地进济建筑企业110家，其中特级房建企业30家，2012年全年办理进济注册40家。对申请进济注册建筑企业，按照省建管局《关于进一步加强省外企业进鲁施工管理的通知》和济宁市建委《关于进一步加强外地企业进入济宁建筑市场管理的通知》要求，认真审查分支机构公司工商注册、税务登记和人员配备、办公场地，以及农民工工资预存保证金证明等情况，对达不到要求的，不予办理进济注册。为防止挂靠和管理人员外流，对进济外地企业实行了压证管理。对存在拖欠农民工工资等问题的中建六局等企业进行了通报，进一步规范建筑市场秩序，优化全市建筑市场环境。

集中抓好清理拖欠农民工工资工作，投诉上访案件明显减少 为及时化解矛盾，维护农民工的合法权益，保障社会稳定，全市各级主管部门开展了扎实细致的清理拖欠工程款和农民工工资工作，取得了明显的成效。针对夏收夏种和秋收秋种，以及仲秋节等实际情况，市政府下发了《济宁市人民政府关于切实解决工程建设领域拖欠农民工工资问题的通知》（济政字〔2013〕22号），市住建委连续下发了《关于成立济宁市住房和城乡建设委员会清理拖欠农民工工资领导小组及办公室的通知》（济建行发字[2012]14号）、《关于实行济宁市建设类企业拖欠工程款和农民工工资黑名单制度的通知》（济建行发字[2012]15号）、《关于进一步做好工程建设领域农民工工资清欠工作的通知》（济建行发字[2012]16号）。2012年累计受理农民工上访案件200余起，接访2000余人次，清理拖欠农民工工资2600余万元。及时办理省建设厅、市政府及其他部门转办、督办的投诉案件12起，由专人负责调查核实协调处理，并在规定的时限内将反馈意见回复给投诉来源部门，回复率100%，并主动跟踪案件全过程，督促各方在协商的基础上拟定出切实可行的还款计划，确保了全市建筑业企业和农民工的合法权益和建筑业的健康发展。在国家宏观调控、房地产市场萎缩、银行停止放贷复杂形势下，全市各级清欠机构不辞辛劳，扎实工作，及时受理投诉上访案件，及时化解各种矛盾，维护了行业和谐稳定，得到了市委、市政府高度评价，被评为全市信访工作先进单位。

成功举办了省市职业技能大赛 根据省住建厅、省人社厅、省总工会、共青团山东省委和省建管局《举办第四次山东省建筑业职业技能大赛的通知》（鲁建管发〔2012〕11号）通知精神，立足济宁市实际，成功举办了全市和全省建筑业职业技能大赛济宁赛区的比赛，赢得了住建部、省市领导的一致好评和广泛赞誉，提升了济宁市建筑行业的知名度。济宁市参赛选手张龙健获得管道工第一名，济宁市代表队获得大赛团体第六名。

城乡规划

【**概述**】 济宁市城乡规划局是主管全市城乡规划工作的市政府工作部门。主要负责组织编制都市区规划、城市总体规划、专项规划和近期建设规划；组织规划区内的控制性详细规划和重要地块的修建性详细规划的编制、报批和实施管理；承担对历史文化名城、历史优秀建筑相关的审查报批和保护监督工作；负责城乡规划的编制、审批和实施管理等工作。机关内设办公室、规划设计科、行政许可科、法制监察科4个科室，辖开发区、市中区、任城区3个规划分局及市规划设计研究院、规划咨询中心（规划信息中心）和勘测院3个事业单位。

2012年，济宁市城乡规划局按照市委、市政府提出的“稳定增势、高位求进、加快发展”的工作基调和“三个高于、三个提高”的要求，围绕“全省争先进、区域当排头、全面达小康”的目标定位，坚持“中心突破、组群发展、城乡统筹、梯次推进”的战略取向，以科学规划为引领，以统筹城乡发展为导向，以提升城市品质为目标，高标准高质量地做好规划编制、审批和管理工作，较好地完成了各项任务目标。规划工作被市人大常委会评议为“满意”等次，政协提案工作双向民主评议被评为“优秀”等次；先后被评为2012年度市直部门建立“宝塔形”目标责任体系“好”单位、“三个体系”建设“好”单位；被市委评为2012年度综合考核先进集体，被市文明办授予“市级文明单位”称号。

各类城市规划的编制 组织编制完成《济宁市近期建设规划（2011-2015）》、《济宁市城市综合交通体系规划》、《“三河六岸”地区总体战略规划》、《济宁市城市色彩规划》、《济宁市文化产业布点规划》、《济宁市城区农贸市场专项规划》以及高新区科技新城核心区、老城区东南片区、老城区西南片区等控制性详细规划，

■2012年5月18日,济宁市城乡规划局举行系统干部读书会暨县市区规划局长座谈会。

中心城区控制性详细规划覆盖率已达到92%。组织编制完成《济宁市城区环境综合整治规划及重要节点概念规划》、《济宁城区核心区交通疏解规划》、《济安桥路综合整治及城市设计》、《高速16号口改造及东外环整体形象提升规划》,进一步改善了城市环境、有效缓解了城区交通压力。开展高铁时代和北湖新区城市发展研究并提出发展策略,用战略眼光找准城市发展定位,助推城市快速发展。

加强规划审批 严格执行规划批前公告、批后公布制度,通过在广场游园、工地现场设置公示栏,充分运用现代化手段在部门网站、"政风行风热线"、网络问政平台公开规划情况,广泛征求社会各界意见,多渠道接受监督。对所有行政审批事项全部实行网上办公,流程作业,阳光操作。建立了重大项目领导包保制度,对31项重点项目进行联系包保,班子成员深入一线抓管理、抓服务、抓协调,及早介入,确保项目推进速度;按照"规划服务前移,工作重心下移"的新思路,通过与企业座谈、到重点企业走访、现场办公,帮助建设单位解决实际困难和具体问题;建立和完善绿色审批机制,为保障性住房、医院、学校等民生项目,省运会场馆项目,豪德商贸城、万达广场等重要招商引资项目开辟了规划审批"绿色通道"。在审批服务中做到告知表格一次性给清,办理流程一次性讲清,须提交的申请材料一次性说清;对符合法律法规的项目确保审批过程畅通,对前期需向上级及有关部门请示协调的项目加强沟通,对一时难以解决的问题保持联系沟通。不断完善机关工作人员岗位责任制、首问负责制、限时办结制和服务承诺制,严格执行"一书三证"和建设项目"三级审查"制度,坚持实行集体审批。全年共办理《建设项目选址意见书》89件;发放《建设用地规划许可证》80件,用地面积687.42公顷;发放《建设工程规划许可证》226件,建筑面积677.6万平方米;审批临时建设工程项目142项,建筑面积3.62万平方米;发放《建设工程规划竣工验收合格证》94件,规划竣工验收面积218.39万平方米。

积极推动都市区融合发展 4月8日,省住建厅与济宁市政府联合召开了济宁都市区规划与发展论坛,邀请到城市规划领域著名的专家进行研讨,为都市区发展出谋划策。论坛成功举办之后,大众日报、济宁日报、中国网络电视台等新闻媒体进行了宣传报道,取得了良好的社会反响。编制完成了《济宁市城市轨道交通线网规划》和《济宁都市区轨道交通沿线用地控制规划》,完善都市区范围内综合交通网络,为都市区融合发展奠定坚实的基础。委托中国城市规划设计研究院编制完成《都市区空间战略和行动规划》,成为推进都市区融合发展的纲领性文件。都市区融合发展经验分别在山东省城市规划工作会议、山东省住房建设工作会议上进行了典型交流,受到好评。

圆满完成市人大执法检查 9月17–18日市人大执法组对济宁市《城乡规划法》贯彻实施情况进行执法检查,检查组到泗水、曲阜、金乡和中心城区进行实地视察,并召开了座谈会。检查组对规划工作给予了充分肯定。

开展农村帮扶工作 按照市委市政府统一部署,在领导班子和机关干部中,开展了以联系服务群众为主题的"大规模驻村入户、面对面谈心交流"活动,将嘉祥县梁宝寺镇韩桥村、金乡县羊山镇杜楼村和梁山县拳铺镇东徐村确定为联系点,并成立工作组。各驻村工作组融入农村、深入群众,入户走访率达到100%,详细了解村情民意,制定帮扶计划。为韩桥村投资8万余元新打机井8眼,加强了农田水利基本建设;为靳粮店村投资18万元建成了文化大院、种植200余棵行道树、改造了村内排水设施；各驻村工作组高度重视基层党建工作，积极完善基层党组织；帮助开展村民科技培训，为村民增加收入。

机关自身建设 加强学习型机关建设，举办了两期干部读书会，组织规划系统干部职工就当前面临的新形势新任务进行讨论，总结交流工作经验，形成调研报告近百篇，并邀请专家就依法行政、城乡统筹和党风廉政等方面做专题讲座。5月底，与市委组织部、市委党校联合举办了城乡规划管理与决策能力提升培训班，组织各县市区分管负责人、规划主管部门主要负责人参加了培训，提升规划管理水平和决策能力。还先后在济宁日报等媒体发表《大手笔构建新型城镇体系》、《“龙头”引领城市建设》、《抢抓机遇，积极谋划，激发城乡规划跨越发展新活力》、《济兖邹曲嘉共促“半小时都市圈”》等多篇文章。学习型机关建设成效显著，在局机关和各分局从事规划管理的37名工作人员中，有22人具备国家注册城市规划师执业资格，占总数的60%。开展了廉政勤政宣誓和书写廉政勤政承诺书、“亮身份、践承诺、树形象、促发展”、观看廉政勤政宣教影片等活动，大力弘扬爱岗敬业、恪尽职守、廉洁自律、开拓创新精神。按照《济宁市创建文明单位考核细则》要求，狠抓学习教育，组织干部职工深入学习政治理论、法律法规、现代科技、文明礼仪等知识，不断提高干部职工综合素质；强化民主管理，设立政务公开栏，加大政务公开和民主监督力度，维护干部职工合法权益，积极营造和谐氛围；注重文体生活，建立专门活动室，并组成代表队参加市直机关第五届运动会，取得优异成绩。

（孙冠亚）

城市管理综合执法

【概述】 2012年，全市城市管理综合执法工作在市委、市政府的坚强领导下，以提升城市形象、优化城区环境、全心服务民生、力争群众满意为目标，积极创建“和谐城管”，大力推进城管文化品牌建设，努力营造齐抓共管的整体合力，较好地完成了各项工作任务，城市形象和城管队伍形象有了新的提升。先后荣获全省建设系统优秀思想政治工作单位、全省城市管理行业信息宣传先进单位、全市政协提案承办先进单位、全市政务信息工作先进单位等荣誉称号，连续五年被评为市级文明单位。

城管执法业务工作成效明显 以开展“城市建设管理年”活动为抓手，全面提升城区市容环境卫生面貌。一是疏堵结合整治占道经营。与各区及有关部门协调联动，清理取缔占道经营、流动摊点15278处，市第一人民医院、实验中学周边、解放路市场外溢等一批热点难点问题得到有效治理。制定《城区摊点设置导则》，在城区规范、设立多处便民服务摊点区，用疏堵结合的方式缓解了占道经营影响市容的问题。二是严查各类违法建设。督导各区及分局对违法建设做到及时发现、及时汇报、及时处理，共拆除违法建设17624平方米。强化规划批后监管，规划支队共监管在建工地198处，查处违规建设项目27起。三是加强广告牌匾和亮化工程管理。共更新设置门店招牌1332块，拆除违规户外广告2324块。督促沿街产权单位加快楼体亮化、庭院亮化建设，提升了城区夜景质量。四是严查乱倒垃圾、车辆抛撒、车辆带泥上路等破坏环境的行为。联合市公安局、市住建委、市交通运输局成立建筑渣土管理领导小组并设立办公室，规范渣土运输车辆许可，开展夜间巡查执法，有效遏制了违规运输建筑渣土破坏市容环境卫生的行为。五是强化城区养犬规范管理。牵头与公安部门联合开展规范城区养犬管理集中整治行动，出动执法宣传车辆2200余辆次，张贴宣传材料1万余份，城区公园、广场和主干道遛犬行为基本得到制止。六是开展服务“三重”项目专项执法活动。围绕重大节会和迎查活动，组织开展执法保障活动468次。七是开展城管执法示范项目创建活动。洸河路、新世纪广场、全民健身广场、冠亚星城被纳入了全省“和谐城管”示范项目。八是开展市容环境整治系列载体活动。开展城区14条主干道市容环境卫生整治行动，实行五级包保责任制，落实保证金制度，有效提升了城区主干道市容环境卫生水平；开展城区市容环境百日整治活动，实行“周三市容环境集中整治日”制度和“一天一督查，一周一通报，月底媒体公布”制度。九是圆满完成市政府交办的为民所办十件实事分工任务。集中清理整治市第一人民医院周边占道经营，优化了交通环境，保障了道路畅通。大力推进农村生活垃圾无害化处理工作，全市共建设完成农村生活垃圾处理站297处，完成全部计划的148%。十是加快数字化城市管理平台建设。数字化城市管理系统建设已经投资1000万元，工程基本完成。建设标准达到了国家住房与城乡建设部颁布的要求。

长效工作机制不断完善 一是构建城管执法“目标责任、考核奖惩、监督检查”三个体系。建立局主要负责人负总责、层层落实责任的“宝塔型”责任体系，同时健全督导考核机制，加强对各区(管委会)、有关部门城市管理工作的督导考核，有效保障了“城市建设管理年”各项任务的落实。二是健全协调联动机制。认真履行城管委办公室职责，积极协调各区、各有关职能部门切实履行好承担的城市管理职责，初步形成了城市管理齐抓共管的整体合力。三是健全市场化运作机制。指导各区(管委会)加快推进环卫保洁作业市场化运作，对城区道路清扫、垃圾清运、公厕管理等实施招投标作业，提高服务质量和工作效率。四是健全公众参与机制。加大新闻宣传力度，引导广大市民从我做起，自觉维护良好城市环境。认真落实“门前三包”责任制，使“门前三包”成为了公众参与城市管理的有效形式。将确立的城市管理文化主题内容通过手机短信、沿街LED显示屏向全社会进行广泛宣传，增进了市民群众对城管执法工作的理解。

队伍素质不断提升 一是扎实开展“解放思想跨越发展大讨论”活动。在全市城管执法系统开展“解放思想跨越发展——我为人民管城市，执法为民爱城市”大讨论活动，紧扣“群众哪些方面不满意?怎样做群众才满意?一定要让群众满意！”三个问题，深入查摆城管执法工作和队伍中存在的突出问题，努力整改提高。二是加强队伍作风纪律能力建设。深入开展“为民服务创先争优”和“和谐城管服务民生”服务品牌创建活动。不断强化廉政勤政建设，组织举办廉政勤政宣誓仪式，构建城管执法廉政风险防控机制，初步建立起了预防监控机制。三是加强队伍教育培训。11月份组织市局机关和各分局、支队、环卫处进行全员培训活动。由市委组织部牵头，在浙江大学举办了济宁市城市管理工作专题培训班。四是加强城市管理文化品牌建设。确立了“为人民管好城市，聚人心珍爱城市”的城管宗旨、“以人为本，为民服务”的城管理念、“以法育人，以理服人，以情动人”的城管方法、“敢于担当，容于责备，甘于吃苦，乐于奉献”的城管精神、“建设城市管理文化，弘扬城市公共精神”的城管主题和“以优良的作风素质赢得尊重，以科学的工作方法赢得理解，以实际工作成效赢得认同，努力实现城市形象、城管队伍形象新提升”的城管目标。全局人员牢记城管宗旨，更新城管理念，掌握城管方法，培树城管精神，把握城管主题，提升城管目标，爱岗敬业、扎实工作，城管执法队伍综合素质和形象有了明显提升。

(董　超　苏建刚)

文化济宁

清真东大寺

清真东大寺，中国伊斯兰教清真寺，寺院坐西朝东，建筑面积达4134平方米，位于济宁市小闸口上河西街，今属越河街道办事处辖区。因寺门临古大运河西岸，故俗称“顺河东大寺”。据寺内清同治六年(1867)碑记载，在明天顺年间即有一古寺，在济宁台东棉花街。后在明成化时由当地穆斯林社首马化龙父子出资将寺迁至今地。又据民国二十九年(1940)公建顺河东大寺碑记载，寺创建于明朝成化年间，清康熙年间穆斯林集资重建，建筑规模宏伟，“洵属南北回教寺院之冠”。同治元年碑记载，清乾隆年间钦赐重修，始具今日规模。“其气魄位列全国清真寺木构建筑之冠”，是一座“龙首”式样的中国宫殿式伊斯兰教建筑群。主要建筑由东西轴线排列，依次为序寺、大殿、望月楼三大部分。

据建筑学家考证，该寺大门为明代遗构，其他建筑造型为清乾隆时所建。该寺全部建筑高大巍峨，布局严密，结构合理，工艺精湛，是中国伊斯兰建筑的代表作之一。

寺门朝大运河，共有4道门，第一道门是木栅栏式。栅栏后立有石质碑坊，浮雕有狮子、羊、麒麟、山水、花卉等，大小额枋上全刻卷草，石坊左日右月分饰两旁，故称“日月坊”。石坊后有大门3间5檩，屋顶歇山造，用绿琉璃、黄剪边，有跑龙脊。大门左右有抱鼓石、盘龙柱和盘花柱等雕饰，门两边为八字墙。二门为重檐圆顶，下檐带垂柱，形似楼房，为“邦克楼”。南北讲堂各6间。礼拜大殿7间15檩，由24根粗两围的木柱支擎，上为卷棚式，由黄绿色琉璃瓦覆顶，顶脊和8条垂脊饰以龙纹鸱尾，殿顶嵌着铜质鎏金宝瓶。大殿四周窗棂，全用金丝楠木作阿拉伯文组成的花方图案。阿訇住室和沐浴室，设在殿外两侧。大殿后有望月楼，是一座3层阁楼，上覆六角形盖式楼顶。后门楼和后牌楼重重叠落，为木构建筑，高大雄伟。20世纪80年代又经多次维修。已恢复原貌。

2006年05月25日，济宁东大寺作为明至清时期古建筑，被国务院批准列入第六批全国重点文物保护单位名单。

济宁年鉴 2013

JININGYEARBOOK

环境保护

综 述

济宁市环境保护局内设办公室、规划财务科、政策法规科(挂环境监测科牌子)、人事科、科技与辐射安全管理科、污染防治与应急管理科、环境影响评价科(挂行政许可科牌子)、自然生态保护科8个职能科室，直属济宁市环境监察支队、山东省南四湖水质监测中心站（济宁市环境保护监测站)、济宁市污染物排放总量控制中心（挂济宁市危险废物与环境应急管理中心牌子)、济宁市环保局高新技术产业开发区分局、济宁市南四湖人工湿地管理处、济宁市环保宣传与信息中心、济宁市环境保护科学研究所7个事业单位，于2012年6月份成立局机关党委，负责局内党建工作。现有干部职工155人，其中行政人员21人，参照公务员管理人员31人，事业人员103人。2012年既是生态济宁建设启动实施年，城区大气污染防治突破年，也是南水北调治污生死决战年，环保各项工作任务繁重，挑战严峻，压力巨大。在市委、市政府的坚强领导下，市环保局领导班子按照“建设一流机关，打造一流队伍，培育一流作风，建立一流机制，创造一流业绩”总体目标，紧紧围绕改善环境质量、确保环境安全、服务科学发展三条主线，巩固和完善社会各界广泛参与的环保工作大格局，以指挥部工作机制展开攻坚战役，强力推进“一增、一减、一水、一气、一保”五项重点工程，环保各项工作扎实推进，服务科学发展跨越发展的能力不断提升。环境质量改善幅度和污染物削减总量位居全省前列，全市整体水环境质量达到30年来最好水平，“治用保”流域治污模式在全国推广。城区大气主要污染物近10年来首次全面下降，改善幅度位居全省第一位，圆满完成“市政府为民办好实事”目标任务，“蓝天白云、繁星闪烁”的天数明显增多。在市委“三个体系”考核评比中，市局连续两次获得“好”的名次；被省环保厅评为全省环保工作先进单位；在淮河治污迎查及总量减排表彰中有60人立功受奖；先后荣获市政府“全市依法行政暨行政程序年”活动先进单位，市委“解放思想大讨论”活动先进单位、先进基层党组织、《中国环境报》宣传工作先进单位等荣誉称号；连续两年荣获“市直文明机关”称号，被市纪委授予“廉政文化示范点”称号。

■2012年12月27日，省环保厅与济宁市政府在济宁签署《环境保护战略合作框架协议》。

南水北调治污取得重大突破 为确保2012年底前主要河流入湖水质稳定达到南水北调规划水质目标要求，市政府专门成立了济宁市南水北调沿线水污染防治工作指挥部，出台了《济宁市南水北调水污染防治工作推进方案》、《济宁市重点河流水质稳定达标实施方案》等一系列文件，明确了治污任务目标要求、完成时限、责任单位、责任人、督导部门等内容。强化工作督导调度，以市纪委文件下发了《济宁市南水北调治污督导检查实施方案》，市水污染防治指挥部实行“一周一调度”，2012年共印发通报10期、工作简报13期；下发各类督办通知43件，约谈相关责任人9人；封堵污水直排口32处。至2012年11月，全市13个省控考核断面全部实现达标，较2012年初增加6处；列入《南水北调东线工程山东段控制单元治污方案》的119个项目全部建成；南四湖内5处水质监测点位也全部达到规划水质目标；全市各监控断面的高锰酸盐指数和氨氮平均浓度，分别较2011年同期降低了22.3%和43%，全面完成各项工作任务。

大气环境质量显著改善 为坚决落实2012年市政府“为民办好十件实事”，确保城区环境空气质量明显改善，创造城区空气清新的人居环境，市政府出台了《济宁市城区环境空气质量综合整治方案》,并专门成立了市城区环境空气质量综合整治工作指挥部。下大气力整治煤烟污染。对30家工业企业下达除尘或脱硫脱硝限期治理任务;对全市48家火电、水泥、砖瓦等企业的除尘脱硫设施实施升级改造;对23家砖瓦、陶瓷、玻璃制造行业工业窑炉废气污染开展限期整治;自10月1日起,对城区周边16家电力企业实施二氧化硫浓度排放限值;强化城区小型燃煤锅炉清理工作,2012年共取缔清理109台。下大气力整治扬尘污染,下发《济宁市扬尘污染防治工作实施方案》,联合住建、城管执法等部门大力解决建筑和拆除施工、道路交通运输、物料堆场、矿山开采加工等扬尘污染问题。集中治理异味气体排放源。对4家企业实施搬迁,2家企业停产治理,彻底解决城区异味气体扰民问题。推进机动车排气污染防治。2012年建成12家机动车排气检测站、共36条检测线,自9月1日起,在全市14县市区全面开展机动车环保检测工作。全年城区环境空气主要污染物年平均浓度10年来首次全面下降,其中二氧化硫、二氧化氮、可吸入颗粒物分别下降12.3%、18.2%、11.5%。

生态济宁建设加快推进 2月17日,市委、市政府召开生态济宁建设大会,作出了《关于建设生态济宁的决定》。加强湿地建设保护。为加快推进环南四湖大生态带建设,认真做好湿地项目筛选上报工作;积极做好人工湿地建设的协调指导,2012年新建3处共1万亩人工湿地的目标圆满完成,新增污水净化能力2万吨/天。推进生态创建工作。7月15日,下发了《关于进一步加快生态创建工作的通知》。曲阜市成功创建省级生态市,成为全省第8个县级生态市。推进微山县农村环境连片整治示范工作。2012年建设生活污水处理工程9个,铺设污水管网52606米,生活垃圾收集及转运工程9个,畜禽养殖污染治理工程2个,截至2012年底已完成投资5500万元。大力推进清洁生产审核工作,完成14家企业的强制性清洁生产审核报告文本的初审和调整工作,向22家列入国控、省控重点污染控制企业下达强审任务。

污染物排放总量大幅削减 2012年制订了《济宁市2012年度主要污染物减排计划》,确定了COD、氨氮、二氧化硫、氮氧化物分别减少2%、2%、3%、3%的年度目标。在生态济宁建设大会上,市长梅永红与14个县市区和10个市直部门签订了《"十二五"主要污染物排放总量控制目标责任书》,在全省率先以市政府文件出台总量减排考核办法和问责办法,对没有完成减排责任目标的县市区实行"一票否决",对相关责任人严肃追究责任。严把准入关口促减排。2011年以来,市局审批建设项目326项,其中报告书69项,报告表257项,否决不符合国家产业政策或国家明令禁止的"十五"土小等污染严重的项目10个。认真执行新建项目总量确认制度,对5家不能按期完成污染治理任务、无指标来源的企业,停止审批和核准需增加排污总量的建设项目;对6个水质断面超标的县市区分别实行了涉水新建项目从严审批或限批。优化产业结构促减排。研究制定了《2012年度淘汰落后产能计划》,涉及印染、水泥、造纸等13个行业129家企业,全年任务全面完成。针对济宁"电厂围城"问题,按照"压小上大"的原则,会同发改、经信等部门研究制定城区周边电厂布局规划;同时严格按照市"十二五"规划要求,不再审批不符合条件的新上电厂。实施重点工程促减排。2012年分两批共安排重点减排工程195个,逐月进行督导调度,确保按期建成稳定发挥减排效益。通过各级各部门艰苦努力,经国家环保部、省环保厅现场核查,2012年全市四项主要污染物COD、氨氮、二氧化硫、氮氧化物均完成了年度减排任务。

环境安全保障有力 把有效防范和妥善应对突发环境事件纳入政府环境目标责任制,建立"政府主导、部门协调、分级负责、属地管理"的环境风险防范与应急机制。深入开展环保专项行动。组织11个部门单位成立了7个检查组,对全市87家重点监管企业、34家减排重点企业、109家涉重及危险废物企业、7个新建区域环境治理项目、527件环境监察查处问题及信访案件和16座城市污水处理厂进行重点检查,对涉及十五"土小"及群众反映强烈的环境问题进行拉网式摸底排查;对16家违法排污单位实施挂牌督办,限期整改163家,关闭停产25家,取缔"土小"企业166家,经济处罚企业27家,约谈相关责任人29人。加强环境安全应急防控。印发了《关于构建济宁市突发环境事件应急预案体系工作方案》,指导全市14个县(市、区)、6个化工园区、15家污水处理厂、212家环境风险源和危险废物产生及经营企业、57家煤矿开采洗选企业编制和完善突发环境事件应急预案。深入开展"环境安全百日大检查"活动。对饮用水源地、化工园区、城镇污水处理厂、重点行业企业环境风险单位、涉重金属企业、危废生产及经营单位以及可能影响南水北调安全等隐患，深入开展风险源隐患排查。加强辐射环境管理。组织开展核技术利用辐射安全检查专项行动，对辖区内87家涉源单位的放射源进行了拉网式监督检查，完成41枚放射源的安全退役入库和22枚新上放射源的资格审查、现场勘验等报批工作，辐射管控水平得到进一步提高。组织开展技术大比武活动。举行了环境应急演练暨监察监测技术大比武活动，检验各县(市、区)对“超标即应急”和“快速溯源法”的响应和执行能力。济宁市全年无环境污染事故发生，较好地保障了环境安全万无一失。

环境宣传教育丰富多彩 以市内大众媒体为基础，以省直主流媒体为重点，以中央主流媒体为突破，广泛宣传济宁市环保工作成就，树立了济宁环境保护积极有为的良好形象。环保新闻宣传取得新突破。全年接受国家和省级主流新闻媒体采访19次，在中央和省级新闻媒体发稿59件，其中在新华社、人民日报、中央电视台新闻联播播发报道6件。组织丰富多彩的环保宣传活动。以纪念第41个“六·五”世界环境日宣传活动为契机，在新世纪广场隆重举行纪念“六·五”世界环境日宣传活动启动仪式，举办了环境保护及生态建设成就展，现场开展了“整治违法排污企业保障群众健康”环保大接访活动。联合市委宣传部、齐鲁晚报等有关部门单位，共同主办了“孔孟之乡喜迎十八大——2012年环保嘉年华”大型环保公益宣传活动。深入推进环境教育工作。全市共建成绿色学校178所、绿色社区68个、环境教育基地10处。联合齐鲁晚报、安利济宁分公司举办“乐享环保”青少年征文大赛活动；开展全国中小学网上环境教育活动。积极配合省、市人大组织开展“齐鲁环保世纪行”和“济宁环保世纪行”活动，将人大法律监督、新闻舆论监督和社会群众监督有机结合。根据市人大《关于开展2012年济宁环保世纪行活动的实施意见》安排，组织环保世纪行记者对全市城区大气污染治理情况进行了宣传报道，有6篇稿件荣获“齐鲁环保世纪行”好新闻奖。市局荣获中国环境报宣传工作先进单位、全省环保教育基地创建先进单位、“济宁环保世纪行”优秀组织奖等称号。

(岳 岗 郭 翠)

济宁年鉴 2013

JININGYEARBOOK

国内贸易

综　　述

2012年,面对复杂严峻的国内外经济形势,全市商贸流通工作紧紧围绕流通现代化建设的主题,按照建设大市场、发展大贸易、搞活大流通的基本思路,坚持扩大内需特别是消费需求战略,以转变流通发展方式为主线,以体制机制创新为动力,深入开展“满意消费惠万家”活动,大力实施“一保二建三提升”工程(“一保”,即着力保障市场繁荣稳定;“二建”,即建立完善城乡商贸流通网络和建设诚信商务信用体系;“三提升”,即提升流通现代化水平、提升居民消费结构和提升商贸服务层次),努力营造诚信经营环境,完善商品市场体系,发展现代流通方式,培强做大流通主体,提升流通服务功能,充分发挥流通引导生产、扩大消费、增加就业、保障和改善民生的基础性、关键性作用,更好地服务富民强市目标建设。全市实现社会消费品零售总额1300.1亿元,增长15.1%。其中,城镇市场实现1035.1亿元,增长14.2%;乡村市场实现265.0亿元,增长18.5%。批发和零售业商品零售额1147.3亿元,住宿餐饮业零售额152.8亿元,分别增长15.0%和15.4%。全市亿元以上商品交易市场达到25处,较上年新增4处。

以扩大消费为目的,商贸流通体系不断完善　努力营造满意消费环境。以深入开展“满意消费惠万家”活动为总抓手,积极拓展和开发消费领域,大力培育消费热点,深入开展“喜迎新春欢乐购物”、“金秋佳节购物月”、“诚信兴商宣传月”等系列促销活动,积极引导商贸流通企业抢抓旺销时机,努力扩大生活必需品上市量,确保了市场供应充足、物价稳定,限额以上批发零售住宿餐饮企业达到1980家,比上年净增216家,完成消费品零售额744.1亿元,增长21.7%。深入开展诚信商贸企业创建活动,全市悬挂“创建诚信商贸企业承诺”牌匾企业达到1023家,超出省商务厅下达任务目标183家,进一步营造了放心消费、便捷消费、满意消费、多元消费环境。调整优化商务部重点监测系统样本企业,纳入监测范围的生活必需品样本企业8家,重要生产资料样本企业6家,重点流通样本企业33家,应急商品数据库企业6家,信息泵监测企业7家,重点监测农产品批发企业1家,酒类流通监测企业3家,市场运行监测样本结构趋于合理,市场运行质量得到提升。逐步健全市场信息预测预警机制,强化对生活必需品和重点生产资料的市场监测,及时发布供求和价格变化信息。综合运用商品储备、市场投放、信息指导、产销衔接等手段,保障市场供给,促进市场平稳运行。不断优化城区商贸布局。以编制市城区商贸规划为总抓手,按照“城中大商场、城郊大市场、城外大物流”的取向,重点规划建设太白路和金宇路“两大商贸经济带”、运河商贸物流片区和高新区保税物流中心片区“两大商贸物流区”,促进了豪德商贸城等一批特色商业街区、专业市场、购物中心加快建设。通过市政府采购程序,确定了中商商业发展规划院作为设计单位,按照“高起点、高水平、高标准”的要求,正在修编新一轮城区商贸规划。持续完善城乡流通网络。大力实施“万村千乡市场工程”,新建改造农家店660个,新增经营面积5.5万平方米、新增就业1780人,完成200个农家店信息化改造任务,为广大人民群众便利消费、安全消费提供了有效保障。积极推进“农超对接”,成功举办第七届中国·金乡大蒜节,集中签订大蒜贸易协议21.6万吨;在北京举办了金乡大蒜成为沃尔玛(北京)超市指定专供大蒜新闻发布会,让更多的金乡大蒜直接进入超市,促进金乡县形成了以农产品加工企业为龙头、以标准化农产品生产基地为依托“超市＋龙头企业＋基地”的超市农业发展模式;扎实推进乡镇商贸流通服务体系建设,市中区、汶上县获批为全省乡镇商贸流通服务体系建设试点县。

以规范发展为重点,市场监管力度不断加大　做好生猪定点屠宰管理。扎实开展全市屠宰企业资格审核清理工作,通过市级联合审核全市合格生猪定点屠宰企业30家,整改不合格生猪定点屠宰企业30家,拟取消资格35家,进一步规范了生猪定点宰场生产经营行为,提高了屠宰行业整体水平。开展打击私屠滥宰专项行动。充分发挥肉品质量安全信息可追溯系统和12312商务举报投诉服务电话作用,加快市场监管公共服务体系建设,年中组织开展了以“共建诚信家园、同铸食品安全”为主题的食品安全宣传月活动,广泛张贴《关于开展打击私屠滥宰强化肉食品安全专项整治公告》,强化定点屠宰场监管,严厉打击私屠滥宰违法行为,处理违法案件22起,取缔私屠窝点26个,没收非法生猪产品1490公斤,有效保障了肉品质量安全。深化“双打”专项行动。建立了全市打击侵权假冒行动领导小组,积极探索建立健全本地区行政执法与刑事司法衔接机制，努力完善线索通报、联合办案、提供专业支持等机制制度，协调相关部门开展商标权保护、药品化妆品打假、农资打假等专项整治活动，加强对案件移送办理的监督和监察，取得明显成效。2012年累计出动执法人员3.8万余人次，检查各类经营主体1.3万余户，公安机关立案侵犯知识产权和制售假冒伪劣商品犯罪案件4起，打击处理8人，营造了安全满意消费环境。规范酒类流通市场秩序。深入落实酒类流通备案登记和溯源管理制度，全年新增酒类备案企业2145家、增长44%，发放随附单4.1万份、增长41%，2012年底全市酒类备案企业达到6310家，累计发放随附单12.8万份，酒类流通备案登记率和随附单使用率进一步提升。强化特种行业监管。加强了对拍卖、典当等特殊行业的监管，全市拍卖、典当企业分别发展到17个和21个。扎实开展典当行业金融风险排查工作，对存在问题的个别企业进行了督查整改，促进了社会稳定。成立了济宁市典当行业协会，积极开展了典当管理人员培训等各类活动，充分发挥了协会的行业自律、维护公平竞争等作用。促进商贸企业安全生产。围绕建立商贸领域安全生产长效机制，市县两级组成39个检查组，出动检查人员365人次，集中对243家人员密集场所和生产经营企业进行了安全生产经营大检查，增强了企业安全生产意识，促进了商贸流通企业持续健康发展。

以改善民生为宗旨，商贸服务层次不断提升 积极组织餐饮企业参加第二届山东省鲁菜创新大赛并取得优异成绩，济宁市代表队共获得5项金奖、6项银奖、2项营养奖、1项推广奖，济宁市商务局获得“最佳组织奖”。其中，济宁市获得金奖数量占全省金奖总量的八分之一、在全省17市中位居第二位。广泛协调各相关职能部门，推动市政府分别专门召开迁建济宁蔬菜批发市场协调会和市城区“放心早餐工程”推进协调会，济宁蔬菜批发市场迁建工作先期100亩土地指标已落实到位，高标准高起点完成了项目设计；市城区“放心早餐”工程正在按照“政府引导、市场运作、合理布局、规范实施”的工作思路扎实推进，切实将“放心早餐”工程建设成为群众得实惠、政府得民心、企业得效益的民生工程，在充分满足广大市民早餐消费的同时，有效提升城市整体形象。推动国家“钻级酒家”评审，新增国家四钻级酒店4家，促进了餐饮企业标准化、品牌化发展。积极开展流通领域节能环保“百城千店”示范工程企业创建活动，兖州新合作百意商贸有限公司被评为全国首批流通领域节能环保“百城千店”示范企业。

（杜少玉　张　青）

商　业

【概述】 济宁市商业集团总公司现有干部职工20人，其中在岗11人，设有办公室、组织科、人事科、企业指导科、综合科、财会科、审计科、监察室等职能科室及工会、团委等机构。主要职能是负责对市直商业企业人事、资产管理及指导市直商业企业改革与经营工作，并协助有关部门进行行业管理工作。市直商业系统共有3个企业，即：济宁五交化站、济宁百货总公司、济宁市食品总公司，均系特困企业。全部在职职工1271人，离退休640人。

创建文明机关，助推业务拓展 为贯彻落实全市机关精神文明建设工作会议精神，积极推动商业集团精神文明建设工作顺利开展，实现市直商业业务工作与精神文明建设工作互促并进、协调发展，分阶段有步骤地进行了文明机关创建活动。在全系统形成了敢干事、干大事的浓厚氛围，促进了各项业务工作的开展。2012年，商业集团总公司党支部分别为市委、市机关工委授予“先进基层党组织”荣誉称号。

积极稳妥推进改革，增强企业发展后劲 市直企业改革已处于破难攻坚的关键阶段，在改革力度上，按照一企一法的工作原则，企业改革实现较大突破。济宁五交化站动员职工积极购买债权，实现企业债务重组，借鉴兴业五交化公司购买城市信用社债权的成功经验，又成功购买了五交化站原欠工商银行的贷款所形成的债权，为企业稳定创造了一个良好的环境，为企业进一步发展赢得了广阔的空间。济宁百货总公司与新的债权人达成和解，正在协商联合开发东郊片区协议。

加大资产盘活力度，激活存量资产增效益求发展 各企业针对自身难以启动经营的实际，千方百计寻求盘活资产的路子，挖掘潜力增效益。五交化站对所属五交化商场、批发中心以及办公场所公开招标租赁，及时调整租赁标的，纯收入年增10%以上。百货总公司相继对车站市场整体提高租金10%—15%，对原百纺公司一楼营业厅由内租转为外租，年租金增长7万多元，对装修后的百货大厦已着手采取有力措施，改变租金过低的现象。

拓宽思路,加大招商力度,积极探讨新的发展路子 各企业充分利用自身资产优势,拓宽思路,千方百计招商引资、合资合作。济宁五交化站广开思路,加快企业转型,培植新的经济增长点,在跨行业、办实业上迈出可喜一步,新上马的磷酸铁锂项目,2012年底全部设备已安装调试完毕,并进行了试生产,试制品已送有关机构进行检测、检验,近期将正式投产。预计可形成年产能力500吨,产值7000万元,利税近千万元。

强化管理,堵塞漏洞,增收节支,提高运营质量 强化对资产的管理。集团总公司进一步落实市直商业国有资产管理方法,对企业突出抓好涉及资产转让、处置、租赁、合资合作等工作。加强资产租赁合同管理,做到应收尽收。各企业对资产租赁合同每年都重新审查,对不合理的标的进行了及时调整,同时加大租金收缴力度,2012年企业总收入实现961万元,同比增长18%。强化企业财务管理。各单位从建立健全财务管理制度入手,加强财务管理,严把开支,增收节支,堵塞漏洞,精打细算,做到了资金的合理使用,企业收入90%以上都用在了职工生活和社会保障方面。强化审计监督。各企业每季度对财务收支情况进行一次审计,集团总公司每半年对企业财务情况进行一次审计,有效地杜绝了不合理支出。强化民主管理。市直各单位坚持企务公开制度,重大事项重大决策让职工充分讨论,全面听取职工意见,经职代会审议通过后,进行实施。五交化站专门开设了企业网站,凡企业重大决策、重大事项及时网上发布,企业的一切重大事项、活动置于群众监督之中。强化安全管理。集团总公司和各企业都对安全工作常抓不懈,特别是集团总公司班子调整后,及时调整和充实了安全工作领导机构,与各企业签订了安全责任书,对企业安全工作进行了多次全面检查,对发现的事故隐患,限期整改落实,确保了无重大安全责任事故发生。

关心职工生活,妥善化解矛盾,维护企业稳定 集团总公司及时深入了解职工思想、工作、生活状况,指导企业超前解决职工关注的热点、难点问题。高度重视职工群众来信来访工作,热情接待,解疑释惑,争取职工群众的理解与支持。同时积极争取上级有关部门的支持,争取资金,解决职工的生活困难。据统计,近几年争取困难职工救助、大病救助、特困职工子女上大学等各类救助资金60余万元,体现了党和政府对困难群体的关怀。对涉军人员不折不扣落实政策,做到关心细致,生活费及时足额发放,把一切不稳定因素消除在萌芽状态,确保了企业稳定。全年共争取涉军人员生活补贴160余万元,比上年增加10余万元。2012年全系统没有发生到省进京上访事件。被市中区委、区政府授予"人口和计划生育工作先进单位"称号。

(商业集团总公司)

粮 油

【概述】 济宁市粮食局是市政府组成部门,担负着确保全市粮食安全和服务民生的重要任务。现有行政编制20人。局机关内设办公室、人事科、调控储备科、监督检查科、财务审计科、产业发展科、老干部科等7个科室。共有直属单位12个,其中事业单位2个,分别是市储备粮管理处(挂市粮食质量检验中心牌子)、市军粮供应中心;企业单位10个,分别是市第一粮库、市第二粮库、市粮油储运站、市粮油购销公司、市粮食公司、市第一面粉厂、市第二面粉厂、山东玉王浸出油厂、市粮油机械厂、市专用面粉厂。2012年,全市各级粮食部门在市委、市政府正确领导下,攻坚克难、奋力拼搏,圆满完成了各项工作任务。放心粮油食品工程、农户科学储粮、夏粮收购以及调控、仓储、财会、军供等工作在全省粮食系统名列前茅,受到省粮食局表彰奖励。市粮食局荣获"全市科学发展综合考核先进集体"称号,受到市委、市政府表彰奖励;同时被命名为"市级文明单位"。

粮食安全保障能力显著增强 根据城市发展水平和人口增长需要,全市新增地方储备粮规模6000万斤,增强了政府粮食调控能力。按照规范化、科学化、精细化的要求,不断完善储备粮管理制度,深入开展"规范化管理示范粮库"创建活动,加强储备粮油的日常监管。经省、市检查,全市库存的国家和地方储备粮全部达到了数量准确、储存安全、质量完好的要求。认真落实《济宁市粮食应急预案》,加强全市26个粮食应急加工企业、51个粮食应急供应企业以及56个粮油价格监测点的管理,明确了应对突发事件的粮食供应责任和工作程序,进一步增强了应急保障能力。严格执行《军粮供应服务公约》和《军粮质量管理办法》,严把原粮、加工、储存、供应"四关",圆满完成了军粮供应任务,受到省粮食局、济南军区联勤部、省武警总队联合通报表彰。

粮食流通秩序更加规范 深入推进粮食流通监督检查示范县

创建工作，粮食行政执法水平进一步提高。邹城市粮食局荣获"全国粮食流通监督检查示范单位"称号。按照国务院、省政府的部署要求，对全市辖区内所有粮食库存进行了全面检查，共检查库存粮油75万吨，全部达到账实相符、管理规范、质量良好的要求，得到省政府检查组的充分肯定。全市共出动粮食行政执法人员2753人（次），检查收购主体1431个(次),查处违法、违规经营粮食的案件136例。市政府调整充实了粮食流通监督检查工作领导小组,并从公安、交通、粮食、工商等部门抽调人员，组成联合执法督查组，对夏粮收购市场进行全面检查，规范了粮食收购秩序。市粮食质检中心圆满完成了国家和省粮食局下达的粮食质量调查任务，定期抽检储备粮油样品,保证了库存粮油质量安全。全市纳入统计范围的各类粮食企业已达到260家，累计办理收购许可701家，为实施宏观调控提供了科学依据。

粮食产业健康发展　全市纳入统计范围的56家粮油加工企业，有11家企业被命名为国家级粮食产业化龙头企业。在经济环境比较严峻的形势下，完成工业总产值160亿元,实现利税8.5亿元，保持了稳定增长的良好势头。积极参加招商推介会、粮油商品交易会等活动,并组团到北京、东北、江浙等地洽谈对接,招商引资取得了较大进展。引进在建项目2个,总投资额4亿元,已到位资金2.1亿元;达成初步意向项目1个,拟投资额7亿元。圆满完成了市政府下达的招商引资任务。

民生服务工程深入推进　市政府将实施放心粮油食品工程列为2012年为民所办十件实事之一。为落实市政府的决策部署,各级粮食部门成立了工程指挥部，制定实施方案,加强督导检查,与财政、城管、工商等部门密切配合,加快了工程进度。截至2012年底，全市已建成放心粮油示范店116家,占年度任务的116%,提前完成了市政府下达的任务。争取政策扶持，加强技术指导，2012年全市共发放农户科学储粮仓1.8万个，使农民得到了实惠,受到省粮食局表彰。

粮食购销工作取得新突破　认真落实省政府《关于切实做好2012年夏粮收购工作的通知》精神,按照市政府部署要求,提前做好夏粮收购准备，及时启动小麦最低收购价执行预案，全市共收购新小麦140万吨，其中托市收购小麦23万吨,保护了种粮农民利益。省政府督查组对济宁市夏粮收购工作给予了高度评价。全市小麦托市收购量名列全省第二,受到省粮食局通报表彰。在抓好政策性收购的同时，努力扩大粮食购销业务，全市完成粮食总购进387万吨、总销售392万吨，分别占年计划的148.8%和150.8%,超额完成了市政府下达的粮食购销任务。

粮食经济运行质量明显提高　深入开展会计基础工作规范化活动,修订完善财务管理制度,规范财务审批程序，提升了财务管理水平，全市有4个企业荣获全省粮食企业会计工作规范化示范单位称号。积极推行财务科长委派制和企业财务预算管理，认真开展企业内部审计，促进了经济效益稳步增长。全市纳入会计核算范围的粮食企业实现主营业务收入15.76亿元,占年计划的262.6%。国有粮食企业实现利润　5854万元,超额完成了工作目标。狠抓各项安全管理制度、措施的落实，实现了安全生产目标。

干部思想作风建设成效显著　以市委开展的解放思想跨越发展大讨论为契机，在全系统突出抓了政治思想、作风能力、机关效能、领导班子、企业文化、党风廉政六项建设;开展了"九型机关"创建活动。组团到江苏、浙江等发达地区学习考察，举办专题报告会进行教育辅导，提升了干部队伍的思想境界。成立了破难攻坚总指挥部和九个重点工作指挥部，强化责任落实，严格考核奖惩,实现了工作作风的大转变,在全系统形成了风清气正、立说立行、团结奋进的良好氛围。采用多种形式宣传粮食工作，增进社会各界对粮食部门的了解,树立了粮食部门的良好形象。以创建"市级文明单位"为抓手,美化机关环境,健全管理制度，机关面貌焕然一新，干部职工的工作干劲倍增,得到了各级领导和社会各界的赞扬。

（龙晓辉）

供　销

【概述】 2012年,是全市供销社改革发展取得历史性突破的一年。经济效益再创历史新高。全系统实现销售总额109.2亿元，购进总额103.36亿元,双双突破百亿元大关;实现利润总额7866万元，同比增长40.6%;资产总额33.6亿元，同比增长8.95%;社会贡献总额3.6亿元，同比增长26.19%。全系统继续保持快速发展的良好势头，经济实力和发展后劲明显增强。

业务工作亮点纷呈　以汶上、梁山、曲阜等县(市)为代表的大田作物托管服务，创造出为农户、专业大户、农民合作社提供农业生产社会化服务的新模式，在全国供销社系统和社会各界引起强烈反响。全市已有8个县(市、区)供销社、50多个基层供销社和20余个社属企业参与大田作物托管服务，组建粮食种植、农机专业合作社、服务队等新型服务主体100余个，服务农户9万余户，直接服务面积20万亩，为农民增收节支4000余万元。以农资联采直供和农化服务为主要内容的农资经营服务体系创新，正在引导农资企业从经营主导型向服务主导型转变，成为全省供销社推广典型。2012年，全市化肥联采3.6万吨，农资企业创建各类专业合作社20余个，建立测土配方施肥示范区100余个，开展测土配方施肥总面积20余万亩，组织开展玉米、小麦种肥同播13.5万亩，为社员提供技术培训、生产指导等服务3万余人次，全系统销售化肥86万吨，比上年增长11.47%，稳定在社会供应量的70%以上。以优质农产品进社区为主要内容的农产品经营服务体系建设顺利推进，全面完成由供销社承担的市政府为民办十件实事之一。全市供销社在县以上城区改造建设农产品直营店12处、直销点102处、加盟店103处，建设鲜活农产品冷链物流2个，兴建农产品标准化生产示范基地70余个，组建新型农产品经营公司7个，4家企业被全国供销合作总社确定为“农业产业化重点龙头企业”。全市供销社农副产品购进总额11.2亿元，同比增长68.55%；日用品网络建设在巩固县域网络建设成果的基础上，逐步进入联合发展、全面启动、规范运营的新阶段。组建了济宁贵客来商贸连锁公司，搭建起全市日用品网络建设联合发展的组织平台，联合县(市、区)供销社成功举办了中国(济宁)第一届生活用品暨优质农产品展销会。全系统新建各类直营超市31个、加盟超市368个，总量分别达到192个和1916个，覆盖全市78%以上的乡镇驻地和52%以上的中心村庄，全市完成消费品零售额55.52亿元，同比增长84.95%；再生资源回收利用体系建设顺利启动。兖州开工建设了山东鲁源再生资源产业园，邹城在政府支持下组织开展了再生资源市场清理整顿，组建了鑫泽源再生资源公司，嘉祥、曲阜、金乡、微山、泗水等县(市)供销社都恢复成立了新的再生资源公司，城区再生资源交易集散中心正在积极筹建之中。全市实现再生资源回收额8.78亿元，同比增长39.32%；安全统筹工作取得重大突破，全年完成安全统筹统保金508.7万元，同比增长109.6%，完成省社任务的154.2%；资金互助合作和信用担保业务的稳定发展，开辟了供销社推进农村信用合作融资服务体系建设的新渠道。全市建立县级投资担保公司1个，创建资金互助合作社21个，累计为农民社员和专业合作社经济组织提供资金互助、投资担保总额1.1亿元；新型农村社区服务体系建设，逐步探索出供销社开展为农民生产生活提供综合服务的新路子。供销社在新型社区内普遍开展了日用品连锁超市、化肥直供服务、代办服务等业务，逐步拓展餐饮娱乐以及土地托管、粮食代收代储、农技咨询、专业合作社建设等项目，成为服务农村居民的新载体。

组织体系建设取得新进展 全市12个县(市、区)联合社全部纳入地方财政预算，9个县(市、区)社参公管理；133个基层社通过启动发展、创新重组，资源整合能力、综合盈利能力和资金运作能力不断提升，在为农服务、助农增收中实现了发展壮大；近100个社属企业经过五年的改革改制和相互参股控股、联合合作，实现了资源优化组合和产权多元化。社属企业在日用品、农资、农产品、烟花爆竹、再生资源等领域的主体优势日益突显，行业影响力不断增强；供销社领办创办的700余个农民专业合作组织，加深了供销社与农民的产权和利益联接，正在构筑起以联合社为核

一喷三防新设备在作业

心、基层社为基础、社有企业为龙头、农民合作社为载体的新时期供销合作社组织体系。

综合业绩和社会影响力大幅提升 2012年，济宁市供销社在全省地市级供销社综合业绩考核中位列全省第二位，荣获省供销社特别奖；市社机关在全市“双评”活动中位列46个经济与城乡建设部门单位第13位，被市委市政府授予“群众满意先进单位”；市社机关连年被评为市级“文明机关”；市社“情系桑田 诚信供销”服务品牌被市委创先争优办公室评为优秀服务品牌；信息宣传工作列入全国供销总社信息直报市；工会、信访、督查、计划生育、安全生产、会计、统计等专项工作，均被市直有关部门或省社评为先进单位。全国总社理事会常务理事于培顺，监事会主任蒋省三、副主任诸葛彩华、王啉，国务院发展研究中心农村部副部长刘守英等先后到济宁市调研；市委书记马平昌等先后两次视察基层社建设及供销社为农服务工作。

（乔 娟）

烟 草

【概述】 济宁市烟草专卖局、山东济宁烟草有限公司分别成立于1984年2月、1982年8月，内设办公室等20个部门，下辖12个县市区烟草专卖局(营销部)，共有从业人员1084名。

加强品牌培育，着力优化结构，持续提升卷烟营销水平 全年共销售卷烟149.55亿支，比去年增长3.7%，销量增幅位居全省同行业第7位；实现利税13.48亿元，比上年增长17.47%，利税增幅位居全省同行业第3位。开展品牌培育专项活动，重点品牌销量比上年增长18.47%，占总销量的比重为74.32%，其中“泰山”品牌销量比上年增长29.67%。积极引导低焦卷烟消费，低焦油卷烟销量比上年增长91.18%。以深入推进婚庆、旅游和集团消费市场开发为抓手，引导消费，促进结构拉升。一二类烟销量分别比上年增长26.8%、90.5%。强化市场信息监测，完善货源投放措施，提高货源分配的合理性。开发订单监控和客户经理在线考试系统，完善信息辅助营销系统，提升营销信息化管理水平。

加强市场监管，推进柔性执法，持续加大专卖管理力度 共查处涉烟案件4340起，查获非法卷烟1304.65万支，总案值1049.08万元，总案值位居全省同行业第7位。查获烟叶、烟丝等原辅材料116.52吨，打击非法经营大户37个，向公安、工商等部门移送案件1075起，移送涉案人员140人。进一步巩固联合执法和跨区域协作机制，开展专项整治，突出大要案件侦办，全力侦破涉烟网络。破获8起符合国家烟草专卖局、公安部标准的网络案件，案件数量位居全省同行业第3位。扎实推进专卖管理与控制体系建设，开展“应用提升年”活动，实施“三三制”工作法，提高市场稽查的针对性和有效性，通过体系查处案件67起。全面推进柔性执法，加强执法监督，规范执法行为，实施“多渠道一次受理，全程跟踪式服务”措施，提高执法服务水平。

落实惠民政策，深入推进零售户致富工程 开展低保户创业帮扶活动，实施畅通办证渠道、创业指导、货源和贷款支持、发放帮扶基金和设施、结对和跟踪帮扶等措施，共投入230万元帮扶185户低保户，发放爱心助学金21万元，户均卷烟盈利1.5万元以上。实施济困、助学、经营和融资帮扶，共帮扶176个困难零售户，月卷烟盈利增加近500元。协调金融机构为零售户发放低息贷款5000余万元、融资1.5亿元，有效缓解了零售户经营资金压力。推进零售商协会建设，9146名零售户加入协会，成立零售户互助小组628个，集中培训零售户近1.1万人次。推进网上订货，网上订货率达到84.04%。投入30万元，建设现代卷烟零售终端，开展终端形象评比活动，提升零售终端形象。

夯实工作基础，全面提升管理水平 深入开展“双优双创”活动，拿出专项资金按月兑现奖惩，发挥正向激励作用，有效调动了基层一线干事创业的积极性。完善日常监管、教育培训、检查暗访等制度，防止发生违规经营行为。开展“廉政建设宣传教育年”活动，深入推进反腐倡廉建设。全面落实安全生产责任制，实现了安全责任目标。严格落实信访稳定责任制，全面深入排查不稳定因素。深化全面预算管理，严格控制重点费用。开展各类审计104项，促进增收节支348万元。开展质量管理体系建设工作，顺利通过省级和第三方认证审核，获得省烟草专卖局(公司)首届优秀质量管理小组成果发布会优秀奖。推进非烟物流建设，注册成立济宁“泰山1532”公司，健全完善组织机构和管理制度，充实人员，建设直营店6家，发展网络店2156家。加强管理创新，启动科技项目14项，鉴定科技成果13项，奖励科技成果10项，与山东财经大学正式签订了《济宁烟草“创新型企业”合作协议书》，在山东省企业

■2012 年 5 月 26 日，济宁市烟草专卖局(公司)援建的大屯村文化广场揭牌仪式在任城区大屯村举行。

管理现代化创新成果评奖中，《烟草商业企业内部控制评审体系》获一等奖，《卷烟商业企业辅助营销系统研究与应用》获二等奖，《卷烟商业企业在线考试系统研究与应用》获三等奖。

注重素质提升，扎实推进队伍建设 加大干部选拔任用力度，提拔科级干部 10 人，上下横向交流干部 15 人，干部队伍活力进一步激发。加强教育培训，开展普法教育 335 次，培训 1.4 万人次。组织“学法规、比技能、评标兵”活动，提高执法人员素质。举办营销人员集中培训 4 期 1076 人次。加强思想政治工作，学习贯彻党的十八大精神，开展“235”和“以德为先”教育实践活动、烟草成立 30 周年庆祝活动和评先树优，引导干部职工爱岗敬业、争创一流。组织拓展训练，举办书画摄影作品展和第三届职工运动会，展现干部职工精神风貌。深入推进“文体养老”，进一步提高离退休人员服务水平。

以人为本，促进内外和谐 加强政风行风建设，广泛征求市直部门及评议代表的意见建议，提高工作质量和服务水平，荣获“2012 年度‘双评’活动群众满意单位”荣誉称号，在全市 26 个司法执法监督部门、单位类别中位列第 3 名。开展生态村富民工程，积极争取党委政府的领导和支持，深入调研分析，制定实施规划和具体措施，基本形成了政府主导、烟草牵头、村镇及多部门合作的工作机制。积极参与社会公益事业，投入 111 万元用于扶贫济困、资助环境保护和乡村建设等公益活动。2012 年度荣获“支持济宁发展突出贡献单位”荣誉称号。在全市科学发展综合考核总结表彰暨干部作风建设大会上，被中共济宁市委、济宁市人民政府授予“2012 年度综合考核先进集体”荣誉称号，领导班子在 27 家被考核的中央、省属驻济单位中被评定为“好”等次。

(程　斐)

盐　务

【概述】 济宁市盐务局、济宁盐业公司隶属于山东省盐务局、山东省盐业集团有限公司，受山东省盐务局和济宁市政府双重领导，是济宁市盐业行政主管机构，负责全市的食盐专营、盐产品批发业务和盐政执法管理工作。济宁市盐务局(盐业公司)下设 7 个职能科室，直属、任城、兖州市盐务分局(分公司)3 个直属单位和曲阜、泗水、邹城、微山、鱼台、金乡、嘉祥、汶上、梁山县盐务局(盐业公司)9 个下属单位。2012 年全市累计购进各类食盐 63496 吨，完成年计划的 100.9%，其中累计购进小包装食盐 22788 吨。累计购进工业盐 30968 吨，完成年计划的 133%。2012 年全市实现营业收入 16804 万元，完成预算指标的 101%；上缴税金 983 万元。

摸清家底，理清思路 2012 年 5 月份省局对市局领导班子调整后，6 月初市局派出工作组，对全市的经营情况、资产状况、财务状况、人员结构、职工收入及思想动态等进行全面调查，找准存在的主要问题，确立了“四抓一提高”的总体工作思路，即：抓业务经营、抓内部管控、抓全员考核、抓班子建设、提高经济效益。市县围绕重点工作，统一思想，认识一致，按照改革要改得准、走的好的总体要求，深入调研，各项工作扎实推进。

健全渠道，提升自信 针对上半年计划完成不理想的实际，坚持用好用足国家食盐专营政策，不断推进专营体制下的市场化运作模式，全面实施客户经理制，科学规划基层营销半径，完善销售奖惩制度，全市盐产品实行“一级配送、直达终端”，全面提升服务质量和市场控制力。下半年，全市小包装销量均在 2000 吨以上，基层全面完成年度计划的信心不断增强，市场化的渠道为专营工作奠定了良好基础。

整治市场，规范秩序 从7月30日起开展为期两个月的全市盐业市场暨食盐零售网点集中治理整顿专项行动，并分别于9月、11月份对专项行动进行了督导检查，取得较好治理成果。结合全省“行政程序年”和省局“执法大检查”活动，突出食盐专营的政府职责，首次由市政府牵头召开县市区分管副县长及市直部门参加的全市食盐专营管理工作会议，市政府秘书长主持会议，分管副市长讲话，以政府名义出台《关于进一步整顿和规范盐业市场秩序的通知》，成立了以分管副市长任组长，市局主要负责人任副组长，11个市直相关部门分管负责人为成员的全市食盐专营管理工作领导小组，建立了全市盐业工作联席会议制度，联合执法力度明显加大。2012年，全市共查处盐业违法案件707起，查处违法盐产品466吨，移送司法机关案件2起，刑拘2人。

加大考核，从严管控 以建立“激励、考核、监督”机制为重点，加大县级公司经营目标责任制考核力度，将市场管理、职工工资、融资管理，费用预算执行、领导班子深入基层等均纳入年度考核。不断完善全面预算管理，成立领导小组，人工成本采取定岗定编，固定资产购置、处置严格报批手续，各项费用统一基数标准。实行月度控制、季度考核制度，重点监控县公司的盐产品计划、职工薪酬、费用支出、利润等基础指标，主要负责人薪酬根据完成情况由市局统一发放。根据财务管理要求，探索并实施财务总监制度，全市基本实现了收支两条线管理。全系统共压缩车辆18部，清退职工集资和社会融资100万元，管控体系不断完善。

改进作风，强化队伍 广大党员领导干部按照转作风，重实干，抓落实，求突破的总体工作要求，真抓实干，创新发展，领导水平进一步提升。针对多数县公司主要负责人在本单位任职时间较长、工作难以开拓的实际问题，加大干部交流调整力度，先后交流调整7个县市区公司的主要负责人。建立领导干部动态考核退出机制，为“想干事、能干事、干成事、不出事”的干部提供了展示自己的舞台。

（张淑芳）

石　油

【概述】 中国石化济宁石油分公司是济宁地区最大的成品油供应商，是济宁市成品油运销的主渠道。公司机关现有8部1室1中心：党群工作部、经理办公室、人力资源部、企业管理部、经营业务部、信息分部、安全储运部、零售部、客户部和财务结算中心以及济宁、曲阜2座现代化油库、城区片区和10个县公司。2012年，济宁石油公司在市委、市政府和山东石油分公司的领导下，深入贯彻落实科学发展观，以扩销增效为中心，以改革为动力，以网建和零售为主攻方向，以非油业务为新的增长点，以科学管理为核心，实现了企业快速健康发展。成品油销售49.89万吨，实现利润1.1亿元。公司继续被评为“市级文明单位”、“山东省金融财贸系统职业道德先进单位”、“济宁市安全生产先进单位”、“济宁市工会工作先进单位”等。

强化HSE管理体系，实现全年无事故经营 公司始终牢固树立“安全即是效益”的理念，坚持“安全第一、预防为主、全员动手、综合治理”的安全生产方针不动摇。层层签订了安全生产经营责任书，落实安全生产责任制；坚持做好安全教育培训，全年培训新员工137人、施工人员132人；坚持加大安全监督检查力度，全年共检查加油站81座次，查出问题960余条并得以整改；及时进行隐患排查和治理，投资8万多元维修、更换消防器材和报警器。加强应急预案演练、提高处置突发事件能力。成立了应急领导小组，投资4万多元为157座加油站配置了应急器材。坚持做好日常数质量监督检查；完成了105座加油站、402台加油机、583条加油枪的升级改造工作。

夯实基础、强化控制，综合管理进一步科学规范 公司建立了较完善的资金考核制度，加强资金日监控，确保销售资金安全；强化费用管理。制定了《费用管理及考核办法》，划分费用归口管理部门和费用定额支付标准，实行分级管理、部门负责制，提高了全员降本减费的主动性，有效的控制了费用支出；加强税务管理，规避税务风险，加大发票管理力度，组织开展税务知识培训，提高业务技能，财务管理水平不断得到提升。强化编制定员和用工管理，科学合理的进行人力资源管理，规范劳动用工，维护职工合法权益。注重能力，提高素质，队伍建设进一步加强，通过对县级中层管理人员的调整，整体合力进一步增强。员工培训教育系统规范，加大了培训站的管理力度，共举办各类培训班32期，培训员工2356人次，员工队伍综合素质明显提高。内控管理工作得到了加强,健全了内控组织机构,畅通了管理渠道,更新了内控细则及权限指引,明确了责任部门、责任人,完成了28个流程370个控制点的两次测试及自查工作,共收集、整理内控资料2万余张,完成装订60余本,有力地促进了企业管理水平的提升。公司狠抓网点建设,及时制定相应的网点发展与改造计划,明确网点建设的工作重点和方向,积极稳妥的抓好新建、收购、租赁及形象站改造、歇业站启动、大中型维修及拆除还建等工作。

应对市场、群策群力,经营质量稳步提升 济宁公司党委一班人群策群力、团结协作,扎实工作,周周调度、月月分析,对经营工作进行深入细致地分析,查找问题,分析原因,研究解决。公司坚持将做大做强零售作为经营工作的重中之重,围绕提高零售市场占有率、扩大零售销量努力做文章。通过完善零售专业线薪酬考核办法,采取收入向一线倾斜、扩大奖励等政策,调动了广大员工的工作积极性和主动性。通过加强加油站督查与培训,提高了加油站基础管理水平,通过开展加油站服务提升年、优质服务月等活动,营造优秀服务氛围,让优秀服务理念入脑入心,提高了员工服务技能和服务水平。紧紧围绕"创新管理、完善机制、灵活营销、稳定队伍、提升技能"的总体思路,做大配送直销工作,通过分级维护客户、跟踪服务客户,紧跟重点工程、努力扩大终端大客户,以及加大宣传、定期走访等措施,赢得了客户信赖,促进了直分销量的提升,2012年油品直分销量同比增幅23.3%。

抓党建、促发展,实现企业和谐稳定 根据2012年党委工作要点和工作计划,持续开展学习型党组织和四好班子、四好部室创建工作,组织实施了转变工作作风,开展调查研究活动、推行基层党支部工作手册制度,推动了党建工作规范化。公司党委先后组织开展了一系列主题鲜明、健康向上的活动,从开展"学习型"、"服务型"、"清廉型"、"实干型""文明型"的"五型"党员标准教育和实践活动,到以党组织创群众满意窗口,创优质服务品牌,创一流经营业绩,党员争做岗位先锋、服务标兵、窗口明星为内容,通过公开承诺、党员挂牌、评先树优、创建工作先锋号等方式的创先争优,较好地丰富了党建工作的形式和内容。认真落实稳定工作责任制,增强了各级干部做好稳定工作的主动性和责任感。

(侯海华)

物　资

【概述】 济宁物资集团是政府行业主管部门,集团机关是正县级全额预算管理事业单位,设有14个科室:办公室、组织监察科、人事劳资科、财会科、经营管理科、工会办公室、计划生育办公室、法制办公室、审计科、国有资产科、安全保卫科、老干部科、群众工作科、团委。编制25人,在职人员19人,离退休17人,合计36人。2012年,集团上下牢牢把握改革、发展、稳定中心工作,主动作为,迎难而上,在困难环境中实现了发展,在资产管理中打造了亮点,在化解债务危机中赢得了先机,在民生改善中促进了和谐,在机关建设中取得了突破,做了大量卓有成效的工作,呈现出良好的发展态势。

树立了"三破三立"的新观念 集团积极响应市委号召,组织开展了"解放思想跨越发展大讨论"活动。结合物资企业实际,开展了"三破三立,实现六个突破"大讨论活动。以"三破三立"推动"六个突破",破除畏难发愁、等靠要的旧观念,树立自强不息、敢打敢拼的新观念;破除安于现状、不思进取的旧观念,树立勇于担当、积极作为的新观念;破除抱残守缺、小富即安的旧观念,树立锐意改革、大胆尝试、跨越发展的新观念。通过"三破三立",推动物资工作在招商引资、改革脱困、维护稳定、强化管理、创先争优、转变作风等六个方面实现新突破。市"解放思想跨越发展大讨论"活动办公室刊发简报(第37期)专题介绍了这一做法。

掀起了学习宣传贯彻党的十八大精神的热潮 深入开展了以学习宣传贯彻党的十八大精神为主要内容的"五个一"主题教育实践活动,举办了学习贯彻党的十八大精神报告会。集团机关把日常学习作为工作的重要内容。每周五下午定为"机关学习日",进行集体学习研讨。机关人员参加了"山东干部在线学习网"的日常学习。不断做好学用结合的文章,将学习能力转化为工作能力,指导实践,推动工作。

集中攻坚招商引资工作取得新突破 积极走出去参加招商活动。集团参加了市政府组织的"牵手济宁合作共赢——济宁(北京)投资环境说明会"。引荐了新希望六和集团、山东海鼎农牧有限公司落户邹城市总投资5亿元的饲料项目,截至2012年底,两个项目已到位市外资金3800万元。响应市委号召,抽调了两名经验丰富的中层干部到邹城工业园挂职招商，积极协调关系，争取政策，努力推进园区招商引资工作。

扎实做好改革改制前期准备工作 认真做好调查摸底工作。根据形势的不断发展变化，及时掌握各企业资产、债务纠纷、职工收入及“五险一金”缴纳情况，为制订改制方案掌握了第一手资料。积极为推动流通企业改革改制献计献策。集团主要负责人向市政协十二届一次会议提交了《关于加快市属国有集体流通企业改制脱困的提案》，对流通企业改革脱困提出了具体建议。市委书记马平昌、市政府副市长张继民分别作出批示，对下一步工作提出了明确要求。协调推动了兖州木材公司的破产终结，职工获得各种补偿1400万元。

以做好民生工作促进和谐稳定 积极落实各项民生保障政策。为离休干部、涉军人员向财政借支404万元；为困难企业独生子女退休职工争取一次性补助130余万元；向市总工会、慈善总会等部门争取资金30余万元，解决了职工关注的热点难点问题。各企业立足实际，做了力所能及的工作。金属、木材、燃料等企业为职工补缴了养老保险、医疗保险，解决各种实际问题共投入资金400多万元。认真做好矛盾排查化解工作。深入基层一线，倾听职工群众的心声，尽心尽力地解决问题，把矛盾纠纷化解在基层和萌芽状态。全年没有发生集体访、越级访、非正常上访等信访事件，被市委市政府授予“社会稳定信访工作先进单位”称号。

以“三个体系”建设强化管理工作 集团狠抓了“目标责任、考核奖惩、监督检查”三个体系建设。对工作目标任务进行了分解落实。把各项工作任务进行了量化、细化，分解到各企业、机关各科室，增强了全员责任感。积极盘活存量资产、进一步增加企业收入。建材公司在缺少资金的情况下，向租赁户融资60多万元，建成简易库房近2200平方米，实现了企业与客户间的双赢。不断化解债务危机，扎实做好依法维权工作。建材、燃料、华新酒店3户企业以90万元回购了2300万元的债务，化解了制约企业发展的最大的瓶颈。华新酒店继续做好企业维权工作，面对出现的新情况，冷静分析，沉着应对，化解风险，抵御诱惑，稳定了职工队伍，保全了国有资产。认真做好安全生产工作，实现了安全生产无事故。

扎实开展各项活动推动了党建工作 开展了基层组织建设年和“恪守从政道德，保持党的纯洁性”教育活动。干部队伍建设不断加强。按照市委统一安排，对集团领导班子进行了调整充实。集团对机关中层干部和部分企业领导班子成员进行了提拔任用。开展了廉政勤政宣誓和书写承诺书活动。在企业党建和思想政治工作方面不断探索适合自身发展的路子。2012年集团被中国流通政研会授予“贡献奖”荣誉称号。

“六型机关”建设再上新水平 集团机关不断深化“六型机关”建设，已连续三年保持了“市级文明单位”称号。2012年集团党委号召全体干部职工争创“省级文明单位”。认真开展第三批“城乡文明结对共建”活动。集团机关与市中区安居街道汪西村进行了结对共建，捐助3万元资金帮助汪西村进行道路修建，改善了村民的出行。进一步加强干部作风建设。开展了以“立说立行抓落实，问责问效转作风”为主题的干部作风建设活动。集团先后下发了加强机关环境卫生、加强机关车辆管理、加强机关作风建设的意见，促进了机关作风转变和效能的提升。群策群力协作配合，营造了文明和谐的工作氛围。集团荣获了2012年度“省级文明单位”称号。

（冯卫红）

文化济宁

翰林街

翰林街位于太白楼以北,明朝前称为太白楼南北街,明崇祯4年(1615)翰林杨士聪居住于此,此街遂改名为杨翰林街。1673年(清康熙12年)更名太白楼迤北南北街,1840年(清道光20年)更名杨翰林街,1950年称翰林街,1966年抗大街,1982年翰林街,现属翰林街社区。

翰林街耸立着著名的"慈孝兼完"牌坊,是清乾隆二十一年(1756年)为旌表浩封奉直大夫王怀远之妻,孙氏夫人敕建的"节孝坊",因石坊中间的横额上有工部郎中史大伦所题"慈孝兼完"四字得名。

慈孝兼完牌坊为南北方向座东朝西,宽8米,高7米,通身为全石仿木结构,中间的两根坊柱上,前后两面分别刻有"天姥三贞垂万古,女宗九烈表千秋和"柏节凌霜经四起,兴风寒裸抚三极"的对联,褒扬贞洁刚烈的女性像凌霜的松柏一样,流芳万古千秋。牌坊上下采用浮雕、透雕、圆雕三种工艺精工细刻,各种人物故事、动物、飞禽走兽,活灵活现的图案造型展示了济宁古代石刻工艺的水平,具有很高的观赏价值艺术价值。

牌坊高层为重檐古楼式盖顶,盖顶支柱中间为刻有"圣旨"二字的悬匾,该层的每个飞檐的东西两面都是四挑立式斗拱,南北侧面各有三挑相对较小的立式斗拱。第二层为主横梁,东西两面皆为"二龙戏珠"的浮雕,是中国传统文化中象征阴阳相合,家庭和美的首选吉祥图案。第三层为工部郎中史大伦所书大型匾额,西面"慈孝兼完",东面"数奇添贞"各四个大字。第四层两面皆雕状元出行图,城池人物,形态各异,造型逼真,惟妙惟肖,寓意孙氏教子有方,为国育出栋梁才。第五层两面皆书"敕建诰封奉直大夫王怀远之妻孙氏节孝坊"等字,最下一层为"祥云焕彩、神龙衔瑞"浮雕,云朵游龙一体,姿态各异,用篆体书写的"福禄寿"等字的三个方形图案均匀分布其中,点明吉祥主旨。总寓意就是孙氏离开人世,升入仙界,好人终有好报。本坊的第二层叠楼,南北两侧大斗拱共有12挑,小斗拱共有6挑。第三层叠楼,十二个挑檐脊上雕有48个神兽。侧门柱两侧立有四尊石狮,正面皆是牛头式门鼻门环图案,两侧各雕中国传统名花一株,有牡丹、梅花、菊花、兰花、水仙、荷花等八种。慈孝兼完牌坊已经历200多年的风风雨雨,但大部保存完整。

济宁年鉴 2013

JININGYEARBOOK

旅游业

综　述

2012年，济宁市旅游工作围绕打造“国际旅游目的地城市”的战略目标，突出“项目建设、市场开拓、服务提升”三项重点，解放思想，创新突破，取得了较快发展。全年接待境外旅游者37.36万人次，同比增长9.82%。国内旅游人数4201.01万人次，增长16.12%，国内旅游收入330.6亿元，增长20.2%。全年旅游社会总收入342.18亿元，增长19.52%。

强化项目带动，夯实旅游发展基础　围绕“大项目突破年”活动要求，把项目建设作为推动旅游业跨越发展的重要支撑。梳理了10个已有详规的旅游大项目，编制了旅游招商项目册，积极招大引强。适应旅游业转型升级的要求，大力发展休闲度假旅游产品，加快推进旅游新景区的建设和老景区的改造提升，尼山省级旅游度假区、微山岛景区旅游综合开发、万紫千红旅游生态养生休闲度假区等休闲度假类项目成为投资热点。5月21日，作为山东省重大文化旅游产业项目的“尼山圣境”在曲阜孔子诞生地尼山奠基开工，该项目是集文化体验、休闲旅游、生态旅游、休闲度假于一体的复合性文化度假产业综合体。立足旅游住宿高端需求，加快建设了曲阜开天国际大酒店、金乡国际大酒店、南阳水苑、择邻山庄等一批高星级酒店项目，投资8.3亿元的曲阜香格里拉酒店项目主体结构完成，正在进行机电、精装项目。立足游客娱乐需求，积极改造提升演艺节目，兴隆文化园大型旅游实景演艺项目《菩提东行》，已于9月下旬开始试演。12月3日，召开了全市重点旅游项目现场推进会，对重点旅游项目进行全面调度，有力的推进了项目建设步伐。据统计，全市在建重点旅游项目59个，投资总额概算867亿元，分别比上年同期增长了18%、35%，共27个新建景区景点、游客中心、星级酒店项目投入运营。旅游项目建设呈现出集群爆发式增长势头。

强化宣传促销，做大旅游市场份额　联合市委宣传部下发《关于做好济宁市城市品牌形象宣传工作的通知》，确定“孔孟之乡、运河之都、文化济宁”为济宁市城市形象宣传口号，进行了全方位、立体化、多角度的宣传。创新营销模式，积极开展了“联合推介、捆绑营销”，市县两级投资2000余万元，在央视、山东卫视等主流媒体投放了旅游形象和产品广告。在《济宁日报》开辟了旅游专版，每周编排一期。认真研究重点旅游客源市场的特点，加大对国内外重点节点城市的市场开发力度，组织县市区和重点旅游企业分赴河南、安徽开展旅游宣传推介，扩大了济宁的知名度和影响力。

强化产品策划，激活旅游市场消费　依托济宁丰厚的旅游资源优势，以国学、水浒、祈福为切入点，包装策划了人文经典体验之旅二日游、生态水乡休闲之旅二日游、孔孟文化微山湖风情之旅二日游、水浒故地运河风情之旅二日游、拜师习儒走近国学修学之旅二日游等五大主体旅游线路。发挥节庆活动平台优势，加强创意策划，以节庆活动引导市场消费，先后指导县(市、区)开展了泗水赏花汇、汶上宝相寺太子灵踪文化节、邹城母亲文华节、梁山水浒文化节等节庆活动，吸引了大批游客前来旅游消费。据省旅游局统计反馈数据，“贺年会”期间，全市共接待游客360.5万人次，同比增长24.2%，实现旅游综合收入30.7亿元，同比增长29.9%。“休闲汇”期间，全市实现休闲消费总额近150亿元，旅游收入89.1亿元，同比增长29%，接待游客1260万人次，同比增长23%。十一黄金周期间，全市共接待游客427.3万人次，同比增长22.1%；实现综合收入24.89亿元，同比增长33.8%。

强化行业管理，提升旅游服务质量　为扶持旅游龙头企业做大做强，从旅游业发展引导资金中支出450万元，对22个景区、24家旅行社、7家星级酒店等进行了奖励，激发了旅游企业加快发展的主动性。在全市开展了素质提升行动，实施了“五大服务质量提升”工程，联合市公安局、市商务局等7个部门，开展了旅游市场秩序专项整治行动，有效提升了服务质量。在全省首批开通了“12301”旅游服务热线，累计受理咨询226件，满意率达100%。积极邀请50名“行风监督员”深入旅游景区、饭店等旅游企业进行调研，强化了社会外界对旅游行业的监督。开展了旅行社“挂靠承包”和“零负团费”专项整治，严厉打击了旅行社低价恶意竞争行为。共受理投诉24件，处理24件，挽回游客经济损失16000元，游客满意率达100%。

强化效能建设，切实加强机关建设　紧跟市委、市政府工作步伐，认真抓好各项重大决策部署。深入开展了“解放思想跨越发展大讨论活动”、“恪守从政道德，保持党的纯洁性活动”和“大规模驻村入户、面对面谈心交流活动”，党员干部科学发展意识和能力进一步增强。认真贯彻落实民主集中制原则，在干部任用、重大项目审批、大额资金使用等事关全局的重大问题上，坚持集体研究，集体决策，4人通过公开竞岗，走上了新的岗位。健全完善了局机关例会、学习培训、车辆使用、财务管理和日常管理等一系列规章制度，将机关作风建设纳入到制度化、规范化管理的轨道上来。

【景区与基础设施建设】 **旅游项目和景区建设取得突破** 2012年是济宁市委市政府确定的大项目突破年，全市在建重点旅游项目59个，投资总额概算867亿元，分别比上年同期增长了18%、35%。总投资过5亿元30个、过10亿元的15个、过50亿元的6个、过100亿的3个。呈现出数量增多，规模扩大，项目类别、结构更趋合理的良好态势，大项目成为转方式、调结构的重要引擎，为旅游业持续发展奠定了坚实基础。

完善项目推进机制 8个重点旅游项目列入市级领导包保。建立了旅游项目库，实施了旅游项目建设进展月报制度。推进了旅游项目议事协调制度、目标管理制度、督查问责制度、绩效考核制度等各项制度，通过完善项目建设工作机制，有效推进了旅游项目建设。推进各县市区重点旅游项目实施领导包保、指挥部体制，协调市直各部门为项目服务，一事一议，特事特办，提高了项目落地建设的效率。12月3日，组织召开了全市重点旅游项目建设现场推进会。

兴隆文化园项目总投资30亿元，按照“一园三区”的规划布局，集礼佛、演艺、体验、禅修和休闲于一体，建设具有浓厚地方特色的大型文化旅游景区。东西区核心建筑和兴隆寺建筑群已经封顶，正在进行室内外装修，2013年下半年正式开园。大型演出《菩提东行》已于2012年9月份成功首演，取得了积极效应，进一步丰富了济宁市夜间旅游项目。

“尼山圣境”项目已被列为山东省发展文化旅游产业重点工程。总投资100亿元，整个项目分三期实施，一期项目为核心景区，二期项目包括贤林书院、仁山书院、全球孔子学院联盟基地、环湖生态休憩带等；三期项目包括尼山创意产业园、尼山国际艺术中心等。已启动一期工程建设，诸子百花谷、官像区和配套工作等项目全面启动，精品酒店项目、孔子像和万人广场开始施工，将于2013年孔子文化节前建成。

梁山风景区扩建工程项目总投资24.65亿元，包括：梁山泊水面一期工程500亩，二期工程300亩，现已建设完成蓄水，景区东入口门区、生态停车场、水路、电瓶车道、游步道、水寨等设施；水浒文化广场项目，包括门区、万人广场、水浒文化表演馆、水浒大酒店等主体工程，整个项目预计2013年底完工；天佑河项目全长约1200米，已完成主体河道工程；现代林业观光园项目占地1200亩，已完成园内道路铺设和选苗工作，正在进行门区建设；梁山抗战纪念馆项目，主要包括入口景观区、战场重现区、指挥中心、拓展训练区四部分；宋代水师营完成规划，正在施工中；杏花村民俗旅游区已完成规划设计工作。

微山湖国际旅游岛总投资110亿元，计划利用5年时间，打造四个功能区：一是北部文化创意区，二是东部民俗风情区，三是南部湖岛养生区，四是西部生态度假区。现已成立微山岛旅游开发指挥部，聘请同济大学规划院对微山岛社区建设进行了高标准规划，实施了一批基础设施建设项目。旅游岛开发规划概念论证已经完成。正在协调推进有关土地利用工作。微山湖湿地公园总投资5亿元，布局为“两轴、两环、三片”。两轴：以新薛河为主要水上轴线、以运河为外侧轴线；两环：以陆地和水上交通为主的两条交叉环线；三片：即三个主要功能区。主要景观包括：新薛河自然湿地景区、亲水绿岛湿地景区、小泥河景区、观鸟绿洲湿地景区、渔业体验区等九大景区。游客中心、演艺广场内部装修工程已经完工，红荷景区、亲水绿岛景区规划方案的深化设计正在进行中。

宝相官总投资5亿元，该工程吸取佛家阿育王塔外形特点，结合中国古建筑元素和汶上佛教文物特色而设计。主塔高108米，裙楼三层高18米。主塔钢结构正在顶升，四角塔钢结构已经完成，石材幕墙正在安装龙骨，金属幕墙准备进入现场施工，宝相官周边景观目前进行深化设计方案。

万紫千红生态养生旅游度假区总投资10亿元，主要规划建设矿泉SPA度假酒店、养生度假会所、葡萄酒城堡庄园、森林水畔度假养生房等养生度假设施；建设游艇码头、汽车营地、直升机坪、跑马场、登山攀岩等野外运动休闲项目；茶文化园、果园、蔬菜园、畜牧养殖园等有机农业观光体验基地；建设野生动物保护观赏区以及财山、龟山、皇落山、绪子山、鸟岛、青界岛、生态湿地等自然景观项目。主题酒店试营业，园区游客服务中心及停车场竣工并投入使用，汽车营地道路及配套工程已完工。

石门山露营地项目包括营地

服务中心、房车露营地、帐篷区、木质别墅区、度假式别墅酒店、CS真人秀、迷你高尔夫等项目，填补了鲁西南露营地项目的空白。

东方文博城项目是山东省重点建设项目、山东省重点文化产业项目，位于济宁市任城区，建设用地120公顷(1800亩)，总投资约85亿元人民币，总建设期为8年，分三期完成。其中一期投资35亿元，二期投资30亿元，三期投资20亿元。项目以儒家文化和运河文化为主题，是将旅游观光、文化体验与创意、休闲娱乐、商业办公融为一体的大型文化旅游综合项目。

创建工作硕果累累 积极开展A级景区、工农业旅游示范点、旅游强乡镇、特色村、好客人家农家乐的创建工作。根据相关评定标准，督促创建单位实现软硬件的同步提升。年初，组织召开了全市旅游重点项目建设暨A级景区、工农业旅游示范点、旅游强乡镇、特色村、好客人家农家乐及乡村旅游合作社创建工作会议，印发了《关于加强A级景区创建工作的通知》、《关于做好旅游强乡镇、特色村、工农业旅游示范点创建等工作的通知》和《关于继续开展山东省好客人家农家乐评定工作的通知》等文件。2012年新增泗水万紫千红生态养生度假区、济宁北湖省级旅游度假区2处4A级景区和曲阜石门山自驾车营地、汶上南旺枢纽考古遗址公园、济宁市博物馆·崇觉寺景区、嘉祥青山景区和泗水圣源湖景区等5处3A级景区。中区南苑街道办事处、兖州市酒仙桥街道办事处、邹城市城前镇、曲阜市石门山镇、曲阜鲁城街道、曲阜小雪镇等6个乡镇成功创建为山东省旅游强乡镇，微山县微山岛乡吕蒙村、嘉祥县满硐乡北山村、嘉祥县纸坊镇青山村、嘉祥县卧龙山镇双凤村、邹城市峄山镇峄山街村、邹城市水河村、曲阜市小雪镇武家村、吴村镇龙尾庄村、息陬镇北元疃村等9个村创建为山东省旅游特色村，市中区朝阳生态农业科技园、任城区石桥镇香樟园、山东上禾农业发展有限公司、济宁南阳湖农场、山东科龙畜牧产业有限公司5个单位创建为工农业旅游示范点，中区唐口兴隆渔村、中区唐口街道金港湾生态园、嘉祥县云泉山庄、嘉祥县大庄楼镇湖里土菜馆、微山县南阳镇映月楼餐厅、微山县小渔岛餐厅、南阳镇书院宾馆、南阳镇王苏白渔家乐1号、南阳镇王苏白渔家乐2号、南阳镇王苏白渔家乐5号、南阳镇王苏白渔家乐9号等11家单位被评定为四星级好客人家农家乐，南阳镇民族饭店、南阳镇石家羊汤馆、运河酒家、王苏白餐厅、南阳镇庆三恒老店、南阳占东旅社等6家单位被评定为三星级好客人家农家乐。

截至2012年底，济宁市共有国家A级旅游景区38家(新增4家)，其中，有5A级旅游区1处，4A级旅游区9处，3A级旅游区23处，2A级旅游区5处。全国工农业旅游示范点29家(新增6家)。省级休闲渔业示范点6家。全市共有各类旅游资源350处，其中自然性资源60处，历史性资源201处，社会性资源67处，现代人工吸引物22处，其规模和数量在全省位居前列。在全市范围内，共有国家级重点文物保护单位19处、省级95处、市级314处，济宁、曲阜、邹城三座中国优秀旅游城市，微山、汶上、梁山、泗水4个旅游强县。

【旅游行业管理与服务】 **行业管理** 2012年新增星级饭店8家，星级餐馆9家，旅行社3家，撤销旅行社2家，全市共有星级饭店61家，星级餐馆32家，旅行社125家，其中具备经营出境旅游资质的旅行社2家，AAAA级旅行社1家，AAA级旅行社13家。济宁市五星级饭店创建工作实现突破发展。山东圣德国际酒店迎来国家星评委对其五星级饭店申请进行评定检查，成为全市第一个接收国家星评委评定检查的五星级旅游饭店，标志着济宁市五星级饭店创建工作又上新台阶。旅游住宿设施实现提档升级。曲阜杏坛宾馆积极开展主题文化酒店建设，投入1000多万进行升级改造，晋升为四星级旅游饭店。曲阜香格里拉酒店、泗水万紫千红度假酒店等饭店相继建成营业，在高星级饭店建设方面实现了新突破。创建首批“好客山东客栈”。紧紧围绕儒家文化、古九州文化、水浒文化、佛教文化、运河文化等，在全市范围内评定推出了具有当地民俗特色的首批“好客山东客栈”17家。泗水县、梁山县成功创建山东旅游强县，成为旅游强县新标准执行后全省首批旅游强县，济宁市山东旅游强县达到4家，居全省第二位。

旅游诚信建设有了新成绩 开展了“诚信旅游示范单位”创建活动，全市7家旅行社、5家星级饭店、4家A级景区和济宁市顺通旅游汽车公司共17家单位获得全省诚信旅游示范单位称号。青年文明号创建活动成绩卓越。开展了“迎接建团九十周年、靓青年文明号品牌”活动。济宁中区运河文化旅行社成功创建成为济宁市青年文明号，全市已有全国青年文明号3家，山东省青年文明号8家,济宁市青年文明号2家。

强化导游员管理 全市共举办各类培训班二十余期，培训人数达7000多人次。对全市1800名导游进行了年度年审。截至2012年底,全市共有导游员3007人,其中高级导游1人,中级导游160人,初级导游2846人。2012年组织436人参加了导游资格考试，其中报考外语类导游30人，选拔“好客导游团队”1个和“好客导游”11名。2012年加大了导游人员年审培训工作力度，采取培训考试和考评相结合的方式进行。对参加年审的导游人员分别进行了网上培训和集中培训,特聘中国国际旅行社总社有限公司培训处处长许红军、济宁市运河文化研究会副会长兼秘书长杜庆生以及济宁著名摄影师刘曙光进行授课。培训内容丰富、实用性强。5月上旬,在济宁市职业技术学院多功能厅对新考取导游人员进行了岗前培训，有近200多人参加。培训在保留传统模式的前提下,增加了学员的互动交流、带团模拟和实景讲解等新形式的培训课题,丰富了培训内容,为新导游上岗打下了坚实的基础。培训合格率达到95%以上。上半年组织督导曲阜、邹城、微山、泗水、梁山等县市举办重点旅游景区(点)、旅游饭店、车船码头等旅游从业人员培训班，培训人数达2000多人次。组织全市部分优秀导游及旅游院校(系)优秀教师分别参加了国家旅游局红办在安徽举办的“红色旅游导游员讲解员培训班”;省旅游局在烟台举办的“2012全省导游师资培训班”以及在海南举办的“全省好客山东导游考察学习班”。加强适合岗位培训需求的教材和课程建设,鼓励中、高级导游报名考试,为导游创造多种晋升机会。为提高考生讲解水平和应试能力,编写了“济宁市导游资格考试现场模拟考试教材现场实务”、“基础礼貌英语”、“旅游饭店职业英语(B级)”等教材,保证培训工作上规模、上档次、上水平。

建立旅游人才培训基地 5月11日，济宁市旅游人才培训基地在济宁职业技术学院正式挂牌,局有关领导参加了揭牌仪式。

【旅游市场开发】 **狠抓国内旅游市场促销** 积极开拓客源市场,3月27日-31日，由副局长带队,分两路赴河南省、安徽省进行了旅游促销活动。两路促销团分别在当地举办了“孔孟之乡济宁推介座谈会”，邀请当地旅游局、旅行社及新闻媒体代表参加。通过多媒体演示、座谈交流、签订旅游合作协议等形式，推介济宁市旅游资源和高铁旅游产品、线路以及优惠政策，加强两地旅游界，特别是旅行社之间的交流与合作,就资源整合、市场互换、游客互动达成实质性进展，济宁市旅行社与当地旅行社达成旅游合作协议100余份。尤其是济宁市出台的《济宁市旅游奖励暂行办法》对包机、专列、大巴车队和自驾游车队的奖励政策得到了当地旅行社的广泛关注，产生了极大的吸引力。实现了预期目标,取得了良好的促销效果。

加大对外交流与合作 认真做好中外记者和旅行商考察工作，接待中青旅监事长丁强一行到济宁考察踩线，重点考察曲阜三孔、汶上宝相寺、梁山景区等。接待了日本JTB、携程网、“高铁自由风好客山东行”媒体采风团等海内外旅行商、新闻媒体来济宁考察，积极推介济宁丰富的旅游资源和旅游产品，进一步树立济宁市文化旅游大市的良好形象，扩大和提升济宁在国内外的影响力和知名度。

整合二日游三日游产品 整合资源开发推出二日游线路。充分发挥“三孔”、水泊梁山、微山湖等地知名景区品牌效应，整合各类优质旅游资源，重点开发推出了人文经典体验之旅、生态水乡休闲之旅、乐山乐水圣地之旅、水浒运河探访之旅、拜师习儒修学之旅等二日游线路。激励旅游企业营销本市产品。研究国际、国内经济复杂因素对全市旅游市场带来的有利条件和不利影响，吸收借鉴近年来市场成长较快旅游城市的成功做法,认真贯彻落实《济宁市旅游奖励办法》(济政发(2011)28号文件)，引导激励景区、组接旅行社等大力开拓客源市场,以品质创品牌,增强市场竞争力。开展产品对接活动。认真研究重点旅游客源市场的特点,加大对国内重点客源城市旅行社的对接，加大周边省份城市市场开发力度。3月底组织重点县市旅游管理部门、旅游景区、旅行社，赴江苏、河南、安徽等省份重点城市和京沪高铁沿线城市,举办“孔孟之乡、运河之都、文化济宁旅游合作对接会”，邀请当地旅游局、旅行社及新闻媒体代表参加。通过多媒体演示、座谈交流、签订旅游合作协议等形式，推介济宁市二日游线路以及优惠政策。

宣传推广旅游城市品牌 2012年,根据市领导和有关方面人士意见,确定“孔孟之乡、运河之都、文化济宁”为济宁市品牌形象口号。与市委宣传部联合,研究制定出台了《济宁市城市品牌形象宣传方案》,明确提出,要切实做好城市品牌形象宣传工作,要求各级各部门要密切配合、主动策划、统一标识、统一塑造城市品牌形象，努力扩大济宁的知名度和影响力。对宣传渠道和方式、宣传资源利用等提出了具体办法，明确了县市区和部门的责任，为联合品牌营销奠定了基础。

继续开展“联合推介、捆绑营销” 在强势电视媒体进行城市品牌形象宣传。全年市县两级投入宣传资金1500多万元，在央视一套、新闻频道及四种外语频道、山东卫视等投放常年旅游形象广告，济宁的城市品牌形象进一步提升。推动开辟新的宣传渠道。曲阜、邹城等部分县市在京沪高铁列车开展了旅游产品宣传推广，在高铁站投放了旅游品牌形象广告；利用网络等新媒体宣传营销，与去哪儿、淘宝等旅游网络运营商合作，通过微博、微信和网上出售门票等方式进行宣传；在《中国旅游报》、《齐鲁晚报》等平面媒体开辟济宁旅游专版，向国内外游客广泛推介济宁旅游；同时，通过《大众日报》、《济宁日报》刊登新闻报道、旅游动态和专访等形式，使社会各界更多地了解济宁旅游、参与济宁旅游、支持济宁旅游，营造了良好的舆论氛围。

创新举办节庆活动 组织协调2012“贺年会”活动。组织制定2012“好客山东贺年会”活动实施方案。围绕节日主题，突出元旦、春节、元宵节重要时间节点，引导企业创新开发贺年礼、贺年宴、贺年游、贺年乐、贺年福“五大品牌产品”，开展多种形式的惠民、让利活动，培育节日文化旅游市场。在全省“贺年会”评选活动中，济宁市获得“好客山东贺年会”最佳组织奖。9家旅游企业及获得全省最佳美陈奖，12镇村街区获年味最浓镇村和优秀主题街区奖。另外获金点子、好玩游戏、摄影等12项单项奖。组织协调2012年“休闲汇”活动。积极探索建立“休闲汇”联动工作机制，调动相关部门及企业的积极性，开发创新休闲产品，培育典型，推动“好客山东、文化济宁”休闲汇深入开展。在全省“休闲汇”评选活动中，济宁市获得“休闲汇”优秀组织奖，6个县(市区)获得“休闲汇”组织工作先进集体。获得全省“休闲汇”最佳主题周、最佳创意4个单项奖。8个乡镇(村)获最佳休闲乡镇(村)奖等。组织参加青岛国内旅交会。坚持城市品牌宣传和产品营销并重、线上和线下共同发力的参会方针，主推人文经典体验、生态水乡休闲等五大产品，向参会的全国百强旅行社宣传组团奖励政策。通过特装布展、水浒演艺、现场产品销售、网络宣传营销、接受媒体采访等方式，推广济宁旅游，获得了最佳特装布展奖和最佳参展组织奖。策划组织中国旅游日庆祝活动。为宣传庆祝“5.19”中国旅游日，于2012年5月19日，在济宁人民公园举办了面向公众的宣传展示咨询活动，全市重点景区，市区主要旅行社、星级饭店等50多家旅游要素企业单位参加了活动，全市推出了一系列旅游惠民措施，吸引众多市民参与，有效地宣传了5.19中国旅游日和旅游企业，对引导市民文明出游、理性消费产生了积极影响。指导县(市)举办节庆活动。指导春季祭孔大典、泗水桃花旅游节、汶上宝相寺太子灵踪文化节、邹城中华母亲文化节、微山县荷花节和纪念鲁西南战役胜利64周年暨纪念馆新馆开馆仪式等活动，旅游节庆活动主题突出，提高了区域旅游关注度。

（韩　寒　杨　凯）

济宁年鉴 2013

JININGYEARBOOK

商务·海关·检验检疫

对外经济贸易

【概述】 2012年，面对全球经济持续低迷和国内经济下行压力加大的严峻复杂形势，在市委、市政府的坚强领导下，在各县市区、各有关部门的大力支持下，全市商务系统坚持以科学发展观为统领，按照“稳定增势、高位求进、加快发展”的工作基调，大力实施招引大项目、建设大园区、办成大事项等“六大工程”，强力推进“重大招商促进活动”等20项重大攻坚行动，全力以赴保增长，多措并举促调整，全市商务事业实现了持续快速发展。全市新批外商投资项目76个，合同外资额5.8亿美元，实际到账外资7.7亿美元、增长5.1%，实际到账外资绝对值居全省第5位；完成进出口总额51.1亿美元，其中出口32亿美元、增长4.1%，出口增幅高于全省平均水平1.8个百分点；新批境外投资企业30个，中方协议投资额1.8亿美元，实际投资额7.8亿美元、居全省第2位，全市外派劳务6570人次、增长4.4%。2012年，济宁市商务局被评为“全省商务工作先进单位”，济宁市商务局连续八年获此殊荣。

以“转调创”为主线，对外贸易结构不断优化 加大扶持，壮大主体。定期召开涉外部门联席会议，举办高层次外贸业务培训班，鼓励企业开展跨境贸易人民币结算业务，引导企业参加出口信用保险，加快出口退税进度，减免相关费用，兑付年度市级扶持资金1821万元，绝大多数用于支持外贸企业发展壮大，2012年进出口过千万美元的企业达到75家。开拓市场、扩增份额。组织重点出口企业参加了39个国内外知名展会，巩固传统市场，开拓新兴市场，80%的对外贸易市场实现了新的增长；积极引导骨干出口企业加大科技研发力度，努力提升传统产品档次和附加值，提高高科技含量的机电产品出口比重，传统轻纺产品和高附加值的机电产品出口增幅分别达到19.4%和13.2%，占比分别提高了3.8个和2.2个百分点。创建品牌，示范带动。金乡、泗水被评为“国家级出口食品农产品质量安全示范区”，邹城、鱼台被评为“省级出口农产品质量安全示范区”；兖州橡胶及其制品基地被评为山东省外贸转型升级示范基地。华勤橡胶集团荣获全国“最具竞争力出口企业50强”称号。搭建平台，增强后劲。加快推进济宁保税物流中心建设步伐，召开了规划建设推进会，明确了建设路线图和工作职责，确定了投资主体并落实保证金1亿元，完成了项目可行性研究报告，市政府已行文上报省政府争取批复确认。

以重大活动为抓手，利用外资质量不断提高 高层引领招商。各级领导亲历亲为抓招商引外资，围绕“两国(日本、韩国)两地(香港、台湾)”、“两洲(欧洲、美洲)两市(北京、上海)”等重点区域，2012年全市共组织开展了赴港台、日韩、欧美、京沪等各类境内外招商促进活动30余次，接洽客商820人次，签约项目72个、外资额42.8亿美元。突出招大引强。创新产业链招商、以商招商、园区招商等方式，高标准制作126个招商专案，以企业为主体加强与世界500强、跨国公司、大型央企和民营巨头合资合作，在香港山东周活动期间签约项目32个、外资额31.1亿美元，济宁市参加全省集中签约项目个数和外资额均居全省前列；成功引进世界500强企业韩国三星物产投入2亿美元与如意科技集团进行资本和贸易合作。力促外企增资。扎实开展“访百企促增资”活动，将走访活动与外资企业联合年检相结合，深入企业一线现场办公，走访外商投资企业132家，新批增资项目24个，合同增资额2.56亿美元，实现增资到账3.3亿美元。

以境外开发为主导，跨国经营能力不断增强 推动龙头企业继续扩大境外投资并购，带动一批中小企业积极“走出去”谋求海外发展空间。兖煤澳洲公司成功合并澳大利亚格罗斯特公司，并在澳交所上市，成为国内首家在沪、港、纽、澳四地上市和济宁市首家实现境外上市的境外投资企业；太阳纸业加速推进在老挝的林浆纸项目，获得3亿公顷林权；如意科技集团以2.3亿澳元发起收购澳洲卡比棉田获澳大利亚政府批准，成为中国首例成功并购海外大型棉田项目。兖矿集团有限公司和山东太阳纸业股份有限公司分别荣获全国“最具创新力走出去企业50强”称号。境外营销网络继续拓展。山推集团继续巩固现有全球营销网络布点，将原有境外20多个营销网点整合为9个公司，在税收、结汇、融资上寻求更多便利；如意科技集团在香港的恒成发展和SR联合洋服两个企业分别承担起原料贸易和高端品牌营销的功能，在日本的株式会社瑞纳建设了1000多家专卖店，在澳大利亚投资9622万美元并购全球知名羊毛贸易商伦普利公司。

以体制创新为核心，经济园区发展不断加快 出台政策促进发展。市委、市政府召开了全市开发区转型升级跨越发展动员大会并出台支持力度大的24号文件，对省级开发区在财政预算管理、新增用地指标、理顺管理体制、强化分类考核、财政资金支持等方面做出了明确规定，将原“区镇合一”管理体制调整为“区辖镇(街)”管理体制，明确了各省级开发区的县级规格，副县级管委会主任全部配备完毕；同时积极推动资源向园区集中、产业向园区集聚、政策向园区倾斜，强力促进了开发区加快发展。2012年，全市开发区实现地区生产总值1250亿元、增长21.5%，实现地方财政收入36.7亿元、增长32%，实现业务总收入3246亿元、增长22.6%，完成固定资产投资1117.6亿元、增长28.6%；区内太阳纸业、华勤集团两家企业销售收入分别突破300亿元，润峰集团、齐鲁特钢、荣信煤化、翔宇化纤等4家企业销售收入突破100亿元。科学规划引领发展。推动各开发区实施二次规划，兖州工业园申报国家级开发区已经省政府上报国务院，各项申报工作进展顺利；推进邹城开发区、邹城工业园实现一体化规划发展，争创国家级经济开发区；推进金乡开发区、化工园区、食品园区、商贸物流区、羊山景区融合发展，打造“千亿产业园区”，为开发区新一轮转型升级奠定了坚实基础。突出特色加快发展。按照工业园区化、园区特色化的发展思路，各开发区根据自身产业特点，明确产业发展方向，规划建设了一批主导产业突出的特色产业园区，形成了以兖州工业园区意大利工业城、曲阜开发区台湾工业园为代表的国别园区，以邹城开发区大学科技园、微山开发区创达工业园为代表的科技创业园区，以金乡化工园区、金乡食品工业园区、梁山出版印刷产业园、嘉祥光伏材料产业园为代表的一大批区中园、专业园、特色园，成为引领全市开发区转型升级跨越发展的重要力量。

以提升形象为目标，商务内外影响不断扩大 准确把握，正确引导。市商务局准确把握国家政策导向，紧盯国家和省里新出台的扶持政策，及时为企业搞好政策研究、政策争收、政策配套。全年争取中央和省级各类商务扶持资金5343万元，有力支撑了全市商务事业发展。积极争取，务实推进。立足当前、着眼长远，全力攻坚事关全市经济社会发展的大事难事，在创建国家级经济开发区、建设济宁保税物流中心、加快济宁曲阜机场开放、争取大蒜制品出口退税、申报国家级外贸转型升级基地等方面，市商务局与有关部门和县市区一起，广泛深入调研，无数次跑省进京争取支持，取得了良好效果。公开承诺，全力服务。面向社会公开服务承诺，广泛接受企业和社会监督，市商务局在全市公开承诺网上评议活动中较上年前移5个位次；两次上线《政风行风热线》直播节目，对群众关心的热点问题进行详细解答，收到良好效果。不断深化行政审批制度改革，科学梳理规范了9项行政审批服务项目，全年受理审批事项1402件，按时办结率达到100%，实现了零距离、零差错和零投诉，市商务局驻市行政审批中心服务窗口被评为“优秀服务窗口”。

（杜少玉　张　青）

招商引资

【概述】 济宁市招商局是主管全市市外国内招商引资的市政府市属部门，内设办公室、综合计划科、项目规划科、客商投诉与协调服务科、招商一科、招商二科、招商三科、招商四科8个科室，共有正式工作人员23名。2012年，市招商局紧紧围绕市委、市政府的决策部署，紧扣“稳定增势、高位求进、加快发展”的工作基调，按照“三个高于、三个提高”的目标要求，以“大项目突破年”为总抓手，依照“构建大格局、对接大平台、招引大项目、形成新机制”的招商工作思路，进一步明确工作重点，创新工作方法，瞄准世界500强、央企、大型民企及重点产学研机构、投融资平台，不断拓展招商领域，努力提高招商实效，全市招商引资工作取得良好成效。

2012年，全市新开工招商引资项目1194个，其中投资额亿元以上项目315个，投资额10亿元以上项目63个，续建项目215个，合计到位市外国内资金671亿元，完成年度任务目标107.9%，同比增长42%。玉柴YC4W柴油发动机项目、镧镁镍系高性能稀土储烯材料项目、联想控股有限公司年产10万吨环己酮项目、工业机器人项目、年产40万吨高档食品包装卡纸项目、年产200万只镁铝车轮项目、娃哈哈罐装饮料生产项目、大型矿用自卸车项目、中美矽晶新型半导体材料项目、泰山玻纤2亿米电子布生产项目、万达城市广场项目、尼山圣境旅游综合开发项目等一批投资规模大、产业结构优、经济带动作用明显的项目相继落地建设。把世界500强、央企、大型民企作为主攻方向，截至12月底，共有39家世界500强，有73家国内500强企业落户济宁。初步统计，2012年仅市招商局接待重要来访客商80批次700余人次。济宁市与国内大企业、大集团和高科技园区的合资合作领域日趋广泛、合作层次不断提高。

紧扣中心，形成合力，着力构建全市招商引资大格局 建立健全了领导工作机制。市县成立了招商引资工作领导小组，市直部门明确了招商引资责任科室，初步建立了横到边、竖到底的招商引资促进网络。健全强化了大项目督导推进机制。市招商引资工作领导小组定期召开专门会议，安排部署全市重大招商活动，协调解决招商引资项目需要市政府统筹、协调、审批的事项。市县两级都成立了若干项目推进指挥部，实行领导包保推进机制，确保签约项目落地建设。搭建了招商信息共享平台。在重点地区举办大型招商推介活动，为县市区、部门招商引资搭建好集中活动平台；加快市、县招商网络建设，形成网络招商平台；建立招商信息通报制度，通报招商信息，构建了信息交流平台。优化了投资环境。充分发挥职能作用，积极为客商投资提供全程服务，主动为投资企业排忧解难，全力优化投资发展软环境。

明确重点，创新方式，积极搭建对接招商大平台 高层走访推进效果良好。市委、市政府主要领导亲自带队，先后在北京、上海、深圳等地走访了大唐电信科技集团、中材集团、中信集团、中国建材集团、联想控股、万达集团、首创集团、吉利集团、红星美凯龙、上海张江高科技园区、国信证券公司、深圳华大基因研究院等企业及有关国家部委、商会协会，开展高层走访，主动对接大企业、招引大项目。北京投资环境说明会圆满成功。3月30日，成功举办“牵手济宁　合作共赢”——济宁投资环境说明会，签订了54个投资亿元以上项目，总投资额707.7亿元。签约企业中有世界500强企业10家，央企及大型国有企业18家。珠三角地区招商活动全面展开。4月16日，济宁（深圳）经济合作恳谈会在深圳迎宾馆举行，济宁市与平安集团、深圳证券交易所、国信证券、中国科学院深圳先进技术研究院等高端平台签订了一批对未来发展具有战略意义的金融证券、产学研合作协议。长三角地区招商活动全面启动。5月27日，在嘉兴举办“牵手红色圣地　合作发展共赢”为主题的投资环境说明会，签订一批合作项目。11月20日，在上海举行2112济宁（上海）经济合作恳谈会，长三角地区近200余位企业家参会，推介济宁市重点招商项目。文化专题招商活动成果显著。7月5日，济宁市在北京举办了2012济宁文化产业招商推介会，共签订重大文化产业项目58个，总投资额680亿元。“2012年中国（曲阜）国际孔子文化节经贸文化产业招商推介会”成功举办。21家世界500强企业、13家央企和35家国内500强企业应邀参会，共签订了35个投资额10亿元以上重点项目，合同投资额597.77亿元，外资额565.2亿元。“请进来”，邀请重点目标企业考察洽谈。北京沃航控股、大唐电信科技集团、中信集团、中国钢研集团、中航科技集团、首农集团、联想控股、汇源集团、雨润集团等纷纷到济宁市进行专题对接考察，取得较好效果。中关村、上海张江高科、浙江清华长三角研究院、无锡感知中国物联网集团等与济宁市进行了高端平台对接。

强化督导，严格考核，不断完善招商工作新机制 加强对招商引资情况的日常调度、督查。对意向、协议、合同项目分门别类，逐一建立台帐，围绕项目升级、立项、报批、注册、开工、建设等各个环节建立了责任明确、部门协调、务实高效的工作机制，坚持资料审核、电话调度抽查、现场核查等行之有效的核查制度和方法，实行月调度月通报制度。强化重大项目的跟踪调度。对重大招商项目，建立单独的台账，明确责任单位和责任人，进行跟踪调度。一定时间内没有进展的，及时督促签约单位（责任单位）分析原因，提出解决问题的措施。依托市委、市政府督查室开展联合督导。为落实北京投资环境说明会、深圳招商活动、上海经济合作恳谈会的各项招商成果，会同市政府督查室分别下发了专门的督查《通知》，进行专项督导。强化现场督查考核。结合半年工作总结及年底考核，市招商局会同市委考核办、市政府督查室组织人员对各县市区招商引资重大项目进行了两次现场督导，确保各项工作落到实处。

深入调研，扎实工作，主动夯实招商基础性工作 扎实做好招商引资调研工作。组织人员深入县市区和市直有关部门，围绕全市人文资源、人才资源、自然资源、经济发展及产业发展现状进行了深入研究，进一步理清了思路，确定对外招商引资的切入点、突破口。提高项目包装水平。瞄准国内外大企业、大集团，编制了装备制造、煤电化工、文化旅游、光伏电子等一批重大招商项目。搞好产业专案策划。相继制作了先进装备制造、现代农业、文化旅游、新能源、新材料等9大重点产业招商专案。高标准制作济宁招商宣传资料。重新编制印刷了高质量的投资指南画册《济宁舆览》。重新设计了招商网站"济宁投资促进网",强化了网络宣传和网络招商。重新策划制作了全市招商宣传片,系统完善了招商相关资料。

严格管理,狠抓作风,努力打造高素质招商工作队伍 始终把抓好队伍建设作为做好各项工作的总抓手,抓班子、带队伍、强素质、转作风,继续开展了以"团结、务实、创新、服务"为主题的机关作风建设活动。组织全体人员认真学习党十八大、省第十次党代会、市第十二次党代会等一系列会议精神,把思想认识高度统一到市委市政府的决策部署上来。全体党员干部积极开展解放思想跨越发展大讨论活动,全局上下形成了脚踏实地、埋头苦干、比学赶超的良好氛围。机关作风明显转变,工作效率明显提高,打造出了一支团结拼搏、素质过硬的招商队伍。局机关党支部被评为市直机关优秀党组织,市招商局被评为文明机关和文明单位。注重加强全市招商队伍教育培训,5月21日至30日,按照市委组织部干部培训工作计划的统一安排,组织各县市区招商局局长、省级经济园区管委会主任及部分市重点招商部门负责人共计43人赴浙江清华长三角研究院进行了招商实务培训,取得较好效果。

(刘冉冉)

海　关

【概述】 济宁海关是国家设在济宁地区的进出境监督管理机关,隶属于青岛海关。基本任务是出入境监管、征税、打私、统计,对外承担税收征管、通关监管、保税监管、进出口统计、海关稽查、知识产权海关保护、打击走私等职责。共设有济宁海关缉私分局(正处级)、驻曲阜办事处(副处级)2个机构和办公室、通关科、审批备案科、稽查科、物流监管科、财务和关务保障科6个内设科室。现有干部职工46人,其中处级干部7人,科级干部30人,大专以上学历46人,党员38人。

推进业务改革,提高通关效率 积极开展出口通关无纸化改革,大力推进申报无纸化、审核自动化、放行即时化,适用"低风险快速放行"通道的货物审放时间平均不超过1分钟,通关效率大幅提升。积极推广海关税费电子支付,企业可在网上完成进出口各种税费支付,大大提升了企业的通关效率。2012年,辖区有500余家企业开通电子支付,电子支付率达89%。进一步完善分类通关、属地通关措施,充分发挥监管场站直通进出口优势,提高审放效率和属地报关比例。全年共审核放行进出口报关单3.9万票,征收税款17.22亿元。

开展"国门之盾"专项行动,保持打私高压态势 根据海关总署统一部署,开展了为期一年的"国门之盾"专项行动,严厉打击走私违法犯罪活动。集中优势兵力,针对重点行业、重点商品、重点领域,"破大案、打团伙、摧网络",多措并举开展专项行动,稳、准、狠地打击低瞒报价格、倒卖保税货物、偷逃海关税款等走私违法犯罪活动。同时,主动加强与市政府打私办、公安、工商、税务等单位的联系配合,坚持密切协作、打防结合、多方联动、综合治理,通过积极开展现场监管、后续核查、口岸封堵、市场清查、行业整顿等综合治理工作,确保打出气势,打出声威。全年共立案侦办刑事案件2起,行政案件22起,案值9000余万元。

加强调查研究,助力企业发展 针对国际国内经济形势不容乐观的现状,深入全市12县市区开展实地调研,到重点企业进行现场办公,更加深入地了解企业的生产需求,更好地向地方政府和企业提出有针对性的帮扶措施。先后赴12县市区与地方政府和60余家进出口企业进行了面对面的座谈交流,宣讲海关政策,解答疑难问题,帮助企业提高进出口业务经营管理能力,受到社会各界赞誉。举办"济宁市服务外经贸发展现场会",与济宁出入境检验检疫局签署《加强关检全面合作备忘录》,从支持地方经济发展、推进大通关建设等7个方面开展更深层次的合作。

优化审批服务,促进加贸转型升级 充分发挥政策优势,紧紧围绕推动加工贸易转型升级的任务目标,抽调业务骨干组成政策宣讲小组,深入研究保税政策,优化服务措施,鼓励企业抓住国家加工贸易梯度转移的有利时机,充分利用中西部土地、税收、劳动力等优势,实施建厂、并购合作战略,实现加工贸易转型、升级,有力地推动了全市加工贸易多元化、产业化发展。支持加贸企业国际国内"两条腿走路",推出简化深加工结转、外发加工手续、酌情减免企业保证金等便企举措,并倡导行业内上下游企业开展合作,延伸产业链,带动相关产业协调发展,形成产业集群。2012年辖区加工贸易进出口值14.9亿美元,同比增长20%。

加强减免税服务,支持重点项目建设 围绕市委、市政府"工业强市"战略和"大项目突破年"

工作要求，建立工作调研长效机制，及时了解和掌握辖区企业生产经营状况和需求，提前介入，指导帮助广大进出口企业用足用好国家优惠政策；提供“量体裁衣”式服务，帮助高新技术企业申请设立国家级技术中心，便于企业享受国家减免税和海关各项优惠政策，提高企业核心竞争力；广泛宣传减免税政策情况，采取全程服务、跟踪服务的方法，全力支持兖矿轻合金、山重建机、玉柴发动机等制造业大项目建设，确保项目顺利开工，促进辖区经济发展。2012年共为辖区企业审批减免税货值4028万美元，减免税额2713万元。

发挥政策优势，支持保税物流发展 加强对曲阜华能公用型保税仓库和山东晟豪公用型保税仓库的运营管理，指导辖区进出口企业用足用好保税仓库优惠政策，帮助企业缓解资金压力，并根据货物入保税仓库前无需办结海关手续的便利，鼓励企业利用国际市场价格行情走低之际，及时进口并存储生产原料，有效降低贸易成本。2012年，辖区保税仓库入出库货物1.25万吨，保税仓储进出口货值4888万美元。

倡导守法便利，支持企业上调类别 召开辖区进出口企业业务座谈会，宣讲A类、AA类企业在办理通关、查验、加工贸易等海关业务方面享受的优惠措施；组织对相关企业开展验证稽查，对符合审批条件的守法企业主动上门服务，帮助企业办理并上报审批手续，确保让诚信守法企业能够享受海关的优惠政策以及通关便利。2012年，共为191家企业办理了注册备案手续，辖区在海关备案注册企业总数达到1448家。辖区已有山推工程机股份有限公司、太阳纸业股份有限公司等13家企业先后被海关总署审批为AA类管理企业，从而享受担保放行、免收加工贸易保证金等优惠政策，为企业的快速发展注入新的动力。

做好统计服务，辅助决策经营 充分发挥海关进出口监测预警系统的功能作用，对进出口动态进行及时跟踪，加大监测的频率，快速反映进出口变动情况，及时向市委、市政府及有关部门报送统计信息，为地方宏观经济决策提供辅助参考；加大对重点大宗商品进出口情况的专题分析，加强对重点出口市场的跟踪监测，及时向企业提供海关数据和监测预警信息，为企业经营决策提供信息服务，帮助企业提高应对市场变化的能力。2012年，共为地方党委政府、有关部门和进出口企业提供海关统计数据400余份，有力地支持了领导决策和企业经营。

坚持政务公开，打造阳光海关 把群众最关心、反应最强烈的事项作为政务公开的热点，把容易引发矛盾和滋生腐败现象的事项作为政务公开的重点，自觉将海关执法行为置于社会各界的监督之下。在报关大厅配备电子显示屏、触摸屏，充分发挥大厅窗口作用，提高服务水平。依托青岛海关门户网站开设网上服务大厅，编制政务公开指南和目录，定期发布海关政策法规。同时，把政务公开与优化通关服务紧紧结合起来，严格执行“服务承诺制”和“首问责任制”，为企业提供多功能、一站式、规范化服务，认真执行优惠政策，有效地支持了企业发展。积极参加公开承诺践诺活动，向社会各界做出“5+2”服务承诺，构建起全天候无障碍的通关环境。实施“5+2”工作制以来，济宁海关每月平均加班20余人次，货物双休日当日放行率达100%。

加强思想作风建设，打造准军事化纪律部队 坚持把思想政治建设作为队伍管理的关键，关注关员思想动态，提高思想政治工作的针对性和有效性。强化准军事化纪律部队建设要求，从小处着手，严格日常管理和作风养成，巩固外树形象成果。坚持教育领先、制度保证、监督推动，积极构建教育、制度、监督并重的惩治和预防腐败体系，狠抓源头预防和治理腐败工作。认真落实“一岗双责”，坚持业务建设与队伍建设并重，既注重抓一线业务人员的现场执法，又注重充分发挥科室负责人的管理职能。通过参加政风行风热线、聘请特邀监督员，自觉将海关工作置于社会监督之下，定期听取社会各界在廉政建设方面的意见建议。济宁海关继续保持了建关18年来“零违纪”的良好纪录和“省级文明单位”、“省级青年文明号”荣誉称号。

（胡　凯）

出入境检验检疫

【概述】 济宁检验检疫局内设12个行政科室，2个事业单位，1个下属企业。共有正式在职职工68名。2012年，济宁检验检疫局着力强化基础管理、创新监管模式、再造工作流程、提高通关效率，千方百计服务外贸发展，2012年共检验检疫出入境商品3.67万批，货值23.32亿美元；签发各类产地证书1.44万份，金额7.21亿美元；完成出入境人员健康体检1.02万人次，预防接种1.03万人次；全年为企业减免检验检疫费用1015万元，通过签发各类优惠原产地证，使相关贸易方获得8035万元关税优惠；被评为“全国检验检疫文明服务示范窗口”、山东检验检疫系统“综合管理体系建设先进单位”，济宁市政府首次在济宁检验检疫局召开了“全市服务外经贸发展现场会议”，整体工作得到了上级领导和社会各界的充分肯定。

综合管理体系有效运行 将综合管理体系建设工作作为全局的“一号工程”扎实推进。制定了《深入推进综和管理体系健康有效运行实施意见》，建立了管理体系导师制度，在全局举办了4期包括文件管理视频培训和体系内审封闭培训在内的体系培训班。在3月份和9月份，自行组织了2次内审。2012年对管理分手册换版2次、修订6次，对过程管理表换版2次、修订5次，对60余个作业指导书全部进行了换版，并新增了11个作业指导书。将体系推进工作与绩效考核、异常流程数据清理、证单质量检查等紧密结合，在4月份全省体系外部现场审核中，得到了中国质量认证中心审核组的充分肯定，为全省系统荣获体系认证五星级证书做出了积极贡献，被评为全省“综合管理体系建设先进单位”。在两次顾客满意度调查中，顾客满意率分别为99.3%和96.13%。

改革创新扎实推进 实施了金乡出口大蒜种植基地区域备案、加工企业“链式”备案、市场采购大蒜出口监管等检验检疫监管模式改革试点。实施了出口大蒜检验检疫业务流程再造。对出口大蒜检验检疫环节进行了分离再造，对电子监管抽中批次严格按规范程序进行现场检验和实验室检疫，确保在36小时内办理完毕，对未被抽中批次直接进行合格评定和证稿拟制通关放行，方便了大蒜出口。

“内查外排”深入开展 把防止超流程作为工作“底线”，通过定期核查、定期通报、奖优罚劣，使绝大多数商品的检验检疫流程时长较2011年同期有了一定程度的缩短，其中入境平均缩短了22.15天，缩短幅度居全省系统第一，出境平均缩短了1.42天，缩短幅度居全省系统第七。认真组织开展了规范撤检和证单检查活动，对查出的撤检不规范、证单拟稿差错方面突出问题进行了集中整治，使撤检批次从平均每周41批下降到平均13批，内部证单差错率同比下降了50%。深入开展了两个“专项行动”，重点关注辖区内大蒜等出口大宗、敏感商品和进口商品，集中优势力量查处大案要案，排查企业608次，累积发现企业问题497个，有力震慑了企业非法加工、装运等违法违规行为，营造了公平、守信、有序的生产经营和进出口秩序。

严把国门成效显著 2012年，共检出各类不合格产品244批，货值10634万美元，其中检出进口不合格工业品61批，2458万美元，对进口涉及安全、环保等项目不合格的20批货物成功实施了退运，上报山东检验检疫局发布警示通报4篇，列山东检验检疫系统内地局首位。首次承担了进口红酒检验工作，对检出的不合格红酒给予了销毁处理。加强对入境大豆等的监管核销，对来自疫区的棉花和集装箱批批查验，共截获动植物疫情219批，其中检疫性批次56批，检疫性种次148种次，疫情截获成绩在全省系统中排内地局第2名。检出木质包装疫情144批。连续8年监测到实蝇。出入境人员体检检出各类传染病263例，传染病检出率为2.46%。

服务发展积极作为 邀请济宁市政府领导及相关部门、重点县市区政府、有关企业的30名代表召开了服务外经贸发展座谈会，广泛听取了大家对检验检疫工作的意见和建议。结合全市“大项目突破年”部署，研究制定了《济宁检验检疫局促进外贸稳定增长的十八项工作措施》，开展了“执法把关提升年活动”，全面落实了与高新区签订的合作协议。主动与海关构建快速通关合作机制，积极向济宁市党政领导汇报工作，定期报送产品质量分析报告和欧盟食品安全预警快报，为党委政府抓好外经贸工作出谋划策，得到了市政府主要领导的批示肯定赞扬。

事企单位更具活力 技术中心实验室通过了“三合一”现场评审和总局区域性中心实验室能力验收考核，检测项目扩项270项，检测项目达到780个项，在全省实验室中位列前茅。保健中心积极推进VIP体检区建设，配置了DR等先进设备，实现新开检验项目40余种。技术中心实验室完成实验室检测1.38万批，样品数2.47万个，检测项目数6.96万个；保健中心完成出入境人员健康体检1.02万人次，预防接种1.03万人次；三检公司积极开展检疫处理，2012年共完成检疫处理7265批，15.85万吨。

队伍素质明显提升 举办了领导干部读书班活动。为干部职工购置读书卡，积极开展了“爱读书、读好书”活动。组织中层干部赴徐州局进行解放思想学习，邀请孔子研究院儒学教授开展道德教育专题辅导。在局内精心组织各类培训班61个，其中包括18

期英语培训班、4次写作大讲堂，参训人员覆盖全局全体干部职工。在全省系统行政执法考试、法制知识竞赛、质检法治文化主题演讲稿件征集等活动中均取得了优异成绩。选拔了4名干部到正科级领导岗位，推荐6名年轻干部晋升了副科级非领导职务，2名人员晋升了技术职称，12人先后得到了轮岗交流锻炼。定期调度各项工作开展情况，倡导求真务实、真抓实干的工作作风，要求干部职工重实际、求实效、埋头苦干、干成干好。

廉政建设常抓不懈 建立完善了党风廉政建设作业指导书，举办了廉政风险防控专题培训，以领导干部、行政执法、财务管理等敏感岗位和关键环节为重点监督对象，对每个岗位进行了廉政风险分析和等级确定，按时完成了廉政风险防控阶段性任务。狠抓廉政警示教育，及时传达学习各级廉政工作会议精神，层层签订了党风廉政责任书，每月编发《廉政一课》。扎实开展了纪律教育月活动，完成了干部职工亲属经商、办企业情况申报登记及汇总上报工作，组织职工观看专题廉政教育片，赴焦裕禄纪念馆进行传统教育并重温入党誓词，参观了《防渎职犯罪》展览。积极开展了行风调查活动、行风政风热线上线活动和领导干部“大接防”活动，邀请社会各界到局参观、座谈，详细了解企业、政府部门、廉政监督员以及评议代表对检验检疫工作的意见和建议，加强了与人民群众的交流与沟通。

基础工作再上台阶 将窗口建设与业务流程再造相结合，与优化办公布局相结合，与机关文化建设相结合，与提升服务相结合，检务窗口在通过总局验收基础上，被总局命名为“全国检验检疫文明服务示范窗口”。将绩效办、体系办合并到综合科进行管理，设立了济宁三检检验检疫服务公司，调动了各方面的积极性。公文处理水平有了明显提高，在全省办公室工作会议上做了典型发言。财务管理、老干部、应急管理、档案等各项工作都迈上了新的台阶，为检验检疫中心业务工作的开展提供了坚实保障。

文化氛围更加浓厚 把文化建设同检验检疫工作实际有机结合，举办了服务外经贸发展征文、职工书法、绘画以及摄影文化艺术展等系列文化活动，进一步激发了全局干部职工凝心聚力、干事创业的热情。建成了文化长廊、报检员之家、老干部活动室等，组织参加了市直机关运动会等文体活动，引领干部职工提升了的精神境界，促进了和谐机关建设。

（李　梅）

济宁年鉴 2013

JININGYEARBOOK

财政·税务

财　　政

【概述】 2012年,济宁市财政局内设办公室、人事科(挂离退休人员服务科牌子)、综合科、法规税政科(挂行政许可科牌子)、预算科、国库科、行政政法科、教科文科、经济建设科(挂企业科牌子)、农业科(挂基层行政管理科牌子)、社会保障科、金融与国际合作科、会计科、行政事业资产科(挂市清产核资办公室牌子)、政府采购监督管理科、监督检查办公室、市农村综合改革办公室、政府债务管理办公室等18个科室,另设机关党委,机关编制总额51人。所属事业单位13个,分别为财政集中支付核算中心、农业综合开发办公室、经济开发投资公司、企业财务管理处、财政局开发区分局、非税收入管理局、农业税收管理局、财政投资评审中心、财政信息中心、财政局北湖度假区分局、会计培训中心、国债服务部、机关后勤服务中心,局机关及所属事业单位共有干部职工259人。2012年,全市各级财政部门积极应对严峻复杂的经济形势,牢牢把握科学发展跨越发展的总基调,坚决贯彻市委、市政府决策部署,紧盯"三个高于、三个提高"的目标要求,积极作为、攻坚克难,奋发进取、扎实工作,大力支持经济发展,依法加强收入征管,全力保障重点支出,逐步深化管理改革,有力促进了全市财政收支的平稳较快增长。全市公共财政预算收入完成245.6亿元、增长18.6%,财政支出完成362.6亿元,增长20.7%,连续26年实现全市财政收支平衡。

支持经济发展取得新成效 积极推进工业强市战略,安排资金2.5亿元,支持企业技术改造、工业信息化发展,推动各类生产要素向园区集中,做大做强园区经济,促进了工业经济企稳回升。筹措资金14.9亿元,大力支持农业产业化、农产品质量安全与水利工程等重点项目建设。支持现代服务业发展,促进金融、物流、文化、旅游等产业提质增效。安排1.2亿元科技人才专项资金。深入开展城市建设管理年活动,筹措资金10.7亿元,支持城区道路升级改造和乡村道路等建设,完善城市功能。筹集资金5.3亿元,支持南水北调水污染防治、节能减排等重点工程项目。积极做好对上政策、资金和项目的争取工作,到位各类转移支付资金104亿元,比上年增加14.7亿元。全市经济发展活力进一步增强,全年税收收入完成177.7亿元,比上年增加26亿元,增长17.2%。

加强收支管理取得新提高 面对国内经济环境趋紧,企业下行压力加大,煤炭等支柱行业效益大幅下滑等严峻形势,全市各级财税部门克服困难、强化措施,不断加强财政经济形势分析,加大收入督导调度力度,促进了税收收入均衡入库。认真组织开展全市税源调查工作,强化对重点行业、重点企业的税费征管,查补入库各类税费9.9亿元。加大地方税收保障工作力度,大力开展协税护税,通过对涉税信息的收集和利用,共入库税款3.5亿元,新增税款1.8亿元。在加强收入征管的同时,不断优化支出结构,合理调度、统筹安排各项财政资金,严格控制一般性支出,集中财力保障县域经济发展、大项目突破、城市建设管理年等各项重大战略部署,切实把为民办十大实事落到实处,大力推进文化强市战略实施,重点支持北湖度假区和省运会场馆等项目建设。

统筹区域发展取得新突破 认真落实县域经济倍增计划,加大对下转移支付力度,提高县乡保障基本公共服务和自我发展的能力,不断推动城乡一体化进程。市级新增一般性转移支付2.5亿元,重点支持6个财政困难县加快发展。6个财政困难县继续纳入省县级基本财力保障机制扶持范围,争取补助资金7.4亿元,比上年增加1.3亿元。12个县市区全部纳入全国小农水重点县扶持范围,项目县数和争取资金数额均列全省首位。8个乡镇列入全省百强乡镇扶持范围,进一步加快了小城镇建设步伐。筹措资金1亿元,带动全市各类资金累计投入19.4亿元,强化农村环境综合整治,提高城乡环境质量,加快推进生态济宁建设。

保障改善民生取得新成果 加快推进民生保障十大体系建设,全市民生方面的支出完成202亿元,占财政支出的56%,比上年提高3.5个百分点。认真落实强农惠农富农政策,及时发放粮食直补、农资综合、农机购置等政策性补贴等9.6亿元。全市教育投入89亿元,完成教育支出占比22.8%的省定目标,大力支持农村小学教学点改造、校舍安全工程和省级规范化学校建设,在全省率先实施了困难学生营养餐计划。全市投入9.1亿元,新农合和城镇居民基本医疗政府补助标准由每人每年200元提高到240元,有效缓解了群众看病难、看病贵问题。全市新增投入1.1亿元,在全省率先建立了城乡居民养老金正常增长机制,推进养老服务体系建设。筹措资金7亿元,支持1.38万套保障性住房建设,努力满足困难群众住房基本要求。不断扩大一事一议奖补范围，拨付财政奖补资金2.8亿元，推动了农村公益事业的快速发展。落实政法经费保障资金5.9亿元，支持社会管理创新，扎实推进“平安济宁”建设。

财政管理改革取得新进展 全面推行国库集中支付，推进公务卡改革，完善财政监督制约机制。制定了控制会议费开支和行政事业单位国有资产管理等有关办法，进一步健全了审批制度，有效节约了财政资金。深化投融资管理改革，成立市惠达产业发展投资公司、财信融资担保公司，与市城建投资公司形成支撑投融资体系的“三驾马车”，进一步增强了政府宏观调控经济的能力。多方筹措资金，及时偿还市本级政府性债务本息19.4亿元，有效防范了财政风险。财政投资评审工作成效明显，全市共评审资金180亿元，审减资金29亿元，审减率达15.9%。加快推进财政“大监督”机制建设，积极开展会计信息质量、部门预算、民生政策资金落实等方面的专项检查，不断提升财政科学化精细化管理水平。

干部队伍建设取得新提升 根据工作需要，推荐提拔了1名正县级干部、5名副县级干部，重用11名科级干部，通过公开竞争上岗，提拔了18名正科级、33名副科级干部，交流轮岗16名科级干部，充实到重要工作岗位，激发了广大干部干事创业的激情活力。继续加大年轻干部培养锻炼力度，扎实做好双向挂职锻炼工作。组织干部职工开展了“解放思想跨越发展大讨论”、“恪守从政道德、保持党的纯洁性教育”、“大规模驻村入户、面对面谈心交流”等一系列主题实践活动，加强对党的十八大精神以及中央和省市领导重要讲话精神的深入学习，增强了服务大局、服务基层的积极性和主动性。加强党风廉政教育，认真落实中央八项规定以及省市委关于厉行节约的要求，机关依法行政、廉洁自律水平不断提高，保障了财政资金和财政干部“两个安全”。广大干部职工开拓创新、爱岗敬业、严守纪律、顾全大局、密切配合、团结共事的良好风气得到充分展现。在政风行风建设和文明创建取得新成果，在全市开展的“万名代表评机关”和“民主评议政风行风”活动中，列市直经济管理部门第一名。在年度工作目标综合考核中，市财政局被市委、市政府评为先进单位和群众满意单位，局领导班子定为好等次。局党组被市委评为先进学习型党组，市局获得全省新型农村和城镇居民社会养老保险工作先进单位，继续保持了省级文明单位荣誉称号，市财政集中支付核算中心被授予“全国巾帼文明岗”荣誉称号。

（钟　强　赵建国）

住房公积金管理

【概述】 济宁市的住房公积金制度和机构于1995年7月开始建立，机构原名称为济宁市住房资金管理中心，挂靠在市财政局。2003年初，根据国务院《住房公积金管理条例》和《国务院关于进一步加强住房公积金管理的通知》（国发〔2002〕12号）精神及省市有关要求，正式启动住房公积金管理机构的调整工作。2003年4月，济宁市将机构调整方案上报省政府，获得省政府的批准，成为管理全市住房公积金的唯一机构。2003年6月市编办下发文件，批准市住房公积金管理中心为正处级全额事业单位，7月市中心领导班子到位，12月9日正式揭牌运营。按照每个设区城市设立一个住房公积金管理中心，县（市）不设立住房公积金管理中心的要求，2007年4月29日，市编委专门研究了县市区和兖矿集团住房公积金管理机构问题，下发了济编〔2007〕11号文件，明确了各县市区和兖矿集团住房公积金管理机构的规格和人员编制等问题，6月8日，市政府批准了市中心机构调整实施方案。在全市12个县市区设立了3个分中心、9个管理部，均为科级规格，2008年12月，兖矿分中心正式上划，规格为副处级。2009年6月，根据业务发展实际情况，中心对内部科室进行了整合调整，设办公室、人事教育科、计划财务科、归集管理科、信贷科、监督检查科、信息科等7个科室及1个城区综合服务大厅。市管理中心共有核定编制85人。

2012年，在市委、市政府的坚强领导下，在市住房公积金管理委员会的正确决策下，在市县有关部门的大力支持下，全市住房公积金管理系统按照年初确定的工作目标，齐心协力，真抓实干，各项工作取得显著成绩。全年归集住房公积金352365万元，完成计划的118.8%，比上年增长30.6%，当年归集总量列全省第5位；提取住房公积金140019万元，比上年增长60.9%；发放个人住房公积金贷款248905万元，完成计划的118.5%，比上年增长19.9%，当年贷款总量列全省第3位；实现增值收益15589万元，完成计划的192.5%，比上年增长209.7%。贷款逾期率为0.03‰，低于0.6‰的逾期控制目标。各项指标均超额完成全年目标任务。市住房公积金管理中心先后通过了省、市级文明单位复审，荣获全省住房城乡建设系统“为民服务，创先争优”示范窗口单位、全市“双评”活动群众满意单位等称号。

进一步加大住房公积金宣传力度 加强与新闻媒体的合作力度，在济宁广播电台开展了一个月的有奖知识问答和为期一年的住房公积金品牌宣传活动，积极参与“网络问政”、“政风行风热线”等专题栏目，扩大了社会影响。制定了中心网站管理办法，加大网站的信息发布力度，2012年共发布各类住房公积金信息410余篇，网站累计访问量超过130万人次。落实市政府和上级监管部门信息公开的要求，通过《济宁日报》和中心网站发布《住房公积金年度公告》，及时将住房公积金资金管理和执行情况向社会公布。

扎实推进住房公积金归集工作 2012年3月份召开了全市住房公积金归集扩面工作会议，市政府与县(市、区)政府签订了扩大住房公积金制度覆盖面工作目标责任书。将城区归集指标分解到承办银行，每季度召开一次归集进度调度会，收到很好的效果。开展了“集中督导月”活动，通过调查了解、电话催缴、上门督导等方式，对未建立公积金制度的单位和企业进行重点督导，2012年全年新增缴存职工2.5万人。为进一步增强干部职工改善住房的能力，充分享受经济社会发展的成果，市委、市政府决定从2012年7月份开始将市直行政事业单位的住房公积金缴存比例由8%提高至12%，部分县市也提高了住房公积金的缴存基数和比例。

积极开展个人住房公积金贷款工作 对有资金缺口的分支机构实行资金周转，2012年为曲阜、汶上和泗水周转资金6000万元，进一步满足了干部职工的贷款需要。针对部分单位职工团购、集资建房、定向购房，积极联合银行、担保公司进行贷款上门服务，尽量简化办理手续。为简化流程，缩短贷款时限，方便县市区缴存职工贷款，对6个分支机构进行贷款全权授权，至2012年，市中心已完成了对所有分支机构的贷款全权授权。

切实加强资金安全管理 与承办银行重新签订了为期3年的委托合同，规范了金融机构的承办行为。认真审核分支机构的用款计划和转存计划，确保资金安全。对开发商资质、担保能力、楼盘合法性进行审查，从房产源头上合理防范风险。开展“逾期贷款催收年”活动，绝大多数分支机构实现了贷款零逾期。加强个人征信记录在住房公积金贷款审批中的应用，出台了专门管理办法，有效预防和降低了贷款风险。

全面提升为民服务水平 服务窗口进一步兑现服务承诺事项，定期组织绩效考评，严格执行一次告知制、首问责任制、限时办结制，切实提高办事效率和服务质量。坚持机关工作人员到城区综合服务大厅轮流值班制度，提升了服务管理水平。进一步推进信息化建设。相继完成了核心业务系统的需求设计、核心业务系统编码等工作，通过政府采购分批次购买了办公自动化设备和网络硬件设备，为建立规范的业务管理体系奠定了基础。2012年底开通了12329住房公积金服务热线，提高了住房公积金管理效率和服务水平。

深入开展党风廉政建设和内部管理工作 与各科室、分支机构签订党风廉政建设责任书，任务细化到人，责任明确到人。开展“恪守从政道德，保持党的纯洁性”教育活动，起到了良好的教育效果。组织开展“廉政风险防控落实年”活动。对各分支机构工作开展情况进行了专项检查和内部审计，没有发现违规违纪问题。在市纪委统一组织的市直部门落实廉政风险防控机制工作检查中取得了并列第一名的好成绩。制定完善了经费管理、车辆管理、工作职责、工作纪律等规章制度，促进了各项工作制度化、规范化。

(陈 通 桂 洋)

国 税

【概述】 2012年，济宁市国家税务局内设办公室、政策法规科、货物和劳务税科、所得税科、收入核算科、纳税服务科、征收管理科、财务管理科、人事科、教育科、监察室、大企业税收管理科、国际税务管理科、进出口税收管理科等14个行政科室和机关党委办公室，设信息中心、机关服务中心、培训中心3个事业单位，稽查局、车辆购置税征收管理分局2个直属机构。下辖市区、任城、兖州、曲阜、泗水、邹城、微山、鱼台、金乡、嘉祥、汶上、梁山、高新区、北湖新区等14个县(市、区)国税局。2012年底，全市国税部门共有在职干部职工1907人，管理各类纳税人5万余户。

坚持组织收入原则，税收收入实现平稳增长 全市国税部门紧紧围绕市委、市政府“三个高于、三个提高”的工作目标和“求真务实、稳中求进”的工作总基调，严格落实“依法征税，应收尽收,坚决不收过头税,坚决防止和制止越权减免税,坚决落实各项税收优惠政策”的组织收入原则,围绕组织收入目标,加强税源调查,强化收入调度,落实收入措施,有效应对了组织收入工作的严峻态势。深入分析税源增减变化情况,不断提高收入分析和监控水平,促使税收与经济协调增长、收入质量和规模同步提高,使经济发展成果充分体现到税收收入上来。实行领导包片、部门包点的收入督导机制,完善组织收入考核办法,牢牢把握了组织收入工作主动权,圆满完成了省国税局和市委、市政府下达的组织收入任务。全年共完成国税收入208.85亿元,同比增长1.73%,增收3.54亿元。不含海关代征,国内税收收入完成195.15亿元,同比增长6.16%,增收11.33亿元。分级次看,中央级完成159.13亿元,比上年增长0.44%,增收6975万元;省级完成4.19亿元,比上年增长24.97%,增收8371万元;市、县级收入完成45.53亿元,同比增长4.61%,增收2.01亿元。

全面落实税收政策,依法行政能力不断提高 开展税法和相关法律知识的学习培训,教育全员树立“有权必有责、用权受监督、违法必追究”的法治意识,干部依法行政理念不断深化。制定了《“十二五”时期全市国税系统推进依法行政工作规划》,明确了依法行政工作任务目标;严格进行规范性文件审核、会签,全年共把关会签文件171份;落实执法责任和过错追究,大力提升综合执法正确率。以税收宣传月和“12·4”法制宣传日为主阵地深入开展普法活动,公民依法诚信纳税观念进一步增强。严厉打击发票违法犯罪活动,开展成品油受票企业和生产企业税收专项治理,对药品、医疗器械生产经营单位和医疗机构发票使用进行专项整治,认真受理和查处涉税举报案件,有效地整顿了税收秩序。认真落实中央关于保稳定、保增长、促转型的一系列税收优惠政策,做好固定资产进项税额抵扣、蔬菜和鲜活肉蛋产品流通环节免征增值税、小型微利企业减免所得税、个体工商户增值税起征点调整、出口退(免)税等政策的宣传培训和跟踪问效,服务全市经济发展和结构调整。全年共落实各项税收优惠政策金额达到46.45亿元。

严格控管积极探索,税收管理水平不断提高 坚持一手抓基础管理,一手抓改革创新,不断强化税收征管。加强货物劳务税管理,做好农产品进项税额核定扣除工作;认真筹备“营改增”试点,从协调配合、政策梳理、业务培训、信息交换等方面做好准备。开展企业所得税纳税辅导和政策调研,抓好优惠项目备案,制定政策执行跟踪问效办法,所得税电子申报率达到了98.43%。加强国际税务管理,强化非居民企业所得税征收,加大外资企业反避税力度,增加了税款,维护了国家权益。强化出口退税管理,严格执行退税政策,组织开展交叉互审,实现了“快速退税、安全退税”的目标。对大企业实施差异化和递进式的风险管理,提升了大企业复杂涉税事项管理和风险应对层级。按照国家税务总局、山东省国税局确定的改革内容,坚持实事求是、因地制宜的原则,坚持面上指导,推动试点深入。以税源专业化管理为主题,推进管理对象、管理团队、管理协作、管理方法的专业化;以风险管理、专业化管理为核心,明晰征纳义务,突出纳税服务的先导作用,加强重点税源管理;以信息化为支撑,加强涉税信息采集应用和网络安全,税收征管改革不断向纵深发展。

转变观念优化措施,纳税服务全方位改进 按照市委、市政府“为企业排忧解难”的工作要求,组织开展了“千户企业大走访,纳税服务助发展”活动,问需求、听意见、送政策、解难题。举办“服务科学发展,共建和谐税收”税企恳谈会暨纳税服务年报发布会等活动,进一步了解全市纳税人的涉税需求和对国税工作的意见和建议。积极推广“免填单管理系统”,5大类16张表单实现了自动生成,减轻了一般纳税人在办税服务厅近90%的劳动量。针对汽车销量不断增加的实际情况,加大对各县(市、区)车购税征收工作的指导管理力度,为广大车主提供了优质服务。坚持每季度举办一次“对话·国税局长与您面对面网上访谈——国税局长在线访谈”活动,进行税收政策答疑和解读。建立了12366“星期五局长在线”制度和“专家坐席”制度,实现了与纳税人多层面沟通。与市地税局密切协作,组织了第5次全市纳税人信用等级评定工作,共评定A级(县局评定)纳税信用的纳税人205户,AA级(市局评定)17户,AAA级(省局评定)41户,使依法诚信的纳税人获得应有的社会认同,得到社会各界和广大纳税人的一致好评。

着眼长远全面带动,工作根基得到巩固 从基层基础建设和人才队伍培养这两项基础性工作入手,制定了加强基层基础建设的长期规划,坚持经费向基层倾斜,以开展全市基层建设观摩为助力,确保基层建设各项工作落到实处，全面优化基层工作环境，不断改善基层工作条件，有效提高了基层干部的归属感。采取竞争上岗方式，进一步优化了县(市、区)局和基层分局领导班子结构，为9个县(市、区)局选拔任用了6名班子成员和20名基层分局长，调动了各层面干部的工作积极性，激发了干部队伍活力，树立起良好的用人导向。加大教育培训工作力度，积极拓展培训层次，分别在扬州税院、浙江大学举办了基层税务干部管理能力提升培训班和领导干部综合能力提升高级研修班，开阔了干部眼界，优化了知识结构，提升了谋划工作和落实工作的能力。在全系统开展业务能手选拔活动，建立了稽查、征管、计统、文秘等多个人才库。坚持加强税务文化建设，以文化人，建立了廉政教育基地、党建教育基地、文化展厅等，把税务文化建设融入到执法、管理、服务和队伍建设的方方面面，推动了税收工作的深入开展。

坚持教育惩防并重，党风廉政建设不断深入 以全市“解放思想跨越发展大讨论”为契机，在全系统开展了“正税德税风，保党性纯洁”效能提升年活动，大力加强干部作风建设，全体干部树立起心系群众的宗旨意识和如履薄冰的风险意识。发挥正面典型教育带动作用，在《济宁日报》开辟专栏公开评选“我身边的好税官”，掀起“向身边同事学习，争做廉洁勤政模范”的热潮。积极探索了“制度+科技”的权力控制模式，构建起以权力监督制约为核心、以制度机制为保障、以信息技术为依托的内控预防体系；利用综合征管系统、税收执法管理信息系统、预警评估系统等软件，对日常税收征管运行实时全面监控，形成人机结合、机控人防的制约机制，实现了科技反腐和科技控权。认真贯彻落实《关于进一步加强税务系统政风行风建设的意见》，突出抓好干部日常行为管理和细节管理。开展税收执法廉政回访、网络评议等活动，不断完善特邀监察员、局长信箱、在线访谈等制度，积极参加阳光政务热线和民主评议政风行风活动，自觉接受纳税人监督，被济宁市委、市政府授予“文明单位”、“五一劳动奖状”等荣誉称号。

（胡庸民）

地　　税

【概述】 济宁市地方税务局组建于1994年8月，实行省以下垂直管理，受省地方税务局和济宁市委、市政府双重领导。2012年，内设办公室、政策法规科、税收管理一科、税收管理二科、征管与科技发展科、收入规划核算科、财务管理科、人事科(离退休干部科)、基层工作科、监察室、纳税服务中心、信息中心、税源管理科、机关党委、党组巡视检查办公室等16个科室，市稽查局、市直属征收局、市国际税务分局、市高新技术产业开发区分局等4个直属单位，下辖市中区、任城区、兖州市、曲阜市、泗水县、邹城市、微山县、鱼台县、金乡县、嘉祥县、梁山县、汶上县等12个县市区地方税务局。共有在职干部1707人，担负着全市10万户纳税人的地方税收征管工作。

2012年，面对复杂多变的经济税收形势和艰巨繁重的税收工作任务，全市各级地税部门在市委、市政府和省局党组的坚强领导下，紧紧围绕全市经济社会发展大局和“三个高于、三个提高”目标要求，稳中求进，积极作为，以组织收入为中心的各项工作取得新的成绩。连续3年获得全市承诺践诺活动垂直部门第一名，被授予“综合考核先进集体”、“支持济宁发展突出贡献单位”，并以中央、省驻济单位群众满意度考核第一名的成绩荣获“群众满意先进单位”荣誉称号。市委书记马平昌、市政府市长梅永红先后多次批示肯定地税工作。

地税收入突破200亿元大关 努力克服企业效益下滑、煤炭价格回落、房地产调控趋紧以及政策性减收较大等不利因素，全面加强税收征管，深入挖掘增收潜力，努力提高收入质量，地税收入保持较好增长态势。2012年累计完成各项地税收入216.45亿元，增长20.44%，其中市县级收入完成146.45亿元，增长26.13%。继2009年地税收入总量突破100亿元大关、2011年市县级收入突破100亿元大关之后，全年地税收入总量一举突破200亿元大关，四年内迈过三个台阶。在收入总量持续稳定增长的同时，收入结构进一步优化，市县级收入占总收入的比重为67.66%，同比提高3.05个百分点；市县级收入占地方财政收入的比重为59.75%，同比提高3.68个百分点，“两个比重”连续三年呈递升趋势，地方财政保障能力不断增强。

服务发展能力明显增强 主动融入全市发展大局，向市委、市政府提报了《关于我市煤炭行业发展有关问题的报告》，从利用和争取税收政策层面支持资源型城市转型发展。制定出台含金量较高的《关于支持全民创业的60条实施意见》，鼓励支持全民创业和民营经济发展。积极向上争取调整济宁市花岗石资源税单位税额，增加资源税400万元。全年代收价格调节基金6.9亿元、水利建设基金1.98亿元、残保金3481万元、文化事业建设费446万元，全方位支持了社会事业发展。认真落实结构性减税政策，依法减免高新技术企业所得税1.59亿元、资源综合利用企业所得税2250万元、农产品初加工企业所得税1133万元、小型微利企业所得税43.44万元；为2408户纳税人办理再就业税收优惠减免税款2442万元；落实个人所得税起征点调整减免税款3.97亿元，惠及全市中低工薪收入者28万名，充分发挥了税收政策的调控和导向作用。组织开展"为企业发展排忧解难"、"征纳共盈"纳税服务品牌创建活动，推行局长服务日、纳税人税法培训中心、国地税联合办税、同城通办等特色服务，受到了纳税人的欢迎和好评。

税收管理水平全面提升 牢固树立并全面落实"经济决定税源、管理增加税收"的治税理念，全面加强税收管理，强化征管状况监控分析，规范税务登记、临时征收户、代开发票、申报征收等各个环节的管理，切实巩固了征管基础。大力实施税收征管改革，扎实推进税源专业化、一体化管理，突出加强重点税源、重点行业、重点企业、重点税种管理，统一启用房地产业、建筑业项目管理信息系统开具发票，聘用专业机构对全市75.48万套存量房进行价格评估，推进金融保险机构分经营项目明细申报，强化民间借贷税收管理，房地产、建筑、金融等行业税收稳定增长。加强国际税收管理，反避税调查和非居民税收管理取得积极成效，地方涉外税收收入连续10年居全省首位。加强重大建设项目管理，全市589个投资额1000万元以上的已开工建设项目全部纳入税源监控。积极拓展综合治税的深度和广度，通过采集信息新增税款1.85亿元，其中加强宗地管理增加税款1.2亿元，地方税收保障工作走在全省前列。加大户籍管理、税基管理、申报征收及以票控税工作力度，全市税收征管基础得到进一步巩固。继续强化税务稽查工作，全年查补各项税款1283万元。

干部队伍建设有效加强 不断加强对系统党建工作的指导，成功承办了中央驻鲁、省垂管单位机关党建工作经验交流会，创先争优、系统党员管理等党建工作经验在全省45个部门中推广交流。进一步改善基层单位工作生活环境，积极推进集中办公，不断优化资源配置，11个县市区局实现了集中办公，全面完成基层建设三年规划任务目标，被省局授予"服务基层优秀单位"。高度重视干部素质提高工作，全年共举办各类培训106期，培训人员4900余人次，引入"乐学在线平台"，每季一次在线考试，及时兑现积分奖励，激发了干部职工的学习乐趣。2012年底，全系统本科以上学历占比58.9%，拥有"三师"资格人员140人，48人入选总局、省局骨干人才库。深入推进文化建设，积极倡导实践"快乐学习、积极工作、健康生活"的理念，连续5年把党风廉政建设暨干部作风建设会议作为节后第一个会议，推广应用"廉政和执法风险防控平台"，深入开展"解放思想跨越发展大讨论"活动，大力加强干部作风建设，被省局授予"全省地税系统纪检监察先进集体"。

（崔宗太）

文化济宁

龙行路

龙行路位于市中区越河街道办事处北，因清乾隆皇帝南巡，于坝口处登岸经过于此而得名。1840年(清道光20年)称龙行路，1966年文革西路，1982年龙行胡同，2002年龙行路。龙行胡同由当时不足2米宽的小巷，2001年扩至40余米宽的龙行路。

龙行路为越河办事处的中心轴，路北属王母阁社区，路南为古路沟社区，西首依邻古南池(即王母阁湖)王母阁湖在唐朝时称南池，杜甫曾在南池泛舟赋词，有《与任城许主簿游南池》诗；明代嘉庆后叫古南池。后取"西望瑶池降王母"之意，在池内阜丘上建一座王母娘娘阁，南池名逐渐被王母阁湖所代替。直到近代仍有"南池荷净"为济宁八景之一。

传说清乾隆二十二年(公元1757年)高宗宏利(即乾隆皇帝)第三次下江南巡幸归来，龙船行至坝口，突然狂风大作，波浪翻滚，圣驾受惊。只见一老者身着员外服，用肩抗住船头。顿时风平浪静，龙船转危为安。老者上岸，沿坝口街径直南走，乾隆遂登岸沿坝口街尾随，见老者向西拐进一条胡同，乾隆追至胡同西首土地庙内，不见老者。乾隆疑"土地神"来坝口救驾，遂加封此处土地神为"都土地"，重塑金身，着蟒袍玉带。此胡同也因此得名"龙行胡同"，沿用至今。

济宁年鉴 2013

JININGYEARBOOK

金融·保险

金 融

【概述】 2012年，济宁市银行业金融机构按照“稳中求进”的总基调，紧密结合全市经济社会发展“三个高于、三个提高”的工作目标，多渠道增加对实体经济的资金投入，全市金融运行呈现“存贷款增量创历史新高、结构继续优化、经营效益进一步提升”的良好态势。

加强金融机构体系建设，不断创新金融业务 2012年，济宁市银行业金融机构以业务创新为抓手，进一步完善机构体系建设，努力提升可持续发展能力。一是2012年，全市新成立5家村镇银行，地方中小法人金融机构进一步壮大，“三农”和中小企业的金融支持得到有效补充；二是工行济宁分行新开办“账户管家”和“企业网银结售汇”业务，为财政账户和企业结售汇服务提供便利；三是济宁市农村信用社创新贷款品种，开办“票据池”质押贷款，2012年末，累计办理“票据池”质押贷款2.43亿元；四是中信银行济宁分行发行“信福年华卡”，是全国首张为中老年客户量身定做的借记卡。

存贷款增量创历史新高，信贷结构进一步优化 2012年在实体经济下行压力加大、有效信贷需求不足、金融运行困难挑战增多的宏观背景下，全市银行业金融机构主动加大信贷投入，持续改善信贷结构，积极筹措资金来源，存贷款业务保持了快速增长的良性势头，增量均创历史新高。各项存款迅猛增长，余额突破3000亿元大关。2012年末，全市银行业金融机构本外币存款余额3191.7亿元，同比增加556.9亿元，同比多增200.4亿元，比2009年的历史次高点高出115.7亿元；余额增长21.1%，同比提升5.5个百分点。一是单位存款呈现较强的增长势头。2012年末，全市金融机构本外币单位存款余额为1379.09亿元，比年初增加261.29亿元，同比多增106.56亿元，增长23.38%，增幅同比上升7.31个百分点。分细项看，除单位协定存款同比减少4.19亿元外，其余各项均呈增长态势，其中单位活期存款、单位定期存款、单位通知存款、单位保证金存款和单位结构性存款，同比分别增加18.40亿元、136.10亿元、5.84亿元、59.86亿元和0.38亿元；二是个人存款保持了平稳增势。2012年末，全市银行金融机构本外币储蓄存款余额为1379.09亿元，同比增加261.29亿元，同比多增91.94亿元，增长23.38%，增幅同比上升了9.08个百分点。其中，储蓄存款新增274.7亿元，同比多增92亿元，分机构看，储蓄存款增加较多的机构是全国性四家行、农合机构、邮储银行和济宁银行，分别比年初增加112.08亿元、84.42亿元、40.46亿元和19.05亿元，占全市储蓄存款新增额的93.21%；三是存款“季末冲高、季初回调”态势明显。数据显示3、6、9、12月存款增量合计为343.7亿元，占全年增量的61.7%，1、4、7、10月存款增量合计为14.8亿元，仅占全年增量的2.7%贷款投放节奏总体均衡，呈现“短增长减”特征。截止2012年末，全市金融机构本外币贷款余额1986.7亿元，同比增加340.2亿元，同比多增76.8亿元，比2009年的历史次高点高出59.7亿元，超额完成全年贷款新增300亿元的目标，余额增长20.7%，同比提升1.7个百分点。短期贷款增势强劲，成为拉动各项贷款增长的主导力量。2012年末，全市金融机构本外币短期贷款余额1204.90亿元，同比增加276.95亿元，同比多增70.22亿元，增长29.85%，新增额占全部贷款新增的81.40%，同比提高2.92个百分点，为近5年来历史最高点，成为拉动各项贷款增长的主导力量。贷款期限短期化有利于金融机构资产流动性管理，有效满足了实体经济流动性资金需求。中长期贷款投放同比减弱，信贷投放以支持重点企业和民生工程为主。2012年末，全市金融机构本外币中长期贷款余额655.25亿元，同比增加20.55亿元，同比少增24.23亿元，增长2.57%，增幅下降5.02个百分点。中长期贷款增长呈以下特点：一是新增普通并购贷款占比较大。截止2012年末，全市中长期普通并购贷款余额为11.10亿元，同比增加11.10亿元，占全部中长期新增贷款的54.05%；二是固定资产贷款投放同比明显减弱。截止2012年末，中长期固定资产贷款余额达345.63亿元，同比增加5.09亿元，同比少增25.79亿元，增长1.49%，增幅同比下降8.48个百分点，其主要原因与国家严控新开工项目、清理融资平台贷款、加强房地产调控、推进节能减排等调控力度加大有直接关系；三是中长期个人消费贷款突现主导作用。2012年末，中长期个人消费贷款余额达154.86亿元，比年初增加12.61亿元，增长8.86%，中长期个人消费贷款新增额占中长期贷款新增额的

61.36%，突现其对中长期贷款的拉动作用，其原因主要与房地产市场回暖，居民购房意愿增强有关。票据融资增势明显强于上年同期。2012年末，全市票据融资余额为126.41亿元，比年初增加42.69亿元，增长50.99%，同比多增30.81亿元，增幅同比上升34.44个百分点。分阶段看，2012年5个月票据融资的波动幅度明显比上年同期加剧，票据直贴利率从年初以来呈下滑态势，进入2012年下半后企业票据贴现需求开始旺盛，票据贴现利率也从2012年6月下旬开始回升，年底受信贷规模控制抑制了票据融资的增长。

银行业金融机构发展积极向好，经营效益与资产质量同步提升 2012年全市银行业金融机构主动加大信贷投入，积极筹措资金来源，持续改善信贷结构，资产质量、经营效益得到明显提升。全市银行业金融机构累计实现利润60.5亿元，同比增盈11.7亿元。全年上缴各类税收15亿元，同比增加6.8亿元，增长83.1%。2012年末，全市金融机构不良贷款余额54亿元，比年初净下降6.2亿元，不良贷款率2.8%，较年初下降0.12个百分点，继续保持低位双降态势。

【中国人民银行济宁市中心支行】 2012年，人民银行济宁市中心支行围绕“精细管理强基础、创新履职求提升、文化引领促发展”的工作思路，求真务实，开拓创新，各项业务取得较好成效。被分行评为创先争优先进基层党组织；被地方党委政府授予“金融发展贡献奖”、济宁市“五一”劳动奖状、对外开放优质服务单位等荣誉称号；中心支行党委被总行党委组织部确定为党建工作联系单位，中心支行机关被济宁市政府推荐申报为国家级节约型公共机构示范单位。

加强窗口指导，传递货币政策信息与宏观调控意图 一是制订出台《关于加强和改进金融服务支持济宁市实体经济平稳较快发展的意见》、《关于济宁市扩大小型微型企业融资的指导意见》等文件；二是通过召开货币政策通报会、信贷运行形势分析会、法人金融机构信贷管理工作会等，及时传导货币信贷政策；三是以《呈阅件》向市委、市政府报送货币信贷运行情况以及经济金融运行中应关注的问题；四是制订出台《济宁市中小金融机构再贷款贷后管理暂行办法》。

加强政银企对接，推动信贷政策与产业政策有效结合 一是联合济宁市金融办召开“济宁市2012年‘大项目突破年’政银企合作暨重点项目推介会”，向驻济南、青岛30家省级金融机构推介大项目324个，贷款总需求342.92亿元；二是联合市中区、邹城、嘉祥等11个县市区政府召开县域银企对接交流会，累计提供各类资金91亿元；三是联合市发改委、经信委、科技局、文化局等召开科技、文化等重点产业发展资金对接座谈会，为75个项目落实贷款协议和意向43亿元。

加强金融创新，全方位提升信贷服务水平 一是联合市中小企业局召开全市小微企业金融服务推进会暨金融产品创新表彰大会，对6家“小微企业金融服务先进单位”、4家“金融产品创新先进单位”进行了表彰；二是制订《济宁市农村支付环境建设2012“双百目标年”工作实施方案》，2012年5月底完成全辖152个乡镇和5722个行政村支付环境建设“双百目标”；三是制订印发《关于进一步加强民生金融工作的指导意见》，引导激励金融机构加大对保障性住房建设、农田水利建设、大学生“村官”创业、居民消费等领域的信贷支持；四是以乡镇国债惠民服务点为切入点，以政策发布、宣传引导、监督检查为三条基本

2012年7月22日，济宁市隆重召开全市加快金融业发展大会。

■2012年8月9日，人民银行济宁市中心支行联合市中小企业局组织举办全市小微企业金融服务推进会暨金融产品创新表彰会。

线，创新构建"一点三线"农村国债市场惠民服务网，农村国债发行历史首次超过城市；五是制订《济宁市现金服务"承诺十八项、献礼十八大"活动实施方案》，进一步优化提升现金服务水平。

加大创新力度，推动外汇管理改革和跨境人民币业务开展 一是制订《外汇主体监管深化工作方案》、《企业主体监测分析办法》，对企业主体实施立体化、动态式全程监测管理；二是积极引导重点企业开展出口收入存放境外业务，为济宁世纪车轮制造有限公司办理出口收入500万美元存放境外资格登记，提高了贸易投资便利化水平；三是制订出台《关于进一步改进外汇管理支持全市涉外经济平稳较快发展的指导意见》、《关于试行招商引资"先行介入机制"的指导意见》，选择梁山、嘉祥、曲阜等3县市试行招商引资"先行介入机制"，提升了县域招商引资质量；四是制订印发《2012年全市跨境人民币业务工作要点》、《关于推进2012年跨境人民币业务工作的意见》，2012年济宁市跨境人民币业务结算总量居全省第4位。

稳步推进金融管理工作 一是制定《济宁市系统性金融风险预警制度》，在省内率先建立了系统性金融风险监测评估体系；二是对济宁银行和中国银行济宁分行创新开展了稳健性现场评估和房地产市场风险、流动性风险、利率风险等5项压力测试；三是举办国际收支、人民币管理、征信等业务知识竞赛，提升金融机构相关岗位人员业务素质；四是对交通银行济宁分行等57家机构的重大事项报告、反洗钱、金融统计、支付结算等业务进行执法检查，罚款37万元；五是制订《新设银行业金融机构管理办法》、《操作规程》，组织对济宁高新村镇银行等9家机构进行了开业验收，创新出台《新设银行业金融机构业务验收达标细则》；六是2012年组织完成4家机构反洗钱执法检查，开展现场督导2次、现场巡查4次、反洗钱约见谈话12次。成功识破并堵截12起资金诈骗案件，涉及资金1500余万元。

不断提高内控内管工作水平 一是创新实施县市支行风险控制状况综合评价，全面加强"小金库"、公务用车、工程建设领域突出问题专项治理；二是深入开展了"会计文化建设年"活动，打造了"诚信严谨、合规尽责、安全规范、协调联动、服务高效"的会计文化理念；三是进一步夯实金融统计、经济监测业务基础，实现了全年上报数据零差错；四是开展了"应急知识宣教月"活动，组织开展应急演练项目22个，有效提高全行应对突发事态能力和安全保密意识；五是制订了中心支行《内审转型全面推进年活动实施细则》、《县市支行内审同级监督项目管理办法》等制度，强化了内审组织管理；六是为防范国库会计数据集中系统（TCBS）上线后风险点大幅的情况，制定了《TCBS业务流程与风险防范手册》等3项防控措施；七是研究制订了《中心支行廉政文化建设五年规划》，提炼出"崇廉尚勤"的廉政文化价值理念，打造了"清风伴我行"的廉政文化品牌。

（高　雷　郭晓娟）

【中国工商银行股份有限公司济宁分行】 中国工商银行股份有限公司济宁分行下辖84个分支机构，其中一级支行12个（含营业部），二级支行34个，分理处以下机构38个。市分行内设13个部室。从业人员1502人。2012年，全行认真贯彻落实国家宏观调控政策，加快转变经营发展方式，以省工行与市政府签订战略合作协议为契机，全面落实服务实体经济本质要求，抓好金融服务与全市重点工作的有效对接，在支持地方经济发展中继续保持了持续、稳健、快速发展的良好势头。2012年末，各项融资总量达到584亿元，较年初增加102亿元，其中各项贷款增加27亿元，表外融资增加75亿元，融资规模继续位居同业首位。在全省系统二级分行行长绩效考评中居第6位，并再次进入全国工行系统二级分行经营30强，列第21位。

全力支持重点项目建设 认真贯彻落实市委、市政府"大项目突破年"决策部署，积极拓宽表内外融资渠道，扎实做好重点项目建设配套服务。2012年累计为20个重点项目提供资金50.86亿元，同比多投放15.9亿元、增幅45%。其中，向太阳纸业轻型纸项目、兖矿峄山化工DMF项目、济矿并购股权项目等12个重点项目发放贷款28.13亿元。在扩大传统项目贷款规模的同时，重点加强与信托公司、租赁公司、资产管理公司的合作，创新推广了融资租赁、银团合作、委托理财、海外代付等新型融资手段，多渠道引入外埠同业、海外机构和总省行资金，先后向8个重点项目提供配套资金22.73亿元，有效满足了项目建设融资需求。

助力重点产业转型发展 进一步加大先进装备制造业、生物医药、战略新兴产业和节能环保领域的信贷投放，贷款新增占比达到48%以上。大力支持现代服务业务发展，累计向文化旅游、批发零售、仓储物流等行业投放贷款46.81亿元，占全部贷款投放量的23.6%。全力配合"工业强市"战略实施，对市政府重点扶持的57户千百亿工业企业进行了服务对接，与其中的45户企业建立了信贷关系，2012年累计发放贷款102亿元，占全部公司贷款投放量的43%。特别是强化了与产业龙头企业的战略合作，累计向5户大型集团客户发放贷款73.5亿元，占全部公司贷款投放量的31%。2012年末，建立信贷关系的规模以上工业企业达到739户，累计发放各项贷款239.7亿元，占全部贷款投放量的88.4%。

改进中小企业金融服务 深化中小企业"以大带小、集群开发"的融资模式，累计向37户中小企业发放供应链融资15.67亿元，向薛口钢材、邹城机电园、微山煤炭等16个产业集群投放联保贷款11.62亿元，有效满足了中小企业融资需求。突出加大对中小企业相对集中的县域经济的资源倾斜力度，实施了供应链融资、联保贷款、小企业标准厂房按揭贷款、百货商场联营模式小企业贷款等新产品的创新试点，2012年以来累计向县域经济投放贷款179.15亿元，占全部贷款投放量的66.1%，较上年提高了4.2百分点。2012年末，小企业有贷户达到571户，净增111户，贷款余额达到54.8亿元，排全省工行系统第4位。

（中国工商银行股份有限公司济宁分行）

【中国农业银行股份有限公司济宁分行】 中国农业银行股份有限公司济宁分行，辖121个分支机构，其中14个支行，1个支行级营业部，17个二级支行，78个分理处，11个储蓄所，在职员工2169人。2012年末，各项存款余额501.7亿元，较年初增加71.4亿元，各项贷款余额264.7亿元，新增贷款53.6亿元，其中，涉农贷款余额158.9亿元，较年初增加30.9亿元。2012年，分行被评为"省级文明单位"，被济宁市委、市政府授予"支持济宁地方经济突出贡献奖"荣誉称号。

全力支持地方经济发展 立足服务实体经济，加快贷款有效投放，积极为全市重点行业、重点企业和重点项目提供资金支持。全年累计为采矿、现代制造、交通能源等传统支柱行业投放贷款45亿元，为兖矿、华勤、济矿、山东重工等重点企业投放贷款23.9亿元。积极创新产品和服务，将贸易融资、中期票据、银团贷款等新兴业务作为推广重点，拓宽了企业融资渠道，降低了企业融资成本。2012年，为兖矿集团注册发行中期票据22亿元；作为牵头行，为菱花集团退城进园项目组织银团贷款5亿元，这是济宁市首笔银团贷款，也是全省首笔由农行牵头组织的银团贷款。

努力做好"三农"服务工作 按照农行"服务三农"的要求，大力支持三农县域经济发展，重点扶持农业产业化龙头企业，倾心助力农民发家致富。全年发放三农县域贷款29.46亿元；市级农业产业化龙头企业贷款余额14亿元，省级以上农业产业化龙头企业信贷覆盖率达到93%，高于全省平均水平11个百分点；发放惠农卡62万张、农户小额贷款22亿元，累计扶持农民兄弟7.8万户；不断改善农村金融服务，以金穗"惠农通"工程为主体，以网上银行、手机银行、电话银行、转账电话为突破重点，不断延伸服务半径，向农村地区提供覆盖面更广、操作更便捷的产品和服务。累计建设“惠农通”工程服务点694个，布放自助设备476台，安装POS商户2370户，投放转账电话26542部，注册网银7.67万户，电话银行11万户，构建了营业网点、自助设备和电子银行三位一体的现代化支付结算网络。

积极支持中小企业发展 根据中小企业特点，提供多元化的金融服务。以短期流动资金贷款、中小企业简式快速贷款、自助可循环贷款等融资产品为依托，加大贷款投放力度，让企业“进得来、贷得到、贷得快”。同时，为小微企业提供“一企一品牌，一企一特色”的个性化服务，辅以动产质押、钢结构质押等创新性担保方式，有效缓解了小微企业资金紧张的状况。2012年累计发放动产质押贷款7810万元、钢结构抵押贷款8000万元、简式快速贷款9240万元、多户联保贷款10400万元。

不断满足城乡居民的投资和消费需求 加大金融产品宣传力度，将个人消费贷款、个人助业贷款和信用卡分期等金融产品送进机关、社区和乡村，让更多的居民了解、体验和使用金融产品。全年累计发放住房、装修、购车等个人消费类贷款3.3亿元，个人助业贷款7.2亿元，满足了居民的创业和消费需求。积极参与政府部门组织的社保卡招标工作，成功竞标12县市区社保卡和兖矿集团社保卡项目。

大力提升服务质量和水平 为满足广大客户的金融服务需求，加强了营业网点硬件和软件建设，全面提升服务质量。出台了网点管理办法、大堂经理管理办法等一系列基础性的政策和措施，实行网点弹性排班，增开服务窗口22个。在全市17个旗舰网点实施网点软转型项目导入，从网点定位、渠道配置、岗位优化、绩效管理、前后台流程梳理和网点精神文化建设6个方面入手，不断优化业务办理流程，提高业务办理效率，提升服务质量，转变“以产品为中心”的经营理念为“以客户为中心”，全力为客户提供优质高效的金融服务。

（徐付良）

【中国建设银行股份有限公司济宁分行】 中国建设银行股份有限公司济宁分行下辖33个机构、内设19个部室，共有员工1729人。2012年，全行加快经营转型，提升服务能力，各项工作取得了长足发展。存款、贷款分别达到421亿元、221亿元，实现税前利润8亿元，不良率0.21%，主要经营指标全部处于系统前5位，与外部经济环境实现正偏离，在中国建设银行2012年度中心城市行综合考核中，该行列65位，较上年提升7个位次。荣获了济宁市“科学发展综合考核先进集体”、“支持济宁发展突出贡献单位”、“金融产品创新优秀单位”和山东省“企业文化先进单位”等称号。

全力支持地方经济发展 明确了“济宁发展我发展、我与济宁共繁荣”的发展定位，不遗余力支持济宁经济发展和民生改善。在全省建行系统首家促成山东省建行与济宁市政府签订合作协议，累计为政府、企业融资298.76亿元，全面完成了协议约定的年度融资计划，全年纳税1.09亿元，较上年增加1061万元，增幅达到10.73%。加大对县域经济的支持力度，分别与邹城、泗水等6个县市区政府签订全面合作协议，与曲阜、鱼台等5个县市区政府签订助保金业务合作协议，在网点、人员及信贷资源等方面给予重点倾斜，仅在泗水县累计投放信贷5.36亿元，新增存贷比159.52%，居同业第1位。此外，继续加大对民生领域及新农村建设的融资支持，

■2012年7月11日，建行济宁分行与泗水县人民政府举行全面金融合作签约仪式

2012年新发放教育、卫生、文化行业贷款3亿元,余额达到9亿元,发放保障性住房、旧城改造贷款17亿元。

努力拓宽融资渠道 把做大综合融资作为满足企业多元化需求的重要手段,积极整合资源、拓宽渠道。在产品创新上,该行在全国系统内开办了首批"善融贷"业务,全省首笔全球授信业务、境内筹资转贷款业务和全市首笔银团贷款和新农村建设贷款,荣获了"济宁市金融产品创新先进单位"称号;大力支持外向型经济发展,通过海外市场,累计为企业融资1.31亿元;在当地银行金融机构中,首家促成了中国中小企业协会与济宁市政府签订战略合作协议,建立了批量化小企业业务营销平台,小企业信贷客户贷款余额15.27亿元,增幅21.4%,高出全部贷款增速12.7个百分点;参与济宁市财信融资担保有限公司组建和大运河文化经济产业带指挥部投融资运作,积极为惠达投资公司、医疗卫生投融资模式改革制定金融服务方案,得到了市委、市政府领导的充分肯定。

积极履行社会责任 把履行社会责任作为融入地方、服务社会的重要内容,与济宁车友会联合开展"绿丝带"义务接送高考学生公益活动,为学生"一路通行"提供便利;组织爱心助学系列活动,为曲阜褚魏村7名大学生发放助学金;先后到革命烈士赵连臣和一等功臣任灿灿家中走访慰问,为英模母亲送去关爱和祝福。

(周新科 戚宏玉)

【中国银行济宁分行】 中国银行济宁分行成立于1982年,经过30多年的持续发展,目前在全市已拥有36家营业网点,在岗员工人数883人。2012年,全行本外币各项存款余额302.6亿元,较年初增加41.76亿元,全省排名第3位。人民币各项贷款余额198.02亿元,较年初增加15.16亿元,全省排名第3位。实现中间业务净收入29,078万元,净利润5.75亿元,经营效益持续良好。全年上缴各项税收(含企业所得税2.78亿元,其中,地方留成1.09亿元。

立足核心抓重点,助力实体经济发展 以信贷规模扩张为抓手,不断加大授信投放力度。2012年末,全行本外币各项贷款余额223.19亿元,较年初增加19.32亿元,增幅为9.5%,高于系统内全省平均增幅4个百分点。其中:人民币各项贷款余额198.02亿元,较年初增加15.16亿元,全省排名第3位。外币各项贷款余额40044万美元,较年初增加6703万美元,全省排名第2位。贷存比(本外币)73.72%,高于五大行平均水平11.47个百分点。

以扶持中小企业发展为着力点,助力中小企业加速成长 先后开发了"煤贷通宝"、"融易达"、"商承通达"等一系列创新性产品,有效缓解小企业融资难题。2012年末,全行新模式中小企业贷款余额18.61亿元,较年初增加7.95亿元,全省排名第2位,计划完成率158.96%,全省排名第1位。同时,全力支持济宁市中小企业"百家成长千家培育工程",被市人行、中小企业局联合授予"济宁市小微企业金融服务先进单位"荣誉称号。

持续加大产品创新,不断拓宽融资渠道 大力发展供应链融资业务,为兖州煤业成功发行50亿元公司债,为兖矿集团发行15亿元私募债券,利用海内外资源满足了企业融资需求。全行共完成国际结算业务量24.03亿美元,市场份额为41.82%,跨境人民币结算突破百亿元,达到109.06亿元,全口径市场份额为43.21%,列同业第1位。

完善渠道、优化流程,持续提升服务能力 一是加大自助设备、网上银行、手机银行等电子渠道建设,弥补物理网点不足,全辖自助设备总量316台,较2012年初增加95台。二是加快业务操作系统升级和服务流程再造,全辖36家网点全面开办个人消费贷款和中小企业贷款业务。三是积极开展文明优质服务活动,受到济宁社会各界的欢迎和赞誉。2012年市分行营业部获得了全市"十佳文明窗口"称号,成为全市唯一获此殊荣的金融机构。

(中国银行济宁分行)

【交通银行股份有限公司济宁分行】 交通银行股份有限公司济宁分行内设机构13个,其中市区内支行10个,营业部1个,县域支行2个(邹城支行、兖州支行),离行式自助银行9家。员工总数323人。2012年末,全行本外币资产总计975288万元,比上年同期增加224111万元;负债总计952385万元,比上年同期增加224079万元。2012年末存款余额932244万元,较年初增220334万元,增幅30.94%,连续2年时点增幅居存量省辖行第1位;各项贷款余额704746万元,比年初增加67993万元,余额存贷比为76.79%,较全市平均高出16.54个百分点;

不良贷款年末余额大幅压降，占比指标全辖排名第2位。实现经营利润17,269万元，完成年度计划的100.65%。2012年首度获评省行“年度先进单位”、省行“经营模式创新奖”，“好客交行”年度综合服务排名全辖第2位。

全力支持实体经济、助推区域经济发展，加大资金投放力度 2012年，依托交通银行“两化一行”的品牌和产品优势，紧贴市委、市政府经济发展战略，按照“投行业务、国际业务、私人银行争做领跑者”的工作要求，充分挖掘政策和资源潜力，服务地方经济的深度、广度大大延伸。一是立足济宁市经济发展大局，积极争取授信资源，推进当地支柱行业和特色产业发展，信贷结构不断优化，2012年末对公授信客户贷款余额较年初增长62437万元；二是运用银政企对接、名单式管理等多种手段，建立多维客户信息反馈渠道，围绕客户需求，嵌入特色产品，助力小微企业发展。启动交通银行助推百家中小微企业展业成长计划，选择300家中小企业作为重点支持对象，通过信贷支持、发行票据融资、保险保障等方式，多渠道、多形式推动企业发展壮大。2012年末，小企业贷款余额较年初增加了38773万元，增幅为42.8%；三是获得了济宁市住房公积金归集行资格、土管系统开户资格和市建委预售房资金监管资格，服务的辐射能力得到有效提升；四是立足业务创新，大力推进投行及国际业务，为全市龙头企业的规模扩张开辟多元化融资渠道，全年投放资金20.8万元。借助交行便利的结算路径和丰富的产品，国际业务对进出口企业的支持力度持续加大。全年办理国内证开证及贸易融资16.2亿元，跨境人民币结算11亿元，人民币交叉理财业务5.37亿元，完成国际结算量6.23亿美元，同比增长49%，超过全辖增幅28个百分点。

管理规范，内控严谨，管理水平明显提升 围绕“全面风险管理”的要求，不断完善精细化管理。牢固树立合规经营与业务发展两手抓、两手硬的双轮驱动理念，坚持高质量的发展。按照总行及省分行“1+2”风险管理模式要求，建立实施风险责任制，健全风险管理委员会体系，操作风险管理规范和标准落实到位。围绕平台贷款、集团客户、民间借贷、委托贷款、理财业务等重点领域开展风险排查，及时做到风险识别和预警。加强重点环节的内控监督。充分利用各种会计手段，进一步加强重点风险环节的全方位监控。在案件防控方面，通过开展风险警示教育、建立健全案防责任制等形式，划定制度高压线，就基层营业机构负责人履职情况定期进行执法监察，对党风廉政责任制落实情况进行专项检查；以操作风险和员工失范行为为重点，以充分揭示制度缺失、执行偏差、监督缺位、行为失范为主线，每月开展反欺诈和失范行为排查，及时化解各类风险隐患。

搭平台，创特色，贴近客户抓服务 高度重视客户、渠道、产品、服务和能力建设等战略性工作，“高层领跑、平台搭建、名单管理、常态维护”的客户拓展机制逐步形成。一是建立了多项覆盖客户健康、运动、养生为主题的增值服务体系，形成了内容丰富的特色维护体系；二是在渠道建设上，完成3家支行迁址，新设3家离行式自助银行，2家县域支行顺利开业，“一体两翼”的机构网络布局和“三位一体”的渠道服务模式进一步完善；三是在产品推广上，围绕客户需求积极推广条线新产品，自助医院项目政府和社会高度评价，投行大额融资租赁和信托基金项目得到上级行肯定，国际跨境人民币结算获得同业“优秀业务发展成果奖”，被市人行评为A级行；四是在服务工作上，全部网点设置了贵宾服务区，启用了沃德财富通道，完成了90%以上网点的服务功能区改造，树立了具有交行特色化、差异化的服务形象。

（耿新建）

【中国农业发展银行济宁市分行】 中国农业发展银行济宁市分行辖属10个县(市)支行、1个营业部；市分行机关内设办公室、资金计划部、客户部、国际业务部、信贷与风险管理部、财务会计部、内部审计部、信息技术部、人力资源部、监察室10个部(室)；共有干部职工263人。2012年，济宁市分行紧紧围绕“以人为本、管理立行、质量建行、科技强行、创新兴行”的治行思路，积极践行“两轮驱动”战略，把握发展机遇、强化信贷支农，夯实合规管理、狠抓风险防控，注重文化引领、积极创先争优，在履行政策性信贷职责和推动均衡快速发展工作中取得了显著成效，实现了“十二五”的良好开局。

信贷支农力度不断加大 结合地域经济实际，积极践行支农惠农政策，突出支持重点，加大支农力度，充分发挥政策性金融的支柱和骨干作用。全年各项贷款余额88.9亿元，同比增加23.7亿元，增幅36%，贷款余额、增量分居全省第5位、第2位。稳固主体业务，粮棉全产业链发展扎实推进。积极适应粮食市场化收购形势，据实支持多渠道、多元化主体参与入市收购。根据企业收购需要发放铺底资金，杜绝了“卖粮难”、“卖棉难”和“打白条”等问题的发生，实现了政府、农民、企业和银行“四满意”。强化支农重点，水利和新农村建设成效显著。按照中央1号文件精神和上级行信贷政策要求，顺应支农形势，抢抓发展机遇，全力推动了水利和新农村建设贷款的较快增长。全行累计发放中长期贷款11.4亿元；优化信贷结构，确保龙头和加工企业健康运行。继续坚持“区别对待、有保有控、择优扶持、严控风险”的原则，紧扣济宁市“四大千亿级产业集群和六大优势行业”信贷扶持的有关要求，审慎积极的对全市重点产业化龙头企业、优质农业小企业、科技创新支柱企业开展信贷支持，全年发放贷款20.8亿元，涉及纺织、面粉、食品加工等12个行业，积极推动了农业产业化龙头企业的健康发展和产业升级，有效带动了企业下游客户、养殖农户等农副产业客户群体的增盈增效能力。

增盈增效能力持续提升　坚持以增强盈利空间和收息来源为导向，充分发挥绩效考评导向作用、强化督导狠抓财补到位、持续优化信贷资产结构，进一步转变经营理念，加强营运管理，努力增收节支，全力推动了经营绩效的大幅提升。2012年末，全行实现账面利润2.3亿元，同比增加0.7亿元，人均利润88.7万元。持续加大地方财政补贴到位督导力度，全行地方粮棉贷款补贴到位4849万元，到位率116%。积极推动新业务的有效开展，实现中间业务收入386万元，比上年增加207万元；累计办理贴现业务15.2亿元；办理国际业务5353万美元。

风险防控能力持续增强　牢固树立“管理立行”的理念，把强化信贷管理、有效防控风险摆在突出位置，坚持多种举措、延伸防控触角、发挥系统合力，确保风险可控，业务健康运行，风险防控能力不断得到增强。通过加强监测分析体系建设、完善贷后风险预警制度、多角度识别客户经营风险等有效方式，弱化和规避潜在风险隐患，推动重点客户健康有效发展。进一步细化贷前调查、贷后管理、跟踪检查等重点环节的操作流程，并通过内外审计、内控监督等手段，使其充分发挥监督保障作用，实现了发展与管理之间的内外渗透和相互支撑。

队伍保障作用充分发挥　坚持把“人本管理”作为全行实现均衡快速发展的保障和动力，不断夯实员工队伍建设、积极营造廉政文化氛围，全行呈现出“风正、气顺、心齐、劲足、绩优”的良好局面。扎实开展创先争优活动。坚持以“忠诚事业、埋头苦干、严细管理”为灵魂的特色管理文化为中心，以深入开展“爱岗敬业、争先创优”活动为载体，将活动开展与合规管理、风险防控等工作有机结合，不断强化员工队伍建设。组织开展机关中层管理干部竞聘上岗、业务岗位竞聘和支行副行长竞争上岗工作，先后提拔德才兼备的青年干部20人，同时对下辖3名支行行长、4名副行长进行了任职交流，队伍结构进一步优化；组织全行员工学习十八大报告精神，不断增强党组织的凝聚力和战斗力。狠抓党风廉政建设。继续深入开展“四无”创建活动，认真落实党风廉政建设责任制，层层签订《党风廉政建设责任制和安全保卫责任书》和《岗位廉政风险防范承诺书》，积极推动全行惩防体系建设工作的开展。

（刘瑞峰　王文政）

【中信银行济宁分行】　2012年，中信银行济宁分行共有员工138人，内设机构8个，辖属营业网点5个，离行式24小时自助银行4个。2012年末，全行各项存款余额折计人民币65.13亿元，较年初增长17.56%；各项贷款余额折计人民币46.77亿元，较年初增长28.28%。在业务稳健发展的同时，精神文明建设也取得了累累硕果，连续6年被评为省级文明单位，在全市银行业优质文明服务月活动中被评为“市行级先进单位”，文明服务工作得到社会各界的肯定。

服务社会大众，打造中信特色产品　作为中信银行的明星产品，中信财富阶梯、中信理财、中信出国全程通、中信香卡等系列产品，为客户提供综合、全面的金融服务，得到了广大客户的肯定。在此基础上，中信银行持续提升金融创新能力，一方面强势推出全国首张老年人专属借记卡——信福年华卡，另一方面创新开展福彩定投业务，成为山东省内唯一一家彩票销售代理银行，打造了具有中信特色的金融服务和金融产品，为广大市民提供了更加有效、更加多样的金融服务。

持续推进网点转型，不断提

升客户服务体验 不断完善服务体系建设,从完善硬件设施和优化服务手段两方面着手,在美化提升网点环境的同时,创新服务方式,提出"精准、精心、精细"的要求,倡导"客户为主、渠道是金"零售工作理念,打造了"大堂、自助、高柜、低柜"多层次服务平台,以客户需求、客户感受为中心的服务理念进一步实现落地,服务工作得到客户首肯。

持续提升金融服务能力,全力支持重点项目建设 不断加强对新产品、新业务、新理念的学习和研究,利用丰富的金融产品、现代化信息科技手段和中信集团优势,紧紧围绕济宁市传统优势产业,突破传统信贷产品,为全市重点产业提供专业的金融服务方案和高端融资产品,从而达到降低企业融资成本,提高企业经营效益的目的。

寻求合作契合点,解决中小企业融资难题 着力提升自身创新能力,持续开展汽车金融、煤炭金融、保兑仓业务等具备济宁分行特色的供应链金融业务。积极配合市政府"金融助推千家中小企业发展计划",将符合济宁分行授信条件的中小企业纳入信贷扶持范围,创新服务方式及产品,制定差异化金融服务方案,积极寻求与中小企业合作契合点。2012年,为150余家中小微企业提供融资业务,累计融资量54亿元,其中汽车金融、煤炭金融、产业链金融业务等特色业务占比15%,有效解决了企业融资难题。

大力开展政银企交流,搭建政银企合作平台 积极推进政、银、企合作,通过召开座谈会、联谊会等方式,搭建与政府、企业沟通交流的平台,提升自身金融服务能力与服务水平。先后成功举办了中信银行(济宁地区)投资银行业务合作论坛活动,顺利签约财信合作协议,充分表明了中信银行将政银企合作摆在战略性发展的角度开展沟通交流,为下一步政、银、企合作打下了良好的基础。

(中信银行济宁分行)

【济宁银行】 济宁银行在济宁市委、市政府的正确领导下,始终坚持"服务地方经济、服务中小企业、服务城市居民"的市场定位,以差异化、特色化发展为主线,以服务创新为动力,以强化管理、防范风险为重点,积极应对宏观经济下行带来的不利影响,持续保持了各项业务的稳健较快发展。2012年末,全行资产总额达到244亿元,各项存款余额200亿元,各项贷款余额147亿元;存贷比74%,不良贷款率0.74%,资本充足率17.5%,各项经营指标在国内同行业均处于领先水平;上交税金4亿元,在解决就业、增加居民收入、支持地方经济发展等方面发挥了金融主力军的作用。凭借良好的服务形象和优异的经营业绩,济宁银行连续3年被山东银监局评为"良好银行",连续2年被评为"小企业金融服务先进单位";被中国银行业协会评为"文明规范服务示范单位",被山东省文明委授予"文明单位"称号;连续4年在山东省财政厅180余家地方金融企业绩效评价中获"AAA优秀;在《银行家》全国城商行综合竞争力排名中列第17名;在英国《银行家》杂志2011年全球最大1000家银行中位列921位。

7月份鱼台支行开业,实现了县域机构网点的全覆盖。在兖州、枣庄滕州等地新设了4家二级支行,已陆续开业。发起设立的第一家村镇银行—济宁儒商村镇银行已于11月顺利开业,实现了经营触角的延伸。在加快新机构建设的同时,顺利完成了共青团支行迁址工作;设立了金宇汽配城、舒雅苑等2家离行式自助银行,促进了全行网点综合服务功能的明显提升。

依托"本土银行"贴近中小企业的地缘优势,不断创新金融服务机制,努力向中小企业提供专业优质高效的金融服务。按照"流程银行"的管理理念,建立了标准化、专业化的操作流程,一笔企业贷款,审批时间由原先的2-3周缩短为2-3天,较好地满足了中小企业"短、频、急"的融资要求。着力构建小微企业"融资绿色通道",先后推出了小企业创业互助、股权质押等20余项适合中小企业特点的信贷产品。创新、复制"小微信贷工厂"模式,实现了在市场差异化战略转型上的新突破。组建了逾百人的13个专业化团队,已累计支持小微企业9686户,贷款金额9.8亿元。先后推出了儒商卡、"e路行"网银业务等新型金融产品,力争为客户提供最优质的金融服务。2012年儒商卡累计发行量达到48.5万张,较年初新增18.6万张,完成全年计划的116.6%;累计个人网银客户达到11.3万户,累计交易额1530亿元;实现国际业务收入2913万元,外汇开户企业数占到全市涉外企业总数的三分之一强。

2012年末,济宁银行各项存款余额200.01亿元,较年初增加48.58亿元。其中:企事业存款平稳上升,余额77.12亿元，较年初增加0.54亿元，占比为38.54%；储蓄存款较快增长，余额66.02亿元，较年初增加19.91亿元，占比为32.99%；其他存款快速增加，余额56.96亿元，较年初增加28.12亿元，占比为28.47%。2012年末，各项贷款总额147.33亿元，其中人民币贷款128.49亿元，外币贷款为2157万美元。贷款总额较年初增加40.04亿元，增长37.32%。按照国家宏观调控和监管政策要求，济宁银行严格执行均衡投放要求，严把贷款投向，做到了贷款平稳增长，并优先向中小企业倾斜。2012年末，全行支持中小企业12500余户，占全行贷款企业户数的98%，占全市中小企业户数的40%以上。

2012年末，济宁银行累计发行儒商卡49.88万张，全年新增发卡20.02万张，较上年多增4.71万张；卡存款余额31.15亿元，全年新增13.25亿元，较上年多增4.22亿元；卡均存款6247元，较上年多增251元；累计发展银联商户1527户，全年新增869户，较上年多增437户；实现银行卡业务中间收入444万元，同比增加212万元。

外汇业务稳健快速发展 2012年末，共为298家企业开立了外汇账户，其中济宁当地进出口企业282家，占全市进出口企业总数的42%；开立资本项下账户7户。累计发生业务的有效客户达到211家。全年累计实现国际结算量54444万美元，其中进口业务20852万美元，出口业务1157万美元，汇款业务29305万美元，跨境人民币结算业务2.18亿元。2012年实现国际业务收入2913万元；累计办理国际贸易融资贷款7.9亿元，贸易融资贷款余额2.6亿元。在美国银行、大通银行等9家银行开立了4个币种的外汇清算账户，与269家银行建立了代理行关系，其中境外代理行217家，覆盖全球56个国家和地区。

2012年，全行实现中间业务收入7855万元，较上年同期增加2127万元，增长37.13%。中间业务收入占比5.23%，与上年同期基本持平。济宁银行开办的中间业务种类主要有支付结算类、代理类、担保类等三类，下一步随着行内电子银行业务，国际业务的不断发展，中间业务收入水平将出现较快增长。

2012年末，济宁银行累计发展网上银行客户11.31万户，全年新增5.49万户。网银交易笔数累计实现117万笔、交易额1530亿元，累计和新增网银客户数量在山东省城商行中均居首位。发展短信通知客户26.98万户，较年初新增14.53万户。

做好重点领域的风险防控工作 2012年，面对复杂的国内外经济金融形势，全行加大了对重点领域的风险防控力度，通过加强对经济运行形势、行业产业发展状况监测分析，全面加强了信贷风险管理。通过严格落实"审贷分离"、"贷款三查"等制度，抓好风险环节管控。同时，不断强化信贷队伍管理，实施贷款责任追究制度等，有效提高了风险管理的系统性、前瞻性，确保了全行业务的持续、健康发展。12月末全行不良贷款余额仅为1.1亿元，不良率0.74%。

经营效益稳步提高 2012年实现账面利润5.9亿元，较上年同期增长54.4%。实现入库税金3.9亿元，较上年全年增加2.1亿元，入库税金总额列全市金融机构首位。2012年末，不良贷款余额1.09亿元，较年初增加0.29亿元，不良贷款占比0.74%，资产质量持续保持较好水平。按照贷款五级分类，全行正常贷款总额（外币折合人民币）为145.31亿元，占比98.63%，较年初增加39.76亿元；关注贷款0.93亿元，占比0.63%；次级类贷款0.88亿元，占比0.60%；可疑类贷款0.21亿元，占比0.14%。

按照审慎经营理念，进一步完善内控制度，积极培育合规经营文化，加强了各业务重点环节规章制度的修订和完善，加大了对重点环节、重要部位、重点领域、要害岗位的人员交流和检查力度，完成了新一轮会计科长岗位交流工作，开展各类检查项目达49项，对基层网点检查覆盖率达到100%，检查总人次为2100余人次，检查营业网点总次数为126次。开展业务条线培训27期，参加人员2678人次。积极开展了反腐倡廉和案件警示教育活动，促进了全行风险、案件防控能力的不断提升，形成了以人防、物防、技防三位一体的案件防范体系，确保了全年安全无事故。抓好核心业务系统项目建设，提升科技支撑保障能力。济宁银行CBUS核心业务系统于8月26日8：30分成功上线。新系统的成功上线，在提高科技风险防范能力的同时，进一步拓宽了全行科技服务渠道，增加了新的服务手段和业务产品，为济宁银行的业务发展提供新的动力，同时也标志全行科技信息系统建设能力迈上新的台阶。

改革人力资源管理模式，加快人才培养，一次性为102名派遣制员工办理转正手续，增强了企业凝聚力。聘请韬睿惠悦公司对总部机构设置进行了优化调整，逐步建立起职责分离、相互制约、与现有发展规模相适应的组织管理体系。实施人才兴行战略，开展缺职竞聘4次，选拔出高管人员6名、支行行长后备人员4名，中层助理9名，科长18名。已确立人才培养规划，建立健全了人才培养激励机制，以业务发展确定培训需求，以管理需要定制培训内容，以培训考核促进培训效果，激发了职工业务水平和服务水平的提高。

积极践行社会责任，树立良好的外部形象 冠名“济宁银行杯全国青年男子自由式摔跤锦标赛”，不断扩大济宁银行社会知名度和影响力；出资在城区各主要路口相继安装了遮阳棚，“济宁银行为您遮风挡雨”，赢得了市民一致好评。落实科技金融战略合作协议，对接科技型小企业50余家，授信额度1.5亿元；作为全市第一家开办政策性小额贷款业务的金融机构，进一步加大信贷支持力度，帮助解决就业和创业融资难题。认真开展新农村帮扶工作，支持新农村发展。

全面加强新闻宣传报道工作，在《农村大众报》、《齐鲁第一财经》、《齐鲁网》以及市内主要媒体上，宣传济宁银行实施差异化战略打造现代精品银行的经验做法及成效，叫响了服务小微企业的品牌，加快推动了以小微贷款为核心的发展战略目标转型。

（济宁银行）

【恒丰银行济宁分行】 恒丰银行济宁分行自成立以来，坚持立足济宁，服务城乡，以“恒久发展，丰裕社会”为基石，秉承“以卓越的服务创造卓越的品牌”的经营理念，遵循服务地方经济，谋求共同发展的经营方针，短短3年全行存款已接近百亿元，各项业务持续稳健发展。2012年末，内设部门5个，现有员工71人，其中行级领导4人，中层干部14人，普通员工53人。资产总额926239万元，较年初增加522663万元，增长129.5%；其中贷款余额275366万元，较年初增加78649万元，增长39.98%。负债总额926239万元，较年初增加522663万元，增长129.5％；其中存款余额617901万元，较年初增加307672万元，增长99.18％。无不良贷款。实现利润13325万元，同比增加2086万元，增长18.56%。行客户基础、业务基础、队伍基础和管理基础都有了不同程度的积累和提高，区域主流商业银行的市场形象初步确立，得到了当地党委政府和监管部门的一致认可和好评。

在业务发展方面，恒丰银行济宁分行一直把转变发展方式作为实现可持续科学发展的根本途径，努力整合全行业务，改善存款结构，严控存贷比例，加速推进客户结构调整，逐步形成大中小客户协调发展的局面。在发展过程中，既注重发展与行业龙头企业的业务关系，又不忘培育符合国家产业政策、成长性好的中小客户，实现了规模和效益并举的格局。在信贷发放受限的情况下，及时创新思路，不断丰富信贷品种，为济宁市中小企业的发展提供了更广泛的资金支持，为全市的经济发展注入了新的活力。

在服务方面，恒丰银行济宁分行始终坚持把服务于社会、服务于客户作为经营的根本，努力提升服务水平，树立良好的行业形象。2012年，先后开展了“全面提升服务素质、树立优质服务品牌”、“承诺十八项、献礼十八大”“济宁市银行业优质文明服务月”等各项活动，努力培养员工服务意识，提高网点服务水平，将服务意识贯穿于实际业务中，完善网点服务设施，提高服务质量。在山东省银协组织开展的2012年度服务评选活动中，营业部以优质的服务和良好的营业环境获得“山东省银行业文明规范服务示范单位”荣誉称号。

在支持小微企业方面，始终坚持将小微企业授信业务作为发展重点，不断加大小微企业信贷支持力度，保障对小微企业信贷的持续倾斜。根据济宁区域经济发展特色对济宁市小微企业金融服务实施专项政策，推行“以大促小、集群开发”的金融服务模式，并不断创新担保方式、拓宽融资渠道，有力助推了全市小微企业的快速发展。

稳健发展，制度先行，在搞好对外经营的同时，恒丰银行济宁分行也非常重视企业自身的内控制度建设。2012年，严格按照监管部门及上级行内控管理工作要求，紧密围绕“防案件、控风险”的目标，建立健全合规风险管理组织体系，确保合规风险管理长效机制的构建。在不断加强内控体系建设的前提下，深入开展各项合规活动，坚持检查、督促与日常监控并重的工作机制，切实加强合规风险管理，推动合规文化建设，保障了全行各项业务的合规稳健开展。

（郭　勇）

【兴业银行济宁分行】 2012年，兴业银行济宁分行在市委、市政府正确领导下，贯彻总行“建设一流银行、打造百年兴业”的战略目标，倡导“理性、创新、人本、共享”的核心价值观，致力于建设“经营稳健、管理规范、成长快速、服务领先、特色鲜明、回报一流”的综合性银行，经营业绩不断攀升，综合竞争力日益增强。2012年底，分行资产总额达到86.19亿元，较年初增长77.85%；本外币各项存款余额70.77亿元，较年初增长48.86%；各项贷款余额41.12亿元，较年初增长36.13%。

坚持改革创新，推动银行快速发展 把改革与创新作为银行发展的根本动力，以客户为中心，以市场为导向，深入贯彻“内涵提升与外延扩张相联动”的中期发展战略，以新兴业务为业务发展的重中之重，扎实推进目标客户扩张、人力资源达标、产品货架和资源配置优化“四大战略”，传统业务实现快速增长，新兴业务取得突破性进展。2012年银行实现账面中间业务收入1526万元，增长25.39%

加大贷款投放，服务地方经济发展 积极开办创新业务，通过创设销售集合信托、承销城投债等方式，进一步加强对地方政府融资平台的支持力度。认真贯彻市委、市政府关于支持全民创业的要求，落实好金融支持中小企业发展的各项政策，解决了一大批中小企业融资难的问题。从全市经济发展的大局出发，发挥特色优势，支持地方重大项目建设，累计发放重点项目贷款30亿元，在推动地方发展中发挥了生力军作用。

加强内控管理，防范各种经营风险 牢固树立“风险是最大的成本”的理念，在把握主流风险和关键风险点的基础上优化流程，切实提升风险管理的“专业化、标准化、精细化”水平。强化内控建设，规范各个环节流程操作，开展了整治银行业金融机构不规范经营活动，使各项内控管理工作水平不断提升。

弘扬企业文化，塑造良好对外形象 高度重视企业文化建设，积极营造“风正、气顺、人和、业兴”的和谐文化。修建完善了员工食堂，设立了“兴业书屋”，并组织开展了各项文体活动，进一步培养团结奋进的团队精神。

（高尚君）

【中国邮政储蓄银行济宁市分行】 中国邮政储蓄银行济宁市分行内设办公室、党群工作部、监察部、人力资源部、计划财务部、会计结算部、个人业务部、信贷业务部、公司业务部、小企业贷款中心、渠道科技部、审计部、风险合规部、安全保卫部、营业部，共15个部门，下辖11个一级支行，227处营业网点，共有从业人员999人。2012年底，全市邮政金融机构各项存款达244.22亿元，较年初增加48.11亿元。年内发放信贷资金92.8亿元，结余50.3亿元。

密切结合地方经济需求，加大信贷资金投放力度 坚持服务三农、服务城乡大众、服务中小企业的零售银行定位，贴近地方经济发展需求，优化信贷投放结构，提高支农比例，加大对中小企业的信贷支持力度。2012年底，已累计发放小额贷款82035笔，47.32亿元；为149户中小企业发放贷款508笔，金额13.80亿元。针对特色市场和产业集群，积极申报调整小额贷款产品要素，提高额度，提升投放规模；不断加快再就业担保贷款投放，全辖10县市区支行累计发放3000万元，为推进县域经济发展、多渠道增加人民收入提供支撑；紧密结合济宁地方经济特色，加强小企业贷款的创新力度，2012年5月21日，成功发放800万元全省首笔小企业保函贷；拓宽动产质押贷款的辅助担保方式，提高小企业贷款最高限额，由1000万元上调至2000万元；积极响应市政府“鼓励农民工外出就业、返乡创业，持续提高财产性和工资性收入比重”的号召，与人社局共同主办“邮储银行杯”创业大赛，用实际行动支持失业人员、毕业大学生成功创业。

发挥网点优势，为城乡居民提供便捷服务 坚持以“客户为中心”，充分发挥遍布城乡的网点优势，不断提升对城乡居民等基础客户群体的服务能力，树立“百姓银行”、“贴心银行”的良好形象。全年共代销基金19890.61万元，国债5378.86万元，发行理财产品133140万元，创新开办代理贵金属业务，进一步丰富人民群众理财渠道；全力推进农村金融支付环境建设，快速推进移动商易通、pos、网上银行、手机银行等电子支付工具在农村地区的普及。积极完善“便民金融服务站”建设，累计建成2024处，实现了所辖网点服务范围的行政村全覆盖，同时主动分离出服务资源，承担了农电费代收、低保代发等大量基础性利民业务，投入大量人力、物力，全力支撑新农保项目，为全市70万人次代收新农保保费月均近5000万元。新农保服务工作被中央电视台专题报道,1名工作人员被国务院授予"全国新型农村和城镇居民社会养老保险工作先进个人"荣誉称号。

加快渠道建设,不断提升服务能力和运营水平 积极推进二类支行改革及网点升级改造,全年共完成7处支行迁址改造;加快电子银行和自助渠道的发展步伐,全年新增个人网银用户7.86万户,手机银行客户5.79万户,累计建成在行式自助银行41处,离行式ATM6处,对外服务ATM总数达82台;实施标准化流程网点导入,开展互查互学、转型效果评估、规范服务深化等活动,举办服务礼仪和情景演练比赛,提升员工服务技能和服务水平。2012年度,市分行2个网点入选省级"文明规范服务示范单位",1人获得省级"明星大堂经理"称号。

加强党建和精神文明建设,构建和谐企业 深入贯彻落实科学发展观与十八大会议精神,持续强化落实党风廉政建设责任制,推动党政工团,齐抓共管良好局面的形成。扎实有效的开展了精神文明单位及青年文明号创建工作,市分行及1个县支行荣获市级精神文明单位称号,5个县支行被当地授予县级文明单位称号,1个单位被评为省级青年文明号;组织全行干部员工开展警示教育活动,深入推进了学习型组织建设,组织开展了总结表彰晚会、职工登山比赛、够级大赛,开设了职工太极晨练班,丰富了职工的业余生活,增强了企业凝聚力和向心力。

(狄景峰　孙　旭)

【山东省农村信用社联合社济宁办事处】 山东省农村信用社联合社济宁办事处是省联社的派出机构,在省联社授权下,行使对全市农村信用社的管理、指导、协调、服务职能。全市现有11家县(市、区)农村信用合作联社、1家农村合作银行,共有营业网点356个,员工5600余名,是济宁市资产总量最大、营业网点和从业人员最多、服务范围最广的综合性、多功能地方性金融机构。2012年,在省联社、济宁市委、市政府的正确领导及有关部门的大力支持下,全市农村信用社认真贯彻执行国家经济金融方针政策,夯实改革基础、加快发展步伐,强化管理,优化服务,为济宁经济社会发展做出了积极贡献,实现了各项业务的快速发展。2012年末,各项存款余额571.46亿元,较年初增加92.65亿元,存款余额、市场份额均稳居全市各家金融机构首位;各项贷款余额376.54亿元,较年初增加51.15亿元;实现各项收入42.23亿元,经营利润15.46亿元。

强化信贷管理,丰富业务品种 坚持以信贷为核心的经营理念,切实加强管理,细化营销策略。以规范条线部门职责为重点,规范新型信贷管理架构运作,严格贷款准入门槛。明确了做农、做零、做小、做散等以零售业务为主的目标客户市场定位,在此基础上,按照一手抓三大信用联盟建设、一手抓非联盟贷款营销的思路,强化贷款营销。2012年末,三大信用联盟1742个,较年初增加1216个,会员数量60831户,授信金额77.92亿元,用信额度52.24亿元。加大抵质押贷款营销力度,严格担保类贷款办理条件,提高担保的有效性。试点开办了第三方动产监管质押、农民住房消费贷款、票据池质押等业务,进一步丰富了业务品种。

创新业务发展,增强综合实力 电子银行、银行卡发展迅速,分别新增14.39万户、98.3万张。开办国际业务,累计结算量903.67万美元。开办了代理贵金属业务,累计销售黄金6.36公斤、白银3.24公斤。拓展银电通业务,10家联社开立电力部门账户并实施批量代扣电费。代理借意险、突发疾病寿险保费分别为3019万元、287万元,实现代理保险手续费收入963万元。大力开展电子设备全覆盖工程,自动柜员机、电话POS、传统POS共增加14631台。扩大联行系统覆盖面,农信银系统通汇行、行内汇划系统通汇行、大小额系统通汇行共增加516个。加大科技服务创新,完成了信用风险管理(一期)、审计信息电子台账管理、利率及金价信息发布、集中评级授信、烟草批量扣划等系统以及全省首台集取款、代售机票、彩票和假币甄别、冠字号识别等多功能于一体的ATM研发工作。

注重内外兼顾,提升社会形象 积极开展新标示推广应用工作,2012年底全市所有营业网点户外广告牌和外立招牌更换工作顺利完成,焕然一新的新形象得到社会的一致认可。抓好《网点建设三年规划》、《营业网点标准化建设指导意见》的落实,推动营业网点内部环境改造稳步进行。推进"温馨家园"建设,改善员工工作生活环境。利用"员工论坛"等平台倾听员工心声,积极解决员工合理诉求。加大培训力度,市、县累计开展培训295项、培训3.5万人次。完成规范化服务导入,组建了大堂经理队伍,并加强明查暗访力度,有效提升了网点服务水平。加强外部宣传,先后举办了"相约农信、畅享国粹"国家京剧院2012年济宁专场演唱会、"汇聚农信真情、关爱留守儿童"、"金秋助学"、"济宁农信对话郎咸平、黄少安—济宁经济论坛"等一系列大型活动,全市农村信用社的社会形象显著提高。

(李 帅 魏高起)

【银行业监督管理】 中国银行业监督管理委员会济宁监管分局(以下简称济宁银监分局)内设8个职能科室,下辖10个监管办事处,共有干部职工76人。2012年,济宁银监分局按照稳中求进的总基调,坚持"守住底线防风险、整纠处置防案件、强化服务促转型、精细管理提质效"的工作思路,扎实有效地开展监管工作,辖区银行业运行稳健,改革与发展稳步推进,支持实体经济的能力进一步增强。2012年末,全市银行业本外币各项存款余额3197.74亿元,较年初增长21.23%,高于全省平均3.33个百分点,存款余额和增量分别居全省第6位和第5位,增量位次前移了1位,各项贷款余额1986.67亿元,较年初增长20.66%,高于全省平均6.36个百分点,贷款余额和增量分别居全省第7位和第6位。

科学规划、扎实推进,拉动实体经济取得新突破 积极发挥监管引领作用,制定出台了六个指导意见,力保小微企业、三农、县域经济等薄弱领域的资金需求,为金融支持地方经济转型升级提供了制度保障。扎实开展"小微企业金融服务宣传月活动",联合中小企业局举办了"济宁市小微企业金融服务研讨会",着力解决银企信息不对称难题;推动菱花集团5亿元银团贷款顺利签约,全力支持全市重点企业和重点项目的信贷需求,进一步提升了信贷投放与经济社会发展的匹配度和协调性。

监管引领、跟进指导,金融服务质量得到新提升 扎实推进"不规范经营"专项整治活动,确保"七不准"、"四公开"要求落到实处,督导银行业机构及时清退不合理收费280多万元;组织开展了"济宁市银行业优质文明服务月"活动,举办了金融知识广场宣传活动,开展了"打非、防非"宣传教育活动,切实改进了银行业服务水平,维护了广大金融消费者的权益。

积极作为、稳步改革,金融服务的渗透力和辐射力再上新台阶 加大"引银入济"工作力度,支持银行业在县域增设15家支行,5家村镇银行顺利开业,1家股份制银行二级分行正式开业,首家异地城商行济宁分行批准开业,强化了金融服务的充分性和市场活力,为经济发展培植了更多的融资渠道。

夯实基础、坚守底线,全市银行业呈现科学稳健发展新势头 抓住"贷款新规执行、分类真实性、目标压控"三个关键环节,全市银行业不良贷款实现了"双降";采取"跟进监测、名单式管理、压力测试"等措施,有效防控流动性风险、房地产贷款风险、信息科技风险和表外业务风险;通过严查从业人员参与民间借贷、重点环节大排查、建立重点岗位人员任期台账等措施,有效遏制操作风险反弹,实现了"零案件"目标。

(郑 岩 郭 伟)

保 险

【概述】 2012年,全市保险业累计实现保费收入81.59亿元,同比增长5.21%,保费规模居全省第5位。承担各类风险保障9619亿元,同比增长60%,全年累计支付各类赔款与给付保险金20.94亿元,同比增长18.03%。其中财产险公司实现保

■2012年10月18日,济宁市举行银行业优质文明服务月活动启动仪式。

费收入24.88亿元，同比增长13.91%，人身险公司实现保费收入56.71亿元，同比增长1.8%。市场主体50家，较2011年增加3家，财产险公司24家，寿险公司26家。县级机构236个(含市区)，其中寿险公司177个，财产险公司75个。从业人员30554人，全行业上缴各类税金3.89亿元，同比增长16%。

扎实推进"为民服务，创先争优"活动，努力提高协会党建工作水平 一是协会建设取得新进步。协会党支部在创先争优活动中的做法和经验得到了民政部门的认可，2012年2月协会被市民政局评为"先进社会组织"，2012年6月协会党支部被济宁市社会组织党工委评为"全市先进社会组织党组织"。二是服务会员意识不断增强。市协会党支部主动回应会员公司的关切和期待，把服务会员公司作为创先争优的根本目标。通过开展立足岗位，"亮身份、亮标准、亮承诺、比技能、比作风、比业绩、创一流服务、创一流业绩、创一流作风"活动，踏踏实实地为会员公司干好每一项工作。三是党员队伍增添新活力。协会党支部积极做好入党积极分子培养、培训工作，通过开展"中共党史"学习教育活动，学习领导干部廉洁从政准则，学习郭明义、杨善洲先进事迹，重温入党誓词等活动。用身边事、身边人教育党员，提高积极分子的思想素质和政治修养，为发展新党员及党组织建设打下了坚实的基础。四是工作作风呈现新风气，党支部和党员积极发挥先锋模范作用，创造性地为会员单位服务，受到全体会员的一致好评，真正使教育活动达到了党员干部受教育，科学发展上水平，人民群众得实惠的要求。

正确研判复杂多变的市场形势，强化行业自律 一是组织各公司认真学习省保监局各项政策以及保监局领导的讲话精神，把思想统一到保监局的决策部署上来。二是选准行业自律的重点。市协会根据市场的变化，明确提出协会的工作重点是围绕一个中心，关注两个市场。一个中心是以业务发展为中心，以保险保障支持当地经济发展，服务保障、构建和谐济宁。关注两个市场，第一个市场是车险市场秩序，严格落实监管工作要求和行业自律标准，强化商业车险手续费率的监督检查力度，确保全市车险市场平稳运行。第二个是银邮代理业务市场，银邮代理保险市场已成为济宁市寿险业务发展的主要市场，把超额支付、账外支付、变通支付代理手续费的违规问题作为行业监管、自律治理的重点。三是切实发挥车险自律小组的作用，协会共召开车险自律领导小组会议8次、常务理事会3次、寿险总经理会议2次，每次会议都对市场进行分析，找出存在的问题，提出解决问题的办法。四是不断创新行业自律的新办法，坚持省市联动，不断完善票决制。通过票决，对后三名的公司进行自律检查，对查出的问题及时向自律领导小组反映并研究处罚办法。在做好检查的同时，根据业内投诉和消费者反映，对违规公司明查暗访、自查自纠、限期整改，成效明显。

以"诚信服务我为先"活动为契机，切实维护消费者权益 一是按照省协会的统一部署，在3·15消费者权益日期间，举办了规模庞大的"诚信服务我为先"大型宣传活动，中国人保、中国人寿分别代表产、寿险公司作了表态发言，济宁电视台、济宁日报、济宁晚报、齐鲁晚报等主要媒体做了充分报道。二是在全行业继续深入开展制度落实年暨创建三铁行业活动，着力在建立良好的制度落实路径、创造良好的制度环境、形成良好的制度建设循环、培养良好的保险行业文化上下功夫。三是会同市有关部门共同组织"消费与民生"的宣传活动，解答消费者关注的各种理赔、客服等热点难点问题，有效地拉近行业与消费者的距离。四是认真组织理赔勘察模拟测评，分两次在不同的地点、时间对全市24家财产险公司理赔人员进行现场理赔模拟测评，从相同的报案内容分别对公司到达现场的时间、对一次性所需材料告知、对客户提供周到完善的服务进行统一评比，收到了较好效果，推动了解决理赔难工作的开展。五是认真做好消费者来信来访、投诉、咨询工作。2012年，市协会共接受投诉20起，接受保险咨询70人/次，投诉咨询满意率达到98以上，较好地维护了消费者权益。

加大保险宣传力度，为保险业发展创造宽松的舆论环境 一是充分利用保险业的各种活动，与新闻媒体沟通，邀请新闻媒体参加，让他们更多地关注保险业在保障经济、社会发展中的作用。二是按照省协会《关于开展提高服务水平，保险业在行动》通知要求，全面启动"提高服务水平，保险业在行动"宣传活动，济宁协会加大投入，与《济宁日报》、《济宁广电报》协商，在《济宁日报》"创富周刊"金融界版开辟《保险在线》专栏；在《济宁广电报》开辟《保险视点》并签订了长期合作协议，两个专栏均每周一期，周四出版，提高公众对保险的认识，让公众更多更好地了解保险、运用保险、明明白白消费保险。三是各公司特别是实力较强的公司舍得投入，中国人寿、中国人保、太保财险、太保人寿、平安财险、平安人寿坚持每半月用《济宁日报》一个版面宣传公司产品、服务民生的做法。四是继续办好《济宁保险信息》，刊物每期印发700份，成为市委、市政府领导和市直有关部门了解保险、关心保险、支持保险的主要的重要信息平台。五是对出现负面的报道，积极与媒体沟通、协调，尽力化解矛盾，规避不必要的风险。

认真做好保险代理从业人员的考试管理工作 2012年全年共安排考试503场，报名人数25383人，参考21009人，参考率82.76%，通过11736人，通过率55.86%，全年共发放代理人资格证书19166本，农村资格证书1036本，共打印展业证书8577本，为各公司的业务发展输送了人才。在代理人考试的管理中，市协会在注重为公司服务的同时，严格执行省保监局、省协会有关考试管理的规定，专题召开保险代理人考试工作会议，传达省保监局、省协会的规定，确保代理人考试工作，不违规、不搞人情考试，杜绝发生舞弊现象。

【企业简介】 2012年底，济宁市保险业市场主体达50家，其中财产险公司24家，人身险公司26家，分别是：中国人民财产保险股份有限公司济宁市分公司，总经理李普廷；中国太平洋财产保险股份有限公司济宁中心支公司，总经理游春迁；中国平安财产保险股份有限公司济宁中心支公司，总经理李庆廷；天安保险股份有限公司济宁中心支公司，总经理孔祥军；中国大地财产保险股份有限公司济宁中心支公司，总经理亓军；永安财产保险股份有限公司济宁中心支公司，总经理张丽闵；太平保险有限公司济宁中心支公司，总经理率坤；华安财产保险股份有限公司济宁中心支公司，总经理别庆宏；中华联合财产保险股份有限公司济宁中心支公司，总经理张云中；阳光财产保险股份有限公司济宁中心支公司，总经理马士柱；安邦财产保险股份有限公司济宁中心支公司，总经理孙恒华；渤海财产保险股份有限公司济宁中心支公司，总经理赵国；民安财产保险有限公司济宁中心支公司，总经理蒋令武；都邦财产保险股份有限公司济宁中心支公司，总经理王谦；永诚财产保险股份有限公司济宁中心支公司，总经理张天庚；中银保险有限公司济宁中心支公司，总经理杨峰；安华农业保险股份有限公司济宁中心支公司，总经理高现磊；中国人寿财产保险股份有限公司济宁市中心支公司，总经理逯雨振；长安责任保险股份有限公司济宁中心支公公司，总经理衣同利；浙商财产保险股份有限公司济宁中心支公司，总经理赵峰；天平汽车保险股份有限公司济宁中心支公司，总经理闫仁军；泰山财产保险股份有限公司济宁中心支公司，总经理程玉林；英大泰和财产保险股份有限公司济宁中心支公司，总经理李磊；信达财产保险股份有限公司济宁中心支公司，总经理陈浩；中国人寿保险股份有限公司济宁分公司，总经理田亚平；中国太平洋人寿保险股份有限公司济宁中心支公司，总经理陈凯；中国平安人寿保险股份有限济宁中心支公司，总经理李菲；泰康人寿保险股份有限公司济宁中心支公司，总经理闫燕；新华人寿保险股份有限公司济宁中心支公司，总经理夏兆宽；太平人寿保险有限公司济宁中心支公司，总经理王辉；合众人寿保险股份有限公司济宁中心支公司，总经理许贺；中国人民人寿保险股份有限公司济宁中心支公司，总经理秦景瑜；长城人寿保险股份有限公司济宁中心支公司，总经理倪召和；阳光人寿保险股份有限公司济宁中心支公司，总经理杜延柱；国华人寿保险股份有限公司济宁中心支公司，总经理刘新瑜；民生人寿保险股份有限公司济宁中心支公司，总经理陈冬梅；华夏人寿保险股份有限公司济宁中心支公司，总经理田玉龙；生命人寿保险股份有限公司济宁中心支公司，总经理王久；农银人寿保险股份有限公司济宁中心支公司，总经理李广正；恒安标准人寿保险有限公司山东分公司济宁营销服务部，总经理卢海林；中英人寿保险有限公司山东分公司济宁营销服务部，总经理王东旭；英大泰和人寿保险股份有限公司济宁中心支公司，总经理孙宜东；信泰人寿保险股份有限公司济宁中心支公司，总经理邱成金；幸福人寿保险股份有限公司济宁中心支公公司，总经理李繁荣；华泰人寿保险股份有限公司济宁中心支公公司，总经理韩建国；信诚人寿保险有限公司山东分公司济宁营销服务部，总经理谢显雷；建信人寿保险股份有限公司济宁中心支公司，总经理梁建国；中国人民健康保险股份有限公司济宁中心支公司，总经理周安保；和谐健康保险股份有限公司济宁中心支公司，总经理刘卫东；平安养老保险股份有限公司济宁中心支公司，总经理唐云超。

（陈德明）

文化济宁

王粲墓

城南张村位于济宁市任城区喻屯镇驻地东南方向5公里，村南0.5公里处有王粲墓。

王粲(公元177-217)字促宣，山阳郡高平县(今济宁市任城区)人，系东汉“建安七子”之首。父祖都是士族名流。他17岁时由于军阀混战，逃到荆州依托刘表，后为曹操所重用，官居魏国“侍中”(皇帝侍从官)。他的著作以诗赋见长，著有《王侍中》、《七哀诗》、《登楼赋》等。作品里游子与思乡的感情很重，情调比较低沉，有些作品深刻地反映了当时军阀混战和人民的苦难。其中《七哀诗》中的一首，是作者写离开长安时所见的战乱中人民的苦难景象，现抄录如下：

西京乱无象，豺虎方满患。
复弃中国去，委身道荆蛮。
亲戚对我悲，朋友相追攀。
出门无所见，白骨遍平原。
路有饥妇人，抢子弃草间。
顾闻号泣声，挥涕独不还。
味知身死处，何能两相宽！
驱马弃之去，不忍听此言。
南登霸陵岸，回首望长安。
悟彼《下泉人》，喟然伤心肝。

王粲于建安二十一年(217)从征吴道卒，葬于亢父城南一里家族墓地，现存有三块石板，1981年，王粲墓被列为济宁市重点保护文物。

科学技术

科技工作

【概述】 济宁市科技局是主管全市科技工作的市政府工作部门,内设办公室、人事科、政策法规与行政许可科、规划财务科、合作交流科、高新技术发展及产业化科、农村与社会科技发展科、科技成果科8个科室,机关行政编制25名。

2012年,济宁市科技局以创建国家创新型试点城市为目标,以创新驱动经济转型为主线,不断强化科技创新意识,着力提升自主创新能力,突出抓好高新技术产业发展、产学研合作创新和科技服务体系建设,高水平办好第十一届中国专博会,推动科技平台建设、科技金融发展、科技人才创新三大突破,为全市实现科学发展、跨越发展提供了强有力的科技支撑。市科技局先后获得“全省科技管理系统先进集体”、“省级文明单位”;“全市综合考核先进单位”、“‘双评’活动群众满意单位”、“机关党建创新奖”、“招商引资工作先进单位”、“部门包村干部驻村先进工作组”、“全市政府系统公文处理工作先进集体”、“政务信息工作先进单位”等荣誉称号。

科技创新环境进一步优化 一是全面启动创建国家创新型试点城市工作。制定《济宁市创建国家创新型试点城市实施方案》,着力推进产业优化提升、企业主体创新、园区转型升级、高端人才聚集、公共服务平台、优化创新环境六大工程,努力推动经济社会发展由资源依赖型向创新驱动型转变。省政府已向国家科技部正式推荐济宁市申报国家创新型试点城市。二是实施科技奖励优化环境。隆重召开全市科技奖励大会,表彰荣获国家、省、市科技进步奖项目和优秀创新团队,营造尊重知识、尊重人才、鼓励创新的良好氛围。三是制定政策加强科技宣传。出台《关于促进科技服务业创新创业的实施意见》、《关于加强产学研合作创新的意见》、《济宁市引导转型自主创新成果转化重大专项管理暂行办法》等一系列文件,为科技创新提供强有力的政策支持。开展以“科技引领未来发展,创新建设美好济宁”为主题的科技活动周、社科普及周等系列宣传活动,优化科技创新环境。

科技支撑经济发展能力大幅跃升 一是自主创新能力增强。2012年列入国家、省以上科技计划项目205项,获得经费支持1.99亿元,其中:国家973、863计划4项、国家科技支撑计划2项、国家中小企业创新基金13项、省自主创新成果转化重大专项6项。二是高新技术产业实现质和量同步提高。按照新的统计标准,全年高新技术产业产值达到1031亿元,同比增长21.54%,高新技术产业产值占规模以上工业比重为21.05%,比重比年初增加1.5%。全市高新技术企业达到149家。三是科技创新体系不断完善。华勤集团等11家企业被认定为省级第二批创新型企业,太阳纸业等9家企业被认定为省级第四批创新型试点企业,星源矿山设备集团牵头的矿用泵产业技术创新战略联盟被认定为省第三批产业技术创新战略示范联盟。全年培育重大科技成果180项;获省级以上科技奖励24项;其中国家科技进步二等奖1项,省科技进步一等奖2项;省软科学优秀成果奖46项;省技术市场科技金桥奖24项。

产学研合作和科技平台创新呈现新亮点 全面深化产学研合作。在北京举办济宁市企业与驻京高校院所产学研合作洽谈会,近百家企业代表与50家驻京高校、科研院所举行对接洽谈;市政府与天津大学签署全面合作协议并举行产学研合作对接活动;与市委组织部等五部门

2012年3月25日,全市科学技术奖励大会。

联合出台《济宁市院士工作站管理办法》，加强院地合作，新建10家院士工作站。全市已建院士工作站34家，进站院士达37位。中国科学院计算技术研究所济宁分所(山东物联网技术研究院)落户济宁。国际合作领域开创新局面。征集、推介来自英国、俄罗斯等9个国家的高新技术成果139项。曲阜裕隆生物科技有限公司的"数字病理切片扫描系统及图像数据库技术合作"项目被国家科技部列入2013年度国际合作计划。高水平建设山东省鲁南工程技术研究院。与上海久有股权投资基金管理有限公司签订《共建服务平台框架协议》，合作共建5大创新服务平台，引进高层次管理团队。与上海亚申科技公司共建"济宁市亚申科技清洁能源技术研究中心"，新建工程机械等研发分院6家，积极向科技部申报国家级创新人才示范基地。成立鲁南技术产权交易中心，旨在为科技型中小企业在科技成果转让、合作开发、技术入股等方面提供专业化服务。济宁市科技人才创新创业孵化园作为市级领导包保联系重点项目开工奠基，项目占地171亩，一期建筑面积10万平方米，投资5.1亿元，建成后将致力于打造集政、产、学、研、金为一体的科技人才创新创业园。科技文献服务平台效果显著。联合中信所、省情报所开展"科技文献进高校"活动，累计为科研院所、重点企业等科研人员提供原文传递5743篇。搭建"济宁市科技计划管理信息系统"，利用信息技术实现科研立项、科技成果的规范化管理。

科技金融实现新突破 依托山东科创投资有限公司和鲁信创业投资集团股份有限公司合作共建"未来之星"天使基金，吸引境内外股权投资基金、保险基金等机构在济宁市开展创业投资业务。科技金融促进会先后带领投资公司考察科技型企业30余家，达成投资意向近10家，进行尽职调查6家，已确定投资2家约4000万元。推进知识产权质押、科技保险、科技担保等工作，会同济宁银行、浦发银行、济宁支行深入梁山、鱼台等县市区企业进行对接交流，力争将知识产权质押贷款融资做成科技型中小企业重要融资方式。市农行申报的菱花集团"退城进园14万吨味精生产线搬迁改造工程"项目5亿元银行贷款顺利获批，实现了首次采取商标权质押增加企业授信和首次采用专利权质押为贷款提供质押担保；与济宁永信投资担保有限公司结成战略合作伙伴，为科技型中小企业提供融资担保服务，扩大其融资额度，"投、保、贷、补、扶"一体化科技金融服务体系基本形成。

科技人才实现大发展 组织召开济宁市高层次人才座谈会。市委书记马平昌等市领导面对面听取高层专家的意见和建议，推动济宁市中长期人才发展规划纲要，深入实施海外人才引进"511"计划和国内人才集聚"百千万"工程。加强国外智力引进，全市第二批引进海外高端创新创业人才14名，国家"千人计划"专家5名，鲁南工研院新引进5个研发团队，新引进"千人计划"专家4人。完善高层次人才引进政策，制订出台《济宁市高层次人才服务手册》，建立起尊重人才、支持人才、成就人才的体制机制，为创新型科技人才队伍建设营造良好的氛围。

招商引资实现大跨越 联合市知识产权局协调引进的上海凯赛生物科技有限公司绿色尼龙项目落户金乡化学工业园。项目为生物新材料项目，投资规模约51亿元人民币，一期绿色尼龙项目和长链二元酸项目投资约19.5亿元。项目筹建工作正在全面推进，计划用7-9个月的时间完成一期项目设备迁移、试车投产等工作。二期绿色尼龙项目计划在2013年完成。项目的实施也将带动一批二元酸和尼龙下游产品的企业进驻园区，形成产业集群，使园区做大做强。

机关自身建设得到加强 落实市委作风建设大会精神，扎实推进"解放思想，跨越发展"大讨论和"恪守从政道德，保持党的纯洁性"教育活动。下发《市科技系统关于开展"解放思想谋跨越、创新驱动促发展"大讨论活动的实施方案》，动员和组织广大党员干部进一步掀起解放思想、提升杆标、团结奋进、干事创业的热潮。多措并举规范财务管理，全面实施"总体控制，分级把关，事前审签，统一管理"的财务管理模式，建立起科学规范、协调高效的财务管理工作机制。深入开展帮扶县域经济发展和"第一书记"工程，派出联建小组驻邹城开展联建工作。组织科技局全体党员干部举行廉政勤政宣誓活动，坚持标本兼治、综合治理、惩防并举、注重预防的方针，着力推动廉政风险防控机制建设，筑牢拒腐防变的思想防线，提升科技系统的凝聚力和战斗力。

【第十一届专博会取得圆满成功】 6月26—28日，由国家知识产权局、科学技术部、中国

■2012年6月26日,第十一届中国专利高新技术产品博览会开幕式现场。

科学院、中国工程院、山东省人民政府主办的第十一届中国专利高新技术产品博览会取得圆满成功。420家参展单位,1300多名专家、教授和专利持有人,中科院系统12个科研院所、60多所全国著名高校,携带8000多项最新科技成果参展参会。通过举办高层次人才创新创业论坛、风险投资高峰论坛、院士论坛等活动,进一步丰富了展会的内涵。本届专博会已成交技术项目和技术合作协议348项,项目投资额218.4亿元,技术成交额12.2亿元;引进国家"千人计划"专家1名,初步达成就业意向3255人次;14家银行机构与企业签订贷款意向协议,总金额达5.9亿元。

(苏　振　冯鲁红)

知识产权管理

【概述】济宁市知识产权局为正县级全额拨款事业单位,参公管理,内设4个科室,编制12人。2012年,在市委、市政府的坚强领导和上级业务主管部门的正确指导下,全市知识产权工作坚持以科学发展观为指导,以推动发展方式转变为主线,以建设知识产权强市为目标,大力实施知识产权战略,突出发明专利申请、"护航"企业发展、知识产权质押融资、塑造高端会展品牌,努力提升知识产权服务发展的能力,取得了明显成效。全市申请、授权专利分别居全省第7位、第5位,其中发明专利申请增幅居全省第2位;成功举办了第十一届中国专利高新技术产品博览会;知识产权质押融资突破3.7亿元。

■第十一届中国专利科学博览会开幕

知识产权创造　2012年全市共申请专利6909件、居全省第7位,其中申请发明专利1298件,增幅86.49%、居全省第2位,仅列青岛之后;授权专利5457件、居全省第5位,其中授权发明专利235件,增幅25.67%、居全省第7位。PCT专利申请量13件、居全省第7位。累计申请专利34208件、授权专利24379件,分别居全省第7位和第5位。其中曲阜、任城、微山、泗水发明专利申请过百件且增幅超过全市平均水平,邹城、兖州、任城、市中授权发明专利过20件且增幅超过全市平均水平,曲阜、任城、兖州职务专利申请总量及增幅均超过全市平均水平。微山全面完成了市局下达的任务目标,并实现专利申请、授权数量在全省位次前移。曲阜专利申请位次前移,市中、邹城、兖州、嘉祥、鱼台授权量位次前移。

知识产权运用　2012年全市知识产权质押贷款达到3.75

亿元以上，其中菱花集团有限公司以发明专利权和商标权作质押获得农行、工行、建行银团贷款3亿元；签署了一批知识产权质押融资银企合作协议。第十一届专博会成交专利技术项目和技术合作协议348项，投资额达218.4亿元，技术成交额比上届高出两倍多。安排45万元财政资金，资助扶持12项技术含量高、市场竞争力强的企业专利技术转化实施，产生良好经济效益。邹城安排企业专利产业化项目4项，扶持资金60万元。邹城、鱼台、金乡、嘉祥、汶上、梁山等县市积极开展各种形式的知识产权服务企业行动，努力提高企业知识产权创造运用能力。

知识产权保护 紧紧围绕重点产业、重点企业、重点案件加强知识产权保护力度，突出做好山东凯赛维权等执法维权重点工作，优化了知识产权市场秩序和经济发展环境，吸引了一批大项目落地聚集。上海凯赛绿色尼龙项目已落户济宁，并带动了石墨烯、淀粉味素等一批项目向园区集聚创新，总投资额达50多亿元。研究出台了《济宁市专利执法和维权援助绩效考核办法》，对基层执法维权工作实行百分制考核，逐步加强对县市区执法保护工作的指导。开展执法维权"护航"专项行动，实行有奖举报，加强部门联合执法，查处调解了一批专利纠纷案件。

知识产权管理 市委、市政府重视知识产权工作，市委常委会第30次会议提出要"实施知识产权强市战略"；知识产权列入了党代会报告、市政府工作报告；实行市政府专利通报制度；调整充实市知识产权工作领导小组。完善政策体系，研究起草了《关于实施知识产权战略推动创新发展的意见》；调整专利资助政策，逐步向发明专利、职务专利、专利创造大户倾斜；任城设立了200万元专利发展专项资金，兖州、鱼台、梁山资助政策相继调整；微山将专利纳入乡镇经济社会发展考核体系，实行科技项目、科技成果与专利管理一体化制度。济宁高新区加大财政投入力度，给予山推专利特别奖、奖励100万元，2个山东省知识产权示范企业各奖励10万元，13个通过复审的中国山东专利明星企业各奖励5万元。强化企事业单位知识产权管理，菱花集团通过国家试点验收，新增省级试点示范单位4家，专利明星企业达到106家；任城列入全省首批知识产权工作重点支持县市区。在邹城、曲阜开展济宁市知识产权宣传周暨知识产权进园区活动，营造了浓厚的知识产权文化氛围。

（市知识产权局综合科）

气象测报

【**概述**】 济宁市气象局是基础性科技型公益性事业单位，所辖微山县气象局、兖州市气象局、曲阜市气象局、泗水县气象局、邹城市气象局、鱼台县气象局、金乡县气象局、嘉祥县气象局、汶上县气象局、梁山县气象局10个独立县级气象机构，规格均为正科级。市局设办公室、人事教育科、业务科技科、政策法规科4个内设机构，设财务结算中心、气象台、济宁市气象科技服务中心、济宁市雷电防护技术中心4个直属单位；2012年底，全市有气象职工258人，在职141人，离退休117人。其中市局57人，在职人员具有高级职称的8人，具有中级职称的67人，大专以上学历人员占在职人员总数的88.4%。2012年，全市气象部门在市委、市政府和省气象局的正确领导下，坚持以邓小平理论和"三个代表"重要思想为指导，深入贯彻落实科学发展观，认真学习党的十八大会议精神，全面落实"抓发展、促和谐、强管理"的工作思路，齐心协力，开拓创新，推动了济宁气象事业的科学发展。

气象业务体系建设全面落实 一是"三农"气象服务专项工作亮点突出。积极争取地方政府支持，着力优化气象事业发展环境。5月3日，济宁市人民政府办公室下发了《济宁市人民政府办公室关于加强气象灾害监测预警及信息发布工作的意见》（济政办发〔2012〕23号），与此同时，市局依托"三农"气象服务专项，以兖州为试点，在编制完成《山东省兖州市乡村气象服务专项实施方案》的基础上，全面落实了"政府主导、部门联动、社会参与"的防灾减灾机制。二是气象为农服务"两个体系"建设特色鲜明。重点推进了气象灾害预警信息发布、农村气象信息服务站和农村气象信息员队伍建设。通过项目带动、资金自筹、合作共建的方式，全市建成乡镇气象信息服务站89个、预警大喇叭100多个，基本解决了气象预警信息发布"最后一公里"问题。农村气象信息员人数增至5275人，其中气象协理员1033人，覆盖全市所有乡镇。全市共建设公众信息电子显示屏363块，覆盖全市137个乡镇、200多个村庄；建成高危行业气象信息直通电子显示屏108块，主要布设在全市70多家重点煤炭化工企业。三是设施农业气象观测站服务效益快速增长。根据省局《山东省设施农业气象观测站网建设方案》(气测函〔2011〕62号)的精神,济宁市堪选了兖州和金乡两个点布设观测站。兖州站位于占地600余亩的有机蔬菜基地,金乡则为当地特色经济大蒜的生产服务。兖州和金乡局分别自筹15万元,用于设备的采购、安装和调试。2012年9月份,两个设施站正式运行,每天坚持通过手机短信、电子显示屏发布实时监测数据、天气预报预警信息,指导用户开展有效的生产管理。四是山洪地质灾害防治气象保障工程质量过硬。2012年,全市先后共有5个单位承担了山洪地质灾害防治气象保障工程两批项目的建设任务。高标准、严要求,在全省率先建成7个山洪气象保障工程自动雨量站的同时,完成了实施县预报业务平台的升级改造和数据处理中心的建设。五是贯彻落实鲁政办发〔2011〕57号文件成效显著。2012年8月份,市政府办公室下发《关于建立济宁市气象灾害防御工作联席会议制度的通知》,组织召开全市气象灾害防御联席会议,市应急办、气象局、安监局、国土资源局、财政局、文广新局、三大通信运营商等11家单位负责人参加会议。市气象局分别与三大通信运营商签署了"气象灾害预警信息发布与传播合作备忘录",初步建立气象灾害预警信息发布与传播的"绿色通道"。市政府各部门联合会签出台了《济宁市气象灾害应急预案》,把气象灾害应急演练纳入济宁市突发事件应急演练日常工作。11月中旬,省局副局长阎立凤一行在济宁督查期间,给予了高度评价。

气象服务和防灾减灾工作稳步推进 2012年,全市天气气候异常,气象灾害频发。6月底,持续干旱导致全市断流河道53条、水库干涸106座,6.02万人出现临时饮水困难,农田受旱面积达400万亩以上。暴雨、大风、冰雹等强对流天气局地性显著;大雾、道路结冰对交通造成一定影响。8月初,台风"达维"与济宁市擦肩而过。截至12月上旬,全市平均降水量为488.5毫米,较常年同期偏少27.1%。一是全面做好决策气象服务。制订了《周年决策气象服务实施方案》,强化气象服务保障措施。加强业务值守班和领导带班制度,严密监视天气变化,加强对灾害性天气过程的监测预警。制作各类专题气象服务信息302期,并及时报送市委、市政府及有关部门。全年共发布灾害性天气预警信号30余次,接受电视新闻媒体采访50次,举办新闻发布会5次。二是积极做好春运气象服务。召开专题会议,制定并落实五项保障措施。成立春运气象服务工作领导小组,协调全市春运气象保障服务和应急处置工作;制订《2012年春运气象服务实施方案》,强化气象服务保障措施;加强对强降温、道路结冰、大雾等灾害性天气的监测预警,及时发布气象信息;畅通信息发布途径,确保信息的及时、有效;加强与安监、交通、电力、水利等部门合作,全力做好应急联动准备工作,强化应对不利天气的风险管理能力。三是着力做好抗旱气象服务。加强春季抗旱气象预报服务工作,安排加密墒情观测,发布干旱监测20期,专门制作了《农业气象灾害监测预警评估》。联合水利、农业、林业等部门相关领导和专家,召开抗旱工作对策研讨会,部署有针对性的抗旱气象服务。抓住有利时机实施人工增雨作业,全市共组织大规模人工增雨作业4次,发射火箭弹43枚,增雨量达443.3万立方米,有效缓解了旱情。四是扎实做好汛期气象服务。从思想认识、组织落实上提出新要求,重申汛期气象服务领导值班、带班制度和各岗位职责。着重从提高预报准确率上下功夫,邀请预报专家指导,完善短时预报、灾害落区预报、灾害性天气预警信号的发布流程,规范了预报发布的时次、用语及内容,加强天气会商和联防。及时启动重大气象灾害(台风)Ⅲ、Ⅱ级预警防御应急响应,应对第10号台风"达维"。五是规范做好专业气象服务。加强"12121"声讯服务和天气预报短信定制的宣传力度,认真做好"12121"设备的升级扩容。2012年1-11月,全市12121拨打量突破823万次,较上年同期增长15.2%。在深入了解用户需求的基础上,不断完善与高危行业的信息直通,加强对专业气象网站以及兴农网站的管理与维护,保证了网站的正常运行。六是主动做好新农村帮扶。驻村入户,开展"察民情、知民意、解民忧"的调研活动。明确帮扶目标、内容和形式,制定"帮村扶户"工作制度,落实帮扶措施,积极推进帮扶工作有序开展。加大资金投入,全年筹措帮扶资金33万余元,为帮扶村修建道路、建立健身广场、完成了村级绿化工程。积极开展党员先进性教育和村小学生交通安全教育活动,组织帮扶村35名党员到鲁西南战役纪念馆参观学习。2012年,市气象局获得驻村帮扶先进工作组,驻村"第一书记"朱桂林荣立三等功,驻村干部袁西河被评为先进个人。

(朱桂林)

防震减灾

【概述】 济宁市地震局是负责济宁市防震减灾工作的职能机构,同时又是济宁市防震减灾工作领导小组的办事机构,为市政府直属正县级事业单位。主要负责宣传贯彻与组织实施国家和省制定的防震减灾工作方针政策、法律法规和有关规定,统一管理全市防震减灾工作。人员编制20人,内设办公室、科技监测科、综合防御科、应急救援科、政策法规科。代管省属嘉祥、邹城两个地震台。2012年,济宁市地震局坚持以邓小平理论、"三个代表"重要思想、科学发展观为指导,不断健全和完善"地震监测预报、震灾防御、应急救援"三大工作体系,较好地完成了全年各项工作任务。

做好地震监测预报基础工作 2012年,完成了新建微山岛台和邹城香城台的设备安装,较好地开展了嘉祥台地震探测背景场项目建设和邹城台环境优化改造工作。对全市90个市级宏观观测点运行规程进行统一规范,落实了观测费用。制定了2012年震情跟踪工作制度,认真做好"两会"和"十八大"等特殊时段的加密会商和日常会商工作。妥善处置了微山异常声响、汶上水井水温升高2起异常事件和嘉祥2.9级矿震、微山3.0级地震2起震情事件。为减轻矿震影响,市地震局加大了矿震安全工作力度,及时将矿震监测信息发布给有关部门和煤矿,帮助做好有关应对工作。9月13日与市煤炭局协作,举办了煤矿防震减灾知识讲座,对全市煤矿矿长和技术负责人进行了矿震安全培训,增强煤炭生产企业的矿震安全意识。

认真开展震害综合防御工作 制定并印发了《2012年防震减灾宣传教育活动方案》。5月24日,联合市委宣传部组织市直有关部门和各县(市、区)宣传、地震部门收看了全国防震减灾宣传工作电视电话会议。"5.12"期间,在《济宁日报》刊登了分管市长署名文章《增强全民地震预防意识、做好防震减灾工作》,认真组织开展防震减灾集中宣传活动。加强机关干部防震减灾知识教育,10月14日邀请省地震局局长晁洪太到微山县给全县副科级以上干部作了防震减灾知识讲座,有效地提高了防震减灾宣传教育效果。2012年各县(市)全部设立了地震行政审批服务窗口,组织开展了创建全省地震系统行政审批服务红旗窗口活动,嘉祥县和汶上县地震局行政审批服务窗口被省地震局命名为"山东省地震行政审批服务红旗窗口"。进一步强化建设工程抗震设防要求管理。10月29日市政府印发了《济宁市建设工程抗震设防要求管理办法》(济政发〔2012〕21号)。联合市教育局、市科协做好地震科普示范学校建设,2012年全市有14所学校被命名为省级地震科普示范学校,新增29所市级地震科普示范学校。申报邹城市香城镇尖山村农居工程为省级地震安全示范工程。组织邹城市、汶上县有关社区创建国家级地震安全示范社区。初步完成了邹城市国家地震安全示范县创建工作。兖矿国宏化工公司和鲍店煤矿2家企业被省地震局命名为首批省级地震安全示范企业。

加强地震应急救援工作 2012年重点抓了社区、中小学和医院等人员密集场所的地震应急预案建设,全市共编制地震应急预案7000余件。加强地震应急队伍建设。与武警济宁支队进行了协调,达成济宁市第二支地震灾害紧急救援队建设意向。9月21日联合团市委对全市地震应急志愿者骨干进行培训。结合城市规划发展,对济宁城区地震应急避难场所进行了完善,更新设置了应急避难场所标识,编制了《济宁城区地震应急避险疏散方案》,并制作成电视宣传片,加强对公众的地震避险知识宣传。

落实保障措施 2012年市政府办公室印发了《关于进一步做好防震减灾工作的意见》(济政办发〔2012〕38号),明确了做好全市防震减灾工作的任务要求。中国地震局副局长阴朝民、省地震局局长晁洪太先后到济宁市检查指导防震减灾工作,市委、市政府领导多次对防震减灾工作作出重要批示。7月份省地震局组织全省地震局长到济宁市进行现场观摩,有效地促进了全市防震减灾工作的开展。为进一步落实防震减灾工作措施,在2012年初召开了全市地震局长工作会议,安排部署全年工作任务。8月召开了全市地震工作现场观摩会,组织全市各县(市、区)地震局长到嘉祥、梁山、汶上等县进行现场观摩。对市防震减灾工作领导小组成员单位进行了补充和调整,将成员单位由原来的37个增加到47个，有效地加强了全市防震减灾工作的组织领导。

加强思想政治教育 开展了“解放思想跨越发展大讨论活动”，加强党风廉政建设，进一步落实党风廉政责任制，制定了廉政风险防控措施，开展了廉政承诺、“恪守从政道德、保持党的纯洁性”等教育活动，不断打牢防震减灾工作的廉政基础。加强作风建设，认真开展“创先争优”活动，不断加强党组织的凝聚力和战斗力，2012年6月，局党支部被评为市直机关“先进基层党组织”。

【认真做好微山3.0级有感地震应急处置工作】 9月6日凌晨微山县夏镇发生3.0级地震，造成当地部分群众恐慌。市局在第一时间启动地震应急预案，组织开展地震应急工作。局长亲自带队连夜赶赴地震现场，指导当地政府开展工作，调查落实震情灾情，进行地震应急监测，组织震情趋势会商，做好舆论宣传，及时向市委、市政府和省地震局汇报情况。

（杨劲松）

文化济宁

卞　桥

卞桥（双月桥），位于泗水县泉林镇卞桥村东，是山东省境内现存建筑年代最早、保存最完整的古代桥梁。桥呈弧形，东西走向，桥长24米，宽6米，两端引桥各35米，3孔拱形石券，中孔高5米，东西两孔各高4米。桥面两边原来各有望柱14根，栏板13块。望柱为长方条石柱，顶部刻方莲图案，栏板四周饰平面线刻云水花纹。中间刻有“渭阳垂钓”“姜子牙封神”“卞庄刺虎”“刘邦斩蛇”“韩信点兵”“首阳二贤”“人首蛇身”及滚龙猛虎、金刚力士、花卉翎毛、山水风景、桥上桥等浮雕，共26幅。桥两端各有石狮1对，相向蹲踞，神态威猛，形象逼真。券顶两侧各有3个透雕龙首探出，深目高鼻，旋毛飘然耳后，作张口状，口内或含珠宝、或含游鱼，形态多变，神采各异。桥墩水平面上雕刻的莲花座，花瓣肥胖圆润，独具一格，整个桥墩坚固美观，浑然一体。桥下绿水长流，碧波荡漾。相传每到中秋之夜，月中月印双影，名为“卞桥双月”。

桥始建于春秋时期，初为木桥，西汉时改建为石板桥，唐朝时改建为三孔石拱桥，石墩上刻有“敬德监造”。金大定二十一年（1181年）重修，明嘉靖六年（1527年）复修。1978年，又对该桥进行加固维修，补雕石狮一只，补齐了望柱、栏板、桥墩、引桥。1977年12月23日，该桥被公布为第一批省级重点文物保护单位。2006年5月26日，该桥被国务院公布为国家重点保护文物单位。

济宁年鉴 2013

JININGYEARBOOK

教育

综　述

2012年，全市教育系统深入贯彻落实党的十八大和市第十二次党代会精神，牢牢把握科学发展跨越发展总基调，强力推进教育规划纲要落实，解放思想、开拓创新、攻坚克难、拼搏实干，各项工作取得新成效，圆满完成各项年度目标任务，教育普及、普惠程度大幅提升。学前三年入园率达到78%，义务教育、高中阶段教育入学率达到99.9%、94%，教育基础设施、资金保障进一步加强，教育教学质量稳步提高。市教育局获得全国“两基”工作先进单位、全国教育新闻宣传贡献奖，全省学生资助、关心下一代工作、教师教育、教育国际交流与合作、校方责任保险工作先进单位，全市重大维稳、妇女儿童工作先进单位，市直机关“解放思想跨越发展大讨论”活动先进单位等市级以上荣誉称号二十余项。济宁市创建国家语言文字工作二类城市高分通过评估验收。在近几年全省、全市群众满意度测评和行风民主评议中市教育局名列前茅。

解放思想转变作风　扎实开展“解放思想跨越发展大讨论”。市教育局召开了教育系统解放思想转变作风工作会议，制定了《解放思想推进教育跨越发展大讨论活动实施方案》，以“效能提升年”活动为引擎，集中开展了三项活动。一是主题教育活动。组织了党委中心组理论学习、“信仰、信念、信心”主题教育、“恪守从政道德，保持党的纯洁性教育”、“转作风、优环境、促发展”专题讨论和赴扬州、淮安、宿迁学习考察等活动。二是“百千万”服务基层活动。聘请100名教育监督员对教育工作进行了全方位监督。组织1000名教育干部结对联系2000所学校，市教育局科级干部每人联系一所农村薄弱学校，2012年组织调研200多次，走访学校100多所，解决实事60多件。以“关爱孩子，携手育人”为主题，组织9万名教师登门走访所有学生，与学生家长进行了面对面交流。三是“师德师风建设年”活动。制定了《师德师风考核办法》，加强了教师理想信念、法律纪律教育，评选了一批师德建设先进集体和先进个人，增强了教师优质施教、廉洁从教的积极性。

2012年9月28日，济宁市第20届中学生田径运动会。

均衡发展义务教育　合理配置教育资源，建立了城乡教育一体化发展机制。《济宁市区教育设施布局专项规划》实施取得阶段性进展，市政府出台了《济宁市城区中小学幼儿园规划建设管理办法》。2012年标准化学校建设完成362所农村中小学“热水、热饭、新能源取暖、改厕”工程、151所学校图书配备、1.9万台微机和1800口多媒体教室配备、1100所农村小学网络改造。校舍安全工程投入4.6亿元，改造校舍52万平方米；2009年以来投入18.1亿元，改造校舍301万平方米。农村教学点改造2012年投入4709万元，改造校舍3.9万平方米，配备计算机5751台、多媒体192套，完成46所校园环境整治，撤并教学点20所，教学点生均公用经费上浮30%。2012年济宁市城区教育重点建设项目投入5.8亿元，完工8个，在建10个，竣工面积9.5万平方米，在建面积35万平方米。2010年以来累计投入12.1亿元，完工16个，竣工面积18.5万平方米。

加强教师队伍建设　2012年组织教师集中培训7000人次、远程研修5万人次。及时补充师资力量，全市招录教师1752名。积极开展教师交流，3100多名教师、校长实行县域内交流。实施名师建设工程，评选表彰了第三批“十佳校长”、“十佳教师”、“杏坛名师”、“特级教师”，已命名150名“杏坛名师”、300名“特级教师”，培养了

6名“齐鲁名校长”、11名“齐鲁名师”、60名“济宁名校长”、1000名教育硕士。

着力改善教育民生 2012年成立济宁助学助教基金，“情系学子、筹资助学”成为市教育局创先争优服务品牌。全市投入1.42亿元，资助家庭经济困难学生17.2万人次，为1.4万名家庭经济困难大学新生和在校生发放助学贷款8486万元；五年来累计投入8.9亿元，资助学生84万人。实施学生营养改善计划，2012年秋季开学起全市财政投入4500万元，对13.8万名义务教育阶段所有在校孤儿、低保家庭、特殊教育和其他家庭经济困难学生发放了营养补助金。保障师生生命安全，坚持“严管校内、净化周边、标本兼治、综合治理”的方针，围绕校舍、消防、校车、防汛、饮食卫生、周边治安等，加强安全教育培训，完善人防、物防、技防设施，集中开展了校园安全隐患排查整治，营造了平安和谐的校园环境。

完善督导考核机制 按照市委、市政府“目标责任、考核奖惩、监督检查”三个体系建设要求，制定了《县市区教育工作目标考核办法》、《市直教育系统领导班子领导干部实绩考核奖惩体系实施方案》，按三类目标确定了单位、科室、学校年度目标责任，细化单项目标300条，严格考核奖惩，狠抓工作落实。制定了《济宁市教育局机关工作规范》，印发了《济宁市教育局规章制度汇编》，促进了各项工作优质高效运转。全面推行“一线工作法”，建立了教育督导责任区制度，市县两级划分了70个督导责任片区，实行领导干部包保重点项目责任制，强化一线督查、实地督查、问责督查，对中小学幼儿园办学行为和教育质量实施了常态化、全覆盖监控，建立了宏观指导与微观管理并重的教育监督服务体系。

加强行风廉政建设 市教育局召开了全市教育纪检监察工作会议，与直属单位、市直学校签订了《党风廉政建设和反腐败工作责任书》，与县市区教育局签订了《规范教育收费工作责任书》。制定了《权力廉政风险防控机制建设工作实施方案》，对领导班子、机关科室、个人岗位廉政风险防控内容提出了具体要求。严格落实《干部任用条例》，坚持党管干部、德才兼备、注重实绩、公开平等、竞争择优、民主集中制原则，加强干部考核、任免、调配、交流、培训、奖惩，市直教育系统干部选拔任用严格按规定条件和程序组织进行，未出现临时动议或个人决定干部任免、突击提拔干部现象。加强“三重一大”事项监督管理，全年20次重点工程招投标项目均实现了高效、安全、廉洁运行。积极推进廉政文化进校园，把干部廉洁自律、教师职业道德、青少年学生诚信守纪教育有机结合，组织党员干部参加了廉政党课、廉政勤政宣誓、书写承诺书活动，举办了“廉政文化在校园”征文比赛和“唱响廉政歌曲”、师德师风报告会，在学校干部、教师、学生中分别开展了“廉洁从政、勤俭办学”、“廉洁从教、服务学生”、“敬廉崇洁、诚实守信”主题实践活动，增强了廉政教育的针对性、实效性。认真落实省教育厅等7部门《关于2012年规范教育收费工作的实施意见》，坚持“五个统一”原则，建立完善了收费责任制、公示制、督查制、审计制和责任追究制，严格规范中小学服务性收费和代收费管理，普通高中自主生招生比例严格控制在20%，2012年对县市区规范教育收费进行了多次专项检查。全面推行党务政务公开，公开各类信息2000余条，在线解答群众咨询6000多人次。积极承办人大、政协议（提）案，办理满意率达100%。开展教育行风评议活动，认真解决教育系统在规范办学、师德师风、学校风气、教育教学、文明服务、作风建设等6个方面的突出问题。积极参加省市组织的行风热线，坚持一把手带队，2012年上线节目6次，答复满意和基本满意率达到100%。11月份，市教育局联合纠风、物价等部门对县市区和市直学校行风工作进行了专项检查，查看了260所学校幼儿园，召开了25个座谈会，发放调查问卷3万份，印发征求意见表6万份，收到意见建议3000多条，对发现的问题，制定措施，明确责任，进行了大力度整改落实。

做好驻村帮扶工作 经济发展等工作。扎实开展“大规模驻村入户、面对面谈心交流”活动，局班子成员每人联系一个村，多次赴村走访调研，和群众谈心交流，对困难群众重点帮扶，指导制定发展规划，帮助当地中小学加快校舍改造，更新图书、微机等教学设备。配合做好省直选派“第一书记”工作，结合当地实际制定了教育帮扶计划。市教育局驻曲阜市陵城镇东果庄工作组情系三农，发挥优势，开展了“搞服务、办实事”系列帮扶活动，为所驻村协调资金25万元实施了自来水改造工程，捐赠了5万元的观赏树苗，建成了农田绿化带，赠送了健身器材，修建休闲健身广场，组织了“健康直通车”免费义诊、“科普大篷车”进校园等活动，协调资金45万元实施了陵城镇中心幼儿园教学楼建设工程，牵线济宁学院第二附小与果庄小学建立了结对帮扶关系，为学校赠送了331套校服、书包，配备了25台微机。大力推动曲阜市县域经济发展，积极组织帮扶组市直各部门大力支持曲阜经济社会发展，多次到曲阜现场督导，曲阜经济社会等方面有了新的发展，实现了争先进位的工作目标。积极开展招商引资，帮助建设曲阜(陵城)高新技术产业开发区，积极参与项目洽谈，引进教学仪器厂，预计投资6000万元。帮助息陬镇建设完善中心幼儿园，协调资金150万元为北元疃村新建了1所高标准幼儿园，服务附近3个自然村幼儿入园。指导职业学校围绕曲阜旅游、文化等调整专业设置，选派教师到高校、企业进行了挂职学习，开展了农村劳动力转移培训、实用技术培训与计算机、旅游、餐饮服务等专业培训，为曲阜经济发展提供人才保障。

【基础教育】 素质教育落实见成效。2012年上半年，召开了基础教育工作会议。认真贯彻落实《济宁市素质教育行动计划》(2011—2015年)，8月份市教育局印发了《关于进一步规范中小学办学行为的通知》。指导督促学校加强学校管理，优化过程，完善管理制度，督促指导学校规范办学行为，抓好学校各项工作的落实。完成了普通高中改制学校的清理工作，撤销了所有公办高考补习学校，规范民办高考补习学校，做到了违规办学省零通报。10月下旬，组织全市中小学137人参加了省素质教育论坛，曲阜市教育体育局等8个单位在会上作了典型发言。学校德育有提升。认真学习贯彻落实省中小学德育工作会议精神，5月25日，召开了全市中小学德育工作会议，会上总结了全市德育工作经验，8个单位在会上进行了典型发言，推广德育工作典型，转发了省教育厅《关于进一步加强中小学德育工作的意见》和《关于进一步加强中小学时事教育的意见》，对全市新时期中小学德育工作进行了部署。9个单位和16名教育工作者被表彰为全省中小学德育工作先进单位和先进个人，2个德育案例被评为省级优秀德育案例。评选表彰了48个全市中小学德育工作先进单位和100名德育工作先进个人。邀请省教育厅基础教育处处长关延平作了题为《坚持深化素质教育改革提高基础教育质量和水平》的报告和教育部法制办主任王大泉作了题为《基础教育的理论与实践》的依法治校报告。举办了“济宁市中小学优秀班主任”评选活动，260名中小学优秀班主任受到表彰。组织中国书法家协会会员向全市中学赠送了“德不孤”书法作品活动。继续开展好中小学生读书节、科技节活动，表彰了2011年度中小学生第三届读书系列活动——经典诵读先进单位和优秀辅导教师，开展了第四届全市中小学生读书系列活动，选派了曲阜一中、济宁市实验初中和邹城市匡衡路小学参加了省教育厅组办的中小学生经典诵读和演讲比赛，均取得了较好成绩，开展了全市中小学生优秀征文评比活动，向省教育厅选送160篇征文参加省级比赛；印发了《关于开展“好书伴我成长”暑期读书活动的通知》，并在曲阜市陵城镇果庄小学举行了启动仪式。与市政法委共同完成全市重点青少年群体排查摸底工作，积极预防重点青少年群体犯罪，向省教育厅申报市中区等8个未成年人校外活动保障能力提升项目，争取资金，充实设备，提升济宁市未成年人校外活动场所的基本条件。规范化学校上台阶。按照“早准备，快行动，找薄弱，促整改”的工作思路，力争使每个县市区达到至少创建1所省级规范化学校、3所市级规范化学校的目标。10月下旬，开展了省级规范化学校的市级评估和验收工作，对全市申报的20所省级规范化学校复评和验收的学校进行了市级评估，最终确定11所学校在整改的基础上，参加省级规范化学校的复评验收。义务教育促平衡。市政府调整充实了城区义务教育招生工作领导小组，印发了《关于做好济宁市城区小学、特殊教育学校招生工作的意见》，并有明确的服务区划分。组织召开了城区义务教育及幼儿园招生工作座谈会，要求各学校、幼儿园根据实际，严格招生规模，控制班额上限和招生总量。做好军队子女优待工作，与市民政局等单位联合印发了《关于贯彻〈军队子女教育优待办法〉实施细则》。针对部分热点中小学班额过大问题，采取名校办分校或兼并薄弱学校的方式走集团化办学的路子，2012年完成了十三中与九中、十五中与十六中联合，缓解城区热点学校的招生压力。控辍保学促巩固。根据省教育厅工作安排和有关中小学生辍学方面的督导反馈情况，市教育局对辍学情况进行了调研，并形成完整的控辍调研报告,提出下步工作措施。市政府印发了《关于加强农村留守儿童教育管理工作的意见》,切实保障农村留守儿童的合法权益。建立健全学生管理制度,明确落实各学校和有关人员的控辍职责,严格控制辍学率。力争达到小学、初中适龄儿童入学率100%,少年儿童辍学率控制在2%之内。学业考试促普及。完善高中招生制度,进一步推动把初中学业考试成绩与基础性发展目标评价结果作为高中招生依据,普通高中将招生指标的60%分配到初中学校。严格普通高中学业水平考试考风考纪,保证综合素质评价结果的诚信、可用。2012年,中考报名共计60788万人,设14个考区,36个考点,2044个考场;初中学业考试报名189790人次,设14个考区,49个考点,高中学业水平考试报名39273人,设12个考区,23个考点。考试组织工作有条不紊,顺利进行。加大对高中录取工作的管理,严格执行统招生与自主招生8:2的比例。在录取中,明确各县市区在职业教育、民办教育未完成招生任务的情况下,普通高中不得扩招。与市财政局、市残联联合印发了《关于免收残疾学生及贫困残疾人家庭子女高中阶段学费、住宿费的通知》,确保他们完成高中阶段教育。继续将发展学前教育作为重大民生工程,按照公益性、普惠性和普及性原则,大力发展公办幼儿园。市政府调整了学前教育工作领导小组,下发了《关于调整济宁市学前教育工作领导小组的通知》,加强了对学前教育工作的领导。市政府与各县市区政府签订了《济宁市学前教育项目建设暨乡镇中心幼儿园省认定目标任务责任书》。2012年,全市新建改扩建公办和公办性质幼儿园266所,市政府重点推进100所,完成99所乡镇(街道)中心幼儿园省级认定。市政府对学前教育工作进行了专项督导评估,市教育局制定落实相关配套政策措施。联合市委督查室、市政府督查室、市人社局、市财政局和市编办,对学前教育工作进展情况进行了专项检查,各县市区正在按照任务目标开展工作。

【高等教育】 市委、市政府召开了全市高校工作会议,成立了高校工作领导机构,出台了《关于进一步支持高校建设发展的意见》。全市现有省属市属高校9所、技师学院2所,在校生11.8万人。曲阜师范大学、济宁职业技术学院被确定为山东省首批"应用型人才培养特色名校"、"技能型人才培养省级示范高职院校"建设单位。

【职业教育】 各级技能大赛成果丰硕。3月8日成功举办济宁市第十届中等职业学校技能大赛暨校企合作洽谈会。大赛设学生组和教师组。设置电工电子技术、建筑工程技术、护理技术等11个专业类别、26个项目,879名学生、154名中等职业学校的教师参加了比赛。省技能大赛创佳绩。通过市赛选拔,济宁市参加了11个专业大类41个赛项的全省职业院校技能大赛。获得一等奖4个;二等奖3个;三等奖25个。全国大赛再创辉煌。济宁市获全国车工一等奖2个;团体二等奖1个;三等奖2个。市赛、省赛、国赛成绩,均创历史新高。学校标准化建设扎实推进。按照山东省印发的《山东省中等职业学校分级标准(试行)》、《山东省中等职业学校专业建设标准(试行)》,对全市27所中等职业学校分级、专业建设情况进行了认真的复评,提出了合理化整改建议。国家示范校创建取得成效。继嘉祥县职业中专、曲阜中医药学校相继成功创建"国家级中等职业教育改革发展示范校"后,济宁市高级职业学校、邹城高级职业技术学校被确定为第三批示范校。职教招生宣传扎实有效。加大招生宣传力度,下发了《关于做好2012年中等职业学校招生工作的通知》,印制了《济宁市2012年中等职业学校招生简章》,组织人员对各县市区中职招生宣传情况进行了督查、抽查。与《济宁日报》联合开辟"职业之窗"宣传栏目,做好职教宣传工作。师资队伍建设常抓不懈。选派重点职业学校校长、骨干教师参加国内外各种业务培训。暑假期间,全市国家级重点职业学校的校长全部参加了教育部组织的培训。8月份举办了专业课教师市级培训,培训人数达200余人。教学改革成效显著。指导职业学校积极申报山东省中职学校专业教学指导方案开发工作。嘉祥县职业中专、曲阜中医药学校、济宁市高级职业学校分别被确定为电子技术应用、中医护理、果蔬花卉生产技术专业教学方案编写的牵头单位。省财政拨付50万元用于专业教学指导方案的开发经费。积极做好山东省教科所职业教育课题研究工作。2012年组织申报山东省职业教育科研课题38个,通过专家评审,27个课题获立项。积极参加省、国家"文明风采"评选活动。

(李宏伟)

院校简介

【曲阜师范大学】 曲阜师范大学创建于1955年，设学于孔子故里曲阜，在日照建有校区。设有1个独立学院,27个学院,28个研究所，拥有博士学位一级学科授权点5个,硕士学位一级学科授权点22个，硕士专业学位授权点10个，博士后流动站5个,本科专业78个。拥有全日制在校生33920人,其中普通本科在校生30497人，博士、硕士研究生3423人。现有专任老师1213人，教授190人,副教授370人。

办学核心指标实现新突破 成功入选山东省首批应用型人才培养特色名校的行列。获批“国培计划”培训资质,教师教育与培训工作达到了国家级水平;《齐鲁学刊》顺利入选国家社科基金第二批资助期刊，是省属高校中唯一入选的期刊；入选国家级大学生创新创业训练计划高校。

教育教学质量稳步提高 积极落实教育部30条精神,召开了教学工作会议,制定了《关于进一步强化本科教学中心地位的若干意见》等文件,加大教学投入,进一步夯实教学中心地位。系统推进人才培养模式改革，实施了“杏坛学堂”卓越人才培养计划。省级本科教学工程建设取得新进展,新增省级教学名师2名,省级教学团队1个，省级特色专业2个，省级人才培养模式创新实验区1个,省级精品课程5门;获得省级教改项目15项；成功申报国家级校外实践教育基地1个。深化研究生招生和培养模式改革,研究生教育取得新突破。获得全国研究生数学建模大赛9项，其中一等奖1项;获山东省优秀博士学位论文2篇，优秀硕士学位论文4篇，优秀科技创新成果奖6项，研究生教育创新计划项目14项。学生创新和实践能力不断提高,获得国家“挑战杯”竞赛等全国各类竞赛高层次奖励100余项。招生规模有新扩大,生源质量进一步提高，毕业生就业率稳居全省前列。

科研平台建设取得新成效 启动了协同创新战略,入选山东省高校优秀科研创新团队2个，组建培育“圣地非物质文化协同创新中心”等5个协同创新中心。科研立项和获奖创新高,取得国家级科研立项40项，省部级科研立项54项，年度经费总数突破3000万元。获得省社科优秀成果奖17项，泰山文艺奖2项，获评山东省社科新秀奖1人；获省自然科学三等奖1项、省科技进步三等奖1项。

高层次人才队伍建设取得新突破 认真落实人才工作目标责任制,引进博士67人(含海外人才6人),引进学科带头人5名。新增泰山学者特聘教授1人，泰山学者海外特聘教授1人,山东省突贡专家2人。启动了“1361”人才工程,首批选聘125人。出台了《关于进一步加强青年教师队伍建设的意见》,助推青年教师成长,9人成功申报国际合作培养和国内访学项目,19人进入重点高校院所博士后流动站,36人考取了博士研究生。全校青年教师培养工作列入2012年“山东省高校人才工作十佳创新案例”。

开放办学开创新局面 学校独立承办的韩国安东大学孔子学院揭牌,新增国外友好学校3所,聘请外国专家20人,外派师生访学、学习90余人次,办学国际化水平日益提高。深入推进服务地方行动计划,签订横向课题55项，服务经济社会发展的能力进一步增强。

校园和谐建设取得新进展 出台了《关于推进校院两级管理制度改革的意见》，推进管理重心下移，增强了学院办学活力。实施《学院教授委员会章程》,“教授治学”得到进一步落实。完成国家和省人大代表、政协委员的推荐工作,成功召开九届三次教代会,领导和支持工会、妇委

■2012年4月20日,曲埠师范大学召开人才工作会议。

会、共青团、学生会等创造性地开展工作。不断改善广大师生和离退休教职工的学习、工作、生活条件。推进发展成果共享,教职工收入水平有新提升。开工建设新建教职工公寓,翻新整修了校园主干道路,完善校园网基础设施建设,校园视频监控系统投入使用,启用车辆门禁系统,加强校园综合治理,净化美化校园环境,加强校园综合治理,净化美化校园环境,校园呈现和谐稳定的良好氛围。

(朱莉雅)

【济宁医学院】 济宁医学院是山东省普通本科高等学校,创建于1952年,占地总面积124.42万平方米,有济宁和日照两个校区,建筑面积67.42万平方米。学校固定资产总值9.45亿元,其中教学科研仪器设备总值1.9亿元,馆藏图书总量为150余万册。学校有11所附属医院,150余个实践教学基地。2008年4月学校以"优秀"成绩顺利通过国家教育部本科教学工作水平评估。

学校有在职教工1075人,其中专任教师875人,教授、副教授328人,有硕士以上学位教师567人,聘有兼职教授446人。教师队伍中,有全国劳动模范、全国五一劳动奖章获得者、国家级教学名师、全国优秀教师、享受国务院政府特殊津贴人员、中青年突出贡献专家、泰山学者海外特聘专家等50余名。学校面向全国25个省、市、自治区招生,有全日制在校生16000余人。有计划的招收部分国家或地区留学生。学校有16个教学单位:基础学院、临床学院、公共卫生学院、精神卫生学院、护理学院、法医学与医学检验学院、药学院、信息工程学院、管理学院、口腔医学系、医学影像学系、生物科学系、外语系、社会科学部、继续教育学院等。开设临床医学、临床医学(精神病与精神卫生方向)、中西医临床医学、康复治疗学、法医学、预防医学、食品质量与安全、护理学、医学检验、口腔医学、医学影像学、应用心理学、生物技术、生物工程、生物医学工程、药学、中药学、药物制剂、计算机科学与技术、信息管理与信息系统、市场营销、公共事业管理、劳动与社会保障、英语等30多个本专科专业和专业方向。形成以医学教育为主体,涵盖医、理、工、管、文5个学科门类,本科教育和研究生教育、继续教育、留学生教育、中外合作办学协调发展的多层次办学格局。

学校设有临床医学一级学科专业硕士学位授权点。学校的临床医学专业、预防医学专业为教育部高等学校特色专业;临床医学(精神病与精神卫生方向)、护理学专业、药学专业为省级特色专业。医学免疫学被评为国家级精品课程,医学检验基础课程群和护理学专业急危重症课程群被评为省级精品课程群,共有23门省级精品课程。病理学与病理生理学、神经病学、免疫学、心血管疾病研究诊疗中心、神经内科学为山东省重点学科。学校现有行为医学、神经生物学、心脏疾病诊疗、职业卫生与环境医学等省级重点实验室和行为与健康省级人文社科研究基地。建立国际合作实验室、校级重点学科、重点实验室12个;有山东省行为医学研究所、神经生物学研究所、肿瘤病理研究所等28个研究机构。

济宁医学院共承担各级各类课题500余项,其中国家自然科学基金、省自然科学基金、省科技攻关课题、国家科技部"十一五"支撑计划、973、863项目子课题、国际合作项目百余项。在国内外学术期刊发表学术论文3000余篇。

中华医学会行为医学分会和山东省行为医学专业委员会挂靠学院,学校主办的全国中文核心期刊——《中华行为医学与脑科学杂志》和《济宁医学院学报》,面向国内外公开发行。《中华行为医学与脑科学杂志》2012年被评为中国权威学术期刊,名列基础医学类期刊第一名。

学校十分重视对外交流与合作,长期以来学院与美国麻省医药学院、瑞典卡罗林斯卡医学院、台湾慈济大学医学院等10多所国家和地区的高等学校、医院和科研单位建立了长期合作关系。在教学、科研、医疗、师资培养等各个方面进行了卓有成效的合作和交流。

学院普通本专科毕业生就业率保持在92%以上,研究生考取率位同类院校前列。学校连续26年被山东省人民政府授予"省级文明单位"称号,连续29年被济宁市人民政府授予"市级文明单位"称号,近年来,先后被授予山东省"省级文明校园"、"山东省德育工作优秀高校"、"山东省大学生思想政治教育先进单位"称号。

(李 媛)

【济宁学院】 济宁学院是经国家教育部批准设立的一所本科层次的全日制普通高等学校。占地1503亩,建筑面积40.48万平方米。图书馆建筑面积3.83万平方米，现有纸质图书128.43余万册，中外文期刊5200余种、10万余册，电子图书4000GB、近10年国内中文全文电子期刊和硕、博士论文数据库共计5000万篇。教学仪器设备固定资产总值6251万元。多媒体教室共12080座；语音室共1060座；教学用计算机2681余台。信息化设备资产3175.12万元。学校设有15个系(部)，60个专业，其中本科专业28个，专科专业32个，2012年底，实有在编教职工人数为897人，其中专任教师627人。教授39人，副教授175人，博士52人，硕士345人。2012年，全日制本专科在校生1.4万余名。

干部、师资队伍建设进一步加强　共推荐11名干部到省委高校工委学习、5名干部到省市委党校学习；选派了3人担任帮包泗水县星村镇3个村的第一批"第一书记"。完成了省市各级各类人选的推荐、选拔、上报工作。引进博士研究生8人，内部招聘硕士研究生13人；完成了6名外籍教师引进、管理和服务工作。

教育教学质量不断提高　围绕教育部新建本科院校合格评估的指标体系，细化、分解了迎评任务；完成了2011、2012年度教学数据基本状态采集工作；召开了学校本科教学评估评建工作暨2012年教学工作会议。加大教学投入，2012年教学仪器设备投入1800万元、图书资金安排500万元。组织开展了各类教育教学项目的立项评选工作。2位教师被评为山东省第七届教学名师，11门课程被评为省级精品课程，7个项目确定为2012年度山东省高等学校教学改革立项项目，1项被确定为省级重点项目。建设了2个校级人才培养模式创新实验区，建设校级实验示范中心2个，推荐省级实验示范中心1个，建立了6个实践教学基地。

科研工作不断提升　获国家社科基金项目1项，填补了院校该类项目的历史空白；获国家自然科学基金项目3项，比2011年增长50%;；获各级各类省级项目11项。与济宁市质量技术监督局、济宁市南四湖自然保护区管理局分别合作建立产学研基地。与济宁多家企业、公司签署了全面产学研合作关系协议。增设了"济宁学院人文社会科学预研项目"。

内部管理不断提升　健全了省属管理体制的相关工作。建立健全了各项财务管理制度，做好了中央财政专项资金的申报及实施工作；校园环境不断净化，学校被山东省教育厅授予"山东省高校校园绿化管理先进单位"荣誉称号；解决了图书馆电压低、教学区供暖不热等问题；争取到太阳能光伏发电项目国家补贴1650.00万元；对20多个实验室及30多媒体教室进行了搬迁改造；完成220余项政府采购项目、校内20多个重要项目的招投标工作。

学生管理工作上新台阶　充分运用网络加强宣传教育，发挥思想引领作用。办了"十佳学子"、"十佳科技创新人才"、"十佳文明大学生"、"成才表率"的评选活动。举办大型招聘会、专场招聘会50余次，提供就业岗位约6000余个。评出各类奖助学金获得者2200人，计748.8万元。1602名学生成功申请了贷款，申请贷款总金额达770.78万元。学校被授予"山东省资助工作先进集体"荣誉称号。心理咨询中心共接待学生心理咨询和辅导300余人次。

实践育人不断强化　先后承办了首届济宁市大学生科技节科普讲坛活动、电子设计竞赛、科技外语大赛。参加了山东省第四届大学生物理科技创新大赛等。举办了学校第三届英语原声电影配音大赛、第三届大学生读书节"书香班级"评选汇报会等。先后举办第五届社团文化节、第六届校园歌手大赛、第七届校园主持人大赛等；积极组织大学生"三下乡"活动。

（曹光海）

【济宁职业技术学院】　济宁职业技术学院是2000年10月经山东省人民政府批准成立的全日制普通高等专科学校。2012年，学院占地781.26亩，固定资产总值3亿元。图书馆藏书94.9万册，期刊杂志1417种，电子专业期刊9600种。开设机电工程系、汽车工程系等16大类59个专业，全日制在校生9546人。教职工635人，专任教师348人，教授、副教授167人，博士、硕士292人。217名企业工程师、技师担任兼职教师。拥有1个国家级、1个省级教学改革试点专业，2个央财、3个世行支持专业，6个省级特色专业；拥有3门国家、29门省级精品课程；建成37部高职高专规划教材，其中1部被评为全国普通高等教育精品教材；拥有1个国家级、5个省级教学团队，1个市级优秀科技创新团队，1名全国劳动模范、2名省级教学名师、4名市级突贡专家；主持国家星火计划项目3项，省市级项目114

项；获得省、市级科研成果奖96项，拥有国家专利57项。

特色名校建设单位争创成功 落实《山东省高等教育名校建设工程实施意见》，2月，召开名校争创动员大会，凝聚全院合力；组织院系两级核心团队，系统总结近年来的办学业绩、办学经验，突出亮点、凝练特色；紧紧围绕地方主导产业，科学实施顶层设计，规划专业发展；精心填写申报书，制定建设方案，形成了高质量的申报材料。9月，学院申报材料和现场答辩获得了领导和专家的充分肯定，被确定为山东省技能型特色名校首批立项建设单位。

人才培养工作评估顺利通过 成立了评建工作领导小组和评建办公室，制定了《评建实施方案》，发动全院师生全员参与、全力以赴，落实各项整改任务。借助世行项目，建成生产性实训基地，同步配套了各专业实训设施；全方位修整、绿化、美化校区，建设生态校园、人文校园；完善人才培养方案，健全各项制度，深化教学改革；深入开展说课、专业剖析、模拟访谈系列活动，覆盖全部招生专业和所有开设课程，实现了说课人人过关，专业剖析个个达标；对照人才培养评估7个一级指标和22个关键要素，系统整理人才培养工作档案，开展自我评估与诊断，形成自评报告、数据平台分析报告。10月，学院顺利通过人才培养工作评估。

校企合作深化 深入企业调研，了解企业需求，探索校企互惠共赢的多样化合作途径。携手朝阳汽修，对接长春一汽，建成了一汽3S店校中厂。世行项目筑巢引凤，与博特精工共建了博特车间校中厂。校企联动，实施订单培养，与如意、润华、广慧金通等企业共同举办了冠名班。以共建济宁市热工自动化研究所为纽带，与聚源热力、宁鲁科技两家企业达成了“校企企”三方合作协议。加强校企合作体制机制创新基本制度建设，修订完善了《校企合作管理办法》、《校企合作发展委员会章程》等，为推进产教互融的“校企共同体”建设奠定了基础，积累了经验。

内涵建设取得了标志性成果 1—10月，进一步规范教学运行，严格教学过程监控，加大教学检查督导，结合评建工作，在全院范围内广泛、深入开展了听课、说课和专业剖析活动。专业建设方面，新增3个专业，获批2个央财支持专业，建成6个山东省高等学校特色专业，形成了10个富有特色的专业群。6月，接受了省教育质量评估，6个大类上榜，名列全省高职类院校前茅。课程建设方面，借鉴行业企业标准、职业资格标准，完善了课程标准，构建了“平台＋模块”的课程体系，10门课程被评为省级精品课程，2门课程顺利通过国家级精品资源共享课省级遴选，4项课题被确立为本年度山东省高等学校教学改革项目，其中两项为重点课题。1项课题被确立为高职高专院校计算机公共课教学改革立项重点项目。师资队伍建设方面，打造专兼一体、“能力四强”的师资队伍。录用12名专业对口的硕士研究生及紧缺型人才充实教师队伍。选派5名教师到国外学习考察职业教育，3名教师到国内高校培训访学，12位专业骨干教师参加国家级培训，44位教师参加了省级培训，71名教师深入企业实践锻炼。选聘15名企业首席技师、突出贡献技师担任兼职教授，聘任200余名企业技师、能工巧匠担任实训指导教师。能力培养方面，积极推行“双证书”制度，开展20个工种职业培训和资格认证，学生“双证书”获取率95%以上。组织学生参加国家和省职业技能竞赛，获得一等奖30余项，二、三等奖70余项。建成大学生创业中心，吸纳220名学生参与创业，在孵企业8家，涉及信息咨询、IT服务、电子商务、商业服务等行业。积极组织参加山东省第八届“挑战杯”大学生创业计划竞赛，荣获1个一等奖，3个二等奖，6个三等奖，学院获优秀组织单位奖。科研创新方面，在12个领域组织了国家和省市级纵向课题申报，23项课题成功立项，其中国家星火计划项目2项，省高校科研计划项目3项，省级教改立项课题6项，省级职业教育科研计划项目7项。新增国家专利10项；33项课题顺利通过结题鉴定；200余篇论文在国内外学术期刊发表；12项成果荣获省、市级优秀科研成果奖。受四方机械、信慧化工等企业委托，承担了《显控双面镗床技术开发》《Grätzel型太阳能电池新型光敏材料研究》等技术研发项目。

服务能力得到提升 后勤服务方面，健全后勤管理制度，提高后勤服务质量。保证了教学物资、学生公寓设施用品等的供给。加强水、电、暖设施建设，完成了电力增容，实施了校园绿化。加强食堂管理，严把质量关，有效降低学生用餐成本。加强防疫宣传，组织新生查体，确保了校园卫生防疫安全。安全管理方面，严格校门出入制度，强化校内巡逻，确保学院和师生人身财产安全。完善学院应急预案，妥善处置各种突发事件，有效预防了火灾和突发性、群体性事件的发生。学生服务方面，进一步完善辅导员考核办法，推进辅导员队伍职业化。不断完善助学体系，全年共评定各类奖助学金达2710人次，发放金额达679万元，办理助学贷款662人，合计金额达377万元。社会服务方面，推进成人教育、开放教育发展，在校生达3000余人。积极开展技能培训，面向合作企业和社会培训高级数控车工、高级育婴师、计调师等近5000人次，开展卫生专业技术资格人机对话培训考试6000人次，技能鉴定3000人次。

校园文化形成鲜明特色　推进产业、工业、企业文化“三进”，引入儒家文化精髓，实施校园文化提升工程，对校园文化建设进行整体设计，在儒家文化园设计制作校训石、四书和六艺刻石，在工业文化园制作安装了济宁名企标示等雕塑，为当代艺术园设计制作了3组体育雕塑。在楼宇设计制作了LED楼顶发光标示字、标示系统和导视系统。学生第一食堂和第二食堂设计制作了“济宁风光展示餐厅”和“校园文化展示餐厅”。发挥文化育人作用，广泛开展校园文化活动，弘扬主旋律，突出高品位，培育富有特色的校园文化品牌，努力提高大学生人文素养。围绕庆祝建团90周年，在文体中心承办了由市关工委、市文明办、团市委、市教育局、市文广新局联合举办的“五月的鲜花”纪念建团90周年文艺汇演。配合新生入学，举办了“缘聚美丽校园共启崭新未来”迎新生联欢会。

（王　旭）

【山东理工职业学院】　山东理工职业学院是由山东省人民政府批准、国家教育部备案，有着60多年办学历史的普通高等职业院校，其前身是1950年举办的济宁合作干校，1981年改建山东省供销职工大学，1998年首批举办高等职业教育，2006年将山东省机电学校、山东省济宁商业学校合并组建为新的山东省贸易职工大学，2009年3月改建为山东理工职业学院。2012年学院占地1003亩、建筑面积45万平方米（现已完成建设27万平方米）。学院固定资产总值6.7亿元，其中，教学实训设备总值1.25亿元，图书馆藏书51万册，电子图书3200GB。教职工近千人，其中专任教师560余人，副高以上职务的260余人，具有研究生学历或学位的教师190人，社会兼职教师120人。学院面向全国12个省区招生，11个教学院系，36个专业，12个省市级重点专业或特色专业，36门精品课程。校内实习实训场所105个，设置校中厂12个，大学科技园（在建）1处，在校生1.21万人，建校以来累计为社会培养了各类人才16余万名。学院是山东省文明单位，山东省职业教育先进集体，山东省职教师资队伍建设工作先进集体，山东省成人教育先进单位，全国职工教育培训基地，山东省再就业定点培训机构等。

启动了名校建设工程　3月，学院启动了山东省名校建设工程，创建山东省技能型特色名校，树立起以光电、机电、汽车、商学、会计、信息、煤化工为主的品牌专业；2012年建成精品课程16门，建设起校本教材22门，2门被列入国家教育部教材出版规划；建立中高职合作学校16家，构建了中高职对接的职业教育人才培养体系；与1个行业、106家大中型企业签订合作办学协议，开办了10余家企业冠名班，形成人才共育、过程共管、成果共享、责任共担的紧密型合作办学新机制。

人才强校战略效果突显　多措并举建设“双师”教学团队，26名专任教师到企业挂职实践锻炼，引进企事业技术骨干23名优化专、兼职教师队伍，招聘博士、硕士研究生23人充实教师队伍，参加国家和省级职业技能大赛获得多项桂冠。

成立了山东省第一家中德诺浩汽车学院　7月，与德国手工业协会等合作，成立了山东省第一家中德诺浩汽车学院，并实现联合招生培养就业；与德国、澳洲等国家知名高校合作，实行学分互认，互派留学生等；导入ISO9000质量管理体系，按照国际标准提高育人质量，提升了学院的国际化水平。

建设大学科技园　在深入调研、广泛征求意见的基础上，8月学院大学文化创意产业园获准立项，并取得项目引导资金；成立了“山东理工职业学院职业技能鉴定所”，取得了35个工种的培训资格，学生职业证书率达95%，面向社会进行职业技能培训鉴定，增强了学院的社会职业鉴定服务能力。

社会服务能力增强　承担各级科研项目30项，9项省级课题结题；在省级以上报刊上发表论文126篇，出版教材专著7部；承担市总工会下岗人员汽车驾驶和面点师职业技能培训900人，市公交公司新上岗司机和员工入职培训300人，现代驾校2012年培养汽车驾驶员7000余名，承担各种社会考试8000多人次；接收新疆未就业本科毕业生学员培训3批，总数达到177名，对口支援新疆能源职业学院工作积极开展，学院被评为“济宁市民族团结进步先进集体”。

构建起全员育人的工作体系 学院坚持以人为本、立德树人、特色育人，形成了塑“君子人格、淑女风范”和“彬彬有礼”的特色育人模式。从德育、学习、行为、社交、礼仪、生活习惯等方面，全力构建“教书育人、管理育人、文化育人、服务育人、环境育人”工作格局，加强辅导员、班主任队伍建设，建设了大后勤服务体系，建成省级标准化学生公寓和全省高校规范化食堂，获山东省校园绿化先进单位和全省高校餐饮服务先进单位，被评为“济宁市学生资助先进集体”，实施大学生素质拓展工程，构建起六大模块的素质教育基本框架。

实行了院系两级管理 在加强学院全面管理的基础上，进一步细化内部管理，充分调动二级院系的积极性，结合招生就业、人才培养、内部分配制度、专业实体化建设、社会服务及发展校办产业等，实行了院系两级管理。

生源质量稳步提高，就业质量显著提升 学院采取激励措施招收优质生源，新生第一志愿录取提档率达123%，报到率达116%，共招各类新生4500余名；实施学生职业生涯规划设计、创新创业教育，建立了中国联通、黄河文化两家创新创业工作室，开发了济宁国家高新区、济宁交通运输集团两个科技研发基地，在巩固原有就业基地的基础上，开发了新的毕业生就业基地36个，积极引导毕业生就业创业，毕业生就业率达97%以上，用人单位及毕业生满意率达到93%以上。

创建创新型文明高校 以社会主义核心价值体系为引领，以“三个倡导”为措施，构建起校园文化、教室文化、走廊文化、宿舍文化、食堂文化、实习实训室文化等校园全覆盖的文化体系和文化脉络，以优秀的传统文化为代表，以科技文化和大企业文化为抓手，以素质提升和行为养成文化为引领，提升学生的职业态度、责任心、事业心和敬业精神；坚持以理想信念教育为核心，积极推进思想政治教育进课堂、进社团、进宿舍、进网络，积极开展特色鲜明、群众性大学生文化、体育、科技、艺术活动；成功举办济宁市大学生科技文化艺术节、省市电视台进校园、感恩励志等系列活动；形成了积极、文明、多元、动感的校园文化，学生社团建设、志愿者服务精神培育不断加强；学院建设的校园屋顶太阳能光伏电站、光伏日晷、太空能热水系统及校园绿化美化等取得理想的社会效果，基本建成“低碳、生态、新能源、新信息”示范大学校园；服务区域经济社会事业发展，服务地方转方式、调结构的发展需要，围绕先进制造业、新兴战略产业、现代服务业和现代农业及节能环保等新能源、新信息、新材料、新医药产业的发展，新增地方急需的专业3个，年内加强校风、教风、学风建设，提升工作境界、工作标准、工作绩效。

（甘天栋）

【济宁市技师学院】 济宁市技师学院始建于1958年，是一所政府举办的以培养技师、高级技工等高技能实用人才为主的国家级重点技工院校。2012年学院占地468亩，总建筑面积20万平方米，其中实训场地建筑面积4.2万平方米，建有与各专业配套的实训中心(室)和实验室50多个。固定资产2.9亿元，其中教学实训仪器设备总（原）

2012年9月10日，山东理工职业学院举行大学科技园项目启动仪式。

值8200万元。教职工540人,其中专兼职教师411人,中高级以上职称教师436人,博士、硕士研究生113人,省市首席技师10余人,一体化教师260人。在校生8000人,设有机械工程系、数控工程系、材料工程系、电气工程系、电子信息工程系、汽车工程系、生物化工系、轻纺服务技术系,开设技师、高技、中技专业30余个,有2个省级百强名牌专业、4个市级名牌专业。学院先后被教育部、人力资源和社会保障部评为全国德育工作先进集体,被中华全国总工会命名为"全国职工教育培训示范点",被省、市政府授予"教学质量优秀单位"、"教书育人先进单位"、"职业技术教育先进单位"、"安全文明先进单位"、"遵纪守法光荣校"等荣誉称号。现为山东省技师培训基地、济南军区技术士官定点招收单位、济宁市首批就业创业培训基地、济宁市机械制造职教集团牵头单位。

高标准建设 为落实市委、市政府迁建新校区、创建万人规模技师学院的决定,学院高起点规划,分阶段实施,2009年拉开了新校区建设的帷幕,2010年二期工程竣工交付使用,三期工程建设正在启动。办学规模进一步扩大,办学条件显著改观。全年招收新生3176人,名列全省同类院校前茅,招生规模逐年提高。实施人才强校战略,招选和引进高学历、高技能人才充实到教科研一线,打造一支数量足够、结构合理、素质优良、技能精湛的师资队伍,有力提升教研水平和育人质量。以创建品牌专业、特色专业为切入点,增加课程的灵活性、适应性和实践性,构建符合当地经济建设和学生个性发展需求的课程体系。教职员工立足岗位,争先创优,10人获得国家知识产权局颁发的实用新型专利证书,承担了人力资源和社会保障部2011-2012年教材试验基地试验项目和省级科研课题2个、市级科研课题4个。紧紧围绕跨越发展和技能人才培养等中心工作,加强思想政治和校园文化建设,举办建党90周年庆典和丰富多彩的常设性节会活动。

高质量管理 学院始终坚持"教书育人、管理育人、服务育人"的办学宗旨,向教学要质量,向管理要水平,向服务要效益,把强化管理作为学院发展的基石,不断完善和创新机制体制,党政协作,主体清晰,责任明确,奖惩分明,监督有力,形成了一个团结、高效、务实的战斗集体。深化院系两级管理改革,工作重心下移,系部办学活力和工作的责任心、主动性进一步增强。重实绩,讲奉献,加大对教学一线和重点岗位的奖励力度。尝试经费包干,坚持阳光采购,形成勤俭办学的优良作风。建立起组织到位、责任明确的学生管理工作体系,形成多头并进、齐抓共管的管理格局,侧重于学生思想道德的培养与良好行为习惯的养成,突出正面教育的针对性和主动性,讲究管理方法的科学性和艺术性,处理好教书和育人的关系,把学生培养成品德高尚、技能高超、适应社会和经济发展需求的有用人才。

高水平服务 后勤服务和安全保卫工作保障有力,育人环境优雅。校园净化、绿化、美化,教室窗明几净,饭食营养丰富,宿舍宽敞舒适;实施创安工程,加强法制和安全教育,动态管理重点人群和部位,防患未然,有效遏制重大事故的发生,努力创建文明校园、和谐校园、平安校园。全方位、宽领域、深层次开展校企合作,引企入校,进厂办学,企业冠名办专业,企业挂牌建基地,资源共享,开放共赢,有效拓宽毕业生就业渠道,毕业生当年就业率和鉴定合格率均达到98%以上。注重发挥职业教育的培训功能和服务社会的能力,加强同有关职能部门及企业的联系与协作,全年组织举办各类职业培训和技能鉴定5200余人次,收到了良好的社会效益。与重庆大学、青岛科技大学等高等院校合作,举办研究生和本、专科学历教育,多元化办学格局初步形成。

【济宁市第一中学】 济宁市第一中学始建于1902年,初名为直隶州官立中学堂,系清末山东省兴办最早的"新学"之一。1931年起为"山东省立第七中学";1942年至济宁市解放前夕,为"山东省立济宁中学";1951定名为济宁第一中学。1962年被确定为山东省重点中学,1981年成为省教育厅确定的首批办好的19所省重点中学之一,1992年被山东省教育委员会命名为首批省级规范化学校。

学校现分太白、古槐、北湖3个校区。其中太白校区和古槐校区占地面积160亩,现有83个教学班,学生5006名;北湖校区占地523亩,正在建设之中,预计2013年9月交付使用。2012年,学校有在职教职工454人,专任教师340名,在聘高级教师186名,全国教育系统劳动模范、优秀教师6名,省、市级优秀教师39名,省市特级教师、骨干教师、学科带头人、专业技术拔尖人才、教学能手93名,硕士、教育硕士116名,学历达标率100%。

学校依托丰厚的文化积淀,秉承百年优良传统。以科学发展观为统领,贯彻执行党的十八大和省、市教育工作会议精神,坚持“一切为了学生终身发展,使之拥有一个智慧人生”教育理念和“全省领先、国内一流、国际知名”的办学目标。以人为本,遵循规律,抓常规、打基础、重建设;通过课程实施和建设,打造高效课堂,提升办学核心竞争力,体现内涵发展;坚持立德树人、教学中心、德育为先的办学策略,全面推进校园文化建设,生成文化自觉,提升校园精神,突现品牌发展;构建科学高效管理运行机制,深化校风学风和作风建设,进一步解放思想、更新观念,以优异成绩,走出一条特色立校、文化育人之路。

牢固树立品牌和质量意识,狠抓教学常规和高三备考工作,高考本科录取率、重点率、高分率、名校率均在全市遥遥领先。2012届有36名学生获全国奥林匹克竞赛一二等奖。褚慈、闫璐、高烁三名同学被北大录取,王芳被清华录取,梁家豪、石傲霜、刘子元、范尧分别被香港大学、香港浸会大学、香港理工大学录取。马政飞、陈灼、孙元鹤分别被北航、中科大少年班录取,张思涵被波兰肖邦音乐学院录取,仝文正被奥地利维也纳音乐学院录取。军、民航飞行员录取16人,103人获得自主招生录取资格,1350余人参加高考,本科院校录取已过千人。学校荣获济宁市“高中教育质量奖”、“高中艺体特长生培养质量奖”,是全市唯一同时荣获这两项奖励的学校。

■2012年10月19日,济宁一中成功举办建校110周年校庆庆典。

2012年是济宁一中建校110周年,学校围绕“文化校庆、情愫校庆、和谐校庆”的办庆思想,在社会各级领导和各界友人的关心支持下,在全校师生员工和广大校友的积极参与和共同努力下,10月19日校庆庆典大会成功举办,校庆活动达到了预期目的。校庆活动重在过程和文化引领,通过校友广泛征集校友信息,建立济宁一中校友网,先后成立了88届校友会、北京校友会、91届校友会和校友总会;通过各种方式挖掘整理校史资料,完成了校史《一中春秋》、《济宁一中报校庆特刊》、《校友通讯》的编写;进一步推进校园文化建设,深入挖掘110年文化积淀。

（刘庆娟　张　伟）

【济宁市育才中学】 济宁市育才中学创建于1995年,是济宁市教育局直属的国办高级中学。现有教职工363人,教学班66个,在校学生3696名。2012年,先后获得全国和谐校园先进学校、全国创新教育名校联盟百强学校、省中小学德育工作先进单位、省教育国际交流与合作先进单位称号、济宁市高中教育教学先进学校、市“双评”活动群众满意单位称号,“十二五”教育部规划课题全国重点实验基地、校本建设项目全国重点实验基地落户育才中学。

学校管理精细高效 探索实践“学校统一领导、处室具体指导、年级直接管理、学生自主管理”的“四级捆绑”、“扁平化管理”管理模式,初步形成了“抓秩序、抓激励、抓落实、抓效率”的高效管理机制;强化了干部队伍、班主任队伍、教研组长队伍、青年教师队伍四支队伍建设;评优树先科学量化。

师资水平明显提升 2012年,共有130余名教师在业务比赛、论文评比中获奖200余项。6名教师荣获全国和省教学比赛奖,3名教师被评为省第六批高中教学能手,王永强被央视中学生频道聘为山东省首位特聘教师。考选新进了10名硕士研究生担任教师。

教育教学全面提高 完成了“课堂教学效率年”系列活动启动工作。其中,完成教研论文289篇,开展各类教学比赛760余次。基础年级教学质量大幅度提升,2012年毕业班高考成绩优异,多项数据再居全市前列。

2012年实际参加高考983人,657名同学被本科院校录取,本科录取率达到67%,其中济宁市区高考裸分前两名均出自育才中学。

办学特色不断凸显 “四维一体”大德育课程体系不断完善;“面向全体、分层教学、培优补差、人人成才”为特色的教学模式逐步形成;艺术节、科技节、演讲比赛、“名家进校园”等主题活动有序开展。确立了办学核心理念、办学愿景、学校精神和校训,完善了校园文化识别系统。4名同学在国家级设计创新比赛中获奖;学生辩论队荣获“海峡两岸高中生辩论比赛”团体亚军,队员李智贤获“最佳辩士”称号。连续推出了“樱花计划”和“留学欧美计划”,成立的鲁西南第一个国际班高三学生100%收到美国大学录取通知书,80%同学考入美国排名前100位世界名校;2012年毕业的4名西藏同学分别考入浙大、南开、同济、东大。

教学设施日趋完善 建造了全市配备最好的全自动录播室;新建了高规格的塑胶篮球场和排球场;整修一新的音乐楼设置了专业舞蹈房和琴房;完成续建办公楼和办公室整体搬迁工作。

(李大盈)

【济宁学院附属中学】 济宁学院附属中学前身是创建于1952年的杨坊巷小学,先后更名为青华洞小学、实验小学、济宁市第七中学、济宁市第四中学、济宁师范专科学校附属中学、济宁学院附属中学。2000年、2003年原济宁市第十中学、原济宁市第六中学相继并入附中,形成一校三区的格局,学校主校区位于济宁市中区太白中路9号。三校区占地面积共42083平方米,建筑面积31637平方米。

2012年,学校有教职工399人,其中高级教师144人,一级教师149人,二级教师73人,其他人员28人。有省级教学能手16名,市级教学能手56人,省级优质课获得者65人,市级优质课获得者101人;特级教师2人,齐鲁名师1名,杏坛名师3名,市级骨干教师15人、市级学科带头9人。学科教师全员参加了山东省新课程远程研修培训,其中61人被评为山东省中小学教师新课程远程研修优秀学员。

学校有初中部四个年级104个教学班,7606名学生;小学部五个年级共5个教学班,347学生人。全校7953名学生,男生4169人、女生3784人。

济宁学院附中大力加强教育现代化建设,全面规范地配置各种技术设备,学校有物理、化学、生物实验室21个、仪器室18个,器材设备均达到国家一类配备标准。配备学生计算机600台,教师办公计算机457台,教室多媒体教学设备142套,校园网设备23件(套),及其他各种数码音像电子设备100多件(套)。学校图书馆藏书15万余册,订有各类报刊杂志230余种。2012年学校新增教育教学设施投入资金累计457万元。

济宁学院附属中学坚持“秉承儒家文化传统,树立现代教育典范”的办学思想和“做一流教师,为学生幸福成长负责”的办学理念,先后荣获山东省规范化学校、山东省创新教育先进单位、山东省初中教学先进单位、山东省教学示范学校、山东省中小学素质教育先进单位、山东省教育国际交流与合作基地、山东省精神文明先进单位、山东省对外交流先进单位、山东省教育科研先进单位、山东省中小学教师新课程远程研修先进单位;山东省普法教育先进单位等荣誉称号。

(孟庆昊 王利东)

■2012年5月18日,附中访问团老师和美国康顿中学师生在一起。

济宁年鉴 2013

JININGYEARBOOK

文化·广播电视·新闻出版

综　　述

2012年，市文化广电新闻出版局围绕市委、市政府中心工作，完善公共文化服务体系建设，大力推进文化产业，深入开展文化惠民工程，不断创作文化艺术精品，全力备战“十艺节”，文化体制改革、广播电视管理、新闻出版管理、非物质文化遗产保护等工作全面加强，实现了文化事业、文化产业的繁荣发展。

文化惠民工程四级联动，文化事业蓬勃发展　一是文化惠民工程深入实施。“政府搭台，百姓听戏、激情广场大家唱”文化惠民工程全面铺开，工程主要包括市、县两级的“市民大舞台”和镇、村两级的“百姓大舞台”，有效调动了群众自发的文化创造热情，反映广大群众“我的舞台，我唱主角”的心声，总结出“一个主题，两种模式，三支队伍，四级联动，五个结合，六个到位”的工作经验(一个主题，即以政府文化惠民为主题；两种模式，即采取以政府投入为主的运作模式和以企业资助或冠名演出为辅助的运作模式；三支队伍，即市县两级文化系统专业团队、各类群众业余文艺团队、文化志愿者队伍；四级联动，即通过组织各类汇演、比赛，使市、县、乡、村四级队伍形成交流互动的局面；五个结合，即与公共文化服务硬件设施建设相结合、与政府“一年一村一场戏”送戏下乡工程相结合、与非物质文化遗产传承保护相结合、与公共文化辅导培训相结合、与文化信息资源共享工程相结合；六个到位，即在实施过程中做到“领导到位、经费到位、队伍到位、活动到位、管理到位、督导到位”)，全市已经建立“市民大舞台”固定演出场地15个，乡镇（街道）“百姓大舞台”843个，登记造册的各类群众文化艺术队伍1047支（34448人），举办各类演出1万余场。群众参与的热情高涨，社会反响强烈，《中国文化报》在头版头条作了宣传报道。市直专业文艺院团完成公益戏曲下乡演出1300余场，超额完成了全年1000场的任务目标。二是公共文化设施建设进一步完善。顺利完成了声远舞台升级改造工程，济宁杂技城规划选址、图纸设计等前期准备工作已经就绪，即将开工建设；全市127个乡镇都已建有符合省级标准的综合文化站，全市共建成农村文化大院5853个，覆盖率达96.85%；建成农家书屋5788个，基本实现全覆盖。微山县傅村镇富源社区农家书屋、邹城市钢山街道后八里村农家书屋获得2012年“全国示范农家书屋”称号，汶上县杨店镇滨湖社区郑茂升、泗水县泉林镇青龙村吴祥文获得2012年“全国优秀农家书屋管理员”称号。全市各级公共图书馆、文化馆、文化站都已经实现了全免费开放，接待、服务群众人次大幅度提高。文化志愿者服务活动蓬勃开展，探索出了“校地联合，文化惠民”的公共文化服务新模式。三是备战十艺节取得佳绩。为备战十艺节文华奖，济宁市着力打造了一台大型现代戏山东梆子《圣水河的月亮》，成功列入十艺节山东省重点加工提高剧目，将于2013年3月参加全省第三轮评审筛选，全力冲刺十艺节“文华奖”；平派鼓吹乐《赶山会》、广场舞蹈阴阳板《雩》通过层层选拔，成功入围2013年第十届中国艺术节“群星奖”全国决赛，成绩位于全省前列。

文化产业快速发展，大项目建设顺利推进　一是组织召开了“济宁文化发展高层研讨会”，参加了文化建设“突破曲阜”的各项文件和推进措施的制定工作，并全力付诸实施，取得了阶段性成绩。全球孔子学院文化体验中心项目已累计完成投资2280余万元，尼山圣境项目已完成了临时施工板房搭建和三通一平工作，鲁国故城国家考古遗址公园项目已开工建设，万豪儒家文化动漫体验园项目一期工程已基本完成。二是按照全市大项目建设突破年活动要求，牵头成立了“全市重点文化旅游项目建设指挥部”，由市领导担任总指挥，并将指挥部办公室设在市局。每月对全市16个在建的重点文化旅游项目建设情况进行督导调度，及时协调解决项目建设过程中遇到的困难和问题，16个在建重点文化旅游项目2012年投资计划是55.77亿，已实际完成投资68.3亿。三是东方文博城项目建设快速推进。市局作为市东方文博城项目建设指挥部办公室单位，认真做好项目协调工作，积极靠上，主动服务，项目一期各项工程手续基本完备，正在进行演艺中心地基挖掘和相关项目的单体方案设计工作。四是重点文化产业活动取得圆满成功。分别举办了“全市文化产业示范基地建设成果展”和“庆祝十八大　喜迎十艺节　孔孟之乡特色文化产品展示会”。参加了第四届山东省文化创意产业博览交易会。五是文化产业招商引资工作取得阶段性成果。7月5日配合市委宣传部在北京举办了“2012济宁(北京)文化产业专题招商推介会”。现场推介了112个全市文化产业招商重点项目,总投资740亿元,共签订重大文化产业项目58个,总投资额680亿元。

影视管理不断加强,栏目建设取得累累硕果 根据国家广电总局的规定,为济宁广播电视台申办了生活广播播出频道(FM107),为社会上持证的6家广播电视节目制作公司进行了广播电视节目制作业绩核准,为全市11家广播电视播出机构换发了新的《广播电视播出机构许可证》和《广播电视频道许可证》;与各县(市、区)签订了《十八大期间安全播出责任书》,圆满完成十八大期间广播电视安全播出任务。全市有线电视入户工程总用户数已达1791149户,有线电视入户率提升至78.61%,农村公益电影共放映75672场,观影人数达1500万人次。市广播电视台荣获山东电视新闻宣传一等奖,在2011年度山东广播影视大奖评选中,全市报送的作品有7件获奖,在2011年度省电视艺术“牡丹奖”评选中,电视文学《我们正年轻》获一等奖,《家在济宁》栏目获文艺栏目二等奖,纪录片《漂流的村庄》获一等奖,《闫虹访谈》获访谈类栏目二等奖。济宁新闻网“网络问政平台”上线,成为济宁市唯一官方网络问政渠道。

体制改革全面完成,演艺集团充满活力 借鉴各省市改制院团好的经验做法,起草了济宁市文艺院团改革方案,对方案做了多次细化完善,并提交市委宣传部,专题研究讨论改革方案。将市直3个专业剧团和3个剧场统一整合,成功组建了济宁演艺集团有限公司。集团共有干部职工429人,其中离退休人员88人,内部退养人员106人,在职职工235人,人员身份转换、内部退养人员安置等工作顺利完成,面向全市公开选拔的集团中层干部已全部到岗到位,圆满完成了市直国有文艺院团改革任务。另外,各县市区的国有文艺院团改革任务也已基本完成。

强化新闻出版管理,行政审批更加高效快捷 根据市政府要求,文化行政许可工作实行了“限时办结”制,比规定时限减少了1/3个工作日,大部分项目均做到了当日办结,群众满意率达到了100%,市局行政审批窗口被评为“红旗窗口”;对全市235名记者、13家报刊、4家记者站、19家内部报刊进行了严格审查验收,审批一次性内部资料出版物45种,对全市704家印刷企业、520家发行单位进行了核验;在全市开展了打击假报刊、假记者站、假记者、假新闻专项行动;完成了全市政府机关、党委机关软件正版化工作,市财政投入资金355.32万元,共购买正版操作系统1752套,微软办公软件300套,金山办公软件2364套,杀毒软件711套;各县市区党政机关共投入资金812.02万元,共采购微软操作系统软件4573套,办公软件5838套,杀毒软件1449套。为全市4000名农民工赠送了图书消费优惠券,并做好了优惠券回收汇总工作。制定了《推进网吧连锁整合工作程序》,网吧管理进一步规范,全市网吧连锁率由55.1%提高到60.5%。

文化遗产璀璨夺目,非遗保护卓有成效 全市已确立国家级项目13个、省级项目36个、市级项目163个、县级项目626个,已有国家级项目代表性传承人5人、省级项目传承人27人、市级传承人88人、县级传承人232人。编辑出版了《济宁市非物质文化遗产集粹》(1、2册)、《典从风雅:济宁非物质文化遗产民间文学调查》、《家在济宁》、《济宁记忆》等20余种非物质文化遗产丛书。建立了省级非物质文化遗产生态保护实验区——邹鲁文化生态保护实验区。建立了玉堂博物馆、泗水县剪纸博物馆、石刻博物馆、汶上杨店乡民俗博物馆等10余个大中型非遗博物馆和一批中小型博物馆。4家单位被评为2011年度山东省古籍保护先进单位。嘉祥石雕文化产业园获得全省首批非物质文化遗产生产性保护示范基地称号。

(庞　雷)

文物管理

【概述】 根据济编《关于整合组建济宁市文物局(中华文化标志城规划建设济宁工作委员会办公室)的通知》(济编[2011]5号),济宁市文物局、中华文化标志城规划建设济宁工作委员会办公室整合组建为济宁市文物局(中华文化标志城规划建设济宁工作委员会办公室),一个机构两块牌子,由市文化广电新闻出版局管理,中华文化标志城规划建设工作仍由市委宣传部负责。整合后的市文物局(市文化城办公室)为正县级单位,行政编制15人,工勤编制1人。济宁市文物局(中华文化标志城规划建设济宁工作委员会办公室)正科级领导职数调整为5名,副科级领导职数调整为3名。内设办公室、文物管理科、安全督查科、项目建设科、大遗址保护科5

■2012年5月20~23日，第二届尼山世界文明论坛在济宁市举办。

个科室。直属全额事业单位有：济宁市博物馆、济宁市李白纪念馆、济宁市文物考古研究室（大运河保护和申遗办公室）、济宁市浣笔泉管理所、济宁市汉任城王墓管理所。2012年，在市委、市政府的正确领导和上级业务部门的指导下，济宁市文物局紧扣“科学发展、跨越发展”总基调，抢抓机遇，敢于担当，苦干实干，克难攻坚，开创了全市文物事业科学发展跨越发展新局面，为经济文化强市建设作出了积极的贡献。被省公安厅、省文物局授予“2011年打击文物犯罪专项行动”先进集体荣誉称号。

工作体制机制进一步健全完善 一是整合组建了新的济宁市文物局（中华文化标志城规划建设济宁工作委员会办公室），承担全市文物工作和中华文化标志城规划建设工作，进一步整合力量，优化队伍，两加强，两提高，形成了文物和文化城工作的强大合力。二是市政府成立了分管领导任组长，市发改委、财政局等25个部门负责人为成员的文物保护委员会，加强了对文物工作的组织领导。三是进一步加强机关组织建设，成立了市文物局党组，优化了干部队伍，奠定了组织保障。

争取文化遗产保护资金取得新突破 市局积极拓宽申报渠道，加大向上争取力度，全年共争取国家和省财政资金2.7亿元，比2011年增长132.8%，占全省17个市争取文化遗产保护专项资金总数的50%。其中，国家重点文物和中央大遗址保护资金2.43亿元，省级重点文物和省大遗址保护资金600万元，省大运河保护和申遗专项经费640万元，博物馆、纪念馆免费开放补助和奖励资金1493万元。

曲阜片区大遗址保护工程和考古遗址公园建设取得重大进展 国家文物局和省政府提出“优先规划建设曲阜片区大遗址”之后，市局抢抓机遇，以大遗址保护为重点，带动全市文物工作整体推进。一是争取国家文物局和省政府在曲阜隆重举行了“国家大遗址保护曲阜片区暨山东省文物保护88项重点工程开工仪式”，拉开了全市重点文物保护项目实施的序幕。88项重点工程中，济宁市占34项，全部开工建设。曲阜鲁国故城、南旺枢纽考古遗址公园以及大运河济宁段遗产点等文化遗产的维修保护、环境整治和保护设施工程建设已经全面启动。二是鲁国故城国家考古遗址公园建设全面启动，成立了曲阜鲁国故城国家考古遗址公园管理处和项目指挥部，编制完成了《鲁国故城总体保护规划》、《鲁国故城考古遗址公园规划》等7个规划、方案，已获国家文物局评审通过；为了配合考古勘探和发掘，完成44处小型工厂和养殖场的搬迁，拆迁面积2.3万平方米，砍伐树木1.8万株，迁坟6000多座。经过7个多月的发掘，鲁国故城东南角和东北角考古勘探已全部完成，勘探面积达10万多平方米，发掘面积4800平方米，发现西周晚期至唐宋时期的各类遗址102个，确定东周时期鲁国故城的宫城城墙、壕沟和门道，出土各类文物357件。三是启动了邾国故城、伏羲庙、野店遗址大遗址保护项目，成功纳入国家“十二五”大遗址保护名录，完成伏羲庙勘探面积近2万平方米，编制了考古勘探报告。

大运河保护和申遗工作加快 一是经国家文物局专家组考察遴选，南旺分水枢纽工程遗址、南旺湖遗址、会通河利建闸、南四湖湖中运道、小汶河等11处运河遗产点段列入申遗预备名单。二是先后编制大运河遗产桥坝闸保护规划、方案25个，均已获国家文物局批复。三是南旺枢纽遗址考古勘探成效显著。汶上成立大运河南旺枢纽遗址保护中心，完成柳林闸等地的考古勘探和邢通斗门、徐建口斗门的考古发掘，考古勘探发掘面积60000平方米。南旺分水枢纽遗址成功入选“2011年度全国十大考古新发现”。四是成功实施了首次大运河水下考古，理清了微山湖中运道两岸的岸形结构以及湖中运道与新运河的关系。五是做好了迎接全国政协大运河申遗考察团到济宁市的考察工作，各级领导对济宁市大运河申遗工作给予了很高评价。

世界银行贷款项目全面铺开 孔孟文化遗产地保护世界银行贷款项目攻坚克难，取得实质性推进。一是确定招标代理机构，并开展曲阜一级水系泗河拦蓄引水工程、尼山文化遗产保护项目等9个项目的招标采购工作。二是全面启动了本年度计划中的23个项目。曲阜一级水系泗河拦蓄引水工程、《曲阜历史文化名城保护规划》、《社区参与式遗产保护与旅游发展操作手册》等3个项目已经完成，曲阜尼山文化遗产保护项目接近尾声，“三孟”文化遗产保护完成规划报国家文物局审批。三是提款报账取得突破。完成工程世行资金达2000万元，本年度已从世界银行提款报账金额近1000万元。四是重视督导协调，多次召开项目调度会，全力推进项目实施，精心做好两次世界银行专家团的迎查工作。

文物保护基础性工作进一步夯实 上报国家级文物保护项目69个，批复24个，启动建设23个，53%以上的全市国保单位完成保护规划编制，得到了有效的保护维修。上报省级文物保护项目22个，批复15个，启动建设8个，全市省保单位完成保护规划编制率达到20%以上。历时5年的孔府西路古建筑群维修工程顺利竣工，“五一”期间正式向社会开放，并荣获“2012年度全国文物保护最佳工程奖”。颜庙复圣殿落架大修工程成功入选“2011年度全国十大文物维修工程”。报请市政府公布了146处第四批市级文物保护单位，市级文物保护单位达到314处。

工程建设中的文物得到有效保护 为配合基本建设，全年共完成东方文博城、兴隆庄压煤搬迁等10个项目建设用地的文物考古勘探，总面积达91万平方米，发掘3000多平方米。西部五县输气管道勘探150公里，考古发掘300平方米，共发现古遗址、古墓葬等文物点21处，基本掌握了工程概况、施工区域内的地形地貌、历史沿革和文物分布状况，对编制工程施工区域内考古勘探提供了翔实的基础资料，加快了重点工程建设进度，确保了地下文物安全。

文物安全目标责任制得到进一步落实 一是认真做好迎接全国人大和省人大“一法一条例”执法检查工作。全国人大常委会副委员长周铁农带队的文物执法检查组到济宁市实地检查，对全市贯彻落实文物保护法工作给予高度评价。二是加大文物安全巡查力度。全面落实文物安全责任，组织各县市区开展文物安全巡查活动。利用4个多月的时间，开展了“2012文物安全隐患排查整治专项行动”，全市共检查各类文物、博物馆数量569项，排查安全隐患32项，整改安全隐患32项，整改率为100%。三是严厉打击文物违法犯罪活动。与公安机关通力协作，积极开展联合检查，严厉打击各类涉及文物违法犯罪活动，成功破获了一批文物被盗案，打击了犯罪分子的气焰。四是加强了文物法律法规宣传。采取多种形式开展“文物法制宣传月”活动，积极推进文物法律法规“六进入”，增强了广大群众的文物保护法制意识。

博物馆建设和服务社会能力不断提升 博物馆建设取得新进展。微山县博物馆、嘉祥县博物馆、泗水古卞国博物馆已完成规划、选址、工程地质勘探，全

2012年5月21日，曲阜鲁国故城考古发掘现场。

市国有博物馆达到11个,9个博物馆向社会免费开放。各级博物馆积极举办丰富多彩、特色鲜明的展览活动,全市承接举办各类展览50余个,接待社会团体300余个,参观人次达200余万。

文物宣传影响力进一步扩大 利用济宁文博网、济宁文物简报、大众日报文博专版等进行宣传,编印简报47期,被国家、省文物局网站和中国文物报采用130余篇。在全国文物宣传工作培训班上推广了济宁市文物宣传工作的经验。各县市区文物宣传工作形式多样。市中区在区报上开设文化遗产日专栏,兖州开展“保护文化遗产从我做起”征文活动,曲阜举办文物保护法律法规知识大赛,都收到了很好的效果。

党风廉政建设和机关建设不断加强 一是严格落实党风廉政建设责任制,健全制度,坚持标本兼治、综合治理、惩防并举、注重预防的方针,加强惩防机制建设力度,党风廉政建设取得显著成效。二是开展“争先创优”活动和理想信念教育,不断提高干部队伍思想觉悟。三是深入开展“大规模驻村入户、面对面谈心交流”活动,局领导走村串户,深入群众,解村情民情,到驻点帮扶村走访调研近30次,听取干部群众的意见建议20余条,出资11000元对困难学生和困难家庭进行爱心帮扶活动,协调近10万元资金扶持联建村。

【第二届尼山世界文明论坛成功举办】 5月20—23日,第二届尼山世界文明论坛在济宁市举办。本届尼山论坛以“和而不同与和谐世界:信仰·道德·尊重·友爱”为主题,开展了丰富多彩的对话交流和研讨活动。一是论坛层次高、规模大。来自国内外的各级领导、嘉宾、儒学专家、教育家、艺术家、企业家等各界人士1400多人出席论坛,其中,市以上来宾820多人。二是活动丰富多彩。期间举行了“文明对话纪事鼎”揭幕、尼山论坛开幕式、学术对话、专题演讲、学术分会、学术全会、博士生论坛、文明古国文化遗产保护与促进文明对话国际研讨会等共计55场活动。三是全市各界广泛参与。全市各级为论坛服务人员达1300多人,参加论坛的听众达11400多人次,放大了论坛效应。

(乔　明)

济宁日报

【概述】 济宁日报社现主办《济宁日报》、《济宁晚报》和东方圣城(济宁新闻)网站。内设办公室、后勤服务中心、人力资源部、计财部、考核办公室、新媒体发展中心等30个科室。2012年,济宁日报社党委带领全体干部职工,紧紧围绕市委、市政府和市委宣传部的工作部署,以建设实力报社、活力报社、和谐报社为着力点,振奋精神,改革创新,积极进取,较好地完成了各项工作任务。

2012年报社被评为“2011年度机关党建先进单位”、“市直机关‘解放思想跨越发展大讨论活动’先进单位”、“市级文明单位”、“全市重大维稳工作先进集体”、“全省妇女创先争优先进集体”、“济宁市妇女儿童工作先进集体”,济宁日报社党委被评为市直机关优秀基层党组织。

围绕中心工作,圆满完成新闻宣传任务 一是紧扣中心,靠内容引导读者。围绕宣传市委市政府“全省争先进、区域当排头、全面达小康”的发展定位、“三个高于、三个提高”的目标要求、“跨越发展、两化并进,项目引领、重点突破”的工作布局和大项目突破年、城市建设管理年、县域经济“倍增计划”、文化强市建设等一系列重大决策部署,持续组织了30余个重大战役性宣传报道。围绕学习宣传贯彻十八大精神,日报、晚报、网站都开设

2012年12月26日,济宁报业传媒集团举行揭牌仪式。

了专栏,已发稿180多篇。及时组织对上报道,截至12月底,共在省级以上主流媒体发稿101篇。二是加强策划,靠创新打动读者。在"解放思想跨越发展大讨论"活动中,《济宁日报》打破常规,精心策划,先后刊发各类体裁的大讨论稿件760余篇,照片300余幅,专版107个,推出了市内外知名专家学者以"解放思想跨越发展"为主题的专题讲座视频30余个,为大讨论活动的迅速展开和扎实推进营造了浓厚氛围。《济宁晚报》一次性推出16个版的《全民创业特刊》,单日印刷220万份散发到全市人民家中,做到了家喻户晓。根据市委规定,济宁日报切实改进新闻报道。除重大活动外,市级领导活动报道一般不上头版头条,并精简报道文字,把更多的版面、镜头和声音对准基层、留给群众,推出了一大批深挖掘、接地气的优秀新闻稿件和新闻图片。三是强化评论,靠思想启发读者。围绕市委市政府工作重点和社会关注的热点难点,《济宁日报》及时组织配发相关评论,2012年内编发的评论超过前3年的总和。《济宁晚报》也开办了言论版,从群众关注的事件切入,努力从小事情中议出大道理,受到广泛好评。东方圣城网组织力量积极引导网上舆论,并成功创办了网上舆情监控系统。四是服务民生,靠情感赢得读者。《济宁日报》对群众所关心的"房产调控"、"食品安全"等重大热点问题持续进行深入报道,受到读者的广泛关注。《济宁晚报》及时报道供暖、城市道路改造、公交车改道、菜价等市民最关心的民生资讯,形成了"记者帮你问"、"物业口碑榜"等一批有影响的名牌栏目。晚报还发起了"济宁——新疆英吉沙　跨越万里的温暖"爱心捐赠活动,不到一个月的时间募得价值86万余元的爱心物资。一些批评性报道既关注事实本身,又举一反三,促成了大量问题的解决。

■2012年12月13日,市委书记、市人大常委会主任马平昌到济宁日报社视察。

深化内部改革,组建济宁报业传媒集团　坚持"政治家办报,企业化管理,市场化经营,集团化发展"的思路,积极推进三项制度改革,把竞争机制引入人才使用、岗位选择和收入分配上。对各媒体、各二级核算单位实行统分结合的目标责任考核管理,做到有统有分,统分结合,统出合力,分出活力。以最大限度地挖掘和发挥现有职工聪明才智为目的,打破资历、阅历、学历、职称、身份等各种羁绊,全员发动、全员竞聘,成功组织了中层干部竞争上岗,干部队伍结构更加合理,更具活力,业务素质明显提高。深化分配制度改革,增加岗位工资和绩效工资的比重。加大考核奖惩力度,对业务岗位全部实行定量和定性相结合的分值考核。按照宣传、经营两分开的思路,把经营性资产剥离,积极着手发行、网络、广告等领域转企改制,分别成立了济宁东方圣城传媒科技有限公司、济宁东方圣城报业发行有限公司、济宁东方圣城报业广告有限公司,并于6月30日正式挂牌运营,成为自负盈亏、自主经营的独立企业法人实体。2012年12月14日,济宁市委常委会研究确定在济宁日报社的基础上成立济宁报业传媒集团,报社迅速行动,注册成立了济宁报业传媒有限公司,并于2012年12月26日举行了济宁报业传媒集团揭牌仪式,标志着济宁报业发展进入了一个新的阶段。

加大经营创收力度,促进报业经济快速发展　在多年实践的基础上,规范完善了广告经营的体制和机制,融目标责任制与承包制为一体,既减少了风险,又增强了活力。成立了若干个行业部室,细化对客户的服务。同时,充分利用孔子文化节等重大活动,集中开展创收攻坚战。报社自身组织策划了80多项活动,为客户提供了更多更好的营销机会，取得了良好的社会效益和经济收益。2012年《济宁日报》广告创收完成2100万元，同比增长37%以上；《济宁晚报》广告创收完成1100万元，实现了创刊一年即达到收支平衡。

强化队伍建设，提升整体素质　通过扎实有效地开展"三项教育"活动和"走、转、改"新闻实践活动等，引导全体员工大力弘扬职业精神，恪守职业道德，维护良好形象。采取"引进来，走出去"的办法，邀请国内知名传媒专家到报社讲课，组织编辑记者外出对口学习，特别是组织考察、学习了淮安报业传媒集团的各种经验做法，开阔了视野，工作上有了新思路。

（张为亮　谷常浩）

文化济宁

肖汪庄汉墓

在济宁市任城区李营镇肖汪庄村南部，耸立着几个高低错落的土丘，人们俗称为"九女□堆"，由于早年被盗，现仅存四个。据专家勘查证实，这些土丘均为汉代大墓，属汉代任城国国王墓。经省文物局及市政府批准，1992年8月至1995年5月，有关部门对座落于传染病院内的一号汉墓进行了挖掘、修复，再现了汉代任城国王陵寝地宫的壮丽景观。该墓为穹窿式砖室券顶墓，半地下室结构，由墓道、耳室、过厅、便房、前室、后室组成，室内面积达700余平方米，高出地表12米。墓室周围用巨型黄肠石垒砌。墓后室原置棺椁，左右耳室随葬车马冥器及陶器、铜器等墓主人生前的生活用品。该墓曾被盗，根据残留部分文物考证，墓主人可能是东汉第一代任城国王孝王刘尚（汉光武帝刘秀之孙），下葬时着"银缕玉衣"，正符合汉代诸侯王陵寝制度。故而墓群所在地肖汪庄，可能因墓主人孝王而得名。

肖汪庄汉墓规模宏伟，颇具王家气派，是一处不可多得的文物宝库，发掘时，室内出土了大量的陶器、石器、铜器、玉器等，其中不少是国家一级文物。更为珍贵的是该墓发现了近800石的汉代题刻，近3000个单字。俗语云：汉碑三字为宝，因而这是我国迄今所知汉代石刻中最为辉煌的重大发现。刻字为民间书体，书体为"汉隶"，内容包括地名、人名、数字、计量等，对我国历史及书法艺术的研究具有重要意义，引起海内外文物、书法界同仁的瞩目。1997年12月被山东省列为重点文物保护单位。

济宁年鉴 2013

JININGYEARBOOK

卫生

综　　述

济宁市卫生局是济宁市政府主管全市卫生工作的职能部门，辖13个市直医疗卫生单位。下设12个职能科室，即办公室、人事科、规划财务科、食品安全综合协调科、卫生法制与监督科、农村卫生管理科（新型农村合作医疗管理办公室）、妇幼保健与社区卫生科、医政科、疾病控制科（应急办）、科技教育与对外合作科、中医药管理科、干部保健办公室。全市现有各类卫生机构6631个，其中，医院134个，基层医疗卫生机构6425个（含村卫生室、门诊部、诊所等），专业公共卫生机构57个，其他卫生机构15个。2012年末各类卫生人员68567人，其中，卫生技术人员46482人。医疗床位46723张。

2012年，全市卫生系统紧紧围绕市委、市政府关于“便民利民惠民、提升群众福祉”的工作要求，继续坚持“求突破、争先进、上位次、创亮点”的工作思路，倡导实干为先，勇于突破创新，在全市推行实施了一系列在全省乃至全国产生较大反响的亮点举措，各项重点工作取得了新成绩、实现了新突破。市卫生局先后获得全国卫生系统创先争优活动先进集体、省级文明单位、全省富民兴鲁劳动奖状等荣誉称号；在山东省对济宁市群众满意度电话调查中，2500名受访市民对卫生行业的评价满意度较上年提高了4.54分，增长幅度居全市所有被评部门第2位、总成绩居第3位。

新农合保障能力不断提升

全市参合率达到99.43%，超山东省目标2.43个百分点。最高支付限额提高到12万元，政策范围内住院报销比例达到76.59%。农村儿童白血病、先天性心脏病等重大疾病限额内全额补偿，重大疾病共补偿11696人次、7246.53万元。在全省首个试点实施新农合重大疾病医疗保险工作，对20种重大疾病新农合补偿报销后，医疗保险再给予一定比例补偿。及时实施新农合总额预付制度，保障基金安全稳定和运转高效。省市县乡村五级新农合定点医疗机构全部实现网络即时结报。

基本药物制度全面覆盖

全市所有政府办基层医疗卫生机构、部分非政府办社区卫生服务机构和2966个省规范化村卫生室全部实施基本药物制度，二级和三级医院基本药物配备比例分别达到81.37%和70.11%。

基本公共卫生服务均等化稳步推进　人均基本公共卫生服务经费提高到25元。10类国家基本公共卫生服务、5项重大公共卫生服务项目全部以免费或补助的方式向全民提供。全市电子健康档案建档率，城市达到87.93%、农村达到75.99%；高血压患者规范管理52.85万人，糖尿病患者规范管理13.44万人，分别完成省规定任务的119%和103%；孕产妇和儿童健康管理人数分别达到8.02万人和50.9万人，健康管理65岁以上老年人65.6万人。免费婚检完成16.05万人，免费婚检率达到98.5%，继续保持全省领先。

公立医院改革逐步展开

邹城市、汶上县列入第一批国家县级公立医院改革试点县。2012年10月1日起，邹城市、汶上县人民医院全部实行药品零差率销售。全市二级、三级综合医院基本药物销售额占药品总销售额的比重分别达到37.06%和22.36%。二级以上公立医院全面实施十项惠民便民利民措施。

公共卫生安全有效　全市继续实现无重点传染病暴发流行，手足口病发病率和发病总数继续保持全省最低。济宁市代表山东省顺利通过卫生部扩大国家免疫规划疫苗管理及地方病防治工作专项督导。

亮点特色举措成效显著

“先看病后付费”诊疗服务模式

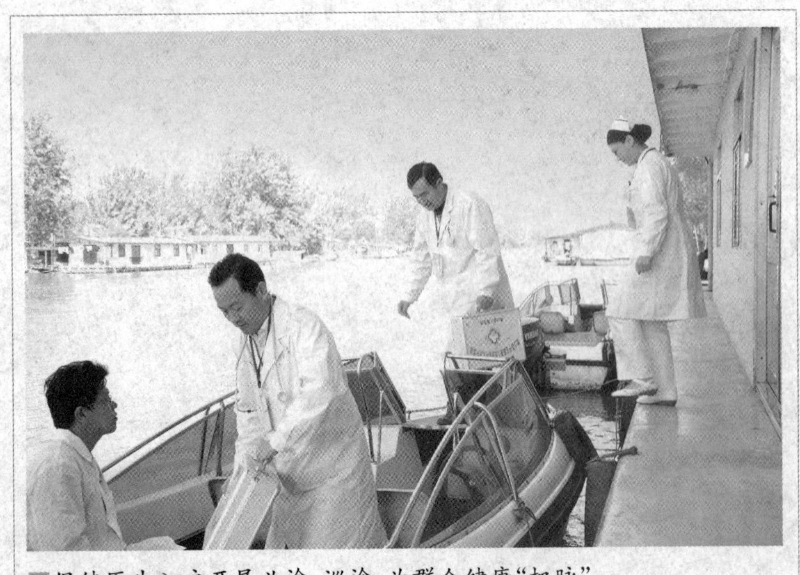

■保健医生入户开展义诊、巡诊，为群众健康“把脉”

稳步推进。全市266家各级各类医保、新农合定点医疗机构已全面实施，累计受益群众89.6万人，累计垫付资金24.23亿元。2012年6月1日起，省卫生厅在全省所有二级及以下医疗机构全面推行这一服务模式。

深入开展"百名医疗专家进千村"和"万名保健医生进农户"活动。2012年4月，在全市启动实施了"百名医疗专家进千村"活动，100名副高级及以上职称医疗专家每月不少于5天，到100个乡镇、1000个村上门诊开展医疗保健服务，共接诊患者18.1万人次，培训医务人员2.9万人次，义诊、健康教育群众7.9万人次。为使农民群众更多受益，2012年9月，在全市启动实施了"万名保健医生进农户"活动，市、县、乡三级医疗机构共选派10152名医务人员，对口联系帮扶6215个行政村，派出医务人员与村医共同组成保健医生团队，每月不少于3天为村民开展基本医疗卫生服务，与服务村民每年不少于2次面对面交流，至少与每村10户病员家庭建立"一对一"长期帮扶关系。全市共完成入户走访71.2万户，发放帮扶联系卡71.2万份、义诊106.8万人次、签订服务协议书69.5万户，建立健康档案78.5万份、更新健康档案81.4万份，发现和随访高血压8.9万人、糖尿病3.4万人，发现其他疾病5.6万人，落实健康教育指导106.8万人次，发放健康教育资料101.2万份。2012年12月28日，中央《新闻联播》专题报道济宁市做法。

创新开展"病历费用双公开"工作。自2012年4月起，在全国率先启动实施了"病历费用双公开"工作。医院每天主动提供患者上日用药及费用情况，患者出院时免费拿到住院病历。全市29家二级以上医院已全面开展此项工作，累计为患者免费提供住院病历18.5万份，真正让患者"看明白病、花明白钱"。

扎实推进农村适龄妇女专项健康查体工作。2012年，全市完成35—59岁农村妇女乳腺癌、宫颈癌"两癌"免费筛查46.8万人，两年累计完成73.1万人，占3年任务总数的76.4%。通过免费筛查确诊乳腺癌203例、宫颈癌256例，发现乳腺疾病14.9万人、妇科疾病20.9万人。"两癌"治疗费用列入新农合报销范围，报销补偿比例达到70%，贫困患者新农合报销后医疗保健机构再减免50%。

积极开展帮扶式托管基层医院工作。全市5家三级医院与19家县级医院建立长期对口帮扶关系，累计选派126名县级医院骨干人员到三级医院进修学习。11家县级以上医疗机构与14家乡镇卫生院建立了帮扶式托管关系，使辖区居民在家门口就能方便享受到二级以上医院的专家技术服务和乡镇医院新农合高报销比例的双重实惠。

创新实施百岁以上老人免费住院治疗。凡具有济宁城乡户籍、当年参加城镇职工医保、城镇居民医保、新农合且年满100周岁及以上的老年人，在医保和新农合定点医疗机构住院发生的政策范围内费用，起付线以上部分的住院报销比例为100%。全市共减免参合百岁老人费用20人次、16.54万元。不断深化第三方调处医患纠纷做法。2012年全市通过第三方调处纠纷398起，调解成功371起，调解成功率达到93.2%，较上年提高1.6%。市卫生、公安部门联合开展"零发案医院"创建活动，全市二级以上医院未出现1起严重医闹事件，医院"两抢一盗"案件较上年同期下降29.3%。

卫生信息化建设成效明显。在全省率先建成以市为单位、覆盖12个县市区、146个乡镇、3600多个村的区域卫生信息平台，运行了新农合管理、居民健康档案管理、二级及以上医疗机构综合监管、"先看病后付费"诚信管理等多个系统，为实现全市卫生事业的科学规范有效管理提供了有力支撑。

中医药事业发展加速。启动实施"中医药特色能力提升六大工程"，市财政每年设立中医药事业发展专项资金2000万元。实施"百乡千村"中医药适宜技术推广计划，累计培训基层医生1660人，120种适宜技术培训覆盖率达到39.6%，超出年度计划10个百分点。启动中医药科研创新工程，在全省首个设立市级中医药科研项目，首批下达科研项目85项。

创新改革医疗机构基础设施建设新模式。积极探索组建济宁医疗发展有限公司，充分利用盘活医疗卫生机构现有资产，运用现代市场经营管理方式，稳妥规范地筹集医疗机构基础设施建设资金，努力探索出一条有效解决市直医疗机构基础设施建设难题、合规可行的新路子。

（杨振邦）

疾病预防控制

【概述】 2012年，疾病预防控制中心以传染病防控和免疫规划为工作重点，实现了确保全年不发生重大传染病暴发流行的目标，手足口病、流感等重点传染病得到有效控制。连续5年被省文明委评为省级文明单位，先后荣获了山东省卫生系统"三好一满意"示范岗、全省病毒性传染病防制工作先进集体、全省职业卫生检测评价工作先进集体、全省医院感染控制工作先进集体和全省医学科普先进集体等18项省市以上荣誉称号，37人次受到市级以上表彰。出色完成上级交办的各项任务，为保障全市人民身体健康做出了突出贡献。

响应迅速的防控体系为重点传染病防控提供有效保障 疫情管理灵敏高效。实行24小时疫情值班制度，保证了传染病疫情和突发公共卫生事件疫情的及时处置。全年对39种法定报告传染病数据进行监测，通过日浏览和周、月、年动态分析，密切关注各类疾病的疫情进展，及时发布传染病暴发早期预警预测和风险评估，并提出防控措施。定期进行报告质量评价通报，网络直报质量和监测敏感性不断提高，医疗机构传染病漏报率不断下降，全市医疗机构疫情综合评价率达99.57%，综合评价率居全省前三位。重点传染病防控科学有效。霍乱、腹泻病等传染病防治工作得到加强，未出现霍乱疫情。手足口病疫情总体平稳。狂犬病暴露门诊处置科学有序，暴露人群监测系统不断完善，狂犬病发病率大幅下降。流感/禽流感等呼吸道传染病防控得到加强。艾滋病防治规范科学。认真落实"四免一关怀"政策，结合全球基金艾滋病防治项目，加大了高危行为干预和主动监测工作力度，扩大了干预覆盖面。积极开展高危人群调查，规范了患者随访管理和抗病毒治疗工作。艾滋病防治深入落实质量考评方案，各项指标完成率位居全省先进行列。

"预防接种规范年"活动带动免疫规划工作稳步推进 在邹城市召开了"预防接种规范年活动"现场会，明确了以"预防接种规范年活动"为契机，强力推进预防接种门诊建设，做好麻疹等疫苗针对传染病的防控工作目标。积极学习先进地市经验，强力推进预防接种门诊建设，全市新申报省级示范化预防接种门诊达43家，申请数量居全省第3位。全市省级数字化和示范化门诊分别达12家和98家。儿童接种信息化建设率达到100%。全市全年共接种各类免疫规划疫苗285万人次，8种免疫规划疫苗单苗全程接种率均达90%以上，含麻疹成分疫苗单苗全程接种率达95%以上。麻疹防控达到了省卫生厅麻疹防控的目标要求。脊灰、乙肝、流脑、乙脑、水痘、甲肝等免疫规划针对传染病得到有效控制，实现了扩大国家免疫规划目标要求，通过了省卫生厅重点工作、预防接种门诊和规范年活动考核验收。

卫生应急大比武、大练兵活动促进应急处置能力不断提高 深入开展卫生应急大练兵、大比武活动，强化了应对突发公共卫生事件的制度建设。积极做好食物中毒应急处置工作，完成了职业中毒、核辐射两个应急桌面推演视频材料的制作。全省卫生应急工作现场会在兖州市召开，卫生部、省卫生厅领导专家和省各级疾控中心主任共计300余人参加了会议，并观摩了全市的卫生应急现场演练，观看了不明原因肺炎应急演练示教片，在全省尚属首次。

防治项目助推慢病防控能力提档升级 积极推广邹城市首批省级慢病示范区创建工作经验，汶上县、梁山县通过了省卫生厅组织的省级慢病综合防治示范县考评验收。做好全市居民全人群死因监测工作，加强了对全市死因报告情况的调度分析，统一了工作标准。对高血压、糖尿病患者和居民健康档案实行规范管理。加强对基层卫生服务机构的技术指导和培训。癌症综合防治取得突破，在国家淮河流域癌症综合防治会议上，汶上县荣获淮河流域癌症综合防治工作三等奖，肿瘤登记被评为全省先进集体。积极开展减盐与高血压防控行动项目，建立了心脑血管急性事件监测和评估体系。梁山县脑卒中初筛与高危人群干预工作被省卫生厅推荐为先进典型，在全省脑卒中筛查会议上做经验介绍。

卫生监测与评价综合服务丰富和深化疾控服务内涵 全年完成260处农村和城市生活饮用水卫生监测；完成470份食品安全风险监测；完成933点次职业病危害因素评价监测。积极开展鲜奶吧应急监测，做好农村改厕项目技术指导。职业卫生技术服务资质续展顺利通过省卫生厅组织的专家评审。主动做好传染病消毒技术指导和洗涤机构的消毒质量监测，连续4年被列为全国消毒与感染控制监测点，并在全省消毒与感染控制会议上作典型发言。查体服务水平进一步提升，共完成学生健康查体11752人次、从业人员查体6620人次，职业健康查体2190人次。顺利通过实验室资质认定监督评审。完成了麻疹、流脑、艾滋病抗体、各类微生物、理化检验等工作任务。

重点工作考核评价机制调动了全体职工的工作积极性 通过细致的调研，充分参考各县市区、各科室的意见和建议，以及外地市在考核和管理方面的先进经验，多次在全体中层干部会议和主任办公会上讨论，制定了《济宁市县市区疾病预防控制重点工作考核标准》，并在单位内部实行了岗位目标责任制。考核标准的制定和责任制的实施，健全了内部管理制度，完善了监督考核办法，明确了今后各县市区和各科室的工作重点，调动了全体中层干部和科室人员的工作积极性。

持续深入的作风建设树立了疾控文化品牌 组织开展廉政勤政宣誓和书写廉政勤政承诺书活动，组织全体中层干部到市检察院和金桥监狱开展廉政警示教育活动；组织全体党员干部参加"恪守从政道德、保持党的纯洁性"教育活动知识测试并获得优异成绩；率先在全市卫生系统唱响廉政歌曲，由市疾控中心100多名职工组成的合唱团，代表卫生系统参加全市"唱响廉政歌曲"合唱比赛并获得三等奖；举办"廉洁教育讲堂"系列活动；全年两次上线"政风行风热线"节目，解答群众咨询；通过"市长热线"接访和驻村帮扶等一系列活动，积极为群众排忧解难。

（丁　一）

卫生监督

【概述】 济宁市卫生局卫生监督所是济宁市卫生局履行卫生监督职责的执行机构，是全市卫生监督执法的业务指导中心，依法行使公共卫生、医疗服务市场、传染病防治等卫生监督执法职能。参照《公务员法》管理，人员编制39名，内设8个科室。2012年，全所干部职工坚持依法行政，认真履行监管职责，不断创新监管机制，从群众关心、社会关注的热点问题入手，深入推进医疗市场规范、生活饮用水卫生安全和职业卫生推进三项工程，大力开展专项整治活动，各项卫生监督执法工作取得新的突破。

狠抓队伍建设，综合执法能力进一步提升 2012年，把加强卫生监督队伍素质建设摆在更加突出的位置来抓，多举措开展业务技能培训和岗位练兵，提升队伍业务能力。一是加强"学习型单位"建设，开展形式多样的政治和业务学习，"走出去、请进来"开展学习交流活动；二是举办由全员参加的执法能力比赛以及卫生应急实战演练活动；三是成功举办全市卫生监督技能竞赛，组成济宁代表队参加全省卫生行政执法能力大赛，荣获团体二等奖，并在食品安全风险监测、卫生监督执法和职业病诊断3个单项中比赛分获一、二、三等奖；四是抓干部选拔培养，增强干部队伍战斗力。开展中层干部竞争上岗工作，经笔试、群众测评、面试、组织考察等程序，完成了1个副所长职位、4个正科级职位和12个副科级职位公开竞争上岗工作，壮大了中层干部队伍，为事业的健康发展提供了坚强有力的组织保证。

监管长效机制建设取得新突破 一是实行餐饮具集中消毒监管卫生审查制。建立了卫生、工商和食药三部门工作协调机制，形成监管合力，将卫生部门的现场卫生监督意见和检测检验报告作为工商部门发放工商营业执照的前置条件，实现信息共享，为餐饮具集中消毒单位的有效监管提供了有力保障。二是参与"新农合"定点医疗机构的执法检查。充分发挥卫生监督机构综合执法优势作用，在全市实行卫生监督机构参与"新农合"监管工作机制。配合市卫生局组织开展了多次新农合定点医疗机构的明查暗访工作，共检

■2012年7月，市卫生监督所检查游泳场馆。

查医疗机构32家，对存在问题的单位进行了处理，其中对一家严重违规医疗机构给予了暂停3个月新农合资格的处罚。三是放射卫生监管实施“六项制度”，在往年放射防护实行“温馨提示”制度的基础上，在全市范围推行了放射诊疗“六项制度”(责任制、公告制、考核制、标准制、登记制、检测制)，对放射诊疗实施全方位监管。全市308家放射诊疗机构有247家落实了“六项制度”，实施率达80%以上。四是医疗市场监管实行“明察暗访，通报约谈”制度。对一级以下医疗机构的监管，实行“明察暗访、通报约谈”制度。对非法行医无证率在10%~15%的，对所在县市区卫生局、监督所分管领导进行约谈；对无证率达15%以上的，对所在县市区卫生局、监督所主要领导进行约谈。

卫生监督“三项工程”扎实推进 医疗市场规范工程：一是继续开展打击非法行医专项活动。定期组织突击检查，全市共查处无证行医诊所、卫生室125家，取缔29家“黑诊所”，没收非法药品器械473台件，罚款20余万元，有效遏制了非法行医活动。二是开展一级以下医疗机构暗访，全市范围共暗访医疗机构244家，无证率9.02%，较上年明显下降，服务规范化程度明显提高。三是稳步推进全市诊所规范化建设工作，全市诊所规范化率超过85%的任务目标。四是组织开展大中型医疗机构综合执法检查。两次组织开展大中型医疗机构综合执法检查，检查全市二级以上医疗机构，共计34家，对检查中发现的问题，均责令限期改正，对存在严重违法行为的16家单位给予了行政处罚。职业卫生推进工程：积极推进职业病防治技术服务能力建设，2012年底，全市职业健康检查、职业病诊断技术服务网络建设已实现全覆盖，取得职业健康检查资质的单位已达到14家，取得职业病诊断资质的单位已有2家；组织开展了专项监督检查，规范了技术服务行为。生活饮用水安全工程：一是及时完成济宁城区和曲阜市等纳入国家生活饮用水监测网点的监督监测任务；二是继续推进生活饮用水卫生监督量化分级管理工作。全市66家城镇集中式供水单位量化分级管理实施率达到了100%，并进行了信誉度公示，有效保障了广大群众生活饮用水卫生安全。

专项整治活动成效显著 一是开展了口腔诊所（门诊部）专项整治，共取缔和行政处罚55家，罚款20.5万元，在新闻媒体曝光26家(次)；二是开展了农村生活饮用水卫生安全专项整治。对全市12县市区22家城镇、农村集中式供水单位组织了专项监督检查，摸清了全市农村集中式供水单位的底数、分布情况；三是开展了放射治疗工作专项整治，对全市开展放射治疗工作的10家医疗机构开展了专项整治，有效杜绝了放射事故的发生；四是开展了传染病防控专项监督检查，全市共检查医疗卫生机构5000余家，传染病防治管理工作进一步规范；五是开展了人体器官移植和干细胞移植专项整治，有效杜绝了违法开展人体器官移植活动和人体干细胞技术活动的行为。

举报投诉和行政处罚力度不断加大 2012年，进一步加大了对举报投诉和违法案件的查处力度。全市共受理医疗服务、生活饮用水、公共场所、职业卫生等举报投诉183起，全部及时办结。全市共立案查处各类案件633起，实际执行到位575起，共罚款118.97万元。

卫生法制宣传工作成绩显著 进一步加强了卫生宣传工作。召开了全市卫生宣传工作会议，举办了培训班，开展了多项大型宣传活动，编发大量各类信息新闻，积极督导各县市区卫生监督机构完成《山东卫生·法制与监督》杂志征订1300份。在市级及市级以上新闻媒体、网站等发布新闻292条。其中，在济宁电视台播放新闻今日谈1期、直播民生2条，上线济宁电视台“政风行风热线”栏目1次。2012年印发济宁卫生监督信息30期。在全市卫生系统新闻宣传发稿量通报中，发稿量位居市直单位前3名。

（徐西桥）

医院简介

【济宁市第一人民医院】 济宁市第一人民医院系济宁医学院第一临床学院、安徽医科大学济宁临床学院，始建于1896年，前身为美国教会巴可门医院和山东省立医院第三分院，是山东省建院最早的医院之一。经过117年的发展，已成为鲁西南地区规模最大的学科门类齐全、医疗设备先进、专业特色突出的三级甲等大型综合医院，是卫生部脑卒中筛查与防治基地、全国食管癌临床研究分中心、全国乳腺癌筛检联盟会员单位、全国生殖健康援助项目示范基地、全国乳管镜培训基地。

医院有总院本部、血液病医

院、儿童医院、肿瘤医院、消化病医院、高新区分院和康复医学中心7个院区，开放床位3100张。正在建设中的高新区分院占地543亩，规划建设床位2200张。总院本部现有员工3100余人，开放床位2100张，设有临床科室38个，病区78个；医技科室15个。现有职工3503人，其中卫生专业技术人员3133人，高级专业技术人员540余人，国务院特殊津贴专家3人，济宁名医30人，硕士研究生导师40人，博士后、博士、硕士530余人。拥有3.0T核磁共振、4DCT、DSA、ECT、光子刀系统、直线加速器、大平板数字胃肠机、直接数字化乳腺机、主动脉球囊反搏泵、四维彩超等万元以上高精尖医疗设备2182余台(套)。

2012年，医院遵循“病人利益至上，良心诚信为本”的服务理念，致力于提升百年品牌内涵、再造名院新亮点，按照“三好一满意”要求，强服务、建学科、活资源，共享优质医疗服务，打造“集团式、卫星网、三级医疗一体化”发展模式，推进“健康济宁”行动及创新临床路径循症医学信息化管理，受到卫生部领导、专家们的关注和好评。

医院学科建设成果丰硕，儿科被评定为国家“十二五”中西医结合重点建设项目；脑卒中筛查与防治工作走在了全国前列，医院被授予全国首批卫生部脑卒中筛查与防治基地，院长靳清汉荣获卫生部脑卒中筛查与防治基地十佳优秀院长；神经内科主任闫中瑞教授当选为卫生部脑卒中筛查与防治基地医院专家委员会常委。拥有儿科、神经外科、急诊科、心内科、神经内科、临床护理、眼科、呼吸内科、皮肤科等9个省级医药卫生重点学科(专业)及16个市级重点专科。血液净化中心、消毒供应中心顺利通过山东省专业护士岗位培训临床教学基地评审。内分泌科评定为鲁西南地区唯一全省糖尿病专业护士岗位培训临床教学基地。无痛内镜中心“无痛舒适医疗”被授予山东省卫生系统“十大质量品牌”，被命名为山东省唯一的全国首批卫生部舒适化医疗研究基地、中国医师协会麻醉学医师分会无痛内镜培训基地。

医院在保持“全国卫生系统先进集体”、“全国百姓放心示范医院”、省级文明单位等荣誉的同时，荣获卫生部“2012医院改革创新奖”，实现全国医院改革创新奖三连冠；并被授予“全国综合医院中医药工作示范单位”、“全国医院感染现患率调查先进单位”、“全省第九届消费者满意单位”、“全省抗菌药物临床应用管理示范单位”、“全省卫生系统平安医院创建工作先进单位”、“全省卫生系统贫困白内障患者复明项目示范单位”、“全省医院感染控制工作先进集体”。医院自2010年以来，连续3年在济宁市“万名代表评机关”和“民主评议政风行风”活动中，荣获“与人民群众生产、生活密切相关的行业单位项目综合评比”第一名。2012年4月17日，在全国医疗卫生系统“三好一满意”活动第三次工作会议上，做为山东省唯一代表作典型经验介绍。2012年4月23日，中纪委在济南召开加强基层党风廉政建设座谈会，中共中央政治局常委、中央纪委书记贺国强出席并作重要讲话，医院应邀做为全省卫生系统唯一代表作工作汇报发言。在丁香园评出的2011-2012中国医疗机构最佳雇主排行榜上，医院总评分位列全国第12名、地市级医院第1名，其中情感文化项目位列全国第9名。

(辛全秋　乔　荫)

【济宁医学院附属医院】

济宁医学院附属医院是集医疗、教学、科研、预防、保健、康复为一体的三级甲等综合性医院，始建于1951年。医院占地面积6.6万平方米，建筑面积20万平方米，开放床位3066张，其中一级监护病床251张。2012年门诊量为154万人次，出院病人为11.5万人次，有69个临床、医技专业，61个普通病区，9个重症监护病区，拥有省、市级重点学科(实验室)22个，其中省级重点学科(专科、实验室)9个。拥有3.0T磁共振、双源CT、大型X线血管造影机、双光子直线加速器等一批具有世界先进水平的医疗设备，总值近4亿元。

医院不断瞄准国际医疗新技术，开展技术攻关和创新，卓有成效地开展了一批在国内具有领先水平的疑难病症诊疗项目，成功开展了山东省首例同位异体心脏移植手术、鲁西南首例肝脏移植手术、角膜移植术、肾脏移植术。医院技术水平不断提升，积极开展了数十项具有国内先进水平的新技术项目，医院已在心血管、脑血管、脊柱、关节、消化、内分泌、乳甲、糖尿病、影像诊断、重症医学、病理、妇产与生殖医学等众多学科和专业具有较高水平，许多学科步入国内先进行列。医院不断加强科研和学术交流，与中国科学院、北京协和医院、中国解放军总医院等建立了技术协作关系。常年派专家与美国、日本、澳大利亚、意大利、奥地利、台湾等国家和地区的医院进行学术交流,提高了学术层次。医院共承担国家级课题19项,省部级课题51项。医院先后被卫生部、省卫生厅评定为中国初级创伤救治培训基地、卫生部心血管介入诊疗技术培训基地、卫生部急性心肌梗塞救治项目山东培训基地、卫生部内镜与微创医学培训基地(耳鼻喉)、省级生殖医学中心、省级产前诊断中心。

医院坚持以病人为中心,以质量为核心,落实公立医院改革要求,紧紧围绕"质量、安全、服务、管理、绩效"的持续改进,不断强化内涵建设,全方位、创造性地推出了多项在全国拥有较大影响的管理改革。医院先后被卫生部确定为"临床路径"、"优质护理示范服务"、"电子病历"试点医院。

医院率先在全国实行单病种付费改革,先后开展了128个病种的临床路径管理工作,在国内首次推出了临床路径表单的新模式(医师篇、护理篇、病友篇),2012年新增临床路径病种48个,临床路径管理指标达到国内医院优秀水平,走出了一条转变服务理念、规范医疗行为、保证医疗质量安全、降低医疗费用、从源头上治理行业不正之风和以药养医的新路子,切实维护了广大患者的健康权益,实现了病人、医院、社会多赢的局面。2012年药占比为29%,连续十余年药占比处于全国较优水平,对推动全国医院管理模式转变、付费方式改革以及对国家的新医疗改革政策发挥了积极的推动作用。

医院高度重视患者就医感受,不断改进服务流程。2007年推出整体化优质护理服务,把患者的生活护理纳入日常护理工作中,及早发现病情变化,预防并发症发生,保障患者安全,促进患者康复。2012年所有病区实现优质护理服务工作,覆盖率100%,彻底改变了"一人看病,全家受累"的局面;积极开展"先看病、后付费"工作;打造无痛医院,积极开展以术后镇痛为主的无痛诊疗工作,改善了患者就医体验,提高了医疗质量与安全;全力做好病人全回访工作,及时整理各类问题和建议整改落实,持续改进医院工作;优化门诊服务流程,通过实现"分时段预约",开设"一站式门诊"、"多学科门诊"等服务举措,提高了工作效率,节约了患者就诊时间,真正做到了"服务好,质量好,医德好,患者满意"。

医院关注社会公益事业。面向全国开展"爱心医疗救助工程",每年免费救治100例特困家庭的先心病患儿,已成功为全国24个省市自治区的700余名先心病患儿免费实施了爱心手术,成功率100%。此外,医院还持续做好"国际微笑列车"项目定点医院和复明工程等爱心救助工作,赢得了良好的社会声誉。医院打造的"大爱无疆"服务品牌,受到了社会的广泛赞誉。

医院相继被评为"全国百姓放心百佳示范医院"、"全国先进基层党组织"、"全国卫生系统先进集体"、"全国精神文明建设先进单位",获得"五一劳动奖章"等国家级荣誉称号,并于2011年底顺利通过卫生部组织的新一轮三级甲等医院评审,标志着医院各项工作均达到国内先进水平,以病人为中心的服务理念深入人心。

(黄良敏)

【济宁市第二人民医院】

济宁市第二人民医院始建于1947年,现已发展为一所集医疗、教学、科研、康复、保健、急救为一体的国家二级甲等综合医院,是济宁市骨科医院,山东大学齐鲁医院济宁分院,济宁市市直职工工伤康复中心。开放床位750张,设有39个临床医技科室,职工990余人,卫生技术人员800余人,中、高级职称400余人。拥有美国GE光纤超导1.5T磁共振、美国GE多层螺旋CT等万元以上设备520余台套;骨外科、呼吸内科、急诊科、内分泌科、中西医结合康复医学科是全市市级重点学科。医院业务特色突出,医疗设备先进,技术力量雄厚。"看骨科　到二院"是鲁西南地区家喻户晓的优秀品牌,医院被评为2012全国最具特色骨科医院。

医院加速推进名院建设,积极创建"微创医院",与国家级医院联合,引进尖端技术和知名专家。聘请国内知名专家以及德国知名骨关节专家到医院坐诊、手术。与北京协和医院、301医院、中日友好医院、积水潭医院、上海复旦临床病理诊断中心、山东大学齐鲁医院、省立医院等国内上级医院有着密切的业务关系,建立了网络会诊、手术指导、专家互访机制,真正实现了同国家级名院名医的高端对接。

医院坚持"以特色技术为先导,创建现代化和谐医院"和"给我一份责任,还您一身健康"的理念,谨遵"仁爱、敬业、严谨、创新"院训,率先在全市综合医院中推行"先看病、后付费"服务模式，以“健康任城行动”为平台，积极开展公益活动，服务百姓、惠及大众。积极开展“优质护理示范病房”创建活动，打造服务品牌。先后被评为“全国百姓放心示范医院”、“全国最具特色骨科医院”、“山东省消费者满意单位”、“山东十大百姓放心品牌医院”、“省级卫生先进单位”、“济宁市文明单位”、“济宁市‘先看病 后付费’工作先进单位”等荣誉称号。

（刘振涛 朱国涛）

2012年12月5日，院长鲁先灵向公安部领导展示戒毒学员康复训练作品。

【山东省戴庄医院】 山东省戴庄医院（济宁市精神病防治院、山东省安康医院）位于济宁市济戴路1号，建筑面积9.9万平方米；有职工1100多名，其中高级职称150多名，博士、硕士研究生50多名，享受国务院特殊津贴者2人，市级突出贡献中青年专家4人；下设7个精神科（心理科），共21个病区、4个戒毒病区及神经内科、神经外科、司法精神病鉴定中心、内科、外科、职业病防治科、职业病健康查体中心、伽玛刀治疗肿瘤科、120急救中心等优势专业科室，床位1750张。医院拥有核磁共振、螺旋CT、高千伏X光机、伽玛刀、动态脑电图仪、脑干诱发电位仪、经颅磁刺激仪、血细胞自动分析仪、全自动生化仪、原子吸收光谱仪、药物检测仪、彩超等大型高科技医疗设备；1989年起承担高等医药院校本科、硕士研究生教学任务，医疗、教学、科研实力位居全国精神神经病医院前列。

2012年，经山东省卫生厅批准，医院恢复了1956年起使用的“山东省戴庄医院”院名，经市委公开选拔，组建了新一届医院领导班子，深入扎实开展了解放思想跨越发展大讨论、“三好一满意”及创先争优、医院管理年等活动，全院干部职工团结一心，开启了立足本省、面向全国、励精图治、再次创业的新征程。全年共接收门诊病人126259人次，同比增长37.4%，住院病人13136人次，同比增长14.6%。医院继续保持了省级文明单位称号，在全市“双评”活动中被评为满意单位。

坚持医院公益性质，积极承担社会责任 关心弱势群体，积极承担“三无”精神病人的救治工作。全年收治流浪乞讨“三无”精神病人100余人次，无偿支付救助金120余万元。会同有关部门将41名病人送返家乡，有效减少了社会不安定因素，促进了文明城市建设。认真实施“万名贫困精神残疾人康复救助工程”，建立完善相关组织、制度、工作流程。全年承担各县市区免费住院精神残疾患者416人，免费服药患者90人，为贫困精神残疾患者减免各项费用50余万元。圆满完成“百名医疗专家进千村”和“万名保健医生进农户”活动任务。按照市卫生局统一安排部署，选派政治素质高、业务能力强的3名副主任医师对泗水县3个乡镇的30个村进行为期一年的对口支援；选派6名保健医生组成3个医疗小组对汶上县苑庄镇的3个村庄开展卫生保健服务。广泛宣传科普知识，开办“精神健康大讲堂”。积极开展心理咨询、义诊、精神卫生知识宣传活动，下基层20余次，现场接待心理咨询约2200人次，筛查出精神疾病患者150人次，发放精神卫生知识宣传材料12万余份。开设了院内精神健康大讲堂，全年讲座31次，受益群众10000余名。

不断加强内涵建设，全面提升服务水平 加大设备投入，推动技术更新。投资560余万元，通过招标购进经颅磁刺激仪、16排CT、X光机、CR、视频脑电图仪等一批先进医用诊疗设备41台件。2012年组织申报济宁市科技项目10项，获得市级科技进步二等奖1项,三等奖3项。开展优质护理服务,真正做到让病人满意。医院优质护理服务示范病房覆盖率达100%,医院基础护理合格率100%,特、一级护理合格率99.89%,急救物品完好率达100%,护理文件书写合格率99.9%,护理人员考核合格率达100%。拓展业务范围,开展职业技术服务。全年对全市20多家企业单位进行了职业健康检查,检查人数8000余人,并帮助企业建立健康监护档案。医院成为全市唯一一家集职业病查体、诊断、治疗为一体的医疗机构。开展戒毒康复工作,为促进社会治安做出积极贡献。医院作为国家发改委、公安部、司法部批准成立的全国45个戒毒康复场所之一,积极探索建立集戒毒、康复、医疗、培训、生活、就业和回归社会、家庭于一体的戒毒康复工作新模式,全年共收治戒毒人员540人。

努力抓好基本建设,不断改善医院环境　配合南水北调工程,医院投资160余万元,严格按标准建成了污水处理系统。安装了天然气管道,改变了院区几十年没有燃气管道的历史。"零发案医院"建设卓有成效。医院加大人防力量建设,聘请保安30余名;完善物防设施,投入30余万元建设标准警务室1处,安装视频监控摄像头30多个;深入排查化解各种矛盾纠纷,着力构建和谐医患关系。医院扩建工作取得突破性进展。20000平方米门诊病房综合楼国家投资项目经过立项、规划、文物审批、建筑方案审批和施工招标,已开工建设。医院扩建新征60亩土地进展顺利,新院区建设规划正在进行之中。

（王圣俟）

【济宁市中医院】　济宁市中医院是全市唯一的三级综合性中医院。医院规模占地面积1.3万平方米,建筑面积1.5万平方米,开放床位310张,职工434人,在职人员中高级54人(其中省级名中医1人,市级名中医9人),中级120人。万元以上医疗设备150余台(件)。医院被确立为全国中医药防治传染病基地。医院设有30个临床医技科室,针灸科为国家"十二五"重点中医专科建设单位,糖尿病科为省级重点优势专科,未病治疗中心为省级首批重点中医药预防保健中心,心病科、肾病科为省级重点专科建设单位,脑病科等8个科室为市级重点专科建设单位。

医院中医特色明显,"国医堂",荟萃省内外知名中医大家、济宁辖内省级名中医及市级名中医,轮流坐诊,为全市群众提供中医诊治水平高、技术精、专业拔尖的良好服务。

2012年医院各项工作均取得新突破。一是医院新院区建设项目被列入济宁市2012年重大建设项目。项目总投资5.34亿元人民币,总用地面积9.65公顷,建筑面积14.7万平方米。建成后将成为济宁市中医健康产业龙头和中医医疗、教学、科研、养生、保健、康复于一体的三级甲等综合性中医院,"十二五"期间床位达到1000张。二是新建病房楼年初开始启用,医院出资20万余元为全院所有病房安装了数字电视,并对急诊观察室、皮肤2科、外二科门诊、病房进行改造,就医环境得到很大的改善。三是医院积极吸收利用社会资金和资源,在太白酒楼成立了新的中医药预防保健中心,中心建筑面积3000平方米,专业技术人员30余名,基础设施完善,环境优越。举办"冬季养生"大型义诊暨济宁首届膏方节活动,特邀北京、南京等知名中医专家为百姓义诊、授课,普及中医药养生保健知识。四是探索独具特色中医药人才培养模式。医院在市卫生局中医科的大力支持下筹建师承工作室16个,选派24名年轻骨干拜中国中医科学院广安门医院专家及省市名中医为师,充分发挥老专家的传、帮、带作用,摸索出一条独特且符合中医药人才成长规律的新模式。成功引进中医皮肤病专业博士后1名,提升了医院在皮肤病领域治疗水平。五是中医传统技能,科研教学成果斐然。在全市中医药技传统技能岗位竞赛活动中,医院荣获团体一等奖,收获所有比赛第一名,3人被授予"全市五一劳动奖章",12人分别被授予全市"十佳中医护理岗位技术能手"、"十大神针圣手"、"十佳中药材鉴别能手"称号。科研教学全年参与国家级课题3项,完成省、市科研立项13项,科研鉴定7项,完成省级中医药继续医学教育项目4项,科研教学水平得以迅速提升。六是落实医改精神,在妇产科摸索实施按病种付费试点工作。切实解决群众"看病难、看病贵"的问题,确保病人在第一时间内得到安全有效的治疗。

（张长坡）

济宁年鉴 2013

JININGYEARBOOK

体育

综 述

2012年，在市委、市政府的坚强领导和省体育局的精心指导下，全市体育系统紧紧围绕筹备23届省运会中心工作，突出办赛、参赛两个重点，抢抓机遇，团结协作，创新实干，攻坚克难，各项工作取得显著成绩。群众体育、竞技体育、体育彩票等工作受到省体育局的表彰，2012年年度全市考核，市体育局再次被市委、市政府评为优秀等次。局班子成员1正7副，机关编制15人，5个职能科室（办公室、人事科、群众体育科、竞技体育与综合业务科、青少年体育科），10个直属单位（1个正县级单位：市体育运动学校、2个副县级单位：市体育总会办公室、市老年人体育协会办公室，7个正科级事业单位：市全民健身广场管理中心、市球类运动项目管理中心、市重竞技运动项目管理中心、市水上项目管理中心、市田径项目管理中心、市体操（蹦床）运动项目管理中心、市体育科学研究所）。

省运会筹备工作扎实推进 一是场馆建设全面推进。在省运会赛事需求的27个比赛场馆中，改扩建的5个已经制定实施方案，新建的22个正在紧张施工。北湖新区的市奥体中心体育场正在组织验收，综合体育馆、游泳跳水馆、射击射箭馆正在向三层推进；邹城市体育中心体育场2013年5月底即可竣工；高新区的体育馆主体工程已经完工，正在进行网架招标；汶上县的体育馆正在实施主体装修；兖州市的体育馆、游泳网球馆和嘉祥县的体育馆已经完成主体工程；微山县体育馆、游泳馆的主体工程已经完成，体育场的主体工程即将完成；市中区、金乡县、曲阜市、梁山县体育馆正在积极推进。市住建委承建的水上项目基地和飞碟靶场正在加紧筹备，力争尽快开工。二是基础性筹办工作进展顺利。拟定的组委会和执委会建议名单已上报省政府审批。按照筹办工作流程，启动了“一室七部”先期办事机构，抽调50名精干人员充实到筹委会重点部室集中办公。全体人员尽职尽责，兢兢业业，出色地完成了各项工作。省运会开闭幕式的承办工作与国内知名团队初步达成合作意向；面向全国征集了省运会会徽、会歌、吉祥物和主题口号，已经完成了初评，会徽和吉祥物正在请专家帮助深化设计；会歌和主题口号正在进行复评。成立了济宁体育资源开发有限公司，筹划运作省运会的市场开发工作，与心酒集团、红太阳酒业公司、济宁银行等企业单位成功进行初步合作，省运会市场开发已进入实体运作阶段。三是竞赛项目布局优化。根据各县市区场馆建设的变化，进一步调整优化了竞赛项目布局，编制下发了26个大项、783个小项的竞赛器材配置方案和经费预算，并经省各管理中心论证审核、现场认可。同时，组织报纸、电视台等市直新闻媒体开展了多种形式的宣传活动，积极营造喜迎省运的社会氛围。安全保卫、志愿者招募等工作正在积极推进。

备战参赛初见成效 围绕市委、市政府“保六争五”的参赛目标，强化工作责任，加强执行力度。市体育局与各县市区教体局、各训练单位，训练单位与全体教练员等层层签订了目标责任书，并实行参赛项目领导包保责任制，真正把任务落实到岗，责任到人，力争在有限时间内大幅度提升竞技体育水平。一是精心组建了备战参赛队伍。坚持“省外引进、省内交流、市内筛选”的办法，组建备战参赛队伍。年初，各县市区、市直训练单位组织有关人员和全体教练员奔赴全国各地，引进高水平运动员，与省内5市达成交流意向，精心筛选市内运动员，组建了2000人的备战参赛队伍。二是全面改善了备战参赛条件。根据省运会项目设置，优化项目布局，合理配置资源。市财政先后投入近4000万元添置训练器材，改善配套设施，增加运动员的生活补助，聘请膳食营养专家，强化了营养补给，为运动员的备战训练提供有效保障。市体校以迎接全国高水平基地评估为契机，完善硬件设施，提升工作水平，在文化教学、后勤服务、学生管理等方面做了大量工作，进一步强化了运动员备战参赛的条件。三是着力提升了运动技术水平。2012年初，市委、市政府召开了备战参赛动员大会，10月又召开了训练总结和冬训动员大会，为教练员、运动员加油鼓劲。根据济宁市竞技体育基础薄弱的实际，采取代培代训、委托培训等方式全面开展参赛备战。水上项目在江西，足球在广西，篮球在济南，自行车在日照，重竞技在无锡，5支队伍都选择国内最好的基地训练。平时，安排400余名运动员委托市中区、任城、曲阜、邹城、微山、鱼台、金乡、嘉祥8个县市区实行“市队县办”，其余运动员在市体校训练。

积极构建全民建身体系 一是全面推进全民健身工程建

设。制定了健身工程建设方案，印发了《济宁市全民健身工程建设和管理办法》，开展了健身工程建设督查，召开了全民健身工程建设现场会。实施了“千村脱贫”健身工程，完成泗水县38个村的建设任务。全市已经建成156个乡镇文体活动中心、269个社区健身苑、6000个农民体育健身工程，济宁市率先在全省基本实现健身工程全覆盖。争取了省体育局年度扶持资金1100多万元，是济宁市历年来争取省扶持资金最多的一年。二是规范建设体育组织网络。对24个市级单项体育协会、体育俱乐部进行了年检，新审批建立了5个体育俱乐部。制订下发了《关于加强社会体育指导员工作的意见》，培训各级社会体育指导员1000多人，全民健身组织网络进一步延伸，组织体系逐步健全。三是广泛开展全民健身活动。组织开展了市第二届全民健身运动会、8月8日全民健身日、济宁市健美广播体操比赛等活动，举办了市第四届“百千万”比赛，组队参加了省第二届全民健身运动会台球、健美等10个项目的比赛和、第四届“百千万”比赛，承办了省健美操和省“百千万”活动的乒乓球比赛。济宁市荣获山东省第二届全民健身运动会优秀组织奖、体育道德风尚奖。

体育产业取得可喜业绩 一是推进体育彩票市场化经营，提高彩票销售收入。以省运会筹办和体育彩票的公益性为主题，强化社会宣传，积极扩大市场份额。实施人才优化战略，强化体彩队伍建设，开展员工培训，提升业主营销水平，扩大市场占有率。2012年，全市新增有效终端机745个，有效竞彩店152家，全年销售收入近6.95亿元，位居全省第5名，重点指标居全省前列，荣获“全省体育彩票工作突出贡献奖”。二是推进市全民健身广场市场化运营，提高场馆利用率。挖掘内部潜力，扩大市场营销，最大限度地提高了场馆利用率，实现了社会效益和经济效益的双赢。累计举办各类活动近60次，活动频率、场馆利用率及经济效益均居全省同类场馆前茅。

承办赛事圆满成功 一是积极组队参加省年度锦标赛。2012年，全市组队参加了26个大项的省年度锦标赛、冠军赛，组织50多人参加了足球、射箭、武术等12个项目的一级裁判员培训，并通过了晋级考试，为济宁市培养了一批高级别裁判员，为办好省运会赛事奠定了基础。二是精心组织了全市中小学生体育联赛。1400名学生参加了全市中小学生体育联赛，组队参加省级联赛获得良好成绩，有力推动了全市青少年体育工作的深入开展。三是成功承办了多项省以上高水平比赛。承办了山东省蹦床锦标赛、山东省跆拳道冠军赛、2012CBA全国篮球俱乐部青年联赛、第38届新星杯全国少儿乒乓球比赛、全国青年男子自由摔跤锦标赛、环中国国际公路自行车赛等高水平赛事，受到国家体育总局、省体育局领导和各参赛队的一致好评，其中全国篮球俱乐部青年联赛、环中国国际公路自行车赛济宁赛段被国家体育总局评为全国优秀赛区。

（赵相宏　朱传健）

文化济宁

潘家大楼

潘家大楼位于古槐北路,(原北门大街)。为上世纪20年代规模最大的私人住宅,即潘洪均的私邸。总面积3985平方米。

大门面对砖石结构影壁一道,稍南向西一道坐北向南八字分墙加垂珠的精致门楼,两个雕凿细致青石圆雕石狮分列在门楼左右。第一进院为前庭院,置硬山式明三暗五,北厅房5间,东西配厅各3间,北厅为过厅,是通往第二进院的通道,只有逢重大节日、仪琳方开此门。

第二进院为腰厅院,设7间硬山式楼房为北厅,楼上亦为上房院的南楼,东、西各设5间配厅。

第三进院即上房院,也称群楼院,为此宅的主体建筑,构造别致,十分讲究,按“八卦”序列主次排列。北楼7开间,分上中下3层,东西配楼各5间均为二层,相连处均有回廊相接,四面楼均设木栏以护。天井中间覆盖木质顶棚藻井,四角各开天窗,将四合楼连成一个整体,雕梁画栋,独具匠心。楼之两端,即四角隅空间,均由耳房组成,楼梯间可登3楼。3楼为7间,周设游廊,中无墙壁,全木结构,玻璃门窗,精雕细刻,民族风格突出,为全楼的最高点,通高14.5米。

东跨院有前、后厅各3间,连群房计27间;西跨院有北厅房3间,前设走廊,为潘子和的会客室。前厅堂又跨西院。北厅5间,为潘的机要客室。南面临街处一列平房18间,系潘的马、侍从、仆役、轿夫、杂役人等的住所。大街道东,设一兵营,为潘子和的卫队驻扎,院内西南隅尚有小房,为当时专供潘家私宅用电所设的发电房。潘子和于1927年在北伐战争中被击毙,其大楼由各个时期的军政要员轮番占驻。建国后,分别为中区公安分局、郊区公安分局和市商业局招待所驻地。

济宁年鉴 2013

JININGYEARBOOK

社会生活

人民生活

【城区居民生活】 2012年,全市城区居民人均可支配收入25454.2元,同比增长13.6%;人均消费支出16809.88元,同比增长14.42%。

居民收入 全市城区居民人均家庭总收入27758.9元,同比增长13.2%,扣除价格因素,实际增长11.3%。工资性收入、经营净收入、财产性收入和转移性收入均有不同程度增长,增速分别为8.3%、16.5%、45.9%和30.3%。呈现出以工资性收入增长为主体,同时各类收入逐渐趋于多元化的格局。工资性收入是可支配收入的增长主体,全市城区居民人均工薪收入20932.1元,同比增长8.3%。经营性收入大幅攀升,全市城区居民人均经营性收入达到637.02元,同比增长16.5%。财产性收入快步增长,居民更加关注投资理财,济宁城区居民人均财产性收入为1268.03元,同比增长45.9%。转移性收入迅速增长,全市城区居民人均转移性收入达到4921.79元,同比增长30.3%。

居民消费 全市城区居民人均家庭总支出25023.99元,同比增长12.36%,比可支配收入增速略高0.81个百分点。食品支出增长11.94%,恩格尔系数下降。济宁城区居民人均食品消费支出5695.86元,同比增长11.94%,恩格尔系数为33.8%,较上年低0.8个百分点。居住类消费支出增长3.5%。济宁城区居民居住类消费支出为1937.09元,同比增长3.5%。家庭设备用品及服务支出增长45.17%。济宁城区居民人均用于家庭设备用品及服务2030.95元,同比增长45.17%。交通和通讯支出增长42.86%。济宁城区居民人均交通和通讯支出2134.61元,同比增长42.86%,其中交通支出为1443.08元,同比增长49.8%,其中交通工具支出960.97元,同比增加666.09%。通讯支出691.54元,增长30.27%。医疗保健支出增长15.31%。济宁城区居民人均医疗保健支出为896.46元,增长15.31%。其中药品费支出为285.57元,增长9.28%,医疗费支出为515.92元,增长38.07%。

(刘仰夫　吴　昊　司学锋)

【农村居民生活】 2012年,全市农民人均纯收入为10002元,比上年增加1290元,同比增长14.8%。人均纯收入比全省高559元,比全国高2082元,增幅比全省高1.6个百分点,比全国高1.3个百分点。

农村居民收入 2012年,农民人均家庭经营纯收入为4083元,比上年增加325元,增长8.7%,占纯收入的比重为40.8%,拉动纯收入增长3.7个百分点,对农民纯收入增长的贡献率为25.2%。分产业看:农民人均从家庭经营第一产业获得的纯收入为2945元,增加211.4元,增长7.7%;全年农民家庭经营二、三产业纯收入为1137.2元,比上年增加114元,增长11.1%,增幅超过第一产业纯收入3.4个百分点,占家庭经营纯收入的比重为27.8%,比上年增加0.6个百分点,成为家庭经营收入增长的亮点。工资性收入大幅上升,全市农民人均工资性收入为5167.5元,比上年增加944.2元,增长22.4%。工资性收入占农民人均纯收入的比重达51.7%,比上年提高3.3个百分点,拉动纯收入增长10.8个百分点,对农民人均纯收入增长的贡献达73.2%,是农民增收最直接、最重要的推动力。其中,农民人均在本乡地域内劳动得到收入为2418.8元,增加383.9元,增长18.9%,占工资性收入的比重为46.8%;人均外出从业收入为2324.9元,增加505.9元,增长27.8%,占工资性收入的比重为50%。在非企业组织中劳动得到的收入为423.8元,增加54.5元,增长14.7%,占工资性收入的比重为8.2%。随着各项惠农政策的落实,财产性、转移性收入成为农民收入新的增长点。农民人均财产性、转移性收入为751.5元,比上年增加19.9元,增长2.7%,对农民纯收入增长的贡献为8.6%,拉动纯收入增长1.5个百分点,占纯收入的比重为7.5%。其中:农民人均转移性纯收入为380.73元,比上年增加17.73元,增长4.9%,占纯收入的比重为3.8%。农民人均财产性纯收入为370.8元,比上年增加2.17元,与上年持平,在农民纯收入四项构成中所占比重最小,仅为3.7%。利息、租金及转让土地承包经营权收入是农民财产性收入增加的重要来源。

农村居民生活消费 全市农村居民生活水平稳步提高,人均生活消费支出5437元,比上年增加715.9元,增长15.2%,恩格而系数为39.3,比上年降低0.5个百分点。八大项支出均呈现上升趋势:一是食品消费结构优化,现金支出比重提高。农村居民人均食品消费支出为2137.2元,比上年增加259.5元,增长13.8%。其中,谷物支出351.7元,增长20.2%;蔬菜及制品支出171.2元，增长0.3%；肉禽蛋奶及制品支出502.5元，增长12.3%；水产品及制品支出62.4元，增长20.4%；烟酒支出289.9元，增长21.2%。从消费量来看，农村居民食品消费向营养均衡、结构合理的小康水平迈进。年人均消费肉禽及制品500元，增长12.5%；蛋类97.6元，增长9.2%；奶类29.3元，增长22.06%；瓜果类39公斤，增长15.9%。另一方面，农村居民食品消费现金支出比重继续上升、外出饮食增长较快。食品消费现金支出占食品消费支出的90.7%，比上年提高1个百分点。在外饮食支出243元，增长2.4%，占食品消费支出的11.4%。二是穿衣观念转变，衣着消费较快增长。农村居民人均衣着消费支出为441.2元，比上年增加81.9元，增长22.8%。其中，服装支出285.2元，增长21.4%；鞋类支出120.6元，增长34.7%。三是居住条件进一步改善，居住支出快速增长。全市继续推进农村住房建设与危房改造，启动了大规模农村散居危房改造工程，农村居民居住条件进一步改善，居住消费支出快速增长，农村居民人均居住消费支出910元，比上年增加96.1元，增长11.8%。住房面积增加，房屋价值上升。人均居住面积35.5平方米，比上年增加1.5平方米；每平方米住房价值603元，增长3.6%。四是家庭设备、用品消费支出增幅回落，部分产品购买量下降。农村居民人均家庭设备、用品消费支出404.8元，比上年增加53.6元，增长15.3%。其中，购买日用品支出107.7元，增长32.6%；购买机电设备支出143.4元，下降1.12%。五是汽车等现代交通工具进入农民家庭，手机基本普及。农村居民人均交通类支出为673元，增长19.5%。摩托车百户拥有量达到47台，电动自行车更是普遍。农村居民人均通讯类支出201元，增长14.5%，其中，购买通讯工具支出57.7元，增长7.1%；通讯费支出140.2元，增长18%。固定电话用户数逐渐减少，转变为家庭一人一部手机。固定电话年末拥有量为每百户35部，比上年下降7%，手机每百户210部，增长18.9%。六是文化娱乐生活更丰富，教育负担进一步减轻。农村居民人均文化教育娱乐消费支出为354元，比上年增加46.7元，增长15.2%。其中，文化教育、娱乐用品消费支出185.5元，增长19%；教育服务消费支出130.7元，增长9.6%；文化、体育、娱乐服务消费支出37.8元，增长17.3%。七是新农合为农民治病就医提供保障，医疗支出快速增长。新农合人均筹资标准提高到300元，其中政府补助标准由上年的每人200元提高到240元，统筹区域政策范围内住院费用报销比例提高5个百分点，20类重大疾病纳入保障范围。农村居民人均医疗保健消费支出为386元，比上年增加36元，增长10.3%。其中，购买药品支出110.3元，增长2%；医疗费支出251.6元，增长12.04%。八是美容美发、化妆品等其他项消费支出较快增长。农村居民其他商品和服务消费支出130.7元，增长33%。其中，基于精神需求层面的享受型、发展型消费增长较快：购买化妆品支出增长87.3%；美容美发支出增长34.3%。

（赵晓静　乔　惠　田艳玲）

民　政

【概述】 济宁市民政局行政编制42人。内设办公室（挂政策法规与行政许可科牌子）、优抚科（市双拥工作办公室与其合署）、安置科（挂市退伍和军队离退休干部安置办公室牌子）、救灾科、社会救助科、基层政权和社区建设科、区划地名科、社会福利和慈善事业促进科、社会事务科、规划财务科、人事科（挂离退休人员服务科牌子）、市民间组织管理局（挂市民间组织执法监察局牌子）12个科室（局），下设市荣复军人医院、市第一军队离休退休干部休养所、市第二军队离休退休干部休养所、市社会福利中心、市慈善总会办公室、市第一救助管理站、市第二救助管理站、市民政局婚姻登记处、济宁军人接待站、市福利彩票销售管理中心10个局属事业单位。2012年，在市委、市政府的正确领导下，全市民政系统以建设人民满意的服务型民政为目标，将全国、全省民政会议精神与济宁实际相结合，更加注重保障和改善民生，更加注重加强和创新社会管理，更加注重完善和提升公共服务，全市民政工作实现了新的进步。

政策创制工作取得显著成绩　对民政重点工作坚持系统化设计、制度化安排、规范化建设、长效化推进，各项重点工作均纳入市委、市政府《关于建立健全民生保障体系的意见》当中，民政事业的主要发展目标由此提升为市委、市政府重大决策。综合考虑“十二五”时期全省民政事业的发展目标和全市经济社会发展态势，提请市政府印发了《济宁市民政事业“十二五”发展规划》。突破基层民政力量薄弱瓶颈,市政府出台了《关于进一步加强基层民政工作的意见》。适应双拥创建、养老服务、孤儿保障、城乡低保等工作发展的新形势、新要求,相继争取市委、市政府出台了《关于争创全国双拥模范城“七连冠”的意见》、《济宁市养老服务体系建设规划(2011—2015)》、《关于加强孤儿保障工作的意见》、《济宁市城市居民最低生活保障办法》等20余份规范性文件,对提升民政地位、引领事业发展、扫清发展障碍提供了制度保障。

“五位一体”民生保障格局基本形成 从困难群众的生活、医疗、住房、教育、就业等方面制定完善政策,加大救助力度。城乡低保和农村五保标准大幅度提高,均超过全省平均水平;医疗救助力度进一步加大,取消了住院救助病种限制,实行了门诊救助和大病市级二次救助制度;1606户农村贫困家庭危房改造任务顺利完成,“即时申请、即时受理,即时施救”长效机制运行良好;困难家庭子女教育救助工作在全省率先扩面提标,救助范围从本科生扩展到专科(含高职)生,救助标准由4000元提高到5000元;实施学生营养改善计划,市财政投入4500万元,对义务教育阶段所有在校孤儿、低保家庭和其他困难家庭学生发放了营养补助金;累计扶持300户低保对象从事烟草零售经营。以创新的理念、改革的精神积极推动慈善超市救助网络建设,市政府印发了《济宁市慈善超市网络组建工作方案》,完成试点筛选、平台研发等前期准备工作,新型社会救助平台已具雏形。

“四位一体”养老服务体系加快推进 市社会福利中心顺利启动运行,与市第一人民医院合作设立医疗康复医院,实现了“医养结合”,被评为全国百优福彩公益金项目、全国民政系统群众满意窗口单位;全市12个县市区均启动建设了社会福利中心,已建成9个;实施乡镇敬老院升级达标工程,全市投入3696万元对基础设施陈旧落后的乡镇敬老院进行升级改造,已完工45处,全市所有乡镇敬老院达到省三级以上标准,其中87处敬老院达到省一级标准,省民政厅厅长张国琛专门批示,在全省推广。争取省支持资金300万元,新建社区老年人日间照料中心(社区托老所)6个,村级互助养老院39个,通过政府购买服务方式,为4012名困难高龄老人提供了居家养老服务;新建民办养老机构5个,全市新增各类养老服务床位4000张。任城区、邹城市被表彰为全国养老服务示范县(市)。济宁市在全省社会养老服务体系建设会议上做了典型发言。

未成年人救助保护体系进一步健全 出台了《关于加强孤儿保障工作的意见》,提高了孤儿基本生活保障标准,将事实无人抚养儿童纳入孤儿保障范围。开展了孤儿生存状况调查,建立了基层民政工作人员和村居委会定期探望制度,保障了全市近2000名孤儿和事实无人抚养儿童健康成长。加强流浪未成年人救助工作。济宁市政府在全省率先出台《加强和改进流浪未成年人救助保护工作的实施意见》,建立起多层次、全覆盖、条块结合、上下联动的网格化救助管理体系,开展了“接送流浪孩子回家”专项行动,2012年全市救助流浪乞讨人员4300余人次,帮助230名流浪儿童回归家庭。

慈善福彩补充和支撑作用进一步凸显 市委、市政府出台了《关于进一步加快慈善公益事业发展的意见》。慈善救助城乡困难群众31887人(户)。在民政部举办的全国城市慈善公益指数发布会上,济宁市荣获全国最高荣誉“七星级慈善城市”荣誉称号,是全国27个获此荣誉的城市之一,慈善指数列全省首位。在认真落实市财政安排资金的基础上,充分发挥福彩公益金在社会救助中的支撑作用。全年福利彩票销售突破10亿元,比2011年增长21%;总销量位居全省第4位,增长率及市场占有率均居全省前列。筹集市级公益金1亿多元,为民生保障体系建设打下了坚实的资金基础。

优抚安置政策全面落实 召开双拥工作总结表彰暨争创全国双拥模范城“七连冠”动员大会,认真总结“六连冠”经验,提出了实现全国双拥模范城“七连冠”、12个县市区全部跨入省级双拥模范城行列的奋斗目标,掀起了新一轮双拥创城热潮。优抚对象生活、医疗保障政策全面落实,义务兵优待金大幅度提高,退役士兵安置工作稳步过渡。接收安置伤残军人的经验被总政转发。

社会管理实现创新突破 与市委组织部联合在上海举办了社会管理创新专题培训班,向市委、市政府写出《以人为本、服务群众、积极推进基层社会管理创新》的考察报告,进入市委、市政府决策。认真学习上海经验,以建立“一站式”综合性社区事务服务平台为突破口,全面推进城乡社区建设。2012年,45个镇街建立了社区事务服务中心;农村社区建成367个、正在建设189个,农村社区服务站建成305个,正在建设251个,覆盖率达到80%。兖州市、汶上县被评为“全国农村社区建设实验全覆盖示范单位”。新批准成立社会组织284个,全市85%的社会组织达到规范化建设要求;济宁市民政局带头成立了济宁市惠民社会救助服务中心、惠民社区服务中心和惠民养老服务中心等三个民非单位,在培育发展公益性社会组织方面迈出了探索性的一步。党组织覆盖达率到76.2%,党的工作覆盖达到100%;开展了“真诚奉献、服务群众”社会公益活动,济宁市社会组织党工委被评为全国社会组织创先争优活动优秀指导单位。

地名管理实现机制创新 建立了地名规划与城市规划同步编制、地名命名与工程设计同步进行、地名标志与工程建设同步设置的工作机制,提高了地名管理工作规范化、标准化和科学化水平。加大乡改镇、镇改街工作力度,“两区三市”和金乡县实现全镇街建制,提高了全市城镇化水平。

民政自身发展能力实现新的提升 突出抓好学习教育,将“解放思想跨越发展大讨论”活动和建设人民满意的服务型民政活动联袂推进,进一步深化联系困难群众制度,认真组织开展“大规模进村入户、面对面谈心交流”活动,提高了民政干部的为民意识和执行能力。着力加大民政政策宣传力度,在济宁主要新闻媒体开设了“民政为民”专栏,持续深入地解读民政惠民政策,报道民政重要工作动态,联合市下派办集中开展“走基层送温暖、惠民政策进万家”集中宣传活动,印制200多万份民政惠民政策宣传特刊,送到每一户家庭,努力实现惠民政策的知晓率达到100%、落实率达到100%。注重夯实基层基础,为全市乡镇民政办配备了微机等信息化设备,坚持为基层民政干部健康查体。采取政府购买服务的方式,为市社会福利中心招聘了100名护理人员。对市、县、乡、村(社区)四级民政干部普遍开展了培训,提高了民政干部职工的工作能力。坚持在干事创业中考察、使用干部,一批德才兼备、实绩突出的人员得到组织重用。

(杨殿生　谷金龙)

人口和计划生育

【概述】 济宁市人口和计划生育委员会内设办公室、人事科、政策法规与行政许可科、发展规划科、宣传教育科、科学技术科、流动人口计划生育管理科、信访科8个职能科室,下设计划生育指导中心、抽样调查队、宣传教育中心、药具站4个事业单位,共有干部职工69人,其中行政编制24人,参公编制3人,事业编制58人。2012年,全市各级按照中央、省关于人口和计划生育工作的部署要求,抓重点、攻难点、强措施、促落实,人口和计划生育工作保持了持续、稳定、健康发展良好势头。全市人口自然增长率为5‰,合法生育率和出生人口性别比指标均有较大改善,圆满完成了省下达的各项任务目标。

综合施策,统筹解决人口数量、结构和素质问题 一是坚决遏制违法生育,稳定低生育水平。全市各级坚持预防和惩治相结合的原则,深入开展以“查假、查瞒、查漏”为中心任务的清理清查活动,层层划分责任区,明确责任单位和责任人,逐村、逐户、逐人进行核对,确保全覆盖、无遗漏。健全有奖举报制度,将违法生育、违法怀孕及弄虚作假行为纳入举报范围,对群众举报案件及时进行查处。对违法生育户按规定足额征收社会抚养费,拒不缴纳的,人民法院主动介入、强制执行、公开曝光。对党员领导干部违法生育的,落实党政纪处分、经济处罚以及撤销政治荣誉等处理措施;对农村基层党员干部本人或直系亲属违法生育的,一律不得进入村“两委”班子。二是严厉打击“两非”行为,力促出生人口性别平衡。市、县都成立了综合治理出生人口性别比工作领导小组,县级组建了打击“两非”办公室,从纪委、政法委、卫生、公安、法院等部门抽调人员集中办公,专门负责治理工作。建立健全了“终止妊娠、分娩接生、环孕情监测”三定点制度,积极推进住院分娩实名制,对分娩妇女全部实名登记并及时上报计生部门,对无《计划生育服务手册》或《生育证》的,医院必须在24小时内向计生部门报告。对怀孕14周以上需要终止妊娠的,全部到市终止妊娠鉴定检测中心检测,2012年,市终止妊娠鉴定检测中心对901例终止妊娠妇女进行了检测,查实81例私自终止妊娠行为。将打击“两非”工作纳入人口目标管理考核,严厉打击“两非”行为。积极与安徽、河南、江苏等省市交界的县市区联合开展打击边界“两非”行为,2012年共联合办案40多件。三是扎实推进免费孕检，提高出生人口素质。2012年，市里把免费孕前优生健康检查列为重大民生项目，确定了5个县进行试点。市委、市政府出台《济宁市开展国家免费孕前优生健康检查项目试点工作的实施方案》，成立领导小组，多次召开会议专题部署，5个项目县共投入1000多万元，分别设立了免费孕检中心，配齐了设备，招聘了专业技术人才，确保了任务落实。各试点县已初步建立了“获取待孕夫妇信息→健康人群教育→孕前健康检查→高危人群建档→优生指导→高风险案例跟踪随访”的免费孕前优生健康检查模式。

夯实基础，全面提升人口和计划生育管理服务水平 一是抓基层基础，提高管理服务水平。把人口计生宣传服务阵地建设纳入区域公共卫生服务体系和农村基础设施建设总体规划，扎实推进乡级服务站标准化、数字化进程，改善基层服务机构设施条件。大力加强基层专职队伍建设。在农村，公开选聘计生专干，实行乡聘、村用、县备案，工资由县级统筹，计生专干工资不低于支部书记的80%，做到了人员、职责、报酬“三落实”。在城市，公开选聘一批工作能力强、业务素质高的干部充实社区岗位，逐步健全了社区计生办、小组长、楼门院长三级管理网络。加强村民自治建设，让育龄群众直接参与计划生育管理全过程，实现计划生育的自我管理、自我服务、自我监督，“章程合同民意化、监督落实制度化、责任追究程序化、管理服务规范化”的计生村民自治工作机制进一步完善。二是抓宣传教育，营造浓厚舆论氛围。把转变群众婚育观念作为统筹解决人口问题的大事，积极构筑“重视素质育人、群众广泛参与、崇尚科学文明、提升生活质量”的济宁特色新型生育文化体系。宣传部、文广新局和报社等部门密切协作，在主流媒体上设立专栏，定期刊播信息。同时，抓住纪念国策确立30周年的时机，利用各类媒体，依托文化大院、宣传栏等阵地，集中开展宣传服务活动。全市共建成6600多所人口学校、4200多个人口文化大院。每年全市都出动宣传车6000多辆次、发放宣传品1000多万份、开展送文艺节目和电影下乡活动2000多场次，使群众在潜移默化中逐步转变婚育观念。三是抓政策推动，完善利益导向体系。出台《济宁市完善计划生育利益导向机制规定》，在国家、省法定政策的基础上，制订了力度更大的奖励优惠政策，2012年全市共投入1.6亿元用于优惠政策兑现，其中各级财政投入近1.3亿元，使120万人受益。在此基础上，市里重点抓了企业独生子女父母养老补助政策的落实工作，已研究决定利用三年时间分三批拿出6000万元解决市属企业一次性养老补助遗留问题，2012年市财政已拿出2195万元落实了4578名退休职工的补助，各县市区也正参照市里做法分期分批解决这一问题。

加强领导，优化人口和计划生育工作发展环境 一是坚持党政一把手亲自抓负总责不动摇。市委、市政府坚持把人口和计划生育工作列入重要议事日程，纳入国民经济和社会发展总体规划，放到与经济、稳定工作同等重要的位置，同部署、同检查、同考核、同奖惩。市委、市政府建立起重大事项督查制度，把人口目标管理责任制落实、违法生育控制、出生性别比治理、免费孕前检查、流动人口管理等工作纳入重点考核内容，每季度督查一次，及时通报情况。市委、市政府建立健全了“以财政投入为主、逐年稳定增长、分级负担、分类保障、城乡统筹”的投入保障机制。2012年全市人口计生事业财政投入5.97亿，正常发展经费投入3.02亿、同比增长10.7%。二是坚持齐抓共管人口和计划生育工作不动摇。市委、市政府每年都与相关部门签订《人口和计划生育目标管理责任书》，并坚持每年考核。进一步明晰了相关部门的职责，基本形成了六大协作配合机制，即：由市委宣传部牵头，相关部门参与的计划生育宣传教育协作机制；由市纪委牵头，相关部门参与的出生性别比治理协作机制；由市委政法委牵头，相关部门参与的流动人口管理协作机制；由市政府办公室牵头，相关部门参与的人口基础信息共享协作机制；由市财政局牵头，相关部门组成的计划生育经费保障协作机制；由市纪委牵头，组织、人事等部门组成的组织建设和监督监察协作机制，实现了由部门行为向齐抓共管的转变。三是坚持严格人口责任目标考核不动摇。市委、市政府把人口目标管理责任制考核结果，作为评价各级各部门工作实绩、干部政绩、奖惩任用的重要依据，严格落实计划生育“一票否决”、届期考核、离职审计、追踪奖惩制度。凡完不成责任目标的单位，不得评先树优，工作失职的坚决追究责任；对突破年度人口出生计划或发生恶性案件、重大责任事故和群体性事件的地方，坚决实行“一票否决”。同时，市里将人口和计划生育工作情况纳入了对各级领导班子、领导干部联系点、联建村、包驻村的考核评估，作为评价驻村成效和工作实绩的重要内容，对于计划生育出现重大问题的，取消评先树优资格。

（张明伦）

老龄工作

【概述】 济宁市老龄工作委员会办公室编制12人，在职12人，其中工勤人员编制2人。内设秘书科、老年事业科（挂老年人权益保障科牌子）和宣传教育科。2012年，全市老龄工作按照“六个老有”目标要求，坚持“政府主导、社会参与、全民关怀”的老龄工作方针，围绕市委、市政府中心工作，以推动老龄事业科学发展为主题，以保障和改善老年民生为主线，以打造“儒孝之源、孝德济宁”工作品牌为载体，创新思路、健全机制、狠抓落实，老龄事业快速健康发展。2012年被评为全省老龄工作先进单位、全省老龄新闻宣传报道工作先进单位、全省老龄信息工作先进单位、省级文明单位。

老年人优待政策全面落实

各级党委、政府把贯彻落实省、市优待老年人政策规定列入民生工程，抓紧抓好，取得显著成效。落实按年龄段养老补贴金制度。市财政对百岁老人每人每月发放长寿养老补贴金100元，90岁至99岁每人每月50元，争取省财政为百岁老人每人每月发放长寿养老补贴金200元。百岁老人生活补贴制度全覆盖，兖州、邹城将补贴标准提高到每人每月200元。11个县市区按年龄段建立养老补贴制度。1413个有条件的乡（镇、街）和村（居）委会在此基础上也建立了补贴制度。预计全年全市共为老年人发放养老补贴金6000余万元。落实奖励补助政策。12县市区、北湖、高新全部落实了老年独生子女家庭扶持金政策，并将标准每人每月提高20元以上。市中区、兖州市、邹城市、金乡县、汶上县、梁山县、高新区及北湖新区减免了农村70岁以上老年人参加新农合个人应缴纳的费用，市中区、兖州市、微山县在减免个人费用的基础上将70岁以上老年人参加新农合报销比例提高5%，任城区、曲阜市、金乡县、汶上县、梁山县、高新区将报销比例提高10%；嘉祥县对70岁以上老党员在乡镇卫生院统筹内住院费用报销100%，县人民医院及县中医院提高10%。高新区70岁以上老年人在乡镇卫生院住院，新农合补偿后，剩余部分再报20%。落实保障老年人公益权利政策。全市范围内，政府财政支持的旅游景点、风景名胜区、公园、文化宫、体育场馆、图书馆、博物馆、公厕等公共场所，全部免费对老年人开放。对于已经开通的市区公交车线路，市城区、兖州市、邹城市、梁山县、曲阜市对65岁到69岁老年人实行半价优惠、70岁以上老年人免费乘公交车；泗水县、微山县、鱼台县、嘉祥县、汶上县对60岁到69岁老年人实行半价优惠、70岁以上老年人免费乘公交。半数以上的县市区对享受低保的老年人安装有线电视费用实行了减免。全市对享受低保或90岁以上去世老年人免收火化费。

老年人合法权益切实保障

加大老年法律法规的宣传。各级将老年法律法规列入了全民普法计划，积极组织大型老年法宣传活动，新闻媒体开办老年法规政策宣传栏目，广泛深入开展老年法宣传教育，形成了立体化、系统化、多样化的老年法规宣传格局。做好老年人法律援助。不断拓宽老年人法律援助渠道，各县市区完善了老年人法律援助工作站，在法律援助服务大厅设立了老年人服务专区，为老年人提供优先接待、优先解答、优先

■2012年12月21日，庆祝老人节广场活动五大班子领导启动启动球。

受理的法律援助服务。全市范围内70岁以上老年人因领取退休金、抚恤金、养老金以及因赡养费、扶养费、医疗费等问题提起诉讼的,免收诉讼费、执行费。对农村“五保”老年人、城镇“三无”老年人和其他无能力支付法律服务费的老年人,法律援助机构优先给予法律援助。构建三级维权网络。全市13个老年维权法庭接待侵害老年人案件536件,结案521件,审结率、满意率均达到97%以上。建立老年维权热线192条,法律援助大厅13个、乡镇法律服务网点156个、村居老年维权调解室1143个,为9万余名老年人提供法律服务。老龄系统做好老年人来信来访工作,接待老年人577起并及时处理,满意率达到85%以上。完善监督检查机制。加强对老年人提供法律服务和法律援助工作的情况的监督检查。对在涉老案件中表现优秀的律师,推荐参加中央法律援助项目并予以奖励。2012年,全市办理老年人法律援助案件995件,司法部门发放涉老案件专项法律援助办案补贴达70余万元。

养老保障体系不断完善

各级政府不断加强城乡养老、医疗保险和救助制度建设,社会化养老保障体系初步建立。城乡居民社会养老保险制度进一步完善。新农保和城镇居民基本养老保险全覆盖,市城乡居民养老保险参保人数达到了428万,105万名60岁以上的城乡居民领取到了养老金。在全省率先建立了基础养老金与经济发展同步增长机制以及多缴多补、长缴多得缴费激励机制和一次性抚恤金制度,城乡居民养老保险基础养老金由每人每月55元提高到60元,企业退休人员人均月增加养老金237元。构建了便民“金融服务站”网络,各类养老金、退休金按时、足额、就近发放。医疗保障水平不断提高。全市将所有老年人纳入医疗保障制度覆盖范围,逐步提高保障标准。2012年底2.1万城镇70岁以上老年人,其个人缴费部分由政府全额补助,免费享受城镇居民医疗保险待遇,减轻个人负担315万元。农村老年人全部纳入新农合保障范围,扩大了老年人报销病种范围,提高了医疗保险个人账户划拨比例。退休人员医疗保险待遇与单位缴费实现脱钩,不再受单位缴费情况影响直接享受医疗保险待遇,退休人员住院医疗和在中医医院住院的报销比例分别提高5%。百岁老人住院费用实行起付点上100%报销,全市近300名百岁老人在全省率先免费医疗。全市262家各级各类医保、新农合定点医疗机构已全面实现“先看病、后付费”,全市老年人受益。实施了65岁及以上老年人健康管理服务,每年为老年人提供1次健康管理服务,包括生活方式和健康状况评估、体格检查、辅助检查和健康指导。老年人救助工作成效显著。城乡困难老年人全部纳入保障范围,并建立了低保补助标准自然增长机制。对选择入住公办养老机构的城镇“三无”老年人、农村“五保”老人,由政府集中供养,农村“五保”集中供养率达81.9%,位居全省前列。对城镇散居“三无”老人在全省率先建立财政补助制度,每人每月按城市低保的1.5倍补助;农村散居“五保”老人按月发放生活费,确保基本生活不低于当地居民平均水平。

社会养老服务业发展迅速

全市养老服务机构共有347个,服务床位3.3万张,从业人员4562人,任城区和邹城市被评为全国养老服务示范县市区。一是养老服务政策体系逐步完善。2012年全市将养老服务体系建设作为十大民生保障体系的重要内容,纳入全市综合考核体系。市委市政府出台了加快福利设施建设的意见、养老服务业管理办法等系列文件,加大对养老服务业发展的扶持力度。召开了全市养老服务现场会,总结推广了任城区养老服务业发展经验。二是养老服务设施建设不断加强。市社会福利中心投入使用,全市12个县市区均启动建设了社会福利中心,已建成9个。全市143处敬老院全部进行了新建、改造,实现集中供暖并达到省级农村五保供养服务机构标准。抓好城乡社区养老服务设施建设,建成社区服务站80个、社区日间照料中心39家,农村互助养老院116家、床位7320张。抓好民办养老服务设施建设。全市注册民办养老服务机构达到37个,服务床位达到5000余张。三是政府购买养老服务制度初步建立。市政府明确了政府购买居家养老服务的三类对象,在全省率先将所需资金全额纳入市县财政预算。依托村级互助养老院和社区老年人日间照料中心,建立居家养老服务支持体系,按照“市场运作、政府补贴”的原则,由政府出资向社会购买服务,已吸引11个专业服务机构,为4000余名高龄、困难和“空巢”老人提供生活照料、医疗卫生、精神慰藉等服务。四是老年产业发展起步良好。依托有条件的企业、医疗机构、社区服务机构，通过联合、改扩建等形式，形成新的老年产业，省政协专题调研组对济宁市老龄产业发展工作给予了高度评价。电信公司和家政服务机构联合成立的济宁孝德家政服务公司、依托济宁老年血管病医院成立的济宁市首家老年爱心护理院运营良好，兖州乐龄福院、汶上开发区医院、梁山中爱医院建成了老年保健康复中心。10月份举行了全市首届老龄产业博览会，汇集了济宁本土及来自全国各地的80多个品牌参展，对全市老龄产业的健康发展起到了积极的推动作用。

老龄宣传工作进一步加强 各级各部门特别是宣传、老龄、民政等部门，把敬老文化建设、养老保障建设等列入宣传计划，扩大了老龄工作的影响。一是推进新闻宣传规范化、制度化。市政府举行了全市老龄事业发展新闻发布会，市政府办公室、市老龄办、市人社局、市卫生局、市民政局、市财政局分别就老龄事业发展情况作了新闻发布。二是开展树典型、学孝星活动。市老龄委连续5年开展了“孔孟之乡二十四孝星”评选，2012年度获奖孝星在嘉祥县海内外孝文化论坛隆重表彰，特邀了文化界十大孝星姜昆、曲艺艺术家田连元等文艺界名人颁奖。市中区、任城区举行了金婚老年人庆典，微山县评选了发家致富和新农村建设模范老人，全市12个单位、37名个人获全国、省级敬老单位(个人)奖励。刘大成当选第六届中国演艺界十大孝星，邹城市百岁夫妻杨克泉、杨房氏被评为全国十大泰山老人。三是突出做好“敬老月”宣传活动。组织、宣传、文化、教育、工会、团委、妇联、人社、民政、政法等14家部门联合下发了“敬老月”活动通知，老龄办牵头组织了孝星颁奖、孝文化研究老年文化演出等14项活动。市文明办、市老龄办联合启动“敬老文明号”创建活动，并纳入全市精神文明创建活动之中。四是积极做好老龄问题研究。各级老龄办会同研究室、民政局、财政局等单位完成了养老服务业发展状况调研，调研报告获省老龄办好评。2012年，全市各级上报老龄论文45篇，市老龄办撰写的《论孝文化在当代养老保障体系中的作用》论文入选第五届世界儒学大会论文集。

孝文化建设不断深化 围绕“孝德济宁、幸福济宁”敬老品牌建设，各级以孝文化为主题的创建工作扎实推进。载体建设进一步加强。嘉祥县举办了曾子故里海内外孝文化论坛和第五届世界儒学大会，儒学大会上孝文化研究专家骆承烈作了《儒孝之源，孝德济宁》主题发言。“敬老月”期间，市老龄委牵头在全市开展了以“感恩父母、孝敬老人”为主题的爱老助老活动，2000多名志愿者为老年人排忧解难，敬献孝心。市中区在全国率先编印了《新编二十四孝行标准》画册，曲阜市编写了《古今康寿歌诀》图书，鱼台县编写了《闵子骞传》图书。敬老氛围进一步浓厚。各级各部门采取多种形式，在社会营造敬老氛围。老人节前夕，市老龄办连续两天向全市发布敬老公益短信60万条，中区、任城、兖州、汶上等县市区制作播放了敬老宣传电视片。孝德孝行成为社会共识，“感动济宁”十佳人物评选将其列为评选标准，曲阜市将孝行列入干部修身内容。开展孝文化设施建设。市老龄委命名了济宁运河实验中学和瑞尔福商贸有限公司为济宁市第3批孝文化教育基地，全市共有省级孝文化教育基地1处，市级基地7处。曲阜的村级孝文化一条街建设实现全覆盖，邹城设立了城区孝文化一条街，嘉祥建设了孝贤阁，鱼台修缮了闵子骞庙，全市各级共建有孝文化宣传一条街778处、孝文化教育基地67处、孝文化宣传栏1403个。开展孝文化进学校、进机关、进企业、进农村、进社区、进家庭的“六进工程”。市文明办把孝文化建设列为村规民约，教育部门推进了孝德教育进校园，妇联开展了“好媳妇、好婆婆”评选，团委表彰了优秀志愿者。市老龄委开展“孝心示范村”命名活动，21个村(居、社区)活动获“济宁市孝心示范村”称号。兖矿集团离退中心实施“孝德文化”工程，让孝德文化在矿区开花结果。

(宋　力)

残疾人事业

【概述】 济宁市残疾人联合会是中国残疾人联合会的地方组织，是残疾人自身代表组织、社会福利团体和事业管理融为一体的全市性残疾人事业团体，内设办公室、组织联络维权部、康复部、教育就业部、宣传文体部，编制19人。2012年，在省残联和市委、市政府的正确领导下，全市各级残联组织紧紧围绕残疾人社会保障体系和服务体系建设，突出机制创新，狠抓保障落实，圆满完成了年初制定的各项任务，被授予“全省残疾人工作先进单位”。

残疾人社会保障水平明显提升 2012年，全市约有28.7

万名残疾人享受到各种惠残政策，其中8.2万名残疾人领取了低保，12464名低保重度残疾人享受生活补贴，15.2万名低保和重度残疾人参保费用由政府代缴；1180名高中阶段残疾学生和贫困残疾人家庭子女接受免费教育，资助义务教育和大中专院校阶段的残疾学生及贫困残疾人家庭子女405人；为514户残疾人家庭新建了住房；对4000名残疾人开展托养服务；免费进行无障碍家庭改造80户，配置电子盲杖900人，机动轮椅车燃油补贴发放1600人。

残疾人康复救助工程成效显著 将万名贫困残疾人辅具适配工程列为市政府为民办十件实事，市县政府和社会捐助累计投入1200余万元，建立县、乡级辅具服务站38处，为11001名贫困残疾人适配了辅助器具。全市已投入资金2000万元，对832名残疾儿童免费进行康复训练，免费实施肢残儿童矫治手术65人，人工耳蜗救助38人，3500名贫困肢体残疾人得到免费训练，2498名贫困精神残疾人接受免费住院或服药救助，实施3979例白内障免费手术，完成全省0－6岁残疾儿童和残疾儿童康复机构基本情况调查，已调查康复机构19家，实名登记1812人。市县两级财政按辖区人口每人每年不少于0.8元的标准落实社区康复经费，并纳入财政预算。新建市级残疾人康复服务示范站97处，举办康复技术指导员培训班13期，培训学员2235人，基层残疾人康复工作者的业务水平和服务能力得到提高。

残疾人就业服务能力进一步增强 针对残疾人个性化特点，依托社会培训、残疾人扶贫基地、农科院校等机构，积极开展残疾人技能、网络和农村实用技术培训，建立就业培训基地40处，举办培训班25期，免费培训残疾人5300人次。投入资金80万元，无偿扶持400名残疾人个体创业，济宁市培育的创业标兵盲人周险峰获得第三届全国残疾人“自强创业奖”。采取市县部门联动的方式，为残疾人找岗、选岗、送岗，举办就业援助月系列招聘会6场，帮助420人与用工单位达成就业意向，231人实现就业。推动扶贫基地由“输血型”向“造血型”转变，落实资金450万元，扶持基地163处，其中省级基地10处、市级53处、县级100处，安置2315名残疾人就业，辐射带动3358户残疾人家庭脱贫。残疾人按比例就业1039人，比上年增长23%；残保金征收突破5300万元，比上年增长20%。济宁市被授予“2010－2012年全国盲人医疗按摩人员考试山东考区先进单位”。

残疾人宣传文化建设亮点纷呈 联合市委宣传部等12部门制定了《关于加快推进残疾人文化建设的意见》，提出了残疾人文化建设的主要任务和政策措施。按照省残联的统一部署，会同市文广新局等部门举办了“济宁市首届残疾人歌手广播电视大赛”，全市有130余名残疾人参加了比赛，评选出“济宁市残疾人十佳歌手”，并举行了大赛颁奖仪式。选出3名优秀歌手参加全省残疾人歌手广播电视大赛，1人获得“山东省残疾人歌手大赛十佳歌手”，2人获优秀奖，济宁市被授予最佳组织奖，总分获第四名。实施了残疾人文化建设进社区工程，3个社区被中国残联确定为“全国残疾人文化建设试点社区”，创建残疾人文化建设示范乡镇26个，示范社区38个。

残疾人服务设施建设步伐加快 市“三大中心”建设列入市委、市政府重要议事日程，现已完成了土地划拨确权、规划设计调整和环评工作，正在进行单体设计。市聋儿康复中心累计投入资金980万元，已完成达标升级改造，已投入使用。微山县、市中区两个中心已建成并投入使用，汶上县已征用土地25亩，计划建筑面积6600平方米，两个中心规划设计即将完成；兖州市投入资金800万元，对残疾人康复中心和综合服务中心进行了装修改造，春节前交付使用；邹城市综合服务设施占地16亩，已完成初步选址，各项审批工作正在进行中。

残疾人基层基础工作稳固有力 2012年圆满完成市县乡残联换届工作，残联领导班子结构得到进一步优化，县残联班子成员平均年龄比换届前下降了6.8岁，大专以上文化程度的占86.4%，35岁以下的占34%。对全市156名乡镇(街道)残疾人专职干事进行了脱产培训，并全部落实了残疾人专职干事、专职委员的报酬待遇。深入开展了“走千家、访万户，察实情、摸实底”大调研活动，已录入数据库13.63万人，录入率达到97.42%。扎实做好二代证换发和审验工作，已换发二代证14.5万本，全市复查审核17553人，审验注销1367人。成立了由市法院等9部门组成的残疾人法律救助工作协调领导小组，建立了168个残疾人法律救助站。全市接待残疾人来信来访170件，受理电话咨询724人次，妥善解决残疾人的实际问题。

【省九届残运会筹备工作扎实推进】 市政府印发了《省九届残运会总体方案》，先后召开了筹备工作动员大会和筹备领导小组第一次全体成员会议。市政府组成考察组，到有关省市考察了承办残运会情况和残疾人体育运动场馆。市残联组织力量进行了2次大规模运动员筛选，建立了全市残疾人运动员信息数据库，按照计划进行了集训。筹备省残运会经费纳入了政府预算，市财政及时安排了经费，部分专用体育器材进行了采购。同时，积极开展了“备战残运自强健身”、“残疾人健身周”、“特奥日”等活动；实施了“残疾人健身工程”，创建示范乡镇26个，示范社区38个。

（王勤颜霞）

红十字会工作

【概述】 红十字会是依照《中华人民共和国红十字会法》和《中国红十字会章程》独立自主地开展人道主义工作的社会救助团体。承担着备灾救灾，募捐救助，应急救护培训，遗体、人体器官（组织）捐献，红十字青少年和国际人道主义救援等工作。现有编制9名，实有工作人员14人，设有办公室、综合业务部、事业发展部、救护培训部4个部室。2012年，济宁市红十字会坚持在传统业务上求发展，在红十字事业拓展延伸上使长劲，圆满完成市委市政府和省红十字会下达的各项任务目标，被评为“全省组织工作先进单位”、“全省宣传筹资工作先进单位”、“全省人体器官捐献工作先进单位”。

■2012年9月8日，济宁市红十字会为纪念“世界急救日”在济宁市实验中学开展“生命高于一切”为主题的应急救护培训活动。

关注弱势、救助特困，用送温暖活动强化红十字会品牌 坚持以人为本、服务弱势的原则，结合“博爱齐鲁”的推进，全市各级红十字会积极开展“仁爱济宁”系列救助活动。2012年初，在市“三下乡”活动启动仪式上，市红十字会向嘉祥金屯镇赠送了20个“爱心箱”和5000元救助金，并组成下乡服务队为广大群众提供造血干细胞捐献、无偿献血等知识的咨询服务，受到广大农民群众的欢迎。开展“博爱在济宁、温暖送万家”活动，筹集35万元的物资，慰问城乡困难群众1300户，把党和政府的温暖送到困难群众手中。筹集资金10万元，对全市29名特困大病患者进行了3000—5000元不等的救助。

服务中心、实事实办，用救助工作促进红十字社会知晓率 1月份，市红十字会和齐鲁晚报联合发起了“给100个孩子送爱心书包”活动。市红十字会为100个困难学生购买了书包等学习文具，满足孩子的新年愿望。为了使济宁市对口支援的新疆英吉沙县的小学生过一个温暖的冬天，由市红十字会、《济宁晚报》、市援疆前方指挥部和市妇联共同发起的“跨越万里的温暖”活动，全市各级红十字会共接收价值人民币86万余元的衣物和学习用品3.6万余件。市红十字会工作人员对接收的捐赠衣物进行登记、分类、打包、装运，通过铁路运输全部发往新疆英吉沙县，捐献给当地的困难居民和小学生。

公开透明、规范管理，红十字公信力稳步提升 严格管理各种账目，主动接受财政、审计、舆论和社会的监督，自觉维护提高红十字会的信誉。建立公开、透明、公正、高效的救灾救助程序。升级改造了济宁市红十字会网站，对捐赠款物、救灾救助及时上网公开，做到了捐赠款物公开、财物管理透明；严格落实重大事项、大宗物资采购公开招标，使用分配透明的“两公开两透明”。加强对冠名医疗机构规范化管理。2012年3月，联合卫生局开展了对冠名医疗机构的清理登记工作。对不参加红十字公益活动、不履行职责和义务或者给红十字会声誉造成不良影响的冠名红十字医疗机构，取消其冠名资格。

依法履职、创新思路，应急救护培训稳步推进 工作实践中，市红十字会针对实际情况和工作需要，在完成好传统业务工作的基础上，把应急培训工作拓展到了煤炭企业生产一线。为突出培训重点，提高培训质量，促进培训工作向深层次发展，根据济宁市人民政府应急管理办公室要求，对高危行业的重点岗位人员进行救护员封闭培训。通过手把手一对一的授课方式，达到让每个学员都听得懂学得会，基本掌握运用各项现场急救技能，取得了较好的培训效果，在各种突发事故现场，应急救护发挥了重要作用。4月份，急救培训走进市劳教所，对近600名干警和劳教人员进行了应急救护知识培训，使广大干警和劳教人员掌握了现场急救的基本技能。世界急救日期间，市红十字会在市实验中学开展了以“生命高于一切”为主题的应急救护培训活动，对高一年级400多名师生进行了应急救护知识普及。2012年共培训急救员2600人，各行业听课受益群2万余人。

完善制度、人性关怀，“三捐”工作有了新巩固 “三捐”即开展无偿献血、捐献造血干细胞、捐献遗体(器官、角膜)。联合政府部门，做好无偿献血的宣传和发动工作。积极推进中华骨髓库山东省分库济宁市工作站建设。为满足广大群众的爱心要求，改变以往集中采集的方式，在市中心血站设置固定采集点，为捐献者提供方便快捷的服务。2012年采集造血干细胞血样575人份，超额完成全年500份的血样采集任务。做好器官捐献宣传工作。2012年，全市共完成遗体捐献4例、角膜捐献5例、器官捐献2例，器官捐献实现零的突破。通过看望慰问捐献者家属，为捐献者举行告别仪式、建立祭奠场所等方式，加强对捐献者及家属的人性关怀与尊重，维护捐献者荣誉和尊严。

统筹指导、规范服务，红十字志愿服务工作逐步推进 市红十字会联合市文明办、团市委、市教育局等部门，成立了红十字志愿服务工作委员会，对全市红十字志愿服务工作统筹规划、组织协调、指导监督，促进了红十字志愿服务的健康持续发展。共建立红十字精神传播、心理援助、应急救援、健康关怀、造血干细胞捐献及无偿献血宣传、预防艾滋病宣传、遗体器官捐献宣传、文艺演出等10支志愿者队伍。2万余名志愿服务工作者发挥着扶贫帮困、博爱助弱和稳定社会的作用，受到了各级党委政府、社会各界和人民群众的赞誉。2012年，市红十字会等文明委成员单位在全民健身广场举行“学雷锋做济宁好人”志愿服务活动启动仪式，启动仪式上市文明委授予济宁红十字造血干细胞捐献与无偿献血宣传志愿者服务队“济宁市优秀志愿服务组织”的荣誉称号，授予市红十字会心理援助志愿者柳群方“济宁市优秀志愿者”荣誉称号。

(李文彦　段文潇)

济宁年鉴 2013

JININGYEARBOOK

济宁高新区

综　　述

济宁高新技术产业开发区（以下简称济宁高新区）创建于1992年5月，2010年9月26日经国务院批准升级为国家高新技术产业开发区。辖洸河、柳行、黄屯、王因4个街道，常住人口约16万。

济宁高新区党工委、管委会作为市委、市政府派出机构，对辖区内的党务、行政、经济和社会事务实施统一领导、统一管理，行使完全市级经济管理权限和县级行政管理职权。党工委、管委会按照扁平化管理模式设置内部机构，下设党政办公室、经济发展局、市政建设管理局、社会事业发展局、纪工委（监察室）、人事劳动保障处（党工委组织部）、政法工作处（信访工作处）、发展策划处、科技与知识产权处、党群工作部、金融处等行政部门和投资促进局、城市管理综合执法分局、创业服务中心、投资促进一处、投资促进二处、投资促进三处、投资促进五处、财务集中支付中心、土地储备中心、园区管理中心（外商服务中心）、市政园林处、质监造价站、科技中心等事业单位。

区内建有国家级创业中心、国家级留学生创业园、国家级博士后工作站以及国家火炬计划光电信息产业基地、生物技术产业基地、工程机械产业基地、纺织新材料产业基地，是ISO14001环境管理体系认证园区，形成了光电信息、工程机械、汽车及关键零部件、生物医药、软件及服务外包、纺织服装等特色主导产业，成为改革开放的先行区、新兴产业的聚集区、科技成果的转化区、体制创新的试验区、生态宜居的新城区和社会民生的示范区，综合实力居全国高新区前30强。济宁高新区以全面推进科技创新为核心，以大力发展战略性新兴产业为重点，以积极引领区域转方式、调结构为己任，正在高起点打造集创新之城、高新之城、生态之城、创业之城、和谐之城“五位一体”的国际化科技新城。

2012年，济宁高新区在市委、市政府的坚强领导下，以建区20周年为新起点，紧紧围绕“5年内突破3000亿规模，发挥科技创新龙头作用，建成能够代表济宁形象的科技新城”的战略目标，以“高位求进、跨越发展”为主基调，以“550亿120大三重项目”为生命线，抓运行、上项目、调结构、扩开放，经济社会发展迈上了一个新台阶。经济总量稳居全国105家国家高新区前30位，科技服务体系、创新型产业集群建设试点完成了科技部确定的年度任务。在全市科学发展综合考核中继续名列前茅，群众满意度电话随机调查中连续2年居全市第1位。

主导产业向创新型集群转型的格局初步形成　牢固树立“选对产业和龙头企业、新兴产业培育与传统产业提升统筹发展”的理念，依托山推、小松、山重、联电、如意、重汽、玉柴、吉利、辰欣、英特力等龙头企业，新上产业链项目50余个。其中，小松山东主机扩产、小松山东液压马达、小松行走系统二期、大京三期、金吉特动力、众擎机械、玉柴4D20发动机、吉利DSI全自动变速箱、金固钢圈、源正工业机器人自动焊接、辰欣科技园、泰丰科技园、英特力光通信科技园、浩珂重型格栅、华润电子封装、傲康制药、明治制剂等17个项目建成投产或试生产，小松大型矿用车、玉柴YC4W发动机、佳思特精密制造、赛瓦特发动机、欣兴电子印刷电路板、中美矽晶PSS图形化半导体材料、电子封装等一批事关产业转型的重大项目落地建设。抗心衰基因新药、分子诊断试剂盒、微生态制剂等5个战略性新兴产业项目顺利签约。本着“产业集群、项目集中、用地集约、功能集成”的原则，沿黄金大道、西浦路两侧集中布局的通佳伺服注塑机、京通驾驶室、路得威建筑机械、浩坤液压油缸、重诚通用设备、胜代机械、力冠液压、恒大机械、兴隆机械、拓新电气、环宇模具、枫晶液压、金水科技、海波卡特数控等近20个项目加快建设，形成了规模宏大的两大工业长廊。2012年，建成工程机械、纺织新型产业2个国家示范基地，光电信息、信息技术、装备制造3个省级示范园区。20大服务业项目进展顺利，山东省煤炭交易中心已具备交易功能，将建成国内一流、全省最大的煤炭交易平台。国际物流园报送铁道部审批，汽车文化园、圣达汽车博览中心投入运营。山东省首部三维3D动画电影《梁祝》在光影动漫正式启动，美猴动漫、豆神动漫成为济宁市首批获国家认定的动漫企业。在突破大项目中，坚持有所为有所不为，进园项目全部按国家级园区的供地门槛、投资强度、容积率要求供地，土地集约利用程度居全省高新区第二位，12个不符合产业政策、影响生态环境的项目被否决。

创新驱动发展的能力显著增强　编制了《科技服务体系建

设发展规划》，启动了装备制造业研发设计能力提升服务体系7个研发和示范推广平台建设。依托产学研基地、大学园建设，新引进的产学研平台和加速器达到21个。国家半导体及显示产品质量监督检验中心、省激光研究所、上海博实诊断实验平台、同济—山推工程机械综合技术研究院、浙大—泰丰国家电控技术中心即将正式运营，集研发、设计、试制、实验于一体的山推国际研发中心建设顺利。在完善7个行业公共平台的基础上，按照"政府引导、市场为主、服务企业、促进产业"的原则，开展了第二批行业公共平台试点工作，新建成3家行业公共服务平台、3家省级工程技术研究中心、2家省级企业技术中心、4家市级企业技术中心，全区省级以上工程技术研究中心、企业技术中心等创新机构达到35家。依托公共服务平台和企业研发中心，申报国家和省、市科技项目235项。其中，获批国家863项目1项、国家国际合作项目1项、国家火炬计划项目7项、省级科技项目26项、市级科技项目39项。荣获国家科技进步二等奖1项、省科技进步二等奖1项、三等奖2项，市科技进步奖26项。实施商标强企战略，新培育国内注册商标130件，驰名商标1个、著名商标4个、国际注册商标25件，总量全市第一，成为济宁市唯一的山东省商标战略实施示范区。整合创业服务中心职能，设立了孵化器处、加速器处、企划处和软件服务公司，引进科技企业52家，毕业25家。人才特区建设成效显著，出台了"1＋5"人才政策，在全省率先建设了集政策发布、信息交流、专利交易、招聘服务、人才联谊、企业家沙龙等功能为一体的人才联盟，吸纳60家重点企业和10家金融机构为会员单位，与22所高校院校、10家人才中介机构组成了战略联盟。引进各类人才2300余人，其中领军人才、高层次人才25人，硕博士560人，中央"千人计划"人才达到6人，泰山学者达到9人，市"511"人才达到13人。全区已集聚美、日、韩、德、俄、意、法、澳等8个国家和台籍的专家人才140多人。连续两年被评为全省人才工作先进单位。创优金融环境，引进村镇银行等金融机构9家，全区各类金融机构发展到60余家、服务网点70多个。完善以天使投资、创业投资、股权投资和产业基金为主体的科技孵化和融资体系，引进设立了久有、海达信、德盈、新联华、海洋先锋、创达天使投资等6支基金、总量达到10支，规模达到31.9亿元。与7家券商签订了战略协议，推动区内企业上市，新增1家上市企业，2家企业上会报批，5家企业运作"新三板"挂牌，6家企业进入上市辅导，50余家企业进入上市后备资源库。

科技新城正在成为靓丽的城市东部新区　着眼于建设"能够代表济宁形象的科技新城"，科学运作、重点投入，全力拉框架、扩规模、提功能、展形象。实施新一轮规划修编，核心区面积拓展到17.6平方公里。完成洸府河东片区、机电工业园、西浦路东北片区控制性详细规划和王因街道总体规划。全面启动核心区40大重点项目建设，实现了城市规模形象的持续突破，全区建成区面积达到50余平方公里，居国内二线城市国家高新区前列。"10大创新平台"中，产学研基地1—4期交付使用，成为东部城区的标志性工程。国家半导体及显示产品质量监督检验中心具备验收条件。"10大城市功能完善提升工程"中，科技馆基本具备开放条件，综合体育中心和人民医院高新区分院、孔子国际学校完成主体建设，印象吟龙湾动工建设，中轴线绿化二期、幸福溪生态修复工程建成开放。"10大生活区"中，兴唐、天玺、华璞、菱奥片区等基本完成主体工程，广安家园即将交付使用，新城公寓、创业公寓破土动工。松花江路、荣昌路北延、山河路、群英路东延、广安路等10条道路及电力通道等基础设施工程如期完工。2012年，全区获得省"泰山杯"奖项3项，占全市的33%；省"优质结构杯"奖项9项，占全市的36%；"运河杯"奖项15项，占全市的26%。以"全民绿化行动"为抓手，持续推进生态城市建设，建成了一批"企业林"、"纪念林"、"幸福园"和休闲绿地，新增绿化面积50余万平方米。注重生态环境保护，新上企业治污项目12个，外迁高污染、治理难度大的企业4家。成功将泥沟河、廖河中水引入洸府河湿地，解决了河道出境断面水质达标问题，为环境容量提升赢得了空间。推动华能热电新上了"三自动"系统设施，关停了许厂热电厂，搬迁了菱花集团，耸立在菱花集团热电厂10多年、高达150米的烟囱被成功拆除，超额完成了全区污染物总量减排任务。大力实施城市清洁工程和网格化管理，主次干道机械化作业率达到100%。建成示范广场、示范街、示范社区(村居)68个，塑造了"最美最清洁高新区"品牌。

广大市民切实感受到发展

带来的实惠　“20大民生项目”和“10件实事”全面完成。就业方面，通过创业引导、技能培训、政策扶持等措施，实现了农村适龄劳动力、大中专毕业生全培训全就业，新增就业3867人，被评为全市就业工作先进单位。教育方面，丰泰中学、洸河中心幼儿园、王因幼儿园等建成使用，丰泰中学、科苑小学委托济宁学院附中、附小管理。新上安全校车22辆，距学校两公里以上的小学生上学在全市率先实现了校车接送全覆盖。实行学前教育免费政策，实现了从学前到高中15年免费教育。医疗方面，设立了关爱老人健康大病救助基金，新农合医保补助标准每人每年提高到240元，筹资标准达到300元。养老方面，新农保和城镇居民养老保险实现全覆盖，启动了区级社会化养生苑规划建设，完成了洸河老年公寓、柳行、王因敬老院升级改造，新农保基础养老金每月提高10元。社保方面，建立了城乡低保、困难群众救助标准自然增长机制，城乡低保、五保标准全市最高。居住方面，金色嘉苑一期已上房入住，二期工程全面开工。仁美社区49栋居民楼完成主体建设，648套保障房竣工验收。西闸社区、绿色家园、金色嘉苑社区服务中心和王因街道便民服务中心投入运行。凌云小区、崇文名都、菱花小区等社区实现集中供热，新增供暖面积20万平方米。村居环境综合整治深入推进，完成街巷硬化66.5万平方米。出行方面，开通了科技新城1、2号快线，半小时交通圈基本形成。安全方面，创新社会管理，实施了543打防控安民工程，两处新型警务平台投入使用，社区监控网络不断拓展，“零发案”社区、村庄、单位的创建比率不断提升。强化食品安全监控，4个街道被评为济宁市创建流动环节食品安全放心社区(乡镇)工作先进单位，成为全市唯一实现食品安全放心社区全覆盖县区。文化方面，不断丰富“融合、创新、发展”的文化，积极倡导有发展创造力、讲诚信公德、重社会责任感的企业精神，着力塑造“公德、健康、文明、和谐”的社区文化。创办了《家在科技新城》杂志，以“与你同行”为主题，开展了“写新城、观新城、画新城、游新城、谈新城”等庆祝建区20周年系列活动，增强了市民群众、干部员工的自豪感、幸福感。

【主导产业】　2012年，济宁高新区进一步优化投资环境，狠抓招商引资，发展高新技术产业，努力克服国内外经济形势复杂多变带来的诸多困难，全区主要经济指标呈现稳步增长态势，全面完成全年各项工作任务。在主导产业中，重点工业企业数量增加，规模以上工业企业达到188家(新口径)，其中营业收入超10亿元企业18户，新增2户；超1亿元的企业106户，增加7户；上交税金1000万元以上的企业57户，增加8户；上交税金100万元以上的企业250户，增加22户。一批重点工业项目投产或试生产，新增规模工业企业69户。服务业发展驶入快车道，服务业营业收入首超300亿元。全年服务业营业收入319亿元，增长20.3%；服务业增加值首次突破100亿元，达到109亿元，成为拉动全区增长的重要引擎。全年工程机械产业实现营业收入241.5亿元，上交税金10.16亿元；汽车及关键零部件产业实现营业收入22.4亿元，上交税金1.26亿元；如意科技集团加快国际化战略步伐，全年营业收入首次突破200亿元关口，达到211.6亿元，引领全区纺织新材料快速增长。全年，纺织新材料产业实现营业收入220.5亿元，实现利润7.5亿元，上交税金2.76亿元；生物医药产业全年实现营业收入150亿元，实现利润10.4亿元，上交税金3.39亿元；全区光电信息产业实现营业收入10.1亿元；实现利润1.5亿元，上交税金0.93亿元。

【新建项目】　**吉利DSI全自动变速器项目**　项目由世界500强企业—浙江吉利控股集团投资建设，总投资16亿元，年产30万台前驱六速自动变速器。项目技术来自吉利集团收购的全球第二大自动变速器专业生产商——澳大利亚DSI公司，生产工艺由吉利引进、消化、吸收后根据国内市场需求设计，填补了国内高端自动变速器技术空白。主导产品大扭矩6速自动变速器，适用于1.8升以上SUV及轿车，比国内常用的4速自动变速器更具油耗经济性、反应速度更快、行驶舒适性更高等优势，项目全部达产后年可实现销售收入50亿元，利税12亿元。

小松大型矿用自卸式卡车项目　项目由世界第二大工程机械制造商、主打产品数十年保持全球市场占有率第一的日本小松制作所投资建设，是小松应对金融危机、调整全球战略布局的又一主机产品，也是小松全球第二个大型矿业车项目。项目总投资15亿元，年产大型自卸式卡车120台，可实现年产值43

亿元、利税6亿元。项目的上马标志着小松主机产能的全面升级,显示出小松在济宁高新区的事业进入了加速扩张的新时期。

电子封装项目 项目是高新区按照"用地集约、项目集聚"的原则规划建设4栋电子类标准厂房,总建筑面积18.8万平方米。建成后主要聚集电子封装、电子装配、半导体材料类项目。目前总投资2亿元的一期项目正加紧建设,2栋4层标准厂房主体施工,1栋为封装车间、1栋为装配车间,建筑面积达到10万平方米。项目建成后将与英特力光通信工业园、联电科技园、欣兴电子科技园、华润电子封装等园区,共同组成高新区电子产业版块,整体提升济宁国家级光电特色产业基地的规模和形象。

创意及工业设计园项目 项目总建筑面积34.2万平方米,建设集工业设计、动漫制作、软件外包、文化艺术创意、建筑艺术设计、创意SOHO于一体的区域性创意产业孵化和展示园区。建成后,将于毗邻总面积6.5万平方米的印象呤龙湾高档商务休闲区,科技中心"一体四馆",综合体育馆,兴唐国粹华府高端住宅区,组成科技新城核心区的功能性组团,对完善配套功能、提升城市品味、拉动新城开发、推动科技新城快速崛起起到重要作用。

山推全球研发中心项目 项目总投资5.5亿元,总面积10.8万平方米,将建成集研发、设计、试制、实验于一体的综合性研发基地,使山推的整体研发实力达到国际先进水平,对增强集团自主创新能力、整合行业创新资源,提升济宁工程机械产业知名度、壮大装备制造业整体实力意义重大。

泰丰科技园项目 项目由国内最大的二通插装阀生产商—泰丰液压公司建设,总投资5亿元,主要建设插装阀及零部件产业区、工程机械关键零部件产业区、奥盖尔厂区、变量液压系统集成区4个产业区,建成后预计年销售收入10亿元、利税2亿元、出口创汇600万美元。项目的建设巩固了泰丰液压在国内液压领域的领先地位,为打造全球知名的二通插装阀基地奠定了基础。

第十一工业园项目 第十一工业园是高新区按照"六个中心"一体化的模式,规划建设的标准化园区。项目总投资1.2亿元,主要实施拆迁安置、基础设施建设,实现道路、供水、供电、通信等设施全面畅通。2012年,高新区在园区内集中布局了总投资13亿元的7个项目。其中兴隆数控食品机械已完成部分厂房建设、拓新电器钢构施工,锐志德工程机械、友一模具、海波卡特机械、金水科技加快建设,十一工业园聚集效应日益凸显,对于加快相关产业集群化发展,推进产业集聚、布局集中、功能集成、土地集约意义重大,也成为2012年高新区工业项目集群化建设的突出亮点。

广安家园社区项目 项目是将柳行街道曹庄、黄庄、田庄3个村合村并点建设的大型社区。2012年底,总投资5亿元,建筑面积23万平方米的38栋回迁安置楼建设完工,可容纳2024户居民入住。社区设计理念超前,全部为小高层建筑,设计了68—132平方米8种户型,满足了群众的不同需求;建设配套标准较高,采用外墙保温,区级财政每人补贴3000元统一实施暖气、天然气、太阳能安装和阳台封装,学校、幼儿园、文化健身广场等配套设施一应俱全;超前考虑,为居民预留土地建设工业园,确保了高周波等项目的顺利落地,在增加集体收入的同时,使广大居民实现了"社区化居住、本地化就业",提升了居民的生活质量和幸福指数。

(李卫东 李 辉)

洸河街道

党工委书记 郭 强

办事处主任 李洪宝

济宁高新区洸河街道成立于1995年8月,面积5.2平方公里,北至济宁大道(新327国道)、南至洸河路、西至琵琶山路、东至洸府河。下辖东闸、西闸、三郭、王庄、黄庄、苏东、苏西、江庄、杨楼9个村(社区),总人口2.64万人。2012年实现财政总收入13.24亿元,一般预算收入6.4亿元,经济总量跨入"全市经济强镇办"前三名的行列。

加快项目建设,打造宜居宜业城市 把"三重"、民生项目建设作为推动全辖区经济社会发展的主动力,着力推进城市基础设施和新居工程建设。2012年,街道共承办10个重点项目建设,完成项目投资总计5.34亿元。其中:圣达汽车博览中心、泰丰工业园、科苑路北延、红星美凯龙二期工业、服务业类项目4个;洸河新苑、仁和美苑、丰泰中学、洸河幼儿园、黄庄老年公寓、新天地生活广场居民生活类项目6个。

抓好市容环境综合整治,提升绿色生态水平 一是大力实施全民绿化行动。全年投入

1895万元，共栽植树木3579棵，栽植冬青面积13029.9平方米，新增绿化面积15.7万平方米。完成陶瓷市场、洸河新苑等6个绿地建设。完成东闸、黄庄等5个绿色小区建设。完成国际学校、科苑小学等校园绿化提升建设。完成圣达汽车城A区、泰丰工业园等8个绿色工业园区建设。完成机电一路、机电二路等绿色道路建设。完成科苑路、新元路沿街墙面立体绿化建设。完成管委宿舍楼顶绿化2600平方米。二是积极开展环境卫生综合整治。通过制定实施《社区管理工作考核办法》、《洸河街道办事处关于道路、中转站及公厕检查考核暂行办法》等文件，将6大社区、10条道路、3个垃圾中转站、4个公厕纳入常态化管理。大范围、强力度的开展社区环境卫生综合整治活动。全年共集中清运垃圾、杂物321车，依法拆除乱搭乱建84处，疏通下水管道651米。逐步做到主干道路两侧环境规范有序、城市景观显著提升、居住环境明显改善的目标，形成整洁、亮丽、优美的城市景观环境。

深入实施"小街道、大社区"工作机制，全方位服务居民群众 一是人员下沉、重心下移。街道党工委、办事处积极探索，大胆实践，出台了《关于创新社区管理，建立"小街道、大社区"的实施意见》，结合辖区区域面积、人口数量、村(居)分布、驻地单位企业等因素，整合9个村(居)、36个居民小区和120余家企业，把全街道划为洸河新苑、东闸、黄庄、三郭、西闸、王庄6大社区，19个中心小区。同时成立了6个社区党总支，由街道副科级领导担任书记，村(社区)书记担任副书记，街道全体机关干部在社区承担工作责任，成立社区合署办公室，社区办公室设立党务、信访、计生、环卫专等工作专员，在社区党总支的带领下，下沉到社区一线与村(居)干部、物业工作人员联合办公，实现了机关干部面对面为群众服务的目标。管理、考核、奖惩受街道党工委、办事处和社区党组织、办公室的双重领导。二是健全社区管理体系，全方位开展16项便民服务。社区建设以社区党总支为核心，建立健全了社区党组织、村(居)委会、社区服务中心、社区组织、业主委员会、物业管理公司"六位一体"社区管理体系，纳入环卫、计生、稳定、家政、民生、社保、就业、法律、养老、文体、教育、卫生、计生、生活服务等16项社区公益性、福利性服务项目，逐步将人、地、物、事、组织全部纳入大社区进行管理。

柳行街道

党工委书记　程尚超

办事处主任　杨小生

柳行街道地处济宁市城区东部，位于济宁国家级高新技术产业开发区内，辖区面积51平方公里，耕地面积19767亩，辖24个行政村，户数9080户，人口32084人，非农业人口5011人，农民人均纯收入11969元。人口自然增长率5.3‰。

经济持续健康发展 2012年实现营业收入532亿元，增长20.3%；地区生产总值143亿元，增长18.6%；规模工业产值481亿元，增长26%；财政总收入19.3亿元，增长35.1%；地方财政收入10.6亿元，增长62.56%；固定资产投资42.8亿元；新增规模工业企业14家，限额批发企业7家。三产服务业加速膨胀。随着全区发展重心的东移，科技新城的开发建设，经济增长由原来工业强势带动步入工业拉动和城市经济互融互动的"双增长"时期。兴唐、天玺、华璞、菱奥片区等一批房地产项目全面铺开，圣华汽车城、起亚4S店、四通物流、海川物流等进驻辖区，凯塞国际酒店、华东国际酒店等相继营业，现代服务业集聚度不断提高，在整个经济发展中的占比不断提升，辖区经济发展活力不断增强。综合治税成效显著。联合国税、地税、工商、公安等部门开展"优化纳税服务，加强零散税收征管"活动，重点加强写字楼、重点路段、工矿区、办事处驻地、土地使用税等税种以及辖区内临时经营的建筑安装等行业纳税人的征缴管理。积极督促注册在外地但在柳行辖区的企业办理工商、税务变更手续，增加地方税源。全年实现综合治税收入5937万元，完成全年任务的153%。

城市建设亮点纷呈 重点工程项目建设顺利实施。以做大做强做靓新城区为己任，支持、参与、服务城市建设的层次和水平明显提升。2012年已完成大学产业园、吟龙湾、松花江路等20多个工程项目，2253亩征地清表任务，并做好外部环境优化工作，确保工程项目的顺利施工。社区建设推进有力，涉及曹黄田3个村的广安家园38栋回迁安置楼全部建成，并顺利回迁上房。规划面积3300平方米，标准间52间，总投资600万元，可容纳120余名老人居住生活的敬老院完成建设，并采取"以租代养"的模式管理运行。全民绿化行动顺利实施。投资667万元高标准完成康泰路绿化、日菏铁路沿线绿化、第二公墓林生态林建设;完成3处街头绿地、2个绿色社区、2个绿色校园建设以及诗仙路3000米立体绿化;配合市政工程处做好中轴线二期绿化及太白路东延段绿化工程。城乡环卫一体化不断完善。新添环卫专用车辆3台,人力保洁三轮70辆,地埋式垃圾箱15个,规划新建1处垃圾转运站、2处公厕,购置果皮箱495个;开展春季环卫突击整治、建筑垃圾清理、扬尘治理以及农村环境整治等专项整治活动,辖区环境卫生管理得到明显提升;农村基础设施建设扎实推进,投资980万元,完成4个村道路硬化及小街巷治理任务。

民生保障水平不断提高 信访维稳工作成效显著。完善信访预警机制,充分发挥信访三级处置网络调处、化解矛盾纠纷的作用,把信访工作做实,做细,做到位。坚持一岗双责,建立归口办理制度,根据信访案件的内容,产生的根源,将存在信访隐患的重点案件梳理成30个,逐一成立工作组,包保到人,落实责任,一抓到底,同时,经过摸排将11个疑难问题纳入重点防控范围,使信访工作水平得到显著提升。不断创新社区管理工作。推行网格化社区管理,将街道划分为4个中心社区,出台了《关于加强社区建设管理推动社会管理一体化的意见》和《关于实行机关工作人员轮岗进社区工作的决定》等一系列文件。按照以点带面,全面推行的原则,重点抓好绿色家园社区服务中心建设,设立党群、物业、社会事务、人口与计生、综合代办5个服务窗口,为居民提供一站式服务。社会事业全面推进。投资71万元为中心中学教学楼进行立面改造,郭厂小学更换门窗,中心小学教学楼加固等;推行三年学前教育免费,发放补贴975150元;落实校车工程,为乘坐校车的学生补助4万元。为辖区850名农村适龄妇女进行“两癌”筛查;新农合参合人数25380人,参合率达98%,住院报销2839人次,报销金额674万元。计划生育工作圆满完成济宁高新区下达的计划生育指标,落实4种手术830例,征收社会抚养费119万元,发放利益导向政策资金60万元,查环查孕3万余人次,顺利通过济宁市计生委年终考核。社会救助等工作全面落实,确定城乡低保户192户,373人;优抚安置70人,60周岁以上老复退军人143人,全年发放低保、优抚等民政资金203万元;为13位患有白内障的老年人申报了复明手术;为38位重大疾病患者申报高新区大病救助补助;为2位精神残疾人申报了免费救助项目;配合残联做好残疾人评残工作,在柳行医院为辖区内20多位残疾人评残;完善金民工程优抚管理系统,整理优抚人员档案;做好义务兵优待金及退役士兵就业金的发放工作;建立重度残疾人生活保障制度,出台《柳行办事处关于发放重度残疾人生活补贴的意见》,为辖区内常驻农村户口、未纳入低保对象的重度残疾人每人每月发放60元的生活补贴。新农保工作,全街道续保缴费6757人,新增1948人,参保率达到98%,3539名60周岁以上老年人按月领取养老金,为800余名失地村60-69岁老年人每月增发30元基础养老金。

效能建设显著提升 按照省、市、区开展基层组织建设年活动的要求,结合自身实际,制定了实施意见,集中开展“强组织、争先锋、惠民生、促和谐”主题活动,进一步增强党员创先争优意识,发挥党员的模范带头作用。修订印发《柳行街道村干部管理暂行办法》、《柳行街道包村干部管理考核暂行办法》;加强自身建设,严肃工作纪律,加强机关考勤,营造团结一心干事业、齐心协力谋发展的浓厚氛围;开展“解放思想跨越发展大讨论”活动和机关干部“大规模驻村入户,面对面谈心交流”活动,24个村选派了“第一书记”,配备驻村干部,促进了基层各项工作的开展。加强党风廉政建设,加大违纪案件查处力度,对违反计生政策的8名党员,给予党纪处分。组织党员干部进行廉政勤政宣誓,学习《农村基层干部廉洁履行职责若干规定》,强化廉政教育,切实增强辖区广大党员干部防腐拒变的能力。

(张　中)

黄屯街道

党工委书记　徐继青

办事处主任　李翠玲

黄屯街道辖32个自然村,总面积42平方公里,人口2.2万人。2012年,黄屯街道实现技工贸收入102.1亿元,增长20%;地区生产总值28.6亿元,增长20%;规模工业总产值73.6亿元,增长25%;固定资产投资32.5亿元;财政总收入达到49698万元,一般预算收入实现24280万元;规模工业企业43家,农民人均纯收入11428元。

以三重项目为关键,积极服务项目建设,掀起项目建设新热

潮　着力强化工作机制，充实项目工作力量，切实把项目抓在手上、放在心上、落到行动上，确保真正抓出成效，使项目建设成为推动黄屯街道转型跨越、拉动经济增长的重要引擎。针对项目建设过程中的矛盾和问题，定期召开项目协调会，积极有效地为项目建设提供优质服务。对破坏干扰项目建设的人和事予以坚决查处，营造“人人都是发展环境，人人都是黄屯形象”的浓厚氛围。承办和协办的京通机械、通佳机械、胜代机械、路德威工程机械、十一工业园和山重建机配套园等三重项目进展顺利；成立了“三重”项目建设协调服务指挥部，专门负责项目土地收储和清表工作，2012年共收储土地5000亩，同时对收储的土地建设临时围墙23000米，有效保障了各类项目建设用地需求；成立了土地综合整治工作指挥部和村庄拆迁工作指挥部，积极推进街道土地综合整治和村庄拆迁及土地复垦工作，全面完成了第1批次11个村庄拆迁复垦工作，新增建设用地指标934亩，土地综合整治项目在全省66个同类项目中排名第一。

以社区建设为中心，加快社区建设速度，积极完善社区服务体系　加快了社区建设进度，第1批11个村群众上房工作基本完成；项目二期总规划面积约90万平方米，完成了西区招标工作，各施工和监理单位进场施工；完成了东区图纸审查工作；积极完善社区服务体系，提升社区管理服务水平，按照“职能下移、重心下移、服务下移”的原则，金色嘉苑社区服务中心建成并投入使用，为社区居民提供“零距离”、“一站式”服务，为满足社区居民基本文化需求，建成了金色嘉苑社区文化中心，为社区群众提供各类健康有益的公益文化服务；社区推行了网格化综合服务管理模式，形成了“人到格中去，事在网中办”的管理服务新机制，逐步使金色嘉苑社区成为群众满意工程、政府放心工程和新型农村社区建设的样板工程。

以城镇建设为形象，努力提升城市品位，有效改善群众居住环境　深入推进城镇规划和管理，强化市容卫生管理，逐步提升城镇品位，促进街道城镇化实现全面协调可持续发展。按照管委会安排部署，全力做好辖区绿化工作，第七工业园、日荷铁路生态林绿色通道、327国道黄屯铁路桥至兖州界两侧、西浦路两侧、德源路两侧、金色嘉苑社区等区域绿化水平稳步提升；突出重点，狠抓落实，积极推进农村环境综合整治工作，通过完善责任机制、建立长效机制、严格奖惩机制等措施，村居群众生活居住环境得到进一步改善；大力实施街道驻地拆迁改造，回迁楼建设整体工作已经完成，综合管网及内部主路面已铺设完毕；府西路、老市场路，道路总长约800余米，市场路南侧管网已铺设完毕，完成了府西路评审工作，进入招标程序；加强综合执法管理，强化对违法占地、违章建筑的监管和查处力度，5月份组织机关干部对部分村基本农田内违法栽种的树木进行了集中清除。

以民生工作为主线，突出改善社会民生，推进民计民生持续改善　为促进剩余劳动力就业，2012年协助辖区企业招聘650人，与济宁技师学院进行合作，完成培训300人；探索土地流转模式和途径，积极引导村民将原农业用地、拆迁复垦出的土地，推行规模化种植模式，已有部分村居对原有农田进行了土地流转；实施教育教学整体提升工程，不断改善办学条件，中心幼儿园达到省一类幼儿园标准，中心小学和中心中学顺利通过市规范化学校复评；中心小学及幼儿园新教学楼建设、中心中学迁建工程进展顺利；对辖区内幼儿学前教育每月发放165元学费，完成了新型校车配备工作，实现了新型校车全覆盖；启动了社区老年服务中心建设，将有效满足入住社区老年人的养老服务需求；开展计划生育专项整治活动，出生人口性别比持续稳步下降，2012自然年度出生人口性别比下降到109：100，同比下降了29个百分点；顺利通过济宁市人口计生委5月份、10月份乡镇计划生育工作考核，取得了优异成绩。

以效能建设为主线，着力转变工作作风，促进发展环境不断优化　深入开展了“解放思想跨越发展大讨论”活动，切实把“推进项目建设，破解发展难题”融入到活动中，街道广大干部群众对解放思想跨越发展有了新的认识，各重点项目取得明显成效；精心组织了“大规模驻村入户、面对面谈心交流”活动，与广大群众面对面谈心、心贴心交流，探寻解决问题的对策和办法。同时选配机关干部到各村担任党支部“第一书记”，有效激发了基层党建工作活力；开展了廉政勤政宣誓和书写廉政勤政承诺书活动，提高了党员干部廉政勤政的自觉性；开展了民情恳谈会活动，通过民情恳谈形式，取智于民、问计于民，把项目建设过程中存在的问题和不足，及时反映上来，切实加以解决；开展了“预防职务犯罪警示教育”活动。组织广大基层干部尤其是项目所在地村干部到鲁宁监狱开展警示教育活动，警示街道广大党员干部廉洁奉公，遵纪守法；深入开展学习贯彻十八大精神“五个一”主题教育实践活动。按照党工委、管委会安排部署，制发了《黄屯街道关于学习宣传贯彻党的十八大精神活动实施方案》，把学习贯彻十八大精神与各项工作任务有机结合起来，认真抓好各项工作任务的落实。

（李　震）

王因街道

党工委书记　徐恩秀

办事处主任　王建文

王因街道位于济宁高新区东北部，辖59个行政村，总面积72平方公里，人口5.8万。2012年，全街道实现技工贸总收入114.8亿元，同比增长18%；地区生产总值31亿元，同比增长13%；规模工业产值94.2亿元，同比增长20%；固定资产投资完成37.3亿元，同比增长23%。实现财政总收6.8亿元，一般预算收入3.2亿元。

转变职能突出做好项目服务，确保“三重”项目顺利建设，综合治税工作实现了新突破

针对落户王因的“三重”项目，王因街道办事处成立专门工作组，全面负责“三重”项目服务工作。全年按时间节点超前完成了303亩的山推重工拓展园区、100亩的创意及工业设计园、太白路两侧排水绿化、中石油加油站、山河路等项目的征地、清表、补偿和围墙建设等项目服务工作，确保了项目顺利施工建设。成立了王因街道办事处地方税收保障工作领导小组，印发了《王因街道办事处地方税收保障实施细则（暂行）》。依托龙头企业和主导产业大力发展商贸服务业项目，培植新的税源。抓好现有综合治税企业生产经营销售工作，制定了王因交管所新的任务目标，对办事处旧村改造税和重点项目、重点工程建设税款及时足额征收，与杨村煤矿、田庄煤矿等采煤企业强化沟通，用足用好现有政策，扎实推进采煤塌陷地税收征缴工作，全年完成综合治税2300万元。

转变职能突出做好新型社区建设，努力改善群众居住环境

仁美社区建设积极推进。成立了仁美社区建设工作组，抽调了专门人员，配备了车辆和办公设备，全力靠在施工现场，积极主动解决好工程建设过程中的问题，2012年底，投资6.5亿元的仁美社区一期建设工程已完成主体施工。便民服务中心投入使用。投资30万元改造建设了王因街道便民服务中心，制定了规章制度、办事流程，新农保、新农合、人力资源保障、民政、经管站、法律服务所、王因综合执法大队等部门已入驻办公，涉民事项在服务大厅集中办理服务事项，方便了群众。

转变职能突出抓好民生工程，实施一批民生工程，群众幸福指数逐步提升　多方筹集资金5200余万元，完成了以道路、教育、社会保障和公共卫生为主的15项民生工程，每项民生工程均落实了责任领导、责任人和完成时限，实行年终考核。将王因社区服务中心改造建设成新的王因卫生院，满足了辖区群众就医需要。完成了敬老院绿化、墙壁粉刷、警卫室、洗衣房、临终关怀室等工程，改善了老人生活环境。对辖区内所有环境卫生管理和环卫设施完成全部实行了市场化运作，采取每天巡查、每周督查、每月检查报、季度总结通报的办法督促保洁公司、管区、村提高了环境卫生管理水平，落实了城乡清洁工程措施，开展了全民大扫除活动，制定了全民绿化行动工作方案，建设的2处街头绿化工程、王因中学和中心小学校园绿化工程已完工，雪花路东延、景云路、泗河堤外侧绿化和各生产路林网绿化全部完成，共栽植杨树等各类绿化苗木7万余棵，辖区生态环境进一步提升。硬化村庄道路130多公里50万平方米，长6公里的杨村路建设和长2公里的黄王路拓宽改造工程、长600米的泗河环路维修改造工程、长1公里的幸福路维修改造工程均已全面竣工通车，解决了7个村的群众出行问题。完成了王因中学塑胶操场建设工程。完成了王因公办幼儿园建设工程。为王因中学和杨村矿中学教室安装了电子白板安装。新型农村社会养老保险完成街道全部59个村保费收缴工作，参保率90%。新型农村合作医疗完成2012年度新农合筹资工作，参合人数49843人，参合率99.07%，全年共报销补偿参合医疗费用1435万元，5768人次，落实减免新农合计划生育政策、独生子女、双女户父母、70岁以上老人共1.51万人，减免个人参合资金91万元。实行全员培训、全员就业，依托职业中专开展了1期电气焊工技能和就业培训，采取专家讲解和实践操作方式培训人员280余人。

转变职能突出创新社会管理，强化效能建设，积极构建和谐王因 创新计划生育考核奖惩机制，制定计划生育村规民约，计划生育村民自治逐步加强。共查处并整治违法占地18件，拔除违法栽植果树苗木6万余棵，维护了良好的建设秩序。坚持依法接访、处访，主动走访，共排查各类矛盾纠纷110起，化解110起，开展了4次安全生产大排查活动，未发生重大安全事故。开展了“解放思想跨越发展大讨论”活动和“大规模驻村入户、面对面谈心交流”活动，梳理群众建议意见114条，全部落实了责任领导、责任人和完成时限，同时整顿了社仓村等村“两委”班子，强化了基层组织建设。适应办事处职能转型和网格化管理需要，按照工作重心下移、关口前移的要求，创新了管理体制，健全了机关工作管理制度、村级财务管理制度，完善了村级工作和村干部、机关干部考核评价体系；优化整合了各部门设置，充实了管区工作人员；按照“事业项目化、项目责任化、责任数字化”的要求，对全年69项工作事项全部落实到人，强化了督查调度，共对各项工作督查170余次，有效促进了各项工作顺利开展。

（石　磊）

文化济宁

兴隆塔

兴隆塔位于兖州城内东北隅原寺庙内，隋仁寿二年建普乐寺，唐朝时易普乐寺为龙兴寺，北宋时改称兴隆寺，兴隆塔由此得名。唐大中年间维修该塔，宋太平兴国七年(982年)重修，改成直阁间塔，成为“鲁郡之胜，法门之雄”。

兴隆塔为砖木结构，共13层，高54米，为八角楼阁式空芯砖塔，砖叠涩檐，有简单斗拱。底7层塔体粗大，层与层设台阶踏步，层间设回廊，游人可拾阶而上，上6层骤缩细小，形成2米宽的阳台，台周设有石雕栏杆，扶栏远眺，兖州风貌尽入眼底。上6层空心，设有楼板木梯，可直至塔顶(现已拆除)。琉璃瓦制成的莲台宝相式塔刹耸立在塔的顶部。塔内六层有宋嘉佑八年(1063年)题名碑记1块。1977年12月公布为山东省重点文物保护单位。

2008年8月，对兴隆塔地宫维修加固时，对其进行了科学考古发掘和清理，出土了一批珍贵文物。其中石函、鎏金银棺、金瓶经鉴定为国家一级文物，在银棺内发现金瓶、顶骨真身舍利和数量众多的舍利，大小不一，色彩鲜艳，数量之多令人震撼。发现的两颗佛牙，长约7厘米，保存完好，国内罕见。圆形玻璃瓶、“安葬舍利”碑刻经鉴定为三级文物，同时出土的还有唐代墓志铭碑、小型陶质佛像等一大批珍贵文物。

济宁年鉴 2013

JININGYEARBOOK

济宁北湖新区

综 述

北湖度假区位于济宁城市南部,南接微山湖,北靠老城区,京杭大运河、洸府河双河环抱,古运河穿境而过,地势开阔,交通便利,生态资源得天独厚。围绕“打造区域中心城市”,2008年,市委、市政府着手筹备建设北湖新城,2009年5月获省政府批准正式启动建设。2012年,北湖新区下辖1个街道、28个村、4.6万余人。功能定位为全市的“行政商务中心、科教文化基地、休闲度假胜地、生态宜居新城”。建成后,将成为聚集30万人口的高品质、生态型新城。

2012年,北湖度假区在市委、市政府的正确领导下,围绕加快新城建设的主线,把握“稳定增势、高位求进、加快发展”工作基调,紧盯“一年拉框架、三年成规模、五年出新城”的战略目标,全区上下团结拼搏、抢抓机遇、乘势而上,迅速打开新区新局面,各项工作取得了阶段性成果。2012年,全区财政收入完成30285万元,同比增长31.43%;地方财政收入完成27146万元,同比增长30.49%,完成预算的155.6%;完成全社会固定资产投入70.88亿元。

坚持把规划设计作为全区高效跨越发展的前提条件,统筹布局,强力推进,发展定位进一步明确 突出规划引领作用,把北湖度假区的建设放在全国的高度去定位,高起点、高标准、高水平编制各项规划。实施阳光规划、科学规划、民主决策,广泛听取各方面的意见和建议,聘请国内规划、建设、旅游开发等各领域知名专家组成咨询委员会,对新区规划建设提供咨询服务。先后聘请美国AECOM、SWA、荷兰NITA等国际一流设计公司进行设计,努力做到规划设计高品位、高档次。先后完成了北湖生态新城总体规划、控制性详细规划、13项市政基础设施专项规划、区域发展和产业发展规划,实现了多规统一、一步到位、全面覆盖,有效指导了各项建设。同时,坚持一张规划蓝图管到底,依法强化规划管理,切实维护规划的权威性和严肃性。

坚持把大项目建设作为全区高效跨越发展的工作重点,落实责任,严格包保,新城样貌逐步显现 以省运会项目和设施配套建设为重点,持续推进项目建设进度。一是配套基础设施,拉开新城框架。七纵七横的路网框架基本成型,全长25公里、投资4.5亿元的综合管沟同时完成。桥梁工程建设进展迅速,其中,南二环京杭运河特大桥、南二环北湖连通桥已经建成通车。京杭路古运河桥、圣贤路古运河桥及规划路古运河桥进展顺利。二是打造生态景观,提升新城品位。2012年,北湖景区共投资1.6亿元,完成18项工程建设项目。投资8800万的环湖路及桥梁建设工程,现已完成环湖路主体路段12.5公里,7座景观桥梁主体工程也已基本完工;启动了湿地三期工程,已完成老运河湿地南北两个区的地形塑造工作;实施了北湖阁修缮工程,共计完成彩绘2681平方米;完成了景区水生植物种植工程,共栽植精品荷花70个品种共计13万支,精品睡莲40种共计1.2万块(棒),其他湿地水生植物20种共计50万棵(芽);完成了森林区及5座岛屿绿化工程,共计移、栽植各类苗木17种16.3万余株,实施绿化面积30万平方米;此外,增加了景区浮桥码头,浮桥面积约为2000平方米。三是加速公益项目,增强新城功能。省运动会综合指挥中心主楼已进入装修阶段、二期附楼工程基槽开挖基本完成,正在进行桩基施工,奥体中心已经竣工,省运会媒体中心工程已完成投资2.8亿元,市规划展示馆主体完成,正进行外部装修;省运会综合体育馆、游泳跳水馆和射击射箭馆三大场馆建设提速推进,防洪排涝雨水泵站工程完成投资4000万元,配套设施、水泵设备安装和高压配电设计基本完成。同时,水上运动基地、飞碟靶场、奥体酒店等项目的前期工作已经就绪。

坚持把和谐社会建设作为全区高效跨越发展的主要目标,加大投入,真抓落实,民生工程取得明显成效 集中人力、物力和财力加快三大回迁片区建设,已开工建设高层回迁居民楼98栋、146万平方米,完成投资10.41亿元,其中90栋楼主体已封顶。教育硬件设施和教学管理水平大幅提升,北湖小学、北湖中学已竣工并投入使用,济宁一中新校区教学楼、实验楼装修已完成,艺术楼、图书办公楼即将封顶,公办省级规范化幼儿园已经完成选址和规划设计,并实施了“名校联姻”、“名师带动”等工程,大幅提升了北湖度假区教学管理水平。完善失地农民、渔民生活保障体系。立足全区实际,在“新农保”的基础上,进一步创新政策,在全市范围内率先发放养老专项补助,自“新农保”实施以来,累计发放基础养老金705.15万元,养老专项补助

346.66万元；低保金发放标准和到位率排名全市第一；城乡救助体系进一步完善，累计发放大病救助金109.8万元。实施就业“彩虹工程”，协调山东理工职业学院、济宁医学院等单位安排当地被拆迁群众就业1300余人。积极解决关系民众切身利益的问题，深化矛盾纠纷排查化解，将矛盾化解在源头，十八大期间无一例进京上访事件发生。

坚持把招商融资作为全区高效跨越发展的动力引擎，解放思想，创新机制，发展后劲得到明显增强 一是做强平台。以济宁市新城发展投资有限责任公司作为融资平台，增加注册资本至8亿元，平台融资能力得到极大提升。二是科学招商。加大招商引资和经营城市力度，注重城市开发与产业招商同步进行，成功招引恒大集团、中南集团等多家大型房地产开发企业。三是多元融资。密切与大中型企业合作，推介新区重点建设项目，吸引企业进行投资，搭建多元化投资平台，拓宽新区融资渠道。通过BT、BOT等现代化融资模式，与青岛建设集团、山东路桥集团等公司通过BT方式累计融资约36亿元，为新区基础设施建设提供了强有力的资金保障。四是经营土地。坚持先征地后配套、先储备后开发、先做环境后出让的原则，严格控制划拨土地，扩大经营性用地比例，提高土地的增值收益。2012年全区成功出让8宗建设用地使用权，面积约916亩，出让总额约183200万元，收储成本55000万元，收益128200万元。五是争取扶持。紧跟国家政策，瞄准资金投向，找准对接载体，多方面多渠道争取上级资金，争取市政基础设施建设2012年中央预算内追加投资专项资金2500万元。

坚持把作风建设作为全区高效跨越发展的工作保障，明确目标，严格考核，形成了立说立行、干就干好的浓厚氛围 全区全面实行指挥部工作制和现场办公制，成立了六大工程建设指挥部，分别由区领导担任指挥长，细化责任分工，把目标和任务具体到项目、落实到个人、量化到进度。制定出台了项目建设考核办法，加大跟踪督查力度，实行日督导、旬调度、月通报、年底兑现奖惩，奖优罚劣、奖勤罚懒。高度重视党风廉政建设，每项工程都签订“三保”责任书，强化审计监督，加大预防和惩治腐败力度，确保了每项工程都建成精品工程、廉洁工程、群众满意工程。全区广大干部职工大力弘扬“五加二”、“白加黑”精神，每天早7点到工地，晚上8点召开情况通报会，遇到问题及时解决，绝不让当天的问题过夜，形成了争先恐后谋发展、齐心协力抓落实的局面。

（张吉良）

许庄街道

党工委书记 闫 勇

办事处主任 张秋忍

许庄街道北靠市中区，南面南四湖，东西京杭大运河、洸府河双河环抱，古运河蜿蜒而过，区位优势明显，生态资源丰富。2008年2月24日，市委、市政府作出了调整理顺北湖省级旅游度假区管理体制机制的重大战略决策，启动实施北湖生态新城建设，许庄街道整建制划归北湖度假区管理。辖区面积57.4平方公里，下辖4个管理区、28个村居，总人口4.6万人。

北湖度假区设立后，按照建设济宁城市主中心的开发建设需要，进一步创新管理体制。许庄街道主要负责全区重点工程迁占工作，负责街道党的基层组织建设、宣传统战、人大政协、纪检监察、工青妇、人武征兵及村居事务管理、农村财务代理、新型社区建设、计划生育、信访稳定和农林牧渔业等农口部门工作，组织推进各项社会事业。2011年6月再次被济宁市委评为“先进基层党组织”，先后被上级各主管部门授予食品安全先进集体、六大重点工程先进集体、渔业系统先进集体、水利系统先进集体等荣誉称号；2012年度被评为林业六大工程先进集体、水利系统先进集体。

全力推进重点工程建设 按照“行政商务中心、科教文化基地、休闲度假胜地、生态宜居新城”的功能定位，全力服务重点工程建设。先后实施了知遇路、西赵路和规划路3处路网建设迁占，省运会三大场馆、北湖小学建设迁占，北湖景区孙杨田河东部分迁占，恒大、冠鲁等8处房地产开发项目征地，新运河和北湖湾等2处景观绿化工程迁占，火炬路、七号泵站及洸府河清淤3处水利工程建设迁占，共完成重点工程迁占及征租地项目20项。整体拆迁了陈庄村、甄庙村2个村居，部分拆迁了许庄村、谭岗村、李楼村、孙杨田村等4个村居，拆迁面积8.5万平方米，征地1557亩，租地1154.72亩。顺利完成新兴、八里店、李王庄、黄庄村4个村的选房结算工作，共选房1576套，安置总面积19.37万平方米。始终将三大安置建设工作作为首要任务来抓，三大安置片区已经开工建设98

栋居民楼，总建筑面积143.52万平方米，约定投资额25.96亿元，已经有2栋完工验收，86栋主体封顶正在进行内部装修，在2013年能够如期交付上房。

全面加强基层组织建设 许庄街道党工委现辖4个党总支，42个党支部，党员总人数1366人。2012年，许庄街道党工委通过创新党员活动日、村支部书记月交流、季汇报制度的开展，特别是第一书记驻村入户活动开展以来，新一届基层党组织书记的责任意识、执行意识、纪律意识、廉政意识得到强化，分析解决实际问题的能力进一步提高，涌现出了一大批率先执行、带头落实的实干型村居干部，在一些征地拆迁及安置工作中发挥了战斗堡垒作用。同时，始终坚持在开发建设舞台上，把扎实干事的优秀青年人才吸纳到党员队伍中来，全年共纳新党员22名，推荐入党积极分子7名，基层党组织结构进一步优化。

统筹推进各项重点工作 一是各项支农惠农政策全部落实到位。全年共发放各项共发放各项支农惠农补贴200.6万元，其中能繁母猪补贴11.2万元，小麦直补及农资综合补贴144.7万元，渔船柴油补贴32.6万元，兑现玉米、水稻良种补贴12.1万元。二是全力开展城乡环境综合治理工作。各村居对街头巷尾及村庄周边积存的垃圾、建筑弃渣、堆物堆料以及卫生死角做了彻底整治，共投入资金80余万元，出动人工2000多人，共清理出各类垃圾2000多吨。三是做好计划生育工作。按照“强基础、升质量、抓落实、上台阶”的工作思路，认真贯彻落实计划生育法律法规，坚持依法行政、文明执法，规范生育秩序，取得了明显成效。2012年度全街道人口自然增长率控制在13.1‰，出生性别比控制在100:115以内，符合政策生育率达到95.4%，避孕节育措施落实率100%，长效节育措施落实率90.3%，“三查”查体率达95%以上，社会抚养费征收率89%，各项奖扶政策落实率100%，各项计生指标为历年最高水平。

另外，街道还根据职责合理调配人员，同步完成了征兵、党员发展、水利普查、林业规划的编制、畜牧业防疫、林业病虫害的防治、村级财务代理、农业统计、清产核资等工作，圆满完成省、市有关检查任务。

（曹 珂）

济宁年鉴 2013

JININGYEARBOOK

县市区概况

市中区

区委

书　记　张　辉
副书记　李新斗
　　　　张玉强
常　委　王宏伟(女)
　　　　徐西胜
　　　　曹　广
　　　　唐庆华
　　　　陈夫靖
　　　　姜永伟
　　　　刘裕州
　　　　刘学圣

区人大

主　任　侯圣军(2012.01～)
副主任　张晓平(女,～2012.01)
　　　　张德平(～2012.01)
　　　　王正宝
　　　　刘爱琴(2012.01～)
　　　　王建华
　　　　乔顺利
　　　　刘瑞军(2012.01～)

区政府

区　长　李新斗(2012.01～)
副区长　李新斗(～2012.01)
　　　　唐庆华
　　　　高秀国
　　　　刘爱琴(女,～2012.01)
　　　　陈夫靖
　　　　苏士革
　　　　陈　渝(2012.01～)
　　　　卢　静

区政协

主　席　蔡可强
副主席　刘　真(女)
　　　　耿建国(～2012.01)
　　　　周　磊
　　　　尹成玉
　　　　张玉栋
　　　　颜光谱
　　　　王为敬(2012.01～)

区纪委

书　记　王宏伟

武装部

部　长　李国玉
政　委　刘裕州

法　院

院　长　李培宪(2012.01～)

检察院

检察长　王聿连(2012.01～)

市名由来　市中区因地处济宁市城区中心而得名。

政区　人口　全市总面积381平方公里。辖8个街道、1个镇和1个省级经济开发区,282个行政村(社区)。年末全区户籍总人口57.07万人。人口出生率10.83‰,死亡率4.91‰,自然增长率5.92‰。有少数民族25个,1.9万人。

经济概况　全年实现生产总值213.69亿元,按可比价格计算,比上年增长12.5%。其中,第一产业增加值8.10亿元,增长5.0%;第二产业增加值86.03亿元,增长13.5%;第三产业增加值119.56亿元,增长12.3%。三次产业比例为3.8:40.2:56.0。固定资产投资106.9亿元,增长25.1%。完成地方财政收入13.48亿元,增长31.6%。

农业　全年农林牧渔业实现总产值8.10亿元。粮食总产25.02万吨,增长1.6%;水果总产3.7万吨,增长10.3%;蔬菜总产4.23万吨,增长19.7%;水产品总产2.79万吨,增长5%。肉类总产0.92万吨,减少7.4%;禽蛋总产0.68万吨,增长3.8%;奶类总产0.41万吨,减少11.6%。新增造林面积0.02万亩,农田有效灌溉面积15.1万亩。全区农机总动力48.1万千瓦,增长9%。

工业和建筑业　全年实现工业总产值133.51亿元,比上年增长19.7%。规模以上(年主营业务收入2000万元以上)工业企业65家,增长12.5%,实现主营业务收入131.86亿元,增长17.6%;实现利税5.01亿元,增长36.3%;实现利润1.04亿元,增长26.4%。工业经济效益综合指数为158.14,比上年提高15.42个百分点。企业亏损面为27.7%,减小5.3个百分点。全区资质以上建筑企业64家,完成建筑业总产值92.1亿元,增长19.9%。

建设　环保　年末城镇化率75.94%,比上年提高2.01个百分点。经济适用住房建设竣工47283平方米。城区污水集中处理率达到95%,无害化垃圾处理率达到100%。城市空气质量良好率达到94%,水环境功能区达标率为100%,道路交通声环境质量为较好以上的占100%。

交通　邮电　年末农村公路通车里程227公里,全区完成旅客运量92.4万人次;完成货运量4436万吨,增长2.3%。港口货物吞吐量468万吨。

贸易　旅游　全年实现社会消费品零售总额169.5亿元,比上年增长17.3%。其中,城镇市场零售额169.44亿元,增长17.3%;乡村市场零售额725.3万元,增长13.1%。实现进出口总额32008万美元,减少11.1%,其中出口31456万美元,减少10.8%。实际利用外资3516万美元，减少53.8%。对外承包劳务完成营业额6139万美元，增长200.9%；外派劳务788人次，增长2.2%。主要旅游景点有东大寺景区、人民公园·太白楼景区、南池公园景区、博物馆·崇觉寺景区等，A级及以上旅游景区4家。全年接待国内外游客226.05万人次。实现旅游总收入23.11亿元，其中国内旅游收入22.39万元。

教科文卫体 有普通高中1所，在校生0.25万人。初中11所，在校生1.84万人。小学44所，在校生3.98万人。特殊教育学校1所，在校生85人。共取得市（地）级及以上各类重要科技成果8项。专利申请量770件，授权专利668件。有博物馆1个，档案馆1个，文化馆（站）11个。电视人口综合覆盖率达到100%。有卫生机构216个，其中，医院、卫生院30个，社区卫生服务中心29个，妇幼保健院（站）1个，疾病预防控制中心6个。各类卫生机构共有床位8209张，卫生技术人员8932人，其中，执业医师及执业助理医师2812人，注册护士4758人。新增群众体育健身活动场地1.8万平方米。全年参加市级及以上体育比赛共获奖牌61枚，其中金牌28枚。

社会生活 城镇居民人均可支配收入23618元，比上年增长16.8%；人均消费性支出12805.8元，增长14.3%。全区城镇居民人均可支配收入23618元，同比增长16.8%；人均消费性支出12805.8元，同比增长14.3%；农村居民人均纯收入9543元，增长17.0%；人均生活消费支出5355.6元，增长17.9%。全区城镇基本养老、医疗、失业、工伤和生育保险参保人数分别达到30.2万人、47.9万人、19.1万人、21.2万人和31.7万人，比上年底增加0.76万人、1.22万人、14.9万人、1.3万人和0人。社会保险基金总支出21.8亿元。全区农村社会养老保险参保14.34万人，参加新型农村合作医疗农民23.03万人。全区城乡最低生活保障救助14440人，其中，城镇低保6219人，农村低保6221人。收养性社会福利单位13个，收养1574人。

【首届海峡两岸（运河之都·济宁中区）运河文化论坛开幕】 2012年12月1日，市中区成功举办首届海峡两岸（运河之都·济宁中区）运河文化论坛。论坛的主题是：“传承中华文明，弘扬民族文化，加强交流合作，实现和谐共赢”。论坛为期一天，市直和各县市区相关部门代表及台湾各界人士，共40余人参加此次论坛。在论坛上，与会代表及专家学者对如何传承京杭运河文化，展现运河风采，进一步增进海峡两岸同胞的联系与交流等问题，进行深入探讨研究；参观考察了古运河、京杭大运河、东大寺和唐口工业园区。论坛后，市中区鲁鑫油脂集团与台湾大成集团签订合作协议，山东祥通橡塑集团与台湾鑫永铨橡带股份公司签订合作意向书。

【推行“阳光体育运动”】 2012年3月，中区教育局出台《关于切实保证中小学生每天一小时校园体育活动的实施意见》，促进学校新一轮开展校园体育活动的热潮。实施以“学生每天体育锻炼一小时；小学生学会两项以上锻炼身体的方法，中学生掌握两项以上锻炼身体的技能；学校每学期举办一次体育运动会或体育艺术节；学校具有一项体育传统项目或特色”为主要内容的“1211”工程，全面推行校园阳光体育。举办城区“体彩杯”中小学田径运动会暨阳光体育展演、暑期中小学生篮球比赛、中小学生航海建筑模型比赛和冬季长跑等活动，促进学校教育资源和体育资源的紧密结合，积极探索体教结合模式下体育人才培养的新路子。2012年9月，市中区代表队在济宁市第二十届中学生田径运动会乙组团体总分第1名，实现“三连冠”。2012年6月，第38届“新星杯”全国青少儿乒乓球赛在市中区举办，来自16个省份的69支代表队，1158名运动员参加比赛，国家体育总局领导对比赛成功举办给予高度评价，中央第五套体育频道予以宣传报道。

【实施“三安工程”创建】 2012年，市中区公安分局推出以“零发案”创建为核心内容的“居民群众安全、社区村庄安宁、城镇街道安定”三安工程建设。从一个社区、一个楼院的平安做起，动员全社会的力量投入社区的安防建设，在基础建设较好的居民小区，开展居防三级达标；在基础建设较差的居民小区，开展“小封闭”、“放心车棚”、“亮灯”三项工程；在农村村庄，开展“护卫队伍”、“视频监控”、“守望网络”三个建设。一次性投入80万，为全区社区民警配备警务电动车100辆，形成农村警务工作站建设、社区民警网上考核、治安预报进社区、广泉式民警之星评选等一系列特色做法。通过警民联手，全区新增一级达标小区22个、小封闭工程24个、放心车棚27个、亮灯工程25个、治安预报栏167个、护卫队222个。

同时创新防范模式,深化“警灯闪烁”、“天网工程”,全区城乡4500处重要部位、沿街商铺实现全天候视频监控和联网报警,城区25个巡控卡点,150名民警、120名巡防、80名民兵预备役昼夜守护平安,提高见警率、增强管事率,以治安形势的实际转变,赢得了广大群众和社会各界的普遍好评。

越河街道

党工委书记　贾庆斌

办事处主任　张伟华

越河街道位于区境中部,面积1.5平方公里,辖7个社区,有12022户,3.2万人。越河街道围绕“建设宜居宜业和谐稳定新越河”的总体工作目标,以党建工作为保障,大力强化争先进位、提升服务、敢于担责三种意识,突出大项目建设、招商引资、民生工程、“三安”建设四项重点,积极探索社会管理创新,全面推行网格化管理服务,经济及社会各项事业保持了良好发展。

【经济建设又好又快发展】 街道印发实施了《越河街道年度经济社会发展目标绩效考核办法》,定期对各项经济指标完成情况进行单独考核,并通过检查、重点督查、随时抽查、明访暗查等多种方式,及时掌握进展情况,加大奖罚力度,激发工作干劲。严格落实“马上就办”、“一线工作法”、全员考勤等规定,做到全员全勤、令行禁止、立说立行。实行清单式推进工作,排出工作重点,建立台帐,逐个落实,街道经济社会事业呈现了又好又快发展的良好局面。2012年,街道实现地方财政收入3428万元,占年任务的102.6%。2012年末辖区有民营企业364家,规模以上企业数达到13户,形成机械制造、食品加工、纺织服装等3大工业门类。商贸流通等现代服务业和新兴产业发展迅猛,济宁蔬菜果品批发市场、天安家电、华润苏果超市济宁店、爱客多超市、南菜市场、运河商城等优势企业规模不断壮大,逐步发展为辖区经济的骨干。

【民生工程建设日趋完善】 街道坚持把改善民生放在重要位置,扎实做好低保救助、城镇医保等社会事务的办理,严格落实各项救助惠民政策,确保各类救助金足额发放到位。2012年末,辖区有低保户619户,1362人,月发放低保金359521元,全年发放低保金3781708元;办理大病救助4人,申请救助金16800元;节日期间,走访救助特困群众593户,发放款物折合达189400元。开展残疾人普查工作,辖区有残疾人313人;办理106户低收入家庭的公共租赁住房申请;为17户家庭申报开展居家养老服务。2012年,着眼居民需求,组织了调查摸底、征求意见,全心服务,帮助辖区2371户家庭安装了暖气,受到群众好评。开展“三安”工程创建工作,实行日通报、周调度、月考核、季评比观摩等制度。至2012年末,共完成一级居防达标小区1个、二级居防达标小区2个、三级居防达标小区1个;完成大封闭工程6个、小封闭工程17个,亮灯工程6个,新建车棚3个,新安装视频监控96个。古路沟小区的大封闭工程和竹竿巷社区的小封闭一条街作为亮点在全区推广。开展城市建设管理年活动,实行社区准物业化管理,辖区地面实行一日两清扫、全天保洁;落实日检查、周通报制度,加大日常监管巡查力度,严厉整治各种乱倒垃圾行为。结合每周六上午开展的“义务奉献日”活动,开展76次义务劳动,对各社区居民楼道内小广告进行全面清理。维修金鱼坑西街、来鹤巷、阴沟崖、越河南路西段等破旧道路,整治4处小型燃煤炉具,美化了环境,净化了生态。计划生育服务水平明显提高,加强计生服务中心规范化建设,投入10余万元,迁出街道独立办公,装修门头,购买B超机等器材,更加方便地给群众提供服务。集中时间按网格对全辖区常住、流入流出、破产企业育龄妇女进行清理清查,托清底数,避免漏管现象发生。开通“短信通”计生信息服务平台,拉近了同育龄群众的距离。

【党的建设抓出新成效】 按照“五有一化”标准,不断加强基层组织建设。一是加强基层党组织书记培训。采取集中培训、个人撰写读书笔记、外出考察学习等多种形式,加大对各党支部书记的理论和业务培训。二是加强党组织阵地建设。对7个社区的办公场所进行摸底排查,规范房屋合同,加大党务经费投入,党员服务中心、党员活动场所和制度上墙等进一步加强。三是加强党组织制度建设。完善社区“大党委”工作制度和住社区党员代表议事制度,落实“三会一课”、民主评议党员、党员教育培训制度,健全流动党员管理服务、党员党性定期分析制度。严格按照程序和标准,推行发展党员记实制、公示制、票决制,严把入口关;在广大街居干部中开展“恪守从政道德,保持党的纯洁性”教育活动,保持党员队伍的纯洁性和连续性。坚持以党建网格化推进社会管理服务创新，街道网格化管理服务工作作为“书记项目”中区观摩点，迎接全市观摩。四是继续加大“两新”组织党建工作力度。重点培植蔬菜批发市场支部，指导建立健全企业党建工作制度，发挥企业党校作用，举办各类培训9次，完善党员活动中心的功能。五是扎实开展走访活动。结合“联系群众年”活动的深入推进，实行了机关人员结对帮扶困难群众制度，以社区网格为单位，领导干部党员每人联系2户困难家庭，其他党员每人联系1户，开展形式各异的走访帮扶活动。在街道领导班子集体中开展“大走访、大调研”活动，听取社情民意，帮助社区及居民解决难题，每周在所包社区参加一次“两委”工作会议和居民代表座谈会。活动开展以来，街道共驻社区蹲点调研161天次，进门入户走访群众2300余户，记“民情日记”700余篇，发放“党群连心卡”1061张，收集社情民意63条，帮助解决实际问题59件。

【社会管理创新展现新作为】 街道于2012年初在辖区全面推行以“网格化定位、信息化管理、精细化服务、常态化保障”为构架的网格化管理服务。7个社区划分了28个网格，统一制作了三维网格分布图，建立运行了集基础信息（楼宇、沿街门面、出租房屋、居民及流动人口等信息）、服务办事、短信互动、工作交流和系统管理于一体的网格信息系统平台，将党建、人口计生、低保救助、“三安”工程、环境卫生、精神文明创建等工作全部纳入网格，网格化管理服务发展成为街道及社区的常态化工作。依托网格开展各类特色活动，经常举行“党员义务奉献日”活动，实现管理服务的全覆盖。2012年9月26日，街道对各网格评选出的优秀网格长、十佳楼长进行隆重表彰。2012年4月12日市优化办、市纠风办第38期《工作信息》、2012年8月30日的《济宁信息》、9月12日的《济宁组工信息》及《济宁通讯》分别刊发专题经验介绍文章；《大众日报》、《济宁日报》、《济宁新闻联播》等媒体也进行了全方位的宣传报道。市委常委、市中区委书记张辉专门到街道调研网格化管理服务工作，给予充分肯定并在全区推广。

【精神文明建设惠泽群众】 街道进一步完善社区书屋、电子阅览室等宣传阵地硬件建设，并定期向居民开放。群众性文明创建活动形式多样，成功举办第七届邻居节，各社区以网格为单位，组织开展了百家饺子宴、东大寺休闲游、斗蟋大赛、象棋比武等活动。落实创建省级“四德”工程示范区活动的各项要求，在文化市场设立“四德”工程建设活动基地，武胜桥社区举办了17场社区讲坛，古路沟社区举办了5次老年人书画展。注重发挥社区居民文艺队伍作用，开展了15次群众性广场演出；落实了“百场电影进社区”，在小区广场公映电影5场；组织市民文明巡访团开展了5次“劝阻不文明行为”专项行动，涌现出了范继温、陈春田等一批道德模范，提升了辖区整体文明水平。

喻屯镇

党委书记　陈贵清

镇　　长　李　强

位于区境南部，距城20公里，面积144.26平方公里。辖108个自然村，72个村民委员会；有20484户，82752人；其中城镇居民人口4219人，外来人口1467人。人口自然增长率-1.28%。

全年实现地方财政收入1688万元，增长31.8%。全年粮食作物播种面积13887公顷，总产9.8万吨；瓜菜1492公顷，总产3.8万吨，种植业产值40327万元。全年造林35公顷，森林覆盖率达23%，林业产值168万元。年末猪存栏1.285万头，羊存栏2406只，家禽存栏19.7万只，肉类总产量1239吨，畜牧业总产值3451万元。水产品总量6511吨，渔业总产值8710万元。农业机械总动力达20.7万千瓦。农民人均收入8922元，比上年增加1722元。参加新型农村合作医疗75993人，参加新型农村合作医疗养老保险47122人。有中学2处，小学11处，在校学生6768人，适龄儿童入学率100%，有医院1处。电话普及率达到每百人95部。先后获得“省级文明村镇”、“区综合考核三等奖”、“区新农村建设先进集体”等荣誉称号。

【社区建设标兵——喻屯镇邵庄寺社区】 邵庄寺社区位于济宁市中区南部，距城区距离约25公里，合并邵庄寺、夏王楼2个行政村，11个自然村，涉及搬迁户数1143户，人口4437人。社区由山东省城乡建设勘察院规划设计，规划占地426亩，规划建筑面积28万平方米，其中住宅面积15万平方米，生产服务用房3.13万平方米，商业用房2.96万平方米，社区服务中心、文体活动中心2400平方米，设置9班幼儿园，12班省级标准化小学。规划总户数2100户，容积率为0.97，建筑密度为31.4%，规划绿地面积1.2万平方米,绿地率为37.2%。

社区建设于2010年3月上旬正式启动,至2012年底,西片区生产服务用房、东片区住宅已全面建设完成,涉及拆迁群众基本完成回迁上房,小学、幼儿园、卫生室全部建成并投入使用,沿街商业用房主体工程已全面完工,社区中心绿地及污水处理厂正在有序建设中。

【农业发展新突破】 镇党委、政府紧紧把握住"都市型生态农业示范区"的战略定位,带领群众走出了一条符合喻屯实际的新路子。一是围绕产业结构调整作文章。在巩固提高甜瓜、池藕、木耳、杞柳等高价值经济作物种植面积的同时,通过鼓励土地流转、示范引导等方式调动群众产业结构调整的积极性。截至2012年底,孟庄草莓、喻屯葡萄、兴福集提子、贺桥西红柿等特色种植已初具规模并产生了良好的经济效益。二是围绕生态农业作文章。推广先进栽培技术,减少农药和化肥使用量,搞好产品质量认证,不断提高农产品品质。有计划有重点地培育引进一批农业观光旅游项目,生活体验项目,力促农业和农村经济由经营产品向经营服务转变。三是围绕品牌作文章。鼓励有条件的农产品龙头企业、专业合作社争创农业著名商标,让喻屯大米、喻屯甜瓜越叫越响,以品牌的提升,促进效益提升,以品牌的提升,促进市场占有率的提升。"喻屯甜瓜"已被国家工商总局商标局认证为地理标志证明商标,田庙木耳注册了"喻森源"商标,规模和效益有了新的提高。

【西邵村——走出土地托管新路子】 西邵村位于喻屯镇驻地南6公里处,南临鱼台县,东临微山湖,251省道穿境而过,位置优越,交通便利。全村现有耕地1200亩,村民216户、986人;共有党员32名,党员年龄、文化结构合理,村"两委"班子共4人。2010年3月,西邵村成立民康专业种植合作社,在不改变承包经营权的前提下,采取土地托带服务的办法,托管全村1200亩耕地。2012年合作社积极探索集约化管理模式,购买大型机器设备,实行统一购种、统一购肥、统一购药、统一播种、统一管理、统一收获的"六统一"服务办法,通过集中管理、统一采购,2012年秋季每亩节约生产成本近400元,每季腾出200名劳动力外出务工,帮助务工村民增加收入30余万元。不仅解决本村问题,还吸引托管邻村200亩土地。

古槐街道

党工委书记　曹晓东

办事处主任　张　鹏

古槐街道位于济宁市城区中心地带,东起共青团路,西至小洸河,南起太白路,北至洸河路。辖区面积2.2平方公里,辖9个社区居委,共24593户,户籍人口67043人,常住人口62130人。省、市、区驻辖区单位160余个。2012年,古槐街道党工委、办事处在区委、区政府的正确领导下,秉承"强化党建聚人心,干事创业谋发展,关注民生促和谐"的工作理念,创新工作机制,提升组织管理水平,完善服务体系,拓宽服务领域,全面推进和谐、生态街道建设。

【经济发展稳步提升】 2012年街道完成财政总收入14145万元,占全年任务数的100.9%;实现地方总收入8210万元,占年任务数的100.4%。实现规模以上固定资产投资41008万元,占年任务数的100%;申报规模以上服务业8家,占任务数的100%。共引进项目38个,其中过亿元项目2个,5000万元项目1个,实际到位资金31477万元,占全年任务的104.9%。大力发展金融保险业和商务商贸业。依靠辖区内金融保险企业和商务商贸企业聚集优势,大力引进金融保险业和商务商贸业。永安、天平、天安、信诚财险相继运营,惠达投资、银达担保依次落户中区,紫金财险达成入驻中区的意向。项目稳步推进。投资7亿元的海尔虚实网物流项目海尔虚实网物流项目于6月21日签约,120亩用地本月已报省政府审批;投资过5000万美元的格林木业外资工业项目已达成初步意向;推进辰欣药业片区及早搬迁开发。

【社会事业持续推进】 强化民生保障。落实城市低保三级联审制度,完善城乡医疗救助程序,提高救助标准及救助水平;审核公租房上报材料180份。2012年新增城镇就业人员384人,下岗失业人员就业再就业156人,资助困难人员就业15人。率先在全区建立了"街道主导、中介参与、老人受益"的居老服务模式,辖区52名老人享受到了居家养老服务,并依据任务目标分解逐步全覆盖。完善计生服务。共核对已婚育龄妇女信息12000余条,公安户籍反馈育龄妇女管理信息2500余条,新生儿出生信息360条,清理流动人口1200余人,新纳入管理已婚育龄妇女300余人。创新社会管理。加强"三安"创建工作,创建达标小区63个,亮点工程3个。强化网格化维稳管理,夯实基层维稳基础；及时排查调解各类矛盾纠纷，确保源头化解。实施文化惠民。通过开展第七届“运河之都邻居节”活动，提高居民参与度，丰富群众文化生活；协调做好博物馆?崇觉寺景区创建国家AAA级景区的各项工作，顺利通过省旅游局验收，同时申报成功“山东休闲汇”最佳休闲乡镇；工、青、妇及其他各项社会事业进展良好。

【城市管理凸显成效】 突出“解决热点、突破难点、打造亮点、力争创新”思路，制定了《古槐街道“城市建设管理年”活动实施方案》，实行“日通报、周汇总、月评比”制度；开展“全民动手、清洁家园”义务劳动5次，悬挂宣传横幅18条，制做宣传版面100个，清理卫生建筑垃圾30余车，拆除违法乱建60多处，社区面貌得到较大改观；完善社区物业化管理，2012年完成全街9各社区物业、准物业全覆盖；集中开展环境整治活动，拆除违法乱建40多处。加强“生态中区”建设，成立领导小组，制定实施方案，封堵河道内排污口、关停“一水间”燃煤锅炉。

【党建科学化水平不断提升】 突出抓好场所建设和服务平台建设，新建社区一站式服务大厅2个，在全市率先启用“中国社区”新标识。做好关心老党员、困难党员工作。开展了“大走访、大调研”、“下基层、接地气”等活动，发放“党群连心卡”7200余张，记好民情日记，切实解决群众最关心、最直接、最现实的利益问题。探索实施“居民说事”制度，畅通群众意见诉求反映渠道，制度推行以来共召开议事会152场，受理居民说事210多件。高标准、严要求，规范基层党组织、非公、两新党支部党建材料。以“党员更红、支部更强、窗口更亮、服务更优，以优异成绩为党的十八大添光彩”为主线，深入推进创先争优活动。

【推行“居民说事”，促进社区和谐】 古槐街道吉祥社区以“基层组织建设”和“联系群众年”活动为契机，结合社区实际，对如何开展好两项活动，创新社区管理模式，解决社区居民需求，进行了积极探索。在社区多年开展“民情恳谈”、“住社区党员代表议事”等活动的基础上，及时对“逢四说事”制度进行总结、提升，提出了“居民说事”制度。吉祥社区先后收集群众反映的问题96件，涉及居民生活、市容市政、环境卫生、社区绿化、医疗卫生、劳动保障、低保救助、矛盾纠纷等多个方面，现场办结答复解释91件，议事会议决9件，群众满意率达95%，受到社区居民群众的好评。吉祥社区结合“居民说事”制度，深入开展“联系群众年”活动，推行“一线工作法”，积极组织党员干部入户走访，发放“党群连心卡”，记录《民情日记本》，切实解决了一批群众最关心、最直接、最现实的利益问题。“有事到社区去说、说了能够解决问题”成为居民群众的普遍认识。

【丰富居民生活，打造最佳休闲社区】 古槐街道铁塔寺社区位于市中心繁华地带，北至红星中路，南临太白路，西到古槐路，东有市人民公园，名校集中，商铺云集。辖区内拥有人民公园太白楼景区、博物馆·崇觉寺景区两处国家AAA级旅游景区，为社区发展旅游经济奠定了基础。另外辖区内文物保护单位众多，其中崇觉寺铁塔为全国重点文物保护单位，吕家宅院为省级文物保护单位，人民公园内的智照禅师塔为市级保护单位。铁塔寺社区依托辖区内人民公园、市博物馆、人民剧院、运河音乐厅、群众艺术馆等文化娱乐休闲场所广泛开展、积极参与山东休闲汇、运河之都邻居节等文化惠民活动。第七届邻居节期间，举办了趣味运动会、“我爱家乡”摄影比赛、学习雷锋图片展、爱国主义教育、等活动，广大居民积极参与，邻里之间和睦相处，多次获得山东省“最佳休闲社区”、济宁市“文明单位”、市中区“和谐社区”等荣誉称号。

南苑街道

党工委书记　梁玉志

办事处主任　张　波

南苑街道位于城区西南部，东临京杭古运河，南与北湖新区接壤，西至京杭大运河和济宁港，北靠越河。辖区面积6.7平方公里，街道下辖21个居村，其中10个农业村，11个城市社区，常住人口4.3万人，人口自然增长率为4.4‰。

2012年街道实现财政总收入1.5771亿元，占全年任务计划的98.7%；实现地方财政收入1.1942亿元，占全年任务计划的109.3%，同比增长31.2%；完成固定资产投资29亿元，占全年任务计划的100%，同比增长40.7%；新增规模以上服务业企业4家；全年引进区外项目30个，到位区外资金3.6825亿元，占全年任务计划的105.2%，同比增长7.7%。先后被评为省级文明单位、省级旅游强乡镇、济宁市妇女儿童工作先进集体、全区招商引资工作先进集体、全区群众和信访工作先进集体、全区安全生产工作先进集体、全区民兵预备役工作先进集体、全区创建“劳动关系和谐区”工作先进集体。

【项目建设取得新进展】 2012年，街道累计承担市区两级项目建设任务15个，其中投资过10亿元项目3个，过1亿元项目11个，新开工过亿元产业大项目2个。南池水景园南池公馆、运河佳园二期（乔庄狄林片区)、凤凰怡居佳苑等9个续建项目，市中区文体中心、滨河世纪花园、荷花广场、凤凰商业广场等6个新建项目扎实推进，形象进度明显。北庄片区、南苑居委南片区等辖区内小片区旧村改造项目正有条不紊的运作实施。市中区文体中心等4个项目的征地搬迁出色完成，实现项目搬迁总面积12万平方米。特别是涉及居民96户，企业9家的文体中心项目搬迁过程中，街道用时1个月完成了95%的项目搬迁任务；涉及5个村，企事业单位46家的济安桥路西片区项目搬迁过程中，街道用时40天，集体土地征收基本完成，实现了快速“无震动”搬迁；涉及143户居民，10余家单位的罐头厂片区搬迁自2012年12月份启动以来，街道用时1个月，完成居民搬迁133户，剩余10户居民通过思想动员即将腾房搬迁。

【社会各项事业呈现新面貌】 一是联系服务群众工作求实效、见真功。严格落实“书记抓、抓书记”党建工作责任制，以完善党建书记创新项目——社区民情服务“全覆盖”体系为抓手，累计投入资金4万余元，在街道、社区村、居村民小组成立了民情服务中心、站、点82个。党政领导班子“一对二”、社区村“两委”成员和机关人员“一对一”包保联系困难户，把周六定为街道“联系群众日”，着力做到为民服务“全覆盖”。二是和谐南苑建设再上新台阶。全年街道无一例集体访、越级访事件发生，大量信访隐患化解在萌芽状态，辖区日益和谐稳定。特别是党的十八大期间，两起重大涉法涉诉案件的成功化解，受到区委主要领导的高度赞誉，街道信访稳定工作考核全区第一。三是人口和计划生育工作再上新水平。街道上下牢固树立“一年四季抓计生、一天到晚不放松”的理念，克难攻坚、多措并举稳定低生育水平。2012年以来，辖区出生总人口305人，街道出生人口性别比稳定在111.8，合法生育率达97.7%，长效节育措施落实率达96%以上，群众满意率超过98%。街道2012年人口和计划生育工作考核全区第一。四是其他各项事业呈现新面貌。注重市民素质提高，丰富居民文化生活，以开展“邻居节”活动，推进“四德工程”为契机，加大市民教育力度，引导居民树立健康向上的生活习惯；加强环境卫生综合治理，社区村实现物业化、准物业化管理，辖区环境卫生状况显著改善；鼓励支持人大、政协、武装、工、青、妇各职能部门发挥作用，社会各项事业协调稳步推进。

济阳街道

党工委书记　韩　波

办事处主任　陈东海

济阳街道位于区境西南部，面积2.83平方公里，辖8个社区居委会、1个村委会和1个电厂家属委员会，人口5.2万人。

2012年，济阳街道以科学发展观为统领，以建设“宜居宜业街道”为主题，以抓班子带队伍抓作风促转变为主线，以开展“项目建设年和联系群众年”活动为载体，以建设“和谐济阳”为奋斗目标，凝神聚力抓经济，立足服务求发展，街居联动保稳定，认真践行中区精神，立说立行抓落实，强责问效转作风，凝心聚力，多措并举，实现了街道经济社会事业持续、健康发展。街道先后被市、区授予“创先争优活动先进街道党工委”、“全省文化基层工作先进街道”、“济宁市社区建设示范街道”、“市级文明单位”、“济宁市绿化先进单位”、“群众和信访工作二等奖”等荣誉称号。

【稳步增强经济实力】 街道始终坚持“从变化中捕捉机遇、在逆境中创造条件”的原则，重点围绕项目建设和招商引资工作，实行了“一个项目、一名责任领导、一套班子、一个方案、一抓到底”的“五个一”工作法，推动了经济平稳较快增长。创新模式开展招商引资。全面贯彻落实区委、区政府制定的镇街属地招商责任制，积极探索招商项目包抓机制，大力实施专班运作模式，采取挂图作战的形式，着力构筑大开放、大招商格局，发挥辖区现有资源影响力，采用“请进来”、“走出去”的方式大力实施“亲情招商”、“以商招商”。对所包抓的重点招商项目定时间、定进度，切实加快项目推进速度，在街道上下形成了谋项目、抓项目、促项目的共同推进体系。勤征细管确保财税入库。进一步澄清了辖区税源底子，规范了房屋出租等税种的征收标准，使税收征管逐步走上规范化、科学化、精细化的发展轨道。

【大力发展社会事业】 街道突出“以民为本，以民为重，以民为先”的执政理念，以构建和谐社会为根本，不断强化民生工程建设，全面贯彻落实区委、区政府制定的各项惠民利民举措。成功举办了“解放思想促发展，济阳跨越我先行”主题演讲比赛，“祖国在我心中”、“喜迎新春，共谋发展”、“永远跟党走”等系列文艺晚会和百场演出进社区等文艺活动，联合武警支队共同选送“金龙狂舞”节目参加了2012年春节文艺汇演。筹建草桥口社区双拥工作站，开展“兵妈妈、兵爸爸”进军营活动等。把争创“文明家庭”、“文明市民”等活动作为推动社区精神文明建设的有效抓手，开展“好婆婆、好媳妇”、“模范文明宣传员”的评选活动。积极打造“五型”计生模式，建立健全“逐户建卡、依房管人、同住同管、优质服务”的计生服务机制，最大限度地为辖区育龄群众提供优质服务；社区建设大步前进。南门、龙行、草桥口、柳行四处社区服务中心全面竣工并投入使用，京杭社区服务中心也正积极推进当中；充实调整新建龙行、南门、财工街、后营四个农家书屋，图书拥有量达到3万余册；建立信访预案机制，妥善解决群众反映的热、难点问题，及时化解矛盾，做到件件有落实，事事有回音。

【有效激发干部活力】 街道始终围绕“抓班子带队伍，抓作风促转变”这条主线，以深入学习科学发展观活动为载体，以提高素质、优化结构、改进作风、增进团结为重点，狠抓“三支队伍建设”，即领导干部队伍建设、机关干部队伍建设和社区干部队伍建设。一是加强政治理论学习。坚持每个星期进行一次集中学习，每月进行一次自我总结，每半年进行一次自评，积极建设一支学习型领导班子，做到始终保持政治上的清醒与坚定，自觉在思想上、政治上、行动上同党中央保持高度一致。二是健全民主集中制。进一步完善集体领导和个人分工相结合的工作责任制，根据班子成员各自特点，科学分工，层层制定岗位目标责任制，明确领导班子成员和工作人员的岗位职责，使全体工作人员做到既分工又合作，形成了“相互搭台，好戏连台”的良好局面。

【创新社区管理，科技服务生活】 2012年，南门社区和济宁仁博科技有限公司共同开发了济宁市第一个单机版社区管理服务智能平台。该平台完成了居民办事、公文等各类资源的基础数据采集、整理和入库，形成一套完整的社区基础数据库，建立社区综合业务管理体系，包含党员服务、计生管理、民政事务、劳动保障、综合管理、物业管理、业务分析、日常管理、系统管理9大板块。在该平台一次统计将所有的信息录入，任何部门有需要都可以尽快调出，十分方便快捷。居民来办事，也不需要拿着各种证件，只要信息上有的就可以直接使用。

【基层党建闪亮点】 街道党工委在充分调研的基础上，率先在济阳大街社区试点了由社区党支部、居民委员会、业主委员会和物业公司组成的“四位一体”的管理模式。通过组织开展党员义务奉献日、认领公益岗等一系列活动，不断拓宽社区服务层面，扩展服务领域。街道还为辖区每位党员过好政治生日，在政治生日当天为党员送上政治生日贺卡，帮助他们时刻牢记党的宗旨，不负党的使命，全心全意为人民服务。积极开展党员家庭挂牌活动，引导每位党员亮身份，明职责，做承诺，当先锋，主动接受群众监督，进一步规范党员承诺制，南门社区12号楼住社区党员主动向社区群众公开承诺，主动接受群众监督，进一步体现了党员的先锋模范作用。

【加快发展群众性文化事业】 街道积极搭建群众性文化活动载体，建立设施完善的街道文化站及社区文化室，各社区普遍建立了社区书屋、电子阅览室，设立了阅报栏、宣传栏等多种社区文化设施，为居民群众开展社区文化活动提供了活动阵地。以“济阳老年戏曲团”、“济阳歌唱团”、“济阳乐器队”为主体，积极开展群众喜闻乐见的各类文艺活动，“心连心”艺术团常年活跃在快活林广场，丰富了群众文化生活，不断满足人民群众日益增长的精神文化需求；把争创“文明家庭”、“文明市民”、“文明楼长”等活动作为推动社区精神文明建设的有效抓手，开展“好婆婆、好媳妇”、“模范文明宣传员”的评选活动，逐步引导社区居民提高思想道德素质；筹建了草桥口社区双拥工作站，开展“兵妈妈、兵爸爸”进军营活动，借助“永远跟党走”文艺晚会、“运河之都邻居节”等大型活动，不断拉近居民群众的距离，很好的满足了辖区居民群众的精神文化需求。2012年2月，在柳行社区承办了市中区2012年度“三下乡·四进社区”暨“双百文化惠民工程”活动启动仪式。

安居街道

党工委书记　刘恒志

办事处主任　李鲁中

位于区境西部，距城区10

公里,面积81.4平方公里。辖65个自然村,61个村民委员会;人口19991户,75893人,其中女38040人,非农业人口4019人,人口自然增长率为-1.97‰。

2012年10月,市中区对济宁经济开发区、安居街道体制进行理顺,改"区镇合一"为"区辖镇街"管理模式。2012年,街道完成财政总收入1.87亿元,地方财政收入完成1.54亿元,绝对量居全区前列。招商引资完成7.38亿元,实际利用外资2300万美元。固定资产投资29.62亿元,其中过亿元的项目7个,累计投资25.9亿元。国内生产总值12.4亿元,比上年增长6.9%,其中一、二、三产业增加值分别达到26137万元、73686万元和68452万元,分别增长14.2%、9.8%和163%。工业总产值23.47亿元,增长4.7%;实现利税23076万元,增长15%。农林牧渔业总产值50725万元,增加6.1%。全年粮食作物播种面积8413公顷,总产6.27万吨;瓜菜140公顷,总产0.75万吨;棉花13公顷,总产18.2吨;种植业产值26137万元。全年造林60公顷,森林覆盖率达33%,林果总产40吨;林业产值146万元。年末牛存栏196头,猪存栏3.1万头,羊存栏0.4万只,家禽存栏48万只,畜牧业总产值14094万元。水产品总量1412吨,渔业总产值8398万元。农业机械总动力达14.3万千瓦。乡镇企业总产值29.41亿元,利税27622万元,其中个体私营企业产值29.41亿元、利税27622万元。农民人均纯收入9588元。有中学2处,小学8处,在校学生共4760人,适龄儿童入学率100%。有医院1处。电话普及率达到85部/百人。街道先后获得新农村建设先进集体、宣传思想工作先进集体、招商引资先进单位、科技与人才工作先进集体、人民群众满意度先进单位等荣誉称号。

【镇村面貌得到显著改善】按照市区农村环境综合整治工作部署,安居街道以建立长效保洁机制为根本点,以大规模集中整治为突破点,层层督导,狠抓落实,现已取得阶段性成果。累计投资近3000万元,对辖区57.1公里乡村公路全部重修,对27个村、72.6公里村内道路全部硬化,新修排水沟、下水道达60公里,安装路灯530盏,主街道墙面粉刷27.2万米,种植绿化树3400多棵,村风民风焕然一新,村容村貌大为改善。坚持环境卫生市场化运作体制,聘请专业保洁公司对国省道、企业驻地和农贸市场等重点路段、区域进行保洁。启用垃圾压缩站,建立"户集中—村收集—镇清运"垃圾处理模式,做到61个村垃圾日产日清、集中外运。按照350人一名的标准配备村级保洁员,制定村级日常保洁制度,明确划分保洁员责任区域和村干部包保区域,确保了环境卫生有专人抓、有办法管,村庄环卫保洁形成常态化机制,城乡综合面貌得到全面提升。

【探索推行家庭联户代表制度】 安居街道根据基层民主政治建设要求,创新村民自治形式,在全街道范围内试点推行联户代表制度,使村级事务管理从"为民做主"到"由民做主"转变。通过试点先行,街道共完成12个村的制度推行。出台《农村家庭联户代表制度实施办法》,严格规范联户代表选举程序。具体做法是:每户推选一名18岁以上的家庭成员作为家庭代表,代表全家参与村组事项的议决。原则上以村内街巷、胡同或家族为单位,通过民主选举从10—20名家庭代表中推选1名联户代表。按照10%左右的比例,在联户代表中推选村务监督员,组成村民监督委员会,作为常设机构,全面监督村委会工作和财务收支情况。通过制度推行,村集体建立起村支部领导决策、村委会执行落实、监委会负责监督三方相互制衡、相互监督、相互支持的工作体制,大大提高了村干部的公信度和群众的满意度。

唐口街道

党工委书记　孟祥建

办事处主任　蔡根臣

位于城区南部,距城区13公里。面积123.7平方公里,辖99个自然村,78个村民委员会;有22306户,89896人,其中男45333人,女44563人,非农业人口3348人,人口自然增长率为6‰。

国内生产总值18.76亿元,增长18.5%,其中一、二、三产业增加值分别达到2.37亿元、12.08亿元、4.31亿元,分别增长15.78%、30%、23.85%。工业总产值39.9亿元,增长24.3%;实现利税3.1亿元,增长29%。农林牧渔业总产值7.12亿元,增长18%。全街道粮食作物播种面积11566公顷,总产9.58万吨;蔬菜320公顷,总产1.65万吨;棉花93公顷,174吨;种植业产值3.5亿元。全年造林140公顷,森林覆盖率达26%;林果总产49吨;林业产值265万元。年末大牲畜1100头,猪存栏2.23万头,羊存栏0.65万只,家禽存栏37.5万只,畜牧业总产值8500万元。水产品总产量2.1万吨,渔业总产值1.12亿元。农业机械总动力13.1万千瓦。乡镇企业总产值39.9亿元,利税3.1亿元,其中民营企业产值39.9亿元,利税3.1亿元。财政收入9700万元,增长31.43%,农民人均纯收入9980元。有中学2所,小学15所,在校生7094人,适龄儿童入学率达到100%,有医院1处,新农合参合率达99.8%。

【鲁鑫工业园项目】 鲁鑫工业园项目位于唐口工业园内,由山东鲁鑫油脂集团公司投资建设。项目占地300亩,总投资10.5亿元,建设10万吨/年工程机械配套总成基地项目和6万吨/年大豆蛋白深加工项目建设。项目建设周期3年,一期工程于2012年2月开工建设,计划投资6.05亿元,主要进行10万吨/年工程机械配套总成基地建设,其中厂房、库房、办公建筑面积约5.2万平方米,主导产品为系列挖掘机下车架总成。项目竣工投产后年销售收入24.4亿元,利税4.05亿元,将成为全国最大的系列挖掘机下车架总成生产基地。二期工程于2012年10月开工建设,投资4.45亿元,与台湾大成合资合作,建设大豆蛋白肽生物科技生产线,主要开发生产功能性大豆蛋白、大豆异黄酮、卵磷脂等高科技含量、高附加值产品,正常运营后,年销售收入10亿元,利税2.5亿元。2012年一期工程已建成达产,二期工程正在回填厂区基础,预计2013年投产运营。两期工程投产后年销售收入34.4亿元,利税6.55亿元,利润3.4亿元,新增就业500人。

【济矿海纳矿用设备项目】 济矿海纳矿用设备项目位于唐口工业园内,由济宁矿业集团海纳科技有限公司投资建设,项目占地500亩,总投资12亿元,建设面积15万平方米。产品为14个系列、140多个品种,主导产品有:系列皮带机运输机、液压支架、罐斗、防坠器、天轮、爬车机、翻车机、综煤机、矿车、井架、操车系列、翻矸系统、汽车配件等提升运输设备。工程分两期工程建设,一期工程于2012年1月开工建设,主体工程于2012年11月竣工试产,达产后年产液压支架1200架,刮板机、转载机、破碎机、综采机各30套,翻矸、推车机系统30套,皮带机200条,罐笼、道岔、矿车等设备。预计年销售收入13亿元,利税1.5亿元,新增就业1200人。

观音阁街道

党工委书记　孙长新

办事处主任　李　红

位于区境东南部,面积约9平方公里,辖14个社区村、1个产业园,辖区居民2.2万户,人口6.56万,自然增长率4.7‰。

2012年,完成财政总收入3.22亿元,地方财政收入1.96亿元,招商引资5.13亿元。完成固定资产投资14.21亿元,新增规模以上企业20家,有3家规模工业、1家房地产建安企业、1家服务业企业分别进入全区十强。街道先后被授予全市创先争优活动先进单位、全市平安建设先进集体、档案工作先进单位等荣誉称号。皇营村被评为全国妇联基层组织建设示范村等荣誉称号。

【项目建设进展迅速】 2012年,街道认真落实党政领导包项目负责制、跟踪问效制、限时办结制和责任追究制,明确分工,责任到人,采取积极有效措施,强力推进,项目建设步伐不断加快,档次和质量显著提升。东五里营片区项目,街道把宣传活动贯穿到拆迁工作始终,对群众进行大规模、立体式的宣传动员,努力营造浓厚的工作氛围。坚持依法、阳光、和谐拆迁的工作原则,严格按照法律程序进行。采取社会稳定风险评估等措施,积极化解拆迁矛盾。至12月底回迁区征地拆迁工作全部完成。森泰二期项目顺利推进,住宅区大部已封顶,对外销售良好。盛泰广场项目进度加速,居然之家济宁店已于2013年1月1日开业。检察院片区项目完成。洸府河治理南段一期工程,迁占工作已全面完成。金正广场、后营南片区等项目在迅速推进中。煤化公司片区项目,已聘请专家确定土壤污染现状和修复治理措施,环评、建设等各项手续不断完善,截止12月31日,房屋户型和销售市场调查已完成。

【强化服务意识,招商引资成效明显】 创新招商引资工作模式,落实招商引资责任,2012年专门调整招商引资中心成员,充分利用现有资源,实行"全方位、宽领域、多层次"招商引资策略,打造"宽松、灵活"的政策环境和"高效、诚信"的服务环境,吸引八方投资者,促进招商引资总量的稳定增长。一是坚持以商招商,建立投资客商信息库,广泛收集商机信息,实现信息共享。提供全方位优质服务,帮助企业解决实际困难,把良好的服务质量、高效的服务速度,作为招商引资的品牌推广打响。二是突出产业招商,依托车站东路、太白东路、火炬南路三条黄金路带,大力引进高标准、高档次的批零餐饮、商务服务业等产业，打造三线拓展的现代服务业集聚区域，有力的推动了街道产业结构调整。三是突出专业化招商，强化招商队伍专业化工作能力，多学习谈判技巧，多了解产业政策，提高能力、优化服务，打造谋招商、善招商、抢招商的工作队伍。2012年招商引资项目中，四季花城总投资额23.8亿元，稻香村总投资额3.5亿元，金正广场总投资额2.7亿元，银泉餐饮总投资额1.2亿元，如家酒店总投资额1.2亿元，为街道经济发展注入了新活力。

【一村一个特色品牌、一居一项特色产业】 街道党工委、办事处把发展壮大居村集体经济作为工作的重中之重，成立了由街道党工委书记任组长的发展壮大居村集体经济工作领导小组，制定了《关于加快发展壮大居村集体经济的意见》，明确各居村书记是第一责任人，两委班子成员是直接责任人。街道积极引导帮助各居村认真学习借鉴先进经验，深入研究分析自身优势，科学定位，统筹规划，调动一切可利用资源，积极探索发展壮大集体经济的新路子、好方法。琵琶山社区针对社区土地资源日渐匮乏的情况，采取大胆走出去的策略，多方筹集2500万元资金购买了位于车站东路的11亩土地，将该处土地整体出租，进一步增加了社区的集体收入；皇营村对皇营中心街利用率低、租金回报率低的商业门面、商务楼宇等集体资产重新包装定位，重新招商，吸引了更多餐饮休闲娱乐项目入驻，有效提高了资产利用率和收益率，租赁收入翻番。

阜桥街道

党工委书记　万庆军

办事处主任　陈成雨

阜桥街道办事处位于济宁市城区中心，辖区面积11.1平方公里，辖15个社区，常驻人口16万人，人口自然增长率5.1‰，是济宁市委、市中区区委、区政府等党政机关所在地，也是全区政治、商业和文化中心。

2012年，街道共完成财政总收入3.17亿元，占全年计划的106%；地方财政收入1.96亿元，占全年计划的100.4%。完成招商引资完成3.8亿元，固定资产投资完成11亿元，新增加规模以上企业16家。街道先后被授予山东省级文明单位、山东省理论大众化示范点、山东省构筑“防火墙”工程和开展消防安全“五大”活动先进单位、济宁市“爱国拥军”先进单位等荣誉称号，获得市中区群众和信访工作一等奖、安全生产一等奖等荣誉。

【着力打造“阳光阜桥”党建品牌】 按照“围绕发展抓党建、抓好党建促发展”的思路，扎实开展“共驻共建谋发展，阳光阜桥惠民生”主题活动，倾力打造“阳光阜桥”党建服务品牌。把阳光政务工程与共驻共建相结合，着力在凝合力增效能上下功夫。深化“大党工委”建设，不断完善党建联席会议制度。扎实开展“联系群众年”活动，为辖区单位、居民家，解决实际问题40余件。把阳光救助活动与创新社会管理相结合，着力在解难题办实事上下功夫。倡导设立“阳光阜桥爱心救助金”，积极联系企业结对救助困难家庭。深入开展“大走访，大调研，密切联系群众”活动，深入基层了解社情民意，解决问题。启动“三个‘50户’结对帮扶”活动，即辖区内的省、市、区三级党代表、人大代表、政协委员与50户困难家庭结成帮扶对子；辖区内单位与50户困难家庭结成帮扶对子；街道机关、社区工作者与50户困难家庭结成帮扶对子。把阳光惠民行动与服务居民群众相结合，着力在惠民生促发展上下功夫。以社区党建工作为抓手，经常组织丰富多彩的群众性文化活动，新建社区书屋15处，社区健身广场2处。坚持开展“党的光辉映社区”广场文艺演出、“运河之都邻居节”等系列品牌活动，营造社区和谐氛围。住社区退休党员、志愿者组成的文明巡访团队伍，每周坚持巡访，涌现出了谢立亭、许忠海等一批典型人物。蒋林社区被省委授予“齐鲁先锋基层党组织”称号。

【强力推进重点项目建设】 各重点项目总体进展顺利。万达广场项目圆满完成房屋征收，土地出让已办理完毕，已全面开工建设。江苏大厦项目主体已完工，2013年上半年可开业运营。苏宁广场项目需征收的商业房屋已拆除完毕。悦动广场项目正在进行入户评估，相关手续正在办理。刘庄南片区项目、济宁饭店片区、鲁宝片区正安计划顺利推进。项目建设为招商工作提供了新平台，2012年阜桥街道共引进项目47个，其中过千万元项目7个，过亿元项目3个。苏宁置业公司已先期到位资金1.5亿元。太白路地下人防工程宝利世纪大道建设已进入尾声，招驻商户已超过70%。金桥投资、鲁商小额贷款、盛元担保等金融服务企业已经落户阜桥。

【全力保障和服务民生】 积极开展城市环境综合整治，创造洁净优美环境。积极开展示范道路建设,对辖区主次干道进行规范整治。引入市场化运作机制,对示范道路的文化墙、公益广告及时更新维护。有效落实门前三包责任制。建立环卫工作社区百分制考核制度,每周检查、每月调度、年底评比,并严格奖惩兑现,使辖区环境卫生明显改善。切实关注服务民生,不断完善惠民措施。认真做好困难弱势群体帮扶救助,主动上门服务,提高办事效率,使困难群众的及时得到救助。共发放最低生活保障金140余万元,办理大病救助23户,共发放救助金9.1万元,办理临时性救助金4户,发放三无人员及孤儿生活补贴3.9万元,发放优抚金7万元。后铺社区被授予"全省综合减灾示范社区"称号。

(黄 静 申 莹)

任城区

区 委
书 记 王宝海
副书记 岳根才
朱勇志
常 委 王业成
范德元
车莉莉(女)
汪金厚
杨力新
李功川
林 华(~2012.03)
崔兆收(2012.03~)
张成俊

区人大常委会
主 任 王宝海(2012.01~)
副主任 贾存琰
刘艳宾(女,~2012.12)
苏永祯
陈德生(~2012.01)
孙宗良
唐庆民(2012.01~)

区政府
区 长 岳根才(2012.01~)
副区长 王业成
范德元
李 玲(女)
李晓彤
胡 钦
刘 刚(2012.01~)

区政协
主 席 郑艳秋(女)
副主席 刘鹭威
李云峰
任卫华
王万川
王正军
朱 玉

区纪委
书 记 杨力新

区武装部
部 长 杨 凯(~2012.03)
姚文江(2012.03~)
政 委 林 华(~2012.03)
崔兆收(2012.03~)

区法院
院 长 卞玉杰

区检察院
检察长 张 斌

区名由来 因境内自秦至明代先后设置任城县、任城郡、任城国而得名。

政区 人口 全区总面积431.49平方公里。辖8个镇(街道),316个行政村(社区)。年末全区总人口46.4万人,其中非农业人口35.7万人。人口出生率13.1‰,死亡率6.6‰,自然增长率6.5‰。有少数民族23个,3580人。

经济概况 全年实现生产总值256.67亿元,按可比价格计算,比上年增长10.7%。其中,第一产业增加值22.38亿元,增长4.5%;第二产业增加值141.45亿元,增长13.2%;第三产业增加值92.84亿元,增长10.2%。三次产业比例为8.7:55.1:36.2。固定资产投资140.8亿元。实现财政总收入41.8亿元,增长7.22%;地方财政一般预算收入22.5亿元,增长20.6%。年末金融机构人民币各项存款余额166.3亿元,比年初增加28.6亿元,其中储蓄存款余额116.4亿元,增加16.7亿元。人民币各项贷款余额97.8亿元,增加8.1亿元。

农 业 全年农林牧渔及服务业实现总产值44.96亿元,比上年增长5.9%。粮食总产27.44万吨,增长3.8%;棉花总产231.37吨,增长22.7%;油料总产1076.84吨,与上年基本持平;水果总产3.36万吨,增长7.7%;蔬菜总产48.25万吨,增长0.5%;水产品总产2.23万吨,增长3.2%。肉类总产2.46万吨,减少6.7%;禽蛋总产3.1万吨,减少11.4%;奶类总产0.9万吨,减少67.8%。新增造林面积0.31万亩,农田有效灌溉面积30.62万亩。全区农机总动力56.15万千瓦。

工业和建筑业 全区规模以上工业增加值增长12.43%。实现规模以上工业总产值231.13亿元,规模以上工业企业主营业务收入、利润总额、利税总额分别达到256.53亿元、28.68亿元和44.52亿元。应交增值税13.67亿元。全区规模以上工业亏损企业8家。资质三级及以上建筑企业54家，完成建筑业总产值46.43亿元，增长26.72%；实现利税3.5亿元，增长13.27%。

建设 环保 年末城镇化率76.46%。城市人均道路面积21.2平方米，人均绿地面积18平方米，建成区绿化覆盖率36.8%。自来水普及率99%，燃气普及率75%，集中供热普及率60%。经济适用住房建设竣工36729平方米，交付408套。村镇建设投资5亿元。已建成污水处理厂4座，污水集中处理率达到77.6%，无害化垃圾处理率达到93%。城市空气质量良好率达到85%，水环境功能区达标率为90%，道路交通声环境质量处于“较好”水平以上。

交通 邮电 公路通车里程540.2公里，其中高速公路通车里程25.6公里。客运量546万人次，比上年增加21.3%；完成货运量4245万吨，增长12%。港口货物吞吐量1280多万吨，增加6.7%。邮政业务总量2700万元，增长20%。年末固定电话用户7.33万户，增长13.8%，移动电话用户44.84万户，增长15.6%，宽带用户8.24万户，增长28.1%。电话普及率达到每百人92部。

贸易 旅游 全年实现社会消费品零售总额100.45亿元，比上年增长15.7%。其中，城镇市场零售额79.8亿元，增长10.4%；乡村实现消费品零售额20.7亿元。实现进出口总额2.42亿美元，增长6%，其中出口2.25亿美元，增长1.7%。实际利用外资2005万美元，增长120.3%。新批境外企业(机构)2家，协议投资总额7000万美元。对外劳务合作完成营业额1567万美元；外派人员362人次，减少5.1%。主要旅游景点有凤凰台、戴庄花园、长沟葡萄园、萧王庄汉墓、李营苗木、石桥万亩荷花生态园等。全年接待国内外游客141.4万人次。实现旅游综合收入12.9亿元，其中国内旅游收入12.1亿元。

教科文卫体 有中等职业、技工学校2所，在校生1241人。普通高中3所，在校生6832人。初中14所，在校生18730人。小学42所，在校生22996人。特殊教育学校1所，在校生79人。共取得各类重要科技成果37项，其中，市级科技进步奖9项，区级科技进步奖28项。专利申请量845项，授权专利706项。档案馆1个，图书室300个，文化馆(站)8处，城镇村(居)文化大院300个。广播、电视人口综合覆盖率均达到100%。有卫生机构329个，其中，医院、卫生院19个，社区(村)卫生服务中心309个，妇幼保健院1个，疾病预防控制中心1个。各类卫生机构共有床位1724张，卫生技术人员3634人，其中，执业医师及执业助理医师1093人，注册护士1789人。全区共有体育馆1座，新增群众体育健身活动场地7.2万平方米。全年参加市级以上体育比赛获奖牌58枚，其中金牌33枚。

社会生活 城镇居民人均可支配收入25304元，比上年增长16.35%；人均消费性支出14525.06元，增长16.35%；人均住房建筑面积33.95平方米。农村居民人均纯收入10903元，增长17%；人均住房面积52.3平方米。全区企业参加养老保险职工26041人，全区参加失业保险职工25399人。社会保险基金总收入7.32亿元，增加1.39亿元；支出4.46亿元，增加9454万元。新型农村养老保险参保农民21万人，参加新型农村合作医疗农民35.52万人。全区城乡最低生活保障救助3618户8110人，其中，城镇低保901户1867人，农村低保2717户6243人，农村特困救济669人。收养性社会福利单位6个，收养883人。社会福利企业9个，安置残疾人员133人。

【任城区实行社会养老新模式】 任城区不断探索社会养老新模式，加大对社区老年人日间照料中心的建设力度，投资1060万元集中建设薛口社区、胜利社区、谢营社区等5处日间照料中心，为高龄、空巢、独居、特困及生活困难老年人提供服务。通过日托服务的形式，为具有生活自理能力或部分生活自理能力的老年人提供膳食供应、保健康复、休闲娱乐和交通接送等日间服务，实现老年人白天入托接受照顾、参与活动，晚上回家享受家庭生活的新模式。日间照料中心运营经费实行省级福彩公益资金资助一点、市级配套一点、区镇(街道)支持一点、社区自筹一点、社会力量投入一点的模式筹集，从业人员优先录用本街道、本社区登记的失业人员和低保人员，实行持证上岗，中心产权归社区所有，由社区居委会负责运营管理，区民政局和街道办事处负责监督管理。

【任城区率先实施村(社区)法律顾问派驻工程】 8月21日，任城区按照“农事办理不出村”的服务机制，从律师事务所、法律服务所中有执业资格的人员中选拔精干律师，在全市率先实施村(社区)法律顾问派驻工

■2012年4月16日，济宁市任城区人民政府工商登记零收费新闻发布会。

程，出台《关于实施村(社区)法律顾问派驻工程的意见》，推行"一村(社区)一名法律顾问"模式，为全区农村(社区)提供法律咨询、重大合同审查、政策法律宣传、村规民约规范、重大民间纠纷调处等全方位、多层次服务。全年对91个村(社区)进行法律顾问派驻，开展法制宣传91场次，培训教育2万余人次。全区法律顾问参与修订涉法文书54件，调解纠纷176件，代理诉讼案件15件，为新农村建设创造和谐稳定的发展环境。

【任城区成功申报现代农业生产发展资金苗木花卉产业项目】 聘请省林业厅设计院专家，编制任城区《2012年现代农业生产发展资金苗木花卉产业项目申报书》。专家组实地观看李营苗木示范基地和在建设中的李营苗木花卉交易市场，省林业厅对任城区苗木花卉发展取得的成绩给予极大的肯定。8月14日，通过省财政厅、省林业厅组织的专家评审，任城区现代农业生产发展资金苗木花卉产业项目获批。项目为期3年，每年省财政投入资金500万元，累计投入资金1500万元，用于任城区苗木花卉产业建设，为任城区苗木花卉产业的发展注入极大的活力。

【任城区实行工商登记"零收费"】 4月16日，任城区实行"政府埋单、企业受益"的工商登记"零收费"。凡在任城区范围内登记的企业和个体工商户在办理工商登记注册时，只需由区工商分局受理人员填写《济宁市任城区工商登记零收费审批表》，详细记录下企业和个体工商户的名称、住所及登记费数额，并由企业、个人签章确认后，办理注册所产生的企业设立登记费、企业变更登记费、企业年检费和个体登记费均由区财政代付，不再向企业和个人收取相关费用。此项措施的实行，每年可为企业或个人减少相关费用300万元。

石桥镇

党委书记　赵红雨

镇　　长　樊培涛

位于区境东南部，面积62.4平方公里。辖42个自然村，35个村民委员会；有13034户，5.17万人；其中女25317人。人口自然增长率为6‰。

农林牧渔业总产值52324万元，比上年增长9%。全年粮食作物播种面积5298公顷，总产4.89万吨；瓜菜2475公顷，总产16.3万吨；棉花23.2公顷，总产6.1吨；种植业产值36352万元。全年造林865公顷，森林覆盖率达36.5%，林果总产203吨；林业产值66万元。年末牲畜存栏456头，猪存栏1.5万头，羊存栏0.85万只，家禽存栏12.5万只，畜牧业总产值5087万元。水产品总量9865吨，渔业总产值9332万元。地方财政收入4483.8万元。农民人均纯收入10564元，比上年增加1338元。有中学1处，小学2处，在校学生共3782人，适龄儿童入学率100%，有医院1处。新农合参合48500人，参合率达100%。有老年公寓1处，入住189人，五保老人供养率达到100%、集中供养率达到100%。

【都市农业提质增效】 坚持用三产理念经营一产，依托湖区养殖基地、生态农业文化园、农业综合开发区三大板块，发展以特色农产品培育、参与体验、休闲观光等为主要内容的都市农业。投资2.55亿元的跑马场项目办完立项手续，正在办理项目规划，建成后可实现销售收入1.71亿元；投资4000万元的金锣集团生态养殖基地正在进行设备安装；江南水乡项目一期工程已经完工，近期对外开放；以香樟园、江南水乡为代表的石桥镇生态休闲观光项目被评为省级农业旅游示范点。

【教育事业取得新进展】 提出“农村教育城市化”的教育目标,让农村孩子享受优质的教育。镇政府拨付近40万元,为中学更新了315千伏安的变压器一台。修建下水道300多米,新购置学生课桌凳350套;出资近30万元对中心小学的信息楼和科技楼进行了整体加固。利用上级政策,积极争取专项资金420余万元,对全镇的8处附属幼儿园的园舍环境进行了升级改造。镇政府每年都要组织镇直有关职能部门对学校、幼儿园安全工作进行2次以上的全面检查。中心小学投资8万元对食堂的加工车间进行了改造,保证了5000多人就餐未发生一起食品安全事故。全镇没有出现一次校车安全责任事故。按全区最高标准发放班主任教师的工作补贴,全镇每年用于班主任教师的补贴和特困学生的救助金达22万多元。镇中心中学、中心小学、希望小学全部创建为省级规范化学校。2012年,镇中心中学被评为“山东省教学示范校”、“市遵纪守法光荣学校”,镇中心小学被评为“省级绿色学校”、省教学示范学校”等。

长沟镇

党委书记　谢晓华

镇　　长　扈友臣

位于区境西北部,面积68.51平方公里。辖52个自然村,52个村民委员会;有16711户,60963人;其中女29431人。人口自然增长率为4.3‰。

工业总产值71.2亿元,增长12.1%;实现利税7.34亿元,增长9.7%。农林牧渔业总产值4.57亿元,增长9.9%。全年粮食作物播种面积6460公顷,总产5.31万吨;瓜菜512公顷,总产3.97万吨;棉花19公顷,总产26.6吨;种植业产值3.42亿元。全年造林49公顷,森林覆盖率达33.25%,林果总产20654吨;林业产值187万元。年末大牲畜存栏146头,猪存栏2.08万头,羊存栏0.76万只,家禽存栏25.3万只,畜牧业总产值6958万元。水产品总量964吨,渔业总产值993万元。农业机械总动力达96754千瓦。乡镇企业总产值53.6亿元,利税5.01亿元,其中个体私营企业产值26.3亿元、利税2.07亿元。财政收入5477万元。农民人均纯收入10825元,比上年增加1410元。有中学1处,小学9处,在校学生4300人,适龄儿童入学率100%,有医院1处。电话普及率达到每百人86部。

【重点项目建设取得新成果】 新开工过亿元项目4个、5000万元项目1个。投资1.24亿元的港宁纸业二期、投资1.02亿元的华科运动制品项目已建成投产;投资5.2亿元的鲁兴大力流动式起重机生产项目、投资2亿元的港宁纸业年产3万吨特种纸生产项目正施工建设;投资5000万元的鑫源钢丝项目投产运行。济宁海波路德有限公司年产5万台电动车项目、瑞嘉服饰有限公司年产580万套服装生产项目、华孚润滑油有限公司润滑油生产项目落地。葡萄种植效益逐年增加,葡萄总产值达到1.6亿元,全年到长沟采摘、观光的游客达5万多人次,消费收入500余万元。三韩蔬菜基地以年增300个蔬菜大棚的速度快速扩张。以三韩蔬菜基地为中心投资1200万元的农业综合开发项目将于2013年4月中旬完工验收。涉及29个村、2万亩地的小农水项目全面展开。

【葡萄品牌拉长产业链】 依托葡萄产业,长沟镇大力发展葡萄酒保、葡萄采摘、葡萄认领、餐饮娱乐等项目。葡萄领养是葡萄种植户新推行的“绿色消费”葡萄文化旅游项目。领养一株属于自己的葡萄树,携家人到果园修剪,施肥,除草,套袋,采摘,感受劳动的艰辛,享受丰收的喜悦。长沟镇还把葡萄文化、运河文化、餐饮文化、民俗文化、历史文化有机融合,建起3000米葡萄长廊、150个葡萄观光亭;建设一批精品葡萄采摘观光园、一批垂钓餐饮项目;整理一批民俗历史文化观光点,把葡萄基地建设成为集休闲娱乐、旅游观光、餐饮服务、科教示范于一体的生态农业观光园区。

接庄街道

党工委书记

李　铮(~2012.12)

孟凡玮(2012.12~)

办事处主任　杨银轩

位于区境东南部,面积85平方公里。辖56个自然村,48个村民委员会,有25219户,89010万人,其中女43709人。人口自然增长率为8.1‰。

工业总产值198.39亿元,增长35.7%;实现利税23.51亿元,增长34%。农林牧渔业总产值6.52亿元,增长18.5%。全年粮食作物播种面积6386公顷,总产4.92万吨;瓜菜4162公顷,总产19.4万吨;棉花4公顷,总产9吨;种植业产值5亿元。全年造林48公顷,森林覆盖率达30.3%,林果总产2516吨;林业产值176.55万元。年末大牲畜存栏1048头,猪存栏1.4万头,羊存栏 0.2 万只，家禽存栏 5.2 万只，畜牧业总产值 4528 万元。水产品总量 4231 吨，渔业总产值 3627 万元。农业机械总动力达 99218 千瓦。乡镇企业总产值 315.33 亿元，利税 3.72 亿元，其中个体私营企业产值 45.94 亿元、利税 5.38 亿元。地方财政收入 1.46 亿元。农民人均纯收入 10930 元，比上年增加 1647 元。有中学 1 处，小学 6 处，在校学生 3800 人，适龄儿童入学率 100%，有医院 1 处。新农合参合 60716 人，参合率达 100%；办理基本医疗保险 163 人。有老年公寓 1 处，入住 148 人，五保老人供养率达到 100%、集中供养率达到 90%。

【民营企业集群发展】 实施“强企扶持”工程和中小企业成长计划。推行科级领导包保重点企业制度，对规模大、发展后劲足、市场前景好的骨干企业，政策上倾斜、资金上扶持、环境上保护。鼓励扶持优势企业通过对外合作、资本运营等模式，扩大产能，实现裂变式发展。实施中小企业成长计划，26 家企业纳入中小企业成长计划。为机械产业集群争取国家专项扶持资金 600 余万元。推行党政领导优化发展环境包保责任制，对企业的各类收费实行“扎口”管理，严厉打击各种违法犯罪行为。实施品牌培育战略，鼓励企业创牌创优。园区拥有国家级高新技术企业 11 家，省级高新技术企业 8 家；国家级实验室 2 个，省级工程技术研发中心 4 个，省级企业技术中心 4 个；中国驰名商标 2 个，山东省著名商标 13 个，山东名牌 6 个。

【主导产业转型升级】 2012 年，机械制造产业整体经济效益稳中有升。沃尔华集团自主研发的中小型液压挖掘机品种多，功能强、环境适应性好，在省内及江浙地区市场前景良好；山推胜方产品成本优势和技术优势明显，产品 80%实现出口；科尔森液压注重高附加值产品的开发，国内外订单稳中有升。开发区机械制造产业全年实现销售收入 132 亿元，同比增长 23.6%。医药健康产业方面，成功引进世界 500 强企业 1 家、中国 500 强企业 1 家，全年销售收入突破百亿。投资 10 亿元的方健制药、5.6 亿元的天博食品等项目年内投产达产，正在加紧运作投资 1.5 亿元明嘉生物项目和 1.3 亿元的美泰医疗无头空心加压螺钉项目。新能源新材料产业方面，帝豪高分子材料、杰威迅 LED 等一批新兴产业项目正式投产。文化创意产业方面，总投资 35 亿元的东方文博城一期项目、1.5 亿元的吉康农业观光园项目正在按照投资计划实施建设。

李营街道

党工委书记　孙兴格

办事处主任　孔晓军

位于区境北部，面积 77.78 平方公里。辖 56 个自然村，56 个村民委员会；16800 户，67380 人；其中女性 34536 人。人口自然增长率为 9.98‰。

工业总产值 18 亿元，增长 20%；实现利税 3.39 亿元，增长 23.7%。农林牧渔业总产值 4.4 亿元，增长 5%。全年粮食作物播种面积 4178.7 公顷，总产 3.4 万吨；瓜菜 800 公顷，总产 4.3 万吨；棉花 20 公顷，总产 34.3 吨；种植业产值 1.7 亿元。全年造林 540 公顷，森林覆盖率达 36％，林果总产 4654.5 吨；林业产值 3000 万元。年末牲畜存栏 101.28 万头，猪存栏 4.5 万头，羊存栏 0.78 万只，家禽存栏 96 万只，畜牧业总产值 2.6 亿元。水产品总量 266 吨，渔业总产值 1310 万元。农业机械总动力达 62000 千瓦。乡镇企业总产值 86.3 亿元，利税 10.8 亿元，其中个体私营企业产值 17 亿元，利税 1.8 亿元。地方财政收入 1.6799 亿元。农民人均纯收入 9435 元，比上年增加 1089 元。有中学 2 处，小学 8 处，在校学生 4032 人，适龄儿童入学率 100％。有医院 4 处。新农合参合 61503 人，参合率达 100%；办理城乡居民基本养老保险 41632 人、基本医疗保险 1919 人；办理城市低保 6 人，最低生活标准每人每月 400 元，月平均发放低保金 2400 元。有 1 处老年公寓，入住 106 人，五保老人供养率达到 93%、集中供养率达到 93%。

【城乡统筹快速发展】 重

李营苗木基地小景

点工程进展顺利。圆满完成省道338线、时庄回迁楼、济宁人民警察培训基地等重点工程的占地征用，有序推进金宇变电站、附高片区、济阳路升级改造等工程的附着物清点清理补偿工作。城市产业膨胀发展。翠都国际商务酒店、供销路商贸一条街等三产项目相继动工或加紧建设；罗马假日、晨阳庄园等10多个房地产项目陆续建成销售；农村信用联社、济宁银行、太平洋保险、大地保险等金融保险业相继落户李营。镇村开发亮点纷呈。高标准编制完成李营小城镇总规和驻地修建性详规；李营社区高层商住楼全面启动；薛口社区二期16栋楼房全面竣工；史行社区、五道街社区各项手续基本完备，具备开工建设条件。城乡面貌持续改观。投入150余万元，健全完善了保洁队伍和软硬件设施，实施城乡环卫物业化管理，建立环境保洁常态长效机制。

【苗木产业规模稳步壮大】 全年销售苗木1.4亿株，营业额达11.8亿元，引进新品种10个、新技术2项，美国红枫新品种“秋火焰”在李营繁育成功，年出圃100余万株。投资1.6亿元、占地3352亩的中国北方名优花木集散中心规划设计编制完成，主干道路铺设完毕，配套设施实施建设中，2013年实现试运营。园林绿化工程公司发展到26家，其中三级以上资质的达14家。林下食用菌种植培育基地6个，种植400亩。苗木产业的旅游带动功能逐渐提升，裕丰花卉基地、水木童话园林、北刘庄民俗村、颐和生态园和郭氏农场5个休闲旅游项目投入运营。

二十里铺街道

党工委书记　陈元强

办事处主任　孙恒民

位于区境北部，面积70.4平方公里。辖64个自然村，53个村民委员会；有12715户，50312人；其中女24594人。人口自然增长率为6.5‰。

工业总产值65.96亿元，增长28%；实现利税6.42亿元，增长30%。农林牧渔业总产值4.94亿元，增长5%。全年粮食作物播种面积8186公顷，总产5.5万吨；瓜菜1525公顷，总产8.56万吨；棉花56.3公顷，总产83.8吨；种植业产值3.26亿元。全年造林70公顷，森林覆盖率达40%，林果总产821吨；林业产值622万元。年末大牲畜存栏377头，猪存栏2.8万头，羊存栏1.7万只，家禽存栏63.6万只，畜牧业总产值1.51亿元。水产品总量805吨，渔业总产值998万元。农业机械总动力达78003千瓦。乡镇企业总产值70.03亿元，利税7.85亿元，其中个体私营企业产值52.26亿元、利税6.14亿元。财政收入7450万元。农民人均纯收入10833元，比上年增加1671元。有中学1处，小学9处，在校学生共2977人，适龄儿童入学率100%，有医院1处。电话普及率达到每百人65部。

【大项目建设年活动】 扎实开展大项目建设年活动，在建项目8个，其中10亿元以上项目1个，5亿元以上项目1个，亿元以上项目6个。投资10.8亿元的碳素公司综合新型碳材料项目，完成建设施工总体量的90%，预焙阳极和氧化防水沥青项目年底建成投产；投资6亿元的云天化公司氨化造粒复合肥生产项目，一期工程基本完工，11月底试车生产，年底正式投入运营；投资1.2亿元的国鸿石化公司润滑油生产项目，建成生产车间，安装调试设备；投资1.2亿元的鲁西矿业集团一体化综合楼建设项目，基础工程正在施工；10月30日，恒晟新能源纳米级锂离子电池正极材料、尚核电力公司防腐材料、昆仑石化润滑油、康泰化工公司氯化胆碱等4个大项目集中开工，总投资9.5亿元。

南张街道

党工委书记　赵　岗

办事处主任　范永全

位于区境西北部，距城1公里，面积55.5平方公里。辖53个自然村，53个村民委员会；有13614户，53170人；其中女26410人，非农业人口2446人。人口自然增长率为10.44‰。

国内生产总值27.6亿元，比上年增长16%，其中一、二、三产业增加值分别达到24897万元、173360万元和78237万元，分别比上年增长5.1%、13和55%。工业总产值45亿元，增长11%；实现利税18878万元，增长10%。农林牧渔业总产值48631万元，增长4.6%。全年粮食作物播种面积4138公顷，总产3.2万吨；瓜菜1338公顷，总产5.8万吨；棉花0公顷，总产0吨；种植业产值29678万元。全年造林51公顷，森林覆盖率达25.8%，林果总产3284吨；林业产值893万元。年末大牲畜存栏846头，猪存栏1.1万头，羊存栏0.6万只，家禽存栏24万只，畜牧业总产值15823万元。水产品总量825吨，渔业总产值1037万元。农业机械总动力达38003千瓦。乡镇企业总产值48.3亿元，利税26053万元，其中个体私营企业产值48.3亿元、利税26053万元。地方财政收入17022万元。农民人均纯收入11015元，比上年增加1652元。有中学1处，小学7处，在校学生共3398人，适龄儿童入学率100%，有医院5处。新农合参合47060人，参合率达100%；办理城镇基本养老保险83人、基本医疗保险353人、失业保险94人、工伤保险72人、生育保险0人；办理城市低保134人，最低生活标准每人每月400元，月平均发放低保金18.3万元。有1处老年公寓，入住163人，五保老人供养率达到100%。

【物流园区加速崛起】 规划总面积8平方公里的综合物流园区，以刘堤头转盘为中心，东接主城区，西靠京杭大运河。沿105国道，南部有五金、建材、机电城；中部有汽贸、汽配、检测等汽车服务配套产业；北部有农产品物流城；沿金宇路、任城大道布局现代商贸服务业和城市综合体项目。商贸城、物流城、汽车城、建材城四大功能板块布局清晰，功能明确，项目承载能力不断增强。投资60亿元的雨润物流园达成合作意向，投资25亿元的亿丰时代广场二期开工建设，投资10.5亿元的兴隆农副产品物流中心、投资5.6亿元的泉兴物流园正加快建设，投资1.2亿元的金宇二期建成并投入使用。

【城镇建设强力推进】 驻地改造深化实施。投资120万元安装太阳能路灯、栽植绿化树木，南白商业街完成拆迁补偿，供销社片区的开发建设加快实施，小城镇的集聚力和带动力进一步增强。运河新城基本竣工，仁诚雅居在建楼盘主体全部封顶，投资3.8亿元的华任尚品、投资1.2亿元的金塔花园加快建设，投资3亿元的运河怡居保障性住房破土动工。社区建设稳步推进。吴庄宋庄旧村改造项目整体规划完成，前期工作正在推进，杜庙、白王社区项目已和投资商达成合作意向。

仙营街道

党工委书记　赵文卫

办事处主任　李雪梅

位于区境南部。街道面积2.5平方公里，辖4个社区居民委员会，1个行政村，有15979户，58897人，其中女25742人，人口自然增长率为4.5‰。

街道财政总收入1.65亿元；其中实现地方财政收入1亿元，占全年任务的108%；完成招商引资3.36亿元，占全年任务的134%；共实施投资千万元以上项目31个，其中新开工亿元以上项目6个；固定资产投资完成7.1亿元，占全年任务的127%；新上限额服务企业20家。人均纯收入2.55万元，比上年增加0.35万元。有中学1处，小学1处，在校学生6422人，适龄儿童入学率100%，有医院4处。新农合参合人数916人，参合率达100%；办理城镇居民基本养老保险1420人、基本医疗保险3300人；办理城市低保231人，最低生活标准每人每月229元，月平均发放低保金5.3　万元。有老年公寓1处，入住25人，五保老人供养率、集中供养率达到100%。

【构建社会管理服务一体化平台】 仙营街道建立"街道－社区－网格"三级组织网络。与市、区社会管理综合治理办公室衔接，成立社会管理服务中心(挂综治信访维稳中心牌子)，负责工作的部署、管理、督导和考核；社区成立工作站，负责组织实施管理服务各项工作；按照"划小社区、划多阵地、划短距离、划清底数、划全功能、划明责任、划活资源、划实考核"的"八划"要求，按300～500户、人口1000～1500人左右的规模将全街道划分44个网格，每个网格设立网格工作室，负责具体抓好各项工作的落实，做到社区有网、网中有格、格中有人、人尽其

2012年6月，仙营街道社区义工服务团成立。

责。全年通过社会管理服务一体化平台,向相关部门提供有效信息63条,网格管理员累计走访居民16000余户,召开座谈会37次,对摸排出的28户困难家庭进行救助,对发现的48起矛盾纠纷及时处理,使矛盾纠纷化解在萌芽之中。

【义工服务团成立】 6月,街道牵头成立社区义工服务团。义工分成3个小队,分别是以大中专在校生为主的红星队,以机关干部、社区工作人员为主的金星队和以企业职工、社会人员为主的蓝星队。定期开展无偿法律援助服务、维修护理、文明劝导、环保宣传、邻里调解等主题活动。为辖区居民提供卫生清理、免费理发、义诊、就业服务宣传等多方面的服务活动。至年底,注册义工达3000多人,义工服务团开展活动21起。

金城街道

党工委书记　赵才文

办事处主任　孟凡璋

位于区境西南部,面积4.75平方公里,辖11个社区,3个行政村,有23613户, 8.76万人。人口自然增长率为4.7‰。

2012年,实现地方财政收入1.58亿元,占全年任务的101.9%;完成招商引资5.1亿元,占全年任务的127.5%;引进项目45个,其中投资过亿元项目10个、过千万元项目23个,固定资产投资完成16.1亿元,占全年任务的115.8%;新增规模以上工业企业5家,限额服务企业13家。有中学1处,小学2处,在校学生2196人,适龄儿童入学率100%,有医院3处。新农合参合人数730人,参合率达100%;办理城镇居民基本养老保险4041人、基本医疗保险8056人;办理城市低保985人,最低生活标准每人每月400元,月平均发放低保金22.56万元。有老年公寓3处,入住150人。

【项目建设成效显著】 重点扶持的2家骨干工业企业,山矿机械有限公司实现税收2692万元、鲁亚制药有限公司实现税收1543万元,均位居全区工业企业纳税前十强;总投资16亿元、占地600亩的山矿机械有限公司矿用成套设备产业园已完成规划设计,与德国福伊特公司基本达成合作意向,具备实施搬迁的各项条件。楼宇经济亮点纷呈。恒丰银行任城支行、建设银行城区支行入驻古槐广厦、古槐名邸沿街商务楼;长安花园沿街商业、阳光花园沿街商业、古槐家园沿街商业、梦园商务楼正在对外招租。特色服务业快速崛起。投资1.5亿元的潘晓婷俱乐部,场馆面积1万余平方米,成为全市首家拥有室内高尔夫、卡丁车、高档台球等大型综合健身、时尚休闲、文化娱乐项目的高档场所;7月,总投资2亿元、建筑面积2万平方米的济宁贵和购物中心环西店正式运营,带动就业500余人。金融保险业加速聚集。11月,投资2亿元、经营面积7000余平方米的全区第一家总部银行济宁儒商村镇银行份开业,实现税收近300万元;大地保险、生命人寿、都邦保险、万通证券、长城投资、鑫源投资、聚丰投资等18家金融保险公司年内实现税收3000万元。科技创新和技术研发能力快速提升。新增省级企业技术中心1家,鸿顺集团企业技术中心被评为山东省第十九批省级企业技术中心。高新技术产业产值占规模以上工业比重达到56.8%。

【城市形象全面提升】 10月,总投资22亿元的蓝天豪庭高端城市综合体项目举行开盘仪式,建成后将成为市区楼宇经济新地标。城市环境日趋优化。投入300余万元开展示范街巷、示范村居、示范单位创建活动,每月公开考评,塑造典型、以点带面,推进环境卫生综合整治。城市管理创新突破。投入200余万元,开展"网格化管理、一站式服务"的社区管理模式,服务居民横到边、竖到底,网格覆盖无缝隙、零距离,基本消灭"三不管"地带,形成"政府主导、社会协同、公众参与、主动服务"的社会管理格局。

（王国华　姚京燕）

兖州市

市委

书　记　张玉华

副书记　董　波

　　　　王　骁

常　委　范继珍

　　　　初建伟

　　　　刘英会

　　　　李艳华(女)

　　　　陈秋生

　　　　毛景卫

　　　　徐继瑞

　　　　唐　军

市人大常委会

主　任　陈　方

副主任　宋新光

　　　　张元岐(~2012.01)

　　　　董瑞山

　　　　孙连干

　　　　张　华(女)

　　　　赵广岭

市政府
市　长　董　波
副市长　范继珍
　　　　陈秋生
　　　　邱培友
　　　　李连习
　　　　刘晓林
　　　　王仁娜(女)

市政协
主　席　于立武
副主席　尹凤银(～2012.01)
　　　　刘　春
　　　　郭元强
　　　　邱印水
　　　　王建华
　　　　朱前春(女)
　　　　张贵民

市纪委
书　记　李艳华(女)

市人武部
政　委　毛景卫
部　长　李开喜(～2012.08)
　　　　钱广元(2012.08～)

市法院
院　长　马庆池(～2012.12)

市检察院
检察长　安如喜

市名由来　夏商周时,兖州为古九州之一,因兖水而得名。1992年撤县建市。

政区　人口　全市总面积648.2平方公里。辖7个镇、5个街道,528个行政村(社区)。2012年末全市总人口63.68万人,其中城镇人口37.75万人。人口出生率12.5‰,死亡率6.86‰,自然增长率5.64‰。有少数民族27个,7315人。

经济概况　全年实现生产总值506.19亿元,按可比价格计算,比上年增长13.1%。其中,第一产业增加值39.50亿元,增长3.7%;第二产业增加值299.17亿元,增长15.5%;第三产业增加值167.52亿元,增长10.9%。三次产业比例为7.8∶59.1∶33.1。全社会固定资产投资178.05亿元,增长25.2%。实现财政总收入60.44亿元,增长12.03%;地方财政一般预算收入33.66亿元,增长22.7%。2012年末金融机构人民币各项存款余额278.6亿元,比年初增加46.6亿元,其中储蓄存款余额187.9亿元,增加30.4亿元。人民币各项贷款余额201.6亿元,增加39.9亿元。

农业　全年农林牧渔业实现总产值65.51亿元,比上年增长5.0%。粮食总产52.77万吨,增长11.4%;棉花总产458.77万吨,下降18.6%;油料总产0.42万吨,下降33.9%;水果总产0.25万吨,下降19.4%;蔬菜总产54.19万吨,下降26.0%;水产品总产0.17万吨,增长7.1%。肉类总产10.71万吨,增长2.7%;禽蛋总产3.81万吨,增长3.1%;奶类总产0.8万吨,增长4%。新增造林面积0.41万亩,农田有效灌溉面积56.25万亩。全市农机总动力70.78万千瓦,增长2.0%。

工业和建筑业　全年实现工业增加值279.14亿元,比上年增长15.6%。规模以上(年主营业务收入2000万元以上)工业企业149家,实现增加值251.2亿元,增长16.78%,其中非公有工业企业实现增加值213.5亿元;实现主营业务收入936.6亿元;实现利税72.9亿元;实现利润51.9亿元。工业经济效益综合指数为269.15,比上年提高8.56点。企业亏损面为6.16%,增长0.94个百分点。全市资质三级及以上建筑企业23家,完成建筑业总产值86.9万元,增长27.0%;实现利税48627万元,增长10.1%。

建设　环保　年末城镇化率59.28%,比上年提高2个百分点。城市基础设施建设投资32220万元,增长1.4%。城市人均道路面积25.23平方米,人均绿地面积15.69平方米,建成区绿化覆盖率35.05%。自来水普及率100%,燃气普及率100%,集中供热普及率65%。经济适用住房建设竣工8.09万平方米,总计676套,廉租住房建设竣工1.5万平方米,交付132套。村镇建设投资47115万元(不含新兖镇),增长47.4%。已建成污水处理厂2座,污水集中处理率达到93%,无害化垃圾处理率达到100%。城市空气质量良好率达到89%,水环境功能区达标率为100%,道路交通声环境质量为较好以上的占100%。

交通　邮电　年末公路通车里程809.5公里,其中高速公路通车里程17.4公里。铁路、公路共完成旅客运量993万人次,比上年下降4.0%;完成货运量2721万吨,增长25.1%。年末民用汽车拥有量达到52270辆,增长19.6%,其中私人轿车7741辆,增长9.7%。完成邮电业务总量32206.5万元,增长27.2%。其中,电信业务总量28520万元,增长27.7%;邮政业务总量3686.5万元,增长24.0%。年末固定电话用户3.95万户,下降49.7%,移动电话用户38.8万户,增长15.5%,互联网用户11.26万户,增长11.9%。电话普及率达到每百人84.1部。

贸易　旅游　全年实现社会消费品零售总额148.01亿元,比上年增长16.7%。其中,城镇市场零售额109.2亿元,增长16.9%;乡村市场零售额38.81亿元,增长16.3%。实现进出口总额192405万美元,下降0.9%,其中出口78843万美元,增长18.3%。新签利用外资项目5项,合同外资额5381万美元,下降57.5%;实际利用外资16350万美元,增长27.6%。新批境外企业(机构)4家,协议投资总额1874万美元。外派人员365人次,下降11.4%。主要旅游景点有兖矿集团兴隆庄煤矿工业旅游示范点、兖州国际农科奇观、兴隆塔、金口坝、青莲阁、少陵台、市博物馆和上禾农业园,A级及以上旅游景区3家。全年接待国内外游客229.33万人次,增长15.39%。实现旅游总收入210700万元,增长18.33%,其中国内旅游收入209300万元,增长19.93%。

教科文卫体　有中等职业、技工学校4所,在校生0.2万人。普通高中3所,在校生1.02万人。初中16所,在校生1.65万人。小学64所,在校生3.41万人。特殊教育学校1所,在校生51人。共取得市(地)级及以上各类重要科技成果17项,其中获得省科技奖励1项。专利申请量1023件,授权专利847件。有博物馆1个,档案馆1个,公共图书馆1所,文化馆(站)1个,农村文化大院352个。广播、电视人口综合覆盖率分别达到100%和100%。有卫生机构144个,其中,医院、卫生院25个,社区卫生服务中心3个,妇幼保健院(站)1个,疾病预防控制中心1个。各类卫生机构共有床位3801张,卫生技术人员4141人,其中,执业医师及执业助理医师1462人,注册护士1655人。有体育馆1座,新增群众体育健身活动场地3万平方米。全年参加市级及以上体育比赛共获奖牌10枚,其中金牌3枚。

社会生活　城镇居民人均可支配收入24103元,比上年增长15.68%;人均消费性支出15619元,增长11.67%;人均住房建筑面积31.83平方米。农村居民人均纯收入11620元,增长17.9%;人均生活消费支出6924元,增长13.2%;人均住房面积46.87平方米。全市城镇基本养老、医疗、失业、工伤和生育保险参保人数分别达到9.97万人、21.8万人、6.8万人、8.7万人和7.3万人,比上年底增加0.63万人、3.48万人、2.1万人、2.22万人和3.19万人。社会保险基金总收入101959.69万元,增加20651.69万元;支出90100.39万元,增加23277.39万元。新型农村养老保险参保农民23.9万人,参加新型农村合作医疗农民360413人。全市城乡最低生活保障救助13352人,其中,城镇低保5467人,农村低保7885人,农村特困救济16563人。社会养老福利单位13个,收养1243人。社会福利企业5个,安置残疾人员576人。

【兖州市率先实现15年免费教育】　2012年,兖州市从春季学期开始,财政每年列支3366万元,实行学前免费教育。自2006年实现9年制全免费义务教育,2008年在全省率先实现免除高中教育学费以来,2012年,兖州市在全省率先实现了从学前至高中的15年免费教育。

【兖州市率先搭建县级银企对接信息平台】　为加强金融机构与企业之间的有效沟通,破解融资瓶颈,创新政银企合作机制,2012年6月4日,兖州市中小企业融资信息服务平台正式上线,标志着兖州市率先搭建了全省唯一的县级银企对接信息平台。随着平台服务不断细化,服务水平不断提高,银企对接更加密切,融资效果显著。截至2012年底,共有近150家企业参与银企对接,获得全市各金融机构贷款近10亿元。

【兖州市大病救助温暖民心】　2012年,兖州市列支1000万元救助资金,在以往政策的基础上进一步完善了《兖州市城乡困难居民大病救助实施细则》,扩大了救助对象范围,取消了救助病种限制,提高了救助标准和限额,最高救助可达10万元。2012年初被确定为“全国重特大医疗救助试点”单位。

【兖州市太阳纸业、华勤集团销售收入相继突破300亿元】　2012年12月2日、12月15日,太阳纸业、华勤集团相继举行销售收入突破300亿元庆祝大会,济宁市委、市政府对两家企业进行了通报表彰,并分别授予山东省太阳纸业有限公司、华勤橡胶工业集团“济宁市制造业首家过300亿企业”、“济宁市制造业过300亿企业”称号。

【兖州市城乡居民养老保险全覆盖】　2010年兖州市参照国家新农保试点政策,把129个行政村的7.3万名被征地农民纳入参保范围。2010年10月被列为首批山东省农保试点县,率先将城镇居民参照新农保政策一并实施,缴费补贴和基础养老金由市财政全部承担。2012年底,全市城乡居民养老保险参保率达到25万人,参保率100%,累计为城乡7万余名60周岁以上居民发放养老金1亿多元。2012年10月,兖州市在全国新型农村和城镇居民社会养老保险工作总结表彰大会上受到国务院表彰。

酒仙桥街道

党工委书记　许振文

办事处主任　郑　辉

地处兖州市东城区,面积11.3平方公里。2012年,辖13个行政村,6个城市社区。有10943户,32899人,其中非农业人口21285人,人口自然增长率4‰。

2012年,工业总产值5.6亿元,增长25%,实现利税5687万元,增长25%。全年粮食作物播种面积945公顷,总产7222吨;瓜菜5公顷,总产75吨;棉花1公顷,总产3吨;年末猪存栏8840头,羊存栏838只,家禽存栏12.62万只。农村用电量234万千瓦时。规模以上工业总产值4.3亿元,利税3086万元,其中私营企业产值3.3亿元、利税2566万元。财政收入3461万元。农民人均纯收入11902元,比上年增加1822元。有中学1处,小学1处,在校学生共787人,适龄儿童入学率100%。有医院2处。电话普及率达到每百人100部。被评为兖州市档案工作先进单位、兖州市城市文明建设与管理工作先进集体、兖州市党管武装先进单位、兖州市社会综合治税工作先进单位、兖州市安全生产工作先进单位。

【省旅游文化强乡镇创建工作顺利通过验收】 2012年,酒仙桥街道共接待旅游人次近30万人次,旅游从业人员3200人。2012年11月,省、市旅游局相关领导检查验收省旅游强乡镇创建工作,验收组领导对街道旅游强乡镇创建工作给予了充分肯定,并提出了指导性意见,旅游强乡镇顺利通过验收。

【经济社会发展稳中有进】 2012年,实现国地两税地方财政收入2254万元;完成规模以上固定资产投资4.3亿元;利用市外国内资金3.2亿元;新申报限额以上服务业企业11家。街道经济形势呈现出服务业公司增多、产业结构优化,税收总量递增的良好发展态势。实施农业“带富”工程,发展泉智有机蔬菜合作社、仙城农机专业合作社、益林林业合作社3家农业合作组织,共发展社员100余户。深入开展农村环境专项整治活动。建立起了“户集、村收,委托运输、处理”的农村垃圾处理机制。建成绿化示范村1个,新增苗木示范基地1处,新增绿化面积4000平米,栽植苗木花卉4850棵株,生态环境进一步改善。

【城市建设扎实推进】 2012年底,兖曲路改造工程已完成给排水施工;泗河九州大桥桥梁主体工程已顺利完工;泗河兴隆大桥工程已竣工通车;北护城河路东延工程道路建设已完工;327国道田家村段绿化改造工程正进行道路两侧排水施工,部分已实施绿化;古城煤矿运煤专用道路已建成使用;泗河110千伏变电站已经开工建设;三河村25栋安置楼的住户已回迁新居;琉璃厂安置楼主体已全部完工。

鼓楼街道

党工委书记　霍长恩

办事处主任　蔡学梅

位于兖州市城区,面积17.21平方公里。辖5个村、19个社区;有35588户,144551人;其中女70169人,非农业人口137551人,人口自然增长率为4.08‰。

2012年,地区生产总值45亿元,比上年增长28%,其中一、二、三产业增加值分别达到8750万元、175011万元和266239万元,分别比上年增长5%、28%和25%。工业总产值10.5亿元,增长30%,实现利税12945万元,增长35%。规模以上工业总产值亿9.3元,利税8338万元,其中私营企业产值9.3亿元、利税8338万元。财政收入8114万元。农民人均纯收入15680元,比上年增加2275元。2012年,鼓楼街道荣获兖州市“综合考核二等奖”、“安全生产工作先进单位”、“兖州市文明单位”、“统战工作先进单位”、“全市城市文明建设与管理工作先进集体”;济宁市“市级妇女维权服务示范站”;山东省“最佳休闲乡镇”等荣誉称号。

【项目建设成效显著】 2012年7月25日,创佳玻纤全资子公司山东美尔佳复合材料有限公司投资1.2亿元的玻璃纤维复合材料项目建成投产。7月30日,投资2000万元的全国知名经济型连锁商务酒店锦江之星兖州店正式开业。9月,硕华工贸投资1.1亿元的年产30MW高效半导体照明应用集成及智能控制系统生产线项目建成投产。10月初,天意机械合股成立的天意集团公司投资3.6亿元新上的1000台/年石膏墙板装备生产线项目已动工开挖地槽。嘉禾集团投资2.8亿元的断热节能复合砌块生产线制造项目,办公楼和1个车间已建成试生产。长城集团投资3800万元的新世纪五星级影城项目,已开业经营。

【城市房屋征收补偿稳步推进】 2012年,紧紧围绕“增强城市综合功能，改善人居环境”的总体目标要求，突出“依法拆迁、文明拆迁、和谐拆迁”的主题，重点抓了3个片区的房屋征收补偿工作。一是北关片区，涉及拆迁户共284户，其中安置房建设片区已经全部搬迁完毕。二是红花西街片区，共涉及搬迁群众145户，2012年3月8日启动，4月16日开始入户丈量，5月23日完成了全部145户的房屋征收补偿工作，为集休闲、娱乐为一体的亨利广场顺利建设奠定了基础。三是启动了北站物流园片区拆迁，涉及兴隆居委会和北关村土地54亩，片区搬迁清障工作正有序推进。

【社会保障协调发展】 2012年初，投资50多万元改建了300平方米的街道综合服务大厅，实行“窗口式工作、一体化办公、零距离服务”，济宁市专门召开了150多个镇街参加的现场会议予以推广。2012年，街道共管理低保户1650户、3960人，月发放低保金118.5万元；为112名优抚对象月发放优抚金15万元；为129名申请大病救助的大病患者发放救助金150余万元；为残疾人发放轮椅22辆；为6304名适龄妇女进行了免费“两癌”筛查；为4516名65岁以上老人进行了免费健康查体；城镇新增就业人数2496人，农村劳动力转移1213人；为6906人办理了新型农村合作医疗，为18085人办理了城镇居民基本医疗保险；为10698名城乡居民办理了社会养老保险，为2138名市属改制企业人员发放养老保险补贴288万元，居民群众的幸福指数和满意度不断增强。

龙桥街道

党工委书记　张　勇

办事处主任　陈　伟

位于市境西部，面积15.51平方公里。2012年，辖15个自然村，15个村民委员会；有13128户，45759人；其中女22203人，非农业人口27032人，人口自然增长率为7.28‰。

2012年，实现地方财政收入8908万元，同比增长24.47%；规模以上固定资产投资13亿元，同比增长28.8%；规模以上工业总产值0.45亿元，利税194万元，其中私营企业产值0.45亿元，利税194万元。农民人均纯收入11305元，比上年增加1002元。农林牧渔业总产值13332万元，增长1%。全年粮食作物播种面积701公顷，总产0.56万吨；瓜菜61公顷，总产0.25万吨；种植业产值1700万元。全年造林10公顷，森林覆盖率达33%，林果总产250吨；林业产值1500万元。年末大牲畜存栏8051头，猪存栏7541头，羊存栏10只，家禽存栏15.4万只，畜牧业总产值1400万元。水产品总量3吨，渔业总产值30万元。农业机械总动力达2982千瓦，农村用电量2847万千瓦时。电话普及率达到每百人96部。被授予山东省首批“乡村文明行动示范镇街”、济宁市“特色餐饮街区”、兖州市2012年度“综合考核一等奖”等荣誉称号。

【坚持项目带动，构筑“一体多元”经济板块】 2012年，顺利实现华勤·紫金城、太阳都市花园等过10亿元大项目的竣工验收，新世纪阳光花园、怡和花园等在建项目进展顺利，有力提升了兖州市房地产业核心板块的档次和水平；餐饮业特色聚集，扬州路美食街东侧部分、九州国际食尚坊等项目扎实推进，形成了扬州路和九州路“十”字交叉布局，进一步做大、做强、做响了济宁市“特色餐饮街区”品牌；商贸物流业内培外引，五里庄商贸服务中心、海润恒隆广场、大润发超市等项目即将完工，与运营中的贵和购物广场、银座商城，共同构筑了新老城区结合部核心商业圈；金融保险业提质增效，全年入驻兴业银行、招商银行、济宁银行、泰山保险、金典担保等10余家金融组织和担保企业，形成了兖州市高品质中央区，为街道经济社会发展注入了新活力。

【坚持城乡一体，提升“现代新城”功能形象】 以“城市建设管理年”为契机，积极配合公建项目建设，圆满完成红花西街32户群众的搬迁和新石铁路边沟排水工程、怡和花园社会保障房的清障工作，顺利实现东方中学西校区、实验小学西校区的主体封顶，加速建设新人民医院、旧关安置房、西顺河路经济适用房，改造提升了豫州路和龙桥路，打造了一批体现现代新城特色的公共地标。深入推进新农村建设，李庙社区二期和薛庙社区一期已封顶，正在室内外装饰装修，薛庙社区二期43栋楼正在基础建设。以创建“省级园林城市”为带动，大力发展园林绿化事业，多方筹集资金60余万元，栽植各类乔木8千棵，花灌木2万株，有力推进了“森林城市、生态乡村”建设。

【坚持以民为本，推进社会事业全面进步】 在兖州市率先完成卫生室基本药物制度全覆盖和居民健康档案建档工作，创新实施村居卫生室服务数字化管理平台建设，真正形成“小病到社区、大病到医院、康复回社区”的就医模式。在济宁市创新开展“孕妈妈课堂”进社区活动，创新创优特色计生服务品牌，稳定辖区低生育水平。深入开展平安创建活动，联合市执法局、卫生局、药监局等部门开展公共安全隐患排查活动，保障群众安全。

新兖镇(山东兖州工业园区)

镇党委书记、兖州工业园区党工委书记、管委会主任　唐　军

镇党委副书记、镇长、兖州工业园区党工委副书记、管委会副主任　韩　枫

位于兖州市境南部，面积60平方公里。2012年，辖51个自然村，51个村民委员会；有11393户，43401人；其中女21376人，人口自然增长率为9.27‰。

2012年，地区生产总值149亿元，比上年增长30%，其中一、二、三产业增加值分别达到21000万元、1297846万元、172187万元，分别比上年增长98%、27%和51%。工业总产值643亿元，增长26%，实现利税258600万元。农林牧渔业总产值37056万元，增长6%。全年粮食作物播种面积4356.6公顷，总产3.6万吨；瓜菜1761.4公顷，总产5.8万吨；棉花13.7公顷，总产30.2吨；种植业产值31931万元。全年造林217公顷，森林覆盖率达32.8%，林果总产150吨；林业产值825万元。年末大牲畜存栏145头，猪存栏5.2万头，羊存栏0.5万只，家禽存栏113万只，畜牧业总产值4200万元。水产品总量100吨，渔业总产值100万元。农业机械总动力达43141万千瓦，农村用电量51444万千瓦时。乡镇规模以上工业总产值634亿元、利税258500万元。其中私营企业产值634亿元、利税258500万元。财政总收入119554万元。农民人均纯收入14369元，比上年增加1982元。有中学2处，小学11处，在校学生共3500人，适龄儿童入学率100%。有医院1处。电话普及率达到每百人16部。被评为“中国投资环境百强乡镇”、“全国先进基层党组织”、“全国文明村镇”、“全国新农村建设明星单位”、“全国环境优美乡镇”、“山东综合实力第一镇”、“省级科学发展园区”。

【主要经济指标较快增长】 坚持大集团引领、大项目带动、大开放促进，经济实现跨越发展。2012年底，各类企业发展到244家，其中规模工业企业17个，国家级企业集团2家、上市企业1家，培育了太阳纸业、华勤集团等创千亿企业集团，形成了造纸包装、橡胶化工、煤化工、新型能源、生物医药5大国内优势产业，吸引了美国国际纸业、意大利倍耐力、美国固特异、巴西淡水河谷等7家世界500强企业投资合作。2012年，完成规模固定资产投资75亿元，同比增长26%；规模工业销售收入626亿元，增长27%；地方财政收入6.72亿元，增长54%，其中两税地方收入4.84亿元，增长25%；实际利用外资1亿美元。太阳纸业和华勤集团均实现了销售收入过300亿的重大目标。

【农村社区建设稳步推进】 坚持企业带动、城市促动、镇园联动，农村社区建设进程稳步推进。按照“拆除平房建楼房，合村并点建社区，节约土地建园区”的思路，做到工业园区与农村社区一体规划、科学布局、错位发展，推进人口集中、产业集聚、土地集约。全镇累计建成入住127栋、3709户，社区水、电、路、气、绿化等配套设施建设基本完成。建成启用了五大社区服务中心，基本完成了社区水、电、气、路、绿、亮、清等配套设施建设；实施了清洁燃气进社区工程，正在进行老年公寓、商贸服务中心、学校、文体广场等公共服务设施建设，部分已经启用。不断完善“户集、村收、镇运”的垃圾处置模式，集中开展环境卫生综合整治，镇容村貌更加干净整洁。

漕河镇

党委书记　李　勇

镇　　长　颜丙辉

位于兖州市境北部，面积47.4平方公里。2012年，辖36个自然村，31个村民委员会；有8655户，31999人；其中女15680人，非农业人口553人，人口自然增长率为6.3‰。

2012年，工业总产值9.12亿元，增长25%，实现利税8639万元，增长20%。农林牧渔业总产值82728万元，增长8%。全年粮食作物播种面积5397公顷，总产4.4万吨；瓜菜1904公顷，总产6.6万吨；棉花1.5公顷，总产3.4吨；种植业产值32911万元。全年造林132公顷，森林覆盖率达30.05%；林业产值7512万元。年末大牲畜存栏3488头，猪存栏3.7万头，羊存栏0.26万只，家禽存栏44万只，畜牧业总产值27057万元。水产品总量813吨，渔业总产值1659万元。农业机械总动力达4.8万千瓦，农村用电量1703万千瓦时。乡镇规模以上工业总产值9.03亿元，利税8438万元，其中私营企业产值9.03亿元、利税8438万元。财政收入4410万元。农民人均纯收入11758元,比上年增加572元。有中学1处,小学4处,在校学生共2402人,适龄儿童入学率100%。有医院1处。电话普及率达到每百人13.5部。被评为济宁市创先争优活动先进乡镇党委、济宁市六大重点工程工作先进乡镇、济宁市安全生产监督管理系统先进集体、济宁市文化工作先进集体、兖州市平安兖州建设信访稳定工作先进镇。

【经济发展取得突破】 一是招商引资再结硕果。始终保持大招商的强劲攻势,其中新建项目4个,签约项目2个,在谈项目2个。二是项目建设扎实推进。全力推进6个重点项目建设,华煤机械200台(套)大型矿用设备等4个项目建成投产;金鑫玻璃30万吨药用包装材料等2个项目即将投产;新签约浩润工贸包装彩印和车马龙增程式混合动力车2个项目。三是企业培育逐步壮大。森林木业、天合建材、盛鑫经贸纳税总额突破100万,山拖凯泰、海钰生物、国大钢构纳税总额突破50万。四是投资环境再度优化。积极搞好银企对接,筹建的济宁市首家中小企业信用联盟整体授信达到了近8000万元,展现了漕河良好的信用形象。

【园区建设日趋完善】 镇总体规划通过专家评审,规划面积2平方公里的工业园区初具雏形。总投资800万元,1.6公里的工业园区主干道和漕河大桥10月份竣工投入使用,跨河发展成为了现实。3.5万伏变电站六路工业配出已全面完成建设,2012年12月正式T接送电,结束了漕河镇用客电的历史。

兖州经济开发区(大安镇)

兖州经济开发区党工委副书记、管委会主任、镇党委书记 代 超

兖州经济开发区党工委副书记、管委会副主任 镇党委副书记、镇长 王 建

位于市境东北部,面积117平方公里,2012年,辖91个自然村,86个村委会,有27998户,89916人;其中女性52852人,非农业人口3.4万人,人口自然增长率为4.6‰。

2012年,地区总产值106.95亿元,比上年增长18%,其中一、二、三产业增加值分别达到44865万元、875600万元和149035万元,分别比上年增长3.5%、27.3%和25.4%。工业总产值409.6亿元,增长31.5%,实现利税39.3万元,增长26.7%。农林牧渔业总产值136000万元,增长5.2%。全年粮食作物播种面积1.3万公顷,总产11.27万吨,瓜菜400公顷,总产3万吨;种植业产值36913万元。全年造林266公顷,森林覆盖率达31.8%,林果总产2300吨;林业产值5600万元。年末大牲畜存栏2600头,猪存栏5.6万头,羊存栏3819只,家禽存栏123.4万只,畜牧业总产值46380万元。农业机械总动力达11.3千瓦,农村用电量12869万千瓦时。乡镇规模以上工业总产值326.6亿元,利税29.4万元,其中私营企业产值306亿元、利税26.3亿元,地方财政收入3.36亿元。农民人均纯收入12876元,比上年增加1540元。有中学2处,小学11处,在校生共5647人,适龄儿童入学率100%。有医院2处,电话普及率达100%。被评为山东省"百强示范镇",山东省文明镇、山东省省级安全社区、济宁市经济强乡镇、济宁市特色产业镇和济宁市先进经济园区。

【工业经济蓬勃振兴】 2012年,新签约过50亿元项目1个、过20亿元项目1个、过10亿元项目3个、过亿元项目12个。重点推进的总投资216亿元的30个投资过亿元项目,12个建成投产、12个建成主体工程、6个正在进行基础工程施工。另外,总投资75亿元的天成万丰精细化工产业园、投资50亿元的医药产业园和投资60亿元的北站多式联运物流产业园3个重大项目已启动建设。齐鲁工装、翔宇化纤、联诚集团、益海粮油、五征山拖、大丰机械、环宇车轮等20家梯队企业对镇区经济的支撑拉动作用越来越大,齐鲁工装实现销售收入96亿元,同比增长15%,具备了创百亿的成熟条件;翔宇化纤实现销售收入102.4亿元,增长102%,率先实现了创百亿目标,镇区实现规模以上工业销售收入326.6亿元。

【发展平台不断优化】 深入实施农村六大工程,纵深推进农村环境整治和生态建设,新建了一批环卫基础设施,申报了全国生态乡镇和省级生态园区;完成了22个村的村内小街巷硬化工程,并配套完善了排水、绿化工程,村庄道路硬化、绿化实现了全覆盖。实施了镇驻地道路排水和安工Ⅰ线、双龙Ⅲ线、安南线、精细化工园区电力专线架设工程,完成了大禹污水处理厂扩建工程,日处理污水能力达4万吨;铺设了五征山拖、后道义社区热力管道;新开工社区住宅楼36栋,新上房住宅楼30栋、1046户,拆除旧房面积570亩。全镇已启动了6大社区28个新村的

建设，共建各类楼房208栋，实现上房1838户，拆旧面积870亩。同时，启动了投资2.3亿元的开发区创新大厦和一期投资1.89亿元的开发区职工社区服务中心的建设，在园区服务平台建设方面实现了历史性突破。

【民生福祉显著提升】 实施了安邱府小学、镇中心小学新建和大安幼儿园改建工程；健全完善了城乡居民养老保险和医疗保险体系，新型合作医疗和城镇居民医疗参合率达到100%；新增广播电视用户1264户，入户率达到80.9%；新增就业、再就业3034人，新增劳动力转移1840人，新增服务业就业900人。成功建成全国文明村镇1个、省级文明村镇5个、济宁市级文明村镇6个，省级文明单位1个、济宁市级文明单位3个、市级文明单位27个、市级文明村庄28个，农户联创示范村10个；新建镇级文体中心1处、农民健身场所13处、社区健身场所2处，村村建起了文化大院和文艺队伍，群众生活质量和文明和谐程度显著提升。

小孟镇

党委书记　张东升

镇　　长　张　冲

位于兖州市境西北部，面积55.1平方公里。2012年，辖42个自然村，42个村民委员会；有40324人，10869户；其中女19326人，人口自然增长率为2.69‰。

2012年，地区生产总值6.9063亿元，比上年增长7%，其中一、二、三产业增加值分别达到14754万元、47276万元和7033万元，分别增长7%、10%和9%。工业总产值18.9163亿元，增长5%，实现利税35803万元，增长49%。固定资产投资总额70748万元，增长27.1%。农林牧渔业总产值24590万元，增长5%。全年粮食作物播种面积7077公顷，总产5.59万吨；蔬菜852.2公顷，总产3.43万吨。全年造林42公顷，森林覆盖率达37%。年末大牲畜存栏1030头，猪存栏3.5万头，羊存栏0.72万只，家禽存栏3.97万只，畜牧业总产值万元。农村用电量1056万千瓦时。乡镇规模以上工业总产值10.1135亿元，利税17178万元。财政收入8515万元。农民人均纯收入11636元，比上年增加1820元。有中学1处，小学5处，在校学生共2972人，适龄儿童入学率100%。有医院1处。电话普及率达到每百人85部。被评为“济宁市老龄工作先进镇街”、“兖州市安全生产工作先进单位”、“兖州市城市文明建设与管理工作先进集体”、“兖州市政府信息公开先进单位”。

【便民服务大厅贴心服务为群众】 2012年，小孟镇整合站所资源，把综治维稳中心、公章监管中心、财政集中支付中心、公共资源管理中心、计划生育服务管理等涉及群众切身利益的12个部门全部纳入其中，实行集中办公、归口办理、民生代办运行机制，建立了限时办结、首问负责、服务承诺等制度，明确了各公开窗口的岗位职责，确保了服务中心的高效正常运转。服务大厅自7月运行以来，积极为群众提供各项服务，深受群众欢迎，成为小孟镇倾情为民的新举措、新亮点。

【农村环境综合整治成效显著】 2012年，小孟镇农村环境综合整治成效显著。全镇道路硬化涉及36个村125公里，其中主街道23公里，小街巷102公里。2012年底，共完成主街道硬化28公里，占计划数的122%；小街巷硬化113公里，占计划数的111%，超额完成市委、市政府安排的道路硬化任务，极大地改善了农村环境。严格落实“门前三包”制度，与镇驻地90家沿街门头、店铺、住户签订了责任书。开展农村环境综合整治“百日”行动，集中清除主要街道“三堆”现象，使农村环境更加清洁。投资130万元对兴孟路进行了改造升级，栽种了200余棵法国梧桐等绿化树木。

新驿镇

党委书记　张建芬

镇　　长　张　猛

位于市境西北部，面积66.6平方公里。2012年，辖57个自然村，57个村民委员会；有12997户，53420人；其中女24263人，非农业人口1500人，人口自然增长率为2.3‰。

2012年，地区生产总值18.98亿元，比上年增长10.4%，其中一、二、三产业增加值分别达到21342万元、41180万元和42893万元，分别比上年增长3.3%、6.5%和5.7%。工业总产值13.99亿元，实现利税27450万元。农林牧渔业总产值64297万元，增长8.9%。全年粮食作物播种面积7795公顷，总产6.7万吨；瓜菜2244公顷，总产7.4万吨；棉花30公顷，总产72吨；种植业产值36423万元。全年造林56公顷，森林覆盖率达33.5%，林果总产47吨；林业产值456万元。年末大牲畜存栏330头，猪存栏3.2万头，羊存栏0.7万只，家禽存栏117万只，畜牧业总产值20976万元。农业机械总动力达81447千瓦，农村用电量3400万千瓦时。乡镇规模以上工业总产值6.6亿元，利税13365万元，其中私营企业产值6.6亿元、利税13365万元。财政收入6825万元。农民人均纯收入12257元，比上年增加1957元。有中学2处，小学8处，在校学生共3774人，适龄儿童入学率100%。有医院1处。被评为济宁市“文明镇村”。

【新农村建设实现新突破】 2012年5月，投资4165万元的4.16万亩“小农水”一期项目顺利完工，在全省组织的检查验收中取得了第一名。新增农村自来水入户村13个，总数达到49个。新增土地流转面积5700亩，推动了苗木花卉等特色种植业规模的发展壮大。新建和完善田间林网43公里，建成兖州市级绿化示范村5个。积极配合实施南水北调治污工程，共拆除养殖大棚29个29300多平方米。店子社区一期完成拆旧上新，二期陆续上房，社区服务中心开工建设，小学完成招投标。坚持不懈开展农村环境综合整治，全镇有硬化任务的54个村完成道路硬化173公里。成立了兖州市志愿者协会新驿分会，建成乡村文化少年宫3处。

【民生事业实现新进步】 中心小学教学楼按期投入使用，卫生院病房楼、中心幼儿园教学楼已完成主体工程。改造顿村管区皇林段有线电视传输光缆3.3公里，新发展有线电视用户356户，总户数达到7300多户。启用了镇综合服务中心和社会管理服务中心，为群众服务的渠道更加畅通和便捷。投资20多万元，对敬老院部分基础设施进行了改造。在全省农村乡镇中率先建成了公交换乘站，在兖州市农村乡镇中率先开通了教师通勤车，较好地解决了农民群众的出行和企事业单位职工的上下班难题。

颜店镇

党委书记　郭玉清

镇　　长　孙　恒

位于市境西部，面积102平方公里。2012年，辖71个自然村，66个村民委员会；有18900户，68539人；其中女33640人，非农业人口1990人，人口自然增长率为5.8‰。

2012年，地区生产总值31.78亿元，比上年增长13.49%，其中一、二、三产业增加值分别达到74411万元、196712万元和46727万元，分别比上年增长5%、16.8%和15.4%。工业总产值19.17亿元，增长30%，实现利税56423万元，增长31.2%。农林牧渔业总产值115817万元，增长6%。全年粮食作物播种面积10458公顷，总产8.4万吨；瓜菜3244公顷，总产18.5万吨；棉花91公顷，总产141吨；种植业产值54061万元。全年造林4000公顷，森林覆盖率达60%；林业产值15000万元。年末大牲畜存栏2050头，猪存栏4.7万头，羊存栏0.9万只，家禽存栏195.7万只，畜牧业总产值26958万元。农业机械总动力达110227千瓦，农村用电量1520万千瓦时。乡镇规模以上工业总产值55.23亿元，利税53590万元，其中私营企业产值55.23亿元、利税53590万元。财政收入2310万元。农民人均纯收入12573元，比上年增加1983元。有中学2处，小学15处，在校学生共5183人，适龄儿童入学率100%。有医院1处。被评为“兖州市综合考评二等奖”、“济宁市‘六大工程’建设工作先进单位”、“兖州市安全生产先进单位”、“兖州市节能工作先进单位”。

【产业结构优化升级】 颜店镇以科学发展观统领经济社会发展，加快构建新型工业化体系。坚持改造提升传统产业，多措并举培育优势产业。一方面用高新技术提升传统产业效益和竞争力，推动传统产业向集约化、高端化、品牌化发展；另一方面不断优化工业结构，大力引进高科技、高效益、低污染、产业链长、附加值高的企业，积极打造镇高端“低碳经济聚集区”。逐步形成了以绿源食品公司为主的绿色食品行业；以祥泰机床、金马公司为主的机械制造业；以芯诺电子芯片为主的电子科技产业；以嵫山水泥厂、华强商品混凝土公司为主的建材制造业；以恒良物流为主的物流服务业；以祥通胶带和恒鑫伟业为主的胶带制造业等6大主导产业的工业格局。

【镇村环境优化提升】 颜店镇牢固树立“镇当城建”的思路，科学规划，建管并举，着力推进基础设施升级改造，深入开展农村环境综合整治，镇村环境不断优化、镇域形象不断提升。投资30多万元进行了镇域规划，已进入初审阶段；投资200余万元完成了镇驻地路缘石、绿化带升级及工业聚集区道砖铺设工程。针对店外经营、占道经营、市场外溢等开展专项活动20余次，清除违规经营点20多个，拆除60多处违章建筑，建立完善了属地化管理、联户保洁和保洁员绩效考核制度，户集、村收、镇运、市处理的长效运行机制初步建立，在第一季度、第二季度全市农村环境综合整治评比中均名列第一；以优异成绩通过济宁市农村环境综合整验收。

兴隆庄镇

党委书记　栾　涛
镇　　长　郑海涛

位于兖州市境东南部，面积53.8平方公里。2012年，辖40个自然村，40个村民委员会；有10730户，39875人；其中女19917人，非农业人口1667人，人口自然增长率6.47‰。

2012年，地区生产总值35亿元，比上年增长13.1%，其中一、二、三产业增加值分别达到18500万元、27914万元、16771万元，分别比上年增长3.7%、15.6%和9.9%。工业总产值22.1亿元，增长23%，实现利税14084万元，增长20.8%。农林牧渔业总产值48260万元，增长3.7%。全年粮食作物播种面积4185公顷，总产33117万吨；瓜菜133.3公顷，总产0.6万吨，种植业产值22089万元。全年造林90.8公顷，森林覆盖率达到31.3%，林果总产200吨；林业产值1267万元。年末猪存栏1.32万头，羊存栏0.21万只，家禽存栏5.8万只，畜牧业总产值22500万元。水产品总量1500吨，渔业总产值2404万元。农业机械总动力达5.8万千瓦，农村用电量5099万千瓦时。乡镇规模以上工业总产值9.86亿元，利税7906万元，其中私营企业产值9.86亿元、利税7906万元。财政收入12951万元。农民人均纯收入11678元，比上年增加1840元。有中学1处，小学6处，在校学生共2230人，适龄儿童入学率100%。有医院1处。电话普及率达到每百人80部。被评为全国精神文明建设示范点、山东省基层平安建设先进单位、山东省环境优美乡镇、山东省旅游强乡镇、山东省文明乡镇。

【绿色发展加速推进】 重点产业项目快速推进。投资1.2亿元的加德华望物流建成投产，纳米材料实验室投入使用；兴隆农业大世界花卉交易大厅、组培快繁基地投入使用，二期工程完成规划；兴达生物酿造园加紧建设，完成投资1.2亿元；天佑纸业车间主体竣工，生产设备订购起运；华美科技股份在齐鲁股权交易中心成功挂牌，兴德庄园“一店三馆”主体完工，内外装饰紧张施工。投资6000万元的源坤新型建材顺利投产达产；投资1.1亿元的中韩合资金植木业土建工程已经竣工。新签约过亿元金德物流园、PHC高强度管桩建材、奇石雕刻艺展中心项目3个，跟踪在谈项目5个。制定了农家乐特色餐饮店评选细则，2家现代物流项目签约落户，3家投资担保公司挂牌营业，160家商户入驻聚鑫源商贸城。

【持续发展后劲增强】 突出资源升级、环境改善，310亩城乡建设用地增减挂钩项目如期竣工，2000亩塌陷地治理项目和150亩废弃地整理项目加速推进。华美科技有机水果基地实现“农超对接”，建成1000亩罗非鱼养殖基地，2家农字号企业分别取得济宁市和省级农业龙头企业认证。聘请南京林大、省城乡规划设计院等著名机构，完成了塌陷区“鲁南绿谷”概念性规划编制，发展后劲明显增强。以土地流转为重点，强力整治塌陷地无序占用行为，累计收回塌陷地5000亩，通过公开招投标，面向社会发包，集体增收近百万元。积极鼓励农民到企业就业，农民工资性收入占比达到56.3%。

（陈　勇　徐红卫　梅兴睿　杨北城）

曲阜市

市　委

书　记　李长胜
副书记　杨凤东
　　　　李　玲（女）
常　委　张公迁
　　　　赵永和
　　　　刘继芳
　　　　李　丽（女）
　　　　马建国
　　　　王志营
　　　　张令华
　　　　靳　亚

市人大常委会

主　任　李长胜
副主任　袁炳新
　　　　孔令玉
　　　　刘灿镇（~2012.01）
　　　　王鸣放（~2012.01）
　　　　李　明（~2012.01）
　　　　马　磊（女）
　　　　赵业勇
　　　　段德柱

市政府

市　长　杨凤东（2012.01~；代市长，2011.11~2012.01）
副市长　刘继芳
　　　　李　丽（女）
　　　　刘秀广
　　　　林长运
　　　　褚福梅（女）
　　　　马　刚

市政协

主　席　马书轩（女，~2012.01）

郭庆海(2012.01~)
副主席 颜世全
刘汉武(~2012.01)
韦 挺
杨朝明(~2012.01)
李 刚
马 磊(女,~201201)
赵 磊(2012.01~)
胥国红(女,2012.01~)

市纪委
书 记 张公迁

市人武部
部 长 张 炜
政 委 王志营

市法院
院 长 孟 伟(女)

市检察院
检察长 谷 峪

市名由来 曲阜之名因"鲁城中有阜,逶曲长七八里"而得之。1986年6月撤销曲阜县设立曲阜市。

政区 人口 全市总面积815平方公里。辖12个镇(街道),392个行政村(社区)。年末全市总人口(户籍)63.92万人,其中城镇人口27.45万人。人口出生率12.46‰,死亡率8.53‰,自然增长率3.93‰。有少数民族12个,2800余人。

经济概况 全年实现生产总值298.44亿元,按可比价格计算,比上年增长12.3%。其中,第一产业增加值27.88亿元,增长4.9%;第二产业增加值117.91亿元,增长14.2%;第三产业增加值152.65亿元,增长12.3%。三次产业比例为9.3:39.6:51.1。全社会固定资产投资143.05亿元,增长26.8%。实现财政总收入25.45亿元,增长20.5%;地方财政一般预算收入16.24亿元,增长27.1%。年末金融机构人民币各项存款余额192.51亿元,比年初增加25.58亿元,其中储蓄存款余额118.91亿元,比年初增加17.03亿元。人民币各项贷款余额90.43亿元,比年初增加19.08亿元。

农 业 全年农林牧渔及服务业实现增加值27.88亿元,按可比价格计算,比上年增长4.9%。粮食总产56.07万吨,下降1.9%;棉花总产1245吨,下降12.0%;油料总产1.11万吨,增长14.4%;水果总产4.56万吨,增长10.4%;蔬菜总产21.18万吨,增长135.3%;水产品总产3370吨,增长103.0%。肉类总产8.08万吨,增长4.0%;禽蛋总产4.10万吨,增长3.5%;奶类总产0.89万吨,与上年持平。新增造林面积2067公顷,农田有效灌溉面积3.55万公顷。全市农机总动力73.02万千瓦。

工业和建筑业 全市规模以上工业企业达到119家,其中上市公司1家。全年完成工业总产值193.78亿元,增长27.5%;工业增加值增长15.31%。工业总产值中,非公有工业企业完成产值185.75亿元;实现主营业务收入196.55亿元,增长25.6%;实现利税29.34亿元,增长27.8%;实现利润18.39亿元,增长32.7%。企业亏损面为3.3%,比上年上升0.2个百分点。全市资质三级及以上建筑企业42家,完成建筑业总产值24.71亿元,增长31.9%;实现利税2.01亿元,增长22.6%。

建设 环保 年末城镇化率51.2%,比上年提高3.18个百分点。全年完成城建投资31亿元。建成区面积扩大到27平方公里。建成区绿化覆盖面积1023公顷,绿化覆盖率37.9%。自来水普及率100%;燃气供气总量2652万立方米;供热能力达350吨/小时,供热面积392万平方米。廉租住房施工面积2.88万平方米,公共租赁住房施工面积3.02万平方米,经济适用住房施工面积10.76万平方米,各类棚户区改造住房面积5.34万平方米。累计投入10亿元,建设农村公路2248公里。已建成污水处理厂2座,日处理污水能力达到7万吨。生活垃圾无害化处理率达到100%。烟尘控制区覆盖面积14平方公里,环境噪声达标面积12平方公里。

交通 邮电 年末公路通车里程1406.5公里,其中高速公路通车里程65.7公里。全市公交车发展到136辆,出租车209辆。全市公路运输完成货运周转量46045万吨公里,增长10%;客运周转量16789万人公里,增长22.1%。年末民用汽车拥有量达到7.37万辆,增长11%,其中私人轿车4.62万辆,增长14%。完成邮电业务总量28174万元,增长18.4%。其中,电信业务总量25215万元,增长18.6%;邮政业务总量2959万元,增长16.5%。年末固定电话用户5.65万户,移动电话用户49.01万户,互联网用户5.16万户。

贸易 旅游 全年实现社会消费品零售总额122.35亿元,比上年增长15.1%。其中,城镇市场零售额83.34亿元,增长12.5%;乡村市场零售额39.01亿元,增长20.9%。实现进出口总额11444万美元,下降3.8%,其中出口9830万美元，增长15.7%。全年新批准外商投资项目4个。实际利用外资7210万美元，增长212.5%。全年实际到位国内市外注册资金19.13亿元。主要名胜古迹和旅游景点有孔庙、孔府、孔林、鲁国故城、颜庙、周公庙、少昊陵、梁公林、孟母林及孟子故里、尼山风景区、九龙山汉墓群、洙泗书院、石门山风景区、九仙山风景区、六艺城、论语碑苑等。A级及以上旅游景区8家。全年接待国内外游客435万人次，门票收入1.83亿元。

教科文卫体 有普通高等院校3所，在校生4.64万人。中等职业、技工学校6所，在校生1.61万人。普通高中2所，在校生1.06万人。初中23所，在校生2.04万人。小学91所，在校生3.63万人。特殊教育学校1所，在校生55人。全年研究与试验发展经费支出1.61亿元，共引进转让科技项目82项，取得各类科研成果45项。；专利申请量573件，授权专利285件；高新技术企业26家，其中国家级高新技术企业7家；科技示范园(基地)19处。有博物馆1个，档案馆2个，公共图书馆1所，文化馆(站)13个，农村文化大院405个。广播、电视人口综合覆盖率均为99.9%。有国家级文化产业示范园1个。列入非物质文化遗产名录的国家级4个、省级11个。有卫生机构356个，其中，医院、卫生院18个，社区卫生服务中心(站)10个，妇幼保健院(站)1个，疾病预防控制中心1个。各类卫生机构共有床位2039张，卫生技术人员3554人，其中，执业医师1686人，注册护士1040人。有体育馆1座，全年参加市级及以上体育比赛共获奖牌67枚，其中金牌17枚。

社会生活 城镇居民人均可支配收入18004元，比上年增长17.1%；人均消费性支出12307元，增长14.8%；人均住房建筑面积30平方米。农村居民人均纯收入9861元，增长19.2%；人均生活消费支出6115元，增长27.4%；人均住房面积36平方米。全市(县、区)城镇基本养老、医疗、失业、工伤和生育保险参保人数分别达到10.29万人、17.90万人、5.30万人、9万人和4.23万人。社会保险基金支出6.20亿元。新型农村养老保险参保农民39.60万人，新型农村合作医疗参合率达98.5%。全市(县、区)城乡最低生活保障救助13012人，其中，城镇低保2736人，农村低保10276人。救助突发性灾难家庭1298户，发放救助金538万元。供养农村五保老人1230人，年投入供养资金436万元。社会福利企业13个，安置残疾人员357人。

【国家大遗址保护曲阜片区暨山东省文物保护88项重点工程开工仪式举行】 2012年5月21日，国家大遗址保护曲阜片区暨山东省文物保护88项重点工程开工仪式在曲阜鲁国故城宫殿区遗址举行。集中开工的88个项目涵盖全省“十二五”期间重点推进的曲阜片区保护建设、大运河保护和申遗、齐长城保护及其他重要文物单位的保护工程，预算总投资超过100亿元。国家大遗址保护曲阜片区主要开展曲阜鲁国故城等3处国家考古遗址公园建设以及三孔、尼山孔庙及书院等一系列文化遗产的维修保护、环境整治和保护设施工程建设。

【山东省重大文化旅游产业项目—曲阜“尼山圣境”奠基仪式举行】 5月21日，山东省重大文化旅游产业项目—曲阜“尼山圣境”奠基仪式在孔子出生地尼山举行。曲阜“尼山圣境”项目选址位于曲阜尼山省级文化旅游度假区，项目总体定位为“文化修贤度假胜地”。项目严格遵循“大生态优先”、“大文化融合”、“大旅游创新”原则，在全面

2012年5月21日，国家大遗址保护曲阜片区暨山东省文物保护88项重点工程开工仪式举行。

汲取中华传统文化精髓的基础上，通过文化创意和创新，整合与融会先贤文化资源，以国际化的视野，创造全新的文化体验方式和文化业态，使之成为吸引海内外游客感受中华传统文化精华的世界级旅游目的地和人文胜迹。

【曲阜第一书记制度入选全国基层党建创新最佳案例】 12月20日，第二届全国基层党建创新案例征集活动评选结果公布，共评出30个最佳案例、70个优秀案例。曲阜市“实行第一书记‘1+1’制度推进联系服务群众常态化”成功入选30个最佳案例之一。2011年7月至2012年10月，中国浦东干部学院、人民网·中国共产党新闻网、中国组织人事报和上海组织人事报社联合开展征集活动，2000多个基层党组织提交案例，活动采取网上投票和专家评审相结合的方式进行综合评选。

【曲阜市信访局第一局长制度入选2012全国优秀地方新政】 在人民网举行的“2012优秀地方新政”评选中，曲阜市级领导担任信访局第一局长制度入选2012全国优秀地方新政第一名。“2012优秀地方新政”评选，经有关方面及专家推荐，共有20个省区市的45个案例入选。2012年4月以来，曲阜市积极探索实行市级领导干部担任市信访局第一局长“1+2”工作制度，即选派市级领导干部担任市信访局第一局长，并带领一名部门正职、一名年轻干部共93人到市信访局轮流接访，以制度形式建立起领导干部接访新机制，实现市级领导干部接访常态化，推动各级领导干部到信访局去“接地气”，听民声、解民忧、促和谐。

【曲阜入选2012中国文化竞争力十强县排行榜第一名】 12月5日，在由中国城市竞争力研究会和世界城市合作组织中国城市委员会主办的“第十一届中国城市竞争力排行榜”新闻发布会上，曲阜成功入选“2012中国文化竞争力十强县排行榜”第一名。中国城市竞争力研究会按照自主创立的GN评估指标体系，根据翔实的基础资料及大量的调查研究，组织上百名专家、学者，为时1年，对包括内地及港澳台在内的中国34个省市、自治区及297个地级以上城市之综合竞争力、成长竞争力、以及单项、专项竞争力和分类优势进行研究评价比较，产生最新研究成果。

△ 在“好客山东、美丽齐鲁”2012第七届山东旅游年会暨“好客山东贺年会”之好客山东旅游金榜大型评选活动中，曲阜市荣获“2012山东最佳文化旅游目的地”称号。同时，“三孔”景区成功入选“2012山东非去不可旅游景区”，尼山孔庙及书院入选“2012山东最佳文化旅游景区”，颜庙入选“2012山东最具潜力景区”。

△ 由人民网和人民日报政治文化部联合主办的第三届全国地方新政（曲阜）论坛于4月29日在曲阜市成功举行。全国政协社会法制委员会副主任、中国法学会党组书记、常务副会长陈冀平，以及来自中组部、中宣部、国务院参事室、中央党校、中央编译局、中国人民大学、中国青年政治学院的有关领导和知名专家学者，围绕论坛的主题“政府创新的动力与可持续性”进行深入研讨。山东、新疆、宁夏、内蒙古等有关地市的政府代表做了新政案例介绍。

鲁城街道

党工委书记　韦良杰

办事处主任　宋　昱

位于曲阜市市区，面积30平方公里。辖26个社区；有9213户，30641人；其中女15410人，非农业人口30641人，人口自然增长率1.84‰。

辖区一、二、三产业增加值分别达到0.90亿元、29.78亿元、13.71亿元。工业总产值122.98亿元，比上年增长16%；实现利税6.89亿元，增长11.5%。农林牧渔业总产值2.49亿元。全年粮食作物播种面积581公顷，总产3337吨；瓜菜111.3公顷，总产3507吨。造林16公顷，森林覆盖率达52.9%；林业产值425万元。年末大牲畜存栏862头，猪存栏2.35万头，羊存栏0.43万只，家禽存栏42.81万只，畜牧业总产值为2.08亿元。渔业总产值21万元。农业机械总动力20693千瓦，农村用电量5374万千瓦时。民营企业总产值为166.72亿元，利税为9.74亿元。财政收入为3.21亿元；居民人均纯收入为1.10万元，比上年增加1355元。有中学1处，小学8处，在校学生8782人，适龄儿童入学率100%。有医院2处。电话普及率达到每百人73部。

【经济发展又好又快】 一是招商引资成效显著。全年完成招商引资项目30个，其中过亿元项目24个，建成过亿元主导产业项目12个。儒源儒家文化体验基地、孔圣文化产业园、居然之家家居广场、南池新东源汽车城一期、香港品尚豆捞曲阜店、孔府北苑、速8酒店、港湾印象酒店、林前商贸城一期等项目已全部投入运营，闽商君廷大酒店完成投资近1亿元，8000平方米地下停车场的主体浇注已基本完成。大成国际商城、孔子教育博物馆、望父台综合开发、春耕园书院、东104国道商贸城等项目正积极推进。二是现有规模企业进一步膨胀。全年20家规模以上工业企业实现主营业务收入23.8亿元，利税1.93亿元。20家规模以上工业企业、41家限额以上贸易企业全部实现网上直报。三是服务业主体功能区进一步完善。辖区有以阙里宾舍、儒家花园酒店等为代表的星级酒店14家，在建五星级酒店两家；以7天、速8、港湾印象、品尚豆捞等为代表的品牌连锁商务宾馆、酒店30余家；以银座商城、华联商厦、百意购物、九龙家电等为代表的较大型综合性商城20余家；以五马祠街、批发街、林门街、鲁城市场等为代表的专业街或农贸市场10余条(处)；以体育公园、孔子文化园、大沂河风景带为代表的休闲娱乐场所10余处；以康达锦华苑、春秋丽景等为代表的大型高档住宅小区10余个。基本涵盖"吃、住、行、游、购、娱"等各个方面，为城区居住人口和外来游客提供全方位服务。着力打造神道路北端古玩字画街、老城区西南马道花鸟鱼虫街、林前旅游品购物街和北门外特色小吃街等特色街区。四是农业产业结构调整稳步推进。全年完成土地流转及农业产业结构调整2400亩，栽植各类苗木22.6万株。大庄、林前等10个社区达到绿化示范村标准，街道有省级农业产业化龙头企业1家，济宁市级农业产业化龙头企业7家，农民专业合作社10余家，休闲观光生态园30余家。

【民生事业稳步推进】 一是旧城改造强力推进。春秋路即将通车，南泉、华联北、仓巷、球霸、木器厂等片区及鲁国故城国家考古大遗址公园项目进展顺利。二是全面完成2012年公路建设任务。投资600余万元，完成涉及葛庄、于庄、古城、五泉庄和盛果寺等5个社区的农村公路建设任务，对云风街、友谊路等六条22公里的城区道路进行翻建维修，在全市率先实现"村村通、村内通和户户通"的"三通"目标。街道已累计投资1200余万元，完成农村公路及城区街巷建设任务60.8公里，新建排水设施60余公里。三是继续实施 "夕阳红"工程和"三名"工程。注资200万元，实现辖区内60岁以上老年人在本辖区医院看病住院全报销；累计投入资金400余万元。四是开展"人人彬彬有礼"等文明创建活动。搭建起高标准圣城百姓大舞台，举办各类教育培训、文艺演出100余场次，拥有社区文体骨干1000余人。五是养老保障进一步完善。26个社区除仓巷、南关、西关、龙虎等4社区已加入职工养老保险外，其余社区共计15104人已全部参加新型农村养老保险，参保率达100%，其中5069人已按月领取养老保险。六是加强创业培训，带动全民创业。2012年带动新创业1023家，其中注册资金30万元以上22家，100万元以上9家，带动就业2000人以上。

书院街道

党工委书记　朱亚峰

办事处主任　孔德民

位于市境北部，面积41.8平方公里，辖32个自然村，32个行政村；有9491户，36022人；人口自然增长率7.72‰。

全年粮食作物播种面积2421公顷，总产1.95万吨；瓜菜739公顷，总产1.66万吨；棉花总产5吨。造林400公顷，森林覆盖率达37.1%。年末大牲畜存栏50头，猪存栏0.84万头，羊存栏0.15万只，家禽存栏8万只。农业机械总动力34164千瓦，农村用电量211.5万千瓦时。完成固定资产投资33亿元，增长70%，完成民营经济总产值62.9亿元。完成地方财政收入5134万元，居(农)民人均纯收入为8918元。有中学2处，小学6处，在校学生1967人，适龄儿童入学率100%。有敬老院1处，医院1处，诊所19处。电话普及率达到每百人102部。书院大蒜合作社被评为国家级专业合作社，带动大蒜种植面积上万亩。

【项目建设及主体功能区建设取得新突破】 全年共完成招商引资额9.3亿元，新开工过亿元项目7个，过千万元项目22个，续建项目10个，在谈项目12个。列入全市"百日会战"的雨生塑胶PE、PPR管材项目和顺通管材项目，厂房主体完工并完成设备安装，共完成投资2.18亿元。将主体功能区建设理论作为经济发展的指导性纲领，科学编制规划、加大基础设施建设。对主体功能区A区进行"四通一平"改造；B区新上过亿元项目2个，占地188亩，规划占地500亩，重点引进管材原料项目；启动建设C区，占地283亩，规划占地400亩，重点引进新材料、新能源等项目。叫响"安全进度两手抓"的口号，辖区内全年未发生一起安全事故，并代表曲阜唯一镇街迎接济宁市半年和全年安全生产两次点评，获得前三名的好成绩。

【民生事业实现新进步】 全面实现"村村通、村内通"，基本实现“户户通”。共投资2562万元，完成“村村通、村内通”建设任务96.8公里。其中，乡道5条5.3公里，村道20条14.0公里，村内主街14条8.2公里，村内其它街巷194条73.9公里，所有新修道路均铺设排水管道或建有一路两壕。环境综合整治效果显著。投资200余万元开展“清三堆、美三口、治三乱、创三化”专项整治活动，投资100多万元建立垃圾中转站38处。积极开展大绿化工程、104国道仿古改造、引水入城工程清障搬迁等工作。共栽植银杏、雪松、樱花等各类苗木40余万株。投资200余万元完成省级规范化幼儿园建设，投入30万元新建博爱卫生所1处，投资20万元新修建村级活动场所4处，街道32个村居基本实现全覆盖。投资150万元建设老年代养中心和残疾人救助站各1处。提升基础设施建设，引导农民奔康致富。农业开发、农田水利、农业合作社、“一池三改”、沼气池等建设力度加大。“五项保险”覆盖面不断扩大，新型农村合作医疗参合率100%。

王庄镇

党委书记　李士东

镇　　长　刘慧敏

位于市境北部，距市区5公里，面积76.22平方公里。辖46个自然村，23个行政村；有14453户，50324人；其中女24909人，非农业人口815人，人口自然增长率7.18‰。

国内生产总值22.65亿元，比上年增长16.93%，其中，一、二、三产业增加值分别达到2.88亿元、1.65亿元、3.3亿元。工业总产值39.7亿元，比上年增长11.51%；实现利税2.16亿元，增长13%。农林牧渔业总产值5.58亿元。全年粮食作物播种面积8755公顷，总产6.07万吨；棉花总产17吨。造林80公顷，森林覆盖率达22.5%；林业产值513万元。年末大牲畜存栏1562头，猪存栏2.88万头，羊存栏2.48万只，家禽存栏58.65万只，畜牧业总产值为2.89亿元。渔业总产值182万元。有水库6座，总蓄水能力90万立方米。农业机械总动力71509千瓦。民营企业总产值为30.92亿元，利税为2.48亿元。财政收入为3396万元；居(农)民人均纯收入为9800元，比上年增加1644元。有中学2处，小学6处，在校学生2910人，适龄儿童入学率100%。有医院1处。电话普及率达到每百人80部。

【完成全国小农水重点县项目建设】 2012年，王庄镇打造现代农业重镇实现新跨越，圆满完成全国小农水重点县项目建设。投资3660万元涉及12个自然村的二期工程，5月份顺利完工并通过省级检查验收，全镇7万多亩农田全部实现农业设施的全覆盖，惠及人口4.9万人。两期工程总投资6220万元，衬砌沟渠49条22千米，新建、改建提水泵站40座，安装机电设备154台套；新打与改建机井165眼，其中大口井14眼，铺设输水管道569千米，安装放水栓9382套；新建农涵1388座、农桥41座。开挖回填土方33.37万立方米，完成工日7.01万个。项目区建成后实现田成方、路成网、沟相连、渠相通、旱能浇、涝能排，大大提高农业综合抗灾能力，推进王庄镇农业现代化和产业化进程。

石门山镇

党委书记　孔卫东

镇　　长　孔凡敏

位于市境东北部，距市区15公里，面积85平方公里。辖51个自然村，35个行政村；有12909户，47056人；其中女23130人，人口自然增长率5.5‰。

国内生产总值17.45亿元，比上年增长18.25%，其中，一、二、三产业增加值分别达到2.32亿元、1.53亿元、1.02亿元。工业总产值10.45亿元，实现利税1.25亿元。农林牧渔业总产值4.57亿元。全年粮食作物播种面积6873公顷，总产4.93万吨；瓜菜271公顷，总产8062吨。造林310公顷，森林覆盖率达33.4%；林业产值1223万元。年末大牲畜存栏1513头，猪存栏2.18万头，羊存栏4.95万只，家禽存栏45.91万只，畜牧业总产值为2.42亿元。有水库23座，总蓄水能力1300万立方米。农业机械总动力59200千瓦，农村用电量2408万千瓦时。民营企业总产值为10.32亿元，利税为1.1亿元。财政收入为1377万元；居(农)民人均纯收入为8672元。有中学1处，小学6处，在校学生2710人，适龄儿童入学率100%。有医院1处。电话普及率达到每百人82部。

【打造“中国草莓第一镇”品牌】 石门山镇紧扣观光农业主体功能区定位，按照“两年三万亩”的目标，不断加大土地流转力度，发展以草莓种植为主导的高效生态农业。草莓种植面积达1.1万亩，建设现代化、规模化、生态化、集约化草莓基地5个：由曲阜市康发草莓专业合作社投资兴建的康发草莓基地、由济宁圣力电器有限公司投资兴建的济宁圣力电器有限公司草莓基地、曲阜市森蓝农业科技有限公司投资兴建的森蓝农业科技有限公司草莓基地、杨柳草莓基地和屈村草莓基地。全镇草莓种植收入突破1.5亿元,解决就业人口2000人,成为远近闻名的“中国草莓第一镇”。曲阜市森蓝农业科技有限公司草莓基地与山东农业大学成功联姻,建立山东农业大学教学科研与就业实践基地,并投资300万元兴建全市唯一一所草莓组培室,生产草莓脱毒苗,可增产50%以上,开辟草莓种植“农户—企业—院校”互惠互利、共同发展的合作之路。

【发展高端休闲旅游,建设“山东省旅游强乡镇”】 2012年11月,石门山镇荣获“山东省旅游强镇”荣誉称号。围绕石门山国家级森林公园景区和自驾车露营地,不断加大景区开发力度,依托五大生态草莓基地,策划推出草莓自采体验活动。全面打造集“生态观光——体育休闲——采摘娱乐——农家体验”为一体的现代休闲旅游目的地。其中由曲阜星海旅游发展有限公司投资兴建的曲阜石门山自驾车露营地位于石门山国家森林公园旅游景区,是按照国际标准建造的山地五星级露营地,国家AAA级景区。项目占地200余亩,总投资1.5亿元人民币,于2011年9月份开工建设,2012年5月正式投入运营。项目区主要包括房产露营地、帐篷区、木质别墅区、CS真人秀、滑雪滑草场、迷你高尔夫、户外比赛、钓鱼、蔬菜大棚生态餐厅、观光果园、观光牧场、海南家大院、山地自行车、登山、户外比赛、徒步旅行等。

吴村镇

党委书记　高晓华

镇　　长　徐　冰

位于市境北部,距市区20公里,面积78平方公里。辖39个自然村,26个行政村;有10395户,38868人;其中女19177人,非农业人口3236人,人口自然增长率5.67‰。

一、二、三产业增加值分别达到2.68亿元、3.07亿元、0.91亿元。工业总产值8.9亿元,比上年增长56%;实现利税7576万元,增长66.8%。农林牧渔业总产值4.79亿元。全年粮食作物播种面积8134公顷,总产5.4万吨;瓜菜253公顷,总产2.11万吨;造林160万株,森林覆盖率达52%;林业产值1432万元。年末大牲畜存栏150头,猪存栏2.8万头,羊存栏1.2万只,家禽存栏50万只,畜牧业总产值为1.95亿元。渔业总产值587万元。有水库18座,总蓄水能力992万立方米。农业机械总动力77000千瓦,农村用电量1600万千瓦时。民营企业总产值为12.61亿元,利税为9246万元。财政收入1708万元;居(农)民人均纯收入8780元,比上年增加1800元。有中学1处,小学8处,在校学生2263人,适龄儿童入学率100%。有医院1处。电话普及率达到每百人96部。

【实施大绿化工程,打造“农业观光特色镇”】 吴村镇把大绿化工作与“农业观光特色镇”主体功能区建设相结合,以大绿化优化大生态,构成贯通镇、村、户的绿化生态带。全镇栽植各类苗木花卉、经济林145万株。在大绿化工程建设中,吴村镇与各村签订责任状,成立绿化工程建设指挥部,实行挂图督战工作制度,实施科级领导干部包总支、机关干部包村、村干部划片包干,推行村级缴纳保证金制度,对绿化工作一天一调度,一周一检查,半月一观摩,狠抓落实赶进度,重抓质量求实效,切实推进大绿化工程进度。多方筹集资金,重点招商引资。采取对上争取一点、镇财政拨付一点、村级自筹一点、部门帮扶一点、群众自栽一点的方式,集中财力,倾斜大绿化工程。将全年2万亩土地流转任务与大绿化工作相结合,加大奖补力度,以孔府茶园、常青景苑、四方园林、瑞景生态庄园、九仙山百果苑等项目为引领,以一批农业大项目助推大绿化工程高标准、高品质、大规模的完成。全镇大绿化工作总投资6825万元,其中上级拨付资金20余万元,荒山包保单位拨付35万元,镇财政投入资金300余万元,村居自筹资金6470万元。为确保树栽得下、保得住、成活率高,组织农业技术骨干深入绿化现场,搞好技术指导和服务;组织派出所、执法中队、农业服务站加强后期管护,对种下的树浇好水、栽下的树看好苗,对破坏绿化屏障,偷树、坏苗行为坚决予以打击。

姚村镇

党委书记　康首生

镇　　长　邓志强

位于市境西北部,距市区9公里,面积71.48平方公里。辖54个自然村,27个行政村;有1.2万户,44086人;其中女22096人,非农业人口1495人,人口自然增长率3.64‰。

国内生产总值28.5亿元，其中一、二、三产业增加值分别达到5.14亿元、5.99亿元、17.41亿元。工业总产值14.3亿元，比上年增长20.5%；实现利税1.54亿元，增长37.6%。农林牧渔业总产值5.49亿元。全年粮食作物播种面积9390公顷，总产7.53万吨；瓜菜496公顷，总产1.46万吨；棉花总产44.3吨。造林285.92公顷，森林覆盖率达36%；林业产值504万元。年末大牲畜存栏1080头，猪存栏3.22万头，羊存栏3.04万只，家禽存栏55.6万只，畜牧业总产值为2.71亿元。水产品总量35吨，渔业总产值50万元。有水库1座，总蓄水能力25万立方米。农业机械总动力82086千瓦，农村用电量2530万千瓦时。民营企业总产值为16.89亿元，利税为1.06亿元。财政收入为2365万元；居（农）民人均纯收入为9169元，比上年增加1834元。有中学1处，小学9处，在校学生2882人，适龄儿童入学率100%。有医院1处。

【基层组织建设年活动】 姚村镇有1826名党员，45个党支部。2012年姚村镇积极开展“基层组织建设年”活动，实现全镇经济快速发展、社会稳定的良好局面。一是加强对第一书记管理。镇成立第一书记管理办公室，推出“奔康致富”竞赛、“差距在哪里”大讨论、“户户走访百问百晓”等实践活动，积极参与农村各项建设，第一书记为民办实事好事20多件，协调修路、大绿化工程、农网改造等各项资金100多万元。二是开展“百强示范村”创建活动。根据姚村镇“百强示范村”创建规划，2012年全力打造保宁庄、薛家村和毕家村3个“百强示范村”典型。上半年，保宁庄着重开展村内道路绿化、美化、亮化工程，建起高标准围村林；筹集10多万元对村内自来水管道进行更新改造；投资4000万元的生物肽项目已落户保宁庄村。薛家村筹资230余万元对村内16条小胡同进行硬化，达到村内通、户户通要求，同时对村内大小街道进行绿化、美化。下半年薛家村和保宁庄村对村内高低压线路进行更新改造，已全面完成。毕家村筹资1200万元用于村庄规范化建设，拆除破旧院落，修建17条共计4700多米的硬质道路，实现村内水泥路面户户通；生活用给排水和沼气管网改造全覆盖，栽植各类绿化树苗7万株，粉刷墙面2.6万平方米，安装路灯40余盏。三是加大后进村治理力度。建立协调制度、帮促制度、激励制度，由镇领导牵头，不定期召开联系部门、企业、村联席会议，商讨解决后进村整治的相关工作难点；引进项目资金，强力推进后进村整治；采取以奖代补的方式，鼓励群众积极参与到后进村整治工作中来。四是开展以“双增双富”为目标的“奔康致富”竞赛活动，促进村集体增收。力争通过3年左右的时间，全镇村集体有固定的经营性收入，年经营性收入在3万元以下的村下降到20%以下，农民人均纯收入高于曲阜市平均水平。五是深化村级组织规范化建设。完善落实村务监督委员会制度，推行村务“五代管一审计”（村集体资金、账务、资产、公章、档案，村级经济责任审计）制度和村级“4+2+1”（四议两公开一监督）工作法，建立村级权力决策、执行、监督“三位一体”运行机制。开展村级组织活动场所“三规范一整治”（规范功能布局、规范标牌制度、规范内外形象、整治环境卫生）活动，建立完善村干部坐班值班工作制，不断完善村级组织规范化建设。2012年代表曲阜市迎接济宁市考核，取得全市第一的好成绩。梁山县委组织部、金乡县委组织部、汶上县义桥镇党委曾先后到姚村镇交流基层党建工作。

【社会民生事业】 一是加强农村基础设施建设。全镇共完成道路建设214.75公里，实现农村道路“村村通”、“村内通”、“户户通”目标；投资近千万元完成农村安全饮水和基础设施项目建设，全镇27个行政村4.3万群众用上自来水；投资1700万元，实施曲阜市姚村镇现代农业小麦产业化县项目和中低产田改造项目，使项目区13个村庄1.5万亩的农田达到旱能浇、涝能排、田成方、路相通、沟相连的高标准农田，粮食亩增收100公斤，新增效益300多万元。新建130立方米大型沼气池30个，年底全镇沼气惠及农户1000多户，在供给能源的同时优化环境卫生。二是加强农民文化阵地建设。投资300多万元建设镇综合文化站，在全市率先成立农村文体特长培训中心，并作为首个曲阜市大学生志愿者社会实践活动基地进行试点。2012年7月份，在济宁市基层文化建设现场会上，代表曲阜作为唯一被观摩的乡镇综合文化站点，接受两级市领导和其他县市区分管书记的检查指导，并荣获省文化厅颁发的“山东省基层文化优秀辅导点”称号。各村均建立起高标准文化大院、文化书屋及孝贤长廊，60%的村建立高标准文化广场，购置健身器材。形成以镇综合文化站为枢纽、村文化大院为基础的两级文化网络。三是加大公共投入。投入360万元完成镇敬老院一期公寓楼改建;花园社区一期楼房基础设施完善,已交付使用;投入200多万元完成镇中心幼儿园标准化建设;20处农村卫生所实施基本药物制度,为全镇慢性病患者及60岁以上老人进行健康查体。

【"五个一"工作机制】 2012年,姚村镇投资20万元配备5辆为民服务直通车,率先推出"五个一"工作机制:"一簿"即民情日记簿:全体机关干部人手一本民情日记。"一卡"即为民服务卡:将马上就办办公室电话、各包管理区镇领导、总支书记和包村干部电话印在为民联系卡上,发放到群众。"一牌"、"一表"即第一书记"1+1"公示牌、包村干部公示牌、镇领导干部职责分工一览表。"一线工作法"即全镇机关干部走出办公室,到村入户,排查矛盾纠纷。班子成员带头开展接访、下访活动,由"被动接访"转向"主动服务"。曲阜市委书记、市人大常委会主任李长胜对成功经验做法作出重要批示,姚村镇抓信访稳定的做法在全市各镇街进行推广。

【土地流转河口模式】 姚村镇河口村以鲁颜种植专业合作社为依托,坚持"农户加入自愿、退出自由、服务自选"的原则,实行"户户联合、土地整合、统一耕种、统一管理"的经营方式,采用半托管、全托管、股份合作等流转方式,全村农户土地全部流转到合作社,并辐射周边自然村、行政村。由合作社为农户提供从种到管、从物资供应到技术服务、从生产到销售,即"产前、产中、产后"全程"保姆式"服务。"半托管"是农民按每亩地交100元预付款后,合作社提供"六统一"服务,即统一耕种、供应生产资料、管理、灌溉、收割、销售。产品销售后,与农户进行结算,同时按照低于市场平均价格的10%标准向农户收取生产费用。"全托管"是农民将土地委托给合作社全权管理,土地收益全由合作社支配,合作社按照每亩地500斤小麦和500斤玉米的实物方式支付给农户。无论是"全托管"还是"半托管",合作社都将在年终核算成本后将其盈余部分的10%作为公共积累,剩余部分对社员进行分红。"股分合作型",则是农户以土地入股的形式参与合作经营,合作社采取保底分红和利润分配结合的办法,每亩为一股,每年每股500元,再按年经营净收益的80%按股进行分红。鲁颜种植合作社推出"土地托管"模式后,仅接受全托管土地就有600多亩。合作社对耕地实施集约化管理、机械化种植、规模化经营,还推广种植新技术,由原来的套播改为直播、窄幅改为宽幅,按照粮食质量安全要求,统一推广良种种植;除规模化管理全托管的土地外,对"半托管"和"入股"的土地也实行"统一耕种、统一供应生产资料、统一管理、统一灌溉、统一收割、统一销售"的"六统一"保姆式服务。自推行土地托管后,河口村土地产量直线上升,2012年,小麦亩产升到675公斤,玉米亩产升到近700公斤。

时庄街道

党工委书记 赵 磊

办事处主任 孔文旭

位于市境西部,距市区4公里,面积75平方公里。辖51个自然村,48个行政村;有12801户,52162人;其中女26462人,人口自然增长率7.3‰。

国内生产总值124.3亿元,比上年增长25%,其中一、二、三产业增加值分别达到2.27亿元、94.4亿元、28.4亿元。工业总产值191.2亿元,比上年增长31%;实现利税19.8亿元,增长24%。农林牧渔业总产值4.5亿元。全年粮食作物播种面积6205公顷,总产5.09万吨;瓜菜891公顷,总产3.40万吨;棉花总产25.4吨。造林330公顷,森林覆盖率达28.2%;林业产值620万元。年末大牲畜存栏600头,猪存栏1.2万头,羊存栏1.6万只,家禽存栏46万只,畜牧业总产值为2.3亿元。水产品总量38吨,渔业总产值21.3万元。农业机械总动力65000千瓦,农村用电量1500万千瓦时。民营企业总产值为351.7亿元,利税为24.9亿元。财政收入为4.4亿元;居(农)民人均纯收入为1.1万元。有中学2处,小学7处,在校学生3118人,适龄儿童入学率100%。有医院1处。电话普及率达到每百人85部。

【综合经济实力进入济宁市第一方阵】 2012年,时庄街道经济社会呈现发展加速、实力增强、争先进位、后劲提升的良好态势。全年完成两税收入4.02亿元,地方财政收入2.02亿元,规模以上固定资产投资48.5亿元,同比分别增长30.75%、34%、68 %,综合经济实力进入济宁市第一方阵。开发区圣阳工业园、海斯夫生物科技产业园、裕隆医药园、银座配送中心等项目代表曲阜迎接济宁市科学发展观摩综合考核,在12个县市区中排第三名,曲阜市四次科学发展观摩考核均取得第一名，承接济宁市级现场观摩会议5次，曲阜市级现场观摩会议11次。时庄街道获得济宁市镇域经济发展指标考核第五名、经济综合实力第八名的好成绩；开发区(时庄街道)荣获曲阜市经济社会发展综合考核第一名，全市社会稳定综合治理一等奖，农村公路建设、招商引资、党风廉政建设等多个单项工作受到市委、市政府表彰奖励。

【多措并举抓好公路建设】 千方百计破解融资难题。采取"BT模式、一事一议、企业冠名、社会捐助、结对帮扶、上级补一点、财政投一点、群众集一点、施工单位垫一点"等方式，多方融资，确保修路资金保障。全力抢抓道路施工，全程抓好施工监管，整个工程"零补偿、零事故、零上访、零投诉"。共投入资金1.7亿元，完成农村公路建设178公里，全面实现辖区道路"六横七纵"网格化格局和"村内通、村村通、无缝隙、全覆盖"，全街道乡道林网化率、村级道路绿化率、大街小巷硬化率三项指标均达到100%。

【规模流转土地，促进产业结构调整】 时庄街道按照新农村六大工程建设要求，不断创新农业产业结构调整模式，以好友农牧有限公司为龙头，以富民生姜合作社为依托，教育引导农民着力培植具有优势明显、特色鲜明、市场前景广阔的绿色农业。2012年共流转土地13000亩，其中富民生姜合作社连片新发展生姜3600亩、辣根1600亩，新发展牛蒡2200亩，新发展优质葡萄600亩，苗木花卉基地2处，食用菌种植基地1处，通过规模化连片种植，带动群众增产增收。

陵城镇

党委书记　孔祥池

镇　　长　徐　磊

位于市境西南部，距市区9.5公里，面积73平方公里。有15665户，54862人；其中女26372人，非农业人口5.5万人，人口自然增长率6.9‰。

国内生产总值33.2亿元，比上年增长17%，其中，一、二、三产业增加值分别达到2.65亿元、26.09亿元、4.46亿元。工业总产值21.6亿元，比上年增长39.9%；实现利税2.68亿元，增长39.9%。农林牧渔业总产值4.89亿元。全年粮食作物播种面积8242公顷，总产6.72万吨；瓜菜265公顷，总产5460吨；棉花总产44吨。造林64公顷，森林覆盖率达19.7%；林业产值379万元。年末大牲畜存栏3277头，猪存栏2.4万头，羊存栏2.7万只，家禽存栏40.8万只，畜牧业总产值为2.2亿元。水产品总量856吨，渔业总产值26万元。农业机械总动力57429千瓦，农村用电量229万千瓦时。民营企业总产值为19.74亿元，利税为2.3亿元。财政收入为5329万元；居(农)民人均纯收入为9024元，比上年增加1687元。有中学3处，小学8处，在校学生4063人，适龄儿童入学率100%。有医院1处。电话普及率达到每百人32部。

【农村面貌持续改善】 陵城镇成功获批山东省"百镇建设示范行动镇"，已完成总体规划，城镇改造建设工作全面铺开，于11月份顺利通过省住建厅初步验收。2012年完成农村公路建设166公里，基本实现辖区内硬化道路全覆盖。特别是东官、东郭、苑庄、陵南、鲍庄、北店、陵西等几十个村，起到典型示范带动作用；2012年镇村两级投入资金550多万元，一次性清理"三大堆"、积存垃圾，绿化村内道路91公里，治理河道6000余米，形成"镇、片区、村、保洁员"四级管护网络。顺利通过济宁市农村环境卫生检查工作组验收，济宁市环境整治进家庭现场会参观曹庄村现场。全力实施大绿化工程，共栽种各类树木138万棵，超额完成全年任务。发展苗木花卉示范基地1000余亩，农田林网1万余亩，建成19个绿化示范村，于8月份成功获批省级生态乡镇。

【农业产业结构调整见成效】 2012年，陵城镇进一步完善全国新增千亿斤粮食生产能力项目，涉及22个村，控制面积24719亩，受益人口32000人，工程已全面竣工，并于11月份顺利通过省级验收。全镇农业产业结构调整面积已达1.7万亩，其中陵南发展草莓200余亩、香椿200亩，西官发展杞柳80亩，玄帝庙发展葡萄300余亩，郑庄、张庄、星村发展苗木花卉共计750余亩。全省首个院士工作站落户银府生态园，培育龙头企业4个，专业农业合作社22家，带动就业2800余人。建设小农水项目，总投资900万元，农田水利面积1.5万亩，涉及李家杭、杨屯、玄帝庙、仓门、刘家村、东郭、星家村、南驻9个村，4月份可全面竣工。实施农村饮水安全工程，总投资580万元，涉及陵北、陵南、陵西、小果庄、古路沟、曹庄、何家村、后学、官寨、辛庄、杨屯11个村，主管线铺设已基本完工；推进"一池三改"，建成户用沼气池260余户,大型联户沼气池19个,其中西果庄、前果庄等村工作成效尤为显著,全镇初步完成新增沼气池用户1000户的任务。

【社会事业统筹发展】 果庄教学楼、逸夫教学楼、北宫小学改扩建工程相继竣工并投入使用,学校配套设施建设日趋完善。筹资400余万元建设镇中心幼儿园,建筑面积达2600余平方米;投资750万元建设镇老年公寓,建筑面积3700平方米;确定危房改造21户,涉及曹庄、古路沟、西果庄等村,已全部完工入住;出资8万余元用于兑现计生工作奖励。全年开展三次"计划生育集中整治"活动,完成查体3.6万余人次,落实节育措施660人,征收社会抚养费68万余元;全镇五保户集中供养率达到100%。全年发放低保补助121万元,大病救助资金32万元,危房改造款42万元,80岁以上老人高龄补贴31.8万元,重残人员生活补助2.75万元;新农保续保率达到90%,新农合参合率达100%,门诊报销60883人次,住院报销1831人次,累计报销260.5万元。镇卫生院投资80余万元新引进遥控摇篮X光机、拍片机及洗片机,开展医护人员"三级三严"培训,医疗卫生服务事业稳步推进;组织开展3次劳动就业培训,培训人员360余人次,新增就业610余人,办理小额创业扶持贷款23万元;建设农家书屋33个,农村文化广场32个,百姓大舞台2个,镇文化活动中心(镇电影院)设施进一步完善;顺利完成征兵任务21人,扎实开展双拥工作,累计发放各类优抚资金200多万元。

小雪街道

党工委书记 王洪正

办事处主任 颜 凯

位于市境南部,北距市区8公里,面积57.31平方公里。辖36个自然村,36个行政村;有14119户,47751人;其中女23532人,人口自然增长率0.16‰。

国内生产总值6.03亿元,比上年增长63%,其中,一、二、三产业增加值分别达到2.3亿元、3.64亿元、0.09亿元。工业总产值12.3亿元,比上年增长61%;实现利税1.4亿元,增长64%。农林牧渔业总产值4.51亿元。全年粮食作物播种面积6703公顷,总产5.03万吨;瓜菜360公顷,总产1万吨;棉花总产45吨。造林10公顷,森林覆盖率达21%;林业产值398万元。年末大牲畜存栏387头,猪存栏1.8万头,羊存栏0.6万只,家禽存栏86.8万只,畜牧业总产值为1.31亿元。水产品总量181吨,渔业总产值27万元。农业机械总动力6.11万千瓦;农村用电量3622万千瓦时。民营企业总产值为13.6亿元,利税为2.31亿元。财政收入7873万元;居(农)民人均纯收入为9190元,比上年增加1492元。有中学2处,小学9处,在校学生3400人,适龄儿童入学率100%。有医院1处。电话普及率达到每百人46部。

【全力服务城建重点工程建设】 推进涉及9个村庄10多项城建重点工程项目顺利实施,完成地上附着物清表3000多亩,拆除各类建筑物1000余处20多万平方米。奥林匹克体育运动中心建设工程,仅用8天的时间,完成地上树木、房屋集中清除和拆迁任务,围墙建设全面完成。曲阜国家级文化产业示范园核心区文化综合体项目完成地上附着物清障和3000多平方米建筑物的拆迁工作。涉及3个村1000多户4000余人的孔子大道沿线村庄搬迁安置工程经过集中攻坚已基本完成。国税大厦、电力调度中心和小雪辖区内的大沂河延伸及滨河景观路工程已全面完成地面清表任务。全长3000多米的原220千伏马曲线改线工程全面完工。蓼河下游防洪综合治理工程清障工作顺利进行。沂河、蓼河人工湿地水质净化及生态修复建设项目、政德教育基地(党校)建设工程、盛文路(工业北路)工程、吉祥社区二期61栋安置楼建设工程正在施工建设中,新实验小学建设工程清表工作已展开。

【主体功能区凸显】 紧紧围绕打造"百亿工业园区"和建设亿元镇街的目标定位,一手抓规模企业培植,壮大龙头,一手抓选商引资,加强储备,全力推进以东宏千亩科技工业园为主的工业主体功能区建设。新建项目17个,续建项目5个,其中主体功能区主导产业9个,签约项目5个,在谈项目2个,新增规模以上商贸企业2家。东宏集团聚乙烯瓦斯抽放管项目总投资6亿元,一期11500平方米L型厂房建设已竣工,10条生产线已投入生产。二期5万平方米新厂房建设主体已完工,年底全面竣工投入生产。中油天然气标准站项目总投资1.8亿元,已经全部竣工,正式通气运营,二期石油产品经销和现代物流正在积极运作中。总投资1亿元的金丰速递产品生产项目,一期工程6000平方米厂房改造、建设工程已经完成,10台套生产设备全部到位,已经生产。总投资8000万元的四星级佳美酒店项目,正在积极招商,总投资3600万元的二期建材馆已经建成并运营。圣鲁太阳能光伏玻璃项目总投资1.5亿元,1万平方米生产车间主体工程已经竣工,正在进行设备购进。总投资5500万元的涂塑钢管项目,已经完成厂房建设正式投入生产。总投资1.5亿元的RPT增强热塑料复管项目,部分设备已在老厂区安装。总投资1.3亿元的激光熔覆项目,厂房改造建设已经完成,20台套设备已经到位并开始试生产。总投资4000万元的宏达矿用设备产品制造项目已开工建设。曲阜邦德新型建材总投资4000万元的设备已经安装完毕。总投资3000万元的鲁锐耐磨研发公司已经生产,正在办理完善环评、立项和增资注册手续。与深圳、上海、香港、北京等方面洽谈的有关产业项目正在积极运作。

息陬镇

党委书记　丁卫东

镇　　长　丁　刚

位于市境东南部,距市区7公里,面积55.43平方公里。辖33个自然村,27个行政村;有14658户,50389人;其中女25077人,人口自然增长率7.8‰。

一、二、三产业增加值分别达到2.41亿元、6.12亿元、6.2亿元。工业总产值29.46亿元,比上年增长45.8%;实现利税8021万元。农林牧渔业总产值4.3亿元。全年粮食作物播种面积6066公顷,总产4.87万吨;瓜菜129.2公顷,总产3197.7吨;棉花总产334.4吨。造林114公顷,森林覆盖率达22.8%;林业产值2100万元。年末大牲畜存栏44头,猪存栏1.01万头,羊存栏0.27万只,家禽存栏38.37万只,畜牧业总产值为1.8亿元。渔业总产值20万元。有水库2座,总蓄水能力22.08万立方米。农业机械总动力52952千瓦,农村用电量896万千瓦时。民营企业总产值为59.68亿元,利税为1.34亿元。财政收入为1965万元;居(农)民人均纯收入为9863元,比上年增加1973元。有中学2处,小学8处,在校学生3400人,适龄儿童入学率100%。有医院1处。

【重点项目稳步推进】 完成近4000亩项目用地的清障工作。总长10.47公里的"两横三纵一环"高铁新区路网建设工程,站前路、三环路、盛爱路完成路基施工,盛文路、仁信路完成管网铺设。投资8000万元、建筑面积2.4万平方米的二级甲等医院—高铁新城医院完成主体二层,捆绑开发的春雨高铁花园完成设计。投资1.288亿元,占地93亩的党校迁建项目完成主体二层建设工作。火炬双塔项目总建筑面积约12万平方米,北侧为高铁生态文化城的企业总部基地,南侧为五星级商务会议度假酒店,火炬集团已与中冶勘公司签订投资合作协议,北塔塔基施工完工,南塔塔基施工即将完工。

【党建工作成效显著】 息陬镇大力实施基层党组织服务能力提升工程。"第一书记"工作有新成效。5月10日,济宁市"大规模驻村入户、面对面谈心交流"暨基层组织建设年活动现场推进会在息陬镇召开,北元疃、西夏宋和西终吉三个村作为曲阜市代表接受与会领导观摩指导,第一书记"1+1"制度和党建工作得到济宁、曲阜两级市领导高度评价。基层组织建设有新提升。北元疃村作为曲阜市农村党员干部(第一书记)教育培训基地挂牌,小峪、西终吉村也成为其中的两个教学点。北元疃村年内迎接省内外、市内外参观学习的团队160余次,人数达到5000人。

尼山镇

党委书记　朱兴武

镇　　长　齐祥灿

位于市境东南部,距市区15公里,面积101平方公里,辖47个自然村,42个行政村;有15116户,53727人;其中女25119人,人口自然增长率6‰。

国内生产总值16.25亿元,比上年增长12%,其中,一、二、三产业增加值分别达到3.74亿元、6.5亿元、6.01亿元。工业总产值11.25亿元,比上年增长17.68%;实现利税2890万元,增长55.21%。农林牧渔业总产值5.5亿元。全年粮食作物播种面积3926公顷,总产5.2万吨;瓜菜75公顷,总产2829吨;棉花总产541吨。造林246公顷,森林覆盖率达23.1%;林业产值1280万元。年末大牲畜存栏311头,猪存栏1.47万头,羊存栏2.38万只,家禽存栏84.99万只,畜牧业总产值为2.13亿元。水产品总量124吨,渔业总产值148.9万元。有水库2座,总蓄水能力1.13亿立方米。农业机械总动力64518千瓦,农村用电量14696万千瓦时。民营企业总产值为10.69亿元,利税为2483万元。财政收入为1434万元;农民人均纯收入为9065元,比上年增加1815元。有中学2处,小学12处,教学点4处,在校学生3458人,适龄儿童入学率100%。有医院1处。电话普及率达到每百人68部。被中共济宁市委、市政府评为"镇域经济社会发展先进乡镇"、"创先争优"活动先进乡镇党委。

【综合实力明显增强】 2012年全镇实现地区生产总值16.25亿元;完成地方财政收入1434万元,增长69%;完成国地税收入504万元,增长23%;固定资产投资40768万元,增长97.73%;农民人均纯收入9065元,增长25.03%;到位市外资金10.5亿元,对上争取资金476万元。科学发展考核位居全市前五,济宁市镇域经济综合实力排名前进13个位次。

【村村通、村内通基本实现】 按照"上级拨付一点、镇里补助一点、包村单位或第一书记协调一点、村级自筹一点"的原则,多方筹集建设资金,至2012年底,累计完成"村村通、村内通"建设214公里。其中,乡道3.6公里,村道36条50.4公里,村内主街41条34.6公里,村内其他街巷312条125.4公里,投资总额为5808万元。除黄土村、东魏村因搬迁和新社区建设未纳入计划外,全镇共有38个自然村基本实现"村村通""村内通"。配备养护人员15名,将86公里农村公路纳入养护范围。

防山镇

党委书记　程广利

镇　　长　刘一山

位于市境东部,距市区2公里,面积83平方公里。辖33个自然村,33个行政村;有12886户,44789人;其中女21609人,非农业人口2550人,人口自然增长率3‰。

国内生产总值31.8亿元,比上年增长89.3%,其中,一、二、三产业增加值分别达到1.95亿元、28.06亿元、1.86亿元。工业总产值25亿元,比上年增长27.6%;实现利税2.45亿元,增长154%。农林牧渔业总产值3.35亿元。全年粮食作物播种面积4556公顷,总产3.41万吨;瓜菜740公顷,总产3.87万吨;棉花总产189吨。造林860公顷,森林覆盖率达39.3%;林业产值1298万元。年末大牲畜存栏1400头,猪存栏1.23万头,羊存栏2.07万只,家禽存栏20.3万只,畜牧业总产值为1.89亿元。水产品总量312吨,渔业总产值159万元。有水库10座,总蓄水能力413万立方米。农业机械总动力39682千瓦,农村用电量1564万千瓦时。民营企业总产值为22.47亿元,利税为2.01亿元。财政收入为3162万元;居(农)民人均纯收入为8535元,比上年增加1425元。有中学1处,小学9处,在校学生3042人,适龄儿童入学率100%。有医院1处。电话普及率达到每百人30部。

【台湾工业园建设稳步推进】 2012年是台湾工业园的起步之年,防山镇高效推进招商引资和项目建设,全年开工项目7个,其中过亿元项目5个,签约项目5个。特别是绿色金可、光伏玻璃幕墙、玖强工贸等项目签约落地,初步形成以新材料为主体的产业群,园区带动效应和发展动力增强。集中力量推进基础设施建设,投资110万元完成工业园供水工程,污水管网与市第二污水处理厂顺利对接,富华燃气投资1450万元建设燃气站,实现"七通一平"。落实首问责任制与限时办结制,强化"马上就办、办就办好"的服务意识,为入园企业提供"保姆式"服务。

【重庆双竹太阳能光伏玻璃幕墙项目】 重庆双竹太阳能光伏玻璃幕墙项目,由台湾客商与重庆双竹集团合资建设,位于台湾工业园内,项目占地98亩,总投资2.5亿元人民币,注册资本5000万元,新建厂房及生产线6万平方米,辅助车间2000平方米,主要产品为建筑物的遮阳系统、建筑物太阳能光伏玻璃幕墙、光伏屋顶、光伏门窗等。

(张立忠　米玉红)

泗水县

县　委

书　记　范宇新

副书记　冯　冲

　　　　刘宜星

　　　　王其芬(挂职,~2012.03)

　　　　崔　康(挂职,2012.03~)

常　委　范宇新

　　　　冯　冲

　　　　刘宜星

　　　　张林成

　　　　蔡同芝(女)

　　　　刘东波(~2012.08)

　　　　程国栋

　　　　蔡敬平(~2012.03)

　　　　尹林壮

　　　　王庆峰

　　　　孙希忠

　　　　于勇强(2012.03~)

县人大

主　任　王宝海(~2012.01)

　　　　范宇新(2012.01~)

副主任　杜　林

　　　　简瑞东(~2012.01)

　　　　王士珂

王百鸣(女,~2012.01)
彭金光(2012.01~)
王庆昆(2012.01~)
张　勤(女,2012.01~)

县政府

县　长　冯　冲
副县长　刘东波(~2012.08)
张林成(2012.09~)
程国栋
杨晓东
彭金光(~2012.01)
陈兴成
贾祥猛
李翠玲(女)

县政协

主　席　刘庆恩
副主席　王孟祯
周传祥
谢安明(~2012.01)
苏　杰
宋恩林
韩国英(女)
徐宝龙(2012.01~)

县纪委

书　记　尹林壮

县武装部

部　长　周保国
政　委　蔡敬平(~2012.03)
于勇强(2012.03~)

县法院

院　长　张晋春(2012.01~)

县检察院

检察长　王　岗(2012.01~)

县名由来　泗河古称泗水，发源于泗水县泉林镇东陪尾山麓，以趵突、洗钵、响水、红石泉四源并发汇流成河而得名，泗水县因泗河发源于境内而得名。

政区　人口　全县总面积1118.11平方公里。辖13个乡(镇、街道),592个行政村(居委会)。年末全县总人口623619人，其中城镇人口170161人。人口出生率12.67‰，死亡率8.9‰,自然增长率3.77‰。有少数民族17个,3543人。

经济概况　全年实现地区生产总值119.20亿元，按可比价格计算，比上年增长12.1%。其中，第一产业增加值29.98亿元,增长3.2%;第二产业增加值53.60亿元,增长17.8%;第三产业增加值35.62亿元，增长11.0%。三次产业比例为25.2∶44.9∶29.9。全社会固定资产投资完成81.24亿元,增长22.7%。全县地方财政收入5.04亿元,同比增长26.0%。国、地税收入完成6.77亿元,同比增长37.7%。年末金融机构人民币各项存款余额92.54亿元，比年初增加12.58亿元，其中居民储蓄存款余额71.69亿元,增加12.61亿元。人民币各项贷款余额52.24亿元，同比增长18.6%。

农　业　全年农林牧渔及服务业增加值29.98亿元，同比增长3.2%。粮食总产29.14万吨，增长13.7%；棉花总产0.28万吨；油料总产6.65万吨,增长7.09%;水果总产6.03万吨,增长6.35%,被评为“全国出口食品农产品质量安全示范区”。蔬菜总产59.8万吨,减少6.99　%;水产品总产4.72万吨，增长13.5%。肉类总产8.47万吨，增长5.35%;禽蛋总产2.74万吨,增长0.74%;奶类总产0.52万吨,增长62.5%,连续六年被评为“全国生猪调出大县”。全年共完成造林面积4.7万亩,林木绿化率达到45%,森林覆盖率达到42%,成功创建“全国绿化模范县”，荣获“中国核桃之乡”称号。全县机耕面积85.56万亩，机播面积85.13万亩,机电灌溉面积45.42万亩。全县农机总动力38.25万千瓦。

工业和建筑业　工业总产值111.56亿元，同比增长37.72%。规模以上（年主营业务收入2000万元及以上）工业企业85家，增加值同比增长15.34%；实现主营业务收入110.10亿元,增长24.56%;实现利税13.32亿元，增长15.98%;实现利润10.14亿元，增长12.48%。全县资质以上建筑企业6家，完成建筑业总产值18.01亿元,增长61.25%;全年实现建筑业增加值7.11亿元，按可比价同比增长60.5%。

建设　环保　2012年末城镇化率34.84%。城市基础设施建设投资13232万元。城市人均道路面积14.07平方米,人均绿地面积11.79平方米,建成区绿化覆盖率42.5%。自来水普及率96.86%,燃气普及率80.23%,集中供热普及率55%。经济适用房建设竣工2.34万平方米,交付390套。村镇建设投资75360万元，增长10.28%。已建成污水处理厂1座,污水集中处理率达到94%,无害化垃圾处理率达到100%。城市空气质量达到二级标准的天数为330天以上,引用水源地水质达标率为100%，道路交通声环境质量在四级标准水平以上。

交　通　全县通车公路里程达到2086.75公里，其中国道71.74公里,省道60.29公里,县道190.84公里，乡村道路1755.73公里，在全部公路里程中高速公路23.11公里。

贸易 旅游 全年实现社会消费品零售总额58.49亿元，同比增长15.1%。其中，城镇市场零售额实现47.68亿元，增长16.2%；乡村市场零售额10.81亿元，同比增长10.3%。实现进出口总额16893万美元，增长17.2%，其中出口9581万美元，增长24.7%。新批利用外资项目3项，合同外资额10718万美元，实际利用外资1913万美元，增长105%。外派人员2231人，同比增长6.2%。主要旅游景点有泉林泉群、卞桥、安山寺、万紫千红生态养生旅游度假区、王家庄民俗村、西侯幽谷、圣源湖、凤仙山、龙门山、望母山、黄山林场、宋家沟圣地桃园生态旅游区、星村黄金梨园、水泉村影视基地、尼山圣源书院等，A级及以上旅游景区8家。全年接待游客242.43万人次，增长16.21%。实现旅游社会总收入19.23亿元，增长20.45%。荣获“中国最佳休闲度假旅游目的地”“山东旅游强县”称号，被农业部列入“桃花水母国家级水产种质资源保护区”。成功创建“省级餐饮服务食品安全示范县”。

教科文卫体 全县共有各类学校271所，在校生7.76万人。其中，高级中学3所，在校生0.78万人；初级中学15所，在校生1.65万人；职业中学1所，在校生0.19万人。小学及教学点116所，在校生3.53万人。特殊教育学校1所，在校生40人。共取得市(地)级及以上各类重要科技成果4项，其中，获得国家科技奖励1项。专利申请量330项，专利授权265项。有档案馆1个，公共图书馆1所，文化馆(站)1个，农村文化大院305个。广播、电视人口综合覆盖率分别达到97%和92%。有卫生机构24个，其中，医院、卫生院16个，社区卫生服务中心1个，社区卫生服务站4个，妇幼保健院(站)1个，疾病预防控制中心1个。各类卫生机构共有床位2324张，卫生技术人员2342人。新增群众体育健身活动场地5.5万平方米。在全市中学生运动会中，取得金牌2枚。5月，成功举办了“第二届尼山世界文明论坛”。

社会生活 城镇居民人均可支配收入16113元，同比增长17.2%；人均消费性支出10716元，增长13.6%；人均住房建筑面积34.2平方米。农村居民人均纯收入7582元，增长19.3%；人均生活消费支出4114元，增长20%；人均住房面积38平方米。全县城镇基本养老、医疗、失业、工伤和生育保险参保人数分别达到4.16万人、3.35万人、2.4万人、3.37万人和1.74万人。社会保险基金总收入45655万元；支出47846万元，增加1.10万元。城乡居民养老保险参保26.6万人，参加新型农村合作医疗农民472042人。全县城镇低保对象3088户5646人，发放低保金1818.3万元；农村低保对象7256户18219人，发放救助金3072万元。收养性社会福利单位14个，床位2041张，收养1570人。社会福利企业4个，安置残疾人员50人。泗水县被省委、省政府授予“全省双拥模范县”。

【第二届尼山世界文明论坛举行】 5月21日，在联合国“世界文化多样性促进对话与发展日”10周年之际，第二届世界文明论坛在泗水县尼山圣源书院开幕。全国人大常委会原副委员长、尼山世界文明论坛组委会主席许嘉璐宣布论坛开幕并作主题讲话。省委副书记、省长姜大明致辞。文化部副部长、国家文物局局长励小捷，省委常委、宣传部长孙守刚，省人大常委会原副主任莫振奎，省政府秘书长、办公厅主任蒿峰以及来自世界各地的20余个国家和地区的近百位专家学者出席开幕式。山东大学校长、尼山论坛组委会副

2012年5月21日，全国人大常委会原副委员长、尼山世界文明论坛组委会主席许嘉璐宣布论坛开幕。

■5月21日，省委副书记、省长姜大明（左二），省委宣传部副部长徐向红（左一）在济宁市委书记、市人大常委会主任马平昌（右二），泗水县委书记、县人大常委会主任范宇新（右一）陪同下步入会场。

主席徐显明主持开幕式。第二届世界文明论坛以“信仰·道德·尊重·友爱”为主题，这既是对“和而不同与和谐世界”的深化和拓展，也是对世界文明对话10年经验历程的概括和总结。论坛为期三天，开展了庆祝联合国“世界文化多样性促进对话与发展日”10周年系列活动，举行了30多场次对话交流和研讨会，与会专家学者围绕不同的论题，从思想文化层面对人类目前面临的安全、不同文明冲突、环境和能源等问题予以了回应和解答。

【儒学与全球伦理国际学术研讨会召开】 11月3日，“儒学与全球伦理国际学术研讨会”在尼山圣源书院召开。来自美国、德国、澳大利亚等国家及省内外、中国台湾的40多位专家学者参加了研讨会。此次研讨会由国际儒学联合会、中国孔子基金会、清华大学哲学系联合主办、尼山圣源书院承办。

【泗水县新汽车站与城区公交同步运营】 9月24日，泗水县新汽车站启用暨公交车运行仪式举行。泗水县新汽车站位于新城区泉源大道和圣源大道交汇处，为国家二级汽车客运站。2010年10月开工建设，占地面积149亩，总投资7600万元，建筑总面积11000平方米，日发送客运班车600班次。同时，新增城区公交车30辆，公交车设置运行路线5条，实现城区内主要道路有公交车运行。客运班车、公交车、出租车等多种运输方式在新汽车站有效衔接，实现旅客零距离换乘。

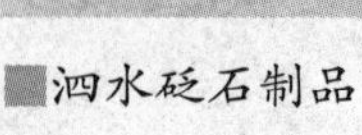

■泗水砭石制品

泗河街道

党工委书记　吴茂民

办事处主任　刘晨浩

位于县境中部，面积44.5平方公里。辖27个自然村，15个村民委员会；有17935户，58999人，其中城镇人口28622人。人口出生率11.2‰，死亡率5.1‰，自然增长率为6.1‰。

农林牧渔业总产值30582万元，增长16%。全年粮食作物播种面积1422.6公顷，总产0.95万吨；瓜菜1959公顷，总产11.6万吨；棉花58公顷，总产174吨；种植业产值17433万元。全年造林20公顷，森林覆盖率达24.2%，林果总产380吨；林业产值335万元。年末大牲畜存栏115头，猪存栏1.15万头，羊存栏0.29万只，家禽存栏40万只，畜牧业产值12418万元。水产品总量138吨，渔业产值396万元。有水库1座，总蓄水能力78万立方米。农业机械总动力达29276千瓦。全年实现规模以上工业增加值同比增长26%。规模以上工业总产值6.18亿元，利税3743万元；规模以上固定资产投资完成8.95亿元，同比增长30.23%。其中个体私营企业产值9.5亿元、利税4684万元。财政收入1961.3万元。农民人均纯收入10465元，比上年增加1721元。有中学1处，小学4处，在校学生共3026人，适龄儿童入学率100%。农家书屋建成16个，农民文艺团体1个。村级建身广场10个。有医院1处；村卫生室35个。有线电视入村27

个,入户率50%。五保老人入住敬老院35人,入住率87%。

济河街道

党工委书记　许振成

办事处主任　张　磊

位于泗水县城中南部,面积69.8平方公里。辖36个行政村(居),其中28个村民委员会,8个社区居民委员会;共有25818户,82480人,其中城镇人口39565人。人口出生率12.9‰,死亡率5.26‰,自然增长率为7.64‰。

农林牧渔业总产值35329万元,增长7.8%。全年粮食作物播种面积2755公顷,总产1.99万吨;瓜菜66.7公顷,总产0.2万吨;棉花255公顷,总产481吨;种植业产值17325万元。全年造林467公顷,森林覆盖率达30%,林果总产1.6万吨;林业产值324万元。年末大牲畜存栏1540头,猪存栏2.1万头,羊存栏2.6万只,家禽存栏24.3万只,畜牧业总产值16460万元。水产品总量710吨,渔业总产值1220万元。有水库7座,总蓄水能力5350万立方米。农业机械总动力达2.72万千瓦。规模以上工业总产值3.64亿元,利税1643万元;规模以上固定资产投资完成4.8亿元。财政收入2511.5万元。农民人均纯收入9845元,比上年增加1956元。有小学10处,在校学生共2044人,适龄儿童入学率98.6%,有医院1处;村卫生室56个。有线电视入村36个,入户率86%。五保老人入住敬老院103人,入住率99%。

泉林镇

党委书记　蔡子兴

镇　　长　李德寒

位于县境东部,面积118.4平方公里。辖68个自然村,65个村民委员会;有20412户,71964人;其中女30668人,城镇人口8713人。人口自然增长率为4.8‰。

工业总产值24.5亿元;实现利税4.41亿元。全年粮食作物播种面积4749公顷,总产2.7361万吨;瓜菜2900公顷,总产12.71万吨;棉花245公顷,总产548.7吨。全年造林400公顷,森林覆盖率达37.73%,林果总产6773.8吨;林业产值552万元。年末大牲畜存栏2780头,猪存栏3.4886万头,羊存栏3.761万只,家禽存栏102.05万只,畜牧业总产值23129万元。水产品总量850吨,渔业总产值1058万元。有水库27座,总蓄水能力8585万立方米。农业机械总动力达2.2万千瓦。乡镇规模以上工业总产值14.7亿元,利税3.65亿元。财政收入1436.6万元。农民人均纯收入8292元,比上年增加1187元。有中学1处,小学12处,在校学生共8842人,适龄儿童入学率100%,有医院1处;村卫生室62个。电话普及率达到每百人8部。有线电视入村65个,入户率32.6%。五保老人入住敬老院147人,入住率51.2%。

【镇村建设实现新跨越】 重点基础设施工程进展顺利,总投资800余万元的贺庄水库防汛路及海螺矿区路工程建成并通过验收,正式通车;投资190万元完成青龙庄至泉石路3.7公里的"青龙大道"水泥硬化及3座桥梁建设;投资260万元的泗源北桥建成通车。城乡土地挂钩置换及新型农村社区建设工作扎实推进,投资3600万元的雷泽湖社区一期项目建成投入使用,灰泉、香乐两村拆迁户顺利回迁,社区小学、污水处理站同步完成建设。全镇累计投入环境综合整治资金180余万元开展三次环境卫生集中整治活动,共整治乱搭乱建3154平方米,拆除残墙断壁3157平方米,整治沿街建筑物立面3150平方米,新植绿化树木1070棵,清理占道摊点195处,规范户外广告、门头牌匾85块,清理三大堆(垃圾堆、柴草堆、粪堆)1565处、卫生死角765处,清运垃圾625吨。镇驻地新建公厕3处,新增垃圾池195个、垃圾箱260个,招聘专职保洁员95人,配发了清洁车、工作服,镇驻地干道两侧住户及村庄生活垃圾实现定点存放、日产日清。示范先导村建设成效明显,完成南贺庄整治示范工程建设,安装47盏路灯以及入村石雕牌坊和石雕凉亭,新修1200米水泥硬化路,粉刷墙壁13600平方米,铺设路沿石4000米,修建草砖停车场260平方米,栽植绿化苗木976株,新增绿化面积4560平方米,购置安装居民健身器材5台(套),村容村貌焕然一新;卞一村完成中心大街综合整治工程;青龙庄村完成村中心景观带建设。

星村镇

党委书记　齐　伟

镇　　长　颜世强

位于县境东北部,面积98.6平方公里,下辖43个自然村,52个村民委员会。全镇共有13846户,53041人,其中城镇人口1780人。人口出生率为11‰,死亡率为5‰,自然增长率为6‰。

农林牧渔业总产值50967万元，增长6.5%。全年粮食作物播种面积4970公顷，总产4.1万吨；瓜菜1458公顷，总产10.8万吨；种植业产值32460万元。全年造林300公顷，森林覆盖率达38%，林果总产2512吨；林业产值367万元。年末大牲畜存栏3700头，猪存栏3.7万头，羊存栏3万只，家禽存栏33.6万只，畜牧业产值18042万元。水产品总量19.6吨，渔业产值98万元。有水库7座，总蓄水能力365万立方米。农业机械总动力达22000千瓦。全年实现规模以上工业增加值同比增长113.0%。规模以上工业总产值1707亿元，利税1842万元；规模以上固定资产投资完成4.9亿元，同比增长42.15%。其中个体私营企业产值1440亿元、利税883万元。财政收入497.8万元。农民人均纯收入7712元，比上年增加1175元。有中学1处，小学14处，在校学生共3760人，适龄儿童入学率100%。农家书屋建成23个，农民文艺团体2个。村级建身广场32个。有医院1处；村卫生室30个。有线电视入村32个，入户率49%。五保老人入住敬老院100人，入住率81%。

【农业现代化发展】 加快发展黄金梨、花生、土豆、核桃等高产、优质、高效产业，新发展各类种植基地2600亩，完成4000亩农田林网、12公里绿色通道、1200亩荒山绿化栽植任务，新增规模养殖基地4处。抓住冬干有利时机，集中治山整地2600亩，发展核桃种植2400亩。扶持裕丰食品、圣天香黄金梨基地、田尔农业等农业龙头企业发展，推广“公司＋专业合作组织＋农户”模式，先后成立各类专业经济合作组织16个，带动了全镇农业产业的规模化发展。挖掘圣天香黄金梨基地生态旅游资源，4月举办了首届“梨园春”戏曲大赛。

柘沟镇

党委书记　齐剑波

镇　　长　李　锐

位于县境西北部，面积64平方公里。辖33个自然村，33个村民委员会；有11235户，36756人，其中城镇人口1248人。人口出生率12‰，死亡率6‰，自然增长率为6‰。

农林牧渔业总产值42050万元。全年粮食作物播种面积2527公顷，总产1.7万吨；瓜菜954公顷，总产4.9万吨；棉花72.8公顷，总产98.3吨；种植业产值20792万元。全年造林320公顷，森林覆盖率达43%，林果总产760吨；林业产值346万元。年末大牲畜存栏1364头，猪存栏2.3万头，羊存栏1.6万只，家禽存栏38.5万只，畜牧业产值20230万元。水产品总量286吨，渔业产值344万元；农林牧渔服务业总产值338万元。有水库10座，总蓄水能力450万立方米。农业机械总动力达8000千瓦。规模以上工业总产值4.17亿元，利税5430万元；规模以上固定资产投资完成3.1亿元，同比增长47.44%。个体私营企业产值14.8亿元、利税1934万元。财政收入631.2万元。农民人均纯收入7615元，比上年增加1700元。有中学1处，小学7处，在校学生共2906人，适龄儿童入学率99.5%。农家书屋建成12个，农民文艺团体3个。村级建身广场12个。有医院1处；村卫生室69个。有线电视入村28个，入户率60%。五保老人入住敬老院74人，入住率76%。

【产业整顿成效显著】 石材产业围绕转型升级，拔掉所有的78个抱杆吊，新上22台矿山锯，全部实现由爆破开采向机械化开采的转变，实现了优化组合、规范规模开采、安全生产，提高了成材率。陶土整治取得阶段性成果，规范整治陶土加工厂37家，清理陶土晾晒场52处，复耕土地280余亩。儒陶公司引进自动轧泥机、搅浆机、司铸模机，澄泥、练泥、成型、晾胚技术有很大进步。丰田农药注重搞好新产品开发引进，培养建立销售队伍和营销网络。发展物流运输业，成立源盛物流、光辉物流、路祥物流3家物流公司。镇驻地商贸经济带、镇民营工业园、石材工业园、陶土工业园“一带三园”发展格局基本形成。

杨柳镇

党委书记　单继福

镇　　长　吴茂君

位于县境西部，面积59.05平方公里。辖37个自然村，47个村民委员会。共有9341户，38014人，其中城镇人口2475人。人口出生率11.8‰，死亡率5.3‰，自然增长率为6.5‰。

农林牧渔业总产值41267.8万元，增长2%。全年粮食作物播种面积5332公顷，总产3.9万吨；瓜菜1335公顷，总产6.2万吨；棉花92公顷，总产201吨；种植业产值31241万元。全年造林228公顷，森林覆盖率达48.1%，林果总产1.7吨；林业产值22万元。年末大牲畜存栏695头，猪存栏1.7万头，羊存栏0.93万只，家禽存栏51.21万只，畜牧业总产值9960万元。水产品总量56吨，渔业产值44.8万元。有水库4座，总蓄水能力150万立方米。农业机械总动力达3.29万千瓦。全年实现规模以上工业增加值同比增长21%。规模以上工业总产值3.8亿元，利税4180万元；规模以上固定资产投资完成5.48亿元，同比增长174%。其中个体私营企业产值2.9亿元、利税3080万元。财政收入1285.7万元。农民人均纯收入8195元，比上年增加595元。有中学1处，小学7处，在校学生共2674人，适龄儿童入学率100 %。农家书屋建成19个，农民文艺团体2个。村级建身广场17个。有医院1处，村卫生室29个。有线电视入村36个，入户率75%。五保老人入住敬老院73人，入住率60.8%。

【农业结构调整】 立足发挥平原优势和农业特色，围绕农产品质量安全示范区建设，做好农业增效、农民增收文章。全镇共完成播种面积5.6万亩，发展高效农业4.8万亩。其中西瓜20000亩，大蒜10000亩、土豆6000亩、中药材4000亩。郭家庄大棚蔬菜、仓上大蒜基地、里仁西瓜基地初具规模。土豆种植区、中药材种植区的种植档次和效益得到提高，农民增收步伐明显加快。依托省直机关"第一书记"帮扶机遇，在郭家庄、谷家庄开展土地调整，进行高效农业区建设；利用省"第一书记"扶贫专项资金，在老泉二村等7个村各投资10万元，用于发展中药材和蔬菜种植。畜牧养殖业快速发展。琴柏獭兔特色养殖发展迅猛，经济效益显著提高。种养业拉动农业生产总值和农民纯收入的稳步提高。发展丰产林4000亩，行道树30余公里，完善农田林网6200余亩。完成杨柳干渠清淤维护工程，扩大农田灌溉面积6000余亩，为高效农业快速发展奠定了坚实基础。在冬干工作中，与省直机关"第一书记"驻村帮包相结合，筹集100余万元进行农田基本设施、水利设施建设，为开展农业结构调整打下基础。

金庄镇

党委书记　赵业红

镇　　长　张沉静

位于县境西部，面积100.02平方公里，辖57个自然村，52个村民委员会；有14462户、5.16万人，其中女25120人，城镇人口2050人。人口自然增长率为4.6‰。

工业总产值18.06亿元，完成国地税9369万元。农林牧渔业总产值48324万元。全年粮食作物播种面积5065公顷，总产3.47万吨；瓜菜1498公顷，总产7.18万吨；棉花181公顷，总产284吨；农业总产值25383万元。全年造林480公顷，森林覆盖率达36.7%，林果总产2360吨；林业总产值492万元。年末大牲畜存栏3000头，猪存栏2.3万头，羊存栏2.1万只，家禽存栏31万只，畜牧业总产值21377万元。水产品总量560吨，渔业总产值570万元。农林牧渔服务业总产值502万元。有水库16座，总蓄水能力1305万立方米。农业机械总动力达7.12万千瓦。乡镇规模以上工业总产值15.78亿元，利税8432万元，其中个体私营企业产值5300万元、利税4200万元。地方级财政收入1100万元。农民人均纯收入9412元。有中学1处，小学10处，在校学生共3130人，适龄儿童入学率100%，有医院1处；村卫生室43个。电话普及率达到每百人85部。有线电视入村49个，入村率94%。五保老人入住敬老院102人，入住率96%。敬老院被山东省民政厅评为"省一级敬老院"，金庄镇被济宁市委、市政府评为"经济强乡镇"、"平安济宁建设模范乡镇"。

【村镇设施建设亮点纷呈】 抓住省级示范镇建设机遇，加快镇驻地改造步伐，聘请山东省城乡规划设计研究院专家，全面完成镇总体规划、镇驻地控制性详细规划及排水专项规划，完成镇驻地327国道两侧房屋测量工作。全面抓好尹城河流域土地综合整治项目。已整治土地5.6万亩，新修水利设施4700多个，新修道路121公里，新增耕地3000余亩。完成中峪、西芦城等7个村搬迁协议签订和340户房屋拆迁，复垦土地216.7亩，新测量涉及改造行政村10个。完善金华新区绿化、道路等基础设施建设，完成高家庄、宁家岭两个村的整体搬迁。新开工建设了西芦城和金峪两个社区，并全部完成安置楼主体工程建设。投资2600万元全面完成327国道西段景观大道面积9.1万平方米的绿化建设。加强农村环境卫生综合整治，将镇驻地生活垃圾委托县环卫处管理，成立镇环境卫生专业队伍，实现镇区环境卫生整治常态化。加大违章建筑查处力度，全年共拆除违章建筑物56处，同比减少70%，制止了乱搭乱建行为。

苗馆镇

党委书记　郑兴军

镇　　长　孔　鲁

位于县境中部，面积111.81平方公里。辖64个自然村，63个村民委员会；有16463户，52913人，其中城镇人口7606人。人口出生率12.3‰，死亡率6.9‰，自然增长率为5.4‰。

农林牧渔业总产值37574万元。全年粮食作物播种面积4100公顷，总产2.01万吨；瓜菜502公顷，总产2.4万吨；棉花150公顷，总产230吨；种植业产值20212万元。全年造林100公顷，森林覆盖率达32%，林果总产3452吨；林业产值362万元。年末大牲畜存栏3205头，猪存栏1.63万头，羊存栏3.5万只，家禽存栏28.3万只，畜牧业产值16850万元。水产品总量300吨，渔业产值150万元。有水库13座，总蓄水能力650万立方米。农业机械总动力达12113千瓦。全年实现规模以上工业增加值同比增长9.5%。规模以上工业总产值2.6亿元，利税1100万元；规模以上固定资产投资完成5.38亿元，同比增长36.39%。其中个体私营企业产值2100万元、利税180万元。财政收入498万元。农民人均纯收入7395元，比上年增加1555元。有中学2处，小学13处，在校学生共3215人，适龄儿童入学率100%。农家书屋建成16个，农民文艺团体2个。村级建身广场28个。有医院1处；村卫生室36个。有线电视入村63个，入户率41%。五保老人入住敬老院99人，入住率100%。

中册镇

党委书记　董继华

镇　　长　张永强

位于县境西北部，面积68.7平方公里。辖32个自然村，37个村民委员会；有11119户，36019人，其中城镇人口2471人。人口出生率12‰，死亡率6‰，自然增长率为6‰。

全年粮食作物播种面积1883公顷，总产1.2万吨；瓜菜2549公顷，总产8.18万吨；棉花60公顷，总产115吨；种植业产值15471万元。全年造林230公顷，森林覆盖率达38.7%，林果总产5179吨；林业产值754万元。年末大牲畜存栏1819头，猪存栏2.5万头，羊存栏3.9万只，家禽存栏45.5万只，畜牧业产值13228万元。水产品总量272吨，渔业产值287万元。有水库7座，总蓄水能力420万立方米。农业机械总动力达2.6千瓦。全年实现规模以上工业增加值同比增长26.7%。规模以上工业总产值4.68亿元，利税1350万元；规模以上固定资产投资完成5.38亿元，同比增长65.01%。个体私营企业产值12.3亿元、利税1801万元。财政收入1464.6万元。农民人均纯收入8359元，比上年增加1159元。有中学1处，小学7处，在校学生共2557人，适龄儿童入学率100%。农家书屋建成29个，农民文艺团体4个。村级建身广场24个。有医院1处；村卫生室33个。有线电视入村37个，入户率96%。五保老人入住敬老院81人，入住率71%。

【生态旅游开发进展顺利】按照“建设生态文化旅游新高地”工作要求，立足中册生态文化优势，积极发展生态旅游。西侯幽谷生态旅游开发项目新增投资2.9亿元。酒吧一条街主体完工，自然香酒店投入使用；山内新补植、栽植银杏、柏松、红枫等绿化苗木3万余棵；2800平方米的高尔夫会所主体、葡萄酒庄园、会展中心、古城堡会所均已开工建设，完成4个网球场公建一期工程，新安装路灯600余盏，新建大型停车场1处，成功举办西侯幽谷首届槐花艺术节、千车万人自驾游、帐篷节等活动，西侯幽谷在周边的影响逐渐扩大。投资60余万元新建龙门山地质公园标志石1处，对进山迎宾大道进行高标准硬化绿化美化，新建核桃、柿子生态采摘园2处。

泗张镇

党委书记　张乙彬

镇　　长　罗明颖

位于泗水县东南部，面积140平方公里。辖79个自然村，66个村民委员会；有14134户，49240人，其中城镇人口1291人。人口出生率15‰，死亡率6‰，自然增长率为9‰。

农林牧渔业总产值58308.9万元，增长30%。全年粮食作物播种面积2122公顷，总产1.66万吨；瓜菜1378公顷，总产4.32万吨；棉花36公顷，总产158吨；种植业产值30042万元。全年造林562.47公顷，森林覆盖率达66.06%，林果总产7828吨；林业产值629.07万元。年末大牲畜存栏3300头，猪存栏2.7万头，羊存栏4万只，家禽存栏28.49万只，畜牧业产值22100万元。水产品总量190吨，渔业产值190万元。有水库12座，塘坝72座，总蓄水能力693.2万立方米。农业机械总动力达69866千瓦。全年实现规模以上工业增加值同比增长75%。规模以上工业总产值1.05亿元，利税2600万元；规模以上固定资产投资完成6.7

亿元,同比增长30%。其中个体私营企业产值2.6亿元、利税3200万元。财政收入666万元。农民人均纯收入8088元，比上年增加1527元。有中学1处，小学14处，在校学生共3230人,适龄儿童入学率100%。农家书屋建成42个,农民文艺团体5个。村级建身广场45个。有医院2处;村卫生室66个。有线电视入村46个,入户率13%。五保老人入住敬老院92人,入住率95%。

【泗张镇获国家生态乡镇称号】 泗张镇按照县委、县政府提出的“生态旅游工作突破泗张”的部署要求,对内加大基础设施投入,巩固扩大泗张生态成果,完善旅游配套设施。对外整合资源，开展生态旅游产业招商,生态旅游工作步入良性发展轨道。先后成功举办了十一届泗水桃花旅游节,活动规格和影响力不断提高。自2007年,先后有4家投资过亿元的旅游企业落户泗张,其中规模最大的是万紫千红生态养生旅游度假区,该项目2012年9月成功创建国家AAAA级景区。境内共有大小山头99座(海拔200米以上,最高峰为沙石顶，海拔569米)，有国家AAAA级景区一处—万紫千红生态养生旅游度假区、AAA级景区一处—安山景区、省级森林公园一处—黄山林场、省级湿地公园一处—清源湿地,市级森林公园一处—圣公山,林木覆盖率达到了67%,2003年4月和2011年的6月，境内两次出现桃花水母,是山东省内生态最好的乡镇之一。2012年12月,被国家环境保护部授予“国家级生态乡镇”称号。

圣水峪镇

党委书记 孟昭峰

镇　　长 叶　磊

位于县境南部，面积137.6平方公里。辖75个自然村,60个村民委员会;有14030户,46807人,其中城镇人口1850人。人口出生率12.7‰，死亡率7‰,自然增长率为5.7‰。

农林牧渔业总产值42255万元,增长0.3%。全年粮食作物播种面积2062公顷，总产1.83万吨;瓜菜154公顷,总产0.23万吨;棉花86.67公顷,总产145吨;种植业产值18397万元。全年造林580公顷,森林覆盖率达57.9%,林果总产4235吨;林业产值608万元。年末大牲畜存栏6198头,猪存栏4.18万头,羊存栏3.54万只，家禽存栏52.6万只,畜牧业产值22680万元。水产品总量210吨,渔业产值570万元。有水库12座,总蓄水能力316万立方米。农业机械总动力达1600千瓦。全年实现规模以上工业增加值同比增长23%。规模以上工业总产值21.47亿元;规模以上固定资产投资完成6.22亿元,同比增长42.75%。财政收入1116.4万元。农民人均纯收入8040元，比上年增加1517元。有中学1处,小学10处,在校学生共2402人,适龄儿童入学率100%。农家书屋建成46个,农民文艺团体2个。村级建身广场52个。有医院1处;村卫生室39个。有线电视入村60个,入户率60%。五保老人入住敬老院65人,入住率63.1%。

高峪镇

党委书记 丁　强

镇　　长 麻修华

位于县境北部，泗河北岸，南距县城9公里,北接新泰市楼德镇。星吴、腾北公路横贯东西,S244省道纵穿南北。面积83.5平方公里，其中耕地45.1平方公里；辖区南部为冲积平原,中部为和缓起伏的丘陵,北部是蜿蜒隆起的群山,三种地形面积各占三分之一。辖28个自然村,31个村民委员会；有12237户,41641人，其中城镇人口802人。人口出生率11.7‰,死亡率5.9‰,自然增长率为5.8‰。

农林牧渔业总产值36089万元,增长17%。全年粮食作物播种面积2912公顷,总产2.13万吨;瓜菜568.9公顷，总产1.92万吨;棉花14.9公顷,总产28吨;种植业产值18259万元。全年造林133.3公顷，森林覆盖率达38%,林果总产5121.4吨;林业产值684万元。年末大牲畜存栏1296头,猪存栏1.6万头,羊存栏1.9万只，家禽存栏35.6万只,畜牧业产值16765万元。水产品总量380吨，渔业产值381万元。有水库11座,总蓄水能力377万立方米。农业机械总动力达37400千瓦。规模以上固定资产投资完成4.7亿元，同比增长33.39%。财政收入472万元。农民人均纯收入7568元,比上年增加1535元。有中学1处,小学6处,在校学生共2323人,适龄儿童入学率100%。农家书屋建成18个,农民文艺团体1个。村级建身广场4个。有医院1处;村卫生室31个。有线电视入村31个,入户率86%。五保老人入住敬老院77人,入住率70%。

【农业比较优势进一步显现】 围绕提升农业产业化、标准化、品牌化水平,发展现代农业,提高农业的科技效益、市场效益。按照生态型乡镇发展的路子,积极发展瓜菜、畜牧、林果、中药材产业。完成马庄至寺台3公里道路绿化、藤北公路1.5公里补植、244省道及土地整理项目区10公里道路绿化。栽植杨树1.3万株,侧柏3万株,四旁植树8万株。在北部林果业发展基础上,继续扩大核桃、山楂、苹果等主打品种种植面积,在尧山、高峪、上下峪3个村发展核桃1500亩,栽植优质核桃苗8.3万株。总投资4000万元的两万亩望母山土地整理项目已基本结束,其中:土地平整工程、31公里的输水PE管道已完成,砼硬化道路完成30公里,渣石路面完成18.3公里,31座浆砌石塘坝、49座蓄水池,6座交通桥、12座蓄水谷坊、30座拦沙谷坊、4座拦河坝、5座提水泵房、40座移动泵站已全部完成;积极做好南部节水灌溉、中部北干渠延伸、东北部扶贫开发等项目规划编制和申报工作,农业生产稳步推进,南部新增瓜菜面积1000亩,北部新增金银花面积2000亩,完成荒山绿化3000亩,众诚蛋鸡新建鸡舍四排,蛋鸡存栏量达到10万只规模,安丰饲料新上2个孵化车间。

大黄沟乡

党委书记　王　勇

乡　　长　吕彩英

位于县境东北部,面积51.9平方公里。辖32个自然村,22个村民委员会;有7237户,25537人,其中城镇人口547人,出生率7.9‰,死亡率4.3‰,自然增长率为3.6‰。

农林牧渔业总产值35242万元,增长11%。全年粮食作物播种面积1863公顷,总产1.36万吨;瓜菜590公顷,总产2.66万吨;棉花31公顷,总产47.2吨;种植业产值17688万元。全年造林93公顷,森林覆盖率达43%,林果总产874吨;林业产值287万元。年末大牲畜存栏1510头,猪存栏1.04万头,羊存栏1.29万只,家禽存栏9.3万只,畜牧业总产值16595万元。水产品总量410吨,渔业总产值672万元。有水库3座,总蓄水能力7014万立方米。农业机械总动力达9125千瓦。全年实现工业增加值0.45亿元,比上年增长49%。规模以上工业总产值1.58亿元,利税4000万元,规模以上固定资产投资完成3.8亿元,同比增长44.7%。其中个体私营企业产值3.4亿元、利税12000万元。财政收入735万元。农民人均纯收入7395元,比上年增加1450元。有中学1处,小学6处,在校学生共1726人,适龄儿童入学率100%,农家书屋建成18个,农民文艺团体1个。村级健身广场10个。有医院1处;村卫生室20个。有线电视入村16个,入户率72%。五保老人入住敬老院37人,入住率65%。

(刘家园　侯广征)

邹城市

市委

书　记　张胜明

副书记　谢成海

许　伟

杜昌臣(挂职)

市委常委

丰家雷

李景鹏

张彦生

王永玲(女)

赵　勇(挂职)

段　闻

梁　伟

李　晔

赵海林

市人大

主　任　张胜明

副主任　朱运华

刘永胜

高善东(非党)

曹印民

周立实

张　宏(女)

市政府

市　长　谢成海

副市长　丰家雷

张彦生

赵　勇(挂职)

宋景春

康建国

田成柱

吴　婧(女,非党)

市政协

主　席　李来云

副主席　姚振西

仇成全(非党)

闫荣阶(民盟)

孟淑勤(女,民盟)

倪学贵

魏洪明

市纪委

书　记　段　闻

市人武部

部　长　杨　凯

政　委　赵海林

市法院

院　长　孟祥玉

市检察院

检察长　殷宪龙

市名由来 公元前221年设驺县，唐初改驺县为邹县。1992年10月，撤销邹县设立邹城市。

政区 人口 全市总面积1616平方公里。辖13个镇、3个街道，895个行政村。2012年末全市总人口115.76万人。人口出生率13.08‰，死亡率6.03‰，自然增长率7.05‰。

经济概况 全年实现生产总值671.32亿元，按可比价格计算，比上年增长11.1%。其中，第一产业增加值43.48亿元，增长4.3%；第二产业增加值403.30亿元，增长11.7%；第三产业增加值224.54亿元，增长11.3%。三次产业比例为6.48：60.07：33.45。实现财政总收入109.93亿元，增长9.8%；地方财政一般预算收入41.48亿元，增长16.3%。2012年末金融机构人民币各项存款余额534.92亿元，比年初增加78.07亿元，其中储蓄存款余额252.17亿元，比年初增加33.97亿元。人民币各项贷款余额366.21亿元，比年初增加72.86亿元。

农 业 全年农林牧渔业实现增加值43.48亿元，比上年增长4.3%。粮食总产64.55万吨，增长2.6%；棉花总产0.23万吨，增长11.1%；油料总产6.11万吨，下降13.5%；水果总产3.94万吨，下降2.7%；蔬菜总产48.45万吨，下降2.3%；水产品总产2.02万吨，增长2.0%。肉类总产10.26万吨，禽蛋总产6.70万吨，奶类总产1.87万吨。全年完成造林面积3733公顷。全市农机总动力83.6万千瓦，增长5.7%。

工业和建筑业 规模以上工业企业(年主营业务收入2000万元及以上的工业法人企业)184家，实现增加值270.41亿元，增长12.5%；实现主营业务收入1186.09亿元、利润67.89亿元、利税126.37亿元。工业经济效益综合指数为246.4%，比上年提高0.9点。企业亏损面为6.0%，下降1.3个百分点。资质三级及以上建筑企业65家，完成建筑业总产值68.9亿元，增长8.5%；实现利润1.45亿元，增长22.3%。

建设 环保 年末城镇化率48.99%，同比提高2.02个百分点。完成城市绿化工程建设投资15000万元。人均绿地面积18.7平方米，建成区绿化覆盖率45.8%。城区供水管网覆盖范围内自来水供水普及率100%，燃气普及率99%，集中供热普及率65%。经济适用房建设竣工10.67万平方米，交付1037套，公租房建设竣工6.69万平方米，交付1004套，廉租房建设竣工1.8万平方米，交付300套。村镇建设投资234526.64万元，增长10.7%。无害化垃圾处理率达到100%。城市空气质量良好率达到90%，水环境功能区达标率为100%，道路交通声环境质量为较好以上的占100%。

交通 邮电 公路通车里程2500.7公里，其中高速公路通车里程31.6公里。公路旅客运输量为465.9万人次，比上年增长16.8%。公路、内河航运货物运输量分别为2382.1万吨、647.3万吨，公路运输量增长10%。完成邮电业务总收入4.7亿元，增长16.3%。其中，电信业务收入4.3亿元，增长15.6%；邮政业务收入4315.1万元，增长23.6%。年末固定电话用户17.8万户，移动电话用户68.4万户，互联网用户11.9万户。

贸易 旅游 全年实现社会消费品零售总额183.2亿元，比上年增长16.3%。其中，城市市场实现零售额162.6亿元；农村市场实现零售额20.6亿元。实现进出口总额18171.1万美元，其中出口7012.1万美元。实际利用外资12806.2万美元。主要旅游景点有孟府、孟庙、孟林、峄山风景区、明鲁荒王陵地下官殿、“四山”摩崖石刻等。全年接待国内外游客172.2万人次。实现旅游总收入27.1亿元，增长25%，其中国内旅游收入26.9亿元。

教科文卫体 年末全市拥有各类职业中学学校3所，在校生7186人；普通高中4所，在校生15896人；初中29所，在校生31908人；小学155所，在校生67963人。特殊教育学校1所，在校生116人。全市实施科技项目74项，其中国家级项目4项，省级项目8项，市级17项，累计获上级无偿科研经费2359.7万元。取得市级以上科技奖励28项。专利申请量933件，授权专利886件。有公共图书馆1处，档案馆1处。广播、电视人口覆盖率均达到100%。有卫生机构60所，其中医院、卫生院50所。各类卫生机构共有床位5954张，卫生技术人员6445人，其中执业医师及执业助理医师2072人，护士2778人。体育馆1座。

社会生活 城镇居民人均可支配收入24580元，增长16.7%；人均消费性支出15120元，增长15.2%；人均住房建筑面积32.3平方米。城镇在岗职工年平均工资55496元，增长6.5%。农村居民人均纯收入11094元，增长17.9%；人均生活消费支出5387元，增长19.5%；人均住房面积33.4平方米。全市城镇基本养老、医疗和失业保险参保人数分别达到22.6万人、20.7万人和14.3万人。参加新型农村合作医疗农民82.2万人。全市城乡最低生活保障救助20995人。其中,城镇低保4335人,农村低保16660人。年末全市拥有各类福利院、敬老院25个,入住3338人。

【邹城市建市20周年】 邹城建市20年来,城乡面貌实现大变化,民生保障实现大改善,社会建设实现大进步。地区生产总值从21.28亿元到突破600亿元大关,是建市之初的29.1倍,年均增长18.4%;地方财政收入达35.67亿元,是建市之初的28.3倍,年均增长18.2%;全市农民人均纯收入为9409元,是建市之初的13.9倍,年均增长14.1%,城镇居民人均可支配收入达到21066元。

【兖矿集团实现煤炭生产经营过亿吨、营业收入过千亿的"双亿"目标】 集团以商业模式创新为突破口,加快推进转方式调结构,做强做大煤炭产业,做精做优煤化工产业,做实做特电铝及机电成套装备制造产业。形成了山东、贵州、陕西榆林、新疆、内蒙古鄂尔多斯以及澳大利亚、加拿大7个基地协同发展的格局,并在澳大利亚打造出5000万吨/年生产能力的上市煤炭公司,领衔开发西澳大利亚优质铝土矿和加拿大钾矿项目,成为中国煤炭行业第一家跨国产能超亿吨的全球化国有企业。2012年,兖矿集团煤炭生产经营总量1.13亿吨、营业收入1000亿元,被评为国家技术创新示范企业。

【中共中央政治局委员王乐泉到邹城调研社会管理创新工作】 2012年4月18日,中共中央政治局委员、中央政法委副书记、中央综治委副主任王乐泉,在省、市各有关领导陪同下,到邹城市调研社会管理创新工作。

【邹城一中建校60周年】 2012年11月25日,邹城一中举办建校60周年庆典,省、市各级领导代表、历届校长、书记和校友代表、学校师生共1300余人参加庆祝大会。邹城一中始建于1952年10月,原名邹县中学。60年来,邹城一中培养了5万多名合格毕业生,先后荣获10多项省级以上荣誉,并被南京大学、西安交通大学、山东大学等一批"985工程高校"命名为"优秀生源基地"。

峄山镇

党委书记　秦晓东

镇　　长　田　磊

位于邹城市南部,距城区10公里,面积106平方公里。辖44个自然村,50个村民委员会;有14185户,53890人;其中女26402人,非农业人口7160人。人口自然增长率为3.5‰。

2012年,国内生产总值18.8亿元,比上年增长26%,其中一、二、三产业增加值分别达到3600万元、26600万元和8000万元,分别比上年增长8%、45%和36%。工业总产值9.6亿元,增长52%;实现利税3400万元,增长28%。农林牧渔业总产值3.3亿元,增长8%。全年粮食作物播种面积5450公顷,总产3.8万吨;瓜菜1020公顷,总产4.12万吨;种植业产值32180万元。全年造林180公顷,森林覆盖率达21.8%,林果总产2100吨;林业产值650万元。年末大牲畜存栏2305头,猪存栏0.98万头,羊存栏2.8万只,家禽存栏26万只,畜牧业产值9800万元。水产品总量860吨,渔业总产值960万元。有水库6座,总蓄水能力290万立方米。农业机械动力达4.82万千瓦。乡镇企业总产值7.8亿元,利税4300万元,其中个体私营企业产值2.76亿元、利税2600万元。地方财政收入1802万元。农民人均纯收入10928元,比上年增加1628元。有中学1处,小学8处,在校学生共3340人,适龄儿童入学率99.8%,有医院1处。电话普及率达到每百人75部。

【峄山旅游开发实现历史性跨越】 一是高标准编制规划。坚持以规划为引领,结合全市规划,编制了《峄山镇小城镇建设总体规划》、《峄山风景区总体规划》、《峄山风景区控制性详细规划》、《峄山国家森林公园总体规划》等8个专项规划,进一步拓展完善了峄山发展空间。二是加快旅游基础设施建设。打通15公里环山公路;投资1600万元完成了环峄山监控、白云宫雾森景观、滑索、环线盘道维修,重建五华馆,更新旅游标识。启动峄山旅游路、旅游连接线工程。三是加快招商引资步伐。做好省国开行10亿元融资,峄山文化旅游综合开发项目纳入省重点文化旅游产业大盘子。四是优化周边旅游环境。深入开展景区环境综合整治活动,打黑除恶、整治秩序、统一思想,环境进一步优化。启动山前片区改造、峄阳小镇、太平兴国寺、峄阳生态观光园等项目建设。峄山成功晋升国家级森林公园,通过举办山东卫视超级运动会、峄山桃花节等一系列活动,景区收入实现翻番。

【镇村基础设施建设明显加快】 峄山镇坚持村镇建设与景区开发一体化规划、一体化建设,快速提升基础设施水平。一是推进临菏路东延工程。坚持“以民为本、平稳拆迁、和谐建设”原则,举全镇之力推进临菏路东延工程建设,成立指挥部,每天早7点部署、晚8点调度,不到一个月时间,拆除近500户。多方协调,京台高速峄山出口全面开通。二是加快社区建设。立足峄山、放眼全市,克服重重困难、实施新型农村社区建设,按照就近、合村并点的原则,规划建设峄阳、峄河、景福3个社区暨安置点,3处社区、12栋楼春节前全部回迁入住,创造了全市道路施工、社区建设的“峄山速度”、“临菏路精神”。

看庄镇

党委书记　崔俊锋

镇　　长　孙宝华

位于邹城市南部,距城区18公里,面积71平方公里。辖48个自然村,39个村民委员会;有11216户,36165人;其中女16642人,非农业人口2139人。人口自然增长率为-10.7‰。

2012年,国内生产总值39.1亿元,比上年增长17.5%,其中一、二、三产业增加值分别达到24459万元、75634万元和23509万元,分别比上年增长2.8%、10.44%和40%。工业总产值25.2亿元,增长13.6%;实现利税9880万元,增长18.9%。农林牧渔业总产值48755万元,增长4.6%。全年粮食作物播种面积2922公顷,总产1.96万吨;瓜菜3456公顷,总产14.06万吨;棉花26.3公顷,总产38.45吨;种植业产值24893万元。全年造林133公顷,森林覆盖率达27%,林果总产62.2吨;林业产值362万元。年末大牲畜存栏1466头,猪存栏1.25万头,羊存栏2.1万只,家禽存栏18.33万只,畜牧业总产值17862万元。水产品总量1339吨,渔业总产值2639万元。有水库9座,总蓄水能力800万立方米。农业机械总动力达38868千瓦。乡镇企业总产值14.4亿元,利税9922万元,其中个体私营企业产值11.57亿元、利税1827万元。财政收入3370万元。农民人均纯收入10473元,比上年增加1583元。有中学1处,小学5处,在校学生共2407人,适龄儿童入学率100%,有医院1处。电话普及率达到每百人21部。

【电子监控网全覆盖,群众安全感提升】 在原有“警铃入户、十户联防”的基础上,大力实施“电子监控村村通”工程。聘请技防专业机构进行实地考察,制定了符合看庄实际的电子监控覆盖工程的建设规划。按照封好边界、控好出入口、严密重要路口监控的原则,投资70万元在镇驻地、镇域主要出入口、各村主要路口、学校等重要位置和场所新装电子高清摄像头67处、安装红外线感光灯67盏,实现了重点区域监控全覆盖的目标。在镇派出所建设了高标准的监控中心,新上了办公设备,配备了专职人员,并通过光纤将各村新装监控与派出所电子监控室连通,实现了监控场景24小时实时传送。每天的监控视频将自动存档15天,确保了监控信息的时效性。不断加强村级站岗巡逻队伍规范化建设,统一配备了红袖章和治安防范设备,采取分片布防、联户拉岗、村干部轮流带班和群众义务站岗等措施,每天从晚9点到第二天早6点进行不间断巡逻。加大了派出所干警巡逻力度,结合季节特点和发案规律,合理划分巡逻地段,实行民警包村、包路段,白天重点加强对镇区主要街道和易发案部位,村组主要道路和进村道口的巡逻密度,夜间出动3辆警车全面巡查,全面消除了治安防范上的“盲点”。2012年底,无缝隙、全覆盖、全天候的治安防控体系已经建立,有效地减少了治安盲区,全镇全年案件发案率同比下降31%。在由济宁市组织的电话调查活动中,群众安全感和满意度达到97.6%,位居邹城市各镇街前列。

【看庄镇获得“全国一村一品示范镇”称号】 看庄镇金山大樱桃、柳下邑猪牙皂顺利通过国家地理标志证明商标注册;柳下邑猪牙皂获得国家农产品地理标志认证;大樱桃和核桃获得农业部中绿华夏有机食品认证中心颁发的有机食品转换证。2012年11月21日,国家农业部公布了第二批全国一村一品示范村镇名单,看庄镇被认定为“全国一村一品示范村镇”,是济宁地区唯一获此荣誉的乡镇。看庄镇通过政策驱动、科技推动、基地带动,大力发展特色种植,规模化种植能力稳步提高,农民种植收入稳步增长。2012年,全镇粮食、蔬菜种植11.6万亩,大樱桃、核桃、猪牙皂等特色农产品种植9700余亩,粮食、林果总产量实现八连增,种植面积、单产、总产稳定增加。

【兴修水利夯实农业根基】 看庄镇2012年全年投资636万元,完成了全国小型农田水利重点县项目机井灌区配套工程和九山流域水土保持项目建设,改善农田灌溉面积9550亩,新栽植核桃1200亩,新修生产路

4500米，铺设管道8000米，实现了水利建设年年迈大步，岁岁上台阶。

香城镇

党委书记　孙　颖

镇　　长　梁　超

位于邹城市东南部，距城区20公里，面积177平方公里。辖123个自然村，100个村民委员会；有24442户，83612人；其中女40015人，非农业人口3235人。人口自然增长率为5.34‰。

2012年，国内生产总值18.32亿元，比上年增长3.6%，其中一、二、三产业增加值分别达到3405.2万元、14286万元和3454.5万元，分别比上年增长25%、30%和28%。工业总产值4.9亿元，增长8%；实现利税2255万元，增长16.8%。农林牧渔业总产值65932万元，增长6%。全年粮食作物播种面积6957.3公顷，总产4.64万吨；瓜菜560.7公顷，总产1.76万吨；棉花74.9公顷，总产99.8吨；种植业产值35897万元。全年造林362公顷，森林覆盖率达38%，林果总产1830吨；林业产值6320万元。年末大牲畜存栏3700头，猪存栏4.7万头，羊存栏6.7万只，家禽存栏154.4万只，畜牧业总产值25758万元。水产品总量3750吨，渔业总产值3806万元。有水库12座，总蓄水能力1600万立方米。农业机械总动力达39千瓦。乡镇企业总产值6.4亿元，利税6331万元，其中个体私营企业产值0.86亿元、利税345万元。财政收入752万元。农民人均纯收入8805元，比上年增加1432元。有中学2处，小学17处，在校学生共4593人，适龄儿童入学率100%，有医院2处。电话普及率达到每百人83部。

【"香城圆铃枣"被山东省林业厅评为"金奖"】　香城镇长红枣已有1300多年的栽培历史。长红枣基地位于香城镇东部山区，东依连青山脉，西邻大沙河，总面积2.2万亩，逐步形成了"春有枣枝似虬龙，夏有枣花沁脾香，秋有枣果似玛瑙，冬有枣林韵无穷"的特色景象。2010年香城长红枣被国家农业部认证为"国家原产地地域保护产品"，2011年"香城长红枣"被国家工商局认定为地理标志证明商标，2012年"香城圆铃枣"被山东省林业厅评为"金奖"。从2011年开始，香城镇依托万亩长红枣基地，举办了"邹城市国民休闲汇香城红枣文化节"。香城红枣文化节以"感悟枣乡秋色、体验乡村野趣"为主题，着力打造以"赏田园风光、品民俗风味、吃乡村土菜、住农家小院"为主题的休闲旅游品牌，精心设计红枣姑娘选拔、红枣文化节推介、红枣文化节开幕、农产品经贸洽谈"主题活动"和红枣王评选、厨艺大赛、采摘比赛、摄影比赛、枣艺比赛、枣树认领、垂钓比赛"多项群众性参与活动"，取得了良好的生态效益、经济效益和社会效益。

【香城镇山东集盛食品有限公司】　山东集盛食品有限公司是邹城市2010年农业产业化重点招商项目，位于香城镇循环农业产业园区内，由广西集盛食品有限公司投资5亿元，注册资金2000万元，建成的集菌种研发、双孢菇工厂化种植、加工及国际贸易于一体的济宁市农业龙头企业，被列入"山东省果蔬振兴计划重点扶持项目"。项目规划占地1000亩，其中一期500亩，投资3亿元，与中国农科院、上海农科院联合组建食用菌技术研发中心和研发中试基地，已建成智能化菇房200间、种植双孢菇15万平方米，2012年双孢菇鲜菇产量达1.5万吨，销售收入突破1亿元，利润2910万元。二期占地500亩，投资2亿元，将再建智能化菇房500个，建设20万吨有机肥料加工厂1处、菌种生产厂1处、食用菌专业市场1处。二期建成后，将成为亚洲最大、技术含量最高、集种植、加工、销售、出口于一体的食用菌产业基地。公司积极寻求在菌种研发生产、双孢菇产品开发、有机肥加工等产业合作。相继引进了投资1.05亿元鲁青有机肥、苍山欣沃生物有机肥、台湾坤生有机肥等项目，其中鲁青机肥厂实现试生产。通过进一步拉长上下游产业链条，逐步形成了以秸秆发酵－食用菌种植加工－有机肥于一体完整的循环链条。

张庄镇

党委书记　王　营

镇　　长　孟宪忠

位于邹城市东部，距城区25公里，面积180平方公里。辖88个自然村，74个村民委员会，有19974户，68321人；其中女性32987人，非农业人口1218人。人口自然增长率为6.74‰。

2012年，国内生产总值21.4亿元，比上年增长21.3%，其中一、二、三产业增加值分别是59770万元、103359万元和55390万元，分别比上年增长4.1%、38.92%和38%。工业总产值9.36亿元，增长38.92%；实现利税9315万元，增长42.4%。农林牧渔业总产值59770万元，增长4.1%。全年粮食作物播种面积

4076公顷，总产3.4万吨；瓜菜772公顷，总产2.9万吨；棉花38公顷，总产55吨；种植业产值30516万元。全年造林500公顷，森林覆盖率达31.2%，林果总产5490吨；林业产值4000万元。年末大牲畜存栏2650头，猪存栏11.5万头，羊存栏7.9万只，家禽存栏13.1万只，畜牧业总产值23898万元。水产品总量4121吨，渔业总产值3236万元。有水库14座，总蓄水能力2200万立方米。农业机械总动力达1.753万千瓦。乡镇企业总产值10.5亿元，利税12475万元，其中个体私营企业产值5.33亿元、利税7352万元。财政收入722万元。农民人均纯收入9049元，比上年增加1189元。有中学2处，小学14处，在校学生共4875人，适龄儿童入学率100%，有医院1处。电话普及率达到每百人52部。

【招商引资工作实现重大突破】 牢固树立"工业突破"战略地位不动摇，依托全市两大园区和境内生态资源优势，认真落实市委"三个书记"轮流外出抓招商部署，深入开展赴外招商活动，全年累计开展外出招商活动36次，成功引进亿元项目6个。一是突出资源优势。注重小微轻工企业和农产品深加工企业引进，围绕生态资源、农副产品等资源优势，深入开展赴外招商活动，全力推进招商引资和重大项目建设，用项目管理的理念推进经济发展。二是明确任务重点。召开经济分析运行会，分析情况，研讨问题，理清思路，进一步确定招商引资范围，明确招商引资重点，研究制定下步招商引资和经济发展相关政策。三是创新工作方式。大力推行以商招商、以企招商、上门招商、鼓励返乡农民工回乡投资创业。建立完善信息沟通机制和项目推介机制，建立招商引资联谊会，每月邀请相关人员参加会议，互通情况，了解信息，掌握工作的主动权。盘活闲置资产，努力做大做强现有企业规模，提升市场竞争力。四是严格落实制度。认真落实项目专班制度，严格实行"五个一"机制，即：一个项目、一位领导、一名责任人、一套工作班子、一个实施方案，强力推进项目开工建设，实行定目标、定责任、定效果，做到企业有人服务、问题有人协调，确保项目正常建设。

【基层党组织建设取得新成效】 一是深入推进"三个全覆盖"。在选强配优驻村干部、健全各项工作机制的基础上，全镇188名"第一书记"、驻村干部深入开展进村入户走访、真心为民办事活动，累计走访群众1.9万户，收集意见2015条，帮助群众解决难题1578件，化解各种矛盾纠纷1001件，改造村级场所27处，发展大樱桃、核桃等特色林果专业村6个，建成特色种养基地11个，带动种养大户32家。二是持续深化村级规范化建设。针对当前农村各类矛盾增多、社会管理难度增大的实际，坚持支部书记、第一书记"两个书记"一起抓，让第一书记和驻村干部全程参与监督村级工作，着力建立健全以制度管人、按规章办事、从源头维稳的长效工作机制，全力抓好村级决策、村务管理、矛盾调处、村干部管理"四个规范化"建设，村级事务管理水平得到明显提升。三是狠抓后进村整顿转化升级。按照"找准问题、突出重点、一村一策、集中整改"的原则，对7个后进村全部成立了由科级干部带队的工作组，严格按照时间节点扎实整改，圆满完成转化升级任务。全镇累计为后进村投资125万元，整修硬化道路17条，新建、维修生产路6000米，启动建设桥涵3座，改造村级场所2处，帮助解决实际难题76个，消除信访隐患30多起。

城前镇

党委书记　屈耀武

镇　　长　曹　见

位于邹城市东部，距城区41公里，面积192平方公里。辖149个自然村，111个村民委员会；有24404户，共87809人；其中女39387人，非农业人口4744人。人口自然增长率为4.8‰。

2012年，国内生产总值31.65亿元，比上年增长11.12%，其中一、二、三产业增加值分别达到51103万元、19014万元和8610万元，分别比上年增长4.15%、17.40%和11.08%。工业总产值12.8亿元，增长17.40%；实现利税510万元，增长22.89%。农林牧渔业总产值95526万元，增长3.87%。全年粮食作物播种面积4699公顷，总产3.5万吨；瓜菜1221公顷，总产3.97万吨；种植业产值52009万元。全年造林486公顷，森林覆盖率达29.35%，林果总产15088吨；林业产值682万元。年末大牲畜存栏7654头，猪存栏5.05万头，羊存栏4.45万只，家禽存栏142.24万只，畜牧业总产值37320万元。水产品总量110吨，渔业总产值5515万元。有水库11座，总蓄水能力889.75万立方米。农业机械总动力达1.34万千瓦。乡镇企业总产值24.67亿元，利税980万元，其中个体私营企业产值10.23亿元、利税494万元。财政收入3916万元。农民人均纯收入9711元，比上年增加1446元。有中学2处，小学16处，在校学生共7456人，适龄儿童入学率100%，有医院2处。电话普及率达到每百人86部。

【城前镇打造鲁南地区独具特色的中小企业创业园】 城前镇中小企业创业园位于镇驻地西2公里处，于2012年6月份开工建设。一期占地216亩，总投资1.6亿元，总建筑面积7万平方米。成立中小企业创业园管理委员会，为入园企业提供高效、优质、一流的服务。高起点编制中小企业创业园规划，科学布局服装加工、轻工业制造、农产品加工、仓储物流、综合服务5大功能区。计划利用3-5年的时间将园区打造成鲁南地区独具特色中小企业创业园。截止2012年底，园区共有8家企业入园开工建设，建成后可转移当地劳动力3000余人，每年可增加农民收入9000余万元。

【城前镇建设县级小城市抢占经济发展制高点】 城前镇通过集聚各类发展要素，加快推进城镇化进程，抢占区域性经济发展制高点。先后开工建设了时尚财富广场、交运购物广场、联合超市购物广场，实施城兴路、城泰路、刘庄河改造工程，全镇形成“一轴六区”的规划格局。完成戈河花园、刘庄新苑两大新型社区建设，大力实施“富居工程”，鼓励农民进城入住，力争3-5年的时间，打造成5-8万人的县级小城市。

田黄镇

党委书记　杨　森

镇　　长　冯　强

位于邹城市东北部，距城区30公里，面积108平方公里。辖51个自然村，51个村民委员会；有13081户，44745人；其中女20143人，非农业人口102人。人口自然增长率为7.8‰。

2012年，国内生产总值10.36亿元，比上年增长19.1%，其中一、二、三产业增加值分别达到12350万元、8432万元和2482万元，分别比上年增长17.8%、26.3%和28%。工业总产值3.05亿元，增长81%；实现利税434万元，增长25%。农林牧渔业总产值54621万元，增长4%。全年粮食作物播种面积2857公顷，总产1.99万吨；瓜菜1280.7公顷，总产3.88万吨；棉花203.6公顷，总产246.8吨；种植业产值5000万元。全年造林433.33公顷，森林覆盖率达22%，林果总产180吨；林业产值366万元。年末大牲畜存栏3618头，猪存栏3.5万头，羊存栏3.9万只，家禽存栏26.2万只，畜牧业总产值20011万元。水产品总量770吨，渔业总产值950万元。有水库16座，总蓄水能力1474.57万立方米。农业机械总动力达32470千瓦。乡镇企业总产值3.88亿元，利税434万元，其中个体私营企业产值3.88亿元、利税434万元。财政收入529万元。农民人均纯收入9979元，比上年增加1413元。有中学1处，小学7处，在校学生共2330人，适龄儿童入学率100%，有医院1处。电话普及率达到每百人45.45部。

【国地税收入大幅增加】 田黄镇2012年共招引落地项目8个。开工建设了珉晟生态农业、三山农业生态园、田黄生态食品核桃油深加工等过亿元大项目，大力带动了农产品深加工和设施农业的发展。全年国地税收入529万元，同比增长103%。收入增幅位列邹城市第一位。

【社会民生事业】 田黄镇实施荒山造林3200亩，新增退耕还林面积3800多亩，发展经济林2100亩，新建农村道路24公里，新修环山路100余公里。完成栖驾峪社区主体工程建设，启动厂里社区建设。开工建设水利工程25处，完成枣园等4个村的饮水安全工程。新农合参合率达到97.88%。社会养老保险参保率97.45%。建设村级文化大院6处，完成100户农村困难群众危房改造任务。

大束镇

党委书记　王俊岩

镇　　长　刘　强

位于邹城市东北部，距城区11.2公里，面积136.6平方公里，是“山东省社会文化先进镇”、“山东省旅游强乡镇”、“山东省环境优美乡镇”、“齐鲁生态休闲名镇”、“济宁市农民书画艺术之乡”、“济宁市文明镇”。辖80个自然村，77个村民委员会；有22629户，76977人；其中女35537人，人口自然增长率为6.7‰。

2012年，全镇地方财政收入完成1429万元，同比增长38.47%，其中第一产业增加值达到34173万元，比上年增长4.35%。工业总产值22.5亿元，增长30%；实现利税4659万元，增长27%。农林牧渔业总产值68119万元，增长4.25%。全年粮食作物播种面积9514公顷，总产6.71万吨；瓜菜1409公顷，总产6.36万吨；棉花313.67公顷,总产449.73吨;种植业产值34779万元。全年造林6230亩,森林覆盖率达29%,林果总产770吨;林业产值456万元。年末大牲畜存栏3200头,猪存栏14594头,羊存栏35188只,家禽存栏400904只,畜牧业总产值24956万元。渔业总产值3688万元。有水库18座,总蓄水能力843.57万立方米。农业机械总动力达7.4万千瓦。乡镇民营经济总产值43亿元,利税4096万元,其中个体经营户收入9.5亿元,利税964.5万元,私营企业收33.5亿元,利税3131.5万元。农民人均纯收入10528元,比上年增加1530元。有中学2处,小学14处,在校学生共5602人,适龄儿童入学率100%,有医院1处。固定电话普及率达30%,移动电话达普及率80%。

【大束镇现代农业取得新成效】 大束镇实施万亩国家农业综合开发高标准良田治理项目建设;完成了3处塘坝除险加固、4个村自来水改造工程、12个村小水源与节水灌溉工程;做好了“灰埠大枣”国家地理标志及4个绿色蔬菜的认证工作;全力推进市现代农业示范园及特色瓜菜基地建设;新建完善农田林网10420亩,完成了7.1公里京台高速公路绿色通道建设,发展经济林1801亩、用材林726亩,完成林权制度改革3004亩、退耕还林650亩。

【大束镇镇村建设展现新面貌】 大束镇全力做好辖区内多条市重点道路建设的征地拆迁等工作;积极推进并完成了大束供销社商贸城、大束商业街的规模扩张和档次提升工作;完成黄家庙新陆滨湖社区建设,启动了匡庄社区新型农村社区建设项目;完成了36个村的济宁市生态村和国家级生态镇的申报工作;完成了村内通12.9公里、户户通81.6公里;完成了首批38个村环境综合整治提升工程,实施了匡庄、大束两个片区亮灯工程。

【大束镇社会事业得到新发展】 大束镇实施匡庄中心小学附属幼儿园建设、匡庄中学餐厅建设工程;推进村级卫生室一体化管理,完成了6处规范化卫生室建设,完成了适龄妇女两癌筛查以及65岁以上老人健康查体工作;完成安居工程、危房改造140户,发放各项救济款616万余元;全镇新农合参合率达98.52%;新农保参保率达97.28%;扎实做好了人口和计划生育工作;大力推进邹鲁教育强镇建设,大束教育品牌逐渐形成。

中心店镇

党委书记　周相华

镇　　长　张　文

位于邹城市北部,距城区3公里,面积89.25平方公里。辖46个自然村,46个村民委员会;有23721户,78641人;其中女38693人,非农业人口25784人。人口自然增长率为6.04‰。

2012年,规模以上工业总产值100992万元,增长60%;实现利税33660万元,增长36%。农林牧渔业总产值52275万元,增长5%。全年粮食作物播种面积8471公顷,总产6.88万吨;瓜菜518.9公顷,总产1.88万吨;棉花70.3公顷,总产101.5吨。全年造林412公顷,森林覆盖率达22.1%,林果总产3379.95吨;林业产值349万元。年末大牲畜存栏1795头,猪存栏1.29万头,羊存栏7100只,家禽存栏107.3万只,畜牧业总产值19152万元。渔业总产值2830万元。农业机械总动力达702千瓦。财政收入1.51亿元。农民人均纯收入11677元,比上年增加1104元。有中学1处,小学8处,在校学生共3326人,适龄儿童入学率100%,有医院1处。电话普及率达到每百人61部。

【草莓生态观光园结出大财富】 中心店镇依托原有草莓种植基地,在104国道以东高标准规划建设了草莓观光生态园,种植面积扩大到4000亩,销售收入达8000万元,带动1800名农民就业。草莓观光生态园建设坚持“政府引导、资金扶持、大户带动、企业支撑、合作社组织”的原则,实行“统一规划、统一建设、统一供苗、统一指导、统一包装”的“五统一”管理模式,逐步形成区域化布局、产业化经营、标准化生产、市场化营销、社会化服务、企业化管理的现代农业格局。举办两届草莓采摘节,并在济宁召开了新闻发布会。规划到十二五末,草莓种植面积达到10000亩,其中,发展温室大棚7000亩,陆地草莓3000亩,重点建设草莓种植示范区、采摘区、育苗区、综合服务区等功能区,在综合服务区设技术推广中心、农产品检测中心、游客服务中心、草莓交易中心,逐步健全基础服务设施,建成集育苗、种植、采摘、观光、销售、仓储、加工、专业交易市场、配套服务为一体的山东最大的专业种植区,创建草莓安全生产示范区,打造绿色草莓第一镇。

【中心机电产业园发展提速】 中心机电产业园是2002年经邹城市人民政府批准设立,属省级开发区邹城经济开发区分园,规划面积6平方公里。园区坚持“科学化、专业化、国际化”的发展思路，已发展成为山东省最大的机电产业园区。2012年园区入园企业46家,拥有专利项目数百项，产品形成30大系列1500多个品种。新开工建设了由山东宇豪工贸有限公司工矿机械及配件生产项目、山东华煤创昊设备制造有限公司矿用运输系统项目、山东博迈尔公司液压及密封件项目组成的中心机电产业园新型矿用配件示范园及金科星新厂区项目，并投资500万元拓宽华润路和恒达路，加强了园区基础设施建设。2012年以东远石油、凯达机械、金科星、明兴达、容大电气等企业为首的园区龙头企业产值已突破亿元，园区总产值突破20亿元,实现税收3500万元，2012年园区内有14家企业年缴税额突破200万元。园区充分发挥对机电产业的聚集、孵化和辐射作用,力争成为一个现代化、国际化、品牌化的优质产品生产基地。计划“十二五”末期,力争新创各级名牌企业10家，实现总产值100亿元,实现利税10亿元。

【汽车服务业迅速崛起】 邹城鲁南汽贸城是鲁南地区规模最大、功能最全的大型综合性汽车交易服务市场。位于邹城市北外环路,104国道西200米路北,占地面积500亩。入驻单位达32家,共建设4S店24个、综合展厅8个、高档展厅2个,总投资达15亿元。2012年全年共销售新车2500余辆，维修车辆2.1万台次，销售收入达2.3亿元。汽贸城成为区域发展的重要支柱项目，预计年经营额达20多亿元,实现利税4000多万元，可安排1000多人就业。整个市场经营奥迪、大众、别克、现代等30多个国内外知名品牌,200多款车型，常年有1800多辆新车集中展示。与汽车相配套的汽车配件、美容装潢、维修洗车等也同时入驻,汽车城内还专门设立了二手车区、农机区。为切实方便广大消费者,与汽车销售相关的所有机构也将全部进驻汽车城,如银行、工商、税务、检测、挂牌、餐饮、住宿等,真正为购车者提供一站式服务,使购车者可在较短的时间内办理完所有手续，开车上路。汽车城以丰富的品牌、齐全的车型、充足的货源,满足不同层次消费者的购车需求。预计到2015年，汽车城可入驻汽车4S店40家,可实现年销售新车1.2万辆,维修车辆7万余台次,销售收入突破10亿元,解决3000人就业。

北宿镇

党委书记　李　晔

镇　　长　李　强

邹城市经济开发区（北宿镇)位于邹城西部,距城区10公里,面积85平方公里。是济宁市14个新型乡镇建设试点镇之一,辖52个村居,其中村民委员会50个,社区居民委员会2个,农业人口7万余人,社会总人口12万人。

2012年,工业总产值59.97亿元,增长33.7%;实现利税15.3亿元,增长40%。全年固定资产投资完成26.4亿元,增长73%。规模以上工业企业产值实现22.1亿元,增长34%。2012年新招引亿元以上项目18个，其中,20亿元以上项目1个,10亿元以上项目4个,5亿元以上项目3个,到位资金完成19.7亿元。全年粮食播种面积7267公顷,总产6.05万吨。棉花69亩，总产6900公斤。全年造林3200亩,森林覆盖率达30%；林果总产2257800公斤；林业产值1.2亿元。年末大牲畜存栏2000余头,猪存栏36117头，羊存栏3万只,家禽存栏100万只。水产面积6900亩，水产品总量3650吨,产值4500万元。乡镇企业总产值126亿元，利税15.36亿元,其中个体私营企业产值126亿元,利税15.36亿元。财政收入5.69亿元。农民人均纯收入12878元,比上年增加22%。有中学1处,小学12处,在校学生共4468人，适龄儿童入学率达100%。有医院5处。

【启动技改项目18个,其中过亿元4个】 北宿镇实行指挥部体制下的专班会战模式,推行包保负责制、挂牌督办制、一线工作制。衡远锂电池、赛维太阳能、尤特尔生物酶、信义刹车片、轻合金挤压材等过亿元项目建成投产。全年启动技改项目18个,其中过亿元4个,对上争取科技扶持资金2100余万元,帮助企业成功融资2600万元。全年新增规模以上工业企业10家,总数达到29家,新增国家级高新技术企业3家，总数达到14家,新增省级企业技术中心1家,总数达到3家,省级工程研发中心达到3家。

【“三品”认证达到11个,通过国家农产品地理标志认证1个】 北宿镇围绕地域特色,突出“一村一品”,以山东呱呱鸭、济宁禾丰、恒信蔬菜等品牌为龙头,采取“公司＋合作社＋基地＋农户”的方式,培植壮大香椿芽、大棚蔬菜、黄金梨、肉鸭养殖、水产养殖等特色农业基地,打响“瓦屋香椿芽”、“孔孟”黄金梨、呱呱鸭等特色农产品品牌。

2012年底，区镇发展蔬菜大棚650个，面积1500多亩；黄金梨种植面积1000多亩；标准化香椿芽育苗生产基地1000多亩；5万只以上肉鸭养殖大棚23处，肉鸭养殖户达1000多家。

唐村镇

党委书记 高 胜

镇 长 刘 冰

位于邹城市西南部，距城区7公里，面积37平方公里。辖29个自然村，其中28个村民委员会，1个居民委员会；有6471户，37492人；其中女17865人，非农业人口12981人。人口自然增长率为7.6‰。

2012年，国内生产总值38亿元，比上年增长17%，其中一、二、三产业增加值分别达到504万元、56258万元和45425万元，分别比上年增长5%、61%和76%。工业总产值25.9亿元，增长15.3%；实现利税5026万元，增长17%。农林牧渔业总产值23819万元，增长5%。全年粮食作物播种面积5026公顷，总产2.5万吨；瓜菜567公顷，总产2.4万吨；棉花33公顷，总产4.2吨；种植业产值8472万元。全年造林20公顷，森林覆盖率达33.6%，林果总产52吨；林业产值1930万元。年末大牲畜存栏2965头，猪存栏1.9万头，羊存栏0.5万只，家禽存栏22.3万只，畜牧业总产值13860万元。水产品总量13吨，渔业总产值141万元。农业机械总动力达22417千瓦。乡镇企业总产值28亿元，利税9724万元，其中个体私营企业产值16.5亿元、利税5362万元。财政收入2209万元。农民人均纯收入115333元，比上年增加1007元。有中学1处，小学7处，在校学生共2300人，适龄儿童入学率100%，有医院1处。电话普及率达到每百人98部。

【基层党组织建设取得新成绩】 唐村镇紧密结合济宁市"大规模走村入户，面对面谈心交流"活动，切实加强基层党组织建设。开创了"夜访夜谈"工作模式。在推进村级第一书记、民生代办和民警联村"三个全覆盖"工作中，结合村民白天外出务工、夜晚在家休息的情况，开展了"夜访夜谈"活动，将工作延伸到八小时之外，利用晚上时间进村入户与群众谈心交流。开创了"民生诊疗"活动。由第一书记、村支部书记、联村民警和民生代办员定时"坐诊"，帮村民"把脉"，倾听并解决村民新遇到的问题，简单问题当场解决，复杂问题限时解决。开创了"第一书记论坛"。依托唐村大课堂平台，每周一驻村干部们登台授课，互相交流学习驻村工作的经验体会。

【工业园区规划建设取得新突破】 按照邹城市整体发展布局，围绕镇区位优势和资源优势，规划建设了新能源产业园，新材料产业园，新型建材产业园，现代物流产业园，临荷路经济隆起带和农业高科技示范园6大产业园区。以"两纵两横"，即双大路、兴中路、富唐路、富太路4条主干道为框架，不断完善园区道路网，同时做好配套水、电、蒸汽的管道、线路铺设，夯实园区基础设施建设。把发展新能源、新材料、新型建材、物流服务作为唐村镇的主导产业，进行专题招商，引进了一批好项目、大项目，如济宁三木复合材料甲醇生产项目、山东森奈生态木塑新材料生产项目、山东巨金工贸透光式太阳能发电板和真空发电机生产项目等，延伸了产业链条，发挥了集聚效应。

太平镇

党委书记 孙海运

镇 长 曾凡玉

位于邹城市西部，距城区20公里，面积130平方公里。辖92个自然村，92个村民委员会；有36156户，120016人，其中女58373人。人口自然增长率8.6‰。

2012年，国内生产总值356.583亿元，比上年增长13.61%，其中一、二、三产业增加值分别达到53847万元、241372万元和61364万元，分别比上年增长4.06%、16.25%和12.62%。工业总产值91亿元，增长22.97%；实现利税31158万元，增长24.16%。农业牧渔业总产值103718万元，增长4.71%。全年粮食作物播种面积14812公顷，总产8.5万吨；瓜菜2080公顷，总产9.4万吨；棉花55公顷，总产78吨；种植业产值50889万元。全年造林100公顷，森林覆盖率达25.6%，林果总产20吨；林业产值559万元。年末大牲畜存栏2767头，猪存栏5.2万头，养存栏2.3万只，家禽存栏120.3万只，畜牧业总产值41007万元。水产品总量2806吨，渔业总产值5085万元。农业机械总动力达14.6671万千瓦。乡镇企业总产值83亿元，利税27460万元，其中个体私营企业产值79亿元、利税26481万元。财政收入37330万元。农民人均纯收入12868元，比上年增加2145元。有中学2处，小学20处，在校学生共6660人，适龄儿童入学率100%，有医院2处。电话普及率达到每百人96部。

【狠抓项目建设工作，经济实力迅速增强】 结合工业园区、太平镇企业布局，立足现有优势产业链，筛选一批新兴战略产业合作项目，瞄准500强企业和行业领军企业开展择商选资，先后前往长三角、珠三角及京津等地开展招商洽谈活动，取得显著成效。全年新招引项目18个，其中20亿元项目1个，10亿元项目3个，5亿元项目5个，亿元项目9个。对重点建设项目，成立了33支项目建设突击队，靠上协调服务，全速推进重点项目进度。投资1.2亿元的济宁和实生物科技有限公司一期工程竣工投产；泰玻5万吨电子级无碱玻璃纤维、3亿米电子布项目进展顺利，亿米电子布项目400台电子织布机已满负荷生产；百隆色纺二号车间4万锭色纺纱已全面投产；投资2000万美元的森达美港口综合楼完工；总投资1亿元的邹城市天马运输有限公司一期正式运营；30万吨煤焦油加氢项目正在进行土地平整；山东华油新能源科技润滑油项目、山东圣硕新能源甲醇制汽油M50项目等即将开工。

【完善基础设施配套，形象品位全面提升】 实施幸福河路南联北接综合工程，贯通贯穿园区的临菏路和新济邹快车道，完善路网结构。配合实施大工业板块"一纵三横"道路建设，富北路和富太路已经完成前期工作。强化环保投入，新城污水处理厂正式投用，完成1.6万米污水管网铺设，实现了水资源的循环利用。启动LNG天然气应急气源项目建设，一期专用管道已铺设近30公里。完善电力基础设施，新建泰玻110KV双回路和百隆35kv高压线路，35kv太平变电站升级为110kv变电站项目已完成地勘。按照大街小巷无"三堆"、村里村外无垃圾，村容村貌大改观的要求，加大人力、物力、财力投入，狠抓环境卫生综合整治。先后进行三次集中行动和检查验收，镇村环境面貌大为改观。对园区道路实行社会化管理，实现全天候专业化保洁和管理，镇村面貌显著提升。

【发展特色农业产业，拓宽农民增收渠道】 太平镇按照"北部上特色、南部调结构"的发展思路，科学规划农业布局。北部以采煤塌陷地为依托，建设省级湿地公园、现代农业示范区，大力发展观光旅游生态农业；南部主要做好农业产业结构调整，着力发展特色蔬菜种植业和奶牛饲养业，农业结构不断优化。立足传统优势农产品，大力发展食用菌、山药、雪藕等特色种植业，积极开展"三品"认证，培植无公害农产品、绿色产品、有机食品品牌，打响特色优势农产品品牌。新建2家规模农业龙头企业，新获批1家省级林业龙头企业认证，常生源菌业和利马菌业金针菇产品均通过国家绿色农产品质量认证，谢庄豆角获得国家地理标志商标认证，全镇无公害农产品达到11个，绿色农产品5个，有机农产品2个。完善政策措施，持续加大投入，巩固农业发展根基。投资449万元的小农水重点县管灌工程全面投用；总投资1100万元，涉及14个村、1个学校的安全饮水工程全面完工；4个村自来水改造和年度小水源节水灌溉基础工程顺利完成。

郭里镇

党委书记　田　野

镇　　长　邢凡文

位于邹城市西南部，距城区27公里，面积85.9平方公里。辖25个自然村，39个村民委员会；有12249户，47279人；其中女22019人，非农业人口7857人。人口自然增长率为7‰。

2012年，国内生产总值21亿元，比上年增长5%，其中一、二、三产业增加值分别达到4.3万元、2.5万元和1.9万元，分别比上年增长9%、45%和70%。工业总产值9亿元，增长32%；实现利税9650万元，增长30%。农林牧渔业总产值48275万元，增长11.1%。全年粮食作物播种面积7623.067公顷，总产5.996万吨；瓜菜176.67公顷，总产5029万吨；棉花102.133公顷，总产137.511吨；种植业产值21574万元。全年造林482.2公顷，森林覆盖率达37.2%，林果总产4.7吨；林业产值270万元。年末大牲畜存栏160头，猪存栏6048头，羊存栏7948只，家禽存栏18.2684万只，畜牧业总产值17686万元。水产品总量925吨，渔业总产值1032万元，有水库5座，总蓄水能力360万立方米。农业机械总动力达51239千瓦。乡镇企业总产值5.3亿元，利税7100万元，其中个体私营企业产值2亿元、利税624万元。财政收入1336万元。农民人均纯收入10136元，比上年增加1398元。有中学1处，小学6处，在校学生共3574人，适龄儿童入学率100%，有医院1处。电话普及率达到每百人45部。

【突出资源优势做大林业文章】 郭里镇充分发挥林业资源优势，按照"山上生态林、山下经济林”,农田林网、村庄绿化全覆盖的林业发展战略,大力推进林业的生态化建设、精细化管理和农业的区域化布局、规模化经营。扩大经济林种植面积,力争2013年建成覆盖王屈、大家山、独山和寨山东4大流域的万亩核桃园,2012年,共落实核桃种植面积6000亩,涉及12个村(朝东、朝西、屈北、屈中、屈前、郭五、独山、郭一、郭三、郭四、西郭、凤凰山),涉及农户2318户,流转给303户承包经营,共成立核桃种植专业合作社5个(屈北合作社、强特合作社、大家山合作社、清玲合作社、聚富源合作社)。投资280万元,修建了环山道路18公里,过路桥2座,入地涵175个,打深井1眼,配套2眼,铺设管灌5200米,建塘坝2个,拦水坝6处。同时做好山上经济林建设的规划,借助风力发电修路上山的优势,探讨山上经济观光林和林下种养殖的路子,拓展林业功能,发展休闲观光林业,培育农民增收的新亮点。

【打造教育之乡做响教育品牌】 郭里镇完成总投资380余万元的中心幼儿园和教育广场建设;启动总投资270万元的高李村小学教学楼项目和投资210万元的中心小学餐厅项目;全力推动中心小学餐厅和高李村小学教学楼建设进度,力争2013年五一前交付使用,加快教育园区建设步伐。大力实施“名师、名校、名校长”培养工程,提高了全体教师职工的师资水平和综合素质;营造浓厚的教育氛围,通过实施“郭里新苗”、“凫山之星”、“博学之家” 等一系列评选活动,在广大群众中形成崇文重教的优良社会风气,做响“教育之乡”品牌。

【提升产业档次做强新能源产业】 郭里镇围绕华润风力发电、太阳能光伏两大新能源产业,引进一批与之相关的新能源设备制造等附加项目,拉长产业链条,提升产业档次。由香港华润新能源控股有限公司投资13亿元兴建的100兆瓦风力发电项目一期工程已于2012年6月27日正式启动,建成后年可发电1.5亿千瓦时,实现产值1亿元、国地税2600万元以上。由台湾联华电子集团投资、济宁华瀚光伏能源有限公司兴建的太阳能光伏发电站项目,占地1575亩,主要进行主控楼、变电站等设施建设,以及非晶硅薄膜电池组件和并网发电系统安装,建设后可形成营运能力20MW,年均发电量2830万度的规模。投资回收期过后,项目年销售收入可达到5170万元,税金达333万元。

石墙镇

党委书记　王福成

镇　　长　张　亮

位于邹城市西南部,距城区15公里,面积149.7平方公里。辖77个自然村,75个村民委员会;有23457户,76997人;其中女36377人,非农业人口6810人。人口自然增长率为6.4‰。

2012年,国内生产总值26.16亿元,比上年增长10.2%,其中一、二、三产业增加值分别达到30104万元、39149万元和29235万元,分别比上年增长52.3%、11% 和13.5%。工业总产值10.26亿元,增长15%;实现利税15493万元,增长15.1%。农林牧渔业总产值60008万元,增长4.4%。全年粮食作物播种面积10203.5公顷,总产6.92万吨;瓜菜436.9公顷,总产1.79万吨;棉花441.5公顷,总产867.8吨;种植业产值31040万元。全年造林560公顷,森林覆盖率达30%,林果总产663.4吨;林业产值402万元。年末大牲畜存栏55头,猪存栏2.57万头,羊存栏3.85万只,家禽存栏49万只,畜牧业总产值21985万元。水产品总量220吨,渔业总产值3249万元。有水库12座,总蓄水能力260万立方米。农业机械总动力达6.69千瓦。乡镇企业总产值16.48亿元,利税24730万元,其中个体私营企业产值4.94亿元、利税7910万元。财政收入1964万元。农民人均纯收入10092元,比上年增加1466元。有中学2处,小学17处,在校学生共4274人,适龄儿童入学率99.6%,有医院2处。电话普及率达到每百人56.6部。

【项目建设势头强劲】 发挥石墙镇良好的区位优势、交通优势、资源优势和产业优势,集中精力抓招商、上项目。投资500万元的工业项目聚集区初具规模,园区内的路水电等基础设施不断完善,已有5家企业落户园区。实行“指挥部+专班”制度,成立三个指挥部,对重点项目设立专班,实行一个项目,一套班子,一抓到底。投资1.2亿元的济宁亿得利饲料、9900万元的万宝路物流、9800万元杭佳物流、6500万元的林盛源物流等项目已投产运营;投资1.6亿元的贝特尔矿机制造、1.2亿元的异地安置项目市交通物流园区项目正在建设之中;投资5.3亿元的石墙综合商贸城建设项目、5.2亿元的山东绿鑫春生态农业发展有限公司、3.6亿元的高端石材工业园、8000万元的济宁圣雨水利建筑等项目正在筹建中。镇域经济发展成效显著,2012年,全镇引进招商引资项目10个,其中亿元项目2个,实际到位市外资金3.6亿元,固定资产投资完成7.6亿元,实现地方财政收入1464万元。

【城镇建设步伐加快】 石墙镇实施规划引领战略,聘请东南大学高起点编制总体规划、产业专题规划及镇区控制性详细规划,奠定了城镇发展基础。实施镇村道路建设工程。完成邹郭路—赵楼等4条道路的改建,济枣路古路口段等3条道路的拓宽。完成27个村庄、74.8公里村庄道路建设,同步推进排水、绿化、墙面粉刷,广大群众出行环境大大改善。实施镇驻地徽派风格改造工程。样板示范、梯次推进,对镇驻地沿街商铺进行立面改造,实现了房屋增值、居民增收,达到了"美化、洁化、序化、亮化、文化"目的,提升了城镇发展档次和品位。目前,已完成工程总量的60%。实施环境卫生综合整治工程。调动镇、管区、村三级力量,全面开展了以净化、美化、亮化为主要内容的环境卫生综合整治工作,村容村貌焕然一新。镇驻地主干道实行全天候保洁,镇驻地形象明显改善。

【民生福祉持续改善】 教育教学条件不断完善,投资380万元,完成了湖山小学建设工程;投资近1000万元,启动了石墙中学综合楼、古路口小学教学楼和中心幼儿园建设工程。群众看病就医环境不断优化,投资410万元,完成了古路口卫生院、望云等5处社区卫生服务站建设。农田水利基本设施配套进一步完善,投资400多万元,完成了蔡东、蔡西、王场3个村、6000多亩的小农水重点县建设工程。投资1200多万元,完成了惠及16个村庄、1.6万群众的西南联合供水工程;实施了赵楼、南刘两个村庄自来水改造工程;扎实搞好7处村级文化大院和31个村级体育广场建设。建立健全社会保障体系,及时发放农村低保、五保、优抚等各类救助款,实施了185户困难群众的危房改造;新农合参合率稳步提高,2012年,新农合报销1700多万元,受益人数3.3万人次;新农保覆盖率大幅提升,参保率达到97%以上。

钢山街道

党工委书记　孔庆建

办事处主任　王建华

位于邹城市区中部和北部,面积36平方公里。辖8个社区,14个行政村;有46360户,14.77万人;其中女68960人,非农业人口129866人。人口自然增长率为6.6‰。

2012年,工业总产值99.35亿元,增长33.8%;实现利税94782万元,增长36.3%。农林牧渔业总产值24846万元,增长16%。全年粮食作物播种面积1670公顷,总产1.07万吨;瓜菜35.36公顷,总产0.14万吨;棉花3.6公顷,总产10.96吨;种植业产值12685万元。全年造林8.1公顷,森林覆盖率达25.4%,林果总产1152吨;林业产值166万元。年末大牲畜存栏326头,猪存栏0.87万头,羊存栏0.2万只,家禽存栏2.85万只,畜牧业总产值9103万元。水产品总量140吨,渔业总产值1345万元。有水库2座,总蓄水能力41.5万立方米。农业机械总动力达21.02万千瓦。乡镇企业总产值248.3亿元,利税231014万元,其中私营企业产值140.5亿元、利税124394万元。财政收入47876万元。农民人均纯收入12731元,比上年增加2215元。有中学3处,小学9处,在校学生共19620人,适龄儿童入学率100%,有医院16处。

【"双区定位"着力提高城市化水平】 钢山街道坚持"城市建设样板区、城市管理创新区"的发展定位,以"五城联创"为总抓手,着力加大城市基础设施建设力度,全力全速推进城市化进程。规划引领,建管并重,城建重点工程顺利推进。强化组织领导、成立专门班子,实行领导干部包保责任制。先后完成投资120万元,完成了2处街头广场绿地小品工程建设;投资1200万元、完成了6500平方米的铁西菜市场工程;投资400万元,完成了城区184条背街小巷综合整治。全面落实用地保障和土地挖潜任务,拆除各类建筑物5.3万平方米,清理地面附着物171亩,腾出土地310亩。城郊变城区,村民成市民,新型农村社区建设加快。钢山花园西区和朱山社区一期,春节前已建成入住。杜庄义和佳苑社区、前八社区正在加紧建设中,程兰、王兰村村庄搬迁即将启动。累计投资23.2亿元,实施了9个村、总建筑面积130.5万平方米的新型农村社区建设。创城争先,整治有力,城市管理再上新水平。加大环境卫生整治力度,投资100余万元粉刷墙壁20万平方米,清理清运各类垃圾约2000立方米。开展专项活动20余次,规范取缔占道摊点8000余处,拆除违法设置广告牌800余块,清理乱贴乱涂广告1万余处。强化

"双违防控"，拆除违法建设4起。加强小区物业管理，先后成立业主委员会16个。

【项目建设全面提速，经济跨越发展】 钢山街道把大项目建设作为推动经济快速发展的重要举措和有效载体，着力抓好商贸物流、总部经济、金融保险、新型工业发展，为促进全街经济又好又快发展积蓄了后劲和动力。2012年完成地方财政收入3.43亿元，同比增长94.9%；国地税收入完成1.93亿元，同比增长51.5%，经济发展再上新台阶。商贸物流业蓬勃发展。投资20亿元的邹城国际商业博览城项目、投资13亿元的邹城时代国际广场项目，相继落地生态科技新城，投资15亿元的红星美凯龙、投资1.6亿元的祥云商场等项目先后签约落地，贵和峄山路店、银座商城相继开业运营，投资1.8亿元的嘉里购物中心、投资1.54亿元的新陆冷链物流，正按照时间节点加速推进；总部经济加速发展。结合生态科技新城总部经济区建设及地处老城区繁华地段优势，围绕高新科技、现代服务、高档写字楼等建设总部经济区。投资14.5亿元的五星级酒店、投资3.6亿元的恒兴财富大厦正在加速推进，文化创意数字基地、奥特莱斯购物广场等项目也在积极洽谈中；金融保险业集聚发展。济宁银行、交通银行、招商银行、中信银行、兴业银行以及齐鲁证券、中信证券相继落地，大批金融保险业企业聚集落地，推动全街经济进入加速扩张和聚集发展的新阶段；新型工业经济膨胀发展。依托街道项目区，大力发展节能环保、科技含量高、市场前景好、在同行业中拥有较高竞争力、产品附加值高的工业项目，产业结构不断优化升级。2012年底，新陆生物科技、安泰铸造、钢鹏科技、鲁豫机电、兖矿赛福等11家具有完全自主知识产权、国家鼓励发展的高科技项目相继入驻项目区。

千泉街道

党工委书记　杨　华

办事处主任　刘爽利

位于邹城市区东南部，是邹城市规划的政务文化中心、商贸旅游区，东城区建设发展的核心区域，面积36.2平方公里。辖15个村、10个社区(含三个新筹建社区)；辖区有31394户，111548人；户籍人口670455人，非农业人口45902人。人口自然增长率为3‰。

2012年，国内生产总值73.26亿元，比上年增长19.7%，其中一、二、三产业增加值分别达到10977万元、324732万元和396896万元，分别比上年增长5%、20%和20%。工业总产值14.6亿元，增长20%；实现利税5922万元，增长20%。农林牧渔业总产值19855万元，增长5%。全年粮食作物播种面积680公顷，总产4.142万吨；瓜菜131公顷，总产0.8万吨；棉花12公顷，总产18吨；种植业产值5376万元。全年造林62公顷，森林覆盖率达30%，林果总产180吨；林业产值390万元。年末大牲畜存栏1556头，猪存栏4454头，羊存栏903只，家禽存栏10.2661万只，畜牧业总产值12124万元。水产品总量70吨，渔业总产值161.7万元。有水库2座，总蓄水能力10194万立方米。农业机械总动力达5500千瓦。乡镇企业总产值66.1492亿元，利税36381万元，其中个体私营企业产值49.6017亿元、利税20009万元。财政收入26600万元。农民人均纯收入11996元，比上年增加2072元。有小学5处，在校学生共1410人，适龄儿童入学率100%，有医院4处。电话普及率达到每百人80部。

【服务业产业快速发展】 千泉街道2012年地方财政收入完成2.66亿元，同比增长54%；规模以上固定资产投资完成23亿元；合同利用国内市外资金46亿元；2000万元规模以上工业企业达到4家；限额以上服务业企业达到68家，各类专业市场达24处，年交易额60亿元，实现利税5亿元，从业人员达6万人。街道积极洽谈引进专业市场、商务会展、餐饮酒店、金融保险、物流配载等项目，启动了总投资近20亿元的服务业项目建设，其中刚领国际汽配五金机电城、义乌商贸城四期工程建设顺利；建信村镇银行、新都会财富广场等项目成功落地；百汇汽车服务楼、二手车市场、千泉大世界工程建设稳步推进；护驾山娱乐美食一条街已完成沿河两岸楼宇主体工程，绿丰冷储服务建设项目已正式运营；另外小张庄沿峄山路商业带、千泉装饰城升级改造及孟子商贸市场等项目加紧推进。招商银行落户千泉，与浦发、恒丰等商业银行对接洽谈合作事宜。

【新型社区建设项目推进迅速】 千泉街道按照既定目标，把握城市开发建设进程加快、城乡环境面貌全面提升的大好机遇，着眼于"农民得实惠、集体增积累、城乡提形象，环境大变化"的发展方向，对接城市发展总体规划，全力全速推进新型农村社区建设。由大西、张沟、程沟三村合村并点的龙泉花园社区工程建设全部完工，大西苇村整体搬迁工作进入扫尾阶段；由小胡村和小张庄村整体变迁建设的护驾山社区和圣泉水岸社区，居民已经入住。三个社区环境优美，水、电、暖气、闭路、宽带网络畅通，设施完备，周边建设有小学、健身广场。

鳧山街道

党工委书记　赵洪新

办事处主任　王振兵

位于邹城市西部，距城区1.5公里，面积8.7平方公里。辖11个社区，3个社区被命名为省级文明社区，2个社区被命名为济宁市级文明社区，3个社区被命名为邹城市级文明社区，文明社区创建率达72.7%；有22216户，67424人，其中女32547人，非农业人口67228人。人口自然增长率为1.20‰。

2012年，第一、二、三产业增加值分别达到824万元、346865万元和532994万元，分别比上年增长4.4%、95.27%和350%。工业总产值34.69亿元，增长95.27%；实现利税43519万元，增长193%。农林牧渔业总产值1642万元，增长4.4%；乡镇企业总产值879859万元，利税收入93925万元，其中个体私营企业产值187522万元、利税1955万元。财政收入5884万元。农民人均纯收入12265元，比上年增加1986元。有中学2处，小学6处，在校学生共7950人，适龄儿童入学率100%，有医院4处。电话普及率达到每百人92部。

【全力打造“三大板块”】鳧山街道立足“顶点定位，敢想敢试，全力打造金融商贸港、高档生活区”的发展定位，按照全市城市建设整体规划，聘请中国招商引资研究院对街道区域功能定位进行全面设计规划，集聚优势资源，全力打造“三大板块”：一是孟母三迁文化街区板块，利用孟母三迁旧址及三迁祠，将前庙户营、后庙户营社区打造成为集文化地产、旅游景观、文物保护、商贸物流等为一体的主题街区；二是商贸美食板块，以国贸家具城和清真美食城为依托，以周庄、巷里社区为核心，扩展规划，上档升级；三是生态休闲板块，借助鳧山路南延、南货场搬迁、南沙河治理的重大机遇，做活“水文章”，以香港广弘集团规划建设的主题商业广场为核心区，将三里、田庄、石庄社区打造成为邹城市西南部生态休闲居住消费聚集区。

【鳧山街道被国家文化部华夏文化遗产保护中心认证为“中国孟母文化遗产保护基地”】鳧山街道辖区内有始建于清朝康熙年间(1713年)的孟母三迁祠，是纪念孟母和孟子的建筑之一。1985年4月，被列为“济宁市重点文物保护单位”。2006年12月，被山东省人民政府命名为“省级重点文物保护单位”。每年“腊八节”，吸引邹城、曲阜以及海内外孟氏宗亲后裔到“孟母三迁祠”祭拜孟母，俗称“腊祭”，以此缅怀先人，弘扬优秀母教文化，传承孟子儒家思想，促进和谐社会建设。鳧山街道对“孟母三迁祠”故地进行全面修缮、包装和推介，打造“孟母文化博览园”、“中国圣母文化大观”、“世界母教文化谷”，2012年12月6日，被国家文化部华夏文化遗产保护中心认证为“中国孟母文化遗产保护基地”。

（周广志　孟大锐）

微山县

县　委

书　记　程大志

副书记　田冠军

李洪文

王洪岩(~2012.03,挂职)

国中华(2012.02~,挂职)

常　委　於炜玉

彭照辉(~2012.08)

张洪雷

山桂岭

岳喜信

赵　旭

陈秋岭

孟　进(女)

唐　瑱(~2012.05,挂职)

县人大常委会

主　任　程大志

副主任　盛金祥

蔡成全

卜昭林

杨　平(女)

李德贵

县政府

县　长　田冠军

副县长　山桂岭

赵　旭

李长华(女)

刁允强

杨友华

龙万华

唐　瑱(~2012.05,挂职)

张文学(~2012.03,挂职)

县政协

主　席　韩瑞平

副主席　周素敏(女)

王　涛

肖太森

胡勤壮

孙兰伟

县纪委

书　记　彭照辉(～2012.08)
　　　　李洪文(2012.09～)

县武装部

部　长　乔学柱
政　委　岳喜信

县法院

院　长　冯燕杰

县检察院

检察长　徐　新(女)

县名由来　孔子先人殷微子葬于此地山陵凤凰台,因称微山。明代中期,微山周围成湖,名之微山湖。微山县因微山湖得名。

政区　人口　全县总面积1779.8平方公里。辖8个镇、4个乡、3个街道、1个开发区,523个行政村、19个社区。2012年末全县总人口71.62万人。人口出生率11.46‰,死亡率5.87‰,自然增长率5.58‰。有少数民族29个,1459人。

经济概况　全年实现生产总值304.6亿元,按可比价格计算,比上年增长11.8%。其中,第一产业增加值33.44亿元,增长5%;第二产业增加值152.47亿元,增长14.5%;第三产业增加值118.69亿元,增长10.1%。三次产业比例为10.9∶50.1∶39.0。全社会固定资产投资142.56亿元。实现财政总收入46.85亿元,增长20.98%,地方财政一般预算收入20.51亿元,增长21.02%。年末金融机构人民币各项存款余额160.84亿元,比年初增加21.56亿元。其中储蓄存款余额89.8亿元,增加12.3亿元。人民币各项贷款余额80.17亿元,增加8.97亿元。

农业　全年农林牧渔业实现增加值33.44亿元。比上年增加5.1%。粮食总产35.95万吨,增长4.5%;蔬菜总产2.66万吨;水产品总产21.54万吨,增长4.6%。肉类总产8.34万吨;增长3.7%。禽蛋总产18.03万吨;奶类总产152.5吨。全年完成造林面积15825亩,农田有效灌溉面积38.21万亩。全县农机总动力86万千瓦。

工业和建筑业　全年实现工业增加值148.05亿元,比上年增长14.8%。规模以上(年主营业务收入2000万元以上)工业企业109家,实现主营业务收入313.77亿元,增长24.97%;实现利税67.12亿元,下降16.69%;实现利润45.93亿元,下降20.92%。全县资质三级及以上建筑企业14家,完成建筑业总产值4.56亿元,增长6.3%;实现利税0.18亿元。

建设　环保　年末城镇化率47.67%。城市基础设施建设投资6.9081亿元。城市人均道路面积16.91平方米,人均绿地面积9.58平方米,建成区绿化覆盖率36.1%。自来水普及率91.32%,燃气普及率65.13%,集中供热普及率35%。经济适用住房建设竣工9万平方米。交付1324套。廉租住房建设竣工3.6万平方米,交付636套。村镇建设投资4.3亿元。已建成污水处理厂1座,污水集中处理率100%,无害化垃圾处理率100%。城市空气质量良好率95.8%,水环境功能区达标率66.7%,道路交通声环境质量处于较好以上的占75%。

交通　邮电　公路通车里程1750公里。公路、水运共完成旅客运量432.9万人,公路、水路货物运输量为7395万吨。港口货物吞吐量1800万吨。完成邮电业务总量2.9001亿元。电信业务总量2.583亿元。邮政业务总量0.3175亿元。年末固定电话用户7.7858万户,移动电话用户37.73万户,互联网用户5.1万户。

贸易　旅游　全年实现社会消费品零售总额81.31亿元,比上年增长13.2%。其中,城市市场实现零售额63.18亿元,农村市场实现零售额18.13亿元。实现进出口总额6815万美元,增长57.3%,其中出口5669万美元,增长40.9%。新签利用外资项目8项,合同外资额1566万美元,增长366.9%;实际利用外资2200万美元,增长95%。新批境外企业1家,协议投资总额300万美元。外派人员105人次,增长61.5%。主要旅游景点有微山湖国家湿地公园、十万亩荷花、微山岛、南阳岛、独山岛、梁祝文化园、伏羲庙等,A级及以上旅游景区1家。全年接待国内外游客372.38万人次,增长16.93%。实现旅游总收入29.48万元,增长20.14%。

教科文卫体　中等职业、技工学校3所,在校生1136人。普通高中3所,在校生1.0446万人。初中27所,在校生1.8539万人。小学141所,在校生4.0774万人。特殊教育学校1所,在校生125人。共取得市(地)级以上各类重要科技成果23项,专利申请量625件,授权专利436件。有档案馆1个,公共图书馆1所,文化馆1个,有各种艺术表演团体2个。广播、电视人口覆盖率分别达到90.6%

和98.35%。有卫生机构29个，其中，医院、卫生院17个，社区卫生服务中心4个，妇幼保健院1个，疾病预防控制中心1个。各类卫生机构共有床位1900张，卫生技术人员2308人，其中，执业医师及执业助理医师1114人、注册护士1038人。有体育馆3座，新增群众体育健身活动场地3.432万平方米。全年参加省级以上体育比赛共获奖牌24枚，其中金牌6枚。

社会生活 城镇居民人均可支配收入24537元，增长16.72%；人均消费性支出12826元。农民人均纯收入10297元，增长19%；人均生活消费支出4629元。全县城镇基本养老、医疗、失业、工伤和生育保险参保人数分别达到5.8万人、15.2万人、3.4万人、4.6万人和4.08万人。比上年分别增长5000人、3000人、-3500人、1179人和184人。社会保险基金总收入6.41亿元，增加0.85亿元；支出4.46亿元，增加0.49亿元，新型农村养老保险参保农民40万人，参加新型农村合作医疗农民53.9408万人。全县城乡最低生活保障救助2.0444万人，其中，城镇低保4242人，农村低保16202人。收养性社会福利企业16个，收养2665人。社会福利企业8个，安置残疾人员108人。

【深入开展"学沭阳、比沭阳、赶沭阳"活动】 5月2日，县委、县政府召开全县"学沭阳、比沭阳、赶沭阳"动员大会，动员全县上下坚持"全面持续学沭阳，凝心聚力促发展"，以"真学、真信、真服气"的态度，踏下身子、摞下架子"学三年，比三年，赶三年"。县级班子成员、县级老干部、各乡镇街道、县直部门（单位）、村支部书记共计3500多人先后深入沭阳实地考察学习。

【开展作风整顿，树立清正新风】 县委深入开展"不喝闲酒、不说闲话、不做闲人"主题教育活动，实行领导干部"十条禁令"、中层干部"六条禁令"、政法干警"十项纪律规定"、教育卫生系统两个"八项规定"、农村干部"十项管理制度"，打出干部作风整顿"组合拳"。推行会议不设主席台，写短文、讲短话、开短会，下大气力改变文风会风。县级班子成员、县直部门负责人深入环境整治第一线，行程30多公里，走上大街小巷打扫卫生，率先垂范，为民众营造良好的卫生环境。县委、县政府带头拆除围墙，做到"机关融入社会、干部融入群众"，体现新一届党委政府的施政新理念。

【一城四区开发建设实现历史性突破】 围绕建设"滨湖生态宜居"城市，以房屋征收为突破口，全面改造中部老城区，加快建设南部新城区，分步建设西部滨湖区，集中建设北部商贸区，提升建设东部开发区，一城四区开发建设全面展开。抽调乡镇街道党（工）委副书记到一城四区拆迁现场集中会战，合力攻坚。2012年完成房屋征收面积170余万平方米；实施总投资100亿元的36个城市和基础设施建设项目；在建城市片区170万平方米，120万平方米安置房多层建筑主体工程基本完成；"一场三馆"等重点城建项目加快建设；完成城市道路13条31公里、水系3条4.5公里。

【战略性新兴产业快速壮大】 积极扶持新能源、新材料、生物医药、信息技术等战略性新兴产业发展壮大。润峰30兆瓦太阳能、锂离子电池及智能储电站、欧瑞特木塑材料、亨汇力医用新材料、昊福医药扩能等一批新兴产业项目相继建成投产，为全县发展催生出更为强大的后劲。润峰集团年销售收入突破百亿元，并成功创建国家级重点高新技术企业。全县高新技术企业发展到43家，高新技术产业产值78.9亿元，占规模以上工业总产值的比重达到27.16%，比年初提高1.94个百分点。

【成功举办第十九届微山湖荷花节暨首届湿地节】 7月27日，第十九届微山湖荷花节暨首届湿地节在微山湖国家湿地公园拉开帷幕。活动以"大美微山湖，尽属微山县"为主题，着力展示一个大美、富饶、实力新微山，努力塑造事业繁荣、生态文明、和谐秀美的微山新形象。开幕式上，举行微山湖国家湿地公园"亚洲第一湿地"授牌仪式。节庆期间，举行省环保厅、济宁市政府、山东大学、山东省环科院、微山县政府联合共建微山湖湿地签约仪式，举办首届微山湖湿地论坛。同时举办经贸洽谈项目签约仪式，共签约项目17个，总投资55.8亿元。

【强力推进招商引资项目建设】 深入开展"大项目突破年"活动，成立了招商引资总指挥部、项目帮促服务中心、招商督导考核中心，实行乡镇长和部门负责人离岗招商，建立招商团局新机制，集中开展"长三角"、"京津唐"系列招商活动。实行被服务对象评机关、引进项目"保姆式"服务、为县规模以上工业企业家颁发"特别礼遇证"等工作机制。2012年新签项目176个，其中过亿元项目37个、过10亿元项目9个，实际利用市外国内资金58亿元、外资2100万美元,分别增长48.7%、86%。强力攻坚重大项目,全年新开工项目146个,其中过亿元项目44个,过10亿元项目5个。实施重点建设项目104个,完成投资65亿元。

【渔业污染防控工作成效显著】 微山县启动实施南四湖渔业养殖污染防控工作,确保南水北调东线工程的顺利实施,实施网箱网围养殖规划和养殖总量控制制度和水域滩涂养殖许可制度,规范清理无证养殖、超面积养殖、规划区外养殖的网箱养殖面积2.02万亩、网围养殖面积12.83万亩。

【"打黑恶除霸痞"全面优化经济社会发展环境】 2012年2月16日,微山县委、县政府召开"打黑恶、除霸痞"专项斗争推进大会,将"打黑恶、除霸痞"专项斗争作为重要政治任务和民心工程,按照"霸恶必除、除恶务尽"的目标,严厉打击霸恶势力犯罪活动。其后又连续4次召开推进大会,确保活动的持续有力开展。行动开展以来,共打掉涉霸涉恶犯罪团伙9个,抓获涉霸涉恶违法人员2447人,逮捕309人,劳教61人,行政拘留1950人,追回公安部B级逃犯1人,其他逃犯127人,破获涉霸涉恶案件845起。

【创新服务群众工作机制】 深入开展"大规模驻村入户,面对面谈心交流"活动,从县直机关、事业单位选派3000余名干部进村担任农业科技推广员、社会维稳治安员、乡风文明指导员等"七大员"。在全市率先实施"家庭医生服务"等工作模式,着力实现"村村都有医疗保健服务队,户户都有家庭医生,人人享有卫生服务"的工作目标。开展"千名教师访万家"活动,建立帮扶和家校互动机制、"城乡教师互动机制",着力推动城乡教育的优质发展、均衡发展、协调发展。举行了"同心协力共建美好家园特别慰勉会",县级领导班子成员集体向搬迁群众行特别慰勉礼,副科级以上领导干部亲情走访搬迁群众。

韩庄镇

党委书记　李振万

镇　　长　陈　冲

位于县城最南部,距县城37公里,面积170.9平方公里。辖80个行政村(居民委员会);有17020户,6.4166万人;其中女2.9958万人,人口自然增长率4.9‰。

2012年,国内生产总值21.4亿元。工业实现利税11.6892亿元。农林牧渔业总产值6.61亿元。全年粮食作物播种面积7788公顷,总产4.6963万吨;瓜菜596.8公顷,总产1.003万吨;种植业产值1.402亿元。全年造林10.1公顷,森林覆盖率达26.2%,林果总产588吨;林业产值362万元。年末大牲畜存栏1057头,猪存栏3.7826万头,羊存栏1.1321万只,家禽存栏148.9939万只,畜牧业总产值2.38亿元。水产品总量7178.4吨,渔业总产值18987万元。农业机械总动力3.8万千瓦。民营经济总产值103.9亿元,利税13.6亿元。地方财政收入2404万元。农民人均纯收入11156元。有中学2处,小学13处,在校学生4100人,适龄儿童入学率100%,有医院2处。电话普及率达到每百人100部。

【环境整治】 以"打造和谐秀美新韩庄"为目标,投资900余万元加强基础设施建设,完成驻地及塘湖中心街升级改造工程;投资78万元建设八街小源地保护工程,投资40余万元的塘湖社区污水处理池正在调试设备,新建密闭式垃圾池30个,新增垃圾车2辆,垃圾压缩设备2台,小型垃圾车30辆。选聘保洁员126名,修建固定垃圾收集箱219处,临时掩埋点62个,垃圾中转站2处,配备移动垃圾桶217个。成立韩庄和塘湖2个环卫执法中队。加大农村环卫基础设施建设力度,培树40个环境综合整治示范村(居),建设36个文化广场。

【招商引资项目建设】 重点培育煤焦化工、船舶制造、精密铸造、畜牧养殖、港航物流、饮食服务6大优势产业。扶持壮大航宇船舶、宏信食品、鸿程金属、球源铸造等一批骨干企业。全镇规模以上工业企业发展到6家,新增2家。规模以上工业增加值完成3.85亿元、实现利税8193万元,分别增长25%、26%。微山湖稀土、同泰焦化两家企业税收过千万元。推进企业技术创新,组建船用电气应用研究所。实施品牌带动战略,航宇集团"航宇牌"被评为山东省著名商标。荷叶茶饮料及制备方法被国家知识产权局授予发明专利。在镇村和有关部门组建招商团,坚持走出去和请进来相结合,实现招商引资工作新突破,到位市外国内资金3.7亿元,提前一季度完成全年任务。新引进千万元以上项目13个,其中投资2亿元的丰闰德食品加工项目成为全县第一家自带土地指标在县经济开发区开工建设的亿元以上项目。投资5000万元以上的蕊蕊儿童用品、雅坤动漫科技和天天食品等项目顺利推进。亚丽刺绣、优童布套、好格贸易等新建项目竣工投产。县船舶工业园韩庄园作为拉动经济、承载项目主阵地,完成2200亩土地征收、航宇大道路桥和10KV高压线路架设工程三大任务,启动运河路建设,同步签约和推进了LNG、豪华游艇等项目。立足韩庄港、国泰港和郗山港等港口,新上投资过亿元的航宇、鹏程两家物流企业,临港物流业实现规模化发展。伊河生态园、微湖山庄、郗山湾鱼馆等餐饮企业突出地方特色,形成区域美食中心。

微山岛乡

党委书记　满光雨

乡　　长　叶宗青

位于县城南部,距县城30公里,面积143平方公里,其中湖泊面积133.4平方公里,陆地面积9.6平方公里。辖17个行政村(居民委员会);有5059户,1.78万人;其中女0.84万人,人口自然增长率5‰。

2012年,国内生产总值6.8亿元。农林牧渔业总产值2.8亿元。全年粮食作物播种面积756公顷,总产0.37万吨;瓜菜21.6公顷,总产700吨;种植业产值0.3亿元。全年造林147公顷,森林覆盖率达68%,林果总产145吨;林业产值360万元。年末大牲畜存栏175头,猪存栏1214头,羊存栏914只,家禽存栏442260只,畜牧业总产值0.432亿元。水产品总量15000吨,渔业总产值14400万元。农业机械总动力1.4万千瓦。民营经济总产值15.1167亿元,利税2.34亿元。地方财政收入2495万元。农民人均纯收入9800元。有中学1处,小学5处,在校学生1694人,适龄儿童入学率100%,有医院2处。电话普及率每百人69部。

昭阳街道

党工委书记　王　伟

办事处主任　马　强

位于县城南部,面积95平方公里。辖39个行政村(居民委员会);有11878户,45724万人;其中女18425万人,人口自然增长率4‰。

2012年,国内生产总值13.48亿元。工业实现利税5.3亿元。农林牧渔业总产值4.91亿元。全年粮食作物播种面积4159.6公顷,总产2.9万吨;瓜菜192公顷,总产0.6万吨;种植业产值1.14亿元。全年造林25公顷,森林覆盖率37%,林果总产120吨;林业产值375万元。年末大牲畜存栏2131头,猪存栏2.5万头,羊存栏4.4万只,家禽存栏1403.5万只,畜牧业总产值1.64亿元。水产品总量8866吨,渔业总产值21017万元。农业机械总动力2.67万千瓦。民营经济总产值109亿元,利税8亿元。地方财政收入4022万元。农民人均纯收入11385元。有中学2处,小学7处,在校学生1830人,适龄儿童入学率100%,有医院2处。

夏镇街道

党工委书记　孙允网

办事处主任　马汉伟

位于县城中心,辖20个行政村,12个居民委员会;有28750户,9.724万人;其中女4.5734万人,人口自然增长率3‰。

2012年,国内生产总值38.77亿元。工业实现利税1.4435亿元。农林牧渔业总产值5.61亿元。全年粮食作物播种面积3998公顷,总产2.7021万吨;瓜菜199公顷,总产1.0143万吨;种植业产值1.3964亿元。全年造林51公顷,森林覆盖率达25.4%,林果总产84吨;林业产值209万元。年末大牲畜存栏149头,猪存栏5.277万头,羊存栏7993只,家禽存栏152.26万只,畜牧业总产值2.83亿元。水产品总量4528吨,渔业总产值1.2939亿元。农业机械总动力3.2万千瓦。街道民营经济总产值31.79亿元,利税2.7235亿元。地方财政收入8328万元。农民人均纯收入11386元。有中学3处,小学9处,在校学生10010人,适龄儿童入学率100%,有医院3处。电话普及率每百人33.6部。

傅村街道

党工委书记　张玉涛

办事处主任　刘　毅

位于县城西北,距县城7公里,面积56.7平方公里。下辖49个行政村;有12559户,4.7772万人;其中女2.3万人,人口自然增长率4.5‰。2012年11月,撤销傅村镇,设立傅村街道。

2012年,国内生产总值17.69亿元。工业实现利税3.9亿元。农林牧渔业总产值3.37亿元。全年粮食作播种面积2330.4公顷,总产1.69万吨;瓜菜339.3公顷,总产1.07万吨;种植业产值0.66亿元。全年造林66.6公顷,森林覆盖率达29%;林业产值330万元。年末大牲畜存栏3420头,猪存栏2.75万头,羊存栏0.57万只,家禽存栏115万只,畜牧业总产值1.1亿元。水产品总量9876吨,渔业总产值10728万元。农业机械总动力4.8万千瓦。民营经济总产值48.8亿元,利税6.82亿元。地方财政收入10552万元。农民人均纯收入11409元。有中学1处,小学7处,在校学生2485人,适龄儿童入学率100%,有医院1处。电话普及率每百人17部。

驩城镇

党委书记　盛　波

镇　　长　张重舸

位于县城北,距县城10公里,面积133.4平方公里。辖77个行政村;有26491户,9.6787万人;其中女4.1万人,人口自然增长率4‰。

2012年,国内生产总值33.23亿元。工业实现利税7.3812亿元。农林牧渔业总产值5.19亿元。全年粮食作物播种面积7558公顷,总产5.1万吨;瓜菜177.2公顷,总产0.03万吨;种植业产值1.19亿元。全年造林210公顷,森林覆盖率29.7%,林果总产55吨;林业产值289万元。年末大牲畜存栏2474头,猪存栏2.55万头,羊存栏0.9万只,家禽存栏290.8万只,畜牧业总产值2.85亿元。水产品总量8292吨,渔业总产值10347万元。农业机械总动力79660千瓦。民营经济总产值68.5亿元,利税5.626亿元。地方财政收入13913万元。农民人均纯收入11508元。有中学2处,小学17处,在校学生6679人,适龄儿童入学率100%,有医院2处。电话普及率每百人80部。

【微驩路、枣曹线驩城段升级改造工程】 2012年6月6日,各社区多个层面展开500人、40台套设备的工作局面。在枣曹线驩城段升级改造中,驩城镇广大干部群众发扬"5+2、白+黑"、"干不到一流就是失职,争不到第一就是失败"的驩城精神,做到和谐拆迁、快速拆迁,仅用5天时间,全镇就砍伐规划线内的大小树木28000余棵,拆除路边围墙6800余米,迁移公益广告牌2600余方,移植花木23000余方,拆除房屋888户,更是创造了22个小时完成下辛庄村拆迁任务的"驩城速度"。改造后的枣曹路总跨度80米,将按人车分离、双向六车道标准来设计,人行道与车行道中间设计2.5米的绿化带,人行道外侧再高密度绿化。

留庄镇

党委书记　刘庆敏

镇　　长　李　昉

位于微山县中部,距县城35公里,面积138.54平方公里。辖32个行政村;有15374户,5.7万人;其中女2.81万人,人口自然增长率4.6‰。

2012年,国内生产总值19.55亿元。工业实现利税6.8亿元。农林牧渔业总产值6.39亿元。全年粮食作物播种面积2559公顷,总产2.022万吨;瓜菜714公顷,总产2.77万吨;种植业产值1.05亿元。全年造林50公顷,森林覆盖率28%,林果总产50吨;林业产值168万元。年末大牲畜存栏469头,猪存栏1.6万头,羊存栏4.3万只,家禽存栏357万只,畜牧业总产值2.8亿元。水产品总量12280吨,渔业总产值25019万元。农业机械总动力5.393万千瓦。民营经济总产值108.99亿元,利税13.08亿元。地方财政收入26869万元。农民人均纯收入11374元。有中学1处,小学12处,在校学生5493人,适龄儿童入学率100%,有医院1处。电话普及率每百人96部。

两城镇

党委书记　孙文博

镇　　长　谷相国

位于县城北部,距县城70公里,面积139平方公里。辖48个行政村(居民委员会);有22194户,8.33万人;其中女3.8万人,人口自然增长率3.97‰。

2012年,国内生产总值11.46亿元。工业实现利税7860亿元。农林牧渔业总产值5.04亿元。全年粮食作物播种面积5121公顷,总产3.72万吨;瓜菜2759公顷,总产6208万吨;种植业产值1.96亿元。全年造林168公顷,森林覆盖率36%,林果总产4000吨;林业产值760万元。年末大牲畜存栏1807头,猪存栏0.82万头,羊存栏1.486万只,家禽存栏15.65万只,畜牧业总产值1.20亿元。水产品总量13869吨,渔业总产值16254.42万元。农业机械总动力14.427万千瓦。民营经济总产值6.55亿元。地方财政收入1897万元。农民人均纯收入10242元。有中学2处,小学13处,在校学生6193人,适龄儿童入学率100%,有医院1处。电话普及率每百人86部。

【海汇木塑型材有限公司】 济宁海汇木塑型材有限公司组建于2011年12月,位于两城镇东单后村。公司占地面积15210平方米,其中生产厂区面积8700平方米。总建筑面积8580平方米,钢结构厂房5200平方米,办公楼、展厅、餐厅、宿舍等3380平方米。总投资5250万元,新上10条国内先进木塑型材生产线，引进德国主机设备，年产木塑制品规模9000吨，主要以木塑套门、窗、地板、围栏、扶手、室内外装饰板材等产品为主。项目全线投产后，可安排就业100多人，年创产值7200万元，年利税2880万元。

【西单港物流中心】 两城镇西单港物流中心建设项目位于两城镇西单村，规划总用地面积约185亩，其中一期工程占地85亩，主要在原港口基础上规划重建。总投资12000万元，建设仓储及堆料场区，新建办公等基础设施5000平方米；改造航道2公里，建设标准装卸泊位(300吨级)6个；配套港区自卸和装载车辆、传送机械、起重机、电子皮带秤、电子磅等现代化港用设备设施。项目设计能力为年吞吐量500万吨，主要运输水泥及熟料、砂石、煤炭等货物。项目建成后可达到国家级航道标准，实现运、储、销服务功能一体化。2012年5月正式开工建设，建成后可实现年营业收入5000万元，上缴税金300万元，可安排就业120多人。

鲁桥镇

党委书记 徐 霆

镇　　长 曹 勇

位于县城北部，距县城75公里，面积203.03平方公里。辖35个行政村；有12660户，5.2万人；其中女2.6万人，人口自然增长率3‰。

2012年，国内生产总值14.06亿元，工业实现利税0.95亿元，农林牧渔业总产值6.66亿元。全年粮食播种面积2780公顷，总产2.06万吨；蔬菜1570公顷，总产6.5万吨；种植业产值1.6亿元。全年造林86.7公顷，森林覆盖率30.2%，林果总产11.2吨；林业产值376万元。年末大牲畜存栏2420头，猪存栏1.71万头，羊存栏1.41万只，家禽存栏18万只，畜牧业总产值0.8亿元。水产品总量24100吨，渔业总产值38600万元，农业机械总动力4.53万千瓦。民营经济总产值8.62亿元，利税0.52亿元。地方财政收入1495万元，农民人均纯收入10768元。有中学3处，小学12处，在校学生5768人，适龄儿童入学率100%；有医院2处，电话普及率每百人63部。

【微山湖大市场】 鲁桥镇微山湖大市场由香港伟峰创建有限公司投资6500万港币，于2010年5月开始建设。占地总面积3.4万平方米，建筑面积6.5万平方米，集多功能商贸城、大市场交易中心、保鲜储存中心、商业街、生活配套区于一体，是微山北部规模最大、设施配套最完善、功能最齐全的多功能专业化大型渔湖产品交易市场。工程建成后，预计年交易额4亿左右，年利润800万元，年上交税金330万元。

马坡镇

党委书记 邵长岭

镇　　长 赵 强

位于县城西北部，距县城89公里，面积72.85平方公里。辖58个行政村；有17582户，6.1351万人；其中女2.9万人，人口自然增长率6‰。

2012年，国内生产总值11.51亿元。工业实现利税3.2亿元。农林牧渔业总产值5.62亿元。全年粮食作物播种面积7320公顷，总产5.93万吨；瓜菜3221公顷，总产14.9万吨；种植业产值3.69亿元。全年造林633公顷，森林覆盖率27.4%，林果总产48吨；林业产值328万元。年末大牲畜存栏89头，猪存栏4.6万头，羊存栏0.67万只，家禽存栏32万只，畜牧业总产值1.44亿元。水产品总量2602吨，渔业总产值4768万元。农业机械总动力11.3万千瓦。民营经济总产值10.18亿元，利税1.26亿元。地方财政收入3606万元。农民人均纯收入10141元。有中学2处，小学9处，在校学生4480人，适龄儿童入学率100%，有医院1处。电话普及率每百人79部。

【润清园食用菌专业合作社】 微山润清园食用菌专业合作社位于微山县马坡镇南苏庄村济微公路西侧，注册资金500万，占地面积10亩。下设7个科室，高级技术人员12名，中级管理人员8名，员工100余人。2011年，完成一期工程建设，投产运营。有大型锅炉1台，无菌高压灭菌器2台，制冷设备7套，大型全自动拌料装袋机流水线1套，包装机1套，无菌接种生产线1套，液体菌种生产线1套，食用菌种植恒温库5座，栽培面积33000平方米。采用先进的液体菌种发酵技术，每天可生产菌袋20000袋、白色金针菇16000斤。二期工程于2013年启动，总投资3000万元，工程用地100亩，建设标准现代化食用菌工厂1座，利用一期工厂带动农村闲置塑料大棚生产种植食用菌。

【"百思福"养鸭基地项目】 "百思福"肉鸭标准化养殖基地项目为县农业及渔湖开发建设管理指挥部会同镇党委政府，与兖州绿源食品有限公司对接生成，总投资5300万元，占地120余亩，建设总面积4.5万平方米。有4个肉鸭标准化养殖棚及附属配套设施，可年出栏商品肉鸭300万只。吸纳当地100余名农民就业，每人年均增收1.5万元；同时带动周围合同养鸭户50户，年出栏商品肉鸭200万只，每户年均增收8万元；并利用沼渣、沼液在养殖基地周围村庄发展无公害、绿色、有机蔬菜种植6000亩，每亩可年均增收500余元。

南阳镇

党委书记　马汉柱

镇　　长　王海军

位于县城北部，距县城50公里，面积168平方公里。辖34个行政村；有7698户，3.22万人；其中女1.7万人，人口自然增长率6‰。

2012年，国内生产总值6.4亿元。工业实现利税1.97亿元。农林牧渔业总产值4.3亿元。全年粮食作物播种面积1258公顷，总产0.7531万吨；瓜菜19公顷，总产0.11万吨；种植业产值0.42亿元。全年造林18公顷，森林覆盖率18.93%；林业产值0.11亿元。年末猪存栏3720头，羊存栏1273只，家禽存栏19.524万只，畜牧业总产值0.75亿元。水产品总量27500吨，渔业总产值3.02亿元。民营经济总产值45亿元，利税3.85亿元。地方财政收入1867万元。农民人均纯收入8459元。有中学2处，小学7处，在校学生2122人，适龄儿童入学率100%，有医院1处。电话普及率每百人52部。

【旅游开发】 2012年，南阳镇投入旅游开发建设资金1.01亿元。编制《古镇景区核心区控制性规划》、《水苑周边区域范围内生态规划》等；完成南阳闸建设、二期古商业街恢复改造、南阳水苑景观工程建设、沿河特色商业用房依法招租等工作，策划制作南阳古镇招商方案；打通水苑至泄洪浅槽的村村通航道。王苏白村获得"2012好客山东贺年会年味最浓的村庄"称号。拍摄制作南阳岛恋歌和南阳宣传片。加强新建房屋控制力度，按照《南阳古镇保护与旅游发展规划》执行。加强从业人员教育和管理，组织工商、质检、城建、城管等部门联合执法，景区经营管理秩序得到改善提高，服务业发展活力明显增强。先后被授予"山东省最美乡镇"、"2012山东十佳文化特色乡镇"、"2012好客山东休闲汇最佳休闲乡镇""山东省旅游摄影创作基地"等荣誉称号，并获首批"中国最美小镇"提名奖。

张楼乡

党委书记　张　新

乡　　长　李　政

位于县城西，距县城30公里，面积70.8平方公里。辖9个行政村（居民委员会）；有4070户，1.4988万人；其中女0.73万人，人口自然增长率7‰。

2012年，国内生产总值7.51亿元。工业实现利税0.99亿元。农林牧渔业总产值3.46亿元。全年粮食作物播种面积710公顷，总产0.61万吨；瓜菜263公顷，总产0.78万吨；种植业产值0.56亿元。全年造林35公顷，森林覆盖率25%，林果总产347吨；林业产值152万元。年末大牲畜存栏370头，猪存栏0.91万头，羊存栏0.31万只，家禽存栏1.35万只，畜牧业总产值0.652亿元。水产品总量16908吨，渔业总产值22330万元。民营经济总产值31.9亿元，利税5.8亿元。地方财政收入5070万元。农民人均纯收入11204元。有中学1处，小学6处，在校学生1066人，适龄儿童入学率100%，有医院1处。电话普及率每百人72部。

西平乡

党委书记　李丙宏

乡　　长　刘计艳

位于县城西部，距县城26公里，面积20平方公里。辖7个行政村（居民委员会）；有2594户，9465人；其中女4639人，人口自然增长率4.1‰。

2012年，国内生产总值5.74亿元。工业实现利税3.1亿元。农林牧渔业总产值1.75亿元。全年粮食作物播种面积816公顷，总产6307吨；瓜菜169.8公顷，总产5075吨；种植业产值0.39亿元。全年造林43公顷，森林覆盖率28%，林果总产160吨；林业产值150万元。年末大牲畜存栏7750头，猪存栏9870头，羊存栏4200只，家禽存栏25.8万只，畜牧业总产值0.96亿元。水产品总量4847吨，渔业总产值4697万元。农业机械总动力0.6万千瓦。民营经济总产值22.5亿元，利税3亿元。地方财政收入1467万元。农民人均纯收入10947元。有中学1处，小学1处，在校学生709人，适龄儿童入学率100%，有医院1处。电话普及率每百人95部。

【社会经济快速发展】 2012年，西平乡在招商引资、重大项目建设及自带土地指标落地开发区等工作上取得重大突破。共签约招商引资项目7个，其中亿元以上项目4个；实际到位市外国内资金2亿元，完成全年任务的118%。其中，微山县锦旭纺织有限公司已建成投产；山东艾瑞克机械制造项目、彬彬电子产品项目、国耀矿山配件加工项目、山东海粮生物制品项目均已落地开工建设。截止2012年底，全乡民营企业40余家，规模以上工业企业7家，初步形成以纺织、铸造和机械加工、皮毛玩具、食品生产等为支柱的工业经济格局。全年实现国内生产总值5.74亿元，地方财政收入完成1467万元，全社会固定资产投资实现6.2亿元，农民人均纯收入实现10947元。

【社会民生事业全面进步】 2012年，西平乡社会事业全面发展。小学升初中考试成绩位居全县第一。校安工程全面启动，投资130万元新建900平方米幼儿园综合楼1处。邮政局即将恢复，社会保障体系建设加快，全年纳入五保供养34人，供养率达100%；危房改造16户；医疗卫生体制改革有序进行，基本公共卫生服务全面展开，建成居民个人健康档案7881份。认真推进"平安西平"建设工作，开展"打黑恶除霸痞"专项行动，社会环境和谐稳定。实施精神文明建设和全民创业工程；修建3处村级文化广场，丰富文化活动形式，提升群众精神生活。

赵庙镇

党委书记　孔　磊

镇　　长　王如意

位于县城西部，距县城35公里，面积36平方公里。辖6个行政村(居民委员会)；有3842户，1.4956万人；其中女0.6968万人，人口自然增长率4‰。2012年11月，撤乡设镇。

2012年，国内生产总值6.37亿元。工业实现利税4.8亿元。农林牧渔业总产值1.3亿元。全年粮食作物播种面积1229公顷，总产0.98万吨；瓜菜24.6公顷，总产0.08万吨；种植业产值0.13亿元。全年造林42公顷，森林覆盖率33%，林果总产0.81吨；林业产值0.015万元。年末大牲畜存栏192头，猪存栏0.96万头，羊存栏0.12万只，家禽存栏34.29万只，畜牧业总产值0.44亿元。水产品总量5653吨，渔业总产值4400万元。农业机械总动力4.8万千瓦。民营经济总产值35.6亿元，利税19.8亿元。地方财政收入1297万元。农民人均纯收入10790元。有中学1处，小学3处，在校学生1166人，适龄儿童入学率100%，有医院1处。电话普及率每百人91部。

【农业农村经济】 全年共发放各项强农惠农补助资金100.6万元；发展特色种养殖，种植杞柳、浅水藕1300余亩，葡萄300余亩；发展水产生态养殖，清理网箱、网围等非法养殖200余亩；实施工矿废弃地复垦工程，全年共复垦土地230亩，增加耕地面积218亩；打击和清理非法采砂、非法圈围、非法货运码头等破坏湖区生态环境的行为，为发展清洁型现代渔业和南水北调工程创造良好水质环境；开展农民培训阳光工程和农民就业技能培训5期。

【招商引资和项目建设】 全年合同利用市外国内资金8.8亿元，完成年任务的146.6%。实际到位资金2.175亿元，完成年任务的120.8%。全镇共新上、续建项目10个，在谈项目4个。过亿元的3个，过5000万元的3个，过3000万元的3个。其中，入驻微山经济开发区的济宁森立生物科技有限公司年产1亿株铁皮石斛种苗组培项目，完成投资5900万元，已形成年产2000万株种苗的生产能力；微山县兴玉机械制造有限公司新上"V"法造型及桥壳生产线项目，完成投资2450万元，新建厂房5278平方米，新上"V"法生产线1条；微山斯贝特金属有限公司新上钢配消失膜设备制造项目，完成投资2000余万元，新建钢架厂房10000平方米，科研楼2000平方米，新上消失膜生产线1条。

【民生事业】 五保供养率、农村低保率均达到100%，新农保覆盖率达到95%；争取上级扶持，投资6152万元的11万伏变电站主体楼及变电设施安装工程已竣工并投入使用；投资300万元的中心幼儿园和投资200万元的卫生院病房楼已动工建设；投资600万元的为民服务中心办公楼和投资120万元的政法办公大楼已完成主体工程；投资120万元的一中塑胶跑道和投资170万元的中小学教学楼加固工程已竣工并投入使用；完成节育措施247例，已婚妇女环孕情查体4次。

高楼乡

党委书记　孙晋仕

乡　　长　周长锋

位于县城西南，距县城15公里，面积400平方公里。辖16个行政村(居民委员会)；有5658户，2.1223万人；其中女1.0276万人，人口自然增长率6‰。

2012年，国内生产总值9.77亿元。农林牧渔业总产值6.43亿元。全年粮食作物播种面积

3816公顷,总产2.44万吨;瓜菜60公顷,总产0.06万吨;种植业产值0.63亿元。全年造林204公顷,森林覆盖率70%,林果总产6706吨;林业产值230万元。年末大牲畜存栏129头,猪存栏0.4万头,羊存栏0.3万只,家禽存栏5.1万只,畜牧业总产值0.66亿元。水产品总量46855吨,渔业总产值50278万元。农业机械总动力494万千瓦。地方财政收入721万元。农民人均纯收入11460元。有中学2处,小学9处,在校学生1323人,适龄儿童入学率100%,有医院1处。电话普及率每百人86部。

【**渔业建设**】 落实《南四湖渔业功能区划和养殖总量控制规划》,实施渔业养殖污染防控。将全乡原来10万亩网围养殖面积压缩到1.6万亩,做到围网养殖标准化、生态化。实施渔业品牌建设,微山湖大闸蟹成功申报为国家地理标志产品,先后在“辽河杯”全国河蟹大赛“王宝和”杯全国河蟹大赛获得金奖,和优质蟹奖,在第十届中国国际农产品交易会上受到客户广泛青睐,虾蟹生态混养技术荣获全国河蟹产业科技创新奖。2012年3月,高楼乡被中国渔业协会河蟹分会授予“中国河蟹之乡”称号。

微山经济开发区

党工委书记、管委会主任

郝树林

位于县城东部,距县城1公里,面积12平方公里。辖15个行政村(居民委员会);有4060户,1.8万人;其中女0.78万人,人口自然增长率8‰。

2012年,国内生产总值75亿元。工业实现利税1.7亿元。农林牧渔业总产值3.2亿元。全年粮食作物播种面积1000公顷,总产0.8万吨;瓜菜50公顷,总产0.5万吨;种植业产值0.4亿元。全年造林5公顷,森林覆盖率23%,林果总产10吨;林业产值70万元。年末大牲畜存栏300头,猪存栏0.5万头,家禽存栏10万只,畜牧业总产值0.04亿元。农业机械总动力4万千瓦。民营经济总产值104亿元,利税1.9亿元。地方财政收入2199万元。农民人均纯收入10935元。有中学1处,小学2处,在校学生2800人,适龄儿童入学率100%。电话普及率每百人105部。

【**基础设施建设**】 至2012年底,开发区累计投入4亿元加快区内基础设施建设,先后完成泰康街、国富街、东风路、金源路、南环路、北环路、建设路(开发区段)、新104国道城区段的建设工程;全面完成泰康街、国富街、北环路、南环路、东风路、金源路的绿化、亮化工程,南环路、北环路分别安装了太阳能路灯;完成全长5600米热力管网工程铺设;结合全县环境综合整治,实施园区美化、净化工程,在区内道路安装垃圾箱、村内建立了垃圾站。

(靳宪鹏 赵 明 李秋生 闫红梅)

鱼台县

县 委

书 记 李志红(女)
副书记 官振华
王亚栋
常 委 李怀磊
张本立
韩贵省
杜宏春
张建国
曲朝勃(女)
李 森

县人大

主 任 李志红(女)
副主任 卞思华
李克银
韩光丽(女)
张树银
李广洪

县政府

县 长 宫振华
副县长 杜宏春
李 森
李清霞(女)
姚念举
李福东
藏建设

县政协

主 席 姚光明
副主席 强同晔
王翠云(女)
王进斌
黄 伟
王海玲(女)
李 进

县纪委

书 记 李怀磊

武装部

部 长 王延峰
政 委 张建国

县法院

院 长 张 勇

县检察院

检察长 揭向东

县名由来 鱼台县因境内有鲁隐公观鱼台而得名。

政区　人口　全县总面积654.2平方公里。辖11个乡(镇、街道),392个行政村(社区)。2012年末全县总人口47.09万人,其中城镇人口13.5万人。人口出生率11.3‰,死亡率5.8‰,自然增长率5.5‰。有少数民族19个,2742人。

经济概况　全年实现生产总值119.27亿元,按可比价格计算,比上年增长11.2%。其中,第一产业增加值28.65亿元,增长4.9%;第二产业增加值52.04亿元,增长14.6%;第三产业增加值38.58亿元,增长11.5%。三次产业比例为24.0∶43.6∶32.4。全社会固定资产投资81.95亿元,增长24.7%。实现财政总收入11.55亿元,增长19.57%;地方财政一般预算收入6.57亿元,增长28.82%。2012年末金融机构人民币各项存款余额79.45亿元,比年初增加15.67亿元,其中储蓄存款余额58.61亿元,增加10.73亿元。人民币各项贷款余额34.62亿元,增加6.32亿元。

农　业　全年农林牧渔业实现总产值57.29亿元,比上年增长6.03%。粮食总产35.19万吨,增长13.52%;棉花总产1.85万吨,增长5.71%;水果总产0.30万吨,减少23.08%;蔬菜总产69.42万吨,减少0.14%;水产品总产5.4万吨,增长4.45%。肉类总产3.39万吨,增长6.94%;禽蛋总产2.24万吨,减少15.47%;奶类总产0.14万吨,减少6.67%。新增造林面积0.9万亩,农田有效灌溉面积55.85万亩。全县农机总动力147.9万千瓦,增长2%。

工业和建筑业　全年实现工业增加值47.53亿元,比上年增长8.76%。规模以上(年主营业务收入2000万元以上)工业企业45家,实现增加值增长15.36%;实现主营业务收入85.12亿元,增长25.12%;实现利税11.34亿元,增长12.28%;实现利润6.96亿元,增长13.54%。工业经济效益综合指数为132.26,比上年降低144.07点。企业亏损面为17%,增加4个百分点。全县资质三级及以上建筑企业5家,完成建筑业总产值12.87亿元,增长41.12%。

建设　环保　年末城镇化率30.64%,比上年提高3.04个百分点。城市基础设施建设投资20384万元,增长218.5%。城市人均道路面积9.55平方米,人均绿地面积23.98平方米,建成区绿化覆盖率15.02%。自来水普及率90%。经济适用住房建设竣工2万平方米,交付240套,廉租住房建设竣工5000平方米,交付72套。村镇建设投资4.2亿元,减少13.93%。已建成污水处理厂1座,污水集中处理率达到95%,无害化垃圾处理率达到100%。城市空气质量良好率达到100%,水环境功能区达标率为90%,道路交通声环境质量为较好以上的占80%。

交通　邮电　年末公路通车里程920公里。公路、水运共完成旅客运量96万人次,比上年减少15.04%;完成货运量1851万吨,增长4.99%。港口货物吞吐量1222万吨,减少8.81%。年末民用汽车拥有量达到4.6万辆,其中私人轿车1.5万辆。完成邮电业务总量20593万元,增长37.14%。其中,电信业务总量17405万元,增长39.64%;邮政业务总量3188万元,增长24.92%。年末固定电话用户3.66万户,减少51.2%,移动电话用户31.15万户,增长219.16%,互联网用户3.98万户,增长4.46%。电话普及率达到每百人72部。

贸　易　全年实现社会消费品零售总额58.78亿元,比上年增长13.72%。其中,城镇市场零售额34.38亿元,增长11.7%;乡村市场零售额24.4亿元,增长16.69%。实现进出口总额3202万美元,增长29.69%,其中出口3110万美元,增长33.19%。新签利用外资项目2　项,合同外资额4500万美元,增长211.2%;实际利用外资2015万美元,增长92.64%。新批境外企业(机构)1家,协议投资总额2900万美元。外派人员265人次,减少2.93%。

教科文卫体　中等职业、技工学校1所,在校生1110人。普通高中2所,在校生0.98万人。初中21所,在校生2.35万人。小学68所,在校生3.03万人。特殊教育学校1所,在校生64人。专利申请量202件,授权专利193件。档案馆1个,公共图书馆1所,文化馆(站)1个。广播、电视人口综合覆盖率分别达到100%和100%。有卫生机构24个,其中,医院、卫生院13个,社区卫生服务中心9个,妇幼保健院(站)1个,疾病预防控制中心1个。各类卫生机构共有床位1581张,卫生技术人员1572人,其中,执业医师及执业助理医师626人,注册护士498人。有体育馆2座,新增群众体育健身活动场地1.7万平方米。全年参加市级及以上体育比赛共获奖牌41枚,其中金牌15枚。

社会生活　城镇居民人均可支配收入17966元,比上年增长16.51%；人均消费性支出11246元，增长6.28%；人均住房建筑面积28.5平方米。城镇在岗职工年平均工资35085元，增长16.11%。农村居民人均纯收入9426元，增长17.5%；人均生活消费支出4727元，增长8.54%；人均住房面积29平方米。全县城镇基本养老、医疗、失业、工伤和生育保险参保人数分别达到2.6万人、8.7万人、1.73万人、1.06万人和0.47万人，比上年底增加-0.73万人、0.78万人、-0.36万人、-1.36万人和-1.25万人。社会保险基金总收入40467万元，增加24338万元；支出35484.59万元，增加26179.59万元。新型农村养老保险参保农民21.78万人，参加新型农村合作医疗农民34.49万人。全县城乡最低生活保障救助16784人，其中，城镇低保1527人，农村低保12123人，农村特困救济3134人。收养性社会福利单位11个，收养1502人。社会福利企业1个，安置残疾人员10人。

唐马镇

党委书记　田卫峰

镇　　长　李群生

位于县境南部，距县城4公里，面积40.5平方公里。辖61个自然村，28个村民委员会；有8268户，31052人；其中女14806人，非农业人口1348人。人口自然增长率为5.1‰。

2012年，国内生产总值8.29亿元，比上年增长5.74%，其中一、二、三产业增加值分别达到20284万元、43983万元和18633万元，分别比上年增长5.1%、6.34%和4.8%。工业总产值4.5亿元，增长15.6%；实现利税546万元，增长113.28%。农林牧渔业总产值30550万元，增长1.19%。全年粮食作物播种面积4098公顷，总产3.14万吨；瓜菜842公顷，总产3.38万吨；棉花207公顷，总产277吨；种植业产值20816万元。全年造林295公顷，森林覆盖率达29%，林果总产210吨；林业产值2387万元。年末大牲畜存栏326头，猪存栏1.44万头，羊存栏1万只，家禽存栏34.37万只，畜牧业总产值5721万元。水产品总量2247吨，渔业总产值1626万元。农业机械总动力达4.81万千瓦。乡镇企业总产值6.1亿元，利税8952万元，其中个体私营企业产值6.1亿元、利税8952万元。财政收入2885万元。农民人均纯收入9225元，比上年增加1393元。有中学1处，小学6处，在校学生共2338人，适龄儿童入学率100%。有医院1处。电话普及率达到每百人75部。

王鲁镇

党委书记　张　毅

镇　　长　张芙蓉

位于县境中部，距县城 6公里，面积39.97平方公里。辖71个自然村，19个村民委员会；有8075户，32507人；其中女15927人，非农业人口2181人。人口自然增长率为4.2‰。

2012年，国内生产总值13.27亿元，比上年增长12.1%，其中一、二、三产业增加值分别达到26924万元、81719万元和24034万元，分别比上年增长5.1%、14.7%和11.6%。工业总产值15.1亿元，增长2.72%；实现利税4488万元，增长52.39%。农林牧渔业总产值48187万元，增长5.2%。全年粮食作物播种面积4145公顷，总产3.4万吨；瓜菜586.4公顷，总产1.97万吨；棉花119公顷，总产166.5吨；种植业产值25070万元。全年造林80公顷，森林覆盖率达27%，林果总产413.9吨；林业产值91万元。年末大牲畜存栏72头，猪存栏1.7万头，羊存栏0.66万只，家禽存栏13.88万只，畜牧业总产值14493万元。水产品总量3413吨，渔业总产值6191万元。农业机械总动力达23.76万千瓦。乡镇企业总产值15.2亿元，利税6999万元，其中个体私营企业产值3.9亿元、利税3394万元。财政收入3536万元。农民人均纯收入9282元，比上年增加1417元。有中学3处，小学9处，在校学生共6207人，适龄儿童入学率100%。有医院1处。电话普及率达到每百人88部。

罗屯乡

党委书记　刘　健

乡　　长　王　军

位于县境西北部，距县城25公里，面积54.3平方公里。辖79个自然村，34个村民委员会；有8488户，31470人；其中女15734人，非农业人口1163人。人口自然增长率为4‰。

2012年，国内生产总值4.5亿元，比上年增长12.78%，其中一、二、三产业增加值分别达到24072万元、13466万元和7480万元，分别比上年增长11.2%、15.4%和14.29%。工业总产值4.22亿元，增长15.62%；实现利税2112万元，增长134.93%。农林牧渔业总产值63577万元，增长9.33%。全年粮食作物播种面积1829公顷，总产1.06万吨；瓜菜2464公顷，总产7.84万吨；棉花2530公顷，总产3506

吨;种植业产值44962万元。全年造林49公顷,森林覆盖率达17.9%,林果总产842吨;林业产值1482万元。年末大牲畜存栏303头,猪存栏1.74万头,羊存栏1.54万只,家禽存栏37.2万只,畜牧业总产值15904万元。水产品总量2556吨,渔业总产值1229万元。农业机械总动力达5.8万千瓦。乡镇企业总产值4.35亿元,利税2168万元,其中个体私营企业产值4.35亿元、利税2168万元。财政收入2010万元。农民人均纯收入9402元,比上年增加1404元。有中学1处,小学6处,在校学生共2958人,适龄儿童入学率100%。有医院1处。电话普及率达到每百人22部。

李阁镇

党委书记　罗保祥

镇　　长　张　伟

位于县境西部,距县城15公里,面积73.7平方公里。辖115个自然村,43个村民委员会;有11736户,40831人;其中女19827人,非农业人口1732人。人口自然增长率为4‰。

2012年,国内生产总值11.59亿元,比上年增长11.44%,其中一、二、三产业增加值分别达到47317万元、47844万元和20706万元,分别比上年增长7.55%、14.8%和12.98%。工业总产值5.6亿元,增长9.8%;实现利税4537万元,增长13.79%。农林牧渔业总产值5.2万元,增长8.33%。全年粮食作物播种面积8665公顷,总产2.45万吨;瓜菜4113公顷,总产17.3万吨;棉花3749公顷,总产4923吨;种植业产值4.13亿元。全年造林1556公顷,森林覆盖率达28.3%,林果总产62吨;林业产值1279万元。年末大牲畜存栏392头,猪存栏1.25万头,羊存栏2.1万只,家禽存栏23.3万只,畜牧业总产值3625万元。水产品总量4055吨,渔业总产值1703万元。农业机械总动力达7.86万千瓦。乡镇企业总产值5.65亿元,利税783万元,其中个体私营企业产值5.42亿元、利税723万元。财政收入1450万元。农民人均纯收入9435元,比上年增加1384元。有中学1处,小学7处,在校学生共3277人,适龄儿童入学率100%。有医院1处。电话普及率达到每百人38部。

鱼城镇

党委书记　田书敏

镇　　长　岳士清

位于县境西南部,距县城18公里,面积53.8平方公里。辖87自然村,40个村民委员会;有12001户,4.23万人;其中女20583人,非农业人口3925人。人口自然增长率为4‰。

2012年,国内生产总值12.76亿元,比上年增长13.83%,其中一、二、三产业增加值分别达到53120万元、56492万元和18013万元,分别比上年增长12.51%、13.47%和19.29%。工业总产值5.19亿元,增长32.06%;实现利税2990.8万元,增长29.12%。农林牧渔业总产值56942.1万元,增长14.2%。全年粮食作物播种面积513公顷,总产0.82万吨;瓜菜2879公顷,总产13万吨;棉花2687公顷,总产3685吨;种植业产值19270万元。全年造林75公顷,森林覆盖率达25%,林果总产517吨;林业产值315万元。年末大牲畜存栏1606头,猪存栏1.7万头,羊存栏1.8万只,家禽存栏18万只,畜牧业总产值3906万元。水产品总量1397吨,渔业总产值1261万元。农业机械总动力达10.6万千瓦。乡镇企业总产值18.9亿元,利税790万元,其中个体私营企业产值18.9亿元、利税790万元。财政收入2193万元。农民人均纯收入9457元,比上年增加1398元。有中学3处,小学8处,在校学生共7821人,适龄儿童入学率100%。有医院1处。电话普及率达到每百人65部。

谷亭街道

党工委书记　郭良峰

办事处主任　张　峰

位于县境东部,距县城0.5公里,面积33.2平方公里。辖52个自然村,21个村(居)民委员会;有6812户,28370人;其中女12767人,非农业人口1418人。人口自然增长率为6‰。

2012年,国内生产总值6.18亿元,比上年增长14.44%,其中一、二、三产业增加值分别达到30300万元、18550万元和12950万元,分别比上年增长14.51%、14.51%和14.2%。工业总产值7.8亿元,增长14.71%;实现利税7990万元,增长76.3%。农林牧渔业总产值49810万元,增长15%。全年粮食作物播种面积3030公顷,总产2.4万吨;瓜菜347.5公顷,总产1.2万吨;棉花227公顷,总产331吨;种植业产值12410万元。全年造林20公顷,森林覆盖率达28%,林果总产521吨;林业产值375万元。年末大牲畜存栏135头,猪存栏1.02万头,羊存栏0.9万只,家禽存栏10.7万只,畜牧业总产值4640万元。水产品总量2817吨,渔业总产值1828万元。农业机械总动力达11.7万千瓦。乡镇企业总产值8.5亿元，利税5590万元，其中个体私营企业产值2.4亿元、利税836万元。财政收入5625万元。农民人均纯收入9257元，比上年增加1419元。有中学2处，小学5处，在校学生共2870人，适龄儿童入学率99.8%。有医院3 处。电话普及率达到每百人51部。

滨湖街道

党工委书记 王良玉

办事处主任 张仰杰

位于县境北部，距县城3公里，面积19.96平方公里。辖24个自然村，9个村民委员会；有3013户，12460人；其中女6371人，非农业人口45人。人口自然增长率为4.3‰。

2012年，国内生产总值2.7亿元，比上年增长8%，其中一、二、三产业增加值分别达到1.89亿元、0.54亿元和0.27亿元，分别比上年增长18%、11%和20%。工业总产值0.04亿元，增长33%；实现利税46.7万元，增长30%。农林牧渔业总产值18910万元，增长12%。全年粮食作物播种面积1746公顷，总产1.39万吨；瓜菜77.6公顷，总产0.28万吨；棉花8公顷，总产1.8吨；种植业产值4776万元。全年造林3.3公顷，森林覆盖率达21%，林果总产660吨；林业产值66万元。年末大牲畜存栏23头，猪存栏0.09万头，羊存栏0.01万只，家禽存栏2.8万只，畜牧业总产值316万元。水产品总量23010吨，渔业总产值1386万元。农业机械总动力达2.5万千瓦。乡镇企业总产值0.08亿元，利税46万元，其中个体私营企业产值0.03亿元、利税23万元。财政收入148万元。农民人均纯收入9016元，比上年增加1251元。小学2处，在校学生共546人，适龄儿童入学率100%。电话普及率达到每百人90部。

老砦镇

党委书记 孟广忠

镇 长 张华山

位于县境东部，距县城12.5公里，面积52.35平方公里。辖28个自然村，28个村民委员会；有8445户，29413人；其中女16466人，非农业人口7706人。人口自然增长率为8.56‰。

2012年，国内生产总值22.21亿元，比上年增长8.29%，其中一、二、三产业增加值分别达到16617万元、183561万元和21922万元，分别比上年增长6.27%、6.39%和29.47%。工业总产值18.6亿元，增长61.2%；实现利税21600万元，增长41.7%。农林牧渔业总产值33216万元，增长1.19%。全年粮食作物播种面积4655.2公顷，总产3.62万吨；瓜菜30公顷，总产0.1万吨；棉花30公顷，总产0.01吨；种植业产值11261万元。全年造林16公顷，森林覆盖率达33.1%，林果总产93吨；林业产值1358万元。年末大牲畜存栏43头，猪存栏2.74万头，羊存栏0.87万只，家禽存栏10.7万只，畜牧业总产值5872万元。水产品总量9017吨，渔业总产值12753.1万元。农业机械总动力达8万千瓦。乡镇企业总产值19.2亿元，利税21982万元，其中个体私营企业产值7.13亿元、利税910万元。财政收入13480万元。农民人均纯收入9174元，比上年增加1390元。有中学1处，小学5处，在校学生共2090人，适龄儿童入学率100%。有医院1处。电话普及率达到每百人43部。

王庙镇

党委书记 李树青

镇 长 侯科才

位于县境西部，距县城9公里，面积88.6平方公里。辖154个自然村，62个村民委员会；有15973户，59123人；其中女28892人，非农业人口2001人。人口自然增长率为4.5‰。

2012年，国内生产总值8.97亿元，比上年增长10.88%，其中一、二、三产业增加值分别达到38505万元、32004万元和19191万元，分别比上年增长5.1%、18.65%和10.99%。工业总产值4.1亿元，增长31.83%；实现利税2331万元，增长10%。农林牧渔业总产值43473万元，增长3.24%。全年粮食作物播种面积6176公顷，总产4.79万吨；瓜菜2392.4公顷，总产8.64万吨；棉花2334.4公顷，总产3653.4吨；种植业产值26969万元。全年造林181公顷，森林覆盖率达28%，林果总产657吨；林业产值372万元。年末大牲畜存栏563头，猪存栏3.1万头，羊存栏1.7万只，家禽存栏53.4万只，畜牧业总产值7653万元。水产品总量9166吨，渔业总产值8479万元。农业机械总动力达15.1万千瓦。乡镇企业总产值4.2亿元，利税2436万元，其中个体私营企业产值3.53亿元、利税2043万元。财政收入2628万元。农民人均纯收入9395元，比上年增加1407元。有中学2处，小学9处，在校学生共6327人，适龄儿童入学率100%。有医院1处。电话普及率达到每百人35部。

清河镇

党委书记　王德垠

镇　　长　牛艳军

位于县境西北部，距县城18公里，面积77.6平方公里。辖99个自然村，41个村民委员会；有11147户，44036人；其中女21836人，非农业人口4240人。人口自然增长率为4.59‰。

2012年，国内生产总值15.19亿元，比上年增长21.04%，其中一、二、三产业增加值分别达到59750万元、72275.39万元和19913.61万元，分别比上年增长25%、18.2%和20.3%。工业总产值8.13亿元，增长18.17%；实现利税5073万元，增长26.1%。农林牧渔业总产值56466.2万元，增长11.36%。全年粮食作物播种面积3835公顷，总产5.82万吨；瓜菜1785公顷，总产13.3万吨；棉花1280公顷，总产3530吨；种植业产值26838万元。全年造林100.6公顷，森林覆盖率达25.3%，林果总产765吨；林业产值13832万元。年末大牲畜存栏706头，猪存栏1.55万头，羊存栏1.5万只，家禽存栏42万只，畜牧业总产值6948万元。水产品总量6747吨，渔业总产值4498万元。农业机械总动力达9.2万千瓦。乡镇企业总产值8.35亿元，利税5269万元，其中个体私营企业产值8.35亿元、利税5269万元。财政收入2585万元。农民人均纯收入9272元，比上年增加1251元。有中学2处，小学8处，在校学生共5402人，适龄儿童入学率100%。有医院1处。电话普及率达到每百人70部。

张黄镇

党委书记

陶福宪(~2012.09)

张永春(2012.09~)

镇　　长　李天然

位于县境北部，距县城18公里，面积96平方公里。辖146个自然村，54个村民委员会；有15713户，6.23万人；其中女31268人，非农业人口3866人。人口自然增长率为4.15‰。

2012年，国内生产总值75亿元，比上年增长5.63%，其中一、二、三产业增加值分别达到95792万元、611612万元和42596万元，分别比上年增长11.42%、5.16%和0.42%。工业总产值62亿元，增长12.73%；实现利税83267万元，增长30.42%。农林牧渔业总产值98975万元，增长10.01%。全年粮食作物播种面积10692公顷，总产8.1万吨；瓜菜34公顷，总产994吨；棉花60公顷，总产55吨；种植业产值19960万元。全年造林52公顷，森林覆盖率达32%，林果总产1390吨；林业产值305万元。年末大牲畜存栏150头，猪存栏3.2万头，羊存栏3.3万只，家禽存栏70万只，畜牧业总产值52518万元。水产品总量12731吨，渔业总产值13132万元。农业机械总动力达19.88万千瓦。乡镇企业总产值63亿元，利税90213万元，其中个体私营企业产值55亿元、利税89125万元。财政收入33916万元。农民人均纯收入10655元，比上年增加1648元。有中学2处，小学9处，在校学生共5839人，适龄儿童入学率100%。有医院1处。电话普及率达到每百人91部。

（樊秋玲）

金乡县

县委

书　记　刘章箭

副书记　董　冰(女)

杜庆节

常　委　郑士民

焦绪奎(2011.11～2012.08)

曹广州

胡桂生

郗忠骏

王卓珍

白占德

李　洁(女)

县人大

主　任　刘章箭

副主任　付元琦

姜广军

李　丽(女,非党)

马　驰(～2012.01)

刘尊路

张为立

县政府

县　长　董　冰(女,2012.01；代县长,2011.11~2012.01)

副县长　曹广州(2011.11～)

胡桂生(2011.11～)

杨美兰(女,非党,2011.11～)

管洪祥

杨　凯(2011.11～)

王正申

县政协

主　席　陈新宏(女)

副主席　史衍岭(非党,不驻会)

闫化奎

王允东

王允会(～2012.01)

张守科(不驻会)

孙和平(不驻会)
张思宝

县纪委
书　记　焦绪奎(2011.11～201208)
郑士民(2012.09～)

县武装部
部　长　张国庆(2011.03～)
政　委　王卓珍

县法院
院　长　张瑞山

县检察院
检察长　孙长雨(2012.01～;代检察长,2011.11～2012.01)

县名由来　因境内有金山而得名。

政区　人口　全县总面积887.67平方公里。辖11个镇,2个街道。2012年末全县总人口64.17万人,其中城镇人口16.1万人。男女性别比104：100。人口出生率13.5‰,死亡率7.15‰,自然增长率6.34‰。有少数民族26个,3315人。

经济概况　全县实现国内生产总值137.8亿元,按可比价格计算,比上年增长12.6%。第一产业实现增加值41.19亿元,增长5.8%；第二产业实现增加值44.31亿元,增长17.2%;第三产业实现增加值52.3亿元，增长13.7%。三次产业比重为24.59:33.27：42.14。全社会共完成固定资产投资86.6亿元，增长26.1%。实现财政总收入10.42亿元,增长12.3%,其中地方财政收入7.01亿元，按可比口径增长36.9%。税收总收入:国税5.17亿元,增长5.51%;地税5.61亿元,增长34.21%。2012年末金融机构各项存款余额140.16亿元,比年初增加17.97亿元。其中居民储蓄存款余额109.51亿元,比年初增加15.43亿元。年末金融机构各项贷款余额79.96亿元,比年初增加17.64亿元。

农业　全年农林牧渔业实现总产值74.89亿元，增长9.7%。农业增加值41.19亿元,增长5.8%，粮食总产7.5万吨,比上年增长36.36%；棉花总产6.52万吨,增长4.72%。油料总产182吨，增长12.3%；水果总产2.03万吨,增长31.8%;肉类总产4.64万吨,禽蛋总产5.03万吨,奶类总产0.6万吨。水产品总产0.335万吨,增加9.48%;蔬菜总产150.9万吨,减少11.17%。全年造林640公顷,林木覆盖率达到26.98%。全县农机总动力92.3万千瓦,增长1.42%。

工业　有规模以上工业企业154家,全年实现工业增加值44.31亿元，比上年增长17.6%。规模以上工业实现产品销售收入170.94亿元,增长46.7%;实现利润14.17亿元,增长67%;实现利税20.26亿元,增长67.3%。

建设　环保　自来水供水能力达到1万吨/日，天然气用户87500人。新建、扩建城市道路面积309.6万平方米,公交营运车辆达到186标台，城市园林绿地688.2公顷,城市建成区绿化覆盖率达到42.14%。完成基本建设投资3.1亿元;房地产开发投资18.9亿元,增长52%。完成建筑业总产值55174.8万元,增长10.85%,实现利税3381.5万元,增长87.86%,完成环境污染治理项目5个,完成投资额6500万元。

交通　邮电　公路通车里程1949公里。公路、水运共完成旅客周传量35350.6万人/公里,货运周转量1077587.2万吨/公里。民用汽车拥有量3.69万辆,增长22.20%;完成邮电业务总量29828万元，增长24.77%。其中，电信业务总量25120万元,增长26.33%;邮政业务总量4708万元,增长17.02%。年末固定电话用户7.33万户,移动电话用户49.91万户，互联网用户6.1万户。

贸易　旅游　全年共实现社会消费品零售总额66.4亿元,比上年增长18.5%。城乡商品交易市场19处。实现进出口总额31634万美元,比上年减少28.4%,其中出口31523万美元，减少28.6%。新签利用外资项目6项;实际利用外资950万美元。主要旅游景点1处,正在建设1处。

科教文卫体　有中等专业学校1处,在校生3999人;普通高中3所,在校生1.05万。普通初中20所,在校生2.07万人。小学93所,在校生4.21万人。特殊教育学校1所，在校生108人。共取得市级以上各类重要科技成果5项。专利申请量170件,授权专利160件。拥有各种艺术表演团体345个（没有注册),公共图书馆1个,文化馆1个,档案馆1个。广播、电视人口覆盖率都达到100%。拥有卫生机构43所，其中医院、卫生院15所,卫生防疫防治机构1所,妇幼保健机构1所。各类卫生机构拥有床位2142张，卫生技术人员2373人，其中执业医师及执业助理医师851人,注册护士994人。有体育馆1座。全年参加省级以上体育比赛共获奖牌53枚,其中金牌11枚。

社会生活　城乡居民人均可支配收入18779元，增长

17.52%；人均消费性支出16600元，减少3.06%；人均住房使用面积33.76平方米。农民人均纯收入10786元，增长1.97%；人均生活消费支出6637.4元，增长5.38%；人均居住面积39平方米。全年职工养老、医疗、失业、工伤、生育保险参保人数分别达到4.71万人、11.48万人、3.16万人、3.21万人和2.68万人。社会保险基金总收入60224万元，增加13551万元；支出43675万元。农村养老保险参保人数达到37.03万人。全县最低生活保障救助17897人。其中，城镇低保2309人，农村低保15985人。社会福利企业1个，安置残疾人员28人。

【第七届中国金乡大蒜节在“中华蒜都”金乡县开幕】 2012年6月2日，由中国蔬菜流通协会、济宁市人民政府主办的第七届中国金乡大蒜节在“中华蒜都”金乡县开幕。国家农业部、国家供销总社等国家和省市有关领导、知名学者专家、世界大蒜商界精英等500多人出席开幕式。会议以打造中国有机大蒜第一县，大力发展大蒜深加工，促进大蒜产业持续发展为主题。中国农产品流通经济人协会和中国航天科技集团公司航天育种研究中心分别向金乡县颁发了“中国农产品流通经纪人协会金乡大蒜分会”和“中国大蒜航天育种金乡实验基地”牌匾。中国农业大学教授、博士生导师、国家果蔬加工工程技术研究中心副主任、中国农学会农产品贮藏加工分会副秘书长倪元颖，山东农业大学教授、博士生导师、山东省农业专家顾问、省作物品种审定委员、山东大蒜产业科技创新联盟理事长刘世琦，中国航天科技集团公司航天育种研究中心副主任、研究员钦天钧等专家学者就大蒜(有机)产业发展趋势与食品安全、大蒜种植与加工技术、大蒜深加工产品市场分析、国外大蒜产业现状及发展趋势、大蒜产业技术创新体系建设、航天育种与生态农业发展等热点问题，做了专题报告。通过经贸洽谈，共有28个项目签约，其中投资类项目10个，投资额约20亿元。大蒜企业还与加拿大、菲律宾、印尼、新加坡、台湾、香港等10个国家和地区的21家客商签订了大蒜以及有机大蒜销售合作协议，约21万吨。金乡县信和农贸有限公司与沃尔玛超市签订了专供协议。

【姜异康到金乡县调研】 2012年6月11日，山东省委书记、省人大常委会主任姜异康一行在济宁市委书记、市人大常委会主任马平昌，市委副书记、市长梅永红，市委副书记崔洪刚，市委常委、秘书长刘成文等陪同下到金乡调研。姜异康先后到济矿民生煤化有限公司、生态水系治理工程滨河大道项目现场、新老城区、山禄国际大蒜交易市场等地实地考察金乡经济社会发展情况，并提出针对性和操作性很强的指导意见。调研期间，姜异康听取金乡县经济社会发展情况汇报，就经济发展等问题姜异康作出重要指示。

【金乡英雄周轲】 周轲，男，汉族，初中文化，1990年10月生于山东省金乡县兴隆乡半边峭楼村，2008年12月入伍，2011年7月入党，下士警衔。入伍4年来，周轲先后荣立三等功1次，获嘉奖1次，被评为优秀士兵1次，优秀士官1次；周轲随警出动387次，与战友一起抢救遇险和被困人员200多人，抢救财产价值3089.7万元。2012年10月7日，在来宾市参与多间店铺的火灾扑救过程中为抢救群众英勇牺牲。两天后，公安部批准周轲为革命烈士，并颁发献身国防金质纪念章；广西壮族自治区公安厅发布命令，给周轲同志追记一等功；来宾市委和市政府决定追授周轲同志“优秀共产党员”和“全市爱民模范”称号。12日，在广西消防总队、来宾市及金乡县相关领导的护送下，英雄魂归蒜乡故里。

△2012年8月23日，由中国产业集群专业委员会、中国产业集群研究院联合主办的2012年(第三届)中国产业发展大会在北京召开。金乡县大蒜深加工产业集群被中国产业集群专业委员会授予中国县域产业集群竞争力100强。

△2012年9月1日，金乡县首个非公有制企业党委——中共金乡县华光集团委员会正式成立。该党委直接隶属中共金乡县委领导，具体负责领导和协调集团内企业党建、党组织活动、发展党员等工作事宜。

△2012年9月6—7日，全省生态文明乡村建设推进会议在滨州、德州两地召开。金乡县同东营、威海、莱芜等3市15县，被授予山东省第一批“省级现代农业示范区”称号。

△2012年10月16日，根据山东省鲁政函民字〔2012〕26号文，济宁市人民政府正式批复，同意金乡县高河撤镇设街、兴隆和卜集撤乡设镇。至此，金乡县成为济宁市第一个无“乡”建制县，也是金乡县发展史上的一个重要里程碑，标志着金乡县

城乡建设发展进入新阶段。

△2012年12月4—6日，《金乡县志》(1991—2005)志稿评议会在金乡县召开。《金乡县志》(1991—2005)是建国后金乡县修编的第二部新方志，100余万字，客观、公正地记述了15年间全县政治、经济、文化、社会各项事业等的发展状况。省市县三级史志专家一致认为志稿观点正确、体例完备、内容丰富、资料翔实，原则上通过对该志稿的评审，同时对志稿的进一步修改和完善提出了合理的指导性建议。

△12月16日，红星美凯龙第一家县级综合体在金乡县开工奠基，标志着金乡县城市发展正在步入由单体建设向大型商业综合体开发迈进的崭新阶段。美凯龙·现代城项目是红星美凯龙集团在鲁西南地区第一个县级城市综合体项目，总投资15亿元，总建筑面积约53万平方米，集国际家居体验中心、百货购物休闲、中高端住宅于一体。项目建成后，将成为金乡县地标性商业核心区，对加快金乡县城市化进程、打造鲁苏豫皖边区商贸物流新高地，均具有重大意义。

经济开发区(鱼山镇)

党工委书记
刘章箭(~2012.02)
董　冰(2012.02~)

管委会主任
张化锋(~2012.02)
姜广军(2012.02~2012.09)
陈　涛(2012.09~)

鱼山镇党委书记
李　峰(2011.12~2012.09)
许　刚(2012.09~)

鱼山镇镇长
曾黎明(2011.12~2012.09)
程远鹏(2012.09~)

位于县城西部，距县城0.5公里，面积66.07平方公里，辖101个自然村，53个村(居)民委员会；有18297户，55736万人，其中女27325万人，非农业人口11708万人；人口自然增长率为5.07‰。

一、二产业增加值分别达到25315万元、231900万元，分别比上年增长8.7%、69.5%。工业总产值77.3亿元，增长57%；实现利税68575万元，增长84.7%。农林牧渔业总产值51021万元，增长12.9%。全年粮食作物播种面积646公顷，总产0.47万吨；瓜菜4195公顷，总产9.98万吨；棉花3116公顷，总产4836吨；种植业产值36346万元。全年造林42公顷，森林覆盖率达31%，林果总产457吨，林业产值873万元。年末大牲畜存栏493头，猪存栏1.88万头，羊存栏2.6万只，家禽存栏31万只，畜牧业总产值12797万元。水产品总量164吨，渔业总产值115万元。农业机械总动力达82950千瓦。财政收入32868万元。农民人均纯收入12484元，比上年增加2789元。有小学8处，在校学生967人，适龄儿童入学率100%，有医院2处。电话普及率达到每百人83部。

【管理体制在探索中不断创新】 为进一步拓展园区发展空间，促进经济社会全面发展，2008年，开发区与城郊部分村、鱼山镇整体进行合并，实行“区镇合一”的管理体制，探索出一条“以区带镇、以镇促区、融合发展”的新路子，有效破解了制约开发区发展的土地和空间瓶颈，为开发区近几年的快速发展奠定了坚实基础。随着入区项目的逐年增多，为充分发挥管委会的服务功能，把服务工作做精做细，促进企业做大做强，2012年，探索实行了“区中园”的运行模式，根据区内产业布局，将开发区分为机电产业园区、食品产业园区、商贸物流园区、金平湖产业园和高新技术产业园，各园区由开发区管委会统一领导，又有相对独立的权限和服务重点，形成了各园区竞相发展的良好态势；同时实行“区辖镇”管理模式，把社会事务方面工作移交鱼山镇管理，开发区集中精力发展经济，鱼山镇精心做好后方服务。这一体制的成功实施，促进了开发区综合实力的快速提升。

【财政税收在赶超中连年递增】 从2002年开发区成立，开发区财政收入连年递增，特别是2012年，达到1.62亿，是2011年的1.5倍。

金乡街道

党工委书记　高广民

办事处主任　李建中

位于县城，面积44.43平方公里，下辖16个行政村，8个社区；共有35060户，9.82万人，其中女4.74万人，非农业人口5.7万人；人口自然增长率为6.8‰。

2012年，国内生产总值25.1亿元，比上年增长26%，其中一、二、三产业增加值分别达到18632万元、38920万元和22040万元，分别比上年增长10.7%、25%、26%。工业总产值2.66亿元，增长24%；实现利税3028万元，增长29%。农林牧渔业总产值36137万元，增长10.5%。全年粮食作物播种面积172公顷，总产0.13万吨；瓜菜1888公顷，总产7.6万吨；棉花1155公顷，总产1599吨；种植业产值23516万元。全年造林90公顷，森林覆盖率达32.03%，林果总产4691吨，林业产值1515万元。年末大牲畜存栏49298头，猪存栏2.7万头，羊存栏2.2万只，家禽存栏33万只，畜牧业总产值10143亿元。渔业总产值685万元。农业机械总动力达2.3万千瓦。财政收入45077万元。农民人均纯收入12649元，比上年增加2762元。有小学3处，在校学生598人，适龄儿童入学率100%，有医院3处。电话普及率达到每百人93部。

羊山景区（羊山镇）

羊山景区党工委书记

郑士民（~2012.08）

芮芳月（2012.08~）

羊山景区管委会主任

李　丽

羊山镇党委书记

刘保才（~2012.09）

曾黎明（2012.09~）

羊山镇镇长　朱智慧

位于县城西北部，距县城16公里，面积76.8平方公里，辖95个自然村，62个村（居）民委员会；有12717户，5.3万人，其中女2.7万人，非农业人口1.2万人；人口自然增长率为6.9‰。

2012年，国内生产总值16.8亿元，比上年增长15%，其中一、二、三产业增加值分别达到31328万元、98862万元和37810万元，分别比上年增长6%、30%、31%。工业总产值14亿元，增长30%；实现利税3143万元，增长84%。农林牧渔业总产值62984万元，增长9.5%。全年粮食作物播种面积730公顷，总产0.5万吨；瓜菜73公顷，总产0.4万吨；棉花4305公顷，总产5899吨；种植业产值43888万元。全年造林80公顷，森林覆盖率达35%，林果总产203吨，林业产值559万元。年末大牲畜存栏1024头，猪存栏1.4万头，羊存栏3.2万只，家禽存栏36.5万只，畜牧业总产值16650万元。水产品总量231吨，渔业总产值187万元。农业机械总动力达1194千瓦。财政收入1135万元。农民人均纯收入10232元，比上年增加1451元。有中学1处，小学7处，在校学生4079人，适龄儿童入学率100%，有医院1处。电话普及率达到每百人73部。

【实施“区镇合一”管理体制】 2012年11月，经金乡县委、县政府同意，上报济宁市有关部门，羊山景区党工委、管委会、羊山镇党委、政府实施“区镇合一”，合并为羊山景区（羊山镇），下设办公室、招商局、财政局、规划建设局、经济发展局、社会事务局。“区镇合一”进一步理顺了管理体制，形成了“一个班子、一套人马”的管理体系，整合、精简了管理机构，激发了内生动力，凝聚了工作合力。

【省级基本农田保护区土地整理项目】 项目总投资3907万元，总面积1332.47公顷，位于羊山镇南部、新万福河以北地区，涉及4个办事处，24个行政村。工程建设内容包括土地平整、水利建设、田间道路、林网4个方面。2012年，共完成土地平整18.4平方千米，开挖疏浚沟渠44千米，新建机井278眼，各类沟涵515座，桥涵5座，电网线路架设54千米，新修道路50千米，机电井配套工程正在施工中，计划栽植乔木2.3万余株。建成后，将彻底解决羊山南部耕地因地势低洼而造成的积水排涝难题，实现田成方、地成块、路相通、渠相连、旱能浇、涝能排、林成网的格局。

胡集镇

党委书记

李文贞（2011.11~）

镇　　长

周爱军（2011.11~）

位于县城北部，距县城15公里，面积93.06平方公里，辖122个自然村，77个村（居）民委员会；有15771户，6.026万人，其中女2.97万人，人口自然增长率为6.84‰。

2012年，国内生产总值13.23亿元，比上年增长8.5%，第一产业增加值达到35895万元，比上年增长5.66%。工业总产值5.1亿元，增长13.1%；实现利税4797万元，增长15%。农林牧渔业总产值71910万元，增长9.6%。全年粮食作物播种面积952公顷，总产0.7万吨；瓜菜7024公顷，总产24.18万吨；棉花4693公顷，总产6366吨；种植业产值5494万元。全年造林27公顷，森林覆盖率达27.8%，林果总产97吨，林业产值243万元。年末大牲畜存栏772头，猪存栏1.65万头，羊存栏2.85万只，家禽存栏40.42万只，畜牧业总产值14065万元。水产品总量481吨，渔业总产值574万元。农业机械总动力达19.15千瓦。财政收入3053万元。农民人均纯收入10011元，比上年增加1684元。有中学1处，小学15处，在校学生5200人，适龄儿童入学率100%，有医院1处。电话普及率达到每百人8部。

【白梨瓜产业助农增收】 充分发挥白皮梨瓜专业合作社的

作用，大力推广大中拱棚双模、三膜覆盖新技术，实行无公害、绿色化栽培管理模式，并提供“产、加、销”一条龙服务，全镇大中拱棚、间作套种白皮梨瓜种植总面积达到4.5万亩，其中，绿色白梨瓜种植面积1万亩，仅此一项，全镇农民人均增收2000元。

马庙镇

党委书记　童方明

镇　　长　刘小雪

位于县城最西部，距县城11公里，面积97.11平方公里，辖109个自然村，67个村(居)民委员会；有17006户，5.8万人，其中女2.8万人，非农业人口0.5万人；人口自然增长率为8‰。

2012年，国内生产总值16.9亿元，比上年增长11.2%，其中一、二、三产业增加值分别达到54022万元、84046万元和33041万元，分别比上年增长20%、6%、13%。工业总产值10.1亿元，增长24.5%；实现利税7870万元，增长9.3%。农林牧渔业总产值58869万元，增长6%。全年粮食作物播种面积777公顷，总产5206吨；瓜菜7108公顷，总产12.7万吨；棉花5376公顷，总产7225吨；种植业产值39985万元。全年造林76公顷，森林覆盖率达11.4%，林果总产791吨，林业产值324万元。年末大牲畜存栏1350头，猪存栏1.6万头，羊存栏2.7万只，家禽存栏77万只，畜牧业总产值17613万元。水产品总量139吨，渔业总产值139万元。农业机械总动力达33641千瓦。财政收入1333万元。农民人均纯收入11827元，比上年增加2166元。有中学1处，小学12处，在校学生3851人，适龄儿童入学率100%，有医院1处。电话普及率达到每百人68部。

鸡黍镇

党委书记　李中文

镇　　长　杨灿立

位于县城西南部，距县城15公里，面积90.12平方公里，辖120个自然村，70个村（居）民委员会；有20668户，6.4万人，其中女3.1万人，非农业人口0.23万人；人口自然增长率为7.6‰。

2012年，国内生产总值14.2亿元，比上年增长12%，其中一、二、三产业增加值分别达到37588万元、64445万元和39694万元，分别比上年增长10.7%、13%、12%。工业总产值21.7亿元，增长17%；实现利税12360万元，增长23%。农林牧渔业总产值71241万元，增长10.5%。全年粮食作物播种面积1290公顷，总产1.05万吨；瓜菜7869公顷，总产20.5万吨；棉花4787公顷，总产7603吨；种植业产值57130万元。全年造林12公顷，森林覆盖率达25.4%，林果总产127吨，林业产值725万元。年末大牲畜存栏731头，猪存栏1.7万头，羊存栏2.4万只，家禽存栏56万只，畜牧业总产值12320万元。水产品总量234吨，渔业总产值266万元。农业机械总动力达88374千瓦。财政收入3665万元。农民人均纯收入10377元，比上年增加1698元。有中学2处，小学10处，在校学生5461人，适龄儿童入学率100%，有医院2处。电话普及率达到每百人76部。

霄云镇

党委书记　宋兰军

镇　　长　裴艳昌

位于县城东南部，距县城23公里，面积73.81平方公里，辖103个自然村，51个村民委员会；有13264户，5.1033万人，其中女2.5403万人，非农业人口0.43万人；人口自然增长率为6.9‰。

2012年，国内生产总值14.8亿元，比上年增长11%，其中一、二、三产业增加值分别达到39234万元、26580万元和32400万元，分别比上年增长3.2%、6%、8%。工业总产值3.68亿元，增长18%；实现利税4860万元，增长17%.农林牧渔业总产值64101万元，增长11%。全年粮食作物播种面积972公顷，总产0.7万吨；瓜菜5402公顷，总产16万吨；棉花3789公顷，总产6059吨；种植业产值51074万元。全年造林26公顷，森林覆盖率达29%，林果总产11380吨，林业产值1545万元。年末大牲畜存栏4054头，猪存栏2.6958万头，羊存栏6.3085万只，家禽存栏121万只，畜牧业总产值10595万元。水产品总量224吨，渔业总产值377万元。农业机械总动力达59940千瓦。财政收入8353.91万元。农民人均纯收入9941元，比上年增加1349元。有中学1处，小学11处，在校学生2981人，适龄儿童入学率100%，有医院1处。电话普及率达到每百人137部。

司马镇

党委书记　杨舵己

镇　　长　王步德

位于县城南部，距县城20公里，面积52平方公里，辖84个自然村，43个村民委员会；有9099户，3.25万人，其中女1.6

万人，非农业人口 1.65 万人；人口自然增长率 4.63‰。

2012 年，国内生产总值 4.5 亿元，比上年增长 9.9%，其中一、二、三产业增加值分别达到 2390 万元、18610 万元和 6000 万元，分别比上年增长 11%、13%、8%。工业总产值 3.4 亿元，增长 6.3%；实现利润 1777 万元，增长 53%。农林牧渔业总产值 38000 万元，增长 12%。全年粮食作物播种面积 7101 公顷，总产 0.8 万吨；瓜菜 3312 公顷，总产 7 万吨；棉花 2796 公顷，总产 4233 吨；种植业产值 22596 万元。全年造林 102 公顷，森林覆盖率达 31%，林果总产 567 吨，林业产值 1319 万元。年末大牲畜存栏 2100 头，猪存栏 1.3 万头，牛存栏 2.8 万只，家禽存栏 37 万只，畜牧业总产值 13951 万元。水产品总量 72 吨，渔业总产值 69 万元。农业机械总动力达 4.6 万千瓦。财政收入 2300 万元。农民人均村收入 9295 元，比上年增加 1055 元。有中学 1 处，小学 6 处，在校学生 2844 人，适龄儿童入学率 100%，有医院 1 处。电话普及率达到每百人 90 部。

王丕镇

党委书记　许　刚
（～2012.09）
刘保才
（2012.09～）
镇　　长　蔡传亮

位于县城南部，距县城 5 公里，面积 34.4 平方公里，辖 51 个自然村，28 个村（居）民委员会；有 7000 户，2.237 万人，其中女 1.1 万人，非农业人口 0.045 万人；人口自然增长率为 4.78‰。

2012 年，国内生产总值 10 亿元，比上年增长 9.3%，其中一、二、三产业增加值分别达到 13279 万元、9700 万元和 9858 万元，分别比上年增长 10.3%、13.2%、18.1%。工业总产值 4.4 亿元，增长 11%；实现利税 5620 万元，增长 12.4%.农林牧渔业总产值 39270 万元，增长 12.3%。全年粮食作物播种面积 300 公顷，总产 0.2 万吨；瓜菜 2571 公顷，总产 9 万吨；棉花 1790 公顷，总产 6712.5 吨；种植业产值 16000 万元。全年造林 45 公顷，森林覆盖率达 26%，林果总产 600 吨，林业产值 220 万元。年末大牲畜存栏 1234 头，猪存栏 2.4 万头，羊存栏 2.2 万只，家禽存栏 53.2 万只，畜牧业总产值 23000 万元。水产品总量 38 吨，渔业总产值 50 万元。农业机械总动力达 24400 千瓦。财政收入 2904 万元。农民人均纯收入 9857 元，比上年增加 1697 元。有中学 1 处，小学 4 处，在校学生 1432 人，适龄儿童入学率 100%，有医院 1 处。电话普及率达到每百人 10 部。

化雨镇

党委书记　张长锁
镇　　长　李颖然

位于县城东南部，距县城 7 公里，面积 76.8 平方公里，辖 114 个自然村，46 个村（居）民委员会；有 13832 户，47200 人，其中女 22830 人，非农业人口 2178 人；人口自然增长率为 3.7‰。

2012 年，国内生产总值11.5 亿元，比上年增长 20%，其中一、二、三产业增加值分别达到 37000 万元、37002 万元和 29792 万元，分别比上年增长 9%、15%、12%。工业总产值 4.5 亿元，增长 46%；实现利税 5000 万元，增长 45%。农林牧渔业总产值 46951 万元，增长 9%。全年粮食作物播种面积 787 公顷，总产 0.6 万吨；瓜菜 4477 公顷，总产 28 万吨；棉花 4042 公顷，总产 5382 吨；种植业产值 62157 万元。全年造林 20 公顷，森林覆盖率达 42%，林果总产 20288 吨，林业产值 508 万元。年末大牲畜存栏 1230 头，猪存栏 0.95 万头，羊存栏 2.36 万只，家禽存栏 42 万只，畜牧业总产值 12226 万元。水产品总量 118 吨，渔业总产值 81 万元。农业机械总动力达 51230 千瓦。财政收入 1931 万元。农民人均纯收入 9245 元，比上年增加 346 元。有中学 1 处，小学 7 处，在校学生 3870 人，适龄儿童入学率 100%，有医院 1 处。电话普及率达到每百人 98 部。

高河街道

党工委书记　闫长虹
街道办主任　王艳春

位于县城东部，距县城 6 公里，面积 55.6 平方公里，辖 78 个自然村，31 个村（居）民委员会；有 11729 户，3.4 万人，其中女 1.6 万人，非农业人口 0.12 万人；人口自然增长率为 3‰。2012 年 10 月撤镇改设高河街道。

2012 年，国内生产总值8.19 亿元，比上年增长 17%，其中一、二、三产业增加值分别达到 32780 万元、23650 万元和 21505 万元，分别比上年增长 10.1%、10%、15%。工业总产值 4.1 亿元，增长 33%；实现利税 8118 万元，增长 20%。农林牧渔业总产值 43618 万元，增长 10%。全年粮食作物播种面积 845 公顷，总产 0.6 万吨；瓜菜 3113 公顷，总产5.7万吨；棉花2435公顷，总产3581吨；种植业产值30878万元。全年造林110公顷，森林覆盖率达15.2%，林果总产1668吨，林业产值271万元。年末大牲畜存栏859头，猪存栏2.9万头，羊存栏2.9万只，家禽存栏55万只，畜牧业总产值11682万元。水产品总量3920吨，渔业总产值282万元。农业机械总动力达65080千瓦。财政收入2500万元。农民人均纯收入10091元，比上年增加1191元。有中学1处，小学1处，在校学生1903人，适龄儿童入学率100%，有医院1处。电话普及率达到每百人42部。

【工业经济发展势头强劲】2012年，高河街道所属规模企业不断通过技术创新、产品创新、挂大靠强等措施实现企业的发展壮大。亿九电气通过加大资金投入、科技研发，不断扩大生产规模，企业生产能力得到快速提升，2012年企业实现产值1.5亿元。为提高企业创新能力，公司投入资金6000万元建设一座科研楼，作为科技孵化器，为中小企业提供科技支持，进一步提高企业的创新能力；博海威建材通过和中国500强企业中国水泥集团的联合，实现企业的提档升级，新成立的中联混凝土有限公司取得了非常好的经济效益，另外，公司投资5亿元规划建设中联物流园项目，项目建成后将实现产值近10亿元，上缴税金5000万元；总投资8000万元的东兴贸易公司节能建材项目已正式生产。鲍德煤炭、洪源煤业、粤宣城果蔬、金丝源商贸、德裕隆汽车检测线、金变电器、金城汽车检测线、通用机械等企业经营良好。2012年企业上缴税金突破2500万元。为加快工业强街步伐，2012年规划建设的1200亩的金东产业园作为招商引资平台，已有多家中小企业入驻。“六大板块”、“九大产业”平台积极推进，街道先后组织专业招商人员分别赴青岛、南京、上海、无锡、北京开展招商活动。2012年总投资2.6亿元的济宁赛德丽新材料有限公司项目已在化工园区开工建设，预计2013年6月底前可投入生产。

卜集镇

党委书记　程铁鹏

镇　　长　崔　玲

2012年10月撤乡设镇改称卜集镇。位于县城东北部，距县城15公里，面积79.9平方公里，辖99个自然村，45个村(居)民委员会；有11772户，43664人，其中女21290人，非农业人口1532人；人口自然增长率为3.65‰。

工业总产值3.85亿元，增长66.75%；实现利税4072万元，增长79.6%。农林牧渔业总产值57813万元，增长10%。全年粮食作物播种面积1008公顷，总产0.74万吨；瓜菜5345.6公顷，总产17.6万吨；棉花4265.4公顷，总产5541吨；种植业产值44448万元。全年造林54公顷，森林覆盖率达15.9%，林果总产9吨，林业产值339万元。年末大牲畜存栏153头，猪存栏2万头，羊存栏0.5万只，家禽存栏10万只，畜牧业总产值12319万元。水产品总量127吨，渔业总产值234万元。农业机械总动力达220649千瓦。财政收入141153万元。农民人均纯收入9156元，比上年增加882元。有中学1处，小学7处，在校学生2937人，适龄儿童入学率100%，有医院1处。电话普及率达到每百人10部。

兴隆镇

党委书记　周红枫

镇　　长　程树民

兴隆镇(2012年9月由乡变更为镇)位于县城南部，距县城13公里，面积55.54平方公里，辖84个自然村，50个村（居)民委员会；有11522户，4.105万人，其中女1.99万人，非农业人口0.06万人；人口自然增长率为4.1‰。

国内生产总值4.35亿元，比上年增长5%，其中一、二、三产业增加值分别达到1.8亿元、1.4亿元和1.15亿元，分别比上年增长5.9%、7.7%、4.5%。工业总产值1.8亿元，增长48.8%；实现利税1170万元，增长23.2%。农林牧渔业总产值3.62亿元，增长12.8%。全年粮食作物播种面积752.8公顷，总产0.53万吨；瓜菜3283公顷，总产7.2万吨；棉花3175.4公顷，总产0.46万吨；种植业产值3.02亿元。全年造林200公顷，森林覆盖率达35%，林果总产246吨，林业产值577万元。年末大牲畜存栏2.3万头，猪存栏1.8万头，羊存栏1.5万只，家禽存栏10.8万只，畜牧业总产值4854万元。水产品总量64吨，渔业总产值66万元。农业机械总动力达59910千瓦。财政收入580万元。农民人均纯收入8448元，比上年增加1803元。有中学1处，小学9处，在校学生2087人，适龄儿童入学率100%，有医院1处。电话普及率达到每百人94部。

（姜君杰　高　琪）

嘉祥县

县　委

书　记　秦存华
副书记　周生宏
　　　　玄志祥
　　　　卢兴强(挂职，~2012.02)
　　　　高昌坤(挂职，2012.02~)
常　委　李守华(~2012.12)
　　　　薛超文
　　　　刘东利
　　　　卞延军
　　　　李运恒
　　　　刘思峰
　　　　宫　磊
　　　　袁文霞(女)

县人大

主　任　秦存华
副主任　马祥秋
　　　　王翠平(女,~2012.01)
　　　　周尚英(~2012.01)
　　　　刘文书(2012.01~)
　　　　赵先进
　　　　杨　霞(女)
　　　　王德华(2012.01~)

县政府

县　长　周生宏(2012.01~)
副县长　卞延军(2012.01~)
　　　　李运恒
　　　　宁瑞锋
　　　　尹　露(女)
　　　　王从奇(2012.01~)
　　　　赵晋铭(挂职，2012.09~)

县政协

主　席　程华民(~2012.01)
　　　　王贤明(2012.01~)
副主席　刘文书(~2012.01)
　　　　高　歌(女)
　　　　王瑞峰
　　　　高贵祥(~2012.01)
　　　　魏武平
　　　　王瑞民
　　　　姜守清(2012.01~)

县纪委

书　记　薛超文

县武装部

部　长　张艳果
政　委　刘思峰

县法院

院　长　王庆华(2012.01~)

县检察院

检察长　廉　彪(2012.01~)

县名由来　相传春秋时期鲁哀公西行狩猎获一麒麟，取嘉美祥瑞之意，而得“嘉祥”之名。

政区　人口　全县总面积971.6平方公里。辖15个乡(镇、街道)，710个行政村（社区）。2012年末全县总人口87.4万人，其中城镇人口21.4万人。人口出生率8.4‰，死亡率5‰，自然增长率3.4‰。有少数民族27个，2380人。

经济概况　全年实现地区生产总值199.53亿元，按可比价格计算，比上年增长12.7%。其中，第一产业增加值27.25亿元，增长5.0%；第二产业增加值107.44亿元，增长14.3%；第三产业增加值64.84亿元，增长13.2%。三次产业比例为13.7：53.8：32.5。全社会固定资产投资123.1亿元，增长26.1%。实现财政总收入18.4亿元，增长18.55%；地方财政一般预算收入10.02亿元，增长30.53%。2012年末金融机构人民币各项存款余额163.3亿元，比年初增加24.4亿元，其中储蓄存款余额129.4亿元，比年初增加26.2亿元。年末金融机构人民币各项贷款余额76亿元，比年初增加14.2亿元。

农业　全年农林牧渔业实现总产值64.9亿元，比上年增长5.0%。粮食总产65.9万吨，增长13.6%；棉花总产2.1万吨，减少13.1%；油料总产0.28万吨，增长5.2%；瓜果总产15.9万吨，减少5.7%；蔬菜总产67.4万吨，减少9.4%；水产品总产0.42万吨，增长2.2%。肉类总产6.9万吨，增长12%；禽蛋总产4.1万吨，减少6.6%；奶类总产0.94万吨，增长1.3%。林地面积28万亩，森林覆盖率27.5%。新增造林面积786公顷，农田有效灌溉面积82.27万亩。全县农机总动力123.2万千瓦，增长9.1%。

工业和建筑业　全年实现工业增加值99.88亿元，比上年增长10.8%。规模以上工业企业101家，实现总产值158.7亿元，增长21.1%；实现销售产值159亿元，增长20.4%；规模工业增加值增长15.34%；实现主营业务收入163亿元，增长21%；实现利税21.5亿元，增长22.1%；实现利润14.2亿元，增长23.0%。企业亏损面为3.5%，减小2.4个百分点。全县资质以上建筑企业17家，完成建筑业总产值28.42亿元，增长13.8%；实现利税1.79亿元，增长1.13%。

建设　环保　年末城镇化率26.04%，比上年提高3.02个百分点。城市基础设施建设投资45499万元，增长51%。城市人均道路面积15.14平方米，人均绿地面积20.48平方米，建成区绿化覆盖率35.14%。自来水普及率88.92%，燃气普及率96.84%，集中供热普及率26%。经济适用住房建设竣工2.94万平方米，交付336套，廉租住房建设竣工3600平方米，交付72套。村镇建设投资55028万元，增长38%。已建成污水处理厂2座，污水集中处理率达到91.42%，无害化垃圾处理率达到26%。城市空气质量良好率达到88%，水环境功能区达标率为100%。

交通 邮电 年末公路通车里程2351.6公里，其中高速公路通车里程31公里，农村公路通车里程2041公里。铁路、公路、水运共完成旅客运量612万人次，比上年增长7.8%；完成货运量1030万吨，增长7.3%。航空客运量2.2万人次，增长10.5%。年末民用汽车拥有量达到1.25万辆，增长11.2%，其中私人轿车0.38万辆，增长12.6%。完成邮电业务总量32094万元，增长23.0%。其中，电信业务总量28218万元，增长23.3%；邮政业务总量3877万元，增长21.4%。年末固定电话用户8.27万户，增长3.2%，移动电话用户19.73万户，增长10.2%，互联网用户0.76万户，增长12.1%。电话普及率达到每百人30部。

贸易 旅游 全年实现社会消费品零售总额70.5亿元，比上年增长16.9%。其中，城镇市场零售额49.3亿元，增长21.7%；乡村市场零售额21.3亿元，增长7.1%。实现进出口总额16369万美元，增长39.4%，其中出口10521万美元，增长14.6%。新增外资企业4家，实际利用外资2070万美元，增长7.9%。完成境外劳务输出311人，增长15.2%。主要旅游景点有5处，A级旅游景区2家。全年接待国内外游客60.5万人次，增长15.2%。实现旅游总收入1073.6万元，增长18.3%，其中国内旅游收入1069.1万元，增长18%。

教科文卫体 有中等职业、技工学校1所，在校生4725人。普通高中2所，在校生13545人。初中24所，在校生33129人。小学233所，在校生82815人。共取得市(地)级以上各类重要科技成果12项。专利申请量188件，授权专利148件。有博物馆1个，档案馆1个，公共图书馆1所，文化馆(站)16个，农村文化大院446个。广播、电视人口综合覆盖率都达到100%。有卫生机构656个，其中，医院、卫生院16个，社区卫生服务中心1个，妇幼保健院(站)1个，疾病预防控制中心1个。各类卫生机构共有床位3154张，卫生技术人员3066人，其中，执业医师及执业助理医师874人，注册护士801人。有体育馆1座，新增群众体育健身活动场地6.5万平方米。全年参加市级以上体育比赛共获奖牌7枚，其中金牌6枚。

社会生活 城镇居民人均可支配收入18604元，比上年增长16.48%；人均消费性支出11730元，增长14.5%；人均住房建筑面积28平方米。农村居民人均纯收入9472元，增长17.4%；人均生活消费支出5786元，增长13%；人均住房面积30.8平方米。全县城镇基本养老、医疗、失业、工伤和生育保险参保人数分别达到5.75万人、14.99万人、2.42万人、3.41万人和1.95万人，比上年增加0.51万人、0.56万人、0.002万人、0.21万人和0.08万人。社会保险基金总收入63559万元，增加15061万元；支出43079万元，增加7348万元。新型农村养老保险参保农民45.95万人，参加新型农村合作医疗农民70.32万人。全县城乡最低生活保障救助27971人，其中，城镇低保4055人，农村低保23916人，农村特困救济6647人。收养性社会福利单位17个，收养1733人。社会福利企业1个，安置残疾人员26人。

【嘉祥县被授予“全省粮食生产先进县”荣誉称号】 1月20日，嘉祥县被省政府授予“全省粮食生产先进县”荣誉称号，并奖励资金100万元。同时大张楼镇农民寅传寅被评为全国种粮售粮大户，并奖励一台价值20万元的拖拉机；万张乡狄楼村狄五生被评为全省种粮售粮大户。

【济宁市首家外资村镇银行落户嘉祥县】 3月8日，由中国银行和新加坡富登公司两家著名金融企业联手组建的嘉祥中银富登村镇银行举行盛大开业仪式，标致着济宁市首家外资村镇银行正式落户嘉祥县。

【嘉祥县圣丰种业科技院士工作站荣获“济宁市优秀科技创新团队”称号】 在3月25日举行的济宁市科学技术奖励大会上，嘉祥县圣丰种业公司科技院士工作站荣获“济宁市优秀科技创新团队”称号，中国工程院院士、作物遗传育种学家盖钧镒作为圣丰种业院士工作站创始人被授予2011年度济宁市科学技术最高奖。

【嘉祥县新汽车站正式启用】 5月26日，嘉祥县新汽车站举行了正式启用剪彩仪式，新汽车站正式启用。嘉祥新汽车站总规划用地186亩，总投资9200

■2012年6月20日，嘉祥县举行嘉祥港开港典礼。

万元，设计年均日发送旅客27000人次，属于一级客运站，具有同时容纳县际以上和县域客运班车的功能。

【嘉祥县被列为全国2012年保护性耕作示范续建项目县】 4月23日，嘉祥县被农业部确定为2012年度全国保护性耕作推广示范项目续建县。该县自2011年实施全国保护性耕作新增示范县项目以来，农机化创新示范服务基地辐射带动作用明显，全县建立了5个保护性耕作核心示范区，示范区通过保护性耕作取得了蓄水保墒、培肥保土、节本增效的良好效果。

【嘉祥港正式开港】 6月20日，嘉祥县举行嘉祥港开港典礼，标志着嘉祥港正式开港。嘉祥港是山东省境内占地面积最大、现代化程度较高、环保型的铁水联运内河港口。港口总投资5.6亿元人民币，占地1300余亩，设计年吞吐能力1060万吨，建设有16个1000吨级泊位，岸线总长达2050米，港口铺设有7.596公里的铁路专用线，并建设高标准的2.1公里疏港道路及6公里港区道路。

■2012年10月20日，2012海峡两岸(嘉祥)曾子思想研讨会暨孝文化论坛开幕式和中国曲艺家协会“送欢笑到基层”走进嘉祥文艺演出在嘉祥县隆重举行。

【2012海峡两岸（嘉祥）曾子思想研讨会暨孝文化论坛隆重开幕】 10月20日，2012海峡两岸(嘉祥)曾子思想研讨会暨孝文化论坛开幕式和中国曲艺家协会“送欢笑到基层”走进嘉祥文艺演出在嘉祥县隆重举行。国家、省、市有关领导，专家学者、企业家、嘉祥籍在外工作人员、全国各地的曾氏宗亲代表和社会各界群众共计1300余人参加活动并观看演出。

【嘉祥县获“全国粮食生产先进县”荣誉称号】 12月21日至22日，在北京召开的全国农业工作会议上，嘉祥县被农业部授予“全国粮食生产先进县”荣誉称号。

【银座购物广场嘉祥店隆重开业】 10月26日，银座购物广场嘉祥店举行了隆重的开业典礼，标志着嘉祥县商贸流通业特别是百货业态的经营档次和经营规模又跃上了一个新的台阶。银座购物广场嘉祥店是嘉祥县2012年重点招商引资项目，经营面积达20000余平方米，经营品种八万余种，是集购物、休闲、餐饮、娱乐为一体的大型购物场所。

嘉祥街道

党工委书记　李远航

办事处主任　韩丙海

地处嘉祥县城，面积45平

方公里。辖56个自然村,45个村民委员会;有2.26万户,9.6万人;其中女4.8万人,非农业人口5.9万人。人口自然增长率为5.6‰。

2012年,国内生产总值18.95亿元,比上年增长24.1%,其中一产业增加值达到1.38亿元,二、三产业增加值分别达到12.3亿元和5.27亿元,分别比上年增长26.5%和16.1%。工业总产值43.9亿元,增长26%;实现利税3.35亿元,增长25.7%。农林牧渔业总产值2.73亿元,减少13%。全年粮食作物播种面积3173.07公顷,总产2.28万吨;种植业产值1.95亿元。全年造林90公顷,森林覆盖率达30%,林果总产200吨,林业产值90万元。年末大牲畜存栏1300头,猪存栏2.42万头,羊存栏1.39万只,家禽存栏39.45万只,畜牧业总产值7800万元。农业机械总动力达10.7万千瓦。乡镇企业总产值50.4亿元,利税40320万元,其中个体私营企业产值27.3亿元、利税2.19亿元。财政收入1.71亿元。农民人均纯收入10268元,比上年增加1592元。有中学1处,小学9处,在校学生共20512人,适龄儿童入学率100%,有医院3处.电话普及率达到每百人61部。

【引项目发展经济】 始终把招商引资上项目作为镇域经济转型跨越的第一要务,立足区位、交通优势,围绕机械制造、手套纺织、碳素石墨等传统优势产业和太阳能光电、建筑应用示范项目为代表的新能源、新材料等战略性新兴产业,瞄准国内外行业巨头和战略性投资者,通过定点定向策划、专题专案推介、蹲点驻点跟踪,开展招商活动。2012年,合同利用县外国内资金31.21亿元,引进新上过亿元项目8个。

【重三产转型跨越】 始终把提升三产作为街道经济转型跨越的第一引擎,抓住济宁"西跨"和县"一城三区"对接济宁发展带来的历史机遇,大力实施"三产富街"战略。依托临港物流园区,打造鲁西南现代物流中心;依托泛资农副产品产业园、北部新城商贸中心、演武农贸市场、西关农贸市场升级等项目建设,打造鲁西南商品集散中心。充分挖掘辖区内楼盘的商业价值,积极对接外地大型超市、餐饮等知名品牌和行业巨头,针对性引进三产项目。银座商城、苏宁电器、格林豪泰连锁酒店等先后落户,成为嘉祥街道经济新的增长点。

马集镇

党委书记　魏庆水

镇　　长　张德强

位于县境东南部,距县城6公里,面积43平方公里。辖43个自然村,37个村民委员会;有8867户,37107人;其中女18160人,非农业人口18947人。人口自然增长率为3.8‰。

2012年,国内生产总值18.5232亿元,比上年增长17%,其中一、二、三产业总产值分别达到19994万元、135826万元和29412万元,分别比上年增长27.3%、29.6%和22.8%。工业总产值13.03亿元,增长28.1%;实现利税5966万元,增长29%。农林牧渔业总值33267万元,增长26.28%。全年粮食作物播种面积4956公顷,总产3.97万吨;瓜菜1223公顷,总产5.13万吨;棉花352公顷,总产447.2吨;种植业产值13398万元。全年造林282公顷,森林覆盖率达32.11%,林果总产910吨;林业产量值866万元。年末大牲畜存栏1894头,猪存栏1.29万头,羊存栏1.99万只,家禽存栏39.8万只,畜牧业总产值7962万元。水产品总量537吨,渔业总产值266万元。农业机械总动力达46147千瓦。乡镇企业总产值13.42亿元,利税7967万元,其中个体私营企业产值7.2亿元、利税6227万元。财政收入4586万元。农民人均纯收入8950元,比上年增加780元。有中学1处,小学8处,在校学生共3926人,适龄儿童入学率100%,有医院1处。电话普及率达到每百人89部。

金屯镇

党委书记　查守彬

镇　　长　张庆深

位于县境东南部,距县城10公里,面积94平方公里。辖65个自然村,62个行政村;有18635户,66123人;其中女32385人,非农业人口2936人。人口自然增长率为6‰。

2012年,国内生产总值15.6亿元,比上年增长26.5%,其中一、二、三产业增加值分别达到38000万元、105000万元、13000万元,分别比上年增长16.5%、29.8%和24.5%。工业总产值9.4亿元,增长31%;实现利税15600万元,增长29.6%。农林牧渔业总产值38000万元,增长16.5%。全年粮食作物播种面积9020公顷,总产7.1万吨;瓜菜2250公顷,总产7.2万吨;棉花1350公顷,总产1717吨;种植业产值17600万元。全年造林164公顷,森林覆盖率达38%,林果总产10.5吨;林业产值8100万元。年末大牲畜存栏600头,猪存栏

1.95 万头，羊存栏 2.6 万只，家禽存栏 58.4 万只，畜牧业总产值 12300 万元。水产品总量 156 吨，渔业总产值 102 万元。农业机械总动力达 7.96 万千瓦。乡镇企业总产值 8.2 亿元，利税 16300 万元，其中个体私营企业产值 8.1 亿元、利税 15900 万元。财政收入 1785 万元。农民人均纯收入 9932 元，比上年增加 1522 元。有中学 1 处，小学 8 处，在校学生共 5655 人，适龄儿童入学率 100%，有医院 1 处。电话普及率达到每百人 72 部。

【中国曲艺家协会"送欢笑，到基层"走进金屯】 10 月 20 日，在中国文学艺术基金会副理事长、中国曲协副主席姜昆和中国曲协分党组成员、副秘书长曲华江带领下，由田连元、戴志诚、刘全和、刘全利、宋德全、温淑萍、魏秀娟等众多艺术名家组成的中国曲协"送欢笑、到基层"文艺志愿服务团，走进金屯镇慰问演出。姜昆先生代表中国文学艺术基金会向金屯镇薛庄海阳小学捐赠 3000 本新华字典。中国曲协文艺志愿服务团一行还专门到金屯镇敬老院，提前为老人送上了重阳节慰问品和精彩的文艺节目。

满硐乡

党委书记　石可清

乡　　长　岳远振

位于县境南部，距县城 25 公里，面积 40 平方公里。辖 26 个自然村，26 个村民委员会，8672 户，31208 人；其中女 15267 人，非农业人口 562 人，人口自然增长率为 2.12‰。

2012 年，国内生产总值 7.2 亿元，比上年增长 16.3%，其中一、二、三产业增加值分别达到 9100 万元、46900 万元和 16000 万元，分别比上年增长 5.1%、18.4%和 13.2%。全年工业总产值可达到 6.16 亿元，增长 24%，实现利税 7392 万元，增长 21%。农林牧渔业总产值 17000 万元，增长 5.1%。全年农作物播种面积 2731 公顷，总产 2.1 万吨；瓜菜 1344 公顷，总产 4.4 万吨；棉花 640 公顷，总产 778 吨；种植业产值 17000 万元。全年造林 120 公顷，森林覆盖率达 27%，林果总产 500 吨，林业产值 620 万元。年末大牲畜存栏 38 头，猪存栏 0.6 万头，羊存栏 0.9 万只，家禽存栏 20 万只，畜牧业总产值 2900 万元。水产品总量 126 吨，渔业总产值 200 万元。乡镇企业总产值 3.54 亿元，利税 4248 万元。其中个体私营企业产值 2.65 亿元、利税 3186 万元，财政收入 602 万元。农民人均纯收入 9876 元，比上年增加 1570 元。有中学 1 处，小学 10 处，在校学生共 3912 人，适龄儿童入学率 100%，有医院 1 处。电话普及率达每百人 80 部。

【"村内通"工程进展顺利】 按照县委、县政府关于"村内通"工程建设的要求，多方筹资，多措并举，强力推动，累计投入 150 余万元，完成农村公路"网化"和"村内通"道路 61.9 公里，建设排水沟等配套设施 63.2 公里，拆除违章建筑 77 处，建设农村文化广场 3 处，完成绿化面积 12000 平方米。

【封山禁采全面完成】 2012 年封禁山头 6 座，全乡所有山头全面封停。同时对关山 3700 亩山坡地承包到户，栽植各种经济林木 5 万棵。

纸坊镇

党委书记　程合玉

镇　　长　金　平

位于县境南部，距县城 12.5 公里，面积 96 平方公里。辖 48 个自然村、51 个行政村；有 23239 户，80928 人；其中女 40544 人，非农业人口 2634 人。人口自然增长率为 5‰。

2012 年，国内生产总值 16.64 亿元，比上年增长 14%，其中一、二、三产业增加值分别达到 23190 万元、92690 万元和 51720 万元，分别比上年增长 5%、16%和 25%。工业总产值 47 亿元，增长 6%；实现利税 3341 万元，增长 5%。农林牧渔业总产值 62000 万元，增长 12%。全年粮食作物播种面积 7992 公顷，总产 5.63 万吨；瓜菜 1486 公顷，总产 6.7 万吨；棉花 1338 公顷，总产 1725 吨；种植业产值 37500 万元。全年造林 400 公顷，森林覆盖率达 27%，林果总产 12918 吨；林业产值 930 万元。年末大牲畜存栏 690 头，猪存栏 1.3 万头，羊存栏 2.66 万只，家禽存栏 137 万只，畜牧业总产值 26960 万元。水产品总量 57.3 吨，渔业总产值 298 万元。农业机械总动力达 8.1 万千瓦。乡镇企业总产值 31.9 亿元，利税 15379 万元，其中个体私营企业产值 5.8 亿元，利税 4125 万元。财政收入 2032 万元。农民人均纯收入 9821 元，比上年增加 1120 元。有中学 1 处，小学 27 处，在校学生共 10046 人，适龄儿童入学率 100%，有医院 1 处。电话普及率达到每百人 60 部。

仲山乡

党委书记　王明新

乡　　长　袁庆东

位于县境西南部，距县城10公里，面积80.2平方公里。辖34个自然村，36个行政村；有17616户，64423人；其中女31211人，非农业人口4453人。人口自然增长率为6.6‰。

2012年，国内生产总值11.6亿元，比上年增长18.9%，其中一、二、三产业增加值分别达到30180万元、48975万元和36800万元，分别比上年增长9.6%、24.3%和19.9%。工业总产值16.53亿元，增长25.9%；实现利税3500万元，增长24.3%。农林牧渔业总产值59200万元，增长8.9%。全年粮食作物播种面积5592公顷，总产3.82万吨；瓜菜1982公顷，总产10.16万吨；棉花2010公顷，总产2579吨；种植业产值23495万元。全年造林580公顷，森林覆盖率达26.7%，林果总产1140吨；林业产值5535万元。年末大牲畜存栏330头，猪存栏1.42万头，羊存栏0.88万只。家禽存栏39.88万只，畜牧业总产值26250万元。水产品总量980吨，渔业总产值3920万元。农业机械总动力7.0万千瓦。乡镇企业总产值8.7亿元，利税6104万元，其中个体私营企业产值5.7亿元、利税3968万元。财政收入1149万元。农民人均纯收入9556元，比上年增加1458元。有中学2处，小学16处，在校学生7001人，适龄儿童入学率100%，有医院1处。电话普及率达到每百人66部。

【镇村环境呈现新面貌】 26个村实现村内道路全部硬化，完成硬化里程53.37公里，解决了9800户、4万余人的出行难问题。全镇按新标准配备保洁人员79名，购置垃圾清运车辆84部，配置垃圾池(桶)502处，累计清理三堆1.1万处、1.5万吨，清理河道垃圾1600处、1800吨，拆除违章建筑18处、2200万平方米，设置宣传栏73块，粉刷墙壁20万平方米，新栽树木2400棵。

卧龙山镇

党委书记　王　辉

镇　　长　胡佩见

位于县境西部，距县城3公里，面积76.4平方公里。辖69个自然村，52个村民委员会；有18787户，67807人；其中女33034人，非农业人口1997人。人口自然增长率为5.6‰。

2012年，国内生产总值13.4亿元，比上年增长14.6%，其中一、二、三产业增加值分别达到28858万元、66374万元和38900万元，分别比上年增长7%、11%和28%。工业总产值23.6亿元，增长7.8%；实现利税10256万元，增长4.2%。农林牧渔业总产值51456万元，增长4.7%。全年粮食作物播种面积5878公顷，总产量4.2万吨，瓜菜998公顷，总产6.9万吨；棉花2097公顷，总产3116吨；种植业产值32159万元。全年造林198公顷，森林覆盖率达39.2%；林果总产82吨；林业产值4438万元。年末大牲畜存栏4079头，猪存栏3.3万头，羊存栏2.6万只，家禽存栏51.5万只，畜牧业总产值14670万元。水产品总量141吨，渔业总产值189万元。农业机械总动力达76850千瓦。乡镇企业总产值25.8亿元，利税11724万元，其中个体私营企业产值24.5亿元、利税11133万元。财政收入1959万元。农民人均纯收入9941元，比上年增加1525元。有中学2处，小学19处，在校学生共8309人，适龄儿童入学率100%，有医院1处。电话普及率达到每百人39部。

【全力推进卧龙山景区建设】 完成了景区历史文化资料汇编成册，卧龙湖项目的立项、环评、可研报告等基础性工作，正在申请国家级地质公园、湿地公园，深圳东部华侨城策划团队、广州天作国际和美国SWA规划公司联合做了策划和规划，2810亩的塘坑、山坡地已测量完毕，修通了进山道路，修建了景区办公场所。

【大力发展特色种植生态农业】 全镇流转土地1.6万亩，建设了优质良种培育基地、核桃基地以及苗木花卉等10余处特色种植园区。发展日光温室大棚、全天候大拱棚1000余亩，反季节、常规蔬菜4000亩，完成加工车间1500余平方。双凤民俗生态村建设一期工程顺利完工，已通过省级旅游特色村、生态文明村的验收。

孟姑集镇

党委书记　魏余峰

镇　　长　李养华

位于县境西部，距县城18公里，面积45平方公里。辖42个自然村，35个行政村；有11052户，4.1万人；其中女20329人，非农业户口519人。人口自然增长率为5.8‰。

2012年，国内生产总值8.81亿元，比上年增长56%，其中一、二、三产业增加值分别达到23787万元、37002万元和27311万元，分别比上年增长21%、37%和90%。工业总产值20.72亿元，增长27.3%，实现利税11372万元，增长78%。农林牧渔业总产值53940万元，增长24%。全年粮食作物播种面积

5787公顷,总产2.03万吨;瓜菜1203公顷,总产3.41万吨;棉花1667公顷,总产2218吨;种植业产值9637万元。全年造林142公顷,森林覆盖率达35.6%,林果总产460吨;林业产值332万元。年末大牲畜存栏381头,猪存栏1.1万头,羊存栏3000只,家禽存栏19.43万只,畜牧业总产值3529万元。水产品总量350吨,渔业总产值232万元。有水库2座,总蓄水能力18.7万立方米。农业机械总动力达11362千瓦。乡镇企业总产值7.8亿元,利税7308万元,其中个体私营企业产值6.1亿元、利税4890万元。财政收入1059万元。农民人均纯收入9715元,比上年增加1486元。有中学1处,小学15处,在校学生共5100人,适龄儿童入学率100%,有医院2处。电话普及率达到每百人86部。

【小城镇建设初见成效】 集中实施了大黄路沿线拆迁改造工程,共和谐拆迁156户,初步完成40米宽驻地大街升级改造。投资80余万元,安装路灯138盏,完成驻地亮化工程。驻地大街绿化带、慢车道、人行道等配套工程正在实施。投资500余万元重点对孟祥路、朝阳路和幸福大街实施了升级改造。总投资1310万元、建筑面积5000平方米的省级规范化中心小学即将交付使用。投资200余万元的镇卫生院病房楼建设进展顺利。投资3000余万元完成了4万平方米的阳光商贸城一期工程建设,大黄路两侧新建商业门市3万余平方米。

老僧堂乡

党委书记　吕心愿

乡　　长　田长太

位于县境西北部,距县城22.5公里,面积59平方公里。辖46个自然村,38个村民委员会,1个社区居委会;有13395户,42942人;其中女20497人,非农业人口2096人。人口自然增长率14.4‰。

2012年,国内生产总值5.8406亿元,比上年增长12%,其中一、二、三产业增加值分别达到1200万元、45858万元和11348万元,分别比上年增长66.7%、11.1%和11.7%。工业总产值15.34亿元,增长18%;实现利税12885.6万元,增长20%。农林牧渔业总产值1800万元,增长9%。全年粮食作物播种面积5668公顷,总产41697万吨;瓜菜4067公顷,总产10.5万吨;棉花1333公顷,总产1853吨;种植业总产值9000万元。全年造林300公顷,森林覆盖率达30.32%,林果总产300吨;林业产值8500万元。年末大牲畜存栏5985头,猪存栏4.6万头,羊存栏5.9万只,家禽存栏47万只,畜牧业总产值8500万元。水产品总量417吨,渔业总产值500万元。农业机械总动力达1764000千瓦。乡镇企业总产值18.75亿元,利税11485万元,其中个体私营企业产值18.75亿元、利税11485万元。财政收入2334万元。农民人均纯收入9556元,比上年增加1456元。有中学1处,小学10处,在校学生共3800人,适龄儿童入学率99.5%,有医院1处。电话普及率达到每百人66部。

黄垓乡

党委书记　王文建

乡　　长　王保民

位于县境西北部,距县城30公里,面积35.6平方公里。辖28个自然村,31个村民委员会;有9622户,35252人;其中女16658人,非农业人口1036人。人口自然增长率为4.9‰。

2012年,国内生产总值11.6亿,比上年增长12%,其中一、二、三产业增加值分别达到41326万元、38363万元和36211万元,分别比上年增长16.3%、12.2%和14.8%。工业总产值8.16亿元,增长10.7%;实现利税12660万元,增长10.5%。农林牧渔业总产值45828万元,增长8.6%。全年粮食作物播种面积3800公顷,总产2.65万吨;瓜菜900公顷,总产1.2万吨;棉花270公顷,总产307吨;种植业产值9320万元。全年造林133公顷,森林覆盖率达36.8%,林果总产20吨;林业产值1660万元。年末大牲畜存栏5000头,猪存栏2.1万头,羊存栏3.02万只,家禽存栏27.6万只,畜牧业总产值34830万元。水产品总量21吨,渔业总产值18万元。农业机械总动力达186000千瓦。乡镇企业总产值7.83亿元,利税10362万元,其中个体私营企业产值7.83亿元、利税10362万元。财政收入1508万元。农民人均纯收入9806元,比上年增加986元。有中学1处,小学13处,在校学生共5590人,适龄儿童入学率100%,有医院1处。电话普及率达每百人82.6部。

【加快建设"特色园区"】 2012年规划了三大园区:一是畜牧产业园。以现有规模养殖场为基础,在高速路口以西,高标准规划建设畜牧产业园区(含牛羊交易市场),并以此为平台着力招引一批关于畜牧养殖、牛羊购销和畜牧品深加工的项目,全力做大做强畜牧特色产业；二是工业园区。在原工业园区的基础上，高标准规划扩建乡工业园区，占地700余亩，并逐步完善园区路网，园区水、电、路等基础设施，招引一批劳动密集型的中小项目，提高项目承载能力；三是特色种植区。在滨湖路两侧高标准规划设计10000余亩的苗木花卉种植区，力争用5年的时间形成规模化种植。

梁宝寺镇

党委书记　孙晓伟

镇　　长　楚丰华

位于县境北部，距县城24.5公里，面积96平方公里。辖82个自然村，79个行政村（社区）；有23920户，72000人；其中女34900人，非农业人口4925人。人口自然增长率为5.1‰。

2012年，国内生产总值39.4亿元，比上年增长24.1%，其中一、二、三产业增加值分别达到63040万元、189120万元和133960万元，分别比上年增长16%、24.1%和27.8%。工业总产值42亿元，增长25.1%；实现利税172668万元，增长22.9%。农林牧渔业总产值69414万元，增长15.9%。全年粮食作物播种面积9615公顷，总产6589万吨；瓜菜917.6公顷，总产3.72万吨；棉花1080公顷，总产1.47吨；种植业产值27160万元。全年造林130公顷，森林覆盖率达29%，林果总产50吨，林业产值14万元。年末大牲畜存栏2.4万头，猪存栏3.1万头，羊存栏5.2万只、家禽存栏75万只，畜牧业总产值40740万元。水产品总量3000吨，渔业总产值1500万元。农业机械总动力达7670千瓦。乡镇企业总产值41.89亿元，利税108914万元，其中个体私营企业产值41.89亿元，利税108914万元。财政收入1436万元。农民人均纯收入9976元，比上年增加1420元。有中学1处，小学25处，在校学生共5950人，适龄儿童入学率100%，有医院1处。电话普及率达到每百人73部。

大张楼镇

党委书记　秦朝滨

镇　　长　薛以房

位于县境北部，距县城17公里，面积72.99平方公里。辖65个自然村，49个行政村（社区）；有9251户，39837人；其中女18356人，非农业人口2340人。人口自然增长率为5.8‰。

2012年，国内生产总值17.2亿元，比上年增长19.5%，其中一、二、三产业增加分值分别达到27600万元、92790万元和49610万元，分别比上年增长8%、21.7%和23.2%。工业总产值7.9亿元，增长23%；实现利税1120万元，增长21%。农林牧渔业总产值29600万元，增长8%。全年粮食作物播种面积9082.9公顷，总产3.71吨；瓜菜1853公顷，总产6.85万吨；棉花1626公顷，总产2.54万吨；种植业产值19247万元。全年造林86.6公顷，森林覆盖率达45%，林果总产2292吨；林业产值29.6万元。年末大牲畜存栏244头，猪存栏1.18万头，羊存栏1.16万只，家禽存栏22.5万头，畜牧业总产值7300万元。水产品总量299吨，渔业总产值370万元。农业机械总动力达99347千瓦。乡镇企业总产值8.9亿元，利税1100万元，其中个体私营企业产值6.78亿元、利税873万元。财政收入1555万元。农民人均纯收入9908元，比上年增加1512元。有中学2处，小学13处，在校学生共5144人，适龄儿童入学率100%，有医院1处。电话普及率达到每百人92部。

【新型城镇化建设凸显成效】 由省规划设计院进行规划设计占地面积463.68亩的滨湖花苑社区，可以容纳1966户，6800余人，占全镇人口的五分之一。建设了1860平方米的社区服务中心，设计了“农机房”、“老年房”、“阁楼”等彰显人性化关怀的楼房，配套完善了学校、医院、超市、健身广场等基础设施，可集中为广大农民提供社保、培训和科技文化等服务。

【木材加工业规模不断膨胀】 为进一步发展壮大木材加工业，依托本地及周边丰富的林业资源，对木业产业园进行规划升级，园区木材加工企业达到350余家，日加工木材1300立方米，带动就业一万余人。

马村镇

党委书记　陈彦君

镇　　长　刘来芹

位于县境北部，距县城10公里，面积41平方公里。辖43个自然村，38个村民委员会；有10654户，43524万人；其中女22475人，非农业人口1894人。人口自然增长率为5.7‰。

2012年，国内生产总值11.5亿元，比上年增长18.6%，其中一、二、三产业增加值分别达到29000万元、59000万元和27000万元，分别比上年增长16%、11.3%和42.1%。工业总产值15.2亿元，增长8%；实现利税1.98亿元，增长8.2%。农林牧渔业总产值73296万元、增长

14.6%。全年粮食作物播种面积4929.7公顷，总产3.58万吨；瓜菜662.8公顷，总产1.29万吨；棉花1204.6公顷，总产1497吨；种植业产值18979万元。全年造林135公顷，森林覆盖率达21%，林果总产64吨；林业产值1429万元。年末大牲畜存栏1829头，猪存栏1.2万头，羊存栏量1.1万只，家禽存栏157.5万只，畜牧业总产值21039万元。水产品总量21吨，渔业总产值33万元。农业机械总动力达137千瓦。乡镇企业总产值13.9亿元，利税6873万元，其中个体私营企业产值13.6亿元、利税6792万元。财政收入1105万元。农民人均纯收入9573元，比上年增加1357元。有中学1处，小学10处，在校学生共5140人，适龄儿童入学率99%，有医院1处。电话普及率达到每百人79部。

万张镇

党委书记　毛玉华

镇　　长　赵勤刚

位于县境北部，距县城6公里，面积51.2平方公里。辖43个自然村，38个行政村（社区）；有10490户，41992人，其中女21116人，非农业人口1572人，人口自然增长率3.55‰。

2012年，国内生产总值18.5亿元，比上年增长12.4%，其中一、二、三产业增加值分别达到62474万元、73950万元和48576万元，分别比上年增长18.7%、13.5%和12.6%。工业总产值16.3亿元，增长12.3%，实现利税25960万元，增长11.2%。农林牧渔业总产值112000万元，增长13.6%。全年粮食播种面积6975公顷，总产12.6万吨；瓜菜373公顷，总产31万吨；棉花906公顷，总产6900吨；种植业产值57200万元。全年造林365公顷，森林覆盖率27.2%，林果总产2150吨，林业产值7200万元。年末大牲畜存栏13572头、猪存栏1.66万头、羊存栏6.95万只，家禽存栏50万只，畜牧业总产值47626万元。水产品总量922吨，渔业总产值675万元。农业机械总动力达18950千瓦。乡镇企业总产值10.5亿元，利税12357万元，其中个体私营企业产值7.3亿元，利税8550万元。财政收入558万元。农民人均纯收入9600元，比上年增加1520元。有中学1处，小学6处，在校学生5282人，适龄儿童入学率100%，有医院1处，电话普及率达到每百人75部。

【着力建设狄楼社区】 聘请专业设计院编制了《万张镇狄楼“三区同建”修建性详细规划》。充分尊重群众意愿，对城镇化、工业化、农业现代化统筹规划布局，同步配套完善各项基础设施和公共服务设施。新社区计划建筑面积13万平方米，回迁860户，占地150亩，可节约耕地590亩。

疃里镇

党委书记　盛春亭

镇　　长　王建国

位于县境东部，距县城8公里，面积86平方公里，辖67个自然村，67个村民委员会；有19056户，76587人；其中女36538人，非农业人口9562人。人口自然增长率为4.5‰。

2012年，地区生产总值13.8亿元，比上年增长35%，其中一、二、三产业增加值分别达到3720万元、81300万元和52980万元，分别比上年增长77%、31%和38%。工业总产值27亿元，增长28.6%；实现利税15550万元，增长21%。农林牧鱼业总产值55050万元，增长18.4%。全年粮食作物播种面积7010公顷，总产3.9万吨；瓜菜1830公顷，总产12.7万吨；棉花20公顷，总产18吨；种植业产值20660万元。全年造林850公顷，森林覆盖率达28.8%，林果总产35000吨；林业产值2560万元。年末大牲畜存栏4800头，猪存栏5200头，羊存栏0.8万只，家禽存栏160万只，畜牧业总产值10770万元。水产品总量180吨，渔业总产值1520万元。农业机械总动力达6.3千瓦。乡镇企业总产值27亿元，利税9700万元，其中个体私营企业产值8.7亿元、利税6800万元。财政收入1500万元。农民人均纯收入9742元，比上年增加1362元。有中学4处，小学16处，在校学生共12000人，适龄儿童入学率100%，有医院1处。电话普及率达到每百人80部。

（闫先胜）

汶上县

县　委

书　记　赵东升

副书记　孙　琪

　　　　侯典峰

常　委　李成勇

　　　　李　青

　　　　汲进梅（女）

　　　　闫　波（女）

　　　　徐玉金

　　　　王卫星

　　　　赵海林（～2012.03）

　　　　李兆岚

李际伟(2012.03～)

县人大常委会

主　任　赵东升

副主任　胡新符

杨安娜(女)

戴福盈(～2012.01)

崔修连

周　峰

王允国(2012.01～)

县政府

县　长　孙　琪

副县长　李成勇

李臣兴(～2012.01)

闫　波(女)

岳耀寅

田利国(2012.01～)

赵　鑫(女,2012.01～)

县政协

主　席　王金生

副主席　魏明科

李瑞阳

寻峻峰(女)

高文峰

郭宗林

冯　凯

县纪委

书　记　李　青

县武装部

部　长　杨桂华

政　委　赵海林(～2012.03)

李际伟(2012.03～)

县法院

院　长　王　灿(女,2012.01～)

县检察院

检察长　刘宏武(2012.01～)

县名由来　因位于汶水之滨(上),定名为汶上。

政区　人口　全县总面积877.2平方公里。辖14个乡镇，493个行政村（居委会）。年末全县总人口78.96万人,其中城镇人口12.67万人。人口出生率12‰,死亡率5.8‰,自然增长率6.2‰。有少数民族27个,2064人。

经济概况　全年实现生产总值193.45亿元，按可比价格计算,比上年增长11.8%。其中,第一产业增加值32.42亿元,增长5%；第二产业增加值102.67亿元,增长14.5%;第三产业增加值58.36亿元,增长11%。三次产业比例为16.76：53.07：30.17。全社会完成固定资产投资124.3亿元,增长25.5%。实现财政总收入17.03亿元，增长21.97%,其中地方财政收入9亿元,按可比口径增长26.8%。税收总收入15.3亿元,增长23%。年末金融机构本外币各项存款余额140.8亿元，比年初增加25.31亿元。其中居民储蓄存款余额106.3亿元，比年初增加18.95亿元。年末金融机构本外币各项贷款余额73.92亿元,比年初增加17.13亿元。

农　业　全年农林牧渔业实现总产值64.25亿元，比上年增长7.1%。粮食总产91.25万吨,增长67.7%;棉花总产0.02万吨,减少95.8%;油料总产0.6万吨，减少86.4%；水果总产1万吨，减少63%;蔬菜总产17.45万吨,减少81.1%。肉类总产9.1万吨,禽蛋总产5.7万吨,奶类总产5.1万吨。水产品总产0.36万吨,增长5.72%。全年人工造林面积880公顷。全县农机总动力99.5万千瓦,增长8%。

工　业　规模以上工业企业99家，实现产品销售收入139.08亿元,增长23%;实现利税19.98亿元,增长4.4%;实现利润12.4亿元,下降4.4%。

建设　环保　年末人口城镇化率达到34.82%，比上年提高3.01个百分点。自来水总供水量5.9万吨/日，实际供水量3.4万吨/日，供热面积170万平方米，用气人口3.2万人。新建、扩建城市道路面积38.0755万平方米，公交营运车辆达到20标台，垃圾无害化处理能力103吨/日,城市园林绿地560公顷,城市建成区绿化覆盖率达到33.2%。资质三级及以上建筑企业34家，完成建筑业总产值222600万元,增长39%;实现利税10007.64万元，增长5.95%。已建成污水处理厂3座,城市污水集中处理率达到90%。完成环境污染治理项目3个,完成投资额11294万元，增长20.2%。城市空气质量良好率达到89%,水环境功能区达标率为100%。

交通　邮电　公路通车里程1557.6公里，其中高速公路通车里程35.6公里。公路旅客运输量为240万人次,比上年增长10%。公路货物运输量为1460万吨，增长20%。民用汽车拥有量10.52万辆,增长5.12%;其中私人轿车8.96万辆,增长10.32%。完成邮电业务总量1406.41万元,增长21.48%。其中,电信业务总量1165.49万元，增长23.14%；邮政业务总量240.92万元,增长19.82%。年末固定电话用户7.8348万户，移动电话用户48.81万户，互联网用户4.9539万户。

贸易　旅游　全年共实现社会消费品零售总额72.8亿元,

■核桃微创嫁接

比上年增长15.5%。其中,城市市场实现零售额39.27亿元;农村市场实现零售额33.53亿元。实现进出口总值9891万美元,增长24%,其中出口总值7850万美元,增长19.8%。新签利用外资项目5项,合同外资额906万美元,下降54.4%;实际利用外资2586万美元,增长76.3%。外派人员306人次,减少6.1%;年末在外人数1260人次,增长35%。主要旅游景点有宝相寺、莲花湖湿地、南旺分水龙王庙等。全年接待国内外游客346.63万人次,增长15.98%;实现旅游总收入28.29亿元,增长19.4%。

教科文卫体 中等专业学校1所,在校生0.3641万人。普通高中2所,在校生1.7094万人。普通初中23所,在校生2.6506万人。小学128所,在校生10.7138万人。特殊教育学校1所,在校生0.0048万人。共取得市(地)级以上各类重要科技成果6项,其中,获得省科技奖励2项。专利申请量541件,授权专利199件。有各种艺术表演团体18个,公共图书馆1处,群众艺术馆、文化馆2处,档案馆1处。广播、电视人口覆盖率分别达到98%和95%。有卫生机构26所,其中,医院、卫生院20所,卫生防疫防治机构4所,妇幼保健机构1所。各类卫生机构共有床位2662张,卫生技术人员2266人,其中,执业医师539人、注册(职业)护士771人。全年参加省级以上体育比赛共获奖牌15枚,其中金牌4枚。

社会生活 城镇居民人均可支配收入19199.37元,增长17.62%;人均消费性支出为11732.11元,增长13.33%;人均住房使用面积32.1平方米。农民人均纯收入10078元,增长17.5%;人均生活消费支出5457元,增长12.7%;人均居住面积37.6平方米。全年职工养老、医疗、失业保险参保人数分别达到3.5566万人、11.9496万人、3.1308万人,比上年分别增加0.2675万人、0.8845万人、0.202万人。参加新型农村合作医疗农民人数达到63.1739万人。全市最低生活保障救助24337人。其中,城镇低保3450人,农村低保20887人,农村定期救济25756人(其中五保1419人)。全县福利彩票销售4941万元,增长44.18%。安置残疾人员998人。

【汶上县被授予“中国核桃之乡”】 2012年12月,中国经济林协会授予汶上县“中国核桃之乡”荣誉称号。汶上县境内土壤、气候、水利等自然条件适宜核桃产业的发展,历史上北部山区的梅山核桃沟、寨子山核桃岭远近闻名。汶上县自1999年开始建设核桃经济林基地,现有核桃资源总面积7万亩,占全县经济林总面积的60%以上。其中3.5万亩已进入盛果期,1.5万亩为初果期,2万亩为幼树期,主要品种有香玲、元丰、鲁光、丰辉、岱香和辽核系列等。2011年全县核桃结果树平均亩产120公斤,总产680万公斤,总产值达到2亿元。

汶上镇

党委书记　何彦民
镇　　长　李登军
（~2012.09）

位于汶上县城区驻地,总面积37.5平方公里。辖13个社区、10个行政村,38个自然村,23个村民委员会;有12514户,45622人;其中女性22634人,非农业人口35190人,人口自然增长率为4.5‰。

国内生产总值25.85亿元,比上年增长15.13%,其中一、二、三产业增加值分别达到19569万元、37920万元和85486万元,分别比上年增长4.2%、16.3%和17.4%。工业总产值17.92亿元,增长12%，实现利税29100万元，增长11.9%。农林牧渔业总产值35907万元，增长4.6%。全年粮食作物播种面积2956公顷，总产2.5万吨；瓜菜467公顷，总产6.6万吨；棉花1.4公顷，总产2吨；种植业产值22530万元。全年造林100公顷，森林覆盖率达23%，林果总产800吨；林业产值520万元。年末大牲畜存栏3800头，猪存栏4.68万头，羊存栏23200只，家禽存栏67.72万只，畜牧业总产值12500万元。水产品总量262吨，渔业总产值192万元。有水库1座，总蓄水能力150万立方米。农业机械总动力达2.34万千瓦，农村用电量4300万千瓦时。乡镇企业总产值14亿元，其中个体私营企业产值14亿元，利税35000万元，财政收入15500万元。农民人均纯收入10304元，比上年增加1586元。有中学1处，小学8处，在校学生共7856人，适龄儿童入学率100%，有医院1处。电话普及达到每百人67部。有线电视入村23个，入户率98%。

南站镇

党委书记 宋令义（~2012.09）

李登军（2012.09~）

镇　　长 崔兆刚

位于县境南部，距县城10公里，面积103平方公里。辖102个自然村，54个村民委员会；有21688户，86751人；其中女43101人，非农业人口1635人，人口自然增长率为2.4‰。

国内生产总值29.48亿元，比上年增长12.6%，其中一、二、三产业增加值分别达到3.26亿元、20.56亿元和5.36亿元，分别比上年增长5.1%、16.8%和14.4%。工业总产值19.68亿元，增长15.8%，实现利税26040万元，增长24%。农林牧渔业总产值7995.5万元，增长4%。全年粮食作物播种面积8963公顷，总产7.79万吨；瓜菜3278公顷，总产17.65万吨；棉花656公顷，总产0.39万吨；种植业产值23140万元。全年造林160公顷，森林覆盖率达35%，林果总产103吨；林业产值960万元。年末大牲畜存栏3265头，猪存栏6.09万头，羊存栏11900只，家禽存栏52.8万只，畜牧业总产值16940万元。水产品总量262吨，渔业总产值192万元。农业机械总动力达6.32万千瓦，农村用电量5600万千瓦时。乡镇企业总产值50.3亿元，利税24300万元。财政收入6507万元。农民人均纯收入9327元，比上年增加1450元。有中学2处，小学10处，在校学生共8143人，适龄儿童入学率100%，有医院2处。电话普及达到每百人65部。有线电视入村54个，入户率85%。

康驿镇

党委书记 林凡星

镇　　长 王玉彬

康驿镇位于县境南部，距县城17公里，面积88.6平方公里。辖69个自然村，57个村民委员会；有18623户，74587人；其中女37831人，非农业人口3120人，人口自然增长率为4.6‰。

国内生产总值11.3亿元，比上年增长10%，其中一、二、三产业增加值分别达到2.9亿元、6.3亿元和3.4亿元，分别比上年增长16%、14.5%和17%。工业总产值18.8亿元，增长12%，实现利税2244万元，增长46%。农林牧渔业总产值5.3亿元，增长20%。全年粮食作物播种面积1109公顷，总产9.5万吨；瓜菜128公顷，总产3.7万吨；棉花5.4公顷，总产100吨。种植业产值3.5亿元。全年造林50公顷，森林覆盖率达24%，林果总产10吨；林业产值2000万元。年未大牲畜存栏0.48万头，猪存栏5.21万头，羊存栏2.1万只，家禽存栏68.46万只，畜牧业总产值1.8亿元。水产品总量30吨，渔业总产值23万元。农业机械总动力达9.36万千瓦，农村用电量4119万千瓦时。乡镇企业总产值7.1亿元，利税2244万元。财政收入2493万元。农民人均纯收入10246元，比上年增加1570元。有中学2处，小学18处，在校学生共6480人，适龄儿童入学率100%，有医院1处。电话普及达到每百人11部。有线电视入村57个，入户率80%。

南旺镇

党委书记 姬广乐（~2012.09）

镇　　长 颜世旺

南旺镇位于县境西南部，距县城20公里，面积59.28平方公里。辖23个自然村，32个村民委员会；有15282户，61477人；其中女30503人，非农业人口750人，人口自然增长率5.21‰。

国内生产总值9.98亿元，比上年增长11%。其中一、二、三产业增加值分别达到3817万元、2500万元和3560万元，分别比上年增长20%、9%和15%。工业总产值3亿元，增长9%，实现利税605万元，增长9%。农林牧渔业总产值22897万元，增长

20%。全年粮食作物播种面积7567公顷,总产6.2万吨;瓜菜267公顷,总产1万吨;棉花781亩,总产711吨;种植业产值17372万元。全年造林52公顷,森林覆盖率达17%,林果总产500吨;林业产值550万元。年末大牲畜存栏2800头,猪存栏4万头,羊3.5万只,家禽30万只,畜牧业总产值5265万元。水产品总量50吨,渔业总产值260万元。农业机械总动力6.7万千瓦,农村用电量1750万千瓦时。乡镇企业总产值3亿元,其中个体私营企业总产值2亿元、利税1000万元,财政收入1052万元。农民人均纯收入9547元,比上年增加1463元。有中学1处,小学10处,在校学生共3864人,适龄儿童入学率100%,有医院1处。电话普及率达到每百人55部。有线电视入村31个,入户率60%。

刘楼乡

党委书记　李福坤

乡　　长　冯　涛

位于县境西南部,距县城13公里,面积40.8平方公里。辖42个自然村,29个村民委员会;有8969户,38257人;其中女18012人,人口自然增长率为6‰。

国内生产总值11.1亿元,比上年增长11%,其中一、二、三产业增加值分别达到5072万元、9881万元和5870万元,分别比上年增长10%、21%和8.5%。工业总产值6亿元,增长30%,实现利税13267万元,增长11%。农林牧渔业总产值20223万元,增长12%。全年粮食作物播种面积5181公顷,总产4.4万吨;瓜菜918公顷,总产3.8万吨;棉花252公顷,总产0.035万吨;种植业产值14360万元。全年造林110公顷,森林覆盖率达28.2%,林果总产210吨;林业产值1550万元。年末大牲畜存栏2405头,猪存栏2.3万头,羊存栏18230只,家禽存栏29.7万只,畜牧业总产值3026万元。水产品总量35吨,渔业总产值35万元。农业机械总动力达49552千瓦,农村用电量1023万千瓦时。乡镇企业总产值5.3亿元,利税2167万元。财政收入1180万元。农民人均纯收入8702元,比上年增加1333元。有中学1处,小学4处,在校学生共3303人,适龄儿童入学率100%,有医院1处。电话普及达到每百人75部。有线电视入村29个,入户率80%。

次邱镇

党委书记　张斌举

镇　　长　倪昌安

次邱镇位于县境西南部,距县城4公里,面积86.7平方公里。辖87个自然村,49个村民委员会;有21567户,79126人;其中女38760人,非农业人口5586人,人口自然增长率为5‰。

国内生产总值22亿元,比上年增长11%,其中一、二、三产业增加值分别达到44012万元,103122万元和69313万元,分别比上年增长11%、15%和15%。工业总产值16亿元,增长7%,实现利税8000万元,增长10%。农林牧渔业总产值53636万元,增长11%。全年粮食作物播种面积11473公顷,总产10.1万吨;瓜菜320公顷,总产1.1万吨;棉花12公顷,总产9万吨;种植业产值31000万元。全年造林133公顷,森林覆盖率达32.6%,林果总产1407吨;林业产值13600万元。年末大牲畜存栏4200头,猪存栏4.8万头,羊存栏2.53万只,家禽存栏72万只,畜牧业总产值3700万元。水产品总量426吨,渔业总产值280万元。农业机械总动力达6.2万千瓦,农村用电量2480万千瓦时。乡镇企业总产值10.4亿元,其中个体私营企业产值7.4亿元,利税6000万元。财政收入2541万元。农民人均纯收入10129元,比上年增加1552元。有中学2处,小学13处,在校学生共5547人,适龄儿童入学率100%,有医院1处。电话普及达到每百人46部。有线电视入村49个,入户率52.8%。

寅寺镇

党委书记　刘　峰

镇　　长　张　峰

位于县境西部,距县城13公里,面积52.8平方公里。辖63个自然村,32个村民委员会;有12331户,48092人;其中女23551人,非农业人口3062人,人口自然增长率为6‰。

国内生产总值13.89亿元,比上年增长15%,其中一、二、三产业增加值分别达到24675万元、72937万元和41376万元,分别比上年增长5%、16.7%和15.9%。工业总产值7.2亿元,增长17%,实现利税1861万元,增长42%。农林牧渔业总产值44857万元,增长5%。全年粮食作物播种面积6360公顷,总产11.45万吨;瓜菜420公顷,总产1.6万吨;棉花50公顷,总产600吨;种植业产值20181万元。全年造林134公顷,森林覆盖率达31%,林果总产2.6吨;林业产值18000万元。年末大牲畜存栏2300头,猪存栏4.94万头,羊存栏22400只，家禽存栏26.66万只，畜牧业总产值14000万元。农业机械总动力达6.5万千瓦,农村用电量1992万千瓦时。乡镇企业总产值10.5亿元，其中个体私营企业产值10.5亿元,利税3808万元,财政收入1810万元。农民人均纯收入10055元，比上年增加1541元。有中学1处,小学10处,在校学生共3801人，适龄儿童入学率80%,有医院1处。电话普及达到每百人8部。有线电视入村32个,入户率72%。

郭楼镇

党委书记　王庆明

镇　　长　李福峰

位于县境西北部，距县城11公里,面积58.31平方公里。辖56个自然村,40个村民委员会;有12464户,48163人;其中女23118人，非农业人口5728人,人口自然增长率为5.8‰。

国内生产总值13.52亿元，比上年增长13.6%,其中一、二、三产业增加值分别达到24100万元、71700万元和39400万元,分别比上年增长6.6%、18.1%和10.4%。工业总产值6.6亿元,增长17.8%，实现利税3989万元,增长13%。农林牧渔业总产值44838万元,增长15%。全年粮食作物播种面积6544公顷，总产5.5万吨;瓜菜10.7公顷,总产0.54万吨;棉花1公顷,总产0.7吨;种植业产值28158万元。全年造林126公顷,森林覆盖率达35%,林果总产78吨;林业产值601万元。年末大牲畜存栏3700头，猪存栏3.61万头，羊存栏23100只，家禽存栏62.1万只,畜牧业总产值14841万元。水产品总量720吨，渔业总产值246万元。农业机械总动力达94618千瓦，农村用电量1600万千瓦时。乡镇企业总产值3.6亿元，其中个体私营企业产值3.2亿元,利税1308万元。财政收入2616万元。农民人均纯收入9807元，比上年增加1501元。有中学1处,小学6处,在校学生共4679人，适龄儿童入学率100%,有医院1处。电话普及率达到每百人148部。有线电视入村40个,入户率76%。

郭仓镇

党委书记　张淑星

镇　　长　宋保常

位于县城北部,距县城6公里,面积48.7平方公里。辖62个自然村,33个村民委员会;有10643　户,40659人；其中女20127人,非农业人口392人,人口自然增长率为4.8‰。

国内生产总值15.88亿元，比上年增长13.2%,其中一、二、三产业增加值分别达到28067万元、84101万元、46633万元，分别比上年增长4.1%、13.2%、14%。工业总产值17.85亿元,增长18.3%,实现利税24775万元,增长22%。农业牧渔业总产值41338万元,增长4.2%。全年粮食作物播种面积6172公顷,总产4.5万吨；棉花102公顷,总产430吨；种植业产值22394万元。全年造林5公顷,森林覆盖率达32.8%,林果总产161吨;林业产值576万元。年末大牲畜存栏12700头,猪存栏26900万头,羊存栏11800只。家禽存栏31.5万只,畜牧业总产值17602万元。水产品总量308吨,渔业总产值279万元。农业机械总动力达5.6万千瓦，农村用电量842万千瓦时。乡镇企业总产值17.6亿元。财政收入5475万元。农民人均纯收入10116元,比上年增加1349元。有中学1处,小学8处,在校学生共3193人,适龄儿童入学率100%,有医院1处。电话普及率达到每百人41部。

杨店镇

党委书记　林　辉

镇　　长　李振生

（～2012.10）

位于县境东北部，距县城8公里，面积56平方公里。辖33个自然村,33个村民委员会;有10173户,35821人；其中女17531人,非农业人口1037人,人口自然增长率为5‰。

国内生产总值7.5亿元,比上年增长9%,其中一、二、三产业增加值分别达到12430万元、41720万元和20850万元,分别比上年增长14%、16%和13%。工业总产值9.8亿元，增长9%,实现利税4936万元,增长15%。农林牧渔业总产值22392万元,增长15%。全年粮食作物播种面积5620公顷,总产2.8万吨;瓜菜618公顷,总产2.45万吨;棉花508公顷,总产650吨;种植业产值8972万元。全年造林55公顷,森林覆盖率达38%,林果总产405吨;林业产值362万元。年末大牲畜存栏3600头，猪存栏31450头，羊存栏15021只,家禽存栏29.9万只,畜牧业总产值9910万元。水产品总量276吨,渔业总产值290万元。有水库1座,总蓄水能力11.5万立方米。农业机械总动力达2455千瓦，农村用电量795万千瓦时。乡镇企业总产值2.65亿元，利税3675万元。财政收入1450万元。农民人均纯收入7900元,比上年增加960元。有中学2处,小学5处,在校学生共3650人,适龄儿童入学率100%,有医院1处。电话普及率达到每百人61部。有线电视入村4932个,入户率68%。

军屯乡

党委书记　陈　勇

乡　　长　郭宗伟

位于县境东北部,距县城25公里,面积52平方公里。辖32个自然村,20个村民委员会;有7286户,27814人;其中女13842人,非农业人口1032人,人口自然增长率为6‰。

国内生产总值11.5亿元,比上年增长40.2%,其中一、二、三产业增加值分别达到22000万元、59000万元和34000万元,分别比上年增长29.4%、40.5%、和47.8%。工业总产值5.2亿元,增长15.6%,实现利税2201万元,增长205.7%。农林牧渔业总产值25762万元,增长35.7%。全年粮食作物播种面积4891公顷,总产4.55万吨;瓜菜496公顷,总产2.39万吨;棉花20.6公顷,总20吨;种植业产值12460万元。全年造林400公顷,森林覆盖率达52.1%,林果总产6418吨;林业产值8900万元。年末大牲畜存栏3500头,猪存栏2.2万头,羊存栏25800只,家禽存栏27.9万只,畜牧业总产值3918万元。水产品总量126吨,渔业总产值484万元。有水库2座,总蓄水能力30.5万立方米。农业机械总动力达5.2万千瓦,农村用电量720万千瓦时。乡镇企业总产值4.9亿元,其中个体私营总产值4.9亿元,利税2074万元。财政收入2445万元。农民人均纯收入8388元,比上年增加1285元。有中学1处,小学6处,在校学生共2208人,适龄儿童入学率100%,有医院1处。电话普及率达到每百人62部。有线电视入村20个,入户率78%。

白石镇

党委书记　王君磊

镇　　长　张　锐

位于县境东北部,距县城20公里,面积77.9平方公里。辖46个自然村,27个村民委员会;有10762户,39947人;其中女19506人,非农业人口421人,人口自然增长率为5‰。

国内生产总值22亿元,比上年增长10%,其中一、二、三产业增加值分别达到6504万元、17000万元和9668万元,分别比上年增长20%、29%和18%。工业总产值15亿元,增长13%,实现利税19000万元,增长19%。农林牧渔业总产值39500万元,增长9%。全年粮食作物播种面积7733.33公顷,总产6.3万吨;瓜菜600公顷,总产0.9万吨;种植业产值19140万元。全年造林1000公顷,森林覆盖率达28.8%,林果总产4367吨;林业产值11220万元。年末大牲畜存栏440头,猪存栏3.5万头,羊存栏7.2万只,家禽存栏37.8万只,畜牧业总产值9640万元。农业机械总动力达3万千瓦,农村用电量160万千瓦时。乡镇企业总产值14.8亿元,其中个体私营企业产值14亿元,利税16676万元。财政收入2150万元。农民人均纯收入11080元,比上年增加1508元。有中学1处,小学8处,在校学生共2700人,适龄儿童入学率100%,有医院1处。电话普及率达到每百人90部。有线电视入村46个,入户率75%。

苑庄镇

党委书记　李春生

镇　　长　宋恩全

苑庄镇位于县境东部,距县城10公里,面积74.2平方公里。辖56个自然村,32个村民委员会;有14793户,57248人;其中女28194人,非农业人口7406人,人口自然增长率为5‰。

国内生产总值17.5亿元,比上年增长17%,其中一、二、三产业增加值分别达到1800万元、1300万元和4000万元,分别比上年增长35%、42%、28%。工业总产值6.5亿元,增长42%,实现利税12000万元,增长38%。农林牧渔业总产值11.1万元,增长8%。全年粮食作物播种面积6367公顷,总产5.38万吨;瓜菜110公顷,总产47.5万吨;棉花95公顷,总产100吨;种植业产值8.5万元。全年造林19.7公顷,森林覆盖率达23%,林业产值8600万元。年末大牲畜存栏7000头,猪存栏1.6万头,羊存栏6000只,家禽存栏43万只,畜牧业总产值4.88万元。水产品总量302.6吨(其中中华鳖成品年产15万公斤,同时销售鱼苗及鱼卵),渔业总产值1850.5万元(其中中华鳖1800万元)。农业机械总动力达6.3万千瓦,农村用电量1900万千瓦时。乡镇企业总产值2.8亿元,财政收入1661万元。农民人均纯收入7593元,比上年增加775元。有中学1处,小学9处,在校学生共4200人,适龄儿童入学率100%,有医院1处。电话普及率达到每百人8部。有线电视入村32个,入户率73%。

义桥镇

党委书记　王秋霞

镇　　长　崔利伟

位于县境东南部，距县城12公里，面积68.6平方公里。辖48个自然村，40个村民委员会；有14436户，4.9万人；其中女24350人，非农业人口1521人，人口自然增长率为7.2‰。

国内生产总值12.36亿元，比上年增长15.7%，其中一、二、三产业增加值分别达到5707万元、9588万元和3468万元，分别比上年增长18.1%、16.5%和50.2%。工业总产值7.98亿元，增长16.25%，实现利税31304万元，增长18.1%。农林牧渔业总产值39059万元，增长18.2%。全年粮食作物播种面积8413公顷，总产7.36万吨；瓜菜317公顷，总产1.58万吨；棉花12.4公顷，总产150吨；种植业产值20515万元。全年造林2400公顷，森林覆盖率达39%，林果总产1598吨；林业产值2055万元。年末大牲畜存栏3600头，猪存栏3.68万头，羊存栏13600只，家禽存栏73.14万只，畜牧业总产值13296万元。水产品总量89.3吨，渔业总产值175万元。农业机械总动力达7万千瓦，农村用电量1396万千瓦时。乡镇企业总产值4.3亿元，其中个体私营企业产值0.5亿元，利税750万元，财政收入2393万元。农民人均纯收入9817元，比上年增加1504元。有中学1处，小学9处，在校学生共3556人，适龄儿童入学率100%，有医院1处。电话普及率达到每百人52部。有线电视入村48个，入户率85%。

（王建议　曹巧英）

梁山县

县委

书　记　田卫东

副书记　贾志阜

　　　　李金礼

常　委　钟秀芳（女）

　　　　秦延信

　　　　马　平

　　　　楚宪海

　　　　张　玗

　　　　孔德修

　　　　解庆法

　　　　李保江

县人大常委会

主　任　田卫东

副主任　蒋衍涛

　　　　张恒福（~2012.01）

　　　　林宪良

　　　　郭建华（女）

　　　　王才利

　　　　郭继田（2012.01~）

县政府

县　长　贾治阜（2012.01~）

副县长　贾治阜（~2012.01）

　　　　田福岭（~2012.01）

　　　　张　玗

　　　　王宇帆（2012.01~）

　　　　崔加清

　　　　李瑞林

　　　　孙　颖（女）

县政协

主　席　马传申

副主席　刘　征

　　　　王学灵

　　　　张传胜（~2012.01）

　　　　刘超波

　　　　梁开平（2012.01~）

　　　　崔根博（2012.01~）

县纪委

书　记　马　平

县武装部

部　长　陈　伟

政　委　解庆法

县法院

院　长　王爱新（2012.01~）

县检察院

检察长　臧卫华（2012.01~）

县名由来　梁山县因境内梁山而得名。

政区　人口　全县总面积964平方公里。辖12个乡（镇），2个街道办事处，672个行政村（居委会）。年末全县总人口77.63万人，其中城镇人口24.38万人。人口出生率10.2‰，死亡人口3457人，死亡率4.4‰。

经济概况　全年实现生产总值 193.51亿元，按可比价格计算，比上年增长11.0%。其中，第一产业增加值37.71亿元，增长4.8%；第二产业增加值101.60亿元，增长12.5%；第三产业增加值54.20亿元，增长12.4%。三次产业比例为19.5：52.5：28.0。全社会固定资产投资完成125.97亿元，增长23.5%。实现财政总收入13.64亿元，增长22.3%；地方财政一般预算收入6.51亿元，增长28.6%，地方财政支出17.83亿元，比上年增长22.4%。人均GDP达到26292元。年末金融机构人民币各项存款余额151.37亿元，比年初增加21.32亿元，其中居民储蓄存款余额120.08亿元，增加20.34亿元。人民币各项贷款余额61.33亿元，增加11.48亿元。

农　业　全年农林牧渔业实现总产值77.15亿元,比上年增长4.8%。其中：农业产值49.81亿元,比上年增长4.0%;林业产值1.32亿元，比上年增长4.9%;牧业产值20.97亿元,比上年增长5.3%；渔业产值2.08亿元,比上年增长4.8%;农林牧渔服务业产值2.97亿元,比上年增长4.0%。林牧渔业产值占农业总产值的比重达到31.59%。农作物总播种面积194.41万亩，比上年增长12.6%。粮食总产75.37万吨,增长33.6%;棉花总产0.71万吨，减少36.1%；油料总产1.84万吨,增加5.3%;水果总产4.39万吨,减少18.7%;蔬菜总产74.85万吨,减少4.8%;水产品总产2.88万吨,增长4.8%。肉类总产9.67万吨，禽蛋总产3.82万吨,奶类总产2.03万吨。全年完成造林面积900公顷。全县农机总动力108.35万千瓦，增长2.0%。

工业和建筑业　规模以上工业企业135家。规模以上工业企业完成产值220.97亿元,其中国有工业4.46亿元，增长10.4%，股份制工业174.73亿元,增长32.5%,其它经济类型工业36.91亿元;轻工业完成产值70.95亿元，重工业完成产值150.02亿元,增长34.6%。规模以上工业完成增加值61.87亿元,增长12.5%。高新技术产业占工业总产值比重为24.6%,比上年增加2.02百分点。规模以上工业企业实现主营业务收入216.35亿元；实现利税总额21.26亿元，实现利润13.25亿元。资质以上建筑企业16家,完成建筑业总产值5.70亿元,比上年增长7.5%，从业人员6008人。全县房屋施工面积58.60万平方米，竣工面积56.40万平方米,房屋竣工率96.2%。

建设　环保　年末城镇化率达到33.11%。全县园林绿化完成投资2480万元，建城区绿地面积达604.38公顷,新增单位及居住地区、空闲地绿化面积11公顷。人均拥有公共绿地面积6.80平方米。市政设施建设完成投资10776万元,全年新修道路7条，新增道路长度14.5公里。县城区污水处理量达到2.7万吨/日。城区日供水量达到9200立方米，供水普及率达到81.5%；城区集中供热面积62.6万平方米，其中住宅51万平方米。各主要河流、湖泊水质达到了地表水III类水质，城市饮用水源达标率达到100%；全年达到空气质量二级标准的天数为320天。

交通　邮电　公路通车里程1801.77公里,其中高速公路通车里程　20.33公里。公路旅客运输量为360万人次,比上年增长13.9%；客运周转量34881万人公里,比上年增长13.3%。公路货物运输量为953万吨,比上年增长20.6%，货运周转量172296万吨公里，比上年增长22.4%。完成邮电业务总量31527.62万元,增长14.0%。年末固定电话用户10.713万户，移动电话用户58.92万户，比上年增长14.0%，互联网用户5.83万户,比上年增长17.4%。

贸易　旅游　全年实现社会消费品零售总额63.25亿元，比上年增长14.8%。其中,批发零售贸易业零售额58.42亿元,增长15.1%；餐饮业零售额4.81亿元,增长11.1%。实现进出口总额2473万美元，其中出口2332万美元，进口总额141万美元。实际利用外资2009万美元,相比去年同期增长635万美元,增长46.2%。主要旅游景点有水泊梁山风景区,全年景区扩建工程项目完成投资4.5亿元。全年接待国内外游客突破100万人次，旅游收入达到3.30亿元,比上年增长30.0%。

教科文卫体　有中等职业、技工学校1所,在校生3796人。初级中学19所，在校学生25031人;九年一贯制学校2处,在校小学生1021人，初中生1394人；高级中学2所，在校10043人;小学134所,在校学生62178人，学龄儿童入学率100%。幼儿园136所,在园幼儿27743人;特殊教育学校1所,在校学生127人。获得市以上进步奖4项；申报专利157件,专利授权,137件,其中发明专利授权9件；申报市以上科技计划项目28项,批准立项15项,其中国家级1项，省级3项，市级11项;年末实有省级工程技术研究中心3家；省级院士工作站4处;市级院士工作站1处;市级以上高新技术企业50家，其中国家级3家;省创新型试点企业2家；市级产业技术创新战略示范联2个；省专利明星企业3家;技术贸易机构30家。全县共有文化馆1个，公共图书馆1个,藏书12.2万册,农村图书馆(室)500个，农村放映队27个，农村业余剧团10个，艺术学校5所,艺术表演团体60个。广播电视覆盖率为100%。经批准省级保护非物质文化遗产6处。全县医疗卫生机构98所（含诊所)，拥有卫生技术人员2177人,拥有医疗床位2206张。各类诊所63所，拥有卫生技术人员127人。县人民医院13层新病房楼投入使用，新增医疗床位400张。农村村级卫生室502个，乡村医生2125人。全县新农合参合农民61.21万人，参合率达到99.0%，住院补偿比达到48.0%，城区居民全部可以享受社区卫生服务。

社会生活 城镇居民人均可支配收入18128元，增长16.4%；人均消费性支出11359.55元，增长13.2%；。城镇在岗职工年平均工资30946元，增长19.2%。农村居民人均纯收入9244元，增长17.4%，人均消费性支出4961元。全县参加城镇基本养老保险58334人；参加城乡居民养老保险410863人；参加城镇失业保险职工11725人，比上年增加33人；参加企业失业保险职工25006人，比上年增加988人；年末参加基本医疗保险117689人，比上年增加5689人；年末全县领取失业保险金人数为3410人；全县领取最低生活保障金的城镇居民2088人，农村居民22059人。

△ 3月12日，山东省社会管理综合治理委员会、山东省见义勇为基金会授予丁曙光"山东省见义勇为先进分子"荣誉称号。

△ 5月6日，梁山县举行《今日梁山》创刊暨揭牌仪式。

■2012年5月6日，梁山县举行《今日梁山》创刊暨揭牌仪式。

【第十二届全国子午门武术争霸赛在梁山县举行】 7月28日，第十二届全国子午门、少林、学校武术争霸赛暨山东省武术非物质文化遗产技艺交流大会在梁山县梁山功夫院举行。参赛代表队涉及山东、河南、江苏、河北、北京等13个省市，丹麦、智利、加纳等4个国家的400余名选手参加比赛，参赛队员中年龄最大的74岁，最小的只有5岁。经过一天的激烈角逐，北京神话武林子午门代表队获得团体总分第一名，江苏泰州心圣代表队获得拳术团体总分第一名，梁山功夫院获得器械团体总分第一名。

△ 9月10日，梁山县第二轮县志编修工作动员会议召开。副县长孙颖，济宁市地方史志办公室副主任邵鸿志出席会议，县政府办公室副主任韩仰河主持，《梁山县志》各供稿单位负责人和撰稿人参加会议。

△ 8月份梁山县"鲁西黄牛"和"青山羊"通过专家组终审，两个农产品符合《农产品地理标志管理办法》规定的登记保护条件，给予实行国家农产品地理标志登记保护。

△ 10月11~12日，全国专业汽车产业发展论坛在梁山县举行。

小路口镇

党委书记 孙明庆

镇　　长 尚继海

位于县境西北部，距县城25公里，面积69.2平方公里。辖86个自然村，56个村民委员会；有15163户，52783人，非农业人口1180人。

地方财政收入完成584万元，较上年增长48.12%。农业总产值6.71亿元。规模以上工业总产值26850万元。规模以上固定资产投资完成6.00万元。农民人均纯收入达到8108元，较上年增长18.3%。全年粮食播种总面积6956公顷，粮食总产量51230吨，肉类总产量9164.7吨。农业机械总动力达12.1万千瓦。农村用电量1750万千瓦时。有中学1处，小学10处，幼儿园2处，在校学生4454人，适龄儿童入学率100%。有医院2处，规范化农村定点卫生室30个。有大型农村超市3处。2012年度被评为全省苗木花卉强镇。

【抓招商引资，增发展后劲】 投资1亿元以上的新建、续建项目5个，主要有：山东水浒书业与湖北长江文化传媒集团合资投资印刷生产线建设项目、梁山鸿森木业与莆田市清和木业合作的建筑模板生产线项目、梁山良丰园林与大连因泰集团合资投资的苗木绿化项目、山东新恒源投资发展有限公司在我镇投资的苗木绿化项目、梁山弘景印务与北京弘景科技发展有限公司合资投资3亿元的印刷生产线建设项目。其中，梁山弘景印务9月14日在全市第三批大项目集中开工活动中举行奠基仪式。

【抓农业发展，夯富民之基】 充分发挥龙头企业的示范带动作用，按照“公司＋基地＋农户”的发展思路，形成了孙那里村食用菌、董集村板皮、路那里村西瓜等一批专业村创建示范点，带动发展黄河滩区西瓜、山药、牛蒡、红薯、大棚菜等特色种植共计1万余亩。加快实施小农水工程，完成11条支渠、5条斗渠、6条排沟的勘测清障工作，总长度47.88公里，共清理树木14.35万棵；实施了11个村的井电配套工程，完成高压线路、变压器和机井定位工作。

【抓民生事业，营社会和谐】 投资300万元，新建规范化司法所和派出所各一处。投资160万元建成高标准综合便民服务中心大厅，积极创建标准化人社所和省级规范化财政所，新农合参保率达到95%以上，新农保参保率达到90%以上。投资160万元实施敬老院宿舍楼建设主体工程完工，完成镇中心幼儿园、镇中学高档餐厅、镇卫生院病房楼建设。

【抓镇村建设，优宜居环境】 高起点、高标准规划小城镇建设。投资500万元的小城镇横向发展轴——梁赵路镇驻地至张扬路段道路拓宽硬化、绿化美化、亮化工程正在实施。深入开展农村环境综合整治，完成总长3.77公里的道路硬化工程；清理取缔辖区内非法颗粒厂、化工厂3个。新型农村社区建设取得突破，路那里社区一期工程主体完工，二期工程启动；黄河滩区社区建设形成规划。

韩岗镇

党委书记　曹景全

镇　　长　邓兆国

位于县境东部，面积82平方公里。辖85个自然村，62个村民委员会；有19581户，64112人；其中女31220人。

国内生产总值17.41亿元，比上年增长7.8%，其中一、二、三产业增加值分别达到2.96亿元、3.62亿元和2.012亿元，分别比上年增加22%、28%和10%。规模以上工业总产值15.46亿元，增长6.5%；产品销售收入15.00亿元，增长6.5%；实现利税2.69亿元，增长11%；农林牧渔总产值5.15亿元，增长11%。全年粮食作物播种面积9836公顷，总产75519吨；瓜菜2096公顷，总产99203吨；棉花501公顷，总产822吨；种植业总产值35310万元。全年造林57公顷，森林覆盖率达到37%。林果总产量6654吨，林业产值达到819万元。年末大牲畜存栏4530头，猪存栏46002头，羊存栏12946只，家禽存栏758940只，畜牧总产值12040万元；水产品产量1900吨，渔业总产值2293万元。农业机械总动力72071千瓦。农村用电总量893万千瓦时。完成地方财政收入893万元。农民人均纯收入8731元，比上年增加1381元。有中学1处，小学12处，在校学生4362人，适龄儿童入学率达100%。有医院1处。

【济菏高速绿色通道建设成效显著】 把济菏高速绿色通道建设作为一项政治任务，主要领导亲自抓，分管领导靠上抓，实行“返租倒包”的方式，把高速公路两侧各50米的土地由镇政府统一承包过来，再转包给规模植树大户，差价由政府承担。栽植时实行统一规划、统一定点、统一挖坑、统一供苗、统一栽植、统一涂白，共完成植树27000余棵，挖掘界沟19公里，建成了济菏高速绿色长廊。

【项目建设实现新突破】 以“大项目突破年”为总抓手，坚持招大引强，先后引进了计划投资5.2亿元的济宁佰世达木业有限公司、计划投资1.2亿元的山东中汇奶牛养殖有限公司、计划投资1.2亿元的京杭建材有限公司3个过亿元项目，并全部开工建设。其中，济宁佰世达木业有限公司计划投资5.2亿元，占地面积210亩，建成后年可产中高档密度板40万立方米，年销售收入可达7.2亿元，实现利税7780万元。项目交纳了1.2亿元设备定金，完成了征地和围墙、临时办公室、上混站、7000平方米的厂区硬化等建设，压机车间、3000平方米的办公楼地基建设基本完成。山东中汇奶牛养殖有限公司计划投资1.2亿元，占地面积280亩。38000立方米的青储氨化发酵池、48瓶的挤奶车间、12栋牛舍、48间职工宿舍、12间化验室、更衣室、消毒室、3800平方米的饲料加工、干草储备库建设、净道污道路面硬化等已经完成。奶牛存栏量达1700余头，在全市排名第二。项目建成后，奶牛存栏量可达3000头，年销售收入可达7300万元，销售利润可达2920万元。京杭建材有限公司计划投资1.2亿元，占地面积120余亩，项目投产后，年可产煤矸石多孔砖4亿块，年销售收入达1.2亿元,实现利税2000万元。一号隧道窑已正试生产。

【司垓社区完成一期工程建设】 司垓社区位于司垓村东南部,占地面积289亩,计划总投资1.56亿元,设计总建筑面积23.07万平方米,建成后可容纳居民1110户,可结余土地指标529亩。投资9600万元的一期工程基本完成,建设楼房29栋,建筑面积13.7万平方米。社区服务中心、公办幼儿园、19栋居民楼交付使用,658户居民实现入住,6栋老年房正在建设中。同时,完成了司垓村旧村拆迁,共拆除房屋618户,拆除面积610余亩,可结余土地指标310亩。

【高标准完成蒙馆路提档升级】 把蒙馆路(S333)提档升级作为提升韩岗整体形象的重要举措,投资243.9万元,安装路灯431盏,并全部亮灯。投资276万元,栽植法桐4400余棵、栽植杨树5000余棵。同时,大力实施路域环境综合治理,清理"三堆"及店外经营,粉刷墙壁和树木,按统一式样更换门头牌匾,蒙馆路沿线环境得到明显改善。

杨营镇

党委书记　孔祥华

镇　　长　梁吉军

位于县城西侧,是山东省政府确定的省级中心镇和县境西部交通重镇,公明路纵横东西,聊商路贯穿南北,京九铁路梁山站位于杨营镇境内。总面积61平方公里。辖50个行政村、59个自然村,人口5.64万人,有14132户,人口自然增长率6.7‰。

国内生产总值25.1亿元,其中一、二、三产业分别完成5.4亿元、12.6亿元、7.1亿元。全镇完成工商税收5370.95万元,地方财政收入2449万元,分别同比增长56.7%和92% ;实现民营经济营业收入46.78亿元,同比增长62.5%,农民人均收入达9398元。粮食总产量35436吨,全镇抗虫棉、瓜、菜等经济作物种植面积达6.2万亩,其中主导产业抗虫棉3.8万亩,实现产值8540余万元。全年造林103公顷,森林覆盖率高达41%,实现林业产值391万元。年末大牲畜存栏量为1.94万头,生猪存栏量7.56万头,羊存栏9.36万只,家禽存栏165.7万只,畜牧业总产值9268万元。规模以上养殖户338户,专业饲养村26个。规模化肉鸭养殖基地36个,规模以上肉鸡养殖基地38个。发挥六合樱源和强大种鸡农业龙头企业的作用,2012年新成立农业养殖合作社9家,共发展养殖专业村16个。全镇民营业户发展到3327家,新增规模以上企业5家,市级以上龙头14家,出口创汇企业5家。

【民营经济迅速发展】 全镇新上、技改、续建投资5000万元以上重点项目12个,其中亿元以上项目9个,完成固定资产投资28.6亿元。新上亿元以上中联水泥技改项目,计划总投资1.2亿元;续建亿元以上项目淄博宇盛公司与济南澳海集团联合投资10.5亿元、年产27万吨的预焙阳极生产项目;新建项目包括由山东力宝得化工有限公司和淄博迪敏德经贸有限公司共同投资注册的股份制企业,计划总投资39.7亿元、总占地2700亩、年产10万吨梁山德临石化有限公司针状焦项目和投资亿元以上项目贝得工艺品项目;由肥城矿业集团投资10亿元、年产120万吨的杨营煤矿建设项目,投资1亿元、占地40亩的梁山时利和焊接材料项目,投资1.2亿元、占地40亩的方大机械汽车配件项目已完成建设。全镇已建成较大规模工业企业156余家,形成以煤电石油、生物工程、医药化工、橡胶制品、涤棉纺织、汽车配件、仓储物流及农副产品精深加工等产业为主导的多元化产业体系。

【农业发展态势良好】 全镇注重巩固和发展农业基础地位,突出抓好农业结构调整,因地制宜培植农业经济新亮点,努力推进农业产业化进程。扎实做好小麦政策性保险补贴工作,完成49340亩小麦保险征收任务,占小麦直补面积的92.6%;高标准建设林网100余亩,栽植苗木1万余棵;小农水建设工程顺利完工并投入使用,共清理树木7.2万余株,完成土方9.6万余方;新打机井180余眼,实现了每80亩一眼井的工作目标,初步形成"井灌做保证,黄灌为基础、旱涝保丰收"的农田水利基础设施。大力发展畜牧养殖和特色种植,积极培育特色村、专业村。全镇已发展六和樱源、强大种鸡、康宁农牧、天立畜牧等农业产业化龙头企25个,市级以上6家。发展养殖专业村16个,规模化肉鸭、肉鸡养殖基地60余个;新建规模化养牛厂12个,养牛专业户200余家,存栏量1万头;发展养羊专业户300余家,存栏量8万只;养猪专业户100余家,存栏量6.5万头。组建农业经济合作组织和种养协会25个。

【社会事业全面进步】 镇村建设及环境综合整治稳步推进。按照打造县域工贸副中心和生态宜居中心镇的发展定位,坚持以政府主导、市场化运作的模式来经营城镇，积极筹集资金用于城镇基础设施建设和新农村建设，重点加快城镇道路硬化、绿化、亮化、美化以及排水、排污和新型农村社区建设，进一步聚集了城镇发展活力、提升了城镇管理水平。加快镇驻地住房改造进程，10万平方米的高楼片区、2万平方米的高庄片区和5万平方米的杨营片区正在紧张施工；高标准规划建设了蔡庄、高楼等新型农村社区。蔡庄社区已完成居民楼建设、农户搬迁和土地复耕工作，高楼社区已完成6栋居民楼和1处服务中心建设。同时，坚持走以城镇建设带动第三产业发展的路子，大力发展房地产开发、餐饮服务、物流商贸、物业管理等现代服务业，总建筑面积达6000平方米的水泊商场杨营分店已投入营业，玉麒麟大酒店、高楼服务综合体等项目主体已完工。全镇已建成综合商业街1条、大型商场4家、大型集贸市场2处，发展工商业户2500余户。投资200万元完成敬老院二期工程和内部设施的更新和中小学危房改造；继续扩大农村低保户和新农合覆盖面，使新农合参保率达到100%；投资100万元提高分散供养五保户和优抚对象的待遇；健全重大传染性疾病预防和监控制度，提高处理突发性公共卫生事件的应急能力；强化完善社会保障体系，进一步做好民政优抚工作。

梁山街道

党工委书记　王　平

主　　　任　张　莹

位于县城区，面积60平方公里，辖41个自然村，35个村民委员会，3个居民委员会；有13028户，4.2506万人。

民营企业营业收入87亿元，全社会固定资产投资总额完成32.5亿元，完成各种税收1.3亿元，形成地方财力8018万元，外贸出口980万美元。工业总产值67亿元，农业总产值4.44亿元。全年粮食作物播种面积81711亩，总产4.066万吨；瓜菜5754亩，总产1.89万吨；棉花3437亩，总产277.8吨；全年造林1100亩，森林覆盖率达30.5%，林果总产1920吨；林业产值1362万元。年末大牲畜存栏1234头，猪存栏8443头，羊存栏6112只，家禽存栏26.36万只。水产品总量828吨，总产值1138万元。农村用电量481.48万千瓦时。农民人均纯收入9880元。有中学3处，小学13处，在校学生共7434人，有各级医疗卫生机构34个，专业卫生人员70余名。

【重点工程强势推进】 顺利完成了多项城建重点工程，拆迁总面积达到30余万平方米。仅用三天时间顺利完成了崇文新区拆迁扫尾工程，拆除54户房屋，2.8万平方米。圆满完成了凤山公园拆迁清障任务，累计清除各类树木7800余棵，迁移坟头400余个，拆除房屋1730.81平方米，流转土地72.6亩。顺利完成了凤山文体广场拆迁清障工作，拆除155处办公、营业和住宅建筑物，拆除面积5万余平方米。完成了原大鹏公司办公营业楼拆除任务，支付各类拆迁补偿款450万元。圆满完成了后孙庄和臧庄的土地收储和房屋征收工作，共收储土地4000余亩，征收房屋11万余平方米。按时间节点顺利完成了东二环、梁中路、鼎升路、天巧路、天贵路、北环—东环连接道路的拆迁清障、土地流转等工作。其中，东二环拆除后孙庄、臧庄房屋207户，50000余平方米，北环—东环连接道路拆除32户，拆除面积1.5万余平方米，梁中路流转孔坊等7个村土地1300余亩，体育馆流转丁堂村土地240余亩。圆满完成迎宾大道拆迁工作，拆迁各类门市房、加油站、狐狸厂100余家，拆除面积5万余平方米。姜庄社区顺利完成拆迁安置，拆除院落401个，拆除面积3.4万平方米，并通过省国土部门验收。投资1300余万元完成了姜解路、邓庄—后孙庄路、东风路等园区道路的施工和绿化工程。流畅河湿地建设取得突破性进展，累计投入1600余万元完成了南岸绿化、东岸景观建设、河底清挖、土方工程、北岸亲水平台建设，建设湖心亭2座，亲水护栏130米，人工绿地9200余平方米，栽植多类绿化苗木34000余棵。安置房建设工程扎实推进，前孙庄回迁安置房建设项目已经完成测绘、勘探和招投标手续，8、9号楼正在进行主体施工；流畅河社区建设项目地上附属物清障工作已全部完成，测绘、勘探、电力供应已完工，正在进行高层桩基建设；崇文小区回迁安置房建设项目1号楼桩基施工已完成。

【项目建设进展顺利】 共新建续建项目31个，其中招商引资项目20个，合同引进项目8个，在谈项目13个，到位县外资金26亿元。投资1.5亿元的亿鑫冷轧钢项目一期工程已投产，二期生产车间建设已基本完成；投资10亿元的正大赖氨酸项目已完成豆饼水解车间、糖化发酵车间、98.5%赖氨酸车间等设施，正在进行设备安装，公寓楼、宿舍楼、办公室、食堂等设施已投入使用;投资5亿元的华宇特种车车间已基本完成;投资2亿元的飞驰特种车项目、投资1.5亿元的汇统特种车项目厂房建设已完成，正在进行设备安装;投资1.6亿元的威特立邦矿山设备制造项目一期工程已投产,正在进行科研办公楼建设。

【现代农业成效显著】 积极扶持现代农业发展,新建(扩建)规模以上龙头企业9家,新建(扩建)种养基地20个,新增专业合作社7个,全街道百头以上养猪场达到25个，养牛场达到11个，小尾寒羊养殖基地达到19个,畜牧龙头企业5家,全街道逐步形成了丁庄养羊、庄楼养狐狸、孔坊养鸭、陈楼特色蔬菜种植的多样化种养区域,农业产业结构不断优化。高度重视林业发展，全年新增造林面积800亩,被省绿化委员会授予“山东省绿化模范镇”荣誉称号。

【民生事业持续加强】 扎实做好低保工作,全年共发放低保金1432967元。认真落实安居工程和危房改造工程,完成了30户贫困家庭的危房改造。投资600万元新建的两处高标准中心幼儿园已投入使用。实施积极的就业政策,邀请市就业办培训科专家对70名村民进行了创业就业政策和企业创办政策培训,新增农村劳动力转移就业560人。圆满完成林庄、周庄等10个村的农村环境综合整治任务,群众居住环境明显改善。扎实开展信访工作,深入开展平安村居创建工作，严厉打击违法犯罪行为，群众幸福指数不断提升。

小安山镇

党委书记　耿树民

镇　　长　钱华军

地处东平湖二级滞洪区,位于县境东北部，距县城8公里，面积97平方公里，耕地面积10.0777万亩，辖73个自然村，37个村民委员会,17815户，53858人,其中,女性居民25963人,非农业人口1896人。

国内生产总值12.3亿元，其中二、三产业增加值分别为5.3亿元、3.2亿元；规模以上企业总产值5.51亿元，实现利润6865万元,利税701万元。农林牧渔业总产值达到5.60亿元。全年粮食作物播种面积15904公顷,总产18.6万吨,瓜菜2042.2公顷,总产8.6万吨,棉花450公顷,总产599吨,大蒜210公顷,种植业产值3.78亿元。森林覆盖率达33.3%,林果总产520吨,林业产值971万元;年末大牲畜存栏2710头,生猪存栏3.05万头,羊存栏4.78万只,家禽存栏有26.42万只，畜牧业总产值1.3782亿元。水产养殖面积860公顷，水产品总量13650吨,渔业总产值2746万元。农业机械总动力达91794千瓦。地方财政收入2487万元，同比增长9.7%;农民人均纯收入9596元,比上年增加1567元。有储蓄所2处，居民储蓄存款余额2.6亿元；拥有8千KVA供电站1处，用电总量2045万千瓦时，其中农村用电量1600万千瓦时。中学1处,小学17处,其中9处完学点,8处简学点，在校学生共3730人，适龄儿童入学率100%;有医院1处,病床60床，农村居民新型合作医疗参合率达98.3%；拥有固定联通支局1处,邮政支局2处,联通、移动合作营业厅(网点)132处,信号塔基站14座,电话普及率达到每百人81部。

【做大做强招商引资　促进镇域经济发展】 镇党委、政府明确提出把“强镇富民”作为奋斗目标，进一步优化发展环境，以招商引资为突破口，推动民富,促使镇域经济发展步伐不断加快，全年各项指标在全县15个乡(镇、街、区)中荣获综合考核第五名三等奖、争先进位二等奖和招商引资三等奖的良好成绩。通过全力打造“政策‘低’、服务‘高’、环境‘优’”三大品牌,以220国道东侧建设的镇经济园区为突破口，镇主要领导亲自抓工业企业,实行“墙内的事情企业办、墙外的事情镇里办”,着力招商引资。民营经济企业实现了快速健康发展。个体工商户达190家，新增53家;私营企业51家,新增11家;外资企业9家。其中大型超市(水泊商场超市)2处。规模稳步提高,生产范围涵盖建材、生物科技、化工、纺织、收割机刀片等13个行业,其中建材企业5家,规模以上企业5家。企业科技水平不断提升,着力培植龙头企业,突出金合种禽、安山牧业、三安农业等一批市级农业龙头企业的榜样带动作用。外资企业发展迅猛,首家落户小安山镇的韩资企业红冠玩具厂,自投产以来,产值突破8000万元,创汇率达63.22%。投资1.8亿元的韩商独资企业－天津宝声电子已投产运营，年可增加税收160余万元。

黑虎庙镇

党委书记　陈传刚

镇　　长　李明峰

(～2012.09)

位于县境西北部,面积41.7平方公里，辖51个自然村,18个村民委员会；有9189户，32460人,劳动力18856人。

国内生产总值17.58亿元，完成全社会固定资产投资10.1亿元,同比增长30%。全镇工业企业完成营业性收入11.1亿元,同比增长38.37%；实现规模以上工业总产值5.8亿元，实现利税总额1.4亿元,同比增长36%,完成利润9000万元,同比增长30%;完成工商税收1192万元,实现地方财政收入659万元；农民人均收入达9460元，比上年增加1340元,同比增长18%。农林牧渔业总产值6.48亿元,粮食播种面积6676公顷，粮食总产量达到3.2万吨,瓜菜2425公顷,总产1.3万吨,种植业产值3.84亿元；全年造林150公顷,森林覆盖率32.6%,林果总产2230吨,林业产值850万元;出栏牛3000余头，羊1500余只,鸡15万余只,生猪2300余头,畜牧业总产值2.2亿元；水产品总量960吨,渔业总产值1350万元。服务业1680万元。农业机械总动力7.04万千瓦,农村用电量2558万千瓦时。有中学1处,完全小学5处,在校学生2780人,适龄儿童入学率100%。有医院1处。

【民营企业初具规模】 全镇有中小微企业77家，规模以上企业6家，分别是群达工贸、力建碳素、龙跃钢球、于涛淀粉加工、于涛纺织、康源食品加工。其中钢球制造企业7家,屠宰加工企业4家,淀粉加工企业5家,医药化工企业2家，纺织服装加工企业4家，有色金属提纯企业2家,摩擦材料制造2家、板材深加工企业8家等。目前已经出现"龙跃"钢球、于涛粉条、"于憨子"粉条、"好汉"酱油等知名品牌,拓金再生资源有限公司成为鲁西南唯一一家资源再利用企业。

【农业特色产业稳步发展】 一是特色种植业规模逐步扩大。于楼村中药材种植，经过三年的发展由原来不足30亩发展到1000余亩，年亩收益6000元以上,取得了较好的经济效益;二是特色养殖集聚膨胀，全镇肉牛养殖厂26家,养鸭厂8家、养鸡厂6家,特色养殖达到22户。三是特色加工业发展势头良好。刘老家村利用板皮加工的副产品"轴子",加工高档装修板材,利用废旧柳木料加工木锨头；于楼村利用硬杂木加工煤矿小道轨用的枕木,解决了副产品的再利用问题,产品附加值得到进一步提高。

【新农村社区建设步伐加快】 全镇共有义和、西张庄、西小吴村3个新型农村社区,规划建设面积25.5万余平方米,其中居民楼近20万平方，老年房10600平方，社区服务中心4518平方,农机库4万平方。社区建成后将安置群众1950户，6734人,将节约建设用地1078亩。2012年,全镇集中力量对义和社区和西张社区进行了强力推进，两个社区均达到入住条件。

【各项社会事业协调发展】 一是社会保障网络日益健全。加大了新农保筹资力度,参保率进一步提高。扎实开展低保户入户普查工作,逐村逐户核实基础数据,已纳入低保对象396户,789人。二是学前教育取得长足进展。投资229万元新建的镇中心幼儿园交付使用，同时投资30余万元购买了电脑、大屏幕液晶电视和各种玩具等设施配备,保障了幼儿园教学正常开展。三是平安建设扎实有力。大力开展矛盾纠纷排查调处,严格落实政府领导班子成员轮班值勤接听群众电话制度,结合县"打霸除恶"百日集中行动,大力加强治安巡逻,积极开展警民联防,全天候对重点路段进行巡逻,群众安全感明显增强。

赵堌堆乡

党委书记　高宗杰

乡　　长　张林勇

位于县境西北部，面积41.69平方公里，耕地面积3万亩,滩涂面积0.5万亩。辖47个自然村,30个村民委员会;有9051户,2.99万人；其中女性14469人,非农业人员626人。

国内生产总值10.20亿元,较上年增长4%,其中一、二、三产业总产值分别达到4.46亿元、3.64亿元、2.1亿元,工业产品销售收入4.6亿元。全年农作物总播种面积5347公顷,粮食作物播种面积3427公顷,总产量2.5万吨;瓜菜1040公顷,总产5.3万吨;棉花333公顷,总产425吨;种植业产值3.1亿元。全年累计造林2万亩,森林覆盖率达46%,林果总产量1996吨，林业产值870万元。年末大牲畜存栏1423头，猪存栏1.04万头，羊存栏0.57万只，家禽存栏32万只,畜牧业总产值12027万元。水产品总量739吨。渔业总产值540万元。农业机械总动力达66044千瓦。农村用电量179.61万千瓦时。财政总收入560万元。农民人均纯收入9079元，比上年增加1319元。有中学1处，小学5处,在校学生共3280人,适龄儿童入学率100%,有卫生院1处。

【民营经济健康快速发展】 继续落实"民营化、工业化、产业化"的发展战略,紧紧围绕"突出抓招商、重点抓民营"的工作思路，不断优化经济发展环境，膨胀经济总量，提高经济运行质量。全乡实现固定资产投资5.09

亿元，增长8%，投资1000万元以上新(扩)建项目10个，续建项目6个。

【重点产业增长势头强劲】一是继续实施“林业兴乡战略”，先后营造速生丰产林近2万亩，成为全省平原地区最大的丰产林基地，连续两年荣获全市林业发展一等奖。发展培植木材加工经营点546处，专业村15个，板材深加工企业6家，从事林业产业人员达到12000人，已形成年产值10亿元，利润过亿元的支柱产业。二是大力发展银耳产业，利用梁山县联民食用菌专业合作社的带动作用，先后发展养殖户136户，养殖棚186个，形成了集养殖、收购、加工、销售于一体的发展格局。合作社年产银耳100吨，被评为市级食用菌养殖龙头企业。

【狠抓农业结构调整】依托万亩速生林资源，以黄河生态旅游开发为起点，以一村一品为重点，大力发展特色农业和现代农业。积极采取措施，引导群众种植大蒜、棉花、西瓜等经济效益较高的经济作物，以雷黄村为中心，发展大蒜3000亩；依姚庄村为中心，发展西瓜6000亩；以丁那里村为中心，发展食用菌面积3万平方米；全乡种植花生1.5万亩、棉花1.2万亩；先后开挖排灌沟渠土方6万方，新打机井23眼，解决了春季农作物浇水问题，确保了小麦稳产、增产。继续实施“建设森林之乡，做强板皮加工产业”的林业产业化发展战略，春季新植速生林0.2万亩，绿化苗木200亩，滩区累计速生林面积达到2万亩，培育木材运输、板皮加工专业村15个，形成农民人均增加收入过千元的支柱产业。

【全面推进小城镇建设】依据小城镇总体规划要求，完善基础设施配套，改善小城镇生产生活环境，增强小城镇的辐射带动作用。并在先期社区建设试点成功的基础上，全面推动小城镇建设步伐。全年投资2587万元，硬化境内主要路街117.6公里，绿化道路两侧11.7公顷，安装路灯124盏。交通、通讯、电力等基础设施也日臻完善。在完成3个村的农村环境综合整治基础上，又将13个村列入整治计划，对村庄街巷进行硬化、绿化、美化，对环境卫生进行综合整治，使乡村环境有了质的提升。

寿张集镇

党委书记　任仲建
镇　　长　张保贵

位于县境西北3公里处，面积42.3平方公里。辖48个自然村，26个村民委员会，人口36366人，有10506户，其中女性17349人，非农业人员1048人。

国内生产总值达到9.61亿元，增长12.6%，工业总产值15.06亿元，增长35%，产品销售收入13亿元，增长30.5%，实现利税1.9亿元，增长30.9%。农林牧渔业总产值5.45亿元，增长25.3%。全年粮食作物播种面积4584公顷，总产3.56万吨；瓜菜943公顷，总产4.6万吨；棉花60公顷，总产79吨；种植业产值3.34亿元。全年造林13.6公顷，森林覆盖率达29.7%，林果总产3046吨；林业产值596万元。年末大牲畜存栏8679头，家禽存栏491635只，畜牧业总产值15150万元。农业机械总动力达78526千瓦。农村用电量2848万千瓦时。财政收入1820万元。农民人均纯收入9256元。全镇有中学1处，小学4处，中心幼儿园一处，在校学生3687人，适龄儿童入学率100%，有医院1处，病床30床位。电话普及率达到每百人34部。

【突出抓好酒曲文化产业集群建设】寿张集镇为古寿张县驻地，早在元代期间就市面宽阔，踩曲酿酒卖酒行业尤盛。改革开放以来，以徐家酒坊而得名的徐坊村为中心，踩曲酿酒规模越来越大，拥有26家制曲规模以上企业，168家庭院式制曲作坊，6个制曲专业村，拥有白酒生产许可证企业3家。主要产品有高温、中温、低温、高脂功能曲、酱香芝麻香型酶制剂、固(液)态窖泥功能菌、成品窖泥、酯化酶、跟酶、生香酵母、麸曲等高新生物产品曲的销售，已达20多个省、市、自治区，酒曲销售量占全国的60%。酒曲产业发展成为寿张集镇的支柱产业之一。

全镇致力于发展酒曲文化产业集群大项目建设，邀请江南大学生命学院谷海先教授、梁山县规划局等单位联合，按照“高标准规划，高起点设计，现代化布局”的要求，在镇南部规划建设中国梁山酒曲文化产业园。产业园占地1200亩，位于县城西北1公里处，东临220国道，省道蒙馆路从中部穿过，地理位置优越，交通便捷。酒曲文化产业园计划分成酒曲加工制造区、特色制曲酿酒展示区、高新技术研讨区、学习培训区的4大区域，利用三期工程建设完成。日趋完善的园区相继被山东省城市经济学会和山东省县域经济研究会授予“山东省低碳经济十大产业群”称号，被山东省轻工业协会命名为山东省酒曲特色产业集群(基地)，被济宁市中小企业办公室授予“特色产业乡镇”称号。

【六大产业体系建设稳步发展】镇党委、政府立足实际，多次组织企业主探讨特定环境下经济发展的新思路，在逆境中寻求经济发展的新突破，变压力为动力，化逆境为机遇，积极寻找新的切入点，追求新的经济增长点，形成了以山东梁山华丰收获机械有限公司为龙头的农机产业园、以杨楼、徐楼为中心的木业加工产业园，完善了六大产业体系，培植壮大了徐坊大曲、众信纺织、峰威印务、恒祥制衣、厦博红麻、富民奶牛等骨干企业扩大规模，特别是梁山富民奶牛养殖有限公司在不断扩大养殖规模的基础上，登记注册了上尚品鲜奶吧。鲜奶吧全部采用公司自产的优质奶源为原料，实现了企业由原材料生产到产品深加工质的飞跃，走出乡镇畜牧养殖的特色创新。

水泊街道

党工委书记　马　涛

办事处主任　杨孟刚

位于县城东部，地处景区和城乡结合处，是梁山新城区所在地，面积31.67平方公里。辖14个村，4个社区，有11818户，39375人，耕地面积22113亩。城市人口4.1万人。

国内生产总值25.68亿元，其中一、二、三产业分别完成16.2亿元、2.9亿元、6.58亿元。全年固定资产投资完成16.2亿元，比上年增长11%。工业总产值11.91亿元。规模以上企业主营业务收入8.7亿元，实现利税0.174亿元。招商引资到位资金4.9亿元。农业总产值1.67亿元，全年粮食作物播种面积35078亩，总产17689万吨；夏粮17200亩，总产7980吨；棉花1180亩，总产92吨；油料50亩，总产17吨。全年造林5560亩，森林覆盖率达到46%，林果总产2219吨，林业产值989万元。畜牧业总产值0.9亿元，年末大牲畜存栏26头，禽类存养29.48万只。地方财政收入累计7682万元，增长54.9%。民营企业发展到115家，规模以上企业12家，以棉纺服装、挂车制造和房地产公司等行业为主。银都、梁轴、华宇、毛巾厂等13家企业进入梁山县纳税排行榜。个体工商户1771户，从业人员3740人，注册资金1024万元，营业收入9696万元，实现增加值1939万元，上交税金1163万元。第三产业主要以旅游服务、流通和餐饮为主。居民人均年收入9910元，同比增长16.5%。区内梁山风景区为省级风景区，同时为国家4A级旅游景区，接待游客人100万人次，旅游收入达到3.30亿元,。有小学9处，在校生2630人，适龄儿童入学率100%。有社区卫生服务中心1处。

【旅游开发取得新进展】坚持科学规划，围绕“天下水浒·大义梁山”主题定位，委托新制订的景区总体规划，聘请国内知名专家对重点旅游项目制订了详细规划，明确了“山上体现原真性水浒文化、山下体现延伸性水浒文化、周边体现相关性水浒文化、充分挖掘演绎性水浒文化”的旅游开发总体思路，促进了旅游与文化产业融合发展。坚持项目带动，梁山水寨300亩扩建工程9月中旬实现蓄水，东入口门区及水上通道完成施工图纸设计、土方施工和部分道路硬化，开工建设2300亩梁山泊平原水库并完成土地流转，600米长水浒街4月底全面建成并已有50余家商户入驻，水浒表演馆、水浒大酒店完成主体浇铸和外饰施工，梁山抗战纪念馆完成布展施工并对游客开放，现代林业生态观光园完成1200余亩土地流转工作、基础设施建设和果树栽植，山体修复项目于10月中旬启动施工，法兴寺、青龙山“梦幻水浒城”、“毛泽东与水浒”等项目进展顺利，8万平方米的水寨安置社区建设完毕，分房工作有序展开。强化宣传推介，在央视等高端媒体长期投放广告宣传片，组队参加促销活动30余次，承办了“好客山东?文化济宁”休闲汇启动仪式，策划举办文化主题活动40余项，成功举办水浒文化节系列活动。景区荣获“山东县域旅游十强”、“最受喜爱的自驾游景区”荣誉称号。大力提升管理水平，积极开展“旅游品牌建设年”活动，成功创建山东省旅游强县，申报了星级饭店、餐馆和旅游示范点21个，新增旅行社(门市部)3家，新建了星级厕所、生态停车场等一批基础设施。2012年，梁山县晋升为山东省旅游强县；“水泊梁山”被评为山东省著名商标。

【城市建设实现新突破】带领辖区干部群众，展开集中会战，强力突破基础性工作，拉开了城市建设框架。完成5149亩土地和房屋征收，流转土地上万亩，清理树木1.9万棵，迁移坟茔上千座，拆除房屋1.56万平方米、蔬菜大棚11处；七条新城区道路建设得到快速推进，部分道路完成油面铺设；44万平方米的杏花村安置社区完成了所有基础性工作并开工建设；独山社区开发建设步入正轨；和谐家园24栋回迁楼施工完毕，分房工作有序进行；水泊新路完成油面铺设，启动绿化、亮化工程；第三实验小学主体施工进展顺利；天佑河生态景观带完成600余亩土地流、356处坟头迁移、9处房屋拆迁等，实施了主体河道工程；富源酒店先后完成了规划评审、地上清障和地质勘探。

【区域经济发展走出新路子】 立足实际，科学谋划发展布局，紧紧依托区位和体制优势，利用土地和文化资源，走出了通过旅游开发和城市建设带动服务业发展的新路子，形成了城市景区统筹推进、融合发展的格局。全年第三产业增加值同比增长26%，就业人数同比增长32%。策划了一批服务业项目向外推介，水浒体验城、凯美林家居建材广场等项目得到快速推进，全年有招商引资在建项目19个，签约项目7个，10亿元以上项目2个，亿元以上项目4个，到位外资200万美元。

【民生保障进一步改善】 持续改善民生，民生投入增幅达50%以上，先后对多个村居的小学、道路、机井、电力设施进行修缮改造。整合新农保、新农合、农资补贴等十几项业务，成立群众公共服务中心，开展便民利民服务。投入100多万元加大环境整治力度，改善群众生产生活环境。将城关医院改制为社区公共卫生服务中心，提高公共卫生服务水平。景区对梁山本地群众实行免费开放。整顿计生工作队伍，对54名行政、计生包村人员交流换岗。抓好综治工作，深入开展春、夏"打霸除恶"专项整治活动，确保了区域稳定，连续多年被评为"平安梁山"建设先进单位。

大路口乡

党委书记　高兴武

乡　　长　王　弘

位于县境西北部，面积44平方公里。辖47个自然村，38个村民委员会；有10251户；34591人。

国内生产总值9.4亿元，其中一、二、三产业增加值分别达到2.2亿元、0.98亿元和0.92亿元；工业总产值4.8亿元，增长16%，规模以上工业总产值2.6亿元；实现利税4663万元，增长23%；农林牧渔业总产值4.9亿元，增长11.36%。全年粮食作物播种面积4836公顷，总产量3.55万吨，棉花195公顷，总产269吨，瓜菜1276公顷，总产量6.3万吨，种植业产值3.00亿元。全年造林75公顷，森林覆盖率33%，林果总产量3933吨，林业产值807万元。猪存栏1.2万头，羊存栏1.3万只，家禽存栏41万只，畜牧总产值1.64亿元。水产品总量552吨，渔业总产值398万元。农村用电量281万千瓦时。财政总收入2200万元，农民人均纯收入8776元，比上年增长16.61%。有中学1处，小学7处，在校学生3432人，适龄儿童入学率100%。有医院1处。电话普及率达到每百人35部。

【城镇化水平不断提高】 农村基础设施建设进展顺利。以路、水、电、田为重点，着力改善基础设施条件，全乡38个行政村基本实现村村通公路，群众行路难的问题得到根本解决。村村通自来水工作全面完成，100%的户用上安全饮用水，解决了群众吃水难的问题。国家新增千亿斤粮食增产项目建设进展顺利，新打机井210眼，清挖沟渠18公里，铺设砂石路24公里，修建桥涵140座，铺设低压管道50000米，圆满完成市、县两级的验收。继续完善省级基本农田整理项目，全年清除树木3万多棵，引黄压淤面积500多亩，土层回填500多亩，土方26万多立方米，回填坑塘1800平方米，动用土方1800方，新修混凝土路面22089米，桥涵80座，确保项目保质保量地完成。实施了运河提灌站工程、防汛抗旱及农村饮水安全工程两大工程，形成了"田成方、林成网，路相通、渠相连，旱能浇、涝能排"的良好布局，为旱涝保收打下了良好基础。

【招商引资和项目建设成绩显著】 乡党委、政府把扩大开放、借力发展作为提升乡域经济的强力引擎，牢固树立"大开放、大招商"的开放理念，完善制定了多项优惠政策及措施，并多次赴京津塘、珠三角、长三角、闽中南地区上门招商，取得了丰硕成果。招商引资到位资金6.5亿元，合同利用外资5.9亿元，引进新建项目12个，续建扩建项目5个，其中新上过亿元项目2个、合同项目3个；在谈项目10个。由济南诺顿科技有限责任公司与香港朗灵光电公司共同投资兴建的山东诺顿科技有限公司，项目坐落在梁山工业园，项目总投资3.3亿元。项目主要产品是LED面光源产品和各类高性能电源产品及电力电子系统集成设备。投产后可年产LED面光源产品120万只，变频电源10万台(套)，实现销售收入4.5亿元，利税1.2亿元，同时可吸纳劳动力300人就业。与济宁文通木业有限公司正式签约，计划总投资3.2亿元，主要生产各种高、中、低档细木工板以及三聚氰胺生态板，项目已落户双庙村。

馆驿镇

党委书记　孙长栋

镇　　长　沈本海

位于县境东部，面积96平方公里。辖74个自然村,47个行政村,7.9万亩耕地,有13429户,5.36万人,其中女26750人。

国内生产总值8.34亿元，比上年增长23.6%,其中一、二、三产业增加值分别达到3.54亿元、3.1亿元、1.7亿元，分别比上年增长42%、11%、16%。全年粮食作物播种面积5627公顷,总产9.1万吨;瓜菜3261公顷,林业产值980万元。年末大牲畜存栏1.3万头，家禽存栏872万只。种植业产值3.74亿元。渔业总产值975万元。农民人均纯收入8336元；规模以上固定资产投资达到7.04亿元，增长36%,地方财政收入完成1013.76万元,增长32%,国地税收总额达到2536.88万元,增长52%。完成出口总额124万美元。

【经济整体运行情况良好】 已开工建成5000万元以上项目3个,正在建设的2个;签订过亿元合同项目3个,其中过10亿元工业项目1个,10亿元畜牧养殖项目1个，过亿元三产服务项目1个。全镇实现地方财政收入完成541万元，完成全年任务的107.34%,经济整体运行情况良好。

由上虞海波塑业有限公司投资7000万元兴建的梁山圣水喷雾塑业有限公司,是全镇新上工业项目之一。完成2100平方米标准化车间建设,主要生产多款式塑料喷头,形成4大系列60多个品种，产品不仅畅销山东、广东、上海、浙江等国内市场,还远销德国、日本、俄罗斯、中东等国家和地区。投资1.2亿元的山东天诺雅集团梁山种禽有限公司1000单元种鸭场，是2012年全县重点项目之一,占地170余亩,建成高标准育雏鸭舍2栋和标准化饲养车间18栋，可实现存栏量15万只。投资6500万元的梁山昌盛菌业有限公司食用菌生产加工项目,主营食用菌的生产、加工,项目全部投产后可日产食用菌5吨。已部分投产运营。投资1.2亿元的富士达(山东)农业开发有限公司,全面采用日本先进技术进行全自动瓶栽食用菌生产,投产后可日产食用菌15吨。已完成投资3000万元,完成高标准生产车间2栋及相关配套设施建设。投资1.13亿元的山东神农庄园生物科技有限公司太空食用菌生产加工项目，主要采用太空育种技术，进行生态种植太空蘑菇、太空蔬菜、灵芝盆景等特色产品。完成了基础设施及5000余平方米的生产车间建设,安装了部分调试设备。与江苏雨润集团签订总投资10亿元的畜牧养殖项目。其中40万头优质商品猪养殖项目,总投资约6亿元,建设年出栏20万头优质商品猪示范养殖场2座，已于11月18日举行了开工仪式;投资4亿元的高档肉牛养殖项目,已签订合作协议书,完成土地流转400余亩。与上海汉兴能源科技有限公司签订的投资10.7亿元，建设日处理量为90万立方的天然气液化处理厂,已完善各项手续,项目全部建成后最终形成年约13亿人民币的销售收入,可实现税收收入9000万元。与河北凯晨酒店管理有限公司签订了正式合作合同,投资1.6亿元,建设集餐饮住宿、会务中心、度假休闲、观光娱乐、绿色采摘为一体的生态园项目。

【重点工程进展顺利】 一是邓楼船闸建设工程的拆迁清障工作迅速彻底。共拆迁企业4家,农户75户,拆迁面积15000平方米,同时清理树木12000余棵。二是蒙馆路路域整治工作效果明显。投资150余万元,对蒙馆路沿线实施高标准绿化亮化工程，沿途共栽植法桐1300余株,速生杨10000余棵,安装路灯200盏,7月份又投资80余万元对整个路域进行综合整治,共出动劳力3000余人次，调土10000余方，清理各类垃圾300余方，涂白树木21000余株,粉刷墙壁7300平方米，建设美化遮掩墙1800余米。三是亓庄社区土地复垦工作全面完成。共动用大型机械30余台套，清理建筑垃圾70000余方,并通过上级验收,为全县置换建设用地指标78亩。四是梁靳路升级改造工程进展顺利。共清理红线内住户149户,房屋面积8500平方米，围墙1200余米。项目已全面完工,并顺利通车。五是农村环境综合整治深入开展。成立了馆驿镇农村环境综合整治领导小组，并成立专门办公室,配备了工作人员。同时不断增加投入,新购买垃圾清运车1辆,聘用了保洁员72名，新建垃圾池52个,购买了移动垃圾桶700个。

【民生保障有力】 投资60万元为东田店小学建设教学楼一栋,投资160万元建设中心幼儿园一处,为所有教学点配备多媒体教室和微机室。镇卫生院改造工程项目建设全面完成。投资80余万元的三层门诊楼已投入使用。投资120余万元的三层病房楼,主题工程完工并进行了内部装修,有效解决了群众看病难的问题。同时积极引导群众参加新型农村合作医疗,参合率达到100%。收缴新型社会养老保险保费540.1万元，完成全年任务的102.29%，是全县第一个超额完成保费征缴任务的乡镇，参保人数32030人，完成全年任务的103.18%。完成五栋住宅楼建设，全村拆迁户全部实现了回迁。土地复垦工作已完成，并通过省市验收，共复垦置换出土地78亩。建设社区服务中心1处。投资700万元，修建乡村公路23公里，同时投资1500万元完成梁靳路东段升级改造工程。将因残、因病、鳏寡孤独、无劳动能力造成生活十分困难的1084户1802人全部纳入农村最低生活保障，实现了应保尽保。同时投入90万元对敬老院进行了升级改造，10月份，已顺利完工，改善了五保户集中供养条件。为30余户农村特困家庭进行了危房改造，改善了其居住条件。

韩垓镇

党委书记　宋培秋

镇　　长　陈家民

位于县境东南部，东与汶上县毗邻，南与嘉祥县接壤，面积66平方公里，辖48个行政村；有16989户，总人口58700人，其中女28457人，总劳动力36561人。

地区生产总值19.4亿元，比上年增长42.6%。其中一、二、三产业增加值分别达到23867万元、44200万元和7828万元，分别增长9.29%、21.77%和25%。全年实现工商税收2280万元，实现地方财政收入1272万元，增长32.5%；实现农民人均收入9325元，增幅为17.77%；农林牧渔业总产值52238万元；农业机械总动力达32.6万千瓦；农村用电量4694万千瓦时；有省级规范化中学1处，小学11处，其中市级规范化小学2处，在校学生共5100人，适龄儿童入学率100%；有医院1处，规范化农村定点卫生室36个。先后被省、市授予“明星乡镇”、“综合治理先进乡镇”、“小城镇建设先进乡镇”、“跨越式发展乡镇”等荣誉称号，成为全县最具发展潜力的乡镇之一。

【工业经济蓬勃发展】 招商引资实现新突破，引进投资5000万元以上的项目有济宁兴华钢构、普瑞凯高分子材料、信和生物等8个，其中过亿元的项目4个，全年完成固定资产投资10.7亿元，增长62.28%；项目科技含量进一步提升，市场前景明显看好。同时，把重点项目建设作为压倒一切的中心工作来抓，突破土地制约瓶颈，盘活用好闲散土地；全力实施重点项目带动战略，加快推进兴华钢构、普瑞凯高分子材料及信合生物等重点项目建设进程。民营企业发展到118家，其中规模企业9家，完成规模以上工业增加值3.4亿元，增幅达17.7　%，规模企业成为推动镇域经济快速健康发展的主力军。

【现代农业成效显著】 把特色传统农业作为加快镇域经济突破的主攻方向，积极开展多种形式的土地承包经营权流转，不断提升农业产业化水平。大李庄社区1200余亩耕地成功实施流转，壮大了集体经济，增加了农民收益。开河南村成功托管土地2000余亩，提高了农业生产效率。生态高效农业快速发展，薛垓、西马垓等村的优质小麦良种繁育推广基地已发展1.2万亩；以油坊、开河东村为中心的绿色无公害蔬菜基地已达到8000余亩；大李庄中心社区利用旧址复垦土地发展高标准蔬菜大棚40个，蔬菜长势良好，产销两旺。特色农业发展迅速，前王村绿化苗木基地、开河南村千亩玫瑰种植园已初具规模，高店村依托济宁南阳湖农场，成功发展枫杨苗木基地500余亩。

【环境整治效果彰显】 大力实施济梁路改造提档升级工程，制定“济梁路路域环境综合整治10条标准”，建立管理与维护长效机制，全力打造优美、整洁、文明的公路路域环境，乡镇整体形象和品位大大提升。农村环境综合整治工作全面展开，以高店、吴垓、大李庄、石钟楼等8个行政村为示范，以“一事一议”示范乡镇建设为契机，用足用活扶持政策，积极争取上级奖补资金，大力实施农村环境综合整治。全年新建农村公路18.157公里，完成投资492.9万元；清理清除各类垃圾1500余吨，规范门店牌匾360余处，增设宣传栏156块，新增绿化面积1960平方米。镇村环境明显改观，群众满意度及幸福生活指数大大提升。

【社会事业协调发展】 大力实施民生工程，突出“以民为本，共建共享”的原则，大幅度增加资金投入，大范围完善公共服务，以发促和谐，以发展惠民生。投资500万元的全市一流高标准花园式敬老院已投入使用，全镇五保老人集中供养率达到85%以上，为老年人事业的发展提供了保障。投资30万元软硬设施完善、服务功能齐全的韩垓镇惠民服务中心已投入使用，为方便群众办事、服务经济发展、促进社会和谐稳定提供了良好的窗口和平台。镇中心幼儿园已经建成并投入使用，镇中学作为全县唯一一处乡镇中学顺利通过了省级规范化学校验收；新型农村合作医疗平稳运行，农村卫生服务实现全覆盖，投资400余万元改造升级镇卫生院，为更好地开展基本医疗服务和基本公共卫生服务奠定基础；社会保障体系日趋完善；群众性文化活动日益丰富；“平安韩垓”建设成效显著，整个社会事业呈现出蓬勃发展的良好局面。

马营乡

党委书记　仲崇斌

乡　长　周菊兰(女)

位于县境西部，面积52.39平方公里。辖30个自然村，24个村民委员会，有10145户，33164人，其中女15858人。

规模以上企业主营业务收入5.43亿元。利润0.88亿元，利税0.94亿元。分别比上年增长49.1%、49.6%、48%。固定资产投资完成6.66亿元，同比增长27.1%。农林牧渔业总产值4.99亿元。全年粮食作物播种面积7.37万亩，总产3.7万吨；瓜菜21900亩，总产7.8万吨；棉花4300亩，总产366吨；种植业产值3.2亿元。森林覆盖率达30%，林果总产10275吨；林业产值613万元，年末大牲畜存栏3132头，猪存栏3.16万头，羊存栏0.9万只，家禽存栏33.9万只，畜牧业总产值1.4亿元；水产品总量1930吨，渔业产值1422万元，农村用电量1326万千瓦时。财政收入1778万元，农民人均纯收入9397元，比上年增加2328元。有中学1处，小学7处，在校学生共2535人，适龄儿童入学率100%；有乡卫生院1处，社区卫生院1处。

【现代农业逐步形成】 一是特色种植养殖规模继续扩大。着力打造特色林果农业示范区和经济林业产业园，抓住全县规划发展“六大农业示范区”的有利契机，以全县春季植树造林工作为抓手，加强领导，精心规划，突出重点，示范带动，先后以反租倒包的形式签订流转合同120余份，流转植树造林土地1904亩，其中经济林1588亩，主要品种有华山、新高韩国梨，美国8号、烟台1号富士苹果，4号油桃等；绿化苗木316亩；共计栽植了12万株苗木。同时，采取成立管护工作领导小组、指导科学管护、加大经济奖励力度、加强林政执法等一系列措施，提高苗木成活率，巩固造林绿化成果，防止重栽轻管现象的出现。全乡新栽幼苗保苗率达到了95%，成活率达到98%。二是基础设施建设投入持续增加。投资38万元治理了吴垓沟、许庄沟、鲍垓沟、九支沟共11.8公里，完成土方3.54万方，新打机井10眼，投入工日3万余个。与县水利局联合投资1180万元，建设了辛兴屯水质净化工程，管道铺设达3万余米，涉及全乡23个行政村。三是农业企业发展水平不断提高。紧紧围绕农业增产、农民增收两大目标，重点提升了农副产品加工产业辐射带动能力，壮大了金土地食品、华鲁竹业、益客食品等农业龙头企业规模，延长产业链条。绿泉奶牛快速发展，存栏量达到600余头，已成为全县最大的奶牛生产基地之一；金城畜牧成为全县种猪存栏量最多的养殖企业，同时也是全县存栏量最大的养猪龙头企业；金土地有限公司、春天园林花卉公司被评为市级农业龙头企业。

【重点项目实现突破】 按照市县集中开展“大项目突破年”活动的指示精神，全镇进一步落实了支持企业发展的政策措施，激发了企业活力，提高服务水平，抓好了大项目建设、落地工作。投资10.07亿元的祥盛高档纤维纱项目，一期2.16万平方米的1号厂房建设完成，地面、风道、消防管道建设完工，并安装部分设备，2号纺纱车间主体已完工。二期工程建成后将形成年产1.5万吨纱锭的生产能力，年销售收入可达10亿元、利税2.1亿元；投资5亿元的梁山泊遗址湿地综合开发项目，梁五路拓宽改造工程正在处理地基；投资1.2亿元的天马永磁钕铁硼废料处理项目，新上生产线3条，2条生产线已开始运作，1条生产线正在安装设备；投资1.2亿元的中爱肾病医院项目，门诊楼、病房楼、体检中心、血液透析中心建设、装修完工，设备安装完毕，综合楼主体建设完工，已开始试运营；投资3.2亿元的高档彩色印刷项目，11月份正式动工建设，厂房、办公楼地基已完工；投资1.8亿元的高档水性树脂涂料生产项目，院墙及施工用房建设完毕。

【社会事业稳步推进】 教育事业得到优先发展。投资196万元的镇中心幼儿园已投入使用，建设标准、内部设施配备达到省级规范化幼儿园水平。投资150余万元建设了马营乡中学宿舍楼，投资50余万元硬化了操场和校内道路，投资20余万元建设了一处水冲式厕所。卫生事业得到快速发展。马营卫生院硬件建设、经营能力和公共卫生服务水平均列全县首位。投资150余万元的卫生院门诊楼已交付使用。新农合参合率达到100%。认真实施“三为主”规范化管理，严格控制人口增长，全面落实人口计划，认真做好“月月清”、“四术”工作,人口出生质量明显提高,违法生育处理得到加强。社会养老保险走在全县前列,参保率达到85%以上。认真实施“夕阳扶老工程”,投入80余万元,对乡敬老院进行扩建改造,完成了敬老院房屋及附属用房、供暖、绿化、美化、硬化等建设,加强了敬老院的管理,实现了集中供养与分散供养全覆盖。被评为省一级敬老院。农村环境卫生综合整治开创新局面。以整治镇村环境卫生“脏、乱、差”为突破口,围绕清运积存垃圾,整治镇容村貌,深入开展农村环境卫生综合整治。完成了张飞坟、柯庄、倪楼3个行政村道路硬化工程。积极探索实施“户分类、村收集、镇运输、县处理”的农村垃圾处理体系。注重对群众的思想引导,以村规民约、慢性病防治等为抓手,提升群众素质,养成良好的生活习惯。探索试行了村级运转经费保障机制,明确了人均每年10元的最低保障标准,同时保证每村不低于5000元。为16个村累计拨付补助办公经费14万余元。

【党的建设全面加强】 一是“标杆工程”有序推进。全乡确立了8个标准较高、亮点突出、特色鲜明、带动作用强的示范点,每个点都具体落实了创建目标、责任人、完成时限、建设资金等,严格按照创建标准,建立完善了工作制度。薛屯村党支部设置了带头致富示范、民事纠纷调解等10种岗位,签订了设岗定责目标管理责任书,并向组织和群众公开岗位承诺;张飞坟村党支部积极探索种植结构调整,发展成千亩规模的韩国梨种植示范基地,“华山”品种在第六届中国林产品交易会上获得“金奖”,并被认定为省级无公害农产品基地;赵坝、杨营两村党支部以促农增收为目的,在盘活集体资产、发展种植养殖加工等方面狠下功夫为群众打造了一条高效致富之路;马营社区党支部以“夯实基层党建、促进社区建设”为目标,党员干部充分发挥模范带头作用,实现了旧村和谐拆迁,顺利通过省、市验收,复耕土地420余亩,节约土地350余亩。马营卫生院党支部积极开展了“爱心志愿者陪护”、“进村入户温馨义诊”、“一对一结对帮困”等党员志愿者活动;中爱医院党支部书记出资40余万元建设了中爱老年公寓,义务赡养了21位无依无靠的老人,给老人发放衣物、零用钱,定期开展茶话会等娱乐活动,使老人们老有所养,老有所乐。二是后进村整治效果明显。按照村级组织“五有”要求,倒排了“支部书记不胜任”的北木屯村、“活动场所达不到标准”的许庄村和“群众满意度较低”的东李庄村3个后进村。成立了后进村整顿领导小组,把握重点,逐个整治,效果显著。对北木屯村通过走访、座谈等形式,重新选配了村党支部书记;许庄村对活动场所进行了修缮,疏通了下水道,室内铺设了地板砖,粉刷了墙壁、门窗,各项规章制度牌匾全部上墙;东李庄村由工作组认真梳理排查影响村发展稳定的突出问题,积极引导村党支部班子,从解决影响群众生产生活的实际问题入手,努力为群众办了一批实事好事,提升了村党支部凝聚力号召力。

拳铺镇

党委书记　李　朋

（~2012.10）

镇　　长　智红光

位于县境南部,面积145平方公里,耕地12.4393万亩,辖124个行政村,共29898户,人口114923人,人口自然增长率为3.5‰。

国内生产总值45.51亿元,其中一、二、三产业增加值分别达到5.04亿元、30.87亿元和9.6亿元;工业总产值124.7亿元,产品销售收入118.7亿元,实现利税9.8亿元。农林牧渔业总产值10.5亿元。全年粮食作物播种面积15621公顷,总产11.48万吨;蔬菜1228公顷,总产6.74万吨;棉花1316公顷,总产1560吨,种植业产值6.88亿元。全年造林108公顷,森林覆盖率达26.8%,林果总产3900吨,林业产值1645万元。年末大牲畜存栏3010头,猪存栏3.4万头,羊存栏4506只,家禽存栏59万只,畜牧业总产值2.5784亿元。水产品总产量4750吨,渔业总产值4532万元。农业机械总动力达16.96万千瓦。用电量1.21亿千瓦时。财政收入11324万元,农民人均纯收入9985元,比上年增加1386元。有中学3处,小学31处,在校学生共11045人,适龄儿童入学率100%;有医院2处,农民参加新农合率达到99.67%,电话普及率达每百人52部。

【壮大专用汽车主导产业,提升产业层次】 按照“三百亿产业”工程建设要求和争创“中国专用车产业园区”的发展目标,通过创建中国专用汽车产业园,不断壮大产业规模,完善产业链条,逐步形成了以专用汽车制造、整车销售、挂车配件、二手车交易、旧车拆解、研发、检测、物流于一体的专用汽车产业集群。2012

年，被中国汽车工业协会正式命名为“中国专用汽车产业基地”，被中国汽车流通协会正式命名为“中国二手商用车交易基地”。一是培植领军企业实现新突破。在成功完成中集东岳收购万事达、江铃集团收购泰福机械制造的基础上，积极推进水泊焊割、杨嘉挂车等一批发展潜力大、带动能力强的企业对外合资合作。完成了深圳比亚夫与金盛车桥、广东富华与金宇车轮的合资合作。二是专用车产业链条不断完善。大车桥、大钢圈等重点专用汽车零配件项目引进力度进一步加大，江铃华岳、金盛车桥、嘉联汽配城、华通二手车等一系列产业链条项目顺利推进，有效提高了专用汽车零配件总成配套能力，降低了生产成本，改变了拳铺乃至梁山专用汽车产业链条薄弱的局面，提高了市场竞争能力。三是产业升级步伐全面加快。充分发挥水泊焊割、中集东岳等高新技术企业的龙头带动作用，鼓励企业不断加大科技投入，积极引进高层次管理人才和高级技术人才，强化产品开发和技术创新能力，推进产业升级。实施名牌战略，增强企业综合竞争力。全镇拥有高新技术企业20个，完成高新技术企业工业总产值62.56亿元；拥有省级研发机构2处，市级研发机构6处，有效发明专利97个；拥有山东品牌产品5个，著名商标6个。

【农业产业化规模化经营取得新成绩】 新建陆庄、琉璃井等7处花卉苗木基地，新建吴楼1000亩、盛垓400亩等无公害蔬菜种植示范基地4处，实施后张良种猪繁育场新建、拳南肉鸭厂新建等项目9处。累计投资500万元实施了方西泵站、琉璃井泵站、信楼泵站、潘庄泵站等涝洼地改造项目4处，投资10万余元实施了前王村农田水利设施项目新建工程。全镇经济作物种植面积达到2.2万亩，农业龙头企业达到15个，种养基地达到27个，农村经济合作社达到40个。国家级重点工程7万亩农村土地综合整理项目，累计建设完成田间道80000余米、生产路60000米，新打机井610眼，修建桥涵450余座，并完成了60个高压配电室的主体工程。高标准建设高速公路绿色通道。全面完成了高速公路沿线13个行政村、总长10.8公里的绿色通道建设任务，栽植面积1500余亩，植树3万余棵，开挖两侧界沟12000余米，同步完成树木涂白。完成土地流转2.4万亩。

【园区和镇村建设全面推进】 一是高起点规划，构筑城镇发展新体系。以科学化理念规划城镇，投资160万元聘请山东省城乡规划设计院，对城镇化建设总体规划进行修编，对小城镇详细规划，将镇区划分为工业、商贸、居住、文教、行政五大功能区，有序推进新型城镇建设，全力打造经济繁荣、群众富裕、管理有序、安定和谐的现代化小城市。二是高标准建设，打造城镇提升新格局。总投资1700万元，贯穿220国道和梁济路，全长5公里的金线岭路现已竣工通车，两侧1万米排水工程同步完成；按照规划正在建设兴园路和盛园路两条园区道路。梁山县拳铺污水处理厂及配套管网工程，选址已经完毕。按照县域副中心和“风情小镇、企业社区、镇级城市”发展定位，积极实施拳铺、徐集两个中心双向开发、延伸对接的发展策略。西徐片区投资2000万元四栋居民楼主体工程已经基本完工，建筑面积达到2万平方米。完善了基础设施建设，提升了小城镇的承载能力和聚集能力。

【新农村建设有了新亮点】 农村社区建设扎实推进。盛垓社区建设完成3栋居民楼，成功安置160户居民入住，四号居民楼正在建设，顺利完成了旧村拆除工作，腾空土地300余亩，并通过省市县的验收。陆庄社区按计划全部完成了16栋居民楼建设，已交付使用，471户群众已安置上楼，旧村复垦完毕，能腾空土地400余亩。南杜社区、东马社区居民楼正在建设中。农村环境综合整治得到群众热烈欢迎。充分利用上级对示范镇给予的“一事一议”、奖补资金等优惠政策，加强农村基础设施建设。全镇有50个村开展并完成了公益项目建设，争取到位上级奖补资金480万元，极大地解决了农村融资难的问题。累计投资2429万元开展了农村道路硬化、环境美化综合整治工作，其中：投资2326万元的吴楼、东大庙、堂子等32个村85.42公里的道路硬化工程全面竣工，投资103万元为前王、北盛庄、苗庄等15个村新修地下垃圾池67个、购置环卫车35个、配备垃圾桶180个，同时，为各村配备了环卫工人，发放了环卫服装，加强村庄日常保洁。农村“脏、乱、差”现象得到有效治理，人居环境明显改善，群众生活质量显著提高。

（刘传镇　何清华）

济宁年鉴 2013

JININGYEARBOOK

人物

新任市级领导人

马平昌 济宁市委书记，市人大常委会主任、党组书记，市委党校校长，济宁军分区第一书记，山东陆军预备役炮兵师第一政委、第一书记。男，汉族，1957年2月出生，山东淄博淄川人，中央党校研究生，1976年12月加入中国共产党，1980年12月参加工作。1980.12—1983.06淄博市淄川区蓼坞公社经管站经管员；1983.06—1984.04淄博市淄川区蓼坞公社党委委员、秘书；1984.04—1986.08淄博市淄川区黑旺镇党委副书记、镇长；1986.08—1990.02淄博市淄川区税务局局长；1990.02—1990.05淄博市淄川区委办公室主任；1990.05—1993.02淄博市淄川区委常委、办公室主任（其间：1988.07—1991.07淄博教育学院中文专业函授学习）；1993.02—1995.03淄博市淄川区委常委、副区长；1995.03—1997.12淄博市淄川区委副书记、副区长（其间：1992.09—1995.06南京理工大学经济系财会专业学习；1994.04—1996.04中国社科院在职研究生班学习）；1997.12—1998.01淄博市博山区委副书记，区政府代区长；1998.01—1999.02淄博市博山区委副书记，区政府区长、党组书记；1999.02—1999.05淄博市政府副秘书长（正县级）；1999.05—2000.11东明县委书记；2000.11—2003.04菏泽市委常委、组织部部长；2003.04—2004.05菏泽市委副书记、组织部部长；2004.05—2005.12菏泽市委副书记；2005.12—2006.12菏泽市委副书记、纪委书记；2006.12—2007.02莱芜市委副书记，市政府代市长、党组书记；2007.02—2011.12莱芜市委副书记，市政府市长、党组书记；2011.12—2012.02济宁市委书记、党校校长，2012.01兼济宁军分区第一书记；2012.02—2012.07济宁市委书记，市人大常委会主任、党组书记，市委党校校长，济宁军分区第一书记；2012.07至今济宁市委书记，市人大常委会主任、党组书记，市委党校校长，济宁军分区第一书记，山东陆军预备役炮兵师第一政委、第一书记（其间：2011.03—2013.01中央党校在职研究生（导师制）经济学专业学习）。

崔洪刚 济宁市委副书记，济宁社会主义学院院长。男，汉族，1961年5月出生，山东淄博临淄人，中央党校研究生，1982年11月加入中国共产党员，1978年10月参加工作。1978.10—1979.09淄博市淄川区洪山公社十里村知青；1979.09—1981.07淄博师专中文系中文专业学习；1981.07—1982.11淄博市张店区石桥公社干部；1982.11—1984.11淄博市委老干部局办公室干事；1984.11—1985.05淄博市委老干部局办公室副主任（其间：1983.03—1985.05淄博市委整党办公室秘书）；1985.05—1985.06淄博市委办公室办事员；1985.06—1986.07淄博市委办公室副科级秘书；1986.07—1989.11共青团淄博市委副书记（其间：1988.11—1989.11挂职淄博市周村区南营镇党委副书记）；1989.11—1993.02淄博市周村区委副书记；1993.02—1996.12淄博市周村区委副书记，区政府区长（其间：1994.04—1996.04中国社会科学院研究生院企管专业学习）；1996.12—1999.02淄博市委副秘书长（正县级）（其间：1996.08—1997.08山东省委党校中青班学习）；1999.02—2001.02淄博市博山区委书记、党校校长；2001.02—2001.06淄博市政府副市长、党组成员兼高新技术产业开发区党委书记、管委会主任、经济发展总公司总经理；2001.06—2004.04淄博市政府副市长、党组成员兼高新技术产业开发区党工委书记、管委会主任、经济发展总公司总经理；2004.04—2004.06淄博市政府副市长、党组成员兼高新技术产业开发区党工委书记、管委会主任；2004.06—2006.12淄博市委常委兼高新技术产业开发区党工委书记、管委会主任（其间：2004.03—2006.01中央党校在职研究生班社会学专业学习）；2006.12—2008.08济宁市委常委，市政府副市长、党组副书记；2008.08—2012.02 济宁市委常委，市政府副市长、党组副书记，济宁行政学院院长；2012.02至今济宁市委副书记，济宁社会主义学院院长，2012.03兼市关心下一代工作委员会主任。

周 洪 济宁市委常委，市政府副市长、党组副书记。男，汉

族,1958年8月出生,山东兖州人,中央党校研究生,1982年3月加入中国共产党,1980年7月参加工作。1978.06—1980.07兖州师范学校师范专业学习;1980.07—1984.05兖州县漕河公社团委副书记、党委秘书;1984.05—1987.08兖州县委办公室秘书;1987.08—1990.02兖州县纪委常委、办公室主任;1990.02—1993.12兖州县(市)城郊乡党委副书记、乡长;1993.12—1994.02兖州市城郊乡党委书记;1994.02—1994.11兖州市新兖镇党委书记(享受副县级干部待遇);1994.11—1997.01兖州市委常委、新兖镇党委书记(其间:1993.06—1995.12中央党校函授学院本科班经济管理专业学习;1996.09—1997.01中央党校第27期地厅级干部班进修二班学习);1997.01—1997.12梁山县委副书记,县政府副县长;1997.12—2002.12嘉祥县委副书记,县政府县长、党组书记(其间:1999.09—2002.06山东省委党校在职干部研究生班经济管理专业学习);2002.12—2003.01嘉祥县委书记;2003.01—2003.04嘉祥县委书记,县人大常委会主任;2003.04—2005.12嘉祥县委书记,县人大常委会主任,县委党校校长;2005.12—2012.02济宁市政府副市长、党组成员,2006.05兼市国资委党委书记(其间:2004.03—2006.01中央党校在职研究生经济学专业学习);2012.02—2012.04济宁市委常委,市政府副市长、党组副书记,市国资委党委书记;2012.04至今济宁市委常委,市政府副市长、党组副书记。

王次忠

济宁市委常委、宣传部部长,中华文化标志城规划建设济宁工作委员会办公室主任。男,汉族,1963年2月出生,山东滕州人,省委党校研究生,1989年5月加入中国共产党,1981年7月参加工作。1979.09—1981.07山东省财政学校工业财务专业学习;1981.07—1986.03枣庄市财政局办事员;1986.03—1992.08枣庄市财政局企财科、商贸科副科长(其间:1987.03—1991.06山东省高教自考大专班会计学专业学习);1992.08—1995.11枣庄市财政局商贸科科长;1995.11—1999.03枣庄市财政局副局长;1999.03—2006.08枣庄市财政局局长(其间:1994.06—1999.12山东省高教自考本科班会计学专业学习;2000.09—2003.06山东省委党校在职干部研究生班经济管理专业学习;2003.03—2003.12山东省委党校中青班学习);2006.08—2007.08枣庄市政府党组成员,市财政局局长;2007.08—2007.12枣庄市政府市长助理,市财政局局长;2007.12—2012.02济宁市政府副市长、党组成员;2012.02—2012.06济宁市委常委、宣传部部长;2012.06至今济宁市委常委、宣传部部长,中华文化标志城规划建设济宁工作委员会办公室主任。

佘春明

济宁市委常委,济宁高新区党工委书记。男,汉族,1963年3月出生,山东潍坊人,硕士研究生,1985年7月加入中国共产党,1982年7月参加工作。1980.07—1982.07济宁师专物理专业学习;1982.07—1984.07济宁九中教师;1984.07—1985.09济宁市市中区团委学少部部长;1985.09—1987.05济宁市市中区团委副书记;1987.05—1992.08济宁市市中区团委书记(其间:1990.07—1992.07曲阜师范大学高师函授本科中文专业学习);1992.08—1994.04山东省委党校党政干部研究生班经济管理专业学习;1994.04—1995.07济宁市市中区南苑镇党委副书记、镇长;1995.07—1998.06济宁高新区社发局局长,1995.09洸河办事处主任,1996.10洸河街道党委书记;1998.06—2001.06济宁高新区管委会副主任、党委委员,洸河街道党委书记;2001.06—2002.11济宁高新区管委会副主任、党工委副书记,洸河街道党委书记;2002.11—2003.12济宁高新区管委会副主任、党工委副书记(其间:2001.04—2003.09南开大学与澳大利亚弗林德斯大学合办国际硕士学位课程班经贸关系专业学习,获文学硕士学位);2003.12—2005.02济宁高新区管委会常务副主任、党工委副书记(正县级);2005.02—2006.12济宁市对外贸易经济合作局局长、党委书记,中国国际贸促会济宁支会(中国国际商会济宁市商会)会长;2007.01—2008.01 济宁高新区党工委书记、管委会主任;2008.01—2010.12 济宁市政府市长助理,济宁高新区党工委书记、管委会主任;2010.12—2011.01 济宁市政府副市长,济宁高新区党工委书记、管委会主任;2011.01—2011.02 济宁市政府副市长、党组成员,济宁高新区党工委书记、管委会主任;2011.02—2012.02 济宁市政府副市长、党组成员,济宁高新区党工委书记;2012.02 至今济宁市委常委,济宁高新区党工委书记。

陈　民

济宁市人大常委会第一副主任(正厅级)、党组书记。男,汉族,1955 年 10 月出生,山东鱼台人,大学,1985 年 2 月加入中国共产党,1981 年 7 月参加工作。1972.03—1976.01 鱼台县造纸厂工人;1976.01—1979.09 鱼台县建筑公司工人;1979.09—1981.07 济宁师专中文系中文专业学习;1981.07—1984.10 济宁地区教育局工作;1984.10—1986.02 济宁市教育局秘书科副科长;1986.02—1987.07 济宁市教育局党委办公室主任(其间:1984.09—1987.07 曲阜师范大学函授中文专业学习);1987.07—1987.12 济宁市委宣传部工作;1987.12—1988.08 济宁市委宣传部文教科科长;1988.08—1991.03 济宁市委宣传部宣传科科长;1991.03—1994.12 济宁市委宣传部副部长(其间:1992.09—1994.07 山东师范大学研究生课程进修班世界经济专业学习);1994.12—1995.11 济宁市委副秘书长;1995.11—1999.09 微山县委书记,1999.01 兼党校校长;1999.09—2000.09 济宁市委副秘书长;2000.09—2001.01 济宁市委副秘书长、市委政策研究室主任;2001.01—2001.02 济宁市委副秘书长;2001.02—2002.12 济宁市委副秘书长、办公室主任;2002.12—2003.02 济宁市委副秘书长、办公室主任,市政府党组成员;2003.02—2005.05 济宁市政府副市长、党组成员,2005.04 兼济宁市慈善总会会长;2005.05—2007.01 济宁市政府副市长、党组成员,中华文化标志城济宁市筹备建设办公室主任,2005.11 兼济宁市关心下一代工作委员会副主任;2007.01—2007.04 济宁市政府副市长、党组成员,市委秘书长,中华文化标志城济宁市筹备建设办公室主任;2007.04—2007.07 济宁市委常委、秘书长,中华文化标志城济宁市筹备建设办公室主任;2007.07—2012.02 济宁市委常委、秘书长;2012.02—2012.09 济宁市人大常委会第一副主任(正厅级)、党组副书记;2012.09 至今济宁市人大常委会第一副主任(正厅级)、党组书记。

商建设

济宁市人大常委会副主任、党组成员、内务司法委员会主任委员、农业与农村委员会主任委员。男,汉族,1956 年 10 月出生,山东巨野人,省业余大学,1975 年 4 月加入中国共产党,1975 年 9 月参加工作。1973.02—1975.09 嘉祥县核桃园公社民师;1975.09—1975.12 嘉祥县委工作组驻大山头公社工作组副组长;1975.12—1978.12 嘉祥县核桃园公社党委副书记;1978.12—1983.05 嘉祥县仲山公社党委秘书、委员、管委会副主任(其间:1981.03—1983.03 济宁师专干修科政治中文专业学习);1983.05—1984.05 嘉祥县满硐公社党委副书记;1984.05—1985.06 嘉祥县满硐乡党委书记;1985.06—1987.02 嘉祥县万张乡党委书记;1987.02—1992.12 嘉祥县委常委、办公室主任;1992.12—1997.12 嘉祥县政府副县长、党组副书记(其间:1993.09—1996.07 山东省经济管理干部学院经济管理专业学习);1997.12—1998.03 梁山县委副书记,县政府副县长;1998.03—1999.08 梁山县委副书记、组织部部长,县政府副县长;1999.08—2000.01 梁山县委副书记,县政府副县长,1999.10 县政府党组副书记;2000.01—2004.06 梁山县委副书记,县政府代县长、县长、党组书记;2004.06—2004.07 梁山县委书记,县政府县长、党组书记;2004.07—2004.08 梁山县委书记、党校校长,县政府县长、党组书记;2004.08—2006.01 梁山县委书记、党校校长;2006.01—2009.07 梁山县委书记、党校校长,县人大常委会主任;2009.07—2010.02 济宁市副市级干部,梁山县委书记、党校校长,县人大常委会主任;2010.02—2010.04 济宁市副市级干部,市政府党组成员、特邀咨询,梁山县委书记,县人大常委会主任;2010.04—2012.02 济宁市副市级干部,市政府党组成员、特邀咨询;2012.02 至今济宁市人大常委会副主任、党组成员、内务司法委员会主任委员、农业与农村委员会主任委员。

罗心光

济宁市人大常委会副主任、党组成员、财政经济委员会主任委员、城乡建设与环境资源保护委员会主任委员,市总工会主席。男,汉族,1957 年 3 月出生,山东邹城人,省委党校大学,1976 年 1 月加入中国共产党,1974 年 7 月参加工作。1974.07—1975.12 邹县中心店镇前南村下乡知青;1975.12—1978.10 邹县革委知青办公室办事员;1978.10—1981.10 邹县团县委副书记;1981.10—1983.07 山东农业大学干部专修科农学专业学习;1983.07—1984.03 邹县团县委书记;1984.03—1992.12 邹县香城镇党委书记(其间:1987.08—1990.06 中央党校函授学院大专班经济管理专业学习);1992.12—1994.12 邹城市委常委、办公室主任;1994.12—1997.12 济宁市任城区委常委、办公室主任;1997.12—1998.01 济宁市任城区委副书记;1998.01—1998.09 济宁市任城区委副书记,区政府副区长、党组副书记;1998.09—2003.08 济宁市市中区委副书记,区政府副区长、党组副书记;2003.08—2004.01 微山县委副书记,县政府代县长、党组书记;2004.01—2006.12 微山县委副书记,县政府县长、党组书记(其间:2003.09—2005.12 山东省委党校业余本科班法律专业学习);2006.12—2007.01 微山县委书记、党校校长;2007.01—2008.03 微山县委书记、党校校长,县人大常委会主任;2008.03—2011.12 微山县委书记、党校校长,县人大常委会主任、党组书记;2011.12—2012.02 济宁市人大常委会党组成员;2012.02 至今济宁市人大常委会副主任、党组成员、财政经济委员会主任委员、城乡建设与环境资源保护委员会主任委员,市总工会主席。

田志锋

济宁市政府副市长、党组成员。男,汉族,1961 年 9 月出生,山东汶上人,博士研究生,1983 年 5 月加入中国共产党,1975 年 12 月参加工作。1975.12—1979.09 汶上县书院小学教师;1979.09—1981.08 菏泽师专英语教育专业学习;1981.08—1984.07 济宁县一中教师、团委副书记;1984.07—1988.04 济宁市郊区团委副书记、书记;1988.04—1990.04 济宁市郊区唐口镇党委书记;1990.04—1994.01 济宁市郊区政府副区长、党组成员(其间:1989.09—1992.09 中央党校函授学院本科班经济管理专业学习);1994.01—1999.02 济宁市任城区政府副区长、党组成员,1998.03 区政府党组副书记(其间:1993.10—1994.12 挂职陕西省横山县副县长;1994.09—1997.09 山东省委党校在职干部研究生班行政管理专业学习);1999.02—2001.01 济宁高新技术产业开发区管委会副主任、党委委员;2001.01—2003.01 泗水县委书记、党校校长;2003.01—2009.04 泗水县委书记,县人大常委会主任,县委党校校长(其间:2003.03—2003.12 山东省委党校中青班学习;2000.05—2004.08 省委组织部、省人事厅选调到美国纽黑文大学公共管理专业学习,获公共管理硕士学位;2004.03—2006.09 同济大学经济与管理学院企业管理专业博士研究生);2009.04—2011.11 济宁市副市级干部,兖州市委书记、党校校长(其间:2008.01—2010.01 北京大学济宁高新区创业中心博士后科研工作站进站研究);2011.11—2011.12 济宁市副市级干部;2011.12—2012.02 济宁市副市级干部,市政府党组成员;2012.02 至今济宁市政府副市长、党组成员。

石爱作

济宁市政府副市长、党组成员,济宁北湖省级旅游度假区党工委书记。男,汉族,1965 年 11 月出生,山东郓城人,中央党校大学,1986 年 1 月加入中国共产党员,1983 年 7 月参加工作。1981.09—1983.07 菏泽师专物理系物理专业学习;1983.07—1985.09 郓城县第一农技中学教师;1985.09—1986.01 梁山县委党校办公室干事;1986.01—1987.03 梁山县委宣传部秘书科干事;1987.03—1987.09 梁山县委宣传部秘书科副科长;1987.09—1990.03梁山县团委副书记;1990.03—1991.05菏泽地区经委办公室秘书;1991.05—1992.01菏泽地区经委办公室副主任;1992.01—1994.04菏泽地区经委财政金融科副科长(其间:1991.08—1993.12中央党校函授学院本科班经济专业学习);1994.04—1997.06菏泽地区经委财政金融科科长;1997.06—1998.04菏泽地区经委经济运行科科长;1998.04—2001.01菏泽地区经委副主任兼行署经济运行总调度室主任;2001.01—2002.01菏泽市经贸委副主任兼市经济运行总调度室主任;2002.01—2003.03菏泽市经贸委副主任兼市经济运行办公室主任;2003.03—2003.07菏泽市经贸委主任、党委书记,市经济运行办公室主任;2003.07—2005.06菏泽市经贸委主任、党委书记(其间:2001.04—2004.04山东大学管理学院工商管理专业学习,获工商管理硕士学位);2005.06—2006.02菏泽市经贸委主任、党组书记,市国资委主任、党委副书记;2006.02—2006.12巨野县委副书记,县政府县长、党组书记;2006.12—2007.01鱼台县委书记、党校校长;2007.01—2007.12鱼台县委书记,县人大常委会主任,县委党校校长;2007.12—2009.01邹城市委书记、党校校长;2009.01—2011.12邹城市委书记,市人大常委会主任,市委党校校长;2011.12—2012.01济宁市政府党组成员;2012.01—2012.02济宁市政府党组成员,济宁北湖省级旅游度假区党工委书记;2012.02至今济宁市政府副市长、党组成员,济宁北湖省级旅游度假区党工委书记。

张继民

济宁市政府副市长、党组成员。男,汉族,1963年3月出生,山东梁山人,省委党校研究生,1982年2月加入中国共产党员,1979年12月参加工作。1979.12—1980.12梁山县人民银行会计;1980.12—1983.09梁山县农行人事干事;1983.09—1987.07山东省委党校理论班党史党建专业学习;1987.07—1988.08梁山县委党校理论教员;1988.08—1990.09梁山县委办公室科员;1990.09—1992.03济宁市委办公室秘书;1992.03—1993.08济宁市委办公室副科级秘书;1993.08—1996.03济宁市委组织部研究室副科级组织员;1996.03—1997.05济宁市委组织部企业干部科副科长;1997.05—1998.10济宁市委组织部企业干部科科长;1998.10—2000.01济宁市委组织部办公室主任;2000.01—2001.08济宁市委组织部助理调研员、办公室主任;2001.08—2001.12济宁市委组织部副部长、办公室主任;2001.12—2005.02济宁市委组织部副部长;2005.02—2007.12济宁市委组织部副部长,市人事局局长、党组书记,市编办主任(其间:2004.09—2007.06山东省委党校在职干部研究生班经济管理专业学习);2007.12—2011.11济宁市市中区委书记,区人大常委会主任,区委党校校长(其间:2005.09—2008.01北京交通大学经管学院工商管理专业学习,获高级管理人员工商管理硕士学位);2011.12—2012.02 济宁市政府党组成员;2012.02至今济宁市政府副市长、党组成员。

吴霁雯

济宁市政府副市长,民建济宁市委主任委员。女,汉族,1966年10月出生,济宁中区人,大专,2011年9月加入民建济宁市委员会,1988年7月参加工作。1986.09—1988.07济宁师专外语系英语专业学习;1988.07—1992.08济宁抗生素厂销售处职工(其间:1991.09—1992.07沈阳药学院进修班外语专业学习);1992.08—1993.07济宁抗生素厂厂办秘书、鲁抗公司总经理办公室秘书;1993.07—1995.12鲁抗公司外经外贸公司副经理;1995.12—1997.12鲁抗公司进出口公司副经理;1997.12—2000.03鲁抗医药企业集团公司总经办总经理助理(其间:1996.09—1998.07济宁市“百名企业管理人才工程”培训;1998.01—2000.03挂职曲阜市政府副市长);2000.03—2007.12曲阜市政府副市长(其间:2004.04—2006.10北京理工大学工商管理专业学习,获高级管理人员工商管理硕士学位);2007.12—2008.03曲阜市人大常委会副主任;2008.03—2010.01济宁市政府外事办公室(市政府侨务办公室)主任;2010.01—2011.10济宁市政府外事侨务办公室主任;2011.10—2012.02济宁市政府外事侨务办公室主任,民建济宁市委主任委员;2012.02—2012.04 济宁市政府副市长,市外事侨务办公室主任,民建济宁市委主任委员;2012.04 至今济宁市政府副市长,民建济宁市委主任委员。

张开朗 济宁市政协副主席、党组副书记,市委统战部部长,男,汉族,1955 年 11 月出生,山东微山,省业余大学,1975 年 9 月加入中国共产党,1976 年 2 月参加工作。1976.02—1978.06 微山县高楼公社党委副书记;1978.06—1980.10 微山县高楼公社党委副书记、革委会副主任;1980.10—1982.07 山东农学院干修科农学专业学习;1982.07—1982.12 微山县高楼公社党委副书记;1982.12—1984.05 微山县高楼公社党委书记;1984.05—1987.02 微山县留庄乡党委书记;1987.02—1987.12 微山县委常委、农工部部长;1987.12—1992.12 微山县政府副县长;1992.12—1997.01 微山县委常委、组织部部长(其间:1993.09—1996.07 山东省经济管理干部学院本科班经济管理专业学习);1997.01—2000.01 微山县委副书记,县政府副县长;2000.01—2002.12 汶上县委副书记,县政府县长、党组书记;2002.12—2003.01 汶上县委书记;2003.01—2003.04 汶上县委书记,县人大常委会主任;2003.04—2006.12 汶上县委书记,县人大常委会主任,县委党校校长; 2007.01—2007.04 济宁市政府市长助理;2007.04—2008.01 济宁市委常委、市委农村工作领导小组组长;2008.01—2008.12 济宁市委常委、市直机关工委书记;2008.12—2012.02 济宁市委常委、统战部部长;2012.02 至今济宁市政协副主席、党组副书记,市委统战部部长。

陈　颖 济宁市政协副主席,教科文卫体委员会主任,市工商业联合会(市民间商会)主席。女,汉族,1961 年 4 月出生,北京市人,博士研究生,1994 年 2 月加入九三学社济宁市委员会,1982 年 8 月参加工作。1978.10—1982.07 华东理工大学化学工程系煤化工专业学习;1982.08—1986.08 济宁市煤炭化学公司工作;1986.08—1991.02 济宁市煤化公司化产回收车间副主任(副科);1991.02—1991.06 济宁市煤化公司化产回收车间副主任(正科);1991.06—1993.10 济宁市煤化公司总工办公室副主任兼生产技术科长;1993.10—1994.09 济宁市煤化公司副总工程师兼总工办副主任;1994.09—1995.01 济宁市煤化公司指挥部综合技术处副处长;1995.01—1996.06 济宁市煤化公司副总工程师;1996.06—1998.03 济宁市煤化公司经理助理兼常务副总工程师(主持工作);1998.03—2001.01 嘉祥县政府副县长(挂职),1998.12 九三学社济宁市委副主委;2001.01—2002.12 九三学社济宁市委副主委,嘉祥县政府副县长;2002.12—2003.02 济宁市政府市长助理,九三学社济宁市委副主委;2003.02—2007.05 济宁市政府副市长,九三学社济宁市委副主委(其间:2000.09—2003.07 山东省委党校在职干部研究生班经济管理专业学习);2007.05—2008.02 济宁市政府副市长,市工商业联合会(市民间商会)会长;2008.02—2012.02 济宁市政府副市长,市工商业联合会(市民间商会)主席(其间:2005.09—2008.07 北京理工大学管理科学与工程专业博士研究生);2012.02—2012.03 济宁市政协副主席,市工商业联合会(市民间商会)主席;2012.03 至今济宁市政协副主席,教科文卫体委员会主任,市工商业联合会(市民间商会)主席。

孔维民 济宁市政协副主席、党组成员,经济委员会主任。男,汉族,1958 年 3 月出生,山东汶上人,省委党校研究生,1982 年 9 月加入中国共产党,1980 年 7 月参加工作。1976.08—1978.08 汶上县农业学大寨工作队队员,苑庄公社农技站农业技术员;1978.08—1980.07 曲阜师范学校文史专业学习;1980.07—1981.04 汶上县第十一中学教师;1981.04—1984.05 汶上县团委干事;1984.05—1989.04 汶上县团委副书记(其间:1984.10—1986.07 中央团校大专班政治教育专业学习);1989.04—1989.10 共青团济宁市委办公室副主任;1989.10—1990.02 共青团济宁市委常委、办公室副主任；1990.02—1991.05 共青团济宁市委常委、办公室主任；1991.05—1992.08 共青团济宁市委常委、组织部部长；1992.08—1994.12 共青团济宁市委副书记；1994.12—2000.01 共青团济宁市委书记（其间：1995.02—1996.02 山东省委党校中青班学习；1996.09—1999.06 山东省委党校在职干部研究生班经济学专业学习；1998.04—1999.04 挂职泗水县委副书记、市下派干部泗水工作团团长）；2000.01—2003.08 微山县委副书记，县政府县长、党组书记；2003.08—2006.12 微山县委书记，县人大常委会主任，县委党校校长（其间：2004.09—2005.01 中央党校县委书记培训班学习；2004.04—2006.12 西安交通大学工商管理专业学习，获高级管理人员工商管理硕士学位）；2006.12—2007.01 济宁市任城区委书记、党校校长；2007.01—2008.09 济宁市任城区委书记，区人大常委会主任，区委党校校长；2008.09—2011.11 济宁市副市级干部，任城区委书记，区人大常委会主任，区委党校校长；2011.11—2011.12 济宁市副市级干部；2011.12—2012.02 济宁市副市级干部，市政协党组成员；2012.02—2012.03 济宁市政协副主席、党组成员；2012.03 至今济宁市政协副主席、党组成员，经济委员会主任。

曹景群

济宁市政协副主席、党组成员，提案委员会主任。男，汉族，1958 年 6 月出生，山东嘉祥人，省委党校大学，1977 年 3 月加入中国共产党，1980 年 7 月参加工作。1976.05—1978.10 嘉祥县梁宝寺公社梁宝寺管区工作；1978.10—1980.07 临沂商校物价专业学习；1980.07—1983.10 嘉祥县物价局秘书；1983.10—1986.09 济南市委党校理论班学习；1986.09—1987.06 山东省委党校理论班政治经济学专业学习；1987.06—1989.09 嘉祥县委宣传部理教干事；1989.09—1989.12 嘉祥县委宣传部企业思想政治科科长（副科级）；1989.12—1990.05 济宁市委办公室副科级干部；1990.05—1990.12 济宁市委办公室副科级秘书；1990.12—1993.12 济宁市委办公室综合科副科长；1993.12—1997.01 济宁市委办公室正科级秘书；1997.01—1998.08 济宁市委办公室副县级秘书（其间：1997.09—1997.12 济宁市委党校县处级干部进修班学习）；1998.08—2001.08 济宁市委办公室副主任（其间：1998.04—1999.04 驻梁山县开河乡包村工作队队长）；2001.08—2004.08 济宁市委副秘书长、办公室副主任；2004.08—2005.01 金乡县委副书记，县政府代县长；2005.01—2005.12 金乡县委副书记，县政府县长、党组书记；2005.12—2006.01 金乡县委书记、党校校长；2006.01—2008.12 金乡县委书记，县人大常委会主任，县委党校校长；2008.12—2012.02 济宁市委副秘书长、办公室主任；2012.02—2012.03 济宁市政协副主席、党组成员；2012.03 至今济宁市政协副主席、党组成员，提案委员会主任。

济宁年鉴 2013

JININGYEARBOOK

附录

2012年度荣誉榜

全国五一劳动奖章获得者

程　伟　鱼台县供电公司经理
高兴亮　兖矿集团有限公司兴隆庄煤矿综采装修队采煤机液压试验室组长
靳清汉　济宁市第一人民医院院长
王书平　嘉祥东丰农科所所长

山东省富民兴鲁劳动奖章获得者

成敏锐（女）　济宁市中医院医疗保险部主任
郭敦化　济宁市技师学院工会主席
姜玉彬　嘉祥县国土资源局局长、党委书记
蒋凤明　泗水县商业局科员
李佳利　山东济宁心心酒业有限公司总经理
李京修　华电邹县发电有限公司总经理
李开新　中国联合网络通信有限公司济宁分公司副总经理
刘秀云　兖矿集团煤化公司工会副主席
卢成林　中共济宁市委市直机关工委纪工委副书记
吕新民　曲阜天博汽车零部件制造有限公司董事长
罗　玲　济宁市高级职业学校主任
马秀云　济宁任城区供电公司生产技术部主任
孟凡林　中国联合网络通信有限公司邹城分公司工会主席
孟宪化　汶上县第一中学教师
潘传连　济宁监狱党委委员、总工程师
邱茂合　中国移动通信集团山东有限公司济宁分公司副总经理
任玉宏　中国人民财产保险股份有限公司济宁市分公司副总经理、工会主席
盛　伟　梁山县供电公司经理
王林安　济宁矿业集团花园井田资源开发有限公司工会副主席
王　勇　济宁高新区管委会党政办公室副主任
徐来祥　曲阜师范大学生命科学学院院长
闫亚光　中石化山东济宁石油分公司工会主席
杨海亮　山东山推工程机械进出口有限公司俄罗斯业务代表
杨连河　山东兴唐源建设工程有限公司和济宁联合纸业有限公司董事长
张　国　泰山玻璃纤维邹城有限公司常务副总经理
张念雷　金乡县住房和城乡建设局党委书记、局长
张新义　济宁市交通运输管理处副书记、副主任
赵卫国　微山县地方税务局党组书记、局长
朱兴峰　鱼台县王鲁镇建筑公司职工
祝平安　兖矿兖州市地方税务局局长

第三届济宁市市长质量管理奖候选企业

山东东宏管业有限公司
卡松科技有限公司

第三届济宁市市长质量贡献奖候选个人

张建鲁　山东祥通橡塑集团有限公司董事长
何景春　山东玉堂酱园有限责任公司董事长

第三届济宁市市长质量管理奖提名奖候选企业

曲阜中联水泥有限公司
济宁高科股份有限公司
润峰电力有限公司
鲁特电工股份有限公司
兖州创佳玻璃纤维制品有限公司

第三届济宁市市长质量贡献奖提名奖候选个人

张运宪　山东鲁泰煤业有限公司鹿洼煤矿矿长
王　华　山东齐鲁城市建设管理有限公司董事长
胡桂花　山东梁山华宇集团董事长

第三届“感动济宁”十佳人物

丁曙光　王升安　王红岩
刘汉顺　杨洪才　宋　娟
张甲生　周　轲　孟凡珍
霍红旗　叶培欣

2012年度公文要目辑存

济发1号　中共济宁市委 济宁市人民政府关于认真贯彻中发〔2012〕1号和鲁发〔2012〕1号文件精神进一步加快我市农业农村发展的实施意见

济发2号　中共济宁市委关于加强市委常委会自身建设的决定

济发3号　中共济宁市委关于认真学习贯彻市第十二次党代会精神的通知

济发4号　中共济宁市委关于在全市开展“解放思想跨越发展大讨论”活动的实施意见

济发5号　中共济宁市委 济宁市人民政府关于建设生态济宁的决定

济发6号　中共济宁市委 济宁市人民政府印发《关于2012年全市党风廉政建设和反腐败工作任务分工意见》的通知

济发7号　中共济宁市委 济宁市人民政府关于进一步加快老龄事业发展的实施意见

济发8号　中共济宁市委关于开展基层组织建设年活动的意见

济发9号　中共济宁市委 济宁市人民政府关于建立“目标责任、考核奖惩、监督检查”三个体系的实施意见(试行)

济发10号　中共济宁市委 济宁市人民政府关于进一步加快县域经济发展的意见

济发11号　中共济宁市委关于进一步强化市级领导责任推进重点工作落实的通知

济发12号　中共济宁市委常委会2012年工作要点

济发13号　中共济宁市委 济宁市人民政府关于在全市开展“效能提升年”活动的实施意见

济发14号　中共济宁市委 济宁市人民政府关于2012年度市级领导包保联系重大项目的通知

济发15号　中共济宁市委 济宁市人民政府关于扶持销售收入千百亿工业企业(集团)加快发展的意见

济发16号　中共济宁市委 济宁市人民政府关于加强和创新社会管理的实施意见

济发17号　中共济宁市委 济宁市人民政府关于实施文化建设“突破曲阜”战略的意见

济发18号　中共济宁市委 济宁市人民政府关于鼓励支持引导全民创业大力发展民营经济的意见

济发19号　中共济宁市委 济宁市人民政府关于印发《济宁市重点工作督查办法》的通知

济发20号　中共济宁市委 济宁市人民政府印发《关于全市党政机关事业单位领导班子领导干部科学发展综合考核奖惩体系的实施意见》的通知

济发21号　中共济宁市委 济宁市人民政府关于深化创新厂务公开民主管理工作的意见

济发22号　中共济宁市委关于认真学习贯彻省第十次党代会精神的通知

济发23号　中共济宁市委关于印发《姜异康同志在济宁县乡村负责同志座谈会上的讲话》的通知

济发24号　中共济宁市委 济宁市人民政府关于加快全市经济开发区转型升级跨越发展的意见

济发25号　中共济宁市委 济宁市人民政府关于加快金融业发展的意见

济发26号　中共济宁市委 济宁市人民政府关于印发《济宁市重大事项决策暂行办法》的通知

济发27号　中共济宁市委 济宁市人民政府关于加强与中央、省属企业合作发展的意见

济发28号　中共济宁市委 济宁市人民政府关于深入开展农村环境综合整治工作的实施意见

济发29号　中共济宁市委 济宁市人民政府关于进一步支持高校建设发展的意见

济发30号　中共济宁市委 济宁市人民政府 济宁军分区关于争创全国双拥模范城“七连冠”的意见

济发31号　中共济宁市委 济宁市人民政府关于建立健全民生保障体系的意见(试行)

济发32号　中共济宁市委关于实施“基层党组织服务能力提升工程”进一步加强基层党建工作的意见

济发33号　中共济宁市委 济宁市人民政府关于市直部门单位联系包保乡镇(园区)助推县域经济跨越发展的意见

济发34号　中共济宁市委关于贯彻落实中发〔2010〕8号、鲁发〔2011〕21号文件精神进一步加强和改进机关党的建设的意见

济发35号　中共济宁市委关于加强新形势下党外代表人士队伍建设的实施意见

济发36号　中共济宁市委关于认真学习宣传贯彻党的十八大精神的通知

济发37号　中共济宁市委 济宁市人民政府关于进一步加快北湖新区建设的意见

济发38号　中共济宁市委关于深入学习宣传贯彻党的十八大精神的决议

济发39号　中共济宁市委 济宁市人民政府关于创建全国绿化模范城市加快绿色生态济宁建设的意见

济室字1号　市委办公室 市政府办公室关于2011年度信访工作目标考核奖励兑现的通报

济室字2号　市委办公室 市政府办公室关于印发《“大项目突破年”活动实施方案》的通知

济室字3号　市委办公室 市政府办公室关于成立济宁市“大项目突破年”活动领导小组的通知

济室字4号　市委办公室 市政府办公室关于印发《2012年济宁市招商引资工作实施方案》的通知

济室字5号　市委办公室 市政府办公室关于成立济宁市招商引资工作领导小组的通知

济室字6号　市委办公室 市政府办公室关于进一步完善《济宁市2010－2012年度〈人口和计划生育目标管理责任书〉执行情况考核方案》的通知

济室字7号　市委办公室 市政府办公室关于印发《“城市建设管理年”活动实施方案》的通知

济室字8号　市委办公室 市政府办公室关于成立济宁市“城市建设管理年”活动指挥部的通知

济室字9号　关于继续实行市委常委联系县市区制度的通知

济室字10号　中共济宁市委办公室关于印发《2012年全市重点调研课题和责任分工》的通知

济室字11号　市委办公室 市政府办公室印发《关于开展为企业排忧解难服务活动实施方案》的通知

济室字12号　市委办公室 市政府办公室关于成立济宁市“为企业排忧解难服务活动”领导小组的通知

济室字13号　中共济宁市委办公室关于转发《中共济宁市委党史研究室2012年全市党史工作要点》的通知

济室字14号　市委办公室 市政府办公室关于成立第十一届中国专利高新技术产品博览会济宁市筹备工作领导小组的通知

济室字15号　市委办公室 市政府办公室印发《关于开展信访问题集中整治活动实施方案》的通知

济室字16号　市委办公室 市政府办公室印发《2012年济宁市文化产业专题招商活动实施方案》的通知

济室字17号　市委办公室 市政府办公室关于印发《“十二五”时期济宁市保密事业发展规划》的通知

济室字18号　市委办公室 市政府办公室关于印发《第十一届中国专利高新技术产品博览会实施方案》的通知

济室字19号 中共济宁市委办公室关于成立济宁市"恪守从政道德、保持党的纯洁性"教育活动领导小组的通知

济室字20号 市委办公室 市政府办公室关于印发《第二届尼山世界文明论坛济宁市执行方案》的通知

济室字21号 中共济宁市委办公室印发《关于健全完善全市调查研究工作体系机制的意见》的通知

济室字22号 市委办公室 市政府办公室关于调整济宁市农作物秸秆禁烧工作领导小组组成人员的通知

济室字23号 市委办公室 市政府办公室关于成立济宁市支持中央、省属驻济企业科学发展领导小组的通知

济室字24号 市委办公室 市政府办公室关于成立济宁市党政机关使用正版软件工作领导小组的通知

济室字25号 市委办公室 市政府办公室关于调整济宁市职工维权工作领导小组组成人员的通知

济室字26号 市委办公室 市政府办公室关于印发《市委、市政府办公区非正常上访和群体性事件处置办法》的通知

济室字27号 市委办公室 市政府办公室关于2011年度我市科学发展综合考核反馈情况的整改报告

济室字28号 市委办公室 市政府办公室关于进一步加强对全市机关单位门户网站涉及国家安全的事项进行审核和管理的通知

济室字29号 市委办公室 市政府办公室关于成立济宁市评比达标表彰工作协调小组的通知

济室字30号 市委办公室 市政府办公室关于严格控制市直机关和事业单位会议费开支的通知

济室字31号 中共济宁市委办公室关于做好2013年度《中办通讯》、《秘书工作》征订学用工作的通知

济室字32号 中共济宁市委办公室关于做好2013年度重点党报党刊发行工作的通知

济室字33号 市委办公室 市政府办公室印发《关于建立重要工作进展情况督查调度和定期通报制度的方案》的通知

济室字34号 中共济宁市委办公室关于启用"中国共产党济宁市文物局党组"、"中共济宁市文化市场综合执法局党组"印章的通知

济室字35号 市委办公室 市政府办公室关于贯彻鲁厅字〔2012〕13号文件精神严格控制机构编制的通知

济室字36号 市委办公室 市政府办公室关于调整济宁市"孔孟文化遗产地保护"利用世行贷款项目领导小组成员的通知

济室字37号 市委办公室 市政府办公室关于调整济宁市大遗址保护工作领导小组组成人员的通知

济室字38号 市委办公室 市政府办公室关于2012中国(曲阜)国际孔子文化节情况的通报

济室字39号 市委办公室 市政府办公室关于成立济宁市孔子博物馆建设和祭孔大典提升推进工作领导小组的通知

济室字40号 市委办公室 市政府办公室转发《市科协关于加强经济开发区、工业园区及所属企业科协组织建设的意见》的通知

济室字41号 市委办公室 市政府办公室关于成立济宁市经济转型发展领导小组的通知

济室字42号 市委办公室 市政府办公室关于进一步加强老年体育工作的意见

济办发1号 中共济宁市委办公室关于印发《中共济宁市委常委会议事规则》的通知

济办发2号 市委办公室 市政府办公室关于印发《2012年全市招商引资任务目标》的通知

济办发3号 中共济宁市委办公室关于印发《市第十二次党代会确定重要事项责任分工》的通知

济办发 4 号	中共济宁市委办公室印发《关于开展机关干部"大规模驻村入户、面对面谈心交流"活动的意见》的通知
济办发 5 号	中共济宁市委办公室关于深入开展学雷锋活动的实施意见
济办发 6 号	市委办公室 市政府办公室关于加快推进镇域经济社会发展的意见
济办发 7 号	市委办公室 市政府办公室关于印发《全市社会稳定信访工作考核办法(试行)》的通知
济办发 8 号	中共济宁市委办公室关于转发《市委宣传部 2012 年宣传思想工作要点》的通知
济办发 9 号	中共济宁市委办公室关于转发《市委防范和处理邪教问题领导小组 2012 年工作要点》的通知
济办发 10 号	市委办公室 市政府办公室关于印发《济宁市作风效能问责暂行办法》的通知
济办发 11 号	中共济宁市委办公室印发《关于加强市级领导班子作风建设的若干规定》的通知
济办发 12 号	中共济宁市委办公室关于转发《市委组织部关于实施干部教育培训"百千万工程"的意见》的通知
济办发 13 号	中共济宁市委办公室转发《济宁市维护稳定工作领导小组关于 2012 年维护社会稳定工作的意见》的通知
济办发 14 号	市委办公室 市政府办公室印发《贯彻落实〈中共济宁市委关于认真贯彻党的十七届六中全会精神加快建设文化强市的决定〉责任分工》的通知
济办发 15 号	市委办公室 市政府办公室关于在全市建立领导干部大接访制度的实施意见
济办发 16 号	中共济宁市委办公室印发《关于改进市级会议和领导同志活动新闻报道工作的实施意见》的通知
济办发 17 号	中共济宁市委办公室关于进一步规范公文报送工作的通知
济办发 18 号	市委办公室 市政府办公室关于转发《济宁市"扫黄打非"工作领导小组 2012 年全市"扫黄打非"行动方案》的通知
济办发 19 号	中共济宁市委办公室印发《关于建立基层党建"三级联述联评联考"制度的意见》的通知
济办发 20 号	市委办公室 市政府办公室关于加快文化改革发展的实施意见
济办发 21 号	市委办公室 市政府办公室印发《市直有关部门、单位贯彻落实〈市委、市政府关于加强和创新社会管理的实施意见〉任务分工方案》的通知
济办发 22 号	市委办公室 市政府办公室关于印发《全市"进入全省第一方阵"主要工作目标体系及责任分工》的通知
济办发 23 号	市委办公室 市政府办公室关于印发《济宁市党政机关公务用车配备使用管理办法》的通知
济办发 24 号	中共济宁市委办公室关于印发《全市科学发展现场观摩会议确定事项责任分工》的通知
济办发 25 号	市委办公室 市政府办公室关于贯彻鲁办发〔2012〕16 号文件精神做好因公出国人员审批工作的通知
济办发 26 号	市委办公室 市政府办公室印发《贯彻落实〈中共济宁市委、济宁市人民政府关于实施文化建设"突破曲阜"战略的意见〉责任分工》的通知
济办发 27 号	市委办公室 市政府办公室关于印发《济宁市评比达标表彰活动管理实施细则(试行)》的通知
济办发 28 号	市委办公室 市政府办公室关于印发《推进全民创业加快民营经济发展工作责任分工》的通知
济办发 29 号	市委办公室 市政府办公室关于进一步加快慈善公益事业发展的意见
济办发 30 号	市委办公室 市政府办公室关于印发《2012 中国(曲阜)国际孔子文化节实施方案》的通知
济办发 31 号	市委办公室 市政府办公室关于进一步加强公安基层基础建设工作的意见

济办发 32 号	市委办公室 市政府办公室关于印发《全市民生保障体系建设责任分工》的通知
济办发 33 号	市委办公室 市政府办公室关于认真学习贯彻《党政机关公文处理工作条例》和省《实施办法》的通知
济办发 34 号	市委办公室 市政府办公室关于进一步精简文件和简报的通知
济办发 35 号	市委办公室 市政府办公室关于印发《济宁市全民创业民营经济工作考核奖励办法》的通知
济办发 36 号	市委办公室 市政府办公室印发《贯彻落实〈中共济宁市委、济宁市人民政府关于进一步支持高校建设发展的意见〉责任分工》的通知
济办发 37 号	市委办公室 市政府办公室印发《关于加快推进济宁现代水利示范市建设的实施意见》的通知
济办发 38 号	市委办公室 市政府办公室关于印发《济宁市党政主要领导干部和国有企业领导人员经济责任审计实施办法》的通知
济办发 39 号	市委办公室 市政府办公室关于印发《济宁市"十二五"时期文化改革发展规划》的通知

济政发 1 号	关于印发 2012 年重要工作事项责任分工意见的通知
济政发 2 号	关于 2012 年为民办好十件实事的通知
济政发 3 号	关于印发《济宁市城市居民最低生活保障办法》的通知
济政发 4 号	关于 2011 年度济宁市科学技术奖励的决定
济政发 5 号	关于做好 2012 年预备役炮兵部队战备训练工作的通知
济政发 6 号	关于印发济宁市安全生产"一岗双责"制度实施细则的通知
济政发 7 号	关于下达济宁市 2012 年国民经济和社会发展计划的通知
济政发 8 号	关于印发济宁市老龄事业发展"十二五"规划的通知
济政发 9 号	关于调整市政府领导同志分工的通知
济政发 10 号	关于进一步加强自身建设的意见
济政发 11 号	关于加快推进企业剥离非核心业务工作的意见
济政发 12 号	关于进一步做好普通高等学校毕业生就业工作的通知
济政发 13 号	关于印发《济宁市城市地下管线管理办法》的通知
济政发 14 号	关于印发《山东陆军预备役炮兵师规范基层建设细则》的通知
济政发 15 号	关于印发济宁市"十二五"期间深化医药卫生体制改革规划暨实施方案的通知
济政发 16 号	关于印发山东省第九届残疾人运动会济宁市筹备工作总体方案的通知
济政发 17 号	关于印发济宁市残疾人事业"十二五"发展规划(2011－2015 年)的通知
济政发 18 号	转发市发展改革委关于 2012 年深化经济体制改革重点工作的意见的通知
济政发 19 号	关于印发《济宁市物业管理办法》的通知
济政发 20 号	关于印发济宁市突发事件总体应急预案的通知
济政发 21 号	关于印发《济宁市建设工程抗震设防要求管理办法》的通知
济政发 22 号	在于公布第四批济宁市文物保护单位的通知

济政发23号　关于印发《济宁市政府专职消防员招收管理办法》的通知
济政发24号　关于实行最严格水资源管理制度的实施意见
济政发25号　关于印发《济宁市城区中小学校幼儿园规划建设管理办法》的通知
济政发26号　关于印发《济宁市重大行政决策程序规定》的通知
济政发27号　关于贯彻落实鲁政发〔2012〕38号文件进一步加强食品安全工作的通知
济政发28号　关于推进济宁市属企业国有资产集中统一监管的意见

济政字1号　关于济宁市城区环境综合整治规划及重要节点概念规划的批复
济政字2号　关于提请决定任命市政府组成人员职务的通知
济政字3号　关于表彰首届济宁市企业管理奖获奖企业和管理创新成果的通报
济政字4号　关于印发济宁市2012年度淘汰落后产能计划的通知
济政字5号　关于对2012年度重点用能单位能源利用状况进行检测的通知
济政字6号　关于济宁市创业中心项目回购资金的批复
济政字7号　关于加强农村留守儿童教育管理工作的意见
济政字8号　关于山东智能建设有限公司"8.21"触电事故有关问题的批复
济政字9号　关于曲阜市"8.26"较大道路交通事故有关问题的批复
济政字10号　关于山东玉堂酱园有限责任公司外包施工"10.31"吊装坠落事故有关问题的批复
济政字11号　关于曲阜市"11.3"较大道路交通事故有关问题的批复
济政字12号　关于2012年全市林业改革发展工作的意见
济政字13号　关于高速公路绿色通道建设实施方案的批复
济政字14号　关于济宁市声环境功能区划分方案(2011－2015)的批复
济政字15号　关于印发济宁市扬尘污染防治工作实施方案的通知
济政字16号　关于对《南四湖渔业功能区划与养殖总量控制规划》的批复
济政字17号　关于山东华聚能源股份有限公司鲍店矿电厂"1.21"机械伤害事故有关问题的批复
济政字18号　关于邀请联合举办2012年中国汶上宝相寺太子灵踪文化节的函
济政字19号　关于给予济宁市公安消防支队记集体二等功奖励的决定
济政字20号　关于贯彻落实《山东省国家安全技术保卫条例》的意见
济政字21号　关于下达2012年度主要污染物减排计划的通知
济政字22号　关于申报2012－2013年省自主创新成果转化重大专项的函
济政字23号　关于印发2012年度经济社会发展重点调研课题责任分工的通知
济政字24号　关于加强节约集约用地的意见
济政字25号　关于表彰2011年度全市国土资源责任目标考核先进单位的通报
济政字26号　关于表彰2011年度全市旅游工作先进县市区暨好客山东年会和休闲汇组织工作先进集体的通报

济政字27号　关于2011年度扩大住房公积金制度覆盖面工作目标责任书完成情况的通报
济政字28号　关于促进科技服务业创新创业的实施意见
济政字29号　关于邀请联合举办泗水赏花汇的函
济政字30号　关于微山县人民检察院迁建办公用房的批复
济政字31号　关于推荐微山县微山湖为我省首批国家生态旅游示范区的函
济政字32号　关于公布全市最低工资标准的通知
济政字33号　关于提高城乡低保农村五保供养标准的通知
济政字34号　关于表彰2011年度全市优秀科技创新团队的通报
济政字35号　关于表彰奖励全市粮食生产先进单位和先进个人的通报
济政字36号　关于印发济宁市“十二五”引进国外智力工作的实施意见
济政字37号　关于进一步加强节能工作的通知
济政字38号　关于印发《济宁市“十二五”节能责任目标考核问责办法》的通知
济政字39号　关于印发济宁市百名医疗专家进千村活动实施方案的通知
济政字40号　关于济宁供水集团总公司发行企业债券的报告
济政字41号　关于加快邮政便民服务站建设的通知
济政字42号　关于印发济宁市南水北调水污染防治工作推进方案的通知
济政字43号　关于加快乡村旅游发展的意见
济政字44号　关于表彰市公安局交警支队的通报
济政字45号　关于印发济宁市城区环境空气质量综合整治方案的通知
济政字46号　关于表彰济宁市第九届劳动模范的决定
济政字47号　关于《济宁市节水型社会建设“十二五”规划》的批复
济政字48号　关于《济宁市现代水网建设规划》的批复
济政字49号　关于山东任城融鑫发展有限公司发行公司债券的报告
济政字50号　关于加强省属煤矿属地管理的函
济政字51号　关于聘请经济顾问的决定
济政字52号　关于嘉祥县人民检察院迁建办公用房项目的批复
济政字53号　关于印发济宁市万名贫困残疾人辅助器具适配工程实施方案的通知
济政字54号　关于发布2012年企业工资指导线的通知
济政字55号　关于1999－2004年黄河防洪工程新增征地补偿资金管理工作实施方案的批复
济政字56号　关于印发《济宁市“十二五”主要污染物总量减排责任目标考核问责办法》的通知
济政字57号　关于济宁市截污导流工程征地问题的报告
济政字58号　关于2011年度新型农村社区示范点建设完成情况的通报
济政字59号　关于任城新区道路命名的批复

济政字60号　关于汶上县1999－2004年黄河防洪工程新增征地补偿资金管理工作实施方案的批复

济政字61号　关于印发济宁市电子政务建设方案的通知

济政字62号　关于表彰全市就业创业工作先进集体和先进个人的通报

济政字63号　关于印发2012年度部门节能目标责任分工的通知

济政字64号　关于2011年度节能责任目标考核情况的通报

济政字65号　关于印发济宁市"十二五"节能减排综合性工作方案的通知

济政字66号　关于表彰2011年度济宁市节能奖获奖单位个人和成果的通报

济政字67号　关于济宁市现代物流业发展规划的批复

济政字68号　关于表彰市交通运输局的通报

济政字69号　关于加快推进村镇银行建设工作的意见

济政字70号　关于济宁北湖新区道路命名的批复

济政字71号　关于对辰欣药业股份有限公司历史沿革及产权关系予以确认的批复

济政字72号　关于鱼台县调整县直机关规范津贴补贴发放标准的批复

济政字73号　关于金乡县调整机关津贴补贴发放标准的批复

济政字74号　关于汶上县调整县直机关津贴补贴发放标准的批复

济政字75号　关于梁山县调整县乡机关津贴补贴发放标准的批复

济政字76号　关于泗水县城市总体规划(2011－2030年)的批复

济政字77号　关于调整济宁市中级人民法院审判综合楼项目建设规模的批复

济政字78号　关于邀请联合主办2012年中国(梁山)水浒文化节的函

济政字79号　关于同意兖矿集团有限公司职工集资合作建房的批复

济政字80号　关于济宁市城建投资有限责任公司申请发行公司债券的报告

济政字81号　关于同意济宁城建投资有限公司为济宁供水集团总公司发行企业债券提供担保的批复

济政字82号　关于进一步提高城市低保标准的通知

济政字83号　关于梁山县新能源产业园建设LNG调峰站的函

济政字84号　关于表彰全市民政工作先进集体和先进个人的通报

济政字85号　关于八里庙大桥更名为运河之都特大桥的批复

济政字86号　关于支持曲阜师范大学建设山东省应用型人才培养特色名校的函

济政字87号　关于实施义务教育阶段家庭经济困难学生营业改善计划的意见

济政字88号　关于提请决定任命市政府组成人员职务的通知

济政字89号　关于对《济宁中科环保电力有限公司设备安装工程"12.30"高空坠落事故调查报告》的批复

济政字90号　关于进一步加强济宁市城区土地资产运营收益分配的补充意见

济政字91号　关于表彰市人力资源社会保障局的通报

济政字92号　关于印发济宁市城镇化推进实施方案的通知

济政字93号　关于表彰首批“济宁市乡村之星”的通报
济政字94号　关于进一步完善济宁市城乡居民社会养老保险制度的通知
济政字95号　关于授予山本嗣范先生等8名外国专家“孔子友谊奖”的决定
济政字96号　关于济宁演艺集团有限责任公司组建工作有关事宜的批复
济政字97号　关于进一步加强综合民用建筑修改人防工程建设管理工作的意见
济政字98号　关于表彰全市征兵工作先进单位和先进个人的通报
济政字99号　关于表彰济宁市高新区提前完成全年利用外资任务的通报
济政字100号　关于印发济宁市户籍制度改革实施方案的通知
济政字101号　关于加快推动绿色建筑发展的意见
济政字102号　关于《济宁市城市轨道交通线网规划》的批复
济政字103号　关于《济宁市水功能区划》的批复
济政字104号　关于对邹城市宏太物流运输有限公司“1.17”车辆伤害事故有关问题的批复
济政字105号　关于同意嘉祥县调整部分行政区划的通知
济政字106号　关于同意金乡县调整部分行政区划的通知
济政字107号　关于同意微山县调整部分行政区划的通知
济政字108号　印发关于贯彻《山东省流动人口服务管理办法》的实施意见的通知
济政字109号　关于表彰荣获2011年度山东名牌产品、山东省服务名牌、山东省省长质量奖、创建山东省优质产品生产基地单位的通报
济政字110号　关于表彰第三届济宁市市长质量奖获奖单位和个人的通报
济政字111号　关于实施中小企业百千万培训工程的意见
济政字112号　关于同意赋予济宁高新区管委会规范性文件“三统一”权限的批复
济政字113号　关于聘请特邀顾问的决定
济政字114号　关于《济宁市城市综合交通体系规划》的批复
济政字115号　关于《济宁市近期建设规划(2011－2015年)》的批复
济政字116号　关于印发“十二五”部门减排目标责任分工的通知
济政字117号　关于进一步加强基层民政工作的意见
济政字118号　关于汶上县城市总体规划(2012－2030年)的请示
济政字119号　关于印发济宁市民政事业“十二五”发展规划的通知
济政字120号　济宁市人民政府关于鱼台县城市总体规划(2012－2030年)的批复
济政字121号　济宁市人民政府关于金乡县城市总体规划(2012－2030年)的批复
济政字122号　关于生猪定点屠宰资格审核清理工作情况的报告
济政字123号　关于聘请特别顾问的决定
济政字124号　关于调整市、区城市建设管理体制的意见

济政字 125 号　关于同意实施邹城市峄山文化旅游综合开发建设项目和盘道维修景点提升工程的批复

济政字 126 号　关于公布保留的市级行政许可项目的通知

济政字 127 号　关于设立济宁市生物产业园的批复

济政字 128 号　关于支持山东煤炭交易中心发展的意见

济政字 129 号　关于加快推进企业上市工作的意见

济政字 130 号　关于认定济宁市第二批市级中小企业产业集群的通知

济政字 131 号　关于对 2013 年度重点用能单位能源利用状况进行检测的通知

济政字 132 号　关于印发济宁市 2013 年度淘汰落后产能计划的通知

济政字 133 号　关于济宁市公安局办公及业务技术用房(反恐处突指挥中心)项目的批复

济政字 134 号　关于《老城区与北湖生态新城结合部升级改造规划》的批复

济政字 135 号　关于《济安桥路(北外环——滨湖路)段综合整治及城市设计》的批复

济政办发 1 号　济宁市政府办公室 2011 年工作总结和 2012 年工作安排

济政办发 2 号　关于印发《济宁市政府投资工程建设项目招标管理办法》等规范性文件的通知

济政办发 3 号　关于贯彻鲁政办发〔2011〕38 号文件进一步加强危险化学品集中交易市场安全管理的意见

济政办发 4 号　关于加强孤儿保障工作的意见

济政办发 5 号　关于印发《济宁市规范性文件制定和备案办法》的通知

济政办发 6 号　关于印发《济宁市物业质量保修金管理办法》的通知

济政办发 7 号　关于做好 2012 年度预备役部队组织整顿工作的通知

济政办发 8 号　关于 2011 年度全市政务信息工作先进单位和先进个人的表彰通报

济政办发 9 号　关于下达 2012 年全市商务工作任务目标的通知

济政办发 10 号　关于印发《济宁市少年儿童体育学校管理办法》的通知

济政办发 11 号　关于印发《济宁市网上挂牌出让国有建设用地使用权规定(试行)》的通知

济政办发 12 号　关于印发济宁市“十二五”主要污染物排放问题控制实施方案的通知

济政办发 13 号　关于印发济宁市人口发展“十二五”规划的通知

济政办发 14 号　关于印发济宁市全民科学素质行动计划纲要实施方案（2011－2015 年）的通知

济政办发 15 号　关于进一步精减会议的通知

济政办发 16 号　关于 2011 年度全市政府系统建议提案办理暨督查工作先进单位的表彰通报

济政办发 17 号　关于印发《济宁市外国专家管理办法》的通知

济政办发 18 号　关于印发全市地方金融风险排查工作实施方案的通知

济政办发 19 号　关于转发市商务局等部门济宁市生猪定点屠宰资格审核清理工作实施方案的通知

济政办发 20 号　关于进一步规范公文报送工作的通知

济政办发 21 号　关于进一步加强全市福利彩票销售管理工作的意见

济政办发 22 号　关于印发济宁市市县乡政府领导班子成员接听公开电话实施办法的通知

济政办发 23 号　关于加强气象灾害监测预警及信息发布工作的意见

济政办发 24 号　关于明确济宁市服务业重点产业和重点工作协调推进制度有关事项的通知

济政办发 25 号　关于印发济宁市深化医药卫生体制改革 2012 年主要工作安排的通知

济政办发 26 号　关于印发济宁市有突出贡献的中青年专家选拔管理办法的通知

济政办发 27 号　关于进一步明确提交市委市政府研究的重大事项重点工作办理程序的通知

济政办发 28 号　关于转发市政府纠风工作领导小组办公室 2012 年全市纠风工作实施意见的通知

济政办发 29 号　关于加快发展家庭服务业的意见

济政办发 30 号　关于印发《济宁市全民健身工程建设和管理办法》的通知

济政办发 31 号　关于做好自主就业退役士兵一次性经济补助工作的通知

济政办发 32 号　关于印发济宁市慈善超市网络组建工作方案的通知

济政办发 33 号　关于印发济宁市社会养老体系建设规划(2011－2015 年)的通知

济政办发 34 号　关于进一步加强统计基层基础工作的意见

济政办发 35 号　关于转发市卫生局《济宁市城市社区服务机构设置规划(2011－2015 年)》的通知

济政办发 36 号　关于加强全市人民防空警报通信系统建设与管理的意见

济政办发 37 号　关于贯彻落实《山东省药品安全“十二五”规划》的意见

济政办发 38 号　关于进一步做好防震减灾工作的意见

济政办发 39 号　关于对全市保健食品经营实行备案管理的通知

济政办发 40 号　印发关于加快中小企业扩量升级的意见的通知

济政办发 41 号　转发市体育局等部门关于进一步加强运动员文化教育和运动员保障工作的实施意见的通知

济政办发 42 号　关于印发《济宁市小型农田水利设施维护管理办法》的通知

济政办发 43 号　关于利用计算机信息系统开展审计工作的通知

济政办发 44 号　关于印发《济宁市市属企业国有资产委托监督管理办法》的通知

济政办发 45 号　关于印发《济宁市政府投资建设项目审计管理办法》的通知

济政办发 46 号　关于下达全市中小学教职工编制的通知

济政办字 1 号　关于 2011 年政务信息采用情况的通报

济政办字 2 号　关于进一步做好全市农村适龄妇女专项健康查体工作的通知

济政办字 3 号　关于下达 2012 年住房保障工作任务的通知

济政办字 4 号　关于印发济宁市 2012 年规范性文件制定计划的通知

济政办字 5 号　关于印发 2012 年济宁市北京集中招商活动实施方案的通知

济政办字 6 号　关于印发济宁市重点河流水质稳定达标实施方案的通知

济政办字 7 号　关于成立《中国人民共和国政区大典・山东卷》济宁部分编纂委员会的通知

济政办字8号　关下达2012年全市规模以上工业发展责任目标的通知

济政办字9号　关于成立济宁市农村小学网络升级改造项目领导小组的通知

济政办字10号　关于印发济宁年鉴2012卷组稿方案的通知

济政办字11号　关于成立济宁市大运河文化产业带开发建设指挥部的通知

济政办字12号　关于成立济宁市打击侵犯知识产权和制售假冒伪劣商品工作领导小组的通知

济政办字13号　关于成立济宁卫生执法检查领导小组的通知

济政办字14号　关于成立济宁市社会保障资金审计协调配合领导小组的通知

济政办字15号　关于印发2011年度土地矿产卫片执法检查工作方案的通知

济政办字16号　关于成立济宁市重点工业和交通基础设施项目指挥部的通知

济政办字17号　关于成立济宁市推进先看病后付费工作领导小组的通知

济政办字18号　转发市招商局牵手济宁合作共赢—济宁(北京)投资环境说明会实施方案的通知

济政办字19号　关于1－2月份政务信息采用情况的通报

济政办字20号　关于成立济宁市重点服务业项目指挥部的通知

济政办字21号　关于成立济宁市重点文化旅游项目指挥部的通知

济政办字22号　关于调整济宁市全民科学素质工作领导小组组成人员的通知

济政办字23号　关于组团参加第十六届中国东西部合作与投资贸易洽谈会的通知

济政办字24号　关于印发全市清理整顿各类交易场所工作实施方案的通知

济政办字25号　关于印发市政府领导工作补位制度的通知

济政办字26号　关于贯彻落实《山东省三峡移民新增土地补偿资金使用实施方案》的意见

济政办字27号　关于成立市南四湖渔业污染防控和转型升级工作指挥部的通知

济政办字28号　关于评选济宁市第九届劳动模范的通知

济政办字29号　关于印发2012年全市应急管理和值班工作要点的通知

济政办字30号　关于成立市洸府河十里营湿地古运河南段项目开发建设指挥部的通知

济政办字31号　印发关于建立安全生产事故隐患排查治理机制的意见的通知

济政办字32号　印发关于建立高危行业(企业)安全生产环境状况风险评估机制的意见的通知

济政办字33号　关于调整济宁市人民政府安全生产委员会组成人员的通知

济政办字34号　关于成立市中医院新院建设工作领导小组的通知

济政办字35号　关于印发《济宁市第二十三届省运会场馆建设督查办法》的通知

济政办字36号　关于成立第二十三届省运会场馆建设督导组的通知

济政办字37号　关于印发济宁市2012香港山东周活动方案的通知

济政办字38号　关于组团参加第十五届中国(重庆)国际投资暨全球采购会的通知

济政办字39号　关于加强体育彩票发行工作的意见

济政办字40号　关于3月份政务信息采用情况的通报

济政办字41号 关于成立济宁市南水北调沿线水污染防治工作指挥部的通知

济政办字42号 关于转发市财政局市人力资源和社会保障局市卫生局济宁市重点社会保障资金专项检查实施方案的通知

济政办字43号 关于支持配合海关开展国门之盾打击走私行动的通知

济政办字44号 关于印发济宁市税源调查工作实施方案的通知

济政办字45号 关于成立济宁市城区环境空气质量综合整治工作指挥部的通知

济政办字46号 关于认真做好第六届中国(济南)国际信息技术博览会参展参会工作的通知

济政办字47号 关于印发济宁市清理取缔洙水河航道非法装卸点专项工作实施方案的通知

济政办字48号 关于印发济宁市城镇基本医疗保险门诊统筹实施方案的通知

济政办字49号 关于调整济宁市小型农田水利重点县和现代农业(小麦)产业县工作领导小组的通知

济政办字50号 关于调整市政府投融资管理委员会组成人员的通知

济政办字51号 关于启用济宁市粮食局新印章的通知

济政办字52号 关于2011年度应急管理工作目标管理考核情况的通报

济政办字53号 关于成立济宁市企业剥离非核心业务工作领导小组的通知

济政办字54号 关于4月份政务信息采用情况的通报

济政办字55号 关于成立红星路东延及跨洸府河大桥工程建设领导小组的通知

济政办字56号 关于调整济宁市减灾委员会组成人员的通知

济政办字57号 关于成立济宁市实施最严格水资源管理制度工作领导小组的通知

济政办字58号 关于成立征地区片综合地价标准调整工作领导小组的通知

济政办字59号 关于印发济宁市2012年汛期地质灾害防治方案的通知

济政办字60号 关于组团参加第八届中国新疆喀什中亚南亚商品交易会的通知

济政办字61号 关于成立济宁市再生资源回收利用工作领导小组的通知

济政办字62号 关于成立济宁市"行政程序年"活动领导小组的通知

济政办字63号 关于成立济宁市城镇污水和垃圾处理工作领导小组的通知

济政办字64号 关于印发济宁市"十二五"城镇污水和垃圾处理设施建设实施方案的通知

济政办字65号 关于5月份政务信息采用情况的通报

济政办字66号 关于成立济宁市人民政府信访事项复查复核委员会和济宁市人民政府信访事项听证委员会的通知

济政办字67号 关于印发2012年济宁市城区道路养护维修实施方案的通知

济政办字68号 关于印发2012年济宁市城区城市绿荫行动实施方案的通知

济政办字69号 关于印发济宁市土地审核督察工作方案的通知

济政办字70号 关于调整济宁市行政复议委员会组成人员的通知

济政办字71号 关于严格执行领导干部外出请销假制度和保持通讯畅通的通知

济政办字72号 关于调整济宁市深化医药卫生体制改革领导小组组成人员的通知

济政办字73号　关于调整济宁市公共机构节能工作领导小组组成人员的通知

济政办字74号　关于调整济宁市军事设施保护委员会组成人员的通知

济政办字75号　关于全市城乡居民百岁老人住院实施免费治疗 的通知

济政办字76号　2012年度整治违法排污企业保障群众健康环保专项行动第一阶段执法检查情况通报

济政办字77号　关于6月份政务信息采用情况的通报

济政办字78号　关于调整济宁市节能减排工作领导小组组成人员的通知

济政办字79号　关于成立济宁市电子政务办公室的请示

济政办字80号　关于成立济宁市物价检查和农产品成本调查机构人员过渡领导小组的通知

济政办字81号　关于做好迎接全国白内障无障碍省检查验收准备工作的通知

济政办字82号　关于印发济宁市“食品安全一号 通”联动机制实施方案的通知

济政办字83号　关于调整济宁市食品安全委员会组成人员的通知

济政办字84号　关于建立济宁市社会养老服务体系建设联席会议制度的通知

济政办字85号　关于成立济宁市解决国有企业职教幼教退休教师待遇问题工作领导小组的通知

济政办字86号　关于成立济宁市悬挂式快速公交系统建设工作领导小组的通知

济政办字87号　关于做好第十届中国国际农产品交易会和第一届中国山东(青岛)国际农产品交易会参展工作的通知

济政办字88号　关于成立济宁市重点产业转型发展规划编制工作领导小组的通知

济政办字89号　市政府办公室转发市教育局关于2011年度全市教育工作专项督导评估情况的报告的通知

济政办字90号　转发市国资委等部门关于妥善解决国有企业职教幼教退休教师待遇问题实施方案的通知

济政办字91号　关于下达2012年县级政府耕地保护责任园区的通知

济政办字92号　关于成立济宁市城区城市绿荫行动指挥部的通知

济政办字93号　关于印发济宁市自然灾害救助应急预案的通知

济政办字94号　关于成立济宁铁路物流园和湖西铁路项目建设领导小组的通知

济政办字95号　关于开展河道非法采砂专项整治行动的通知

济政办字96号　关于7月份政务信息采用情况的通报

济政办字97号　关于建立济宁市气象灾害防御工作联席会议制度的通知

济政办字98号　关于切实执行道路交通安全管理工作职责的通知

济政办字99号　关于印发济宁市水泥行业工业废气污染限期治理方案的通知

济政办字100号关于开展国土资源节约集约模范县(市)创建的通知

济政办字101号关于转发市旅游局《2012年“好客山东？文化济宁休闲汇”活动实施方案》的通知

济政办字102号关于成立济宁市慈善超市工作领导小组的通知

济政办字103号关于印发济宁市城区道路交通安全设施设置方案的通知

济政办字104号关于成立市直机关公务员集中住宅区建设领导小组的通知

济政办字 105 号关于启用济宁市政府食品安全工作办公室印章的通知

济政办字 106 号关于调整济宁市知识产权工作领导小组组成人员的通知

济政办字 107 号关于 8 月份政务信息采用情况的通报

济政办字 108 号关于调整济宁市征兵工作领导小组的通知

济政办字 109 号关于成立济宁市金宇路升级改造及两侧开发建设工作领导小组的通知

济政办字 110 号关于印发《济宁市深化市级国库集中支付制度改革实施方案》的通知

济政办字 111 号关于印发济宁市万名保健医生进农户活动实施方案的通知

济政办字 112 号关于成立济宁市重大节假日免收小型客车通行费工作领导小组的通知

济政办字 113 号关于加快我市高速公路联网电子不停车收费 技术推广应用的通知

济政办字 114 号关于印发济宁市 2012 年度违法违规用地专项整治行动工作方案的通知

济政办字 115 号关于调整济宁市工业经济运行指挥部组成人员的通知

济政办字 116 号 转发市交通运输局等部门关于 2012 年国庆长假期间免收小型 客车通行费工作实施方案的通知

济政办字 117 号关于印发济宁市 2012 年长三角地区集中招商活动实施方案的通知

济政办字 118 号关于切实做好京杭运河济宁段航运水污染防治工作的通知

济政办字 119 号关于做好 2013 年度山东省人民政府公报宣传发行工作的通知

济政办字 120 号关于印发济宁市城区封停自备井工作实施方案的通知

济政办字 121 号关于加快推进乡镇农业公共服务机构建设的实施意见

济政办字 122 号关于印发知名温商济宁行暨投资项目对接洽谈活动实施方案的通知

济政办字 123 号关于 9 月份政务信息采用情况的通报

济政办字 124 号关于公布第十一批企业技术中心和变更部分企业技术中心名称的通知

济政办字 125 号关于成立济宁市小型纯电动汽车管理试点工作领导小组的通知

济政办字 126 号关于成立济宁市渔业品牌宣传推介工作领导小组的通知

济政办字 127 号关于成立济宁市文物保护委员会的通知

济政办字 128 号关于成立济宁市基层水利服务体系建设工作领导小组的通知

济政办字 129 号关于面向社会公开征集 2013 年市政府为民办实事项目的通知

济政办字 130 号关于公布第二批济宁市海外人才引进“511”计划人选名单的通知

济政办字 131 号关于 10 月份政务信息采用情况的通报

济政办字 132 号印发关于加快推进全市中小企业服务体系建设的实施意见的通知

济政办字 133 号关于印发济宁市食品安全事故应急预案的通知

济政办字 134 号关于成立市委、市政府机关后勤移交工作领导小组的通知

济政办字 135 号关于成立滨河大道(任城区长沟镇至梁山段)工程建设指挥部的通知

济政办字 136 号关于调整济宁市流浪未成年人救助保护工作领导小组组成人员的通知

济政办字137号关于调整济宁市人民政府残疾人工作委员会组员人员的通知

济政办字138号关于印发第二十三届省运会路径“绿道建设”实施方案的通知

济政办字139号转发市公安局等部门关于建立实名制信息快速查询协作执法机制开展部门间信息共享服务工作的实施意见的通知

济政办字140号关于印发全市打击非法生产经营烟花爆竹专项行动实施方案的通知

济政办字141号关于11月份政务信息采用情况的通报

济政办字142号关于建立济宁市民生保障体系建设协调推进工作联席会议制度的通知

济政办字143号关于下达2013年住房保障工作任务的通知

济政办字144号关于核销部分毁损、报废固定资产的函

济政办字145号关于调整济宁市地方史志编纂委员会组成人员的通知

济政办字146号关于转发市贸促会2013年境外招商引资贸易展览活动工作要点的通知

济政办字147号关于印发济宁市“旱能浇、涝能排”高标准农田建设实施意见的通知

济政办字148号关于成立济宁市城镇保障性安居工程跟踪审计领导小组的通知

济政办字149号关于调整基本医疗保险政策进一步提高医疗保障水平有关问题的通知

济政办字150号关于实施济宁市市属企业国有资产集中统一监管工作的通知

济政办字151号关于加快数字济宁地理空间框架公共服务平台建设应用的通知

济政办字152号关于马月等任免职的通知

济政办字153号关于张林等任免职的通知

济政办字154号关于陆波等任免职的通知

索　引

（本索引采用主题索引法编制，正文中左中右栏分别以abc表示）

B

C

D

E

F

G

H

J

K

L

M

N

P

Q

R

S

T

W

X

Y

Z